国家社科基金特别委托项目

中国抗战损失课题调研成果丛书

主　编　李忠杰

副主编　李　蓉　姚金果

# 江西省抗战时期人口伤亡和财产损失

## ·上卷·

中共江西省委党史研究室　编著

江西人民出版社

## 图书在版编目(CIP)数据

江西省抗战时期人口伤亡和财产损失/中共江西省委党史研究室编著.
—南昌:江西人民出版社,2011.4
ISBN 978-7-210-04778-0

Ⅰ.抗… Ⅱ.中… Ⅲ.①抗日战争—损失—调查—江西省
Ⅳ.①K265.06

中国版本图书馆CIP数据核字(2011)第058702号

**江西省抗战时期人口伤亡和财产损失**
中共江西省委党史研究室编著
**江西人民出版社**出版发行
南昌市红星印刷有限公司印刷 新华书店经销
2011年5月第1版 2011年5月第1次印刷
开本:787毫米×1092毫米 1/16 印张:51
字数:1080千 印数:1-1200册
ISBN 978-7-210-04778-0 定价:108.00元(上、下卷)

赣版权登字-01-2011-82

**江西人民出版社** 地址:南昌市三经路47号附1号
邮政编码:330006 传真:6898827 电话:0791-6898801(发行部)
网址:www.jxpph.com
E-mail:jxpph@tom.com web@jxpph.com
(赣人版图书凡属印刷、装订错误,请随时向承印厂调换)

# 抗日战争时期中国人口伤亡和财产损失课题调研成果丛书

主　编　李忠杰

副主编　李　蓉　姚金果

## 参加审稿的领导和专家：

### ▲中共中央党史研究室领导和专家

李景田[①]　孙　英　龙新民　张启华　章百家　陈　威

石仲泉　谷安林　黄小同　张树军　霍海丹　郑　谦

孙大力　黄如军　陈　夕　任贵祥　李向前　王　淇

黄修荣　刘益涛　韩泰华

### ▲有关部门和单位的专家

何　理（中国人民解放军国防大学少将、教授、中国抗战史学会会长）

支绍曾（中国人民解放军军事科学院少将、原军事历史研究部副部长、研究员）

罗焕章（中国人民解放军军事科学院研究员）

刘庭华（中国人民解放军军事科学院原军事历史研究部研究室主任、研究员、博士生导师、首席军史专家）

阮家新（中国人民解放军军事博物馆研究员）

---

① 现为中共中央党校常务副校长

步　平（中国社会科学院近代史研究所所长、研究员）

汤重南（中国社会科学院世界历史研究所研究员、中国日本史学会会长）

姜　涛（中国社会科学院近代史研究所研究员）

荣维木（《抗日战争史研究》主编）

郭德宏（中共中央党校党史部原主任、教授、博士生导师）

肖一平（中共中央党校党史部教授）

杨圣清（中共中央党校党史部教授）

李东朗（中共中央党校党史部教授、博士生导师）

徐　勇（北京大学历史系教授、博士生导师）

李良志（中国人民大学党史系教授）

王桧林（北京师范大学教授、博士生导师）

谢忠厚（河北省社会科学院原现代史研究所所长、历史所顾问、研究员）

# 《江西省抗战时期人口伤亡和财产损失》
# 编纂委员会

主　任　沈谦芳

副主任　王瀚秋　何友良

成　员(以姓氏笔画为序)：

| | | | | | |
|---|---|---|---|---|---|
| 王银兰 | 王新华 | 卢大有 | 朱　吟 | 伍恒光 | 刘　津 |
| 刘智艺 | 况建军 | 张永华 | 张孝忠 | 李　云 | 李俊贤 |
| 李　毅 | 杨忠民 | 杨富荣 | 肖翠行 | 陈小平 | 陈志敏 |
| 罗　环 | 封肖平 | 姜爱兰 | 施坤顺 | 胡四芽 | 凌步机 |
| 晏资明 | 黄亚玲 | 黄　河 | 熊　敏 | | |

主　编　王瀚秋

副主编　熊　敏(执行)　卢大有　左家法　李主彬

成　员(以姓氏笔画为序)：

| | | | | | |
|---|---|---|---|---|---|
| 万　强 | 李正平 | 李庆峰 | 李丽钧 | 杨立凡 | 杨忠华 |
| 陈　萍 | 周瑞兰 | 徐宏洪 | 章志红 | 黄泽书 | 潘　昌 |

**有关单位的专家：**

刘勉钰(南昌大学原历史系主任、教授,享受国务院特殊津贴
　　专家)

黄干周(江西医学院原社科部主任、教授,享受国务院特殊津
　　贴专家)

邹耕生(江西省社科院原历史部研究员)

郑海滨(江西省档案局副研究馆员)

马垱要塞,地处马垱山,山上筑镇江炮台。1938 年6 月24 日日军进攻马垱要塞,26 日失守

武汉外围敌我态势图,九江是武汉外围战的重要战场

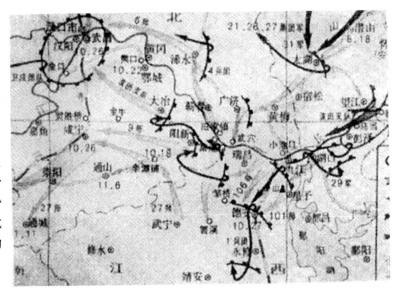

1938 年 7 月 25 日晨，日军
出动军舰、飞机猛轰九江城区，
在郊区设炮兵阵地轰炸九江

进攻九江的日本军舰

入侵九江的日本宪兵队

日军炮击九江

日军在九江强行登陆

九江沦陷后，江边
街道到处是战壕、弹坑、
污血，满目疮痍

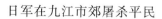
日军在九江市郊屠杀平民

日军强迫九江
劳工修铁路

图为日军
设在九江莲花
池的慰安所

蝙蝠洞。1938年农历七月，日军在庐山天门洞对村民疯狂屠杀掠夺，50多个男女老幼村民躲进蝙蝠洞，日军发现后，端起刺刀大肆杀戮。蝙蝠洞是日军屠杀中国人民的铁证。

为扩大侵略战争，日军在九江南郊十里赶走屈家墩50家农户，霸占大量良田修建机场

日军侵占庐山的碑记

被中国军队重创起火的日舰

侵入南昌的日军

1939 年 3 月 28 日，
日军侵占南昌

进攻南昌的日军主将冈村宁茨

日军在南昌会战中大规模使用毒气

被日军毁坏的
南昌德胜门城墙

侵入南昌市区的日军

被日军破坏的滕王阁

日军宪兵在南昌
中正路（今胜利路）
巡逻

南昌县塘南令公庙，日军
在此大肆杀害当地群众

被日军破坏的
省立图书馆

1942年1月15日，日机28架次
轰炸赣州。这是赣州遭轰炸后惨景

1938年，泰和浙大校舍被
日军飞机轰炸的惨景

1938 年 6 年 16 日《江西民国日报》：敌机 36 架竟日空袭赣北各地

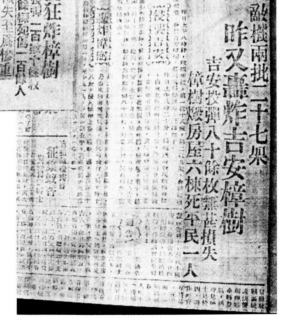

1938 年 7 月 29 日《江西民国日报》：敌机 18 架狂炸樟树

1938 年 8 月 10 日《江西民国日报》：敌机两批 27 架轰炸吉安、樟树

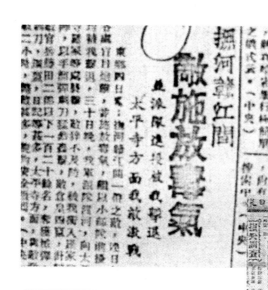

1938 年 8 月 11 日《江西民国日报》:抚河赣江间敌施放毒气

1938 年 10 月 4 日《江西民国日报》:敌机狂炸南昌市区,在七、八、九区投弹 40 余枚

1938 年 11 月 6 日《江西民国日报》:敌机分 5 批犯赣

1939 年 1 月 14 日《江西民国日报》:敌寇在南昌市近郊各村屠杀劫掠奸淫焚烧

1939 年 8 月 14 日《江西民国日报》:敌机 35 架袭吉安泰和与上饶

1939 年 8 月 18 日《江西民国日报》:安义县科长袁继宏全家被敌惨杀

1939 年 10 月 5 日《江西民国日报》：敌机袭萍乡

1940 年 7 月 29 日《江西民国日报》：敌机 27 架空袭鹰潭

1941 年 4 月 15 日《江西民国日报》：敌机狂炸上饶，到处肆虐

《新华日报》关于日军
飞机狂轰滥炸江西的报道

日本侵略军放下武器,举手投降

1945 年 9 月 14 日中央社关于南昌、九
江日军答呈降书的报道

日军第 11 军司令官笠原幸雄
向中国受降主官鲁道源呈递投降书

中国人民经过 8 年的英勇奋战,终于取得了抗日
战争的胜利。1945 年 9 月 14 日,南昌、九江地区日军
投降受降仪式在南昌中山路南昌中央银行大楼举行。
图为受降仪式会场

《抗日战争时期中国人口伤亡和
财产损失课题调研成果丛书》

# 总　序

## 李忠杰

（中共中央党史研究室副主任）

　　发生在 20 世纪三四十年代的中国人民抗日战争，是中华民族抵抗日本帝国
主义侵略的一场规模巨大的战争，是世界反法西斯战争的重要组成部分和东方主
战场，是近代以来中国反对外敌入侵第一次取得完全胜利的民族解放战争。中国
人民抗日战争的胜利，成为中华民族由衰败走向振兴的重大转折点，也对世界各
国人民取得反法西斯战争的胜利、争取世界和平的伟大事业产生了巨大影响。

　　这场战争，作为世界反法西斯战争的一部分，从根本上来说，是反法西斯正义
力量与法西斯侵略势力之间的一场大决战，是文明与野蛮的一场大搏斗。日本侵
略者，站在法西斯阵营一边，不仅与中国人民为敌，而且与世界人民为敌，肆意践
踏人类的公理和正义，企图以残暴杀戮的手段，将中华民族置于自己的铁蹄之下。
日本侵略者先后占领了中国、朝鲜半岛、东南亚、南亚、大洋洲许多国家的领土，杀
害居民，掠夺物资，发行货币，强征劳工，施放毒气，蹂躏妇女和儿童，毁坏和窃取
文物，造成了大量人员和财产的损失，给中国人民和亚洲其他许多国家人民留下
了巨大的创伤，给世界文明造成了空前的破坏。

　　中国是受战争摧残最为严重的国家。从 1931 年到 1945 年的 14 年间，日本
侵略者先后占领了东北、华北、华中、华南等大片中国最重要的经济政治文化战略
地区。在整个战争进程中，日军到处屠杀、焚烧、抢掠、奸淫，使中国人民的生命财
产惨遭蹂躏；大量使用生化武器，进行残酷的细菌战和化学战；把大批中国平民和
俘虏当作细菌和毒气的试验品，记录残害致死的过程以搜集所谓研究数据；对无
辜的中国平民施放毒气，或在河流、湖泊、水井中投毒；掠走大批中国劳工，强迫他
们筑路、开矿、拓荒，从事大型军事工程，使其大批冻、饿、病、累而死；强征中国妇
女作为慰安妇，严重残害妇女的身心健康；对抗日根据地实行"烧光、杀光、抢光"
政策，企图摧毁抗战军民起码的生存条件；在许多地方还制造了一系列触目惊心
的大惨案。直至今天，日本侵略所造成的后果还难以消除，日本遗留的毒气弹还
不时地威胁着中国人民的生命安全。

　　日本侵略者的罪行，违背了起码的人类良知和国际公法，不仅是对人权和人
道主义的践踏，而且是对人类文明的挑战。它决不是如某些日本右翼分子所说是

解放亚洲和太平洋地区人民的行动,而是亚洲和太平洋地区历史上最黑暗的一幕,是人类文明史上的一场浩劫。第二次世界大战结束后,根据《波茨坦公告》的规定,远东国际军事法庭在东京对日本首要战犯进行了国际审判,确认侵略战争为国际法上的犯罪,策划、准备、发动或进行侵略战争者为甲级战犯。此外,盟军还在马尼拉、新加坡、仰光、西贡、伯力等地,对日本的乙、丙级战犯进行了审判。中国也先后对日本的有关战犯进行了审判。这些审判,与欧洲的纽伦堡审判一起,使发动侵略战争的罪犯受到了应有的惩处,代表了全世界一切爱好和平人民的共同愿望。这是正义的审判,历史的审判! 这一审判的结果是不容挑战的!

策划和制造当年这场战争的,是一小撮日本军国主义和法西斯分子。而日本人民,从根本上来说,也是受害者。所以,日本人民也用不同方式对这场战争进行了抵制和反抗。不少参加侵华战争的士兵认识到战争的性质,幡然悔悟,积极参加了国际和日本国内的反战活动。战后,很多人勇敢面对历史事实,以见证人的身份揭露了日本军国主义的罪行。还有很多当年的士兵,真诚忏悔战争的罪行,以实际行动推动世界和平和中日友好,做了很多有益的工作。他们的良知和勇气,应该得到充分的肯定和赞赏。

相反,日本国内一些右翼势力,直到今天仍然否认侵略战争的性质和罪行,竭力推卸侵略战争的责任。对早已由当年远东国际军事法庭作出严正判决的南京大屠杀一案,始终喋喋不休地在有没有 30 万的问题上做文章,好像只要减少了几万人,杀戮就是光荣、就不是犯罪似的。其实,日本侵略者在中国的罪行,何止仅仅是一个南京大屠杀问题? 据不完全统计,仅死伤平民 800 人以上的惨案,全国就达 100 多个。这些,难道都不是日本侵略者的罪行? 都是可以抹杀的事实? 历史是客观存在、不可改变的。企图歪曲历史,掩盖罪行,这是中国人民绝对不能同意的!

中国人民在当年那场战争中的胜利,是正义战胜邪恶、光明战胜黑暗、进步战胜反动的伟大胜利! 是正义的胜利、人民的胜利、和平的胜利! 既是中华民族永远值得纪念的胜利,也是世界人民永远值得纪念的胜利! 但是,在纪念胜利的同时,我们不要忘记,这一胜利是用极为惨重的代价换来的。在这一伟大胜利的背后,是中华民族遭受的巨大人员伤亡和财产损失! 中华民族,既为这场战争的胜利作出了巨大的贡献,也在这场战争中付出了巨大的民族牺牲。

第二次世界大战结束以后,也包括近年来,世界上不少国家都以不同方式对战争期间本国军民的伤亡和损失进行过调查,也相继公布了一些具体的材料和数字。对于中国在战争期间的人口伤亡和财产损失,国民党政府曾经做过一些调查,但后来由于放弃索赔要求,有关的调查不了了之。新中国成立后,虽然做过很多控诉和揭露,但由于种种原因,一直没有在全国范围内进行过全面、广泛、严格遵循法律规范的调查取证工作。虽然搜集过日本战犯的罪证,但资料比较零散。对这段历史的研究,先后取得了很多成果,也整理出版了很多资料。但总体上来说,围绕具体事件、过程的较多,完整地反映历史全貌的较少。对大量资料也缺少非常系统、全面、具体的统计核查。

1995年,江泽民同志在首都各界纪念抗日战争暨世界反法西斯战争胜利50周年大会上宣布,据不完全统计,在抗日战争中,中国军民死伤3500万人;按1937年的比值计算,中国直接经济损失1000亿美元,间接经济损失5000亿美元。这一基本数据,从整体上揭示了中国人口伤亡和财产损失的规模,有力地揭露了日本军国主义侵略的罪行。

数据,是历史的抽象。数据的背后,是大量的事实、确凿的证据,是无数人们的惨痛记忆和血泪控诉。所以,我们对日本军国主义战争罪行的揭露和对中国人口伤亡和财产损失的反映,不能仅仅停留在总的数字上。它还需要有大量档案资料的展示、历史文书的挖掘、具体事实的考查、当事人的证词证言、各种各样的物证书证,等等。将它们充分地挖掘和展示出来,可以更加直接、更加具体、更加全面、更加系统、更加立体地还原当年的历史,说明中国人民遭受的灾难和损失,揭露日本军国主义的罪行,驳斥日本右翼势力否认侵略罪行的种种言论。因此,作为炎黄子孙,作为郑重的历史工作者,有必要、有责任、有义务、也有权利对战争期间中国的人口伤亡和财产损失进行更加系统、详尽、具体的调查研究,将当年中国人民的巨大牺牲和惨重损失永远地记载下来。

这项调查研究工作,本来在抗日战争结束之后,或者在新中国成立之后,就应该进行。但由于种种历史原因,未能很好地进行。由于年代久远,资料散失,在世的证人越来越少,现在进行这方面的调查和研究已经有很大困难。但是,无论早晚,这项工作总得有人来做。现在才做,已经晚了几十年。但如果现在再不做,将来就更晚,也更困难了。所以,无论再困难,做,都是必要的。做好这项调研,是对历史负责、对人民负责、对当年的牺牲殉难者负责、对我们的子孙后代负责。根本上,是对整个中华民族负责,也是对国际社会和人类文明负责。

因此,2004年,中央党史研究室决定开展《抗日战争时期中国人口伤亡和财产损失》的课题调研工作。从2005年开始,组织全国党史部门围绕这一重大课题,开展了系统深入的调研工作。其基本任务,是按照实事求是的原则,调查更加扎实、有力、具体、准确的档案、材料、事实,更加清楚准确地掌握日本军国主义的侵略罪行,更加清楚准确地掌握日本侵略在各个不同领域、地区和方面对中国造成的破坏和损失。其中包括:各个省区市在抗战中的人口伤亡和财产损失情况;历次重大战役中中国军队的伤亡情况;日本从中国掠走的各种资源的情况;日本从中国掠走和破坏的文物情况;日军在中国制造的一系列重大惨案;中国劳工的损失情况;中国妇女遭受日军性侵犯的情况,包括慰安妇的情况;日本在中国使用细菌武器、化学武器的情况;日本侵略在其他方面给中国造成的破坏情况;等等。

课题调研的整体布局,实行块块和条条的结合。每个省区市党史研究室,主要负责把本区域内的情况调查清楚。也可根据实际情况,选择一些重点,进行专题性的调研,形成专题性的研究成果。一些重要专题,单靠某个省区市做不了,就采取条条的办法,组织专题性的调研。还有一些,则是条条与块块相结合。如毒气,日军在不同区域使用过。有关的省区市都调查。但作为一个专题,由相关的区域进行协调,配合进行,并形成专项的调研成果。如劳工、性侵犯等,就大致属于这种类型。

课题调研的方式方法,主要是查阅和搜集档案文献资料,包括不同历史时期的统计报表。同时查阅当时有关的报刊资料,查阅多年来涉及本地本课题的研究成果。对一些特殊的重大事件,特别是重大惨案等,也同时进行社会调查,对当事人、知情人、有关研究人员等进行走访,记录证词证言。对于特别重要的事件,有条件的,还进行必要的司法公证,如南京大屠杀、潘家峪惨案等,使这些调查都成为在法律上可以采信的证据。根据需要与可能,也到国外境外包括台湾查阅档案资料。

中央领导同志对这项课题调研非常关心,多次作出批示,提出要求。

中央党史研究室进行了大量组织和指导工作。在课题确定前,首先进行了必要的论证,得到了许多专家的支持。随后,制定了详细的工作方案,向各地党史研究室发出正式通知和实施意见,明确了工作的指导思想、组织领导、调研项目、工作步骤、基本要求、注意事项等等。为了提高认识,振奋精神,交流经验,落实措施,专门召开了工作培训会议,就课题的总体规划、调研方法、需要把握的问题等,作了全面部署,特别是提出了把调研工作做成"基础工程、精品工程、警世工程、传世工程"的要求。几年来,一直分阶段、有步骤地把这项课题调研推向前进。有关领导和专家分别到各地参加会议,指导培训,提出要求,统一规格,解答疑难问题。在调研过程中,随时就有关问题进行具体指导。工作班子及时编发简报和简讯,交流情况和经验。

各级党委和政府高度重视。许多省自治区直辖市成立了由分管领导负责的领导小组和相应的工作机构。很多领导做了批示。许多领导主持召开协调会议,讨论课题调研实施方案,明确各成员单位分工。多数地方成立了由党史研究室领导负责的课题组。很多地方下发文件进行部署。各地先后召开工作会议、电话会议等,培训人员,落实任务。许多地方形成了由党史研究室牵头,档案、民政、财政、司法、地方志、社科院以及高校等部门单位联合攻关的局面。各级领导的高度重视,保证了调研工作扎扎实实、有计划有步骤地向前推进。

《抗日战争时期中国人口伤亡和财产损失》课题调研先后经历了数个阶段。第一,酝酿启动。第二,全面调研。这是最重要的阶段。各地组织专门人员,查询档案,实地走访,搜集了大量资料。第三,起草报告。凡参加调研的县以上单位,都要在搜集整理、考证研究档案文献资料和进行实地调查的基础上,写出调研报告,统计汇总有关数据,全面、准确地反映调研成果。同时,将调研中搜集的档案文献资料进行分类整理,制作统计表、大事记和人员伤亡名录等。第四,分级验收。为保证调研成果的科学性、准确性、严肃性,各省自治区直辖市调研报告都要经过四级验收。首先由课题领导小组审查通过,然后聘请所在省份资深专家审读验收,合格后报送中央党史研究室课题组。中央党史研究室课题组审读各省自治区直辖市的调研成果,认为合格后,再聘请有全国影响的专家学者审读,写出书面意见并亲笔署名。根据审读意见,各地都要反复认真进行修改,只有达到规定要求才能通过验收。第五,上报成果。完成调研工作的省自治区直辖市,都按统一要求,将调研中收集的档案文献资料等所有文件,精心整理,分类成册,向中央党史研究室提交调研成果。各市县也要逐级向省级报送。

　　这项课题调研,作为一项浩大的工程,到目前为止,进行了 6 年之久。前后共有 40 多万党史工作者、史学工作者和其他各类有关人员参加。6 年来,各个地方都周密组织,采取有力措施推动工作开展,保证调研质量。如山东省,先在 30 个县(市、区)进行试点,然后在全省普遍推开。省委召开了省市县三级课题领导小组组长及成员近 3000 人参加的电视电话会议,省委常委、组织部部长作了动员部署。全省迅速形成了纵向省市县乡村五级联动、步调一致,横向十几个党政部门优势互补、携手攻关的工作格局。参加调研的有 300 余名省市县党政领导同志、近 4000 名档案文献查阅人员、30 余万名走访调查取证人员。全省共查阅档案 67857 卷,复印档案资料 111074 页,查阅抗战期间及战后出版的书报刊物 5730 种,查阅文献资料 57876 册,复制文献资料 123710 页。走访调查 8 万余个行政村、609 万名 70 岁以上老人中的 549 万余名,分别占总数的 95% 和 90% 以上,收集证言证词 151 万余份。拍摄照片资料 14812 页、录像资料 2266 小时,制作光盘 1500 余张。全省 1931 个乡镇,每个乡镇都建立了包括证人证言证词、伤亡人员名录、财产损失清单、人员伤亡和财产损失数字统计、人员伤亡和财产损失大事记、重大惨案证据材料以及证人和知情人口述的录音、录像、照片等内容的抗战时期人口伤亡和财产损失材料卷宗,共 12892 个。

　　这项课题调研,也得到了社会各界特别是档案部门、专家学者的普遍支持。许多档案馆为这次调研提供各种方便。不少专家学者在教学科研任务繁重、经费困难的情况下,承担专题研究任务。有的外请专家利用学校假期全力以赴做课题,缺少交通工具,就以自行车代步,到档案馆和图书馆查阅文献资料。

　　为了扩大搜寻面,中央党史研究室还组织查档小组,分赴美国、俄罗斯、日本,搜集了许多抗战史料。很多地方的课题组都到台湾查档。在台北国史馆、党史馆、中央研究院近代史研究所档案馆等,找到了数量巨大、整理比较细致的抗战档案。台北国史馆馆藏的国民党时期行政院赔偿委员会档案,涉及抗战时期中国人口伤亡和财产损失的有 8924 卷,内容十分翔实具体。既有中央机关、军队系统人口伤亡和财产损失情况,也有地方省、市、县、区和个人填报的资料,包括台湾和华侨的档案资料。中央各部委如内政部、农林部、煤铁局、经济部、水利委员会、人民团体、资源委员会等都有直接损失调查表。新疆防空委员会也报送有财产损失,如修筑防空工事、疏散费等财产损失。重庆有日机空袭慰恤重伤难胞姓名卡，上面有卡号、伤员姓名、性别、年龄、籍贯、受伤时间、受伤地点、犒金额、发犒金时期、所住医院名称、医院地址、入院时间等，受伤部位还配有图片加以说明。所有这些，为查明当时各方面的人口伤亡和财产损失，提供了重要证据。

按照计划，这项重大课题调研的成果，将编成《抗日战争时期中国人口伤亡和财产损失课题调研成果丛书》公开出版。为国内外学者提供并为子孙后代留下一份关于抗战时期中国人口伤亡和财产损失的系统资料。经过验收合格的调研报告和核心档案文献资料，都将按统一体例，编辑成为 A、B 两个系列。A 系列原则上每个省自治区直辖市一本，连同有关重要专题调研，由中央党史研究室负责出版。每个省自治区直辖市其他更为大量的调研成果，则作为 B 系列，全国统一设计、统一规格、统一版式、统一编号，由各地分别出版。

现在开始，所有完成的调研成果将陆续出版。A 系列丛书除了各省自治区直辖市的调研成果外，还有中国劳工、细菌战、化学战、慰安妇、难民、华侨，国民政府机关财产损失和文化、邮政损失等各种专题性的调研成果。中央档案馆、南京第二历史档案馆、解放军档案馆负责编辑了有关馆藏档案，这是新中国成立以来首次大规模披露相关档案，弥足珍贵。另外，日本一些右翼分子，常常攻击中国拿不出伤亡人员名单，以此否认其残暴侵略事实。为此，我们专门安排了一个省，即山东省，专门收录公布该省伤亡人员名录，共达 40 多万人。包括姓名、籍贯、年龄、性别、伤亡时间、伤亡地点、伤亡原因、资料来源等多项要素。以此说明，中国的伤亡人员都是有根有据、铁证如山的。为了集中反映日本侵略者在中国制造的各种重大惨案，我们还专门编辑了一套《全国重大惨案》，共收录全国抗战时期死伤平民 800 人以上的重大惨案 127 个，配以档案、文献、口述及照片等作为有力证据。与 A 系列相对应，B 系列也将陆续出版，全部出齐之后，将超过 300 本。

历史的生命在于真实、客观、准确。《抗日战争时期中国人口伤亡和财产损失》这一课题调研的生命也在于真实、客观、准确。所以，在开展这一课题调研的过程中，我们始终把保证调研质量，保证所有材料、事实、成果的真实性、客观性和准确性放在第一位，并在五个重要环节上严格要求、严格把关。第一，严格要求。一开始就明确规定，课题调研工作坚持实事求是的原则和科学严谨的态度。整个调研工作必须尊重历史事实。档案怎么记录的，就怎么记载，不能随意改变。当事人知情人怎么说的，就怎么记录，不能随意加工。所有的材料、事实都要经得起法律上和学术上的质证。在需要与可能的情况下，对当事人知情人的证词证言要进行司法公证。各种数据，都要确有根据，不能随便乱填。不许追求任何高数字、高指标。第二，统一规范。对课题调研的项目、内容，都做了认真细致的研究，提出了统一要求和严格规范。全部调研设计了统一的表格，对调研报告的内容和格式做了统一规定。每个数字的内涵外延，包括如何计算、如何换算等等，都有明确的规定。事前对调研人员进行了培训。调研过程中，对没有理解的问题、疑难的问题等,都由专家给予统一的解释、说明。第三,责任到人。对所有参与课题调研的人员,都实行责任制。查档的、笔录的、整理的、起草调研报告的、审读的……每个环节的人员都要签名,以使对这一环节自己的工作负责,对子孙后代负责。明确规定,今后凡遇到质疑,有关环节的调研人员都要能够站出来进行证明、解释和辩论。第四,客观撰写。在汇总情况、起草报告阶段,要求所有的调研报告、数据统计,都必须客观、真实、准确。一律用事实说话,材料要具体、实在。不允许像写文艺作品那样来写调研报告;不允许作任何想象、编造和煽情性的描写;不允许刻意追求语言的生动华美;不允许用任何带有夸张性、主观推断性的文字;不允许用"不计其数""无恶不作"这类抽象的形容词来概括;经过调研,凡是能够说清的事实、数字都予采用,但仍然说不清的情况、数据,就客观地说明未查清楚,在汇总和整理数据时充分考虑这些因素,绝对不得编造数字。第五,四级验收。除了在调研过程中专家随时给予指导外,对各地提交的调研报告和相关材料,都实行四级验收制度。每一环节都要有专家审读、验收、签字。凡存在问题和不符合要求之处,都要退回重新核查和修改。

由于自始至终都高度重视和强调调研的质量问题,所以,对于这一项目的真实性、客观性、准确性,我们有充分的信心。当然,无论如何,历史已经过去了六七十年,很多当事人已经去世,很多档案资料已经散失。现在再对发生在六七十年前的灾难进行大规模的调查,其困难是可想而知的。所以,即使做了最大的努力,我们仍然充分预计在调研成果及其有关材料中,还是会有不足和差错之处,出版之后,肯定会有不同意见。所以,我们真诚地欢迎所有看到这些调研成果的人们,对其中的内容、材料、数据等进行审查、讨论。如此,必将有更多的人们关心和参与对当年那场灾难的调查,必将会提供和发现更多的档案、更多的资料、更多的见证,必将对我们调研成果中的很多内容进行不断的推敲琢磨,从而使我们能够更加准确、系统地展示当年中国的人口伤亡和财产损失,使我们为子孙后代留下的资料更为完整、更为丰富。我们也欢迎日本和其他国家的人们对这些调研成果进行阅读、审查、讨论、质疑。如此,将会有更多的国家和人关注中国当年所遭受的灾难,也将会有更多的存留于国外的档案资料出现在世界面前,也将会使对当年这段历史和灾难的记录、研究更加准确和科学。

《抗日战争时期中国人口伤亡和财产损失》课题调研,是一项学术性的工作。开展这项课题调研,是为了更加准确和详尽地记录这场战争和灾难的历史,更加充分和有力地揭露日本军国主义的侵略罪行、反击日本右翼势力否认侵略战争的言行,更加充分和有效地进行爱国主义教育,毋忘国耻、振兴中华,更加积极地促进两岸交流、推进祖国和平统一进程,同时,也是为了给全世界所有关注当年这场战争和灾难的国家、政府和人们一个更加负责任的交代,为子孙后代继续研究当年中国人民抗日战争和日本军国主义的侵略罪行留下一笔丰富翔实的历史遗产。因此,虽然是学术性调研,但具有重大的历史意义、现实意义、国际意义、政治意义。作为历史工作者，我们有责任、有义务，实事求是地把中华民族那场巨大的战争和灾难尽可能完整地记载下来。推动和开展这项课题调研，是良心所在，是责任所在！每每读到那些令人震颤的历史事实，每每想到那数千万死难者的冤魂亡灵，每每掂量我们今人特别是历史工作者的责任，我们都禁不住潸然泪下。6 年来，所有调研人员本着对历史和民族负责的精神，殚精竭虑，无私奉献，千方百计寻找各种线索，逐字逐页翻阅档案资料。为了做好当事人、知情人的调查取证工作，顶酷暑，冒严寒，深入村镇，一家一户进行走访。也许，随着时间的流逝，这样的调研工作，以后再也不可能如此全面深入大规模地进行了。所以，对于能够初步完成这一课题的调研，我们极为欣慰，对能够取得今天这样的成果，我们极为珍惜。6 年来，调研工作遇到过重重困难，调研人员付出了巨大心血，但只要能够对国家、对民族、对人民有一个负责任的交代，我们所有的努力、辛劳、甚至痛苦都是值得的！

现在，《抗日战争时期中国人口伤亡和财产损失课题调研成果丛书》就要出版了，但这项课题调研的工作并没有结束。很多专题性调研还要继续进行，对大量档案资料还要进行分析研究，在分区域分专题调研的基础上，还要对整体性的数据进行计算和统计。所有这些，都还需要我们继续不懈地进行工作。我们将继续以对历史负责的精神，一如既往地将这项课题调研工作做好。

历史，是现实的基础，更是未来的起点。打开尘封的记忆，重温昔日的往事，我们可以得到很多的启示和教诲，增长很多的聪明和智慧。所以，研究历史，形式上是向后看，但根本目的是向前看。作为一种科学的学术研究，我们调查历史的真相，记录历史的灾难，不是为了延续旧时的仇恨，不是为了扩大中日之间的裂痕，不是为了煽动狭隘民族主义的情绪，而是为了以史为鉴，不让历史的悲剧重演；面向未来，书写更加友好合作的美好篇章。经历了太多的苦难和挫折之后，我们更加坚定地热爱和平，更加执着地追求正义，更加珍惜国家的主权与独立，也更加关注世界的文明发展和进步。我们真诚地希望，世界各国能够携手努力，平等协商，求同存异，友好相处，共同推进世界的发展，共享人类文明的成果；我们真诚地希望，中日两国人民能够更多地加强交流、理解和合作，共同开辟中日关系的新局面，使中日关系更加健康稳定地向前发展，使中日两国人民真正世世代代地友好下去；我们真诚地希望，中华民族能够始终以坚韧不拔的努力，坚定不移地走和平发展之路，全面建设小康社会，努力实现社会主义现代化，为推动建设一个和平发展、文明进步的世界作出自己的贡献！

2010 年 8 月 15 日

# 目　录

## 民国档案资料

## 文史资料

# 前　言

　　20 世纪三四十年代,日本发动侵华战争,使中华民族遭受了重大的人员伤亡和财产损失。日本帝国主义发动的这场侵华战争,不是一般的中日民族之间的战争,而是逆时代潮流而动的势力以极端野蛮的方式向人类文明的挑战。日本军国主义反人类、反文明的罪行,对中国人民乃至全世界人民造成了严重的伤害和破坏。

　　日本军国主义继 1931 年发动九一八事变、鲸吞我东北三省后,又于 1937 年 7 月 7 日发动卢沟桥事变,开始全面侵华战争。不久,北平、天津相继沦陷。1937 年 11 月 12 日,中国最大的经济、金融中心城市上海失陷,一个月后的 12 月 13 日,国民政府所在地南京也被日军攻陷。日军为进一步侵占长江两岸中华国土,霸占长江流域资源,溯长江天堑西进,直逼屏障抗战指挥中心武汉的战略要地——江西。

　　江西北达武汉,西通长沙,东临闽西,南接粤北,历来为兵家必争之地。自 1937 年底至 1938 年 10 月上海、南京、武汉相继沦陷后,东南各省与西南大后方的交通大都经过安徽、江西、湖南、广西、贵州到达国民政府陪都重庆,江西又成为东南战场连接西南大后方的纽带与通道,并且成为战略物资的主要供应省份。守住江西,就保持了东南与大后方的联系,东南战场就有了坚强的支柱与后盾。鉴于其在抗战中的重要战略地位,江西一直战事不断,是第三战区、第九战区正面战场的主要战场之一。进入抗战相持阶段以来,正面战场共有 18 次大的交锋,而江西境内就有南昌、上高、赣东(浙赣)3 次大会战。8 年中,由于江西军民的英勇抗战,全境始终没有完全沦陷,基本上守住了境内相对稳定的对日作战线、相持线,且迫使日军驻赣兵力长期保持在 10 万人以上,打乱了日军的兵力部署,对支持东南战场乃至全国抗战作出了巨大贡献。

　　江西军民在抵抗日军进攻、为全国抗战作出巨大贡献的同时,也付出了巨大的牺牲。日军为占领江西,达到军国主义的罪恶目的,不惜一切代价,甚至公然违反国际法,悍然使用化学毒气弹发动进攻。1938 年 6 月 26 日,日军波田支队就凭借化学毒弹武器,攻占了马垱要塞,侵略军沾满鲜血的铁蹄自彭泽登陆,由此窜入江西大地。从 1938 年 6 月至 1945 年 8 月,全省共有 78 个县市,42 个县市遭日军严重骚扰破坏,24 个县市城区几成焦土,魔鬼之旅的黑翼遮蔽了文明千载的豫章古郡。

　　在马垱失守后的 7 年间,盘踞江西的日军大肆推行烧光、杀光、抢光的“三光”

政策,疯狂叫嚣着"烧杀以扬军威,掳掠以助军需,奸淫以供军乐",对江西实行飞机轰炸、奸淫妇女、残害劳工、施毒散疫、掠夺财富、文化侵略、毁灭文明并实施罪恶统治,在江西犯下了不可饶恕的滔天罪行,给赣江两岸的炎黄子孙遗留下了世世代代不能忘记的耻辱、血泪和对侵略者的深仇大恨。

抗战八年,江西全省共有 200 万人沦为难民,伤亡人口总计为 504450 人,占全省原有人口的 3.8%。例如奉新、高安、九江、永修、瑞昌、湖口、临川、靖安等地的死亡人数,均在 1 万人以上。财产损失总计为 10072.023 亿元(法币、下同),其中直接财产损失(以 1945 年 9 月物价为准)共计 6719.886 亿元,间接财产损失共计 3352.137 亿元。全省较大城镇的房屋被毁在 50% 以上,其中有 18 个城镇被毁房屋超过 90%。土地抛荒十分严重,全省至少有 300 万亩土地荒芜。工矿设施毁损严重,致使战后江西几无近代工业可言。民脂民膏尽付东洋,财富基业毁于一旦。日本侵略者在赣犯下的滔天罪行,罄竹难书。

然而,战争结束 60 多年来,日本右翼势力却从不正视历史、思过反省,而是一直极力抹杀日本对这场战争的罪责,极力抹杀日本军国主义所造成的严重罪行,甚至美化侵略战争,这不能不激起中国人民和全世界人民的极大愤慨。令人遗憾的是,多年来,我国却一直没有在全国范围内进行过广泛的、符合法律规范和要求的调查取证工作。虽然从民国时期到新中国成立,我们也曾做过一些较大范围的调查,也有过一些不同方面的研究,获得了一些有价值的档案资料和调查取证的依据,但总的说来,都不够全面,难以反映历史的全貌。为此,继续深入研究日本侵略中国的历史,力求以确凿的历史档案、文件资料、人证、物证、书证等为基础,弄清这一时期全国各地人口伤亡和财产损失情况,对于揭露日本军国主义的残暴罪行,更准确地反映日本侵华战争给中国人民和世界和平带来的灾难,戳穿日本右翼势力歪曲历史、美化侵略的谎言,对于中华民族毋忘国耻、振奋民族精神、发扬爱国主义精神,都具有重大意义。

2005 年,中共中央党史研究室正式启动《抗战时期中国人口伤亡和财产损失》课题,于 3 月 1 日向全国党史部门下发了《关于开展〈抗战时期中国人口伤亡和财产损失〉课题调研的通知》。中共江西省委党史研究室接到通知后,立即进行研究部署,并及时向全省 11 个设区市下发了《关于开展〈抗战时期江西省人口伤亡和财产损失〉课题的通知》,要求各地立即开展工作,并成立抗战专题课题组,由省室主任沈谦芳(前期为苏多寿)和副主任王瀚秋分别任组长、副组长,负责领导课题组的全面调研工作,组织课题组成员展开广泛调研。经过全省党史工作者 5 年多的共同努力,采访了众多的当年亲历亲见亲闻者,查阅并征集了大量的历史档案、文史资料和图片,撰写了省、市、县(市、区)三级调研报告,为充分揭露日本军国主义在赣暴行,准确反映江西人民所遭受的人员财产损失,打下了坚实的基础。

为了进一步揭露日军袭赣情况及其所犯下的滔天罪行,更全面真实地反映江西人民所经历的那段炼狱般的岁月,本着对历史负责、对民族负责、对世界负责的态度,中共江西省委党史研究室又决定编纂《江西省抗战时期人口伤亡和财产损失》一书。全书由抗战时期人口伤亡和财产损失调研报告、民国档案资料、文史资料、日军在赣暴行录、重大惨案、抗战时期人口伤亡和财产损失大事记、图片等7个部分组成,分上、下卷,共约100万字。本书以数据、表格、图片及文字资料等形式,真实揭露了日军袭赣8年中的种种残暴罪行,并力求全面、准确地反映因日军暴行给江西造成的人口伤亡和财产损失情况。因年代久远,许多亲历抗战的人员早已故去,并且很多珍贵的档案资料业已散失,书中所用的数据并不能完全反映江西当时的受损情况,但仍足以揭露日军反人类、反文明的罪行,戳穿日本右翼势力歪曲历史、美化侵略的谎言。

我们强调不要忘记历史,并不是要延续仇恨,而是要以史为鉴,面向未来。让我们牢记60多年前发生在赣江两岸的惨剧,振奋自尊、自信、自强的民族精神,大力弘扬爱国主义精神,为中华民族的伟大复兴而努力奋斗。

# 抗战时期人口伤亡和财产损失

# 调 研 报 告

# 江西省调研报告

日本帝国主义继 1931 年发动九一八事变、鲸吞我东北三省后，又于 1937 年 7 月 7 日发动卢沟桥事变，开始全面侵华。8 月 13 日，日军又挑起八一三事件，11 月 12 日上海失守。为侵占长江两岸大片国土，霸占长江流域资源，日军溯长江天堑西进，挟腥风血雨，直逼地处东南心腹、屏障抗战指挥中心武汉的战略要地——江西。1938 年 6 月 26 日，日军波田支队在赣北长江的马当要塞公然违反国际法，疯狂使用化学武器，攻占了马当要塞，侵略军沾满血污的铁蹄自彭泽登陆，窜上了江西大地。

## 一、江西在抗战时期的战略地位

江西省地处长江中下游南岸。抗战时期，作为全国正面战场的重要作战区域之一，江西坚持对日作战八年，在整个正面战场乃至全国战局中占有重要的地位。

江西东、南、西三面环山，边界山脉奇峰异谷，有着丰富的农林资源和地下矿产等重要战略物资。江西东接闽浙，西靠湖南，南连广东，北携徽鄂，既是东南战场连接西南大后方的纽带与通道，又是西南大后方的前沿与东南战场的后方，东、南、西地区战时便成为国民党江西省政府退据的中心区域，为江西战场后方的经济建设提供了很有利的客观条件。

江西北部临江，全省地势由外向里、由南向北倾斜，形成了一个向长江开口的盆地。北部地区因地势低洼平坦，村落密集，工农业发达，使得战时江西成为粮食供应的大省，除负责本省战区军民粮食的供应外，还承担了第三战区驻浙江、皖南部队，第七战区广东东江、北江驻军和第九战区湘东、湘北驻军的军粮供应，江西与四川、湖南 3 省被并称为后方三大产粮区。在国民政府实施征粮的 19 个省市中，江西历年征粮平均数占全国的 12%。因此有人预言，如果"失掉江西，便没有法子来支撑江南的战局"。江西省主席熊式辉曾把江西比喻为第一次世界大战中的法国要塞凡尔登："就粮食一项说，实负有支持东南整个抗战局面的最大责任"和"使命"①。

自 1937 年 11 月、12 月和 1938 年 10 月上海、南京、广州、武汉相继沦陷后，东南各省和西南大后方的交通大都经过安徽、江西、湖南、广西、贵州到达国民政府陪都四川重庆，守住江西，就保障了东南与大后方的联系。鉴于其在抗战中的重要战略地位，中日双方都非常关注江西战场。抗战初期，赣北战场的作战滞缓了日军对武汉和长沙的进攻，是武汉、第一次长沙会战中较有成绩的外围战。特别是武汉会战中的万家岭大捷，沉重打击了日军的嚣张气焰，对全国军民抗战具有

---

① 《抗日战争正面战场》，江苏古籍出版社 2005 年版，第 820 页。

极大的鼓舞和激励作用。进入相持阶段以后，正面战场共有 18 次大的战役，其中第三、第九战区就有 8 次，而江西境内就有南昌、上高、赣东（浙赣）3 次大会战。这对打击日军，推进全国抗战起了重要作用。在战略反攻阶段，江西战场虽然没有发生大的军事行动，但赣中和赣西南的几次阻击战，对湘、粤等战场也有一定的策应和配合作用。

八年期间，江西战场上抗击了大量日军，始终没有全境沦陷，基本上守住了境内相对稳定的对日作战线、相持线，对支撑东南抗战，屏蔽国民党中枢西南大后方，坚持全国持久抗战直至最后胜利作出了重要贡献，在中国抗战史上写下了不朽的篇章。

**二、日军在江西犯下的主要罪行**

自 1937 年 8 月 15 日 14 架日机首次空袭南昌后，江西这片美丽的河山，从此遭受了长达 8 年的蹂躏，生长在这片土地上的人民陷入了空前的灾难之中。

日军侵赣后，常年保持 10 万人左右盘踞江西。其中主要作战部队是日本陆军第 3、第 6、第 27、第 33、第 34、第 40、第 101、第 106 等 8 个师团和独立第 7、第 20 旅团，空军是第 3 飞行团及海军航空队，海军有舰艇 10 余艘。日军疯狂叫嚣"烧杀以扬军威，掳掠以助军需，奸淫以供军乐"，大肆推行烧光、杀光、抢光的"三光"政策，给江西人民留下了世世代代不能忘记的耻辱、血泪和对侵略者的深仇大恨。

**1. 飞机轰炸**

抗战爆发后，日军飞机经常对江西实施狂轰滥炸。1937 年 8 月 15 日，14 架日机首次空袭南昌，投弹 10 多枚，炸死 6 人。由此至 1939 年 3 月，日机共在南昌地区进行了 49 次轰炸，投弹 1559 枚，中弹地点达 431 处。仅 1938 年 3 月 18 日至 9 月 4 日，日军就出动飞机 142 架次轰炸南昌，炸死市民 1225 人[①]，烧毁大片房屋。

日本侵略者在沿长江西犯的过程中，在九江未沦陷之前，即于 1938 年 6 月 15 日派飞机 7 批 35 架次，对九江城区实施骚扰和轰炸。1938 年 6 月 20 日至 1940 年，日军飞机先后大规模轰炸彭泽县马当、黄岭、老湾汪村、太平关等处共 16 次，炸毁房屋 2000 余栋，炸死百姓 800 余人。1938 年 6 月 23 日至 29 日，日军飞机 2 批 11 架次，轰炸德安县城，挤在火车站防空洞口的平民全被炸死，全城房屋 851 栋被烧毁 821 栋[②]。1938 年 7 月 25 日清晨，日军出动 72 架飞机，对九江城区和江北小池口狂轰滥炸，投掷燃烧弹，造成极为惨重的破坏。下午 7 时半，九江城区沦陷。在日军铁蹄下，九江（县市合计）死亡 23537 人，伤 4795 人[③]。

1939 年底至 1942 年 7 月，日军飞机先后对景德镇进行了 16 次 21 批轰炸，其中轰炸城区 7 次 12 批，轰炸乐平县城和鸣山煤矿 5 次，轰炸浮梁旧城和三龙圩 4 次。1939 年农历十一月十六日，日机 2 架首次轰炸瓷都景德镇城区，炸毁圆器坯坊一座。1939 年农历十二月十六日，日机 9 架，将城区戴家上弄吉安会馆炸为废

---

①② 《江西省军事志》编纂委员会编：《江西省军事志》，赣出内图志(97 第 009 号)1997 年版，第 239 页。
③ 《江西抗战纪事》，中央文献出版社 1995 年版，第 9 页。

墟,炸死难民100多人,浚泗井、千佛楼等处亦被炸。1940年农历1月16日、17日,4架日机连续两天对城区进行轰炸,董家岭一处防空洞内60余人全被炸死,并炸毁了观音岭窑、土地岭窑和项家窑。1940年4月5日清明节那天,27架日机对城区狂轰滥炸,陶王庙、落马桥、烟园口、花园上弄一带数百间坯坊和民房被夷为平地,戴家弄中段被炸成焦土,金家弄口的王长兴国药店被炸起火,烧得片瓦无存。这次炸死平民160余人,伤者无数。1942年7月,日机最后一次轰炸景德镇,一天6批,10多处地方被炸毁。

自1938年1月至1945年8月,日军前后出动飞机2140余架次,轰炸上饶12个县市,炸死平民数千人,伤近万人,炸毁民房9000余栋。仅1940年3月中旬的一次轰炸,日军就出动飞机36架次,对上饶县城和皂头镇进行轰炸,造成县城中街(今信州区信江中路)一里多长大街的两旁店铺全被炸毁,死伤680余人[1]。

鹰潭市今辖月湖区、贵溪市(县级)、余江县。自1937年8月15日,日军出动14架飞机第一次空袭鹰潭镇(今月湖区)始,至1943年7月最后一次空袭止,前后共空袭72批次,出动飞机447架次,共投弹1243枚,炸死炸伤平民589人,烧毁房屋748栋[2],铁路、桥梁、车辆被炸毁。其中贵溪县193架次,鹰潭镇211架次,余江县46架次。

自1939年3月28日日军占领南昌后,就开始派飞机对抚州实施狂轰滥炸。至1941年,共对临川、南城、东乡、崇仁、宜黄、南丰、广昌等县轰炸37次,其中对东乡县城的轰炸多达20余次,仅东乡、南城、临川、崇仁县炸死炸伤平民多达1700余人,烧毁房屋1242栋[3]。

赣南曾经是江西和华南抗日战场的大后方,后期又是抗日前线战场之一。自1938年5月29日至1945年,日机多次对赣南地区狂轰滥炸,造成赣南人民生命财产的重大伤亡和损失。据抗战后国民党江西省政府《江西各地受敌机轰炸及损失总报告》记载,日机在赣南先后共投弹500余枚,炸死350余人,炸伤620余人,炸毁房屋1500余栋[4]。

吉安市位于赣中西部,抗战时期曾作为江西省政府所在地,是东南抗战的大后方,是江西战时工业建设的中心地区和军粮的主要产地,同时也是沦陷区人民南下逃亡的主要寄居地。从1937年冬开始,日军有计划地对吉安进行轰炸。1939年至1940年8月,日军共出动飞机46架次,对泰和县空袭10余次,投弹70余枚(其中燃烧弹64枚),炸死炸伤80余人。遂川机场建成后,从1942年9月至1944年12月,遭日机袭击103次,日军共出动飞机455架次,投弹15000余枚,炸死炸伤平民173人,毁坏房屋35栋。吉水县城遭日机轰炸2次,共伤亡70余人,炸毁房屋30余栋。新干县被空袭3次,伤亡40余人,炸毁房屋80余栋。吉安城区被日军空袭59次,投下炸弹1729枚,炸死488人,炸伤741人,炸毁房屋1851栋、汽车16辆、民船6艘。

---

① ② ③ ④ 《江西省军事志》编纂委员会编:《江西省军事志》,赣出内图志(97 第009号)1997年版,第239页。

1944 年春夏期间,日军三次窜犯萍乡,两次深入腹地,先后盘踞 47 天。当时全区 41 个乡镇,有 38 个受到日军袭扰和蹂躏。7 月 26 日,3 架日军飞机在芦溪上空盘旋低飞后,突然在打石坑发射机关炮,3 名农民当场中弹身亡;紧接着,敌机又沿铁路线投放炸弹,一列军用列车的两节车厢被炸起火,引起连环爆炸,一时浓烟滚滚、火光冲天。27 日上午,9 架日机呈"品"字形飞行,再次袭击芦溪。芦溪麦园街谢木匠的弟弟、颜维汉的母亲等 3 人当场被炸死,另有 9 人被炸伤。

南昌沦陷后,地处南昌外围的丰城、樟树、上高、高安、奉新、靖安等县市,是当时较大规模的"南昌会战"、"上高会战"的火线区域;而地处湘鄂赣边的袁州、万载、宜丰、铜鼓等县区,又是先后数次遭受"长沙会战"及日军为打通浙赣、粤汉交通线而发动的大规模进犯的战火摧残。1938 年,日军飞机首次对丰城城区进行轰炸。从 1939 年 3 月 22 日至 4 月 2 日,奉新、靖安、高安相继沦陷。在这期间,上高、万载、宜丰、铜鼓、袁州、樟树等县市区,都先后遭到日军飞机轰炸。1939 年 9 月 24 日,日军飞机又对高安岗上村进行轰炸,炸死平民 310 人,烧毁房屋 70 余间。

从 1939 年 3 月至 1941 年 8 月,日军先后出动飞机二三十架,对新余地区进行了 8 次狂轰滥炸。1939 年 3 月 23 日至 1940 年 11 月,日军飞机 11 架次轰炸新余县城,炸死炸伤平民 105 人,烧毁房屋 23 栋。

## 2. 残杀民众

日军在江西肆无忌惮地残杀百姓,先后在彭泽、湖口、九江、瑞昌、永修、德安、奉新、南昌、临川、高安、余干、万年、崇仁、进贤等地,以及在主要交通道路上的县市野蛮制造了上百起集体大屠杀事件,用极为残忍的手段屠杀手无寸铁的民众,其暴行骇人听闻。

1938 年 6 月 26 日,日军攻陷马当后,随即在彭泽境内进行了两次集体大屠杀,马当附近以柯、毕、高、詹四姓为主的村庄死亡千余人。同年 7 月 20 日,初入江西的日军包围了湖口县的周玺村,将百余村民用刺刀捅,用机枪扫,全部杀死。8 月 23 日,日军将鸟林峦村的 50 多个农民集体杀害,并烧毁民房 76 户。在日军的残害下,原有 600 多户的湖口县棠山镇,仅存 50 来户,500 多平民死于非命。9 月 20 日,一股日军窜至瑞昌县北亭,把郝家、叶家、王家几个村子的百姓集中到南山叶村的禾场上,用机枪扫射,107 名村民倒在血泊中,少数中弹未死者被日军活埋[①]。

1938 年冬,驻扎在德安永安堡岑家(今八一行政村岑家)的一连日军调防。行前头日下午,日军将抓获的 50 多名村民押至村后龙山边站成一排,全部被刺刀捅死。次年 1 月 5 日、6 日,驻扎在永修县燕坊附近的日军出动一个中队 100 多人窜至德安县墨溪乡吴家庄,打死打伤群众 460 余人,烧毁房屋千余间[②]。

1939 年 9 月 18 日,日军把高安县芦桐村群众 100 多人关在屋里,纵火烧死,毁屋 210 间。24 日,日军在肖家村投掷了数十枚手榴弹,炸死炸伤村民 520 余人,

---

①② 《江西抗战纪事》,中央文献出版社 1995 年版,第 16 页、第 18 页。

烧毁房屋300多间。同日,日军在大族村把群众逼至一口水塘,当场枪杀400多人,烧毁房屋1600多间。9月29日,日军在大屋场纵火烧村,烧死群众280人,烧毁房屋700余间,全村顿时成为废墟①。

1942年6月,日军进入临川县城。他们将抓到的居民50多人一个个反绑成串,押至行易桥上,首先推一人下河,后面的人也随之坠入河中淹死。当月19日,日军120人乘夜包围了唱凯岭上的徐家村,136名村民躲在附近禾田内,日军发现后,用机枪扫射,村民全部被杀害②。

凶残的日军连儿童也不放过。1944年7、8月间萍乡被日军侵占时,新塘黎少林的10岁儿子在放学途中被日军撞见。日军对他当头一刀,劈死在水塘边。他的同学,9岁女孩黎小莉,被日军拦腰斩断。

日军在江西残杀百姓的罪行不胜枚举。以赣东为例,据1942年11月25日《新民报》载:"浙赣之役后的赣东,一片凄凉,崇仁、宜黄、贵溪、上饶、玉山等各县,其中以上饶、玉山烧杀最惨,贵溪尤烈,景况凄凉,亟待善后。敌此次进扰时,口号有曰:烧杀以助军威,奸淫以助军乐,抢劫以助军食。其杀人方法有二十六种。临川文昌桥下,被害者数千人。崇仁、宜黄一带,数十里无人烟。"由此可见日军暴行之一斑。

### 3. 淫虐妇女

日军在妄图灭我民族、毁我河山的同时,还犯下了令人发指的强暴妇女、伤害女性的滔天罪行。一位江西受害者曾指控他们:纵将这群禽兽不如的恶鬼,千刀万剐,亦不足以抵偿其凶残、邪恶、无耻的罪孽之万一!

凡被日军所掳妇女,不论老少,皆被奸淫,有的被轮奸多次,奸后被杀。1939年10月5日,日军在高安将600多村民围困在团山寺,大肆抢劫一番之后,将7名青年妇女剥光衣裤,拖出庙外,在光天化日之下轮奸。高安在沦陷期间,全县遭到日军奸淫的妇女多达15300余人③。

1941年3月,上高会战期间,日军在当地一见到女人,不论老幼都强行奸污,然后杀害。1942年7月,日军在临川抓到一批妇女,剥光她们的衣服,把她们赤身露体地押到坤贞观,集体轮奸后将她们全部杀死。

日军占领上饶期间,抓到妇女,往往先是强暴轮奸,然后再强迫她们裸体挑柴、担水、做苦工。南城沦陷时,日军把抓获的大批妇女集中关押在尧家大屋,在光天化日之下进行集体轮奸。王玉英等5人被当场奸淫致死。

1942年6月,日军在崇仁烧杀之后,又疯狂地四处抢掳妇女。从十一二岁的幼女到七八十岁的老妇,凡落入日军之手的多被奸淫致死,不死亦受重伤。仅县城受害妇女就多达50余人④,其中不少是少女,这些人被奸后皆被杀死。流亡逃难去宜黄的南昌葆灵女中300多名师生,途经崇仁许坊圩时,在许坊小学遭遇日

---

① ② ③ ④ 《江西抗战纪事》,中央文献出版社1995年版,第20页、第22页、第24页、第25页。

军,备受凌辱,30多名女学生在校内被集体奸淫,余者四处逃散。

1942年7月7日,20多名日军在余干县城搜寻妇女,当街强暴奸淫。同月15日,又有20多名日军在县城搜寻妇女。侵华日军丧尽天良,寡廉鲜耻。他们在余干"县城搜寻妇女,肆行奸淫,露天旷野也好,大庭广众也好,他们在哪里抓获就在哪里奸淫"①;强奸之后,还不准她们穿衣服,逼迫她们赤身裸体供日军猥亵,对这些妇女百般羞辱凌虐,其无耻之状难以尽述。

日军奸淫妇女手段残忍至极,就是出了家的尼姑他们也不放过。据国民党中央通讯社1942年10月6日赣州电讯:"敌寇在南昌、新建等地大施兽行,无恶不作……有敌酋一人,率领敌军十余人在距南昌市60里之岗山附近强奸玉华观尼姑,并将寺内一切食物劫掠一空,扬长而去";全观14名尼姑痛愤清门受玷,遂举火自焚②。

被日军蹂躏残害的江西妇女数字难以确切统计,但日军给江西妇女及家庭造成的肉体上的折磨和心灵创痛非言语所能形容。

4.施毒散疫

日军侵占江西期间,多次使用化学毒弹和细菌武器,在水井水源里投放毒药,同样给江西人民造成了深重的灾难。

1938年6月下旬,日军第27师团的波田支队在进攻彭泽马当要塞时大量使用化学毒弹和毒剂,使中国守军伤亡70%。日军在进攻彭泽的抗日军民时,在南垄阳村一带施放了大量毒瓦斯,使中国军民惨遭重创③。

同年8月下旬,日军波田支队和第9师团的丸山支队联合进攻瑞昌。9月下旬,日军飞机在南义乡张家铺东面的羊虎尖山、梅山等地投下毒气弹、细菌弹多枚,使瑞武公路东侧一带的村庄发生了严重瘟疫。当地群众大量出现手脚溃烂的特异病症,死于非命者众多。

1938年9月,在德安战役中,日军第106师团每个步兵队都配带了100多发"特种筒"毒气弹,在战场上使用。

自1938年9月至次年2月,日军在德安投放、发射了多枚有毒炮弹和窒息性毒剂,致使许多当地百姓和抗日战士遭到严重伤害,其中有的突然暴毙,有的全身溃烂、烂脚生疮,慢慢受尽折磨而死。据1987年8月7日北京中国新闻社的《我首次披露日军侵华时使用毒剂情况》揭露:"日军在江西省德安县就使用红筒(系窒息性毒剂)12000个,并发射毒剂炮弹3000余发,造成染毒面积30万平方米"。

次年1月3日,日军进犯永修县张公渡,大量使用毒气弹和化学武器,给中国守军和当地人民造成极严重的伤害。

1939年3月20日,日军攻打南昌外围时,在修河南岸一带向中国军队发射了

① 洪勋:《日军侵占余干的暴行和人民的反抗》,《江西历史资料选辑》第17期,第182页
② 《抗日战争时期江西大事月表》,存江西省档案馆。编目号:J043-22-0132 分类号:G231。
③ 《江西抗战纪事》,中央文献出版社1995年版,第28页。

2万多只烟雾喷射器毒气弹[①]。26日，日军第101师团主力在炮兵掩护下进攻南昌，作战时大量使用毒气弹，得以由牛行车站及生米街附近渡过赣江，攻入南昌。日军沿途施放的毒气弹，严重危害中国军民的生命。

1939年8月27日清晨，6架日机在高安县吴珠岭一带投下大批细菌弹，给这一带群众造成了毁灭性的灾难。当地民众及外来难民7000多人受到细菌和毒气的严重感染，全身溃烂，2100多人很快断送了生命。吴珠长一家18口全部被毒害而死。吴珠岭下尸骨成堆，阴风惨惨。

同年9月19日，日军第106师团从北面，第101师团第157联队从东面合攻高安，在战场施放大量毒剂。中国军队第139师很多官兵中毒，阵地被日军攻占。

1942年6月上旬，占领鹰潭的日军窜到江山艾家，一面抓人当苦力，一面在水井里投毒，当时即造成55人中毒死亡，水井亦被废弃。

由于日军在江西各地肆意杀人，整村整镇地灭绝人口，抛尸四野，往往造成大量尸体无人掩埋，腐尸臭气熏天，致使细菌繁衍、疾病流行。日军将米缸、水缸、水井当做粪窑、便池和垃圾箱，使许多水源被严重污染。日军每到一地，疯狂抢劫家畜、家禽，将不食用部分随处抛掷，对来不及食用的畜禽也都加以宰杀，任其腐烂，毒害地方。这样，进一步促使鼠疫、伤寒等各类瘟疫在各地蔓延，其中受瘟疫祸害最严重的有南城、萍乡、南丰、玉山、靖安、九江等地，许多人未死于战火却死于流行病。1942年10月5日《解放日报》载讯：“赣东于战争中遭敌寇烧杀洗劫者有10余县之多，灾民在300万以上。灾情以南城、金溪、崇仁、宜黄、南丰、鄱阳、清江等县最为严重。灾民多四散逃亡，十室九空。目前灾区传染病极流行，饿毙及因传染而死者极多。”

日军对江西地区的毒气和细菌攻击，不但在当时给当地居民带来了极其严重的危害，而且留下了长期隐患。许多地方数十年后还发现感染病例，有些地方至今还留有因污染严重而封禁的山林。近年，上高县泗溪乡官桥村扩建圩集时，挖出200余枚侵华日军毒剂罐[②]。这批毒剂罐埋匿在官桥祠堂的一个房间内，全部排列盛放在一个单砖砌成的长2.2米、宽1.5米、深1.3米的长方体大坑里。毒剂罐为圆柱体，直径约0.11米，高约0.22米，罐壳为铁皮夹纸结构，一端为拉火装置。罐体因年久而腐蚀，露出白色药物，散发出强烈刺鼻的怪味，使在场人员出现打喷嚏、肋紧胸闷、干咳等症状。经有关部门取样检测，鉴定为氰化物毒剂。据调查考证，这批毒剂罐是1941年“上高会战”时日军留下的，当时日军第34师团正驻扎在这一地区[③]。

被日军施放的毒气和细菌致病、致死的江西民众之多令世人震惊，但这却是不容置疑的铁的事实。

5. 残害劳工

---

①② 《江西抗战纪事》，中央文献出版社1995年版，第29页。
③ 《江西抗战纪事》，中央文献出版社1995年版，第30页。

　　日军在江西烧杀抢掠，并到处设立据点。为此，四处抓捕民工，为其搬运物资、建筑碉堡工事。日军对待江西劳工极其残忍，其恶行罪不可赦。

　　1940年间，日军在交通枢纽鹰潭设立物资转运站，盗运抢夺来的铁轨、钢材等物资，在各地抓来2000多民众充做苦力，关进劳工营。入营劳工都被剃了头发，当做标记，每天食不果腹，累死累活。钢材、铁轨等物资运完后，日军就开始大规模屠杀劳工。日军将60个劳工为一组，用棕绳串联捆手，押到龙头山项家岭峭壁上，开枪打倒第一个人，使他坠入崖下的信江，并将其他人也拖带下峭壁。日军还在江中部署了几只汽艇，用机枪对落水劳工扫射。2000多名[①]劳工或被机枪打死，或因绳索的串联捆绑而被溺毙。

　　1942年6月，日军侵占广丰县后，烧杀抢掠，大筑工事。被掳民工当牛作马，苦不堪言。当工事筑好之后，日军将民工押到虎头背山边，逐一处决。日军在几十丈深的悬崖绝壁边搁置一块木板，一头用山石压住，一头悬空伸出崖外，将民工们蒙上眼睛，捆住双手，赶到木板上。民工们不知深浅，一踏上木板就滚落山谷，摔得粉身碎骨。日军撤走后，乡亲们到虎头背掩埋尸首，共装了18担大箩筐白骨。从此，这条无名山谷被称做"杀人沟"[②]。

　　1942年7月18日，驻扎在南昌的日军骚扰市郊的塘南地区，大肆抢劫，掠夺甚多，并在当地抓获了数十名农民充当苦力，逼迫他们搬运抢来的物资。在协成乡樊家村停歇时，日军用刺刀威逼民工们向正在沸腾的油锅里伸手捞起食物，把他们一个个烫得肉烂骨现，围观的日军取笑作乐。在快到达日军据点时，日军又把民工们和沿途抓获的80多人赶到一处叫做野猫洞的地方，强令两人一排，列成4队，拿这些人当做练习刺杀的活靶子，逐个用刺刀捅死，惨不忍睹。被抓民工陈凤水是第5个被刺杀的，日军先对他腰上猛刺一刀，拔出刀后，看他未倒，又从他背部捅刺一刀，穿透了胸腔，他当即昏死过去。半夜，在尸体堆中的陈凤水苏醒过来，爬行4个多钟头，皮肤磨烂，指甲脱落，终离险境，成为这场残杀民工血案幸存在世的唯一目击者。

　　6. 文化侵略

　　日军入侵江西后，蛮横控制舆论传播媒介，在沦陷区查禁了以往所有报纸和期刊，大肆贩卖日伪报刊，歪曲报道侵华战争事实，极力推行奴化教育，为其侵略行径张目。与此同时，日军还在各地强制实行日语教育，进行明目张胆的文化侵略。

　　在占领南昌之初，日军就出版发行了四开版的《贯冲日报》，后来又改称《江西南昌日报》。侵略者还在江西出版了四开版的日文《赣报》，在省城发行南昌市、县公报和新建县等月刊。到1940年间，日伪又新出刊了《南昌青年》月刊。日军和伪政权利用这些宣传工具，为其侵华战争服务，粉饰穷凶极恶的日本军国主义，鼓吹认贼作父的"良民"行为，贩卖自甘堕落的亡国奴思想，攻击国共两党的

---

① 《江西抗战纪事》，中央文献出版社1995年版，第32页。
② 《江西抗战纪事》，中央文献出版社1995年版，第33页。

抗日军队,诽谤抗日救亡英雄,诬蔑不屈的中国人民。

日军入赣后,还先后在九江、南昌等地开设以奴化教育为目的的所谓实验学校,并在其占领地的所有中小学强制实施日语教育。各校日语教员大都由日本人亲自担当,向学生直接灌输侵略者的思想。日本侵略者还在南昌设立了一所日本人小学,学生都是日本儿童,约有50多人,专为侵略者培养统治殖民地的后备力量。

### 三、抗战期间江西人口伤亡和财产损失情况

#### 1.人口伤亡情况

日军从1937年8月首次袭赣至1945年9月投降,前后历时8年,在赣鄱大地上肆虐横行,烧杀淫掠。据不完全统计,江西全省难民和伤病员达510万以上[①],伤亡人口总计为504450人,占全省原有人口的3.8%。其中受伤者191201人,占全省原有人口的1.4%,死亡者313249人,占全省原有人口的2.4%[②]。详见表一:

**表一:抗战期间江西省人口伤亡总表[③]** 　　　　单位:人

| 类别 \ 伤亡 | 重伤 | 轻伤 | 死亡 | 共计 |
|---|---|---|---|---|
| 男性成年 | 48361 | 65770 | 193739 | 307870 |
| 女性成年 | 24748 | 28354 | 84379 | 137481 |
| 儿　童 | 10420 | 13548 | 33900 | 57868 |
| 不　明 | —— | —— | 1231 | 1231 |
| 总　计 | 83529 | 107672 | 313249 | 504450 |

仅南昌市在陷入敌手后,全城人口由26万锐减至六七万人,其他如奉新、高安、九江、永修、瑞昌、湖口、临川、靖安各地的死亡人数,也均在1万人以上[④]。在日军"把房子里的中国人都杀掉的命令"[⑤]下,在日军的枪挑、刀劈、火烧下,江西大地上,从受伤的军人至被奴役的劳工,从白发苍苍的老人到吃奶的婴儿,皆成日军屠杀对象,到处尸横遍野,遍地哀声震天,那种惨状前所未有。

抗战期间,江西因其重要的战略地位,成为日军死死盯住的目标之一。从前方战场的作战到后方物资的劫掠,日军都不惜投入重兵,以致江西军民伤亡惨重,人口剧减,久久不能复原。具体分析江西人口伤亡构成情况,主要有军队伤亡和平民伤亡两大类:

(1)军队伤亡。

江西作为全国正面战场的重要作战区域之一,承担着支持东南抗战及屏蔽西南大

① 《江西抗战纪事》,中央文献出版社1995年版,第36页。
② 陈荣华:《江西抗日战争史》,江西人民出版社2005年版,第392页。
③ 依据1946年《江西省抗战损失调查总报告》。卷宗号:J43-24-4334。
④ 《江西省人口志》,方志出版社2005年版,第33页。
⑤ 冯英子:《赣江两岸所见》,《新民晚报》1982年9月12日。

后方和国民党中枢的重要责任。为阻止日军的进攻，江西军民作出了巨大的牺牲。

纵观江西境内中日交战，为控制江西这块战略要地，双方皆布下重兵，先后爆发了马当之战、德安战役、南昌会战、赣北战役、上高会战、赣东（浙赣）会战、湘粤赣边区阻击战、赣江追击战等重大战役，中日之间大的交锋多达18次。昔日平静的江西大地，变得枪炮轰鸣、杀声震天。从鄱湖沿线到赣江两岸，从平原丘陵到深山野岭，处处都浸染着中国官兵的鲜血。江西战场上中国官兵伤亡高达10多万。如表二所示：

表二：第九战区江西战场主要作战情况表（1939.3—1945.1）①

| 会战、战役名称 | 起 止 时 间 | 作 战 区 域 | 重要战斗地 点 | 毙伤俘敌人数 | 中国官兵伤亡人数 |
|---|---|---|---|---|---|
| 武汉会战 | 1938年6月中旬—11月初 | 湖北、皖西、豫南、赣北 | 大别山、九江、万家岭、九江沿江两岸 | 约1.6万人 | 不详 |
| 南昌会战 | 1939.3.17–5月中旬 | 江西省 | 南昌 | 约2、3万人 | 约3.2万人 |
| 第一次长沙会战 | 1939.9.13—10.13 | 湘南、赣北、鄂南 | 长沙 | 11116人 | 14534人 |
| 上高会战 | 1941.3.15—4.9 | 湘赣边 | 上高 | 2.4万人 | 2万人 |
| 第二次长沙会战 | 1941.9.17–10.8 | 湖南、赣北 | 长沙 | 不详 | 不详 |
| 第三次长沙会战 | 1941.12.19—1942.1.24 | 湘北、赣北、鄂北 | 长沙 | 不详 | 3911人 |
| 浙赣会战 | 1942.5.16—8.3 | 浙江、赣东 | 浙赣路沿线 | 2.4万人 | 3万人 |
| 粤湘赣边阻击战 | 1945.1.12—3.22 | 粤湘赣边 | 澧田、遂川、永新 | 不详 | 不详 |

（注：浙赣会战在第三战区管辖作战范围内，也在江西省区内）

军队严重的伤亡需要兵员的大量补充，抗战时期，江西共征兵103万，位居全国第四。英勇的江西儿女为了民族的尊严，国家的荣辱，不惜抛头颅、洒热血，驰骋疆场，奋勇杀敌，终于换来了江西境内相对稳定的对日作战线、相持线，对支持东南抗战，坚持全国持久抗战至最后胜利作出了重要贡献。

（2）平民伤亡。

日军侵赣8年来，窜扰与轰炸所及达78个县市，许多县市惨遭沦陷。由于日军的侵略本性，与其疯狂的军事占领相伴随，带来的必是疯狂的屠杀。无论是在窜扰区还是在沦陷区，日军都极尽一切手段屠杀平民。

---

① 参见陈荣华：《江西抗日战争史》，江西人民出版社2005年版，第398页；《论抗日战争中的江西正面战场》，《江西社会科学》1995年第7期；《江西抗战纪事》，中央文献出版社1995年版；《第九战区历次会战经过（1938.7—1942.1）》，南京第二历史档案馆全宗号787，案卷号6539。

日军侵赣初期,妄图一举击垮江西人民的抵抗意志,实现快速占领江西的意图,对江西实施了疯狂而又野蛮的轰炸,炸死炸伤平民无数。轰炸过后,日军便陆上进犯该地,采用集体枪杀、烧杀、奸杀、毒杀等各种手段来祸害当地平民。赣鄱大地上,处处尸横遍野、血水横流,日军在江西制造了一个又一个“无人村”乃至“无人乡”。据战地记者冯英子所著《赣江两岸所见》记载:1939年3月22日,安义县五房村97个村民遭日军杀害;同月24日,蔡村72个村民惨遭杀害;5月份,在南昌县仅荷埠周村就有1100余村民遭到日军惨杀,在南昌市瓜村有2700多村民被集体杀害。

随着战争的深入,战线进一步延长,日军深感兵力不足,供给也开始出现困难。为此,日军开始抓捕劳工为其加修工事和搬运战略物资。劳工们生活环境极其恶劣,工作任务非常繁重。吃不饱,睡不好,生病了也得不到医治,许多江西劳工饿死、累死、病死。工事修筑好之后,为防止劳工们泄密,日军对幸存的劳工最后都施以屠杀。

2. 财产损失情况

日本侵略军在江西实行“烧光、杀光、抢光”和“以战养战”的罪恶政策,给江西人民的生命财产造成了巨大的损失。

——由于日军的轰炸、焚烧,全省较大城镇的房屋被毁在50%以上,其中有18个城镇被毁房屋超过90%。高安、奉新等县城几乎被夷为平地,有些农村甚至片瓦无存。以致“战后复归之难民唯有以树叶搭棚,暂时容身”。省会南昌,“昔日繁华街衢,率多成为废墟。战后义民复归,什九栖身无所,房荒问题严重达于极点”[1]。根据1946年国民党江西省政府统计资料,全省战前原有房屋2170847栋,抗战期间日军放火烧毁房屋多达391874栋,占战前原有房屋的18.1%。其中南昌战时遭受损失35205栋,占原有房屋45214栋的77.9%[2]。

——由于战时日军的到处窜扰,引起土地抛荒十分严重,全省至少有300万亩土地荒芜[3],造成粮食生产严重萎缩,产量急剧下降。如前所述,江西在战时还承担了本省和东南部分地区粮食的供应,以致本省没有粮食储备应付战后缺粮之急,造成战后江西人民果腹无粮,饿殍遍地。

——由于战时日军摧毁一切工矿设施,致使战后江西几无近代工业可言。赣南、赣西南地区的一些县市,原来被视为战时“江西安全区”。战时的省会泰和与吉安、遂川、赣州、大余、赣县等县市境内,集中了南迁和适应战争建立起来的一批工矿企业,如江西炼铁厂、江西机器厂、江西硫酸厂、江西车船厂、水电厂、电厂等工矿企业,关系到江西乃至西南大后方抗战军需民用的供应问题,极为重要。但1944年4月,侵华日军为了打通南北联系的大陆交通线,发动了所谓“一号作

---

① 江西省档案馆存档资料:《蔡孟坚江西灾情报告》(1946年8月)。卷宗号 J043－24－4497。
② 陈荣华:《江西抗日战争史》,江西人民出版社2005年版,第395页。
③ 江西省档案馆存档资料:《江西救济分署署长张国焘在上海的谈话》。卷宗号:J043－19－1125。

战"，使得战火蔓延过来。在日军的炮火和日机的狂轰下，悉被摧毁殆尽，"受创均极惨重"①。战后调查资料表明，仅21个地方官营企业的损失，就高达10.1亿元(法币)。

——强征暴敛，经济掠夺，对江西经济造成严重破坏。为达到"以战养战"的目的，日军在江西大肆进行经济掠夺。从车船矿产、机器设备、工商业产品、粮棉油杂、畜禽桑麻，到老百姓的饰品衣被，无一不成为日军掠夺的对象。除公开掠夺外，日军还在沦陷区各地普遍设立"物资交换所"，开办诸如"洪都公司"、"昭和通商"、"吉田洋行"、"富士洋行"等名目繁多的商贸机构，强买强卖，垄断市场。与此同时，日军还用如同废纸的"军用票"，勒收稻谷等物资，解决驻赣日军的粮食供应，并将大批谷米由"洪都公司"转运上海。据统计，每月均在1000石以上。

在日军铁蹄的践踏下，江西全省抗战时期财产损失据不完全统计为10,072.023亿元(法币)，合战前11.5亿元。其中：直接财产损失(以1945年9月物价为准)6719.886亿元(法币)，合战前7.7亿元；间接财产损失3352.137亿元(法币)，合战前3.8亿元；每户平均损失约357160元(法币)，合战前410元。详见表三：

① 江西省档案馆存档资料：《蔡孟坚致国民政府行政院善后救济总署代电附件》，1947年8月8日。卷宗号 J043－11－0080。

表三:抗战期间江西省财产损失总表① 单位:千元(法币)

| 品　类 | 价　值 | 品　类 | | 价　值 |
|---|---|---|---|---|
| 总计 | 1007202334 | 货品 | 原料 | 3203023 |
| 直接损失 | 671988572 | | 材料 | 285686 |
| | | | 制成品 | 1728516 |
| 建筑物 | 279039648 | | 存货 | 147461437 |
| 矿产品 | 209376 | | 生金银 | 645313 |
| 畜产品 | 408565 | | 保管品 | 85567 |
| | | | 抵押品 | 1080692 |
| 水产品 | 843495 | | 有价证券 | 3861 |
| | | | 医药用品 | 535644 |
| 器械设备 | 器具 | 52474417 | 衣物 | 53411271 |
| | 农具 | 5540340 | 矿坑 | 2881710 |
| | 渔具 | 447728 | 公路线设备 | 4522965 |
| | 运输工具 | 6541808 | | |
| | 修理机械及工具 | 4480935 | 现款 | 14012146 |
| | 仪器 | 1551229 | 图书 | 3327806 |
| | 电讯设备 | 736247 | 文卷 | (350482)宗 |
| | 码头及趸船设备 | 22535 | 其他 | 28051107 |
| 农产品 | 稻 | 17456449 | 间接损失 | 335213762 |
| | 麦 | 2958948 | 减少生产额 | 196119432 |
| | 植物油 | 5001409 | 减少纯利额 | 113947651 |
| | 杂粮 | 6409564 | 迁移费 | 4463149 |
| | | | 疏散费 | 930961 |
| | | | 防空设备费 | 2427336 |
| 牲畜 | 猪 | 12486521 | 救济费 | 3955051 |
| | 牛 | 5868513 | | |
| | 鸡鸭 | 2051948 | 抚恤费 | 1222754 |
| | 其他 | 1747820 | | |
| 林产品 | 木 | 3918439 | 其他 | 8529697 |
| | 竹 | 555894 | 医药埋葬费 | 3617731 |

① 引自1946年《江西省抗战损失调查总报告》。

**四、结论**

日本侵略者对江西的进犯、轰炸以及对部分地区的侵占，前后历时 8 载。江西这片物华天宝的膏腴之地，人杰地灵的锦绣山河，在日军铁蹄的践踏下，处处血雨腥风，生灵涂炭，满目萧条。上述这些触目惊心的数字，展现了江西历史上最凄惨的一页！日军对江西经济资源的搜刮，"以至无所不用其极之程度"[①]，对江西经济造成了严重破坏，其恶果长期难以消除，严重阻碍了江西的社会发展，污染了江西的自然生态环境，给江西人民带来的损害创巨痛深，亘古未有。

1. 繁华城镇成为废墟

战时江西全省 84 县，竟有 78 县惨遭严重轰炸烧掠，其中有 24 个县市城区几成焦土，房屋被毁 391874 栋。以赣州为例，1939 年 4 月赣州连续 3 次遭受敌机轰炸，同年 6 月又连续 3 次遭敌机轰炸，造成大量人口伤亡、房屋被毁。仅 1942 年 1 月 15 日日机对赣州的那次轮番轰炸，就使得市区的阳明路、中山路、华兴街等主要街道，被炸成一片瓦砾，处处断壁残垣，浓烟滚滚，昔日繁华的街区顿时变成废墟，被当地人民称之为血腥的"一·一五"。

2. 富庶乡村变成荒原

日军不但对城镇实施毁灭性的烧杀劫掠，他们的魔爪同样也伸向了江西广大农村。由于日军灭绝人性的疯狂破坏，抗战期间江西全省有 300 多万亩土地荒芜，无数村庄人烟稀少，近乎灭绝。鹰潭镇方圆 30 里以内的村庄如夏埠、湖塘、江上、白露、双凤、严家、东溪等地，日军入侵以前人丁兴旺，生活富庶。1942 年 6 月 16 日，日军侵入鹰潭，对上述地区进行残酷蹂躏，近千人被杀，大量人口四散外逃，致使多数村庄荒无人烟。

3. 民族工业严重破坏

日军对江西的入侵，不但严重毁坏了江西美好的城市和乡村，而且对江西的民族工业造成了巨大的破坏。

从 1939 年 12 月日机对景德镇实施第一次轰炸开始，至 1942 年 7 月止，日机炸毁了瓷都一座圆器坯坊，炸毁了浚泗井、千佛楼和观音岭窑、土地岭窑、项家窑，并且将陶王庙、落马桥、烟园口、花园上弄一带数百间坯坊夷为平地。日机对景德镇的轰炸，给瓷业生产造成极大打击。景市原有瓷窑 150 余座，战时屡遭敌机轰炸，毁损达百余座，直到 1945 年抗战胜利，"开工者尚不及原有数的三分之一"，流传千年的民族工业在日军炮火的侵袭下，遭到了史无前例的破坏，严重阻碍了江西民族工业的发展。

4. 疫区瘟疫鼠疫流行

日军全然不顾国际法，在江西施毒散疫，施行细菌战，使得赣鄱大地瘟疫流行、鼠疫不断，并严重破坏了江西的自然环境，对自然生态造成长期的、甚至是永

---

① 胡雨林：《赣北、鄂南前线敌后视察报告》，转引自《江西通史》，江西人民出版社 2008 年版，第 901 页。

久的污染。不少地方在抗战胜利后都难以控制疫情，许多人死于非命。1944 年11 月23 日《江西民国日报》揭示了疫区的惨状："玉山是浙赣交通要冲……据调查，战前这里的人口有 25 万，至今还不到 21 万。虽然这 4 万人不尽是死于疫病，而这数目是确够惊人的。自这地方光复以后，一直流行着几种可怕的传染病症……使这儿的人民无时不陷在恐怖和窒息中。"

祸赣日军在江西欠下了累累血债，这一切将永远刻印在江西人民的记忆之中。在抗战胜利 65 周年后的今天，我们要时刻不忘日本侵略者的凶狠残暴给江西人民乃至全中国人民带来的巨大灾难，居安思危，牢记落后就要挨打的道理，继承和弘扬爱国主义精神，团结一致，为建设中国特色社会主义、实现中华民族的伟大复兴而努力奋斗！

中共江西省委党史研究室（万强执笔）

# 南昌市调研报告

## 一、抗战时期南昌市基本情况

1926 年 12 月,南昌设市,成立南昌市政厅。1928 年,改市政厅为市政府。1939 年 3 月 27 日,日军侵占南昌。同年 4 月 15 日,日军在南昌占领区成立伪治安维持会,继而成立南昌市伪政府筹备处,将南昌市划归汪伪湖北省政府管辖。1941 年 7 月,伪湖北省将南昌市伪政府筹备处升格为伪市政府。1945 年 9 月日本投降后,南昌市政府恢复,市区划为 5 个区,103 个保。1949 年,南昌城区面积 8.28 平方公里,市区面积 568 平方公里。

1937 年抗战爆发后,人口逐渐减少,当年南昌市有人口 298576 人,到 1938 年减少到 126029 人。1939 年 3 月南昌被日军侵占后,大批人口外逃,人口减少幅度更大,当时只有 76404 人。1945 年抗战胜利后,外逃人员陆续返市,人口有较大增长。

1958 年 8 月,根据江西省人民委员会决定,南昌、新建二县由南昌专区划归南昌市管辖。1983 年 10 月,进贤县由抚州地区、安义县由宜春地区划归南昌市。到现在,南昌市共辖南昌、新建、进贤、安义四县和东湖、西湖、青云谱、湾里、青山湖五区。近年来,区县管辖范围虽有部分调整,但统计数字均以 20 世纪 80 年代的行政区划为准。

## 二、中国军队抗击日军入侵南昌

抗日战争转入战略相持阶段后,日本侵略者不得不停止对中国正面战场的战略性进攻,但并未放弃以重兵对重要地区的攻击。日军为巩固武汉外围据点,维护长江中下游交通,便发起攻占南昌和截断浙赣铁路的战役。1939 年 3 月,日本华中派遣军第 11 军司令官冈村宁茨指挥 10 多万兵力,在海军、空军配合下,对南昌周边地区的中国军队发动突然袭击。中国军队第九战区前敌总司令罗卓英率第 19 集团军等部 20 万兵力进行抵抗。

在吴城、涂家埠方向,3 月 17 日上午,日军第 106 师团一部和海军陆战队一部,乘 70 多艘舰艇,由航空兵掩护,进攻吴城中国军队第 32 军第 141 师及预备第 5 师阵地。同时,永修方向的日军第 101 师团也在涂家埠北观音渡等处强渡,在炮火和毒气弹掩护下,进攻中国军队第 32 军第 142 师阵地。入夜后,日军步兵 400 多人在马村、观音阁附近渡河,与中国军队第 32 军等部展开血战;因日军炮火猛烈,又施放毒气弹,中国军队许多官兵中毒,观音阁等阵地被日军突破。18 日,日军步兵在海军配合下从吴城附近登陆,与中国军队第 32 军激战;大路叶一地连续三次失而复得。激战至 22 日,日军未能得逞。23 日晨,日军以陆、海军重兵三面围攻吴城,并发射燃烧弹,吴城顿时一片火海,中国军队第 32 军伤亡惨重,日军由望湖亭左边突入，吴城失守。

在永修虬津方向，日军第 11 军司令官冈村宁茨赶到前沿高地指挥。3 月 20 日下午 4 时 30 分，日军集中 210 多门大炮猛烈轰击修河南岸的中国军队，并使用 2 万只喷毒器，发射大量毒气弹，从廖家及张公渡强渡修河。当晚 8 时，渡河日军第 106 师团、第 101 师团先遣部队与中国军队第 79 军第 76 师、第 49 军第 105 师激战。21 日拂晓，日军出动 20 多架飞机轰炸，6000 多名步兵戴着防毒面具，在毒气烟幕掩护下，从永修至虬津渡河。当天，罗卓英电令第 79 军第 98 师、第 118 师及第 49 军预备第 9 师，分别向前线左翼驰援，限期歼灭渡河之敌。第 98 师、第 118 师因大雨受阻，赴援不及。第 76 师寡不敌众，第 105 师腹背受敌，馒头岭、五谷岭等阵地相继被日军突破，不得不撤至泮溪、滩溪一线。22 日，第九战区司令部严电罗卓英等将领，率所部于滩溪以北地区固守 7 天。随即，滩溪失守，联络中断，预备第 9 师与第 98 师、第 118 师失去联系，预备第 9 师退向安义以西，第 98 师、第 118 师退向潦河以东。日军一路进犯安义，一路南下进攻牛行。

在武宁箬溪方向，21 日凌晨，日军第 6 师团战车第 5 大队队长石井命令用船艇将坦克载过修河，遭中国军队阻击。日军战车队利用装甲火炮优势强渡修河，于 22 日下午 5 时 20 分进至安义。日军战车队接着实施夜间作战，于当晚 9 时 30 分占领奉新。日军战车队坦克曾一度因油料耗尽，瘫在奉新至南昌的公路上。23 日晚，日军派运输飞机低空投放油料，使部分坦克又开动起来，继续向南昌疾进。日军战车队于 26 日下午到达牛行，准备通过中正大桥直入南昌市区。大桥桥梁于当天上午 11 时 20 分被中国军队炸毁，日军战车队前进受阻。

日军第 106 师团于 26 日午后到达赣江西岸曾家，用民船渡过赣江。当晚，日军第 101 师团在火炮和毒气掩护下，从牛行、生米街赣江段渡江。27 日，日军第 106 师团、第 101 师团先遣部队会合于南昌城南，进犯莲塘、瓜山，切断浙赣铁路。日军飞机连日轰炸市区，重要建筑和沿江房屋几乎全毁。

南昌市区中国军队第 32 军第 141 师、第 139 师腹背受敌，27 日晚撤至广阳桥。市区保安、警察部队同时向梁家渡方向撤退。当天深夜，日军入城，南昌沦陷。

日军发动攻占南昌战役，从 3 月 17 日至 27 日，历时 11 天。这一战役，日军伤亡 1.3 万人，中国军队伤亡 10 万多人。

南昌失守后，中国军事当局下令调动第 1 集团军、第 19 集团军、第 32 集团军共 5 万兵力，由罗卓英统一指挥，兵分三路进行反攻。在地面部队出动前，中国空军于 4 月 20 日轰炸南昌城郊新飞机场和赣江上的日军舰艇。22 日，中国军队开始全线反攻。左路为第 1 集团军所属部队，指向靖安、奉新；中路为第 19 集团军所属部队，指向高安；右路为第 32 集团军所属部队，指向南昌。经过反复激烈的争夺战，左路军控制靖安，围困奉新，向乐化、永修间南浔线挺进；中路军收复高安、高邮、生米，向牛行、乐化间南浔线挺进；右路军收复向塘、市汊、谢埠、莲塘，直逼南昌城。

26日，右路军第79师主力击退岗下、胡村、佛塔日军，一部攻入城郊新飞机场。这时，第79师和预备第5师组成的便衣队潜入南昌市区四处开火，全城骚动，日军惊恐。27日，日军出动空军对南昌市区周围的第79师和预备第5师阵地狂轰滥炸，投放大量毒气弹。同时，日海军陆战队增援南昌，接替防御任务，使日军第101师团得以倾集出动向中国军队反扑。双方在南昌东南近郊约10公里的纵深地带，展开连续6天的激烈拉锯战。这时，日军援军陆续到达。第79师师长段朗如临阵退缩，左、中路军未能进到南浔线，使日军得以全力死守。

5月2日，第29军军长陈安宝奉命指挥预备第5师、第26师和第79师第237团向南昌进攻。陈安宝在部队尚未调集之前，便带领军参谋长和一个警卫排赶赴南昌县茌港指挥。陈安宝命令预备第5师和第237团迅速从瑶湖通过红门桥，在5月5日前突入南昌市区。5日下午2时，预备第5师和第237团越过铁路抵达沙窝章村，先头部队遭日军袭击，随军部行动的通信连、辎重排和两个团在高坊被日军拦腰截断。陈安宝部与日军在高坊北侧麦庄、吴庄和西北侧姚村、张村一线呈胶着状态。6日拂晓，日军以密集炮火和轰炸机群助战，陈安宝部伤亡惨重。当天下午4时，日军一部占领桐树庙西北高地，直接威胁陈安宝部的安全。在这危急的关头，军长陈安宝、军参谋长徐志勖、第26师师长刘雨卿带领军部警卫排与日军拼杀，夺回桐树庙西北高地。下午5时30分，战况极为惨烈，双方成混战状态。陈安宝率少数随从官兵，冒着日军火力赶往阵地督战，中途中弹，伤及心脏，壮烈殉国。师长刘雨卿也身负重伤。陈安宝部遭受重创，余部后撤。7日，第26师第78旅和预备第5师在南昌市区东面遭日军袭击，当晚撤至瑶湖附近。

7日，左路军新编第11师一部一度攻入牛行车站，但因后续部队未及时跟进，得而复失。

9日，中国军事当局下令停止反攻南昌。反攻南昌的战役未竟而终。中国军队撤到抚河东岸，扼守抚河东岸与梁家渡一线，与日军隔抚河相峙。

中国军队反攻南昌的作战，从4月22日至5月9日，历时18天。这一战役，日军伤亡1万多人，中国军队伤亡8146人。

### 三、南昌人民反抗日伪统治

日军侵占南昌后，一方面继续以烧杀淫掠的野蛮手段摧残民众；另一方面，加紧实行"以华制华""以战养战"的方针，从政治、军事、经济、文化思想等方面对南昌进行严厉控制，企图迫使南昌人民折腰就范。在政治方面，日军在南昌建立伪市政府及伪县政府，在伪市、县政府内设置辅佐室，伪市、县长行文和处事均须通过辅佐室，由日军直接控制各级行政领导权。日伪还在市区和郊县设立维持会，推荐汉奸头目担任会长，并对国民党统治时期的保甲组织加以改组，组织类似三青团的"青年协会""青年模范团"等，以强化对民众和基层的控制。在军事方面，日军在市区实行军事管制，戒备森严。渊明路以东至东郊，合同巷以西至赣江边，固定为军事区。军事区内住户全被强行驱走,四周布有电网。日军在市内许多地方设卡,盘问、搜查、辱虐行人。市郊每隔一段路或要隘关口都派有 10 多个日伪兵把守,管制交通,检查行旅,进行封锁。日伪还在南昌组织"建国军",以欺压民众,破坏抗日,防共反共。在经济方面,日军只放行中正路(今胜利路)及叠山路,只允许进贤门外大街、猪市街等要道上的商店和食品作坊开门营业,而将市中心洗马池一带划为日本洋行区。同时规定,凡从外地来的货物都须经日军检查,并交纳"海关税";否则,以走私论处,没收全部货物,且对货主处以重刑。当时,市区工业停滞,商业凋敝,人民生活必需品匮乏,虽有少量日货或上海货应市,实为杯水车薪。在文化思想方面,日军在市区开办以奴化教育为宗旨的实验学校,并指令各小学开设日语课;出版发行《贯冲日报》及日文《赣报》等,大肆宣传所谓"新民"思想和"日中亲善""共存共荣"等,以麻痹中国人民的抗日意志。

南昌人民在十分艰危的环境中,开展了一系列反抗日伪统治的斗争。1939年 7 月,日军到近郊艾溪湖楼田强迫群众组织维持会,遭到群众的严词拒绝。日军以抓人、杀人进行威胁,但群众仍不屈服。同年 9 月,新建县潘坊陶村 20 多名群众,一气之下将潘坊维持会捣毁。1940 年 1 月 3 日,抗日游击队潜入市区,焚烧日军仓库 3 处。同年初,新建县乐化、樵舍等地群众配合抗日游击队捣毁伪区公所、维持会 8 个,处决汉奸 15 人,逮捕汉奸 30 人。其中,被处死的有新建县维持会长胡老九和日伪警团长胡醒民之父胡采亮。同年,新建县生米群众在处死伪区长杨成甫后,张贴布告,公布其罪行,并警告其他汉奸。同年 3 月,南昌县柏林罗村群众炸毁伪清乡委员会,并炸死 1 个日军。1942 年 6 月,进贤县三阳群众用锄头砸死汉奸赵响仂。同年,进贤县罗溪群众配合抗日游击队袭击村维持会,打死汉奸 6 人。同年 7 月,安义县鼎湖上板村村民手持铁锹、锄头,将汉奸朱克淦打死。同年秋,南浔铁路工人抗日游击队炸毁永修车站。在日伪统治时期,南浔铁路工人抗日游击队共袭击铁路线 68 次,其中爆破铁轨 32 次、炸桥 8 次、袭击列车6 次、截断通信线路 9 次、炸毁军列 1 次、攻打护路队 12 次。1943 年,南昌电厂工人包围厂部日本人的办公室,要求缩短工作时间、改善生活待遇。在要求遭到拒绝后,工人们捣毁日本人的办公室和部分厂房设备,日本监工吓得溜之大吉。同年 6 月 19 日,伪江西省政府在九江成立,侵驻南昌的日军于当日举行所谓的庆祝游行,强迫市民参加,为汉奸助长威风。游行刚开始,群众异口同声地高呼"打倒汉奸"等口号。所谓的庆祝游行,实际上变成了反对汉奸、反对日本侵略者的示威游行。

1941 年 12 月太平洋战争爆发后,日军对中国敌后抗日根据地发动更加凶猛的进攻,同时对占领区进一步加强法西斯统治和军事控制。日军在南昌市郊和各县的交通要道上修筑炮台和封锁沟墙,在一些地方修筑公路等。日军强征民工修筑军事工事的消息传开后,各地农民想方设法进行抵制。南昌县尤口太子殿农民把木车砍成柴烧或沉入塘内。被抓住强迫去做苦工的,也都消极怠工。日军监视得严时,就用小土箕、软扁担、小铁锹应付一下,监视得松时,就坐下来抽烟或乘机溜走,使日军的工程不能按时竣工。1942年冬,日军为配合前线的军事行动,强征几万民工在三家店修建飞机场,并派大批军警特务监工,用皮鞭、枪托逼着民工干活。民工们一方面消极怠工,另一方面从工程质量上进行破坏,使飞机场延期一年多时间才竣工,竣工后也根本不能使用。

　　1943年至1944年,世界反法西斯战争的形势发生了根本性的变化。国际方面,以苏联为首的世界反法西斯阵线日益壮大,在欧洲和太平洋都开始转入反攻。国内方面,中国共产党领导的敌后抗日根据地开始摆脱严重困难的处境,进入局部反攻的新阶段。曾经在中国领土上横行一时的日军,这时在军事上处于不利的地位,在经济上陷入更加严重的危机。日军为挽救这种局面,加紧对占领区的经济掠夺。日军在南昌着重搜刮粮食、金属等物资,从而使广大人民的负担继续成倍增长。1943年以前,日军向农民征收粮食每亩约一石左右。以后,增加到两石以上。这些粮食都由日军押运到日本,其数量每月达千石以上。面对日军的疯狂搜刮,南昌郊县农民开展了反对日军掠夺粮食的斗争。1943年10月,南昌县拓林陶村农民拒绝日军收粮。日军前来抢粮,激起群众愤怒。日军刚进村,全村100多名群众手持扁担、大刀蜂拥而上,同日军进行搏斗。结果,打跑了日军,保住了几百石粮食。各地农民将粮食藏进地窖、夹墙、楼角等处,使日军无法找到粮食。有时即使被迫给日军送去一点粮食,也都掺有沙、土、水等,使日军到手的粮食也不能完全食用。日军搜刮粮食的计划严重受挫后,采取更加阴险毒辣的办法,宣布食盐统一管制、停止销售,规定须以稻谷一担换取食盐一碗,以此逼迫农民向日军交出粮食。但是,食盐停止销售后,日军所得粮食仍然不多。许多农民宁愿终年过着淡食生活,也不肯让粮食落入日军手中。

### 四、日本侵略者在南昌的暴行

　　抗日战争爆发后,日军飞机经常对南昌狂轰滥炸。1937年8月15日,14架日机首次空袭南昌,投弹10多枚,炸死6人。1938年8月4日,两批共27架日机侵入市区上空,在下沙窝、三纬路、沿江路等地投弹60多枚,炸死炸伤80多人,毁房80多栋。8月7日,18架日机在昌北牛行火车站等处投弹60多枚,炸死87人,炸伤63人,毁房300多栋。8月25日,18架日机袭击南昌西南郊,投弹数十枚,炸死18人,炸伤20多人,毁房多栋。9月上旬,南昌遭日机反复轰炸,损失巨大。当时,英国路透社女记者弗雷特·厄特利正在南昌采访,她将当时日机轰炸南昌的情景向全世界作了报道:"日机在我们头顶上掠过,随着炸弹爆炸声,浓烟升起。我看见一位妇女抱着死婴,哭倒在炸死的丈夫身旁;另一个小孩趴在母亲的尸体旁啼哭。我来到伤员急救站,只见伤员横七竖八地躺在地面。一具具半裸的身体,破破烂烂残缺不全的四肢。一张张痛苦的脸向着我,似乎是对日本侵略者的无声控诉。"至1939年3月15日,日机对南昌先后轰炸49次,投弹2559枚,中弹地点达431次,炸毁房屋661栋,震倒房屋1417栋,炸死592人,炸伤745人。

南昌沦陷后,日军在市区和近郊疯狂地烧杀掠抢、奸淫妇女,犯下了滔天罪行。日军进城不几天,就有许多无辜的群众遭到残杀,在章江路、广润门、中正桥头一带,尸体遍布,肝脑涂地,血聚成洼,惨不忍睹。高桥一带,血肉模糊、断腿缺臂、破腹曳肠的尸首达五六百具。潮王洲集聚着数千男女难民,日军将其中2000多名男子驱赶包围在旷地上,然后架起数十挺机枪进行扫射。许多民宅遭抢劫,挨户翻箱倒柜,到处十室九空。许多妇女遭奸淫,躲藏在万寿宫内的200多名妇女被集体轮奸,躲藏在广润门外关帝庙内的600多名妇女被日夜轮奸后活活烧死。在日军魔爪下,整个南昌城被践踏成人间地狱。

与此同时,南昌、新建、进贤、安义四县人民也惨遭日军的蹂躏。日军采取活埋、水淹、蒸煮、火烧、暴晒、马拖、犬咬、倒悬、电击、割肉、断肢、打活靶等种种灭绝人性的手段,残害无辜的群众。南昌县瓜山的"白骨坑"、向塘的"万人坑"等,都是日军暴行的铁证。

日军侵占南昌市区后,随即进犯南昌县部分地区。1939年5月2日,驻莲塘岗前据点的日军倾巢出动,对附近的黄台、罗坊、黄家、涂家、杨家、流坊等村进行扫荡,先将100多名群众关进岗前村祠堂,后分捆绑押到祠堂门前大粪坑边枪杀。同月9日中午,日军分两路窜进向塘河湾村,一路用机枪逼迫抓来的40名群众往井里跳,不肯跳的被刺死在井台上;另一路将30多名群众关进一栋房子,放火全部烧死。15日,驻沙潭据点的日军闯进沙潭村龙南天仙庙,将庙内370多名难民围住,先用机枪将50多名青壮年男子打死,接着放火将剩下的难民全部活活烧死。28日,日军因6个士兵被荷埠周村村民击毙,便分兵三路包围周村,见人就杀。被困在司马地的400多名村民,除1人幸免外,全被杀死;集中在四川地的50多名村民,被编成8人一路的纵队,日军迎面开火,一枪击倒数人,试验子弹的杀伤力;在烟地场,村民反抗,日军或用刀捅,或用机枪扫,200多人被杀死;在练武场上,枪声大作,除少数人跳水逃脱,113人惨遭杀害。周村历经烧杀,1000多名村民死于日军之手,52户被杀绝,881栋房屋被烧毁。1942年7月18日,日军出动大批人马对塘南进行烧光、杀光、抢光的大"扫荡"。清晨,日军用"堵口合围"的手段分四路进入塘南,先将集中在张家山、吴家祠堂、祖师坛来不及转移的200多名群众杀害。进入拓林街后,又对码头口、令公庙、西塘沟等地群众用枪挑、刀劈、机枪扫射,白发老人、怀孕妇女、吃奶婴儿无一幸免。日军以杀害中国人为乐,对天真烂漫的幼儿,或是倒提双腿在石头上摔死,或是用刺刀捅入肛门再扔进河里淹死,杀人手段极为残暴。这一天,塘南14个地点的860多人被杀害,723栋房屋被烧毁。这些地方到处是碎尸,有的无头,有的无脚,有的肠子外溢,有的脑浆横流。拓林街上尸体层叠,抚河水也被鲜血染红。此外,日军还在武阳朱家坊、戴家杀死村民16人,烧死村民32人,其中6名少女先奸后杀;在瑶埠村,把全村男女老少捆绑起来,当场刺死48人,全村房屋被烧光;在小蓝村,10多名村民被杀,200多名妇女被污辱;等等。日军侵占南昌县期间,共杀害43376人,伤1753人,毁房 39942 栋,造成财产损失达 754 亿元(法币,下同)以上。

1939 年 3 月 26 日,日军在飞机、坦克配合下,侵入新建县广大地区。日军进到西山一带,见人就开枪。有一天,仅一两个小时就在西山街杀害 8 人,并放火烧毁西山街所有房屋,来不及逃走的群众被烧死多人,家禽、粮油等被烧被劫一空。妇女被污辱后,惨遭杀害。对婴儿也不放过,竟用步枪刺刀刺入肛门,举起作乐。婴儿母亲出来呼救,也难幸免。日军还在本昌将几十个村民用铁丝穿透手掌连接起来,推入火中活活烧死,并将多名妇女轮奸后杀死;在樵舍经常窜至周围的赤岗熊村、横江涂村、车田张村、大穆王村等地烧杀掠抢,其中在赤岗熊村杀死村民 6人,放火烧毁房屋 200 多栋。日军侵占新建县期间,共杀害 8480 人,伤 236 人,毁房 39596 栋,造成财产损失达 677 亿元以上。

1942 年 6 月下旬,日军侵占进贤县。日军闯入县城,放火烧毁店房、民宅。日军将躲藏在天主堂内的 100 多名群众绑赴军门第的荒丘上,活埋 28 人;剩下的被押往东门大石桥,或捆在椅子上抛入水中,或绑成一串推到桥下,全部被淹死。当月,日军先后窜到罗溪胡家、塘里、罗坪、罗山、潭叶、坝塘等村,见村民就杀,见东西就抢,见妇女就奸,无恶不作。日军还同时"扫荡"温圳康山村。村里的年轻人逃出包围圈;老人、妇女、儿童躲在藕塘里,口咬荷梗,头盖荷叶,不敢出声。日军进村后抓到农民章炳根,对他残酷拷打,逼他说出村民躲藏地点。章柄根紧闭双目不做声,被开膛破腹而惨死。日军走后,躲在藕塘里的人因时间太久,不少被溺死。7 月 31 日下午,日军围攻藏有数千难民的蚂蚁峡。由于峡内草深林密,日军不敢贸然闯入,便在峡口用机枪、步枪对密林深处猛射。一个多小时后,峡内死伤难民 300 多人。日军侵占进贤县期间,共杀害 3109 人,伤 3228 人,毁房 8760栋,造成财产损失达 125 亿元以上。

1939 年 3 月 22 日,日军在飞机、坦克配合下,侵占安义县。当天下午,日军冲入五房周村,大肆烧杀奸淫。村民有的被砍头断肢,有的被剖腹牵肠。村中妇女被轮奸,有的奸后被杀。日军将一名怀中尚有婴儿吸奶的少妇奸后处死,婴儿被掷地摔死。有的孕妇被奸后剖腹,用刺刀挑出胎儿取乐。全村有 97 人被杀。24日下午,日军包围龙津山下蔡家,村内枪声四起,火光冲天,横尸遍地。蔡之海一家 8 口,除两人在日军进村之前逃离外,其余 6 人均死于日军的屠刀之下。全衬有 72 人惨遭杀害。4 月 22 日,日军冲人山下熊家,把村民当活靶子刺杀,有的被刺穿胸膛,有的被穿透腰椎,有的被刺穿肚皮,惨不忍睹。同时,另一伙日军在山上搜寻躲藏在树丛中的村民,将搜出来的 150 名村民活活刺死。邓茶花全家 12口,11 人被杀,1 人未被杀死得以逃生。日军在山下熊家惨杀村民 500 多人,杀绝12 户。此外,日军还在青湖潦河边把群众绑到烈日之下的沙洲上活活晒死,在万埠多次活埋无辜百姓。有个号称"五殿阎王"的日本士兵,平均每天杀 7 人,先后杀害群众几百人。日军侵占安义县期间,共杀害 8230 人,伤 5845 人,毁房 8949栋,造成财产损失达 118 亿元以上。

**五、抗战时期南昌人口伤亡和财产损失情况**

1. 人口伤亡情况。

南昌市区，被日机炸死的百姓有 1225 人；

南昌县，被烧杀惨死者 43376 人；

新建县，被烧杀惨死者 8480 人；

进贤县，被烧杀惨死者 3109 人；

安义县，被烧杀惨死者 8230 人。

2. 财产损失情况

南昌市区，房屋被毁 35205 栋，损失耕牛 257 头、稻谷 34377 石、生猪 2024 头。

南昌县，房屋被毁 39942 栋，损失耕牛 17903 头、稻谷 749989 石、生猪 135938 头。

新建县，房屋被毁 39596 栋，损失耕牛 14415 头、稻谷 464561 石、生猪 1560048 头。

进贤县，房屋被毁 8760 栋，损失耕牛 8935 头、稻谷 318283 石、生猪 11656 头。

安义县，房屋被毁 8949 栋，损失耕牛 5047 头、稻谷 497337 石、生猪 20243 头。

南昌地区财产损失总计 3234 亿元，其中直接损失 2622 亿元、间接损失 612 亿元。包括：

南昌市 1560 亿元，其中直接损失 1282 亿元、间接损失 278 亿元；

南昌县 754 亿元，其中直接损失 591 亿元、间接损失 163 亿元；

新建县 677 亿元，其中直接损失 590 亿元、间接损失 87 亿元；

进贤县 125 亿元，其中直接损失 84 亿元、间接损失 41 亿元；

安义县 118 亿元，其中直接损失 75 亿元、间接损失 43 亿元。

**参考资料**

1.《南昌人民革命史》，新华出版社 1999 年版。

2. 南昌市地方志办编：《南昌史志》1988 年第 4 期。

3. 南昌市地方志办编：《南昌市志》第 5 卷。

南昌市史志办公室(张永华执笔)

# 南昌县调研报告

南昌县位于江西省中部偏北,赣江、抚河下游。东邻进贤,南接丰城,东北濒鄱阳湖,西和北与新建隔赣江相望,中西部与南昌市区呈抱合之势。境内江河沟渠纵横,湖泊溪塘遍布,土地肥沃,气候温和湿润,自古以来就是以种植水稻为主的农业大县,历来享有"鱼米之乡"美称。

县境东西宽36公里,南北长77公里,总面积1910.7平方公里。据1934年航空测量,全县耕地1343368亩。1939年3月日军侵入后的六年半中,大部分耕地抛荒,许多村庄成为废墟,人民流离失所,远走他乡。"鱼米之乡"的南昌县陷入了苦难的深渊。据1945年11月调查,仅第六区抛荒田即达61194亩,占该区耕地总面积64.8%。

本县原县治南昌城,是历史上商业比较发达的古城,唐代已有被称为"胡商"的外国人在城内开设店铺(《太平广记》)。至20世纪20年代,随着水陆交通发展,全县集镇商业贸易日渐繁荣。市汊街,来自万载、宜丰、上高、高安等地的商贾云集,滁槎街夜泊商船不下百艘;多数沿江河的集镇都成了粮、油、竹、木集散地,商业行业达40余种;三江口在抗日战争前夕,商业有41个行业,309家店铺,仅银楼就有16家;其他还有谢埠、茬港、莲塘、幽兰、渡头、万舍等街市,每处私商店铺也都在百户以上。抗日战争期间,不少集镇店铺都被日本侵略军烧毁。全县被烧店房2665家,价值法币2681298万元。私商、小贩大都外逃。商业骤然衰落,直至解放前夕都未能恢复原状。

1931年,据江西省民政季刊载,"全县人口为548959人"。八年抗战期间,日本侵略军对南昌县进行了极其疯狂的烧杀抢掠。据有关资料记载:全县43376人被杀,39942幢房屋被焚毁,损失耕牛17903头、稻谷749989石、生猪135938头,财产损失754亿元(法币)。

## 一、惨绝人性的大屠杀

日本帝国主义发动了一场长达8年之久的侵华战争,使中华民族蒙受了有史以来最惨烈、最严重的伤害和破坏,在那个血洗中华大地的黑暗年代,南昌县人民同全国人民一样生活在水深火热的人间地狱。

1939年农历三月十三日,莲塘镇岗前村据点的日军对附近的黄台、罗坊、黄家、涂家、杨家、流坊等村庄大肆烧杀,不仅房屋全部被焚烧,而且把100多村民关进岗前村祠堂,分批绑押到祠堂门前大坑边,进行惨无人道的杀戮。他们双手挥动战刀,往人头顶上直劈,将人劈做两片,脑浆、鲜血、五脏六腑淋漓满地;或从人的头顶上斜劈,使大半个头颅带着一条臂膀,身首异处;或从人腰中横砍,将人截为两段,又不能即死,凄厉地尖叫。真是惨绝人寰。

1939年农历三月二十日中午,向塘据点日军10余人,分两路窜进向塘镇河湾村。一路将抓来的 40 余名群众,强迫跳井,用机枪扫射,未跳的即被刺死在井台上;另一路将 30 余名群众关在屋内,放火烧死。惨不忍睹。河湾村民为了让子孙后代铭记这刻骨仇恨,他们把那口水井保留完好,并在水井旁立了块青石碑,石碑上刻着当年日军在这里犯下的滔天罪行:

"日军侵入河湾村先后进行了七次枪杀,三次火烧。1939 年农历三月二十日,日军把 40 多名乡亲押到这口井边,用枪和刺刀硬逼着乡亲们往井里跳,尸首塞满了水井,日本鬼子又用机枪对准井里扫射。之后,日寇又将关在井东边的大屋内 30 多名乡亲,活活地烧死了。全村 25 户 150 多人,被日寇杀害 130 多人,灭绝了 18 户。这血海深仇,子孙万代永远不能忘记!"

三月二十九日,泯灭人性的日军窜入向塘地区,将"五刘"(即河口、巷口、陈坊、田垅、田西街刘家)、"四万"(即前万、近万、中万、北万)共 9 个村烧得片瓦未留,死尸遍地。

三月三十日,日军窜至向塘高田龚家见人就杀,见物就抢,并放火焚烧大部分房屋。

四月九日,日军在武阳朱家坊、戴家进行了灭绝人性的大屠杀,当场杀死群众 16 人,烧死 32 人,其中 6 个少女先奸后杀。烧毁房子 36 栋,猪、牛活活剥走四腿。

四月十六日,9 个日军荷枪实弹窜到瑶埠村,把全村的男女老少逼拢捆绑起来。他们端着快枪,上着刺刀,追着人刺,刺穿胸部,刺穿腹部,尸体倒地,肠脏流溢。小孩子被刺刀挑起,甩到空中,摔到瓦屋上,摔到马路上,摔得脑浆迸裂,惨不忍睹。当场刺死 48 人(其中妇女 7 个、小孩 6 个)。全村房屋全部被烧毁。

1939 年农历三月二十六日,日军借口找"中国兵",闯进沙谭村龙南天仙庙,施行灭绝人性的暴行,将住在庙内的 370 余名难民围住,先抓 10 余名男青壮年,押到庙前枪杀,然后又逼着 40 余名青壮年到庙前排队,用机枪扫射。庙内群众奋起反抗,日军则用石头把四门堵塞,架柴点火,将 320 人活活烧死,其手段残忍至极。仅有一名 15 岁的少年涂茶保从熊熊烈火中逃生,被日军击中小腹和右手掌后滚到一条水沟边,才幸免一死。

四月中旬,日军窜到小蓝村,骚扰、袭击无辜村民,罗时唐的嫂子、罗来贵的哥哥被打死;张家婆 17 岁的女儿被糟蹋致死;50 多岁的罗细憨被三次丢进水里取乐,还被放出狼狗咬得遍体鳞伤。全村有 380 多间房屋被日军烧毁,杀死村民 10 余人,杀伤 20 余人,200 多个农村妇女被强奸。

五月二十八日,日军在荷埠周村施行了灭绝人性的暴行。日军兵分三路包围周村,将全村群众驱赶到村旁的司马地、四川地、烟地和练武场等四个地方,进行惨无人道的杀戮。困在司马地的 400 余人,除 1 人幸存外,其余全被杀死。集中在四川地的 50 多人,被编成 8 人一排的 7 行,一枪击数人,试验子弹杀伤力,除 1 人幸免外,其余的全被杀死了;幸免者名叫周良钱,他个子矮,站在最后一排,他的弟弟比他个子高,正好站在他前面,把他挡住了,日军开枪时,弟弟倒在他身上,他佯装死去了，日军没有发现。在烟地场，日军或用刀捅，或以刺刀将小孩挑起，村民们奋起反抗，日军则用机枪扫射，场上 200 余人被杀。与此同时，练武场上枪声大作，被围在那里的群众除少数人跳水逃脱外，有 113 人惨遭杀害。荷埠周村历经烧劫和屠杀，烧毁房屋 881 栋，被杀害 1000 余人，有 52 户人家被杀绝，一个6000 余人的大村变成了一片废墟。

十月二十二日，日军窜到向塘沙潭，强奸妇女，打死妇女儿童 10 余人。

1941 年夏季，小蓝村 30 多人乘船由象湖到新建生米街赶集，返回途中遭日本飞机疯狂扫射，船上仅罗伍德重伤未死，其余人员全部遇难。

十月，日军窜入塔城乡，在南塘万村烧房 11 栋，在西边涂家烧房 3 栋、打死 6人，在南涂村枪杀 1 人、奸淫妇女 2 人、抢走家禽 200 多只。

秋季，日军在渡头乡涂洲烧房一栋、抓走农民 3 人、活埋 1 人。

冬春相间之时，日军两次从谢埠窜扰渡头，烧杀抢劫，奸淫妇女，许多青年壮年被抓去做苦力。

1942 年农历一月二十九日，日军"扫荡"，袭占市汊街、胡村。

夏天，日军在渡头乡庙边陈家烧毁房屋 5 栋、打死 3 人。

七月十八日，日军出动 100 余人，由汉奸章伏龙领路，对柘林街及其附近村庄进行大"扫荡"。他们兵分四路，沿途烧杀抢劫，然后杀进拓林街。从东港头、陈家进街的日军，胁迫当地农民 50 余人和街上盐店内 10 多人，到街东祖师坛集中，进行屠杀，当群众奋起反抗时，即用机枪扫射，60 余人全部遇难。另一批日军在张家山杀死 30 余人后，窜入柘林街吴家祠堂，先强奸妇女，后杀人放火，藏在祠堂里的 40 余人全被杀害。在令公庙内，5 名日军在戏台上架起机枪，将住在庙内的22 户难民叫出来，先将男人每 6 个绑一串，推出庙门，在河边枪杀；然后又将妇女两人一组，把头发拧在一起，拖出庙门，用刺刀捅死；对小孩，有的用刺刀捅肛门，有的用石块砸死，脑浆涂地，惨不忍睹。汉奸章伏龙又带领日军，将柘林街的 200余人反绑双手，驱赶到西塘沟，逼他们跳入水中，弄得人群挤满西塘沟，只见人头在水里攒动，忽沉忽浮。远处的，日军用枪打；近处的，日军则用刺刀刺。一时间断头的、腰斩的、穿胸的、破腹的搅成一团，沟池里的水搅得通红一片。日本兵在岸上狰狞狂笑，他们把残杀当作乐事。沟池里的活人还在死尸上扒来扒去，满身的血污。内中一个女人抱着一个小孩子浮出水面，向着日本兵凄惨地哀求，将近岸边，那日本士兵就用枪刺来戳，竟当胸戳了个对穿；接着就戳那个小孩子，小孩被戳在枪头上，竖起枪来摇了几摇，当做玩耍的东西。这个孩子约两岁，那女人伏在地上，尚未戳死，用了将断的气力想起来看这孩子一眼，刚要起来，翻身便倒，日军当即把这女人斩成几段。除 5 人伤后被死尸掩盖因而得以劫后余生外，其他全遭杀害。

现年 89 年的陈凤水，就是当年被日军刺杀数刀后倒在血泊中死里逃生的见证人。敌人先对他的腰背猛刺一刀，穿透了肚子，接着又从背部刺杀一刀，穿透胸部，他即刻倒下，敌人又刺了几刀。至今还能清晰地看到他身上 7 条疤痕。据他说,当年日军杀了他家 9 口人。

这一天,日军在柘林街令公庙等 14 处杀害群众 860 多人,烧毁房屋 723 栋,在南昌县制造了惨绝人寰的"七·一八"大屠杀。

**二、强暴凌辱妇女**

日本侵略军完全丧失了人性,在妄图灭我民族、毁我河山的大烧、大杀的同时,犯下了令人发指的强暴妇女、残害女性的滔天罪行。

对于妇女来说,最大的痛苦莫过于遭受凌辱。侵华日军每到一地,都要大施淫威,强奸妇女,手段残忍,行径卑鄙,令人不堪言状。从七八岁的幼女到七八十岁的老太婆以及大腹便便的孕妇,都逃不出日军的魔掌,有的被数名甚至十几名日军当场轮奸,有的被奸后还赤身露体当众凌辱,有的奸后被杀死还对尸体再次凌辱。日军毫无人性地到处对中国妇女进行蹂躏。

自从南昌沦陷后,南昌县的妇女受尽了日军强暴凌辱。日军在大屠杀过程中,始终伴随着大奸杀。

日军每天窜进村庄,到处搜寻女性,对抓住的无一例外地实施强奸,有的日本兵竟然强奸了一个再去强奸另一个。

有一天,日军突然闯入河口刘村,将在家的姑嫂 2 人强暴。

1939 年农历三月,两个日军在高田龚家奸污妇女,然后杀人放火。

四月九日,日军在朱家坊、戴家将 6 个女孩先奸后杀。

四月十四日,日军在邓家坊奸淫妇女。

四月中旬,日军窜到小蓝村,把张家婆 17 岁的女儿强奸致死,村上 200 多名妇女被污辱。

九月的一天,30 多个日军窜到敷林徐村,将一个 70 多岁的老妇人强奸至死。

十月二十二日,一伙日军窜到向塘沙潭,当时全村的男青壮年都已撤离村庄,跑到村后的山上去了,村里只剩下妇女、儿童。日军一进村就开枪打死 10 余人,然后再把妇女全部围到一栋屋内进行强奸。

1941 年农历十月,日军在塔城乡南塘万村奸淫妇女 2 人。

冬季,日军两次从谢埠窜扰渡头,奸淫妇女无数。

1942 年农历九月,日军窜入塔城乡的芳湖、秋溪等村奸污妇女 51 人,杀死 26 人。

日军在南昌县强暴妇女,远不止上面所列,也是难以一一列举出来的。从 1939 年农历三月到 1945 年 8 月,日军在南昌县大施淫威,南昌县妇女受尽了日军侮辱和蹂躏。整个南昌县,无论是大街小巷还是村庄,都充满了日军的狰狞淫笑和广大妇女的凄惨挣扎,只要是女人,不论是教授的夫人,还是女职员、女教师、女学生、农村妇女,或是尼姑,尽遭日军奸污。究竟惨遭奸淫、抗暴致死的妇女有多少,恐怕是永远也搞不清了。

**南昌县史志地名办公室(曹小伟执笔)**

# 新建县调研报告

## 一、新建县概况

新建县地域辽阔,南北相距200余华里,东西约100华里,东与南昌、余干、进贤为邻,西与高安、奉新、安义相接,南与丰城毗连,北与都昌、星子、永修隔界。当年全县5个行政区,共辖36个乡、2个镇,各乡、镇设保、甲,总人口196085人。人民以农为业,出产以稻谷为大宗,小麦、番薯、芋头、瓜子、花生等为少数。百姓以粮为主食,因遭敌伪蹂躏,生活困苦不堪。

## 二、沦陷期间

1939年春,日军集结第6师团、第101师团、第106师团、第116师团分左中右三路向南昌包围,东路以海军炮艇近百艘,在飞机的配合下进攻吴城,中路从永修、安义沿公路南侵进攻乐化,西路从修水、奉新向高安进攻,均直逼新建所辖地区。

3月23日,日军陆、海、空三军逼进吴城,中国守军退守赤岸山,吴城失守。24日,昌邑、联圩、樵舍等地失守,从此打通了由鄱阳湖入侵南昌的水上通道,配合了立体作战;同日,日军侵入新祺周。26日,溪霞、仙里、乐化、西山万寿官等地失守。27日,日军第106师团进占生米街,强渡赣江,直攻南昌。至此,南昌市、新建县同时沦陷。

日军铁蹄所至遍及乡村,新建县境内十之九五均被骚扰,未经蹂躏者仅锦江南岸第42保之地,且亦遭敌炮轰击。

日军一来,就施行惨无人道的三光政策——烧光、杀光、抢光。此外还强奸妇女。无恶不作,罪恶滔天。

### 1. 人口伤亡情况。

1939年3月17日,日军集结海、空轰炸吴城镇和炮击松门山炮台,炸毁江西水军主力舰"南浔号",致中国军民大量伤亡。23日,水上要镇吴城镇经日军7天7夜炮火轰炸后,由原来的72000多人只剩下3000余人。25日,日机对昌北房屋和过桥人群轰炸,死伤10多人;26日,乐化有100多人被日军警备队砍死;同日,西山乌桥村有200余人被日军杀害,其中村民李家伟、李家宾两家共19人被日军全部杀死,成为灭门之灾。有260户人家的西山街,大多数人都逃跑了,日军在街上捉到10个人押到西山万寿官山门前枪杀,杀死了9个,其中一个姓邹的青年人死里逃生,日军离他虽不到20米,举枪射击竟未打中,日本兵想补一枪,可枪膛里没有子弹,日军信神,又是在庙前出现这一现象,认为这是神的旨意,所以就放过了他。在西山帅家山,日军凭着坦克优势攻占了山头,山沟里正在退走的100多中国军民暴露在日军火力射程之内,死伤80多人,西山战役被击毙击伤的日军也在 40 人以上。

沦陷之初，昌北维翰王村王清生，因为不帮日军写什么告示，被日军拖到大门口枪杀了。同村有位 40 多岁的妇女因病未能逃走，怕自己受辱，在房里自缢身亡。乐化刘庄徐村徐绍谷往溪霞岭里逃难，横过铁路时，被日军发现，一枪打死；日军一到徐村，见到徐象西就是一枪，结束了他的性命，当时村里无人，尸首被狗吃掉了。吴坪陈村陈彦时的姊姊，年已 70 多岁，在日军刺刀下死去。华沱村杜训高的母亲也是被日军用枪打死的，打死了不仅家人不许哭，也不准埋。天土丘村的王迪赏 50 来岁，日军抓他挑担子，担子重挑不动，日军便一枪把他打死。象牙垒徐村徐烈涯在拾粪时，也被日军打死了。象咀村谭文度也遭日军杀害一命归天在老屋裘村，日军在该村一次杀掉 6 个外乡人。在东昌地方，日军用铁丝穿农民的巴掌，一个一个连接起来，一次就烧死了几十人。樟坪村民余定格逃离村后想到家里弄些粮草给牛吃，被日军发现，一枪击毙。省庄是一个拥有 140 户 500 多人的村庄，日军一来就杀了 60 多个人。一群日军窜到樵舍赤岗村，将 6 个未逃走的老人全部杀了。象牙垒有个 62 岁的老婆婆被推到火中活活烧死了。

1943 年 3 月，日军侵入石岗后，石岗街为前线，锦江以南是中国军队，锦江以北是日军的防线，日军与国民政府军对峙作战，互相放炮开枪射击。11 月，日军在石岗附近的凤凰山与国民政府军第 36 团守军激战一昼夜，日军炮火猛烈，国民政府军第 36 团与 3000 日军进行了殊死战斗，由于敌我力量悬殊，加上得不到增援，终于弹尽粮绝，1000 多名中国士兵被日军惨杀，尸骨遍地，血染锦江，后被葬在同一坑内，填土埋掉。后来人们把这个地方称为"万人坑"。

日军杀人不眨眼，奸淫成性，不管白天黑夜，见人就杀，见妇女就奸。妇女如被他们发现，就要强行奸污，更残忍的是有的被奸污后还遭杀害。溪霞田埠一个 13 岁的女孩，被日军强奸以后，又用刺刀从阴道内将她刺死。在樵舍桌山下，日军捉到一个孕妇强奸，这个孕妇不从，与日军拼命扭打，终因体力不支被强奸，随后竟将一根木柴棍插进阴道猛踢一脚，这名妇女惨叫而死。在肖琪村，一群日军未找到年轻妇女，结果把一位 60 多岁有病的老婆婆强奸了。日军还轮奸妇女，乐化王土丘村妇女戴××被日军轮奸 5 人次、华沆村熊××16 岁被鬼子轮奸 7 人次，刘庄村闵××被日军轮奸 8 人次，大塘某村有个 14 岁的女孩被日军拖进路边一房中轮奸。不少妇女被糟蹋得死去活来。

日军的军犬也很凶，日军经常放狗咬人，日军如对军犬叫"小小顺烧"就把人咬得半死不活，叫一声"大大顺烧"，就会把人活活吃掉。强迫农民在铁路两旁挖封沟时，日军荷枪带狗监视着，不准民工休息和抬头，农民累得直一直腰，如被他们发现，不是枪打鞭抽，便是放狗咬。派工(苦力)修路修工事是常事。还有一种是"长苦力"的，就是随日军西进，帮日军运送粮食和武器弹药及伤员，如果生病就会就地处决，以免走漏军情，所以凡是做"长苦力"的，十有八九不见人回来。

类似害死百姓的罪行不胜枚举，沦陷区的农民每天生活在惊恐不安的日子里。

  2. 财产损失情况。

  日军一路开枪杀人,一路毁屋毁桥。1939年3月17日,日军为绝断吴城国民
政府军的退路,炸断拦河坝浮桥,炸毁樵舍桌山炮台。轰炸樵舍时,一颗炸弹落在
街中段喻家饼铺,烧毁半条街。23日吴城失守后房屋被毁70%以上。24日新建
县政府数百间厅堂房舍被日机投弹所毁。25日,数架日机轰炸昌北房屋和过桥
人群,桥被炸坏。当年昌北小学是召开抗日大会会场,从乐化方向过来的日军在
会场看到很多"打倒日本帝国主义"的标语,便放火把学校烧了,附近很多民房也
被大火吞毁。在西山日军后勤部队中,有很多黄牛、水牛,拖着牛车,上面堆满了
抢来的粮食财物,还有好多活羊,沿公路向南昌开进。日军一到省庄就烧了20多
栋房子,侵入乐化象牙垄徐村时,将前屋、后屋、徐村50多户人家的房舍放火烧
毁,老屋裴村也被烧毁50余幢。梓坪某村共有70多户人家,房子全被日军烧光。
一个村烧一大部分或几幢的更是不计其数。在沦陷区,日军垫马路、修桥梁、筑碉
堡,或是当柴烧,就拆民房,港田陈氏宗祠全被拆光,下戴村的戴氏宗祠的前幢也
被拆去。

  日军抢劫中国人民的财产,更是罄竹难书。他们经常下村打捞,见鸡见猪就
捉,抢去鸡蛋鸭蛋更是无其数。劫去财物还不算,还要拉夫给他搬。尤其是日军
初来时,牲畜落不得他们的眼,仅在乐化王土丘那个小村,就打死猪16头,牵去牛
2头,打死狗2只。日军什么"大刀部队",在1939年3月10日来到乐化老屋裴
村的第一天,就将全村140多头猪、400多只鸡抢劫一空,又掠去稻谷15000多斤
给马当饲料,还抢走50多床被子、400多套衣服、8只金戒指(约重2两)、40个银
项圈(约重2斤)、100多块银洋。

  日军还强迫农民交出铁器金属。日军占领的第二年,要征粮与马草,前两年
一亩田征四五十斤谷,到1943年一亩田就要征八九十斤谷了,马草是经常向群众
要的,通过保甲下达任务。征去的粮与马草还可以换回少量的食盐,起先一石谷
可换到七八斤盐,后来就只能换到斤把盐了,最后减到半斤,甚至全无。食盐被日
军专控,贩卖盐是杀头之罪。日军趁机贩来许多咸鱼,高价卖给中国人;因为咸鱼
中可敲出一些盐粉,用咸鱼泡水,可以拌菜吃。

  日军在各乡村都驻有所谓"警备队",他们指使伪保职办事处派猪、派鸡、派
蛋和蔬菜,仅乐化警备队每日要猪3头,鸡和鸡蛋、蔬菜好几担,另派民夫10余名
给他们做苦力。还有什么靖安队、保安队、密探等汉奸,同样残酷地剥削压迫人
民。同时在敌占区,还有什么保四科、咸运部、麻阳部,假借抗日之名,到处欺压百
姓,派米派鸡,派捐派款,人民如说出半个"不"字,那是没有命活的;便衣队还经
常到各村去绑票,绑了人去,一定要拿东西去赎,不赎也会被处死。

  日伪两方面的榨取,使群众不得安宁,无法生活。

  据不完全统计,新建县沦陷区6年多来被日军和伪军杀害的人民群众达8480

人,重伤致残者 134 人,轻伤 102 人,烧毁房屋 39596 栋(被拆掉的不在其内)。损失耕牛 14415 头,家禽家畜和古陶、瓷器、铁器、古籍、书画、碑帖等物均无法统计。财产损失 6766200 万元(法币)。总之,日军杀人放火,奸淫抢劫,到处横行,无恶不作,人民处在水深火热之中,惨不可言。直到 1945 年 9 月抗战胜利后,人民才摆脱了日军的侵略和日伪傀儡政权的残暴统治。

中共新建县委党史办(陈恒华 曾平兰执笔)

# 进贤县调研报告

## 一、抗战时期进贤县基本情况

1939 年冬,江西省划为 11 个行政区,进贤县隶属第十一行政区,专署驻丰城;1942 年 11 月,全省改划为 9 个行政区,进贤县隶属第一行政区,专署仍驻丰城。

1938 年至 1949 年,进贤县设 5 个区 26 个乡(现行政区划内的李渡、温圳、文港、长山晏,在新中国成立前隶属临川县管辖,1969 年划入进贤县)。1939 年时进贤县总人口为 198681 人,1942 年时为 174000 人。

## 二、日本侵略军在进贤县的暴行

南昌沦陷前后,日军派遣大批飞机对进贤县进行狂轰滥炸。

1939 年 2 月 18 日,日机 19 架,由赣北方向窜入进贤火车站附近,投弹 2 枚,炸毁房屋 3 栋,死伤 5 人。

3 月 16 日,日机 3 架窜入三阳街,投弹 2 枚,炸死居民 2 人。

3 月 24 日,日机 2 架在李渡菜市场附近投弹 4 枚,炸毁民房 4 栋,炸死 4 人。

6 月 5 日,日机 3 批 9 架,轮流轰炸温圳一带,投弹 24 枚,炸毁民房 5 栋,炸死民众 36 人,伤 103 人,炸死耕牛 3 头,炸毁民船 4 艘。

7 月 13 日,日机 30 余架,轮流轰炸温圳康乐山,炸毁军火库 6 栋,死伤 10 余人。

7 月 31 日,日机 4 架窜入进贤县城,投弹 9 枚,炸毁民房 9 栋。

1940 年 4 月 28 日,日机 5 架侵入进贤县城,投弹 10 枚,死伤 15 人;侵入罗溪街,投弹 10 枚,炸死农民 8 人,炸毁民房 9 栋。

7 月,日机 6 架,窜入三阳街,投弹 6 枚,炸死 5 人,毁房 5 栋。

1942 年 6 月 2 日,日军占领进贤。6 月 3 日,日军大队长吉野·傲田率部将躲在县城天主堂的民众 100 余人绑赴东门外,抛入镇东桥下,惨遭杀害;将潜入城内探亲的吴有进活活砸死,将路过县城的英山土库圩农民吴青茂挖了心脏。

6 月中旬,日军对张王庙地区进行了两次大烧杀,烧毁老王村房屋 30 余栋,杀死农民 14 人;窜入曹家,全村 100 余栋房屋烧毁殆尽,财物抢劫一空,杀死村民 80 余人。

6 月下旬,日军窜入李渡许家村,杀死 5 名老人,沿途追赶逃难村民,用机枪扫射,杀害农民 200 余名。

8 月 24 日,日军撤出进贤,烧毁房屋 200 余栋,死伤民众 300 余人。

## 三、抗战时期进贤县人口伤亡和财产损失情况

1.人口伤亡情况

死亡:3109 人。其中男 1598 人,女 949 人,儿童 499 人,性别不明 63 人。

受伤:3228 人。

**2. 财产损失情况**

烧毁房屋:8760 栋;

损失稻谷:318283 担(15914.15 吨);

损失植物油:21576 担(1078.8 吨);

损失杂粮:174510 担(8725.5 吨);

损失生猪:11656 头;

损失耕牛:8935 头;

损失鸡、鸭:57218 头。

**四、附录(部分乡镇受害情况)**

**1. 民和镇:**

1939 年 3 月日军侵占南昌后,便派出飞机到各地狂轰滥炸。进贤县城民和镇自 1939 年 3 月到 1940 年 4 月,日机轰炸 9 次,炸死炸伤 25 人,炸毁房屋 18 幢。1939 年 3 月 18 日上午,3 架日机飞到火车站上空,投弹 9 枚,居民李芽得在站上卖粉条为生,被当场炸死;接着又炸苏街阁,炸死商民许庭凤和施广义夫妇及男女农民各 1 人;共炸毁房屋 6 幢。这年 5 月,2 架日机轰炸桥子头,投弹 2 枚,炸死老妇 1 人和国民政府军军需处数人,毁民房 3 幢。8 月,日机炸大街易元泰茶店,投燃烧弹 2 枚,烧毁店房 2 幢。1940 年 3 月,日机炸龙安寺高等小学,该校校长和 1 名学生被炸死,学校被毁。9 月炸北门口,炸死 3 人。汪家祠堂、民主岭(原名猪牯岭)、大石桥(国民党县政府)、天主堂都先后被炸,人、畜伤亡,房屋毁坏,许多东西遭到破坏。

1942 年 6 月 2 日下午,日军侵占进贤县城。国民政府军第 75 师前数日已溜走,进贤的地方武装——自卫大队,也逃得不知去向。城内大部分商人、居民也逃难,县城几乎成了一座空城。有 100 多个未及逃出的居民躲进天主堂,日军用绳子将他们捆绑,赶到东门的镇东桥,全部推到桥下淹死,杨万春一家 8 口全部罹难。4 月 23 日,又有 20 多人被日军捆走,下落不明。

县城附近的农村也不时遭到日军的骚扰。一次,日军窜到夹州上王家抓住农民 21 人,除 3 人跳河潜逃外,其余 18 人被活埋在北门老虎岗。竹垤、路东、河湖李家、大塘塍、凰岭、社背坑、院泽、洲上、义坊、麻山张家、舒家、江家坊,无不遭到日军的蹂躏。路东、大塘塍,各 30 多户人家,全被烧光。院泽李木根一家逃躲在外,一天李木根潜回家探望,日军见了,一枪打死。

不少妇女被日军奸淫,有的奸淫后被灭绝人性地残害致死。

县城萧条无市。农村,妇女白天都上山躲避,男人在田间偷偷生产,一有风吹草动,就四散逃避,大片田地荒芜。

1942 年 8 月 24 日,日军在县城大街、后街、雾岭脚下、大河门放起了火,一时烈焰冲天,一片火海。日军狞笑着,挥舞着;欠下进贤人民的累累血债,开走了。

县城共烧毁房屋200余幢,其他财物不计其数。

(中共进贤县委党史办)

**2. 罗溪镇:**

1939年3月,日军以梁家渡为中心据点,以抚河为界驻兵防守,开始对各地进行骚扰破坏活动。农历三月六日,日机3架侵入罗溪,投弹3枚,炸毁民房3栋。

同年6月,日机1架,第二次侵入罗溪,投弹2枚,炸弹落在易家空地上和荷包塘秧田里,幸无伤亡。

1940年农历三月九日上午10时左右,正是罗溪街集市交易的高峰时间,日机4架侵入罗溪上空,猛烈地进行轰炸、扫射。集市上鸡飞蛋打,乱成一团,处处硝烟弥漫。首遭日机轰炸的是杨成美的住宅,一幢前后三进的砖瓦房和附近的几家民房,霎时被炸得瓦碎墙倒,一片废墟。

日机先后在柳树挡凉亭、周家祠旁边井里、周中吉烟店、鱼街义兴斋茶店、新义兴酒店、杨成美杂货店、孔家饭店、杨家祠堂、易家祠堂、罗洪仍家、易金洪家、罗溪湖、江保元背后菜园、西昌胡家、罗岭巷、牛巷张家、窝仍涂家、路下刘家、黄义垅黄家、猪场振太家、布厂、集城酒店、江大检家等地投下炸弹数十枚。日机从上午10时到下午7时,共往返轰炸47架次。据统计,当场炸死100多人,炸伤100多人。年轻妇女李火英和9岁的女儿易九梅以及未满月的婴儿,一家三口当场被敌机炸死。莲塘李家李烈国、李烈供等三兄弟同时遇难。易余得之母被炸得血肉横飞,一只脚挂在樟树上。有一个南昌县卖布的农民被炸得坐在柚树上死去。50多岁的易细娇,在凉亭躲飞机,也被炸死。仅新义兴酒铺旁边的一条小巷就炸死10多个人。罗溪湖被炸得浪花四溅,连鱼也死在岸上。赶集的100多只船被机枪扫射得风雨篷飞向半空。

1942年6月的一天中午,一场大暴雨过后,日军乘坐橡皮舟,对罗溪又进行窜扰"扫荡",日军窜入回峰、上下傅家;同时,公路沿线的日军先后窜到塘里、罗坪、罗山、潭叶、莲塘、坝塘等村庄进行骚扰。因日军进村"扫荡"时,村民大都逃往他乡避难,日军和汉奸便肆无忌惮,趁火打劫,掠夺民间财物。他们见猪牛就杀,见东西就拿,见妇女就追,无恶不作。下湖家窑上村有3名妇女来不及逃走,被日军捉到山上强行奸污,还有莲塘、塘里等村的几个妇女被日军和汉奸进行轮奸。有一个药店姓罗的伙计,被日军抓住,强行要他挑抢劫来的财物,因他不愿为日军效劳,当场被日军打死。

(中共进贤县委党史办)

## 3. 温圳镇:

日军于 1942 年农历四月十八日侵占温圳,农历七月十四日撤离。在这 4 个月的时间内,日军犯下了令人发指的罪行。烧毁、炸毁民房 520 多栋,温圳镇除 3 栋房屋幸免外,其余全被烧光;掠夺大米 6000 多担,抢夺百姓的衣物不计其数,抢走、杀死耕牛 340 多头;被鬼子当靶子、试枪法残杀而死的约 210 多人,被抓做苦力的 400 多人中没能逃回下落不明的 33 人。

当时日军一个团部驻扎在梁家渡,温圳镇驻有一个分队。他们白天外出骚扰,夜晚龟缩队部。日军铁蹄遍及温圳 100 多个村庄,百姓深受其害,95% 的人家颠沛流离,亲人失散,四处逃难,有家难归,田园被毁。日军对中国人民犯下的罪行罄竹难书。

(中共进贤县委党史办)

## 4. 下埠集乡:

日军占领南昌后,日机经常不断地对浙赣铁路沿线进行轰炸,下埠人民深受其害。

1940 年 9 月的一天,日机 9 架从南昌飞往下埠上空,在下埠火车站周围盘旋了一圈,尔后俯冲直下,投下炸弹 7 枚。霎时间,车站的三股铁道被炸得扭曲歪斜,路基被炸得坑坑洼洼。农民吴东扛着一把锄头去田间劳动,路过火车站,被日机炸得整个身躯血肉模糊,当即死亡。

第二天,12 架日机继续窜扰下埠,轮番低空盘旋,用机关枪横扫下埠火车站、铁路桥以及水塔。当时的下埠车站是一个火车灌水的重要的车站,南来北往的列车都要在这里停留加水,日军企图破坏这个车站。

1942 年农历四月底,日军大部队日夜路过下埠,对下埠人民实行野蛮的烧光、抢光、杀光的三光政策,见人就杀,见房就烧,四处奸淫抢掠,无恶不作,连猪、牛、鸡、鸭、鹅也不放过,闹得鸡犬不宁。

日军进村后,村民大都逃往深山去了,日军更加肆无忌惮地在光天化日之下侮辱未来得及逃走的妇女。塘下村有一个妇女被日军强行捉到房里施暴,她拼命挣扎、反抗,但无济于事,结果还是被奸污。库下村有一个妇女被日军强奸后,又用刺刀刺穿她的阴道,当场身亡。下埠街上有一个妇女被 9 个日军强行轮奸后不省人事。有一个日军在强奸妇女时,担心战马逃走,就将马绳缚在自己的脚上,由于该妇女拼命挣扎使马受惊,将那个日军拖至 100 多米,该妇女得以逃跑。日军非常恼火,无处发泄,当他爬起来后,在不远处发现一个因病睡在山上的吴姓女子,举起刺刀猛砍该女大腿,该女痛苦难忍。还有瑶下村一个 50 多岁的妇女,也遭到日军强行奸污。

日军所到之处,见人就抓,吴春林、吴喜生、吴根生等 10 多个老人被强行拉去做挑夫。

日军先后窜到前东、瑶下、田畔、仓下等村,一把火烧掉了吴连生、吴坤山、吴文祥等房屋10余栋。

1945年农历七月十三日,日军退却时窜犯下埠,放火烧毁了下埠一带的房屋1000余栋,烧毁稻谷300多万斤,下埠街的房屋烧毁殆尽,财物洗劫一空。

(中共进贤县委党史办)

5.梅庄镇:

1939年3月,日军军舰从长江闯进了江西鄱阳湖,不久省会南昌落入日军之手。当时,梅庄街福音堂驻有国民政府军预备第5师师部,在牛头山的鄱阳湖汊口设有水雷和电网等。1941年6月8日上午,日军派2架战斗机、1架轰炸机,在梅庄上空投下3颗炸弹,这天正是梅庄当街,炸死居民和上街农民12人,炸伤多人。不到1个月又复来梅庄投了2颗炸弹,当场炸死1名老妇和1名小孩,返航时又用机枪扫射,打死在船上的三里夏家村的夏火仍。国民政府军预备第5师见暴露了目标,便将师部迁往乡下花园村。谁知不久花园村师部又被日机轰炸,炸死1名国民政府军军官,炸伤多人。

1942年,日军得知中国驻军被吓跑,便派军舰开往牛头山的鄱阳湖汊口,用探雷器将原埋设的水雷和电网全部排除,并作为鄱阳湖水上据点驻在那里。从此变得更加疯狂起来,派汽艇横行鄱阳湖各汊,实行"三光"政策。先后烧掉的房屋,辜家榨5幢,张山咀4幢,松山陈家50幢,四圩1幢,八圩9幢,下水吴家17幢,梅庄街50幢,横溪15幢,刘家10幢。

(中共进贤县委党史办)

# 安义县调研报告

1935 年时,安义县土地面积为 623.95 平方公里,其中农地 220.25 平方公里,占全县面积的 35.3%。设 4 区、16 乡、1 镇。第一区辖三景乡、鼎湖乡、湖溪乡、中洲乡、龙津镇,第二区辖依仁乡、实验乡、万埠乡、大安乡,第三区辖清和乡、港罗乡、洞云乡、安南乡、黄洲乡,第四区辖峤岭乡、檀树乡、闵埠乡。全县人口为 87098 人,其中男 47269 人,女 39829 人。1952 年 12 月,新建县第十区石鼻划归安义县管辖,全县总面积为 665.49 平方公里。

县城龙津镇位于县境西部,距南昌市 61 公里,北潦河穿境而过,东、西、北三面环山,中间平坦,建有东、南、西、北四门,东曰向阳、西曰永安、南曰文明、北曰迎恩,有板溪、南门、码头、石牌、衙前等街道,全长不到 1 公里,路面由卵石或麻石铺设,街道较狭窄。当时社会经济主要以农业为主,工业基础十分薄弱,依附于农业的家庭手工业居多,有铁、木、篾、泥瓦、纺织、糕点加工、榨油、酿酒及粮食加工等,此外还有饮食服务业。随着民族工业的发展,1937 年 10 月,始建民生造纸工厂,此后相继开办了碾米、铸铁、印刷、纺织、小型发电等私营小企业 118 户。日军侵占安义后,县内工业雏形遂遭破坏,工厂倒闭,百业萧条。饮食服务行业亦难幸免,县城仅剩 3 家。全县土地耕作也有抛荒现象。

1939 年 3 月 22 日,日军在飞机、坦克掩护下侵占了安义县城,顿时,安义上空硝烟弥漫,潦河两岸马嘶狼嗥。在安义的土地上,日军对安义人民实行惨无人道的"三光"(烧、杀、抢)政策,其奸淫掳掠、屠杀中国人民的手段之毒辣,用刑之残忍,实属历史罕见罕闻。在日军的刀枪下,全县狼烟滚滚,血迹斑斑,许多村庄被夷为平地,许多家庭被斩尽杀绝。日军在安义的滔天罪行罄竹难书。

**1. 日军在五房周村的暴行**

1939 年 3 月 22 日下午,从北路入侵的日军,路过安义县龙津镇五房周村,疯狂冲入村内,大肆烧杀奸淫。全村百姓及从德安逃来的难民,除少数逃出者外,无论男女老少,均遭摧残。有的被砍头断肢,有的被剖腹牵肠。村中妇女被轮奸,有的奸后被杀。其中一少妇,怀中尚有婴儿吮奶,日军上前从怀中抢出婴儿,掷地摔死,再奸淫少妇,奸后处死。有的孕妇被奸后剖腹,用刺刀挑出胎儿取乐,残暴至极。据不完全统计,死于日军暴行之下的村民有 97 人,全村的房屋除日军占用的外,其余 40 多幢全被烧光。

**2. 日军在山下蔡家烧杀**

1939 年 3 月 24 日下午,一伙日军包围了龙津镇山下蔡家,端着上了明晃晃刺刀的步枪,冲入村内,不分男女老幼,见人就开枪、刺杀,见妇女就强奸,奸后刺死,血流成渠,惨不忍睹。

山下蔡家是个小村庄,在这场烧杀惨案中,有72人被杀害。在日军进村之前凡未逃离村庄的村民,几乎被杀绝。蔡之海一家8口,除2人在日军进村之前逃离了村庄免遭杀戮,其余6人均死于日军的屠刀之下。全村烧毁房屋52幢,整个村庄成了瓦砾堆。家禽家畜也被斩尽杀绝,真是鸡犬不留,血洗一空。在日军的"三光"政策下,一个好端端的本是一片祥和的山下蔡家却成了屋毁人亡凄凉惨状,"万户萧疏鬼唱歌"。

### 3. 日军在山下熊家大屠杀

1939年4月22日,驻在石鼻古楼村的日军以追击"中国兵"为借口,出动一个中队,兵分三路,包围了石鼻山下熊家(包括新山下和老山下两个村庄),用机枪封锁路口。日军冲入村内,逐户抓人,把新山下村抓来的36个男人押到熊清禄的土屋里,把老山下村抓来的78个男人押到祠堂里,把82个妇女儿童关在熊清闵的土屋里,日军迫令这些老百姓一排排跪下,有两个称作"星子佬"的人不肯跪,当即被刺死。接着又强逼大家解开胸扣,现出赤膊,日本兵手拿刺刀,向跪着的百姓进行刺杀。跪着的人从地上爬起来向门口冲去,可是门已被日本兵用枪堵住,一个个被逼回。霎时,这些手无寸铁的老百姓,全都成了日军刺杀的活靶了。有的被刺穿胸膛,有的被穿透腰椎,有的被刺得肠子流出肚外倒在另外一死者身上,鲜血横流,惨绝人寰。接着,日军把凳子、桌子、床板和稻草等架在这些死难者的尸体上,撒上硫磺粉,放火焚烧。顷刻间,老山下村成了一片火海,196人中,82名妇女儿童无一幸免,114名男人中只有吴振洪、熊慎思、熊怀恂、刘以清和刘以渭等5人幸得死里逃生,但也被烧得不成人样。

与此同时,另一伙日军则在山上搜索藏在树丛中的老百姓。10多个日军排成一排,像"梳辫子"那样一路一路清山。柴草厚的地方,就用刺刀刺,刺不到的地方,就开枪扫射,看到在外跑的,就开枪打,有的虽跑出了山口,还是被日军打死在田垄里。日军把搜出来的250名老百姓,押到章家山一块较稀的树林里,强迫他们跪下,解开衣扣,六七个日军同时用刺刀进行屠杀,连老人儿童都过了一刀。邓茶花全家12口,不到3分钟,11人遭杀戮,1人因未刺中要害,才得以幸免。有个10岁小孩,名叫刘四根,颈上戴个银项圈,日军则用刺刀割下他的头,拿走项圈。日军对杀而未死的老百姓,一一补刀再杀。刘以仁在补刺时抓住了日军的枪杆,日军就开枪将他打死。顿时,在往新山下村去的山沟里,血流成渠。

幸存者章珍珠老大娘,满腔悲愤地控诉日军对妇女的暴行时说:"日军把围困的妇女,押到庙背山树林里,首先剥光了刘火金的衣裤,企图进行轮奸,刘火金宁死不从,被日军用刺刀刺死。接着又剥光了熊水妹的衣服,被20来个日军轮奸至死。十六七岁的熊菊得等2人,因年纪尚幼,经不起日军的蹂躏,稍有不从之意,惨无人性的日军就用松木桩钉入她们的阴道,活活捅死。熊怀喜是个没有过门的媳妇,被日军捉去强奸时,一同在身边的母亲跪下求饶,被日军一刀砍下了头。这次被日军先奸后杀的妇女就有10多人。

　　日军在山下熊家大屠杀后，临走时在臭水垄的塘里洗刺刀，把一塘清水染成了血水。山下熊家人为了永世不忘这笔血债，把这口塘叫做"洗刀塘"。乡亲们将熊怀喜和他的妻子、母亲、儿子三代的尸体一块安葬在两山头菜园里，将这座坟取名为"三代坟"。据统计，日军这次在山下熊家共烧毁民房72间，杀绝村民12户，被杀的村民和难民共500多人。其中有130多具无人收埋的难民尸体，山下熊家群众将这些尸体埋葬在竹山的一个大土坑里，即现在所称的"百人坑"。

　　日军残酷地屠杀安义人民，除集体大屠杀外，还有分散屠杀、零碎屠杀比比皆是。在县城的日军捉活人当靶子练刺杀，一次十几人，乃至几十人；在青湖的潦河边，日军把人绑到烈日之下的沙洲上活活晒死；在万埠的日军，多次将无辜百姓进行活埋，一次几人、十几人甚至数十人。有个称"五殿阎王"的日军，是个杀人魔王，他驻在万埠街时，平均日杀7人，共杀害万埠无辜群众几百人。除上述屠杀手段外，还有砍头、劈脑、挖心、剖腹、水溺、火烧、砍四肢等残酷手段。

　　安义人民在日军占领期间，承受了巨大牺牲，共被烧毁房屋8949幢；死伤民众14075人，其中死亡8230人（男6016人、女1662人、儿童518人、下落不明34人），重伤2550人，轻伤3295人；损失稻谷497337石，麦5662石，植物油4655担，杂粮21012石，猪20243头，牛5047头，鸡鸭104045只，直接财物损失约117.8亿元（法币）。

安义县志办（王计、袁晓军执笔）

# 九江市调研报告

## 一、九江失守背景

九江市治浔阳城地处要冲,交通便捷,历史上为江西北大门,是全国"四大米市""三大茶市"之一。九江位于江西省的北部,长江中下游结合部的南岸,南倚庐山,北枕长江,西抵幕阜山,东越鄱阳湖,与湘鄂皖三省毗邻。全境东西长270公里,南北宽140公里,总面积为18823平方公里,现行辖有九江、德安、修水、武宁、星子、都昌、湖口、彭泽等9个县和瑞昌市及浔阳区、庐山区、九江开放开发区、共青开放开发区、庐山风景名胜管理局等九县一市四区一山。境内河港纵横,湖泊棋布,土地肥沃,雨量充沛,被誉为"鱼米之乡"和"赣北粮仓"。

九江因肥沃的土地,辽阔的养殖水面,茂密的森林,故农业很具有优势。农业的主要种植作物有水稻、棉花、大豆、玉米、花生、油菜子、芝麻、苎麻等20多个类别。在水稻、棉花、油菜、苎麻、茶叶方面,是江西省的重要产区之一,其中棉花产量占全省2/3。林、牧、副、渔业在全省也占有相当位置。但是,九江的大好河山在20世纪30年代遭到了日军的入侵和蹂躏。

日本帝国主义侵略和霸占中国的妄想蓄谋已久。日本侵略者奴役中华和侵占中国领土的图谋,早在19世纪70年代明治维新时期即见端倪,70年代起就染指朝鲜、中国台湾和琉球;1894年7月挑起中日甲午战争,迫使中国清朝政府于1895年4月17日签订中日《马关条约》,公开占据中国台湾、澎湖列岛、琉球群岛和辽东半岛,并从中国夺去许多权益;1900年参加八国联军入侵中国屠杀民众;1915年1月18日日军侵占山东半岛后,又向当时的亲日派政府提出《二十一条》,企图全面控制中国;1931年9月18日日本侵略军侵占沈阳,随后几个月内占领辽宁、吉林、黑龙江三省,并开始向热河进攻;1932年1月28日,日本侵略军在上海发动进攻;1933年1月17日,日军占领山海关,向华北进犯;1935年5月,日本帝国主义开始在华北制造事端,向国民党政府提出对华北统治权的要求;1935年7月,日本华北驻屯军司令官梅津美治郎与国民党华北军分会代理委员长何应钦达成"何梅协定",攫取了中国的河北、察哈尔两省的大部分主权;1935年11月,日本策动汉奸进行所谓"华北五省自治运动";1937年7月7日,日军向北京市郊宛平县卢沟桥的中国驻军发动进攻,8月13日又大举进攻上海,并扬言要在几个月内灭亡中国。中华民族到了最危险的时刻,民族危亡处于紧急关头。八一三事变暴发后,上海军民虽然奋起抗战,终未抵挡住日军侵略战争的扩大。日军继续向长江沿线大举进攻,迫使中国抗日军民节节后撤。此后,日军以侵占沿江两岸大片国土,霸占长江流域资源,占领南昌、长沙和武汉为目标,进行疯狂的军事进攻。这年的11月12日上海失守,12

月 13 日南京沦陷。1938 年 6 月 12 日安庆陷落后,位于九江境内的马垱要塞告急,江西处于紧急的战争状态。6 月中旬,日机多次飞抵九江的马垱、湖口、彭泽一带侦察和轰炸。24 日,日军进攻马垱要塞。中国军队与日军展开了激烈的战斗。6 月 26 日和 29 日马垱与彭泽相继落入敌手,7 月 5 日湖口失守,7 月 26 日九江城区被日军占领,并直指南昌与武汉。九江战事紧急,武汉危在旦夕,日军加紧行动,长江下游大片国土丢失。

　　1938 年 6 月日本当局制订的《关于处理中国事变的根本办法》中提出:"把汉口以下的长江下游流域归入统治圈内"。日本参谋总长又于这年 12 月 2 日发出《大陆命令等 241 号》令,提出:"依靠武汉三镇及九江,摧毁敌人的抗战企图,将作战地区大概规定在安庆、信阳、岳州、南昌之间这一地区"。如此态势,加重了九江区域人员伤亡和财产损失,日军的暴行罄竹难书。

**二、日军在九江暴行造成的巨大人口伤亡和财产损失**

　　日本占领军所到之处,以征服者的姿态,骄横不可一世。日军在"归入统治圈内",以建立所谓"大东亚共荣圈"掩人耳目,采取"烧杀以助军威,奸淫以助军乐,抢劫以助军需"的威慑手段,肆意烧杀抢掠,进行残害中国人民的罪恶活动。日本侵略军在侵占九江地区期间,所犯种种野蛮罪行,数不胜数。1938 年 6 月 12 日安庆失守后,自 6 月 20 日起,日军飞机对彭泽县的马垱镇、双峰镇(今龙城镇)、黄岭、老湾汪村、高屋陶村、太平关、庙前街、郭家桥等处,实施 16 次轰炸,炸死民众 800 余人,炸毁房屋 2000 余栋。6 月 26 日,日军施放毒气,占领马垱的当天,在附近两次集体屠杀柯、毕、高、詹四姓村民 1000 余人,并将妇女奸淫后杀害。1938 年 7 月 12 日,日军在望夫山惨杀村民 32 人。1939 年 8 月,日军在望夫山又惨杀村民 56 人。1942 年 3 月 27 日,农民朱维桢、朱连科、朱子谦、朱正明、朱咏甫和朱兴泰等 6 人,潜入沦陷区搬运粮食时被捕,被施以酷刑后杀害。1938 年 6 月 29 日,日军占领彭泽县城时,在双峰镇和黄花乡、黄岭乡等处,大肆抢掠烧杀,造成更多人员伤亡,许多村镇一片焦土,一些农家被灭绝。更为恶劣的是,在 1938 年 6 月至 1945 年 4 月,日军除集体屠杀彭泽县村民外,被活埋、剥皮、奸杀、吊打、腰折、挖耳目、剥皮等致死的村民达 548 人。据不完全统计,在抗战期间彭泽县被日军屠杀的民众多达 5938 名,其中男性 3446 名、女性 2321 名、儿童 171 名;民众负重伤的 593 名,其中男性 330 名、女性 214 名、儿童 49 名;被日军宰杀的耕牛达 1563 头、猪 25894 头,烧毁民房共计 3699 栋,造成彭泽县各种财产损失 136.13 亿元(法币,下同),其中直接经济损失 105.24 亿元,间接经济损失 30.89 亿元。

　　日军突破马垱防线占领彭泽后,迅速入侵湖口,朝九江方向移动。1938 年 6 月 26 日马垱失守的当天,10 多架日军飞机对湖口的双钟、三里、马影、凤村、文桥、流泗等处进行狂轰滥炸,死伤平民 60 余人。6 月 30 日,1000 余日军入侵湖口境内棠山附近,在周玺村山岗扎营,见人就开枪射击,当即枪杀无辜村民周兴武、周四姣、李细城等 10 余人。7 月 5 日湖口双钟镇沦陷,日军在湖口县境即实施烧杀抢掠、打砸奸淫。1938 年 7 月 15 日,日军在棠山附近的鸟林峦村大仙庙处枪杀村民周斌炎、周子良、周子健等 55 人。7 月 20 日,日军在周玺村枪杀周元沃夫妇、周世太夫妇及彭泽逃来的难民 100 余人,并烧毁民房 73 栋。7 月 24 日,日军在三里乡周家场村惨杀农民周文少、周崽子、周麻子等 70 余人,烧毁民宅 34 栋,使该村成为一片焦土。7 月 31 日,日军在杨家山惨杀村民周赐寿、周道盛、周喜情等 16 人,烧毁民房 26 栋。8 月 2 日,日军在孙白仓村屠杀农民孙汝呆、孙庆龙等 29 人,8 月 23 日又在鸟林峦村屠杀民众周旺名、周寿灿、周奎苟等 50 余人,烧毁村宅 76 栋。在日军占据湖口期间,宪兵队无日不杀人,将人装进麻袋丢进长江的无以计数,随意处死者无时不有。据现有资料记载,在 1938 年 6 月至 1945 年 8 月,日军统治期间湖口被杀害的民众达 13641 人,其中男性 6973 名、女性 5122 名、儿童 1546 名;受伤者 15771 人,其中男性 8480 名、女性 6240 名、儿童 1051 名。伤亡民众占 1935 年县人口总数的 23.89%。烧毁公共建筑物 603 栋,烧毁民宅 11705 栋,抢掠木材 476440 立方米、稻谷 646700 担、大米 11000 担、油菜子 190160 担、食油 1780 担、棉花 484178 担、小麦 56600 担、黄豆 1970 担、芝麻 110000 担、猪 13320 头、牛 4169 头,如此等等不一而足,造成经济损失 387.24 亿元,其中直接损失 211.84 亿元、间接损失 175.4 亿元。

日军在沿长江西犯的过程中,于九江未沦陷之前,即于 1938 年 6 月 15 日派飞机 7 批 35 架次对九江城区实施骚扰和轰炸,致使 10 余平民死亡,并造成重大财产损失。是时,九江城区市民为逃避战火,十之八九已逃难他乡,未逃者仅十之一二,躲避在西园难民区和教堂内;九江县各集镇和村庄亦岌岌可危。1938 年 7 月 23 日晨,日军在海、空军的掩护下,在姑塘镇一带登陆,向九江城区侵犯。7 月 26 日九江城区失守后,日军即大肆烧杀奸淫,并打砸抢掠。在日军侵占九江不几天,一队日本海军窜入天主教堂内,将 300 余避难的天主教信徒与市民不分男女老少全部捆绑起来,投进甘棠湖中,活活淹死。又据资料记载,仅这年的 8 月,日军在九江城区就屠杀市民 1000 余人。1938 年 7 月末,日军窜至文竹寺,将逃难的 80 余人一一杀死在寺内外,血流成河。

1938 年 8 月 5 日,一队日军窜至沙河曹家垄,先用机枪扫射,然后放火焚烧,祠堂化为灰烬,民宅亦遭烧劫。同年的 8 月 10 日,一队日军窜至陶家坳(今岷山乡大塘村),将全村男女村民 54 人逼迫到村边稻场上,一一杀害,并将村庄焚烧殆尽。8 月中旬,日军窜至赛阳,将刘家大屋及周围村庄的 72 名村民,逼迫到村后的山脚下,架起机枪扫射,被抓村民全遭残杀。8 月 13 日,一队行至石门涧的日军,发现张家村、蔡家村、沙家村和胡家六房躲避在山洞内的妇幼村民胡美玉等 50 余人,即向洞内射击,除王水英和杨秀枝负重伤未死外,余皆惨遭杀害。1939 年 4 月 18 日,日军占领庐山后,杀害平民达 3000 余人,并焚烧民宅 480 余栋。1938 年底,日军在"清乡"中,在杨村白水一带,惨杀老弱妇孺 200 余众,并毁坏民众房屋300余栋,还抓走一些18岁至25岁的妇女到九江城区营房供日军蹂躏。1939年1月9日,由于蓝桥附近铁路被游击队破坏,驻蓝桥和九江的日军进行报复,将蓝桥街、陈家墩、向家湾、杨家山、陈楼下、于家墩的陈中龙夫妇及子孙、孔庆兴夫妇及子孙、向正灼夫妇及弟妹、杨凤英、陈义海、于贤桂及家人、张木香等72人,不分男女老幼,统统押到陈家墩陈是生家门前,关进一民宅内,四周堆满柴草,将村民活活烧死,并烧毁民宅300余栋。1941年1月21日,一队日军闯进戴家山、黄丝洞、孙家垄、长岭西窑等村庄抓得无辜男女老少村民96人,不分青红皂白,悉数杀害于瑞昌九源日军驻地,并焚烧戴家山等村民宅800余栋。1941年5月23日,一队日军又闯进戴家山一带,进行"扫荡",以抓捕游击队员为名,将戴、陈两姓村民51人,抓到九都源杀害。据现有资料不完全统计,日军在占据九江县(包括浔阳区、庐山区)期间,有23537人惨遭杀害,其中男性22062名、女性1033名、儿童442名。受伤民众4795人,其中男性3305名、女性1337名、儿童153名。伤亡民众占1938年人口总数的10.1%。抢掠耕牛8661头、猪21685头、稻谷182850担、小麦9860担、植物油3300担、杂粮136620担、木材200立方米,掳掠平民1162人,焚烧和破坏房屋21809栋,造成财产损失280.87亿元。

九江沦陷后,日军一路沿南浔铁路和鄱阳湖南窜,经星子、德安、永修直逼南昌;另一路沿长江西犯,经码头镇和武穴威逼武汉。1938年10月27日德安沦陷前,日军即于这年7月20日和26日,派飞机两批11架次对德安县城进行轰炸,当即炸死民众1000余人,炸毁民房821栋,占当时民宅的96.47%。此后,还对乌石门、夏家铺、磨溪头、甫田铺、七里铺、白水街、火烧坂、滚子岭、芦家滩铺、黄登铺、晏家铺、洪家铺、董家铺、大屋曾村、杨坊等集镇进行轰炸,亦造成重大人员伤亡和财产损失。德安县城失守前,日军侵犯德安县老屋里村,于1938年10月21日在罗村祖堂及罗远谋家惨杀村民和湖北逃难过来的难民53人,被杀者最大的76岁,最小仅1岁。1938年12月17日,日军窜进河东杨村,进村仅10分钟,即将一户人家四口杀光。1939年1月5日和6日,日军在磨溪宝泉与吴家庄一带,残杀无辜村民450余人,烧毁房屋200多栋,毁灭村庄20余座;同时,又在永安堡岭将50余村民惨杀在龙山边,随后又将60余村民关进徐仁喜屋内,先枪击后放火烧,致使人与屋均化为灰烬。1939年2月初,日军窜至塘下李村(今八一村),将全村400余村民惨杀在池塘边,并将尸体丢入池塘内。1939年2月和3月,日军在下胡、塘山、曾家岭一带屠杀村民数百,烧毁房屋1000余栋。其中19户的邹村,全村被杀绝,房屋全烧光;59户的冯家村,村民全被杀光,住房亦被烧光;曾家岭一座仅11户人家的小山村子,人被杀绝,房屋亦烧成灰烬。日军屠杀平民手段十分残忍,诸如枪击、杀戮、活埋、淹溺、火烧、肢解和石滚碾压等等,不一而足。抗日战争期间,日军在德安县境残杀平民12872人,其中男性8891名、女性3981名;致伤平民亦达2208人,其中男性1626名、女性582名。伤亡民众占当时全县人口总数的 23.31%。毁坏民房 6397 栋,抢掠耕牛 5705 头、活猪 1213 头、稻谷 363904 担、麦子 117531 担、植物油 390 担、杂粮 173954 担,造成财产损失总计 89.17 亿元,其中直接经济损失 52.61 亿元。

星子县城为鄱阳湖去南昌的水上必经之地,亦为日军南犯的水陆要津。1938 年 8 月 20 日和 10 月 6 日星子县城与隘口相继失守后,日军开始对星子县全境的军事占领。此前,日机 4 批 27 架次对县城及其周边进行轰炸,炸死平民李锦全、柯水贵、张文炎、黄水林等 48 人,炸毁民宅 13 栋,海会军官训练团营房大部被炸毁。8 月 27 日和 9 月 5 日,日机 2 批 10 余架次对观口山和横塘铺进行轰炸,炸死村民和逃难难民 127 人,并炸毁民宅 35 栋。除轰炸造成九江民众伤亡和财产损失外,日军残杀平民和抢掠奸淫的事情,屡屡发生。1938 年 10 月 6 日,日军在大理庵屠杀运粮难民 30 余人;10 月 8 日,日军将避难于山洞的村民 38 人悉数惨杀;10 月 9 日,日军窜至五柳殷家坂和汪家港,将村民殷昌佳、陶招仁等 53 人杀害于田畈,并烧毁民宅 3 栋,同时又分别在清风乡和家嘴村、故里垄、阮家畈、董家岭村将村民刘水邱、胡光秀、胡光竟、胡四元、吴隆春、吴水仔等 203 人全部惨杀;10 月 21 日,一队日军窜至五柳周村,将村民周招署、周水香等 8 人押至后山竹林活活烧死;1939 年 1 月 16 日,日军在观口将村民付田席、魏寸金等 54 人押至沙头凹杀害,并烧毁民房 30 余栋。日军除在城乡到处奸淫妇女外,还在城镇的阳家祠堂(后迁一品斋楼上)搞了一个"慰安所",将抓来的青年女子集中起来,供日军淫乐。如此种种,无不令人发指。据现有资料统计,在日军占领星子期间,惨遭杀害的平民达 14115 人,其中男性 8303 名、女性 5252 名、儿童 560 名;受伤平民亦有 2664 人,其中男性 1745 名、女性 745 名、儿童 174 名。伤亡民众占当时人口总数的 21.5%。烧毁公房 794 栋、民房 14328 栋,抢掠耕牛 7947 头、生猪 1 万余头、粮食 270692 担、棉花 6879 担、苎麻 209 担,共造成财产损失达 782.4 亿元。

永修县地处鄱阳湖西岸,在九江与南昌之间,无论是陆路还是水路,都是抵达南昌的交通要道,亦是武汉保卫战在江南中日双方争夺的要地。1939 年 3 月 23 日和 26 日,吴城镇与涂家埠相继陷落后,日本占领军在永修进行了一系列惨无人道的罪恶行径。1939 年 3 月 22 日,日本海军和空军对吴城镇施以狂轰滥炸,大火烧了三天三夜,致使吴城街坊 90% 以上的房屋燃烧殆尽;日军在侵占涂家埠时,放火将街坊店铺烧成一片瓦砾,损失惨重。1939 年 3 月 23 日,一队日军行至张公渡,将逃难的 200 余平民惨杀在泉水丘的稻田中,并将一座 60 余户的村庄烧毁。此后,日军在藕潭刘家杀害村民 40 余人,在青山刘家杀害村民 48 人,在大屋朱村杀害村民 50 余众,并将村舍烧毁。还有一次,驻城山日军将抓来的 100 名村民押至万家埠,用机枪集体扫射,无一生还。驻涂家埠的日军,无日不在处死民众,装麻袋丢进修河淹死者有之,无故枪杀者有之。奸淫妇女更是日日皆有。在日军占领永修县期间,据现有资料统计,惨遭杀害的民众达 20523 人,其中男性 16505 名、女性 2620 名、儿童 1398 名；受伤民众 9592 人，其中男性 8428 名，女性 729 名，儿童 435 名；烧毁房屋 12545 栋，抢劫耕牛 7461 头、生猪 1 万余头、稻谷 605834 担、麦子 40337 担、植物油 2522 担、杂粮 72764 担、水产品 20000 担，造成财产损失 177.1 亿元，其中直接经济损失 119.1 亿元、间接经济损失 58 亿元。

　　日军侵占九江城区后，即西窜至瑞昌县境内，建立据点，抢占地盘，实行殖民统治，肆意残害平民。1938 年 8 月 24 日瑞昌县城陷落，9 月 14 日码头镇失守，瑞昌县已成为江南中日战争的又一战场。在此前后，日军的飞机、舰艇曾多次对瑞昌的村镇进行袭扰、轰炸，已造成重大人员伤亡和财产损失。1938 年 9 月 20 日，日军在洪山乡北亭附近将郝、叶、王姓三个村庄的 72 名村民集中在稻田上集体枪杀，23 日又将抓来的 9 个农民当活靶子射击杀害，并将三个村庄的民宅放火烧成一片瓦砾。同月，日机多架次对南义张家铺一带村庄进行轰炸，并投掷燃烧弹和毒气弹，致使民宅被烧，数百名农民惨遭杀害。也在同月，日军还在横立山南的太平庵杀害逃难村民 42 人。1938 年 12 月 26 日，日军在常丰畈和尹范垄等处将汪、詹、王、户、范、陈、赵等 10 个村庄的 300 余名农民集体杀害于黄村西的大草洲处，烧毁民房 3000 余栋。同月，一队日军还在乌石街附近村庄杀害 100 余名村民，并烧毁民房 300 栋。1939 年 4 月 28 日，日军在上南乡华山坳将两个村庄的 38 名农民杀害于村边。1939 年 7 月 12 日，日机 3 架轰炸九源一带农村，炸死村民 92 人，炸毁民宅 36 栋。1939 年 9 月 2 日，一队日军窜至筱源和柯乐源一带，烧毁民宅 173 栋，村民亦有重大伤亡。1939 年 4 月 23 日，日军在横港、墩上、范村杀害村民 200 余人。1940 年 4 月 29 日，日军在南山下山源、沙圩湖等处，烧毁民房 800 余栋，惨杀村民 10 余人。1941 年夏季，日军在金家坑、和尚脑、汪家山等处"扫荡"，惨杀村民 11 人，烧毁民宅 520 栋。抗日战争期间，瑞昌县惨遭日军屠杀的民众达 18654 人，其中男性 10631 名、女性 6540 名、儿童 1483 名；受伤民众多达 42633 人，其中男性 19080 名、女性 12613 名、儿童 10940 名；焚烧民宅 11101 栋，抢掠耕牛 10992 头、生猪 75480 头、稻谷 337552 担、麦子 228024 担、植物油 45589 担、杂粮 215880 担、木材 8830 立方米、水产品 38500 担，造成财产损失达 271.84 亿元，其中直接经济损失 236.97 亿元，间接经济损失 34.87 亿元。

　　1939 年 3 月 29 日武宁沦陷后，日军所到之处，无不奸淫烧杀、抢掠打砸，致使民众生命和财产遭受重大损失。在此之前，1938 年 7 月 24 日，日机 18 架第一次轰炸武宁，8 月 17 日再次轰炸武宁，并投燃烧弹数枚，大火燃烧两天两夜，致使县城 2/3 房屋被烧毁；9 月 6 日，日机 18 架轮番轰炸和扫射箬溪镇，炸死居民 2 人，炸毁房屋 10 栋；10 月 5 日，日军侵犯武宁县境，并占据箬溪镇。1939 年 1 月，日军在箬溪惠民寺，枪杀无辜村民 30 余人；在罗坪李燕炳家将村中的 20 余村民堵在家里放火烧死，致李燕明一家五口全死于日军的罪行下。1939 年 3 月间，日机轰炸和扫射修河南岸的一些地段,并投毒气弹数枚,炸毁罗坪、破石等地民房10栋,亦造成重大人员伤亡。此后,日军即西犯莆田、澧溪、船滩诸地,继续其罪恶行径。有一天,驻大桥日军将抓来的10余民众当活靶子,让日军新兵刺杀。至于将妇女抓到后先奸后杀的事例,举不胜举。在日军侵占武宁期间,据不完全统计,民众被杀者达1566人,其中男性859名、女性662名、儿童45名;受伤者1247人,其中男性477名、女性599名、儿童171名;烧毁民宅10599栋、抢掠耕牛4721头、生猪25307头、稻谷345442担、麦子4500担、杂粮27428担、植物油200担、木材66700立方米,造成财产损失141.66亿元,其中直接经济损失97.11亿元、间接经济损失44.55亿元。

在湖口、星子、吴城等处相继失守后,驻都昌周边的日军经常入侵都昌县境,进行军事骚扰,危害极大,损失尤甚。日军对都昌的骚扰,有如下五种形式:"扫荡"、蚕食、进攻、登陆、轰炸等。抗日战争期间,日军对都昌发动较大规模的"扫荡"有4次,蚕食地盘27次,进攻城镇6次,登陆作战5次,飞机轰炸11次。每次军事行动,民众都有伤亡,并造成财产损失。1939年3月28日,日军入侵巴家山村,烧毁民宅217栋;5月间进攻春桥、徐埠一带,烧毁三个村庄的民宅176栋,并将抓来的4个平民绑在八仙桌的四脚,当活靶子射击而亡,还将5个村民推进横寨岭周村的粪池中淹死;同月,在左里将王伯昌村的村民王升财、王学镇等数名村民抓来,令其自掘土坑而后活埋致死,并将另几名村民钉在长凳上剥皮解肢致死。1940年5月18日,日军在与横乡徐墩上村施放毒气,致使90余村民中毒身亡;9月6日,一队日军窜至左里和苏山一带,将9个村庄的644栋民宅放火烧毁,并枪杀村民30名,抢掠耕牛等一批生产资料;9月17日,日军窜至源头乡,枪杀村民54名,其中有13名儿童。1942年2月,日军在白塔乡、草垅、圣斋等地8个村庄,烧毁农舍259栋,并在彭蠡屠杀无辜村民64名;5月29日,日军一度侵占都昌县城,6月2日复又侵占县城,2月余被迫撤出,但在东山、和合、大沙、三汊港和黄金嘴等地屠杀村民40余人,打伤民众319人。1945年3月17日,日军再次入侵徐埠镇,烧毁店铺90间和民宅30栋,使都昌第二大镇毁于一炬,成为焦土。在抗日战争期间,都昌被日军惨杀的民众1488人,其中男性1053名、女性408名、儿童27名;受伤民众1609人,其中男性1025名、女性552名、儿童32名;焚烧房屋3705栋、抢掠耕牛2699头、生猪7621头、棉花915担、苎麻3659担、粮食2973担,造成财产损失5.12亿元。

修水为武汉会战与长沙会战的外围战场之一,日军由此而对修水各地进行了5次大轰炸,并4次入侵修水县境内。1939年9月12日、1940年4月15日与30日、1940年9月和1941年1月,日机5批36架次,对三都、梁口、义宁、白岭、桃村一带狂轰滥炸,造成重大人员伤亡和财产损失。仅一次对三都和梁口的轰炸,就炸死平民70余人,炸毁房屋近3000栋,修河两岸一片火海。抗战期间,日军曾4次从不同地段入侵修水:1939年9月自湖北入侵白岭、大桥、港津、赤湖等地,同年 10 月 7 日自奉新入侵上奉、何市、沙窝里、征村等地,1941 年 12 月自武宁入侵三都、梁口、扬桃、庙岭等地,1944 年 5 月自通城入侵桃村、白岭、大桥、太清等地。日军在入侵过程中,所到之处无不重蹈罪恶故伎,被残害致死的男女达 475 人,烧毁房屋 1676 栋。更可恶的是在杨湖一带施放细菌,致使该地 90% 的村民烂手烂脚,100% 的男劳动力患丝虫病,许多人因此而死亡,且患病不得根除。据现有资料不完全统计,日军在修水杀害和炸死民众达 1314 人,其中男性 918 人、女性 383 名、儿童 13 名;受伤民众 291 人,其中男性 172 名、女性 119 名;被毁民房 6556 栋,抢掠耕牛 7938 头、稻谷 236139 担、麦子 79858 担、杂粮 188893 担、植物油 11290 担、木材 2976.5 立方米,造成财产损失 15.46 亿元。

抗日战争期间,九江区域水上交通亦遭受严重损失。首先是用于修筑马垱要塞线的船只,除征用 1000 余只木帆船载石沉入江底外,还征用 26 艘轮船和趸船沉入马垱处江中,计 32533 总吨,此项损失按银元计算高达 2165071.15 元(木帆船未计)。此外,1937 年 12 月至 1938 年 7 月,在九江水域的马垱、湖口、九江、武穴、田家镇等处,被日本飞机或舰艇击沉的各类轮船 37 艘,计 10182.55 总吨,按银元计算损失 677668.67 元。其中:轮船招商局大轮 2 艘、趸船 1 艘计 6797 总吨;永安轮船局、同济轮船公司、远大轮船公司、大昌轮船公司、利手轮驳局、泰安轮驳公司、宁绍轮船公司等轮驳 34 艘计 3385.55 总吨。这些虽然没有大型轮船,但在区间短途运输上,发挥过重要作用。战前,九江各轮驳公司经营九江至武穴、九江至安庆、九江至南昌、九江至饶州和九江至吴城航线,对沟通城乡交通和促进商品交流,作用颇大。除此之外,各地均有一大批木帆船遭毁坏,据不完全统计,仅九江、瑞昌、修水三县就有 1080 艘船只被损坏,价值达 2.8557 亿元。同时,九江的本港区陆城仓库、堆栈和房产损失亦达 0.228 亿元。至于撤往樟树、吉安等地的船只,由于战争频发,亦难为继,损失惨重。

在侵华战争中,日本帝国主义不顾国际公法,多次使用化学武器和细菌武器,已不是什么秘密了。在九江战区,日军不仅在战场上多次施放过毒气,就是在平民中亦多次施放化学武器。1938 年 6 月 23 日,日军向马垱要塞施放毒气,使国民政府军一个中队官兵阵亡;随后又在南垄阳村一带施放毒气,村民死伤惨重。1938 年 9 月至 1939 年 2 月,日军在德安发射毒剂弹和毒剂筒计 15000 余发(个),染毒面积达 30 万平方米,德安军民惨死者无数。1938 年 9 月 11 日,日军向星子东牯山投掷毒气弹,使驻军三个连官兵全部殉难;次日,日军向星子西牯山施放毒气,又使 200 余军民丧生。1939 年 3 月 21 日,日军在永修馒头山和太子岭施放毒气弹和毒气筒共 23000 个,其中有二苯代朎腈剧毒,造成永修军民重大伤亡。日军还在修水扬湖一带投放细菌,致使村民长期患丝虫病不愈,许多村民因此而死亡。日军这种惨无人道的行径,更加激起中国军民抗战到底的战斗决心。经过全国人民及其军队的英勇奋斗,挫败了日本帝国主义奴役中华和称霸世界的野心,

### 江西省抗战时期人口伤亡和财产损失

迫使其于1945年8月15日宣布无条件投降,结束了日本在中国沦陷区的殖民统治,取得了抗日战争的伟大胜利。

综上所述,日军侵占九江地区的7年中,犯下的野蛮暴行、累累血债,历历在目,桩桩确凿。据不完全统计,九江地区被日军用各种手段惨杀的民众高达113648人,其中男性79641名、女性28322名、儿童5685名;受伤民众81403人,其中男性44668名、女性23730名、儿童13005名;烧毁民宅103841栋,抢掠耕牛61856头、生猪270543头、稻谷2987086担、植物油65071担、棉花500838担、杂粮815539担、黄豆1970担、芝麻110000担、苎麻230915担、水产品(鲜鱼等)47265担、木材555146立方米。当然,有许多难以统计的物资,如废钢铁、煤炭和矿产品,运往日本的不在少数;还有遗漏的,如彭泽县就有许多项目没有统计,其他县亦有统计不全的。即使统计不全,但给九江造成的财产损失亦有1589亿元。另外,由于日军侵犯,致使九江区域人口呈下降趋势。在此期间还造成水上运输损失轮船63艘,计42715.85总吨。直接经济损失按银元计算达2842739.82元;木帆船仅三个县统计就损失1080艘,价值达2.8557亿元,港口城(仅九江市区)仓库、堆栈、栈房和公司用房等损失为0.228亿元。如此惨重损失,虽然只是中华民族损失的冰山一角,亦足以窥见日本帝国主义犯下的罪恶。

#### 抗战期间日军在九江地区抢掠物资简表

| 品名<br>县别 | 牛<br>(头) | 猪<br>(头) | 谷<br>(担) | 米<br>(担) | 麦<br>(担) | 油菜子<br>(担) | 植物油<br>(担) | 棉花<br>(担) | 杂粮<br>(担) | 黄豆<br>(担) | 芝麻<br>(担) | 苎麻<br>(担) | 水产品<br>(担) | 木材<br>(立方米) |
|---|---|---|---|---|---|---|---|---|---|---|---|---|---|---|
| 彭泽 | 1563 | 25894 | | | | | | | | | | | | |
| 湖口 | 4169 | 13320 | 646700 | 11000 | 56600 | 190160 | 1780 | 484178 | | 1970 | 110000 | | | 476440 |
| 九江 | 8621 | 21685 | 182850 | | 9860 | | 3300 | 8866 | 136620 | | | 227047 | 7565 | 200 |
| 德安 | 5705 | 12013 | 363904 | | 117531 | | 390 | | 173954 | | | | | |
| 星子 | 7947 | 10000 | 270692 | | | | 5879 | | | | | 209 | | |
| 永修 | 7461 | 10000 | 605834 | | 40337 | | 2522 | | 72764 | | | 200 | | |
| 瑞昌 | 10992 | 75480 | 332552 | | 228024 | | 45589 | | 215880 | | | 38500 | | 8830 |
| 武宁 | 4721 | 25307 | 345442 | | 4500 | | 200 | | 27428 | | | | | 66700 |
| 都昌 | 2699 | 7621 | 2973 | | | | 915 | | | | 365 | | | |
| 修水 | 7938 | 69223 | 236139 | | 79858 | | 11290 | | 188893 | | | | | 2976.5 |
| 合计 | 61816 | 270543 | 2987086 | 11000 | 536710 | 190160 | 65986 | 498923 | 815539 | 1970 | 110365 | 227256 | 46265 | 555146.5 |

## 抗战时期九江地区损失情况简表

| 项目\县别 | | 彭泽 | 湖口 | 九江 | 德安 | 星子 | 永修 | 瑞昌 | 武宁 | 都昌 | 修水 | 合计 |
|---|---|---|---|---|---|---|---|---|---|---|---|---|
| 死亡民众(人) | 小计 | 5938 | 13641 | 23537 | 12872 | 14115 | 20523 | 18654 | 1566 | 1488 | 1314 | 113648 |
| | 男 | 3446 | 6973 | 22062 | 8891 | 8303 | 16505 | 10631 | 859 | 1053 | 918 | 79641 |
| | 女 | 2321 | 5122 | 1033 | 3981 | 5252 | 2620 | 6540 | 662 | 408 | 383 | 28322 |
| | 儿童 | 171 | 1546 | 442 | | 560 | 1398 | 1483 | 45 | 27 | 13 | 5685 |
| 受伤民众(人) | 小计 | 593 | 15571 | 4795 | 2208 | 2654 | 9592 | 42633 | 1247 | 1609 | 291 | 81193 |
| | 男 | 330 | 8480 | 3305 | 1626 | 1735 | 8428 | 19080 | 477 | 1025 | 172 | 44658 |
| | 女 | 214 | 6240 | 1337 | 582 | 745 | 729 | 12613 | 599 | 552 | 119 | 23730 |
| | 儿童 | 49 | 1051 | 153 | | 174 | 435 | 10940 | 171 | 32 | | 13005 |
| 烧毁房屋(栋) | | 3699 | 12308 | 21809 | 6397 | 15122 | 12545 | 11101 | 10599 | 3705 | 5689 | 102974 |
| 财产损失(法币亿) | | 105.02 | 387.24 | 280.87 | 89.20 | 82.4 | 177.1 | 271.85 | 134.25 | 5.12 | 126.00 | 1659.05 |

## 九江地区人口变化简表

| 县别\年份 | 1931 | 1932 | 1933 | 1934 | 1935 | 1936 | 1937 | 1938 | 1939 | 1940 | 1941 | 1942 | 1943 | 1944 | 1945 |
|---|---|---|---|---|---|---|---|---|---|---|---|---|---|---|---|
| 彭泽 | | | | | 110475 | | | | | 66000 | | | | | 83027 |
| 湖口 | 119412 | | | | 123112 | | | | | | 110625 | | | | 94534 |
| 九江 | | | | | 366188 | | 293050 | 280798 | | | | | | | 297477 |
| 德安 | | | | | 67077 | | | 64700 | | | | | | | 42830 |
| 星子 | | | | | 105722 | 105810 | | | | | 57595 | | | | 66885 |
| 永修 | | | | | 112928 | | | | 107469 | | 69255 | 36518 | 36675 | 40991 | 90172 |
| 瑞昌 | | | | | 17668 | | | 164428 | | | | | | | 106540 |
| 武宁 | | | | | 180898 | | | | | | | | | | 117307 |
| 都昌 | | | | | 255648 | | | | | | 212547 | | 283875 | 215371 | 209142 |
| 修水 | | | | | 376695 | | | | | | | | | | 264000 |
| 浔阳区 | | | | | 86060 | | | | | | | | | | 60636 |

注:浔阳区人口包括在九江县内(浔阳区当时为九江县一区)。

中共九江市委党史研究室(李毅、李丽均执笔)

# 九江县调研报告

九江县位于江西省北部,长江中下游南岸。东倚庐山,南连德安、星子,西邻瑞昌,北与湖北省黄梅、广济两县和安徽省宿松县隔江相望。县界轮廓约呈倒三角形,南北最长 57 公里,东西最宽 67 公里,中镶九江市浔阳、庐山两区,使县境分成东、西两部分,面积 873.33 平方公里。县城沙河街在庐山南麓。1936 年 7 月九江县土地总面积 1329.12 平方公里,包括现今的九江市区等一部分面积,以后几经变更,到 1977 年 4 月,县辖区域面积始稳定在 873.33 平方公里。日军侵入前后,九江县分设 4 个区、4 个镇、22 个乡、331 个保、2710 个甲。1938 年 7 月 25 日,九江县沦入日军之手。在沦陷前的 1937 年 10 月,全县包括现为九江市区的第一区在内的人口共有 293050 人,到 1939 年不包括第一区在内为 164000 余人。

**一、抗战时期人口伤亡**

1938 年 7 月 25 日,日军侵占九江县。日军所到之处,杀人放火,无恶不作,人民生命财产损失惨重,到 1945 年 8 月抗战胜利,据当年有关调查资料显示,全县死亡人口 23537 人,重伤 1556 人,轻伤 3239 人。其中第一区死亡 12286 人、重伤 748 人、轻伤 1642 人,第二区死亡 4412 人、重伤 393 人、轻伤 702 人,第三区死亡 3263 人、重伤 338 人、轻伤 535 人,第四区死亡 3576 人、重伤 77 人、轻伤 360 人。如按现今区域划分,以减去第一区(即现在九江市区)的人口伤亡计算,全县死亡 11251 人、重伤 808 人、轻伤 1597 人。抗日战争期间被掳去人数 1162 人,其中成人 811 人、儿童 351 人;逃亡的成人 64000 余人、儿童 607 人,其中成人第一区 35000 余人、第二区 11000 余人、第三区 10000 余人、第四区 8000 余人。

**二、财产损失**

自 1937 年下半年开始,特别是从 1938 年 7 月 25 日九江县沦陷以后,九江县人民就处于水深火热之中,日军所到之处,疯狂烧、杀、抢、掳,闹得鸡犬不宁、民不聊生、经济崩溃。根据 1945 年抗战胜利后不完全统计,整个九江县以 1945 年 10 月份物价指数计算的全县财产总损失达到 26822404490 元(法币,下同),而且还不包括大部分的间接损失。其中民营事业损失的农业部分 14634655000 元,民营事业损失的商业部分 11479035000 元,各区区署机关直接损失 28282500 元,各区区署机关间接损失 9187700 元,县属各级学校财产直接损失 55724690 元,县政府机关直接损失 106154000 元,县政府机关间接损失 8275000 元,县政府机关员工财产损失 54614500 元,教育人员财产损失 144584100 元,人员伤亡带来的医用和埋葬损失 301892000 元。按当时行政区划分,各区自身的财产损失,第一区 12234691000 元,第二区 5175579600 元,第三区 2675631000 元,第四区 6065258600 元。

各方面的具体损失如下:

1. 在房屋损失方面:房屋损失 12669 栋,其中民房损失 12131 栋,另有 9140 栋遭到不同程度的破坏;包括第一区损失 2360 余栋、第二区损失 4087 栋、第三区损失 1599 栋、第四区损失 4623 栋,第一区破坏 3580 余栋、第二区破坏 410 余栋、第三区破坏 3350 余栋、第四区破坏 1800 余栋。

2. 在耕牛损失方面:耕牛损失 8621 头,其中第一区 21 头、第二区 2810 头、第三区 3100 头、第四区 2690 头;猪 21685 头,鸡、鸭损失不详。

3. 在粮食生产方面:原有粮田面积 12 万亩,抗战期间 30% 以上被抛荒,收成不足往年的一半;粮食损失 192710 担,其中稻谷 182850 担、麦子 9860 担、杂粮 136620 担。

4. 在工业原料方面:生产原料损失 235913 担,其中棉花 8866 担、麻 227047 担。

5. 在工业生产方面:原有利中纱厂、裕生火柴厂、其他各种有机器设备的工厂皆被破坏停产,生产损失总值约 78 万元;乡手工业方面,全县手工织布机损失 155 部,脚踏轧花机损失 41 部,手工纺纱机损失 390 部,植物油榨坊被毁 17 家,土布染房被毁 15 家,面粉磨坊被毁 34 座,砖瓦窑被毁 37 座。

6. 在水利交通方面:堤坝被毁 2 里,水闸被毁 3 座,堰塘被毁 121 座,桥梁涵洞被毁 83 座,车辆被毁 400 辆,船被毁 531 艘,轨道被毁 50 华里,电线被破坏 300 里,九瑞堤被毁 1 座。

### 三、日军在九江县犯下的主要罪行

1. 陶家垄惨案。

1938 年 8 月 10 日,一小队日军将陶家垄(今九江县岷山乡大塘村)全村 56 名男女逼到村前稻场上,一刀一个,杀了 54 人,造成 48 人死亡,6 人终身残废,只有 2 人幸免于难。事后,日军将整个陶家垄焚烧殆尽。

2. 苦难的龙岗畈。

1938 年至 1941 年,龙岗畈的李家洲和管家铺(今九江县狮子镇龙岗村)多次遭日军洗劫。李家洲先后被烧 9 次,烧毁房屋 110 多间。管家铺有个叫阎开强的 70 多岁的老人,被日军抓住后,先毒打、踩竹杠,最后用烧红的铁丝通肛而死。有个过路的人,被日军抓到后,硬要他承认是中国军人,后被日军用刺刀割开胸口让狼狗吃去心脏而死。

3. 曹家垄血案。

1938 年 8 月 13 日,驻扎在沙河镇的 30 多个日本兵赶到曹家垄(今九江县经济技术开发区沙河石门村),把全村 70 多个男女老少全赶到一个叫曹天成的家里,在门口架起机枪当即打死 10 多个,后看到屋里人往外冲,堆起柴草把其余的全部烧死。这一次共烧死 73 人。

4. 文竹寺暴行。

1938 年 7 月,在汉奸汪德和的带领下,十几个日军包围了文竹寺(今九江市庐山区赛阳境内)。当时有 80 多个苦难同胞在此避难,日军先抓到一个 7 岁的男孩和一个 10 岁的女孩,立即用刺刀刺死;后来有个叫蔡老七的人被日军抓住,他当即对隐蔽的人大喊:"乡亲们,快跑! 日本鬼子杀人了!"日军一刀把蔡老七杀死,接着又把未跑掉的人全杀光,寺内外当时尸首遍地,血流成河。

5. 戴家山连连遭难。

1939 年 9 月 21 日上午,日机 3 架对戴家山(今九江县涌泉乡境内)投弹 4 枚,炸毁民房 30 余间;22 日,瑞昌日军分三路进攻戴家山,烧毁简家上下两村房屋 140 余户;24 日,驻余家河日军再焚戴家屋 40 余间。数日之间,这一带居民房屋、粮食尽成灰烬。1940 年 1 月 13 日拂晓,日军 1000 余人三面包围进犯戴家山,滥施轰炸,附近王家铺、金盆寺一带尽成焦土,枪杀居民 8 个。一天上午,日军从岷山分三路返瑞昌,经过王家洲、箩山、白齐畈等处,沿途掳杀,惨绝人寰。1941 年 1 月下旬,日军八面围攻戴家山,将戴家山、黄丝洞、孙家垄、长岭西窑等处村庄焚烧一空,3 日内焚屋 800 余栋,被抢猪、牛、衣物不可计数,被屠杀的人有数百;最后一天,日军活捉戴家山等村男女老少 96 人,押至瑞昌九源日军驻地,或用机枪扫射,或掘坑活埋,或断头截肢,尸横遍野,无一生还。

6. 屈家村被逼迁徙。

1939 年,九莲乡屈家村、张家村、陈家村(今庐山区妙智附近)村民 60 余户,因日军兴建机场用地,被日军逐出村境,三村村民房屋被拆,田地被毁,家具什物被损坏,共 500 余人含泪迁逃他乡。

7. 血染蓝桥畈。

1939 年 1 月 9 日,日军因蓝桥畈附近铁路被游击队炸毁,故将蓝桥畈(九江县沙河经济开发区境内)陈家墩、陈楼下、向家湾、蓝桥街、余楼下、竹鸡仓等村男女老少 72 人和从城门路过的一生意人统统捉到陈家墩陈是生家,刀杀 2 人,用火烧死 71 人。随后又将几个村庄民房付之一炬,尽成灰烬。

8. 岷山被劫。

1940 年 12 月 24 日上午 6 时,驻扎在陈家坳(今九江县岷山乡岷山村)的日军 30 余人进犯岷山(今九江县岷山乡境内),当场枪伤 3 人,杀死 1 人,牵去耕牛 9 头、肉猪数头,抢食盐百余斤及其他杂物若干而去。

9. 永安难上加难。

1942 年 1 月 16 日,日军两名通信兵在永安乡第 11 保(今九江县永安乡境内)奸淫妇女,民众气愤至极,将这两个日兵打死,不日,日军焚毁该处房屋 20 余间,衣物、粮食尽付一炬。6 月 6 日,日军再次焚烧永安房屋 399 间,屠杀村民 15 人。

中共九江县委党史办(陈柳罡、李光澜执笔)

# 瑞昌市调研报告

瑞昌地处江西北部偏西,长江中游南岸。东邻九江,南接德安、武宁,西毗湖北阳新,北与湖北武穴隔江相望。1938 年,全县总面积 1441 平方公里,耕地 181174 亩,总户数 28994 户,总人口 164428 人。

瑞昌气候温和,四季分明,雨量充沛,适宜农作物生长。农产品历来以棉、麻、烟、茶为大宗,苎麻为全县一大特产,在国内外市场享有很高声誉。粮油自给为主,部分出售。江湖鱼虾丰盈,素有"鱼米之乡"美称。境内丛山群岭,林业资源十分丰富,林木以杉、松、竹为主,油桐、油茶树在中西部广为分布。

20 世纪 30 年代前,随着外来工业进入市场,商业网络不断扩展。到抗战前,除县城外,有码头、泥湾等 7 处较大的大集镇和 10 多处乡村集市。据 1937 年统计,全县共有私商 674 家,从业人员 1943 人,其中县城 420 家、1300 人。财政收入 5.2093 万银元。

1938 年 8 月初,日本侵略者的铁蹄踏入瑞昌的大门,8 月 24 日瑞昌县城沦陷。此后,在 7 年的殖民统治时期,日军到处烧杀淫掠,无恶不作,表现了极端的疯狂性和野蛮性,给瑞昌人民带来了空前的灾难。

## 一、人员伤亡情况

据当年有关调查资料显示,全县抗战时期伤亡和下落不明人共计 61293 人,受害人占抗战前 1935 年总人口 176680 人的 34.7%。其中:死亡达 18654 人,男 10631 人、女 6540 人、儿童 1483 人,下落不明 6 人;重伤 16798 人,男 7338 人、女 5110 人、儿童 4350 人;轻伤 25835 人,男 11742 人、女 7503 人、儿童 6590 人。

## 二、财产损失情况

损失总值共计 2718411 万元(法币,下同),其中直接损失 2369735.4 万元、间接损失 348675.6 万元,房屋损失 11101 栋。

1. 直接损失:

机关部分:建筑物 16508 万元,器具 3900.9 万元,现款 310.5 万元,图书 769.7 万元,仪器 230.2 万元,医药用品 614 万元,其他 1253.5 万元,共计 23586.8 万元。

· 学校部分:建筑物 31295.5 万元,器具 11060.8 万元,现款 285.9 万元,图书 3121.3 万元,仪器 709.5 万元,医药用品 1236.4 万元,其他 127.4 万元,共计 4836.8 万元。

农业部分:共计 1357675.2 万元。其中:房屋 5211 栋、价值 334328.5 万元,器具 821395 件、价值 242997.6 万元,现款 8381.5 万元,稻谷 332552 担、价值 35515.2 万元,麦 228024 担、价值 29616.7 万元,植物油 45589 担、价值 41973.4

万元,杂粮 215880 担、价值 16768 万元;树木 264905 株、价值 13632 万元,竹 1198255 株、价值 10423.2 万元,水产品 38500 担、价值 2828.3 万元,畜产品 8600 件、价值 7943.7 万元;猪 75480 头、价值 86862 万元,牛 10992 头、价值 27500.5 万元,鸡鸭 284471 只、价值 8653.7 万元,其他 9039 头、价值 1399 万元;农具 268152 件、价值 39876.2 万元,渔具 13806 件、价值 1717 万元,手车 1576 辆、价值 386.3 万元,衣物 985065 件、价值 413366.8 万元;其他杂物 87547 件、价值 33507.6 万元。

商业部分:共计 940636.6 万元。其中:店房 2305 栋、价值 214976.4 万元,住房 2629 栋、价值 217785.7 万元,器具 543256 件、价值 126879.1 万元,现款 1718.3 万元,存货 126719 件、价值 123058.7 万元,车 1315 辆、价值 511 万元,船 390 艘、价值 3901 万元,衣物 510674 件、价值 250416.4 万元,其他杂物 6475 件、价值 1390 万元。

公教员部分:共计 60158.5 万元。其中:房屋 46131.6 万元,器具 7691.9 万元,衣物 5190.5 万元,现款 846 万元,图书 235.3 万元,其他 63.2 万元。

2. 间接损失:

机关部分:共计 9130.2 万元。其中:迁移费 3449 万元,防空设备费 1291.3 万元,疏散费 3059.7 万元,救济费 864.6 万元,抚恤费 165.6 万元。

农业部分:减少生产造成损失 18 亿元。

商业部分:减少营业额造成纯利损失 12 亿元。

医药、埋葬费:共计 39545.4 万元,其中药费 17896.9 万元、埋葬费 21648.5 万元。

中共瑞昌市委党史办(朱光东执笔)

# 武宁县调研报告

1938 年 10 月 5 日,日军第 27 师团占领了武宁箬溪。1939 年 3 月 20 日,日军第 6 师团团长稻叶四郎中将又兵分三路进攻武宁,其中一路即日军井上支队(由日军步兵第 36 旅团长井上政吉少将的步兵第 45 联队、第 23 联队的两个步兵中队和一个机枪中队组成)攻入靖安,旋即进攻武宁。3 月 29 日武宁县城失陷。

日军从 1938 年 10 月侵占武宁至 1945 年 9 月投降止,在武宁蹂躏达 7 年之久,其罪恶昭彰,罄竹难书。

## 一、军事侵略

日军进攻九江、瑞昌、武宁期间,武宁县曾多次遭受日机的侵袭。1938 年 7 月 24 日晨,日机 18 架第一次轰炸武宁。8 月 17 日,日机 4 架先后两次轰炸县城,投下燃烧弹数枚,大火燃烧了两昼夜,县城被烧掉 2/3,损失惨重。9 月 6 日,日机 18 架轮番扫射轰炸箬溪,投弹 4 枚,炸死居民 2 人,炸毁房屋 10 栋。1939 年 3 月上旬,日机轰炸扫射修河南岸一带抗日部队,并投掷了毒气弹,炸毁罗坪、破石等地民房 10 栋。日军占领县城之后,连同县城西北的船滩、澧溪、甫田等地也没有逃脱厄运。

## 二、经济掠夺

日军占领武宁后,在经济上进行疯狂掠夺。他们分别成立了所谓的合作社、贩卖店、食盐专卖处等机构。以伪职人员张国香、徐良书先后任社长,徐炼卿任专卖处处长。经营方式采取交换办法,以香烟、火柴、棉布、工业消费品和其他物资,按高价换取地方廉价粮油、棉花、麻、中药材、生猪等农副产品,并加工转运九江,供应日伪军需。食盐采用分配制,每人每月供应 4 两,而维持会职员按级发给盐票。日本宣抚班伙同伪职人员偷运大批食盐,销售到外地,高价换取白银、黄金。同时,日军还大肆贩卖鸦片,广大人民深受其害,据不完全统计,仅箬溪境内吸鸦片烟者就达 150 多人。

## 三、奸淫妇女

日军占领武宁县后,见到妇女,不论老少,捉到就奸。1939 年 1 月,日军在官田轮奸了余延炳的妻子和女儿,再逼着余延炳的儿子去奸其母,用刀架在余的颈项逼他去奸其女。余延炳父子用板凳、石头进行反抗,全家 6 口被日军关在屋里放火烧死,余的一个 8 岁的儿子冒火逃出,也被狼狗追上咬死。东山村的费毛鸦一次被 7 个日本兵轮奸,还要她的丈夫在旁边看。日本兵有时还强迫兄奸妹、侄奸婶、子奸母,灭绝人性。有一次捉到王国沅,逼其奸婶母。更惨的是妇女被奸后,用刺刀、铁棍捅阴部,有的活活被奸死。如箬溪幸沅张乐道的妻子被奸后,日兵用刺刀刺其阴部致死。日军在强奸妇女时,不论老幼,先强迫脱掉裤子,要看屁股,然后再奸,并用棉花堵住妇女的口,不准叫。箬溪幸沅张东族的老婆,60多岁,也被日兵强奸了。1938年11月的一天,一个小队的日本兵打着膏药旗到三洪滩"扫荡",强奸了李燕明的妻子,又用枪的通条捅其阴部,最后用刺刀刺入阴部而死。李燕明怒火中烧,用砖头反击,被日军剖腹取心喂了狼狗。李燕明的母亲看儿子受刑跪地求饶,又被日军脱得一丝不挂,捆住手脚,奸污后,放出狼狗将她咬死。李燕明两个不满10岁的儿子,见父亲、母亲、奶奶悲惨地死去,缩成一团,抱头痛哭,又被丢入池塘淹死。李燕明的5口之家转眼之间被灭绝。可恶的日本队长山口,每晚都要四五个妇女送奸,有时不奸,也要妇女脱掉裤子给他看看。广大妇女像这样被奸淫致死的举不胜举,被侮辱的妇女不计其数。

**四、杀人成性**

日本侵略军杀人成性,其在武宁杀人的惨状令人心碎。他们初来时见中国人如打靶一样,举枪就打,有的打死在路旁,有的横尸于河沟田野。如罗坪山洪村袁安绪就是被冷枪打死的,禄古七八个人也是在日兵的乱枪下身亡的。日军有时捉到中国百姓,说是中国兵,采用各种手段杀害,用枪打、机枪扫、刺刀刺、皮鞭抽、皮鞋踢、用水溺、用火烧、狼狗咬、棍棒打等,无所不用其极。如:1939年1月,日军在箬溪惠民寺用机枪扫射,杀害了30余名无辜百姓之后,又带着一对狼狗到杨洲"扫荡",由于群众都逃走了,独有杨子建的二哥没有逃脱,被日军放狼狗咬死。山洪滩李燕炳等5户人家,有20人,被赶到一个屋里,架起火来活活烧死;衷太浩的婆婆80多岁,也被围困在屋里烧死。日军在大桥捉来两个村民,绑在草靶上给新兵练习刺杀,被刺者在惨叫,杀人不眨眼的日本兵却在狂笑。箬溪幸沅张利良被日军杀死,鲜血淋淋,日兵在一旁看着狞笑。驻在大桥的日军,有一次捉来十几个人,说是中国兵,要他们挖抗活埋了自己。大桥上庄村熊远波被日本兵杀死后还割去舌头。日军在中黄捉来王同智,说是中国兵(其实是理发工人),将其吊起来,架火烧烤而死,并砍下头颅,悬挂示众3天,他全家8口全被杀光。被日军狼狗咬死的人也不少。日军在武宁残害无辜中国老百姓,惨绝人寰。

**五、风狂抢烧**

1. 抢劫方面:

日军三五成群,闯进每家农户房里,翻东倒西,将好的衣服、布匹、被褥、蚊帐等拿去,差的就撕掉捣烂,或用来擦马脚、洗皮鞋。东山、箬溪等地群众家中衣物被抢、毁精光。

农户家碗筷、桌凳、瓷器等用具,有的抢去用,有的当柴烧,不用的或是砸烂,或是再卖给群众,驻东门村的日本兵在山江口抢来的许多瓷器碗,每桌一块钱卖给群众。

日军见谷就抢,有时还把马牵去吃,连群众家的口粮也抢去喂马。1944年上半年,日军进行大抢稻谷,在东山、幸沅一次就抢去稻谷1200担,还强迫当地杀鸡办酒给日兵吃。

日军见牛就宰,见猪就杀,见鸡鸭就打,或放出狼狗咬。如,东山村李映斋家30多只鸡全被打光,在杨洲一次就牵去了30多头牛。那时候,各村田无牛耕、晓无鸡鸣,群众只能在隐蔽的山里养只把鸡和头把猪。

更可恨的是日军抢去青年当兵,抢儿童送到日办学校进行奴化教育,长大后送往前线当炮灰。如东山村黎平旺的儿子被捉去,至今下落不明。被抢去的青年和儿童无一生还。

2. 焚烧方面:

日军在武宁烈火焚毁无数房舍、家具。东山村13栋房子,烧毁9栋;罗坪山洪良岸村90多间瓦房,只剩下一栋三连的房子;荷洲余家祠堂烧了三昼夜,火光映红了半边天。在沦陷区箬溪烧掉房子达1000间以上,面积达1.8万平方米。除烧掉了许多房子外,烧的稻谷、杂粮、家具、衣被等难以计数。农村未被烧掉的房子也被毁坏得破烂不堪。山场林木同样被日军放火焚烧,没有烧光的全被砍光。

据调查统计,日军占领7年中,武宁县直接财产损失897017万元(法币,下同),间接损失445454万元,房屋损失10599栋。人口死亡1566人,其中男859人、女662人、儿童45人;重伤605人,其中男228人、女294人、儿童88人;失踪2人。机关单位直接财产损失13092万元,学校损失6256万元。农业方面直接损失总值555428万元。其中:房屋损失7889栋,价值415570万元;器具损失85840件,价值19068万元;稻谷损失345442担,价值43637万元;麦类损失4500担,价值559万元;杂粮损失27428担,价值8229万元;植物油损失200担,价值348万元;树木损失20万株,价值4000万元;生猪损失25307头,价值20513万元;耕牛损失4721头,价值9443万元;鸡鸭损失52716只,价值1582万元;农具损失63057件,价值12612万元;各项衣物损失99334件,价值19867万元。商业方面直接损失总计320391万元。其中:店房2367栋,价值94699万元;器具223749件,价值44749万元;存货361885件,价值180943万元。公路方面直接损失总值1850万元。

中共武宁县委党史办(余相文、孟华执笔)

# 修水县调研报告

修水县位于江西省西北部修河上游,居幕阜山脉和九岭山脉之间。东毗武宁,南交铜鼓,东南连宜丰、奉新、靖安,西邻湖南平江县,西北与湖北崇阳、通山县接壤。修水县作为湘、鄂、赣三省交界山区,距武汉、长沙、南昌均约 300 公里,距九江 200 多公里。总面积为 4504 平方公里。地势险要,自古为兵家必争之地。抗战初期的 1937 年,全县总人口为 338554 人,至抗战结束 1945 年,全县人口为 264000 人,减少 74554 人。造成人口剧减的主要原因,除了 1937 年上半年国民党政府多次"围剿"苏区外,日本侵略军进犯修水,杀人放火,狂轰滥炸,战争不休,群众饥寒交迫,出生率低,死亡率高,是导致人口锐减的主要原因。

1938 年初,新四军开赴华中地区抗日前线,日本侵略军于这年 6 月发动了一次大规模军事行动。6 月底,日军占领彭泽马垱要塞,接着于 7 月下旬占领九江后,赣北全部沦陷。

自此,日本侵略军先后三次侵入修水。

1939 年 9 月,日军首先用飞机轰炸修水县城,不久,日军自鄂窜入修水边境,准备参加长沙会战,其中一股在白岭、大桥受国民政府军杨森第 20 军阻击折回,另一股则经渣津、马坳侵入修水县城。

10 月 7 日,一支日军由奉新甘坊窜入修水上奉,经何市、征村进入铜鼓,企图增援长沙之日军第 101 师团,闻长沙战败,又折回修水,经何市、沙窝里(黄港)至三都,与参加长沙会战受挫折回之日军会合,向武宁而去。

1941 年 12 月下旬,日军一股自武宁侵入修水,在三都、梁口、杨梅、庙岭一带骚扰,与国民政府军川军激战后退至武宁。

1944 年 5 月,日本侵略军又发动了第四次进攻长沙,自通城经桃树、白岭、大桥等地,开辟鄂赣湘通道,并在桃树设军事机关,在太清设医院,企图在白岭、大桥建立伪政权。

日军三进修水,首先都以飞机狂轰滥炸开路,所经之处奸淫烧杀,鸡犬不宁,给修水人民造成深重灾难。

1939 年,经过上奉之日军在石街村烧屋 400 多间,杀死国民政府军伤病兵数十名,杀死老百姓 30 多名,强奸妇女 5 人。石街村方家嘴大屋农民王芳浪与篾匠张继清被几个日本兵抓到后,挨了一顿拳脚,在被捆的张继清身上搜出一个运输队符号,一个日兵便用军刀将他的头割掉,再把他的尸体劈为两半;又命王芳浪跪着给日兵点火吸烟,王不堪凌辱趁机逃跑,又被抓回,日兵用明晃晃的刺刀朝王的颈上刺去,王顿时血流如注,昏厥倒地。幸而此时日军军号响了,日兵来不及仔细看,匆匆离去,王芳浪得以侥幸生还,然而颈部却留下永久伤疤。

日军从沙窝里经过南坪,杀害 100 多人,一路放火烧后,百多家店铺、民房成了瓦砾,百多户农民无家可归。日军经过的黄沙茶行、坳口里、洞下、西坑、车家庄一带,房子全部烧光,10 多个农民被杀,两名未及逃走的妇女被奸后杀死。

位于抗日前线的修水县东大门三都,曾三受日军蹂躏,被烧(炸)毁房屋 6765 间,被杀(炸)死 376 人,死绝 67 户。另外,被奸妇女 157 人,奸死 48 人;因日军投毒受害百姓 2452 人,死亡 366 人;被杀耕牛 122 头、生猪 2016 头。

日军三侵三都,尤以第一次为害最重。1939 年 9 月上旬,日军飞机一个中队(9 架)轮番轰炸三都及驻有国民政府军川军的梁口、东风、平段等村镇,修河两岸一片火海,三都万寿宫、省立第十五中学与傅家祠堂等建筑全部被炸毁。最惨的是梁口"下街头惨案"。这天,日军飞机本想轰炸驻有川军的下湾头,结果炸了下街头,3 架飞机轮番轰炸扫射,在这方圆不过一华里的弹丸之地,投掷炸弹十几颗,炸毁房屋 3000 多间。躲进柑橘园的老百姓,有 70 多人被炸死,9 户被炸绝。橘林里血肉横飞,橘子树上挂着人头人肉,目不忍睹。农民余光兴见母亲炸伤后正在呻吟,忙去背母亲离开,一个炸弹落下,母子双双被炸死。在梁口街上开药店的奉新人张兴才,两个女儿和已怀孕的妻子被炸死,尸体都未找到,他抱着妻子穿着鞋的一只脚痛哭不已,后精神失常不知去向。一个瑞昌难民,他全家 11 口炸死 9 人,他那已怀孕的妻子抱着他的尸体正在痛哭,飞机又一次投弹,把她炸死,胎儿还在肚子里蠕动着。那些被炸绝的农户,一时无人收尸,只好由国民政府军驻军用白布裹住统一挖坑埋葬。

1939 年 9 月,自奉新甘坊侵入修水县三都的日军,所经之洋湖、平段、梁口、三都街和傅家大屋一带村庄都成瓦砾,未及逃走的老弱病残都被杀戮。东风(平段)新坪全村 80 多名男女老少来不及远逃的,躲在离家 10 余里的鹅形岩洞里。这时,几个日本兵在崖上路过,脚步声、叫喊声清晰可闻,洞中一位陈姓,他的婴儿吓得啼哭,为了避免暴露目标,他妻子毅然把孩子紧抱胸前,用奶头堵住孩子的嘴。这位年轻母亲为了全村人的性命安全,就这样忍住悲痛望着自己孩子的脸由红转青,手脚挣扎窒息而死。

三都三家店村有一个 70 多岁的瞎子叫黄光勉,过去未瞎时喜看《三国演义》,日军快进村,别人劝他逃走,他说什么"乱君不乱民",同老伴同睡在床上,结果被日军杀死,他老伴被投水溺死。国民政府军设在杨梅渡车田的后方医院,有从武宁棺材山战役运来的 30 多名伤兵,被日军用绳子在树上逐个吊死。

日军只要发现女人,不论老幼病残,无一不奸。梁口村 60 多岁的何达英老太婆,被 8 个日军轮奸致死。平段塘头余南普的母亲产后才 10 来天,4 个日军仍将她强奸,奸后又将她砍成 4 块。三家店村一村民带两个 10 多岁的女儿逃难,途中遇见日军,姐妹俩都被强奸。平段村农民陈国宽的妻子是个 70 多岁的吃斋人,以为菩萨保佑不会出事,残暴的日军竟用鞋子将这位老人外阴部敲肿后轮奸致死,又将尸体丢进井里。

　　日军还在洋湖一带施放细菌,全村90%的人都烂手烂脚,几乎100%的男劳动力都得了丝虫病(冬瓜脚),发病时发高烧、昏迷、大小便失禁,死了不少人。有的上午死父亲、下午死儿子,当时叫发人瘟。新中国成立后党和政府几次派医疗队进行查病、治病,虽有所好转,但仍未根除。1974年普查时,全村还有86个冬瓜脚病人。

　　修水边远山区大桥、白岭是日军自湖北进入修水的西边门户。据当年统计,日军沿途所经之桃树、白岭、朱溪、水源、沙湾一带,被奸死妇女64人,奸伤56人,捉去妇女40多人,宰杀耕牛1900头、猪1万多头,村镇房屋多被烧毁。3个日军在水源找到一个麻脸拐脚的女乞丐,拖到沙坝里轮奸后,用沙子塞入其阴部,又用大皮靴猛踏,将其折磨至死。在水源鸣水洞,日军还用箸箕将一个烂鼻子、烂眼睛的女人头部盖住后进行轮奸。在鹿角洞轮奸一女子后,还将楦子(农村妇女做鞋的木模)塞入其阴部致死。沙湾五宝洞一老妇被强奸后,日兵又用戗棍(农村以竹木削成两头尖的挑柴工具)从阴道插入至头部出,将老人活活捅死。

　　日军三侵修水,所到之处不仅是瓦砾残垣,而且到处有被山鹰、狼狗撕碎的人肉人骨、牛肝猪肺,惨不忍睹、臭不可闻。当时医药条件差,疫情泛滥,致死者不计其数。据当年对修水县23个乡的不完全统计:受日军残害的达2254户,被杀(炸死)1300多人,奸死妇女100多名;被烧毁房屋5689栋;被抢和损毁的器具279310件、谷236139担、麦子79858担、杂粮188893担、植物油11290担、树木89295株、竹子53390株、衣物203860件、船259艘、农具109698件、猪69223头、牛7938头、鸡鸭178765只。总计财产损失折合当时法币126亿元。

中共修水县委党史办(涂开荣、彭依玲执笔)

# 永修县调研报告

永修县地处江西北部,鄱阳湖西岸。南瞰西山,北望匡庐,东临鄱湖,西扼云居。是江西省南北通衢,素有"洪都门户"之称。全县面积2035平方公里,土地肥沃,山清水秀。据史料记载,日军占领永修前的1935年,人口约11.29万余人。人们安居乐业,过着自在、恬静的生活。

1938年10月,日军开始进犯永修,1939年3月占领永修,一直到1945年9月,其间惨遭日军践踏。

日军在攻陷永修时,像在其他地方一样,提出当时日军"烧杀以助军威,奸淫以助军乐,抢劫以助军食"的法西斯口号。据缴获的日军文件记载,当时日军指令:"①当地居民不得接近皇军驻地,违者一律格杀勿论。②粮秣器具实行就地征发。③滩溪附近村庄,须完全烧毁。④形迹可疑之居民须彻底屠杀。"永修人民惨遭荼毒。

## 一、烧

日军占领永修后,所到之处,见屋便焚,火光冲天,烟雾弥漫10余日。柘林黄家岭、大路边一带村落,尽成焦土,无一幸存。1939年3月22日,日军从虬津镇张公渡进犯滩溪,先以飞机轮番轰炸,张公渡60余户的村庄被毁。日军进犯吴城镇,军舰驶入饶河口,用大炮猛轰,飞机滥炸,扔下大量燃烧弹,引起大火连烧三昼夜,街坊民屋损失殆尽,最后仅剩下天主堂附近10%的房屋幸免被烧。日军占据涂家埠,纵火焚烧,全镇仅剩上街头店房1间。日军到下村梁家一带抢劫,沿途烧毁了18个村庄。1938年10月至1945年9月间,全县被日军烧毁房屋12545栋。

## 二、杀

1939年3月23日,200多名逃难群众扶老携幼,在公路上至云山泉水丘附近,被从张公渡进犯安义的日军包围在一丘稻田里,用机枪扫射,集体枪杀,无一幸存。张公渡藕潭刘家一夜被惨杀40多人,刘发内一家5人被杀绝。青山刘家全村共48人,被机枪扫射,一次杀害47人,仅1人幸免。大屋朱村,连烧带杀,50余人惨死。驻城山日军,一次抓获无辜老百姓100余人,在安义万家埠用机枪扫射而死。驻涂家埠的日军宣抚班,用麻布袋装上无辜群众20余人,绑上石头,丢进河里活活淹死。涂埠上街头徐家,一次被日军淹死5人。1940年冬天,日军在梅棠镇刘村掳掠,将刘姓婆媳2人奸污毙命;艾城陈法榜之妻,一次遭7个日兵轮奸;艾城南门龙诗介被日军割去耳朵后杀死;朱克凤兄弟俩在艾城北门被日军用刺刀挖心而死;日军在立新乡下村梁家将魏崇仁、梁业殿2人杀死,并将梁13岁妹妹轮奸后用刺刀捅入阴部致死;日军将王洪梓等4人捆绑在艾城河边,用刀砍头抛入河中;鲁藻臣在张公渡被日军五马分尸。7年中永修县被日军惨杀者达

20523人,其中男性16505人、女性2620人、儿童1398。

### 三、抢

日军侵占永修后,除烧杀奸淫外,还加紧抢夺。据粗略统计,全县被日军抢夺稻谷605834担、麦子40337担、植物油2522担、杂粮72764担、牲畜17461头、鸡鸭65943只、水产品200担、畜产品580件、衣物25768件、其他杂物7704件。

据统计,在日军侵占永修县的7年中,全县房屋等财物直接损失,以1945年9月物价为准,达119亿元(法币,下同),间接损失58亿元,总计相当于战前2021万银元。这其中还不包括那些被日军全家灭绝而被抢掠的财物。除此之外,日军还通过所谓的"贸易"搜刮民财。一是掠夺钢铁。除公开掠夺外,还在涂埠、马口、白槎等地收购钢铁,强迫群众出卖家里的铁器,将掠夺的钢铁制成枪弹来屠杀中国人民。二是控制食盐,大卖鸦片。食盐牌价卖到每担谷8斤(沦陷前为每担谷20多斤),黑市每担谷1斤;在日占区大肆倾销鸦片,仅艾城每月就销100~200两。三是滥伐森林。云山等地的杉木、竹子几乎被日军一扫而光。

日本侵略军占领永修7年,在这片土地上烧杀、奸淫、抢夺,无恶不作。永修人民被迫流离失所,饿死、病死和惨遭日军杀害的不计其数,白骨遍野,田地抛荒,数里无鸡鸣的荒凉景象随处可见。这都是日本侵略者所犯滔天罪行所致。

中共永修县委史志办(郝卿执笔)

# 德安县调研报告

抗日战争前，德安县全境总面积为 995.5 平方公里，人口 64700 余人，12924 户。地处南浔线中段，交通便利，当时的德安县城颇为繁华。

1938 年 10 月 29 日德安县城沦陷，日军飞机将德安县城炸成一片废墟，城墙多处被毁，县城原有民房 851 幢被炸毁 821 幢，政府机关片瓦无存。城内敷阳小学、私立匡庐中学德安分校、德安新民职业补习学校、民众教育馆被迫停办。县城原有多家书店，其中的周三兴书店、张泰山书店、王永成书店、青云斋书店皆因战争被迫关闭。许多乡镇的店铺也被日军所毁。

七里铺：原有饭店、面店、肉店、铁匠店数家，是木环垄农民往来县城的歇脚点，被日军飞机炸毁。滚子岭（古镇）：原有商店 40 余家，为德安上西乡最繁华的集镇，1938 年农历十月九日，被日军焚毁 30 余家，次年农历 1 月，被日军全部焚毁。夏家坪（古镇）：原有店铺数家，均被日军焚毁。白水街：原有店铺 20 余家，亦颇繁荣，1938 年农历十一月，日军派出 3 架飞机将商店炸毁数家，三天后，日军又纵火将全街焚毁。董家铺（古镇）：原有店铺三四家，均被日军焚毁。南田铺（古镇）：原有店铺数家，也被日军全毁。夏家铺：原有布店、烟店、铁业店、南货店、中药店及油榨坊、磨坊、饭店、豆腐作坊、油烛、理发、缝纫、木器等五六十家，属德安西乡最繁华的集镇，抗日战争期间遭受严重破坏。黄桶铺：原有布店、肉店、南货店、理发店、中药店、铁匠店及油榨坊、磨坊、豆腐作坊等 10 余家，抗日战争期间遭受严重破坏。乌石门：原有布店、油榨坊、磨坊、肉店、南货店、烟店、中药店、铁业、鞭炮、饮食、豆腐作坊、理发、缝纫、铸锅等 40 多家商户，遭日军飞机轰炸仅存房屋数栋。洪家铺：原有药店、饭店、杂货店、豆腐店、铁匠店数家，均被日军焚毁。芦家滩铺：原有店铺数家，后被毁。黄登铺：原有店铺五六家，后被毁。晏家铺：抗日战争前有店铺五六家，后被毁。德安沦陷前，全县有耕牛 6300 头、猪 14200 头、鸡 113600 只，沦陷期间，日军实行烧杀抢掠，不少地方耕牛几乎被抢光，全县幸存耕牛仅有 600 余头，少数农村出现人拉犁，猪、鸡几乎绝迹。

**一、人口伤亡情况**

死亡：12872 人，其中男性 8891 人、女性 3981 人。

重伤：1464 人，其中男性 1010 人、女性 454 人。

轻伤：744 人，其中男性 616 人、女性 128 人。

**二、财产损失情况**

财产总损失：89.20 亿元（法币，下同），其中直接损失 52.64 亿元、间接损失

36.56 亿元。

（一）财产直接损失。

1. 房屋总损失：6397 栋，其中县城损失 821 幢，总价值为 25.7 亿元。

2. 机关总损失 0.142 亿元，其中建筑物价 0.12 亿元、器具价 135 万元、图书价 35 万元、文卷价 35 万元。

3. 学校总损失 0.113 亿元，其中建筑物价 850 万元、器具价 264 万元、图书价 16 万元。

4. 农业总损失：18.52 亿元。其中：器具 70000 件，总价值 2 亿元；稻谷 363904 担，总价值 7.07 亿元；麦子 117531 担，总价值 2.35 亿元；植物油 390 担，总价值 0.07 亿元；杂粮 173954 担，总价值 1.46 亿元；猪 12013 头，总价值 1.2 亿元；牛 5705 头，总价值 1.16 亿元；鸡鸭 88149 只，总价值 0.13 亿元；其他畜禽 9039 头（只），总价值 1.4 亿元；农具 10432 件，总价值 0.2 亿元；渔具 1249 件，总价值 0.05 亿元；衣物 38376 件，总价值 1.43 亿元。

5. 工业总损失 0.2 亿元，其中厂房价值 0.08 亿元、机械及工具价值 0.12 亿元。

6. 商业总损失：7.97 亿元。其中：店房 620 栋，总价值 3.66 亿元；住房 291 栋，总价值 2.04 亿元；器具 23201 件，总价值 0.68 亿元；现款 0.09 亿元；存货 21732 件，总价值 1.3 亿元；车辆 202 辆，总价值 0.01 亿元；衣物 8970 件，总价值 0.19 亿元。

（二）财产间接损失。

1. 农业减少生产造成损失 23.99 亿元。

2. 商业减少营业额造成纯利损失 12 亿元。

3. 医药费、埋葬费共计 0.57 亿元。

中共德安县委党史办（桂琴执笔）

# 星子县调研报告

星子县地处江西北部,庐山南麓,鄱阳湖畔。当年的辖区比现今大些,除今辖全部区域外,还包括现今九江市共青城的金湖、九江市庐山区的海地。现今的星子,东与都昌隔湖相望,南毗永修,西邻德安,北与九江市庐山区相连。东西宽35公里,南北长52公里,总面积894平方公里。处"庐山隆起"与"鄱阳湖下陷"两个区域地质构造的过渡带,地貌千姿百态。地势西北高、东南低,呈倾斜形。全县除隘口、华林、东牯山外,其他乡、镇、场均滨鄱阳湖。西北多为山地,东南多丘陵谷地。土质以沙壤为主,粮食作物以稻为主,红薯、麦类兼之,经济作物以棉花、油菜为主,花生、瓜子、茶叶、油茶、油桐兼之。

星子县自五代十国时吴国杨溥大和年间(公元929—935年)设星子镇,北宋太平兴国三年(公元978年)升镇为县迄今已有千余年。历史上经历了几次大的战乱:朱元璋、陈友谅鄱阳湖大战,农民起义军攻城,太平天国与清军之战,抗日阻击战。其中以日军占领时间为最长,造成损失为最大,日军铁蹄下的星子人民遭受了一次空前大劫难。

1932年,国民政府实行保甲制,全县设4区17联保133保、1584甲,1936年增至1867甲。1936年全县人口102810人,20515户。人们基本过着自给自足的生活。农民以种田、打鱼、卖柴、烧炭为生,有少量的手工业者、矿产业工人和小商小贩。土地多被中小地主占有,农民收入低,生活艰辛简朴,并且不稳定,丰年人均收入20~30银元、粮食280~330斤,歉年人均收入2~10元、粮食110~180斤。

1933年,国民政府定庐山为夏都,境内先后创办各种训练班,外地商人竞相来县城开商店、餐馆,县政府推行合作社和消费社,一时商业繁荣。全县商店增至300余户,从业人员700余人;有消费社29个,社员931人;设农村合作联合会1个,会员9人。1937年,还设立了江西裕民银行星子办事处。

1938年,沿江而上的日军突破了马垱防线,攻下九江,企图沿南浔线进攻南昌;当在沙河线受阻后,日军转而东袭星子,西窥瑞昌。7月23日,日军进攻星子县境附近的庐山区姑塘、马祖山,8月20日星子县城沦陷,10月6日星子隘口失守,星子全境沦于日军。

县境沦陷之前,县政府已离开县境,辗转梅岭、吴城。1939年,日军进攻吴城,又迁都昌土桥,1940年再迁杨家岭。1939年4月,星子县伪政府成立,成为日军豢养下的傀儡政府。日军占领期间,日伪一家,狼狈为奸,在星子城乡大肆烧杀抢掠,所到之处,生灵涂炭,庐舍为灰,人神共怨。

**一、生灵涂炭,万余百姓死于日军屠杀之下,难民纷纷逃离家园**

　　1938年1月13日,日机9架轰炸星子县城大西门、小西门,正值星子县招收保学教师考试,参加考试的阳怀春等考生被炸死,县城居民李锦全、阳水贵、张文炎、黄水林等30余人死伤。2月28日,日机12架轰炸县城紫阳门及班本部营房,投弹多枚,炸死4人。6月23日,日机6架轰炸温泉镇胡家门前,炸死第一区署工作人员6人、农民7人。8月27日,部分难民逃至观口山上,日机发现无数非武装群众,一连投下20枚炸弹,继以机枪密集扫射,死伤难民120余人。9月25日,日机9架轰炸横塘铺,炸死农民6人、守军1人。

　　10月6日,星子县温泉地区部分群众避难于庐山平峰寺,因粮食被抢劫,30多人下山运粮,走至中途遇上搜山日军,被押至大理庵,用机枪扫射。其中一个不满两岁的女孩,当时未中弹,在血泊中爬行,也没逃过魔爪。10月8日,朱家港村(今温泉镇新塘坂村)38人避难于羲之洞,因晒衣暴露目标,被敌发现,将38人押到三祖庵,用机枪扫射,只有魏世付乘隙跳下高坎,跃入森林逃脱了虎口。像这样遭集体大屠杀的,还有温泉镇程家咀村30多名群众、温泉镇殷家畈村殷昌明等23人、温泉镇汪钱港村21人、横塘镇故里垄140余村民、白鹿镇上阮家牌27人、蓼花镇董家岭村6名青年、温泉镇观口村54人等等。

　　据统计,全县在抗日期间,日军杀害及失踪人员共14115人。

　　日军屠杀中国民众的手段极为凶残,除机枪扫射外,还使用了各种惨无人道的方式。卢善敦的死法是:选用5棵不同位置的山竹,同时攀曲下来将其头、手、足各系一根,然后突然松开,身体分5段而亡。万士寿的死法是:把其耳朵割去,逼他爬行,再割去鼻子挖去眼睛,最后开膛破肚。1938年10月初,故里垄村民刘水印、胡光竞、胡光秀、胡四元等140余人被日军押至铜门咀、枫树咀、紫山咀、鸡山咀等地,用刀杀、棒打、枪毙杀害。10月21日,日军在堰堪上周村将周招署、周水香等人押至屋背后竹峦,压在禾秆里,上面放松柴、木板等物,点燃火把,将8人活活烧死。

　　日军大量施放毒瓦斯,余毒流入水中,当地人民受到感染,引起疾病流行。其主要症状是:烂脚,生病,打摆子,星子县城南康镇死于烂苗瘟者众。据南康镇波头熊村的调查:该村15户,60人左右,全部生疮、烂脚,死于烂苗瘟31人,仅熊传顶家就死去儿子3个。

　　日军强奸妇女的暴行尤其令人发指。下至10余岁的女孩,上至五六十岁的老妇,都难免遭到日军的蹂躏。有的被奸污后,复遭警犬践踏,再被残杀。就连替日军效劳的伪会长的女儿,也未逃脱日军奸污。

　　1941年至1945年,日军集中了部分青年女子,搞了一个"慰安所",供日军作乐,慰安所初设在阳家祠堂,后迁一品斋楼上。

　　前方战事吃紧,后方百姓遭殃。随着国民政府军节节败退,战火还未烧及星子,国民党县政府即已离开星子县境开始流亡,县内人心惶惶,慌乱一片。有钱人家,赶着车、乘着船离开县境投奔外地的亲友;没有钱的人家,有壮实劳力的,挑着担,携妻拖儿带女,沿路随逃荒落难的队伍到处奔波。我们从星子县历年来人口数量的变化数字可以看出当时人们的恐慌心理和难民大量出逃的情况:1936 年全县人口 102810 人,20515 户;1941 年全县人口 57595 人,13710 户;1946 年 12 月全县人口 66885 人,10014 户。下面是 1947 年 6 月 20 日国民党政府统计的星子县乡镇人口伤亡及难民调查表,很能说明当年的战祸给星子人民带来的沉重灾害。

| 乡镇名称 | 人口总数 | 历年死亡失踪总数 | 难民总数 | 乡镇名称 | 人口总数 | 历年死亡失踪总数 | 难民总数 |
|---|---|---|---|---|---|---|---|
| 南康镇 | 6587 | 1238 | 478 | 横塘乡 | 6826 | 995 | 1026 |
| 粟里乡 | 8235 | 1588 | 1257 | 修德乡 | 7028 | 786 | 982 |
| 蓼花乡 | 9206 | 1028 | 365 | 七贤乡 | 5554 | 1957 | 1095 |
| 蓼北乡 | 6985 | 1256 | 956 | 五老乡 | 7870 | 1728 | 989 |
| 蛟塘乡 | 7225 | 982 | 822 | 积余乡 | 7012 | 1528 | 956 |
| 蓼南乡 | 7500 | 1035 | 798 | 合　计 | 80028 | 14121 | 9724 |

**二、人民财产遭到空前洗劫,各项事业受到重创**

日本侵略者在中国挑起的战争给中国人民带来的损失是空前的,原本就不繁荣的星子,战后更是满目疮痍,一片荒凉衰败景象。

日军为巩固其占领区的统治,招募了数百名汉奸,成立"保安大队""警察队""顾问团"等伪武装组织。日伪星子当局征收粮赋。国民党江西省政府于 1940 年 9 月急令星子县政府发动群众抗拒征粮、拒绝田赋登记,并会同游击队及秘密工作队,将办理土地登记的汉奸随时予以处决;10 月,游击队召开会议,商议抗粮对策,随后派员化装在下岸角、钱家湖、观音岩等地封锁粮食进城;伪县政府田赋征收主任胡德龙被游击队击毙。然而,尽管如此,日伪还是从百姓那里掠夺粮食 270692 担、棉 5879 担、麻 209 担。

日军的狂轰滥炸,造成了星子城乡房舍严重毁坏。1938 年 1 月 13 日,日机轰炸海会军官训练团营房,投弹数十枚,营房大部分被毁。2 月 28 日,日机 12 架轰炸县城紫阳门及班本部营房,投弹多枚,炸毁房屋 10 余栋。6 月 23 日,日机 6 架轰炸温泉镇胡家门前,炸毁房屋 3 栋。9 月 25 日,日机 9 架轰炸横塘铺,炸毁房屋 5 间。星子的房屋被炸案例,举不胜举。

星子城乡屋舍被日军烧毁、拆毁的也是很多。日军占领星子县城后,大肆烧毁民房,火光冲天,整日不熄。1938 年 9 月中旬,日军窜至观口村,烧毁钱村房子 30 余间,使 23 户群众无家可归。10 月 9 日下午,日军包围汪钱港村,当晚杀害村民16人,第二天又打死5人,使8户无嗣断后,同时烧毁房屋3栋。1939年1月间,日军窜至项家墙村,将庐山抗日游击队队长胡茂赏家的一进二重八间房屋与家具一并烧光。1943年重阳节,日军焚烧阮家棚、高家岭一带村庄。后来,日伪为避免人员大量逃亡,在城乡贴出告示:凡有房屋在县城而不来居住者,以无主房屋处理,一律拆毁。但他们只允许办了"良民"证手续的,凭证才能进入县城领回产业。不堪受辱的有骨气的县城居民,不办"良民"证,因此他们的房屋统统被拆,县城许多地方成了荆棘丛生的荒地,砖头破瓦随处可见。

日军入侵前,星子原有公共建筑1208幢、民房26056幢,抗战期间损毁公房794幢、民房14328幢。

日军在星子期间,四处掠夺耕牛,被他们宰杀的耕牛共7947头,至使不少农民无法耕作,只得用人拉犁耕田。据了解,新屋陈村当时有30余户,用人拉犁耕田的有陈作声、陈述良等10余户人家。

山林同样遭日军破坏。《庐山续志稿》载:"书院附近,贯道溪两岸,战前巨松遮蔽天日,民国32年至33年(1943~1944年),日军砍伐甚多,用作铁路枕木及桥梁"。白鹿洞林区,据省教育厅档案记载,在抗日战争前,古松直径在1.5尺以上者有137株,沦陷时,被日军砍伐达1/3以上。星子万极寺屡遭兵灾,破落不堪,住寺和尚酒肉终日,竟将寺内树木随意变卖,百年巨杉被砍无数。

日军在星子还大肆毁坏古迹。1938年9月7日,日军用火炮击毁星子重要名胜古迹——舍利塔。舍利塔位于归宗寺后的金轮峰上,是三国东吴赤乌年间所建,镌有经文及佛像。这年9月初,日军将栖贤寺中的天王殿5间、方丈室3间和大饭厅、客厅、客房尽行焚毁。

日军还劫走大量文物。1939年11月,朱家港村魏召坚、钱兹玉、魏梅富、能家富等人在被毁的舍利塔脚下挖出法华经1部、银佛1座、玉宝瓶5个、舍利子以及红、白、绿等各色珠宝,还有铜灯、浪金子、沉香木等物。这些珠宝出土后,因分配不均,黠者密告日军,日军逮捕挖掘者,夺去全部珠宝文物。这年,日军窜至江家坂张石林家,劫去同治皇帝赐给他家的"诰奉"一封。

1940年间,日军通过伪县长罗福初取去栖贤寺中最著名的罗汉图7轴;1943年重阳节下午又将寺中文物悉数劫去。1940年,日军劫走归宗寺洗墨池侧的藏经阁内所藏宋、明时代的名人真迹,包括黄庭坚等名家的书法石刻、明代宗鉴堂书法石刻28块。

抗日战争前,星子小学教育比较普及,1936年有小学84所,班级92个,教职工133人,学生2790人,日军侵入后,学校关闭。1939年,日伪政府在县城孔圣殿(今人武部)设完全小学校1所,梁亦谦、朱建阳先后任伪校长,教员五六名,学生100余。1942年又在县农场(今仪表厂)设第二小学,伪校长姜藩国,学生30余名。这两所小学上课时,教员只能教日军教育当局审定的课本,进行服从天皇、当好"良民"、增长知识、建设大东亚共荣圈的那一套奴化教育,教职员工稍有抗日的言论,一经告发,轻则判刑坐班房,重则杀头。

日军在 1938 年 8 月轰炸掠夺蛟塘、张汉岭、花桥、土楼镇的消费社,造成财产损失 1715 万元(法币,下同),其中房屋 1200 万元、器具 10 万元、现款 5 万元、存款 450 万元、其他 50 万元。县境沦陷期间,县合作委员会和农村消费社随国民党县政府迁移,县城各商店、餐馆纷纷关闭。日伪县政府为垄断贸易,便在县城设"合作社""长古洋行""鄱阳号川南公司""木炭公司"几家商店,经营布匹、百货、烟酒,垄断食盐,收购油菜子、蓖麻子、云母、木炭等。1940 年至 1945 年 8 月,日伪政府在县城设合作社,用食盐兑换粮油土产,运销新建、南昌等地。当时的货币十分紊乱,物价飞涨,1937 年时稻谷每石价值 2.5 银元,而到 1938 年,大米每石价值银币 12 元,小麦每石价值银币 8.2 元,食盐每石价值银币 88 元。到了 1941 年,日伪垄断食盐,每石食盐竟值银币 128.5 元。

中共星子县委党史办(刘进、龚凡杰执笔)

# 都昌县调研报告

都昌县位于赣北,在庐山之东,东邻鄱阳,西界星子,南濒鄱湖,北接湖(口)、彭(泽),全县面积 2669.53 平方公里,1935 年时全县人口为 255648 人,39060 户。

都昌县历史悠久,具有厚实的文化底蕴。自汉高祖六年(公元前 201 年)设县,至今已有 2000 多年的历史,丰富的鄱湖文化,孕育了东晋名士陶侃、宋代抗金名将六奇、南宋爱国丞相江万里等历史名人,秀丽的山水、旖旎的风光令李白、谢灵运、陶渊明等一批历史名人流连忘返,宋代大文豪苏东坡更是留下了"鄱阳湖上都昌县,灯火楼台一万家,水隔南山人不渡,春风吹老碧桃花"的优美诗篇。

都昌县的名胜古迹很多,较有名的过去有"都昌八景":

野老岩泉景致奇,苏仙磨剑上瑶地,

矶山樵唱风前曲,彭蠡渔歌月下诗,

南寺晓钟僧起早,西河晚渡客归迟,

谢公石壁精平舍,千古陶侯一钓矶。

这些天然的景致和古迹,给都昌点缀了美丽的风光。不仅如此,而且在陆路未发达之先,由南昌、饶州去赣北门户九江,必经都昌,为当时水陆军事要地,故古称"鄱湖北之铁锁"。元末朱元璋与陈友谅大战鄱湖口,老爷庙一带就是重要的军事要隘。

都昌地域广阔,气候温和,雨量适中,土质肥沃,农产丰富,渔业发达,所产银鱼尤为著名,素称鄱阳湖畔的"鱼米之乡"。

然而富饶的土地,丰富的物产,广大人民虽辛勤劳动,却不能休养生息、安居乐业。1938 年 8 月 20 日,日军在都昌苏山登陆。从此,都昌沦入日军之手,人民群众遭受空前浩劫。

据《都昌县志》记载,日军侵占都昌大部分地区后,便对都昌人民实行了残酷的法西斯统治,被日军杀害的无辜百姓,被日军烧毁的房屋、农具、衣物,被日军侮辱的妇女,被日军抢劫的财产,都是无法计算的。日军在都昌实施暴行,主要在以下几个方面:

一是成立伪维持会,大肆抢劫。日军在占领的地区都成立了伪维持会,这实质上是日军统治中国人民的地方傀儡政权,专门替日军派猪、杀鸡、派丁、抓夫、修公路、筑碉堡,到处抢劫一空。有的伪维持会还强迫一些妇女供日军奸淫。

二是派飞机轰炸。1938 年 8 月,日机轰炸北山乡杨家咀,炸沉民船 7 只,炸死渔民 2 人。1939 年 3 月 13 日至 15 日,日机轰炸县城 3 天,投下无数个燃烧弹,烧毁了 20 余幢房屋,西街一片成了废墟,许多无辜百姓被炸死炸伤。1939 年 11 月 16 日,3 架日机窜入城郊高家村上空,投弹 6 枚,炸毁民房 10 余栋,炸死村民 2

人。同日,大堰黄村被炸。由于县城多次被炸,县政府被迫搬迁到阳峰乡卢家。

三是残酷屠杀当地民众。日军初进左里,在秦傅岭一次屠杀农民一二十人。日军打进县城,枪杀老百姓 10 余人,伤者不计其数。1939 年 4 月,日军抓住从星子县过湖到都昌的 4 位农民,将他们捆在一张八仙桌的 4 只桌脚上,当作炮靶,用迫击炮轰击,把 4 人炸得血肉横飞。同月,日军将江火福等 9 人抓住,用铁丝穿手心,押至据点,当作射击靶,每人都身中数弹而亡。1939 年 5 月 1 日,七角乡王佰昌村的王升才、王学镇,因缺粮过杨家湖到左里镇买谷,被日军抓去,将 2 人四肢钉于门板上,剥皮致死,其暴行惨绝人寰。1940 年 5 月 18 日,日军在马横乡墩上徐村毒死 90 人。同年 9 月 17 日,日军窜扰源头乡,炮轰和枪杀 54 人,其中 13 名儿童。1942 年,一部分日军持带轻重机枪、迫击枪,在双凤乡黄金咀见人就杀,共打伤 319 人,杀害 40 人。日军还以杀人取乐,放出军犬咬百姓的喉咙、胸膛,人临死挣扎的叫声、军犬的咆哮声混杂在一起,惨不忍睹。

四是强奸妇女,无恶不作。日军到处抢劫妇女,左里一妇女路过日军岗哨,被日兵轮奸后杀死。在大沙一个村庄,日军轮奸一个十四五岁的女孩,这孩子因被奸流血过多而死。

五是烧毁房屋。1939 年 6 月 2 日,日军到张岭"扫荡",从张岭烧到鸣山的马涧桥,25 里的沿路村庄几乎被烧光。1940 年,日军"扫荡"万家坂、山嘴头吴家、龚家坂、新屋、王波垄、王林、余南、袁丁山、谭家等村庄,民房被烧毁 644 间,30 余人被杀害,劫去粮食、耕牛无数,从左里到茅垄绵延 20 余里的村庄,几乎烧光劫尽。1945 年 3 月 17 日,攻占徐埠的日军,一把火烧毁店铺 90 间、房屋 30 栋,一度繁荣的都昌县第二大集镇被夷为平地。广大人民群众,房屋被烧后,家破人亡,流离失所,奔走异乡,到处流浪。

1945 年 8 月 15 日,日本宣布无条件投降,日军第 87 混成旅团官兵 5084 人,集中在县城小东门金汤乡第 2 保南山麓一带,后收容于彭家峦,次年遣送回国。

据抗日战争胜利后调查统计,都昌县在 8 年抗战期间共有 1488 人被日军杀害,其中妇女 408 人、儿童 27 人;791 人受重伤,818 人受轻伤。另据不完全统计,日军入侵都昌期间,共损失房屋 3705 栋,劫杀耕牛 2699 头,劫去衣物、稻谷、牲畜等其他财物难计其数,使 22 乡 120 保 2885 户居民蒙受深重灾难,242 人失踪,10626 人流离失所。

中共都昌县委党史办(江金林、罗水生执笔)

# 彭泽县调研报告

### 一、人口伤亡情况

1938 年 6 月 26 日，马垱失守陷于日军之手，6 月 28 日彭泽县城沦陷；接着，当时的彭泽 4 个区 13 个乡相继沦陷，另有 4 个乡未完全失陷。据 1942 年 10 月有关统计显示：全县 4 个区的总面积为 774 平方公里，总人口为 83391 人，被侵占区面积为 554.3 平方公里，被侵占区人口 48320 人。从此数字表明，被日军侵占面积占全县 4 个区的总面积 71.6%，被侵占地方人口占全县 4 个区总人口的 57.9%。有关统计资料表明：自 1938 年 6 月日军攻陷马垱至 1945 年 8 月投降，彭泽县被杀害 5938 人。

日军在侵占彭泽县之初，企图以武力征服民众，利用飞机轰炸、炮轰、机枪扫射等手段大肆杀戮老百姓，从 1938 年 6 月 20 日轰炸马垱起，至 1940 年，先后大规模轰炸彭泽境内之马垱、县城、黄岭、老屋湾汪村、高屋陶村、太平关、庙前街、郭家桥等处共 16 次，炸死老弱妇女儿童 800 余人。

1938 年 6 月 26 日，日军先后在马垱附近村（以柯、华、高、詹四姓为主）进行过两次集体大屠杀，死亡 1000 余人，大批妇女遭受蹂躏。

1938 年 7 月 12 日，日军占据望夫山，望夫山村和祠堂坊何村一些年纪大的人和小孩没有跑掉，全部被日军抓到背后山边杀害，一次杀死 32 人。1939 年 8 月，国民政府军用一个团的兵力攻打望夫山，他们驻扎在望夫山村与祠堂坊何村，攻了一夜没攻下来，反而死了好多士兵。天亮后，国民政府军撤走。日军下山，在附近村庄挨家挨户搜查，凡是发现了湿鞋的人家就全家杀绝（日军认为湿鞋子是国民政府军晚上进攻时被露水打湿了而脱下的）。老百姓早上到田地里做事，鞋哪有不沾露水的。但日军不由分说，把这些有湿鞋的人全部抓到村背后山下的空地，让他们自己挖大坑，并站在坑边，一个个绑好，然后用机枪扫射，一次又杀死 56 人。

1942 年 3 月 27 日，农民朱维桢、朱连科、朱子谦、朱正明、朱咏甫、朱兴泰等 6 人，潜入沦陷区搬运粮食，被日军发觉捕获，施以酷刑，先挖耳目，继刖手足，后以乱刀戳死，丢入下水道中。日军对中国民众施以腰斩、活埋、剥皮、淹死、憋死、吊死、强奸后再杀害等酷刑，在占据彭泽县 7 年中，用酷刑致死者 548 人。详见下表：

日军酷刑调查统计表

| 乡别 | 时　　间 | 合计 | 暴行及死亡人数 | | | | | | | | | | | | | | | |
|---|---|---|---|---|---|---|---|---|---|---|---|---|---|---|---|---|---|---|
| | | | 淹死 | 奸杀 | 枪刺 | 刀劈 | 掳走后生死不明 | 炸死 | 烧死 | 腰斩 | 毒打 | 骨折 | 炮杀 | 踢死 | 剥皮 | 憋死 | 吊死 | 活埋 | 摔死 |
| 石涧 | 1940.3~1945.11 | 5 | 1 | 1 | 1 | 1 | 1 | | | | | | | | | | | | |
| 旧县 | 1938.9~1943.2 | 11 | | | 6 | | | 5 | | | | | | | | | | | |
| 马垱 | 1938.5~1944.7 | 226 | | 4 | 187 | 26 | | 3 | 3 | 3 | | | | | | | | | |
| 建安 | 1939.6~1944.7 | 5 | | | 2 | | | 1 | | | 1 | | | | | | | | |
| 五柳 | 1938.6~1941.4 | 40 | | | 26 | 14 | | | | | | | | | | | | | |
| 双峰 | 1938.6~1944.11 | 117 | 3 | 3 | 59 | 31 | 7 | 6 | | | 4 | 1 | 1 | 1 | 1 | | | | |
| 匡复 | 1938.5~1941.4 | 71 | 1 | | 29 | 12 | 10 | 2 | 2 | | 4 | | | | 1 | | | | |
| 龙城 | 1938.6~1944.4 | 7 | 1 | | 3 | 2 | | | | | | | | | | | 1 | | |
| 南安 | 1938.6~1942.10 | 23 | | 3 | 10 | 6 | | | | | | | | | | | | 3 | |
| 太平 | 1938.4~1945.4 | 13 | | | 5 | | 2 | | | | 5 | | | | | | | | 1 |
| 湖东 | 1938.5~1942.3 | 30 | | | 23 | | 1 | 2 | | | | 1 | | | | | | | |
| 总计 | | 548 | 6 | 20 | 351 | 96 | 21 | 19 | 5 | 3 | 15 | 1 | 3 | 1 | 1 | 1 | 1 | 3 | 1 |

## 二、财产损失情况

日军在彭泽期间,彭泽整片的村庄被摧毁,无数房屋被烧光,许多妇女被蹂躏,数千父老兄弟姐妹被杀害,难民纷纷逃奔他处。彭泽县城和远近数十里之内的村镇空无一人,正如当时老百姓所言:"莫说是人走光了,燕雀都不归巢。"

据记载:"日本帝国主义在侵华战争中进行了最野蛮、最疯狂、灭绝人性的"三光"政策,奸淫掳掠,无所不为。彭泽全境惨遭蹂躏,县城一片瓦砾,农村惨破不堪,城乡尽成废墟,死伤者不计其数。如双峰镇(今龙城镇)、马垱、陶狄(今黄花、黄岭二乡),战前原有四五百户之村落,仅存二三茅椽。千万亩田地尽成荒芜,流亡归返之人民,上无片瓦,下无插足之地,荒芜田地,亦无法复耕。哀鸿遍野,其状至惨。"

日军的各种暴行,不仅杀害了彭泽县近 6000 民众,而且使无数的老百姓流离失所,财产损失空前。抗战期间彭泽县财产损失共 105 亿元(法币,下同)。其中直接损失:县属各机关建筑物、器具、现款、图书、仪器、医药用品等项折币 48632.0 万元,各学校房屋、图书、仪器等折币 16791.4 万元,农林牧副渔各业包括房屋、粮油、禽兽、农具、渔具、水产品、木产品、器具、农场等折币 563275.6 万元,商业包括房屋、货物、现款、器具、运输工具等折币 103682.3 万元,医药埋葬费 8905.5 万元;间接损失 308905.4 万元。

如:1938 年 6 月 20 日至 1940 年,日军先后大规模轰炸彭泽境内之马垱、县城、黄岭、老屋湾汪村、高屋陶村、太平关、庙前街、郭家桥等处共 16 次,炸毁房屋 2000 余栋,当时折价 208386.3 万元,马垱镇、太平关、庙前街、黄土港、郭家桥、黄土岭、马路口等农村集镇全被日军烧成一片焦土,先后共烧毁民房 3644 栋,当时折价 379679.9 万元;双峰乡房屋毁损 879 栋,当时折价 91585.8 万元;大小耕牛损失 836 头,当时折币 2433 万元。

由于日军大肆炸毁、烧毁民众房屋,致使人民流离失所,天天都在担惊受怕,生活不得安宁,为免遭日军的杀害,东躲西藏,土地无力耕种,大片荒芜。

仅就下表对双峰乡第 2 保相关统计,亦可看出彭泽县的损失之惨重。

**彭泽县双峰乡第 2 保财产损失调查统计**

| 财 产<br>类 别 | 战 前<br>产 量 | 因战争<br>减少量 | 敌 人<br>掠夺量 |
| --- | --- | --- | --- |
| 稻谷(担) | 360 | 180 | 90 |
| 麦(担) | 160 | 60 | 30 |
| 杂粮(担) | 40 | | |
| 棉(担) | 250 | 73 | 30 |
| 麻(担) | 300 | 80 | 95 |
| 犁耙(件) | | 120 | |
| 锹锄(件) | | 430 | |

1943 年 11 月 29 日,日军 80 余人突袭陶然乡炉峰口、家山,将该处包围,炉峰口街上被毁茅屋 11 间,家山被毁 13 间,焚烧粮食约 300 担,所有衣被、器具等概成灰烬,损失约在 20 万元左右,受灾 24 户,老弱者 81 人流离失所,成为无家、无衣、无食之难民。长期处在饥饿状态的民众,健康受到极大摧残,加之日军对各种物品的封锁,特别是药品非常匮乏,致使许多人因病无药而死亡。难民的生活条件极其恶劣,许多人拥挤在一村、一地,只能随地而眠。有的人就在一些潮湿漏雨的地方,或牛栏、猪圈附近住,一住就是十几天、个把月甚至几个月。有时许多人挤在一个小屋里,紧挨在一起,很快就传染上各种疾病。一个叫朱学儒的人,在逃难中得了肺病而死,他的唯一的儿子朱得小,一个多月后也被这种病夺去了年轻的生命。

1937 年 7 月全国抗日战争开始后,国民政府将江苏之江阴、江西之马垱、湖北之田家三镇,列为长江三大要塞,并从这年秋季开始,由"江西省江防委员会"负责马垱要塞工程的修筑。整个工程,费时一年,耗资百万,共征集民夫 1 万余名,凿沉木船 1000 余艘,记录在案、沉于马垱的湖南 5 艘大铁驳船,总吨位为 2326 吨,总价值 154800 银元。其中:李长俭的 780 吨,折 52800 银元;王扶中的 580 吨,折 36000 银元;王道根的 416 吨,折 28000 银元;周松青的 290 吨,折 20000 银元;高宝玉的 260 吨,折 18000 银元。

据史料记载,马垱至江北棉船乡东边河村之间的江面上,战前有大渡船 10 余艘,往来轮渡,马垱失陷后,渡船均被日军摧毁。

日军侵占彭泽后不仅杀戮民众、毁坏家园,而且不断向广大青少年进行奴化教育。日伪在沦陷区设立教育机关,县城设伪"新民小学",在学校里教日语、唱日本歌,向学生宣传所谓"同文同种""中日亲善""大东亚共荣"等奴化思想,从小就在学生头脑中灌输日本"友好",为日本侵略涂脂抹粉。日军还把"良民"中的青年组织起来,进行所谓"新国民运动",实际就是向青年灌输汉奸文化,使他们为日伪效力。

日军在彭泽县所犯下的累累罪行,罄竹难书。

中共彭泽县委党史办(高昇执笔)

# 景德镇市调研报告

## 一、景德镇市概况

景德镇市位于赣东北地区,北连安徽祁门,东邻婺源、德兴,南接万年,西毗鄱阳。全市面积 5248 平方公里。景德镇市处丘陵地带,层层叠叠的大小山峰密布全境,属亚热带气候。景德镇有着 2000 余年的制瓷历史,抗战前,制瓷行业是该市的主要行业,其次有银行业和粮食加工、茶叶、染织、酿酒、榨油、煤炭等行业,属江西省工业基地。景德镇自然资源丰富,矿藏资源有瓷土、煤、钨、锰、铝、金及大理石、海泡石等,其中储量之丰、品质之优首推瓷土。山林资源有杉树、马尾松、毛竹、茶叶、油桐等。由于瓷器闻名海内外,景德镇的商业十分繁荣,交通较为便利,主要以水运为主。抗战时期,景德镇市(包括乐平、昌江)属第五行政区。据有关资料统计,1937 年之前,全市(包括乐平、昌江区鲇鱼山、荷塘)人口数为 53 万余人。抗战期间,景德镇市虽然没有遭受到日军地面部队的进攻,但多次遭受日机轰炸,造成巨大的人员伤亡和财产损失,对制瓷等行业造成严重影响,人民流离失所。

## 二、人口伤亡情况

景德镇是世界闻名的瓷都,又是赣东北重镇,在地理位置和资源上都处于重要地位。日军早想占领,但由于受到国民政府军第 21 军将士及广大抗日民众的英勇抗击,终未得逞,于是就不断派飞机狂轰滥炸。从 1939 年 3 月 15 日至 1942 年 7 月 13 日,日军飞机先后对景德镇市进行了 21 次轰炸,其中对城区进行了 12 次轰炸,对乐平县城和鸣山煤矿进行了 5 次轰炸,对浮梁旧城和三龙共进行了 4 次轰炸。日机一般从西偏北方向进入市区,再调头向南,沿着中华路(后街)这根轴线飞行投弹。轰炸范围北从薛家坞宗仁窑起,南到太白园,东起樊家井西侧,西到昌江河边。遭受日机轰炸最多的是周路口地段,因这里地形开阔,窑卤林立,坯坊集中。日机第一次轰炸景德镇城区是 1939 年农历十一月十六日,日机两架投弹两枚,一枚落在把总衙一家姓程窑户的圆器坯坊,炸死一个印坯工人,另一枚落在扫家岭田里。日机第二次轰炸是 1939 年农历十二月十六日,9 架敌机 3 架一队,品字队形,投弹无数,戴家上弄吉安会馆被炸为废墟,其中 200 多个暂住其中的南昌难民有 100 多人被炸死。日机第三次轰炸城区是 1940 年农历正月十六至十七日,4 架日机连续两天轰炸桂花弄、都昌会馆,炸毁房屋 5 栋,炸死在董家岭一处防空洞内躲藏的 60 多人。日机第四次轰炸城区是 1940 年农历二月十七日,4 架日机投了几枚炸弹,便沿着河边用机枪向河滩扫射,当时河边有许多船只和槎柴堆,是沿河群众就近躲避之处,4 架日机追着四散逃窜的人群,扫射了二三十分钟,船边岸上,死伤者众多。日机第五次轰炸城区是 1940 年 4 月 5 日清明节,上午 10 时,27 架日机 9 架一组,投弹无数,轰炸了长兴堂药店、落马桥、车鸡弄、关帝庙、烟园口等地。落马桥一防空洞中弹,死伤数十人;吉安会馆外地难民被炸死60 余人;戴家上弄一带被炸死 100 多人,伤者无数,900 多人无家可归。一个叫刘古五的窑户,除本人去外地卖瓷器幸免外,全家遇难。赛跑坦(现陶瓷工业公司设计院门口)卖牛肉的袁某,一家祖孙 3 人被炸死,他母亲的脚炸飞到匣钵作坊房顶瓦上去了,儿子炸得尸骨都找不全。日军的轰炸使瓷都残垣断壁、满目疮痍,死难者缺手少足,父抱子尸痛哭,女抱亡母哀嚎,捶胸顿足,呼天喊地,惨不忍睹。日机第六次轰炸城区时间不详。日机第七次轰炸城区是 1942 年 7 月间,几架日机从莲花塘到前街,从斗富弄到太白园,到处投弹。这次日机一天之内,连续轰炸了 6轮,市民死伤无数。此外,日机对乐平进行的 5 次轰炸。第一次是 1939 年 3 月 15日,日机 3 架投弹 3 枚,炸死县自卫队号兵叶润沐;第二次是 1940 年 11 月 16 日,日机又炸县城,炸死平民傅弟喜,炸伤何志仁等 8 人;第三次是 1941 年 2 月 24日,日机 4 架在乐平投弹;第四次是 1942 年 7 月 13 日,日机 1 架侵入县城,投弹数枚;第五次时间不详。同时,日机对浮梁旧城和三龙各进行了 2 次轰炸,炸毁大批房屋。

抗日战争时期,景德镇市被日机轰炸和日军直接杀害致死致伤人口共计 939人,其中死亡 483 人,轻伤 359 人,重伤 97 人。包括浮梁(含景德镇城区)死亡 456人、轻伤 320 人、重伤 81 人;乐平死亡 5 人、轻伤 33 人、重伤 8 人;昌江(鲇鱼山、荷塘两地)死亡 22 人、轻伤 6 人、重伤 8 人。此外,由于战争原因及日军在战场投掷毒气弹,造成疫病流行。除鼠疫外,战时流行疫病以霍乱、赤痢、脑膜炎三种最厉害,死亡率也最大,仅浮梁报死亡就达 300 人之多。同时,在遭受日机多次轰炸之后,人民群众被炸死、病死、饿死及逃难的,不计其数,造成人口锐减,比战前减少 13 万人。仅以乐平为例,1939 年日军轰炸之前,有近 26 万人,遭受日机轰炸后,至 1945 年 12 月,减少了近 6 万人。据《景德镇市志略》记载,1938 年,浮梁县人口(包括景德镇城区)共有 172533 人,到 1944 年减少了 23952 人。

**三、财产损失情况**

日军对景德镇地区的多次轰炸,给瓷都人民带来了巨大的灾难,造成了极大的经济损失,严重阻碍了瓷都社会经济的发展。

1939 年 12 月 26 日,即农历十一月十六日,日机对瓷都进行了第一次轰炸,炸毁圆器坯坊一座。随后的第二次轰炸,炸毁浚泗井、千佛楼等许多地方,第三次炸毁观音岭窑、土地岭窑和项家窑。1940 年 4 月 5 日的第五次轰炸,使陶王庙、落马桥、烟园口、花园上弄一带数百间坯坊和民房被夷为平地,戴家弄中段被炸成焦土,金家弄口的王长兴国药店被炸起火,烧得片瓦无存。1942 年 7 月日机最后一次轰炸瓷都,一天轰炸 6 轮,10 多处地方被炸毁,造成空前灾难,引起人们极大恐慌,纷纷外逃避难。日机对景德镇的轰炸,给瓷业生产造成极大打击。瓷都原有瓷窑 150 余座,战时屡遭敌机轰炸,毁损达 100 余座,直到 1945 年抗战胜利,"开工者尚不及原有数的三分之一"。同时,日机炸毁浮梁(包括市区)房屋5571栋,房屋损失率达50%。日机第一次轰炸乐平县城,炸毁民房2栋,第四次轰炸乐平县城,炸中北街新昌布店,账房、布房、柜台房及零贷化为灰烬,损失法币2万余元;还炸毁县城典当巷一民房,房屋、家具等损失法币6500余元。日机其他几次轰炸乐平县城西门、大寺上、乐平中学,也造成大量财产损失。日机5次轰炸乐平共计炸毁房屋253幢。日机对鸣山煤矿的轰炸,炸毁都乐公司集资开采的三个矿井中的两个,此两井直到抗战胜利都不能恢复生产。乐平锰矿,储量达100万吨,自1941年1月设矿采炼,每月可生产锰砂、锰粉各30吨。乐平虽未沦陷,但也由于受日军轰炸不得不关矿停采。日军飞机轰炸浮梁旧城,炸毁旧城徽商义生和商行房屋186栋,造成连续经济损失2656000万元(法币,下同),使义生和商行从此一蹶不振。

日机对景德镇地区的轰炸,除造成大量人员伤亡及民房、坯窑房被毁外,还造成机关停止办公、商店停止营业、工厂停止生产、人员大量外逃,严重影响了瓷都的经济发展和市民的正常生活。开始时,人们为了躲避日机轰炸,在河西、马鞍山、夜叉坞、罗家坞、扫家岭、老社公庙垄里等挖了许多防空洞,后随着日机轰炸越来越频繁,一部分人举家逃往外地,大多数人就干脆早出晚归,天刚亮就吃早饭,然后全家人带上干粮逃到天宝桥、新厂、老厂、黄泥头、银坑坞、湖田、罗家桥、青塘等较远的郊区,黄昏时才回来;也有全家躲到柳家湾、月山、朱溪、庄湾、渭水、官庄等农村去的。这种早出晚归的全市性逃难,一直持续了20余天。

瓷器和茶叶是景德镇的重要产品。据《景德镇市志略》统计,景德镇市在1936年瓷器出口达14113万件,抗战期间出口锐减,直到1949年尚未恢复元气,出口仅有235万件。1937年茶叶年产量28000箱,1941年减为17000箱,到1947年仅有9000箱。

为抗击日军入侵江西,景德镇人民参加构筑国防工事及毁路拒敌工作。1938年,浮梁县筹款采运大石,沉没在马垱江心,或用木帆船沉入江底,以阻止日军军舰的进攻。1941年夏季,日军侵占鄱阳县城,景德镇危在旦夕。为了在地势上能据险抵挡,景德镇在西乡龙头山等处修建国防工事。浮梁县各乡、保都派出大批民工参加修筑,有的筹款交包工承担。同时又组织人员和民工破坏景都、景湖、景祁公路与京(南京)赣铁路路基,拆毁桥梁,以阻止日军汽车、火车长驱直入。为抗战,景德镇在财产方面损失巨大。1939年刚修通并已试运行的浮梁县到乐平的54公里的铁路不得不马上全线拆除路基和桥梁,造成巨大直接经济损失。乐平县奉命7次破坏铁路和公路,全县征用民工438511个,将乐平段铁路彻底破坏,征用1321650个民工彻底破坏皖赣公路乐平段、乐德公路乐平段以及乐(平)沿(沟)、乐(平)鸣(山)等10条区间公路。1944年10月至12月,乐平又奉命破坏自乐(平)浮(梁)交界的界首至下徐、龙珠、县城、高家渡、关王庙,直至万年县境的大小公路。

据 1945 年底统计,抗日战争时期景德镇地区财产损失总计 599.93 亿元,其中直接损失 60.32 亿元、间接损失 539.61 亿元。包括浮梁(含景德镇城区)直接损失 26.63 亿元、间接损失 488.6 亿元;乐平直接损失 32.93 亿元、间接损失 48.18 亿元;昌江区(鲇鱼山、荷塘)直接损失 0.76 亿元、间接损失 2.83 亿元。

**中共景德镇市委党史办**(王新华、王国保、陈志华执笔)

# 乐平市调研报告

乐平市位于赣东北腹地,北连瓷都景德镇,东邻德兴,南接万年,西毗鄱阳,处鄱湖平原,面积约 1900 平方公里。乐平市城区历史上以手工业和商业为主,粮食加工、染织、酿酒、榨油等行业遍布全城,商业也很繁荣,除经营日用品外,还有大宗靛青、甘蔗、煤炭、石灰、大米等土特产,乐安河上游婺源、德兴出产的茶叶、竹木等也都通过水路经乐平城区聚散。

据有关方面统计:1939 年日军空袭乐平之前,乐平的人口近 26 万;在遭受日军数次空袭之后,群众被炸死或被迫逃难,造成人口锐减,至 1945 年 12 月,乐平人口只有 20.4 万。

抗日战争时期,日军虽未进占乐平,但多次空袭乐平县城和鸣山煤矿,给乐平人民生命、财产造成了重大损失。日机对乐平进行了 5 次轰炸:1939 年 3 月 15 日,日机 3 架首次空袭乐平县城,投弹 3 枚,一枚落在城南程家巷将军庙前,一枚落在福禄巷口炸毁民房二幢,一枚落在儒学里,炸死县自卫队号兵叶洵沐。1940 年 11 月 16 日,日机又炸县城,炸死平民傅弟喜,炸伤何志仁等 8 人。1941 年 2 月 24 日,日机 4 架又在乐平投弹。1942 年 7 月 13 日,日机 1 架侵入县城上空,投弹数枚。其中一枚炸中北街新昌布店,账房、布房、柜台房及零货化为灰烬,损失法币 2 万余元;另一枚炸毁县城典当巷一民房,房屋、家具等损失法币 6500 余元。后来日机轰炸县城,弹落西门、大寺上、乐平中学等处。

据 1945 年底统计,抗日战争时期乐平县伤亡 46 人,其中炸死 5 人、重伤 8 人、轻伤 33 人,炸毁房屋 253 幢。财产直接损失 32.93 亿元(法币,下同),间接损失达 48.18 亿元。

为防止日军长驱直入,乐平县奉命 7 次破坏铁路和公路。1938 年和 1939 年,奉命破坏京赣铁路(南京到江西)乐平段,全县共征用民工 438511 个,将其彻底破坏。同时,全县征用民工 1321650 个,彻底破坏了皖赣公路乐平段、乐德公路乐平段以及乐(平)沿(沟)、乐(平)鸣(山)等 10 条区间公路。

1944 年 10 月至 12 月,乐平县又奉命破坏了自乐(平)浮(梁)交界的界首至下徐、龙珠、县城、高家渡、关王庙,直至万年县境的大小公路,当时乐平镜内公路均被破坏成水田或沟塘。

中共乐平市委党史办(徐正金执笔)

# 萍乡市调研报告

萍乡市现辖两区三县,即安源区、湘东区和芦溪县、上栗县、莲花县。抗日战争时期,安源、湘东、芦溪、上栗(原称栗江)均为镇,隶属于萍乡县。1936 年时,萍乡县面积为 2764.93 平方公里,人口为 489681 人。莲花县面积为 1062.06 平方公里,1935 年全县有 29385 户、118228 人,1944 年为 20353 户、38713 人。

日本军国主义者在太平洋战争中严重受挫以后,丧失了海、空优势,连结印、缅及东南亚国家和地区的海空航线被切断。为了挽救其面临灭顶之灾的命运,便迫不及待地妄图夺取中国粤汉线枢纽、西南战略要地——衡阳,打通"大陆交通线"。长沙、常德相继沦陷以后,日本侵略军认为实行这一战略的时机已经到来。日军攻下长沙后,即窜犯平江以北地区邀战中国军队,并形成迂回包围衡阳之态势,趁中国堵击部队尚未到位,又通过险峻地区窜入浏阳,企图穿过萍乡、攸县、安仁等中空地带,阻截井冈山一带中国驻军,继而向西北推进,以保障其向衡阳进攻时之侧背安全。

1944 年春夏期间,日军三次窜犯萍乡,两次深入腹地。先后盘踞 47 天,当时全县 41 个乡镇,有 38 个乡镇遭受骚扰和蹂躏。日军在萍乡实行"三光"(杀光、抢光、烧光)政策,杀人放火,奸淫掳抢,无所不为,犯下了滔天罪行。抗战时期,萍乡伤亡 4022 人,财产损失 21581094 千元(法币)。

## 1. 第一次进犯萍乡

日军主力为第 13 师团和第 3 师团一部,共 3 万余人。第 13 师团之骑兵第 17 队、炮兵第 19 队,第 3 师团大部分骑兵、炮兵均随师团作战。6 月 13 日午后,日军先头部队第 13 师团分两路由浏阳进入萍乡境内:一路越澄潭江,窜湖塘,犯上栗市;一路由浏阳大瑶铺过东风界,窜新寨、黎塘等地。上栗市于 14 日沦陷。日军第 13 师团在此骚扰两日后,16 日以其一部窜夭埠。17 日,在国民政府军第 58 军进攻下退出上栗,分股窜扰。日军以数十门山炮和小钢炮向中国守军阵地猛烈轰击,飞机低飞扫射,以掩护其步兵运动攻击。20 日,日军在其强大的炮火与空军支援下,突破案山关、妙岭、芭蕉塘、大屏山一线。同日,日军攻陷长平,并尾追国民政府军第 26 军,向南逼进。

22 日,日军后续部队从长平分两路向赤山桥进犯,一路经田心、长冈、坛华,一路经杨岐、小枧、东源。醴陵境内之日军,分兵由老关经登官、下埠和美田桥经排上,同窜腊市,向麻山逼进。是日,日军第 13 师团一部由萍乡县城西北马岭攻陷县城。23 日,日军第 3 师团由浏阳经上栗大举扑向赤山,企图与第 13 师团聚歼国民政府军第 26 军。其一部继续尾追第 26 军,另一部由文家陂至坛华,复分二支,一支由彭家桥经荷田犯安源,一支窜入县城与城内日军会合。24 日又会同小桥下之日军,形成三面夹击之势。国民政府军第26军在大量杀伤日军后,诱敌深入牛头岭,分别在包公庙与牛头岭再给日军以重创,迫使日军由原路返回麻山,后经美田桥撤走。

26日,日军对保卫衡阳之国民政府军第10军发起第一次总攻。日军第11军参谋长木下勇挥军萍乡作战受创,见中国军队有向衡阳靠拢态势,便命犯萍日军回兵阻止茶陵一线中国军队向衡阳增援。犯南坑日军一部得知在白竺牛头岭一带的日军被中国军队围住,情况危急,立即取道源头,经桥田、曹家岭、驰援牛头岭,闻日军已败,战斗已结束,即改道经上村、土下向攸县柏树下撤走,在湖南境内又被中国军队击溃。陷萍乡县城日军于26日下午撤离,经麻山、腊市、排上,7月1日由醴陵美田桥撤走。

尽管中国军队在装备和训练上远远比不上日军,但外侮当前,同仇敌忾,广大人民积极支援国民政府军抗击日军,致使日军处处被动,木下勇邀战衡阳东南山区中国军队,终以败绩退走。

**2. 第二次进犯萍乡**

1944年6月23日,日军开始对衡阳外围据点进攻。日军第11军本以为衡阳城一攻即破,未料衡阳守军第10军将士众志成城,誓死抵抗。日军攻击屡屡受挫,伤亡惨重。在这种情况下,木下勇仍坚持其歼灭衡阳东南各地援军计划,再度挥兵寻找第九战区中国部队主力决战。日军第27师团与第34师团各一部,计2万余名,山炮兵第27队、炮兵第34队,两个搜索队骑兵,各随本师团序列,先后向萍乡进犯。7月12日,日军由湖南醴陵白兔潭窜浏阳再犯萍乡,13日窜入上栗市,终被击退。7月16日,日军第27师团由萍西之金鱼石进犯萍乡老关、荷尧桥,在湘东地区一带奸淫掳抢,残害百姓,无所不为。为拔除日军的火力点和解救群众于危难之中,国民政府军第99师一部和刘公庙之第162师,于24日夜同时向湘东之日军发起全面猛攻,日军不支,遗尸数十具,匆匆逃出湘东,向巨源、上官岭溃逃。

24日,日军第34师团为支援第27师团,由浏阳窜入上栗市,25日继续东窜。一部绕道关下、小枧至萍宜边界;一部窜芦溪以北,与上官岭之日军遥相呼应,有窥伺国民政府军第58军侧后之意图;一部乘机由湘东直逼县城。26日上午9时陷芦溪,旋向潭田推进,下午7时陷萍乡县城。27日,日军两次派飞机对芦溪镇进行轰炸。28日窜新村,分两股:大股走庙前,与进入南坑之敌会合,企图堵截国民政府军第58军退路;小股与陷县城之日军会合,形成自北至东的半包围圈,加强对第58军的攻击。日军第一线推进至麻山,后续部队驻扎庙岭一带,杀人放火,奸淫掳抢,无恶不作。

7月28日,日军对张家山中国军队阵地发起进攻,企图突破张家山与鲇塘一线的通路,配合北进日军向七堡一线第58军进击。29日,进攻上埠、南坑交界处张家山之敌大部分掉头往山口岩,堵截第58军和萍乡县府人员由南坑向大安里转移。

木下勇原拟将中国军队两翼山峦丛林中的机动兵团变为内线夹击状态,由于日军大本营命令他立即集中主力进攻衡阳,这一方案成为泡影。进犯萍乡之日军遂向指定位置撤离。进攻山口岩之日军不敢深入大安里,挥军东南,与张家山之日军会合,共约2300余人骑。部分中国士兵和民夫被日军赶上,在张家山亭子边用机枪扫射,32人被打死。

7月30日,日军窜入南坑,分两路犯莲花,一路走杂溪,一路走宗里。8月1日,日军3000余人骑从五陵下,经王坑、杉园至南坑,走宗里。

窜醴陵之日军亦分股交叉撤退。8月4日至9日,日军全部退出萍乡县境。从7月12日进入上栗之日算起,日军第二次犯萍乡共历时28天。

**3. 第三次进犯萍乡**

9月下旬,日军第三次进犯萍乡西部老关、登官,但进攻的力度显然不如前两次了。日军由醴陵侵入老关,向登官窜扰。国民政府军第72军奋力抵抗,在人民群众的大力支援下,连连打退日军的进攻,将日军长期阻截于八里坳、分水坳以西,直到1945年8月15日日本天皇宣布无条件投降为止。

(萍乡市史志办)

# 新余市调研报告

抗日战争时期的新余县（范围为现渝水区、仙女湖和高新区）和分宜县为现新余市管辖范围，面积为 3164 平方公里，有汉、蒙、回、苗等 10 个民族。1926 年，北伐军光复新余、分宜两县，推翻县知事公署，建立县政府。1927 年大革命失败后，新、分两县县政府都重新组建，国民党右派掌权。1937 年全面抗日战争爆发后，新、分两县均为国民党江西省第二行政区，新余县人口 212806 人，分宜县人口 114023 人。1939 年 3 月南昌沦陷。9 月，国民政府军在瑞河南岸抵抗日军进攻，新余县组织水北、鹄山等地人民支援抗战，抢运军粮 10 万余斤。1941 年，在上高会战中，新、分两县人民积极为部队补充弹药、抢运军粮、运送伤员。上高会战的胜利，使新余免为日占区，但日机的多次空袭和 1945 年日军大溃逃时铁蹄的蹂躏，仍给新余人民带来了深重灾难，庄稼被毁，房屋被烧，无辜百姓遭杀戮，良家妇女被奸淫。物价猛涨，谷价每担由抗战前 1937 年的 2.75 元（法币，下同）上涨至 1945 年的 3260 元，盐价由 1937 年每斤 0.17 元涨至 1945 年每斤 1000 元，白布价格由 1937 年每尺 0.10 元上涨至 1945 年每尺 710 元。新余人民生活在水深火热之中，造成大量的人员死亡、流落他乡，新余人口锐减，1947 年仅为 210692 人（其中新余县 25293 户、139350 人，分宜县 15005 户、71342 人）。

日军在新余的暴行，给新余人民生命财产造成了巨大损失，犯下的罪行罄竹难书。

其一，空中轰炸。从 1939 年 3 月至于 1941 年 8 月，日军先后出动飞机对新余地区进行了 8 次狂轰滥炸。1939 年 3 月 23 日，3 架日机侵入新余县城上空，在北门火车站扔下数枚炸弹，炸死炸伤居民 39 人、毁房 10 间，财产损失达 5000 余元；3 月 31 日，1 架日机又轰炸新余火车站一火车头，炸死 2 人，财产损失达 6000 余元；4 月 2 日，日机对河下火车站进行大规模轰炸，炸后硝烟弥漫，一片狼藉；9 月中旬，2 架日机轰炸新余县城东门章家、魁星阁、三角洲、望城岗等地，无辜平民 11 人遇难，毁房 8 间，财产损失达 8000 余元；1940 年 4 月 1 日，5 架日机轰炸分宜县城，投弹 30 余枚，炸死 10 人、伤 20 余人，毁房 10 余幢；6 月 6 日，4 架日机轰炸水北简家祠堂与花厅下，炸死了 3 男 1 女；11 月 1 日，2 架日机先后轰炸新余县城和罗坊，在县城炸死 6 人、毁房 5 间，在罗坊炸死 27 人、伤 30 余人，财产损失达 7000 余元；1941 年 8 月 7 日，9 架日机轰炸分宜县城，投弹 20 余枚，炸死 4 人、伤 9 人，毁房 12 幢，县城唯一的一幢洋房被毁。

其二，焚烧房屋。1945 年，在日军的节节败退中，新余人民蒙受了日军铁蹄的蹂躏。7 月 26 日，日军第 3 师团第 6 联队（相当于中国一个师的建制），从宜春东进分宜，经杨桥西田、楼下、顾村，高岚夏塘、午桥，洞村西坑等地，28 日离开分宜境内；8 月 4 日，日军第 27 师团一部经峡江分三路侵入新余县城、罗坊、水北等地。日军在新余期间，给当地人民造成了巨大的损失。26 日，日军侵入杨桥新楼村，当晚就焚烧该村西公祠，殃及四邻，火烧三昼夜；在操场行陂村，第九战区兵站总监部设在该村的军械库被烧。7 月 30 日凌晨 6 时，日军先头部队窜入罗坊彭家洲，晚上，日军趁黑夜烧屋，10 多间店房化为灰烬，西路口祠堂中储藏的 2000 多担稻谷被烧毁；8 月 4 日，日军进入新余县城后，首先想到的就是烧屋，西街真君亭子一带火光冲天，迅速蔓延到"豫泰祥"商行（现新余二中对面）；在水北新桥圩，敖学珍等 8 人的商店计 29 间全部被毁。据统计，日军在新余 7 天之内，共烧毁房屋 4508 间、粮仓 10 个，造成许多人流离失所、无家可归。

其三，滥杀民众。日军进入新余后，滥杀无辜百姓。在罗坊彭家洲，廖万曲、胡和昌等 6 人被杀。在水北新桥圩，熊有义、黎盛春、傅国圣、赵志利、敖生行被日军用稻草捆扎，浇煤油后活活烧死。在新余县城，60 余岁的李逢春老人被日军抓去当挑夫，体力不支，被日军推入河中活活淹死；西大街的谭省龙被抓去当挑夫，在途中被打死，家里年仅 2 岁的儿子被饿死。分宜杨桥新楼村，80 多岁的黄镇八老人，日军命令他去割禾苗喂马，他坚决不从，被日军用军刀刺死。据统计，日军在新余，共杀害无辜百姓 398 人，伤残 491 人。

其四，奸淫妇女。日军进入新余后，见女人就奸污，无论老幼，上至双目失明的老太太，下至牙牙学语的幼女，无一幸免，使许多妇女、幼女被奸污致死或终生残疾。在新余县城进士街，病妇朱九香被日军轮奸致死；城东丁行道 88 岁高龄、双目失明的婆婆被日军强奸，痛不欲生，上吊自杀；罗坊乡张家村一老太婆，年逾古稀，遭日军奸淫，72 岁的丈夫胡团帮前去解救，被日军杀害；水北乡新桥圩一中年妇女被日军抓到驻地，当晚被日军一队长奸污，随后被日军轮奸 20 多天，从南昌西山逃回家后便病亡；杨桥新楼村一妇女分娩不久，被日军轮奸，血流不止，造成终身残疾，婴儿无奶而饿死，其婆婆也悲痛而死。据统计，日军在新余，共奸污妇女 200 多名。

其五，掳掠财物。日军进入新余后，大肆抢劫。在罗坊，日军将镇上所有店行箱柜劈开，金银首饰全部劫去；搬不动的物品如瓷器等，或砸碎，或抛入袁河，或集中烧毁；猪牛狗羊鸡鸭宰杀数千，稻谷 2000 多担被毁。在新余县城，日军仅一个晚上，就将所有金银店洗劫一空。在分宜杨桥新楼、泉丘等村，仅喂马就割去禾苗数百亩。据统计，日军在新余共宰杀猪 5669 头、牛 3493 头、劫取和烧毁稻谷共 48655 担、衣物 48954 件，给新余人民造成财产直接损失达 285407.6 万元（法币）

新余市史志办（潘昌执笔）

# 分宜县调研报告

1937 年，分宜县面积为 1389 平方公里，20197 户，114023 人。由于抗日战争期间日本侵略军烧杀抢掠，造成人口死亡、外逃，至 1947 年，分宜县人口减至 71342 人。

## 一、日军入侵分宜及其暴行

分宜自古以来就是交通要道，由南昌通往长沙，分宜是必经之地。1938 年 7 月九江沦陷，1939 年 3 月南昌失陷，日军欲进攻长沙，必须先占领赣西。分宜位于赣西中部，距日军占领的南昌 100 多公里，被称为后方的前方，所以分宜也遭受战争之难，受害巨大。

分宜遭受日军的直接危害主要是两个时间段：一是日机两次对分宜县城的大轰炸；二是 1945 年 7 月入侵湘桂溃退的两路日军窜入分宜乡村，使分宜北部地区遭受巨大损失。

1. 县城两次被轰炸。1940 年 4 月 1 日上午，日机 5 架从南昌起飞，经樟树、新余入侵分宜县城上空，投弹 36 枚，炸毁民房 50 余间，炸死炸伤城镇居民 30 余人和国民政府军第 74 军军官 1 人、士兵 2 人。1941 年 8 月 7 日上午，日机 9 架第二次轰炸分宜县城，投弹 20 多枚，炸死炸伤居民和第 74 军官兵共 14 人，炸毁房屋 12 栋 100 余间。日军这两次轰炸分宜县城之原因，是国民政府军罗卓英第 19 集团军总部驻扎在分宜县城，日军妄想通过狂轰滥炸威慑抗日将士，动摇中国军队指挥机关抗击日本侵略者的信心，扰乱县民对抗日军人的支援，以便日军在占领南昌后继而占领赣西地区，为进攻长沙作前期准备。

2. 两路日军窜入分宜。1945 年 7 月 26 日，入侵湘桂溃退之日军数千人，由宜春分兵两路窜入分宜北部。一路由宜春的栗村、双江口窜入分宜县洋江乡的长塘，杨桥乡的水头、西田、庙上、建陂、新楼、潭湘，高岚乡的夏塘、环桥、高岚圩、午桥、下坊、辋溪以及洞村乡的西坑等地，并分别在杨桥乡的庙上、新楼和高岚乡的高岚圩、午桥各村驻宿两天，于 7 月 28 日再窜入上高县的马湖村；另一路日军由宜春的大宇、横塘窜入分宜县杨桥乡的泉丘、文江、浪里、陂下，操场乡的仓下、太湖、桂村、小江边、芳山，高岚乡的山背、弓江、簧奎、兰盘，并分别在浪里、泉丘、小江边、芳山各村驻宿两天，于 7 月 28 日窜入上高县境内的梅沙村。

日军窜入分宜，尤其在驻宿之处，杀人放火，奸淫掠劫，无恶不作，其暴行规模之大，手段之残忍，为分宜历史上从未有过。

(1) 屠杀：日军在新楼下、泉丘、陂下、浪里、芳山、仓下、双井、高岚、环桥、簧奎等地杀死平民 21 人，杀伤者不计其数。新楼村 80 多岁的黄镇八老人，日军逼他去割禾苗喂马，老人坚决不从，日军便用指挥刀捅进老人的胸膛致死。杨桥圩下街一个20多岁的农民，在桥边田地里劳动，见日军来了，拼命朝江边逃跑，被日军开枪杀害。一个宜春的农民，被日军抓做挑夫到分宜，因病挑不动，要求回家，日军二话不说，就地一刀，将他杀害在田地里。日军杀害无辜平民，真是杀人不眨眼。

（2）抓人。日军所到之处，便抓百姓带路、当挑夫，稍有令日军不高兴或因病伤行走困难者，均遭杀害。仅新楼、庙上、泉丘、义井、簀奎等村就抓了数百人，黄冬牙、黄燕十、黄湖子、黄炳牙、黄广牙、钟磨牙、钟合一、何富得、黄善牙等抓去后杳无音信。被抓的人都用绳子绑起来，在背上打个十字架，绳子两头吊在扁担上，使人无法逃脱。新楼村民黄照元被日军抓去当挑夫，幸得从安义县逃回，他一路上目睹日军杀人，沿途横尸遍野，惨不忍睹。

（3）奸淫。日军每到驻宿之地，很多日兵不穿衣裤，只是在下身围一块三角布，见了妇女，不论老姐、儿童，不分场合，强奸轮奸。许多妇女造成终身残疾或死亡。高岚乡新陂里一个14岁的少女被日军强奸后，一病不起，不久死亡。新楼村一黄姓农民被抓去当挑夫，妻子刚生孩子7天，被日本兵轮奸，造成终身残废。

（4）焚烧。日军所经之处，肆意焚烧房屋家具，尤其是日军驻宿之地，更是到处火海。日军弄饭吃，专拣油漆过的花板、桌子抽屉、门板、柜门烧；晚上驱蚊子，专烧棉絮、蚊帐、衣服、布匹等。仅在泉丘祠堂门前，一次就烧掉了100多床被子，造成许多村民无法御寒过冬。在泉丘村的日军，将钟树七家的一厅一间房屋烧毁。在新楼村的日军，将新盖不久的西公祠（中国军队的弹药库）放火燃烧，烧了三昼夜，火光冲天，爆炸声传出数华里。在杨桥的分宜师范、实用职业学校及中小学，课桌、板凳、校办工厂与其他教具设施焚烧一空。

（5）掳掠。日军掳掠之物，主要是鸡、鸭、猪、牛等家禽家畜以及金银首饰等贵重物品。日军不但吃光、抢光，而且还卑劣地在锅、盆、坛、罐中拉屎拉尿，到处是臭气熏天，苍蝇满屋，造成疫病蔓延。日军在小江边村，除将该村的家禽家畜杀尽外，还毒死两口池塘的鱼。日军窜入分宜时，已值早稻成熟前期，他们为喂养军马，在新楼村、泉丘村割掉几十亩早稻，使许多农家颗粒无收。日军在途经杨桥、高岚两圩镇时，将街上的商店、药铺、大小摊铺抢劫一空。杨桥街上的同丰堂药店的贵重药材全被抢光，药罐砸碎。高岚圩上钟金牙的皮鞋店170余双牛皮鞋遭洗劫，100张制鞋牛皮被割去垫马背。

**二、日军给分宜人民造成重大生命财产损失**

据1945年抗日战争胜利后统计：分宜县共死亡377人，其中男322人、女37人、儿童17人、下落不明1人；重伤180人，其中男62人、女101人、儿童17人；轻伤311人，其中男135人、女151人、儿童25人。毁坏房屋288栋。财产损失2384008千元（法币，下同），其中直接损失1180000千元、间接损失 1204008 千元。财产损失具体情况列表如下：

### 分宜县抗战财产直接损失表　　　　单位：千元

| 物　品　名　称 | | 价　　值 |
|---|---|---|
| 机关部分 | 合　计 | 7946 |
| | 建　筑　物 | 294 |
| | 器　具 | 1292 |
| | 现　款 | 4199 |
| | 图　书 | 76 |
| | 医药用品 | 183 |
| | 其　他 | 1902 |
| 学校部分 | 合　计 | 10327 |
| | 建　筑　物 | 1313 |
| | 器　具 | 4180 |
| | 现　款 | 446 |
| | 图　书 | 1397 |
| | 仪　器 | 430 |
| | 医药用品 | 633 |
| | 其　他 | 1928 |
| 农业部分 | 合　计 | 1013169 |
| | 房　屋 | 575368 |
| | 农业器具 | 30144 |
| | 现　款 | 27315 |
| | 水　稻 | 35867 |
| | 小　麦 | 1051 |
| | 植　物　油 | 18930 |
| | 杂　粮 | 7147 |
| | 木 | 3614 |
| | 竹 | 496 |
| | 水　产　品 | 885 |
| | 猪 | 67464 |
| | 牛 | 46763 |
| | 鸡　鸭 | 4652 |
| | 其　他 | 1414 |
| | 农　具 | 2778 |
| | 渔　具 | 25 |
| | 运输工具 | 211 |
| | 衣　物 | 122967 |
| | 其　他 | 66078 |

续表:

| | | |
|---|---|---|
| **工业部分** | 合　计 | 14267 |
| | 厂　房 | 47 |
| | 器　具 | 276 |
| | 现　款 | 222 |
| | 制成品 | 5845 |
| | 原　料 | 6751 |
| | 机械及工具 | 64 |
| | 衣　物 | 563 |
| | 其　他 | 499 |
| **商业部分** | 合　计 | 130197 |
| | 器　具 | 6126 |
| | 现　款 | 540 |
| | 存　货 | 101019 |
| | 运输工具 | 60 |
| | 衣　物 | 21588 |
| | 其　他 | 864 |
| **公教员工部分** | 合　计 | 4094 |
| | 器　具 | 385 |
| | 衣　物 | 2748 |
| | 现　款 | 192 |
| | 图　书 | 262 |
| | 其　他 | 507 |
| 总　计 | | 1180000 |

## 分宜县抗战财产间接损失表

单位：千元

| 物　品　名　称 | | 价　值 |
|---|---|---|
| **机关部分** | 合　计 | 1997 |
| | 迁移费 | 47 |
| | 防空设备费 | 166 |
| | 疏散费 | 48 |
| | 救济费 | 862 |
| | 抚恤金 | 874 |

续表：

| | | |
|---|---|---|
| 学校部分 | 合　计 | 5241 |
| | 迁　移　费 | 2701 |
| | 防空设备费 | 2540 |
| 工农业部分 | 合　计 | 795433 |
| | 工　业 | 14759 |
| | 农　业 | 780674 |
| 商业部分 | 合　计 | 380435 |
| | 可获纯利额减少 | 380000 |
| | 防　空　费 | 115 |
| | 救　济　费 | 115 |
| | 抚　恤　费 | 205 |
| 医药、埋葬 | 合　计 | 20902 |
| | 医　疗　费 | 8354 |
| | 埋　葬　费 | 12548 |
| 总　　　计 | | 1204008 |

分宜县史志办（林禾耿执笔）

# 渝水区调研报告

渝水区是 1983 年 10 月在原新余县管辖范围内设置的县级区（下文所称新余，即为渝水区前身之新余县），面积 1776 平方公里。抗日战争时期，新余不是沦陷区，相对于沦陷区而言，新余算不上重灾区。据史料记载，新余人民主要受到日军两次血腥侵袭：一次是 1939 年 3 月日军攻打并占领南昌后，派遣飞机 6 次空袭新余，造成重大人员伤亡；一次是 1945 年七八月间日军投降前夕北撤，在新余 7 日，放火、抢劫、滥杀无辜。据统计：新余人口 1937 年有 38721 户、共 212806 人，1945 年有 25293 户、共 139350 人。日军轰炸、刺杀，造成现渝水区范围内的民众死亡 200 余人、伤 100 余人；强奸妇女 100 余人；烧毁民房 2700 余间、店面 320 余间，烧毁粮仓数座、粮食 1 万余担；屠杀猪羊 2000 多头。造成民众财产严重损失。

**一、日机 6 次轰炸新余**

1939 年 3 月 23 日，3 架日机在新余县城北门火车站丢下数枚炸弹，炸死炸伤居民 39 人，烧毁房屋 10 间。

1939 年 3 月 31 日，1 架日机在县城炸火车头，炸死 2 人。

1939 年 4 月 2 日，3 架日机对新余河下火车站轰炸、机枪扫射，投下二三十枚炮弹，轰炸达半小时之久，共炸死军人、学生、旅客 100 余人，伤 30 余人，整个场面惨不忍睹。被炸死的人中，只有四五十具尸体比较完整，其余都被炸得粉碎，树枝上、草丛中处处是人肉、人皮、人脑、手足和内脏，鲜血染红了大地，尸体布满山丘。

1939 年 9 月中旬，2 架日机在县城东门章家、魁星阁、三角洲、望城岗等地投下 4 枚炸弹，炸死 11 人，烧毁房屋 8 间。

1940 年 6 月 6 日，4 架日机窜入新余水北上空，炸毁简家祠堂与花厅下，炸死 4 人，3 男 1 女。

1940 年 11 月 1 日上午，2 架日机先后在县城、罗坊上空丢炸弹、机枪扫射，共炸死 33 人，伤 30 余人，烧毁房屋 5 间。

**二、途经新余，奸淫烧杀，令人发指**

日本帝国主义投降前夕，日本侵略军纷纷向北溃退，1945 年 7 月 30 日，日军从峡江分三路窜入新余，在县城、罗坊、水北、新桥、鹄山等地，连续 7 天 7 夜奸淫烧杀，无恶不作。

日军所到之处，见到妇女，不论老少都要强奸或轮奸。新余县城进士街一位 36 岁的病妇朱九香，被日军抓到当场轮奸致死。东大街有位 66 岁的老妇，看到孙媳妇被日军抓去强奸，赶去抢救，被日军踢死。县城丁行道 88 岁的婆婆，双目失明，被日军强奸，老人上吊自杀。日军在罗坑乡张家村强奸一名72岁的老太婆后，又用刺刀杀死了她的72岁的丈夫胡团帮。水北乡新桥圩有一名中年妇女被日军抓到，一直带到南昌的西山等地奸淫20多天，逃回家后就死掉了。马洪乡内塘村一妇女躲避不及，被日军强奸，并强行掳走，7天之后，幸得脱离虎口。

抓夫杀人是日军的惯用伎俩。日军捉到男的就当挑夫，不听使唤的就是一刀。7月30日凌晨6时左右，日军先头部队窜入彭家洲，枪声骤起。7时许，日军进入罗坊镇，逢人便杀，先后杀死无辜村民廖万典、胡和昌等6人。罗坊邦甫村一名姓傅的老人，年过七旬，卖油返家，路经罗坊，日军群起抢劫，并抽刀将其从肩头砍下，死于西路口。当晚，日军饱餐之后，即携带所掠财物，押解被俘人员，向北逃窜。在潜逃中，遇上某村躲藏的居民数十人，全部掳走，后遇地方武装阻击，村民得以逃脱。日军杀人成性，且手段极其残忍。在水北乡新桥圩附近杀死6人。在水北乡东岳庙，抓到两个人，捆绑在树上，一个日本军官拔出雪亮的指挥刀，对准被绑人的胸膛直刺进去，只听得两声惨叫，拔出刀时，鲜血似箭一样，从被害人的胸口喷射而出，当场死亡。县城浮桥头一位60岁的老人被日军抓去当挑夫，因年老体弱挑不动，日军一手把他推入河中淹死了。日军的残暴，造成一些人家破人亡。县城西大街平民谭省龙被日军抓住，挑了10多支枪，不慎途中跌了一跤，弄脏了枪，日军大怒，举枪就把谭省龙打昏在地，很快就断了气。其妻同二儿子把尸体抬回家，家里的房子又被日军烧光了，大儿子也被日军抓去当挑夫，从此，谭家的生活苦不堪言，才2岁的小儿子活活地被饿死了。

日军每到一地，把珍贵一些的财物抢光，能吃的吃光，吃不完、带不走的就放火焚烧，肆意毁坏。1945年7月30日，日军进犯罗坊镇，在镇上抢劫财物，将各店家箱柜劈开，翻箱倒柜，值钱的东西一扫而光。带不走的如瓷器、缸等全部砸碎，绸缎、衣被统统撕毁、焚烧，居民们未及转移的猪、牛、羊以及数千只家禽全部被宰杀。日军洗劫罗坊镇后，于当晚撤离罗坊镇时，纵火烧房，10余里外，犹见火光冲天，罗坊街数十间店房通通付之一炬。原西路口祠堂中储备稻谷2000多担，亦全部被烧毁。在水北新桥小小的闹圩上，也烧掉了8户商店计29间房子。

渝水区史志办（张国荣执笔）

# 鹰潭市调研报告

鹰潭市，位于江西省东北部。信江中游从东向西横贯全市，是江南较大的水陆交通枢纽。抗战时期，鹰潭是乡级镇，隶属贵溪县。现在的鹰潭市范围，在 1937 年时包括贵溪、余江两县及现今月湖区，总面积 3555.4 平方公里，总人口 347679 人，当时的经济以农业为主，工业主要是个体手工业和私营作坊。

1937 年 8 月 15 日，日机第一次空袭鹰潭地区。1942 年 6 月 16 日至 8 月 19 日，鹰潭被日军侵占。日军在鹰潭虽然只有两月余，但却犯下滔天罪行，罄竹难书，给鹰潭社会经济造成了重大损失。

1. 人口伤亡。自 1937 年 8 月 15 日日军出动 14 架飞机第一次空袭鹰潭始，至 1943 年 7 月最后一次空袭鹰潭，前后空袭 72 批次，出动飞机 450 架次，其中贵溪县 193 架次、鹰潭镇（现月湖区）211 架次、余江县 46 架次。全区被炸死 295 人，炸伤 287 人。日军侵占鹰潭期间，全区被屠杀 8994 人，杀伤 1818 人，被奸妇女 2000 余人。

2. 财产损失。鹰潭沦陷期间，遭日军抢劫烧毁的财产损失总值达 213.359 亿元（法币，下同）。商店、厂房、民房被毁 12728 栋，其中城镇房屋被毁 3552 栋、农村民房被毁 9176 栋。抢杀猪、牛 30404 头，损毁农具 14 万余件、车具 10917 辆（含农村土车）、衣物 40 余万件。

3. 影响与危害。在鹰潭沦陷的两个多月里，日军实行"三光"政策，给鹰潭的社会经济发展造成了巨大的危害和影响。其一，经济发展停滞。日军撤离后，由于大量耕牛被杀，农具被毁，土地荒芜严重，农业生产遭受巨大损失；手工业、商业也遭到巨大破坏。1942 年 8 月 19 日，日军从鹰潭撤离，贵溪的雄石镇、鹰潭镇被焚毁殆尽。贵溪县城繁华闹区，1900 余栋商店被付之一炬，鹰潭镇近千户商店也被日军烧毁；相距县城 80 华里的文坊镇，下街至中街 200 余栋店铺化为灰烬。余江县城锦江镇在日军撤退时，纵火烧毁镇内南、北两条主要街道的店铺 300 多栋；白塔河边的邓埠镇，自七甲里吕庆春国药店一直烧到上井，约半里路临街店面全部变为废墟。全区主要城镇周围商店、百姓财物被劫掠一空，百里之内，尽成焦土，遭劫之惨，亘古未有。鹰潭的经济发展停滞不前。其二，人口出现负增长。1937 年鹰潭地区有人口 347679 人，其中贵溪县 212003 人、余江县 135676 人。1945 年鹰潭地区有人口 307630 人，其中贵溪县 189000 人、余江县 118630 人。从人口数字的变化说明，1937 年至 1945 年的抗战期间，鹰潭地区的人口不增反降，日军的轰炸、烧杀以及被迫逃亡是造成人口下降的主要原因。

鹰潭市史志办（陈志敏执笔）

# 贵溪市调研报告

抗日战争时期，日本侵略军对中国人民实行轰炸、烧抢、屠杀、奸淫，贵溪人民深受其害。

## 一、轰炸

1937 年 8 月 15 日至 1943 年 7 月，日军前后空袭贵溪县（现为贵溪市）达72 批次，出动飞机共 404 架次，其中贵溪县城和乡村 193 架次、鹰潭镇 211 架架次。1940 年 2 月 24 日，全县被炸死炸伤 84 人、炸毁房屋 690 余栋（其中县城炸毁房屋 108 栋），铁路、桥梁、车辆等均被炸毁；同时被炸的还有鹰潭、滨江、汪张、五里亭、河潭、童家、龚店等地。日军出动飞机最多架次为 1941 年3 月 3 日，出动 27 架次，在贵溪县城和鹰潭镇两地先后投弹共计 1236 枚。这年5 月 7 日又投弹 100 枚，一次就炸死 198 人，炸伤 225 人。

## 二、烧抢

日军侵占贵溪期间，全县遭日军烧毁抢劫的财产损失总值达 141 亿元（法币，下同），其中直接损失 98 亿元、间接损失 43 亿元。城市店房、厂房、学校、民房被毁 2875 栋，农村房屋被毁 7176 栋，农具损失 14 万余件，车具10947 辆（含农村土车），衣物 40 余万件，抢杀猪牛 26000 余头。1942 年 8 月19 日，日军从贵溪、鹰潭两地遁逃，贵溪城内 1900 余栋房屋被日军第 34 师团付之一炬，鹰潭镇也被大火吞没。距离县城 80 华里的文坊镇，自下街至中街两旁房屋 200 余栋被日军焚烧，荡然无存。县城周围 40 华里内的所有村庄，遭其摧残，无一幸免，到处是残垣断壁，满目疮痍。

## 三、屠杀

日军在贵溪共屠杀民众 6658 人，其中男 3707 人、女 1928 人、儿童 1001人、尸体腐烂无法辨认者 22 人；造成重伤 979 人，其中男 708 人、女 230 人、儿童 41 人；造成轻伤 1233 人，其中男 871 人、女 324 人、儿童 38 人。日军特别在游家店桥、盛源洞（盛源乡内）、大岩洞（滨江乡内）、龙头山项家岭（今鹰潭市人民公园）进行了 4 次惨绝人寰的集体大屠杀。日军将无辜百姓 100 多人，赶至罗河、雷溪两乡交界处罗塘河上的游家店石桥上，左右两岸用机枪扫射，顿时鲜血染红了河水，人们称罗塘河为日军侵贵史上的血泪河。滨江乡大岩洞可容数百人，日军将附近群众 200 余人赶入洞中，先用枪打，最后施放毒气，幸存者仅有 8 人。鹰潭镇龙头山项家岭集体大屠杀，据幸存者刘兵庭老人诉说：日军侵占鹰潭后，便四处捕捉百姓投入劳工营，被抓的劳工有 2000 多人，正在路过鹰潭的刘兵庭也被抓。日军强迫劳工拆下浙赣铁路路轨，运到太极阁大码头，装船运到九江，再从九江转运到日本。在日本的刺刀和皮鞭下，劳工10人抬一根钢轨，从早到晚不停地干，每天只供给两餐发霉的稀粥。劳工们累得筋疲力尽，饿得眼冒金花，动作稍慢一点，便遭到日军用皮鞭劈头盖脸地抽打，有的劳工昏倒在地，即被刺刀戳破肚皮，尸首扔进信江。面对此暴行，劳工们不断反抗，但手无寸铁的劳工，怎敌得过荷枪实弹的日军？反抗者都被当场开枪打死。有的劳工半夜逃出劳工营，被捉回来的人，不是用铁路道钉钉死，就是泼煤油活活烧死。劳工营里每天都有死尸被拖出扔进江里。那段时间，江面上漂浮着一具具肿胀的尸体，流淌着一汪汪殷红的血水，令人惨不忍睹。1942年7月24日，铁轨运完后，日军便开始大屠杀。他们用棕绳和铁丝穿过劳工的手掌，几十个人连成一串，押往龙头山项家岭的峭壁上，用机枪扫射。一串串的尸体投入江里，整个江面全被死难者的鲜血染红了。刘兵庭那一串是用棕绳捆绑的，他和另外二人在枪响的一刹那时，挣脱了绳索，纵身跳进江里，日军朝他们跳下的地方猛烈扫射，幸好三人都谙熟水性，潜入深潭，钻到峭壁下的草丛中，直到天黑才游到对岸。刘兵庭的屁股上中了一弹，溃烂后留下巴掌大的伤疤。其余二人肩上、背上都中了弹，怕日军发现不敢去医治，直到烂得生蛆，20多天后相继死去。在这次惨绝人寰的大屠杀中，2000余名劳工，死里逃生的仅有三四人。

### 四、奸淫

日军侵贵对妇女的奸污迫害，尤为令人发指，文坊镇一黄姓人之妻遭到日军奸污后，被用铁耙活活打死，尸体裸露门外。镇上一少女被日军奸污后，竟被当场刺死，并把尖木棒插入阴道，倒挂在文坊桥头炮台"示众"。更为伤天害理的是经常强迫群众父与女、母与子、婆与孙乱伦性交，以此取乐，不从者当场杀害。

贵溪市史志办（徐年财执笔）

# 余江县调研报告

## 一、余江县概况

余江县位于江西省东北部信江中下游，东与鹰潭、贵溪接壤，南和金溪毗连，西界东乡，北邻万年、余干两县。南北长 75 公里，东西宽 28.65 公里。新中国成立前，县政府驻地锦江镇。1937 年隶属江西省第六行政区，全县设 3 区。1944 年撤区，设 15 乡、2 镇，至 1945 年乡镇数无变动。1937 年全县有耕地 465517 亩，农业以种植业为主，工业仅依附农业的个体工业和私营作坊。由于官僚资本操纵市场，纸币贬值，通货恶性膨胀，物价一日数涨，百业凋零。1936 年全县人口有 28529 户、135676 人，1941 年全县有 28092 户、133462 人，1943 年全县有 26239 户、115749 人，1946 年全县有 26465 户、118630 人。

## 二、日军侵占余江的暴行及造成的损害

1939 年 3 月，日本侵略军占领南昌，浙赣铁路西段终点站改设余江县邓埠镇。此后日军不断派出飞机轰炸赣东北。1940 年，县城锦江镇成立难民收容所，收留抗战流亡难民 1039 人次，1941 年收留 1074 人次，1942 年收留 1208 人次，时收时遣。1941 年 4 月，日军 9 架飞机突袭县城锦江镇，进行狂轰滥炸。随后日机又连续两次到县城肆虐。1942 年 3 月暴雨侵袭，国民政府军设在邓埠的军人医院，因厂房倒塌，院内收留的数百名伤病官兵全部被压死。1942 年 5 月，日本帝国主义为占领中国东部沿海地区，发动了浙赣战役。5 月 27 日，日军攻陷余江县城锦江镇，烧杀抢掠无恶不作，仅三官堂和天主堂两口水井投尸 80 多具。6 月 26 日，日伪军侵入邓埠镇后，杀人放火，全镇除庆仁堂中药店等少数房屋幸免外，其余房屋全部化为灰烬。在余江沦陷的两个多月时间里，日军所到之处，实行烧光、杀光、抢光的"三光"政策，惨绝人寰。当时国民党《前线日报》有几篇新闻报道了日军在余江烧、杀、抢罪行，仅摘录两篇如下：

1942 年 10 月 31 日，《前线日报》以《鹰潭·邓埠》为题报道："敌人的烧杀政策做得彻底，只留了几十间破坏的存在。两市、镇被杀害的老弱妇孺共有 700 余人。敌人的罪行，凡施于其他地方的这里是没有例外"。

1942 年 12 月 2 日，《前线日报》以记者《赣东行》一文报道："余江为鱼米之乡，居民多以捕鱼务农为生。余江地处浙赣路与鄱阳湖之水道交通中心点，向来商业很盛，街道宽阔，房屋……经此次战争之后，被敌烧毁后幸存无多了。城内之天主堂，建筑富丽堂皇，美籍牧师，中、英、意等国传教士都有。浙赣战争爆发时，意籍教士自恃为轴心国伙伴，留守教堂，终不免也成了日本强盗的刀下鬼，教堂也被焚去一半。"

炸：1941 年 2 月至 10 月，日军共出动飞机 43 架次，共投炸弹 109 枚，炸

毁房屋 16 栋，炸倒震塌房屋 42 栋，炸坏火车车厢 2 节、火车头 1 辆，炸死百姓 102 名，炸伤 62 名。

烧：1942 年 5 月至 8 月，余江县沿信江、白塔河两岸及浙赣铁路沿线 105 个村镇，大部分被日军放火烧毁。信江河边的瑶池祝家村，有 1000 多人口居住的 400 栋房屋，被日军放火烧得只剩下 13 栋。县城锦江镇在这年 8 月日军撤退时，纵火烧毁镇内南、北两条主要街道的店铺和民房 300 多栋，连天主堂内的教会厅也被烧。白塔河边的邓埠镇，从七甲里吕庆春国药店一直烧到上井，约半里路临街店面全部变为废墟。白塔河畔的洪岩街和蒋家洲村，烧毁房屋 200 多栋。全县 2 万多人无房可居。

杀：1942 年 5 月 27 日，日军侵占县城锦江镇，在天主堂内一次杀害老弱病残 50 人，连留守天主堂的意大利神父也未幸免。同年 7 月，日军乘船去鹰潭，在瑶池祝家村附近河滩上搁浅，上岸抓到 70 多名百姓，押到鹰潭龙头山上用机枪扫射杀害。8 月 12 日，有 20 多名日军，从余干县沿河而上，路过熊家洲，捉到百姓 48 人，关押在一间房内，每次抓出 2 人，用刀砍死。8 月 24 日，日伪军自锦江镇撤退前，屠杀居民 300 余人。

奸：日军每到村庄上，除烧、杀、抢外，还强奸妇女。1942 年 5 月，日军窜到锦江镇乐家村，青壮年男女都躲起来了，一个残废的老年妇女来不及逃跑，被日军捉去强奸。邓埠镇有个妇女遭日军强奸后，被割掉两个乳房。1942 年 7 月，日军窜到乐家村，强奸放牛的女孩，以致后来成了呆子。

据当年有关统计：1942 年，盘踞在南昌的日军从鄱阳湖沿信江东上侵占余江，共烧毁房屋 2677 栋、价值 72919.6 万元（法币，下同），破坏桥梁 10 座；杀害百姓 2336 人，杀伤 839 人，强奸妇女 4000 余人；抢夺耕牛 4404 头，扛走铁轨 5 船。抢夺财产折款共计 187867.2 万元，其中机关损失 8338.5 万元、商业损失 140724.8 万元、金融界损失 366.2 万元、航运损失 1322.9 万元、电讯损失 556.5 万元、工人和教职工损失 36558.3 万元。

中共余江县委党史办（宁新明执笔）

# 赣州市调研报告

## （一）

抗日战争时期，江西赣南分为第四、第八行政区。第四行政区驻赣州镇（现赣州市章贡区），辖赣县、南康、上犹、崇义、大余、信丰、全南、定南、龙南、寻乌、安远等11县；第八行政区驻宁都县城梅江镇，辖宁都、广昌、石城、瑞金、会昌、于都、兴国等7县。上述18县中，除广昌县于1984年划出归现抚州市辖外，其余17县均属现赣州市辖。本调研报告所称"赣州市"区域范围，即为抗战时期江西省原第四、第八行政区所辖17县和现赣州市章贡区。

## （二）

日军对赣南的侵犯分为两个阶段：自1938年5月至1945年1月为第一阶段，主要是日军飞机对赣南城乡狂轰滥炸；1945年2月至同年7月为第二阶段，其间日军地面部队先后两次大规模侵入赣南。

第二阶段具体情况如下：

1. 1945年2月，日军地面部队第一次侵犯赣南。

1944年4月至12月，侵华日军为打通中国大陆铁路交通线，支援其太平洋战区部队，发起代号为"一号作战"之豫桂湘战役，侵占了平汉、粤汉和湘桂铁路沿线大片中国领土。为确保粤汉铁路安全，1945年1月驻湘日军第27、第40师团共4万余人，兵分两路，开始向粤北和赣南进攻，目的是占领广东南雄和江西大余新城、赣州、遂川等中国空军基地。

从北路进攻赣南的日军第27师团，由湘东茶陵、攸县南侵赣西的莲花、宁冈、永新等县，1月31日攻占遂川县，占领机场。接着沿公路继续南犯，2月2日进入赣县境内，2月3日占领赣县之沙地，4日由沙地向赣州城推进，在赣州城外水西击溃中国守军第25军第108师一部。此时，赣州城内中国守军已将南门外机场和通往城外浮桥炸毁，掩护第四行政区专署和赣县县政府等机关匆匆撤退至安远县和赣县大埠等地。2月5日，日军先头部队一个班从水西渡过章江，未受到任何抵抗，由西门进占赣州城。随后，日军主力进入赣州城，派兵一部占领水东沿坳、茅店向北警戒，主力继续向南进攻，占领南康县潭口、唐江和南康县城。

南路日军第40师团从湖南道县出发东进，2月3日占领南雄机场。2月5日，日军先头部队二三百人进攻大余县梅关。驻守小梅关的中国守军一个营稍作抵抗后便向后撤退。当天，日军主力向大余县城推进，在城郊击溃中国守军第 90 师一部，占领大余县城。2 月 6 日和 7 日，日军继续沿赣余公路北犯，占领黄龙、青龙、池江，2 月 8 日与北路南侵日军会攻大余县新城，占领新城机场。至此，日军已完成其预定作战计划，达到了其预定战役目的。

日军占领赣州城和大余新城等地后，其主力第 27 师团和第 40 师团于 3 月上旬陆续开往粤境，赣南的守备任务由日军新编第 131 师团第 95 步兵旅团担负。4 月间，驻赣州城日军因遭到中国军队和美国空军袭击，加上水土不服，伤病严重。为确保赣州城安全，日军又从韶关抽调其驻屯步兵第 3 联队森田支队赶赴赣州城支援，并派兵一部前出至赣县江口警戒。

2. 1945 年 6 月至 7 月，日军第二次侵犯赣南。

1945 年夏，苏、美、英等盟国军队向日军发起大规模反攻。侵华日军开始收缩兵力，准备"本土决战"。侵占华南的日军第六方面军指挥机关决定，侵占粤北、粤中和赣南的日军部队经赣南沿赣江北撤到长江中下游地区。日军北撤必经之地的全南县、龙南县、定南县（以下简称"三南"）和信丰县，当时是国民政府军第七战区战略后方，集结有国民政府军 2 个军 5 个师又 1 个独立旅和许多大小军火库。日军为打通北撤通道，确保北撤安全，6 月上旬开始发动代号为"五旗岭会战"的战役，并以攻占信丰和"三南"为第一步目标之"三南扫荡战"为战役开端。

6 月 6 日，驻赣州城日军 2000 余人开始经南康县（今南康市）南犯，7 日进占信丰县牛颈圩，8 日进占信丰县城，9 日渡桃江南犯大塘埠，11 日窜至信丰县南部的小江圩、崇仙圩和全南县的江口圩，准备 14 日与南路日军一起会攻龙南县城。

南路日军第 27 师团加强大队、第 40 师团第 234 联队和第 131 师团一部共约 6000 人，分 5 路从广东的翁源县、南雄县、始兴县、连平县等地向全南县和龙南县进犯，6 月 13 日占领全南县城。14 日，全南日军和信丰日军同时从南北两路向龙南县城进攻。同一天，由广东和平县北窜的日军一部占领定南老城后继续北犯，进占龙南县的南坑、汶龙，与占领龙南县城的日军沟通。另一股日军也从广东连平县北犯龙南县南部。这样，龙南全境沦陷。南北两路日军在龙南会合后，日军 3 个指挥机关也进驻龙南县城，主力在龙南县城及郊区休整约 10 天时间。6 月下旬，日军开始沿赣江北撤，24 日退出全南，28 日全部离开龙南，7 月 2 日撤出信丰，7 月 7 日撤出大余，7 月 12 日退出赣州城，7 月 14 日退出南康。日军北撤途中，其右翼经赣县大埠渡贡江北窜赣县之茅店、石芫、田村、白鹭，至兴国县均村一带。7 月下旬初，日军全部退出赣南，经万安县、泰和县继续北撤。

（三）

无论是空中轰炸，还是地面部队入侵，日军在赣南都犯下了滔天罪行，使

江西省抗战时期人口伤亡和财产损失

赣南人口遭受重大伤亡，财产遭受重大损失。

1. 狂轰滥炸，百姓遭殃。

自1938年5月至1945年，日军飞机多次对赣南狂轰滥炸。日机轰炸的目标，主要是机场、车站、码头、桥梁、渡口等重要军事交通设施和人口稠密的城镇。据抗战后国民党江西省政府《江西各地受敌机轰炸及损失总报告》记载，日机在赣南先后投弹500余枚，炸死350余人，炸伤620余人，炸毁房屋1500余栋。

日机首次轰炸赣南是1938年5月29日。这一天，9架日机飞临赣县县城（即今赣州城）上空，集中对准南郊的机场投弹数十枚，炸死炸伤数十人。此后，日机又先后14次对赣州城进行轰炸。1939年4月赣州城连续3次遭24架次日机轰炸，同年6月又连续3次遭日机轰炸。最厉害的一次是1942年1月15日，赣州人民称之为"血腥的一·一五"。这一天，日机共28架次飞临赣州城上空，轮番俯冲投弹。城区的阳明路、中山路、华兴街等主要街道被炸成一片废墟，处处残垣断壁，浓烟滚滚。这次轰炸，共炸死200余人、炸伤300余人、炸毁房屋1000余间，财产损失难以计数。

龙南县自1938年至1944年，先后5次遭日机轰炸，损失最惨重的有两次。一次是1941年10月16日，日机7架在县城投弹27枚，炸死80人，炸伤近200人，炸毁和烧毁房屋600余间；一次是1943年10月1日，9架日机窜入县城上空，炸死93人（其中中小学生37人），炸伤157人，炸毁房屋470余间。

大余、信丰、全南、于都、瑞金等县，都先后遭到日机轰炸，损失巨大。

2. 屠杀无辜，手段残忍。

日军在中国杀人成性。据统计，日军侵占（含日机轰炸）赣南期间，共打死打伤赣南老百姓8996人（含信丰、龙南两县失踪人员在内），其中打死5037人、打伤2444人、失踪1515人。仅赣县（含今赣州市章贡区，下同）伤904人、亡1070人，龙南县伤907人、亡1216人（含失踪人员），大余县亡948人（含失踪人员），信丰县伤192人、亡1761人（含失踪人员）。

日军杀人，手段极其残忍。1945年2月9日晚，日军侵占大余县城，抓获4名国民党政府伤兵，遂将这4人紧紧捆绑丢入熊熊大火中，活活烧死。躲避在大余城郊上角头村的陈阳征夫妇，都已60多岁，不幸被日军抓获。日军将两位老人的衣服全部剥光，捆绑着掷于雪地活活冻死。侵占信丰的日军，一次在大塘埠罗吉村抓获1名教师、3名学生和3名拒绝为日军挑担的农民，将他们押至小江乡仓下村，端起刺刀就往他们身上乱捅，然后将这些人的双手反绑，投入一间被点燃的房子里活活烧死。日军在兴国县黄柏村看见一名5岁幼童在玩耍，竟惨无人道地端起刺刀猛地穿透小孩的腹部，然后高高举起旋转取乐。小孩痛苦得撕心裂肺地惨叫，很快被折磨致死。在定南县老城西门外，日军用刺刀一次捅死8名村民。日军还拿老百姓当靶子射击取乐。

3. 强拉民夫，残害劳工。

日军侵入赣南后，到处强抓夫役，为其挑运物资。仅赣县、大余、信丰、全南、龙南、兴国等县统计，被日军强抓夫役者达 11000 余人。其中信丰、大余两县各 3000 余人。

日军强迫被抓来的夫役负重行军，稍有不从或反抗，即遭杀身之祸。大余县一位叫刘友俊的男子被抓去后，因所挑的担子沉重，想用手巾束腰以保护腰肌，日军认为他是反抗，不由分说端起刺刀直刺他的胸膛。刘友俊当即倒地身亡。兴国县永丰乡一位姓谢的青年农民被抓后，挑着重担行军，因过于劳累迈不动步子，被押解的日军一刀劈死。

夫役们遭日军鞭打脚踢、虐待致死致病者，更是不计其数。被抓的夫役中，除青壮年外，还有不少是六七十岁甚至 80 余岁的老人。日军竟毫无人性地规定年岁越大的人挑的担子越重，挑不起走不动就挨打遭杀。许多民夫被活活累死饿死。信丰县被抓去当挑夫的 3691 人中，有 1208 人下落不明。龙南县被抓去的 2000 多人中，也有 307 人失踪。

4. 奸淫妇女，令人发指。

侵占赣南的日军，肆意强奸妇女，其罪行令人发指。仅据赣县、大余、信丰、全南、龙南、兴国等 6 县不完全统计，被日军糟蹋奸淫的妇女共 4000 余人。其中既有 80 老妪，也有几岁的幼女；既有身怀六甲的孕妇，也有奄奄一息的病人。

大余县池江区杨梅乡两名少女，被日军连续轮奸十几次，当场被奸死。国民党大余县一位姓王的参议员，他的 80 多岁的老祖母也惨遭 8 名日军轮奸。该县池江有两名 70 多岁的老妇，遭十五六名日军轮奸致死。这个县城郊滩头村一名重病在身且带着婴孩的少妇，被 6 名日军轮奸致死后，在一旁哇哇大哭的婴孩也被抛入厕所溺死。驻大余县青龙的 3 名日军，在路上遇到一位抱着婴孩的妇女，当即从妇女怀中夺过婴孩，一刀砍为两段，然后对该妇女就地轮奸。信丰县有一名少妇被日军轮奸后，阴道中又被插入一块竹片；这位少妇不堪凌辱，含恨投河自尽。据统计，信丰全县被日军强奸的妇女中，有老妪 725 人、少女 257 人，被奸淫致死者 125 人。兴国县仅三坑、上迳两村遭日军强奸的妇女就有 30 余人。有位郭姓妇女抗拒强奸，被日军用刺刀割去乳房，剖腹杀害。一位少女被日军奸死后，将其尸体用被子一裹，置于其家厅堂，酷暑天热，几天后尸体腐烂发臭。有的孕妇被轮奸致死后，日军还用刺刀剖开孕妇肚子，取出婴孩杀死。

5. 烧房拆屋，劫掠财物。

日军侵入赣南后，疯狂地烧房拆屋，劫掠财物，使赣南人民蒙受 353.41 亿元（法币，下同）的财产损失，其中直接损失 168.59 亿元，间接损失 184.82 亿元。具体损失如下：

被日军烧毁、炸毁、拆毁房屋共计 15496 栋，其中赣县 7212 栋、南康县 2657 栋、信丰县 2409 栋、大余县 1247 栋、龙南县 1538 栋。1945 年 7 月中旬日军撤离赣州城时，放火焚烧了赣州城东、西、南部的浮桥及附近民房，并破坏了机场，城内部分民房亦被烧毁。

被日军毁坏的门窗、器具和农具、运输车船等共 615325 件。其中赣县、南康两县均在 18 万件以上。这些器具，不是被日军砸毁，就是被日军当成柴火烧毁。

被日军抢掠或毁坏的各类衣物共 760250 件。其中仅赣县被抢、被毁衣物就有 325790 件，南康县也被抢 196483 件。

被日军抢走的稻谷、小麦及各类杂粮总计 921421 担。其中赣县 122748 担、南康县 137908 担、大余县 140553 担、信丰县 385538 担。

被日军抢走的耕牛，统计到的共 22602 头，其中赣县 3075 头、南康县 3891 头、大余县 3953 头、信丰县 3137 头、全南县 1486 头、龙南县 2435 头、定南县 3515 头、兴国县 1110 头。

被日军抢走的生猪共 43740 头，其中赣县 7411 头、南康县 7611 头、大余县 2523 头、信丰县 9100 头、龙南县 4091 头、兴国县 3506 头、其他县共 9498 头。

被日军抢走的鸡鸭总计 462646 只，其中赣县 150543 只、南康县 107712 只、信丰县 100179 只、大余县 10584 只、全南县 11887 只、龙南县 28618 只、定南县 36891 只、兴国县 10434 只、其他县共 5798 只。

日军饲养大量军马，每到驻地，他们就将军马放入稻田啃吃青苗，或者派人下田割取青苗喂马。仅龙南一县，被日军糟蹋的早稻青苗就达 9337 亩，造成全县当年近 1/10 的早稻田颗粒无收。

6. 投放毒药，毒死百姓。

日军侵占赣南期间，虽未对赣南军民施用生化和细菌武器，但他们在撤走时却往水井和百姓家中油罐、米缸中拉屎抛物，甚至投放毒药，破坏水源，毒死百姓。如驻定南县丁坊村的日军在撤走时，往水井投毒，致使该村 36 人被毒死。

7. 殖民统治，奴役民众。

1945 年 2 月日军侵占赣州城和南康、大余等地后，在这些地方建立伪"复兴委员会"，实行殖民统治。赣州城伪"复兴委员会"由汉奸戴鸣九任主任委员，汉奸林吉堂任副主任委员，汉奸温学良任赣州镇镇长。日伪当局强迫居民领取"良民"证，规定三天一换，违者即遭捕杀，严密限制人民行动自由。强迫居民交粮纳税，罚做苦役。汉奸们还强迫良家妇女"慰问"日军，向侵略者大献殷勤。沦陷区人民尝够了日本侵略军法西斯统治的痛苦。

总之，日军在赣南犯下的滔天罪行，罄竹难书！

中共赣州市委党史办（凌步机执笔）

# 章贡区调研报告

章贡区即原赣州市，1999 年 7 月撤市改区，新中国成立前叫赣州镇，隶属赣县管辖，因此，这次开展抗战时期人口伤亡和财产损失调查的各种数据，都是新中国成立前原赣县范围的统计数据，即包括现章贡区和赣县。

1937 年，日本帝国主义发动全面侵华战争后，许多华北、沪杭一带的难民来到赣州避难；特别是 1939 年日军侵占南昌，大批难民来到赣州城，许多机关、工厂和学校也迁来赣州，给赣州城造成了巨大的人口负担。侵占南昌的日军经常派遣飞机窜扰后方城镇，进行侦察轰炸，赣州城便成为日军空袭的目标，遭到他们的狂轰滥炸。

日机首次轰炸赣州城是 1938 年 5 月 29 日，9 架日机集中目标对南郊飞机场投弹数十枚，炸死炸伤数十人。此后日机又先后 14 次对赣州城进行轰炸。最厉害的一次是 1942 年 1 月 15 日，赣州人民称之为"血腥的一·一五"。这一天，日机共 28 架次飞临赣州城上空，轮番俯冲投弹。城区的阳明路、中山路、华兴街等主要街道被炸成一片瓦砾，处处断壁残垣，浓烟滚滚。这次轰炸，共炸死 200 余人、炸伤 300 余人，炸毁房屋 1000 余间，财产损失难于计数。1945 年 1 月，日军第六方面军决定，驻湘境日军第 20 军第 27、第 40 师团共 4 万余人向赣南、粤北进攻，夺取遂川、赣州、大余新城、南雄等处机场，为打通粤汉线南段作战创造条件。2 月 5 日，赣州城沦陷，直至 7 月 12 日，日军才全部撤出赣州城。在此期间，日军实行"三光"政策，大肆抢劫，奸淫妇女，烧毁房屋，无恶不作。日军在赣州城乡奸淫妇女不下千人，从几岁的幼女至七八十岁的老婆婆均不能幸免。日军一进入赣州城就到处放火烧房，城中主要街道文清路、西津路、建国路、北京路、至圣路、章贡路、均井巷等，被日军纵火焚烧 5 个昼夜，百姓遭殃，财产蒙受巨大损失。其中：被杀害的群众 181 人，失踪 98 人，受伤 623 人；烧毁房屋 1857 栋，夺杀耕牛 7084 头、猪 15342 头、家禽 140591 只、鱼 80144 尾，被毁青苗 30346 亩，抢走稻谷 4281.74 万斤、大米 259.99 万斤；损失其他各种财物约 200 多万元（法币，下同）。

日军轰炸的地方除了重要军事交通设施外，就是人口稠密的城镇。据统计，抗战期间，当时的赣县被日军炸（杀）死伤和失踪的共有 3784 人，其中死 1070 人、伤 854 人、失踪 1860 人；日军烧毁房屋、劫掠财物造成的财产损失 1304569.4 万元，其中直接损失 943455 万元、间接损失 361114.4 万元。

中共章贡区委党史办（明经槐执笔）

# 南康市调研报告

南康市位于江西省南部，赣江上源章江流域的中下游，东邻章贡区、赣县，南连信丰、大余，西接上犹、崇义，北界遂川、万安。总面积 1844.96 平方公里，其中山地面积占 71.5%、耕地面积占 17.1%、水域面积占 5.3%、其他占 6.1%。地形南北长、东西狭，南北最长处 85.45 公里，东西最宽 42.6 公里、最狭 11.45 公里。县境南北山峦连绵起伏，北、西、南部地势较高，逐渐向中、东部倾斜，章江和上犹江沿岸有较广阔的沙谷平原，恰似敞口盆地，既有峻岭之险，又有沃野之秀。海拔一般在 300～500 米，是赣南地势较平坦的一个县。属中亚热带季风湿润气候区，四季分明；平均气温为 19.2℃，平均降雨量 1443.2 毫米，无霜期 286 天左右。自然条件比较优越。

南康"据豫章上游，为岭北巨邑，雄踞赣南通湘粤"。县治蓉江镇，至南昌市 455 公里，至赣州城 33 公里。历来为兵家必争之地。1945 年 2 月 7 日至 7 月初，日军侵占南康达 5 个多月，全县除朱坊、隆木、坪市等少数乡村外，大部分地方遭受日军蹂躏。

1. **屠杀无辜，杀人成性。**

1945 年 3 月的一天，一个日兵从被日军侵占的县城窜至西华乡洋坝村大岭下施屋，抢走耕牛一头、衣物一担，青年农民施明镜、施祖光、刘继顺等立即手持锄头、大刀将该日兵打死，将其尸体埋在水田中。事后，驻县城日军派兵报复，对洋坝村日夜围攻，打死村民多人。

5 月 16 日，驻潭东乡麻垄孜村日军 20 余人，窜入桥兰村抢掠，该村村民肖国桂、刘茂孜、李王秀等 8 位来不及躲避的老人，被日军开枪打死。

6 月下旬，驻县城日军窜入镜坝乡洋江口村抢掠，村民们肩挑衣物、扶老携幼，拥挤着奔向附近的章江渡口，乘船到对岸躲避。由于人多超载，渡船翻沉，淹死妇女儿童共 34 人。

据统计，日军自 1945 年 2 月至 7 月侵占南康期间，共打死打伤南康老百姓 732 人，伤 227 人。

2. **奸淫妇女，丧尽天良。**

侵占南康的日军，肆意强奸妇女。据不完全统计，南康共有数百名妇女被日军奸污。其中既有 80 老妪，也有几岁的幼女；既有身怀六甲的孕妇，也有奄奄一息的病人。7 月初，驻唐江日军窜入三江乡袁屋村抢掠，该村一严姓老妇和身怀有孕的女儿见日军进村，匆忙向村外逃命，不幸被日军发现；在后有日军追赶、前有水塘堵路的绝境中，为了不受凌辱，母女俩毅然跳入水塘，结果溺死。

3. 烧房拆屋，劫掠财物。

日军在南康疯狂地烧房拆屋，劫掠财物。5月16日，日军纵火烧毁潭东乡竹山下、桥兰垄、大院孜、禾场下等4个屋场300余间房屋。

6月26日，驻县城日军侵占唐江镇，全镇居民来不及疏散物资，纷纷仓皇逃难。日军占领期间，将全省四大名镇之一、南康商业中心的唐江镇劫掠一空。据唐江镇商会暨各业公会统计，被抢物资计861354730元（法币，下同）。

据统计：南康被日军烧毁、炸毁、拆毁房屋共2657栋；毁坏门窗、器具和农具、运输车船等共188979件，这些器具不是被日军砸毁，就是被日军当成柴火烧掉；抢掠或毁坏的各类衣物共计196483件；抢走稻谷、植物油、小麦及各类杂粮总计146463担；抢走耕牛3891头、生猪7611头、鸡鸭107712只。南康人民共蒙受65.45亿元的财产损失，其中直接经济损失31.95亿元、间接经济损失33.50亿元。

中共南康市委党史办（王义桂执笔）

# 大余县调研报告

大余县位于赣州地区西南部,北邻崇义、东毗南康、信丰,南与广东南雄接壤,西与广东仁化相连。总面积 1368 平方公里。1935 年大余总人口为 93213 人,到 1944 年尚没有查到统计资料,1945 年下降至 91867 人。1945 年 2 月 5 日至 7 月 7 日,大余为沦陷区,遭受到日军严重摧残。

1945 年 2 月 5 日大余沦陷前,大余为江西抗日大后方。大余人民为抗日战争付出了巨大的人力、财力、物力的代价。为了准备国民政府军在湖南衡阳与日军会战,国民政府下令抢修大余新城飞机场,限期在 1944 年 12 月 19 日以前完工,以迎接美国之"空中堡垒"重型轰炸机前来助战。抢修新城飞机场以大余县的民工为主。当时大余全县 18 岁至 45 岁农村青壮年男女共 3 万余人,每人都服了 2~4 个月的劳役。

早在 1937 年 9 月,大余成立了"救国公债劝募委员会江西分会大余支会",由县长彭育英兼任主任委员,推销救国公债。中共大余县党组织积极支持这一抗日救亡行动,还建议当局趁此开展募捐活动,布置各区、乡、学校、团体具体组织实施。受过全面抗日救亡宣传教育的人民群众,觉悟提高很快。他们为了抗战的需要,有钱出钱,有物捐物,有力出力。因此,在 1938 年至 1939 年间,大余人民对上交公粮、认购国债券、缴纳摊派的捐税,都能踊跃交付,及时完成。1942 年,国民党当局决定在新城修建军用飞机场。为了抗日,新城人民毫无怨恨地迁出世代居住的房屋 500 多间,低价让出赖以维持生计的田地 3000 多亩,使浩大的机场修建工程能及时、顺利地进行。

1945 年 2 月 5 日大余沦陷后,日军在大余城乡焚烧房舍,抢掠财物,杀害无辜。日军所过之处,满目疮痍,惨不忍睹。尤其是日军肆意奸淫妇女,不论老少,只要被他们抓着,必受其害。

2 月 6 日,进入大余县城的日军,四处放火,不许扑救。大火连烧 3 日,靖安桥头,中正门内至吉安会馆、老城河边街等处店房以及石桥下张宅,全部化为灰烬。尔后日军又在青龙乡烧了乡公所周围房屋 10 余栋。驻大余新城日军下乡抢掠扑空,即以烧屋泄愤,以致周屋、上石阶丘村数十栋房屋和仓下村 100 多间住房全被焚毁。

当时的县政府雇员陈阳徽,60 多岁,与老伴逃居城郊上角头村。一天,日军骚扰该村,这对老夫妻被扒光衣裤,绑掷于雪地上活活冻死。

2 月 9 日晚,一小队日军窜入国民政府军伤兵医院,抓去伤兵 4 人,押到中正门外,用家具门板燃起大火,将 4 人捆绑掷于火中,被焚伤兵惨叫声揪心裂肺,日军则在火旁围观作乐。

5月8日下午4时许，由于汉奸告密，驻东山岭日军捉到了国民政府军第90师便衣侦察员唐麒和百姓保兆庆、何国庆、傅天明、韩治镜、黄勋兴等12人，当即押到章江南岸，用刺刀集体屠杀。

据统计，在日军占领大余5个多月中，大余人口直接伤亡1423人，其中死亡345人、伤475人、失踪603人，被俘捕3108人。财产直接损失中，被烧毁房屋1247栋，抢掠耕牛1343头、猪3669头、鸡鸭鹅40226只、羊3只，抢掠米168779石、谷44508石、杂粮75045石，抢掠服饰值260484153元（法币，下同），抢掠生产工具值117024200元，抢掠公务人员财物值6164500元。财产间接损失中，工业损失15788000元，农业损失1734413000元，交通损失3290000元，邮政损失2749000元，商业损失476742664元，金融损失287000元，文化损失6085387元，教育损失11326000元，公共事业损失4390000元。

综上所述，抗战时期，大余人口伤亡、财产损失都较大。这里面，既有大余人民怀着满腔的爱国热情，为抗战作出的奉献；更有日军烧杀抢掠所造成的严重损失。

（中共大余县委党史办）

# 龙南县调研报告

### 一、战前概况

龙南县地处江西南端，西邻全南，东毗定南，北端与信丰少许接壤，南与广东连平、和平相连。总面积 1641 平方公里。1937 年时，龙南县总人口有 10 万多，其中县城人口达 6000 多。工业以造纸业、纸爆业、纸牌棋书业为主，农业以小农自然耕种稻谷、甘薯等粮食作物为主，商业方面城镇有不少店铺，交通方面先后开通了龙定、龙余、龙信三条公路并修有一个简易机场，教育方面全县 15 个乡镇建有中心国民学校。此外还有邮电、矿业。

### 二、人口伤亡情况

抗日战争时期，日军分别于 1938 年 6 月 20 日、1938 年 10 月 27 日、1939 年 7 月、1941 年 10 月 16 日和 1943 年 10 月 1 日，5 次对龙南城乡进行飞机轰炸，共造成 179 人死亡、303 人伤残。

日军从 1945 年 6 月 11 日进犯龙南县境，至 6 月 29 日撤退，其中占领县城 14 天。在沦陷期间，龙南人民惨遭蹂躏。一是奸淫妇女。据统计，全县遭日军奸淫的妇女 300 多人，其中既有 70 岁的老妪，也有 10 岁的幼女，有的甚至惨遭轮奸；有的年轻妇女身怀六甲，遭轮奸后，竟被残忍的日军剖腹拉出胎儿；凡反抗和逃跑者，当即被刀刺或枪杀。二是强抓民夫。日军抓夫时，稍有抗拒不从者，惨遭刺杀；逃跑躲匿者，横遭枪杀。半个多月里，被日军杀害的无辜城乡居民 150 人，伤 907 人；被抓去充当日军挑夫者 2000 多人，其中有 307 人失踪。手工业工人蔡永梁，当时年过半百，在被押解挑重担时，因赶不上队伍遭日军用步枪敲打致残。

日军侵占龙南期间，驻龙南国民政府军第 153 师各团曾组织对日军的阻击和袭击。根据国民政府军第 63 军的战斗报告称，该军第 153 师在龙南东面，半个月中与日军激战 4 次，阵亡官兵 15 人，伤残 303 人。

全国抗战期间，龙南县先后被征召入伍的青壮年共有 8900 多人，占当时总人口的 9%；服兵役的青壮年中，在各地抗日前线为国捐躯者达 1000 多人，占龙南县总人口的 1%。

根据国民党龙南县政府战后统计，从 1937 年 7 月到 1945 年 8 月，龙南人口伤亡 1791 人，其中死亡 342 人、伤 1117 人、失踪 332 人，被俘 2000 人。

### 三、财产损失情况

日机对龙南县境的 5 次轰炸，据当时国民党龙南县政府统计，共炸毁店铺 101 栋、民房 379 间，炸死耕牛 4 头、马 2 匹、奶牛 20 余头，炸毁其他财物无数。日机空袭使龙南城乡手工业生产和物资交流受到严重破坏。龙南师范和县城中小学不能进行正常教学，为防空袭，各校只得在晴天的上午到城郊农村上课，教学质量受到严重影响。

1945年6月11日，日军开始进攻龙南。日军侵入龙南的半个多月中，大肆进行烧、杀、抢劫，无恶不作，龙南人民蒙受了巨大灾难。

纵火焚烧军火库。半个月中，日军烧毁中国军队设在龙南的军火库10座，累计共烧毁六O炮弹、迫击炮弹数千发，机、步枪子弹数万发。军火库被焚烧时，仓库附近的民房也一并被毁。

烧、拆民房。日军每到一处，无不破门入室，抢掠贵重细软财物，并烧房拆屋。据统计，全县共烧毁民房579间，破坏房屋1133间。

滥宰禽畜、糟蹋庄稼。日军所到之处，村中的猪、犬、牛、羊等牲畜和鸡、鸭、鹅等家禽，全部被宰杀。据战后统计，全县被宰耕牛2435头、生猪4091头。日军经过或驻扎过的地方，一片凄凉。日军各部，军马成群。为饲养军马，日军割去早稻青苗9337亩，造成当年全县近1/10面积的早稻颗粒无收。日军还破坏公私谷仓，抢走公私稻谷41868担。

从1937年7月到1945年8月，这8年中，龙南损失极其严重，全县抗战财产损失总值160324.5万元，其中直接损失76888.7万元、间接损失83435.8万元。社会财产如工业、农业、交通、邮电、商业、财政、教育、资源，居民财产如土地、房屋、粮食、禽畜、生产工具、生活资料等，均遭到破坏。

*中共龙南县委党史办（廖永旺、徐发添执笔）*

# 兴国县调研报告

## 一、概述

抗日战争时期，兴国县处于战略后方。据 1985 年版《兴国县志》介绍，1943 年全县 41622 户、180275 人，在八年抗战期间为前方输送兵员 14390 人。由于抗战中期一些机关学校的迁入，如陆军第六教养院先后安置抗战伤残军人 6000 人，南昌豫章中学、商业职校、匡庐中学和上海新建中学迁入，国际友人路易·艾黎指导创办的东南工合在兴国建有合作社，兴国经济文化得到一定的发展，出现相对繁荣的战时经济。

抗日战争末期，1945 年 7 月 19 日，日军数千人从赣县白鹭乡白鹭圩窜扰兴国县永丰乡洙坊、社背、大江等村，并对均村乡三坑村国民政府军第 25 军第 40 师第 3 团发起攻击；攻占三坑后，继续窜扰均村乡的长竹、长教、石溪、泮溪、石门、均村、茂垇、横柏等村，并在茂垇、横柏等村与国民政府军第 40 师驻军交战，于第二天夺取了兴国县与万安县交界的天险五里隘隘口，修通了被国民政府守军破坏的隘口通道。

1945 年 7 月 21 日，国民政府军第 40 师集结兵力，分三路反攻侵入永丰、均村的日军，日军稍事抵抗，陆续经五里隘往万安县宝山乡方向逃去。

### 二、日军入侵兴国县永丰、均村乡村落的暴行调查

日军在 1945 年 7 月 19 日至 21 日三天间，侵入兴国县永丰乡洙坊、社背、大江、樟坪、西山和均村乡三坑、上达、长竹、长教、石溪、石门、泮溪、高溪、均村、茂垇、横柏、中坊、中洽等村落，对当地居民实行野蛮的烧杀抢掠。

1. 日军侵入永丰乡洙坊村暴行纪实。

洙坊村位于兴国县城西南 22 公里，距赣县白鹭圩 2.5 公里，1945 年约 100 户居民。1945 年 7 月 19 日早晨，一队日军从赣县白鹭圩侵入没有设防的洙坊村，强占了村头的真君寺为临时驻地，并派出小股部队往大瑞塘、社背口、圩坪等自然村落搜索，强征挑夫，强奸妇女，抢夺食物。

在大瑞塘自然村的大杏坑，开枪屠杀了无辜村民谋喜子（女）和刘冬兰（女），虐杀年逾六旬的老人钟恩仁、老仁婆子。其中刘冬兰年龄不足 3 岁，在母亲钟运秀怀里遭日军无端开枪杀害。钟恩仁在苏区时曾经担任过永丰区第一乡（杨坊乡）土地委员，毛泽东《兴国调查》中，曾经提到过他参加土地革命工作的情况，日军在山上将他搜出来后，捆在山冈上，在烈日下暴晒而死。老仁婆子是白鹭一位来逃难的妇女，丈夫叫曾善灿（外号老仁古，妻子人称"老仁婆子"）。

日军在洙坊村强奸妇女曾石英、曾招娣、雷庚秀、陈娣娇、陈冬秀、兰秀

子等人，其中曾石英身怀六甲，在大杏坑树丛中被 2 名日军搜出后，强拉到屋里轮奸。

日军强征曾良金为挑夫，两个月后才返回。

日军强行屠宰了刘国洪、刘国楷、刘定修、刘国柯、刘定佐、刘国焱、刘定祥、刘国祯、刘定儒、刘定位、刘文兰、刘选林、刘传述、刘国枫等 40 多户人家的猪和家禽，将每户人家的锅灶、粮食和财物全都毁坏。

打伤一名赣县白鹭圩姓钟的"四少爷"。

日军在洙坊骚扰两天一夜后，经社背、大江往均村方向退去。

2. 日军侵入永丰乡社背村暴行纪实。

社背村位于兴国县城西南 22 公里，距赣县白鹭圩仅三四公里，1945 年约 150 户居民。1945 年 7 月 19 日，日军从白鹭圩经洙坊侵入社背，在河滩坝子中间建立临时兵营后，四散到庙前、背坑、陈屋、高屋、巫屋等自然村搜捕、强奸、抢劫。

日军在社背村强征村民沈仁享、刘振旋、刘江保、巫金柄、刘科兰、陈大炳、刘衣春、曾昭塝等 8 人为挑夫，轮奸妇女陈招秀、刘来秀。陈招秀年仅 15 岁，在山上藏身处被日军搜出后，当即惨遭 4 名日本兵轮奸；刘来秀在遭到 2 名日军轮奸后，跳入池塘，浸入水里躲避其他日本兵的奸污。

日军在上山搜捕村民时，用刀砍伤先天聋哑的残疾人陈哑子。

日军在社背村将村民饲养的猪和家禽屠宰一空，把全村的锅灶家具悉数毁坏，给村民财产造成重大损失。在社背骚扰两天一夜后，继续往均村方向窜扰。

3. 日军侵入永丰乡大江村暴行纪实。

大江村位于兴国县城西南 20 公里，距赣县白鹭圩 5 公里，是白鹭圩通往均村圩、永丰圩的通道。1945 年时大江村约 150 户人家。1945 年 7 月 19 日，从赣州北窜的一支日军，经洙坊、社背窜入大江村，并从大江村向均村乡三坑村国民政府军第 40 师驻军发起进攻。大江村 10 个村民组，只有高坑组地处偏僻，日军没有窜入，其他 9 个组都遭到日军的蹂躏。

日军进入大江村后，杀害了张平发、曾喜凤、谢传书等 3 名惊慌奔逃的村民，另有一名挑夫张林发失踪。围背村民组的谢传书已经 50 多岁，在大塘基的禾田里被日本兵用石头砸死。妇女曾喜凤被日军杀害后，推入门前的池塘，并在她身上压着一块门板，事后家人遍寻不获，直至尸体发臭才发现。

日军在大江村肆意强奸妇女，遭到奸污的妇女有刘鹿凤、谢义娇、宋招福、张义香、刘洪氏、易根娣、刘水凤、林秀子、陈林秀、谢梅英、吴冬香等 11 名。陈林秀（小名叫招矮子）当时 20 余岁，怀抱孩子跟着丈夫陈厚淦逃跑，日本兵追上她按在地上强奸，陈厚淦返回去，捡起石头想砸日本兵，但看到旁边的孩子，怕会伤到孩子而不敢打。谢梅英当时只有十五六岁，在山上被日本兵捉住，拉到谢传槐家里轮奸一天后，昏死过去，晚上被亲人救出，落下终生残疾。一群日军开枪狂追吴冬香 17 岁的儿媳黄龙凤未获，把年近六旬的吴冬香拉到祠堂里整夜轮奸。

日军在大江村强征刘祥兴、曾芳南、陈林农、陈五福、曾善光、曾邱林、谢芳珠、谢益者、谢传炽、谢传良、钟先焱、刘祥兴、刘开松、刘根兴、刘开泰、陈亦仁、谢哑子、陈有光、陈亦仁、曾来江、陈哑子、刘开松、谢传浪、张林发等 24 人当挑夫。马玄村民组的张林发被捉走后，至今未归；曾芳南虽然后来返回，但嘴被日军打歪，落下了终生残疾。

大江村农家耕牛被日军杀死 70 余头，猪被宰杀 150 头，其他家禽难以计算，农户家里的衣物家具都被毁坏。

4. 日军侵入永丰乡樟坪村暴行纪实。

樟坪村位于兴国县西南 25 公里，与均村乡石溪村毗邻，1945 年约 100 户居民。1944 年 2 月 12 日，驻遂川于田机场的美国空军飞虎队与日本空军在兴国、万安等县上空交战，上午 8 时左右，将一架日机击落在樟坪村刀石坑蕉头窝口山坡上。

1945 年 7 月 20 日，于前一天侵入均村乡石溪村的 4 个日本兵，经龙头坑窜入樟坪村的樟坑、竹园脑、刀石坑等村民组，强奸樟坑刘有由，并挥刀威胁前来阻止的村民罗积贵。日军闯入樟坑谢远芳家，将因脚疾不能行动的谢远芳捆绑在磨石上，捉走其儿子谢益樟和侄子谢益恩充当随军挑夫。谢益恩中途逃回。谢益樟在万安蕉源陈家祠内，被残暴的日军刺成重伤，抬回路上伤重而亡，其父亲谢远芳目睹儿子死亡惨状，当即气得吐血而亡。

5. 永丰乡西山村受害史料。

西山村位于兴国县城西南 25 公里，与赣县、万安和兴国均村乡相邻。1944 年 2 月 12 日，美国飞虎队空军在此与日本空军空战，并击落一架飞机，落在匾篓寨的坑子崇尾，当地村民积极保护现场，接待来实地考察的美国空军，并按要求将一部分飞机残骸送往美军驻地。

6. 日军侵入均村乡均村圩暴行纪实。

均村圩位于兴国县城西 33 公里，与赣县白鹭和万安宝山、涧田等地相邻。

1945 年 7 月 19 日下午，日军击溃三坑国民政府军后，一支骑兵赶到均村圩附近，因为街口外有一个长条石板桥，战马不敢过桥，这支日军放弃了进街，顺河推进到茂塅村、横柏村一带。次日，小股日军闯入均村圩抢劫财物与强奸妇女，并强征一批挑夫。国民政府军原来有一个军火仓库设在均村圩杨氏宗祠内，幸得日军窜扰前三天转移到泰和沙村去了，避免了损失。

日军在均村圩强捉了谢希斗、张老弟、罗柏生、魏春年、罗老过、罗焕超、王篾匠、魏俊桂、林家奇、林富远、吴国汉、邱仁发等 12 名村民充当随军挑夫。罗老过、罗焕超父子和林家奇、林富远兄弟是同时被捉走的；谢希斗、张老弟、王篾匠等三人捉走后至今未归，估计均在途中被日军杀害。

日军在均村圩也是肆意强奸妇女，其中有吴招莲、王水莲、罗玉莲、罗桂娇、新秀子等妇女被强奸的情况尚可查考。罗玉莲年仅十七八岁，在山路被日军抓住，拉到茶亭里轮奸后，还在她的脖子上扎了一刺刀。王水莲年仅十五六岁，在山上被日本兵搜出，轮奸得浑身是血，昏死过去，后终生未生育。罗桂娇被日军强奸后，还强拉她走了几天，一路奸污，到万安的黄塘才将其释放。

均村圩经过日军劫掠，所有店铺的财物被席卷一空，村里的牛被日军牵走10余头，猪和家禽均被宰杀。

7. 日军侵入均村乡三坑村暴行纪实。

三坑村，位于兴国县城西25公里左右，是兴国县和赣县白鹭圩通往万安的一条交通要道，1945年约有100户村民。

1945年7月18日晚，国民政府军第40师一部，从万安县黄塘驻地连夜开往永丰乡果溪村一带，由于地形不熟，在三坑村店下、垛子屋一带驻扎下来。19日上午，这支军队在未做认真警戒的情况下休整，士兵聚集在小河里洗澡和洗衣服。上午11时左右，日军从白鹭赶来，分两路突然向三坑发起进攻。战斗持续了约3个小时，日军炮兵赶到三坑村的大江坳上，炮击三坑后，国民政府军留下数十名伤亡士兵匆匆撤退。日军占领三坑村，并于当天直抵兴国与万安交界的天险隘口五里隘。在这里日军遭到第40师另一部分的抵抗。

日军占领三坑后，让汉奸把躲藏的村民骗出来，肆意屠杀，强奸妇女。

据不完全统计，三坑村被日军先后杀害的村民有邱福田、邱福明、邱郭氏、邱长娇、邱长生、陈香宝、邱厚鹏、邱厚辉、邱厚岚、邱厚坤、王荣炳、曾广湖、曾广源、王茂亭、赵光林、赵光程、赵光坤、曾纪林、赵光椿等19人。邱福明是兴国简师的学生，当时只有十五六岁，学校放假回家，因为穿着学生制服，被日军开枪打死在路上。邱福田是个富农，曾当过三坑村保长，毛泽东《兴国调查》中曾介绍过他的家庭，当时年逾六旬，日军将其父子强征为挑夫，路上挑不起时，日军用锄头将他砸死。邱郭氏被日军强奸后，用刺刀杀死。邱长娇是7个月大的婴儿，母亲赵五英背在背上，日军强奸赵五英时，将她压死。赵光椿因为身材比较高大，剃平头，日军抓他当挑夫时，怀疑他是中国士兵，把他从挑夫队伍里拉出来推倒在地，牵马去踩踏，直至把他踩死。曾广湖、赵光坤、邱厚岚、邱厚坤、邱厚辉、曾广源、陈香宝等被强征的挑夫，都是在途中被日军用各种手段迫害而死。

日军在三坑村强征挑夫，年龄最小的11岁，最大的70多岁，全村男子只有少数逃出，大部分都被日军强行带走。现在只能统计到其中部分人员，一共98名：

三坑和店下两个村民组有：邱质桃、邱厚辉、邱福田、邱祥庆、邱桥忠、邱质元、邱质明、邱徽忠、邱厚标、邱福桂、邱福棉、邱厚松、邱厚臻、邱福高、邱厚梁、邱厚遵、邱厚桂、邱厚鹏、邱世信、邱世松、邱益海、邱厚峰、邱厚藻、邱福善、邱厚权、邱丞忠、邱厚岚、邱厚坤，共28人。

大江坳村民组有：曾昭芹、曾光桃。

木坑村民组有：邱厚荣、邱厚彬、邱福兴、邱厚秀。

鹅形村民组有：罗会顺、罗来祥、罗时环。

上横片村的4个村民组有：王新田、钟先禄、钟先福、曾广富、曾广凤、王茂忠、王茂香、王荣柄、曾纪柄、曾纪林、曾广源、王茂亭、王茂信、王茂远、王荣辉、赵光林、赵光涵、赵有秀、赵有河、赵有典、赵有长、赵光程、赵光聪、赵光星、王荣发、王茂述、赵光椿、王茂建、王兴亮、王兴荣、赵光发、王胜姜、曾广会、曾广湖、赵光坤、钟先寿、赵光玉、雷本堂、赵有纪、王恩镇，共40人。

垛子和万子两个村民组有：李才顺、李才统、邱长青、邱发元、罗慈州、罗慈生、邱长怀、邱长春、李有周、邱福然、邱厚连、邱厚桥、邱福仁、邱福余、邱福荣、邱福彬、邱世连、邱厚吕、邱长庚，共19人。

高岭村民组有：陈妨思、陈香宝。

被日军强征的挑夫中，赵光福、赵光禄、赵光寿仨兄弟，王茂建、王茂述兄弟俩和父亲王兴亮、大伯王兴荣，都是同时被日军捉去。赵光发在被强迫挑担过程中，其阴部被日军踢伤致残，后来终生未娶。

日军在三坑村大肆强奸妇女，就连近八旬的老妪和孕妇、产妇也被奸污。目前尚有姓名可查的有：谢莲娇、邱田秀、严祖祥、王春香、曾菊香、谢冬秀、罗七娇、罗观秀、赵五英、庄甫秀、肖石莲、陈伴秀、郑丙英、张茂凤、池二凤、黎春凤、肖桂香、陈许凤、钟二莲、陈良凤、陈纪莲、邱郭氏、李仁香、陈二招、刘金秀、黄龙招、教富佬、谢任娇、谢氏江、谢春凤、钟串喜、钟仁娇、王冬秀、俞金秀、杨凤招、广东婆、谢林凤、谢井秀、邱丁秀、黎贤招、赵乙秀、罗嗣周妻，共42人。罗嗣周的老婆，生养了孩子没有几天，即惨遭日军强奸。谢井秀遭日军轮奸时，日军放一桶水在旁边，每人奸后浇一勺冷水冲洗一下，再强奸。谢莲娇当时已经78岁，因年纪太大没有逃跑，不料也遭日军强奸，她的左臂在强奸时被压骨折，儿子被强征挑夫，伤手未能及时治疗，第二年清明节那天含恨而逝。家住龟开坑的严祖祥，40岁，一个班的日军轮奸她。大江坳的谢梅英和嫂子广东婆一起被日军轮奸，被奸后均昏死过去，晚上被人救出，落下终生残疾。

日军把三坑村村民的耕牛、猪和家禽宰杀殆尽，连锅灶、家具、农具也都被毁坏。三坑村水口有一座清代的石拱廊桥，桥前桥上是一座六间的观音阁，过往行人可以在桥上的寺里烧香拜佛和休憩，自古就是三坑村的一大景观。日军为了便于行军，将桥上观音阁屋顶和石柱拆毁。60多年过去了，残迹至今依旧。日军为了行军方便，还把三坑水口背邱桂忠、邱秀忠、邱良忠、邱质明四户共居的一栋占地200平方米的砖木结构的房屋，拆去一边，导致这栋房屋倒塌，现在依然是一片荒坪。

日军侵占均村后，撤退的国民政府军于 21 日分别从隆坪乡和永丰乡果溪、西山等地三路夹击三坑，日军稍作抵抗后，匆匆往万安方向逃逸，留下一个满目疮痍的三坑村。

8. 日军侵入均村乡上达村暴行纪实。

上达村位于兴国县城西 25 公里，原名上迳坳，1983 年更名为上达村，属于均村、永丰、隆坪三个乡的交界处。1945 年 7 月 19 日下午，日军攻占三坑时，国民政府军从上迳坳退往隆坪、茶园方向。日军追击到上迳坳、鹿坑一带，并在鹿坑崇留下一小股部队监视中国军队。这支日军在鹿坑、下园子、邱屋一带杀猪宰牛，并强征曾庆儒、俞寿山、俞衍长、俞俊仁等村民为挑夫。21 日，国民政府军反攻过来，日军往均村、万安方向逃走。

9. 日军侵入均村乡长竹村暴行纪实。

长竹村位于兴国县城西 27 公里，与三坑村相邻。1945 年 7 月 19 日，日军攻占三坑村后，迅速推进到长竹。第二天，派小股部队在长竹村的各个屋场搜捕挑夫、抢劫财物、强奸妇女。

7 月 20 日上午，日军闯进竹坑村民组谢举连家，翻箱倒柜，杀猪宰牛。藏在对面山梁上的谢举连非常愤怒，站在山头咒骂日军的强盗行径，被日军开枪打死。

一群日军闯到仓下村民组，在村民陈生海家的舂寮里，搜出雷永秀、余春莲、王秀兰等三名妇女，当即进行强奸。枫林村民组的刘观秀，年仅十五六岁，是一个未圆房的童养媳，也在家里惨遭日军强奸。

日军在长竹强征陈生海、刘生仁、刘昌才（刘德华）、雷开锦、雷开福、陈生兰、雷佩堂、邱展法等村民做随军挑夫。岭子村民组的雷佩堂，年逾四旬，耳朵失聪，在挑担行军途中，日本兵叫他没有听见，竟一刀朝他头上砍去，血流满身。陈生海、雷开锦等人，都是年仅十三四岁的小孩子，被迫背井离乡，被日军带到南昌、九江。

日军在长竹村强抢了全村的牛马，将抓到的猪和家禽全部杀光。

10. 日军侵入均村乡长教村暴行纪实。

长教村位于兴国城西 27 公里，原名长窖。1945 年 7 月 19 日，日军攻占三坑村后，沿长竹往均村方向推进。长教是一条北南向的山谷，日军派出一股窜入长教村下村邱屋、雷屋一带，在村口油槽背，枪杀了刚从家门出来的陈瑞生。日军侵入长教后，强征龙丘村民组的陈老四、陈荣广，新联村民组的陈凤芹，高石村民组的刘世锋等人为挑夫。刘世锋是个七八十岁的地理先生，在挑担行军途中，日军嫌他步履蹒跚，竟然把他推入山谷摔死了。日军在长教下村强奸黄荷秀、鳌园佬、雷永奇妻等妇女。野蛮的日军，把寡妇鳌园佬拉到祠堂里强奸时，还强迫村民石古子、桂林子在旁边观看他们的暴行。

11. 日军侵入均村乡石溪村暴行纪实。

石溪村位于兴国县城西29公里，是通往均村圩和兴国、万安边界五里隘的三岔路口。1945年7月19日，日军攻占三坑村后，当日即侵入石溪村。

日军在石溪村残酷地杀害了4名外地带来的挑夫。石溪村的兰生瑞，40多岁，日军捉了他一家人，把他老婆谢石秀、女儿兰观凤拉去强奸，第二天上午出发时，他询问妻、女下落，日军把他踢得血溅满墙，当场死亡。石溪村谢建民在挑担途中遭到日本兵殴打，抬回后不治身亡。

日军在石溪村强征了刘天长生、谢益洪、谢建民、谢建光、谢九凤、谢九华、张日光、毛三林、毛三星、毛元发、毛明古、毛田福、谢远忠、张声尧、郑瑞焱、郑芳昆、谢益良、谢传衍和谢声扬的父亲等19人充当随军挑夫。谢远忠当时已经年逾六旬，日军捉住他后，竟然先把老人推入池塘里去浸。

石溪村的吴石秀、吴兰金、郑九英、毛丁秀、钟礼秀、兰观凤、毛桂英、刘清财妻、邱正凤、刘四凤、谢九华妻、石凤子、根凤子、陈双凤、贵凤子、谢张氏、谢石秀和谢远淮的姐姐等18名妇女惨遭日军强奸。日军在强奸谢石秀、兰观凤母女后，还残酷地将其丈夫兰生瑞殴打致死。在强奸大窝村民组妇女毛桂英时，日军还殴打了她，在她脸上留下一块永久的伤疤。日军强奸了年逾八旬的邱正凤和谢九华妻后，还强迫她们为日军挑水。七八个日军轮奸罗屋村民组的贵凤子后，还将辣椒塞进她的阴户。

日军在石溪村大肆劫掠，屠杀了全村约150头猪和近70头牛。把村民的房屋挖开墙壁供军马出入，并纵马对即将收割的稻谷任意践踏。据当年仅11户人家的石溪村新屋村民组的不完全统计，损失银元80多元、蚊帐25床、被单20床、茶油300余斤、稻谷43担、大豆20担、花生4担、番薯丝60担、生猪13头、耕牛4头、鸡鸭鹅160余只、鱼400余斤、食盐80斤、竹箩110副、晒垫35条、铁木家具250件。

12. 日军侵入均村乡泮溪村暴行纪实。

泮溪村位于兴国县西31公里，与石溪、石门相邻，原名半溪，后改名泮溪，原来有一条坑道通往五里隘的石阶驿道。

1945年7月19日，日军攻占三坑后，即经长竹、石溪来到泮溪，进行烧杀抢掠、强奸妇女、强征挑夫。

日军在泮溪肆意强奸妇女，其中有毛官秀、廖茂凤、廖石秀、廖招娣、廖朝秀、廖水秀、陆张氏、廖朝焕妻、廖廷坤妻等9人。陆张氏遭到日军强奸时，愤怒的丈夫陆质钧试图阻止，被日军杀死。廖茂凤年仅16岁，日军强奸后，还强行带走，几天后才放回。毛官秀、廖石秀、廖招娣、廖朝秀等8名妇女，被日军从藏身山里搜出后，关在村民陆龙光家里，供日军任意强奸。

日军在泮溪村强征廖朝保、廖朝伦、廖佐扬、廖廷林、廖廷果、廖朝伟、廖廷坤、陆均钧、陆均湘、陆均凡、陆均祯、廖朝锋、毛久明生、杨哑子等14

名村民为随军挑夫。杨哑子因听不懂话被日军当场杀害，毛久明生当时年龄较大，拉走后至今没有音讯。

有上千名日军在泮溪村驻扎了三天两晚，全村猪牛禽畜被他们屠宰一空，村民家里的财物损毁无遗。

13. 日军侵入均村乡石门村暴行纪实。

石门村位于兴国县城西31公里处，与均村圩、石溪村相邻。1945年7月19日，日军击溃驻三坑村的国民政府军后，当天即经石门村推进到茂塅、横柏村，与国民政府军相持。第二天，日军开始在村里强奸妇女和强征挑夫。

日军在石门枫林山上，开枪将不愿意当挑夫的肖宏炳打成重伤后死亡，强行捉去罗钦连、李启忠、肖浪生、肖文辉、郑芳达、郑远云、肖家松等7人做随军挑夫，其中大部分人挑到九江才被释放。

日军在石门强奸妇女林七凤、杨桂英、谢秀莲、荷英子、荣娇子等5人。迳口陈屋的林七凤被日军带到长山迳山棚里，6个日本兵轮奸她，每次奸完便用冷水浇淋阴部，轮奸后，还在林七凤阴部塞进苞米骨子进行摧残。

日军在石门村驻扎了两三天，全村猪牛家禽被屠宰一空。

14. 日军侵入均村乡茂塅村暴行纪实。

均村乡茂塅村位于兴国县西40公里，与横柏、泮溪、均村圩相邻。1945年7月19日，日军攻占三坑村后，当天即赶到茂塅，在井背谢屋与国民政府军交战，在茶滩河坝上打死3名中国士兵。国民政府军退出茂塅，日军追击到横柏的五里隘一带，双方继续交战，第二天日军夺取了五里隘隘口，第三天日军遭到国民政府军反攻后，越过五里隘撤离。

日军在茂塅村实行了烧杀抢掠。在寨下村民组，日军捉住年逾八旬的谢江氏，强奸后将其杀害。日军后来在泰和上田将不愿意带路的茂塅村民肖章福杀害。日军离开后，18岁的杨国仁被他们遗弃的炸弹炸死。

日军在茂塅还强奸了兰凤秀、吴正秀、郭香莲和王世金的大姐。

日军在茂塅村强征肖吉普、肖章柏、肖章柱、肖志选、刘常、杨达显、肖彩林、谢志远、谢志运、杨邦宝、刘怒矮子、谢继焕、谢述信、杨某某（东陂下人）、曾来义、肖志亭、王斯万的父亲、杨邦琼和肖梦兰的父亲等19人当挑夫。肖章柱得病返回，不久在家病逝。刘怒矮子当挑夫后至今未归。

日军在茂塅大肆屠宰村民饲养的家禽家畜。只有6户人家的黄金坪肖家，抢去9头牛和10头猪。其中，肖章柱家2头牛、1头猪，肖章刚家1头牛、2头猪，肖章基家3头牛、3头猪，肖章成家1头母牛、1头猪，肖志模家1头牛、1头猪，肖志柱家1头牛、2头猪。另外还抢去2担油、1担盐和鸡鸭一批。全村损失的财物难以统计。

15. 日军侵入均村乡横柏村暴行纪实。

横柏村位于兴国县城西约38公里，与万安县宝山乡黄塘村相邻，是兴国县的西大门。1945 年 7 月 19 日下午，日军攻占三坑村后，用骑兵直奔横柏，与国民政府守军争夺天险隘口。由于日军速度太快，在横柏村口打死了正在吃饭的国民政府军易营长。国民政府军分别在横柏村的七里排和五里隘两地进行了顽强抵抗，战斗从中午持续到深夜，七里排守军大部殉国，五里隘守军在破坏了隘口道路后，利用夜晚撤退。

日军在侵入横柏村时，在燕子窝遇到村民罗祥恒，将他一刀刺死。在马屋祠堂里还杀死一位姓马的村民。

日军在横柏村强奸了陈玉凤、刘德清、方丁凤、孙礼秀、谢氏（杨太阳保妻）、巫奇英、韩道北的母亲等 7 名妇女。孙礼秀被日军捆在磨石架上轮奸。刘德秀被日军强奸后还遭到殴打，眼睛被打瞎一只。

日军在横柏村强征韩桂林、韩保林、刘长发、罗祥谱、刘常泮、孙其行、孙其亭、孙其元、雷荣堂及其妻萧氏、黄英美、杨邦株、马捡妹、马宏辉、杨邦积、黄恩仁和韩道北的父亲等 17 位村民充当随军挑夫。刘常泮、杨邦株、马宏辉捉走后至今音讯皆无。孙其亭年龄较大，50 多岁，挑到万安蕉园被日军砍了几刀，推翻在水沟里，抬回家后去世。雷荣堂夫妻一起被捉去当挑夫后，丈夫在万安宝山被杀害，妻子至今未归。

黄柏村当时不足 1000 人，100 多户，被日军杀掉几十头猪，大约 10 头牛，其他财物损失难以计算。

16. 日军侵入均村乡中坊村暴行纪实。

中坊村位于兴国县城西约 44 公里，与横柏村、均村圩相邻。1945 年 7 月 20 日，侵占均村圩、横柏村的日军，三五成群窜入中坊村骚扰，在村口真君祠附近开枪重伤村民刘剑南和从均村圩前来避难的刘吕宝，造成二位老人伤重而死。并强征巫文栋、巫成昌、刘亲辉、巫文龙和雷贤炳一个兄弟等 5 人为随军挑夫，其中雷贤柄的兄弟至今无音讯。日军还强奸妇女刘年娇。并抢去 1 匹马、5 头牛及 10 头猪。

17. 日军侵入均村乡高溪村暴行纪实。

高溪村位于兴国县城西约 37 公里，与永丰乡樟坪村、均村乡泮溪村和万安县涧田乡相邻，是一个路远沟险的山区村。1945 年 7 月 20 日，小股日军从泮溪村窜入高溪，捉人抢劫。强行捉去江桂球、邱成亮、杨振铨、邱成山、江永青、兰祥燕、杨东南、杨财桂、邱成东、邱源焕、邱邦平等 11 名村民充当随军挑夫。其中杨东南至今未返回，邱源焕途中被日军在腰上捅一梭镖，抬回后在家病逝。日军在高溪强奸邱成凰妻、何见秀等妇女。邱成凰妻是一个 70 多岁的瞎眼老太太，无法逃避，也惨遭日军强奸。日军在高溪村抢去邱源焕家一头牛和一头猪，抢去邱成珍家一头牛，还抢去了很多村民家里的猪，当天离开了高溪。

**三、日军侵入兴国永丰乡、均村乡期间造成人员财产损失调查小结**

日军在 1945 年 7 月 19 日至 21 日，侵入兴国县永丰乡洙坊、社背、大江、樟坪等村和均村三坑、上达、长竹、长教、石门、石溪、泮溪、高溪、均村圩、茂埠、横柏、中坊等村进行奸淫烧杀，强征挑夫。据《兴国县志》记载，这期间日军造成这些村落人口伤亡 415 人，其中死亡 57 人、重伤 272 人、轻伤 86 人；财产损失，包括房屋 7 栋、耕牛 825 头、农具家具 85270 件、稻谷 6761 担、植物油 192 担、杂粮 212 担、木头 2600 根、水产品 25 担、猪 3506 头、牛 285 头、鸡鸭 10434 只、衣物 16340 件。据兴国县委党史办 2006 年 4 月间对日军骚扰的村庄实地调查，可以查到具体姓名的死亡人数为 55 人、强征挑夫为 211 人、强奸妇女为 156 人。

（中共兴国县委党史办）

# 全南县调研报告

全南县位于江西省最南端，东北与信丰相毗，东部和东南与龙南相连，西南与广东翁源、连平相接，西部与广东始兴为邻，西北与广东南雄接壤。总面积为1521平方公里。

1945年6月11日，日军开始进犯全南。南路日军侵入全南大庄、南迳、乌臼坝后驱师北上；北路日军侵入全南龙下、上江、社迳、陂头等地，其中有部分日军向广东南雄推进。南北两路日军向县城汇合。6月13日，全南县城陷落。日军几乎横扫全南全境。凡日军所经之地、所到之处，均遭到空前浩劫。

日军进犯全南之初，国民政府守军和县地方政府拒绝将军火仓库的武器弹药发放给民众用于抵抗日军的入侵，而将多处军火仓库封存。日军进犯全南之时，国民党守军和地方政府来不及转运军火库的武器弹药，军火库库存的武器弹药先后被日军纵火烧毁，武器弹药爆炸声连日不断，损失惨重。

日军在全南境内，每到一个村庄、圩镇，都砸锁破门、翻箱倒柜，劫掠粮食、食油等财物，见猪就杀，见牛就宰，见鸡鸭就抓，见鱼就捞。对吃不完的粮食、食油就往里面拉屎撒尿，对被杀生猪、耕牛的内脏和头脚全部扔掉。时值初夏，天气闷热，鱼肉腐败，臭气熏天，招来蚊蝇成群。日军炊事，专砸门窗桌椅当燃料。夜间照明不点灯，而是将村民的棉被、衣物、家具浇上食油点燃，通宵达旦地燃烧。凡是日军所住过的村庄、圩镇，一片狼藉。

闻讯日军将至，全县各地村民、居民拖儿带女、扶老携幼纷纷逃往深山老林躲避。有部分来不及躲避的妇女，上至七旬老妪，下至几岁幼女，都遭到日军奸淫。有些妇女被日军抓获后，遭到轮奸。更为残忍的是，南迳镇有一少女被日军抓获后，日军剥光她的衣裤，强迫少女在院子里跑步，供其取乐；尔后将少女捆绑在木制楼梯上进行轮奸。日军在陂头镇抓获一对夫妻，强迫男人观看日军轮奸其妻。木金镇有一少女，从躲藏的树林里出来寻找食物，被搜山的日军抓获，也遭到日军的轮奸。据不完全统计，日军在全南驻扎的10天时间内，强奸、轮奸妇女100余人。

日军在全南掠夺了大批财物。日军撤离全南之前，在全县境内各镇村大抓挑夫，先后共抓挑夫200余人为日军撤离时运送物资。被抓来的人，有的因体弱、因残疾不能充当挑夫的，都遭到日军的屠杀。日军强迫挑夫挑重担，沿路喝斥殴打。在途经龙南、赣州、吉安、九江等地时，有的挑夫趁机逃脱，尔后沿路乞讨回家。有的挑夫则累死或病死于途中，大部分挑夫杳无音信，不知客死或流浪何方。

日军在全南境内的肆虐，使全南人民遭受了空前浩劫，损失极为严重。据当年有关资料统计：全南县共死亡 200 余人，伤残 130 人，被抓挑夫 200 余人，被奸淫妇女 100 余人，损失耕牛 1486 头、生猪 450 头、稻谷 3023 担、麦类 113 担、杂粮 6 担、植物油 810 担，鸡鸭鹅不计其数。烧毁、损坏房屋 130 余幢，焚烧军火仓库 5 处，损失武器弹药难计其数。

**全南县史志办（黄伯龙执笔）**

# 宜春市调研报告

宜春市位于江西省西北部，南与新余、吉安毗连，东与南昌接壤，北与九江相邻，西与萍乡、湖南交界。下辖丰城、樟树、高安、万载、上高、宜丰、铜鼓、奉新、靖安、袁州三市六县一区。现有总人口 530 万，总面积 1.87 万平方公里，占全省总面积 11%。

1937 年 7 月 7 日，全国抗日战争爆发。1939 年 3 月，南昌沦陷。地处南昌外围的丰城、樟树、上高、高安、奉新、靖安等县市，是当时较大规模的"南昌会战""上高会战"的火线区域。而地处湘鄂赣边的袁州、万载、宜丰、铜鼓等县区，又是先后遭受 4 次"长沙会战"及日军为打通浙赣、粤汉交通线而发动的大规模进犯的战火波及的区域。数万乃至十余万日军频繁地骚扰，肆意烧杀掳掠达 6 年之久。据历史记载，1938 年，日军飞机首次对宜春市丰城城区轰炸，1939 年 3 月 22 日奉新沦陷，3 月 25 日靖安沦陷，4 月 2 日高安沦陷。在这期间，上高、万载、宜丰、铜鼓、袁州、樟树等县市区，都先后遭到日军飞机轰炸。日本侵略军给宜春市人民的生命财产造成了重大损失，犯下了滔天罪行。尤其是发生在 1941 年 3 月 15 日至 4 月 9 日著名的"上高会战"中，中国军队虽然取得了胜利，但却付出了沉重代价，伤亡官兵 20533 人，其中阵亡 9541 人，包括上校 1 名、中校 2 名、少校 6 名。1939 年 4 月，奉新赤郭村 41 户 360 人，被日军满门杀绝 27 户，死难者 179 人，全村陷入"满村都带孝，处处闻哭声"的惨境。1939 年 8 月 23 日，日军窜入高安团山寺，一次就集体烧死和枪杀困于团山寺避难的群众 600 余人，制造了震惊全省的"团山寺惨案"。同年农历七月十三日，6 架日机对高安吴珠岭投下大批细菌弹，毒死 2100 余人，其中吴球长一家 18 人全被毒死。更为残忍的是，高安庄上村孕妇胡锁凤，日军将她强奸后，复用木棍捅进阴道致死。丰城同田乡后塘村一瞎眼老太婆被 3 名日军轮奸，后又将其赤裸裸绑在树上乱刀捅死；老圩乡下岸村一名 12 岁幼女被多名日军轮奸。据有关资料统计：抗日期间，全市十县市区共伤亡人员近 15 万人，其中直接死于日军枪口刺刀下的达 86776 人。仅高安一市被日军强奸或被奸致死的妇女达 5 万人。丰城市被奸淫妇女 944 人，其中被奸致死 101 人。袁州区部分乡统计，被日军奸淫的妇女 600 余人。具体详情，根据 1946 年《江西省抗战损失调查总报告》等，列表一、表二如下：

**表一：抗战期间财产损失（部分）统计表**

（不完全统计）

| 县市区 | 房屋（栋） | 牛（头） | 猪（头） | 粮食（担） | 合计折款<br>（法币，亿元） |
|---|---|---|---|---|---|
| 丰城 | 2015 | 5166 | 103461 | 100587 | 154. 37 |
| 樟树 | 325 | 10021 | 7501 | 22928 | 117. 35 |
| 袁州 | 70 | | | | 0. 035 |
| 万载 | 1437 | 2688 | 2248 | 无统计 | 17 |
| 上高 | 5000 | 1172 | 无统计 | 2500 | 76. 19 |
| 高安 | 30100 | 700 | 1000 | 14600 | 583. 10 |
| 宜丰 | 3025 | 4930 | 3000 | 抢空 | 35. 29 |
| 靖安 | 6637 | 500 | 460 | 无统计 | 112 |
| 奉新 | 21770 | 15095 | 无统计 | 417732 | 279. 50 |
| 铜鼓 | 869 | 19 | 54 | 无统计 | 20. 07 |
| 合　计 | 71251 | 40291 | 112724 | 558347 | 1393. 85 |

**表二：抗战期间人口伤亡统计表**

单位：人

| 县市区<br>项目 | 全市 | 袁州 | 丰城 | 樟树 | 万载 | 上高 | 高安 | 宜丰 | 奉新 | 靖安 | 铜鼓 |
|---|---|---|---|---|---|---|---|---|---|---|---|
| 死亡 | 81039 | 560 | 833 | 355 | 108 | 2080 | 36536 | 3221 | 34216 | 3055 | 75 |
| 伤残 | 33150 | 235 | 796 | 200 | 85 | 2045 | 12482 | 8874 | 8344 | 无统计 | 89 |

　　综上所述，日本侵略军给宜春人民造成的损失是巨大的，从某种程度上说，是无法用数字统计的。抗战八年，宜春大部分地区呈现一片"土地荒芜，房屋毁坏，人口残害，血流成河"的惨相。仅宜丰县就荒芜土地 1 万亩，无家可归者 1000 余人；袁州区也流失人口 63779 人。在高安吴珠岭一带，除当时毒死人外，生态环境遭到严重破坏，土地长期不能耕种，病毒长期蔓延，中毒而未死亡的人变态、腐烂和传染，给当时造成的后果和损失是无法估量的。上高县的国民教育受到严重摧残，损失图书资料 7945 册、教学用具 14181 件，县城学校和附近乡镇小学房屋几乎全部毁坏，师生全部疏散，对下一代的影响是深远的。另外，日本侵略军在中国的烧杀抢掠，其手段之残忍，令人发指。日军强奸妇

## 江西省抗战时期人口伤亡和财产损失

女，不分老少，上至七八十岁老妇，下至几岁幼女，如是孕妇，往往连腹中婴儿也要剖腹挖出来，用刺刀挑举起来取乐，然后摔死。对人口的残杀，也往往是整家、整村的灭绝。奉新县当时就一度出现"百里少人迹，鬼哭遍荒野"的悲凉景象，真是罪恶累累，触目惊心。在中国人民的心中深深埋下了仇恨的种子。

（宜春市史志办）

# 丰城市调研报告

丰城市地处江西省中部的赣江下游，北距南昌市 60 公里，总面积 2845 平方公里。赣江和浙赣铁路、京九铁路、105 国道穿越境内。现有 21 个镇、5 个街道、6 个乡，总人口 130 万，其中城市人口 17.4 万。

1939 年 3 月 27 日日军侵占南昌后，与南昌相连的丰城县（当时称谓）成为江西抗日的前线，成为南昌会战、浙赣会战、鄱阳湖"扫荡"战的主要战场之一，是上高大会战的前哨战地，人民的生命和财产受到严重的摧残和损毁。

## 一、县城剑光镇人口伤亡和财产损失事例

1938 年，日军飞机轰炸县城文家巷、大正法寺后面、上棚等地。文家巷李菊卿家的房屋被炸毁，李介卿的"草草招待所"（在文家巷）被炸坏。大正法寺后面万润生家的房屋被炸坏，炸死姓丁的 1 人。上棚后背徐友生的母亲被炸死。

1939 年 6 月，日军飞机轰炸县城鲤鱼宫（今电石厂的石灰窖附近）、桂山坊（今中医院住院部）、后街等处，并投下燃烧弹。鲤鱼宫炸死任家媳妇 1 人，桂山坊王茂仁一家 9 人被炸死 7 人。燃烧弹引起大火，从桂山坊至高升门、后街至徐家祠，烧毁房屋六七十栋，损失惨重。

1940 年，日军飞机轰炸县城万寿宫，躲避在万寿宫内的二三十人被炸伤炸死。西门外的大有米厂、挂剑巷口的黄烟店、杨祥太杂货店、新当铺巷口的永元祥油盐店等处也被炸死六七人。

1941 年，日军飞机轰炸县城，西门外的崔荣圣京果店等地被炸毁房屋 5 栋。

1942 年，日军飞机轰炸邵家堆，有一姓修的躲在樟树下被炸死。

1945 年日军投降前夕，从赣南回窜南昌路过丰城县城剑光镇，在该镇后巷纵火，烧毁房屋数十栋；又在"紫金书屋"（今第二小学）侧边，将甘长福香店的老板甘庭章捉去当夫子挑运货物，行至南昌县境广福圩附近，甘因不堪折磨，乘机逃跑，遭到日军开枪打伤，后被人抬回家，医治无效，不久即含恨去世。

## 二、乡村人口伤亡和财产损失（不完全）统计

| 乡镇名称 | 时间 | 人口伤亡 | | | | | | 财产损失 | | | | |
|---|---|---|---|---|---|---|---|---|---|---|---|---|
| | | 亡 | 伤 | 俘 | 失 | 奸 | 计 | 毁房 | 毁店 | 毁粮 | 禽畜 | 金银 |
| 同田乡镇坊村钞塘村 | 1939.5 | 4 | | | | | 4 | 7 | | | | |
| | 1941 | 20 | 3 | | | | 23 | | | | | |
| 泉港镇甘家等村 | 1939.8 | 7 | 10 | | | | 17 | 6 | | | | |
| 泉港镇塘坊等村 | 1941.3 | 1 | 2 | | | 7 | 10 | 3 | | | | |
| 泉港镇泉港街 | 1945.8 | 16 | 30 | | | | 46 | | 30 | | | |
| 隍城镇 | 1936.4－5 | ✓ | ✓ | | | | | ✓ | | | | ✓ |
| 梅林镇 | 1941.3 | 3 | 3 | | | | 6 | | | | | |
| 袁渡乡、袁渡 | 1942 | 35 | | | | | 35 | 69 | | | 102 | |
| 王洲等村 | 1945 | 18 | | | | | 18 | 3 | | | 1235 | |
| 曲江镇集镇 | 1940.2 | 3 | 3 | | | | 6 | | 3 | | | |
| 曲江镇坑塘村 | 1941.4 | 1 | | 2 | | 3 | 6 | 1 | | | | |
| 曲江镇绳湾等村 | 1945.8.8 | 20 | 3 | | | 多人 | 23 | 119 | | 抢空 | 50 | |
| 曲江镇根洲等村 | 1945.8.12 | 7 | 3 | | | 40余 | 50 | 39 | | 抢空 | 抢空 | |
| 董家乡王田等村 | 1942.2 | 9 | | | | 24 | 33 | 28 | | | | 金2斤银元300余块 |
| 董家乡王田村 | 1944 | 2 | | | | | 2 | | | | | |
| 尚庄镇田北等村 | 1942.3 | 3 | | | | | 3 | 3 | | | | |
| | 1945.7 | 5 | 多人 | | | 多人 | 5 | 36 | | | | |
| 尚庄镇石上村 | | 10余 | | | | 20余 | 30 | 119 | | 6000余斤 | 597 | 现金3200万（法币） |
| 荷湖乡茶湖镇山背村 | 1942.8 | 2 | | | | | 2 | | 42 | ✓ | ✓ | ✓ |
| 杜市乡横岗镇、邹家等村 | 1942.4－1945.8 | 14 | | | | 10余 | 24 | 119 | 79 | ✓ | ✓ | |
| 张巷镇前坊等村 | 1942 | 7 | | 20 | 6 | 10余 | 43 | 74 | | | | |
| 张巷镇罗家桥等村 | 1945 | 50余 | | | | 无统计 | 50 | 120 | | | 数百 | |
| 秀市镇 | 1942.4 | 66 | 5 | | | 158 | 229 | 86 | 40 | | 125头 | 无统计 |
| 白土乡隐溪等村 | 1942.5 | 28 | | | | 43 | 71 | 23 | 12 | | 258头 | 无统计 |
| 淘沙乡寨下等村 | 1942 | 4 | | 16 | 4 | 30 | 54 | 15 | | | 618 | |
| 铁路乡丰岩等村 | 1942.7 | | | | | 1 | 1 | 全村2/3 | | | 6 | |
| 铁路乡蒋家楼等 | | 4 | | 5 | | 3 | 12 | 1 | | | | |
| 桥东镇葛塘等村 | 1942.4 | 3 | | | | 45 | 48 | 106 | | | | |
| 桥东镇汤家等村 | 1945.5 | 8 | | | | 26 | 34 | 65 | | | 100余 | |

续表：

| 乡镇名称 | 时 间 | 人 口 伤 亡 | | | | | | 财产损失 | | | | |
|---|---|---|---|---|---|---|---|---|---|---|---|---|
| | | 亡 | 伤 | 俘 | 失 | 奸 | 计 | 毁房 | 毁店 | 毁粮 | 禽畜 | 金 银 |
| 洛市镇花园村 | 1942.6 | 7 | 3 | 11 | | 10 | 31 | 80 | | | | |
| 荣塘镇汕田等村 | 1942.4 | 1 | 1 | | | 8 | 10 | 2 | | | | |
| 荣塘镇天井等村 | 1945.8 | 2 | | | | 2 | 4 | 2 | | | | 抢走衣物10余担 |
| 河洲街沧溪等村 | 1945.6 | 3 | | | | 24 | 27 | 121 | | 3000余斤 | | |
| 河洲街梅岗埠 | 1945.7 | 4 | 1 | | | | 5 | 4 | | | | |
| 段潭乡 | 1941—1945 | 64 | | 100余 | 30余 | 68 | 258 | 192 | 3 | | 364 | 无统计 |
| 小港镇 | 1945.7 | 47 | | | | 130 | 177 | 75 | | | | |
| 剑光镇文家巷 | 1938 | 2 | | | | | 2 | 3 | | | | |
| 剑光镇鲤鱼宫 | 1939 | 8 | | | | | 8 | | 70 | | | |
| 剑光镇万寿宫 | 1940 | 36 | | | | | 36 | 5 | | | | |
| 剑光镇西门外 | 1941 | | | | | | | 5 | | | | |
| 剑光镇邵家堆 | 1942 | 1 | | | | | 1 | | | | | |
| 剑光镇后巷 | 1945.7 | 1 | | | | | 1 | 数十栋 | | | | |

### 三、日军窜扰乡村情况

1940年，国民政府军第205师驻扎在段潭集镇周围的几个村庄，师部扎在杨坊村，师长王铁汉。日本侵略军获得汉奸情报后，立即出动9架轰炸机，在段潭周围用机枪横扫，并投下炸弹数十枚。被炸的村镇9个：段潭集镇、朱家、鱼巷、庄园、前坊、西湖、庙下、排前、杨坊等，一共炸毁民房41幢、祠堂2座，炸死30人、重伤3人。尤其是在段潭开肉铺的涂春凡3个儿子，当日机轰炸时，跑回家去抢救年老卧床的母亲，刚背出圩口，在灵官庙前正碰上日机扔下的一颗炸弹爆炸，可怜母子4个死在一堆，血肉四溅。

1941年至1945年，日本侵略军由南昌县广福圩、三江口窜入段潭乡多次，每次人数十几人到三十几人。受害严重的村庄有53个。由于日本侵略军采取"烧光、杀光、抢光"的三光政策，被烧毁房屋、祠堂庙宇129幢，拆掉房屋3幢；杀人64个，有的用刺刀捅、开枪打、活埋，有的被迫投河自尽；捉去当苦力的100人，其中一去无踪影的30余人、流往异乡的19人；强奸或轮奸妇女68人，其中60岁以上的3人、未成年的幼女17人；抢劫财物和损坏东西难以数计，仅家畜家禽一项，抢杀耕牛61头、肉猪293只、鸡鹅鸭2733只。在日军窜扰期间，人心惶惶，田园荒芜，粮食歉收。

日军进入桥东乡地域有两次：第一次是1942年4月间，日军从东边进，西边出；第二次是1945年5月间，由西向东窜扰。日军两次窜扰，所到之处搞得人心惶惶、鸡犬不宁。他们一路杀人、放火、强奸、抢劫，无恶不作。

第一次，日军一把火把葛塘村委会古塘村的36幢民房烧毁；更新廖家廖才士、下文家周仙兰、株桥斋婆子等被杀死；在更新地段烧毁房子24幢，强奸妇女22人；在七里烧毁房子33栋；在丁桥烧民房13幢，强奸妇女23人。抢劫财物、杀死牲畜不计其数。有的在米瓮油罐上拉屎拉尿，真是丑恶龌龊之极。

第二次，比前次更凶残。前进汤家村一个叫桂林婆的妇女，被日军强奸后杀死，并剖其腹挖出所孕胎儿。江下东源村烧掉民房15幢。南山二公庙村20多户被日军一把火烧光。上车松山饶洪生被日军捉走，其妻徐引妹被日军强奸后推入水塘浸死。丁桥烧掉民房29幢，杀死耕牛30多头，强奸妇女13人。朱坊被日军强奸妇女9人，杀死2人，烧房子21幢，杀死猪牛100多头。七里乌溪游明生、黄家黄仁妹等被枪杀。杜坊康里胞兄弟两人，年龄都20多岁，同被日军惨杀。

1942年5月15日，日军路过白土乡隐溪村，杀死无辜百姓徐磨谷等5人。19日上午，在东西大塘烧毁房屋10幢，并杀死1人；下午窜到白土圩街上驻扎了一晚，奸淫烧杀无恶不作。临走时，在赵家巷赵久大酒店内放起一把火，赵寿卿、赵延昌、徐生福等9家商店合计45间全部烧光；另外在雷家巷、李家巷、吴家巷等处放的火，被群众及时扑灭，幸免成灾。

此次窜扰，据不完全统计，日军在桥东乡范围内放火烧毁民房23幢、庙宇3幢，合计104间；杀死无辜群众20人，其中男18人，女2人；奸淫妇女48人，其中幼女3人；宰杀耕牛70头、毛猪188头，杀掉鸡、鸭、鹅家禽上万只。

日军所到之处，有柴草不烧，专烧房门板壁和家具，用来煮饭和烘烤衣服。猪牛割其两腿，其余全部丢掉，鸡、鸭、鹅只吃两块脯肉。油缸、米缸、盐缸、酒罐等，不管里面盛物多少，一概拉进大便，还将死猪、死鸡丢进门塘和吃水井里。床单、棉被、席簟全部拿去给骡马垫睡，衣服、蚊帐放火烧掉。凡日军驻过之村庄，到处臭气熏天，房屋千疮百孔，群众打扫了三天才勉强安身。由于盛夏炎热，细菌繁殖快，秋后各村疟疾、痢疾、疥疮等病疫流行，死亡不少，仅大源陈家、湾里等村就死亡8人。

1942年2月，日本一骑兵队从高安县独城乡窜到董家乡，在王田村大肆抢劫，烧毁房屋2幢，抢走黄金2斤、银元300多块；强奸妇女18人，其中1名妇女被7人轮奸致死。次日早上日军经过密塘时，有5个青年妇女来不及躲避，碰上日军，跪在地上求饶，日军骑在马上一路砍去，5个妇女的头部、颈部都被砍了两三刀。当天，日军经过连塘村时，看见4幢房屋的大门上写了国民政府军驻扎字样，立即纵火烧屋。日军走后，几个青年赶来救火，碰上一个掉队的日军，将他打死。次日黎明，日军在湘塘清点人数，发现少了1人，立即派4个骑兵沿路寻找，在连塘村发现了尸体后，再次纵火烧毁民房20余幢，强奸妇女 5 人。

另一支日军从南庄窜往孙家，路上，10 余日军在杨家轮奸一妇女；在湘江烧毁民房 2 幢，用刺刀刺破孙明飞额头；在董家烧毁民房 2 幢，并用刀刺破黄明洋颈项，黄装死才保全了性命。

1944 年，日军又一次窜到王田一带，在王田村刺杀了村民兰有容等 2 人。

1942 年农历四月二十一日至二十四日，日军向江西赣南进犯，在秀市乡蒋家村驻扎三天，分兵三路窜扰该乡各地。1945 年 4 月，日军再一次窜扰秀市，到处杀人、放火、奸淫、掳掠，被杀者 66 人，其中当玩耍故意杀死的 28 人、反抗强奸被杀妇女 4 人、反抗服役被杀 2 人、其他被杀 2 人、在山林中用机枪扫射打死县自卫队散兵 30 人，杀伤 5 人；强奸妇女 158 人，其中 3 名妇女、1 名 12 岁幼女被轮奸致死；烧毁房屋 126 幢，其中秀才埠街上店铺烧毁 40 幢；宰杀耕牛 18 头、肉猪 107 头，割禾苗 60 亩喂马，抢劫金钱首饰、贵重物品不计其数。临走时，被窜扰的村镇，谷仓内，米瓮内，油、盐缸内，糖、酒、酱瓶内，都被日军拉进大、小便。

1945 年 8 月 8 日上午 8 时左右，日军从樟树镇乘船沿江而下，窜入曲江绳湾等地进行骚扰，开枪打死 6 人，杀死 12 人，打伤 3 人，还把一位 70 多岁双目失明老人用绳捆绑扔进湖中淹死，许多妇女被奸污，沿河各村被烧房屋计119 幢，杀死耕牛、生猪 50 多头，粮食、衣服抢劫一空。

这年 8 月 12 日，日军又窜入根洲、龙山、水滩、暗山、东坑、金家、寺前、上坊、老洲、莘洲等村，开枪打死 5 人，用绳捆绑 4 人丢入赣江，其中 1 人被淹死；还在根洲、东坑、暗山等地奸淫妇女 40 多人，其中 1 人被奸污后惨遭杀害，烧毁房屋 39 幢，耕牛、生猪、家禽抢劫一空。

### 四、丰城抗战时人口伤亡及财产损失总数

在日本侵略军的炮火下，丰城县从 1938 年至 1945 年，共烧毁房屋 2015幢，其中店铺 624 幢、民房 1391 幢；群众伤亡 1629 人，其中死亡 833 人、重伤 257 人、轻伤 539 人；损失稻谷杂粮 100587 担，损失家禽家畜 108627 头（只），其中耕牛 5166 头，财产损失总值 154.37 亿元（法币）。

丰城市史志办（金达迈、袁晓英、吴秋华、涂伯乔执笔）

# 靖安县调研报告

靖安县位于江西省西北部，东界安义县，南邻奉新县，西毗修水县，北倚武宁县，东北连永修县。1939 年 3 月，全省由 1935 年的 8 个行政区改为 11 个行政区，靖安属第十政区（沦陷区）。1942 年 8 月，全省又改为 9 个行政区，靖安属第九行政区。1939 年 3 月 22 日，日本侵略军突破国民政府军驻守的修河防线，进逼南昌，27 日南昌沦陷。29 日，日军进占靖安，县城沦陷。日军在占领靖安县城的一年时间里，到处杀人放火，奸淫掳掠，给靖安人民带来了深重的灾难。据 1946 年 4 月《江西省抗战损失调查总报告》记载：日军在靖安杀害群众 3055 人，其中男性 1847 人、女性 746 人、儿童 439 人、不明 23 人，重伤 481 人，轻伤 469 人；共烧毁房屋 6637 栋，抢去耕牛 3586 头、生猪 6475 头、鸡 5 万余只，各种财产损失折合当时法币 112 亿元。

## 一、日军在靖安县城的罪行

1939 年 3 月 22 日，日本侵略军突破修河防线的当天，日军轰炸机三次轰炸靖安县城。早晨，日机在县城上空侦察。上午 9 时许，2 架日机从安义方向飞临靖安县城上空，国民党县政府即刻发出防空警报，群众纷纷隐蔽躲藏；日机盘旋数分钟，在西门城内素斋祠（今星火商店）丢下大石一块将房屋砸坏，接着用机枪向后港信德堂（今经协委旁）一带进行扫射，丢下一枚炸弹，炸死多人。轰炸扫射后，日机仍向安义方向飞去。中午 12 时左右，3 架日机又从安义方向飞临靖安县城上空。当时县城有许多从九江、瑞昌、德安、永修等地逃来的难民，他们为了躲避日机轰炸，纷纷隐蔽在西门外河堤下。日机发现他们后，当即投下炸弹，机枪扫射，难民死伤多人；接着又向西门谦亨油行投下燃烧弹一枚，顿时起火，火势蔓延，附近数十间店铺被烧毁。下午 2 时左右，数架日机第三次飞临县城上空，在城内中大街、龚家巷、马家洲、洪陂潭、罗家地等村庄，用机枪轮番扫射，并投下数十枚炸弹和燃烧弹，死伤多人，中大街几十间店铺全部烧毁。直至下午 5 时左右，日机才停止轰炸。一天时间，共有 40 多名群众死于血泊之中。县城被日机轰炸后，到处硝烟弥漫，断垣残壁，一片惨相。当地群众纷纷携老带幼，背井离乡，外出逃难。

日机轰炸靖安县城的当天傍晚，国民党县政府派去仁首构筑工事的民工，获悉日军已进犯安义县城和万家埠的消息，便纷纷撤回。这时，靖安县城一片混乱，国民党县政府见日本侵略军有迅速进城之危，未及召开应变会议，邱自芸县长立即决定，命县自卫队队长邓济潮带领一班武装前往香田段、鸭婆潭一带，破坏县城通往奉新干洲镇的公路和桥梁，以阻止日军的坦克前进。第二天，邱自芸带领县政府官员和自卫队，经河北洪陂潭、曹山洞逃往桃源暂避，后转到万坊，继而进驻东源（现为中源）、官庄等地。

几天来，国民政府军断断续续从前线撤下来，经安义、靖安向武宁、修水方向退去。3月29日，日军第16师团占领靖安县城，遂留下一个中队的兵力驻守，驻扎在西门外和北门外等地，其余继续西进。日军一进城，便大肆杀人放火，无恶不作。第二天窜至河北侯家村抢劫民财，抓住来不及躲避的7名群众，说他们是中国兵，押到一棵大树底下，一个日兵手持一把指挥刀，将7人的头全部砍落在地。接着，日军又在村里抓到村民侯致彬，当即用刺刀在他的腹部狠刺一刀，肠子流出，血流遍地，昏死过去。日军侵占县城不久，又串到县城附近的村庄进行"扫荡"，在石马、黄龙、瓦桥、渔桥、徐家等地烧毁房屋128栋，并将徐家村舒信木的祖母推进火堆里活活烧死，徐益发等7人被日军砍死。1939年夏，驻扎在奉新干洲的日军到靖安鸭婆潭一带进行骚扰时，得知白鹭上张村一青年农民娶了妻子，便窜入其家中，逼其交出妻子供日军奸淫；该青年不从，日军便将其捆绑在阳光下烤晒、吊打、刀刺，折磨得奄奄一息，其妻遭日军轮奸，不久丧命。

**二、日军在云岭赵家的罪行**

日军建立伪政权以后，距靖安仁首街3华里的云岭赵家村，划归安义伪维持会河西分会管辖，该村住着15户农民，60余人。

1939年7月3日，驻扎在仁首港头村的一名日军，窜至云岭村内，强奸村民赵礼怀之妻，赵礼怀在田边车水，闻讯即刻回家，用水车手柄将日军打跑。第二天，从港头村来了3名气势汹汹的日军，找到村长赵礼雄，蛮横地说"你们村内隐藏着中国兵"，强迫村长交出来，随即不容分辩开枪将赵礼雄打死。安义伪维持会河西分会了解情况后，便向驻港头日军宣抚班交涉。狡猾的日军小队长将在云岭村杀人的日军掩藏起来，然后集合队伍，叫控告人上前辨认，结果没有找到。7月5日凌晨3时许，从港头村来了一队日军，80余人，把整个云岭村团团包围，四面架起机枪，对着村内，天将拂晓，30多个持枪的日军冲进村内，分头放火，顿时，云岭整个村庄处于一片火海之中。全村群众纷纷逃到村外，疯狂的日军把他们围在村外的一个草坪上，并将人群中的15名男性青壮年用绳索捆绑起来，赶至距村150米远的土地庙内，老人、妇女和小孩则押至庙外的一个角落。这时，一个两眼放射凶光、手持马刀的日军，凶神恶煞地奔入庙内，哇哇乱叫，刀光闪处，站在前面的一位青年的脑袋被砍落在地，连杀4人，杀到第五个时，刀口钝了，未能把脑袋完全砍落，另一个日军端着明晃晃的刺刀补了一刀，接着又是一个个人头落地，直至杀完为止，15条人命就这样惨死在日军的屠刀下。被押到庙外的妇女、小孩，面对着亲人的惨死，个个瘫软在地。直至早上7时，全村130余间房屋化为灰烬，一位老人和一个小孩来不及逃出，被火海吞没。全村15岁以上的男性青壮年全部遇难。日军走时，将4名青年妇女抓去，在港头村被日军蹂躏5天之久，放出时已是奄奄一息。

### 三、日军在高湖的罪行

1939 年 4 月，日军在靖安高湖被国民政府军打败后，便对高湖民众疯狂地进行报复。先是用飞机对高湖一带狂轰滥炸，先后出动飞机十数架次，投下了数十枚炸弹，将山口村炸成一片废墟，下观、古港、中港、棠棣等村的房屋被炸毁 2721 间。仅 8 月 1 日这一天，日机炸毁了西头街和南边村的房屋达 138 间，烧毁稻谷 10 万余斤。接着，日军连续出动十数次窜到高湖一带村庄杀人放火、奸淫掳掠，惨无人道的暴行比比皆是。一次日军窜至贯弯村，将 12 户群众的房子烧光；又进入罗家村，将 20 户人家的房屋烧毁，杀害群众 8 人。陈秉财全家 4 人均遭残杀，刘思顺与新婚妻子也死于日军的刺刀下。棠棣、中港、邓家、古港、山口、下观等村庄共有 100 余名妇女被日军糟蹋，有的奸淫至死，有的奸后患病，有的终身不育。中港村一名姓罗的妇女，遭 9 名日军轮奸后，不久死去；古港一名姓黎的妇女，遭 10 名日军轮奸，当即丧命。1939 年，高湖一带被日军抢劫的达 500 多户，被宰杀的耕牛达 780 余头、毛猪 460 余头，被抓去做苦工的群众难以计数，有的惨死在他乡。古港村舒恭喜、舒宽喜、舒信根祖孙三代被日军抓走，一直杳无音讯。

### 四、日军在宝峰的罪行

宝峰乡位于靖安县城东北面，境内重峦叠嶂，风景秀丽。抗日战争期间，该乡人民受尽了日本侵略者的凌辱和践踏。1940 年 2 月上旬，驻扎在宝峰蕉坑、大梓、宋坊等地的日军，被国民政府军第 139 师包围，受到了沉重的打击，只得沿河直下，退至安义。交战后的第二天，日军的大队人马疯狂地向蕉坑、宋坊进行反扑，而国民政府军早已撤退。日军便窜进村庄，见妇女就强奸，见人就杀，见房就烧，见东西就抢。一时间，蕉坑和宋坊两个村庄的房屋全部变为废墟，村里村外，到处都是尸体，到处是鲜血流淌。当天上午，项书谱夫妻被害，下午，他们躲在山上的 5 个儿女听说父母被害，下山回村安葬父母，不料全被日军捉住，死于日军刀下，全家 7 口无一幸免。像这样全家被杀绝的，还有张明槐一家 5 人、胡彰友一家 4 人、项至彬一家 3 人、项至生一家 2 人。蕉坑共 300 余人，就有 150 余人被杀害；宋坊也有 300 人左右，遭日军残杀的达 100 余人。在此前后，周郎、大梓、周坊、华坊、宝峰、宝莲等地均遭日军血腥摧残，许多没有逃脱的妇女被强奸。宝峰刘家一个姓项的女青年，被几个日军强奸后，日军又用禾桶把她盖着，堆上稻草，将她活活烧死。许多来不及逃走的群众，均遭日军残杀，烧毁房屋 5130 多间。

（靖安县史志办）

# 奉新县调查报告

奉新县地处赣西北，在 1939 年 3 月间，日军以飞机、坦克、步兵齐头并进，由安义经过奉新干洲镇，直达奉新县城。日军进入奉新后，到处烧杀抢掳、奸淫妇女，实行残暴的"三光"政策，给奉新县人民带来了不可估量的损失，以致奉新出现"县城变废墟，百里少人迹；财产遭浩劫，鬼哭遍荒野"的惨相。

抗战前，奉新全县土地面积为 1479 平方公里，人口为 180952 人。1945 年抗战胜利时，全县人口只有 108717 人，少了 72235 人。据 1946 年《江西省抗战损失调查总报告》统计：全县人口死亡和失踪约在 42560 人，其中男 21439 人、女 14248 人、儿童 6837 人、失踪 36 人，打伤 8344 人；损失稻谷 415407 担、杂粮 2325 担，损毁房屋 21770 栋，抢走耕牛 15095 头，至于衣服、图书、文物和其他物资损失不计其数。全县共计损失 2794933 万元（法币，下同；包括直接损失和间接损失），其中机关部分 5716 万元、学校部分 18775 万元、农业部分 2095443.8 万元、工业部分 40691.7 万元、商业部分 543553.3 万元、航业部分 4111.8 万元、公教员部分 39363.4 万元、医药埋葬费部分 34375.4 万元。又据 1946 年 8 月《江西灾情》载：抗日战争中，奉新县城较完整的房屋仅存天主教堂一所，若干乡间甚至片瓦无存，战后复归之难民，唯有以树叶搭棚暂时容身。很多地方生产工具损坏，粮食产量急剧下降，桥梁公路被毁，交通不便，日用物资不畅，食盐奇缺，人民生活朝不保夕，处于水深火热之中。

日本侵略军在奉新先后制造了十数起惨杀案，比较重大的是在赤郭村、桥上庵和金家村等地的三起。

**赤郭村"四·二四"血案** 1939 年 4 月，赤岸乡人民在配合国民政府军"南昌阻击战"中，沉重打击了日本侵略军的嚣张气焰。日军恼羞成怒，疯狂对这一地区进行报复"扫荡"，日军行至哪里就杀到哪里。22 日，日军窜入邓家村，将没有来得及转移的老妇少婴 30 余人，用刺刀杀死在村前的塘里和晒谷场上；随后又闯入赤郭村奸淫抢劫，日军把从火田余家村抓来的 10 余名无辜难民关入木居庙，并在庙门上贴上"外逃者杀头"的封条。难民在潘沿远的帮助下，将转移到潘家祠堂的 100 余名难民汇集在一起，待机开展反击日军的斗争。24 日中午，日军将潘家祠堂的 167 名难民诱迫到村外的咀塘边进行大屠杀。这时，一个日军端起刺刀恶狠狠地朝难民人群中刺去，潘明志敏捷地一个箭步冲上去，将日军的刺刀击落在地，其他日军便一起上前向潘刺杀，他英勇殉难。早已义愤填膺的群众，高呼"杀尽日本兵"的口号，扑向日军，用肉体搏斗；但由于难民手中没有武器，终于全被日军的机枪扫倒在地。一名日军见一个受伤倒地打滚的小孩，又忙用刺刀插进小孩腹部，并举起当龙灯玩耍，孩子在刺刀上惨叫，日军挥刀一甩，把其抛入塘里。此时日军杀红了眼，从村里搬来两架装上铡刀的风车，将那些尚有一丝气息的难民一个个活活铡死，并丢进短咀塘里。鲜血染红了塘水，惨状目不忍睹。

这次血案，赤郭、涂家、火田、铁沙岗等4个自然村，被日军杀死179人，27户成为绝户。

**血洗桥上庵** 1939年9月，一股日军窜扰会埠乡，在吟村枪杀无辜百姓5人，后又扑向桥上庵。他们见人就用刺刀猛捅，举马刀乱劈。面对日军的屠刀，庵中群众怒不可遏，与日军徒手搏斗。由于群众手无寸铁，转眼工夫，几十名群众立即丧命。躲在庵堂后屋的群众见状，打开后门欲跑，很快又被日军封锁了出口。一个叫余珍柳的难民，亡命地抱着女儿夺门而过，霎时被日军刺刀扎中，刀尖穿透其女儿大腿，随又扎入余的腹部，肠子淌出了一地。旁边一个哭叫的男孩，也被日军抓住双脚倒提，并朝庵外大石上猛力一摔，"嘣啪"一声脑浆迸裂。庵里只有刘永智、刘永发和刘烈科受伤晕倒后被压在尸体底下，才免于罹难。这次惨案，共有63名难民遇害，其中有外乡难民36人。

**金家村烧杀惨案** 1939年10月中旬，30多个日军肆无忌惮地在下坑金家村烧杀抢掠，挨家挨户搜查，见箱便翻，见猪牛便杀，见妇女便奸。这时，外地来村里避难的群众有300多人，日军把难民分别关押在义学和花学屋内，然后用绳索将大门扣死，在房屋周围堆满干柴，准备活活烧死难民。

关在义学屋内的难民见状，急中生智砸烂窗户，从窗口逃出去。不久被日军发现，随即在干柴上泼汽油，放火焚烧。刹那间，烈焰腾空，尸体烧焦的臭味熏人作呕，未逃出去的100余难民，全被大火吞噬了生命，无一幸存。

关在花学屋内的另外100多难民，听到义学方向传来的惨叫声，不顾一切地把大门砸开，冲了出去。日军忽然听见花学屋的动静，纷纷持枪围了上来，用机枪火力封锁大门，阻击难民外逃。此时，花学屋内只剩下30多名老弱妇孺，日军也放火将花学屋连人一并烧毁。

（奉新县史志办）

# 上高县调研报告

抗日战争时期,日本侵略军从1938年11月5日至1945年8月2日曾先后4次进犯上高县境内,给上高带来惨重的损失。

1938年10月,日军在攻陷武汉以后,企图进攻南昌、长沙。1938年11月5日清早,日军一架侦察机从南昌方向进入上高进行侦察,大约两个小时后,便有18架日机进入上高县城(即现在的敖阳镇)。当天正好是上高县城的当街日,街上很多人。日机在县城上空轮番狂轰滥炸,并用机枪向街上扫射,群众躲避不及,不少人被炸死在街上。上高一所中学及一所小学的学生都因为无处躲藏被日机炸死几十人,不少房屋被炸倒烧毁。约一个小时以后,18架飞机在返回途中经过上高泗溪镇时,又扔下无数炸弹,以至于泗溪街几乎被炸为平地,泗溪街旁的胡家村也被炸毁几十栋房子。这是日本侵略军第一次侵犯上高。据不完全统计,这次被日机炸死群众、学生743人,毁坏房屋300多栋,县城唯一的石桥(青阳桥)也被日机炸坏。当时目睹此状的人都说,这一天上高县城满街都是血,到处都可见到死尸,令人目不忍睹。

1939年6月15日,日机再次轰炸上高县城,这次造成死伤300多人。这是日本侵略军第二次侵犯上高。

1940年12月27日,27架日机又到上高县泗溪镇轰炸,因为正是泗溪当街,被炸死群众数百人,同时炸毁店房7栋。这一日,泗溪的水眉、姚家两村也被日机轰炸,炸死耕牛400多头,炸死群众数人。经过这三次侵华日机的轰炸,当时上高县城和泗溪镇民众伤亡惨重,店房倒塌,成了一片废墟,农民不敢上市,商人朝不保夕。县城一些较大的店铺,如同春兴栈、中兴隆、广太等商号都先后搬迁到别地经商去了,县城商业一度衰落萧条。

1941年3月,入侵赣北的日军企图以闪电式战术一举消灭赣中国民政府军主力部队,遂对赣中发动大规模的"扫荡"战——鄱阳湖"扫荡"战,以上高为其"扫荡"重点。计划攻陷上高后,即向左旋回,横扫新余、清江(今樟树市)、丰城,歼灭中国军队于赣江两岸,掠夺两岸物资,以解决其经济困难。日军为攻打上高作准备,逐渐把兵力由南昌、靖安、奉新、高安转移到上高境内泗溪乡的胡家、官桥村及野市乡的南村、游家等村。日军首先在这些村庄进行烧、杀、抢、奸。据泗溪胡家村的胡八德、胡明星两位老人回忆(1986年县志办调查资料):1941年3月日军进攻上高时,放火烧毁泗溪胡家村房屋300多栋,未烧毁的只有3栋;杀死村民胡认德、胡顺早等几十人,有十几个妇女被强奸;全村的猪、牛、鸡等全被杀光。另据野市的熊礼生、胡尊也两位老人回忆(1986年县志办调查资料):1941年上高会战期间,日军在游家、明星、南村一带有上万人,日本兵进村后便杀人、烧房、抢东西、强奸妇女。南村的胡耐才被日本兵用马刀砍下了头,茅沙坑村被日本兵杀掉50多人;女的大多数被强奸后杀死,有的还挖去乳房,有的阴道用刺刀穿插。官桥街有位裁缝店的女老板余魏氏20多岁,日本兵来时,因逃避不及,被俘去轮奸后杀死,头上砍了两刀,左乳下也砍了一刀,还把全身衣服脱光。墓田乡第3甲甲长朱世昌,是个50多岁的老人,被日本兵俘去当挑夫,因挑子重走不快,被日本兵用刺刀挑起掷入火中烧死。在官桥有一个讨饭的老太婆也被日本兵杀死在大路旁。泗溪胡家村,有个快要死的老妇,也被日本兵强奸后杀死在屋里。

从1941年2月中旬到4月9日日军战败止,日军在上高境内烧、杀、抢、奸无恶不作,给上高特别是泗溪、官桥等地造成惨重的损失。1941年4月18日《江西民国日报》刊登的一篇该报特派记者熊光励写的《血战后的下陂桥》文章中说:"下陂桥村,除敌留用房保存外,大都成瓦砾、断垣,其西一小村落,房屋为墟,土砖狼藉,尤称惨目伤心。"1941年6月1日出版的《战地文化》上高会战大捷专号《血战后战场凭吊》文章中有这样几段话:"大战后的县城,显出异样的沉静。除了英勇的将士们往来外,就只有不知忧患的麻雀,飞翔于残垣间。""离云头山(即泗溪镇南边不远的一座小山),沿泗水(即漳河)东行,经桥头到泗溪,静静的泗水,呜咽地东流,两岸葱绿的麦田,春风吹得像波涛一般。在往年这时还是'乡村四月闲人少,采了桑麻又插田'的时候,而现在只有几处渡头(即河边摆渡的码头)树影下站着悠闲哨兵。到泗溪,是午后一时,几乎疑心眼花了,几月前熙来攘往的泗溪,剩了一片瓦砾,连狗也没有一只。莺莺招待所门口棉絮裹着一副死尸,有谁葬埋呢?那金添辉煌的招牌,烧不完的半截,埋在土堆中。实属惨不忍睹!"

这次上高会战,据不完全统计,被日本飞机炸毁烧毁的房屋4927栋,估价7774280元(法币,下同),物资损失的估价约263919400元,被杀群众827人。

1945年7月28日,侵华日军从长沙撤退经过上高时,上高境内沿途城乡被洗劫一空。县城河南大街(即胜利路)、横街(即爱民路)的店房全部被烧毁,河南下街头的房屋全部被炸毁。翰堂乡的竹陂头、翰堂街、道陂等村民房被烧毁数百栋。8月2日,日军撤离上高。

1938年11月5日到1945年8月2日,日本侵略军4次侵犯上高,给上高造成人员伤亡和财产损失巨大。据1946年江西省政府统计处编辑的《江西近现代文献资料汇编初稿》有关记载:日军在上高造成人员伤亡4125人,其中死亡2080多人;房屋被毁近5000栋,杀死耕牛1172头,猪、鸡无算,财产损失总值76.19亿元。有关统计数字详见表一、表二。

**表一:抗战期间上高县人口伤亡统计表**

| | 1938 年 | 1939 年 | 1941 年 | 1945 年 | 合计 |
|---|---|---|---|---|---|
| 总人口 | 139625 | 137379 | 126350 | 105972 | |
| 被杀人数 | 734 | 309 | 827 | 210 | 2080 |
| 伤残人数 | | | | | 2045 |

表二:抗战期间上高县城镇财产直接损失统计表　　单位:千元

| 物品名称 | | 价值 | 物品名称 | | 价值 |
|---|---|---|---|---|---|
| 商业部分 | 店房 | 841932 | 电讯部分 | 器具 | 243 |
| | 住房 | 5030 | | 路线设备 | 104 |
| | 器具 | 13171 | | 材料 | 789 |
| | 存货 | 625837 | | 其他 | 2 |
| | 土车 | 179 | | 合计 | 1138 |
| | 船只 | 165 | 学校部分 | 迁运费 | 40094 |
| | 衣物 | 122939 | | 防空设备费 | 20382 |
| | 其他 | 797 | | 疏散费 | 20005 |
| | 合计 | 1610050 | | 合计 | 80481 |
| 航运部分 | 房屋 | 500 | 公教员工部分 | 房屋 | 46407 |
| | 器具 | 36 | | 器具 | 14181 |
| | 码头设备 | 1100 | | 现款 | 16987 |
| | 船只 | 56865 | | 衣物 | 43209 |
| | 材料 | 50135 | | 图书 | 7945 |
| | 修理机械、工具 | 109 | | 其他 | 8229 |
| | 货物 | 112794 | | 合计 | 136958 |
| | 合计 | 221539 | 总　计 | | 2050166 |

上高县史志办(晏同发执笔)

# 宜丰县调研报告

抗战时期,宜丰县虽非沦陷区,但广大人民也深受日军侵略之苦。日机先后多次轰炸了宜丰城乡,给人民造成极大损失,其中以 1939 年 9 月、10 月间的几次轰炸最为严重。据县长黎镜清 9 月 20 日给第九战区司令长官的电报中称:"本县今晨六时,敌机三架,侵入市空投弹三枚,落于南门城外。九时又来三架,先后投弹五次,并以机枪扫射,经两小时始行逸去。县府、党部、司法处、自卫大队部及一、二中队部均遭炸塌,现犹警报频来,无法在城办公,均已暂迁西城外附近。"同日,第一区区长卢琪光亦报告:日军"空袭投弹十七枚,手榴弹六枚,机枪扫射三次,炸毁房屋三十五栋,震坏一百五十二栋,死亡人数十八名,重伤六名,轻伤十三名,无家可归之难民六百余人,估计房屋损失十九万八千余元"。

在 9 月 26 日、28 日、29 日和 10 月 1 日、2 日,日机共出动 49 架次,大肆轰炸龙冈、找桥、碓上、会市、钩形里等地,投弹 160 余枚,炸毁房屋 170 余幢,死伤 19 人,无家可归者 120 人。此外,找桥瓷器车间全部烧毁,禾苗 700 余亩颗粒无收,损失达 26 万余元(法币,下同)。

1945 年 7 月 25 日,日军 4 万余人(包括伪军),由万载分三路窜入宜丰,蹂躏10 余日,于 8 月 4 日始窜离县境。天德、续良、江洲、芳塘、盐步等 5 乡镇,受敌骚扰最严重,广德、新兴、板桥、棠浦、宣化等乡稍次。损失最重的乡是天德乡,日军由板桥、江洲、上高之三泉流窜,全部于 7 月 30 日晚 2 时窜陷天德乡,计兵力 2 万余,马匹 8000 余,前后盘踞 4 昼夜。密林深泽,无处不被搜扰,实无寸土无日军足迹。计全乡被杀及掳去男女老幼 1000 余人,抢去耕牛 2000 余头,杀死肥猪 2000余头,民间粮食公有稻谷被掠殆尽,踏坏暨马吃田禾占总数 60%,衣服杂物焚烧无存,小裕者已贫,贫者如洗。受害惨烈,远超前述 5 次轰炸百倍以上。日军铁蹄所及之处,杀猪宰牛,强奸妇女,无恶不作,有的在米缸酒罐内拉屎拉尿,有的烧屋焚舍。被抓的群众,有的被刀劈、活埋,有的被摔死、枪杀,惨绝人寰。日军在退出棠浦时,当地民众有被屠杀者,满街抛弃猪头牛足,其状极惨。这次日军过境,全县虽有潭山、会黄(今天宝、黄沙地区)、龙冈、太安(今同安)等 5 乡幸免于难,但损失也不轻,仅龙冈一个乡,直接遭受的损失即达 3 万元。

全县具体损失情况见下表:

**抗战期间宜丰县主要损失表**

| 抗战前原有数 | | 抗战中损失数 | 百分比 | 备　　　注 |
|---|---|---|---|---|
| 人口（人） | 100000 | 伤 8874<br>亡 3221 | 12% | |
| 房屋（幢） | 14429 | 3028 | 21% | 其中天德乡原有房屋 912 幢，损失 684 幢，占 75% |
| 田地（亩） | 760000 | 荒芜 10000 | 1.3% | |
| 耕牛（头） | 11200 | 4930 | 44% | |
| 农　具 | | 折合 27900 元 | | |
| 财　产 | | 折合 352900 万元 | | 其中直接损失 172600 万元，间接损失 180300 万元 |

（宜丰县史志办）

# 上饶市调研报告

上饶市地处江西省东北部,浙赣铁路穿境而过,战略位置显要,抗战时期为日军多次轰炸的目标之一。现上饶市所辖的 12 个县(市、区),除德兴市外,其他 11 个县(区)都遭到日军飞机空袭,日机在这些地方投下了大量炸弹,并且部分县、区曾一度为日军所占领,造成了人口大量伤亡和财产巨额损失。具体情况如下:

玉山县伤亡 9059 人,其中死亡 6604 人;烧毁房屋 20921 栋;财产直接和间接损失总额达到 1064658.311 万元(法币,下同)。

广丰县伤亡 7890 人,其中死亡 2311 人;烧毁房屋 8285 栋,损失耕牛 6895 头、粮食 45 万担、棉花 271 担、麻 691 担;财产直接和间接损失总额达到 838396. 63 万元。

上饶县伤亡 4446 人,其中死亡 3501 人;烧毁房屋 1896 栋,损失现款 2800 多万元、粮食 19.9 万担、食油 1370 担、猪 9400 头、牛 2200 头、鸡鸭 4.6 万只;财产直接和间接损失总额达到 1456342.6 万元。

余干县伤亡 787 人,其中死亡 682 人,并造成当年 11 万人逃亡;烧毁房屋 6690 栋、7 处文物、1 万余册图书,毁坏 55 所小学、1 所中学、18 个作坊、2 个矿厂,粮食损失 2400 万斤,毁坏山林 1000 余亩、耕地等 2800 亩,被抢掠畜禽 1.5 万头(只),造成渔业损失 12 万斤,损毁船只 130 艘;财产直接和间接损失总额达到 370964 万元。

鄱阳县伤亡 374 人,其中死亡 227 人;烧毁房屋 2197 栋;财产直接和间接损失总额达到 358932.2 万元。

弋阳县伤亡 373 人,其中死亡 314 人;烧毁房屋 3622 栋;财产直接和间接损失总额达到 336433 万元。

横峰县被杀害百姓 1801 人;炸毁小学 1 所,烧毁房屋 100 余栋、3000 余间房,粮食被抢 10121 担,抢杀耕牛 322 头(占全县总数 14.21%);财产直接和间接损失总额达到 72500.8 万元。

铅山县伤亡 171 人,其中死亡 82 人;烧毁房屋 846 栋;财产直接和间接损失总额达到 337733.8 万元。

万年县伤亡 37 人,其中死亡 16 人;烧毁房屋 162 栋;财产直接和间接损失总额达到 103924 万元。

婺源县军民被杀 211 人;被毁大米 5385 石、稻谷 22866 担,毁坏公路 2 条;财产损失总计为 1282866.9 万元,其中直接损失 2208.5 万元、间接损失 1280658.4 万元。

汇总上述数据,全市抗战时期共伤亡 25149 人,其中死亡 15749 人;全市被日军烧毁房屋 44719 栋;全市经济损失 6222752.241 万元。

总的来看,日本侵略军对上饶的侵犯分为两种形式:飞机轰炸和派兵占领。日军在上饶烧杀抢掠,奸淫妇女,无恶不作,甚至惨无人道地撒播细菌,给上饶人民带来巨大的损失和伤害。

**一、飞机轰炸**

日军对上饶的轰炸较早,在卢沟桥事变日军发动全面侵华战争两个月就开始了对上饶的轰炸,即 1937 年 9 月轰炸了上饶县城广平镇。其他县、区遭受日机轰炸情况如下:

1938 年 8 月 25 日,日机投弹 1 枚,轰炸了今鄱阳谢家滩处。

1939 年 4 月 4 日至 5 日,日机先后多次飞临万年县城上空,并在菜市场上空投弹 1 枚,炸毁民房 5 幢,炸死 5 男 2 女,炸伤 7 人。4 日同时还空袭余干县城,投弹 2 枚,造成 2 人重伤。

1939 年 4 月 9 日,9 架日机轰炸玉山西门,投弹 70 余枚,炸死 100 多人,炸伤 100 人。

1939 年 5 月的一天,日机投弹 4 枚,轰炸鄱阳的响水滩,并用机枪扫射,造成 1 人死亡,3 栋民房被毁。数日后,4 架日机飞临河边福建会馆上空,向一只满载棉花的船只投下了燃烧弹,造成该船烧坏沉没,之后用机枪扫射沿河的民房和船只,打死打伤船民 20 余人,击毁民船数艘。

1939 年 6 月 28 日,30 多架日机轰炸上饶县城水南街,炸死 100 多人,炸伤 100 多人。

1939 年 11 月 16 日,1 架单翼日机朝鄱阳石门街投弹 3 枚,炸死炸伤平民 13 人,炸毁房屋 8 栋。

1940 年 1 月 1 日上午,3 架日机先后在鄱阳镇华光巷河边、婺源会馆门前、后河街、横街、一条巷、二条巷、康王庙等处投弹 12 枚,又用机枪扫射十几分钟,县城居民伤亡惨重,炸死 25 人,炸伤 41 人(重伤 18 人),32 栋民房严重破坏,3 栋全部炸毁。

1940 年 4 月 4 日上午,20 多架日机轰炸上饶县皂头乡(为第三战区长官司令部驻地),下午 36 架日机再次轰炸皂头,炸死炸伤 100 多人。

1941 年 2 月 4 日,4 架日机轰炸婺源县西部东立溪,投炸弹炸毁一辆汽车。

1941 年 3 月 2 日,9 架日机侵入上饶县城上空,从一条巷到四条巷投弹 40 余枚,炸死炸伤 31 人,炸毁房屋 140 栋。

1941 年 3 月 3 日,27 架日机轰炸弋阳县城,投弹 100 余枚,炸死炸伤 300 余人。

1941 年 4 月 4 日,日军出动 60 余架飞机,轰炸上饶县城和皂头,投弹 200 枚,炸死炸伤 100 余人。

1941 年 4 月 15 日,9 架日机飞临广丰县城上空,炸死炸伤 130 多人。

1941年4月中旬的一天早晨,12架日机轰炸皂头,24架日机轰炸上饶县城,造成县城中街(今信州区信江中路)一里多长大街的两旁店铺炸毁,死伤680人,为日机轰炸上饶以来造成人员伤亡最大的一次。

1941年5月15日,9架日机飞抵鄱阳石门街轰炸,炸死2人,炸伤6人,炸毁房屋358栋。

1941年9月9日,4架日机先后在鄱阳石门街上空往返3次,在人们就餐的中午时分,向石门街镇北门村俯冲扫射,并投弹40余枚,当场炸死36人,伤者近百人。

1941年秋的一天,日军9架重型轰炸机再次轰炸鄱阳县城,造成10人死亡,30余人受伤。相隔10多天后,日机再度飞临鄱阳上空,对着北关报岁寺(今养路段)旁停歇的江北客商十几辆棉花车扫射,死伤3人。并在北关、县城隍庙、县积谷仓、高门七胜庙、张王庙、天主堂等地,投弹多枚,炸死20余人,炸伤10余人。日机后又向监狱投弹,死伤犯人20余人,另有10多个犯人趁乱逃跑。

1941年冬,日机轰炸玉山县城大西门到小西门一带,炸死100多人。

1942年4月的一天,8架日机轰炸玉山县城,炸死100多人。

1942年4月25日,日机轰炸婺源高沙,投弹炸死马一匹,并造成人员伤亡。

1942年5月10日,3架日机袭击鄱阳石门街,炸塌报警台、"荡寇公园"、东门口、老屋坦和民房40余幢,15人当场丧生。

1942年6月15日,日机轰炸余干瑞洪、梅溪、南墩,炸死200人。

1942年6月中旬,日机轰炸玉山县横街乡,炸死100多人。

1943年11月8日,4架日机轰炸鄱阳石门街曹家祠堂,投下燃烧弹12枚,引发大火,1420余幢民房、商店、店铺化为灰烬。

日军在对上饶空袭期间,共出动飞机600余架次,造成伤亡人数达3500人。

**二、派兵占领**

日军不满足于对上饶的轰炸,随着战事的深入,在浙赣线战役打响后,日军开始大规模入侵上饶,旨在控制浙赣铁路。1942年5月13日,日军第13军从杭州出发,沿富春江和浙赣铁路西进,向中国军队第三战区东部发动攻势。5月下旬,日军第11军从南昌沿浙赣铁路东进。面对日军的进攻,数倍于日军的国民政府军却不敢正面迎战,节节败退,驻上饶的第三战区长官部机关及所属部队匆促向闽北大山区撤退。占领南昌的日军第14独立旅,以兵舰10艘、汽船50余只趁鄱湖水泛涨之机攻占余干县康山。6月7日、15日,日机在余干县瑞洪、梅溪、东源一带投掷炸弹,炸死驻地国民政府军水上别动队和平民200余名,流弹打死20余人。继而在画眉嘴村投弹,炸死村民18人。见瑞洪民众乘船外逃,日军即以机枪追赶扫射,打死11人。21日晚,日军进占余干县城。

5月23日东线日军包围攻陷了浙江金华和兰溪,接着长驱直入,于6月12日攻陷玉山县,13日侵占上饶县和广丰县。西线日军于6月29日攻陷弋阳县,7月

1日与东线日军会合于横峰县。至此,浙赣线被打通,浙、赣两省沦陷区内的机场全部被摧毁,直至8月20日日军才全部撤出上饶地区。其中余干县被日军占领时间最长,达77天,上饶、广丰、玉山三县均为70天。沦陷期间的上饶,日军为所欲为,大肆杀戮,手段极其残忍。

玉山县为日军杀害人数最多的县。姜家村有40多户人家,被日军杀绝了10多户。在下镇乡嘉湖村,日军把抓到的10多个村民集中到村公庙前,用机枪扫射。三里街一次被杀100多人,陈家塘和舒家塘里堆满了尸体。

日军在广丰县杀人最多的地方是在县城东南的大石乡虎头背山。山上驻扎了近200名日军。日军把周围村庄路过此地的老百姓和进庙烧香拜佛的群众统统抓到山头杀害,500多具尸体填满了一条山沟。山下拱桥村40多户人家,逃不走的被杀死27人,一时竟成了无人村。一户周姓人家,女主人和4个子女全部被杀。在湖墩乡(今河北乡),日军一次性地杀了73人。农历六月七日,日军又调动600多人枪,夹击排山镇,进行大"扫荡",挨家挨户把房屋洒上硫磺、汽油,然后一把火,把整个排山镇700多户3000多人口的房屋烧为灰烬。日军在8月20日撤出广丰前,还在三十二都用刺刀杀害了村民108人。同时,为了扫清撤退道路,火烧洋口镇,火势持续了5天5夜。

日军在上饶县城郊汪家园和荷叶街大肆杀戮,一次性杀害村民60余人。在灵溪,日军把被抓来的村民40多人押到信江桥头,刺杀后踢下河,鲜血染红了一片信江水。在郑家坞村,日军杀害了20多人。

在余干,日军进犯梅溪,打死村民20多人。在清水渡,日军拦截30多只难民船,将船上难民5人一绑,丢入河中,活活淹死数十人。日军还制造了县城念佛堂惨案,杀死了36名平民。在城郊十里村,一名日军丧心病狂地用刺刀挑起一个不满3岁的婴儿玩耍取乐,刺刀由婴儿腹部进,从背部穿出,鲜红的血不停地流下来,其状惨不忍睹。

在弋阳县城,一谢姓居民在井边打水,被日军抓住绑在门板上,当场给活活摔死。

### 三、奸淫妇女

日本侵略军在滥杀无辜、烧毁房屋、掠夺财物同时,还干着灭绝人性的勾当——奸淫和杀戮妇女。他们入侵到哪里,就在哪里搜寻妇女强奸轮奸,手段极其残忍。

日军入侵上饶县姚家坪乡,把抓来的60多名妇女关押在西庙,进行集体奸淫后,强迫这些妇女赤身裸体在庙前的百级台阶上爬上爬下,供他们观看取乐。在朝阳乡黄村,日军强迫40多名妇女脱光衣服,用锅底灰抹在她们身上,驱赶她们下水塘捕捉鸭子,然后再奸淫她们。一妇女忍受不了如此奇耻大辱,以头撞石而死。在弋阳东罗村一栋民房内,日军强奸了30多名妇女。

许多妇女遭强奸后,还惨遭杀害。关押在广丰虎头背山庙里的妇女,大都被奸淫后用刺刀杀死,裸体丢入山沟死尸堆中。玉山古城附近一名青年妇女正在田里劳动,被日军抓住轮奸,奸后将一根旱烟管用力捅进其阴道致死。日军在太子庙抓到一名孕妇,轮奸后用刺刀割其乳房,挖其阴道,再剖腹从子宫中取出正在孕育中的胎儿。

对宁死不从的妇女,当即杀害。上饶灵溪乡姚家村一杨姓孕妇,被抓后极力反抗,日军强奸未遂,便将她按倒在地,把桌子压在她身上,几个日军站在桌子上跺脚,活活夺去她和腹中胎儿的生命。鄱阳乐亭乡妇女曹玉莲、段氏等5人坚拒不从,被日军用刺刀杀死。

### 四、撒播细菌,制造瘟疫

日军在入侵上饶的1942年7月、8月间,在铁路沿线的玉山、广丰、上饶三县部分地区还撒播了带有鼠疫杆菌的跳蚤,致使这些地方在日军撤退后不久就发生了鼠疫。在日军撤退后约一个星期,广丰县城东街田里、小南门和五都等地发生腺鼠疫,此后造成了600余人死亡,其中仅东街田里死亡就达42人。12月,上饶县城发现鼠疫患者66人,该县沙溪镇发现鼠疫患者12人,均全部死亡。

玉山县曾作为日本侵略军的细菌战试验场,成了上饶地区的瘟疫传播的重灾区。1942年8月21日日军撤出的当天,日机在玉山岩瑞镇宅前村上空撒下了一些像稻草灰般的东西。村民黄林凤的哥哥到村边水沟里捕鱼,当天晚上就发高烧身亡。其他不少村民身上突然长起了疙瘩,用手一抓则破皮流血流脓,身上的肉也一块块往下掉,直至露出白森森的骨头,不几日便死去。还有的村民发烧发寒,把人折磨得几近疯狂后在痛苦不堪中死去。黄林凤一家10余口人大都这样先后死去,最后只剩下她一个人。村民祝腮菊一家13人,先后死去10人。短短几个月里,有600多人口的宅前村死得只剩下100多人。

中共上饶市委党史办(李庆峰执笔)

# 广丰县调研报告

## 一、县情概况

广丰县地处江西省东北部最东端,县境西接上饶县,北毗玉山县,东邻浙江省江山市,南连福建省浦城县、武夷山市;南北长62.5公里,东西宽45公里,总面积为1380平方公里。20世纪40年代,全县设2区、3镇、27乡。1941年,全县总人口296778人,1942年为294700人。

抗战时期,广丰县是个农业县,农民为主体,农村土地高度集中在少数地主手里,多数农民少地或无地。地主阶级凭借土地对借租农民征收高额的田租,进行残酷的剥削,加上各种苛捐杂税,广丰农民生活始终处于水深火热之中。

当时广丰经济很不发达,除农业外,工业主要有股份棉纺织厂、煤矿、刨烟厂和粮食加工厂。1933~1940年,据调查,广丰重要煤田有排门等处,储量为1200万吨,上孚、枧底等地有小煤窑。各地煤矿场为地主士绅私人经营。

## 二、抗战时期人口伤亡、财产损失情况

抗战时期,从1941年农历三月十九日日军飞机轰炸广丰县城开始,到1942年农历七月八日日军撤出广丰,这期间,广丰县共死伤7890人,其中死亡2311人、受伤2509人、失踪3070人,毁损房屋8285幢,损失耕牛6895头、粮食45万担、棉花271担、麻691担,造成经济损失838396.63万元(法币,下同)。

1. 狂轰滥炸,伤亡重大。

日军侵犯广丰,是从飞机入侵开始的。1941年农历三月十九日和四月二十三日,日军飞机两次对广丰县城狂轰滥炸。农历三月十九日,9架日机分三组由浙江边境窜入广丰县城上空,第一组3架在城内盘旋侦察后,向西门外飞去,随即又旋回县城中心,在纪宅塘沿前门的戊午小学投弹,炸毁校舍及民房多间,同时投弹一枚在小北门石灰塘沿,有一户名叫夏瑞家的全户在家6人,加上亲家共8人,全被炸死;另二组6架日机在城内大街大井头至县政府门口,投弹17枚,把广丰城的中心市街上40多栋商店炸毁。这天适逢圩日,伤亡甚大。农历四月二十三日,又有3架日机从县城西门方向窜入城内,在西门外巷村投弹,炸毁民房多处。据调查统计,日本侵略者飞机两次轰炸县城,炸死、炸伤150多人,受灾户222户,造成经济损失230709万元。

2. 部队入侵,烧杀淫掠。

1942年农历四月三十日,日军从玉山县入侵广丰,占领广丰县境北部大南、壶峤、东山、下溪、城郊和县城,又向西南推进,侵占洋口、鹤山、大石、塘墀和五都镇。农历五月三十日,日军另一部从玉山县八都镇入侵,占领施村、吴村、玉田、排山、杉溪等地。同日,又一股日军从浙江江山市入侵,占领管村、社后等地。至此,

广丰全县 30 个乡镇,除盘岭、鳌峰两乡外,均已沦陷,沦陷区 29168 户,占全县总户数的 66.4%。日军所到之处,极端野蛮残暴,实行杀光、烧光、抢光的"三光"政策,奸淫掳掠,惨无人道,沦陷区人民生命财产损失惨重。

特别令人发指的是,农历五月十一日,日军盘踞在县城东南约 7 公里的大石乡虎头背山以后,把虎头背山边的一条十几丈深的山沟当做屠杀中国人民的杀人坑。日军到处抓人,把抓到的村民和过往百姓绑到山上,先强迫百姓做苦工,为他们修哨所、筑工事,运输弹药和抢劫来的财物等。活干完了,将百姓捆绑起来,蒙住双眼,拉到山边,挥刀劈去,再一脚将尸体踢入杀人坑。日军在虎头背肆虐了近两个月,杀死百姓达 500 多人,其中男的约 450 多人、女的约 50 多人,500 多人中老的 400 人左右、少的 100 人左右,年龄最大的有 70 多岁、最小的出生不到一个月。山下拱桥村原有 40 多户人家,逃不走的被杀死了 27 人,一时竟成了无人村。一户周姓人家,女主人和 4 个子女全部被杀。祝家老母 60 多岁,被日军绑在马尾巴后面,任凭马蹄踢、烈日晒,受尽折磨,奄奄一息,最后日军残忍地将她踢下山沟。日军败退后,人们在杀人坑收捡了 18 担白骨。

农历五月十九日,日军到排山镇搜抢财物时,当地百姓奋起抵抗,击毙日军大尉、中尉军官各一名。第二天日军便出动大批人马蜂围排山镇,屠杀无辜百姓 73 人。农历六月七日,日军又调动 600 多人枪,对排山进行大"扫荡",挨家逐户把房屋洒上硫磺、汽油,然后一把火,把整个排山镇 700 多户 3000 多人口的房屋烧为灰烬。

日军在农历七月八日撤出广丰前,在三十二都用刺刀杀戮村民 108 人;同时为了扫清撤退道路,火烧洋口镇,火势持续了 5 天 5 夜。

日本侵略军对女人的侵害更是令人发指,无论是 80 老妪还是几岁的幼女,甚至是缺胳膊少腿的残疾妇女,只要落入日军手中就难逃蹂躏,而且手段极其野蛮残忍。农历五月初,日军刚占据县城,就四处活动,从各地抓来妇女,赤身裸体,鞭驱入城供日军奸淫。有的妇女中途不走或稍有反抗,就被绑住双脚,轮奸后掷入水塘;日军则用手抓头发,连续多次提上掷下,直至死亡。关押在虎头背山庙里的妇女,被奸淫后用刺刀杀死,裸体丢入山沟死尸堆中。

3. 撒播细菌,扩散病疫。

1942 年农历七月八日日军撤退前,在广丰县居民区施放带有鼠疫杆菌的跳蚤,在日军撤退后约一星期,广丰县城东街田里、小南门和五都等地发生腺鼠疫。据调查统计,此次腺鼠疫死亡达 600 余人,其中东街田里死亡达 42 人。

中共广丰县委党史办(徐齐武执笔)

# 横峰县调研报告

横峰县位处江西省东北部,历史悠久,源远流长。明嘉靖三十九年(1560年)建县,原名"兴安",1914年1月改名横峰;东邻上饶县,西界弋阳,南连铅山,北靠德兴,县域地貌呈菱形,境内东西北山丘连绵,南缘信江、地势较为平坦。全县总面积655平方公里,大体呈"七山半水二分田,半分道路与庄园"的格局。现辖7乡2镇,总人口21万。这里山川秀丽,人杰地灵,民风纯朴,生机盎然,是一片充满神奇和希望的红土地。第二次国内革命战争时期,方志敏、邵式平、黄道等革命先驱曾在这里领导过叱咤风云的革命斗争,创建了闽浙(皖)赣革命根据地。在当年腥风血雨中,横峰6万人民就有2万儿女参军参战,为中国革命的胜利做出了重大牺牲和杰出贡献。

1934年10月,土地革命失败,苏维埃政府解体,国民党政府恢复了对横峰的统治,仍属第六行政区。1939年,上饶县之港边乡二十六都(今港边乡善塘、港边村和龙门畈乡土岩村)划归横峰;1940年,上饶县二十五都(今龙门畈乡鲁村、宜兴、洋叶村)划归横峰;1942年,弋阳一区青琬乡第二保上畈张家(今上畈村)和烈桥乡之溪畈何家坝划归横峰,同年又将铅山县仁义乡之一部(今莲荷乡杨梅岭、立塘)划归横峰。经过多次调整,至此县境大体与现辖区基本相同。

## 一、日军曾在横峰会师

1937年七七卢沟桥事变后,中国抗日战争全面开始,直到1942年,抗日战争进入了第六个年头。中国军民的浴血奋战,打破了日本侵略者灭亡中国的军事迷梦。随着珍珠港事件和太平洋战争的爆发,在长期交织战争的消耗下,日本帝国主义内外交困,深陷泥潭。为了摆脱其困境,军事上,日本最高当局命令驻上海的日军第13军和驻武汉的第11军急速在中国战场上拼凑兵力,发动浙赣战役,妄图占领浙赣线,进而打通粤汉线,同时彻底摧毁浙、赣境内的衢州、丽水、玉山等机场,目的在于减轻对日本本土的空中威胁和鼓舞日益低落的士气;政治上,促使汪伪政权的统治扩展到苏、皖、浙、赣的纵深腹地;经济上,进一步掠夺这一地区丰富的战略资源,支援太平洋战争,达到"以战养战"的目的。在这一战略目标的支配下,5月15日,日本驻沪第13军以泽田茂为总指挥,调集了5个师团、3个混成旅团10多万兵力,分五路向浙赣线东段的浙江境内国民政府军第三战区发起进攻,向西进犯。同时,驻武汉的第11军,调集了6个师团和4个旅团的兵力,在阿南惟几的指挥下,于5月31日,从南昌地区出发,沿浙赣线铁路两侧发起进攻,向东推进,配合和策应从浙江西进的日军。浙、赣两地的日军,东西呼应,齐头并进。6月15日,由浙江西进之日军在占领上饶、广丰后,于6月29日与东进之日军在横峰会合,打通了浙赣铁路线。

日军对横峰的进攻和占领,激起了中国军民的抵抗和反击。7 月 29 日,国民政府军第 21、第 25 军所属部队,夹击侵占横峰县城的日军第 34 师团及岩永支队所部,迫使日军弃城而逃,横峰县遂告光复。

**二、侵略罪行罄竹难书**

日本侵略军在横峰会师之前,就派出飞机对横峰县境进行了狂轰滥炸。在县城,岑阳中心小学被炸毁,炸死学生 1 人;国民政府军第三战区在莲荷的军事训练基地,更是多次遭到轰炸,日机投下的燃烧弹将这里的房屋烧了两天两夜。

当年,小小的横峰县城,居民不足千人,房屋不过百家,日军 2 个旅团以上的兵力涌进时,不论公房私宅全部被侵占,凡是吃的、用的全部遭洗劫。日军还窜到铺前、龙门、青板等地烧杀抢掠。

据《横峰县志》记载,当时不完全统计,1942 年日本侵略军侵占横峰期间,共烧毁房屋 100 余栋 3000 多间,杀害民众 1801 人,奸淫妇女 200 多人,抢去粮食 10121 担,抢杀耕牛 322 头(占全县耕牛总数的 14.21%),其他财物损失无数。1942 年 11 月 7 日,江西《民国日报》以《劫后灾情,怵目惊心》为题,报道了日军侵入横峰等县的暴行。

中共横峰县委党史办(万有红执笔)

# 婺源县调研报告

## 一、县情概况

婺源县位于江西省东北边陲。南邻德兴县,西南毗乐平县,西连浮梁县,东接浙江省开化县,北界安徽省休宁县。抗战时期境内总面积 3173 平方公里(1949 年划浙东乡和裔官乡的回岭背村归安徽省休宁县、1954 年划虹川乡的周坑与回家坑两村归乐平县之后,现总面积 2947.51 平方公里);辖 5 区 2 镇 33 个乡,人口在 14 万~19 万间浮动。

县境处黄山和天目山余脉之中,因受溪流的冲刷切割,峰峦叠嶂,峡谷幽深。地势由东北渐次向西南倾斜,平均海拔至 100~150 米之间。东北群峰屹立,巍峨挺拔,以大鄣山主峰擂鼓尖为最高,海拔 1629.8 米;西南丘陵绵亘,周溪乡小港村旁河床处最低,海拔 33 米。境内天然水系发育旺盛,流泉密布,溪河湍急,穿插于重山峡谷之间。集雨面积大于 100 平方公里的河流有 10 条,总长 516.4 公里,流域面积 2621.9 平方公里,为鄱江南源乐安江上游。地处中亚热带,属东南季风温暖湿润气候,年平均气温 16.7℃,年均降水量 1821 毫米,无霜期约 252 天,全年日照 1868.4 小时。

农业是婺源的经济基础,自古以来以粮、林、茶种植为主。境内山多田少,且多是依山麓开垦为田,由于水利失修,技术落后,灾害频繁,所以在 37.7 万余亩的可耕地中,已耕地只有 30.8 万亩。当地农民终岁勤劳,仅得收获一遭。极少数好田可种两季稻,亩产在 300 斤之谱,大多数亩产只有 100 斤左右,丰年时亩产约 150 斤。种植业中,林木、茶叶虽为出产大宗,"然林难成而戕害者多"。1931 年后,国民党军队为"围剿"赣东北红军,一批批进驻婺源,强迫民众伐木建碉堡、筑工事,近处山场的木竹大片大片遭受毁耗;加之当时缺粮,百姓到处毁林垦荒种植杂粮,亦致森林严重受损。茶叶生产,据 1935 年 4 月调查,全县茶园面积有 17.2 万余亩,产量 32680 担。日军侵华后,交通阻塞,茶叶滞销,茶价低贱,茶叶生产急转直下,1937 年仅产茶 19388 担,1942 年继续下降至 9000 担左右。婺源民间流传的"茶叶不抵钱,磨碎当黄烟";"茶价贱如糠,茶捐凶似狼,茶农沿门讨饭飘异乡"歌谣,是为当时现状的真实写照。

当时婺源工业几乎是一张白纸,仅有一些零星分散的茶叶、食品加工和土布、土纸、砚台、墨锭、纸伞、木竹器具等私营手工业作坊;商业贸易亦是凋敝,虽然昔日婺源从商者众,十户之内"商之家三",但多经商外埠,境内商业却十分萧条,只有一些经营茶叶、木材、布匹、杂货、纸张笔墨的私商小店;交通方面,1934 年 6 月开通了婺源至德兴县白沙关公路,1938 年 7 月开通了婺源至景德镇公路,但这两条公路均因日军逼境,奉令毁坏。

## 二、人口伤亡情况

婺源县城坐落于万山之中,由于山川险阻、交通闭塞,日本侵略军未能足践邑境,但日军侵略,同样给婺源带来严重损失。

据1985年《婺源县志(稿)》记载:"民国三十年(1941)二月至次年八月,日本侵略者的飞机四次窜扰婺源上空,投弹袭击。第一次是民国三十年(1941)二月四日,日机四架在县西部东立溪上空投弹,炸毁当时路过的浮梁县瓷业运输汽车一辆。第二次于民国三十一年(1942)四月二十五日,日机三架在县中部高砂上空,窥见途中有乘马一匹,疑有重要人员,开枪扫射。第三次于同年八月二十二日,日机一架在县城南门正街投炸弹两枚,一枚在何家巷第四号'达生杂货店'后面空中爆炸,一枚在先儒街第三十号'怡和祥洋货店'晒楼上爆炸;随于同日七时五十分,日机窜至县东江湾,投炸弹一枚,炸死一人(男)。第四次在同年八月二十四日,日机一架又在江湾投弹两枚,弹落旷地。"

抗战期间婺源人口伤亡情况,除上述日机投弹袭击炸死1人外,《婺源县志(稿)》中又载:按"婺源县出征抗敌军人家属优待委员会"统计,1937年至1941年,全县出征抗敌阵亡士兵有136人。另外,新中国成立后曾三次对革命烈士进行普查和复查,核实抗日战争中牺牲的革命烈士有74人。

根据以上不完全统计,抗战期间,婺源全县因战争死亡至少在211人以上。

## 三、财产损失情况

1945年,为了清查战争给各地所带来的损失,江西省政府于8月28日省务会议通过了《江西省抗战损失追查办法》。随后,省政府统计处组织人马,历时4个月,终将调查工作完结,于1946年写出《江西省抗战损失调查总报告》。

据《江西省抗战损失调查总报告》,抗战时间,婺源所受损失,总价值达1282866.9万元(法币,下同),其中直接损失2208.5万元,间接损失有1280658.4万元财产直接损失包括:店房2栋,价值22.5万元;器具39件,价值2.5万元;存货4580件,价值2182万元;衣物5件,价值1.5万元。财产间接损失包括:(一)机关部分共计9821.5万元,其中迁移费93.6万元、防空设备费2363万元;救济费7364.9万元;(二)农业部分,可能生产额减少996811.1万元;(三)商业部分,可获纯利额减少271206万元;(四)公用事业2818.6万元;(五)埋葬费(江湾炸死之人)1.2万元。

财产损失除上述外,另据《婺源县志(稿)》记,全县为抗战付出的有:1937年至1942年,"婺源县出征抗敌军人家属优待委员会"发给出征抗敌军人家属优待谷22866担;1938年至1944年,"婺源县难民救济支会"(后改"赈济会")分别在县内赋春、中云、江湾、清华、东溪设收容所5个,又在全县各主要通道上沿村设茶水站、稀饭站、住宿站78处,收容救济从日军侵占区逃出来的难民101998人,发大米5376石;1937年至1944年,摊缴飞机捐款380063元;1939年征收防空壕建筑费3400元,征收抚恤慰劳费12727元;1939年至1941年,征募寒衣代金4000

元,征募劳军代金 10000 元,征收受训学员捐 7448 元,征收战时特种营业税 61417 元;1943 年募缴新年春节劳军款 3322030 元;1944 年摊派江西省第五区驻军副食经费 7390 元、公粮大米 9 石;1945 年募救济基金 407260 元。

综上统计,抗战期间,婺源全县因战争造成财产损失总值达 12832884735 元、大米 5385 石、稻谷 22866 担。

中共婺源县委党史办(陈爱中执笔)

# 铅山县调研报告

铅山县地处江西省东北部,北邻横峰,西连弋阳、贵溪,东毗上饶县,南与福建省光泽、崇安县接壤。抗战时期,日军对铅山进行了多次轰炸和侵扰,少数乡还被日军一度占领。

## 一、档案资料记载

抗战期间,铅山县城河口镇屡遭日军飞机轰炸,现根据当年河口镇警察局《工作日记》实录如下:

1939 年 4 月 16 日晨 5 时,日本飞机 9 架,由上饶空袭河口镇。次日下午 4 时,又有 1 架日机侵袭河口镇。

6 月 4 日上午,日机 3 架由上饶窜入河口上空盘旋,用机枪扫射,然后向弋阳方向飞去。

6 月 14 日上午 9 时,日机 2 架,经河口镇时用机枪扫射。

6 月 15 日上午 9 时,日机 6 架在河口镇汽车站、药王庙、十字弄、复兴路口等处投弹 12 枚,炸坏旧汽车 4 辆、房屋 6 栋,震坏房子 15 栋。稽引喜、韩子章被炸身亡,艾金秀(女)、符金元、邱桂花(女)、黄水发被炸伤。

7 月 11 日下午 3 时,日机 2 架,从贵溪方向飞抵河口镇,在公路附近投弹 4 枚,在清湖桥投弹 1 枚,后循原路飞回。

1942 年 7 月 6 日下午 2 时、8 月 8 日上午 8 时和 8 月 9 日上午 9 时 30 分,日机前后 3 次共 33 架次袭击河口镇。其中 8 月 8 日上午 8 时,日机 9 架空袭河口镇,共投弹 50 余枚,其中燃烧弹数枚,自小桥弄至金利合药号,金家弄至林板桥两旁房屋起火,大火焚烧一日一夜。

1942 年 6 月初,汪二、仁义、双港(今属弋阳县)等乡沦陷,入侵汪二乡的日军约 300 名,百姓被迫上山躲避,不少人躲避不及而惨遭蹂躏;县境东北部与上饶毗连的青州、上古埠、下古埠等地也遭到日军侵扰。

据《江西统计提要》记载,抗战期间,日军对铅山的直接践踏和空袭河口镇所造成的直接、间接损失如下:死亡 82 人,其中男 41 人、女 22 人、儿童 19 人;重伤 46 人,其中男 24 人、女 10 人、儿童 12 人;轻伤 43 人,其中男 14 人、女 23 人、儿童 6 人;损失房屋 846 栋;财产总损失 337733.8 万元(法币,下同),其中直接损失 34985.3 万元、间直损失 302748.5 万元。

## 二、调查采访情况

1. 日机轰炸湖坊。据梅华光、郑希文两位老人回忆:1942 年农历六月上旬,国民政府军第 100 军军部和第 108、第 75、第 19 师由弋阳经铅山湖坊撤退福建。第 100 军军部临时驻扎在湖坊镇的"乩坛",同住一屋的尚有 10 来位未及时疏散的乡亲。一天上午9时许,2架日机飞临湖坊上空,向刚刚撤离的第100军军部驻扎地"乩坛"投下6枚炸弹,整个"乩坛"顿时一片火海,王金顺家9岁的女儿王水兰被炸死在房间,王松亮的父亲右腿被炸塌的房梁压成残疾,郑希文左手食指被弹片划裂(至今伤痕犹在)。

在轰炸湖坊之前,日军追击第100军至双港时,曾隔河炮击湖坊崖山方向,发炮弹几十枚。

2.据河口夏运桥(90岁)、支玉禄(81岁)、张荣旺(76岁)等老人回忆:日军飞机轰炸河口有10多次,以至人们都熟悉了上午8~9点钟是日机轰炸的时间。日机在投炸弹的同时,一般还要投硫磺弹,那硫磺弹黏着房子烧。当时河口镇居民大多被疏散或投亲靠友去了,房子只能任其烧焚。最惨的一次可能是1942年5月间的一天下午3点左右,18架日机对河口狂轰滥炸,用机枪对地面人员扫射。刘大告的老婆在港背乘船逃难,被日军用机枪打死。这次大轰炸,一些没及时疏散的居民被打死、炸死多人,整个河口都陷入一片火海之中。由于以前居民住的都是木质结构房子,加上人们逃难走了没有人救火,大火一直烧了两天一夜。据估计,仅这一次河口被炸被烧的房子就有四五百栋。

日军飞机对河口的十几次轰炸,使大量的居民无家可归。有的人搭建简陋的茅草屋而居,有的人背井离乡逃难他处,有的人饿死,有的人缺医少药病死。

3.据孙银财(80岁)、孙有财(76岁)等老人回忆:1942年6月初,一大队日本兵由弋阳义仁经双港到汪二镇。他们在汪二烧杀抢掠,残害妇女。由于大多数人都已逃避山林,没来得及走的人不是被捉住打死,就是被抓去当挑夫或当劳工。在汪二街上,一个打长工的人被日军发现,无端用枪打死;在汪二乡的马家用枪打死一人;有一个叫顺福的老人,被日本人捆住双手,从山岩上推下摔死;一个随大人躲避在山上的小孩因发高烧得不到医治而死;在汪二的徐家、马家,日军捉了多名妇女进行奸淫。还捉了多人带走,知道名字的有吕桂东、牛仔巴子(结巴)、发而巴子(结巴)三人,自抓走就没有回来。日军还放火烧了朱公庙。

4.据刘水香(75岁)回忆:日本兵从上饶方向来到石溪银村等地,我当时12岁,他们在我家弄饭吃,吃完后把粮食、花生甚至连碗全部抢走;我知道他们还用枪打死一位在河里捕鱼的老人,其他人的家里也遭到日本人的抢劫。

中共铅山县委党史办(厦园胜执笔)

# 万年县调研报告

万年县地处江西省东北部,西北邻鄱阳,东北毗乐平,东连弋阳,东南接贵溪,南界余江,西靠余干,总面积 1135 平方公里。抗日战争时期,日军对万年县境进行了多次轰炸,并窜入一些村庄烧杀抢掠,奸淫妇女,无恶不作。

### 1. 日机轰炸许家、笱源坞

1938 年农历一月十六日,1 架日机从东南方向飞来,侵入万年珠山桥镇上空,先在附近许家投放 1 枚炸弹,接着又飞抵万年峰,于笱源坞又投下 1 枚炸弹。这 2 枚炸弹因落在山坞,未造成人员伤亡。

### 2. 日机轰炸县城陈营镇

1939 年农历四月四日是儿童节,上午,万年县城小学数百名少年儿童整整齐齐排着队,聚集在西门广场开会。这时,"嗡嗡"地飞来 1 架飞机。起初大家不知是敌机,没有在意,直至飞机低低地掠过广场上空,隐隐约约地看见机翼上膏药一样的标记,才纷纷向四处逃散,寻找安全的地方躲避。日机在广场上空盘旋一阵之后,向西北方向飞走了。

四月五日下午 1 时许,1 架日机从北面上空冲县城陈营镇飞来。在菜市场上空不停地盘旋,然后倏地挨屋顶擦过,投下 1 枚炸弹。一声巨响,一幢临街而立的旧式民房随声倒塌,顷刻变成瓦砾之场。日机又在北大街接二连三地投下 4 枚炸弹,其中 3 枚爆炸了。杂货铺老板彭老三同店内伙计李心远倒在血泊之中,彭老三的嫂嫂被一块弹片削去半个脑袋,栽倒在自家门前。姓饶的妇女正想躲到安全地方去,因怀孕行动不便,也被炸死在街头。北大街药店老板朱朝兵左腿被弹片炸断,直至飞机走后,人们才把他送到抗敌后援会进行抢救;由于其腿难以保留,做截肢手术,因失血过多而死去。

事后,有关方面对这次日机轰炸进行调查。据统计,共炸毁民房 5 幢,炸死 5 男 2 女,炸伤 7 人,被炸坏的家具什物无法计算。

### 3. 日军窜犯射林村

1942 年 3 月初,日军侵入余干县黄金埠镇,该镇不少人逃到万年县射林村避难。

日军侵犯余干黄金埠时,曾遭到驻扎此地的省保安团的抵抗。双方激战后,保安团自知不是日军的对手,急忙向万年方向撤退。经射林时,住一宿,然后退往县城。日军闻讯后,于 1942 年农历五月二十七日派出一个排的兵力约 40 余人,半夜从黄金埠出发,二十八日凌晨 4 点到达射林村。

人们听到村里一片狗吠声,赶忙开门察看,不料是日军进了村。人们还未及关门,日军便冲了进去,一进屋就翻箱倒柜大肆抢劫,有的见人就抓。全村处于一片惊慌恐怖之中。

一位妇女见日本兵进了村,赶忙携带 15 岁的女儿逃走,不幸在村前戏台边被日军撞见,抓住她的女儿强奸。农民张则恭躲在自家楼上见日军要烧房子,连忙从楼上爬下来搬东西,日军大声呵斥,举起刺刀朝他肩上砍去,顿时鲜血直流,他只好捂着伤口走开。

最惨的是农民张克黄,他见日军进村,急忙拣了些衣物,拎着个包袱逃走,刚出村,迎面走来两个日本兵拦住他的去路,抢夺他的包袱,他紧紧搂着不放。这两个日本兵嗷嗷直叫,举起刺刀朝他刺去。张克黄惨叫一声,立即倒在地上。日本兵并不就此罢休,还一人一下,连戳了 18 刀,直戳得血溅一地,当场毙命。

农民张炳均刚从床上爬起来,听见村里吵吵嚷嚷,正待开门,只见院子外站了十几个日本兵。他想从后门溜走,刚一迈步,一个日本兵破门而入,举起枪对准了他。这时,一个妇女从他家后门逃走,被这伙日本兵发现了,他们像饿狼见了羔羊一般,一齐向这个妇女扑去。张炳均趁机一头钻进屋旁的下水道,进去一看,里面已挤了 20 多人。

日军杀人抢掠之后,又放火烧屋,一时村里浓烟滚滚、火光冲天,不到半天,十几幢房屋被烧成灰烬。

上午 9 时,日军才离开射林而去。

射林惨遭浩劫后,十室九空,田地荒芜,到处是一片惨相。该村民众曾联名向县政府写了一份报告,呈报灾害:"5 月间寇兵不时驰来,肆其惨无人道之兽行、演成空前之浩劫。淫秽焚杀惨不忍言,全村灾况,岂可数计。尤以难民等身所遭灾更为惨重。房屋被毁共 15 幢,尽成瓦砾之场;田地荒芜共 150 余亩,悉长盈膝之草。民等劫后余生,困苦不堪"。

### 4. 日军进犯烧桥

继射林被日军劫掠之后,邻村烧桥亦遭日军侵扰。

1942 年农历六月七日上午 9 时左右,日军约 100 余人荷枪实弹,抬着两门迫击炮,从余江黄庄乡进犯烧桥。农民张志书和许集峰的儿子正在村里舂米,见日本兵来到面前,往河里跳。日军立即举起枪将两人打死。农民张志荣正在村前象子岭割草,发现日本兵进村来了,对着村里高声大喊:"日本鬼子来了,大家快走呀!"几个日本兵举枪射击,张志荣应声倒下。

日军冲进村里,四处抓人抢劫。有一人朝苏桥镇方向拼命逃跑,日本兵紧追到离苏桥一里地的罗武峰下。峰上庙内住持连忙敲钟报警,苏桥居民纷纷逃走。日军大为恼火,爬上罗武峰放火把庙宇烧掉了。中午,日军在苏桥杀猪宰鸡,午饭后架起两门迫击炮,朝万年县城方向连发十几颗炮弹。临走时还放火烧房,抓了10 多个人返回余江。

### 5. 日机轰炸"黎明号"

1942 年端午节过后,时正涨水,鄱阳湖水满。一天,日军 10 多艘武装汽艇由长江开进鄱阳湖。国民政府海军驻鄱湖舰队发现日艇行动后,即刻派出"黎明号""福兴号"两艘军舰迎战。"黎明""福兴"两舰在湖口附近与几艘日艇相遇,双方展开阵势,开起火来。经过一番激战,双方均有伤亡。此时,日军汽艇陆续赶到,前后十几艘汽艇同时向"黎明""福兴"两舰冲来。"黎明""福兴"见日艇势众,只好边打边撤,向余干方向驶去。

"黎明""福兴"两舰撤至余干马背嘴停泊。不一会,几位群众前来报信,说一队日本兵约七八十人已向马背嘴开来。"黎明""福兴"得到急报,立即起锚,掉转头向康山方向开去。日艇却早已在康山设下埋伏。当"黎明""福兴"两舰刚刚驶入康山时,立刻被10多艘日艇团团围住。双方交起火来。"福兴号"在战斗中不幸被日艇击沉,舰长金××身负重伤,为国捐躯。"黎明号"朝日艇猛烈开炮。一艘日艇被击中,另一艘日艇急忙前来救援,"黎明号"又向前来救援的日艇冲去,日艇来不及躲避,立即被撞翻,两艘日艇几乎同时葬身湖底。黄昏时候,"黎明号"冲出重围,离开鄱阳湖,顺着乐安河连夜向万年方向开来。

第二天上午10时许,"黎明号"开到石镇镇处河内,不多时一架日机直冲石镇飞来。这架飞机在石镇上空时而盘旋,时而俯冲,足足找了几十分钟,终于在石镇河内发现目标。顿时,人们向四处疏散,石镇处于一片慌乱之中。

日机发现目标后,即刻返航复命去了。"黎明号"舰上人员对日机的跟踪早有戒心,他们趁日机返航复命之机,迅速把舰只开到对河李家村堤岸边一棵大树下停泊。抛锚后,他们把舰上的枪炮弹药和军用物资一一搬上岸,以防轰炸。舰长对士兵们说,日军决不会就此罢休,一定要来轰炸,我们做好准备,给予还击。随即命令士兵在堤岸边架起枪炮,迎击前来轰炸的日机。当地群众见后,连忙进言道:"千万不能打,要打整个村将会被炸毁。"为了群众的安全,舰长只好命令士兵收起枪炮,迅速隐蔽起来。

十几分钟过后,这架日机"嗡嗡"地又冲石镇飞来,不时用机枪朝地面扫射。日机在"黎明号"附近上空盘旋一阵之后,猛地俯冲下来,投下两枚炸弹。"轰隆"一声,一颗在河里爆炸,喷起1丈多高的水柱;另一颗投入河中后没有爆炸。日机随即又用机枪扫射了一阵后飞走。

没过多久,这架日机又飞来了,在空中稍作盘旋,再投下两枚炸弹。1枚落在李家村边一幢靠近堤岸的旧式民房上,随着一声巨响,民房倒塌,幸未造成人畜伤亡;另一枚落入河中没有爆炸。日机见两次投弹都未击中目标,便疯狂地用机枪向地面扫射,之后,又"嗡嗡"地飞了回去。

过了一会儿,这架日机再一次飞来,先是一阵机枪扫射,接着投下两枚炸弹,在"黎明号"附近爆炸了。随着两声巨响,喷起两股高大的水柱,"黎明号"剧烈晃荡。飞机上日军以为击中了目标,迅即飞走。

日机走后,当地群众对舰长说,待在这里不是长久之计,一旦被日军发现,是不会罢休的,最好的办法是把军舰开到安全的地方去。舰长听从了群众的建议,为了保全"黎明号",直开到乐平张家桥才停了下来。张家桥有条小港湾,直通乐安河,两岸古木参天,遮天蔽日。"黎明号"便开进这条港汊内,舰上再覆盖了一些树枝,就在这里隐蔽起来。

后来,日机连续几天又飞到乐安河上空寻找"黎明号"的下落,结果一无所获。此后,日机也就没再来了。

"黎明号"在张家桥港汊内停了几个月,又开回石镇镇处河内停泊。直到1945年日本投降,"黎明号"才开回南昌去。

中共万年县委党史办(邓荣平执笔)

# 余干县调研报告

余干县地处江西省东北部,信江下游,鄱阳湖东南岸。境内西北有一部分鄱阳湖水面,与新建县的鄱阳湖水面相连;北与鄱阳县交界,顺时针方向依次与万年、余江、东乡、进贤、南昌诸县接壤。总面积为2331平方公里。余干县历史悠久,物产富饶,素有"鱼米之乡"美称。抗日战争初期人口为276308人,时有耕地面积99.88万亩。盛产粮棉油猪和其他经济作物,尤以水产资源为优势,有得天独厚的天然渔场。然而,当时的余干交通闭塞,经济落后,全县除少数手工作坊外,大多数以农业和渔业为主。

1942年6月5日,日军侵入余干县境,6月21日进占余干县城,余干沦陷,直至8月20日日军撤出。在此期间,日军到处杀人放火,奸淫掳夺,给余干人民带来了深重的灾难。

## 一、人口伤亡

1939年4月4日上午,日军1架飞机空袭余干县城,先是机枪扫射,继而投掷炸弹2枚,居民2人受重伤。

1942年6月5日,占领南昌的日军第14独立旅以兵舰10艘、汽艇50余只,乘鄱阳湖水泛涨之机攻占余干县康山镇。6月7日和15日,日军飞机在瑞洪、梅溪、东源一带投掷炸弹,炸死国民政府军水上别动队和民众200余人,流弹打死20余人;继而在画眉嘴村投弹,炸死村民18人。瑞洪民众乘船向进贤境内逃,日军用机枪追赶扫射,打死11人。

同月21日晚,日军进占县城,四处纵火,当晚烧死西街朱报喜的妻子朱婆婆等10余人。

7月上旬,日军窜到石溪张家村,挖开圩堤,全村被洪水淹没;随即用枪射击出逃人员,当场打死3人。县城西街周连兴被日军捉获后,推下河去,活活淹死。20日,日军在清水渡、马背咀、张家港一带劫掠逃难村民船30余艘,全部放火烧毁,并将捉获的难民每五人并合一绑,投入河中,活活淹死数千人。黄金埠株桥管家境内,有一船难民被日军发现,船上20人,被杀死18人,只有2人侥幸逃脱。23日,在古楼埠,日军将捉获的数十人捆绑后,全部投入水中溺死。

8月,日军在县城十甲村,将一个3岁婴儿用刺刀从腹部刺进,由背后穿出,举起玩耍。同月中旬,日军在县城把捉获的100余人关在念佛堂庙内,然后在庙的四周泼上煤油,纵火焚烧,除奋力逃脱者外,被烧伤、杀死的有36人,酿成了震惊全县的念佛堂惨案。

日军在余干对妇女的摧残迫害行为惨不忍睹。据《余干县志》记载:1942年7月7日,20多个日本兵肆意在县城大庭广众之下奸淫妇女后,还不准她们穿衣服,让她们赤身裸体做"牛马"游戏,供日兵取乐;8月18日,日军在徐家湾村搜出6个妇女,也被他们奸污。

## 二、财产损失

日军进入余干后,几乎每日都要大肆纵火烧杀。1942年6月22日凌晨,日军在县城东山岭鸣枪纵火示威,东山书院、禅林古刹首先被焚烧。此后,日军在县城多次纵火。7月2日烧毁民宅2家。尤以7月23日最为悲惨,当日天将亮时,日军兵分四路,满城纵火,烧了两天一晚,绵延烧及小南门的神庵、民房、店屋和西门外的一些村庄,共烧毁店房和民房2000多幢,烧死10余人。28日,第四次在县城纵火,补烧未毁的残屋。至此,县城成为一片废墟。东山书院、魁星阁、法慧寺、文庙、考棚、禅林庙、东岳庙等一批古老建筑(文物)全部烧毁,损失惨重。

在乡村,日军所到之处同样是烧杀掠夺。7月4日焚烧龙津村附近各处。7月7日烧二十八都各村,次日再烧。7月24日第三次烧二十八都,同时又烧余家渡、韩家及附近各村,入夜抵蔡坊村住宿。7月22日,日军分成两路,一路烧五都垣内的段家、神湖、小溪坂、高家、戴家、案头黄家、徐家、肥皂树、华林岗、横湖桥等村,一路烧二都圩内之汤村、戴家埠、雷家渡、松园万家、彭家湾、彩潭、严溪渡等村;与此同时,驻扎在紫溪岭的日军窜到邹源,烧毁全村民房。7月25日,烧蔡坊全村,接着开往古楼埠,烧毁全镇及九都堂埠、岗头、谢家园、五都章家山、前后墩、枫树滩等村。7月28日第四次烧二十八都各村。8月1日烧二都前徐村。8月2日第五次烧二十八都遗留的村庄。8月3日烧花园桥附近各村。8月4日烧大溪渡下首的更家村。8月5日烧上乡之马鞍山村。8月7日烧潼湖、安居、店上、洪田渡、下塘等村。8月8日烧下乡之梅溪镇和仓前村。8月9日烧西岗张家村。8月10日烧坪上塔尾村。8月11日由龙津至黄金埠沿信江一带烧五六处,尤以黄金埠烧得最惨,大火彻夜不息。8月18日烧樟树韩家村。8月20日,日军将驻地龙津焚毁一空,即率部返回南昌。

从1942年6月5日日军进入余干到同年8月20日撤出,共77天里,日军在余干县共杀死平民602人,其中男388人、女148人、儿童66人;杀伤81人,其中男54人女23人、儿童4人,致残27人;纵火焚毁房屋6660幢,其中店屋2663幢、民房3997幢。共计经济损失3709640227元(法币,下同),其中公家损失177790700元、私家损失3531849527元。时有11万人逃奔他乡流浪,造成的经济损失无法估量。

中共余干县委党史办(江辉灿执笔)

# 鄱阳县调研报告

鄱阳县位于江西省东北部,鄱阳湖东面,境内有一部分鄱阳湖水面。东邻浮梁县、景德镇市(1949年4月29日,浮梁县解放,景德镇划出建市)和乐平县,南毗万年县和余干县,西接都昌县,北连彭泽县和安徽省东至县。其土地总面积在新中国成立前约有4500多平方公里,1949年后,先后于1951年、1956年、1983年划出一部分地区入余干、浮梁、景德镇、都昌等县市,现土地总面积为4214.68平方公里。其人口,在抗日战争时期有40万左右。

抗战时期,鄱阳县虽然不是日军占领区,但也同样遭受到日本侵略军的摧残。

1938年8月25日,日本侵略军派出飞机对鄱阳县境进行第一次空袭,在三区畈上陈家(今属谢家滩镇)投下了一枚炸弹,从此鄱阳城乡天空中经常出现日机,恐怖笼罩着整个鄱阳县。

1938年初夏的一个清晨,一架日机飞到鄱阳县城上空,在施家巷投弹一枚,炸倒民房两栋,炸死一位姓花的老太婆及一个孩子,炸伤3人;随后在华光巷、李家巷投弹炸倒民房2栋、损坏4栋,烟酒局某师爷夫妻两人还未起床,被炸得血肉横飞;接着又在务巷口一带俯冲,用机枪扫射,打死打伤船民数人。

1939年5月的一天,日机9架由北向南从响水滩上空掠过,然后折回,在响水滩境内投下4枚炸弹,并用机枪扫射。其中一枚炸弹落在响水滩大屋村内,炸毁房屋两栋;一枚落在响水滩集镇北面的庙宇旁,将庙宇炸毁;一枚落在响水滩小学旁边的河道里,只炸了一个大坑;一枚落在响水滩下屋村,炸死1人。

同年5月的一天,又有4架日机窜到县城上空,稍一盘旋,便投下炸弹炸倒天主堂北面房一栋。在此几个月前,天主堂的外国神父做了一个很大的"十"字架,安放在屋顶上,认为这样可以避免日机的轰炸,可是这次天主堂内仍是吃了炸弹,有一修女也炸成重伤。当这4架日机窜到河边福建会馆上空时,见一只大抚船装满了棉花,投下燃烧弹,顿时棉花着火,火光冲天,不一会大抚船烧坏沉没。日机还在立和酱园投下一枚燃烧弹,将该店烧得精光;又在元泰豫门口投下一枚燃烧弹,因四周没有易燃之物,未引起大火。日机盘旋了十几分钟后,用机枪扫射沿河民房和船只,沿河民房瓦片纷飞,打死打伤船民20余人,击沉民船数艘。此后,不隔几天,日机便来鄱阳县城扫射或轰炸,鄱城人民惶惶不可终日。

在这朝不保夕的艰难日子里,县城居民为了避免随时可来的家毁身亡的厄运,每天黎明,家家便吃早饭,携带"防空袋"(布制长袋,内装账簿、票据等重要物件及一些干粮),到城郊空旷而隐蔽的地方"躲飞机",至太阳西沉才回家。当时,全城白昼都紧闭门户,工人停工,商店歇业,一片死寂。傍晚,商店才开半门,卖些油盐杂货。

1939 年 11 月 16 日,一架日机由北向南飞至鄱阳县与安徽东至县交界的石门街,投弹 3 枚,炸死炸伤男女群众 13 人,炸毁房屋 8 栋。

1940 年间,日军飞机先后 37 次侵入鄱阳上空,轰炸了县城、石门街、漳田渡、谢家滩、香炉山、黄家弄、田畈街等地,共炸死炸伤 167 人,炸毁房屋 324 栋。其中的 1 月 1 日上午 9 时,日军 3 架轰炸机由西向东侵入鄱阳县城上空,在鄱阳镇华光巷河边、婺源会馆门前、后河街、横街、一条巷、二条巷、康王庙等处投弹 12 枚,又用机枪横行扫射十几分钟,县城居民被炸死 25 人,炸伤 41 人(重伤 18 人),32 栋民房遭到严重破坏,有 3 栋房屋被完全炸毁了。

1941 年间,日军飞机先后 43 次侵入鄱阳上空,轰炸了县城、石门街、响水滩、万家圩、莲湖朱家,炸死炸伤 101 人,炸毁房屋 800 栋。其中的 3 月 2 日,日军 9 架飞机侵入县城上空,从一条巷至四条巷投弹 40 余枚,炸死炸伤 31 人,炸毁房屋 140 栋;5 月 15 日,日机 9 架轰炸石门街,炸死 2 人,炸伤 6 人,炸毁房屋 358 栋。同日,日军由湖口向石门街一带进犯,驻防的国民政府军逃跑,日军沿途烧杀劫掠,三天内共杀死 17 人,烧毁房屋 526 栋,劫夺财物无数。

6 月 15 日上午 8 时许,一架日机自西南方向而来飞至石门街上空盘旋两圈,尔后一个俯冲,在中街(左边是拆衣店,右边是理发店)投下重磅炸弹 4 枚,落于豆腐店厨房,致使早饭后正在洗刷碗筷的老妪徐某下肢炸飞,两间厨房炸塌,炸地面积 203 平方米,财产损失达法币 4000 余元。

9 月 9 日中午,由西面飞来的 4 架日军轰炸机,在石门街上空往返 3 次。开始人们以为日机是路过石门街,出外躲藏的人们返回家中用餐。突然,重又飞转回来的日机,自刘坝塘(现该镇北门村)开始俯冲扫射,直打得塘水白泡成串,继而 4 架轰炸机轮番轰炸,巨大的重磅炸弹从天降落,猛烈爆炸,砖瓦、尘土飞腾而起。群众四处奔逃,有的当场中弹毙命,有的受伤哀号。

更有甚者,当这 4 架日机发现石门街白虎塘内侧藏有大批隐蔽的群众时,连续集中投弹 40 余枚,当场炸死 36 人,伤者近百人。随着人流躲进石门街桃树园内的村民姜氏,一颗炸弹在她身边爆炸,她被气浪掀至十几米远,当场死去,怀中抱着的孩子脑袋被弹片削掉,姜氏死了还紧抱着无头缺肢的孩子。村民周得宝两个大儿子刚躲进桃树园,也被炸得肢体横飞,当场毙命。整个桃树园残尸遍地,被炸飞的人肉碎片挂在树枝梢头。

自此之后,吓破了胆的人们,每当听到砻谷的响声,都误以为是日机又来轰炸,惊吓得弃家逃窜。

同年秋的一天,又有 9 架日军重型轰炸机侵入县城上空。起初,飞机绕过县城而去,不料突然折回,停在空中,没有俯冲就掷下大批炸弹。从二条巷至四条巷、上宦岭至府门口等地,都遭轰炸。三条巷一个卖旧衣的老人及其儿孙等,全家被炸死;染布作坊一家 6 口,也全炸死。东门口可大果子店少老板康大毛、管事黄湘云两人被埋在瓦砾堆里,不是抢救得快也都死了。路上行人死伤 30 余人。上宦岭后的万年墩有个小防空洞,躲入3个珠湖农民,结果洞被炸塌,3人被活埋而死;其中一个17岁的姑娘是上街来买陪嫁物品的,她母亲在日机走后,寻得女儿尸体,哭得死去活来。被炸后的地方,死尸都是缺胳膊少腿的,惨不忍睹。被炸的房屋东倒西歪,有的成了瓦砾场。这次被炸房屋计有145栋。这天夜晚,家属或亲朋来收殓死尸,棺材店的棺村几乎卖空了。隔了十多天后的一天上午,又来了6架日机,盘旋了一会,对着北关报岁寺(现养路段)旁停歇的十几辆棉花车扫射,死伤3人;并在北关、城隍庙、积谷仓(现体委)、高门七胜庙(这里设有"鄱湖警备司令部")、张王庙、天主堂等地,投弹多枚,炸死20余人,伤十几人;后又向监狱投弹,死伤犯人20余人,未伤者,除脚上带有重铐的外,几十个犯人全都逃跑了。

日本侵略军为了占领鄱阳,加紧了对鄱阳县城和乡镇进行空袭,搞得城镇店铺、工厂停业,水上交通停航,居民下乡逃难,过着朝不保夕的流浪生活。乡村农民购买日用杂货非常困难,也无心耕作。城乡人民均无宁日。

在1941年至1942年间,县城居民躲飞机疲于奔命,但有些一日不做事一日不得食的穷苦百姓,则抱着侥幸心理,白天仍待在家里做工。他们把棉絮厚厚地铺在桌面上,空袭警报响了,他们便躲在桌下,不是直接被炸弹命中的话,即使房屋倒塌,可以避免一死。入夜,全城进行灯火管制,有玻璃和明瓦的,均以黑布蒙上,不露一丝光线。夜间如有警报,则全城灭灯,漆黑一片。

1942年4月后,可说是日机天天来县城盘旋侦察。有一架水上侦察机,飞得极低,有时连飞机上的驾驶者都看得清楚。一天,这架飞机从张王庙至东门口散发了黄白两色32开的传单,上面写着:"大日本部队早已准备紧迫攻略饶州之势。饶州是主要军事重地,如果不派人到日本部队来,就把饶州化为焦土,越快越好"。县城居民看到这传单后,惶恐之极的居民和商家店铺纷纷疏散到乡间去。

5月10日上午10时左右,3架袭击石门街的日机自西南飞来,直扑石门街"警报台"(当时乡政府专设一座三层楼的警报台,以为报警之用),一个俯冲,连投重磅炸弹22枚,以致"警报台""荡寇公园"和东门口、老屋坦等高层建筑以及民房40余幢,连同小店铺均遭炸塌,15人当场丧生。村民龚某和皮匠店黄某被炸得血肉横飞,头颅、身躯、四肢四散飞出老远。"荡寇公园"的风景树枝上挂着断肢残肉,楼亭残壁上溅满了斑斑血迹。有一妇女被砖瓦石压在下面呻吟,奄奄一息,她那6岁的孩子惊慌失措,一边哭一边给母亲喂水,施救者无不落泪。

5月,日军舰艇泊于乐亭乡长山、堂荫等村旁,艇上日兵先后两次窜入村中,村里未逃跑的人多被日兵打伤,船只和鸡犬以及乡公所的枪支被洗劫一空。妇女曹玉莲、王段氏、段王氏、陈王氏等5人,日军欲奸淫,她们抗拒不从,5人均被杀害。村民因避难山野受风雨侵袭,染病死亡的有20余人,还有很多人逃往外地下落不明。

6月3日后,鄱湖洪水猛涨,日军兵舰和汽艇已驶入龙口,汽艇还游弋到双港一带。入夜,舰艇上的探照灯已照射到县城永福寺塔顶上。6月中下旬,河水不断上涨。6月26日上午，日军向鄱阳县城进犯，以重炮掩护，海军陆战队在尧山登陆。他们在登陆时，曾遇驻扎在尧山的江西省保安第16团第4中队的抵抗；该中队因力量不支，很快败退。日军在尧山登陆后，兵分几路直向县城北门和小巷口，舰艇由双港进逼高门。途中，日军在青龙山停歇了一下，酒瓶、罐头瓶扔满一地。他们来到金祝夏家，遇上一哑巴农民，日军叫哑巴带路，哑巴不知所云，日军认为他是装哑巴，结果把他舌头割下，又一枪把他打死。日军窜到附近烟舍边，见里面有一青年妇女，就把她轮奸了。

这时，鄱阳县城官方机关人员和保安团队早已撤迁，日军一路没有再遇任何抵抗，很快便占据县城。入城后，即盘踞在银行内（郭西庙上首），四周构筑工事，禁止行人。日海军人员入夜退入舰艇，白天则出来奸淫掳掠。日军在县城四处抢掠财宝、古董、字画，很多人悬挂的中堂、对联、条幅被洗劫一空。医师陈云家有一幅很好的油画，也被劫去。几个日军在磨子巷城墙上玩耍，见一个歪脖子的锯木工人，开玩笑似地把他打入水中淹死了。高门有个妇女，被3个日军轮奸了；五条巷和六条巷有两位老妈妈，也被日军奸污；德化桥一个30多岁的妇女被几个日本兵轮奸。此外，在柳树巷、张王庙等地，日军还强奸了十几个妇女。有一天，日军窜到永福寺塔下的观音堂，在大门上写了"大日本神山炮队重艇部队来饶一番"几个碗口大的字。日军兵舰在鄱江窜上窜下，肆意横行。有一次，日军的汽艇驶到义仓附近搁浅了，从此，汽艇再也不敢向上游驶进。

7月3日，日军舰艇自动撤离鄱阳县城向鄱阳湖驶去。

日军占据鄱阳县城虽然时间不长，可是他们的暴行却是罄竹难书，很多居民家破人亡，损失惨重。现在80岁以上老人回忆国难深重的往昔，无不义愤填膺！

1943年7月16日，日本侵略军的飞机还轰炸了距离县城北不远的小村庄——十七里弄，炸死炸伤10人，毁坏房屋5栋。有一架飞机对着县城东不远处的江家岭村正在耕地的农民江焕海两兄弟投下了一枚小炸弹，幸好兄弟俩未被炸伤。

11月8日下午3时，4架日机又自西南方而来，飞临石门街的曹家祠堂上空，盘旋不到一圈，即投下燃烧弹12枚，致使曹家祠堂当即起火，一时间烟雾弥漫，火借风势向南、北、西三个方面延烧，火舌吞噬着一个接一个的商店、民房，店铺被烧塌，群众也死伤不少。这次大火连续燃烧三天三夜，无人救火。绝大部分民房、店铺及高层建筑被大火焚烧化为灰烬，幸存无几。此次损失达法币2580余万元。

自1940年至1943年，3年多时间，日军先后出动轰炸机120余架次，少则1架，多则16架，不分昼夜，不论大年三十，还是正月初一，轮番轰炸石门街，造成城内商店关门，机关不能办公，街上不见行人。长年居住在石门街的来自安庆、祁门、徽州、景德镇等地的大批商人，都弃商逃回各自的老家。保安团、情报收集所、赣皖边区联防指挥部，也纷纷移防到乡下；乡政府迁移到离镇3华里的柏树下村办公；国民政府军第14、第17师都频繁移防，大批军用物资转移到乡下。

据一位老太太吴爱莲回忆,1944年4月6日上午,日军几架飞机又来到了石门街上空。当时她25岁,家住英家洲(现称桃树园),国民政府军第17师师长徐元勋就住在她家里。她清楚地记得日机轰炸英家洲的情形,日机一次投弹就炸死男女群众28人,英家洲的土地都被血染红了,血腥难闻,桃树枝上挂满了残臂断肢和模糊的血肉,其惨状目不忍睹。中午,日机又来了,在南门头投下4枚炸弹,炸毁了东岳庙,庙中许多大小菩萨也毁于一旦。由于日机不分昼夜地轮番轰炸,致使石门街许多群众纷纷外逃,街上基本没有行人,石门街一派萧条景象。

日军飞机既炸城市又炸乡村,既炸群体又炸个人,既炸陆地又炸水上,见有人的地方就轰炸扫射,到了灭绝人性的地步。"永发"轮遭难就是许多惨案中的一例。1944年6月20日下午2时,鄱阳赣北轮船总局"永发"号客轮途经鄱阳湖独山(渚山)附近,突然遭3架日机袭击。同月23日,鄱阳县警察局局长石德信给县政府邓县长《呈报永发轮船上旅客被敌机击毙情形》的调查报告中说:"案据鄱阳赣北轮船总局呈称:查本局行驶谢家滩班轮永发号,于本月二十日由谢家滩驶回县城之际,于下午二时途经鄱阳湖渚山(即独山)附近,突遭不明国籍飞机三架袭击,始以机枪扫射,继以钢炮轰击,致将该轮后部毁坏,计伤亡旅客船役十七名,落水淹死者二名(据在场船员姚水生说,当时载客110余人,至少死了30多人,10个船员就死了4个——笔者注),该轮因被击,迨至二十一日上午十时方行到达。恳请速派员警维护……据此当即派巡官胡永清率巡警前往警戒,一面派警将受伤者七名送县医院诊治,死尸十名经函请鄱阳地方法院检察处验明后,分别责由各家眷认领,其中尚有三名无人认领者亦均掩埋。落水淹死二名复经前往打捞无着,所有旅客遗留行物,经本局会同水警队、鄱江镇、轮船局当众检查登记保管,分别寻觅发还,理合将该轮被击伤亡旅客船役处理情形呈报请鉴核。计附《鄱阳县永发轮船旅客船役被敌机击中伤亡姓名调查表》一份。"

1937年全国抗日战争开始后,鄱阳人民与全国人民一道,积极投入抗日洪流之中。

1937年9月,为阻止日军从长江西进武汉,在江西九江彭泽县的马垱一带,建筑长江防线,鄱阳奉派石方87000立方,用20吨以上船只52艘,将石块运抵马垱水道,连船带石一并沉入江底。

11月,继江西省抗敌后援会之后,组成了鄱阳县抗敌后援会。12月,在县城和谢家滩设立难民收容所,截至1939年7月,共收容难民45000多名,后将难民分配到各区进行安置。

同年6月27日午后,日军出动30架飞机,在长江中下游上空横冲直撞。当日机飞至鄱阳县珠湖上空附近时,其中一架突然发生故障,滑翔坠落在珠湖东门的白沙洲,飞行员小笠原胜义已跳伞着陆。当地农民闻讯,三五成群,纷纷组织搜寻逃跑的日军飞行员。第三天上午,小笠原胜义终于被范亮子、范甘矮子等6个农民抓获,并缴获短枪一支。农民们将俘虏送交乡公所,后由县转押到南昌去了。

那架飞机后来也由有关部门拆运走了。

1939年,为阻止日军入侵,鄱阳县奉命堵塞角山、龙口、双港、珠湖山、祝君岭、黄泥港、猪婆山、九女山、东门等河港湖汊,合计征用民夫、船夫、木工、铁工、石工共950人,征用铁锚8501斤(船户锚几乎用尽)、竹木11074根、民船80只。此外,还奉命构筑"国防"工事,其范围广,工程大,仅马石路一带(即香炉山、东坡岭、烟囱岭、舒家桥、树口一带),就征用民夫156000名、杉木31698根。与此同时,还奉令破坏交通道路,征用民工59772名,破坏公路、铁路共180公里,连人行道路也被破坏309公里。

1942年,日军侵犯鄱阳,江西省水上警察总队第一中队队长兼驻鄱办事处处长蒋豫生,指挥鄱阳湖方面各队舰艇抵抗日军,在马背咀与日军舰艇激战一昼夜,驻康山的第三队队长杨靖山被俘,不屈被杀害。同年6月26日,日军进犯鄱阳,省保安第16团第4中队队长严德培率队抵抗,打死日军7人。

1943年10月,鄱阳县奉令开展"一县一机"运动,至次年3月1日,全县各界劝募3架飞机款60万元(法币,下同)。

1944年至1945年1月,鄱阳县有不少青年学生参加青年远征军(据有关史料记载,抗日战争时期,鄱阳县参军参战青、壮年29224人)。

据1946年4月的《江西省抗战损失调查总报告》记载:日军入侵鄱阳县后,全县伤亡人数为374人(据现在的粗略统计有600多人);直接经济损失为880012元,其中包括县属各机关建筑物、器具、现款、图书、文卷、医药用品等项计12803元,全县学校房舍、图书、仪器、医药用器等项计8888元,农林牧副渔各业包括房屋、器具、粮油、竹木、禽畜、农具、渔具、衣物、水产、运输手车等项计520698元,工商、运输、银行等事业及公教人员财产损失共计311257元,医疗费20973元,埋葬费5393元。但据1995年中央文献出版社出版的《江西抗战纪事》第224页记载,鄱阳县财产损失为358932.2万元,被毁房屋1160栋。

中共鄱阳县委党史办(段广华执笔)

# 日军对上饶地区实施细菌战的调研报告

## 一、历史背景

1940年,日本侵略军由于遭受到中国人民的奋力反抗,中国抗日战争进入了相持阶段,他们速战速决的幻想被现实打破,不得不采取"大持久战",强化政略、谋略攻势。加上日本在中国东北统治形势日益恶化,于是日本对中国制定了"帝国要更加使政略、战略、谋略一体化,尽全力迅速使重庆政权屈服"的方针,细菌战便成了日本向中国政府施加压力和对华经济掠夺的一个惨无人道的谋略手段而加以实施。

1942年4月,美军B—25轰炸机从太平洋上的航空母舰起飞,对日本东京、名古屋等城市进行首次空袭,然后返回降落到浙江、江西的军用机场,日本朝野震动。为了防止类似的进攻,日军统帅部决定发动浙赣战役,阻止美军使用该地区的机场。日军参谋本部决定把细菌战与陆军的地面进攻结合起来,即在日军作战略退却时,在铁路沿线、机场附近施放细菌,使机场所在地区变为传染病流行区,阻止中国方面修复和再次使用这些机场。

## 二、实施过程

在华中地区的侵华日军南京"荣"字1644部队进行细菌战,即日方所谓的"保号作战",具体的作战过程主要有三大"远征作战",即1940年在浙江、江西实施的细菌攻击,1941年在湖南常德实施的鼠疫战,1942年在浙赣铁路实施混合的细菌战。也就是说,上饶市曾受到1940年、1942年两次日军细菌攻击,以1942年的为主。

1940年6月5日,日本驻中国派遣军作战主任参谋井熊男与参谋本部的荒尾、增田等人就"保号作战"进行了协商,于9月18日开始了细菌战的实施,参战部队由中国派遣军司令部直接指挥,负责人为石井大佐,使用的伤寒、霍乱、副伤寒、鼠疫和炭疽病菌等细菌是由哈尔滨平房细菌工厂专门运到杭州的,攻击的地点包括江西的玉山和浙江的宁波、衢州等浙赣铁路的重要城市。截至10月7日,共进行了6次细菌攻击,对玉山的攻击至少有一次,具体攻击方法是使用飞机在4000米以上高空采用"雨下法"撒布鼠疫蚤,作战使用的飞机机场为临近南京的句容机场。1942年,日军"荣"字1644部队协同731部队从浙江金华进入江西,一开始,日军是在1940年撒布细菌地区金华一带休息、住宿,用水时出现感染患者万人以上,死者达1700人以上。7月20日,日军不得不重新研究布置对浙赣沿线进行细菌战的计划,拟定对玉山投放鼠疫带菌跳蚤、疫鼠以及黏有鼠疫干燥菌的大米,采取在日军撤退时在居民已逃亡地区撒布细菌的方法,以返回居民为目标,通过"细菌—媒介—人"的传染方式,造成无人地带。1942年8月3日,日军对玉山等7个县攻击部署结束,20日撤离玉山等地向衢县集结,25日,细菌战罪魁祸首石井四郎亲自到衢州部署细菌战具体作战计划。日军细菌部队沿其撤退路线采用多种方法实施了细菌战,26日到31日的6天内,石井一方面派飞机在中国军队的阵地及防空区撒布带鼠疫的跳蚤,一方面派部队撒播细菌。从实施的方法上看,从原来的地面撒播、活体注射,逐步形成以地面撒播、空中撒布、谋略投放等相结合的立体方法。日军大规模实施细菌"地面传染法",用伤寒菌和副伤寒菌污染蓄水池、水井、建筑物的办法进行细菌攻击,在食物中注射细菌,污染食物以传播瘟疫;从玉山经由浙江开化、华埠至常山,从广丰经由浙江新塘边、清湖至江山,投放霍乱等病菌。

1942年8月21日,日军突然撤离上饶县城,第二天日机在马皇庙投下细菌。从这年10月19日开始,死神就一直威胁着马皇庙的居民,至今可查的共有8家19人死于鼠疫。在距马皇庙不到1000远的太子庙,在短短的一个月时间就有15家以上超过33人死于鼠疫。11月,上饶县城居民张桂炎避难,将鼠疫病菌传入沙溪镇,造成9人死于鼠疫。

### 三、受害情况

#### 1. 受害地区

细菌战受害地区为玉山县、上饶县、广丰县。玉山机场是江西境内的军用机场,是日军攻击的主要目标。日军走了以后,流行病突然爆发,而且是大面积的爆发,并且集中在两个区域:一是玉山机场周围大约20~30平方公里范围;二是沿浙赣铁路线,从浙江省江山县的贺村镇到江西省玉山县的下镇镇长达15公里左右的区域。疫病流行的情况非常严重,这地方两次受过日军的细菌侵害。另外,1942年,上饶县城马皇庙和太子庙一带,广丰县的永丰镇和上饶县的沙溪镇几个地方都大面积地流行过鼠疫。

#### 2. 受害病种和发病症状

1942年5月27日,日军参谋本部有关细菌战的协商会议确认了本年使用的细菌有霍乱、伤寒、副伤寒、鼠疫。另外,日军对玉山使用了炭疽病菌攻击,受害者主要表现为全身的皮肤溃烂,尤其以腿部的症状最严重,烂脚、烂腿、生疮,流脓水或黄水,流到哪里就烂到哪里。细菌战受害幸存者描述:1942年日军撤退后,有的得了大肚子病,肚子里生皮块;有的拉肚子,上吐下泻,既拉红又拉白;有的症状忽冷忽热。上饶、广丰流行的鼠疫,症状先是头痛、发烧、恶心呕吐,继而昏迷,双足无力,连行走都困难。

#### 3. 死亡人数

根据玉山县的调查,1942年6月12日日军占领玉山,8月20日离开后实施细菌攻击,造成当地平民大量死亡。下镇镇毛宅村原有500多人,瘟疫后只剩200多人;岩瑞镇田畈村梅花墩原有100多户,只剩16户;关山桥村的蔡家,只剩蔡顺花和她女儿两人;宅前村原有600多人,只剩下300人;龙头山、老虎窝、关坑、五村坛、杨家畈、上腮蓬、下腮蓬、五里洋等村和周围地区,基本上死光了。日军731部队第一部雇员古都良雄在供述中提到,在玉山有中国战俘营两处共囚3000人,日军用注入了伤寒菌和副伤寒菌的烧饼投给俘虏吃。目前,死于细菌战的中国军方人数是无法统计的。1940年的细菌战也没有死亡记载。另外从现有资料来看,1942年上饶县、广丰县鼠疫病例至少有120人,同期鼠疫病例的死亡人数是118人。以上是至今可查的受害人数,可能实际数字远不止于此。

日军的残暴行为和实施的细菌攻击,给上饶地区带来了严重恶果。日军撤退后到处一片废墟,老鼠、跳蚤随处可见,多得可怕。玉山县岩瑞镇77岁的老人祝腮菊讲:村里死了好多人,到玉山买棺材,早上去买,晚上又去买,一天要买好几口,当时有的人家死了人没钱买棺材,后来棺材也买不到了;有的全家死光了,没人去埋,也不敢去埋;家家死人,尸横遍野,粮食再宝贵也烂在田里没人去收割,村庄里全死光了,或剩一两户也都搬走了。像这样,一位位亲人在痛苦中倒下,一个个完整的家庭变得支离破碎,一块块良田变成荒野,一栋栋房子变成了坟冢。当时玉山五里洋地区有句俗语来形容日军走后飞机场周围的惨景:五里洋,风吹茅草见豺狼。

**四、分析考证**

由于细菌战自身的隐蔽性及其造成的疾病流行易与自然流行病相混淆的特点,加上当时中国地方医疗卫生技术水平的相对落后与医务人员的相对缺乏,当地的医疗机构并没有对这种爆发的疾病流行做系统的医学鉴别,或者做了一些工作,但没有把当时的资料保存下来,对一些物证没有做好保护,导致调查取证工作有相当的难度。但是,侵华日军在上饶实施细菌攻击的事实是不容他们抵赖的。

1. 对受害幸存者调查分析

60多年过去,现屈指可数的幸存者和见证人主要生活在玉山一带。今天我们凭借受害幸存者的口头资料和档案材料进行研究。江西师大吴永明博士根据对玉山县的岩瑞镇、下镇镇的郑兴寿等受害幸存和见证过细菌战的多位老人的调查了解,他们家庭住址不同,年龄不同,性别不同,但却叙述着相同或相似的经历,时间与史书上所记载的相吻合或非常接近,这就证明了他们叙述的真实性。作为经历这场人间浩劫的当事人,他们的叙述是可信的真实可靠的。广丰一个有文化的居民见证,日军曾一反"政策"常态,在广丰县城张贴布告:严禁焚烧房屋,违者枪毙。后来的事实证明,这其实是日军使用细菌战避免烧死带鼠疫菌跳蚤的另一阴谋。《玉山县志》撰稿人俞福麟、广丰县城卫生院韩菘灵、原上饶医院院长刘任涛等都调查论证了上饶确实曾受过日军细菌战的毒害。

2. 从上饶、广丰两县的鼠疫特点分析

从现有资料和有关上饶、广丰鼠疫流行病史的统计与记载来看,1942年上饶县城广平镇(现上饶市信州区)鼠疫流行的两个疫点马皇庙、太子庙(现属信州区东市街道办事处)和广丰县永丰镇的鼠疫流行特点有着惊人的相似:①鼠疫流行时间相近,广平镇流行时间是 1942 年 10 月 19 日,广丰县永丰镇是在 1942 年 9 月 24 日左右。②病症基本相同,均为腺鼠疫的表现,症状均为发烧、头痛继而昏迷,不能行走,不能讲话等。而且死亡都较急促,其中小孩潜伏期短,大部分不超过 5 天。③马皇庙第一病例为 6 岁的徐姓农民之子,太子庙第一病例为 5 岁的叶姓铁匠之女。两地发生的第一例病例,地段相距较远,两小孩未到过其他任何地方。④鼠疫流行之前,据反映许多家都先发现死鼠后再死人。⑤当时政府虽采取简单的措施,如杜绝交通、在地面洒石灰等,但都未能有效控制疫情,造成了鼠疫大面积流行。这意味着什么? 这只能说明鼠疫流行是日军人为造成的。

3. 从时间、地点上分析。

上饶市档案馆资料记载:当地医疗机构在防疫过程中对此进行过细致周密的调查,他们明确指出上饶、广丰地区鼠疫流行是日军撤退时撒布细菌造成的。《江西省卫生志》也记载:1942 年 7 月、8 月间,日本军队"对上饶、广丰地面撒播鼠疫跳蚤,对上饶市马皇庙一带投放细菌炸弹,致使上饶市、广丰县及上饶县沙溪镇 9 月、10 月间鼠疫流行"。

按鼠疫的流行医学观点分析,鼠疫菌在鼠体潜伏及繁殖,再经动物流行,媒介波及于人,在人体内潜伏与繁殖,这几个环节所需时间约为 1 个多月至 2 个月。据调查,玉山的疫情,日本人走了以后,这些流行病突然爆发,而且是大面积的爆发,并且集中在前文所述的两个区域。玉山的幸存者口述中多次证实有这样的规律。上饶县鼠疫也是在日军从 8 月 19 日撤退后到 10 月 19 日左右开始流行,广丰县永丰镇的鼠疫发生在日军撤退后的第 63 天。发生鼠疫的疫点都是日本人养马的马房或马房的邻近地区。1942 年上饶县城鼠疫流行的两个疫点发生的第一例病均为小孩,未到过其他任何地方。这都说明是日本人在他们离开的地方实施了细菌攻击。

从以上分析考证来看,上饶地区人民确实受过日军细菌武器的攻击,上饶的疫情是日军人为造成的。

(中共上饶市委党史办)

# 吉安市调研报告

## 一、抗战时期吉安概况

吉安市位于赣中西部,抗战时期辖吉安、吉水、峡江、永丰、遂川、万安、泰和、安福、永新、莲花、宁冈等县。吉安山川秀丽,物产丰富,人民勤劳勇敢,富有革命精神。抗日战争时期,吉安是红军游击队编组新四军的重要地区之一,是抗日救亡运动广泛发展的地区。这里曾是江西省政府所在地,是东南抗战大后方,是江西战时工业建设的中心地区,是江西省及周边省份战时军粮的主产地之一,也是沦陷区人民南下逃亡的主要寄居地。

1939年3月27日,江西省会南昌沦陷。此前的23日,国民党江西省政府迁至吉安泰和。随之迁来了国民党江西省党部、省参议会、省高级法院和省民政、财政、卫生、建设、教育厅以及军警宪特机关,还有民国日报社、商务印书馆、民教馆、图书馆、省立医院、汽车站、百业教育委员会、中正大学、中正医学院、江西农专、南昌女中、南昌心远中学,同时迁来了民生和资阳机械厂、粮食加工厂、印刷厂、酒精厂、植物油化工厂等200多家大小工厂、作坊以及源源钱庄、亚西亚药房、老同兴、老协和金器店、中国南货店等近千家大小商店。此时的吉安泰和实际上成为江南非敌占区的政治、经济、文化中心。吉安经济出现暂时繁荣。第一,粮食产量大幅上升。仅吉安一厂和泰和二厂两个碾米厂碾制的各种机米每年约32000担,为抗日前线提供军米100万包(即谷300万余担)。第二,工业生产恢复发展。江西炼铁厂(吉安天河镇)、江西机床厂(泰和沿溪渡)、江西车船厂(泰和永昌市)、江西水泥厂(吉安天河镇)、吉安电厂(吉安城南湖桥)生产的铁、动力机械、汽车配件、普通动力机械、工具等,为抗日前线打击日军提供了一定的物质基础。同时化工、文化印刷方面也有长足的发展。如吉安天河炼油厂每年生产汽油99000加仑、1号柴油66000加仑、2号柴油132000加仑、柏油360吨,为抗战前线的军车提供了一定数量的燃油。第三,水陆交通运输能力大量增加。当时除吉安中山码头和浙江大学新辟的上田码头(后改称浙江码头)能运输茶叶、猪鬃等大宗货物外,还增修了上(田)永(阳)公路,沟通了泰和(中经赣州)东接闽浙、(中经界化垄)西连湖南的陆运交通,使东面的闽浙、浙皖的非敌占区与西面的湘、桂、黔、川、滇等省的来往通商多须经吉安、泰和。第四,人口迅猛增长。当时仅泰和县人口猛增至50余万人,县城就由原来的3000人骤增至20余万。

1944年冬,日军窜犯赣州,吉安战局紧张,国民党江西省政府迁往江西宁都。

## 二、抗战时期吉安人口伤亡和财产损失情况

日军侵犯吉安,是从1937年冬空袭吉安城开始的。地面部队大规模入侵吉安,是从1943年12月开始,至日军投降前夕,共三次。

第一次:1943年12月,日军1个加强联队,由湖南酃县(今炎陵县)经宁冈,欲突破国民政府军第58军黄洋界防线,南窜广东,并企图攻占遂川机场。失败后,经遂川窜往赣州。

第二次:1944年4月,日军为打通从中国东北经北平、郑州、武汉、南宁通往东南亚的大陆交通线,发动了豫湘桂战役。12月下旬,驻湘日军第27师团由湖南茶陵侵占莲花。27日经永新里田、江畔,侵占永新县城,并集结于永新拿山、泰和碧溪一带。尔后,其先头部队200余人,于1945年1月24日开始向遂川新江大旺进犯。25日,日军增至千余人,由遂川横石经溪口渡河;接着又增至五六千人,凭借优势兵力和优良装备,直扑长隆坳、猪婆岭一带,很快侵占遂川飞机场。31日遂川县城沦陷。2月2日,集结在遂川县境内的日军一部沿赣粤公路侵犯万安柏岩乡。7日,日军约八九千人,由永新经泰和侵入万安白土乡,8日侵占潞田,10日经罗塘、丁脑向遂川方向窜犯。12日,日军再次增兵4000余人,向遂川禾(源)藻(林)防线进攻。21日,日军再次侵占遂川县城。

第三次:1945年5月,德国宣布无条件投降,日本侵略军孤立无援,便开始收缩兵力,缩短战线,企图在我国东北做垂死挣扎。于是,侵占广东、赣州等地的日军便沿赣江而下,准备往南昌集中。7月12日,日军第27师团由赣县良富窜入万安弹前。翌日,另一股日军沿赣粤公路从赣县沙地窜至万安柏岩。这两股日军在沙坪会合后,又分成两股向北溃退。一路沿赣江经万安枫木坑、棉津、茶坑至蛤蟆渡,因无法过渡,改经嵩阳抵罗塘;另一股经钟鼓、东源、麻油滩至丁脑。17日,散驻在赣江东岸的日军第40师团及第27师团一部计3万余人,乘船沿赣江顺流而下至万安良口,19日万安县城沦陷。26日,日军第27师团、第40师团陆续侵入泰和县境,先后侵占苏溪、马市、栖龙、南溪、上田、塘州、沿溪、上模、冠朝、灌溪、苑前、樟塘、万合等地,于8月2日乘船在罗家圩、樟塘登岸,经吉安县永和、泰和县固陂侵入吉安县曲濑、水东。在螺子山附近,日军数次企图渡河,都被吉安城军民打退,只得转向桐坪往南昌方向溃退。27日,一股日军经吉安值夏窜扰吉水平湖、砖门。29日,一股日军流窜葛山、三元,另一股经吉安李家坊往吉水黄桥、尚贤、枫江、盘谷、阜田一带流窜。30日,几股日军分别沿公路进犯吉水县城和三曲滩。8月1日,日军分三路侵入峡江县城。3日,日军侵入新干县。

日军侵入吉安的时候,飞机狂轰滥炸,地面部队穷凶极恶,在其所经之地,施行"杀光、抢光、烧光"的三光政策,烧杀淫掠,无恶不作,犯下的罪行罄竹难书。

1.狂轰滥炸,毁人家室

吉安人民最早蒙受日军侵略的灾难,便是日军飞机对城乡的狂轰滥炸。1938年6月,侵华日军突破江西"马垱要塞"九江防线之后,吉安处在江西抗战"前方的后方,后方的前方"。从1937年冬开始,日军有计划地对吉安城乡进行轰炸。

1938年6月的一天上午10时许,一队日机沿国民党吉安县政府(现吉安市委院内)、国民党第三行政专员公署(现市政府院内)、阳明路、高峰坡、古南镇一线进行轰炸,回头时又在高峰坡狂炸。第三行政专员公署和吉安县政府中了几枚大炸弹,炸塌了好几间房屋,空地上炸成几个大坑。紧邻公署边新建不久的阳明中学校舍全被炸毁,幸亏防空洞未直接中弹,躲在洞内的200多名师生得以死里逃生。损失最严重的是高峰坡居民区。日机刚轰炸完后,高峰坡的居民们便纷纷走出防空洞。日机一发现人群,便立即调头用机枪扫射,并向防空洞方向投掷炸弹,炸伤炸死居民20余人,炸毁房屋二三百间。

吉安城遭日机轰炸损失最为惨重的一次,是1939年6月14日。这天,日机不仅投掷了一般炸弹,还投了汽油燃烧弹。有一颗汽油燃烧弹落在书街口爆炸,烧着的木板房引起了大火,大火持续烧了两天一夜,使澹庵路(现工农兵电影院)至南湖桥头数百间房屋全部焚毁。吉安乡村师范附小(现仁山坪小学)的防空洞洞口被炸塌,洞内20余名师生全部遇难。后来,市民们只好每天清早疏散到郊外的螺子山、真君山、五岳观、凤凰洲,或过渡到河东,躲避空袭,傍晚才敢陆续返回城内。

1939年至1940年8月,日军共出动飞机46架次,对泰和县空袭10余次,投弹70余枚(其中燃烧爆炸弹64枚),炸死炸伤80余人。遂川机场建成后,从1942年9月至1944年12月,遭日机袭击103次,日军共出动飞机455架次,投弹15000余枚,炸死群众76人,炸伤97人,毁坏房屋35栋。吉水县城遭日机轰炸2次,共伤亡70余人,炸毁房屋30余栋。新干县被空袭3次,伤亡40余人,炸毁房屋80余栋。吉安城区被日军空袭59次,投下炸弹1729枚,炸死488人,炸伤741人,炸毁房屋1851栋、汽车16辆、民船6艘。

**2. 虐杀无辜,残害百姓**

日军常常以杀人取乐,杀人多者不以为耻反以为荣,所到之处,几乎见人就杀。其杀人的残暴手段,骇人听闻。他们用轰炸、枪击、刀劈、砍头、腰斩等残忍手法,虐杀手无寸铁的无辜群众。全市有46826人伤亡在日军的屠刀之下。其中永新伤亡最惨重,达34868人;其次是吉安县3857人、万安县2597人、吉水县1496人、泰和县1189人、遂川县1107人、新干县1059人、峡江县564人、宁冈县75人、安福县11人、永丰县3人。永新县北谷村来不及逃避而留在村里的群众全被捕捉关押,肆意虐待,四五天不给饭吃,不给水喝,饿死或渴死后,将尸体抛入河里或厕所里,不准掩埋。泰和县仓岭龙洲近百名群众,在抗拒日军失败后,全被日军用板子压、杆子踩、开水烫和灌辣椒水等毒刑杀死。

**3. 焦土政策,焚烧民房**

泰和县马家洲本是屋宇栉比、人烟稠密的集镇。日军窜入该镇后,便一把火将全镇化为废墟。永新北谷村是永新县的一个大村庄,日军闯进村后,亦将它烧成废墟,夷为平地。万安县城在日军侵占期间,有200余家店房被烧。素有"小南京"之誉的万安良口镇,有商铺300多家,1945年7月19日被日军烧杀成一座死镇。据统计,吉安全市被日本侵略军烧毁的房屋达19296栋,其中吉安县7239

栋、永新县 3479 栋、新干县 2795 栋、泰和县 2125 栋、万安县 1240 栋、峡江县 1050 栋、吉水县 827 栋、遂川县 533 栋、永丰和宁冈县各 3 栋、安福县 2 栋。

### 4. 奸淫掠夺, 无恶不作

日军奸淫妇女的暴行,令人发指。从十来岁的幼女,到七八十岁的老妪,都逃不过日兵蹂躏。有的妇女被数名甚至十几名日军集体轮奸;有的被奸后,还被逼赤身裸体当众羞辱;更有甚者,被奸后,日军强盗还往其阴道内灌辣椒粉、放爆竹等,恣意凌辱摧残。万安县良口镇 14 岁的杨某和年仅 11 岁的刘某被日军轮奸致死。

### 5. 抢劫财物, 强抓挑夫

仅吉水八都的银村,就被日军抢去毛猪 300 多头、耕牛 6 头、鸡鸭 1600 只、棉被 200 多床,打烂大小锅 500 多口,抓去青年挑夫几十名。日本兵还把衣物撕烂用来擦枪,或蘸上药水点着熏蚊子;门板、楼板、桌椅、衣柜等木器被劈成柴火煮饭;耕牛杀死后,只吃一点腿肉,其余的扔进厕所或随地丢弃;不仅在米、油、酒等吃不完或带不走的食物里解大小便或投毒,还往水井里投毒、解大小便。银村的两口水井,就被日军临走时投毒和解大小便。据统计,吉安全市共被抢劫猪 73355 头、牛 30949 头、鸡鸭 723836 只;损失财产 4307948.4 万元(法币)。被强抓的挑夫不计其数。

总之,吉安市各地凡日本侵略军铁蹄所至之处,无不遭受烧杀、奸淫、掳掠的灾难,其残暴程度,真是古今中外闻所未闻。有关情况详见表一、表二。

### 表一:吉安各县沦陷、收复日期及伤亡损失概况表

| 县、市名 | 沦陷窜扰日 期 | 收复日期 | 人民伤亡及财产损失概况 | | |
| --- | --- | --- | --- | --- | --- |
| | | | 人民伤亡(人) | 财产损失(法币,千元) | 被毁房屋(栋) |
| 泰和县 | 1944.12 1945.7 | 二次路过 | 1189 | 3736064 | 2125 |
| 遂川县 | 1945.1 1945.7 | 二次路过 | 1107 | 4437883 | 533 |
| 永新县 | 1945.1.22 | 1945.2.28 | 34868 | 5711455 | 3479 |
| 万安县 | 1945.7.19 | 1945.7.26 | 2597 | 5588301 | 1240 |
| 吉安县 | 1945.7.24 | 1945.8.初 | 3857 | 9819169 | 7239 |
| 吉水县 | 1945.7.27 | 1945.8.3 | 1496 | 2815154 | 827 |
| 峡江县 | 1945.8.1 | 1945.8.8 | 564 | 2018568 | 1050 |
| 新干县 | 1945.8.2 | 1945.8.9 | 1059 | 4104967 | 2795 |
| 永丰县 | | | 3 | 2567093 | 5 |
| 宁冈县 | | | 75 | 584350 | 3 |
| 安福县 | | | 11 | 1696480 | 2 |
| 合 计 | | | 46826 | 43079484 | 19296 |

说明:表内地名系按当时建制。

### 表二:吉安各县牲畜损失统计表

| 县、市名 | 猪(头) | 牛(头) | 鸡、鸭(只) | 其他(头) | 价值(法币,千元) |
|---|---|---|---|---|---|
| 泰和县 | 7622 | 2804 | 17357 | 765 | 172980 |
| 遂川县 | 2813 | 3503 | 60947 | 118 | 146291 |
| 永新县 | 19894 | 743 | 442046 | — | 669311 |
| 吉安县 | 6538 | 3277 | 12478 | 228 | 152717 |
| 万安县 | 19670 | 6599 | 104753 | 738 | 365897 |
| 吉水县 | 9766 | 4093 | 5400 | | 185413 |
| 峡江县 | 2549 | 591 | 39342 | 1413 | 53217 |
| 新干县 | 3257 | 2454 | 36501 | 2844 | 71272 |
| 永丰县 | 1200 | 104 | 5000 | — | 29600 |
| 宁冈县 | — | | — | | — |
| 安福县 | 1 | — | 11 | — | 14 |
| 合　计 | 73355 | 30949 | 723836 | 6106 | 1846712 |

说明:以上损失统计仅为1945年日军逃窜时的掠夺数。

中共吉安市委党史办(周瑞兰执笔)

# 吉州区调研报告

1937 年冬季至 1945 年 9 月 2 日抗战胜利止,吉安城是日军轰炸的重要目标,日军飞机三天两头前来轰炸或过境骚扰,对吉安人民犯下了严重的罪行。

1. 抗战时期吉安城(今吉州区)人口变化

抗日战争前夕,吉安人口为 6154 户,25491 人。日军入侵江西,省会南昌沦陷后,南昌、丰城等地的流亡人口涌至吉安,吉安城人口骤增至 25 万多,其中用木板茅棚组建的河东"难民街"聚集 2 万多人。抗日战争胜利后,流亡人口大部分北返,1946 年吉安城人口骤减至 5 万人左右。

2. 抗战时期吉安城流行疟疾等传染病情况

1939 年 3 月,城区发现真性霍乱病流行,患病者达 1207 人。

1943 年 10 月,城区天花流行,死者甚多。

1944 年 6 月,城内伤寒、霍乱病流行,据《南方日报》7 月 18 日报道,半月来婴儿死于痢疾、天花等传染病者,至少近百人。

1946 年流行疟疾、痢疾,患病者 3169 人;同时流行伤寒、霍乱病,患者 36 人,死亡 13 人。

3. "水东难民街"情况

1939 年 3 月,南昌及赣北各县相继沦陷后,许多难民逃难至吉安,不愿继续南迁,而吉安城中早已人满为患,遂在以河东亭子下为中心的沿河一线择空地"重建新巢伴赣江",有难民近 5000 户,2 万余人。据不完全统计,水东难民街存在的 7 年中,先后共发生大火灾 20 余起,其中特大火灾就有 7 起。

1940 年春节前夕,刚刚形成的难民街不慎失火,当时报载:"茅屋数百间,悉化灰烬";难民们"哀鸿遍野,骨肉流离,际此寒风凛冽,衣食无着,虽经各方拨款赈济,惟杯水车薪,似难普惠"。

1940 年 9 月 9 日下午 1 时许,难民万舍人因炊火不慎,燃着自家茅棚,火势迅速蔓延,70 余幢前不久已遭火焚、新近又重盖的茅棚再遭火劫,烧死一个老太婆和一个小孩。

1942 年 6 月 10 日至 18 日,9 天内难民街连续发生 3 起大火,尤其是第三次大火,如雪上加霜,直接导致了大量难民迁徙他乡。6 月 10 日,难民潘金根不慎失火,烧毁通吉路至北屋 113 幢,使 185 户、1098 人遭灾。6 月 15 日,难民李锡春在沿河南路引起火灾,烧毁茅屋 10 幢,使 10 户、80 余人遭灾。6 月 18 日是端午节,中午时分,南后街 50 号居民程文彦按习俗放鞭炮,火花燃着隔壁的熊尧庭家的茅屋顶(一说火花掉进隔壁圆木店的刨花内)引起火灾。那天西南风正猛,加上干旱已久,风助火势迅速蔓延,一时火光冲天,火星四爆,无法扑救。烧毁南、北后街和沿河路南北侧茅屋 396 幢,使 621 户、2889 人遭灾,几十人烧伤。梅林乡肖保长之妻及 3 名儿童逃避不及,在大火中丧生;连停靠岸边的几艘木船也被四爆的火星燃着,险遭厄运。这三场大火,共烧毁房屋 519 幢,使近百人受伤,4 人葬身火海,821 户、4067 人流离失所,无家可归,使难民街一半以上成为废墟,沿河一带更是一片焦土,损失极其惨重。

4. 日军轰炸吉安城情况

1938 年 6 月的一天上午 10 时许,一队日机从城东侵入,从吉安城前街往南经高峰坡到古南镇一线滥炸。专员公署院内中弹,附近阳明中学校舍全被炸毁,幸防空洞未直接中弹,洞内 200 多名师生得免于难。高峰坡居民未料到日机又回头轰炸,刚从防空洞出来,即遭日机空中扫射。这次轰炸,毁房屋 200 多间,死伤 20 余人。

1939 年 3 月 17 日,日军飞机 32 架次,展开铺地毯式密集轰炸,当时全城最繁华的永叔路一片火海。这次轰炸,仅永叔路就被炸死 400 余人,炸伤 200 余人。有的人被烧成焦炭,连亲人认尸都认不出来。

1939 年 6 月 14 日,日军飞机 4 架,在书街投掷汽油燃烧弹,大火烧了两天一夜,澹庵路至南湖桥头数百间房屋烧成灰烬。吉安乡师附小的防空洞中弹,洞内 20 余名师生全部罹难。

1940 年 6 月的又一次轰炸,榕树码头中弹,炸死市民数人,血肉横飞。榕树枝上以及旁边一家南货店后院的墙上和作坊器具上,都粘挂了许多碎肉和衣片,惨不忍睹。

1940 年冬,日军转移战略进攻方向,日机对吉安的轰炸逐渐减少,但并未完全停止。

抗战胜利后,吉安当时所作的不完全调查称:从 1937 年 12 月 13 日至 1945 年 7 月 15 日,日军飞机空袭吉安城区和近郊共 59 次,投弹 1729 枚,炸死 488 人,炸伤 741 人,毁房屋 1851 栋、汽车 16 辆、民船 6 艘。

(中共吉州区委党史办)

# 吉安县调研报告

吉安县古称庐陵，1914年改庐陵县为吉安县，境域未变，直至1949年7月吉安解放。据1941年版《吉安县志》载，当时全县面积为3700平方公里，其区划基本包括现吉安县、吉州区和青原区。1937年全县人口207681人，1946年全县人口357763人。

日本侵略军自染指吉安县起，至1945年8月初，在吉安县犯下了种种暴行，造成了重大人员伤亡和财产损失。

一是狂轰滥炸。1937年12月13日，日军飞机首次侵扰吉安城。1939年12月21日，日机11架轰炸吉安城区，死伤居民20余人，炸毁民房10余栋；同日，日机24架在城郊投弹10余枚，炸毁民房数栋。1941年5月30日，日机轰炸吉安城，《前方日报》经理部被炸坏。次日，日机9架空袭吉安，城内落弹2枚，另一批4架轰炸浮桥。1942年5月17日，日机9架在吉安城郊投弹4枚，炸死妇女3名，重伤2名，轻伤6名，炸死耕牛1头，炸毁房屋5栋。1945年7月15日，日机1架利用照明弹，低飞扫射吉安城区，3人受伤。据统计，自1937年12月13日至1945年7月15日，吉安县城和城郊共遭日机空袭59次，投弹1729枚，炸死488人，炸伤741人，炸毁房屋1851栋、汽车16辆、民船6艘。

二是烧杀抢掠。1945年7月24日，赣州方向的日军沿赣江而下，从泰和县沿夏家圩一带入侵吉安县境，沿途所及的农村均遭烧杀抢掠，至8月初离开县境，窜向樟树、南昌等地。曲濑乡（原天华乡）上芫村，15户人家，12栋房屋，60余人口。1945年7月底，日军在这村住了一夜，房屋被拆坏11栋，板壁拆空，墙壁开窗打洞，供其架枪、吊马；衣服好的穿上，差的衣服和被褥垫马背；粮食倒在场上喂马，或烧着薰蚊。临走时牵走耕牛10余头，烧毁房屋3栋，抓去男丁20余人。日军在村里留下一片惨景：猪、牛、鸡、鸭的头、尾、足及内脏遍地都是，木料化为灰烬，锅、碗、瓢、盆、灶被砸烂，瓮罐、卧榻、楼上楼下全是人粪尿，村前村后、池塘田野腥臭难闻。日军在永和乡白沙村一带杀死7人（2男、4女、1小孩），宰杀耕牛4头、毛猪130余头、鸡2000多只，毁民房4栋，财产损失无算。日军在上源村仅1天，杀死村民1人，毒死1人，被绑、打、吊折磨而死4人，烧毁房屋2栋，拆毁房屋10栋，正等收割的稻田被马践踏70余亩，抢去大豆200余公斤。日军抓夫，10岁挑5公斤，80岁挑40公斤，年老体弱不能持久者，多死于日军刺刀之下。

三是奸淫妇女。日军过境时，强奸妇女令人发指，七八岁的幼女，八九十岁的老妪，都难免遭其蹂躏，有的幼女被奸后流血不止而死，有的少女被多人轮奸而死，有的奸后被割双乳，有的奸后被挖去阴道、剖腹而死，有的强奸不从用刺刀刺死。日军到永和镇后，强奸轮奸妇女20余名，有1人被奸后抛入池塘。

## 江西省抗战时期人口伤亡和财产损失

　　日军在吉安县造成的损失,据 1946 年 4 月《江西省抗战损失调查总报告》载:吉安县伤亡和下落不明人数 3857 人,其中,死亡 1191 人(男 595 人、女 527 人、儿童 65 人、下落不明 4 人),重伤 573 人(男 355 人、女 193 人、儿童 25 人),轻伤 2093 人(男 1772 人、女 217 人、儿童 104 人)。直接财产损失折款 63 亿余元(法币,下同),其中县属机关 2980.2 万元、学校 568.4 万元、农牧渔副业 149373.3 万元、工矿商业 457985 万元、银行 580 万元、航业 620.4 万元、电讯业 242.9 万元、公教人员财产 18066.7 万元;间接损失折款约 38 亿元,其中县属机关 1788.6 万元、农牧渔副业 219544.5 万元、商业 149726.7 万元、矿业 6031 万元、医药费 957.1 万元、埋葬费 1167 万元。

（中共吉安县委党史办）

# 吉水县调研报告

## 一、基本情况

抗战时期的吉水县辖 30 个乡镇,全县拥有土地总面积为 2996.64 平方公里,可耕种田地为 460022 亩。抗战前(即 1937 年前),全县总人口为 183501 人;时至 1945 年 7 月,全县总人口只有 149631 人。

## 二、人口伤亡情况

根据调查粗略统计,日军侵华期间,吉水县共死亡和失踪人数达 33870 人,伤病人数为 4810 人。其中被日军直接伤亡的 1496 人中,死者 502 人;死亡人中除 108 人为抗日阵亡将士外,其余均为在家被日机炸死、遭窜境日军杀死或强奸致死的无辜民众。

遭日军伤亡的人口中,以赣江两岸的民众为最多。据资料记载:1945 年 7 月 27 日,吉水县城沦陷。日军先头部队沿赣江北犯固洲。7 月 28 日,日军后续部队沿江北上至东岸醪桥,29 日乘舟强渡进犯西岸金滩。凡日军所到之处,未能躲开的民众,无一能逃脱日军的杀戮,有的被破腹而死,有的被活埋,妇女被奸淫并杀死。

1. 用刺刀划开孕妇肚子,挑出婴儿杀死。1945 年 7 月 28 日早上,由赣南北撤的日军到达醪桥元石村时,见不到人影,找不到食物,便将村里的祠堂一把火烧了,继续往杏里村进犯,同样见不到人影,找不着食物,又准备去塘边村。这时,日军发现躲避的邓李氏和她的儿女亲家游自铨,立马将他们围住。日军要强行奸污邓李氏(邓李氏正临近分娩),她全力反抗。日军奸淫不成,恼羞成怒,用刺刀将邓李氏的腹腔破开,用刀尖把腹中婴儿挑出来活活杀死,随即杀死邓李氏,接着又把游自铨杀害。一眨眼工夫,惨无人道的日军残害了 3 条无辜生命,未出生的婴儿也不放过,其惨状目不忍睹。

2. 将不顺从者打死、活埋。一个兴国籍壮年男子,住在醪桥竹陂村一座庙里,正在稻田里耘禾,被日军捉住,逼他带去找"花姑娘",他不肯,结果被日军活活打死在田里。南昌一个木匠逃难到竹陂的元塘村寨上,日军抓他当挑夫,他不肯,便把他反绑在桌上,进行残酷拷打,用冷水泼胸。旁边有一人实在看不下去,帮了一句:"他是一个木匠。"结果也被捆了起来。第二天,日军将两人一起活埋杀害了。

3. 奸淫残害妇女。日军每到一处,见男就捉,遇女即奸,就连 10 多岁的少女和 80 多岁的老太婆也不放过。吉水县城一个姓廖的 10 多岁的少女,因为躲日军来到醪桥的竹陂村寨,不幸被日军发现。日军先是用枪托毒打取乐,然后强行奸淫,奸后又用木棍戳进她的阴道,直到活活将少女戳死为止。八都银村一位 80 多岁的老太婆被日军遇见,也未能逃脱日军奸杀。据统计,日军在吉水县奸淫杀害妇女 91 人。

### 三、财产损失情况

日军窜境期间对吉水县财产造成的损失也是巨大的。据不完全统计,全县财产损失为 281515.4 万元(法币,下同),其中直接损失为 160390.9 万元、间接损失为 121124.5 万元。

#### 1. 直接损失

日军窜入吉水县境后,所到之处无不进行疯狂的烧、杀、抢、掠,无恶不作,手段极其野蛮、残暴,损失数额巨大。据不完全统计,直接损失就农业这一块即达 12786.3 万元。其中,烧毁破坏房屋 697 栋,抢去粮食 531002 担、植物油 50 担、水产 300 担、畜产品 120 件、衣物 41538 件,杀死耕牛 4093 头、猪 9766 头、鸡鸭 5400 只,破坏器具 31900 件、农具 15000 件、其他杂物 4012 件。

(1)纵火烧毁房屋造成严重的经济损失。

据醪桥一些老人回忆,当年日军每到一地(村)都要放火烧房屋。该镇山下村黎家山村民组,当年只有 8 户人家,就有 4 户的房子被烧毁;竹陂村文塘村民组,当年就有 12 栋房屋被烧。有的村是隔一栋烧一栋,现在还留下残墙基;有的村所有的房屋都被日军烧光,甚至连厕所也不留。

据不完全统计,日军当年在吉水县烧毁房屋共 884 栋,其中商业店房 187 栋。折合当年法币 50831.5 万元。

(2)抢劫财物,杀害牲畜,造成巨大的经济损失。

日军走到哪里,就抢到哪里。不论是家畜家禽、粮食谷物,还是衣服、首饰、银元,什么都抢。醪桥岑下村宋有仁家,当年田里收割的谷子,日军抢后全部倒到屎坑里;猪栏里的两头生猪全被杀死,房子门窗、砖墙也被砸坏。官田村老太太文发英,当年就遭到日军的抢劫,她身上戴的银子手圈、脚圈全部被抢去;因她父亲做生意有钱,给了日军许多银元后,她才得以逃脱。

日军侵入八都银村时,几天就杀死毛猪 300 余头、鸡鸭 1600 余只、耕牛 6 头,抢去棉被 200 余床,砸烂铁锅 500 余口。日军走时,还在油缸里、酒坛里、水井里解大便。

据不完全统计,日军抢劫财物、杀害牲畜造成的损失,折合当年法币 109559.4 万元。

#### 2. 间接损失

日军给吉水县造成的间接损失也是巨大的,难以估量的,粗略统计,间接损失为 121124.5 万元(法币,下同)。此项统计只包括机关和学校的迁移费、防空设备费、疏散费、救济费、抚恤费以及农业减产、商业减纯利、医药及埋葬费等。事实表明,它仅仅涉及日本侵略军窜境时祸及的"间接损失"之小部分。其实际间接损失远不止这个数。以下几个方面的损失未能统计。

(1)八年抗战,该县征送了 20548 名兵员,减少如此多的青壮年,农业生产的影响是直接的;还有每名出征军人的种种费用都得按户摊派。

（2）征派大量的民工,摊派大量款项。1944 年 3 月,扩修遂川机场,全县出动民工 2000 余人,往返数月。同年年底和次年春,全县共征派 14200 余人赴安福运送第九战区屯粮 4000 大包至沔渡。仅 1944 年 3 月扩修机场,给民工筹款,全县总摊就达 900 余万元。

（3）派购公债。1937 年 9 月,中央发行救国公债,吉水县奉令派购 64000 元。1942 年奉令认购同盟胜利公债及同盟美金公债 2155354.9 元。

（4）捐献飞机,认捐款项。1942 年 10 月 12 日,吉水县响应中国航空协会印发"一县一机"告全国同胞书,认捐 435000 元;11 月,全县认捐滑翔机捐款 14919.18 元。仅这两项就达 449919.18 元。

（5）派募大宗慰劳款物。1942 年 1 月至 1945 年 8 月,全县筹集慰劳基金 444000 元,向乡镇派募抗日将士慰劳款、春节慰劳款共 73452.6 元,此外还派募了其他慰劳款。

（6）收容外县的义民、难民和承包战时事务所耗费的各种款项。

（吉水县史志档案局）

# 峡江县调研报告

抗日战争时期,峡江县人民积极组织支援前线抗战,为抗日前线捐款捐物、输送兵源、运送物资等,为抗日战争作出了很大的贡献。但是在这场日军侵华战争中,峡江县也损失惨重,全县到处迷漫着硝烟气息,人民处在水深火热之中。

1939年,先后3架日机飞抵峡江县城上空,在城北和龙母庙附近投掷炸弹,炸毁轮船3艘,炸死5人,炸伤20人。1943年,日机1架盘旋县城上空,向城内用机枪扫射。1945年,日机3架向县城投掷炸弹,炸毁县商会及民房多栋,伤1人。

1945年7月吉水失陷后,日军兵分三路侵入峡江,一支由吉水的八都窜入峡江马埠、水边一带,一支由吉水枫江进入峡江沙坊、砚溪一带,一支由赣江直下向北溃退。8月1日,整个峡江沦陷。

日军侵入峡江后,连续8天8夜实行惨无人道的"烧光、杀光、抢光"的三光政策。从县城到农村,到处杀人、放火、抢劫财物。无数善良的人民被弄得家破人亡、妻离子散,婴儿失去母亲,父母惨别儿女,妇女被奸淫,民众被杀害,房屋烧成了焦土,家具化成乌有,财产抢劫得一干二净。

日军经常用烧死、枪打、刀剐、溺杀、割剁等酷刑屠杀峡江人民。1945年8月5日,日军在马埠镇下塘村捉到4个农民,竟用摔跤的办法活活摔死。吴家村的吴康仔,因年纪过大挑不起重担,被日军活活刺死。日军驻佩贝村时,将该村因脚痛未来得及逃走的少女陈某轮奸致死。见到群众的东西,能吃的就吃,能拿的就拿,吃不完、拿不动的东西就用火烧,或在上面拉屎拉尿。

8月8日,日军被中国军队驱出峡江。虽然日军入侵峡江为时仅8天,然而损失却不小。据当时县志记载,1937年峡江县户数10876户,到1945年户数10119户,减少757户。仅1945年8月1日到8日,在日军屠刀下伤亡的就有564人,其中死亡293人(含3人被日军轮奸致死),男242人、女33人、儿童18人。据当时峡江县县长施广德日记记载:"敌人群集在屋内裸体奸淫,屋外裸体便溺……对我国妇女随意蹂躏,惨无人道,禽兽不如。"

峡江县城共有200余家商店被烧毁,国民党县党部、县政府、商会、司法处、监狱所、警察局、保安警察队部、社会服务处、食盐公卖店、常平仓等尽付一炬。县城大街一片瓦砾,凄凉满目,死尸20余具或僵卧屋内、或横街头,牛马便溺触目皆是,秽气熏蒸,臭不可闻,空城一座,悄无人声。据不完全统计,全县共烧毁房屋1050栋,宰杀耕牛2011头,至于猪、羊、鹅、鸭、鸡更是难以统计,总损失折价法币33826.9万元。

(中共峡江县委党史办)

# 遂川县调研报告

## 一、抗战时期的遂川概况

遂川县境北连井冈山市、泰和,东毗万安、南康,南连上犹,西与湖南炎陵、桂东接壤,总面积为3102平方公里。1935年,江西省划为8个行政区,遂川隶属第三行政区。全县有6区、27保联、302保、2780甲。1939年按新县制,改保联为乡或镇。1941年1月,全县为6区、31乡、377保、3873甲;4月,增设一乡为32乡。

1936年,全县人口有226251人。抗战爆发后,赣东北大部分沦陷,省政府迁至泰和,有些机关随之迁来遂川办公,南昌、吉安一些学校迁来遂川办学,南昌、九江等沦陷区的同胞迁来遂川避乱;当时因建筑遂川机场,迁来一大批建场、维修、使用人员。这一时期,县城及附近乡村,暂住人口曾一度剧增。抗日战争胜利后,机关、学校搬回原籍,只有少数在遂川县安家落户。由于日军入侵,社会长期动乱,百姓生活窘迫,人口不断减少。至1946年,全县人口只有191504人。

## 二、遂川人口伤亡人数和财产损失情况

日军入侵遂川,先从空中,后从陆地。

### 1.遂川机场空战

1943年12月2日下午2月35分,日机34架袭击遂川机场,投弹70余枚。机场飞机9架升空迎击,盟机2架被毁,日机逃窜。25日,日机22架袭境,机场飞机13架升空迎击,激战23分钟,击落日机7架。1944年1月11日凌晨2时,日机33架,分7批袭击机场,先后投弹200余枚,炸死1人,炸毁民房1栋;8时36分,日机21架,继续来袭,机场飞机14架升空迎击,击落日机3架。同年5月12日凌晨1时30分,日机9架,自赣北分8批袭遂,狂轰两小时之久,盟机1架升空迎击,当即击落日轰炸机1架;下午13时45分,日机18架,轰炸机场,机场飞机22架迎击,击毁日机1架;17时许,日机21架来袭,机场飞机22架升空迎击,击落日机2架。同年12月7日晚23时许,日机6架分3批窜入机场上空,先后投弹1个多小时,计1700余枚,炸毁盟军B24重型轰炸机和B51型战斗机各1架。

从1942年9月至1944年12月,据不完全统计,日机空袭遂川机场103次,出动飞机455架次,投弹15000余枚,炸死76人,炸伤97人,毁坏房屋35栋。日机被击落16架,盟军和中国飞机损失6架。

### 2.日军暴行

1945年1月,日军为打通粤汉路,并摧毁赣西南的遂川县、赣县、新城机场群,集结优势兵力,发动了湘粤赣边之战。1月24日凌晨,日军第27师团先头部队约200余人,从永新窜出进犯遂川新江大旺。25日,日军增至千余人,由横石经溪口渡河,国民政府军第40师第118团利用天华山险要阻击日军半日有余。

接着,日军增至五六千人,凭借优势的兵力和火力,直插长隆坳、猪婆岭、皋村,并侵占了机场。担任机场防守的第40师撤守泉江南岸,阻击渡河日军,第118团王营长阵亡。29日,日军向城郊猛攻,国民政府军第183师第548团固守云冈的排哨,全部壮烈牺牲。银山、金山高地先后失守。31日,县城及城郊相继沦陷。是晚,日军分拨3000余人渡过泉江,沿遂赣公路南犯,第40师节节阻击无效。日军陷赣州城后,留遂川日军仍有2000余人,4门炮。2月12日,日军又由永新增援4000余人,2门炮。15日,日军开始向遂川禾(源)草(林)防线进攻,至20日,侵至马龙、里山口、驼背树下、湖塘地带。第183师在冰天雪地中顽强抵抗,第548团3营8连某班,仅余2人,犹坚守马脑机枪阵地,日军冲锋10余次均被击退,击毙日军数十名,日军进攻不得,次日晨全部退回县城。22日起,日军分批进犯赣县,遂川兵力有所减弱。时莲花、永新均已收复,第183师乘机部署反攻。

3月8日晨,第549团向象形坳日军阵地反攻,第548团则向遂赣公路沿线集结,截击日军。适值国民政府军新10师第30团由永新追日军抵衙前溪口。9日晨,第549团攻克象形坳阵地,新10师第30团进抵大饶。10日,第549团攻克天子地,迫近阳关滩,新10师第30团进抵白樟,第548团第3营在遂赣公路附近黄土关侧击日军。日军不支,一股蹿过公路,一股畏退回城,被击毙30余人、马2匹。11日晚8时,第549团第1营王排长只身涉水渡过河,攻入阳关滩日军机枪阵地,炸毙日军4名,夺机枪1挺,后续部队涉水占领阳关滩,攻入四里街,城东银山高地亦被新10师第30团收复。日军虽腹背受敌,仍在城内顽抗。第548团全部沿遂赣公路埋伏,日军已陷于包围之中。11时许,日军为逃脱覆灭之命运,倾巢由安下、石牌下、中段,绕越公路,向赣县方向溃逃,县城全部收复。

1945年1月24日至3月11日,日军进犯遂川,实行惨无人道的烧光、杀光、抢光的"三光"政策。仅机场附近的谐田、岭排等地,被烧毁房屋400多间,拆毁186间,烧毁粮食2万多斤,抢走家畜156头;奸淫妇女84人,其中有80多岁的老妇、12岁的幼女、妊娠的孕妇,被轮奸至死者多人;捉走106人,因年老体弱挑不起、走不动惨死在日军屠刀下的30多人。横岭乡9个保,受日军烧光洗劫的有6个保,尤以第5保为最;共烧毁房屋47栋,枪杀36人,抢去耕牛254头,奸淫妇女多人。

日军给遂川造成的损失,人口伤亡1107人,其中,死亡811人(内含妇女、儿童268人),重伤168人(内含妇女、儿童64人),轻伤125人(内含妇女、儿童41人),下落不明3人;直接财产损失139008.1万元(法币,下同),其中,机关建筑物、器具、图书、仪器等折币3093.5万元,农林牧副渔损失77806.4万元,工业损失折币11293.5万元,商业损失折币44807.3万元,电讯损失0.914万元,其他方面损失2006.486万元;间接财产损失304780.2万元。

(中共遂川县委党史办)

# 泰和县调研报告

日军在泰和县犯下的罪行,罄竹难书。据不完全统计,因日军轰炸屠杀,泰和县死亡 276 人,伤 38 人,毁房 791 栋;日军奸淫妇女 26 人,抓夫 734 人,抢劫家畜 184 头,其他损失 2001.5 万元(法币,下同)。自 1938 年至 1945 年,日军飞机常来骚扰和轰炸。仅 1939 年至 1940 年 5 月,就轰炸 5 次,共 28 架次,投弹 68 枚(其中炸弹 64 枚、燃烧弹 4 枚),炸死 20 人,炸伤 37 人,炸毁汽车 1 辆、民船 2 艘,财产损失估价 142463 元。1939 年 6 月 12 日,日军飞机五六架第二次轰炸泰和,在老上田村、新上田村各投弹 2 次,新上田村学生宿舍大部被炸毁,大原书院炸毁西部建筑,在上田码头、匡村梁家等地被炸死伤 20 余人。7 月 4 日,日机在县城中山堂周围投弹 7 枚。8 月 13 日,日机 5 架轰炸县城,中山堂又中弹 2 枚。

1945 年,日军两次窜犯县境。

第一次是 1 月,日军第 27 师团从永新县经泰和县境碧溪山区去遂川,由于下雪冰冻,山道崎岖,骡马辎重难行,沿途有国民政府军 6 个师的节节防堵,行军历时 40 天。日军沿途杀人放火,残害百姓,在碧溪乡太湖一个村,被烧毁房屋 29 栋,炸毁凹头桥,杀死村民 15 人,抓挑夫 8 人,还放火烧山。该村有个姓张的妇女,30 多岁,双目失明,怀抱不满周岁的婴儿,因拒奸,母子俩被推入河里淹死。有个姓尹的妇女,50 多岁,被 9 名日军轮奸后,用木棍捅阴部而死。该村的牛、猪、家禽被杀尽,房屋的门窗、床铺、家具全被当柴烧了。沿淄水而下的小股日军在中屋里、石堆、中洲、曲斗等地烧屋 21 栋,杀村民 7 人,并奸淫抢掠。

第二次是 1945 年 7 月 23 日至 8 月 3 日,为时 12 天。日军第 27、第 40 师团在赣州会合后,沿赣江分水陆而下,以赣江水路为主,两岸各有一支部队为掩护。7 月 23 入泰和县境,经栖龙、上田、塘洲、沿溪、樟塘、万合、上模、冠朝、灌溪、苏溪、马市、南溪、苑前等地,夜行日停,先头部队以放火烧屋为信号,与后续部队联络。日军沿途到处杀人放火,抓挑夫,奸淫妇女,打杀畜禽,抢掠财物,毁坏家具,并在米缸、油缸、灶锅里屙屎拉尿。日军经过后疫病流行。

沿溪乡:烧房屋 30 栋 180 间,杀村民 28 人,奸淫妇女 25 人,抓挑夫 153 人,杀耕牛 33 头、毛猪 80 多头,抢掠的财产和被杀家禽不计其数。该乡新龙村 13 栋民房全被烧毁。龙洲村被抓去的 25 个村民中有 9 人被杀害,村口一个小池塘里有十几具尸体,并用门板压尸。

永昌乡:当时乡公所统计,全乡被抓挑夫 500 多人,财产损失 2000 多万元。高城一个村被抓夫 48 人。永昌市街的房屋、茅棚 200 多栋被烧,成为废墟。韦家村烧毁新屋 10 多栋。龙口村在家度暑假的中央军校学生陈笃汉被枪杀。塘洲乡村民严达泗父子被抓去挑担,儿见父挑不起而换担,日军便用刀杀死其父。下村刘致恭家床上用棉被覆盖一物,揭开一看,原来是一头被日兵吃剩后的腐臭的死牛。塘洲村15岁的严某拒奸,被倒提侵入水中窒息而死。

马家洲:日军放火烧街,从青石桥至武丹桥近300栋店房、民房、茅棚全部烧光,整个圩镇成为灰烬。石滩渡船上有两个武溪乡公所乡丁过渡,日军举枪射击,死伤各1人。

冠朝地区:山田村42户人家,被杀毛猪71头,家禽被杀尽,吃不完的就丢在床下、米缸、油缸里,屋内村外到处是畜禽残体,尸臭难闻,使该村160多人患痢疾、疟疾。凤平村谢克藻70多岁,被抓去挑70多斤的担子,挑不起,被推倒河里淹死。郭冬生躲在山田村表弟尹在涤家,被杀死在楼上,用棉被盖尸,臭不可闻。

万合地区:被杀的有苍源村萧祥城、哨峰村胡戍苟等6人。沿途死了许多挑夫,仅湖头村前的禾田中、水塘里就有几具尸体。洲头村被烧房屋2栋。坪背村胡家被烧祠堂1栋、民房15间,被抢去金银首饰、撕毁被褥蚊帐、砸毁家具不计其数。

樟塘地区:沿途杀死很多挑夫,仅竹山村洲上就有五六具尸体,龙陂、赤溪村均有妇女被奸后杀死。

1945年8月2日,日军船只在罗家圩、境塘登岸,经公和、固陂进入吉安县境,沿途烧杀抢掠。

(中共泰和县委党史办)

# 抚州市调研报告

抚州市现辖临川区和南城、黎川、南丰、崇仁、乐安、宜黄、金溪、资溪、广昌、东乡县,抗战时期临川、南城、黎川、南丰、崇仁、乐安、宜黄、金溪、资溪、东乡县属江西省第七行政区,广昌县则属第八行政区;总面积18818平方公里,1941年总人口140余万人。1939年至1941年,全市有临川、南城、东乡、崇仁、宜黄、南丰、广昌7个县(区)遭日军飞机37次轰炸,其中对东乡县城轰炸就达20余次。1942年6月5日至8月22日,又有东乡、临川、宜黄、崇仁、金溪、南城6个县(区)先后遭日军侵占。日军所到之处,烧杀奸掠,无恶不作,给这些地区造成重大人口伤亡和财产损失,沦陷区一时满目疮痍,一片萧条。据统计,抗战时期抚州人口伤亡数为33289人。仅1941年至1943年,全市因日军侵占,人口就锐减了9万多人(见《抚州地区志》人口居民生活卷);财产损失763亿元(法币,下同),其中直接损失496亿元、间接损失267亿元(数据源自1946年江西省政府《江西省抗战损失调查总报告》,下同)。

## 一、人口伤亡情况

抚州抗战时期人口伤亡总数为33289人,其中死亡22573人、重伤6012人、轻伤4704人。特别令人发指的是,许多妇女被日军奸杀,许多儿童被日军残杀(详见表一)。

表一:抚州抗战期间人口伤亡情况　　　　　　单位:人

| 总计 | 死 亡 | | | | | 重 伤 | | | | 轻 伤 | | | |
|---|---|---|---|---|---|---|---|---|---|---|---|---|---|
| | 小计 | 男 | 女 | 儿童 | 不明 | 小计 | 男 | 女 | 儿童 | 小计 | 男 | 女 | 儿童 |
| 33289 | 22573 | 13381 | 6254 | 2893 | 45 | 6012 | 3009 | 1978 | 1025 | 4704 | 2147 | 1810 | 747 |

## 二、财产损失情况

根据1946年江西省政府《江西省抗战损失调查总报告》,抗战时期抚州各地的财产损失分为财产直接损失和财产间接损失。

### (一)财产直接损失

财产直接损失约为496亿元,其中包括行政机关、学校、农业、工业、商业、交通航运、电讯、公教员工等损失(详见表二)。

表二:抚州抗战期间财产直接损失总表　　　　单位:万元

| 总价值 | 机关 | 学校 | 农业 | 工业 | 商业 | 航运 | 电讯 | 公教员工 |
|---|---|---|---|---|---|---|---|---|
| 4961583.7 | 42700.5 | 28516.9 | 2284465 | 141281.2 | 1196642.4 | 8761.6 | 3482.6 | 1255733.5 |

下面就以上各类损失分别具体说明:

1. 行政机关直接损失。

行政机关直接损失总计为 42700.5 万元,其中包括机关建筑物、器具、现款、图书、仪器、文卷、医药用品及其他等项(详见表三)。

表三:抚州抗战期间行政机关财产直接损失情况　　单位:万元

| 总价值 | 建筑物 | 器具 | 现款 | 图书 | 仪器 | 文卷 | 医药用品 | 其他 |
|---|---|---|---|---|---|---|---|---|
| 42700.5 | 20743.5 | 11007 | 630.4 | 963.3 | 663.9 | 1132.7 | 1466.7 | 6093 |

2. 学校直接损失。

学校直接损失总计为 28516.9 万元,其中包括学校建筑物、器具、现款、图书、仪器、医药用品及其他等项(详见表四)。

表四:抚州抗战期间学校财产直接损失情况　　单位:万元

| 总价值 | 建筑物 | 器具 | 现款 | 图书 | 仪器 | 医药用品 | 其他 |
|---|---|---|---|---|---|---|---|
| 28516.9 | 18326.4 | 5063.2 | 523.8 | 2478.6 | 667.1 | 568 | 889.8 |

3. 农业直接损失。

农业直接损失总计为 2284465 万元,其中包括房屋、器具、现款、农产品、林产品、水产品、畜产品、牲畜、农具(含渔具、运输工具)、衣物及其他等项(详见表五)。

表五:抚州抗战期间农业财产直接损失情况

| 总价值 | | 房屋(栋) | 器具(件) | 现款 | 农产品(担) | 林产品(株) | 水产品(担) | 畜产品(件) | 牲畜(头) | 农具(件) | 衣物(件) | 其他(件) |
|---|---|---|---|---|---|---|---|---|---|---|---|---|
| (万元) | 数量 | 16560 | 318864 | | 776670 | 3977945 | 1653 | 10049 | 579927 | 310133 | 1176071 | 79666 |
| 2284465 | 价值 | 990613.9 | 84205.7 | 83803.2 | 153386.5 | 184986.1 | 2346.7 | 10322.4 | 146338.8 | 82009.6 | 296362.1 | 250090 |

4. 工业直接损失。

工业直接损失总计为 141281.2 万元,其中包括厂房、器具、现款、制成品、原料、机械及工具、运输工具、衣物及其他等项(详见表六)。

表六:抚州抗战期间工业财产直接损失情况　　单位:万元

| 总价值 | 厂房 | 器具 | 现款 | 制成品 | 原料 | 机械及工具 | 运输工具 | 衣物 | 其他 |
|---|---|---|---|---|---|---|---|---|---|
| 141281.2 | 86615 | 20881.2 | 7108.3 | 5368.3 | 4764.8 | 3524.8 | 6107.9 | 6421.1 | 489.8 |

5. 商业直接损失。

商业直接损失总计为 1196642.4 万元,其中包括店铺、住房、器具、现款、存货、运输车船、衣物及其他等项(详见表七)。

**表七：抚州抗战期间商业财产直接损失情况**　　单位：万元

| 总价值<br>（万元） | | 店铺<br>（栋） | 住房<br>（栋） | 器具<br>（件） | 现款 | 存货<br>（件） | 车辆 | 船<br>（只） | 衣物<br>（件） | 其他<br>（件） |
|---|---|---|---|---|---|---|---|---|---|---|
| | 数量 | 4623 | 3664 | 603015 | | 418246 | 2966 | 660 | 603636 | 290170 |
| 1196642.4 | 价值 | 252131.2 | 258033.3 | 127470.9 | 24363.4 | 283421.3 | 853.8 | 3502.4 | 136250.1 | 110616 |

6.航运直接损失。

航运直接损失总计为8761.6万元,其中包括器具、现款、船只、材料、修理机械及工具等(详见表八)。

**表八：抚州抗战期间交通航运财产直接损失情况**　　单位：万元

| 总价值 | 器具 | 现款 | 船只 | 材料 | 修理机械及工具 |
|---|---|---|---|---|---|
| 8761.6 | 334.7 | 40 | 7570.9 | 741 | 75 |

7.电讯直接损失。

电讯直接损失总计为3482.6万元,其中包括房屋、器具、现款、线路设备、材料及其他等项(详见表九)。

**表九：抚州抗战期间电讯财产直接损失情况**　　单位：万元

| 总价值 | 房屋 | 器具 | 现款 | 线路设备 | 材料 | 其他 |
|---|---|---|---|---|---|---|
| 3482.6 | 125 | 205.5 | 7 | 2864.2 | 218.1 | 62.8 |

8.公教员工财产直接损失。

公教员工财产直接损失总计为1255733.5万元,其中包括房屋、器具、衣物、现款、图书及其他等项(详见表十)

**表十：抚州抗战期间公教员工财产直接损失情况**　　单位：万元

| 总价值 | 房屋 | 器具 | 衣物 | 现款 | 图书 | 其他 |
|---|---|---|---|---|---|---|
| 1255733.5 | 709291.9 | 358786.5 | 122495.1 | 17836.7 | 14557.9 | 32765.4 |

**(二)财产间接损失**

财产间接损失约为267亿元,其中包括工业、农业、商业生产额减少值和可获纯利减少值;机关、学校等机构和人员的迁移费、防空费、疏散费、救济费,死亡人口的埋葬费,伤残人员的医疗费,死亡人口家属的抚恤费等(详见表十一)。

表十一:抚州抗战期间财产间接损失表　　　　单位:万元

| | 小计 | 生产额减少值 | 纯利减少值 | 迁移费 | 防空费 | 救济费 | 抚恤费 | 疏散费 |
|---|---|---|---|---|---|---|---|---|
| 农业 | 1199647.9 | 1107488.7 | 83483.4 | 6808.1 | 674.2 | 864.6 | 328.9 | |
| 工业 | 92835.6 | 69849.9 | 4178.8 | 5280.2 | 13371.7 | 8075 | | |
| 商业 | 1269314.3 | 380 | 1242029.9 | 22137.7 | 2724 | 1157.6 | 885.1 | |
| 机关 | 55882.9 | | | 20606.2 | 9550.4 | 13104.7 | 4676.1 | 7945.5 |
| 学校 | 8189.8 | | | 3045.5 | 1458.1 | 838.1 | 801.9 | 2046.2 |
| 航运 | 4632.5 | | | | | | | |
| 医疗费 | 11486.5 | | | | | | | |
| 埋葬费 | 24508 | | | | | | | |
| 其他 | 600.4 | | | | | | | |
| 总计 | 2667097.9 | 1177718.6 | 1329692.1 | 57877.7 | 27778.4 | 16045 | 6767 | 9991.7 |

### 三、重大惨案和较大损失

**(一)狂轰滥炸,大肆入侵**

1939年3月28日,侵华日军占领南昌。自此,日军飞机开始对抚州地区实施狂轰滥炸。至1941年,共对临川、南城、东乡、崇仁、宜黄、南丰、广昌等县轰炸37次,其中对东乡县城的轰炸就达20余次。1939年4月7日,9架日机两次轰炸东乡县城,炸死80余人,烧毁房屋90余栋。6月5日,9架日机分3批对临川温圳(1968年后属进贤县)实施轰炸,炸死炸伤近200人,炸毁民房10多栋,炸沉船只4艘。24日,2架日机空袭李渡(1968年后属进贤县),炸毁民房4栋,死伤14人。次日,3架日机袭击临川县城,炸毁民房5栋,死伤百余人。7月13日,日机30多架对温圳康乐山轮番轰炸,炸毁国民政府军军火仓库6座,死伤千余人。8月初,日机6架又空袭临川县城,炸死群众100余人。1941年3月3日,日军出动飞机27架次分3批轰炸南城县城,炸死炸伤1000余人,炸毁房屋400栋。南城县中学教师尧孝杰一家5口仅剩1人;孝子巷张姓新婚夫妇洞房被炸飞,两具尸体悬挂在电线杆上;永丰坊附近一防空洞口被炸塌,砖石堵塞,窒息致死60余人。11月14日,9架日机再次轰炸南城县城,投下大量燃烧弹,县城内一片火海,其中西街几百户商店民宅,除七八户外,全被烧光。1942年6月8日,9架日机轰炸崇仁白路镇,炸死炸伤军民百余人;接着又在凤岗圩上空投弹3枚,死伤2人。日机狂轰滥炸给赣东人民造成惨重损失,仅东乡、南城、临川、崇仁4县就被炸死炸伤民众1700余人,炸毁房屋1242栋。

1942 年 5 月下旬,驻南昌侵华日军第 11 军为打通浙赣线,以约 3 万人的兵力,分三路向赣东地区进犯:左翼于 5 月 31 日从谢埠镇、李家渡间渡过抚河,6 月 5 日占领东乡,13 占领金溪;中路沿南(昌)抚(州)公路进犯,6 月 1 日突破江西保安纵队梁家渡至市汊街防线,6 日占领临川,8 日占领崇仁、宜黄,12 日进犯南城;右翼沿赣江西岸向南进犯,一部于 7 日窜至淘沙,8 日经溪桥至崇仁,与占领崇仁的日军会合,实施对赣东部分地区的野蛮侵略。6 月 5 日至 15 日,抚州境内东乡、临川、宜黄、崇仁、金溪、南城相继失陷。日军所到之处,烧杀奸掠,无恶不作,赣东人民惨遭浩劫。据 1946 年江西省政府《江西省抗战损失调查总报告》记载,日军侵略抚州期间,人口伤亡 33289 人,房屋烧毁 27006 栋,财产损失 763 亿多元(法币)。

(二)烧杀奸淫,令人发指

日军侵占赣东后,疯狂地进行屠杀、焚烧、奸淫、掳掠,其残忍程度闻所未闻。日军在临川县的 70 余天中,杀害民众 15885 人。1942 年 6 月 6 日,日军将 50 名民众捆绑手脚,从文昌桥投入抚河淹死;19 日,临川县徐家村农民 136 人,被日军用机枪射杀。在东乡县,日军杀害民众 1069 人。在崇仁县,日军杀死民众 266 人,杀伤 54 人;日军侵入县城将捉住的民众 19 人推入河中溺死。在宜黄县,日军杀死民众 809 人,杀伤 159 人。在金溪县,日军杀害民众 798 人;在黄坊村将老弱群众 26 人全部刺死在福音庙前的塘内;血洗洛城,死者数以百计。南城县麻姑山大山村,被日军血洗一空,老少无一幸存。日军还到处放火焚烧民房,临川、南城县城整片房屋被烧毁。

日军烧杀之后,四处抢掳妇女,恣意奸淫。从十一二岁的幼女到七八十岁的老太,凡落入日军之手,多被奸淫致死或杀害。临川县有 30 余名妇女在刑贞观遭日军集体奸淫,奸后遭残杀,有的刺胸,有的割乳,有的被刺阴道致死。东乡县店前乡便塘村,遭强奸致死的有 7 人。南城县城沦陷时,日军把抓获的大批妇女集中关押在河东饶家大屋,进行集体轮奸,有 5 人当场被奸淫致死;钟保生的女儿身怀六甲,行将分娩,在被奸淫之后,日军用刺刀剖开她的腹腔,挑出胎儿,抛甩在石板上;在日军蹂躏的惨烈苦楚中,罗细仔之妻挣脱抓缚,跃入水塘自尽身亡。南城县城收复后,许多裸体女尸暴露在街头巷尾、塘边田头,其中被割乳毁阴、破腹牵肠、揭皮剐肉的比比皆是,惨不忍睹。崇仁沦陷期间,有 200 多名妇女遭强奸,仅在崇仁县城受害妇女就有四五十人。从南昌逃亡宜黄途中暂住许坊小学的江西葆灵女中师生,有 30 多人在校内被日军奸后杀害,余者四处逃散,从许坊到宜黄县城途中,又被日军奸后残杀多人。黄坊村 5 名 60 多岁的老妇被日军抓获,遭轮奸摧残。三山庙(今三山乡)被强奸妇女 70 余人。许多老人至今回忆起日军当年的暴行,仍心有余悸,愤慨无比。

中共抚州市委党史办(杨忠民、黄泽书、吴主平执笔)

# 临川区调研报告

临川县（现为临川区）全县人口 1941 年时为 482691 人。

1939 年至 1941 年，临川多次遭受日军飞机轰炸，造成重大财产损失和人员伤亡。从 1942 年 6 月 1 日日军入侵到 8 月 15 日溃退，日军在临川所到之处，烧杀抢掠，无恶不作，沦陷区一时满目疮痍，一片萧条。

据统计，抗战时期临川县人口伤亡为 23941 人。仅 1941 年至 1944 年，临川因日军轰炸、骚扰、侵占等因素，人口就锐减了 17 万多人，到 1944 年临川人口下降到 311228 人（见《临川县志》人口卷）；这期间，临川人民财产损失 1791464.1 万元（法币，下同），其中直接损失 1081540.8 万元、间接损失 709923.3 万元。

## 一、人口伤亡情况

临川县抗战时期人口伤亡总数为 23941 人，其中死亡 15885 人、重伤 4733 人、轻伤 3323 人。特别令人发指的是，不少妇女被日军奸杀，许多儿童被日军残杀（详见表一）。

表一：临川抗战期间人口伤亡情况　　　　　单位：人

| 总计 | 死亡 | | | | 重伤 | | | | 轻伤 | | | |
|---|---|---|---|---|---|---|---|---|---|---|---|---|
| | 小计 | 男 | 女 | 儿童 | 小计 | 男 | 女 | 儿童 | 小计 | 男 | 女 | 儿童 |
| 23941 | 15885 | 9601 | 4289 | 1995 | 4733 | 2355 | 1560 | 818 | 3323 | 1564 | 1178 | 581 |

## 二、财产损失情况

根据 1946 年江西省政府《江西省抗战损失调查总报告》，抗战时期临川的财产损失分为财产直接损失和财产间接损失。

### （一）财产直接损失

财产直接损失约为 102 亿元，其中包括行政机关、学校、农业、工业、商业、交通航运、电讯、公教员工等损失（详见表二）。

表二：临川抗战期间财产直接损失总表　　　　　单位：千元

| 总价值 | 行政机关 | 学校 | 农业 | 工业 | 商业 | 航运 | 电讯 | 公教员工 |
|---|---|---|---|---|---|---|---|---|
| 10204024 | 111767 | 90005 | 6238380 | 89167 | 2795686 | 38061 | 23670 | 817288 |

下面就以上各类损失分别具体说明：

1. 行政机关直接损失

行政机关财产直接损失总计为 111767 千元，其中包括机关建筑物、器具、现款、图书、仪器、文卷、医药用品及其他等项（详见表三）。

表三:临川抗战期间行政机关财产直接损失情况　　单位:千元

| 总价值 | 建筑物· | 器具 | 现款 | 图书 | 仪器 | 文卷 | 医药用品 | 其他 |
|---|---|---|---|---|---|---|---|---|
| 111767 | 51618 | 43303 | 105 | 1095 | 1515 | – | 3031 | 11100 |

2.学校直接损失

学校直接损失总计为88005千元,其中包括学校建筑物、器具、现款、图书、仪器、医药用品及其他等项(详见表四)。

表四:临川抗战期间学校财产直接损失情况　　单位:千元

| 总价值 | 建筑物 | 器具 | 现款 | 图书 | 仪器 | 医药用品 | 其他 |
|---|---|---|---|---|---|---|---|
| 90005 | 50052 | 23659 | 3350 | 6995 | 334 | 3302 | 2313 |

3.农业直接损失

农业直接损失总计为7660052千元,其中包括房屋、器具、现款、农产品、林产品、水产品、畜产品、牲畜、农具(含渔具、运输工具)、衣物等项(详见表五)。

表五:临川抗战期间农业财产直接损失情况

| 总价值<br>(千元) | | 房屋<br>(栋) | 器具<br>(件) | 现款 | 农产品<br>(担) | 林产品<br>(株) | 水产品<br>(担) | 畜产品<br>(件) | 牲畜<br>(头) | 农具<br>(件) | 衣物<br>(件) |
|---|---|---|---|---|---|---|---|---|---|---|---|
| | 数量 | 6690 | 76055 | | 285215 | 123785 | 206 | 542 | 142055 | 133221 | 15972 |
| 6238380 | 价值 | 4125230 | 188210 | 244168 | 542159 | 19740 | 1532 | 39408 | 431696 | 175665 | 470572 |

4.工业直接损失

工业直接损失总计为89167千元,其中包括厂房、器具、现款、制成品、原料、机械及工具、运输工具等项(详见表六)。

表六:临川抗战期间工业财产直接损失情况　　单位:千元

| 总价值 | 厂房 | 器具 | 现款 | 制成品 | 原料 | 机械及工具 | 运输工具 |
|---|---|---|---|---|---|---|---|
| 89167 | 1750 | 27659 | 123 | 230 | 132 | 47 | 59226 |

5.商业直接损失

商业直接损失总计为2795686千元,其中包括店铺、住房、器具、现款、存货、运输车船、衣物及其他等项(详见表七)。

### 表七：临川抗战期间商业财产直接损失情况

| 总价值<br>（千元） | | 店铺<br>（栋） | 住房<br>（栋） | 器具<br>（件） | 现款 | 存货<br>（件） | 车辆<br>（辆） | 船<br>（只） | 衣物<br>（件） | 其他<br>（件） |
|---|---|---|---|---|---|---|---|---|---|---|
| | 数量 | 1936 | 764 | 57804 | | 166416 | 1395 | 216 | 84647 | 185 |
| 2795686 | 价值 | 911830 | 369450 | 110422 | 60258 | 410048 | 2896 | 12408 | 180153 | 738221 |

6.航运直接损失

航运直接损失总计为 38061 千元,其中包括器具、现款、船只、材料、修理机械及工具等(详见表八)。

### 表八：临川抗战期间交通航运财产直接损失情况　单位：千元

| 总价值 | 器具 | 现款 | 船只 | 材料 | 修理机械及工具 |
|---|---|---|---|---|---|
| 38061 | 2992 | 400 | 26509 | 7410 | 750 |

7.电讯直接损失

电讯直接损失总计为 23670 千元,其中包括房屋、器具、现款、线路设备、材料及其他等项(详见表九)。

### 表九：临川抗战期间电讯财产直接损失情况　单位：千元

| 总价值 | 房屋 | 器具 | 现款 | 线路设备 | 材料 | 其他 |
|---|---|---|---|---|---|---|
| 23670 | 1000 | 900 | 70 | 20000 | 1500 | 200 |

8.公教员工财产直接损失

公教员工财产直接损失总计为 817288 千元,其中包括房屋、器具、衣物、现款、图书及其他等项(详见表十)。

### 表十：临川抗战期间公教员工财产直接损失情况　单位：千元

| 总价值 | 房屋 | 器具 | 衣物 | 现款 | 图书 | 其他 |
|---|---|---|---|---|---|---|
| 817288 | 473423 | 99724 | 194868 | 17569 | 2504 | 29200 |

(二)财产间接损失

财产间接损失约为 71 亿元,其中包括工业、农业、商业生产额减少值和可获纯利减少值,机关、学校等机构和人员的迁移费、防空费、疏散费、救济费、死亡人口的埋葬费,伤残人员的医疗费,死亡人口家属的抚恤费等(详见表十一)。

表十一：临川抗战期间财产间接损失表　　　单位：千元

| | 小计 | 生产额减少值 | 纯利减少值 | 迁移费 | 防空费 | 救济费 | 抚恤费 | 疏散费 |
|---|---|---|---|---|---|---|---|---|
| 农业 | 1603662 | 1368711 | 231463 | 980 | 2110 | 110 | 288 | |
| 工业 | 41407 | 930 | 39089 | 1021 | 367 | | | |
| 商业 | 5014555 | | 4854597 | 149000 | 8189 | 2263 | 506 | |
| 机关 | 72729 | | | 25408 | 10049 | 8707 | 7259 | 21306 |
| 学校 | 65321 | | | 23408 | 10049 | 6003 | 7259 | 18602 |
| 航运 | 46325 | | | | | | | |
| 医疗费 | 105099 | | | | | | | |
| 埋葬费 | 150135 | | | | | | | |
| 总计 | 7099233 | 1369641 | 5125149 | 199817 | 30764 | 17083 | 15312 | 39908 |

### 三、日军罪恶行径

1942年6月1日，日军3000余人分两股从南昌进犯临川。其中一股于当日从梁家渡强行渡河，窜抵温圳镇（1968年后属进贤县），2日由温圳窜抵李渡镇（1968年后属进贤县）时，国民政府守军一触即溃。3日晨，日军长驱直入，4日傍晚桐源圩陷落。5日，日军又窜至三桥、展坪一带。另一股日军沿南昌至临川的公路进犯，于5日轻易占据了唱凯、云山一带。国民政府守军犹如惊弓之鸟，即从县城和上顿渡、三桥、高坪等镇向南溃逃，最后逃到宜黄、南城交界的深山老林中去了。由于惊慌失措，连县城内警备守军和司令姜宝德也未通知撤退，待到日军围城时，姜宝德开枪自尽，守军全部被歼。6日晨，临川县城沦陷。

日军进入临川县境后即进行狂轰滥炸。1939年6月5日，9架日机轮番对温圳镇野蛮轰炸达1个多小时。第一批日机掠过城区投下大量炸弹，新街口、下街口、菜市场一带首先中弹起火；第二批日机又对谷场、令公庙、桥背等处投弹；第三批日机接踵而至狂轰滥炸近30分钟。日机轰炸造成死伤近200人，炸毁民房10多幢，炸死耕牛3头，炸沉民船4艘。6月24日，日机2架空袭李渡，在菜市场、后街、天主堂等处投掷炸弹，炸毁民房4幢，炸死4人，炸伤10余人。6月25日，日军出动3架飞机空袭临川县城，在大公路、梅庵路、桥东等处投弹多枚，由于及时扑灭，未造成火灾，炸毁房屋5幢，死伤群众100多人。7月13日，日机30多架空袭温圳，对附近的康山轮番进行轰炸，炸毁国民政府军军火仓库6座，死伤1000余人。8月初，日军又出动6架飞机空袭县城，在北门临川中学、南门汽车站、大公路泰山背县政府、曾家园群众会场、桥东天主堂附近等处投弹多枚，炸毁房屋6幢，死伤100多人。

日军在临川大肆烧杀淫掠。1942年6月6日晨日军开进县城时，街市关门闭户，不见人影。日军恼羞成怒，在全城进行大搜捕，抓出了一些老弱病残和来不及逃走的居民约50多人，一个个反缚，押至文昌桥上，强逼他们跳入河中，全部溺水而死。又在东乡仓下村附近设一张杀人案，不时捕捉居民宰杀，老弱妇婴无一幸免，有时还用刺刀挑抛婴儿，以此作乐。仅仓下村一个水塘中就捞到人头10多颗。6月19日，日军120多人，乘夜色包围了罗针乡岭上徐家村，全村男女老幼闻讯仓皇出逃，有136人躲在附近禾田里被日军发现，遭日军机枪扫射，全部死亡，鲜血浸透了禾田。6月29日，日军在长山晏（1968年后属进贤县）用刺刀、马刀刺死农民12人。7月，日军在县城抓到一部分妇女，把她们赤身露体地押至坤贞观，集体轮奸后全部残杀，有的开胸，有的割乳，有的用刺刀扎阴部致死。湖南乡下艾村有8个老年妇女全被杀害。

日军还对临川居民的房屋、财产进行疯狂的破坏和掠夺。县城内的辟火焦、六水桥、梅庵路、马家山和大公路一带数以千计的民房被化为焦土，城郊的红石咀、杨家村、洋洲上的房舍均成瓦砾。日军撤退前夕，又炸毁行易桥的两个桥墩。日军在罗湖、龙骨渡一次就焚毁房屋200多幢，上盖塘、下盖塘、下黄村、站前村、阮泉村、古港村等许多村庄的民房全被烧光。日军在罗针杀死82头猪、24头牛、400多只鸡，抢走粮食1万多斤。

（中共临川区委党史办）

# 崇仁县调研报告

崇仁县现有 15 个乡镇,总面积 1520 平方公里;1941 年总人口 134263 人,1943 年减至 121000 人。

1938 年至 1941 年,全县遭日军飞机 3 次轰炸。1942 年 6 月 8 日至 7 月 2 日,日军侵占崇仁。日军所到之处,烧杀奸掠,无恶不作,给全县造成重大人口伤亡和财产损失,沦陷区一时满目疮痍,一片萧条。

据统计,抗战时期崇仁县人口伤亡为 320 人;财产损失为 43.1 亿元(法币,下同),其中直接损失 30.3 亿元、间接损失 12.8 亿元(数据源自 1946 年江西省政府《江西省抗战损失调查总报告》)。

## 一、人口伤亡情况

崇仁县抗战时期人口伤亡总数为 320 人,其中死亡 266 人、重伤 24 人、轻伤 30 人。特别令人发指的是,许多妇女被日军奸杀,许多儿童被日军残杀(详见表一)。

表一:崇仁抗战时期人口伤亡情况　　　　　　单位:人

| 总计 | 死亡 | | | | | 重伤 | | | | 轻伤 | | | |
|---|---|---|---|---|---|---|---|---|---|---|---|---|---|
| | 小计 | 男 | 女 | 儿童 | 不明 | 小计 | 男 | 女 | 儿童 | 小计 | 男 | 女 | 儿童 |
| 320 | 266 | 174 | 73 | 18 | 1 | 24 | 17 | 4 | 3 | 30 | 18 | 10 | 2 |

## 二、财产损失情况

根据 1946 年江西省政府《江西省抗战损失调查总报告》,抗战时期崇仁的财产损失分为财产直接损失和财产间接损失。

### (一)财产直接损失

财产直接损失约为 30.3 亿元,其中包括行政机关、学校、农业、商业、交通航运、电讯、公教员工等损失(详见表二)。

表二:崇仁抗战期间财产直接损失总表　　　　单位:万元

| 总价值 | 机关 | 学校 | 农业 | 商业 | 航运 | 电讯 | 公教员工 |
|---|---|---|---|---|---|---|---|
| 303182 | 2406 | 4246 | 185512 | 85631 | 215 | 270 | 24902 |

下面就以上各类损失分别具体说明:

1. 行政机关直接损失

行政机关财产直接损失总计为 2406 万元,其中包括机关建筑物、器具、现款、图书、仪器、文卷、医药用品及其他等项(详见表三)。

**表三：崇仁抗战期间行政机关财产直接损失情况** 单位：万元

| 总价值 | 建筑物 | 器具 | 现款 | 图书 | 仪器 | 文卷 | 医药用品 | 其他 |
|--------|--------|------|------|------|------|------|----------|------|
| 2406 | 1037 | 221 | 190 | 147 | 89 | 93 | 57 | 572 |

2.学校直接损失

学校直接损失总计为4246万元，其中包括学校建筑物、器具、现款、图书、仪器、医药用品及其他等项（详见表四）。

**表四：崇仁抗战期间学校财产直接损失情况** 单位：万元

| 总计 | 建筑物 | 器具 | 现款 | 图书 | 仪器 | 医药用品 | 其他 |
|------|--------|------|------|------|------|----------|------|
| 4246 | 2981 | 389 | 107 | 363 | 192 | 90 | 124 |

3.农业直接损失

农业直接损失总计为185512万元，其中包括房屋、器具、现款、农产品、林产品、牲畜、农具（含渔具、运输工具）、衣物及其他等项（详见表五）。

**表五：崇仁抗战期间农业财产直接损失情况** 单位：万元

| 总价值 | 房屋 | 器具 | 现款 | 农产品 | 林产品 | 牲畜 | 农具 | 衣物 | 其他 |
|--------|------|------|------|--------|--------|------|------|------|------|
| 185512 | 101230 | 2324 | 8184 | 28662 | 2207 | 11909 | 3661 | 25802 | 1533 |

4.商业直接损失

商业直接损失总计为85631万元，其中包括店铺、住房、器具、现款、存货、运输车船、衣物及其他等项（详见表六）。

**表六：崇仁抗战时期商业财产直接损失情况** 单位：万元

| 总价值 | 店铺 | 住房 | 器具 | 现款 | 存货 | 车 | 船 | 衣物 | 其他 |
|--------|------|------|------|------|------|----|----|------|------|
| 85631 | 23010 | 15421 | 6897 | 3394 | 19888 | 119 | 697 | 9932 | 6273 |

5.航运直接损失

航运直接损失总计为215万元，其中包括器具、船只损失（详见表七）。

**表七：崇仁抗战期间交通航运财产直接损失情况** 单位：万元

| 总　计 | 器具 | 船只 |
|--------|------|------|
| 215 | 35 | 180 |

6.电讯直接损失

电讯直接损失总计为270万元，其中包括房屋、器具、线路设备、材料及其他等项（详见表八）。

**表八:崇仁抗战期间电讯财产直接损失情况** 单位:万元

| 总　计 | 房屋 | 器具 | 线路设备 | 材料 | 其　他 |
|---|---|---|---|---|---|
| 270 | 15 | 10 | 182 | 26 | 37 |

### 7. 公教员工财产直接损失

公教员工财产直接损失总计为24902万元,其中包括房屋、器具、衣物、现款、图书及其他等项(详见表九)

**表九:崇仁抗战期间公教员工财产直接损失情况**

单位:万元

| 总　计 | 房屋 | 器具 | 衣物 | 现款 | 图书 | 其他 |
|---|---|---|---|---|---|---|
| 24902 | 10430 | 1965 | 4689 | 1947 | 1657 | 4214 |

### (二)财产间接损失

财产间接损失约为12.8亿元,其中包括农业、商业生产额减少值和可获纯利减少值,机关、学校等机构和人员的迁移费、防空费、疏散费、救济费,死亡人口的埋葬费,伤残人员的医疗费,死亡人口家属的抚恤费等(详见表十)。

**表十:崇仁抗战期间财产间接损失情况** 单位:万元

| | 小计 | 生产额减少值 | 纯利减少值 | 迁移费 | 防空费 | 救济费 | 抚恤费 | 疏散费 |
|---|---|---|---|---|---|---|---|---|
| 农业 | 67552 | 63860 | 3196 | 244 | 180 | 52 | 20 | |
| 商业 | 56795 | | 54862 | 904 | 226 | 792 | 11 | |
| 机关 | 3391 | | | 987 | 802 | 385 | 319 | 898 |
| 学校 | 134 | | | 84 | 29 | | | 21 |
| 医疗费 | 37 | | | | | | | |
| 埋葬费 | 498 | | | | | | | |
| 总计 | 128407 | 63860 | 58058 | 2219 | 1237 | 1229 | 350 | 919 |

中共崇仁县委党史办(夏海泉执笔)

# 金溪县调研报告

1942年6月1日，侵占南昌的日军经温圳镇沿抚河两岸向临川、金溪进犯。11日，日军占领金溪县浒湾镇，13日进犯金溪县城。

日军进犯浒湾镇，烧毁了自洲头直到篾器巷口安门上近四分之三的店铺。日军进入县城后，大肆抢掠、奸淫、烧杀，北门、东门、太子庙、梨树园，到处血肉横飞，尸横遍地，家具、板壁扔满街道，县府被烧毁，不少民房商店也遭火焚。在此之前，日本飞机还炸毁王冕堂巷内房屋2栋。

日军以县城和浒湾为据点，四出窜扰，几乎蹂躏全县。6月17日，日军血染洛城，死者数以百计。6月下旬，日军在黄坊村将老弱群众26人全部刺死在福音庙前的塘内。全县许多集镇，如琅琚、合市、琉璃、双塘、陆坊等，都成了日军的杀人场。日军在琉璃纵火烧掉一条街，朝墩村烧得片瓦不留，长岗埠附近的王家村烧得只剩门楼一个。其他如琅琚、高家、曹家、聂家、下严、坪上、双塘、杨桂林、彭坊、枫山埠、陆坊、黄坊、洛城、疏口等地，均遭火焚。日军还在光天化日之下强奸妇女，被其奸污的妇女中，有六七十岁的老婆婆，也有十一二岁的幼女，有的妇女被奸污后还惨遭杀害。

6月中旬，一股日军在合市杨桂林村焚烧了40多栋民房(全村只剩下1幢)。

6月17日下午，三个日兵窜入琉璃北岸村，其中两个窜入紫金阁，一个追赶一名妇女，正要强奸，该女奋力反抗并高声喊叫，打砻匠黄禾尚、青年农民黄永昌闻声赶到，用木棍将日兵打死在花峰桥下。三天后，日军派兵至此，纵火烧掉黍头、北岸两村民房40余栋，捉去群众22名，除8名妇女在深夜挖墙逃脱外，其余被押至花峰桥全部杀害。

20日，两个日兵窜扰琅琚赖家村，杀掉群众1头猪，并抓到赖凤书、赖礼寿为其送猪肉；赖姓二人有武术，走到蓝家排村时，他俩一起动手，将两个日兵同时打入塘中，然后逃走。第二天，日军倒赖家村放火烧掉民房4栋。

22日，日军窜扰中洲村，农民吴慰慈和邻居黄静玉(女)在村北与一个汉奸和两个日兵遭遇。一个日兵提马刀监视吴慰慈，另外两个要强奸黄静玉。吴慰慈怒不可遏，用扁担与日兵、汉奸搏斗，打得他们身负重伤，慌忙逃窜。23日，日军在中洲村杀掉8名过路人。

据1946年《江西省抗战损失调查总报告》载：金溪有798人(其中男404人、女227人，童167人)被日军屠杀，房屋1720余栋被日军烧毁，财产损失总值法币260655.5万元，其中直接损失法币155726万元。

(中共金溪县委党史办)

# 东乡县调研报告

东乡县面积 1263 平方公里,抗战时期全县有人口 129942 人。由于当时生产力落后,穷山恶水,尤其是抗战期间遭到日本侵略军的蹂躏,农村濒临破产,城镇经济萧条,文化教育落后,人民处于水深火热之中。

1939 年 3 月,日本侵略军飞机多次轰炸东乡县城,酿成大火,烧毁房屋 422 栋。同月,国民政府军为阻止日军进犯,下令破坏南昌至东乡县城段铁路。12 月破坏东乡县城至余江县城段铁路。1941 年 2 月 2 日,日军飞机空袭东乡县城,造成重大损失。1942 年 6 月 5 日,日军占领县城,县政府部分成员携带重要文件卷宗迁至上池。上池失陷后,县政府又迁往金溪县黄通。金溪失陷,再迁资溪县高埠。

日军占领东乡期间,东乡人民深受日军的屠杀、奸淫、掳掠、焚烧、破坏的痛苦,凡是日军所到的乡、村,无辜民众遭到惨杀,畜禽、粮食、衣着、银钱被抢掠,许多村庄焚毁一空。据不完全统计,全县被日军杀害的有 1069 人,民房 4596 间被烧毁,被劫财物难以数计。仅店前乡便塘村的一个村庄,被杀死、刺死的就有 21 人,重伤 5 人,遭日军强奸致死的妇女有 7 人,被烧毁的房屋达 96 间,被劫走的猪、牛共 68 头。小璜乡珊壁、小桨等村被日军放火烧毁房屋百余栋。

东乡县人民不堪忍受日军惨无人道的残杀和凌辱,群众组织起来同日军进行顽强的斗争。如:1942 年,七星桥的群众见日军来,纷纷隐蔽,暗藏刀刃,当日军闯进村时,群众奋起,用锄头、扁担与日军搏斗,并当场活捉一个日军,虎形山乡赛阳关竹园村的群众也活捉日军一人,都被群众打死;县城西门外的会龙岗学校,有一个酣睡的日本兵被当地群众悄悄勒死,抛尸会龙桥下;6 月 10 日,岗上积乡毛栗岗村武术师饶嘉贵、饶福英兄妹俩,用锄头打死闯入他家抢劫的日本兵 3 人。7 月,日军由县城开往黎圩镇途经赛阳关时,与国民政府军一个连相遇,战斗一昼夜,日军死伤 100 余人。此役后来被称为"赛阳关之战"。由于当地群众抗日群情激奋,声势浩大,日军吓得龟缩在县城,最后于 1942 年 8 月 25 日撤走。东乡沦陷时间达 82 天。日军撤退的那天,还放火烧毁县城三四十家店铺以及一大批民房。

据 1946 年《江西省抗战损失调查总报告》记载:东乡县抗战期间伤亡 2177 人,其中重伤 489 人、轻伤 619 人、死亡 1069 人。全县财产损失总值 979040 万元(法币,下同),其中:直接损失 706582 万元,包括机关学校建筑物、器具、文卷等折合 10317 万元,农业方面房屋、农具、农副产品折合 521442 万元,工业方面厂房、机器、原材料、产品折合 115774 万元,商业方面房屋、货物、用具折合 52652 万元,公教员工方面房屋、家具、图书等折合 6397 万元;间接损失 272458 万元。

中共东乡县委党史办(方丽华、王国旗执笔)

# 南城县调研报告

1939 年 3 月 28 日,日军占领了南昌。此后,日军飞机便对赣东地区实施狂轰滥炸,地面部队深入赣东各县烧杀掳掠,奸淫妇女,无恶不作,给赣东人民带来了深重灾难。自 1941 年开始,南城县就处在日军的暴行之中,南城人民遭受到巨大的损失。

## 一、日军暴行

1941 年 3 月 3 日,日军出动飞机 27 架次,分 3 批轰炸南城县城 20 多分钟,炸死炸伤 1000 余人,炸毁房屋 400 栋。南城县中学教师尧孝杰一家 5 口仅剩 1 人;孝子巷张姓新婚夫妇洞房被炸飞,两具尸体悬挂在电线杆上;永丰坊附近天一山防空洞洞口被炸塌,砖石堵塞,窒息致死 60 余人。11 月 14 日,9 架日机再次轰炸南城县城,投下大量燃烧弹和炸弹,县城四条街一片火海,浓烟滚滚,其中主要街道西街几百户商店和民宅,除七八户外,全被烧光。此次空袭长达 40 分钟,炸死、烧伤数百人,炸毁房屋无数。1942 年 5 月,日军挑起浙赣战役。驻南昌地区日军第 6、第 13、第 34、第 39、第 40、第 116 师团各一部,约计 4 万余兵力进犯赣东。6 月 11 日,日军 2000 余兵力,从宜黄分兵三路进犯南城:南路主力由西向东,先占领南城县里塔镇,再折回向北,往株良镇东进犯;中路穿小路经芙蓉山向麻姑山镇进犯;北路经临川往南城县岳口镇进犯。12 日,南城县城陷落。日军进城后,大肆搜捕,将青壮男丁杀死,将儿童抛入太平桥下的汹涌波涛中活活淹死,将老弱病残全部武力押至盱江,强行逼迫他们跳入江中,活活淹死。南城县麻姑山乡大山村,被日军血洗一空,老少无一幸存。日军还到处放火焚烧民房,南城县城整片房屋被烧毁。

日军烧杀之后,四处抢掳妇女,恣意奸淫。从十一二岁的幼女到七八十岁的老妪,凡落入日军之手,多被奸淫致死或杀害。南城县城沦陷时,日军把抓获的大批妇女集中关押在河东饶家大屋,进行集体轮奸,有 5 人当场被奸淫致死;钟保生的女儿身怀六甲,行将分娩,在被奸淫之后,日军用刺刀剖开她的腹腔,挑出胎儿,抛甩在石板上;在日军蹂躏的惨烈苦楚中,罗细仔之妻挣脱抓缚,跃入水塘自尽身亡。1942 年 7 月 9 日南城县城收复后,许多裸体女尸暴露在街头巷尾、塘边田头,其中被割乳毁阴、破腹牵肠、揭皮剐肉的比比皆是,惨不忍睹。

## 二、人口伤亡情况

南城沦陷期间人口伤亡惨重,总计伤亡人口 4632 人,其中重伤 453 人、轻伤 484 人、死亡和下落不明者 3695 人(详见表一)。

### 表一:南城抗战期间人口伤亡数

单位:人

| 总计 | 重伤 | | | | 轻伤 | | | | 死亡 | | | | |
|---|---|---|---|---|---|---|---|---|---|---|---|---|---|
| | 男 | 女 | 童 | 小计 | 男 | 女 | 童 | 小计 | 男 | 女 | 童 | 不明 | 小计 |
| 4632 | 178 | 184 | 91 | 453 | 129 | 252 | 103 | 484 | 2026 | 1149 | 478 | 42 | 3695 |

### 三、财产损失情况

根据1946年江西省政府《江西省抗战损失调查总报告》,抗战时期南城的财产损失分为财产直接损失和财产间接损失。

（一）财产直接损失

财产直接损失约为97.9亿元,其中包括行政机关、学校、农业、工业、商业、交通运输、电讯、公教员工等损失(详见表二)。

### 表二:南城抗战期间财产直接损失总表

单位:千元

| 总价值 | 机关 | 学校 | 农业 | 工业 | 商业 | 运输 | 电讯 | 公教员工 |
|---|---|---|---|---|---|---|---|---|
| 9785520 | 74656 | 15334 | 4242585 | 52890 | 5217429 | 10689 | 5060 | 166877 |

下面就以上各类损失分别列表说明:

**机关部分:**

单位:千元

| 总价值 | 建筑物 | 器具 | 现款 | 图书 | 仪器 | 文卷 | 医药用品 | 其他 |
|---|---|---|---|---|---|---|---|---|
| 74656 | 23937 | 30871 | 1653 | 989 | 130 | 8901 | 1465 | 6710 |

**学校部分:**

单位:千元

| 总价值 | 建筑物 | 器具 | 现款 | 图书 | 仪器 | 医药用品 | 其他(件) |
|---|---|---|---|---|---|---|---|
| 15334 | 8259 | 2946 | 141 | 1386 | 552 | 114 | 1936 |

**农业部分:**

| 总价值(千元) | | 房屋(栋) | 器具(件) | 现款 | 农产品(担) | 林产品(株) | 水产品(担) | 畜产品(件) | 牲畜(头) | 农具(件) | 衣物(件) | 其他 |
|---|---|---|---|---|---|---|---|---|---|---|---|---|
| | 数量 | 1798 | 95317 | | 136236 | 1148331 | 1527 | 8000 | 191157 | 10169 | 273363 | 16902 |
| 4242585 | 价值 | 1133327 | 568957 | 97286 | 323375 | 749330 | 14207 | 51800 | 510084 | 10314 | 730199 | 53706 |

江西省抗战时期人口伤亡和财产损失

工业部分：

| 总价值 | 厂房 | 器具 | 制成品 | 原料 | 机械工具 | 运输工具 | 衣物 | 其他 |
|---|---|---|---|---|---|---|---|---|
| 52890 | 5000 | 3000 | 7240 | 24790 | 8400 | 1600 | 1800 | 1060 |

商业部分：

单位：千元

| 总价值（千元） | | 店铺（栋） | 住房（栋） | 器具（件） | 现款 | 存货（件） | 衣物（件） | 其他（件） |
|---|---|---|---|---|---|---|---|---|
| 5217429 | 数量 | 844 | 1854 | 464889 | | 103904 | 362812 | 219470 |
| | 价值 | 805000 | 1589300 | 986373 | 32734 | 858824 | 867318 | 77880 |

交通运输部分：

| 总价值（千元） | 车 | | 船 | |
|---|---|---|---|---|
| | 辆数 | 价值 | 只数 | 价值 |
| 10689 | 820 | 3459 | 96 | 7230 |

电讯部分：

单位：千元

| 总　计 | 房　屋 | 器　具 | 路线设备 | 材　料 |
|---|---|---|---|---|
| 5060 | 100 | 100 | 4560 | 300 |

公教员工部分：

单位：千元

| 总　计 | 房　屋 | 器　具 | 衣　物 | 现　款 | 图　书 | 其他 |
|---|---|---|---|---|---|---|
| 166877 | 65961 | 19754 | 26687 | 8850 | 28224 | 17401 |

（二）财产间接损失

财产间接损失约为45.8亿元，其中包括工业、农业、商业生产额减少值和可获纯利减少值，机关、学校等机构和人员的迁移费、防空费、疏散费、救济费，死亡人口的埋葬费，伤残人员的医疗费，死亡人口家属的抚恤费等（详见表三）。

### 表三:南城抗战期间财产间接损失表　　　　单位:万元

| | 小计 | 生产额减少值 | 纯利减少值 | 迁移费 | 防空费 | 救济费 | 抚恤费 | 疏散费 |
|---|---|---|---|---|---|---|---|---|
| 农业 | 1926724 | 1926724 | | | | | | |
| 工业 | 7123 | 6725 | 398 | | | | | |
| 商业 | 2513500 | 500 | 2512000 | | 1000 | | | |
| 机关 | 4272 | | | 642 | 803 | 870 | 290 | 1667 |
| 学校 | 347 | | | 187 | 60 | | | 100 |
| 医疗费 | 67783 | | | | | | | |
| 埋葬费 | 63740 | | | | | | | |
| 总计 | 4583489 | 1933949 | 2512398 | 829 | 1863 | 870 | 290 | 1767 |

中共南城县委党史办(王新平、吴云华执笔)

# 广昌县调研报告

1938 年至 1939 年间,日本侵略军飞机曾对广昌县进行了多次轰炸,造成广昌人口伤亡和财产损失。

据《广昌县志》记载:1938 年 6 月 9 日,日军飞机 3 架轰炸广昌县城飞机场(今县农科所用田,从吴家岭至宴功岭山脚),投弹 7 枚,县保安团第一大队第三中队士兵 13 人被炸伤,炸死 4 人,炸毁部分飞机棚及油库。同年 6 月 21 日,日机 5 架再炸飞机场,炸毁飞机棚 2 列。1939 年 5 月 15 日,日机 10 架在飞机场上空投弹 8 枚,击毁机场办公房 1 栋,1000 余平方米;又在松仔山一带投弹 13 枚,国民政府军第 49 军干训班 2 名学员被炸死、2 名学员被炸伤,炸伤平民 2 人。同年 10 月 9 日,日机 6 架在飞机场投弹 9 枚、盘旋扫射数次,另 2 架飞机在县城太平岗老桥头投弹 4 枚,炸毁刘家祠和横街李家屋各 1 栋、食盐转运处汽车 3 辆,炸毁桥头木桥 1 座(今水泥电线杆厂靠河堤边)。

据江西省政府 1946 年《江西省抗战损失调查总报告》,1938 年至 1939 年间,日军飞机对广昌境内的轰炸,炸伤 17 人,炸死 6 人。炸毁房屋 4 栋,炸死耕牛 8 头,毁坏许多农田、器具。当时机关、学校、商业、农业等行业,用于救济、医药、埋葬、迁移、改造防空、疏散等费用以及因日机轰炸造成生产额、纯利额减少等经济损失共 143475.3 万元(法币,下同),其中直接损失 465.1 万元、间接损失 143010.2 万元。

根据两位目击证人谢棠仙、揭篯回忆,日军飞机确实在 1938 年至 1939 年两年间多次轰炸广昌,不但炸机场军营,也炸民房、桥梁、平民,其对广昌人民犯下的罪行和造成的经济损失是毋庸置疑的。

中共广昌县委党史办(邱志强执笔)

# 宜黄县调研报告

　　1942年5月下旬,侵占南昌的日军向赣东进犯,6月6日占领临川县城后,兵分两路继续南犯,一路向崇仁推进,一路向宜黄推进。日军从临川荣山和龙溪镇一线进入宜黄县境,6月8日占领宜黄县城。从此,宜黄县就深陷日军的暴行之中。宜黄县城行人绝迹,街头巷尾一片狼藉、荒凉可怕。日军四处搜捕,劈门破壁,翻箱倒柜,见人就杀,一片恐怖惨景。宜黄人民遭受到巨大的损失。

## 一、日军暴行

　　1942年6月6日,日军出动飞机6架次在宜黄桃陂乡梅坊上空来回轰炸扫射10来分钟,炸死炸伤40余人。6月7日上午8时许,日军出动飞机15架次轮番在孤岭和宜黄县城上空轰炸和扫射,6月8日宜黄沦陷,伤亡300余人。北关口一名50岁的妇女和她的30岁的儿子因来不及逃走躲在屋内,日军破门而入,一刀杀死她的儿子,她本人被8个日军轮奸后,用枪刺阴部而死;李引红结婚不久,被日军轮奸致死;邓端英(瞎子)被推下河活活溺死;园园一枪被打死在河堤上。江西葆灵女中学生在逃往宜黄县城途中被日军捉获30余人,其中3人在北关口被日军轮奸致死,尸体裸露,并在小肚子上插上竹子;另有8人被日军奸死在龙泉寺与凤凰山之间的壕沟里。被日军抓去关在龙泉寺庙的宜黄中学二班女学生刘剑英、珊珊,被日军轮奸后杀死;男学生章玉林被日军砍了右脚倒在血泊里。龙泉寺山下,邹桂香一家4口被杀,尸横路口。南门上(南大路),涂龙生躲在禾草里,因日军捉鸡而被发现,拉出门外,一连三刀颅开浆飞,死在沟里;吴某(62岁)被杀死;黄六仔(25岁)被杀死,头颅不知去向,尸体用棉被裹着,抛在菜园里;邓贵华(72岁),被绑在树干上,用刺刀戳肚,肠流一地,血染黄土。东门上,梅黑仂(50岁)头上被砍了10多刀,死在关口;许金红抱着一个不满周岁的小孩,被搜捕后,她的儿子被抢走摔地致死,她本人被轮奸直至昏迷过去。通济桥上,被日军残害致死17人。附东桥头,南昌难民周氏,因抱小孩走慢一步,被日军机枪扫射,倒在血泊中,身边啼哭的婴儿还在吮吸母亲尸体乳头,可毫无人性的日军竟用刺刀挑起婴儿,狠狠地一摔,婴儿惨叫一声,死在母亲的尸体上。河东桥上,被日军架在凤凰山龙泉寺的机枪扫射,死尸横七竖八。还有一大批不知姓名的尸体,遍布门前店后、街头巷尾。宜黄县城变成了日本侵略军屠杀平民的刑场。日军在屠杀平民的同时,大肆抢劫,不管是商店还是民房,全被洗劫一空。日军还放火毁城,龙泉寺被炸燃烧之火还没熄灭,10多个日军又手提新式液体喷火器来到孔庙,一个日兵狰狞狂笑着向孔庙屋顶喷火,孔庙立即黑烟滚滚;接着日军又到学前街、下马市、坪尔街、治前街、许家湾等街上喷火,顷时,宜黄县城学前街一带火光熊熊,浓烟弥漫,变成了一片火海。

大火的灰烬尚有余热,人们含恨的泪水还未干,6月29日,日军第二次侵入宜黄县城。首先是烧房屋,日军不仅用喷火枪,还使用了易燃物,只要把易燃物放在墙壁、木板、器具上,开枪引燃,即刻酿成大火。6月30日下午4时许,南门上十字街开始浓烟滚滚;随之,务前街、横街上、岳岭背、树架下同时起火,宜黄县城再一次变成火海。

### 二、人口伤亡情况

日军侵入宜黄期间,伤亡人口968人,其中重伤54人、轻伤105人、死亡和下落不明者809人(详见表一)。

表一:宜黄抗战期间人口伤亡数　　　单位:人

| 总计 | 重 伤 | | | | 轻 伤 | | | | 死 亡 | | | | |
|---|---|---|---|---|---|---|---|---|---|---|---|---|---|
| | 男 | 女 | 童 | 小计 | 男 | 女 | 童 | 小计 | 男 | 女 | 童 | 下落不明 | 小计 |
| 968 | 35 | 13 | 6 | 54 | 62 | 42 | 1 | 105 | 542 | 174 | 91 | 2 | 809 |

### 三、财产损失情况

根据1946年江西省政府《江西省抗战损失调查总报告》,抗战时期宜黄的财产损失分为财产直接损失和财产间接损失。

（一）财产直接损失

财产直接损失约为30.2亿元,其中包括行政机关、学校、农业、工业、商业、交通运输、电讯、公教员工等损失(详见表二)。

表二:宜黄抗战期间财产直接损失总表　　　单位:千元

| 总价值 | 机关 | 学校 | 农业 | 工业 | 商业 | 运输 | 电讯 | 公教员工 |
|---|---|---|---|---|---|---|---|---|
| 3016850 | 63919 | 50338 | 1247518 | 113007 | 1428923 | 8406 | 3393 | 101346 |

下面就以上各类损失分别列表说明:

**机关部分:**　　　单位:千元

| 总价值 | 建筑物 | 器具 | 现金 | 图书 | 仪器 | 医药用品 | 其 他 |
|---|---|---|---|---|---|---|---|
| 63919 | 26955 | 7983 | 631 | 2855 | 2199 | 1284 | 22012 |

**学校部分:**　　　单位:千元

| 总价值 | 建筑物 | 器具 | 现金 | 图书 | 仪器 | 医药用品 | 其 他 |
|---|---|---|---|---|---|---|---|
| 50338 | 27527 | 8046 | 597 | 8403 | 2534 | 649 | 2582 |

**农业部分：**

| 总价值（千元） | | 房屋（栋） | 器具（件） | 现款 | 农产品（担） | 牲畜（头） | 农具（件） | 衣物（件） | 其他（件） |
|---|---|---|---|---|---|---|---|---|---|
| | 数量 | 155 | 22642 | | 45395 | 20989 | 12464 | 151912 | 578 |
| 1247518 | 价值 | 816000 | 36259 | 82740 | 83686 | 98346 | 24928 | 103825 | 1734 |

**工业部分：** 单位：千元

| 总价值 | 厂房 | 器具 | 现款 | 制成品 | 原料 | 机械及工具 | 运输工具 | 衣物 | 其他 |
|---|---|---|---|---|---|---|---|---|---|
| 113007 | 3960 | 32400 | 21153 | 3793 | 3486 | 12137 | 63 | 32177 | 3838 |

**商业部分：**

| 总价值（千元） | | 店铺（栋） | 住房（栋） | 器具（件） | 现款 | 存货（件） | 衣物（件） | 其他（件） |
|---|---|---|---|---|---|---|---|---|
| | 数量 | 464 | 339 | 21860 | | 102729 | 55405 | 28209 |
| 1428923 | 价值 | 210542 | 168455 | 43982 | 30725 | 755527 | 106857 | 112835 |

**交通运输部分：**

| 总价值（千元） | 车 | | 船 | |
|---|---|---|---|---|
| | 辆数 | 价值 | 只数 | 价值 |
| 8406 | 149 | 447 | 237 | 7959 |

**电讯部分：** 单位：千元

| 总价值 | 器　具 | 路线设备 | 材　料 | 其　他 |
|---|---|---|---|---|
| 3393 | 955 | 2258 | 122 | 58 |

## （二）财产间接损失

财产间接损失约为21.3亿元,其中包括农业、商业生产额减少值和可获纯利减少值,机关、学校等机构和人员的迁移费、防空费、疏散费、救济费,死亡人口的埋葬费,伤残人员的医疗费,死亡人口家属的抚恤费(详见表三)。

表三:宜黄抗战期间财产间接损失表　　　　单位:千元

|  | 小计 | 生产额减少值 | 纯利减少值 | 迁移费 | 防空费 | 救济费 | 抚恤费 | 疏散费 |
|---|---|---|---|---|---|---|---|---|
| 农业 | 1100000 | 1100000 | | | | | | |
| 商业 | 860000 | | 860000 | | | | | |
| 机关 | 163859 | | | 10842 | 44271 | 54680 | 23088 | 30978 |
| 学校 | 700 | | | 500 | 50 | 50 | 50 | 50 |
| 医疗费 | 696 | | | | | | | |
| 埋葬费 | 7229 | | | | | | | |
| 总计 | 2132484 | 1100000 | 860000 | 11342 | 44321 | 54730 | 23138 | 31028 |

中共宜黄县委党史办(胡美凤、尹才元执笔)

# 民国档案资料

# 财政部贸易委员会驻赣专员办事处
# 财产直接损失汇报表

事　件:粤赣战事
日　期:民国三十四年一月
地　点:江西泰和赣县

填报日期:民国三十四年八月三十一日

| 分　类 | 价　值<br>（法币元） |
|---|---|
| 共　计 | 133138 |
| 建　筑　物 | |
| 器　具 | 122608 |
| 现　款 | |
| 图　书 | 10530 |
| 仪　器 | |
| 文　卷 | |
| 医药用品 | |
| 其　他 | |

报告者:财政部贸易委员会驻赣专员办事处专员:李凤耀

# 财政部贸易委员会驻赣专员办事处
# 财产间接损失报告表

民国三十一年　月　日至三十四年七月　日止

填送日期:民国三十四年八月三十一日

| 分　类 | 数　额<br>（法币元） |
|---|---|
| 共　　计 | 314489.25 |
| 迁　移　费 | 219231.63 |
| 防空设备费 | |
| 疏　散　费 | 82200.00 |
| 救　济　费 | |
| 抚　恤　费 | |

报告者:李凤耀

# 财政部贸易委员会驻赣专员办事处
# 财产损失报告单

填送日期:民国三十四年八月三十一日

| 损失年月日 | 事件 | 地点 | 损失项目 | 购置年月 | 单位 | 数量 | 价　值 购置时价值(法币元) | 损失时价值(法币元) | 证件 |
|---|---|---|---|---|---|---|---|---|---|
| 卅四年一月 | 粤赣战事 | 赣县 | 图书 | 廿九至卅三年 | 28 | 53 | 210.62 | 10530.00 | |
| 卅四年一月 | 粤赣战事 | 赣县 | 图书 | 廿九至卅三年 | 71 | 97 | 2398.08 | 122608.00 | |

填 报 者:李凤耀

# 财政部贸易委员会驻赣专员办事处
# 财产间接损失费用支付日期表

民国三十一年七月　日至三十四年三月　日止

填送日期:民国三十四年八月三十一日

| 类　别 | 事　件 | 支付日期 | 支付地点 | 数　额<br>（法币元） | 备　考 |
|---|---|---|---|---|---|
| 迁移费 | 浙赣战事 | 卅一年七月 | 泰和至遂川 | 13870.62 | |
| 迁移费 | 浙赣战事 | | 河口 | 114.00 | |
| 迁移费 | 浙赣战事 | | 浮梁 | 699.00 | |
| 迁移费 | 湘桂战事 | 卅三年六月 | 泰和 | 12962.50 | |
| 迁移费 | 湘桂战事 | | 修水 | 2755.00 | |
| 迁移费 | 粤赣战事 | 卅四年一月 | 泰和至兴国 | 86273.50 | |
| 迁移费 | 粤赣战事 | 卅四年三月 | 兴国至宁都 | 115614.63 | |
| 疏散费 | 粤赣战事 | 卅四年一月 | 泰和至兴国 | 34560.00 | |
| 疏散费 | 粤赣战事 | 卅四年三月 | 兴国至宁都 | 47640.00 | |

报告者:李凤耀

# 江西省省营事业财产直接损失汇报表

## （银行部分）

填报日期：三十四年十二月二十四日

| 分　　类 | 查报时之价值（法币元） |
|---|---|
| 共　　计 | 723477606.57 |
| 房　　屋 | 320972200.00 |
| 器　　具 | 183740992.37 |
| 现　　款 | 37693000.94 |
| 生 金 银 | 4804800.00 |
| 保 管 品 | 11761000.00 |
| 抵 押 品 | 128232360.00 |
| 有价证券 | 2938000.00 |
| 运输工具 | 10043955.12 |
| 其　　他 | 23291298.14 |

附财产损失报告单 3 张

调查专员（签盖）　　财政●长或县长（签盖）　　报告者事业主持人

# 江西省省营事业财产间接损失报告表

填报日期:民国三十四年十二月二十四日

| 分　类 | | 数　额<br>（法币元） |
|---|---|---|
| 可能生产额减少 | | |
| 可获纯利额减少 | | 523990219.16 |
| 费用之增加 | 拆　迁　费 | 148239956.75 |
| | 防　空　费 | 28839456.49 |
| | 救　济　费 | 1764480.49 |
| | 抚　恤　费 | 1042800.00 |

报告者

# 江西省市各区银行员工财产直接损失汇报表

填报日期:民国三十四年十二月二十四日

| 分　类 | 查报时之价值<br>（法币元） |
|---|---|
| 共　　计 | 201340170.00 |
| 房　　屋 | |
| 器　　具 | |
| 衣　　物 | 191586510.00 |
| 现　　款 | |
| 图　　书 | 9753660.00 |
| 其　　他 | |

主管长官(签盖)　　　　　　填表人(签盖)

# 江西省省营事业财产直接损失汇报表
## （电讯部分）

宁冈、永新、莲花
泰和、江口、南康
信丰、龙南、全南

| 分　　　类 | 价　　值<br>（法币元） |
|---|---|
| 共　　　计 | 42164180 |
| 房　　　屋 | 1000000 |
| 器　　　具 | 1294410 |
| 材　　　料 | 6069770 |
| 路线设备 | 33800000 |
| 现　　　款 | 无 |
| 其　　　他 | |

附财产损失报告单41张

报告者：江西省电话局局长张仲智

# 江西省电话局财产间接损失报告表

损失发生之年份：民国三十四年

填报日期：民国三十四年十一月十日

| 分　　　类 | 数　　额<br>（法币元） |
|---|---|
| 共　　　计 | 1975804.38 |
| 迁　移　费 | 180000.00 |
| 防空设备费 | 68000.00 |
| 疏　散　费 | 1727804.38 |
| 救　济　费 | 无 |
| 抚　恤　费 | 无 |

报告者：江西省电话局局长张仲智

# 江西省财产损失报告表

事件:日军进攻

日期:民国三十四年一月　日

地点:赣西赣南　　　　　　　　　填报日期:民国三十四年十一月十日

| 损失项目 | 单位 | 数量 | 单　价<br>（法币元） | 价　值<br>（法币元） |
|---|---|---|---|---|
| 电话线路 | | | | |
| 吉安至永新 | 公里 | 20 | 100000 | 2000000 |
| 永新至宁冈 | 公里 | 20 | 100000 | 2000000 |
| 永新至莲花 | 公里 | 44 | 100000 | 4400000 |
| 吉安至泰和 | 公里 | 43 | 100000 | 2300000 |
| 赣县至南康 | 公里 | 30 | 100000 | 3000000 |
| 南康至信丰 | 公里 | 44 | 100000 | 4400000 |
| 信丰至安远 | 公里 | 40 | 100000 | 4000000 |
| 南康至大庾 | 公里 | 53 | 100000 | 5300000 |
| 赣县至上犹 | 公里 | 24 | 100000 | 2400000 |
| 赣县至兴国 | 公里 | 40 | 100000 | 4000000 |
| 合　　计 | | | 100000 | 33800000 |

# 江西公路处抗战直接损失调查总表

资料日期:民国二十六年七月七日至三十四年八月三十一日

| 损失分类 | 价　值<br>(法币元) | 附　注 |
|---|---|---|
| 总　　计 | 5735872245.00 | 均系现时价值 |
| 公　　路 | 4540010200.00 | |
| 房屋建筑 | 118980300.00 | |
| 燃料油类 | 29564865.00 | |
| 车辆及机务材料 | 317418620.00 | |
| 车场修车厂及材料库 | 42486288.00 | |
| 电讯设备 | 572070000.00 | |
| 外埠购办车辆器料 | 115341972.00 | |

# 江西公路处抗战间接损失调查总表

资料日期:民国二十六年七月七日至三十四年八月三十一日

| 损失分类 | 价　值<br>(法币元) | 附　注 |
|---|---|---|
| 总　　计 | 670272248.04 | 均系现时价值 |
| 可能收入减少数 | 604800000.00 | |
| 迁　移　费 | 50712701.00 | |
| 防　空　费 | 5019868.00 | |
| 救　济　费 | 3140909.00 | |
| 抚　恤　费 | 5749338.76 | |
| 军事工程队经费 | 849431.28 | |

# 江西公路处抗战损失调查表

损失事件：奉令破坏公路

资料日期：民国二十六年七月七日至三十四年八月三十一日

| 损失地段 | 损失年月 | 单位 | 数量 | 当时实价（法币元） | 现值实价（法币元） | 附注 |
|---|---|---|---|---|---|---|
| 总　计 | | | | 41446546.18 | 4540010200.00 | |
| 景德镇东峰界段 | 廿七．五 | 公里 | 522 | 1005120.00 | 407880000.00 | |
| 全家源八都段 | 廿七．九 | 公里 | 330 | 691680.00 | 271920000.00 | |
| 鹰潭马鞍坪段 | 廿八．六 | 公里 | 156 | 392640.00 | 144960000.00 | |
| 湖口马当段 | 廿七．七 | 公里 | 56 | 107920.00 | 43780000.00 | |
| 湖口九江段 | 廿七．七 | 公里 | 24 | 35040.00 | 15960,000.00 | |
| 宜春樟树段 | 廿八．五 | 公里 | 138 | 366720.00 | 133080000.00 | |
| 温家圳东馆段 | 廿七．十二 | 公里 | 78 | 136560.00 | 57540000.00 | |
| 新喻经峡江至水边段 | 廿八．四 | 公里 | 61 | 164980.00 | 59720000.00 | |
| 临川金溪段 | 廿八．四 | 公里 | 42 | 74950.00 | 31775000.00 | |
| 九江莲花洞段 | 廿七．七 | 公里 | 13 | 18560.00 | 8540000.00 | |
| 万载经萍乡至老关段 | 廿八．六 | 公里 | 158 | 275140.00 | 114070000.00 | |
| 分宜安福段 | 廿八．六 | 公里 | 47 | 132400.00 | 47200000.00 | |
| 上高新喻段 | 廿八．五 | 公里 | 80 | 149440.00 | 61360000.00 | |
| 上顿渡樟树段 | 廿八．五 | 公里 | 79 | 172100.00 | 60740000.00 | |
| 湖口景德镇段 | 廿七．十二 | 公里 | 123 | 292800.00 | 110100000.00 | |
| 都昌蔡家岭段 | 廿七．十一 | 公里 | 35 | 50810.00 | 22245000.00 | |
| 石门街马尾港段 | 廿七．十二 | 公里 | 34 | 57680.00 | 24620000.00 | |
| 九江瑞昌界首及通江岭马头段 | 廿七．十一 | 公里 | 74 | 81840.00 | 40400000.00 | |
| 九江虬津段 | 廿七．十一 | 公里 | 94 | 197840.00 | 77660000.00 | |
| 瑞昌大桥河段 | 廿七．九 | 公里 | 50 | 145600.00 | 51400000.00 | |
| 贵溪湖塘段 | 廿八．十二 | 公里 | 25 | 44000.00 | 18500000.00 | |

# 江西省立工业专科学校员工抗战财产直接损失汇报清册

单位:元

| 职别 | 姓 名 | 房 屋 | 器 具 | 衣 物 | 现 款 | 图 书 | 其 他 | 合 计 |
|---|---|---|---|---|---|---|---|---|
| 校长 | 李右襄 | 8000000 | 540000 古物 1800000 | 160000 | | 400000 | 谷米 1000000 | 2900000 |
| 教务主任 | 刘耀翔 | 5000000 | 500000 | 2500000 | | 1000000 | | 9000000 |
| 总务主任 | 余家闻 | 13956160 | 697808 古瓷 1046712 | 348904 | | | 稻谷 1744550 | 17794104 |
| 教员 | 邵德彝 | 1000000 | 100000 | 500000 | | 300000 | | 1900000 |
| | 许调泰 | 1900000 | 500000 | 1000000 | | 3000000 | | 6400000 |
| | 章逎遥 | | 150000 | 80000 | | 100000 | | 330000 |
| | 高轼方 | | 1000000 | 5000000 帛锦 1000000 | | 2000000 | | 9000000 |
| | 樊哲智 | 1000000 | 700000 | 1000000 | 2000000 | 2000000 | | 6700000 |
| | 赵锡麟 | 100000 | 300000 | 360000 | | 450000 | 烟叶 300000 | 1510000 |
| | 萧经焘 | 4000000 | 1500000 | 2000000 | | 320000 古画 2000000 | | 9820000 |
| | 董梦鳌 | | 370000 仪器 480000 | 2100000 | 150000 | 250000 | | 3350000 |
| | 阎□璋 | 800000 | 80000 | 570000 | | | 煤 150000 | 1600000 |
| | 徐豫生 | 12000000 | 580000 古物 15000000 | 4000000 | | 500000 | | 68080000 |
| | 周绪暄 | 2000000 | 500000 | 1500000 | | 1500000 | | 5500000 |
| | 贾振华 | 1500000 | | 280000 | | 500000 | | 4800000 |

续表:

| 职别 | 姓名 | 房屋 | 器具 | 衣物 | 现款 | 图书 | 其他 | 合计 |
|---|---|---|---|---|---|---|---|---|
| | 张秀豪 | 8000000 | | 5500000 | | | | 13500000 |
| | 谢寿庚 | | | 332000 | | | | 332000 |
| 助教 | 李怿鹏 | 800000 | 60000 古物 50000 | 50000 | | 50000 | | 1010000 |
| | 张宝光 | | 33000 | 262000 | | | | 295000 |
| 校医 | 张德润 | | 1860000 | 250000 | | 150000 | | 2260000 |
| 职员 | 章济 | 17445200 | 49544368 | 5971368 | | 104673 | 谷 1120000 | 305374756 |
| | 毛宗遂 | 2000000 | 750000 | 360000 | | 325000 | 谷 350000 320000 | 4105000 |
| | 文述九 | | 570000 | 2200000 | | | | 2770000 |
| | 黄益龄 | 28000000 | 8600000 | 14000000 | | 1200000 | 谷 1200000 | 53000000 |
| | 祝介祺 | 750000 | 590000 | 470000 | | 350000 | | 2160000 |
| | 史石南 | 5860000 | 950000 | 1020000 | | 1544000 | 谷 720000 | 10090000 |
| | 万耀章 | 8500000 | 1500000 | 500000 | | 500000 | 谷 1000000 | 12000000 |
| | 魏运彗 | | 130000 400000 | 600000 | | 1000000 | | 2130000 |
| | 丁名言 | | 100000 | 500000 | 75000 | 50000 | | 1400000 |
| | 章怡 | 1000000 | 200000 | 400000 | | 50000 | | 1650000 |
| | 文苍尔 | | 90000 | 990000 | | 90000 | | 1170000 |

续表：

| 职别 | 姓名 | 房屋 | 器具 | 衣物 | 现款 | 图书 | 其他 | 合计 |
|------|------|------|------|------|------|------|------|------|
| | 姜佩璋 | 2000 | 310000 | 500000 | | 400000 | 谷 560000 | 1772000 |
| | 李海钦 | 5000000 | 1000000 古物 2000000 | 1500000 | | 1500000 | | 11000000 |
| | 夏子樵 | 4000000 | 1100000 古物 2000000 | 500000 | | 800000 | | 8400000 |
| | 谈运生 | 1950000 | 900000 | 230000 | | 270000 | 谷 150000 | 3500000 |
| | 许德成 | | 114000 | 1092000 | | 36000 | | 1243000 |
| | 雷良机 | 2900000 | 1250000 | 700000 | | | | 4850000 |
| | 谈道生 | 2010000 | 360000 | 220000 | | 120000 | 110000 | 2820000 |
| | 熊藻青 | 10000000 | 3000000 | 1500000 | | 600000 | | 15100000 |
| | 林福曾 | | 400000 古物 800000 | 550000 | | 70000 | | 1820000 |
| | 郭之旺 | 500000 | 250000 | 200000 | | 50000 | 谷 500000 | 1500000 |
| | 熊祭南 | 800000 | 150000 | 100000 | | 30000 | 谷 210000 豆 105000 | 1395000 |
| 技助 | 于关有 | 1800000 | 1100000 古物 900000 | 750000 | 9000 | | | 4559000 |
| | 戴学昌 | | 200000 | 150000 | | | | 350000 |
| 艺徒 | 揭至煊 | | 700000 | 560000 | | | 谷 46000 牛 14000 | 1320000 |
| 校工 | 贺玉廷 | | 85000 | 200000 | | | | 285000 |
| | 史裔照 | 240000 | 490000 | 600000 | | | | 1330000 |

## 江西省抗战时期人口伤亡和财产损失

续表：

| 职别 | 姓 名 | 房 屋 | 器 具 | 衣 物 | 现 款 | 图 书 | 其 他 | 合 计 |
|---|---|---|---|---|---|---|---|---|
| | 宋亨有 | 500000 | 120000 | 156000 | | | | 776000 |
| | 张景椿 | 700000 | 300000 | 150000 | | | | 1150000 |
| | 黄顺元 | 7200000 | 1800000 | 2400000 | | | 谷 1200000 | 12600000 |
| | 黄舒老 | 4000000 | 3100000 | 2200000 | | | 谷牛 900000 | 10200000 |
| | 黄顺老 | 5000000 | 2700000 | 1700000 | | | 谷牛 820000 | 10220000 |
| 总计 | 52 名 | 170213360 | 71810956 | 811028230 | 82909000 | 24547712 | 12519520 | 3922825796 |

# 新建县土地沦陷及克复情形登记表

填送日期：　年　月　日

| 沦　　　　陷 | | | | 克　　　　复 | | | |
|---|---|---|---|---|---|---|---|
| 日　期 | 地　名 | 面　积（方公里） | 沦陷情形略述 | 期内敌人●●来源（字不清）（字不清）（字不清） | 日　期 | 地　方 | 面　积（方公里） | 克复情形略述 |
| 廿八年三月廿三日 | 第四、五区 | 待查 | 敌军以海陆空军联合攻击 | 待查 | 廿九年四月 | 第二、三区一部分 | 待查 | 我军反攻将锦江北岸沿江地区完全克复 |
| 又廿五日 | 第一、二区及三区一部分 | 待查 | 敌陆空军由奉新高安迂回袭击 | 待查 | | | | |

本表待查明复补报　　　　　　　　　　　　报告者县长常赐如

## 新建县赈济费支出报告表

填送日期：民国三十年元月三十日

| 用途 来源 | 共计 | 急赈 | 工赈 | 难民运配 | 难童教养 | 失业公务人员救济 | 战区学生救济 | 难民医疗 | 难民柴菜费 | 附注 |
|---|---|---|---|---|---|---|---|---|---|---|
| 共计 | 16900元 | 16900元 | | | | | | | 5854元 | 本表所列各数系自廿八年本月本人接任后起至卅年元月廿八日（以下字不清） |
| 国库支出 | | | | | | | | | | |
| 省市支出 | 16900元 | 16900元 | | | | | | | 5854元 | |
| 县市支出 | | | | | | | | | | |
| 国内人民及团体捐集 | | | | | | | | | | |
| 国外人民及团体捐集 | | | | | | | | | | |

报告者：县长常赐如

# 新建县财产损失报告单

事件:日军进攻

日期:二十八年三月二十六日

地点:除锦江南岸外县境全部　　　　　填报日期:　　年　　月　　日

| 损 失 项 目 | 单 位 | 数 量 | 价值(法币元) |
|---|---|---|---|
| 衣 服 | 套 | 363000 | 1200000 |
| 杂 物 | 件 | 619800 | 1200000 |
| 舟 车 | 只 | 4100 | 40000 |
| 房 屋 | 栋 | 41000 | 4000000 |
| 田 园 | 亩 | 300000 | 90000000 |

报告者:县长常赐如

# 新建县财产直接损失汇报表
## (新建县政府及所属机关部分)

事件:日军进攻

日期:二十八年三月二十五日

地点:新建县锦江北岸赣江西岸全部　　　　　填报日期:民国三十年二月十日

| 分 类 | 价值(法币元) |
|---|---|
| 共 计 | 356000 |
| 建 筑 物 | 200000 |
| 器 具 | 80000 |
| 现 款 | 4000 |
| 图 书 | 10000 |
| 仪 器 | 12000 |
| 文 卷 | 30000 |
| 医药用品 | 20000 |
| 其 他 | |

报告者:县长常赐如

# 新建县人民团体财产直接损失汇报表
## （宗教团体部分）

事件:日军进攻

日期:二十八年三月二十三日至二十六日

地点:新建县锦江北岸赣江西岸全部　　　　填报日期:民国三十年三月十日

| 分　　类 | 价值（法币元） |
|---|---|
| 共　　计 | 108300 |
| 房　　屋 | 30000 |
| 器　　具 | 4000 |
| 现　　款 | |
| 经　　典 | 5000 |
| 法　　物 | 2300 |
| 古　　物 | 67000 |
| 其　　他 | |

报告者:县长常赐如

# 新建县人民团体财产直接损失汇报表
## （文化团体部分）

事件:日军进攻

日期:二十八年三月二十三日至二十六日

地点:新建县锦江北岸赣江西岸全部　　　　填报日期:民国三十年二月十日

| 分　　类 | 价值（法币元） |
|---|---|
| 共　　计 | 32000 |
| 房　　屋 | 2000 |
| 器　　具 | 1000 |
| 现　　款 | |
| 图　　书 | 25000 |
| 古　　物 | 4000 |
| 其　　他 | |

报告者:县长常赐如

# 新建县人民团体财产直接损失汇报表

## （慈善团体部分）

事件:日军进攻

日期:二十八年三月二十三日至二十八日

地点:新建县锦江北岸赣江西岸全部　　　　填送日期:民国三十年二月十日

| 分　类 | 价值（法币元） |
|---|---|
| 共　计 | 5500 |
| 房　屋 | 3500 |
| 器　具 | 500 |
| 现　款 | |
| 图　书 | 500 |
| 其　他 | 1000 |

报告者:县长常赐如

# 新建县民营事业财产直接损失汇报表

## （电讯部分）

事件:日军进攻

日期:二十八年三月二十三日至二十六日

地点:新建县锦江北岸赣江西岸全部　　　　填报日期:民国三十年二月十日

| 分　类 | 价值（法币元） |
|---|---|
| 共　计 | 369000 |
| 房　屋 | 4000 |
| 器　具 | 5000 |
| 现　款 | |
| 路线设备 | 150000 |
| 材　料 | 210000 |
| 其　他 | |

报告者:县长常赐如

# 新建县民营事业财产直接损失汇报表

## （航业部分）

事件:日军进攻

日期:二十八年三月二十三日至二十六日

地点:新建县全县

填报日期:民国三十年二月十日

| 分　类 | 价值（法币元） |
|---|---|
| 共　计 | 1276000 |
| 房　屋 | 80000 |
| 器　具 | 120000 |
| 现　款 | 4000 |
| 码头及趸船设备 | 50000 |
| 船　只 | 300000 |
| 材　料 | 163000 |
| 修理机械及工具 | 22000 |
| 货　物 | 92000 |
| 其　他 | |

报告者:县长常赐如

# 新建县民营事业财产直接损失汇报表

## （金融事业［不包含银行业］部分）

事件:日军进攻

日期:二十八年三月二十三日至二十六日

地点:新建县锦江北岸赣江西岸全部

填报日期:民国三十年二月十日

| 分　类 | 价值（法币元） |
|---|---|
| 共　计 | 2025000 |
| 房　屋 | 800000 |
| 器　具 | 600000 |
| 现　款 | 70000 |
| 生　金　银 | 4600000 |
| 保　管　品 | 35000 |
| 抵　押　品 | 20000 |
| 有价证券 | 30000 |
| 运输工具 | 10000 |
| 其　他 | |

报告者:县长常赐如

# 新建县民营事业财产直接损失汇报表

## （商业部分）

事件：日军进攻

日期：二十八年三月二十三日至二十六日

地点：新建县锦江北岸赣江西岸全部

填报日期：民国三十年十二月一日

| 分　　类 | 价值（法币元） |
|---|---|
| 共　　计 | 67363900 |
| 店　　房 | 53400000 |
| 器　　具 | 7416500 |
| 现　　款 | 40000 |
| 存　　货 | 5869000 |
| 运输工具 | 623400 |
| 其　　他 | 15000 |

报告者：县长常赐如

# 新建县民营事业财产直接损失汇报表

## （农业部分）

事件：日军进攻

日期：二十八年三月二十三日至二十六日

地点：新建县锦江北岸赣江西岸全部

填报日期：民国三十年二月十日

| 分　类 | | | 价值（法币元） |
|---|---|---|---|
| 共　计 | | | 113230600 |
| 房　屋 | | | 87000000 |
| 器　具 | | | 4500000 |
| 现　款 | | | 300000 |
| 产　品 | 农　产　品 | | 10000000 |
| | 林　产　品 | | 30000 |
| | 水　产　品 | | 20000 |
| | 畜　产　品 | | 500000 |
| 工　具 | 农　具 | | 1006000 |
| | 渔　具 | | 130000 |
| | 其　他 | | 100000 |
| 牲　畜 | | | 5100000 |
| 运输工具 | | | 500000 |
| 其　他 | | | |

报告者：县长常赐如

# 新建县省营事业财产直接损失汇报表

## （公路部分）

事件：日军进攻

日期：二十八年三月二十三日至二十六日

地点：南浔铁路新建县镜全段

填报日期：民国三十年二月十日

| 分　类 | 价值（法币元） |
|---|---|
| 共　计 | 1308500 |
| 房　屋 | 2400 |
| 器　具 | 18000 |
| 现　款 | |
| 路线设备 | 220000 |
| 电讯设备 | 350000 |
| 车　辆 | 280000 |
| 材　料 | 430000 |
| 修理机械及工具 | 8100 |
| 货　物 | |
| 其　他 | |

报告者：县长常赐如

# 国营事业财产直接损失汇报表

## （铁路部分）

事件：日军进攻

日期：二十八年三月二十三日至二十六日

地点：南浔铁路新建县镜全段

填报日期：民国三十年二月十日

| 分　　类 | 价值（法币元） |
|---|---|
| 共　　计 | 741100 |
| 房　　屋 | 3000 |
| 器　　具 | 10000 |
| 现　　款 | 4000 |
| 路线设备 | 120000 |
| 电讯设备 | 200000 |
| 车　　辆 | 58000 |
| 材　　料 | 140000 |
| 修理机械及工具 | 6100 |
| 货　　物 | 200000 |
| 其　　他 | |

报告者：县长常赐如

# 新建县县立学校财产直接损失汇报表

事件:日军进攻

日期:二十八年三月二十三日至二十六日

地点:新建县锦江北岸赣江西岸全部

填报日期:民国三十年二月十日

| 分　类 | 价值(法币元) |
| --- | --- |
| 共　　计 | 498000 |
| 建　筑　物 | 216000 |
| 器　具 | 162000 |
| 现　　款 | |
| 图　书 | 108000 |
| 仪　器 | 10000 |
| 医药用品 | 2000 |
| 其　他 | |

报告者:县长常赐如

# 新建县住户财产直接损失汇报表

事件:日军进攻

日期:二十八年三月二十二日至二十八日

地点:新建县锦江北岸赣江西岸全部

填送日期:民国三十年二月十日

| 分　类 | 价值(法币元) |
| --- | --- |
| 共　计 | 4750000 |
| 房　屋 | 2500000 |
| 器　具 | 200000 |
| 现　款 | |
| 服着物 | 1000000 |
| 古物书籍 | 50000 |
| 其　他 | 1000000 |

报告者:县长常赐如

# 瑞昌县人口伤亡汇报表

事件:日寇进攻

日期:三十年元月二十三日

地点:第三区乐园乡岗头村上禾浣

| 伤亡人口\性别 | 重 伤 | 轻 伤 | 死 亡 |
|---|---|---|---|
| 男 | | | 2 人 |
| 女 | | | 2 人 |
| 童 | | | |
| 不明 | | | |

附人口伤亡调查表 2 张　　　　　　　　　　　报告者:瑞昌县长喻联才

# 瑞昌县住户财产直接损失汇报表

事件:敌伪焚烧

日期:三十年二月二十八日

地点:北海

| 分　　类 | 价值(法币元) |
|---|---|
| 共　　计 | 85390 |
| 房　　屋 | 63050 |
| 器　　具 | 7711 |
| 粮　　食 | 5574 |
| 服 着 物 | 8935 |
| 猪　　牛 | 120 |
| 其　　他 | |

附财产损失报告单 26 张　　　　　　　　　　报告者:瑞昌县长喻联才

## 瑞昌县住户财产直接损失汇报表

事件:日寇进攻

日期:三十年元月二十三日

地点:第三区乐园乡第四七保下禾浣村

| 分　　类 | 价值(法币元) |
|---|---|
| 共　　计 | 29881 |
| 房　　屋 | 20800 |
| 器　　具 | 3671 |
| 粮　　食 | 2465 |
| 服　着　物 | 2106 |
| 猪　　牛 | 839 |
| 其　　他 | |

附财产损失报告单 10 张　　　　　　　　　　报告者:瑞昌县长喻联才

## 瑞昌县住户财产直接损失汇报表

事件:敌军进攻

日期:三十年三月一日

地点:杨泉村

| 分　　类 | 价值(法币元) |
|---|---|
| 共　　计 | 2422 |
| 房　　屋 | |
| 器　　具 | 620 |
| 粮　　食 | 342 |
| 服　着　物 | 990 |
| 猪　　牛 | 470 |
| 其　　他 | |

附财产损失报告单 4 张　　　　　　　　　　报告者:瑞昌县长喻联才

# 瑞昌县住户财产直接损失汇报表

事件:日军进攻

日期:三十年元月二十三日

地点:第三区乐园乡第四五保岗头村

| 分　类 | 价值(法币元) |
| --- | --- |
| 共　计 | 19816 |
| 房　屋 | 11600 |
| 器　具 | 1826 |
| 粮　食 | 2250 |
| 服　着　物 | 1271 |
| 猪　牛 | 2869 |
| 其　他 | |

附财产损失报告单 12 张　　　　　　　　报告者:瑞昌县长喻联才

# 瑞昌县住户财产直接损失汇报表

事件:日军进攻

日期:三十年元月二十三日

地点:第三区乐园乡第四六保张坊村

| 分　类 | 价值(法币元) |
| --- | --- |
| 共　计 | 60144 |
| 房　屋 | 52900 |
| 器　具 | 2596 |
| 粮　食 | 2305 |
| 服　着　物 | 2045 |
| 猪　牛 | 298 |
| 其　他 | |

附财产损失报告单 24 张　　　　　　　　报告者:瑞昌县长喻联才

# 瑞昌县住户财产直接损失汇报表

事件：日军进攻

日期：三十年三月一日

地点：响洞刘村

| 分　类 | 价值（法币元） |
|---|---|
| 共　计 | 30281 |
| 房　屋 | 23500 |
| 器　具 | 400 |
| 粮　食 | 521 |
| 服着物 | 5500 |
| 猪　牛 | 320 |
| 其　他 | |

附财产损失报告单 10 张

报告者：瑞昌县长喻联才

# 彭泽县住户财产直接损失汇报表

事件:日军进攻

日期:三十年二月二十八日

地点:(字不清)

填送日期:民国三十年二月

| 分　类 | 价值(法币元) |
|---|---|
| 共　计 | 396514 |
| 房　屋 | 396514 |
| 器　具 | |
| 现　款 | |
| 服着物 | |
| 古物书籍 | |
| 其　他 | |

报告者:彭泽县县长袁野鹤

# 彭泽县人口伤亡汇报表

事件:日军进攻

日期:三十年二月二十八日

地点:(字不清)

报送日期:三十年三月

| 伤亡人口／性别 | 重　伤 | 轻　伤 | 死　亡 |
|---|---|---|---|
| 女 | | | 1人 |
| 男 | | 1 | 2人 |
| | | | |
| | | | |

报告者:彭泽县县长袁野鹤

## 都昌县政府及所属机关财产直接损失汇报表

事件:抗战

日期:二十九年以前　　　　　　　　　　填送日期:民国三十年二月　　日

| 分　类 | 价值(法币元) |
|---|---|
| 共　计 | 45604 |
| 建　筑　物 | 24789 |
| 器　具 | 9721 |
| 现　款 | |
| 图　书 | 1137 |
| 仪　器 | 921 |
| 医药用品 | 547 |
| 其　他 | 3489 |

附财产损失报告单　张　　　　　　　　　　报告者:彭学游

## 都昌县政府及所属机关财产间接损失汇报表

填送日期:民国三十年二月　　日

| 分　类 | 款额(法币元) |
|---|---|
| 共　计 | 27638 |
| 迁　移　费 | 3279 |
| 防空设备费 | 9842 |
| 疏　散　费 | 2192 |
| 救　济　费 | 11343 |
| 抚　恤　费 | 982 |

附表　张　　　　　　　　　　　　　　报告者:彭学游

# 都昌县民营事业财产直接损失汇报表

## （金融事业［不含银行业］部分）

事件:抗战

日期:二十九年以前

地点:

填送日期:民国三十年二月　　日

| 分　类 | 价值（法币元） |
|---|---|
| 共　计 | 19669 |
| 房　屋 | 9781 |
| 器　具 | 698 |
| 现　款 | |
| 生　金　银 | |
| 保　管　品 | |
| 抵　押　品 | |
| 有价证券 | |
| 运输工具 | |
| 其　他 | 8190 |

附财产损失报告单　　张

报告者:彭学游

# 都昌县民营事业财产直接损失汇报表

## （商业部分）

事件：抗战

日期：二十九年以前

地点：

填送日期：民国三十年二月　　日

| 分　类 | 价值（法币元） |
|:---:|:---:|
| 共　计 | 110885 |
| 店　房 | 39654 |
| 器　具 | 9932 |
| 现　款 | |
| 存　货 | 48451 |
| 运输工具 | 489 |
| 其　他 | 12359 |

附财产损失报告单　　张

报告者：彭学游

# 都昌县民营事业财产直接损失汇报表

## （农业部分）

事件:抗战

日期:

地点:

填送日期:　年　月　日

| 分　类 | | 价值（法币元） |
|---|---|---|
| 共　计 | | 16137 |
| 房　屋 | | 598 |
| 器　具 | | 3137 |
| 现　款 | | |
| 产品 | 农　产　品 | 543 |
| | 林　产　品 | 638 |
| | 水　产　品 | 397 |
| | 畜　产　品 | 796 |
| 工　具 | 农　具 | 239 |
| | 渔　具 | 420 |
| | 其　他 | 290 |
| 牲　畜 | | 697 |
| 运输工具 | | 903 |
| 其　他 | | 2098 |

附财产损失报告单　　张

报告者:都昌县彭学游

# 都昌县省营事业财产直接损失汇报表

## （公路部分）

事件:抗战

日期:

地点:

填送日期:民国三十年二月　　日

| 分　　类 | 价值（法币元） |
|---|---|
| 共　　计 | 50647 |
| 房　　屋 | 26954 |
| 器　　具 | 8732 |
| 现　　款 | |
| 路线设备 | 945 |
| 电讯设备 | 948 |
| 车　　辆 | |
| 材　　料 | 7893 |
| 修理机械及工具 | 541 |
| 货　　物 | 1345 |
| 其　　他 | 3289 |

附财产损失报告单　　张

报告者:彭学游

# 都昌县住户财产直接损失汇报表

事件:抗战

日期:二十九年以前

地点:

填送日期: 年 月 日

| 分 类 | 价值（法币元） |
|---|---|
| 共 计 | 6180092 |
| 房 屋 | 5456600 |
| 器 具 | 245723 |
| 现 款 | 14564 |
| 服 着 物 | 120053 |
| 古物书籍 | 17515 |
| 其 他 | 325637 |

附财产损失报告单 张

报告者:彭学游

# 都昌县人口伤亡汇报表

事件:抗战

日期:民国二十九年以前

地点:

填送日期:民国三十年二月 日

| 伤亡人口 / 性别 | 重 伤 | 轻 伤 | 死 亡 |
|---|---|---|---|
| 男 | 22 | 7 | 9 |
| 女 | 12 | 10 | 10 |
| 童 | 3 | 2 | 11 |
| 不明 | 2 | 1 | 7 |

附人口伤亡调查表 张

报告者:彭学游

## 新余县抗战损失及人民伤亡调查表

| 类 别 | 物资损失 单位 | 价 值 | 男女死亡 单位 | 男女死亡 数量 | 男女轻重伤 单位 | 男女轻重伤 数量 | 备 考 |
|---|---|---|---|---|---|---|---|
| 民房 36 | 栋 | 21万余元 | 男 | 口 38 | 男 | 口 17 | |
| 器 具 | | 3万余元 | 女 | 口 16 | 女 | 口 13 | |
| 现 款 | | 3400余元 | 童 | 口 7 | 童 | 口 5 | |
| 服装物 | | 5000余元 | | | | | |
| 其 他 | | 750元 | | | | | |

附记
1. 本表自二十八年起至三十二年止前后敌机计袭炸十二次总调查之
2. 财产物计损失 20 余万元
3. 炸伤人民男女 35 人，死 71 人

中华民国三十三年六月 日　　新喻县县长朱夷琛　呈

# 余江县抗战牺牲无名英雄事迹调查表

民国三十六年填

| 原 属 部 队 | 级别 | 职别 | 姓 名 | 性别 | 年龄 | 籍贯 | 死难日期 | 死难地点 | 备 注 |
|---|---|---|---|---|---|---|---|---|---|
| 第五十一师一五三团三营机二连 | 一等 | 驳手 | 吴赵生 | 男 | 34 | 江西余江 | 二十九年六月二十四日 | 西山附近程家山 | 已由原部请恤已奉颁恤令 |
| 第五十一师野补团三营八连 | 下士 | 副班长 | 夏多发 | 男 | 32 | 同 | 二十九年六月二十日 | 新建梧桐岭 | |
| 第九师五十一团一营三连 | 上尉 | 连长 | 张庆一 | 男 | 35 | 安徽 | 二十六年八月 | 江苏苏州河 | |
| 第六三师一八八团一营一连 | 一等 | 列兵 | 吴秀清 | 男 | 34 | 江西余江 | 二十七年三月三日 | 江苏宜兴琅玕山 | |
| 第六师三六团一营二连 | 一等 | 列兵 | 杨春荣 | 男 | 24 | 同 | 二十九年十月十二日 | 湖北阳新土地山 | |
| 营誉第一师三团二连 | 上等 | 列兵 | 王天荣 | 男 | 26 | 同 | 二十八年十三月二十九日 | 湖南昆仑关界首 | |
| 第六师三六团一营二连 | 二等 | 列兵 | 洪盘房 | 男 | 28 | 同 | 二十七年十月十三日 | 湖北阳新土地山 | |
| 第十五师四五团二营四连 | 一等 | 列兵 | 毛恒发 | 男 | 33 | 同 | 二十九年十三月二十日 | 湖北崇阳金沙桥 | |
| 第二六师二五五团二营四连 | 二等 | 列兵 | 王炎汉 | 男 | 18 | 同 | 二十七年七月三日 | 江西湖口李村 | |
| 第九八师五八八团一营三连 | 一等 | 列兵 | 杨振魁 | 男 | 22 | 同 | 二十七年五月二十六日 | 浙江吴兴朱家山 | |
| 第十一师六二团三营七连 | 一等 | 列兵 | 丁岐山 | 男 | 25 | 同 | 二十六年八月二十五日 | 罗店 | |
| 第十一师六五团一营一连 | 一等 | 列兵 | 李有阳 | 男 | 25 | 同 | 二十六年九月十七日 | 罗店 | |
| 第十一师六五团一营一连 | 二等 | 列兵 | 陈假章 | 男 | 26 | 同 | 二十六年八月三十一日 | 罗店 | |
| 第十一师六一团一营二连 | 一等 | 列兵 | 吴鼎来 | 男 | 26 | 同 | 二十六年八月二十五日 | 罗店 | |
| 第五三师三一四团三营七连 | 二等 | 列兵 | 朱海安 | 男 | 21 | 同 | 二十六年十一月四日 | 上海南翔盛家桥 | |

续表：

| 原 属 部 队 | 级别 | 职别 | 姓 名 | 性别 | 年龄 | 籍贯 | 死难日期 | 死难地点 | 备 注 |
|---|---|---|---|---|---|---|---|---|---|
| 第五三师三一四团三营机连 | 上等 | 列兵 | 祝连生 | 男 | 22 | 江西余江 | 二十六年十月三十日 | 上海南翔盛家桥 | |
| 第七八师四六七团第一连 | 少尉 | 排长 | 胡文亮 | 男 | 30 | 同 | 二十七年五月二十一日 | 河南蓝封马道府 | |
| 第一五七师野补团二营六连 | 二等 | 列兵 | 周福祥 | 男 | 28 | 同 | 二十九年五月三日 | 广东化及口 | |
| 第一五七师野补团二营六连 | 二等 | 列兵 | 敖胜春 | 男 | 28 | 同 | 二十九年五月三十日 | 广东从化 | |
| 第一一八师三五四团三营九连 | 下士 | 副班长 | 李 明 | 男 | 31 | 同 | 二十八年十二月二十二日 | 广西南宁沙坪 | |
| 第十六师四七团一营二连 | 二等 | 列兵 | 陈波喜 | 男 | 34 | 同 | 三十一年二月二十五日 | 江西上饶一五九后方医院伤剧殒名 | |
| 余江县保安警察队 | | 队长 | 胡迪泉 | 男 | 36 | 江西星子 | 三十一年六月二十一日 | 江西余江县城郊 | |
| | | | 王永保 | 男 | 65 | 江西余江 | 三十一年五月 | 鲁家源 | 倭寇犯境反抗被杀 |
| | | | 王瑞保 | 男 | 62 | 同 | 同 | 同 | 同 |
| | | | 鲁省大 | 男 | 57 | 同 | 同 | 同 | 同 |
| | | | 吴蓝秀 | 女 | 23 | 同 | 三十一年六月 | 吴家源 | 同 |
| | | | 俞泉传 | 男 | 36 | 同 | 同 | 上俞家 | 同 |
| | | | 汪福生 | 男 | 63 | 同 | 同 | 路底 | 同 |
| | | | 汪时贤 | 男 | 61 | 同 | 同 | 同 | 同 |
| | | | 汪林中 | 男 | 59 | 同 | 同 | 同 | 同 |
| | | | 汪发行 | 男 | 30 | 同 | 同 | 同 | 同 |

续表:

| 原 属 部 队 | 级别 | 职别 | 姓 名 | 性别 | 年龄 | 籍贯 | 死难日期 | 死难地点 | 备 注 |
|---|---|---|---|---|---|---|---|---|---|
| | | | 朱森水 | 男 | 59 | 江西余江 | 三十一年七月 | 朱林村 | 倭寇犯境反抗被惨 |
| | | | 郑松茂 | 男 | 27 | 同 | 同 | 同 | 同 |
| | | | 夏年保 | 男 | 37 | 同 | 同 | 弄口 | 同 |
| | | | 宋才祥 | 男 | 27 | 同 | 同 | 蓝田坂 | 同 |
| | | | 夏尧昌 | 男 | 57 | 同 | 同 | 弄口 | 同 |
| | | | 潘方氏 | 女 | 59 | 同 | 同 | 蓝田坂 | 同 |
| | | | 胡任先 | 男 | 58 | 同 | 同 | 同 | 同 |
| | | | 胡初喜 | 男 | 38 | 同 | 三十一年七月 | 蓝田坂 | 同 |
| | | | 晏禾大 | 男 | 40 | 同 | 三十一年六月 | 枫树底 | 同 |
| | | | 晏接初 | 男 | 55 | 同 | 同 | 同 | 同 |
| | | | 蔡俞华 | 男 | 58 | 同 | 同 | 村郊 | 同 |
| | | | 俞才祥 | 男 | 29 | 同 | 同 | 同 | 同 |
| | | | 宋金开 | 男 | 24 | 同 | 三十一年 | 邓埠附近 | 参加十九师攻邓搜索被中弹毙命 |
| | | | 宋春林 | 男 | 37 | 同 | 三十一年 | 同 | 同 |
| | | | 何调谐 | 男 | 57 | 同 | 三十一年 | 投河殉难 | 陷境时被敌俘不屈 |
| | | | 李 瑞 | 男 | 24 | 同 | | | 三十一年六月拿获敌搜索队一名活埋之功 |

续表:

| 原 属 部 队 | 级别 | 职别 | 姓 名 | 性别 | 年龄 | 籍贯 | 死难日期 | 死难地点 | 备 注 |
|---|---|---|---|---|---|---|---|---|---|
|  |  |  | 李振太 | 男 | 33 | 江西余江 |  |  | 三十一年六月拿获敌搜索队一名活埋之功 |
|  |  |  | 李克廷 | 男 | 28 | 同 |  |  | 同 |
|  |  |  | 艾富太 | 男 | 26 | 同 | 三十一年五月 | 村郊 | 被房不屈并且反抗被杀 |
|  |  |  | 艾吴氏 | 女 | 23 | 同 | 同 | 同 | 奸淫拒绝反抗被惨 |
|  |  |  | 艾洪海 | 男 | 25 | 同 | 同 | 同 | 被房不屈反抗被惨 |
|  |  |  | 艾有连 | 女 | 24 | 同 | 同 | 前山本村 | 奸淫拒绝反抗被惨 |
|  |  |  | 吴蓝秀 | 女 | 23 | 同 | 同 | 同 | 同 |
|  |  |  | 汪发恒 | 男 | 30 | 同 | 三十一年七月 | 路底 | 被房不屈反抗被惨 |
|  |  |  | 郑松茂 | 男 | 27 | 同 | 三十一年六月 | 朱林 | 同 |
|  |  |  | 夏年保 | 男 | 36 | 同 | 同 | 打铁庄 | 同 |
| 游击队 |  | 甲长 | 周龙旺 | 男 | 38 | 同 | 三十一年七月 | 横山 | 与敌搏战寡不敌众被包围殒名 |
| 游击队 |  | 保经干事 | 周登旺 | 男 | 32 | 江西余江 | 三十一年七月 | 同 | 同 |
|  |  | 递 哨 | 张耀光 | 男 | 40 | 同 | 同 | 同 | 敌进攻横山与保警队激战甚烈不顾自身探敌反路以解我方之危后遭敌获惨 |

# 贵溪县文坊镇商会战时
# 三十一年六月二十六日沦陷损失调查表

| 牌　号 | 损失情形 | 损失种类 | 估计价值（法币元） | 备　注 |
|---|---|---|---|---|
| 德　源 | 劫　毁 | 现款货物 | 493738 | |
| 豫立厚 | 焚　毁 | 货物房屋 | 7800000 | |
| 乾丰吉 | 焚　毁 | 货物房屋 | 500000 | |
| 萧德裕 | 焚　毁 | 货物房屋 | 935000 | |
| 曾有茂 | 焚　毁 | 货物 | 85000 | |
| 吴生泰 | 焚　毁 | 货物房屋 | 800000 | |
| 璩福星 | 焚　毁 | 货物房屋 | 700000 | |
| 璩开宗 | 焚　毁 | 货物 | 200000 | |
| 林合记 | 焚　毁 | 货物房屋 | 210000 | |
| 璩万恒 | 焚　毁 | 货物房屋 | 1439500 | |
| 廖泰生 | 焚　毁 | 货物房屋 | 385000 | |
| 永昌和 | 焚　毁 | 货物房屋 | 1020000 | |
| 陈源泰 | 劫　毁 | 货物 | 400000 | |
| 璩维山 | 焚　毁 | 货物房屋 | 385000 | |
| 葛瑞祥 | 焚　毁 | 货物 | 102000 | |
| 苏益成 | 劫　毁 | 货物现款 | 1500000 | |
| 志　大 | 劫　毁 | 货物现款 | 452000 | |

续表：

| | | | | |
|---|---|---|---|---|
| 张元兴 | 焚毁 | 货物房屋 | 90000 | |
| 潘新良 | 焚毁 | 货物房屋 | 140000 | |
| 万和 | 焚毁 | 货物 | 487000 | |
| 祥源 | 焚毁 | 货物 | 151800 | |
| 王友记 | 焚毁 | 货物房屋 | 500000 | |
| 大昌元 | 劫毁 | 货物 | 520000 | |
| 昌记 | 焚毁 | 货物 | 690000 | |
| 苏吉丰 | 焚毁 | 货物 | 825000 | |
| 范益亨 | 焚毁 | 货物房屋 | 1300000 | |
| 金三和 | 焚毁 | 货物房屋 | 700000 | |
| 陈义茂 | 焚毁 | 货物房屋 | 280000 | |
| 徐元远 | 焚毁 | 货物房屋 | 447400 | |
| 徐同茂 | 焚毁 | 货物房屋 | 589500 | |
| 复春 | 焚毁 | 货物房屋 | 1030000 | |
| 吴祥泰 | 焚毁 | 货物房屋 | 660000 | |
| 吴永泰 | 焚毁 | 货物房屋 | 165000 | |
| 李昌记 | 劫毁 | 货物 | 203500 | |
| 陈瑞卿 | 焚毁 | 货物 | 91000 | |
| 洪万盛 | 焚毁 | 货物 | 635000 | |

续表:

| | | | | |
|---|---|---|---|---|
| 李永和 | 焚 毁 | 货物 | 335000 | |
| 福昌生 | 焚 毁 | 货物 | 180000 | |
| 夏义兴 | 焚 毁 | 货物房屋 | 250000 | |
| 璩维忠 | 焚 毁 | 货物房屋 | 400000 | |
| 曾元祥 | 劫 毁 | 货物 | 77000 | |
| 方涌泉 | 劫 毁 | 现款货物 | 112500 | |
| 廖正太 | 焚 毁 | 货物房屋 | 280000 | |
| 曾庆祥 | 劫 毁 | 货物 | 115000 | |
| 李维炳 | 焚 毁 | 货物 | 69000 | |
| 大 成 | 劫 毁 | 货物 | 142300 | |
| 裕 成 | 焚 毁 | 货物房屋 | 2685000 | |
| 万 隆 | 劫 毁 | 货物 | 2070000 | |
| 姚龙祥 | 焚 毁 | 货物 | 200000 | |
| 璩九兴 | 焚 毁 | 货物 | 143000 | |
| 张广昌 | 焚 毁 | 现款货物房屋 | 1511000 | |
| 永兴祥 | 焚 毁 | 货物房屋 | 500000 | |
| 李生益 | 焚 毁 | 货物 | 105000 | |
| 致 和 | 劫 毁 | 货物 | 285000 | |
| 杨怡发 | 焚 毁 | 货物房屋 | 126000 | |
| 永 丰 | 焚 毁 | 货物房屋 | 450000 | |

# 上犹县将士伤亡调查报表

填送日期:民国三十三年六月三日

| 隶　　　　属 | 职级 | 姓　名 | 年龄 | 籍贯 | 简　　历 | 伤或亡 |
|---|---|---|---|---|---|---|
| 陆军第六预备师二三团六连 | 一等兵 | 赵大芋 | 23 | 江西上犹 | | 阵亡 |
| 陆军二六师司令部 | 一等兵 | 钟焙海 | 22 | 同 | | |
| 一五师八五团二营 | 上等兵 | 张国良 | 27 | 同 | | |
| 陆军第九十师二七〇团一营一连 | 一等兵 | 丘亲祥 | 30 | 同 | | |
| 陆军第九十师二六团二营五连 | 一等兵 | 黄仕福 | 32 | 同 | | |
| 陆军一〇二师三〇四团九连 | 一等兵 | 张秀辉 | 30 | 同 | | |
| 陆军第十五师四三团一营 | 一等兵 | 黄昌拔 | 28 | 同 | | |
| 陆军第十五师 | 一等兵 | 龙立均 | 28 | 同 | | |
| 陆军第十五师 | 一等兵 | 朱兴连 | 28 | 同 | | |
| 陆军第十五师 | 一等兵 | 朱有贤 | 25 | 同 | | |
| 陆军第十五师四四团三连 | 二等兵 | 陈世懋 | 23 | 同 | | |
| 陆军第十五师 | 一等兵 | 刘达鸣 | 25 | 同 | | |
| 陆军第十五师 | 一等兵 | 谢上惠 | 24 | 同 | | |
| 陆军第十五师 | 一等兵 | 黄鸿基 | 26 | 同 | | |
| 陆军第一五九师九五二团二营七连 | 上等兵 | 郑明珠 | 27 | 同 | | |

续表：

| 隶　　属 | 职级 | 姓　名 | 年龄 | 籍贯 | 简　历 | 伤或亡 |
|---|---|---|---|---|---|---|
| 陆军第五九师一七四旅三团一营二连 | 二等兵 | 徐荣汉 | 30 | 江西上犹 | | |
| 陆军第四军第五九师 | 一等兵 | 崔叶华 | 34 | 同 | | |
| 陆军第五七师一六九团三营八连 | 二等兵 | 萧麟信 | 33 | 同 | | |
| 陆军七五军六师一八团二营六连 | 一等兵 | 周德韶 | 27 | 同 | | |
| 陆军第五预备师一五团二营五连 | 中士 | 赖传贤 | 24 | 同 | | |
| 陆军第五预备师●●团 | 上等兵 | 张登椿 | 26 | 同 | | |
| 陆军第五预备师●●团 | 一等兵 | 蒋祖南 | 29 | 同 | | |
| 陆军七五军六师一八团三营机三连 | 一等兵 | 刘永乡 | 31 | 同 | | |
| 陆军五七师一七五旅●●团一营三连 | 一等兵 | 刘　胜 | 40 | 同 | | |
| 陆军六七师二〇〇团三营●●● | 上等兵 | 邹　通 | 41 | 同 | | |
| 陆军四一师一二三团二营六连 | 上士 | 黄　平 | 33 | 同 | | |
| 陆军三二师九六团 | 二等兵 | 刘大兴 | 26 | 同 | | |
| 陆军第六预备师二三团三连 | 二等兵 | 刘登乾 | 25 | 同 | | |
| 陆军第一〇八师三五二团二营五连 | 二等兵 | 邱昌林 | 23 | 同 | | |
| 陆军第六师一八旅三四团二营六连 | 二等兵 | 周开瑞 | 34 | 同 | | |
| 陆军八八师五二三团八连 | 上尉 | 骆凌云 | 22 | 同 | | |
| 中央军校教导总队一团十连 | 上士 | 戴长贵 | 24 | 同 | | |
| 陆军第六师一八旅三四团二营四连 | 一等兵 | 田允文 | 23 | 同 | | |

续表：

| 隶　　　　属 | 职级 | 姓　名 | 年龄 | 籍贯 | 简　　历 | 伤或亡 |
|---|---|---|---|---|---|---|
| 陆军第六师一八旅三四团二营六连 | 一等兵 | 曾繁渊 | 22 | 江西上犹 | | |
| 陆军第六师一八旅三四团二营六连 | 二等兵 | 赖邦亮 | 29 | 同 | | |
| 陆军第一五四师四三团二营四连 | 上等兵 | 王封齐 | 21 | 同 | | |
| 陆军一五师四三团一营二连 | 二等兵 | 王仁高 | 32 | 同 | | |
| 陆军第六〇师三五七团二营六连 | 少尉排长 | 刘　英 | 29 | 同 | | |
| 陆军第六师一八旅三四团二营六连 | 一等兵 | 钟高俊 | 24 | 同 | | |
| 陆军第六师一八旅三四团二营六连 | 二等兵 | 郭世浪 | 25 | 同 | | |
| 陆军第六师一八旅三四团二营六连 | 一等兵 | 蒋得春 | 26 | 同 | | |
| 陆军第六师一八旅三四团二营六连 | 二等兵 | 温洽宝 | 22 | 同 | | |
| 陆军第六师一八旅三四团二营五连 | 一等兵 | 邓永铨 | 23 | 同 | | |
| 陆军第六师一八旅三四团二营六连 | 一等兵 | 田克● | 30 | 同 | | |
| 陆军第六十军一八四师五四旅七八七团一营二连 | 上等兵 | 廖　槐 | 25 | 同 | | |
| 陆军第六十军一八四师五四旅七八七团一营二连 | 上等兵 | 杨自修 | 24 | 同 | | |
| 陆军四三师二五四团四连 | 二等兵 | 王其春 | 26 | 同 | | |
| 陆军第六预备师二三团一连 | 二等兵 | 田根芳 | 23 | 同 | | |
| 陆军第六预备师二三团五连 | 二等兵 | 魏天盛 | 25 | 同 | | |
| 江西保安第三团第一大队二中队 | 一等兵 | 王长清 | 26 | 同 | | |
| 江西保安第三团第一大队二中队 | 上等兵 | 赖振丰 | 22 | 同 | | |

续表:

| 隶　　属 | 职级 | 姓　名 | 年龄 | 籍贯 | 简　　历 | 伤或亡 |
|---|---|---|---|---|---|---|
| 江西保安第三团第一大队二中队 | 上等兵 | 刘名棋 | 29 | 江西上犹 | | |
| 第六预备师二二团九连 | 二等兵 | 吴宝有 | 23 | 同 | | |
| 陆军六七师二〇一团五连 | 上等兵 | 张贵明 | 24 | 同 | | |
| 福建省保安处新编第二中队 | 一等兵 | 廖玉华 | 39 | 同 | | |
| 陆军第七九师二三五团一营三连 | 一等兵 | 严秉祥 | 40 | 同 | | |
| 第一五九师四七三团一营三连 | 二等兵 | 王基华 | 20 | 同 | | |
| 第一四一师四二三团四连 | 一等兵 | 娄华针 | 25 | 同 | | |
| 陆军四六师一三八团三营九连 | 一等兵 | 吴天有 | 25 | 同 | | |
| 广东绥靖第十二集团军第一五二师九一〇团一营三连 | 上等兵 | 叶　兴 | 25 | 同 | | |
| 不明 | 中尉排长 | 周英揆 | 35 | 同 | | 负伤 |
| 陆军第五预备师十三团一营机连 | 二等兵 | 廖益三 | 34 | 同 | | |
| 第五二师一五六团一连 | 中士 | 罗自芹 | 27 | 同 | | |
| 新三一师九三团三连 | 一等兵 | 虞修允 | 31 | 同 | | |
| 第九二师二七五团四连 | 一等兵 | 陈立聪 | 40 | 同 | | |
| 陆军十一师三三团二营六连 | 一等兵 | 黄立仁 | 34 | 同 | | |
| 陆军十一师三一团三营八连 | 上等兵 | 黄　桂 | 38 | 同 | | |
| 陆军第五八军新编十八师 | 一等兵 | 赖书椿 | 30 | 同 | | |
| 陆军五七师一七一团一营三连 | 上等兵 | 黄盛潜 | 26 | 同 | | |

续表：

| 隶　　　属 | 职级 | 姓　名 | 年龄 | 籍贯 | 简　　历 | 伤或亡 |
|---|---|---|---|---|---|---|
| 陆军第一六〇师四七八团二营五连 | 一等兵 | 张　有 | 29 | 江西上犹 | | |
| 陆军十六师三二团三营九连 | 上等兵 | 廖东丰 | 28 | 同 | | |
| 陆军十一师 | 上等兵 | 巫学遴 | 25 | 同 | | |
| 陆军十一师三三团二营四连 | 一等兵 | 吴桂云 | 22 | 同 | | |
| 陆军一二七师三八〇团三营机三连 | 一等兵 | 龙正山 | 23 | 同 | | |
| 陆军第五七师预备团二连 | 少尉排长 | 黄金生 | 31 | 同 | | |
| 陆军五二师一五六团 | 一等兵 | 邝模锦 | 33 | 同 | | |
| 不明 | 一等兵 | 吉庆良 | 34 | 同 | | |
| 陆军第四军一〇二师三〇四团一营一连 | 二等兵 | 赵荣贵 | | 同 | | |
| 不明 | 一等兵 | 李苔芳 | 25 | 同 | | |
| 不明 | 一等兵 | 郭启淦 | 24 | 同 | | |
| 陆军第五九师一七六团六连 | 上等兵 | 王仁棣 | 25 | 同 | | |
| 不明 | 上等兵 | 戴仕鹳 | 31 | 同 | | |
| 陆军四三师一二九团六连 | 一等兵 | 朱复亨 | 30 | 同 | | |
| 陆军第四三师一二九团九连 | 一等兵 | 谢纲优 | 31 | 同 | | |
| 陆军第四三师一二九团二营六连 | 一等兵 | 丘九江 | 30 | 同 | | |
| 不明 | 上　士晋一级 | 张书倬 | | 同 | | |
| 陆军一九七师五九一团二营四连 | | 王凤鸡 | 36 | 同 | | |

续表：

| 隶　　属 | 职级 | 姓　名 | 年龄 | 籍贯 | 简　　历 | 伤或亡 |
|---|---|---|---|---|---|---|
| 陆军第四六师一三八团机三连 | 上等兵 | 钟志林 | 25 | 江西上犹 | | |
| 陆军第一六〇师四七八团四连 | 一等兵 | 何思仁 | 20 | 同 | | |
| 新三〇师九〇团三营七连 | 二等兵 | 罗昌坛 | | 同 | | |
| 第一七八军 | 列兵 | 方绪祯 | 36 | 同 | | |
| 陆军二九师十连 | 列兵 | 方基遴 | 32 | 同 | | |
| 预备六师二二团九连 | 一等兵 | 吴国泰 | | 同 | | |
| 第六师三四团三连 | 二等兵 | 谢石生 | 23 | 同 | | |
| 不明 | 一等兵 | 周春林 | 27 | 同 | | |
| 不明 | 二等兵 | 罗国森 | 28 | 同 | | |
| 不明 | 一等兵 | 何荣产 | 24 | 同 | | |
| 不明 | 一等兵 | 张荣炬 | 22 | 同 | | |
| 不明 | 一等兵 | 曾庆万 | 28 | 同 | | |
| 不明 | 一等兵 | 谢年扬 | 24 | 同 | | |
| 不明 | 一等兵 | 蒋玫祖 | 30 | 同 | | |
| 不明 | 一等兵 | 戴德福 | 24 | 同 | | |
| 不明 | 一等兵 | 戴德汉 | 21 | 同 | | |
| 不明 | 一等兵 | 李世基 | 31 | 同 | | |
| 不明 | 一等兵 | 方萱仁 | 29 | 同 | | |

续表:

| 隶　　　属 | 职级 | 姓　名 | 年龄 | 籍贯 | 简　　历 | 伤或亡 |
|---|---|---|---|---|---|---|
| 不明 | 一等兵 | 曾祥钊 | 27 | 江西上犹 | | |
| 第四军辎重兵团二营四连 | 一等兵 | 华西大 | 26 | 同 | | |
| 第四军第九十师平炮连 | 二等兵 | 赖传芳 | 30 | 同 | | |
| 军训部西南干部训练班第一突击队一营二连 | 二等兵 | 肖　洲 | 31 | 同 | | |
| 陆军新编十一师三三团一连 | 二等兵 | 黄恒山 | 28 | 同 | | |
| 陆军新编十一师三二团机三连 | 上等兵 | 吉发浣 | 31 | 同 | | |
| 陆军新编十一师三二团七连 | 一等兵 | 刘道宗 | 44 | 同 | | |
| 陆军新编十一师三二团七连 | 二等兵 | 吴如平 | 39 | 同 | | |
| 陆军新编十一师三二团五连 | 二等兵 | 万生财 | 23 | 同 | | |
| 陆军新编十一师三一团机三连 | 二等兵 | 张有江 | 29 | 同 | | |
| 陆军第九九师二九五团八连 | 一等兵 | 曾远登 | 34 | 同 | | |
| 陆军第四三师一二九团二营六连 | 上等兵 | 钟庆发 | 41 | 同 | | |
| 陆军四六师一三八团机三连 | 上士 | 赖迪呈 | 30 | 同 | | |
| 不明 | 一等兵 | 方奇禄 | 33 | 同 | | |
| 不明 | 一等兵 | 廖芳英 | 25 | 同 | | |
| 陆军第四一师一二一团五连 | 一等兵 | 郭世昭 | 22 | 同 | | |
| 不明 | 一等兵 | 余　元 | 25 | 同 | | |
| 江西省保安第六团 | 一等兵 | 潘昌有 | 24 | 同 | | |

续表：

| 隶　　　属 | 职级 | 姓　名 | 年龄 | 籍贯 | 简　　历 | 伤或亡 |
|---|---|---|---|---|---|---|
| 陆军第八六军野战医院担架排 | 二等兵 | 何世修 | 42 | 江西上犹 | | 病故 |
| 陆军第八六军补充一团第二连 | 二等兵 | 熊增珠 | 25 | 同 | | 病故 |
| 第五八军新十一师三三团三连 | 二等兵 | 许延锁 | 30 | 同 | | |
| 新编三〇师第九〇团三营七连 | 二等兵 | 罗昌坛 | 29 | 同 | | |
| 前江西讨袁军中将支队司令 | | 黄九言 | 40 | 同 | | |
| 不明 | 上等兵 | 徐大祥 | 27 | 同 | | |

## 定南县民众抗敌死亡官兵名册

| 队　别 | 级职 | 姓　名 | 年龄 | 籍贯 | 住址 | 死亡事迹 | 日　期 | 备　考 |
|---|---|---|---|---|---|---|---|---|
| 民众自卫总队第二大队第四中队 | 分队长 | 廖信山 | 36 | 定南 | 城西乡 | 于城西马鞍口与敌军激战掩护国军全部安全退却在敌炮火猛烈下作壮烈牺牲 | 卅四年六月十五日 | 敌人番号系宪兵大队大队长及大小财旅团团长隐围等部队作战 |
| 同上 | 队长 | 曾庭英 | 34 | 定南 | 高砂乡 | 同上 | 同上 | 同上 |
| 同上 | 队长 | 黄门生 | 32 | 定南 | 城西乡 | 同上 | 同上 | 同上 |
| 民众自卫总队独立中队 | 班长 | 黄汉廷 | 29 | 定南 | 城西乡 | 于城西乡协助国军作战备勇冲锋中弹战亡 | 同上 | 同上 |
| 同上 | 队长 | 廖树标 | 30 | 定南 | 高砂乡 | 同上 | 同上 | 同上 |
| 同上 | 队长 | 廖金清 | 30 | 定南 | 高砂乡 | 同上 | 同上 | 同上 |
| 民众自卫总队第二大队第五中队 | 队长 | 温日标 | 27 | 定南 | 城西乡 | 于城西油田口等处阻止敌军前进英勇杀敌因寡不敌众作战亡 | 卅四年六月十五日 | 同上 |
| 同上 | 队长 | 黄为蒙 | 31 | 定南 | 高砂乡 | 同上 | 同上 | 同上 |
| 同上 | 队长 | 廖松茂 | 28 | 定南 | 高砂乡 | 同上 | 同上 | 同上 |
| 同上 | 队长 | 赖继亮 | 27 | 定南 | 热水乡 | 于历市镇村头地方与敌军激战阵亡 | 卅四年六月十六日 | 同上 |

续表：

| 队别 | 级职 | 姓名 | 年龄 | 籍贯 | 住址 | 死亡事迹 | 日期 | 备考 |
|---|---|---|---|---|---|---|---|---|
| 民众自卫总队第三大队第七中队 | 队长 | 胡火才 | 29 | 定南 | 热水乡 | 于历市镇村头与敌军激战阵亡 | 卅四年六月十六日 | 敌人番号系宪兵大队长大队及大隐旅团方长小财等部队作战 |
| 民众自卫总队第三大队第九中队 | 队长 | 范宣钦 | 30 | 定南 | 穆湖乡 | 解救县城与敌激战于牛家栏地方作战阵亡 | 同上 | 同上 |
| 民众自卫总队第一大队第一中队 | 队长 | 黄添盛 | 24 | 定南 | 潭庆乡 | 阻止敌通过迳●崇作战阵亡 | 同上 | 同上 |
| 同上 | 队长 | 黄春狗 | 27 | 定南 | 潭庆乡 | 同上 | 同上 | 同上 |
| 民众自卫总队第一大队第六中队 | 队长 | 方佛石 | 3 | 定南 | 月子乡 | 同上 | 同上 | 同上 |
| 民众自卫总队第二大队第二中队 | 队长 | 刘海明 | 35 | 定南 | 三亭乡 | 于坡西下池村阻止敌人前进作战阵亡 | 同上 | 同上 |
| 民众自卫总队独立中队 | 队长 | 陈士林 | 32 | 江苏武进 | 三亭乡 | 解救县城与敌作战于庵背地方负伤阵亡 | 同上 | 同上 |
| 民众自卫总队特务中队 | 队长 | 何芳波 | 34 | 定南 | 历市镇 | 协助国军作战收复县城在炮火猛烈下中弹阵亡 | 同上 | 同上 |
| 同上 | 队长 | 何然盛 | 41 | 定南 | 历市镇 | 同上 | 同上 | 同上 |
| 民众自卫总队第二大队第六中队 | 队长 | 温镇廷 | 36 | 定南 | 高砂乡 | 于高砂乡西同口与敌相遇英勇抗战阵亡 | 同上 | 同上 |
| 民众自卫总队特务中队 | 队长 | 凌成海 | 40 | 定南 | 历市镇 | 解救县城于布头村负伤阵亡 | 同上 | 同上 |

# 瑞金县财产直接损失汇报表

事件:轰炸

日期:二十八年六月二十六日下午一点三十五分

地点:●●街通●街廖坪街象眼塘云龙桥

填送日期:民国三十三年六月　　日

| 损失项目 | 单位 | 数量 | 价值(法币元) |
|---|---|---|---|
| 店　房 | 栋 | 62 | 52700 |
| 桥 | 座 | 1 | 1000 |
| | | | |
| | | | |

报告者:瑞金县长葛连祥

## 瑞金县财产间接损失报告表

填送日期:民国三十三年六月　　日

| 分　类 | 金额(法币元) |
|---|---|
| 防空设备费 | 500 |
| 疏　散　费 | 350 |
| 救　济　费 | 180 |
| 抚　恤　费 | 293 |
| 合　　计 | 1323 |

报告者:瑞金县长葛连祥

# 南康县唐江镇商会暨
## 各同业公会抗战直、间接损失统计表

| 业别名称 | 直接损失折价（法币元） | 间接损失折价（法币元） | 备 注 |
|---|---|---|---|
| 唐江镇商会 | 3549460 | 1457980 | |
| 糖商业同业公会 | 190319900 | 11000000 | |
| 布商业同业公会 | 103450000 | 185300000 | |
| 木商业同业公会 | 86500000 | 44300000 | |
| 京果南货商业同业公会 | 25380000 | 3200000 | |
| 杂货商业同业公会 | 23110000 | 12100000 | |
| 五金电料商业同业公会 | 4040000 | 8275000 | |
| 棉花商业同业公会 | 5400000 | 16350000 | |
| 纱商业同业公会 | 6390000 | 14460000 | |
| 酒商业同业公会 | 11650000 | 1000000 | |
| 纸商业同业公会 | 9361000 | | |
| 屠商业同业公会 | 9420000 | 2485000 | |
| 茶筵业同业公会 | 12936000 | 705000 | |
| 国药业同业公会 | 3471000 | 6295000 | |
| 缝纫业同业公会 | 2150000 | 906000 | |
| 非公会直属会员 | 28717200 | 24006000 | |
| 商会职员 | 3670190 | 0 | |
| 合　计 | 529514750 | 331839980 | |

## 江西省各县抗战损失调查统计表

| 县 别 | 年月日 | 地 点 | 死亡丁数 | 焚毁房屋（栋） | 抢劫财物价值（法币元） | 备 注 |
|---|---|---|---|---|---|---|
| 奉新县 | 廿八.三.廿二 | 县城及一、二区全部 | 5437 | 136 | 约3986400 | |
| | 廿八.九.十六 | 全县 | 7288 | 3548 | 约15783000 | "9·16"敌窜奉西至10月10日后始败退 |
| | 廿九.十.十三 | 一、二、三区之一部 | 6062 | 8795 | 约37800 | 10月13日向西进攻至16日晨即败退 |
| 合 计 | | | 18787 | 12479 | 约19807200 | |

## 奉新县人口伤亡汇报表

年份:二十八年

填送日期:民国二十九年十二月　　日

| 伤亡人数／性别 | 重 伤 | 轻 伤 | 死 亡 |
|---|---|---|---|
| 男 | 2856 | 267 | 5652 |
| 女 | 2453 | 592 | 4276 |
| 童 | 0 | 0 | 854 |
| 不明 | 251 | 379 | 1943 |

报告机关:奉新县政府县长陈步海

# 奉新县(各机关学校)财产间接损失报告表

年份:二十八年

填送日期:民国二十九年十二月　　日

| 分　类 | 数额(法币元) |
|---|---|
| 共　　计 | 362024 |
| 迁　移　费 | 5739 |
| 防空设备费 | 12759 |
| 疏　散　费 | 327596 |
| 救　济　费 | 13500 |
| 抚　恤　费 | 2430 |

报告机关:奉新县政府县长陈步海

# 奉新县税收损失报告表

年份:二十八年

填送日期:民国二十九年十二月　　日

| 税　目 | 可能收数<br>(法币元) | 实收数<br>(法币元) | 损　失　数<br>(法币元) |
|---|---|---|---|
| 总　　计 | 约86000 | 无 | 约86000 |
| 田赋附加 | 约70000 | 无 | 约70000 |
| 屠宰税 | 约16000 | 无 | 约16000 |

报告机关:奉新县政府县长陈步海

# 奉新县救济费支出报告表

年份:二十八年

填送日期:民国二十九年十二月　　日

| 用途\来源 | 共计 | 急赈 | 工赈 | 难民运配 | 难童教养 | 失业公务人员救济 | 战区学生救济 | 难民医疗 | 其他 |
|---|---|---|---|---|---|---|---|---|---|
| 共计 | | 16000 元 | 5824 元 | 186.18 元 | | | | | |
| 国库支出 | | | | | | | | | |
| 省库支出 | | 7000 元 | | 186.18 元 | | | | | |
| 县市支出 | | | | | | | | | |
| 人民及团体捐集 | | 约9000 元 | | | | | | | |
| 其他 | | (字不清) | | | | | | | |

报告机关:奉新县政府县长陈步海

# 奉新县公营事业财产间接损失报告表

年份:二十八年

填报日期:民国二十九年十二月　　日

| 分类 | | 数额(法币元) |
|---|---|---|
| 可能生产额减少 | | 8000 |
| 可能纯利减少 | | 2000 |
| 费用之增加 | 拆迁费 | 无 |
| | 防空设备费 | 200 |
| | 救济费 | 无 |
| | 抚恤费 | 无 |

报告机关:奉新民生造纸工厂厂长陈瑞挺

# 奉新县民营事业财产间接损失报告表

年份:二十八年

填报日期:民国二十九年十二月　日

| 分类<br>受损失者 | 可能生产额减少 | 可能纯利额减少 | 费用之增加 | | | |
| --- | --- | --- | --- | --- | --- | --- |
| | | | 拆迁费 | 防空设备费 | 救济费 | 抚恤费 |
| 纸　业 | 原生产额约贰佰万元现减去百分之九十 | 以二成纯利计算减去三十六万元 | | | | |
| 米　业 | 原生产额除供给本县外每年出口物有九万元现因产量锐减自食不足甚巨 | 无 | | | | |
| 烟　业 | 原生产额约五万元现减去百分之五十 | 以二成纯利计算减去五千元 | | | | |

报告机关:奉新县商整会主任委员　张鉴如

# 奉新县人口伤亡汇报表

年份:二十九年

填报日期:民国二十九年十二月　日

| 伤亡人数<br>性　别 | 重　伤 | 轻　伤 | 死　亡 |
| --- | --- | --- | --- |
| 男 | 893 | 689 | 2794 |
| 女 | 579 | 921 | 1954 |
| 童 | 97 | 87 | 737 |
| 不明 | 138 | 104 | 586 |

报告机关:奉新县政府县长陈步海

# 奉新县(各机关学校)财产间接损失汇报表

年份:二十九年

填报日期:民国二十九年十二月　日

| 分　类 | 价额(法币元) |
|---|---|
| 共　　计 | 22584 |
| 迁　移　费 | 795 |
| 防空设备费 | 536 |
| 疏　散　费 | 2233 |
| 救　济　费 | 19000 |
| 抚　恤　费 | |

报告机关:奉新县县长陈步海

# 奉新县税收损失报告表

年份:二十九年

填报日期:民国二十九年十二月　日

| 税　目 | 可能收数<br>(法币元) | 实　收　数 | 损　失　数<br>(法币元) |
|---|---|---|---|
| 总　　计 | 约86000 | 无 | 约86000 |
| 田赋附加 | 约70000 | 无 | 约70000 |
| 屠　宰　税 | 约16000 | 无 | 约16000 |

报告机关:奉新县政府县长陈步海

# 奉新县公营事业财产间接损失报告表

年份：二十九年

填报日期：民国二十九年十二月　日

| 分　类 | 数额（法币元） |
|---|---|
| 可能生产额减少 | 4000 |
| 可能纯利减少 | 1000 |
| 费用之增加　拆　迁　费 | 无 |
| 防空设备费 | 无 |
| 救　济　费 | 无 |
| 抚　恤　费 | 无 |

报告机关：奉新民生造纸工厂厂长陈瑞挺

# 奉新县救济费支出报告表

年份：二十九年

填送日期：民国二十九年十二月　　日

| 用途＼来源 | 共计 | 急赈 | 工赈 | 难民运配 | 难童教养 | 失业公务人员救济 | 战区学生救济 | 难民医疗 | 其他 |
|---|---|---|---|---|---|---|---|---|---|
| 共计 | | 15270元 | | | | | | | |
| 国库支出 | | | | | | | | | |
| 省库支出 | | 15000元 | | | | | | | |
| 县市支出 | | | | | | | | | |
| 人民及团体捐集 | | 270元 | | | | | | | |
| 其他 | | | | | | | | | |

报告机关：奉新县政府县长陈步海

# 奉新县土地沦陷及克复情形调查表

填送日期：民国二十九年十二月　日

| 日期 | 沦陷地名 | 面积(方公里) | 沦陷情形略述 | 沦陷期内敌人窃发资源 | | | 日期 | 克复地名 | 面积(方公里) | 克复情形略述 |
|---|---|---|---|---|---|---|---|---|---|---|
| | | | | 种类 | 数量 | 价值(元) | | | | |
| 廿八年三月廿二 | 奉新县城及一二区一部全 | 700 | 本日敌以飞机轰炸县城竟日至午后六时旦安又猛冲掩护围攻县城遂陷 | 稻谷 | 75432 石 | 150864 | 廿八年十月二十 | 三、四区全部 | 740 | 我军由铜鼓修械向敌反攻 |
| 廿八年十月十六日 | 第三四区全部 | 740 | 敌以两师团兵力陆空联合由西犯侧应湘北至是未复原一二区又沦落四区矣 | 纸 | 478984 担 | 2394920 | 廿九年四月九日 | 县城一区(除从善乡)二区(除信义乡) | 560 | 我驻军三十二军乘机反攻 |
| 廿九年十月十三日 | 县城及一二三区之一部分 | 820 | 敌以步骑炮联合兵种一联队西犯重陷县城至三区之会埠 | 烟 | 1350 担 | 81000 | 廿九年十月十六日 | 县城三区二区之一部分 | 820 | 我驻军七十军反攻 |

报告机关：奉新县政府县长陈步海

# 高安县抗战时期教育人员及其家属伤亡调查表

| 姓名 | 性别 | 年龄 | 籍贯 | 服务或读书之学校或教育机关 | 职务 | 受伤或死亡 | 伤亡情形 | | | 费用（国币元） | | 备注 |
|---|---|---|---|---|---|---|---|---|---|---|---|---|
| | | | | | | | 时期年月日 | 地点 | 事件 | 医药 | 葬埋 | |
| 罗景星 | 男 | 27 | 高安 | 三皇乡第五保立小学 | 校长 | 死亡 | 三一年二月 | 杨柳坪 | 上高会战敌人经过被俘杀害 | 70000 | 600000 | 埋葬费系估目下时价 |
| 陈新火 | 男 | 20 | 高安 | 高安中学肄业 | | 伤亡 | 同上 | 同上 | 上高会战时遭敌枪伤而亡 | 30000 | 550000 | 同上 |
| 张苹 | 男 | 48 | 高安 | 高安凤市乡第八保保学 | 校长 | 死亡 | 三四年二月 | 玛脑村 | 敌人窜扰本境被迫苦力因劳病故 | 65000 | 320000 | |
| 辜维先 | 男 | 30 | 高安 | 高安凤市乡第七保立小学 | 教员 | 死亡 | 同上 | 富楼村 | 同上 | 300000 | 200000 | |
| 辜姚氏 | 女 | 40 | 高安 | | | 死亡 | 三十年三月 | 井塘村 | 抗节完贞 | 20000 | 192000 | 高安县凤市乡第一保小学校长辜周良之母 |
| 辜瑞芝 | 男 | 32 | 高安 | 高安凤市乡第二保立小学 | 教员 | 死亡 | 三十年三月 | 洪城村 | 敌人窜扰本境被迫苦力因劳病故 | 40000 | 250000 | |

续表：

| 姓名 | 性别 | 年龄 | 籍贯 | 服务或读书之学校或教育机关 | 职务 | 受伤或死亡 | 伤亡情形 | | | 费用（国币元） | | 备 注 |
|---|---|---|---|---|---|---|---|---|---|---|---|---|
| | | | | | | | 时期年月日 | 地 点 | 事 件 | 医药 | 葬埋 | |
| 陈春淼 | 男 | 38 | 高安 | 高安第五区第五保联中小 | 教员 | 死亡 | 廿八年三月十三日 | 赤土村荷山 | 被敌进攻时拿力后将该员苦力当做杀死 | 30000 | 280000 | 母妻子二病死亡高安四区风市圩 |
| 陈典松 | 男 | 30 | 高安 | 高安第五区第六保保立小学 | 校长 | 死亡 | 廿八年三月二日 | 下大田背后山上 | 敌游击时在山上刀杀死 | 25000 | 287000 | 父母妻女等四父母被敌枪打死,妻女病死,于高安村前 |
| 陈传桢 | 男 | 29 | 高安 | 高安第五区第六八保保立小学 | 校长 | 死亡 | 廿八年三月五日 | 奉新梧桐岭 | 敌向梧桐岭游击时在该山被敌枪打死 | 14000 | 140000 | 父母妻等因病故于五桥阿 |
| 陈典秀 | 男 | 28 | 高安 | 高安第五区第七一保立小学 | 校长 | 伤亡 | 廿八年二月廿日 | 集岭 | 被敌在山上用枪打伤死 | 20000 | 260000 | 父女等该员受伤伤五月余亦死 |
| 周诗平 | 男 | 28 | 高安 | 高安第五区第七三保立小学 | 校长 | 伤亡 | 廿八年二月九日 | 大城 | 敌进攻南昌时遭敌枪打而死 | 30000 | 210000 | 父妻病故该员受伤一月而死 |
| 邓国镇 | 男 | 29 | 高安 | 高安第五区第七十保立小学 | 校长 | 死亡 | 廿八年二月六日 | 大城 | 敌进攻南昌时遭敌枪打死 | | 15000 | 妻病故 |
| 敖寿钧 | 男 | 20 | 高安 | 国立十三中学 | 读书 | 伤 | 卅四年六月廿九日 | 兴龙乡 | 敌寇窜扰 | 200000 | | 所记费用系措受伤时实用医药费 |

续表：

| 姓名 | 性别 | 年龄 | 籍贯 | 服务或读书之学校或教育机关 | 职务 | 受伤或死亡 | 伤亡情形 | | | 费用（国币元） | | 备注 |
|---|---|---|---|---|---|---|---|---|---|---|---|---|
| | | | | | | | 时期年月日 | 地点 | 事件 | 医药 | 葬埋 | |
| 伍志纯 | 男 | 19 | 高安 | 国立十三中学 | 读书 | 伤 | 卅四年六月十二日 | 兴龙乡 | 敌寇窜扰 | 150000 | | 所记费用系指受伤时实用医药费 |
| 徐铁汉 | 男 | 43 | 高安 | 兴龙乡第五保国民学校 | 校长 | 瞎眼 | 卅四年六月廿八日 | 同上 | 同上 | 210000 | | 同上 |
| 傅春根 | 男 | 19 | 高安 | 国立十三中学 | 读书 | 伤 | 卅四年六月十日 | 同上 | 同上 | 110000 | | 同上 |
| 邹泉泰 | 男 | 18 | 高安 | 龙南中正中学 | 读书 | 死亡 | 廿八年三月十二日 | 同上 | 敌人进攻高安 | | 5000 | 所记费用系指葬埋时实用数 |
| 敖昌七 | 男 | 50 | 高安 | 第六保国民学校 | 校长 | 死亡 | 廿八年三月十二日 | 同上 | 同上 | | 6000 | 同上 |
| 朱世富 | 男 | 26 | 南昌 | 江西私立力生农业职业学校 | 教导主任 | 死亡 | 卅四年八月三日 | 德义乡官塘村 | 日军两师团由赣南湘桂营富先故朱校被其查业毕即是我国残证足为日军摧残文化之铁证 | 800000 | | 朱世富老师毕业于国立电机东立大学因浙人东立杯造深声造适通鸿高中三聘本校十四年就聘本校教导主任 |

— 281 —

## 上高县各机关损失调查表

民国三十三年七月　日填

| 机关名称 | 事件 | 日期 | 地点 | 人口伤亡 | | 财产损失 | 其他 | 备注 |
|---|---|---|---|---|---|---|---|---|
| | | | | 伤 | 亡 | | | |
| 敖阳镇 | 敌机轰炸 | 民国二十八年 | 南北两岸 | | 360 | 房屋624间约值时价3120000元 | ●●●●约价值2000000元 | ●●●●屋5000元 |
| 泗溪墓田两乡 | 敌军进攻 | 民国二十八年七月 | 所辖各保 | | | 器物粮食牲畜等约估价3000000元 | | |
| 下陂乡 | 敌机轰炸 | 民国二十九年九月二十一日 | 河埠村 | 2 | 1 | 房屋24间约值时价120000元 | | |
| 泗溪乡 | 敌机滥炸 | 民国二十九年十二月二十七日 | 五、六、七、八、九保 | 69 | 52 | 房屋1242间约值时价120000元 | 粮食器皿牲畜等约估价20000000元 | |
| 潘村乡 | 敌机轰炸 | 民国二十九年十二月二十七日 | | 29 | 16 | 房屋276间约值时价1380000元 | 财物约估价20000元 | |
| 县城及界埠乡 | 上高会战 | 民国三十年三月二十一日至三十六日止 | 城东一带 | | 459 | 房屋15600间约值时价78000000元 | 粮食器皿牲畜等约估价200000000元 | 受伤人民因当时情形紊乱未及记载 |
| 县城 | 敌机轰炸 | 民国三十年八月七日 | 南北两岸 | 78 | 31 | 房屋240间约值时价1200000元 | 财物约估价2000000元 | |

续表:

| 机关名称 | 事件 | 日期 | 地点 | 人口伤亡 | | 财产损失 | 其他 | 备注 |
| --- | --- | --- | --- | --- | --- | --- | --- | --- |
| | | | | 伤 | 亡 | | | |
| 三区各乡村 | 敌军窜扰 | 民国三十年十二月 | | | | 粮食用具牲畜等约估价2000000元 | | |
| 县城及三区各乡村 | 敌军进攻 | 民国三十二年三月 | | | | 财物约估价1000000元 | | |

## 清江县政府及所属机关财产间接损失汇报表

资料时期:二十六年七月七日至三十一年十二月三十一日

填送日期:民国三十三年四月二十二日

| 损失分类 | 金额(法币元) |
|:---:|:---:|
| 共 计 | 2152445 |
| 迁 移 费 | 129530 |
| 防空设备费 | 291600 |
| 疏 散 费 | 495315 |
| 救 济 费 | 711000 |
| 抚 恤 费 | 525000 |

汇报机关:清江县政府

## 清江县政府及所属机关公务员役私人财产损失汇报表

资料时期:二十六年七月七日至三十一年十二月三十一日

填送日期:民国三十三年四月二十二日

| 损失分类 | 价值(法币元) |
|:---:|:---:|
| 共 计 | 939000 |
| 房 屋 | 258000 |
| 器 具 | 144000 |
| 现 款 | 83000 |
| 服 着 物 | 177000 |
| 古物书籍 | 74000 |
| 其 他 | 203000 |

汇报机关:清江县政府

# 丰城县剑光镇被灾商号损失情形调查表

| 保 别 | 牌 名 | 负责人姓 名 | 烧毁店房进数 | 货物损失情形 | 备 考 |
|---|---|---|---|---|---|
| 九 | 永元祥 | 赵桀亭 | 3 | 约计10万余元 | |
| 九 | 万生堂 | 敖华章 | 3 | 约计12万元 | |
| 九 | 怡和楼 | 徐祖荃 | 3 | 约计50万元 | |
| 十三 | 周福泰 | 周顺发 | 2 | 约计7万余元 | |
| 十三 | 春茂和 | 皮骏朝 | 1 | 约计5万元 | |
| 十三 | 李泰顺 | 李声仙 | 1 | 约计7万元 | |
| 十三 | 甘长福 | 甘廷章 | 2 | 约计6万元 | |
| 十三 | 任同兴 | 任禄生 | 2 | 约计6万元 | |
| 十三 | 陈福兴 | 陈发元 | 1 | 约计5万元 | |
| 十三 | 熊大兴 | 熊宗彩 | 1 | 约计5万元 | |
| 十三 | 凌生昌 | 凌青云 | 1 | 约计1万元 | |
| 十三 | 义 记 | 唐恒和 | 2 | 约计6万元 | |
| 十三 | 傅元顺 | 傅松亭 | 1 | 约计3万元 | |
| 十三 | 李永记 | 李永祺 | 2 | 约计2万元 | |
| 十三 | 祥泰和 | 陆期质 | 1 | 约计5万元 | |
| 十三 | 豫丰厚 | 熊永春 | 1 | 约计5万元 | |
| 十三 | 沅茂昌 | 饶桂生 | 1 | 约计2万元 | |
| 十三 | 和泰义 | 熊萱生 | 1 | 约计2万元 | |

续表：

| 十三 | 义和祥 | 鄢金元 | 1 | 约计5万余元 | |
|---|---|---|---|---|---|
| 十三 | 张文记 | 张文记 | 1 | 约计2万元 | |
| 十三 | 黎洪顺 | 黎锦华 | 1 | 约计6万元 | |
| 十三 | 鄢立兴 | 鄢槐茂 | 1 | 约计5万元 | |
| 十三 | 何万顺 | 何发元 | 1 | 约计5万元 | |
| 十三 | 泉泰和 | 李泉生 | 1 | 约计4万元 | |
| 十三 | 德盛祥 | 李禄生 | 1 | 约计7万元 | |
| 十三 | 鄢立兴 | 鄢志刚 | 1 | 约计4万元 | |
| 十三 | 李茂顺 | 李树林 | 1 | 约计2万元 | |
| 十三 | 陈庆和 | 陈久成 | 1 | 约计3万元 | |
| 十三 | 源顺祥 | 李省保 | 1 | 约计4万元 | |
| 十三 | 徐正兴 | | 1 | 约计4万元 | |
| 十三 | 李文玉 | 李金元 | 1 | 约计4万元 | |
| 十三 | 徐裁缝 | 徐裁缝 | 1 | 约计2万元 | |
| 十三 | 和 记 | 李鑫华 | 2 | 约计15万元 | |
| 十三 | 义 记 | 李少杰 | 2 | 约计10万元 | |
| 十三 | 黄永昌 | 黄瑞清 | 2 | 约计6万元 | |
| 十三 | 黄正华 | 黄正华 | 1 | 约计5万元 | |
| 十三 | 李学仁 | 李学仁 | 1 | 约计5万元 | |
| 十三 | 熊祥盛 | 熊水生 | 1 | 约计3万元 | |

续表：

| 十三 | 曾正和 | 曾盛千 | 1 | 约计3万元 | |
|------|--------|--------|---|-----------|---|
| 十三 | 曾正兴 | 曾又六 | 1 | 约计3万元 | |
| 十三 | 黄义发 | 黄长发 | 1 | 约计5万元 | |
| 十三 | 盛和祥 | 李厚成 | 1 | 约计6万元 | |
| 十三 | 罗 记 | 罗普生 | 1 | 约计2万元 | |
| 十一 | 李正兴 | 李士元 | 1 | 约计1万元 | |
| 十一 | 罗茂盛 | 罗长根 | 2 | 约计2万元 | |
| 十一 | 福源顺 | 周洪辉 | 2 | 约计2万元 | |
| 十一 | 周元盛 | 周瑞根 | 2 | 约计3万元 | |
| 十一 | 丁万兴 | 丁贵化 | 2 | 约计3万元 | |
| 十一 | 熊志大 | 熊绍淼 | 1 | 约计1万元 | |
| 十一 | 徐万顺 | 徐致和 | 2 | 约计2万元 | |
| 十一 | 邹德顺 | 邹大海 | 1 | 约计1万元 | |
| 十一 | 福 记 | 徐炳生 | 2 | 约计2万元 | |
| 十一 | 袁裕盛 | 袁彩发 | 1 | 约计2万元 | |
| 十一 | 徐兴顺 | 徐兴根 | 1 | 约计1万元 | |
| 十六 | 鄢义盛 | 鄢程荣 | 2 | 约计60万元 | |
| 十六 | 聂生盛 | 聂润生 | 2 | 约计15万元 | |
| 十六 | 三 盛 | 龚彦廷 | 1 | 约计5万元 | |
| 十六 | 祥 泰 | 皮松林 | 1 | 约计10万元 | |

续表：

| 十六 | 义　祥 | 熊瑞生 | 2 | 约计 20 万元 | |
|------|--------|--------|---|-------------|---|
| 十六 | 大　茂 | 吴志信 | 3 | 约计 20 万元 | |
| 十六 | 义　兴 | 王盛七 | 1 | 约计 4 万元 | |
| 十六 | 日　生 | 熊尧生 | 2 | 约计 80 万元 | |
| 十六 | 和盛祥 | 龚瑞廷 | 1 | 约计 5 万元 | |
| 十六 | 丁万福 | 丁汉廷 | 2 | 约计 5 万元 | |
| 十六 | 同　茂 | 袁允兴 | 2 | 约计 4 万元 | |
| 十六 | 三合兴 | 张杰三 | 2 | 约计 6 万元 | |
| 十六 | 义丰祥 | 李义祥 | 2 | 约计 10 万元 | |
| 十六 | 德顺福 | 黄本生 | 1 | 约计 3 万元 | |
| 十六 | 万　隆 | 黄宗贤 | 4 | 约计 25 万元 | |
| 十六 | 吴永兴 | 吴永生 | 1 | 约计 1 万元 | |
| 十六 | 孙兴隆 | 孙皮生 | 1 | 约计 1 万元 | |
| 十六 | 荣　记 | 左要八 | 1 | 约计 2 万元 | |
| 十六 | 洪　胜 | 李新福 | 1 | 约计 2 万元 | |
| 十六 | 元　丰 | 王秉善 | 2 | 约计 5 万元 | |
| 十六 | 李元盛 | 李任氏 | 1 | 约计 3 万元 | |
| 十六 | 夏聚承 | 夏承扁 | 1 | 约计 2 万元 | |
| 十六 | 宜雅轩大记 | 聂镇乾 | 1 | 约计 1 万元 | |
| 十六 | 宜雅轩二记 | 聂丁氏 | 1 | 约计 1 万元 | |

续表：

| 十六 | 宜雅轩三记 | 聂凤祥 | 1 | 约计 2 万元 | |
|---|---|---|---|---|---|
| 十六 | 宝华楼 | 何三保 | 2 | 约计 3 万元 | |
| 十六 | 万庆新 | 万庆生 | 1 | 约计 5 千元 | |
| 十六 | 葛一哉 | 葛受轩 | 1 | 约计 1.5 万元 | |
| 十六 | 李丰祥 | 李凤翔 | 1 | 约计 40 万元 | |
| 十六 | 夏同盛 | 夏正明 | 2 | 约计 60 万元 | |
| 十六 | 奎文堂 | 熊胡生 | 1 | 约计 2 万元 | |
| 十六 | 太 和 | 曹元生 | 1 | 约计 2 万元 | |
| 十六 | 裕清圆 | 罗兴根 | 1 | 约计 2 万元 | |
| 十六 | 曹聚昌 | 曹太和 | 2 | 约计 2 万元 | |
| 十六 | 裕成齐 | 万福八 | 2 | 约计 15 万元 | |
| 十六 | 袁发顺 | 袁义仁 | 2 | 约计 2 万元 | |
| 十六 | 曾锦顺 | 曾吴氏 | 2 | 约计 15 万元 | |
| 十六 | 正顺发 | 李有生 | 1 | 约计 3 万元 | |
| 十六 | 陆乾发 | 陆昌壁 | 2 | 约计 20 万元 | |
| 十六 | 仁昌福 | 熊长生 | 1 | 约计 15 万元 | |
| 十六 | 孙宝成 | 孙锡荣 | 2 | 约计 3 万元 | |
| 十六 | 王振顺 | 王夫德 | 2 | 约计 10 万元 | |
| 十六 | 徐同森 | 徐勤齐 | 1 | 约计 25 万元 | |
| 十六 | 任福盛 | 任仁八 | 2 | 约计 10 万元 | |

续表：

| 十六 | 仁顺厚 | 谭启成 | 1 | 约计 5 万元 | |
|---|---|---|---|---|---|
| 十六 | 同　和 | 尹洪茂 | 2 | 约计 20 万元 | |
| 十六 | 万　泰 | 张英才 | 1 | 约计 25 万元 | |
| 十六 | 华　馨 | 蔡恒得 | 3 | 约计 15 万元 | |
| 十六 | 张胜利 | 张得胜 | 3 | 约计 5 万元 | |
| 十六 | 左生盛 | 左有十 | 2 | 约计 6 万元 | |
| 十六 | 同德齐 | 曾文光 | 1 | 约计 15 万元 | |
| 十六 | 馥　美 | 聂贻荪 | 1 | 约计 8 万元 | |
| 十六 | 春林堂 | 杨晓初 | 1 | 约计 20 万元 | |
| 十六 | 张万兴 | 张邹氏 | 1 | 约计 6 万元 | |
| 十六 | 邹金元 | 邹金生 | 1 | 约计 6 万元 | |
| 十六 | 丁万顺 | 丁顺林 | 2 | 约计 15 万元 | |
| 十六 | 元吉栈 | 罗有生 | 3 | 约计 6 万元 | |
| 十六 | 李本盛 | 李义仁 | 2 | 约计 3 万元 | |
| 十六 | 吕元发 | 吕基良 | 3 | 约计 8 万元 | |
| 十六 | 任大元 | 任啸吾 | 2 | 约计 7 万元 | |
| 十六 | 邹予顺 | 邹良湖 | 2 | 约计 3 万元 | |
| 十六 | 鄞永盛 | 鄞景辉 | 3 | 约计 7 万元 | |
| 十六 | 正兴福 | 李福望 | 2 | 约计 5 万元 | |
| 十六 | 李仁顺 | 李芬彪 | 2 | 约计 6 万元 | |

续表:

| 十六 | 雷祥兴 | 雷甘泉 | 3 | 约计 6 万元 | |
|------|--------|--------|---|-------------|---|
| 十六 | 罗景兴 | 罗亨吉 | 2 | 约计 2 万元 | |
| 十六 | 熊启泰 | 熊永茂 | 3 | 约计 4 万元 | |
| 十六 | 任予丰 | 任怀南 | 3 | 约计 10 万元 | |
| 十六 | 合 丰 | 袁本根 | 2 | 约计 20 万元 | |
| 十六 | 同 顺 | 罗时富 | 1 | 约计 25 万元 | |
| 十六 | 聂洪发 | 聂荣寿 | 1 | 约计 2 万元 | |
| 十六 | 洪 发 | 罗运林 | 1 | 约计 2 万元 | |
| 十六 | 熊金元 | 熊水仔 | 1 | 约计 1 万元 | |
| 十六 | 义泰源 | 袁善发 | 1 | 约计 3 万元 | |
| 十六 | 万 茂 | 李顺生 | 1 | 约计 1 万元 | |
| 十六 | 王金生 | 王顺生 | 2 | 约计 2 万元 | |
| 十六 | 黄万兴 | 黄瑞泉 | 1 | 约计 4 万元 | |
| 六 | 肇 泰 | 揭全生 | 2 | 约计 5 万元 | |
| 六 | 昌 顺 | 李义生 | 1 | 约计 1.5 万 | |
| 六 | 裕 兴 | 刘光文 | 1 | 约计 2.5 万元 | |
| 六 | 同裕堂 | 左盛元 | 3 | 约计 2 万元 | |
| 六 | 久 泰 | 文利贞 | 1 | 约计 7.4 万元 | |
| 六 | 兆 泰 | 黄德中 | 2 | 约计 2 万元 | |
| 六 | 甘庆丰 | 甘庆福 | 2 | 约计 2 万元 | |

续表：

| 六 | 李合义 | 李维宣 | 2 | 约计2万元 | |
|---|---|---|---|---|---|
| 六 | 合 记 | 丁发生 | 2 | 约计2万元 | |
| 六 | 福 安 | 朱昭庭 | 1 | 约计5千元 | |
| 六 | 鄢裕盛 | 鄢喜生 | 1 | 约计2万元 | |
| 六 | 胜 记 | 黄大根 | 3 | 约计1万元 | |
| 六 | 刘大兴 | 刘屯仔 | 1 | 约计5千元 | |
| 六 | 葛盛泰 | 葛宋金秀 | 1 | 约计2万元 | |
| 六 | 兴 顺 | 范炳元 | 1 | 约计5千元 | |
| 六 | 任益泰 | 任瑞祥 | 3 | 约计8.4万元 | |
| 六 | 丽 记 | 余依仁 | 1 | 约计15万元 | |
| 六 | 任永生 | 任荣生 | 2 | 约计1万元 | |
| 六 | 黄永昌 | 黄永卿 | 1 | 约计1万元 | |
| 六 | 合记木棚 | 任希生 | 3 | 约计45万元 | |
| 六 | 金记木棚 | 曾金元 | 2 | 约计30万元 | |
| 六 | 吉记木棚 | 曾鲁生 | 2 | 约计40万元 | |
| 七 | 福兴隆 | 邓致祥 | 2 | 约计5万元 | |

## 上饶县抗战时期教育人员及其家属伤亡调查表

| 姓名 | 性别 | 年龄 | 籍贯 | 服务或读书之学校或教育机关 | 职务 | 受伤或死亡 | 伤亡情形 | | | 费用（国币元） | | 备注 |
|---|---|---|---|---|---|---|---|---|---|---|---|---|
| | | | | | | | 时期年月日 | 地点 | 事件 | 医药 | 葬埋 | |
| 陈球龄 | 男 | 37 | 上饶 | 上饶县立第三区中心小学 | 校长 | 死亡 | 民国二十八年四月四日 | 皂头 | 在校举行儿童节敌机临空袭炸一家四口殉难 | | | 尸首无着 |
| 汪复初 | 男 | 46 | 上饶 | 上饶县立八都乡中心小学 | 校长 | 死亡 | 民国三十一年六月十七日 | 八都街 | 敌军黑夜经过该校破门掳去作挑夫不届被杀 | | | 尸首不明下落 |
| 邓金门 | 男 | 43 | 上饶 | 江西省立实验小学 | 教员 | 死亡 | 民国二十七年六月十二日 | 府文庙 | 在校疏散学童敌机炸毙 | | | 尸首分散 |
| 缪雍 | 男 | 35 | | 同上 | 教员 | 死亡 | 民国二十八年四月十九日 | 东门 | 敌机临空疏散在野外中弹片身亡 | | 未详 | |
| 吴本渊 | 男 | 41 | 上饶 | 上饶县政府 | 雇员 | 死亡 | 民国二十九年六月十二日 | 文昌宫 | 在县府办公未及疏散中弹 | | 未详 | |

续表：

| 姓名 | 性别 | 年龄 | 籍贯 | 服务或读书之学校或教育机关 | 职务 | 受伤或死亡 | 伤亡情形 时期 年月日 | 地点 | 事件 | 费用(国币元) 医药 | 葬埋 | 备注 |
|---|---|---|---|---|---|---|---|---|---|---|---|---|
| 郑绍泽 | 男 | 59 | 上饶 | 上饶县立高等小学 | 校长 | 死亡 | 民国三十一年六月十九日 | 沙溪 | 被敌军掳去扛抬物件不从被杀 | | | |
| 杨伯华 | 男 | 48 | 上饶 | 上饶县立第三初级小学 | 校长 | | 民国三十一年六月十七日 | 石狮 | 被敌掳去 | | | 久无下落 |
| 刘裕礼 | 男 | 46 | 上饶 | 上饶县总工会 | 干事 | 死亡 | 民国三十年七月二十日 | 三都李家 | 被敌军掳去表逼令扛轿不从被杀 | | 未详 | |
| 萧远山 | 男 | | 上饶 | 上饶县立第三完全小学 | 教员 | 死亡 | 民国二十七年五月十九日 | 水南街 | 敌机投弹炸毙 | | 未详 | |

填报日期：三十五年十二月十九日

填报者：周维新　签名盖章

## 广丰县抗战时期教育人员及其家属伤亡调查表

| 姓名 | 性别 | 年龄 | 籍贯 | 服务或读书之学校或教育机关 | 职务 | 受伤或死亡 | 伤亡情形 | | | 费用（国币元） | | 备注 |
|---|---|---|---|---|---|---|---|---|---|---|---|---|
| | | | | | | | 时期年月日 | 地点 | 事件 | 医药 | 葬埋 | |
| 俞养正 | 男 | 46 | 广丰 | 私立三岩中学 | 教员 | 死亡 | | 法雨乡 | 遭敌遇害而死 | | 150000 | |
| 过月卿 | 女 | 36 | 同上 | 广丰县立女子小学 | 教员 | 死亡 | 三十一年八月十六日 | 法雨乡 | 逃难害病而死 | | 100000 | |
| 冯达骝 | 男 | 25 | 同上 | 博山乡中心国民学校 | 校长 | 死亡 | 三十三年九月七日 | 永丰镇 | 同上 | | 120000 | |
| 余渭滨 | 男 | 38 | 同上 | 吉岩乡第二区国民学校 | 校长 | 死亡 | 三十一年二月五日 | 吉岩乡 | 遭敌遇害而死 | | 120000 | |
| 林瑞诚 | 男 | 23 | 同上 | 博山乡第二国民学校 | 主任 | 死亡 | 三十一年六月十三日 | 博山乡 | 同上 | | 70000 | |
| 徐昌兵 | 男 | 35 | 同上 | 大南乡中心国民学校 | 教员 | 死亡 | 三十一年七月三日 | 大南桥 | 同上 | | 80000 | |

续表：

| 姓名 | 性别 | 年龄 | 籍贯 | 服务或读书之学校或教育机关 | 职务 | 受伤或死亡 | 伤亡情形 时期年月日 | 地点 | 事件 | 费用（国币元）医药 | 葬埋 | 备注 |
|---|---|---|---|---|---|---|---|---|---|---|---|---|
| 郑拾华 | 男 | 33 | 广丰 | 壶峤乡中心国民学校 | 教员 | 死亡 | 三十二年七月十八日 | 壶峤 | 逃难害病而死 | | ● | |
| 吴敦和 | 男 | 26 | 同上 | ●●镇第一●●国民学校 | 校长 | 死亡 | 三十一年六月十四日 | 东街 | 逃难害病而死 | | ● | |
| 方自钦 | 男 | 15 | 同上 | 大南乡中心国民学校 | 学生 | 死亡 | 三十一年七月廿三日 | 大南桥 | 遭敌遇害而死 | | ● | |
| 程承义 | 男 | 17 | 同上 | 天桂乡中心国民学校 | 学生 | 死亡 | 三十一年七月十三日 | 天排山 | 同上 | | ● | |
| 徐美锦 | 女 | 18 | 同上 | 私立三宏中学校 | 学生 | 死亡 | 三十一年六月十四日 | 破塘 | 同上 | | ● | |
| 余顺翠 | 女 | 18 | 同上 | 县立初级中学 | 学生 | 死亡 | 三十一年六月十六日 | 少阳 | 逃难害病而死 | 125000 | | |

填报日期 三十五年十二月　　填报者：顾之□　　签名盖章

## 吉安县抗敌伤亡军民调查表

| 姓名 | 性别 | 年龄 | 乡保甲番号及住处 | 学历 | 职业 | 伤或亡 | 伤或亡及原因 | 是否抚恤 | 提供情况者 | 家庭境况 | 备注 |
|---|---|---|---|---|---|---|---|---|---|---|---|
| 艾毛女 | 女 | 12 | 青原一保滩头 | 国民学校肆业 | 无 | 亡 | 敌寇击毙 | 已 | ●●● | 赤贫 | |
| 孙家锏 | 男 | 20 | 青原二保田南 | 同上 | 军 | 亡 | 在保警队抗敌阵亡 | 已 | 同上 | 同上 | |
| 陈罗氏 | 女 | 65 | 青原四保鲤鱼塘 | | | 亡 | 敌寇击毙 | 未 | 张述浩 | 同上 | |
| 胡有通 | 男 | 29 | 青原四保羊家坊 | 私二 | 农 | 亡 | 同上 | 未 | 同上 | 同上 | |
| 欧盛万 | 男 | 28 | 青原五保西坑 | 吉安中学毕业 | 学 | 亡 | 同上 | 已 | 欧晨 | 同上 | |
| 胡天生 | 男 | 2 | 同上 | 无 | 无 | 亡 | 同上 | 未 | 同上 | | |
| 欧银发 | 男 | 2 | 同上 | 无 | 无 | 亡 | 同上 | 未 | 同上 | | |
| 周欧氏 | 女 | 58 | 同上 | 无 | 无 | 亡 | 同上 | 未 | 同上 | 赤贫 | |
| 周水祥 | 男 | 2 | 同上 | 无 | 无 | 亡 | 同上 | 未 | 同上 | 同上 | |
| 刘猫女 | 女 | 2 | 同上 | 无 | 无 | 亡 | 同上 | 未 | 同上 | 同上 | |
| 夏季氏 | 女 | 25 | 青原六保枫塘 | 无 | 无 | 亡 | 同上 | 未 | 夏峻 | 同上 | |

续表：

| 姓名 | 性别 | 年龄 | 乡保甲番号及住处 | 学历 | 职业 | 伤或亡 | 伤或亡及原因 | 是否抚恤 | 提供情况者 | 家庭境况 | 备注 |
|---|---|---|---|---|---|---|---|---|---|---|---|
| 夏王氏 | 女 | 42 | 青原六保枫塘 | 无 | 无 | 亡 | 敌寇击毙 | 未 | 夏峻 | 赤贫 | |
| 蒋王氏 | 女 | 48 | 同上 | 无 | 无 | 亡 | 同上 | 未 | 同上 | 同上 | |
| 刘发祥 | 男 | 74 | 青原七保花园 | 清邑庠生 | 学 | 亡 | 同上 | 未 | 彭鹄 | 同上 | |
| 郭良清 | 男 | 27 | 青原八保洲坝 | 吉中肄业 | 学 | 亡 | 同上 | 未 | 郭奎 | 同上 | |
| 刘招连 | 女 | 13 | 同上 | 小学毕业 | 学 | 亡 | 同上 | 未 | 同上 | 同上 | |
| 邓刘氏 | 女 | 65 | 同上 | 无 | 无 | 亡 | 同上 | 未 | 同上 | 同上 | |
| 廖刘氏 | 女 | 53 | 同上 | 无 | 无 | 亡 | 同上 | 未 | 同上 | 同上 | |
| 刘冬嫫 | 女 | 70 | 新圩二保二甲城山保 | 无 | 无 | 亡 | 不愿受敌驱使而亡 | 已领赈款二千二百元 | 呈报有案 | 同上 | |
| 刘春连 | 女 | 74 | 同上 | 无 | 无 | 亡 | 同上 | 同上 | 同上 | 同上 | |
| 张迪球 | 男 | 47 | 新圩二保三甲城山村 | 私塾二年 | 农 | 伤 | 不愿媚敌 | 已领赈款六百元 | 同上 | 同上 | |
| 刘远谦 | 男 | 58 | 新圩二保一甲城山村 | 私塾三年 | 农 | 亡 | 同上 | 已领赈款一千二百元 | 同上 | 同上 | |

续表：

| 姓名 | 性别 | 年龄 | 乡保甲番号及住处 | 学历 | 职业 | 伤或亡 | 伤或亡及原因 | 是否抚恤 | 提供情况者 | 家庭境况 | 备注 |
|---|---|---|---|---|---|---|---|---|---|---|---|
| 戴乾豫 | 男 | 37 | 新圩四保七甲大门前村 | 私塾三年 | 农 | 亡 | 不愿媚敌 | 已领赈款一千二百元 | 呈报有案 | 赤贫 | |
| 毛冬连 | 女 | 69 | 新圩八保一甲毛家村 | 无 | 无 | 亡 | 不愿受敌驱使而亡 | 同上 | 同上 | 同上 | |
| 萧氏 | 女 | 61 | 新圩九保一甲 | 无 | 无 | 亡 | 同上 | 同上 | 同上 | 同上 | |
| 罗崇柏 | 男 | 60 | 新圩九保二甲 | 私塾四年 | 农 | 亡 | 同上 | 同上 | 同上 | 同上 | |
| 萧德炘 | 男 | 53 | 新圩九保四甲 | 私塾三年 | 农 | 亡 | 不愿媚敌 | 同上 | 同上 | 同上 | |
| 张凤连 | 女 | 31 | 同上 | 无 | 农 | 亡 | 不愿受敌驱使而亡 | 同上 | 同上 | 同上 | |
| 刘德明 | 男 | 32 | 新圩七保一甲 | 私塾二年 | 农 | 伤 | 不愿替敌人运物 | 已领赈款六百元 | 同上 | 同上 | |
| 周光清 | 男 | 24 | 新圩四保六甲沙江村 | 吉安县立七小毕业 | 农 | 亡 | （字不清） | 已领抚恤款五十元 | 彭立庆 | 同上 | |
| 萧盛 | 男 | 32 | 永阳市下边村 | 稍识字 | 行伍 | 亡 | （字不清） | 未领恤 | 原属部队连长●昌证明 | 同上 | |
| 左同生 | 男 | 25 | 同上 | 稍识字 | 行伍 | 亡 | （字不清） | 未领恤 | 同上 | 同上 | |
| 郑成玉 | 男 | 26 | 同上 | 稍识字 | 行伍 | 亡 | （字不清） | 未领恤 | 同上 | 同上 | |

## 新淦县三湖镇各业行号被倭寇扰害灾情调查表

填送日期：民国三十四年八月二十六日

| 受灾业别 | 受灾牌名或店主姓名 | 性别 | 店员家属人口有无损失被灾害者姓名及情况 | 损失物件数目 | 损失粮食数目 | 损失牲畜数目 | 损失房屋 | 估价统计（法币元） | 备考 |
|---|---|---|---|---|---|---|---|---|---|
| 牙行 | 同春行 | | | 茶菇330石红白糖107桶 | 米7石 | 猪2头 | 2 | 7560550 | 其他器皿目名未能衣服多颇评载 |
| 山货 | 曾占兆 | 男 | | 蜜糖210斤毛边纸6刀火柴30打 | 米2石5斗 | | | 50900 | 同上 |
| 山货 | 合昌祥 | | | 瓷器61件烟捆4只油150斤盐200斤粽绳5把 | 米4石 | | | 768360 | 同上 |
| 山货 | 怡丰祥 | | | 糖3桶盐酱油360斤火纸●●7皮 | | | | 1366400 | 同上 |
| 牙行 | 公兴行 | | | 积实3500斤土布40匹 | 米4石 | | 1 | 255000 | 同上 |
| 练染 | 永丰 | | | 油20斤盐30斤 | 米2石 | | | 14800 | 同上 |
| 山货 | 庆和 | | | 茶叶冰糖火柴肥皂布饼纸扇等 | | | | 19900 | 其他器皿目名未能衣服多颇评载 |
| 山货 | 新昌祥 | | | 白布20匹油308斤盐●斤苏子20斤 | | | | 115700 | 同上 |

续表：

| 受灾业别 | 受灾牌名或店主姓名 | 店员家属人口有无损失受灾者姓名及灾害情况（性别） | 损失物件数目 | 损失粮食数目 | 损失牲畜数目 | 损失房屋 | 估价统计（法币元） | 备考 |
|---|---|---|---|---|---|---|---|---|
| 米酱 | 聂源泰 | | 油●斤盐●斤衣服被盖 | 米●斗 | | | 166160 | 其他器皿名目服多颇未能评载 |
| 山货 | 新昌合 | | 冰糖●斤云耳●斤 | | | | 310300 | 同上 |
| 山货 | 阳德茂 | | 油105斤盐220斤 | 米●石 | | | 87400 | 同上 |
| 山货 | 阳德茂 | | | 谷●石米●石 | | 1 | 790000 | |
| | 瑞丰米厂 | | 现金60000元衣服器具 | | | | 508500 | 细目繁多不及备载 |
| 缝纫 | 吴长庚 | | 石膏积壳 | | | 2 | 1520000 | |
| 牙行 | 逢吉行 | | 衣服器具 | | | 2 | 1500000 | 细目繁多不及备载 |
| 木器 | 连顺水 | | | 猪1头约160斤 | | | 24700 | 同上 |

— 301 —

续表：

| 受灾业别 | 受灾牌名或店主姓名 | 性别 | 店员家属人口有无损失灾害者姓名及情况 | 损失物件数目 | 损失粮食数目 | 损失牲畜数目 | 损失房屋 | 估价统计（法币元） | 备考 |
|---|---|---|---|---|---|---|---|---|---|
| 木器 | 龚兴隆 | 男 | | 衣服器具 | | | | 4800 | 细目繁多不及备载 |
| 木器 | 周财之 | 男 | | 油●斤 | | | | 3500 | |
| 木器 | 陈文正 | 男 | | 油●斤盐●斤 | 米8斗 | 猪1头约140斤 | | 24700 | |
| 木器 | 熊情生 | 男 | | 衣服器皿 | | | | 5000 | |
| 木器 | 蔡长生 | 男 | 3岁男孩1人失踪 | 大小衣服42件 | | 猪1头160斤 | | 33600 | |
| 木器 | 朱新华 | 男 | | 油10斤盐7斤 | | 猪1头130斤 | | 16600 | |
| 木器 | 福顺木 | 男 | | 棉花10斤油8斤盐4斤 | | | | 4240 | |
| 木器 | 邹见友 | 男 | | 衣服5件 | | 鸡3只鸭5只 | | 10000 | |
| 木器 | 陈林友 | 男 | | 油20斤盐8斤 | | | | 6400 | |
| 木器 | 张再添 | 男 | | 油8斤盐5斤 | | 猪1头 | | 12520 | |

续表：

| 受灾业别 | 受灾牌名或店主姓名 | 性别 | 店员家属人口有无损失被灾害者姓名及情况 | 损失物件数目 | 损失粮食数目 | 损失牲畜数目 | 损失房屋 | 估价统计（法币元） | 备 | 考 |
|---|---|---|---|---|---|---|---|---|---|---|
| 木器 | 黎来兴 | 男 | | 衣 3 件 | | 猪 1 头 | | 15000 | 同上 | |
| 牙行 | 同昌行 | | | 白糖 140 桶 | 黄豆 20 石 | | 1 | 2135000 | | |
| 国药 | 仁寿堂 | | | 药材 | | | | 50000 | 名目繁多不及备载 | |
| 花布 | 万丰行 | | | 布 40 匹 | | | | 100000 | | |
| 花布 | 仁丰行 | | | 棉花 100 斤盐 500 斤 | | | | 150000 | | |
| 山货 | 荣丰祥 | | | 杂货 | | | | 90000 | 名目繁多不及备载 | |
| 练染 | 义丰染 | | | 布器皿 | | | | 60000 | 同上 | |
| 铁器 | 永庆隆 | | | 铝丝锅 | | | | 23500 | | |
| 铁器 | 义顺和 | | | 纸烟 4 条肥皂 1 箱 | | | | 20000 | | |
| 山货 | 合福记 | | | 货物 | | | | 60000 | | |

续表：

| 受灾业别 | 受灾牌名或店主姓名 | 店员家属人口有无损失灾害者姓名及情况 | 性别 | 损失物件数目 | 损失粮食数目 | 损失牲畜数目 | 损失房屋 | 估价统计（法币元） | 备考 |
|---|---|---|---|---|---|---|---|---|---|
| 京果 | 永福斋 | | | 酱油900斤油●斤盐点心等 水酒1桶点心 | | | | 230000 | 名目繁多不及备载 |
| 京果 | 厚生斋 | | | 水酒●斤原水●●●油盐30斤点心衣被等 | 米●斗 | | | 87100 | 细目颇多不及评载 |
| 京果 | 同发斋 | | | 水酒●斤油盐点心油酱 | 米●斗 | | | 99100 | 同上 |
| 京果 | 永丰斋 | | | 水酒●斤原水●●油盐点心 | 糯米●斗 | | | 138000 | 同上 |
| 京果 | 合兴斋 | | | 糖30斤油盐●斤点心衣器 | 米8石 | | | 123500 | 细目颇多不及评载 |
| 京果 | 元昌斋 | | | 水酒2桶油●升盐斤 | | | | 74200 | |
| 烟酒 | 福昌祥 | | | 烧酒800斤油20斤盐50斤 | 米●石 | | | 72100 | 细目颇多不及评载 |
| 神香 | 天柱斋 | | | 衣物器皿 | | | | 50000 | 同上 |
| 烟酒 | 张义兴 | | | 衣物器皿 | | | | 37600 | 同上 |
| 练染 | 同丰染 | | | 布6疋法币30000元 | | | | 75000 | 同上 |

续表：

| 受灾业别 | 受灾牌名或店主姓名 | 性别 | 店员家属人口有无损失被灾害者姓名及情况 | 损失物件数目 | 损失粮食数目 | 损失牲畜数目 | 损失房屋 | 估价统计（法币元） | 备考 |
|---|---|---|---|---|---|---|---|---|---|
| 山货 | 阜丰 | | | 杂货 | | | | 101880 | 细目颇多不及评载 |
| | 商洲栈 | | | 衣被器皿 | | | | 99200 | 同上 |
| 牙行 | 廖筱楼 | | | 器皿 | | | | 55500 | 同上 |
| 缝纫 | 余广荣 | | | 器皿 | | | 1 | 1295000 | 同上 |
| 山货 | 义昌 | | | 油●升●●135斤衣货 | | | | 90200 | 同上 |
| 清茶 | 东江楼 | | | 油45斤瓜子茶叶零物 | 米18斗 | 鸡25只 | | 98250 | 同上 |
| 清茶 | 王生馆 | | | 货物器皿 | | | 1 | 243670 | 同上 |
| 牙行 | 泰顺行 | | | 油●斤盐●斤●●担器皿 | 米●石 | | 1 | 427800 | 同上 |
| 烟酒 | 袁端记 | | | 货物器皿 | | | 1 | 500000 | 同上 |
| | 邓炳根 | | | 油盐衣被家器 | 米●斗 | | 2 | 680000 | 同上 |

# 文 史 资 料

# 九江沦陷经过及日军暴行

1938 年 6 月 29 日马垱失陷后,日军波田支队主力乘装甲汽艇 40 余艘,继续溯江而上,凭借其军火优势,冲过了国民政府军层层江防封锁线,先后攻克了彭泽和湖口,向九江迫近。

湖口失守后,国民党九江军政当局下令疏散居民。九江城里一片混乱。7 月 6 日,第九战区司令长官陈诚电令李汉魂负责九江防务,指挥第 8 军李玉堂部,并要他立即赶到九江部署。当日,李汉魂由瑞昌抵浔,往访刘兴、李玉堂等商量作战事宜。8 日,国民政府空军多次轰炸湖口日舰,重伤 10 余艘。同时,苏联顾问余罗夫来九江视察第 29 军团李汉魂部防务,并协同规划作战方案。10 日,国民政府空军三次轰炸东流、彭泽、湖口一带日舰,击沉二艘、伤一艘。15 日,第九战区第 2 兵团总司令张发奎自瑞昌抵九江视察,同李汉魂、李觉、李玉堂等商量九江防务。20 日,第九战区司令长官陈诚由南昌抵九江,设行营于莲花洞(第九战区长官司令部设在湖北阳新县城内)。翌日,在此召集师长以上军官训话,并讨论作战问题。23 日凌晨,日军波田支队七八百人分乘汽艇 70 余只,由湖口驶入鄱阳湖鞋山附近,分两路向西岸姑塘以北地方强行登陆,遭李汉魂部各要隘守军顽强抵抗,击沉日汽艇 10 余只。天亮后,日机 20 余架凌空反复轰炸,投弹 400 余枚,日舰又以排炮轰击,李部沿湖阵地悉遭破坏。因增援部队均遭敌阻,反攻未能奏效,姑塘遂告沦陷。

姑塘失陷后,日军波田支队与第 106 师团联合进攻九江。25 日清晨,日军大规模进攻九江和小池口。28 艘日舰同时炮击九江城区和对岸的小池口刘汝明第 68 军阵地。日军调用 70 架飞机对九江城区猛烈轰炸,并投燃烧弹。在日机掩护下,日海军陆战队即从东郊马场湖及洋油栈两处强行登陆猛攻城区,且包抄进占八里坡,国民政府军第 8 军受到严重威胁。当夜,日军冲进九江城内,同李汉魂部守军展开了激烈的巷战。同时,日军又继续猛攻小池口,守军刘汝明部伤亡过半,是日黄昏小池口失陷。九江城内巷战一直持续到 26 日下午 7 时 30 分,九江才完全被日军占领。

国民政府军奉命向南浔线之牛头山、金桥、钻林山、赛湖一线转进。九江沦陷后,南浔线之军事由第九战区第 1 兵团总司令薛岳负责。他当即致电张发奎及瑞昌霍揆彰、孙桐萱,请速令瑞昌、九江部队,将瑞昌、九江之间的余庄、阎家渡、官湖港、张家渡、老港口、项家铺等处江堤、湖堤彻底破坏,引江湖之水灌成泛滥,阻止日军机械化部队西进。由于各方面的原因,此计划未能完全实施。九江城区沦陷后,县属地区沙河、马回岭等地,不久亦相继陷落于日军之手。

日军踏进九江古城以后,即实行极其残暴的军事占领和殖民统治。他们灭绝人性地提出：“烧杀以助军威，抢夺以助军需”，实行杀光、烧光、抢光的“三光”政策。1938年11月10日，九江沦陷不到4个月，当时《新华日报》刊载的记者所写《日寇在九江之暴行》一文报道：

“……因为有的被全家杀光，有的即使有一幸存者逃走他乡，无处寻问，所以要调查日军在九江之种种暴行和人民所遭受的全部损失，是不容易的。这里只举令人痛心疾首的五件事：

（一）强迫市民以‘法币’换伪币。日军一占据九江。即将他们在台湾正经银行的伪币运来九江，强迫市民以‘法币’换取伪币，街市上所有一切交易一律勒令使用伪币，如查出不肯兑换者，或稍有非议反抗者，就立即抓去处死。有被狼狗活活咬死的，有强迫自己挖坑活埋的，有慢慢施用各种世所罕闻的严刑以取乐而折磨死的，有集中用机枪扫射而死的。在1938年8月一个月当中，遭屠杀的市民达1000人以上。

（二）捉青年妇女打绝育针和防毒针。敌人在九江所施的这种最酷虐的手段，最毒辣最叫人痛恨。很多青年妇女被他们奸污了，并且还要打绝育针和防毒针，日军这种用心乃是：一方面企图用断绝青年妇女的生育来灭绝我中华民族后嗣；另一方面是为了更好地供他们兽欲之发泄。

（三）拆毁市内建筑物和大肆抢劫。九江是长江流域比较繁华的一个商埠，市内建筑物很多。日军占领九江后，即大肆拆毁，将所拆下的钢、铜、铁、铅等全部运走一空。连由三马路通大中路的一座龙开河铁桥都被日军拆毁。至于工厂、商店物资和居民的贵重衣物均遭敌寇数次抢劫，使繁华的九江成了一座荒凉的城市。

（四）天主堂内300多个避难同胞被杀害。在日军还没有攻下九江的前夜，许多耶稣教信徒都扶老携幼纷纷进入天主堂避难。还有乡下一些耶稣教信徒，也都赶先跑进天主堂，满以为这儿是安全窝。日军占据九江几天后，敌舰水兵每天登陆数次，每次约100多个水兵，来天主堂捉人去当苦役。后来由于这些避难同胞反抗，日军便把这300多个同胞不分男女老幼一齐捆绑起来，投入南门外的甘棠湖内，全部活活淹死。

（五）用飞机监督修筑公路。九江通瑞昌的一条公路，曾被我军（指国民政府军——引者注）撤退时破坏，因此日军强迫我同胞修复，并以飞机来回地在公路上空监巡，倘发现哪一段不用力修筑，或没有赶快完工，或发现工人休息和‘偷懒’，敌机就用机关枪扫射。这样，同胞们不知道牺牲多少……”

日军为了巩固其在九江的殖民统治，实行了“以华治华”的政策，迅速搜罗汉奸，建立伪政权。组织了伪难民整理委员会，汉奸刘若民任委员长；两个月后，改为伪治安维持会，吴应墀、王国瑞为正副会长。约6个月后，又改为伪九江县政府筹备处，朱文超为处长。不久，即成立伪九江县政府，王国瑞为伪县长。日本人以正式官吏及顾问身份，监视伪政府工作。大小事情必须征得日本官员的同意，才能施行。九江的军事则完全由日驻军司令部管理,下设宪兵队。伪县政府成立后,将城区钟亭以西辟为日本人开设商店,以东则为中国人居住。城东城南均设有哨卡,中国人来往,须向日军哨兵深深鞠躬行礼,稍不注意,即遭毒打。中国人欲迁居或开店营业,须先报请日伪特务机关及日军许可。

日军在九江大力推行奴化教育。1938年7月9日至22日,日本五相会议通过了《从内部指导中国政权大纲》,规定:"彻底禁止抗日言论,促进日华合作";"对共产党,应绝对加以排除、打击;对国民党,则应修正三民主义,使之逐渐适应新政权的政策";要"振兴儒教",宣扬中国封建道德和伦理观念,达到征服中国民心,服从他们的统治的目的。这是日本帝国主义在文化教育方面奴役中国的一套理论。当时,九江城区多数居民到外地逃难,儿童就学者甚少,仅办一所小学,后又增办一所中学,校长为田汝梅,地址在荫园。对这两所学校,日军经常派人来巡视,向教职员和学生灌输"中日亲善""共存共荣""大东亚新秩序"等蛊惑人心的谬论。日军还强令中小学把日语列为必修课,认为这是考验伪政权实行"中日亲善程度与真诚情势"的重要问题。课本中凡涉及抗日爱国的和容易激发学生爱国的内容尽行删除。在史地课本中,篡改中国历史和中国疆域。教员稍有正确解说即罹大祸。

日军经常到九江农村进行"讨伐",实施"三光"政策,使成百个村庄被烧毁,成千上万的无辜百姓被杀害,下面略举几例。

1938年农历七月十日上午,一队日军荷枪实弹、杀气腾腾窜到沙河曹家垄村。他们把村庄围住,到各家各户翻箱倒柜,把值钱的东西抢个精光。然后把全村男女老少75人集中到祠堂里,用机枪和步枪向祠堂中人群扫射,中国民众的鲜血从祠堂门口流到谷场上。随后,日军又将祠堂四门堵上,浇上煤油,燃起一把大火,把祠堂化为灰烬。

1938年8月中旬的一天,日军以发救济粮为名,将赛阳刘家大屋及周围村庄的群众72人诱骗到村后山脚下的草坪上,架起机枪扫射,72人均遭残杀。

1938年8月下旬的一天,一队日军窜到庐山西侧文殊寺,发现有70多个避难的群众聚集在这里,立即封锁道路,将70多个群众枪杀在山坳里。

1941年农历四月二十八日,驻瑞昌县九源的日军中队长小野次郎,决定对抗日游击队活动中心地区九江县戴家山实行一次报复性的"大扫荡"。这天天刚蒙蒙亮,一队日军由伪警备队长、汉奸肖承带领,悄悄地窜进戴家山冲,挨家挨户搜查。日军抓不到游击队员,就抓老百姓,在戴、陈两姓共抓走48人。途经简家坳又抓了瑞昌的3个农民,总共51人,用绳捆成一串,边走边用刺刀戳,血染黄沙。他们被押到瑞昌九源楼下村,两个人一组被拉到高坎边,一个个刺死。51名无辜的群众惨遭杀害。

日军在九江强奸妇女,不分老幼。1940年6月,一对陈姓夫妇出九江城东门口,过哨卡时,日军故意刁难,竟将陈妻拖入营房内轮奸,并要其丈夫旁观。几个日军发出野兽般的嚎叫,以此取乐。陈某不堪忍受如此的凌辱,奋起抗争,当场遭日军杀害。新塘乡一刘姓妇女,因抗拒日军强奸,抓伤了日军的面孔,一伙日军竟丧尽天良地将该妇女全身衣服扒光,绑在树上,全身涂上猪油,让山蚂蚁咬噬丧生。

日军在九江还推销鸦片,妄图毒害民众,亡我民族。他们在西园"难民区"周围开设有许多鸦片"吸售场",发给售吸执照,最多时达70余家,并分为若干等级,按等级配给烟土。甲级馆每月32两,乙级馆每月24两,丙级馆每月16两,丁级馆每月8两,戊级馆每月4两。此外还发给个人吸烟户照,每月酌情配给烟土。西园难民区一带的居民,整日都在乌烟瘴气中度过。不少人弄得倾家荡产、骨瘦如柴,大伤民族元气。

据《江西省抗战损失调查总报告》记载,九江县抗战期间死亡人口达23537人,其中男性22062人、女性1033人、儿童442人;重伤1556人,轻伤3239人。烧毁或拆毁损失房屋13213栋。各项财产总损失为2808639.1万元法币。

（转自《九江文史资料选辑》第3辑,1985年版;作者潘治富）

# 沦陷时期的九江

## 一、军事占领

1938 年 7 月 26 日,日军占领九江。在日军迫近九江时,没有来得及外逃的城市贫民为了躲避日机轮番轰炸,相率躲避到城外天主堂内。一时堂内拥挤不堪,人满为患。不几天,粪便狼藉,霍乱流行,死亡人数日增;有的一家人相继死去,尸体又无法处理,炎夏暑热,恶臭熏天。日军就在天主堂门口挖一大坑,把死尸丢进坑里,淋洒上煤油燃烧;但不能完全烧尽,天黑时,成群结队的野狗便跑到坑里拖食未烧完的尸骨。日军又开枪把狗打死,投入坑里,与死尸同烧。如此惨状,日复一日。日军为了防止霍乱传染,最后又把这批难民赶到九江监狱隔离起来。

这批难民在监狱关了不久,又放了出来,划定西园路为"难民区",允许中国人在这里做点小生意或从事手艺营生。

1939 年后,日军当局把大中路西至西门口,东至八角石,南到城内天主堂,北到九华门,作为中国人居住和经商地带。环城路只到花园饭店(现南湖宾馆二部)就没有中国人居住了。西门口以西至铁桥,全为日本商人居住。龙开河以西,即使是白天,中国人也很少敢去;八角石以上都划入了军事区,白天过往的中国人都是提心吊胆,早晚无中国人走路。只有从梅绽坡至八角石这段路面中国商民和居民聚居的地方,走路的中国人才稍多点。中国人要是路途不熟,误入禁区,就会有去无回。那时中国人失踪是司空见惯的,丢了人也不敢追查。

沦陷时期的九江城,为日军的军事重镇,隶属敌占区武汉市。日军少将中山司令驻守九江,统辖陆海空三军。所管辖范围除江西境内沦陷了的地区外,还有鄂皖毗邻九江的地带,例如江北的二套口就建有机场。日军的海军基地在龙开河以西。中山司令部设在九江第一中学内,太平洋战争爆发后又移至第二中学。驻军营房军需仓库主要在八角石以东马路两旁的广大地区。

日军在占领区地广兵簿,据点内仅盘踞少量日军。像庐山、姑塘才驻有二三十个日兵,县城以上据点才配备保安队(伪军)。在日军占领九江期间,九江的青红帮、地痞流氓纷纷结伙打着"游击队"的旗号,在农村作威作福,鱼肉乡民,对日军并未构成什么威胁,但给乡民带来骚扰。

日军常常乘汽车或脚踏车,杀气腾腾地到农村去"扫荡",受到蹂躏的却是当地老百姓。有一年冬天,日军"扫荡"到珠桥、周岭、姑塘等农村,把全村男女老少赶到水塘里站在水中,岸边的日兵不时用竹竿敲他们的头;一部分日军到屋里翻箱倒柜、奸淫妇女、宰猪捉鸡,一直折腾到日落才回城。

日军占领九江不久,各军部系统就分别搜罗当地一些兵痞流氓充当汉奸,建立特工情报系统;其名称有宪佐、密侦、稽查等。日本侵略者就是依靠这批走狗破坏抗战、收集情报,对沦陷区人民进行敲诈勒索,无恶不作。宪佐队直属宪兵队,约二三十人,陈大同任队长;两个班长,一姓谷,一姓朱。宪佐队的权威远比伪政府的县长还要大。沦陷区的百姓一谈起宪兵队,无不毛骨悚然。据目击者说,宪兵队的刑讯室里,各种用刑凶残无比,地面的血壳达一寸厚。凡被抓进宪兵队的爱国志士和无辜人民,都是由这些投靠日军的宪佐、密侦或稽查的情报和告密逮捕的。进了刑讯室的人,除极个别有"路子"的用钱赎回以外,绝大多都是受够了各种苦刑后,又被日军装进麻袋,用小汽艇开到江心,抛入江中。

在沦陷区无论大人、小孩都要领取"安居证",其手续既繁复又苛刻。首先通过保甲按户口填写表册登记,然后要定时、定地点依次排队照相。而"安居证"的发放是由日军宪兵亲自办理,宪佐、密侦、稽查、警察等大小汉奸,只能在旁协助和打杂。宪兵要当面把已经贴了照片和填写好的"安居证"与持证人仔细核对,认为无误后,再捏住领证人的左右拇指在底册和"安居证"上同时按下手模,再打上钢印。至此,领证工作才算全部结束。这种白色的"安居证"只用两三年时间,又得调换黄色的"安居证"。

日军有时用突然袭击的方式核对"安居证"。一天傍晚时分,宪兵、宪佐、警察等汉奸全部出动,逐家逐户把大中路以南所有的中国居民驱赶到仁慈堂(现市财政局)对面的广场上,四面重兵看守;就连即将分娩的孕妇也不能幸免,当晚就有一周家棉花店主妇在这乱糟糟的人丛中分娩。这时日军和汉奸就在中国居民的居室中大肆搜查,一直到下半夜,才对聚在广场的居民逐个审查,核对"安居证"后未发现问题,才一一放回。

日军在九江层层设"关卡",检查中国人民。除上下轮船、火车设有"关卡"外,从九江城到郊外设有三大"关卡"。东门通往姑塘、星子等地公路的"卡子"设在现在的国棉三厂附近,南门通往庐山脚下莲花洞的"卡子"设在山川岭。这两个"卡子"都有日军把守,山上则放有重炮、轻重机枪和手榴弹;中国人通过要核对"安居证",搜查身上有无携带违禁品。此外,九华门设有水上"卡口",检查过往船民和过渡的中国人。在小南门壕沟坝等地设有小"卡口",这里离市区稍远,日军在检查行人时,胡作非为较为严重,打人、抢东西、在中国妇女身上乱摸是司空见惯的。

日军拉夫也是沦陷区人民一大灾难。当日军需要劳工时,就将卡车开到中国人聚居的地点,看到男人就往汽车上抓,抓够数后开走。住在八角石到东门"卡子"一带的日军,有时因仓库需要"苦力",就在门口拉过往的中国人去做苦工。每当日军出发进攻某地时,就要拉一批中国"苦力"随军搬运物资。这种"苦力",一去数月,生死不明。年老体弱者挑不起、走不动时,惨无人道的日军就用刺刀将其刺死。所以每当日军出发拉夫时,因白天人们不敢出外,日军就在夜间闯进中国人的住室,把人从被窝里拉起来捉上汽车;此时,全家老小的哭泣声,从静夜中传来,煞是惊心。

日军占领九江时期,连走路也要留神,如经过日军的岗哨没有鞠躬,轻则受到吼斥要你鞠躬,重则被扇两耳光或一顿拳脚后还是要鞠躬。日军的陆军医院(现一七一医院)有一个岗哨,每当中国人从门口走过时,都必须高声喊着"西山",同时鞠90度的躬。

腊月里的一天,有一个乡下人上街买年货,路过这里,看到岗哨没有日军站岗,就走过去了。不想刚一走过,突然一个日军不知从什么地方钻出来,"哇啦、哇啦"地大声吼叫,把这个乡下人一顿拳打脚踢之后,要他自己把篮子里的香纸、蜡烛、鞭炮全部拿出来点着,不断地对着香烛跪拜磕头,一直跪拜到香烛点完后才准离去。亡国奴的生活真不是人过的。

**二、政治欺骗**

1938年冬,日军特务机关在西园难民区四处搜集一些社会渣滓,成立了伪维持会,汉奸吴应墀任会长。

1939年在伪维持会的基础上,开始组建伪政府。由战前六角石小学(现柴桑小学)教导主任王国瑞任伪县长,老牌汉奸张世雄任伪警察局长,鸦片烟鬼罗锦章任伪商会会长。当时人称"三巨头"。以后又陆续建立了伪法院、税务局、宣传队等等。

每当重大集会,主席台上便会出现伪县长、警察局长、商会会长等;而日军少将中山司令则以"盟军"代表的身份煞有介事出席大会。像演戏一样,台上侵略者的司令与汉奸傀儡坐在一起,台下的中国人被迫人手一面小彩旗,上书"中日同盟万岁"等。开会当中,由伪宣传队的小汉奸领头呼"大日本帝国万岁""中华民国万岁""中日同盟万岁"等口号。小汉奸为了拍马屁,还加呼"中山司令万岁"。一些商店派来开会的小学徒随着这声声"万岁",不约而同地跟着呼喊"屙尿""屙尿"(九江方言"万岁"与"屙尿"谐音),以示对侵略者和汉奸的反抗和鄙视。

**三、经济掠夺**

自日军占领九江后,大批日本商人涌入九江,整个大中路的城外地段全部被日商霸占开业,西门口至梅绽坡港口有一大半为日商所占住,梅绽坡至八角石只有个别日商设铺。一些属于日本财阀的垄断商业组织,也在九江设立了分支机构,有统制棉花的"东棉洋行",统制皮革的"岩井洋行",统制其他土产物资的"三井洋行""三菱洋行""荣泰洋行"等。这些大洋行的总机构都在日本本土。其经营多采取"物资交换"的方式,即以高价的工业消费品,交换廉价的中国农产品。

中国店铺只能小本经营,货源多来自"洋行"的"分配",小部分由跑生意的中国人肩挑手提,从四面八方带来卖给他们。除了开店的、做手艺的、做小贩的之外,人数最多的要数"跑生意"的。这些人不分男女老少,尤中年妇女为数最多,包括城镇居民、近郊农民,轮船、火车、民船上的中国乘客几乎全是这些"跑生意"的。他们为了生活,不但风餐露宿、历尽艰辛,而且时刻都有遭遇风险的可能。

由南昌到九江,一个人只能带两筒(20个)粗瓷碗和一扎灯燃草或几斤米粉之类的东西,一个不太大的篮子和一个布袋跨在肩膀上。胆大的或在碗底下藏上几块银元,虽危险很大,但可多赚点钱。九江到南昌的可以带两斤弹好的棉花,但必须反复捆紧,捆到比一斤的体积还小;还可带一丈多白细布等之类的小商品。上、下火车要经过重重关卡,检查、搜身,搞不好要没收货物,或遭殴打侮辱。而乘坐的火车,车厢内无座位,很多人挤在一块,小便也只能自己用东西接住。

有一天早晨,跑南昌生意的人,纷纷去火车站搭乘到南昌的火车。当他们走完龙开河的铁桥时,日军把守在河西桥头的"关卡"还未打开,人们只得站在"关卡"前的桥上等待放行,一时间拥挤得水泄不通。恰在这时,后面开来了一辆日军的汽车,人们为了避让,一时乱作一团,在混乱中互相推搡,突然桥两边的栏杆挤破了,人从桥上掉入龙开河里。像这样的惨剧时有发生。有一次,美国盟军飞机轰炸九江,许多跑南昌的生意人正在火车站等候上车,因站外有日军持枪把守,不能四散跑开,当车站中弹时,一下炸死200多名中国人,其状惨不忍睹。

沦陷时期,日军对食盐的控制特别严厉,江北黄梅一带的农民在极度缺乏食盐的情况下,不得不在茅厕的砖墙下刮取硝盐当食盐吃。有的家里即使藏了少许食盐,也要等到农忙时才敢吃上一点。在市区,日军对城市居民食盐的配给数量极少,两三个月才配给一次,每人一斤。买一次食盐总得站四五天的长队。

尽管日军对食盐的控制和查禁得极严,但是中国人还是有办法把兵站或仓库里的食盐偷出来,再用各种办法偷运到农村。最常用的办法是江北挑粪的农民以双底粪桶夹带食盐,过"卡子"时日军、汉奸虽用铁钎一再搅动,也难发现。另一种办法是买通"卡口"上的汉奸偷带出去。最大胆的是整包食盐不经过"卡子"而偷运到城外,但其中绝大部分是与汉奸串通一气搞的;还有极个别的把日兵也收买过来。

有的贫苦农民到九江街上卖柴、菜,回去时暗藏几两食盐,经过"卡子"时,如被日军或汉奸搜出,就要倒霉。有一次在一个"卡口"上,日军在一农妇身上搜到半斤食盐,就把这位农妇的衣裳脱光,要她两脚摆开站在高架上,让过"卡子"的中国人从她的胯下走过。在那种屈辱的年月里,不少人为能尝到一点咸味,就要受到这般侮辱或殴打,不少人为偷运食盐而丧生。

日军在经济掠夺的同时,最毒辣的一手是利用鸦片来搜刮民财、毒害麻醉中国人。他们公开在九江设立了专门出售鸦片的机构,并允许中国人开设鸦片馆,吸烟者颇盛行。骇人听闻的是,连10来岁的儿童都涉足其间。例如有一解姓儿童,年仅十二三岁,因吸毒成瘾,不能自拔,以致堕落为"介福里"妓院拉皮条的,为鸨母接客。有一全姓者,因吸毒而倾家荡产,走投无路,终于投靠日军充当汉奸,为其搜集情报,为日军到农村去劝降游击队。

日军刚到九江时,不吃中国人的食品,认为中国人的食品不卫生。到太平洋战争爆发后,其物资逐渐匮乏,士兵面有饥色。把守"关卡"的日军常常强拿中国人所携带的吃食或布鞋之类的物品。有的日军拿上面发给自己抽的香烟同中国人换烧饼吃,一副饥饿馋相实在讨厌。

日军初到时,市面流通的货币是由日本军部发行的"大日本帝国军用手票",通称"军票";待汪伪中央政府建立后,"军票"兑换成"中央储备银行"的"储备券"。原本由日本人经营的"台湾银行",更名为伪"中央储备银行九江分行"。

### 四、文化毒害

沦陷时期有伪政权办的专供中国人看的《九江日报》《武汉日报》,还有在武汉出版发行的《农邦良友》月刊。《九江日报》的社长、编辑和校对全是中国人,他们每天要把编好的校样送宪兵队审查后方可付印。在审查中如发现稍有不符合日军意图的文字,即被删改、涂掉或整篇抽出。

日军通过伪组织强迫中国店铺订阅上述报刊,这些报刊的重大新闻是报道"轴心国"军事上的"胜利消息"和鼓吹"武士道"精神,宣扬"大东亚共荣圈""建设东亚新秩序"等等,扇动种族歧视和反共心理,把日本侵华说成是"军事同盟""和平运动",把汪精卫投降日军说成是"参加和平运动"。

日军还利用中国人的某些迷信习俗来灌输奴化思想。每当阴历腊月二十四,要向中国店铺赠送"灶神符",连阴历七月十五,也要在街上张贴"中元令节"的纸画以示纪念。春节时还送这样的春联:"同文同种同歌大有,共存共荣共乐新春"。除了汉奸走狗外,中国人民有谁能同日本强盗"共荣共乐"呢!

可是中国人开的书纸店,除了笔墨纸砚外,就只有《三字经》《幼学》《论语》等类的书籍。书摊上也只有少许的"言情小说"。革命文学和进步书刊根本看不到。

日军当局对吸毒、娼妓、赌博、装神弄鬼等宗教迷信,都大加提倡和利用。烟馆有普通烟馆和花烟馆。妓院有专供日军淫乐的东洋妓院,其中有朝鲜和南京妓女;有属扬州帮的两大妓院——"介福里"和"崇道里",这是有伪政府发给营业执照的合法妓院。私娼和暗妓也不少。

五花八门的宗教迷信活动十分猖獗,并由此出现了一种非僧非道的"一贯道"组织,它所敬奉的菩萨有罗汉、观音、济公、吕洞宾、关公,把这些佛道扯到一起,无大、小、长、次之分。其缘由不得而知,但香火极为昌鼎。甚至伪县长王国瑞、警察局长张世雄等大小汉奸头目及各色人物也进入坛内顶礼膜拜。实际上"一贯道"是日军谍报机关假创神坛,以传道为名建立情报基地搜集情报的一种反动组织。

日军从占领九江的第一天起,在军事、政治、经济、文化各方面施行了极其残酷的高压政策,使九江人民蒙受了长达数年的深重灾难。但是九江人民同全国人民一道,同日军进行了不屈不挠的斗争,最后终于打败日本强盗,取得了抗战的伟大胜利,显示了我国人民不容侮辱、不甘奴役的民族精神和英勇气概。

### 五、日军在九江市区布防图今昔地名对照

停泊场司令部,今琵琶亭仓库;货物厂,今火车站仓库;九江飞行场,今九棉一

厂宿舍区和市牛奶场;兵器厂,今三马路住宅大楼;九江宪兵队本部,今三马路银行宿舍大楼;师团长官舍,今滨江路石油公司;兵站,今滨江路港务局仓库;领事馆官舍,今滨江路银行;海军司令部,今滨江路港务局办公大楼;水源池,今滨江路自来水厂;参谋官舍,今溢浦路中百站仓库;参谋长官舍,今溢浦路中百站仓库;偕行社,今溢浦路人防指挥部;领事馆,今溢浦路市政协大院;军事经理部官舍,今溢浦路邮电局宿舍;同仁会病院,今溢浦路消防队;野战邮信局,今溢浦路电报电话营业所;酒保,今大中路45号大华旅社;五十大岚洋银,今大中路102~115号之间;银座屋,今大中路170号向阳旅社;大元荣局,今大中路198号长江旅社;鹿岛洋行,今大中路222号;电报局,今大中路23~24号之间;千代田洋行,今大中路260~262号之间;增田屋旅馆,今大中路97号盐业知青百货店;台银,今浔阳大道138号住宅;松承,今大中路169号九江第二塑料厂;中华航空,今大中路207~215号之间;林田洋行,今大中路231号百货公司医务所;石原写真店,今大中路中百站知青门市部;娱乐场,今西门口工艺门市部;伪县政府,今柴桑小学;日军九江陆军医院,今一七一医院;旅团官舍,今浔阳大道街心公园;九江神社,今工人文化宫前广场;新亚菜馆,今西门口内河航务局上海商店;明星食堂,今西门口爱建公司门市部;颐和楼,今环城路35号住宅;花园饭馆,今南湖宾馆二处;上海楼,今环城路居民托儿所;宪兵分队,今九江建筑工程处;庐山庄,今环城路民主党派办公楼;兵站,今浔阳小学;影画戏院,西官路居民大楼;同仁会病院,原但福德医院、现妇幼保健院;经理部官舍,今朝阳电影院;师团通信队,原圣工会、现甘棠南路面粉厂职工宿舍;兵器部官舍,原修道院、现庾亮南路市人民政府;第68师团司令部,原儒励中学和同文中学、现二中;师团野战医院,原活水医院、现第一人民医院;第57旅团司令部,今第一中学;师团工兵队,今第一中学。

(转自《九江文史资料选辑》第3辑,1985年版,作者李中砥)

# 日军在瑞昌张村、黄村的一场大屠杀

距离瑞昌县城10多公里的洪岭乡,原乡政府所在地黄村的西侧,平地崛起一个周长10多米的土墩,土墩北面立有一块没有文字说明的墓碑。这是一座大公墓,墓里埋有白骨120多具,有男有女,有老有少,还有刚出生的婴儿,他们均属张、黄两村的善良百姓。这么多人为何同亡一处,同葬一穴? 一位与墓内同胞同时遇难而幸存的老者悲愤地诉说:这是日本帝国主义在我县犯下滔天罪行的证据,也是汉奸卖国贼误国害民的罪证。事件发生的经过,这位老者至今记忆犹新。

1939年农历十一月五日的上午,一队全副武装的日军乘车来到洪岭,一下车就子弹上膛、战刀出鞘。日军兵分两路:一路直插尹范垄,对汪、占、李、尹、范、陈、赵等十几个村庄进行疯狂袭击。他们见人就杀,见房就烧,连牛栏、猪圈也不放过。顷刻之间,十几个村庄浓烟滚滚、烈焰腾腾,枪击声、爆炸声、啼哭声、惨叫声不绝于耳。与此同时,另一路日军对常丰坂各村进行大包围,逐个地把藏在家的大约300来个老百姓,全部逼进张村背后的大草洲,强迫百姓把该村的被、絮、箱、柜、桌、椅、柴草全部搬到洲上,摆成半亩面积的圆圈,把百姓赶入圈内,架起机枪扫射,几百条性命应声倒下,顿时血染草洲。枪杀之后,日军为了消尸灭迹,在事先预备的引火物上泼上汽油,放火烧尸,一时火焰冲天,烟雾障日。这场浩劫,只有7人幸存,他们或是在枪击时被亲人以身掩护而未中弹,或是火烧时钻入身旁树穴,或是趁浓烟拼死逃跑而脱险。经过这场洗劫之后,32户的张村,有18户被斩尽杀绝,其余各户也是所剩无几;140多人的黄村,只剩下十几个孤儿寡母,全村找不出完整无缺的一户。全乡的损失,据不完全统计,焚毁房屋三四千间之多,死亡百姓300余口。说起这班强盗,真是令人发指。他们在烧房时,面对熊熊烈火狂欢大笑;他们在杀人时,有的一刀毙命,有的把人慢慢折磨致死,以杀人取乐。例如:常丰坂下万村一位老大娘就是被几个日军先刽鼻子,后刽耳朵,再砍四肢折磨而死。在张家洲集体屠杀中,一儿童被枪击半死,从烈火中爬出,鬼子用刺刀挑起玩耍;还有一位孕妇从火中爬出,日军把她剖腹掷入火中。他们的心肠真是比虎豹还狠、蛇蝎还毒,此仇此恨世代难忘。

日军为何下此毒手,原来在此之前,日军一辆汽车路过范镇乡与横港乡接壤的洪家铺时,遭到地方游击队的袭击,炸坏了汽车,打死了一名军官。驻县日军头目大为恼火,找不到游击队就对当地老百姓进行报复。

汽车被袭在洪家铺,报复为何又出在洪岭? 这是大汉奸伪县长陈铁珊从中搞的鬼。当时,日军查明袭击汽车的游击队出自八都坂洋鸡垄,下令对该地区进行烧杀。这个地方正好是汉奸陈铁珊的家乡,他害怕自己的房屋被烧,就施出毒计,篡改烧杀地名,把八都坂改为常丰坂,洋鸡垄改为尹范垄,这场灾难就转移了。九泉之下的那些冤屈者,他们还不知道自己为何被杀,不知催命的判官是那个衣冠禽兽陈铁珊。

大屠杀的前夜,日伪狼狈为奸,他们怕百姓闻风逃遁,专派一支伪军去安民,稳住人心,给每户每人发半斤牛肉,并向群众诡称:"皇军说你们统统是良民,良心大大的好,特来慰劳你们。明天皇军还要亲自来,奖偿大大的有,你们见到皇军不要逃跑。"善良而纯朴的百姓,哪知道这是黄鼠狼给鸡拜年——不安好心。第二天初见日本兵时没有惊慌逃跑,后来发现日军在别村杀人放火,想跑已措手不及,所以绝大多数在家束手待毙,惨遭杀害。浩劫之后,尸首狼藉,无法辨认,加上很多绝户,无人收尸,幸存者只好把数百遗骸合葬一墓,就是现在我们所看到的公墓。应当指出,日军残杀的绝不止公墓埋葬的这么些人,倒毙路边,村里无人收尸者不可胜数。

惟望后辈世代勿忘这个惨案!

（转自《九江文史资料选辑》第 3 辑,1985 年版,作者尹德、李汉先）

# 日军三次蹂躏修水

1939 年 4 月底,武宁县城沦陷后,国民政府军第 30 集团军败回修水。同年 9 月初,日军首先轰炸了修水县城等地。不隔半月,一股日军由奉新甘坊进入修水,经上奉、征村窜入铜鼓,企图增援长沙;闻长沙日军战败又折返修水,经何市、黄沙港至三都镇,与在长沙战败后窜经大桥、渣津、马坳的日军 3000 余人会合,又奔武宁而去。1941 年 12 月,又一股日军自武宁侵入修水,至三都、梁口、杨梅、庙岭一带骚扰,然后退回武宁。1943 年 5 月中旬,日军又从湖北侵入修水,将修水与湖北通城县交界的白岭等地开辟为鄂湘通道,驻有医院和军事指挥机关。

日军三次蹂躏修水,人民饱受其害。凡日军经过之处,无不被炸、烧、淫、抢、杀。三都镇一片灰烬,尸首满地,惨不忍睹。修水县城隔修水河相望的宁州南岩胜迹也遭毁坏。据全县 23 个乡不完全统计,直接受日军残害的总户数达 2254 户,被屠杀 356 人,被炸死 100 余人,奸死 19 人,被炸伤 40 余人,房屋被烧 1461 栋,炸毁 215 栋,粮食损失 15602 担,耕牛被杀 251 头,猪被杀 1075 头,其他损失无法计算。

日军在修水罪恶累累,罄竹难书。仅就三都镇而言,从 1939 年 9 月 13 日起,日机多次对该镇进行狂轰滥炸,修水河两岸一片火海。三都街上万寿宫、省立第 15 中学、傅家祠堂等较为大型的建筑物大部分都变成瓦砾。在万寿宫落下的一颗重磅炸弹,爆炸后弹坑面积达一亩余;梁口街被炸死 70 余人,其中余昌品、余俊清、曾招信等 4 户被炸绝。劫后的梁口街,据老人们回忆,死者的脚板、血肉粘挂在未被炸倒的柑橘树上,惨不忍睹。

1939 年 9 月 25 日,日军的铁蹄践踏了修水县上奉、黄沙港、大桥、渣津、马坳、修水县城等地后,窜入了被炸成一片废墟的三都镇,驻扎了 10 余天之久。这群丧尽天良的日本兵在这里无恶不作。傅重松的父亲与邹志才、邹志百三位老人被日本兵用指挥刀砍死;三甲店村瞎眼老人黄光勉躺在床上,躲闪不及,被日本兵杀死;还有一些妇女被日本兵残忍地轮奸致死。日军还大肆抓夫、烧房、杀牛、杀猪和抓鸡,劫后的三都到处是冒烟的瓦砾堆、受难同胞的尸体,被日军宰杀的家畜的头脚和内脏随地丢弃,惨不忍睹。由于日军的两次血腥洗劫,加上医药卫生条件差,造成修水县疫病流行,得痘疮(即天花)、血丝虫病、烂手烂脚者众多。特别是血丝虫病流行猖獗,据新中国成立后 12 次不同规模的普查,修水县血丝虫病流行区达 16 个乡,流行区人口为 19.6 万余人,占全县人口的 31.4%,给人们带来了极大的痛苦和灾难。经过新中国成立后 30 多年的反复查治,才基本消灭了这种疾病。

日军实行残忍的"三光"政策,激起了修水人民的强烈仇恨和反抗。大桥乡农民樊友莲,深夜摸进驻礼源日军宿营地,杀死日军小队长一名,缴获手枪一支;白岭乡农民晏纯绪等,用砖头打死一名前去抢劫的日本兵;太阳升(三都)乡楼下村74岁的瞎眼老人邹德茂,路遇日本兵持枪刺杀,他手握刺刀奋力夺枪,由于年老眼瞎,加上利刃入肉,鲜血淋漓,疼痛难忍,终被日本兵连刺三刀倒下;在三都镇大屋(现三都春光新村),傅继祖的妻子不屈服于日军蹂躏,极力挣逃,含恨投水而亡。

在抗日民族统一战线的召唤下,国民政府军第30集团军4个师从四川成都出发,经湖北宜昌、咸宁、通山等地,到达庐山脚下,在九江沙河、德安、武宁棺材山及修水一带配合国民政府军其他部队阻击进犯之日军。第30集团军司令部驻在修水县宁州乡下路源村,兵站设在宁州乡良塘村丘伏里一带。该军在武宁棺材山等地与日军作战中,损失了大量有生力量。1939年该集团军第16师师长吴守权写信给在国民政府军第23集团军中任职的同乡时称:"修水河战役破败不堪,我官兵伤亡过半"。特别是部队中的伤兵,多被日军俘虏后大批大批杀死。在三都梁口村,一次就被日军杀死伤兵200多人;三都杨梅渡车田的国民政府军第30集团军后方医院遭日军袭击,伤病员被日军吊在戴家屋背的茶子树上,挨个用刀杀死。国民政府军第30集团军总司令王陵基在其司令部驻扎之处(即宁州乡下路源村)修建了"忠烈祠",凡是战场上阵亡将士尸骨,经其批准后,可葬于忠烈祠前的草坪上,并备祭礼亲自祭奠。先后共葬阵亡将士(大部分是在第一、第二次长沙战役中阵亡的连级以上军官)20余名。

(转自《九江文史资料选辑》第3辑,1985年版,作者芦激)

# 日军卵翼下的德安汉奸组织

## 一、爱国战士浴血杀敌

残暴的日本侵略军,于1938年6月底,开始派出飞机向德安城乡不断地进行轰炸,美丽的德安古城变成一片废墟。驻守在德安的国民政府军部队厉兵秣马,严阵以待。

1938年7月26日,九江沦陷。日军本想从九江直扑武汉,但发现在南浔线上的德安驻有重兵,不敢沿江西犯,即以第106师团(即松浦师团)从南浔铁路正面攻德安;同年8月20日,日军待机西犯的第101师团(即尹东师团)由水兵掩护,在星子强行登陆,以攻德安右侧冀;同年9月15日,日军第27师团(即本间师团)从瑞昌进犯武宁,向德安左侧背外大迂回作战。日军向德安进攻的左中右三路侵略军,均遭到中国军队的迎头痛击。

正面从南浔铁路向德安进犯的日军第106师团,在沙河、岷山、金官桥遭到中国军队的痛击后,改变路线向德安西南方向山区进犯。中国军队以德安万家岭为阵地,诱敌深入。日军第106师团3个联队和第101师团1个联队以及第27师团2个联队共6个联队的兵力全集中于万家岭一带。中国军队把日军层层包围。战斗从9月27日开始,至10月9日止,将进入战场之日军约1万余人歼灭于万家岭。随后日军又集中兵力猛攻德安县城,中国军队固守乌石门,日军不得入;从星子方向来犯的日军第101师团架起用帆布做的军用汽桥,企图强渡博阳河,经中国军队猛烈反击,日军仍不得逞,遂派飞机掩护渡河。当时敌我双方混战在一起,日机无法分清目标,一番疯狂轰炸,许多炸弹恰恰落在日军自己的阵地上。

1938年10月27日午后,日军一部从德安县城东北角攻进县城,城内守军同日军进行激烈的巷战,到29日晚,日军才全部占领县城。这一争城战,敌我均死亡惨重。战后打扫县城,国民政府军战士遗体集中分四处埋在北门城外,日军战死者则分开埋,每个人坟上插一个木牌,北门外插了几百个木牌,每个牌子都写上死者的名字。

## 二、日军在德安驻军

德安沦陷初期,日军只敢龟缩在城里,他们的主要任务是保护南浔铁路。过了一段时间,才在铁路两侧及铁桥两头设哨所,并筑碉堡,配备高射机枪,以防空袭。城里的日军很怕中国兵,他们不了解乡村中国兵的虚实,不敢下乡;每逢下乡"扫荡"抢东西,都要出动几百人一路,出发之前还要先向山里打一通大炮,壮壮胆方敢出城。

日军要到山里打捕(即"扫荡"),先要找汉奸带路;当初带路的汉奸是栾家齐一伙,他们是日军的耳目,同日军一起乡下去为非作歹。日军一到山里,逢人就抓,见东西就抢,特别是猪牛,有的拉走,有的在宿营地杀死吃掉;见了妇女,不管老少一律强奸,日兵先奸,汉奸后奸,奸完后用刺刀逼着孙子奸祖母、父亲奸女儿,丧尽天良。见男子逃跑,一律开枪射杀。若遭遇小股的中国游击队袭击,枪在哪里响,哪里的老百姓就要遭劫,房屋被烧尽,人被杀光。

盘踞在城里的日军住在北门和南门一带,他们把这些地方划为军事禁区,周围都用铁丝网圈起来,中国人不能随便出入。他们的营房,都是他们自己随军带来的木板装架起来的。日军的团部驻在南门关口,英国人的洋楼"福音堂"内驻扎的日军部队番号叫平野部队,部队长叫做平野仪一,他的军衔是"大佐"(等于中国的上校),副部队长是神原"中佐"。日军的实际番号对中国人是保密的。驻德安日军归"九江警备司令部"落合少将指挥,对外和印信统称"德安警备队"。

日军"德安警备队"设有"宣抚室"(也叫"宣抚班"),"宣抚室"是掌管中国人政治、经济、文化等等的机构,差不多是"事无大小,悉以咨之",后来的伪维持会在用人、行政方面,都要向日军打报告,要经过"宣抚室"的同意才能执行,它是德安汉奸组织的顶头上司。

"宣抚室"主任叫米田一男(陆军少尉),还有三个工作人员,一个叫韦石武吉(上士),一个叫中西善茂(中士),一个叫福男先生(上等兵)。他们都能讲中国话,中国人有事,就是向他们联系,部队长是不接见中国人的。"宣抚室"给伪维持会发了几个木质的通行证(长三寸,宽二寸),上面盖有"德安警备队"的大印。伪维持会的伪职人员要到"宣抚室"汇报请示时,就必须带这个通行证,进铁丝网,经日军哨兵验明,哨兵点头以后方能进去,进出时还要向日军哨兵敬礼。另外还有宪兵队,驻火车站铁路旁边,宪兵队不归警备队指挥。宪兵队的人很少,最多只有六七个人。宪兵队长叫黑田,是个杀人的魔王,一经宪兵队抓去的人,百分之百是没有生还的,人们把黑田的名字改为"黑天"。日军德安警备队还在德安境内分布一些小驻点:第一区设在乌龟山、木环垄、桂林(火车站附近)、西垄袁村、米粮铺山头上,还有几处,记不起来;第二区设区乌石门、白果树、黄娴铺、金家塘、小溪山、汤庄;第三区设在永丰桥、望夫山、尖峰博、大屋贾。

日军在德安各个驻点的兵力不多,只有永丰桥原先驻的约有一两个排,由一个叫日野中尉带领,后来又调走了,剩下的也只有十几个人。其余的各驻点,也都只有十几个人,甚至只有几个人。日军兵力后来很薄弱,调动也很频繁。每次日军进山区"扫荡",兵少了是不敢进山的,上级又无兵源补充,或者还要服从上级调动到其他地方,因此只有在各个小驻点内抽调,这样,各驻点就只剩下三五个兵了。

日军初进城时,城内没有老百姓。城里的房子80%被日军拆毁,木料拆去做工事;如有坚固的房子拆不下来,日军就用汽车系上钢绳拖倒它,连同屋内的橱、柜、桌、凳等都被砸破后做柴烧。

日军进城已经两三个月了,老百姓不敢进城。日军吃不到鱼和肉,又没有蔬菜吃,非常恼火。就在这种情况下,栾家齐乘机向日军讨好,要给"皇军"搞鱼肉搞蔬菜。日军听了很高兴,说栾家齐是个好良民,一拍即合,给他个"收容所"主任当。当时大批日军向南方进犯,经过德安食宿,剩余的菜饭归栾家齐带着帮手收拾一起,叫收容所进行处理。日军利用这个机会,叫栾家齐等向中国人宣传,要老百姓大胆回城里住,说"皇军保护他们"。此后,凡是在战事吃紧,日军将要进城前逃走不远、原本住在城里的商人和居民,都陆续回城里来找自己的房子,但大多数的房子都成了一片瓦砾场。他们只好在大西门和小西门一带搭起茅棚为容身之地。后来日军把这些人都叫做归顺来的"好良民",并发给"良民证",以便在城内外出入通行。

德安城里的人数逐渐增加了,谁是真正的"良民"?谁是暗藏的中国兵?日军分不清,不放心,就急于要中国人成立组织,利用中国人来管中国人。

**三、德安县伪维持会**

残暴的日军,为了想灭亡中国,除自己亲手杀害中国人外,并制定以华制华的政策,借中国人之手杀中国人。1938年12月,汪精卫公开投降日本帝国主义,充当汉奸,破坏抗战,屠杀中国人民。这时,久欲投敌的一小撮中华民族败类,以汪精卫为榜样竞相叛国投敌,充当汉奸。德安则有丁辅臣、徐学勉、张肇桓、王春颜等数十人,踏着抗日英雄鲜血来到德安县城向日军投降,在日军的卵翼下充当汉奸卖国贼。日军指定他们组织"治安维持会",他们得令后,弹冠相庆,要为日军效忠。所谓"治安",就是镇压中国的抗日力量;所谓"维持",就是保护日军的侵略合法化。这个组织十分反动。

当时,德安城内没有房子,他们急不可待地在河东墩下李村挂出"德安县治安维持会"的招牌,粉墨登场,表演傀儡戏,帮助日军发"良民证"和捕杀中国的抗日军民。"治安维持会"设会长、副会长、内政科长、行政科长、建设科长、总务主任、联络主任等官职。他们推举丁辅臣为伪会长,徐学勉为伪副会长。"治安维持会"简称"维持会"。

这一伙汉奸中,有老反共分子,有老流氓地痞,还有和尚道士。他们的卖国行径,遭到爱国者的愤怒谴责。孙绍武(高塘樟树铺人)用"治安维持"四字撰了一副对联寄给汉奸,对联云:"治安少良谋,贼子乱臣齐努力;维持真笑话,和尚道士尽登台"。洪养和(枫林洪村人)撰写《呼吁德安人民抗日檄文》,檄文指出:"可恨者汉奸,为虎作伥,教猱升木……凡我同胞,各宜共举爱国之义旗,力除虐民之妖孽"。汉奸见了这些声讨的文字,十分恼怒,竟将孙绍武捕去残酷地杀害。

德安伪维持会成立不久,汉奸之间就发生矛盾,争权夺利,结党排外,王春颜拉一些人排挤张肇桓,张肇桓拉一些人反对王春颜。王春颜等恼羞成怒,立意要致对方于死地,遂与伙党密谋,向日军报告说:"张肇桓暗通中国兵,要杀维持会的人。"日军的宪兵队也不问情由,不作调查,相信王春颜等的报告是真的,当时就将张肇桓杀死。张肇桓在临刑前,大呼冤枉,破口大骂。不久,《抗战日报》刊出消息,标题是:《德安汉奸张肇桓,粪窖里钻,粪窖里死》。张肇桓被杀了,他的同伙不肯罢休,又用同样的办法向日军报告"王春颜通中国兵",日军将王春颜从酒席桌上拉下来杀了。汉奸狗咬狗,自己咬死了两条。德安县伪维持会成立不到半年,由于内部分裂,人事不和,几个腐朽无能的家伙成天只知道抽鸦片烟,日军见了很不满意,要改组。正在这个时候(1940年8、9月间),江西省战地壮丁第18大队队长许钦斋,由聂训浩引来投敌。当时日军对中国军民归顺一律欢迎,日军认为,许钦斋原本是国民政府军军官,他来归顺,能带动和招收其他国民政府军也来归顺,并且可以制服一些小游击队。日军并不知道许钦斋的战地壮丁第18大队是一个有官无兵的大队,许钦斋是只身前来投敌的,并没有带一兵一卒。但是日军相信许钦斋能担当起这一份重任,便于同年10月间将丁铺臣、徐学勉等踢下台,由许钦斋担任德安伪维持总会会长(日军对中国伪政府人事任免事项是没有文件的,只有一句话就能算数)。

许钦斋上台以后,对总会的行政机构进行了改组,设内政科、财政科、秘书室,对科室的主要负责人分别加委。整个伪维持会有几十个人,集群丑于一团。

德安县伪维持会还附设一个政治顾问团,是日军九江警备司令部(落合少将)派来的,住在县伪维持会办公。他们自称是"辅佐官",共有4人,为首的叫"村上的杉则",带来的一个翻译名叫蔡书泽。

日军德安警备队的宣抚室这时也撤销了,伪维持会的一切事务都由日军辅佐官处理决定。辅佐官是老子,汉奸是崽。

日军在德安用兵力控制的地方不到半个县,他的兵力是沿着南浔铁路在德安一段两侧分地驻扎的,以保护南浔铁路交通线。德安伪维持总会所属分会,是根据日军的乡村军事驻点来决定的,每个驻点都设一个伪维持分会。

每个伪维持分会设正副会长各一人,内务主任一人(管发良民证,后改为身份证;管其他内政方面的事),工商主任一人(管理采购食盐、出卖食盐),文书一人,外交一人,办事员一人,联络员二至四人。在联络员中,有的是政务上的联络,例如向下级保甲传送文件、要夫要物以及勤务杂事;有的是派给日军使用的联络员,实际就是日军的密探,很得日军信任,伪维持会的人员对他要另眼相看,不敢得罪他。伪维持分会以下,仍然采用国民政府的保甲制度。伪维持分会代替了镇公所。

1941年,德安县伪维持总会仍然住在一栋中等的有铺面的房子里,各科室办公的人员增多后,容纳不下,遂于同年2月间开始建伪维持总会的新房子(后为中共德安县委办公大楼旧址),上下两层,楼上楼下都是8大间,上下都有会议室。不到年底就告落成。伪维持总会人员都搬到新房子里办公。

### 四、德安县伪县政府

1942年2、3月间,伪维持总会的汉奸头头们认为新房子做好了,各科室的人员也齐全了,下层组织也完整了,为什么还停留在维持会的名义上?此时把"德安县治安维持会"改为"德安县政府",是一件名正言顺的事情。于是他们马上打报告给日军德安警备队,请求成立"德安县政府",撤销"德安县治安维持总会",成为名副其实的行政机构。谁知这个报告打上去,几个月都没有批下来,不知羞耻的汉奸心烦意乱、牢骚满腹。

原来日军德安警备队对这个问题不敢做主,把报告转到日军九江警备司令部请示;日军九江警备司令部也不敢批复,要听南京的消息。

后来,德安伪维持总会成立伪县政府的请求终于被答复了,这个答复不是文件的批回,而是日军的口头通知。日军说:"我们皇军不干涉中国的内政,中国人的一切政治、经济、文化、建设都由你们自己管理,我们不参加。你们要求成立新县政府,你们自己成立吧。"

伪维持总会的汉奸头头们听了这个口头通知,犹如奉了圣旨一样,马上开始做工作,连夜拟定标语,向所属发出通知,向日军发出请柬,定下日期开会庆祝,专人布置会场,并准备大开筵席,闹得不亦乐乎。那天晚上,伪维持总会灯火通明,书写人员都在赶写通知、请柬、标语、对联。这些标语是:①庆祝德安县政府成立!②继承孙中山先生的遗志,实现大亚洲主义!③拥护汪主席提出的善邻友好、共同防共、经济合作三大原则!④实行中日合作,保护世界和平!

1942年农历七、八月间,伪县政府成立的这一天,日军不肯参加开会,同时汉奸县长许钦斋又因公到汉口开会去了,成立大会的一切仪式从简。参加人员是伪县政府的全体职员及区乡镇和城里各机关团体的代表。来宾方面只有马回岭伪维持会长刘荣(德安人),并且讲了话。伪县政府代表讲话的人是秘书孙绳武,其他无人发言,算是草草成事了。继许钦斋之后,伪县长还有丁定一、叶生文。

伪县政府成立后,礼堂的布置和国民党一样,以孙中山先生的像代替了伪维持总会时挂的"近卫文磨"的像(日本当时的首相,称近卫公)。这是日军许可的。

伪县政府前面的升旗台升着的旗子,上端有一块三角小黄旗,上面印着"和平反共建国"6个黑字。当时有人悄悄地说,这面小黄旗,把"黄"改成"亡"字,就是亡国旗了。

德安在伪维持总会时,下层只有分会和保甲的组织,没有区的划分,伪县政府成立后设了三个区署:城区、木环垄、金湖、宝塔等地为第一区,乌石门至金家湾为第二区,狮子至聂桥为第三区。聂桥西、北方向一大片土地都是德安军民游击区。

**五、德安县伪县政府财政收入**

德安县伪县政府的财政,主要从下列几点所取来维持开支:

(1)食盐。日军对于所谓和平区的老百姓,都发给安居证(先是叫良民证,因良民证没有照片,能借用,就改换安居证。安居证上必须贴上本人相片加盖钢印方能有效),老百姓有了安居证就算是和平区归顺了的良民,持证可以在县城内外通行往来。这是一种限制人口乱动、分清所谓和平区与游击区户口相混淆的一种手段。但是老百姓如果不进城,这种安居证的限制就不起作用。后来还是用食盐一项来限制。和平区发给安居证的老百姓,伪县政府都登上了户口,也发给食盐购买凭单,游击区的就没有。日军把这作为一个重要措施,用以封锁游击区的食盐。伪德安县政府每月要从九江食盐专卖局运来食盐三四万斤,按月分给各区和各个镇公所,按照发给老百姓的食盐凭单上的人数,每人每月一斤食盐。售价大约是每斤30钱(日币,1日元等于100钱),从中获取高利。

各镇公所每月出售食盐时,还有剩余食盐,他们就暗中以一石稻谷(过秤约

80 斤)一斤盐或一元银洋一斤盐的高价卖给游击区的人,牟取暴利,中饱私囊。

(2)税收。税种有屠宰税、烟酒税、商业税、鸦片税等。开百货商店的人,要向外采购百货商品,必先要向伪县政府税务股填写申请书,把需要采购的各种商品和数量逐一写清楚,由税务股员交给日军审查;如果其中有不同意采购的,日军就用红铅笔划掉,划掉的就不能采购,违者没收。日军在申请书上盖上公章后,商人才可以向外采购。税务股员及承包人员也就根据申请书上的商品数量来核算税额。

(3)鸦片烟土。日军把鸦片烟土大量输入中国,在每个沦陷城市,交由各级汉奸政府公开出售,销售数越多越好。德安以前限定的销售数是 100 两。因为烟土很贵,每两约值日伪币 50 元左右。有的吸毒者,不顾家穷还是要吃。全县销不了 100 两,后来又把销售数减少为 50 两。当时因为鸦片烟土容易买,伪省政府又不禁止,所以吃鸦片的人越来越多,受毒越深、吃烟资格越老的人越不肯戒。但是日军没有一个吃鸦片的。真所谓"洋人不肯自食,而华人食之,华人食之而不戒之"。

(4)逃亡户的田租。在抗战初期,有的财主眼看时局不稳,就带着老婆儿女,卷着金银财宝,逃往后方。家中田产无人管理的,伪县政府就向承租人每年索取田租。这也是伪县政府每年财政收入之一。

(5)田赋。德安沦陷初期,伪政权没有征收田赋。当时九江这边的几个县是湖北省伪政府代管,到 1942 年江西才成立伪省政府,驻在九江,汉奸邓祖禹为伪省长。这一年江西伪政权开始着手办理田赋,但是有关田粮各种表册,不是被国民党带走了,就是被日军烧掉了,办理田赋连一点根据也没有。德安伪县政府只有饬令各区、镇、保对所属范围内的老百姓逐户登记田亩,造册呈报到伪县政府,交由伪省政府田赋经征处办理。田赋经征处的一切事务,都是按照伪省政府的指示办事,这段工作整整搞了半年,同年九、十月间开始征收,以汪伪中央政府的"中央储备银行"发行的"储备券"来核算。每亩征收多少,因年数太久了,实在回忆不起来,几次访问老年人,也都和我一样不记得。

可是德安伪县政府好梦不长,他们煞费苦心来做这一工作,本想在老百姓身上作一长期剥削的打算,谁知抗战形势不断向前发展,老百姓仅仅在 1942 年完了一年粮,到 1943 年,老百姓知道日军快要完蛋了,伪县政府快要寿终正寝了,所谓和平区的人心动摇了,只有少数胆小的老百姓完了粮,大部分没有完,到 1944 年更没有人完粮了。

德安伪县政府的财政收入,大致就是上面所写的这几个方面,另外还有些其他的收入,现在不能一一记得清楚。

## 六、德安县伪县政府的武装

德安县伪县政府所属的武装,唯一的就是伪保安队,它的武器当初是日军给的几条中国枪,只有二三十个人,聂训浩当队长。后来收编王豪带的三四十个人,聂训浩就升为大队长,王豪任第一中队长。大队和中队的官兵夫一共也不到 100 人,中队有条机枪,还有二号驳壳、三号驳壳,连同小手枪一共有七八支。保安大队部除大队长聂训浩外,还有副大队长、副官、军需、侦察员。

保安第一中队的第一分队长孙青,第二分队长游佐夫,第三分队长刘德仁,其余的我记不清楚。

1942年某月间,刘大源又带了二三十个人来投,只有几条枪。他们早已把大部分的枪埋在山里,来投时大多数是徒手,是想来搞武器的。伪县政府委他为保安大队第二中队长,日军不补给枪,算是一个有官无兵无枪支的中队。不到三四个月,刘大源觉得在保安队不能如愿以偿,于是他就把带来的人全部带回到国民党那边去了。国民党德安县第三区区长李汉焰来投,被委任为保安大队副大队长。

德安伪保安大队和日军一样,配合日军打仗,穿日军的衣服,学说日本话,对中国人实行强奸掳掠。王豪的老婆是从安义县抢来的民间女子,孙青的老婆是从都昌抢来的民间女子。

在乡下各个区署及镇公所,都有三五条枪,是日军给他们自卫的。

保安大队中的王豪、孙青、游佐夫等人后来又向中国抗日部队投了降,只有聂训浩干到日军投降、惩办汉奸为止。

### 七、德安县伪警察局

伪警察局局长是傅魁,局长下分课长、警长、警士,共有十几个人,其中有几个特高课警士。他们都是日军宪兵队的宠儿,因为他们能向日军宪兵队反映谁是中国良民,谁是中国兵,对人操有生杀予夺之权。

伪警察局的整体工作是与日军宪兵队有密切联系的,他们的工作性质同日军宪兵队一样是特务性质。日军要逮捕暗通中国兵的嫌疑犯时,必须要警察局派人一起动手。如城里临时发生了什么重大问题,或有人向日军密报了什么情况,那就不管白天和深夜,马上紧急戒严,警察局长、警长和警士全体出动,协同日军到老百姓家里捶门撞户,凶神恶煞般地把全家人都叫出来,逐个检查,见有形迹可疑的人,轻的带回警察局,重的日军带回宪兵队。带到宪兵队的人,都是有死无生。

### 八、德安县伪县政府办的蒲亭小学

蒲亭小学,全校学生不过二三百人,学校的教育宗旨就是秉承日军的意旨,奴化中国人的下一代,要把儿童教养成为一个驯服的工具,并且要儿童懂得"中日和平,中日亲善,共存共荣"的口头禅。学校向儿童灌输说:"我们和日本人是同一个种族——黄种,中日两国人同种同文,应该互相亲善,争取长久和平。"学校曾教给学生这样一支短歌:"我们住在亚洲东,我们大家是黄种。黄种民族建设新秩序,努力反蒋与反共……"日军听了这支短歌,鼓掌,乐得呵呵大笑。

### 九、德安县伪县政府办的合作社和所用货币

伪县政府办的合作社规模不大,它的业务范围是对乡村收买菜油、麻油、皮油、苎麻、谷子等作物,它把这些农作物向本县日军开的洋行(如三光洋行、谷肥组合)换取布匹、糖类、肥皂、火柴等,周而复始。这些物资都是日军控制的,没有农作物去换是搞不来的。百货方面,也是以农作物向九江中日合资开的洋行去换,有些东西也可以用票子去买。

在这里附带谈一下当时的货币问题。德安沦陷之初,市面流通的货币有三种:第一种是金银,第二种是日本军用手票,第三种是国民政府法币。其中以日本军用手票为主。军用手票面的字样是"大日本帝国军用手票",票面额为十元、五元、一元、五十钱、十钱等五种;还有一种小银币(中间有方孔的),十钱和五钱两种。城市买卖商品和机关单位的职工薪饷,都以日元为核算单位。银元和日元是一元抵一元,不打折扣;国民政府法币在沦陷后两三年还能流通,但与日元在比值上逐步猛跌,最初期是一比三、一比五,后来跌到一比几十。流通到后来,没有银行来回收,从九江传来消息说法币用到某日就不用了,商人手里的法币都送到九江某个单位兑换,不再向外付出了。在敌占区乡间存有法币的老百姓没有用出的,算是倒了霉。在非敌占区,法币还是一样流通。

南京汪精卫汉奸政府向日本借款5亿日元成立所谓的"中央储备银行",发行纸币,名曰"储备券",是准备代替日本军用手票和国民政府的法币在市面流通。

储备券的票面字样是"中央储备银行",票面额也是和法币一样为十元、五元、一元、五角、一角,后来还发行了一百元的票面。它和日元比值是一元八角储备券兑换一日元。这种储备券只限于中国人和日本商人往来使用,在日军部队里绝对不用储备券,中国的银元也是一样。

从这时候起,市面上渐渐地以储备券代替了日币,日本军用手票就很少在市面上流通了。储备券是1942年发行的,到1944年,因抗战快要走向胜利的影响,以及物价波动,储备券币值开始下跌,到1945年跌得更凶,市场上的往来是以百元来计算,最后跌到3000元买一碗素面。

**十、德安县伪司法处和监狱**

德安县城里原本没有法院,德安沦陷后,于1942年成立了伪司法处,开始附设在伪维持总会内。法官兼审判官名叫王大猷,还有一个书记官和一个录事、四个法警。他们都是老法官,法律条文很熟。当时听说他们都是依据国民党的法律来断案的,受理的案件都是一些抢劫、谋杀、陷害以及婚姻和田地纠纷一类的刑、民两案,关于日军所谓的暗通中国兵嫌疑案件,老百姓有冤也无人敢诉,司法上也不敢受理。

德安县的老监狱,在日军进城后,同全城的房子一样,也都遭了大劫,片瓦无存。有了司法机构以后,伪维持总会设立了监狱。监狱里的牢房只有6间,空的多,原因是诉讼人少。乡下人知道打官司要进城的,进城怕见日军有麻烦,所以老百姓对一般的争吵,情愿在乡下伪维持分会解决,不愿进城。就是告到伪司法处,也未必能分清曲直、真正依法处理。因为这些原因,诉讼人少,牢房就空得多了。

**十一、汉奸汪精卫的"建国兵"**

汉奸汪精卫的"建国兵",于1944年春有一个团开到德安,团部驻在黄娴铺,芦溪细屋蔡村驻一个营,并在山上筑了工事,后来又派一个营在宝山虞村加设了一个据点。他们一到驻地就派人来找王豪联系,要求瞒过日军,双方互不侵犯。当时王豪已从德安县伪保安队过来当了国民党游击大队长,人枪两三百,能作战。

1945 年农历一月间,王豪和孙青、游佐夫等人曾被"建国兵"团长邀请到黄婶铺团部,双方洽谈了这个问题,宴席上,双方表示各保实力。

话虽这么说,但他们都是见利忘义者,结果闹成破裂,由原来商定的互不侵犯变成互不相让、开起战来。

双方闹成破裂的原因是这样的:黄婶铺附近某村所驻"建国兵"一个连部的一个伙夫,偷了一挺轻机枪逃跑,这个伙夫的头脑简单,事先没有计划向哪里跑,临时很冒失地把机枪背在身上躲到老百姓家里。老百姓知道这回事,就赶紧跑到王豪部队报告情况,王豪即派人把伙夫连人带枪接过来了。事情才过三五天,"建国兵"团部就知道王豪收容了他的逃兵和机枪,写信来问,要求人枪一并归还,王豪回信说没有这回事,双方的书信往来有三四次,最后搞翻了。"建国兵"倾巢出动进入山区,并印发大量传单和标语口号,要活捉王豪、捣毁王豪老巢等等。当时王豪在游击区,虽然勇敢善战,但"建国兵"人多装备好,实不敢和他正面冲突,遂采取化整为零、乘机偷袭的战术。一连三四天,特别是一到晚上,"建国兵"的每个宿营地都要受到袭击。一夜几次,搞得"建国兵"彻夜难眠。到了白天想和王豪部队正面干一仗,而王豪的部队又转移了。

"建国兵"被搞得筋疲力尽,知道这次占不到便宜,只好吃哑巴亏,偃旗息鼓回城去了。

"建国兵"开到德安后,开始人们都不了解他的本质,从这次他们进入山里的行为来看,简直不如土匪。

土匪是不抢穷人的,而"建国兵"一到老百姓家里,什么东西都要,连小孩子的衣服、妇女的小衣都抢去,到最穷的人家,连锁门户的铜锁都不给人留下,见铜器、锡器就抢(铜和锡可以卖钱)。以后"建国兵"不到山里,没有机会抢东西,就直接向当地保甲长或老百姓要钱,同绑票土匪一样,30 万、50 万,或者上百万(当时储备券),不给就不行。"建国兵"走在路上,见到人就要搜口袋,有钱就拿去。驻在聂桥虞村的"建国兵",把老百姓搞得无法安身。后来有人向德安城里的日军告了状,说他们通中国兵。1945 年 4、5 月间的一天下午,县城来了一队日军到虞村,说是调他们回县,"建国兵"见了日军害怕极了,不敢不去。他们一到县里,就被日军解除了武装,同时对每个官兵都要搜查一下,把他们抢来的衣服、被子、钞票、银元、首饰等全部搜下来了,一点也不留给他们。搜下来的钞票用箩装,其他衣服东西堆成了小山。

这伙缴了械的"建国兵",日军把他们送到九江做苦工去了。这是汉奸卖国贼——"建国兵"一伙在德安的下场。

(转自《德安县文史资料选辑》第 1 辑,1985 年版,作者周碧霞)

# 敌寇淫威下的星子

星子县自【民国】二十七年（注：1938 年）失陷，县政府离开县境，保甲瓦解，学校倒闭，人民无所依从，敌遂利用伪组织乘机施行奴化教育。

伪组织县筹备处长为罗奸福初，查罗奸系江西党校（注：国民党党校）毕业，历充县党部委员及区长等职。此次星子失陷，故意逗留境内甘作傀儡，其寡廉鲜耻殊出人意料，然其余汉奸尚良心未死，暗受我方指挥者亦不乏人。至于民众则大都人心思汉，日望我军胜利，每遇政府工作人员入境，咸相问讯招待膳宿，对敌方消息每有所知即翔实具报，我游击队之能立足与活动于境内者，亦多赖民众协助之力。然敌人亦极狡猾，以钞票收买汉奸，侦探我方消息，其捕拿我工作人员之先，有时亦将实情况见告于伪组织人员，任其密送消息于我方，以示其言行无虚，有时故意声东击西使我方怀疑。伪组织人员从中作祟，以致彼此交恶，互相报复，堕其以华治华之计。

迩来伪组织人员畏我方之威胁刺杀，多将家眷迁入城中居住藉敌庇护，一心一志为其汉奸。伪保安队更大举清乡，捕捉我方工作人员，扑杀我游击队。刻下我方保长被敌捕获枪杀者尚难查明，第一区周乡长之房屋亦被敌焚毁无存。而伪组织人员被我方游击队杀死者，除前维持分会会长景性埠、曹勒、程利栋，及为敌作密探之三四人外，最近更刺死新从武汉受敌政治训练回县，担任宣抚股员（伪筹备处长罗福初之表弟）陈玉珍一人，及捕获伪保安队分队长李秀春之家眷二人而已。彼此互相扑杀，将来还不知如何演变。现在境内工作人员，多已奔集基地，听候指示机宜。

敌在星子通常只驻军百余人，每当南浔线战争吃紧时，即有兵轮泊于彭蠡湖中以壮声势。畏我游击队之袭击，筑有碉堡数座以作防御。其军纪极坏，强奸之事迄未稍减。最近敌又在星子征兵送往武汉，经我方极力破坏，壮丁纷纷逃避。伪组织现以盐税收入减少，经费无法维持，准备改征田赋以延残喘。但伪田赋征收主任胡德龙，已被我游击队捕杀，其征收田赋之举想难办到。敌在星子以重价收买猪鬃与苋菜籽，又大量采取云母石，其欲作何用途，殊令人莫解。此外又开取星子之白土（即瓷土）装去制作瓷品。

敌人在星子使用之货币，为"大日本帝国政府军用手票"，故意提高价格，比我法币一元高三四角强，迫我人民通用，破坏法币，以实现其扰乱我金融之阴谋云。

（1939 年 11 月 15 日《大路》半月刊 1 卷 4 期）

# 日军在湖口的暴行

在纪念中国人民取得抗日战争胜利 40 周年的日子里,我对日军侵占湖口的所见所闻,作了一次回忆,整理于后,对今天进一步认识反对霸权主义、保卫世界和平的意义不无裨益。

## 一、沦陷之前

1938 年 4 月,日本侵略军进逼彭泽马垱。当时国民政府军在马垱设防线,利用江面窄、水流急、两岸山峰陡峭的地形优势,将数以百计的载石帆船沉没江底,企图阻塞日军兵舰航道。国民政府军在马垱修筑防线的同时,从彭泽方向调遣一支海军陆战队奔赴湖口,分驻在三里和马影的学校、寺庙里扎营,并征派民夫在老台山一带的山头挖战壕。好像要与日军拼一死活。可是,由于指挥不当,先后放弃马垱、彭泽、湖口,向九江方向撤退。

日军尚未侵占湖口之前,约有一两个月时间,日军飞机 3 架、6 架、9 架成群,经常侵入湖口、九江上空,进行侦察、扫射、轰炸,造成民心惶惶。当时国民党县政府动员挖防空洞,成立防空小组,设立瞭望哨,在月亮山古城楼上挂起一口大铁钟,分配哨兵守候,当听到飞机响声,便敲钟发出警报。每当警报钟一响,那些老爷、太太们就挤进防空洞。可是老百姓却没有进洞防空的条件,每当飞机一来,只好躲藏在桌子底下,或者跑到大洼塘、洋港和山洼里。当时几乎天天闹防空,街上冷冷清清,贩鱼卖菜的也寥寥无几,只有偶尔出现穿着绿色服装、背着湖北条子的国民政府军士兵在街上巡查。

湖口县城,由于地形显要,日军多次作为空中袭扰的目标。1938 年 6 月 26日,日军飞机多架窜入湖口县城上空,疯狂扫射、轰炸长达 1 小时之久,沿江一带的房屋顿时变成一片废墟,炸死炸伤老百姓五六十人。县城西门国民政府军一艘军舰也被炸毁。第二天,又飞来 9 架日机,反复盘旋投弹、俯冲、扫射约 1 小时,受害的有三里、马影、凰村、文桥、流泗等地的许多村庄,光三里乡戴家垄孙百仓村附近就落弹 4 枚。

同年 6 月间,县城即将沦陷,县城的工、商、学界人士各自扶老携幼前往山区逃难,寻亲找友,借宿容身。城内的船民带领老幼,驾船摇桨,日夜兼程,逃往都昌、鄱阳等地。县城附近的农民噙着眼泪,抛弃田园,牵猪赶牛,背井离乡,逃到文桥、武山、江桥、舜德等地,过着风餐露宿、忍饥挨饿的难民生活。

6 月 30 日,日军 1000 余人,由彭泽侵入湖口棠山附近。7 月 1 日清晨,从棠山方向响起了炮声、枪声。7 月 3 日,日军沿澎湖公路向湖口县城进攻,首先占据三里街。7 月 4 日,县城的国民政府军败退,全城留下未走的有五六十名老弱病残的百姓,大家都躲入天主堂内游神父处,县城变成一座空城,第二天上午被日军侵占。

日军一到三里,首先追击退却的国民政府军第 147 师的一支部队。该部先头部队本想经过芝麻塘向文桥方向退却,由于看错了地图,误把白浒塘当做芝麻塘,当进入白浒塘时,一看前有一望无际的鄱阳湖浪涛翻滚,波峰冲天,上有敌机盘旋扫射,背后有日军追击,前进不能,后退无路,孤军无援,死伤遍野。当时只有一个营长带领一个连的兵力,请一位老人带路夜间摸着小路逃到马影;其余部队除少数水性好的,搂着木材或乘着能临时扎的木排逃走外,多数官兵被日军包围,在炮火中牺牲。

湖口县城沦陷前夕,国民党县政府已迁到流芳附近;后又迁到文桥和武山,最后迁到都昌石婆涧。当时国民政府军第 147 师的一个旅退到景湖公路沿线和流芳一带设防,旅部设在殷家山,以马影桥、苏官渡、三眼桥为第一警戒线,彭泽太平关、湖口张青、殷山、曹均桥为第二防线,文桥、武山和都昌石婆涧为后方。

**二、日军暴行**

日军侵入湖口的血腥罪行,骇人听闻。1938 年 6 月 30 日,日军约 1000 人,由彭泽侵入湖口棠山附近,在周玺村四周的山冈上扎营,发现中国人就开枪击毙,当天打死了无辜的百姓周兴武、周四姣、李细娥等 10 余人。

7 月 20 日清晨,驻扎在周玺村的日军,突然进行大搜查,将该村团团包围,岗哨林立,警戒森严,把周元沃夫妇、周世太夫妇等百余人(其中有彭泽县逃难的)全部抓住,除留下 18 个壮年农民为日军运送担子外,都押到一栋大房子里,用刺刀捅,用机枪扫,无辜的百姓顷刻死于日军的屠刀之下。当天日军还把 73 户民房一烧而光。日军离开周玺村,前往童家坽驻扎,又用刺刀逼着 18 名送担的农民,挖一个大坑,然后在坑边用刺刀捅死 16 人,一个一个地踢到大坑里,还要剩下的周遇桂(尚健在)、周遇池(1980 年病故)两个农民用锹铲土埋上。约埋了一尺多厚的时候,日军回营吃饭,留下两名士兵监视。周遇桂、周遇池趁看守的士兵坐下低头打开饭盒的时机,便向垅田沟一跳,跑过几丘田,俯卧在禾田中间一动也不动。直到天黑,他俩才侥幸逃出日军的魔掌。同年 7 月 15 日,棠山附近的鸟林峦村的 57 名手无寸铁的农民放着鞭炮,前往日军驻地请求安民,却被日军押到大仙庙前面的一丘地里,架起机枪,当场打死周斌炎、周子良、周子健等 55 人,走在最后面的周中质、周祖员听到枪声,掉头回跑,一直跑到刘湘村才脱险。

7 月 24 日,驻在三里乡的日军发现周家坞村里有人,抓住农民周文力、周崽子、周麻子等 70 余人押到门口田里,架起三挺机枪扫射,70 余人均惨遭屠杀。日兵还把周家坞村 34 户房子全部烧光。7 月 31 日,驻扎扬家山(今流泗乡)的一批日军突然包围棠山村,农民周赐寿、周华年拼命向村外跑,当即被日军开枪击毙;躲在村里的周玉盛、周勇轩、聂大毛、周斌寿等 9 人被日军拖到房外,活活打死;周喜情、周道盛及其妻子等 5 人被押到塘边,推入塘中活活淹死。日军还把全村 26 户房屋烧毁。同年 8 月 2 日,驻在三里的日军闯到孙百仓村,把没有逃走的男女百姓 29 人集中关在一栋大八间堂屋内,用机枪扫射,惨遭杀害的有孙汝荣、孙庆龙等 28 人,只有一位 30 岁左右的妇女(名菊娥)中弹未死。日军走后,这位妇女苏醒过来,可是身负重伤,欲走不行。这时,满腔仇恨支撑着她下定决心,一定要爬出去,把日军集体屠杀村民的暴行告诉村里人。经过一夜的慢慢爬行,她终于越过了日军的警戒线,爬到了马影学堂岭村,找到几位相识的人,把自己和乡亲们的遭遇告诉了他们。8 月 23 日上午,日军又将鸟林峦的农民周旺名、周寇灿、周奎苟等 50 余人用机枪扫射,同时烧毁民房 76 户。日军实行"三光"政策给湖口人民造成的灾难,令人惨不忍闻。棠山周围原先有 600 多户,遭受日军的屠杀、烧毁和洗劫后,仅存 50 多户,死于日军的刀枪之下的有 500 多人。驻扎在县城石钟山的日军宪兵队,更是杀害中国人民特别是杀戮爱国志士仁人的刽子手。他们把抓到的所谓"中国兵"嫌疑犯杀死,装入麻袋,从石钟山矶头上投入长江。

日军占领湖口一两年之后,虽然"三光"暴行有所收敛,但依然是暗无天日,他们任意烧杀,鱼肉中国人民的罪行时有发生。1940 年春的一天,4 名日军联络兵骑着大洋马,行至李家坂旁的大桥时,一马受惊,四马突然飞奔,其中一马失足,连人带马一齐落水。驻在县城的日军联队长以为是中国兵袭扰,派两辆汽车和几十名日兵,飞奔失事地点进行搜查。驻沈仲村的日军也旋即派兵搜索,两头夹攻,企图活捉中国兵。当这 100 多日军把李家坂村紧紧包围搜查后,不见中国兵的形影,便抓了一批老百姓,凶三恶四威吓:"你们交不出中国兵,统统死啦死啦的。"当时我担任日军翻译,对日军套子中队长说,捞到尸体看看是怎样死的。结果把尸体打捞起来一看,日军的头部是在水中碰上乱石的,套子中队长这才把老百姓放回去。

有侵略就有反抗。1942 年,湖口一带抗日游击队活动频繁,神出鬼没地打击日军。4 月间的一天清晨,日军宪兵队经过周密策划,组织 100 余人的队伍(包括警察队、警备队)乘坐 4 辆汽车向屏峰一带"大扫荡",4 辆汽车开到江桥后,日军下车步行,每辆车只留 1 名日军押回县城。当车子行至王阳明村时,遇到早已埋伏的游击队,顿时,机枪、步枪、手榴弹一齐打响。前面两辆车被击毁,后面两辆见势不妙,掉转车头向横山日军中队部窜逃。游击队活捉了两名日军,另两名日军死在驾驶室。消息传到县城日军联队,即刻派两辆坦克开路,几辆军车跟随,赶到现场,包围附近村子彻底搜查,没有搜到游击队的踪迹。

### 三、傀儡政权

1939 年春,驻湖口的日军在湖口搜罗一些汉奸组成傀儡政权,利用中国人统治中国人;开始称"湖口县自治委员会",汉奸卖国贼叶耐芳任主任委员。叶耐芳首先在湖口县城内组成伪维持会,设会长、干事等,给居民发"良民证"。当时持有"良民证"的老百姓,经过日伪军检查后,才能进城做买卖。没有"良民证"就以中国兵论处,遭到杀害。

1940 年间,日伪湖口县自治委员会改为"湖口县政府筹备处",叶耐芳任筹备处长,内设秘书科、交通科、财政科、总务科、庶务室,原自治委员会常务委员杨翼北、高殿吾、陈正初、王梦平、沈传志、杨绍芳、王道平分别担任科长;由安徽省伪政权管辖。同时还组建了以沈美德为队长的日伪警察队和以李淑山为大队长的伪自卫大队,共有 300 余人。粮饷由伪政府筹备处供给。伪军的武器是由日军的宪兵队、警备队搜查来的一些破烂枪支。

1941 年,日伪湖口伪县政府筹备处又改为湖口伪县政府,叶耐芳任伪县长。同年在县下面设区:三里为第一区公署,张青为第二区公署,江桥为第三区公署。区以下设乡、保、村,原来各处的伪维持分会改为乡。上述日伪政权机构统治湖口人民长达 7 年之久。他们狐假虎威,为虎作伥,镇压百姓,搜刮民财,不知干了多少坏事。1943 年,日军在九江成立九江伪专员公署和江西省伪省政府筹备委员会,这时湖口伪县政府由九江伪专员公署管辖。1944 年,湖口县伪县长叶耐芳被调任九江伪专署副专员,同时派肖敷祥(泰和县人)接任湖口县伪县长之职,直到 1945 年日本帝国主义投降为止。

**四、经济侵略**

湖口县水陆交通便利,物产丰富。抗日战争前,这里盛产淡水鱼、黄豆、棉花、生猪等,商业比较繁荣,城内私人商号、行、店、栈近 200 户。日军侵占湖口后至 1939 年春实行经济封锁,市面萧条,经济衰退,全城只有几户南杂店铺。1940 年,日军开始在湖口建立垄断性的商业,依靠军事手段,挤压中国的民族工商业,大量剥削搜刮人们的血汗。我记得最早是日商在湖口开办了樱桃食堂、阪神馆、东山慰安所、三个食堂、新亚酒楼等服务性行业。没过多久,又由日本私商开办昭和通商、松永洋行、吉田洋行、富士洋行、中岛洋行、大道洋行、山由洋行、德田洋行、页川洋行等 10 多家日本洋行。其中 6 家服务性行业是比较大的。此外还有日本退伍军人在湖口组成的在乡军人会,他们联合起来搞长途贩运。日军在侵占湖口 7 年中,垄断了湖口县的市场。他们规定中国商人不准运黄豆、棉花、大米外销。没有出口证,日军就不放行;日本商人则可以随便运进运出。当时湖口县城的市场,日本商人办的商业占 70% 左右,中国商人经营的商业只占 30% 左右。老百姓吃的食盐和糖类,要用鸡蛋从日本人的物资交换所里排队换到。当时湖口的工业仅有一户简单的修理店,修理自行车、汽灯之类,还有一家做几种糕点饼子的作坊。县城住户照明是煤油灯,农村是点菜油灯。

**五、投降之后**

中国人民经过 8 年的艰苦抗战,终于取得胜利。1945 年 8 月下旬,一夜之间,日军驻军突然调换,湖口日本宪兵队、海军基地队、联络所和医院的日军不见了,调换一些从湖南长沙外围遣来的日军。这支日军是桧部队(桧代表日本大阪市部队)第 84 旅团的一个大队。他们的武器已经交给国民政府军第九战区薛岳的部队了,只有每 10 名士兵留下 1 支自卫步枪和一些有线通讯器材以及少量的载重汽车。这时国民政府军第九战区第 58 军驻九江的第 183 师,派来了第 548 团李副团长带 1 个营到湖口县搞接收工作。他们把我从九江花园饭店找来做翻译,协助他们搞接收。日军留下的一部分军用器械和从长江上游开来的一支日军船舶队,第三战区兵站抢先要挡这批船只,第三战区的鄱湖司令部也想买船队的自卫枪支,乘机发财。结果第 548 团的李副团长让这支船舶队往长江下游开走了。此外,湖口伪县长肖敷祥将伪县政府的一部分公物如食盐、粮食等物资交给了国民党湖口县长陈鉴扬。自 1938 年 6 月 30 日日军侵占湖口棠山,至 1945 年 8 月 15 日日本帝国主义宣布无条件投降,在 7 年多的岁月里,日军在湖口所到之处杀人放火、奸淫掳掠,无所不为,湖口有数以千计的老百姓惨遭杀害。但不可一世的日本帝国主义终于逃脱不了灭亡的命运,中国人民终于打败了日本帝国主义,盼来了抗战全面胜利的这一天。

（转自《九江文史资料选辑》第 3 辑,1985 年版,孙渺生口述、骆小平整理）

# 日军侵入湖口期间在沈仲村设的"红部"

　　1938 年 7 月初,日本侵略军铁蹄践踏到湖口县,不到一年半时间,湖口县大部分地区相继沦陷。1940 年 4 月下旬,日军在中国军队英勇阻击下,加上战线拉得太长,兵力有限,只得步步为营,在都、湖、彭沿山设置据点,凡交通要道都派兵把守。日军第三大队部便设在湖口县张青乡的沈仲村,称"红部";片木为大队长,奥居为副大队长,共有千余人。驻"红部"的兵,平日休整待命,战时支援各个驻点,"红部"就是这一带的指挥中心。

　　沈仲村地势险要,前有程山,后有石山,可攻可守。村中有 60 余户青砖瓦房,村旁有一片畈田,宽坦平展。日军在此修起大小营房 40 余栋,周围拉起三道铁丝网,四方设有通道,戒备森严。营房东侧殷少岗村,驻扎炮兵骑兵,有野炮数十门,有马数百匹,马车百余辆。营房南侧沈仲村,设有"浪花食堂"、商店,卖一些军用品和消费品,制作各种糕饼点心;还设有经理部,因当时群众缺食盐,日军就用少量的盐来换取大量的农副产品。西侧通往石山,石山上布有明碉暗堡火力网点,有轻重机枪和大小野炮,掩护"红部";石山脚下设有监狱,全部是石洞,用来关押中国的爱国人士和无辜百姓,各山哨抓来的所谓嫌疑犯与政治犯都押到这里来听候处理。关进此处监狱的人,有的被解往县城,随后便杳无音讯,有的被就地处死。如马迹岭的张聊安和段元清村的段风章,关在这里三天,押往县城后就一直杳无着落。北侧是沈鲍垄村,设有伪区署,有区长以下 20 余人,并设有伪警察分队。这些人中有死心塌地的汉奸,也有后来转变过来的爱国人士。伪区署门前有一条公路,是"红部"强迫老百姓修的,干线通往县城,横线沿山脚通往石涧桥,上至横山。

　　日军凶狠残暴,无恶不作,在日军铁蹄的蹂躏下,老百姓生灵涂炭,民不聊生。日军将"红部"附近的所有房屋拆毁,木料用来建营房和构筑工事。段元清村、上下许村、沈鲍垄村、殷少岗村、上下荷塘村、苍下村、茅屋岭村的民房几乎毁坏殆尽,变成废墟。殷少岗村的民房全部被占作马棚,该地的老百姓被赶走,饥寒交迫,无家可归。

　　日军每天要征集大量民夫,为其修筑工事、挖公路、建营房,多时千人,少则三四百人,每隔一天老百姓就轮到一次作"苦力"。民夫自带干粮,整天干活,稍有松懒,就被拳打脚踢,被打得头破血流;甚至在严寒的冬天把民夫推入池塘冷水里,在炎热的夏天强逼民夫站在石板上曝晒。

　　日军"红部",每天要伪区乡政府送鱼送肉,多时七八头猪,还要送豆腐。所用的钱全部摊派到老百姓身上,名曰"月捐费",有的被逼得倾家荡产、背井离乡,以乞讨为生。日军为所欲为,见路上的行人就喊去帮他们扛枪,稍有迟缓,就死于非命。1941 年农历正月初二,沈鲍垄村沈大徜去拜年,在傅家畈与日军相隔三丘田,日军喊他,他未听见,当场被打死。日军随心所欲,高兴杀人就杀人,其残忍程度实为罕见。有时候将人灌水灌沙,肚子灌大了,就用木杠踩,就这样做人命游戏;有时候放军犬咬人,大垄乡周殷村一位 20 多岁的妇女张金钗,日军说她丈夫是新四军,没抓到她丈夫就把她抓来,让军犬咬她,活活被折磨致死;有时候抓去一群无辜难民,要他们自己打窖,然后用刺刀捅死在坑里,我记得一次就杀死 13人,像流泗乡彭村彭聚渠、张青乡吴下畈村吴岐山和坂山曹村曹伯希就是这次被杀害的。还有一次,记得是 1942 年 5 月,在殷少岗村下边一块田里一次杀害 18人;有一个年轻人挣断绳索跑过五丘田,投塘自杀未遂,又被日军拉上岸用刺刀捅死,丢在尸窖中。我村做"苦力"的人回家,听见窖中有微弱的呻吟声,当晚大家想去营救,但日军戒备森严而未成。

到 1944 年,日军由于战线拉得太长,兵力损失太多,于是将大队部撤至湖口县城,只留下一个中队的兵力,仍称"红部",直至抗战胜利而告终。

(转自《湖口文史资料选辑》第 5 辑,1989 年版,沈效先供稿、骆小平整理)

# 庐山石门涧前血泪流

1938年农历润七月十八日清晨，天气晴朗。居住庐山西麓石门涧下、赛阳乡内的张家、蔡家、胡家六房等村的男劳力，像往常一样，到田间从事农业劳动，妇女们在灶边操劳全家人的早餐，天真活泼的儿童们在村前村后打闹玩耍。战争的阴云虽然已笼罩九江，朴实的中国农民想不到日军对这个庐山一隅的山村会突然光顾。早饭后，传来消息说，有一批日军今天要路过赛阳。老实的赛阳农民虽然没有见过日军，但也听说他们是一群杀人不眨眼的魔鬼。因此，男人们放下农田的活计，妇女们赶紧收拾一些东西，扶老携幼去石门涧下的"盐老鼠洞"和"鸟儿洞"两个岩洞暂避。一小时后，这里就汇集了50多个从四面八方来躲日军的农民。

上午9时左右，果真有几十个日军窜到了赛阳。当他们在村里找不到人时，不知何人告密，竟进山直奔石门涧。日军来到"盐老鼠洞"和"鸟儿洞"前，个个手持上了刺刀的长枪，逼向50多个手无寸铁、瑟瑟发抖的中国农民，不论男女老少，见人就用刺刀捅，顿时惨叫声震天动地，腥风四起。无辜农民的鲜血染红了两个岩洞，染红了石门涧水；有的身首异处，有的被开膛破肚，有的被砍去四肢，血肉模糊。

在这次大屠杀中，有两个幸存者，一个是赛阳乡赛阳村第三村民组王水英婆婆，另一个是赛阳村第一村民组杨秀枝婆婆。当时王水英才13岁，随同家人躲在"盐老鼠洞"。当日军闯到"盐老鼠洞"时，王水英和另3个孩子惊慌中拼命奔向石门涧。日兵连几个小孩子也不放过，拦路一一刺倒。日兵走后，王水英从血泊中醒过来，3个小伙伴都死了。她感到下腹剧痛，原来，日军的刺刀从她右下腹刺进、左下腹穿出，左腹的板油从刀口挤出来一寸多，一群蚂蚁正在板油上觅食。王水英是个坚强的女孩，忍着剧痛，拂去爬在板油上的蚂蚁，把板油塞进肚内。这时，她感到口渴难忍，慢慢地爬到山下的水沟边猛喝了一顿水。直到黄昏时，她才艰难地爬到家。躲在别处的父母和弟弟这时也回到家。父母用盐水帮女儿洗了伤口，再用黄烟敷在刀口上。3个多月后，王水英才能直起腰走路。在她被刺伤处留下了两块伤疤。

杨秀枝婆婆1938年时23岁。日军闯来的那天，她的丈夫不在家，她带着50多岁的婆母随同村人一起逃到"盐老鼠洞"。婆母和其他人一起被日军杀害了，杨秀枝因为躲在洞上一个夹缝里，加上里面黑暗，才幸免一死。杨秀枝亲眼看到在日军进行疯狂屠杀时，乡民们并不示弱，赤手空拳与日军进行搏斗。胡家六房村女青年胡美玉拿起竹棍向日军头上打去，当即把一个日兵打昏；当刺刀插进她的胸膛后，她仍然挣扎着与日兵拼搏，大骂日兵是野兽、恶魔。

新中国成立后，当地人民政府多次组织干部、群众、学生到"盐老鼠洞"和"鸟儿洞"现场进行爱国主义教育，教育后代不忘日本侵略军残杀中国人民的血泪仇。

（转自《九江文史资料选辑》第3辑，1985年版，作者桂剡高、袁怀烈）

# 日军窜犯萍乡暴行纪实

1944 年夏秋之间,日本侵略军三次窜犯萍乡,头两次深入腹地,先后共盘踞47 天,全县41 个乡镇有 28 个遭受骚扰和破坏,造成巨大的人口伤亡和财产损失。

据当时萍乡县政府不完全统计:全县因日军入侵而死亡者共29017 人,其中被直接杀害的男丁共 1058 人;被强奸的妇女达 6389 名,其中因轮奸致死、奸后被杀死者以及不堪受辱饮恨自杀者 300 人;被掳者 21236 人,其中被强迫充当夫役者 5000 余人,被杀害或折磨致死者在 500 人以上;因染上疫病而丧生者达 20000 人。房屋被毁 801 栋(包括空袭炸毁者在内),损失谷米 407706 石、杂粮 192206 石、棉花 18885 担,损失牛 5572 头、猪 43885 头、鸡鸭 10704058 羽,公务损失 5448330 元(法币,下同),农具损失折价 87667213 元,衣物损失折价 1077648559 元,食品损失折价 905792229 元,公有财产损失折价 97482665 元,公务人员物资损失折价 2041296 元。

这些触目惊心的数字,概括了萍乡历史上最凄惨的一页!它深刻印在老一辈萍乡人民的记忆之中,没有因时光的流逝而被淡忘。

为了年青一代真实地了解这一沉痛悲壮的历史,唤起他们对现实和未来的应有警觉,增强爱国主义思想情操,在抗日战争胜利 50 周年前夕,我们一行人冒着烈日酷暑,赶赴安源、湘东、上栗、芦溪四区数十个村庄,访问数以百计65—92 岁的老人,倾听了他们饱含血泪的愤怒控诉,并逐一作了翔实的纪录。

兹按内容分类整理如下。

## (一)

据刘德昌、廖志坚、贺香莲、段梅杏等人说,日军第二次窜犯芦溪镇以前,曾两次派飞机进行狂轰滥炸。第一次是 7 月 26 日,3 架日军飞机飞到芦溪上空,首先是低飞盘旋,飞机上的"红膏药"都看得清清楚楚,屋瓦震得起颤。日机盘旋一阵之后,在打石坑扫射了一阵机关枪,3 个农民中弹死亡;接着沿铁路线投弹,一列军用火车的两节车厢被炸中起火,一时火光熊熊,爆炸声震耳欲聋。飞机走了之后,只见铁路两边岩石上血肉斑斑,不知炸死了多少人。

第二次是 7 月 27 日上午,9 架日机呈品字形又袭扰芦溪镇上空,这次飞得更低,连飞机上的日军似乎都看得到。日机扫射了一阵,发现大丰坪(现在叫前卫街)有几个妇女在晾衣服,连投两颗炸弹,居民颜维汉的老母等 3 人被炸死;麦园街(今派出所所在地)谢木匠的弟弟被炸死,刘森昌被弹片炸瞎了一只眼睛。10 年前的 1985 年,时已 92 岁的贺香莲(当年被炸伤右手),指着饶学流等人的住房墙上的弹痕告诉人们:这就是日军留下的罪证!在凌云女中和三民小学(现在芦溪粮管所、无线电三厂所在地),日机也投了 3 颗炸弹,两颗落在豆豉坪(现在芦溪区委院内),一颗落在筱山的猪婆岭上,凌云女中和三民小学校舍被炸得七倒八斜,陈吉凤7处中弹而死,学生10多人受伤。

接着又在宣风镇西南不远处的珠亭山村丢了炸弹,并对虚明观(现在市棉纸厂)扫射。有家结婚的迎亲队伍被扫射,4人重伤,新娘子胸口中弹死亡,一场喜事竟成悲剧。三里台茶店三驼子也同时被打死。

(二)

茶垣村王慈生控诉:日军从芦溪窜往高步岭,在当地抓了农民李星柏带路,李不熟悉路径;到茶垣,日兵又抓住王慈生的父亲带路,王的父亲听不懂日本兵的话,带到茅布岭,说"到了"。日本军官查看地图,发现离高步岭还有很远的路程,勃然大怒,将李星柏和王慈生的父亲两人统统杀死。

在腊市乡东洲村,老人们告诉我们:有个60多岁的老头子,名叫彭隆开,被日兵抓住时,瞪了几眼,日兵竟用战刀把他劈成几块;彭勇芬行动迟缓,来不及逃走,也被日军抓住打得遍身青紫而死。

庙岭村群众反映:当年庙岭有位80多岁的老婆婆来不及逃走,被日军用手碓锤砸死;农民邬镜良在路上走,被几个日兵争当活靶枪杀;还有5个农民被活活打死在家里。7月底,正是早禾成熟时节。逃难在外的人们饥饿难忍,有的农民冒险回村收割早稻,很多人被日军乱枪打死在田里,手里还拿着禾镰、握着禾穗。他们的一家老小却眼巴巴地盼望自己的亲人弄回粮食来煮粥熬汤,哪里知道他们已被日本兵杀害了。

南坑、团群、沙园、双凤等地,日军搜山围捕避难百姓,用机枪扫射,双凤就有李光祥、王荷香等7人被打死。腊市彭包生避难在蛇形岭,牙龈被日军打穿。长丰一农民被日军用刺刀划破面颊,挖掉眼睛。牛岭一朱姓产妇连同未满月的婴儿被日军刺刀挑死。刘呆子被日军捅穿腹腔,挑出肠肚。湘东街上龙裁缝,日军用木床架压住他的脖子,刺刀捅进喉管,用陶钵接盛血水,真如民间杀猪宰羊。

日军在1944年6月22日入侵萍乡城之前,一部沿略下村两侧山上搜索,当时王庙内有30多名老百姓躲在里面,日军包围该庙,用冲锋枪向庙内扫射,避难百姓全被打死。

据上栗麻石谢家湾村的群众反映:有个姓黎的农民外号叫"大肚脚",日军突然进村,仓皇逃命,来不及带走患病的男孩,晚上回来,竟发现孩子被日军丢在锅子里煮得稀烂。

汶泉村椿篙冲老农张斌生解开衣服指着至今还赫然在目的伤疤,向我们控诉:那年端阳节,日军从斜塘翻山过来,村里人仓皇夺路而逃。日军老远就开枪射击,他和叔叔中弹倒地,他叔叔左膝中弹,子弹从膝盖穿过,左手虎口也被穿透,从此成了残疾。张斌生伤在腹股沟,子弹连筋带肉掏了一个坑,至今还留着一个凹下的枪疤,可见当年伤势之重。

大田村的肖树发在日军窜扰莲花时被抓当挑夫,途经杂溪,他看到有几个挑夫因受不了折磨,拼命往山上逃跑,日兵先用机枪扫射,然后包围山头搜索,有个挑夫不幸被抓了回来,当众开膛破肚,挖出心肝和肚肠。

芦溪街上广益堂老板笃信天主,经常去教堂听神父讲圣经。日军窜入芦溪,他没有随逃难的队伍钻山沟,却在教堂俯伏于耶稣像前,虔诚地求主庇佑"无辜的奴仆"。日军闯进教堂,不管三七二十一,抓住他就走。日兵见他细皮嫩肉,满口称自己是超凡脱俗的教民,越发折磨他,交给一副重担强迫他挑。担不起,打;走不动,打。越打越走不动,越走不动越打,以致他瘫倒在地。日军对他捅几刺刀,血溅道旁而死。

## (三)

车湘村一位老人说:1944年7月29日下午,日军在南坑乡搜山抢劫,捉住几个妇女。年刚18岁的王××被用绳子绑在凳上轮奸。一个裁缝的老婆,长期患肺病,枯瘦如柴,被日军强奸;她的80多岁的家婆叩头求饶,竟也遭奸污。还有个婆媳俩,日兵强奸媳妇时,叫家婆在旁边看,媳妇被奸得鲜血直流,气息奄奄,日军又轮奸其家婆。

江峡岭群众反映:1944年6月21日,江峡岭有10多名妇女被日军轮奸。有的婆媳二人均被奸,轮奸后将她们连同吃奶的婴儿一起用刺刀刺死。

上栗镇刘大光控诉:1944年6月14日,日军侵入上栗镇,镇上男女老少都向山窝里逃跑。刘大光伯父家在夭埠丁咀冲,见人群奔来,知道大事不好,赶快带领家人往屋后龙眼冲逃去。他的堂妹刘秀英却还想捞起锅里的猪潲喂了猪再走。她将潲倒进食槽,刚出后门不远就被3个日本兵拦住。刘秀英一骨碌钻入禾田里,连爬带滚逃走。3个日本兵一齐追上,抓住她轮奸了。她痛不欲生,爬起身来往塘里一扑。

两个妇女逃难到上埠板铺,恰恰碰到日军,躲避不及,被日军抓住。日军强迫她俩脱光衣裤,用绳子套住脖子牵着当猴耍取乐,后被轮奸致死;死后还用刀刺其腹部阴部,因为她俩曾奋力反抗。

湘东有一个12岁的幼女,被日军轮奸致死,弃尸于野。腊市乡庙岭刘某的母亲,抱着不到1岁的孩子,被日军追得走投无路,投入水塘,母子双双淹死。一个姓文的少女,下肢瘫痪,日军也不肯放过,将她奸污。

## (四)

在众多的血淋淋的屠杀之外,还有一场杀人不见血的大屠杀,即痢疾、天花、伤寒等疾病因为战争而流传,使萍乡这块土地上增添了许多孤儿寡母、鳏夫孤老,甚或一家大小一个不剩。湘东腊市仅天花就夺去了许多人的生命。据不完全统计,死于天花的就有200多人,死于其他传染病的人比比皆是。麻山汶泉小江背廖廷奇、包生等家大小共30余口,最后只剩几个人,柳源光冲黄××一家7口,两天死得一个不剩。芦溪、上埠、南坑、长丰、张家坊几个乡,日军过后不到半个月即暴发了"打摆子"(疟疾)、"拉痢疾",中秋前后便扩散成灾了,严重的地方几乎到了屋断炊烟、门无人开的凄惨地步。曾传富一家 7 口死亡 5 人，朱明亮兄弟 3 人全部死了。据南坑、湖斗、乾村、车湘、大岭、双凤、横江、窑下、妙泉、中元、新村等地调查统计，死亡竟达 620 余人。

源滏乡罗家湾 15 户共 106 人，1 个月内有 82 人患病，38 人死亡，其中罗上文一家 7 口全部死亡。

日军侵入萍乡后，制造了一场空前的大瘟疫，使萍乡县有 2 万多人死亡。今日病人埋死人，明日病人也见阎王。那时，处处有人哭儿女、哭爹娘，山上天天增新坟。这都是日军一手造成的悲剧。

### （五）

老人们说，日军每到一处，家具门窗烧光，财物粮食抢光，棉被或割成马垫、或蘸油点火照明，牛、猪、羊及家禽全被宰杀，不少牛、猪杀死后只吃一小块，其余全都扔掉了。日军还将战死的日兵抬到附近民房内，堆满柴，浇上油，将尸体连房子一同焚毁，腊市乡庙岭村至麻山乡上官岭村就这样烧了几栋民房，白竺乡源头村一学校和上村的陈开发家也都是被当做焚尸炉毁掉的。凡日军驻扎的村子，如上村、瓦屋、官陂、洞溪等地，田里的稻子全被割来充做军粮，或当马料。更令人发指的是，日军竟然在米瓮、油缸里拉屎撒尿，老人们每忆及此，都很愤慨。

（转自《萍乡文史资料》第 16 辑，1995 年版；调查人员：彭雄、李笠农（执笔）、钟亦（整理）、周镜城、林光希）

# 萍乡人民的血泪控诉

**程庆麟**(安源区人,原为市防疫站主管医师):

八年抗战期间,萍乡城内商民饱受战乱之苦。那时每天只要警报一响,就要关上店门,跑到郊外去躲避日机轰炸。为避免损失,不少商人只好把值钱的货物搬到乡间去,仅留少量的应付门市。警报频传,商店无法正常经营,市场萧条也就可想而知。上海、杭州相继沦陷后,货物来源困难,浙赣路仅通富春江以东诸暨、义乌一带。金华为商贸聚集之地,萍乡商人办货,须远走温州经永嘉、青田、丽水至金华转运回萍乡,沿途时有敌机轰炸,货物要安全到家,千难万难。1938 年秋,永丰祥百货号经理肖开惠派伙计赴温州先后购货两批,其值 5000 元左右,运至丽水候车,遭敌机轰炸,货物全部被毁,伙计仅穿一身裤褂回家。商店因此大伤元气。同年初冬,商民姚守一、商号昌华斋等,在温州购得匹头 20 余件(每件 20匹),运抵金华火车站候运,也被炸毁殆尽。1941 年初夏,商民黎竹群等运百货匹头一批,计 10 多件,由金华抵达东乡到邓家埠,寄存源源运输行,正待运回萍乡,该埠沦于敌手,货物未及运出,损失一空。当年诸如此类事件不少,只是损失大小不等而已。至于 1944 年日军两次窜犯萍乡时,商界损失之大就更不用提了。据我所知,当年经营布匹、百货的商店如德泰福、华实、绿叶、五福、鸿记、杨美记等,分别将货物运到南坑、樟树下、横岗、瑶进等村亲友家寄存,日军一来,混乱中将货物左藏右藏,造成很大损失。仅德泰福一家就损失在 2000 元以上。日军第二次入侵时,惠元斋、元康、惠丰祥、万福元、正兴等南货号货物损失价值数以万计。惠元斋遭此一劫,大伤元气,抗战胜利后很长时间才振兴起来。

**邱忠辉**(曾任高坑中学校长):

1944 年端阳节前后,日军逼近高坑地区,先派飞机狂轰滥炸一阵。本来静谧葱翠的山林,一时天崩地塌,弹片横飞,人们纷纷躲避。大星村杨麒纲、杨紫纲兄弟俩,扶病躲藏在一个岩洞里。由于奔波、惊吓和气愤,待日机走后,已经奄奄一息,家人把他俩抬回家中,便同时断了气。一个厅堂一时并排摆两副棺材,谁见了不心酸。

不几天,一只狗从山上拖下一条已腐烂的人腿,人们上山寻看,才发现三具已腐烂的尸体,是被日机炸死的国民政府军士兵。

当地居民听说日军就要进村了,便纷纷逃匿。日军进村后,见鸡就杀,见猪就宰,见值几个钱的东西就抢,把大便解在盛有米饭的饭甑里。茶亭里村的李绍文家猪栏里的两头肥猪被宰,一塘鱼也被用生石灰毒翻。

有的妇女因丢不下家而留下来,便有中年妇女在脸上涂擦黄腊,装出老太婆模样,以为可欺瞒过日军,不会将他们怎样。哪知日军惨无人道,对妇女不分老少，逮住了就要蹂躏。例如尚健在的茶亭里村瞿××，还有其他几个妇女，便被日军肆意糟蹋过。

当时国民政府军士兵，绝大部分是从穷苦农民中捉来的壮丁，在军队中长官不把他们当人看待。国民政府军第58军在茶亭里村小学设了一个伤兵医院，仓皇撤退时弃下10来名伤病员。日军入侵该村走后，村民陆续回村，闻到一股冲天的臭味从村中小学内散发出来。人们走进一看，这些伤兵的尸体都已腐烂生蛆。无疑，他们是被日军枪杀或饿死的。

日军撤走时，到处抓夫挑担。高坑乡江背村的何凤端老人不幸被捉，老人说："我今年已80岁了。"鬼子狞笑着说："好，80岁担80斤。"老人只有咬牙挑担上路。高坑镇吴立游被捉去后，至今杳无消息，不知尸弃何方。

日军离去以后，高坑乡一带鼠疫蔓延。长塘下这个小小的村落，人口不满300，不到半个月，便被鼠疫夺去30多人的生命，唐施发一家6口全部死于鼠疫，家破人亡！

**戴志明**（湘东区黄堂村人，曾任城关区、安源区政协主席）：

1944年6月22日，湘东镇黄堂村，做砖的泥工文全昌与妻子在逃难时失散。文全昌妻子抱着孩子欲闯过田垄逃走，刚跑到大星塘岸，被日兵拦住，死死纠缠不放；她反抗，一个日兵竟夺过她怀里的孩子，一刺刀，高高挑起，在空中晃了晃，又甩进禾田里。在孩子绝命的惨叫和母亲撕心裂肺的哀号声中，日兵在塘岸上轮奸了这位良家妇女，之后又用刺刀捅她的下身取乐，并将她踢入水塘。

日军撤退后10多天，萍水河的洄水湾里还漂着十几具尸体。文全昌妻子的尸体还浮在大星塘里，肚子胀得像一面鼓。禾田里也有尸体，早已腐烂，一堆堆白蛆蠕动翻滚，一群群苍蝇飞起飞落，嗡嗡鸣叫；腥臭气味弥漫田野，令人胆水都呕了出来。屋场后面水塘里有一具老婆婆的尸体，衣裤被撕裂。她是老秀才袁养吾先生的遗孀，80多岁了。日军逼近时，她生死不肯跟子孙逃走，坚决守在家里。日军一来，这位老婆婆也未能幸免。

**刘瑞铭**（原为萍师附小高级教师）：

1944年6月中旬日军侵入上栗时，我任教的西区小学奉命疏散，我赶紧回到了木瓜山老家。父亲吩咐我带一家大小15人逃到曹水源去，祖母眼花耳聋，走不动了，父亲把她送到张婆婆家，让两个老人相伴，自己在屋前屋后躲避。6月29日日军走后，我回家去探看，一路上只见庄稼多被糟蹋，好几家房屋被烧，人、畜被抛尸于露天之下，臭气熏天。还听说日军在砚田捉夫上船，到黄花桥快上岸时，竟将年纪大的从船上推下河去淹死。在黄土岭用扁担活活打死5个老百姓。湘东老街下市里有个长寿老倌被日军抓住当夫子，因脚痛跛行，被日军用东洋刀在脑壳上划个"十字"，痛得他满地打滚而死。湘东街上有几具无名尸体，双手双脚被日军砍断，叫人惨不忍睹！待我回到家里时，没有见到父亲，跟随他一起照看祖母的二弟哭诉着：父亲被日军抓走了，两口塘里的鱼被捞光了，牛也被宰了，还说坳背老秋家媳妇、新塘60岁的老嫂都在被鬼子强奸后投河自尽。

10多天后，父亲好不容易逃到黄花桥，离家不远了，但他再也走不动，是靠乡亲们抬回家的。只见他变得黑瘦如干柴，气息微弱，全身红一块紫一块的，到处是伤痕，还染上了痢疾。他是被日军抓去挑炮弹的，经南坑到莲花，一路上一次又一次被拳打脚踢、枪刺刀砍，加上酷热、饥渴，到安仁时又染上痢病，心想是没命回家了。他是一天夜里趁日军睡熟时逃出虎口的。但没过多久，也就是湘东第二次响起枪炮声的时候，父亲终因伤病沉重，医药无效而死了。可怜他才48岁！

至今，每当我想起他的悲惨遭遇，耳边就会响起他在病重期间的愤怒控诉："日本人信佛教，一路上见到菩萨就作揖下跪，可是杀人放火、奸污妇女连野兽都不如。"

善良的父亲何曾料到，就在他死后没几天，一群日兵竟在我家附近的龙王庙里，在菩萨神座前，奸污了好几个来不及上山躲避的妇女！

**张一民**（原为南台小学高级教师）：

1944年日军进村那天，母亲与我一时不知往哪里逃，仓促间只得空手跟着邻居们向东门外无主祠方向跑去。谁知日军远远跟在后面追来，我们慌慌张张逃到王家屋后山暂时躲避。远望无主祠路上，一个妇女牵着一个约10岁的女孩跌跌撞撞地逃命，忽然女孩中弹倒地，那妇女不顾一切地把孩子背起来也朝王家屋后山跑。等到日军走后，大家才下山来探看那母女俩，只见女孩背腹中弹，脸色惨白，奄奄一息，众人七手八脚地弄姜汤、搞草药，想稳住后再设法送医院，可女孩终因耽误太久、流血过多而丧命了。女孩的母亲哭得死去活来，在场的群众也都流下了伤心的泪，都咬牙切齿恨不得把日兵抓来碎尸万段！

黄昏时分，我们听说日军走了，陆陆续续回到家里。才一天工夫，各家都被搞得一塌糊涂，我家几乎所有的木器、衣物被烧了。那时我家还很贫困，哪里经得起这一击！不久我们母子二人又染上了疟疾，真是屋漏更遭连夜雨呵！要不是东门外街聂源泰药铺老板念及老街邻份上赊了点中药给我们，自己又在乡间弄了点土药方医治，还不知要出现什么结果呢？至今回忆起这件往事，还不免毛骨悚然！

**向树藩**（湘东镇退休干部）：

1944年6月21日，日军第一次入侵湘东时，我家两头猪被日兵打晕割去后腿吃。人总算没遭殃，街坊杨圣年被抓去，至今不知下落；他儿子杨业举才3岁，被丢在一口大缸里盖上盖子，是刘永兴母亲发现后得救的。7月22日，日军第二次来新城村时，伍增华一个不满周岁的女孩放在坐栏里，日军进槽门时，他来不及抱孩子，就往后门逃走了。日军离开后，他回到家不见孩子，到处找也没找到，几天后才发现孩子被杀死丢在门前稻草堆里。湘东后街张春生兄弟俩只有一个孩子，叫水锡，才15岁，与邻居青年彭光生一起逃到井冲，不幸被日军抓住绑在张家祠后竹山里用刺刀刺死了。张春生因此患精神病，不久便死了。

**朱吕**（萍乡市委政策研究室干部）：

日军进犯广寒寨山区,正是早稻成熟时节,农民没来得及收割,就被日军割去喂马。官陂、洞溪两个村 600 多亩早稻,几乎颗粒无收。这两个村共计不过 200 来户人家,被日军宰杀了肥猪 100 多头、耕牛 10 多头、鸡鸭上千羽。官陂下江背农民何冬生被杀成重伤,周仓生也被毒打险些丧命。官陂村被抓住充夫役的有汤方桃、张秋生、温庚生、朱洪操、汤吉古、巫炳生、段运寿等近 20 人,有的一直未归,可能死在外面了,有的半月一月后才逃脱虎口。但他们回家后,只见家徒四壁,衣物荡然无存,门窗、家具、牛棚、猪圈全被烧光,生活毫无着落。村民们因长期躲在深山里日晒夜露,备受饥渴,身体受到严重摧残。各处的人尸、畜尸没能及时掩埋,阳光曝晒,臭气逼人。日军又在饭甑里拉屎,水缸里撒尿,丢下的猪头、猪脚、鸡肠、鸡爪遍地皆是,致使苍蝇成群,蛆虫滋生,疫痢流行。官陂村几乎无一户不患疫痢。生病无医药,只有等着死。官陂高翰里朱福荃家 3 个 10 来岁的孩子便因患痢疾而死亡,石崖下萍中学生朱洪烈也因患痢疾而丧生。全村得痢疾等病而丧命者有几十个人,几乎占人口总数的五分之一,真是说来寒心!

**彭雄**(退休中学教师):

我儿时家住腊市乡东洲村。1944 年 6 月中旬至 9 月,日军三次进犯萍乡。那时我虽是个孩子,但对日军的种种暴行至今记忆犹新。6 月 20 日左右,日军在骑兵和炮兵的配合下向县城进攻。我们书读不成了,憋着对日军的仇恨,跟着大人钻山沟,日军走后才回到家里。躲在山沟里真窝囊,连咳嗽都不敢。有的妇女带着吃奶的孩子,怕孩子的哭声招来日军,用衣服捂住孩子的嘴,结果将孩子活活闷死了。孩子死了,做父母的也不敢哭,忍着悲痛的泪水往肚里咽。

7 月中旬,日军又纠集大批人马来进犯,我们村里大多数人家都受到骚扰,我家里的东西被烧光、抢光,猪、牛被杀光。日军杀了猪、牛只割股上一块瘦肉,其他的白白糟蹋了。日军奸淫掳抢,杀人放火,无恶不作。我五堂叔被日军活活打死。隆开老汉失踪了,人们看到屋左梨树前成堆的苍蝇,才发现老汉被劈成几块扔在树下。藏在山沟里的老百姓被日军搜出来,男人有的被杀、有的被抓走,妇女被强奸、轮奸,死了很多。第一次日军来时,早稻正抽穗灌浆,被他们连晚稻苗一起割来喂马。日军为了抓鱼不惜把鱼塘水全放干,弄得稻田缺水,禾苗枯萎,颗粒无收。日军第二次来犯,早稻正当成熟,他们强迫民夫割来充军粮、马料。有的老百姓饿得撑不住,悄悄去割点稻谷充饥,被日军用乱枪打死。

家里待不住了,父亲将祖母、母亲和我们几个小孩送到离家 20 多里的东坑罗汉塘,重山峻岭,十分隐蔽。同我们逃到一块的人很多,这里没有日军骚扰,但传染病却缠着逃难的人不放,伤寒、痢疾、疟疾等病闹得人们惶惶不安。山沟里缺医少药,天天有人死去,时常听到呼天抢地、撕人心碎的哭号。我们一家 7 口都染上了痢疾,日夜要解 20 多次脓血粘冻大便。我们被疾病折磨得只剩下皮包骨头,连走路的力气也没有。粮食接济不上,吃饭成问题,没有盐的野菜实在吞不下。那时交通被日军切断,盐运不来,100 斤稻谷还换不到 1 斤盐。正在无法可想的时候,父亲送了粮食来,还有一小块马肉。据说日军由打子石上千步磴,搜寻藏在山里的老百姓,马从石阶上滑下来摔死。饥饿的人们去割日军的马肉充饥,父亲恰好路过也割了一小块。母亲把它分成两次炒给我们吃,而且加了一小撮盐,我们美美吃了两顿,痢疾竟奇迹般痊愈了。后来我们听说是日军的细菌部队杀死牛、猪后割下一小块吃,剩下的投放病菌和病毒。牲畜腐烂后借苍蝇传播,使疾病流行。他们就是用这种狠毒的手段杀害中国老百姓的。而日军的马却给注射了防疫药,我们吃了马肉顺便把病治好了。传染病威胁着战乱后的百姓,失去亲人的哭号声声凄惨,数不清的新坟怵目惊心。

**陈选民**(芦溪蔗棚小学教师):

1944 年 7 月,日军进犯芦溪街以前,曾在源南乡石北村驻扎过,在这里,他们杀死好几名无辜者,将尸体扔在鱼塘里,浮尸好几天也无人收殓。过蔗棚村时,日军强抓糖屋场的张福祥和上屋场的陈梅生当挑夫,他俩后来总算找到机会逃脱了;日军还抓走 60 多岁的王新和、王新开二人,一个多月后,王新和从莲花逃回来,人瘦得皮包骨,王新开挑不起担子,在七里店就被打死了。芦溪街广仁堂药铺的熊善清老板,70 多岁了,又从来没干过挑担一类重体力劳动,被抓住后,挑不起担子,日军竟把他刺死在五里牌杨柳亭旁边的水田里。据他儿媳妇王美壮回忆,她家当年还有个 90 多岁的老祖母,她公公是为了照顾母亲留在家里的,哪里想到日军竟会这样残忍! 在正大街,有好几个妇女被抓去了,其中有个 40 多岁的老板娘被一群日军轮奸了。在源南乡茶塘,有个妇女竟被绑在楼梯上轮奸致死。

**肖兴汉**(芦溪县原供销社退休干部):

日军撤离芦溪好几天了,进山逃难的人才陆陆续续回家。我父亲带着一家大小也回到芦溪街,发现街上房子有的穿了洞,有的倒了墙,有的塌了屋角,地上到处是砖头和瓦砾。这是日军飞机丢炸弹炸后的惨状。当时我还特意跑到大丰坪(今前卫街)去看了,只见白马庙旁边的一棵大树上挂着一个像葫芦一样的东西,听说是一颗未爆炸的炸弹。日军为什么要炸芦溪? 主要是想截断中国军队的补给线。那时人们一听到警报响,就拼命往山上跑,直到傍晚才回来,生产因此受到严重影响,连熟了的早稻也无人割,晚稻也无法按季节插下去。

**张杰**(上栗县人,原是江西师大教授):

抗战期间,我在江西省立临川中学高中部教书,1942 年上学期,为了避开日军骚扰,学校宣布紧急疏散。我历尽艰辛回到了上栗市王家大屋与家人团聚。1944 年上学期,我受聘在金山中学任教才 3 个月,日军便侵入上栗了。我带着一家大小 9 口人往附近的千丘岭逃。一家人除我以外都是老弱幼儿,3 个孩子最小的才 1 岁多,最大的不过 5 岁,父亲年迈体胖,母亲一双小脚,都走不动,我夫妻俩抱了小的又要背老的,好不容易走过十几里上山的路到了千丘岭张文藻家。听说当天晚上日军就在王家大屋一带宿营,翌日开走了。我赶回家一看,家里的东西全被糟蹋得不像样子:收藏在楼上的上品瓷器全部打烂了,一缸茶油里日军拉了大便,油漆桌椅全被烧成灰烬。尤其使我痛心的是,书房里的书不见了,有的被撕破烧了,有的被撕破垫在关马的地方。其中主要的线装书有《十三经注疏》《正续资治通鉴》《前四史》《四库全书总目提要》,精装书有开明版《二十五史》、英文《希腊史》《罗马史》《中世纪史》《十九世纪史》《英文修辞学》以及《法文字典》《法文读本》,平装书有《中西交通史料汇编》和鲁迅、郭沫若等名家的著作。这些书在战时是有钱也买不到的,战后又大都因绝版而无法买到,因此这笔损失对于我可以说是无从弥补了。然而,邻居还发生了更加令人切齿痛恨的事:年迈的三祖母竟被日军轮奸了整整一夜!

(转自《萍乡文史资料》第 16 辑,1995 年版,作者为萍乡市政协文史办公室)

# 日军飞机轰炸萍乡目击记

　　1939年6月9日，侵华日军飞机第一次轰炸萍乡城，被炸死炸伤的有百余人，炸毁房屋多处，惨况空前，现将我与王舜笙、肖英瑶、李百崇、张汉怀、欧阳晋、张承先、钟春生、黄海岩等诸多老人当年目击的实况记述如下：

　　是日晴朗无云。一早，设置在土城里的高台防空监视哨上，挂出了一只红灯，按当时防空指挥部规定，一只红灯预示空袭，二只是空袭警报，三只是紧急警报。悬挂绿灯则是解除警报。上午9时许，红灯挂出二只，接着，"当、当、当"警钟声，越敲越急。霎时，只见9架日机出现在天空，成品字形，发出"嗡嗡"的轰鸣声，环绕萍乡城盘旋数圈离去。与往日一样，人们认为是日机路过，不以为然。但不到一刻钟，日机突然返回，以迅雷不及掩耳之势，连续投下几枚炸弹，一时烟尘弥漫，天昏地暗，轰轰的爆炸声中，房倒屋塌，血肉横飞。号啕声、呼救声、呼儿唤女声连成一片，闻之心惊肉跳，撕心裂肺。人们不顾一切地向郊外逃去。

　　当时的专员公署、县政府和国民党县党部最为邻近的花庙前、月光塘、磨盘石（今府前路一带）及西大街，是中弹最多的地方。笔者一家居住在旧称"十三兴"的隔壁（即今府前路5栋处），人口众多，除在外工作和就学的外，当时在家的有父母、姐弟、妻儿、奶妈等共10人。家中厨房小坪屋上中弹，后屋和厕所倒塌，有4人被压在梁木瓦料下面，救出后奶妈与八弟受重伤。隔壁邻居一妇女因躲藏在厕所里被炸死。邻近处有家小理发铺，一乡民正在理发，闻飞机声后好奇地跑出店外仰望，手指天上，张口惊叫"飞机"；突然一声巨响，他倒在地上，头被削去半边不知去向，事后才发现掉在月光塘"长一二祠"屋顶上（今府前路5栋附近）。花庙前天符庙（今供销大厦处）前栋被全部炸毁，只剩后栋神殿。月光塘中弹多处："长一二祠"对面中弹时，恰值陈瑞和银匠铺少老板路过，因躲避不及被炸死；该处的文生顺肉铺也被炸塌，老板娘和两个孩子躲案板梯下被压死，其隔壁苏氏公馆炸死一儿童；"金谥第"座向右边中弹，房屋倒塌一边，毗邻的"六合祠"中重磅炸弹。据"六合祠"原主人欧阳晋老先生讲述，是时，他刚开厅门，便觉眼前一黑，随着一声巨响，一股很大的冲击气流将他推倒在地，祠堂石门架也被炸倒。当时院坪内堆有尺二、尺五围的杉树200余根（准备建店房用材），亦被重磅炸弹炸碎震飞，损失殆尽。甚至院中用来晒衣服固定竹叉、足有60公分见方的石墩，也被炸弹的冲力抛上天空，落在50米以外的"日新德"店堂中，该石是从屋顶穿过瓦料、冲破楼板坠于地上的，至于店内货物损失之大就不用说了。后观弹坑，足有十二三平方米大。在填弹坑时，欧阳晋老先生家人拾得铜质弹壳铭牌一块，上面铸有"昭和十三年制造"的字样。磨盘石靠"道台衙门"方向的"蓝家祠"（今进贤小学附近）亦中弹多枚。据欧阳晋老先生目击，当时祠堂内驻扎的壮丁亦被炸死不少，事后用麻袋装尸体，用土车推运。在"仁庆福"店（老板张承先）至昭萍戏院一带(今八一路房管局至新华书店)被炸成一片瓦砾,常年在戏院后面的菜园内种菜的一位菜农被炸死。"仁庆福"店隔壁的一户彭姓油漆店,全家6口和1名女客人全被炸死。位于原城隍庙、城隍巷的萍乡县立小学(今二中处)和萍乡中学(今萍师附小处)均中弹。萍小弹落操坪,炸死学生4人,其中一个学生死后斜靠墙壁未倒,胃肠外露,惨不忍睹;萍中虽无伤亡,但炸毁四楼屋顶瞭望台(上有"生聚教训"四字牌坊)。据肖英瑶先生讲述,萍小被炸死的4名学生中,文、刘二人是他三年级同班学友。当时文、刘二人听到警报后,原是与他一道逃往南门外宝塔坡(今市文化局后山)的,飞机盘旋数圈离去时,文、刘二人相邀返回学校取书包,被很快返回的飞机炸死。他因未随行,所以幸免了。城隍巷内3家轿行被炸死轿夫6人。此外,原县政府后面李子园肖君绛家(当时叫"绛园",今市人大所在地)被炸掉一屋角;县政府侧边的"久大"糕点铺被炸掉了店后作坊,正准备赶端午节粽子生意的原料被毁殆尽;糕点铺隔壁的"协丰祥"百货店亦中弹倒塌。

据欧阳晋老先生当时统计,同属一个保的花庙前、月光塘、磨盘石三处是重灾区,共计死亡36人(壮丁未计在内)、伤47人,炸毁大小民房87间。又据全城有据可查的不完全统计,共死伤168人,其中死61人、伤107人(壮丁未计其内)。凡死者,当时街坊邻居曾多方筹资一一给予安葬;伤者由原"启化慈善堂"肖念诚、肖开惠、钟光明等善士牵头出钱出力,组织人员,从醴陵购买药品,给予了妥善治疗和安置。

另据老人们追忆,1939年6月9日上午日机在滥炸萍乡城后,东返时(约在上午11时许),途经宣风镇珠亭山村"杨泗庙"又投弹数枚,幸未造成损失,其中有一枚落在庙檐上未爆炸。同年9月3日,日军轰炸机一架,由东飞入上栗上空,盘旋一圈后很快向西飞离,刹那间又由西向东折回,对上栗镇俯冲投弹,响声震耳,一时全镇烟尘弥漫,天昏地暗,见不到人。栗江桥边巷内中弹,炸死20多岁的妇女黄玉秀;该巷附近的挑水码头亦中弹,一位绰号叫"三陀古"的杂货店伙计不幸丧命。此次日机在上栗投弹,人们猜测可能与不远处的瑶金山圩所驻后方医院的伤病员在镇上来来往往,被日机路过时发现目标有关。

钟石麟先生曾回忆(见《萍乡文史资料》第3辑第89页),八年抗战中,萍乡遭日机轰炸共有三次,其中第一次是在1937年9月某日,第二次是1938年6月9日。笔者为此走访了7位老人,他们一致认为:1937年9月某日距七·七事变仅两月左右,而这年8月13日又开始淞沪会战,上海地区处在抗日激战之中,浙赣铁路东至金华以远还畅通无阻,南昌尚未失守,日机不可能在南昌起飞,我国从北到南地域如此广大,日空军尚无暇顾及远距战区的萍乡,至1939年3月南昌沦陷后,赣西重镇萍乡成为战区才有可能。据此,老人们认为:1937年9月某日日机轰炸萍乡,不太可能。老人们记得很清楚,日机第一次轰炸萍乡正值端午节前夕,许多南货铺正在做节前准备。这就是说,日机第一次轰炸萍乡应是1939年的6月9日。

(转自《萍乡文史资料》第16辑,1995年版,作者程庆麟)

# 民　夫　恨

## （一）

萍乡市湘东区麻山镇刘家洲村刘祥奎老人，我在1995年对他访问时，时年81岁的刘老汉，对当年日军把他抓去做挑夫，仍记忆犹新。

1944年端午节后，一股日军从湘东东南角的源头村向白竺圩窜犯。这是一支山炮部队，配有步兵保护，马匹很多，还抢来许多黄牛，分驮着炮轮、炮身和炮架。牲畜驮不完的，沿途便到处搜抓民夫，仅汶泉、刘家洲一带就抓了很多人，五陂下乡大田村段友开也被抓，其中有些十一二岁的孩子。与刘祥奎一起被抓的青壮年民夫共28人。

刘祥奎老人回忆说，日军抓住他们后，用枪押解到队伍时，立即有几个手拿绳子的日兵过来捆绑他们的手。轮到捆刘祥奎时，他鼓起劲来，气运双臂，捆绑完后偷偷一试，觉得稍为松活，可以勉强退出手来。日军将他们分开，掺杂在日兵中间，彼此连说一句话也没机会。吃饭睡觉也不给松绑。日军吃完饭，让他们吃一点剩下的饭菜，匆匆赶路。随后，日军便让这些被抓来的民夫挑担。民夫们挑着沉重的铁箱子，每人后面都跟着一名凶狠的日兵，稍有懈怠便会遭到毒打。

烈日似火，日兵押着挑着重担的民夫们由轿田翻山越岭，大家都累得气喘吁吁，汗流如雨，口干舌燥，有的人张着嘴喘气。一个担货郎担的民夫被扁担磨得两肩红肿，赤着的双脚血泡累累。他不停地换肩，艰难地移动双脚，每放下担子，就偷偷地流泪，连饭也吃不下。行至曹家，他再也迈不开步了，一屁股盘坐在路上，眼泪长流。日兵怒气冲冲"哇啦哇啦"吼叫；货郎目光呆滞，一动也不动。日兵扬起鞭子，双手狠狠地朝他抽打；货郎两只手紧紧地护住头脸，身体一耸一耸地抽搐，痛苦地呻吟。他两天来粒米未沾，连大声哼叫的力气都没有了，任凭日兵怎样抽打也站不起来。"嘎兵——"枪声在山谷中响起，一缕鲜血从他胸口冒出来，货郎两腿一伸，歪躺在路旁，圆瞪着两眼直视着苍天。

看到他的惨死，民夫们个个心惊肉跳，担心同样的命运不知什么时候也会轮到自己头上。刘祥奎当时心想，如果也被日兵打死了，家里人什么也不知道，几根骨头也没有人收回家去，像那可怜的货郎一样。想到这，他不禁心酸泪落，脚步不觉迟缓。日兵一见，皮鞋尖重重地踢在他踝骨上，痛得冷汗直冒，差一点哼出声来。他强忍住眼泪，一跛一跛赶上去，免得遭受日兵更残毒的折磨。

在炎炎烈日的烤晒下疾步行走，民夫们口干得喉咙里冒烟，日兵却不准他们停下来喝口水。听着山涧水声潺潺，看见溪流清澈见底，大家更觉口渴难耐。刘祥奎实在耐不住了，不顾一切地放下担子，俯身在溪里大口地喝水。刚一抬头，脸上重重地挨了一个耳光，打得他眼冒金星；嗡的一响，耳朵也失灵了，半边脸麻木胀痛;口角里湿漉漉的,耸肩一擦,竟是鲜红的血。他恨不得一脚将这个日兵踢下山坡,摔死这家伙,但前后都是枪刺闪闪的日兵,只有忍气吞声,心里盘算着怎样逃脱日兵的魔爪。

日军到达土下,靠山拴着马群,周围燃起篝火。日兵们呈半圆形躺在露天的场地上,将民夫们圈在他们和马群中间,用绳索绑住双臂,靠马的一面没有日兵。不过那些高头大马也的确有点吓人,一蹄子可以将人的筋骨踢断。刘祥奎决心冒险逃走。夜深人静,篝火渐渐熄灭,日兵睡得像猪猡一样,一阵阵的鼾声传来。刘祥奎慢慢地扭动胳臂,使劲地退出绑绳,但又害怕惊动马群,犹豫了一阵;不过他马上又想,要是不走,被日兵发现自己脱了绑,也难免遭罪,于是慢慢地爬向马群。驮马爬了一天的山路也困乏了,站着一动也不动。他从一匹足有5尺来高的大马肚皮底下慢慢地钻过去,爬上山后就不顾一切地往密林深处急速攀爬。急不择路,竟走错了方向,跑到黄冈去了。天色渐亮,他暗自庆幸逃出了樊笼。瞥见路旁一具婴儿的尸体,吓得一跳。这是谁家的孩子? 也许是他的父母被日军抓走后遗弃在这里的吧! 见他尸体浮肿,散发出阵阵臭气,不觉毛骨悚然。刘祥奎麻着胆子从他身边走过,这时,真盼望有个同伴壮胆。前面似乎有个人影从山上溜下来,刚一闪眼便不见了。刘祥奎连忙追上去,的确是一个青年农民。他一见有人追赶,竟没命地快跑起来,他错将刘祥奎看做是追赶的日兵。刘祥奎大声喊:"朋友,不要怕,我也是逃出来的民夫!"那人听到乡音,这才放下心来,收住脚步。有了同伴,两个人的胆子都大些了,逢人便探问前面有无日军,肚子饿了就讨点吃的,绕来绕去,走了三四天才回到家。

遗憾的是,刘祥奎没有机会串通邻居刘甫元一同逃走,以后才晓得他不堪虐待,被日军逼疯了,在茶陵被枪杀。林在万、张新生、温罗仔他们一直没有回来,不知死在什么地方。刘保书、彭年生、刘思良等人侥幸相继逃脱,年近花甲的刘思良逃出时,两肩被磨得血肉模糊,枯瘦如柴,徒具人形,只剩一口气了。

大田村段友开一路上备受折磨,挣扎着到湖南境内,日军被中国军队击溃,这才逃出来,帮人打了两个月短工,赚了点盘缠才回家。家里的人以为他死了,母亲天天涕泪横流,为他烧纸钱。一见他回来,母子相抱大哭起来,母亲一边哭一边大骂日本兵,听说那支日军被打散了,连连说:"打得好,打得好,要他们统统不得好死!"

(二)

五陂下乡大田村的肖树发是日军第二次侵入萍乡时被抓走的。他身体单瘦,可是日军却毫不留情地强迫他挑担子。路上,他看到一个民夫因为挑不起,走不动,押担的日兵横起枪托朝他身上打去,两三枪托就将他打倒在地上。日兵吼着,那民夫动弹不得,日兵将他踢下水沟,搬起一块二三十斤重的石头活活将他砸死。日军窜莲花,肖树发随着他们走杂溪,刚刚放下担了,就听到机枪"嗒嗒嗒嗒"响个不停。原来有几个民夫受不住熬煎,到杂溪就冒着性命危险往山上逃,日兵追赶不上,气急败坏地用机枪扫射;接着又派部队包围山头,进行搜索,有一个民夫不幸被抓了回来。日军马上将所有民夫都押到村里的一块坪地上,将抓回的民夫五花大绑,推到民夫队群面前。腰挂战刀的日军官对着民夫们"哇啦哇啦"讲一通。翻译说:"皇军老远来帮助中国进行圣战,大家应该竭力支援。这几个逃跑的苦力大大的坏了良心,破坏大东亚共荣圈。现在让大家看看他们坏了的良心。"说完叫来一个日兵。只见他杀气腾腾,手握明晃晃的战刀,日军官手一挥,刽子手将刀捅进民夫的胸口,使劲向下一划。听到悲惨的呼号,所有的民夫都紧紧地闭上眼睛,不敢直看。"你们都看到了吧!以后谁要逃跑,就是这样的下场!"日军翻译恶狠狠地说。肖树发睁开眼睛,禁不住一阵战栗,那个民夫的心肺和肚肠全部剜了出来,鲜血流了一地。他吓得就要昏倒,紧紧攥住同伴的手。民夫都咬牙切齿,忍气吞声,将仇恨的怒火埋在心里。

过高步岭,到达磨头,日军才下令休息。肖树发眼前还晃动着剖腹掏心砍头的凄惨景象,耳畔回响着撕心裂肺的痛苦呼叫,心情沉重。他放担子稍慢了一点,一个凶神恶煞的日兵走过去,不由分说,劈头盖脑一阵鞭子,打得他血痕累累,浑身疼挛。他含恨忍辱,仍默默地挑着弹药行走。日军对民夫看管得越来越紧了。他们的马匹不断在战斗中打死打伤,在隘路上摔死,仅从王坑经沙苑到杂溪,一路上就看到 10 多匹死马的尸骸,现在他们就拿民夫做马牛,运弹药。日军到六江陂,纷纷去抢东西,顾不得押管民夫。机会来了,肖树发撂下弹药挑子,钻进河坑里,走青坑绕道回家,才捡得一条命。到家已瘦得不成样子了。

(转自《萍乡文史资料》第 16 辑,1995 年版,作者彭美锋)

# 日军暴行永不忘

日军侵华,萍乡两次沦陷,我是一个亲身受害者,可作历史的见证人。记得在1944年的7月间,夏收的前夕,正值青黄不接,忽然乌云遮天,日军侵占了萍乡。日军开始在城内肆虐,到处抓人当挑夫,搜捉妇女侮辱强奸,将金银财宝打成包,衣物布匹满街抛,无恶不作,无所不为。几个日军跑到我家,将父亲与我搜抓出来,随即几个耳光打得我眼发花、脸发烧,哭不出声,被带到日军小队当上了苦难的挑夫。日军将抢来的财物和他们的背包、钢盔,都要我们挑着。天黑了,我们挑夫都被日军用棕绳吊了一只手。口渴得要命,日军就从路边的小水沟里提了一饭盒水给我们喝,水又脏又臭,无法入口,不得已也只好喝几口。等到晚上10点钟左右,日军带我们住进洪日升的新屋里(现萍汽家属屋),关在一间房子内。房门口坐着一个持枪的日兵看守,挑夫们都靠墙坐地闭着眼睛,是睡了,还是在思索什么?反正各有各的心事。我紧靠父亲身旁坐下,父亲轻声指点我,日军刚抓到我们看管得很严,不要调皮,等时间久了,情况熟悉一些后,有机会我们就逃跑。

天刚蒙蒙亮,集合出发了,往哪里去不知道,我们只是挑着沉重的担子,默默无声地跟着走。走到南门桥头,只见店门倒塌,横七竖八,油盐、黄豆、干鱼仔满地撒的都是,衣服什物扔得满街,两只发臭的死猪横搁街头。这种凄凉惨状,使我心发慌,跳得很厉害。路过长潭村附近时,一阵恶心的尸臭随风飘来,张眼四望,只见河里浮着几具尸体,有男的也有女的,男的还有衣服遮身,女的却光着身躯。同胞惨死,我不忍再看,随手在路旁摘了一把苏叶塞进两只鼻孔,嘴里也含了几片。好不容易才走完这段路,来到大田村的三侯庙,在庙旁的大樟树林里休息。日军将马拴在树上,把枪弹都搁在一处,个个卸盔脱甲,光着身子乘凉。有几个日兵很快就抢来了大批的油、盐、米、猪、鸡、柴火等,叫挑夫们做饭。日军吃完饭,将剩下的食物全部糟蹋,将屎尿撒满地,做尽坏事。

次日清晨出发,是朝南坑方向走,到车湘村扎兵做饭。日军将我们关押在一家祠堂里,机枪守门。通过大门向外望去,只见日军赤条条的,在寻找什么;忽听一阵女人的尖叫声从山下传来,随即又有几个日军朝女人尖叫处跑,一场罪恶的轮奸就发生在车湘村垄里。另外一些日兵挨户抢劫财物,静寂的山林一下子搞得乌烟瘴气。日军押着我们这些挑担的继续向南走。一天夜里,住在长丰镇高埠岭的两家小饭店内。日军害怕攻击,便在路旁烧了一大堆柴火,发出啪啪的响声;整整烧了一夜,将附近老百姓的门窗、衣柜、大箱等都抢来烧光了。第二天一清早,日军押着我们继续走,见路边水沟里躺着一个老乡,"哎哟、哎哟"地呻吟着。一个日兵上前用枪托捅他一下,后面一个日兵在路边拾了一块大石头,朝这老乡头部砸去,可怜的老乡即被活活打死在水沟里。

从萍乡到莲花,当时每隔五里路就有一凉亭,是过往行人乘凉之处。可是,这次我们经过凉亭不但不能乘凉,反而要事先搓好苏叶等东西将鼻孔塞住,因为前面经过的几个凉亭都躺着腐烂的男尸和女尸,臭不可闻。一路上,日军所到之处,白天奸淫抢掠,晚上杀人放火,十足的强盗暴行。

9月间的一天,日军驻扎在莲花县城。上午,正当日军赤条条地在满街跑的时候,忽然来了两架飞机,在上空盘旋了两次,扔下了几颗炸弹。这时,日军乱起来了,到处藏躲。父亲和我都没有被关,在门外做饭,我烧火,父亲炒菜。逃跑的机会来了。父亲拉我一下,我会意地站起身来,跟着他就跑,通过两条小巷,越过大路,拼命地向山上狂奔。我们不敢走大路,都是从山上抄小路走。白天饿了,发现有乡亲,就下山讨点吃的;天黑了,有时住在山上,有时到老乡家里借宿。好不容易才逃离苦海回到家里。去时穿单衣,归时穿夹衫,几十天的辛酸苦辣都尝够了,这些不可磨灭的苦情惨状是永远不会忘记的。

（转自《萍乡市政协文史资料》第 3 辑,1985 年版,作者王久发）

# 南京大屠杀中幸存的萍乡人

　　谈到南京大屠杀,以前我们根本想不到在这场浩劫中也有萍乡人遭殃。上埠镇徐光洪老人的弟弟徐光延先生就是南京大屠杀中的幸存者,最近我们特地走访了徐光洪,听他讲述了他弟弟肩背上削了一个大刀口、侥幸虎口余生的惨痛经历。

　　抗战初期,徐光延先生与许多萍乡人一起在江西省保安团服役,后又一同编入野战部队序列,参加了保卫南京的战斗。1937 年 12 月 12 日,南京的中国守军与突入中华门、光华门、中山门之日军展开巷战失利。日军于 13 日占领南京后紧闭城门,到处搜捕中国军队官兵和无辜百姓,将失去抵抗能力的人们用绳索捆绑起来,一两百人连成一串,用机枪扫射,或在他们身上浇上汽油活活烧死。徐先生被日军抓住后关进国民政府考试院内,里面关了数千人,不给饭吃,饿得人们头昏眼花。每天有一批批的人被叫出去,一去就再也没回来,也不知他们到什么地方去了。12 月中旬的一个晚上,阴云密布,朔风四起,星月无光。一个日兵走到徐先生面前,做了个挑水的手势,将他和一个萍乡湘东老乡招呼出去,给了一顿饭吃,就领他们往外走。天黑黝黝的,伸手不见掌,不知走到了哪里,日兵叫他们站住。徐先生以为要干活了,连忙低头脱外衣,忽听"嚓"的一声,又听身边有东西骨碌碌滚动,接着好像有人栽倒。徐先生当即意识到发生了什么事,还没容他多想,又是"嚓"的一响,他肩背上一阵剧痛。徐先生就势栽倒。日兵没有听到人头落地的声音,朝他屁股上猛踢两脚,他一动不动;停了一会,日兵又狠狠地踢两脚,依然是硬邦邦的,这才放心走开。徐先生待四周没有任何动静,求生的本能促使他挣扎着往远处爬。爬行了几十米,也没有爬过死尸堆,真不知那地方杀了多少人! 为了不让日兵发现,他钻进死尸底下,强忍住疼痛和恶心的血腥味。他一次又一次听到人头落地声,直到半夜才真正静下来。这时寒风凛冽,藏在冷冰冰的尸体堆里,更是冷透肌骨,他禁不住牙齿互相磕碰,身子索索发抖。他摸索着从尸体上脱件大衣穿在身上,这才勉强挨过寒夜。黎明时,他挪动着冻得发僵的身体,寻找逃走的路;不巧又被日兵抓住,照旧关在考试院内。有第一次的教训,这回他尽量往房子深处不显眼的地方钻。院内关的人逐日减少,几个湘东老乡相继上了断头台,眼看屠刀将第二次威胁他的生命。此时,国际舆论纷纷谴责日军大屠杀的暴行,侵华日军司令部不得不做点假象来掩盖日军的残暴,准许西方教会慈善机构将伤病人员领出治疗。徐先生这才躲过再次劫难。

　　作为日军在南京大屠杀的少有的萍乡籍见证人的他,已 70 多岁了,至今还健在台湾。

　　　　　　　　(转自《萍乡文史资料》第 16 辑,1995 年版,作者彭雄、周镜城)

# 日军骚扰萍乡湘东黄堂村纪实

记得 1944 年 6 月 22 日早晨，屋场里各家各户正准备着吃早饭。突然，浏公庙街背的狗婆岭上，响起"嗒嗒嗒"的机枪声，子弹像雨点似地向田垄和屋场里射来。顿时，村子里鸡飞狗跳，人声鼎沸，像是倒掉一篓子蛤蟆一样。当时，有一部分国民政府军驻扎在村子里，我家屋里也驻了一个连。这天早晨，他们把我家栽在屋前的一棚南瓜，分文不给，一个不留地摘了下来，煮了几大桶，正分给各排的士兵吃。枪声一响，一个个弃碗丢筷，乱作一团，一枪未放便抱头鼠窜，向湄源冲村方向奔命。屋场里的群众看着这些老爷兵蜂拥而逃，也顾不得关门闭户，来不及捎东带西了，一家家呼儿唤女、扶老携幼，朝着国民政府军逃窜的方向奔去。

我的母亲随手收拾了几件破旧衣服，背上几升糙米，父亲拖着我和弟妹尾随着逃难的乡邻，背井离乡。我们前面走，后面嗖嗖的子弹随脚跟打来。母亲吓得手脚发软，眼前发黑，脚下迈不开步子。一家人只得爬伏在路旁水沟里，直到躲过枪声以后，才爬出水沟，又朝前逃去。但见母亲背着的米袋漏出米来，在地上流成一线。哎呀！米袋子被子弹擦了一个洞，多险啊！

我们爬上半山腰，躲进了隐蔽的树林丛中，才坐下来匀和一口气。当时，我已经是个十三四岁的半大人，随父亲耕田插秧种菜，养家糊口，还要打零工挑长脚补家用。日夜辛劳虽然难得温饱，但可以过个太平清静的日子。日军一来，生灵涂炭，美丽的家园被践踏，宁静的生活被破坏。我们有田不能种，有家不能归，被逼得躲进了山林。

乡亲们一起躲进这树林里，大家闷着气，不敢做声。突然"哇"的一声，有个吃奶的婴儿吓得啼哭、吵闹起来。人们担心暴露目标，竟有人喊着："把孩子卡死！"婴儿的母亲吓慌了，急忙把乳头塞进婴儿口中，把婴儿的头死死地按在胸口，压住了孩子的哭声。在这大难临头的时候，人们竟变得如此荒唐起来。

借着树林的隐蔽，我们举目向山下望去，一队队日军骑着高大的东洋马，背着明晃晃的刺刀，耀武扬威地开进黄堂村，铁蹄践踏着我们世世代代休养生息的土地。

突见村中一个妇女抱着孩子从屋场里逃出来，欲闯过田垄逃走，刚跑到大星塘岸时，面对面碰上了两个日兵。仔细一看，原来是我家邻居文全昌的老婆。文全昌是个专做砖坯的雇工，老婆一时与他失散，吓得不知所措，盲目逃跑。这两个日兵将她拦住，死死纠缠。一个日兵用刺刀捅进她怀中抱着的孩子，惨无人道地用刺刀将孩子高高挑起，在空中晃了几晃，又狠狠地甩进禾田里。母亲声嘶力竭地呼喊和孩子撕心裂肺般惨叫声，伴着日兵狼嚎似的狂笑，直飘到半山腰来，令人毛骨悚然。接着这两个日兵就在光天化日之下，在这塘岸上轮奸了这位良家妇女,之后又用剌刀去捅她的下身取乐。可怜她被糟蹋得奄奄一息,又被日兵推入水塘,活活淹死。

大星塘附近有座龙王庙,不多一会,庙里传出众多女人呼天抢地的叫喊声。她们是来不及上山逃跑、躲进龙王庙的村中妇女。一群日兵窜进庙来,信神拜佛的东洋兵哪管得亵渎神灵,竟在菩萨面前恣意奸污这些民女,可叹香火鼎盛的龙王老爷也保佑不了它的信男善女免遭凌辱。

我们躲藏的山林对面有个茅草丛生的山坡,名叫铁子坡,一群端着枪的日军登上山坡进行"扫荡"。突然,一声惊叫,日军从茅草丛中拖出了一个文弱的青年;他是左邻地方绅士、大地主李伯明的大儿子,刚从大学归来。日军进村时,他跑到铁子坡躲藏,正好日军到此处搜山,被拖了出来,一顿乱棍,活活地被打死在这荒山坡上。可惜这么一个后生,一肚子墨水还未倒出半点,便成了日军的棒下冤鬼。

天慢慢地暗了下来,空中不时地响起"轰、轰、轰"的爆炸声,逃到湄源冲山顶的国民政府军与对河的日军互相零零星星发射着炮弹。我们这些难民便趁夜也逃到了湄源冲,农舍住不进,只好住在人家屋檐底下,日晒夜露,蚊叮虫咬,忍饥挨饿地度着时日,还提心吊胆担心日军窜来骚扰。一天,实在饥饿难忍,邻居袁高远邀我回村拿点粮食,我们偷偷地朝黄堂村走去;走到半路,虽未碰上日军,却被两个国民政府军抓住。我们拿出乡公所发的"难民证"说:"老总,我们是难民。"这些家伙看也不看,就把它丢在地上,抓住我们当夫子。一个士兵把挂在枪上的几只鸡解下来交给我,很神气地吆喝着:"小家伙,拿着,走! 给我们带路,走略下村到萍乡去!"没办法,我们只好领着他们走去。走到屋场拐弯的地方,突然袁高远扭身便跑,两个士兵一怔,一时顾不上管我,随袁高远逃去的方向追去,嘴里不停地喊着:"站住! 不站住就要开枪了!"我见机会来了,把鸡就地一丢,拼命地往屋场侧面的山上连跑带爬,一口气爬到山顶。忽然,"吧吧"两声枪响,吓得我慌忙回头一望,糟糕! 袁高远被抓住了。士兵用枪托凶狠地撞他,还弄来了一根扁担,将袁高远按在地上,用扁担狠狠地抽打,打得袁高远在地上打滚,不断地叫喊;直到扁担打断了,袁躺在地上不能动弹了,这两个兵才扬长而去。这些家伙听到日军枪一响,逃得比兔子还快,在敌人面前连屁都不敢放一个,残害自己的同胞倒是够狠啊!

10多天后,听说日军开走了,逃难的人们一个个拖着面黄肌瘦的身躯,迈着艰难的步子回到村里。举目四望,一片荒凉。萍水河上横着十几具尸体,在洄水湾里漂着。文全昌妻子的尸体还浮在大星塘里,肚子胀得像一面大鼓;她的孩子躺在禾田里成了一堆烂肉,露出骨头,一团团白蛆蠕动翻滚,一群群苍蝇飞起飞落,恶臭味令人呕出胆汁。屋场后面水塘里有一具老婆婆的尸体,她是老秀才袁养吾先生80多岁的遗孀。逃难之时,她生死不跟子孙逃走,孤身一人守在家里。有人说,日军一来,这位年过八旬的婆婆也未能幸免,被奸污后又抛入水塘之中。

她的孙子是国民政府军的一个师长,当年老秀才安葬时,这位孝孙带了一个骑兵排回乡吊孝,烧的灵屋跟真房子差不多大,排场了好些日子。曾几何时,如此威风的堂堂国民政府军的师长,老祖母也免不了遭如此惨祸。

难民们回到家中,屋里的情况也是不堪入目,遍地是人便马粪,连铁锅里、饭甑中也屙了人屎,家用器具全被打烂,坛坛罐罐碎片满地皆是。我家猪栏里的两只肥猪被日军宰杀吃了,剩下的丢在地上生了蛆,臭气冲天;耕牛被牵走了,作物被搞光了。天啦!家里已是一无所有,今后日子怎么过下去呀!一家人眼望着劫后惨景痛哭了一场。

兵祸才过,瘟疫又来,伤寒呀,痢疾呀,疟疾呀,把人折磨得呜呼哀哉,几乎家家都难免这场灾难。藕塘岸上李家,6个年富力强的劳动力几日之内全死光了,有一天他家抬了三副灵柩上山埋人。

我一家5口人,虽然平安回到家里,但不到一个月,10多岁的弟弟便突然生病,头痛高烧,没有钱求医抓药,只一天一夜就离开了人世。母亲哭得死去活来,昏过去不知多少回。不久,我也染上了摆子病(疟疾),一病就是三年整,人被折磨得面黄肌瘦。发摆子的时候,没有钱买药吃,父亲牵着我到外面走,睡在蛾眉豆兜下,说是可以送走摆子病。一次,用樟树皮、仙鹤草熬水蒸浴洗澡,不料假死了一天一夜,母亲又哭得死去活来。邻居都说没救了,大家帮忙把人埋了吧!母亲生死不肯。真算得上阎王殿里走一遭。可怜病了三年,才吃一瓶药丸子。

这场民族灾难虽已过去40年了,但今日依然记忆犹新,历历在目。我们决不能忘记日军侵华历史!

(转自《萍乡市政协文史资料》第3辑,1985年版,作者戴志明)

# 日军侵犯萍乡湘东部分情况纪实

1944年农历五月初和五月底,日本侵略军曾两次侵犯萍乡湘东,杀人放火,奸淫掳抢,罪恶滔天。国民政府军第72、第58军,在老百姓的协助下,也尽力抗击日军,为捍卫民族利益付出了不小的牺牲。

农历五月初二,从湖南浏阳方向侵入的日军,窜进湘东美建村一带。国民政府军第58军有一个排驻在道田村守卫黄花桥(浮桥)。一日,守军从傅家棚(今河洲村)三王爷家抬来一缸存放了几年的"越糟酒"(由谷酒勾兑甜酒制成),吃夜饭时开缸痛饮。这种酒有甜味,口感极好,但后劲足,酒后醉人。断黑时分,这个排的官兵有的醉了,有的在洗澡,有的准备睡觉。他们没有半点警惕,认为浮桥已拉靠在道田村岸边。不料一股日军已从河洲村偷偷过河到喻家湾,再沿河而上到了道田村,残酷地杀死了毫无戒备的几十名守桥官兵。据道田村文正清老人回忆,农历五月初三,他冒险潜回家里,只见自己家门口和村上家家户户门口都是国民政府军的尸体,河边沙坪里、浮桥码头、沙洲上,也横七竖八地躺着被杀的士兵,水沟里有一个士兵是被木桩活活打死的。还有的士兵是在洗澡时被杀的,赤身裸体,旁边还有未洗完的洗澡水和换洗衣服。文正清回到自己家里,发现楼上有人,原来是一个幸免于难的守桥士兵,赶紧要他从屋后山上逃跑了。文正清估计这是个哨兵,只有他一个人逃脱了日军的屠杀。

日军对百姓的残害同样是骇人听闻的。在峡山口村人形岭,日军杀死了不少在浏阳被抓的挑夫;有5个躲难的百姓,全被杀死在一口炭井眼里。日军在砚田一带捉了挑夫上船,到黄花桥快上岸时,竟把那些年纪大的从船上推下河去淹死。在峡山口的黄土岭(今萍钢高炉附近),日军用扁担、枪托将5个百姓活活打死。更令人发指的是,新建村的恒古佬婆娘和贺丙生婆娘喂鸡食时,被日军当活靶子一枪打死;同村一黄姓汉子被抓夫,动作稍微慢点,日军对着他的胸脯就是一刀。申冬生被日军抓住后,竟在他的背上淋上煤油,点火焚烧。湘东老街下市里有个长寿老倌被日军抓住当夫子,因为脚痛走不动,一个日兵便拔出东洋刀,在他脑壳上划了个"十"字,痛得他满地打滚而死。湘东街还有几具无名尸体,双手双脚均被日军砍掉,真是惨不忍睹。日军的飞机来了,也专门挑后门口和南瓜棚之类容易躲人的地方扫射,把百姓当靶子。

日军嗜奸成性,到处抓妇女奸淫。河洲李××之妻被捉,日军将她奸淫之后,又把她赤身裸体带到打谷坪里,当着一群挑夫的面,强迫一个挑夫去强奸。五四村陈××的妻子,被日军强奸之后,竟抓两把石灰和一只瓷观音塞进她的阴部。湘东老街吴××夫妻都被日军捉住,竟要丈夫跪在一旁,看着一群日兵轮奸他的妻子。人世间的奇耻大辱,还有比这更厉害的么?浏市街有一老人躲在帐子后面,目睹日军强奸妇女,竟被活活吓死。在逃难的日子里,妇女们都被迫把脸涂黑,穿烂衣服,生怕落入魔掌。

日军打砸抢烧的罪行,亦是罄竹难书。日军烧火弄吃,就专门打碎油漆的家具当柴火。吃鸡不用刀,把鸡头扭断,放在火上烧了就吃。吃肉不杀猪,抓住活猪就割屁股上的精肉。要屙屎,就屙在油缸里、水缸里、饭甑里、水井里。道田村吴冠红家的茅屋,被日军点火烧了照明。停泊在黄花桥河里的几只船,装的全是上等纸张和景德镇瓷器,日军把纸烧了,把瓷器统统打烂,还把黄花桥和湘东的浮桥都烧了。砚田村赖兰玉老人回忆说,农历五月初二傍晚,他亲眼看见日军烧湘东的浮桥。日军先是淋上煤油,然后点着火,烧了四五个钟头,红了半边天,烧得只剩下一只只船底。

日军侵犯湘东,国民政府军第58军、第72军先后予以抗击,在湘东老街云程岭、峡山口村船形岭,都曾发生过激战。

日军第一次侵犯湘东,开始占领湘东老街和河洲一带,国民政府军第58军则守在河对岸砚田新建村一线,双方隔河交火。傍晚,国民政府军开始攻击云程岭,夜里攻上去了,杀死日军两个班。

日军在农历五月二十七日再次侵犯湘东,占领峡山口村船形岭一线,很少到垄里来。新建村老人廖丁发木匠回忆,他当日被国民政府军第72军抓去当向导。吃过夜饭,准备攻打船形岭时,先让几位连长抓阄,决定哪个连担任主攻。结果四连和五连抓中。主攻连每人发银圆一块。24挺水机关枪在下面掩护,部队攻上去了;因为山陡,死了很多士兵。他们都是新兵,没有作战经验,直着腰冲。又据新建村陈茂然回忆,下午三点半钟左右,第72军从老街跑到新建村一带,团部设在马岭。早几日,国民政府军的便衣队就到船形岭下,侦察了日军阵地的情况。断黑的时候,国民政府军在机枪的掩护下,发动进攻,杀声震天,部队是从防守较弱的陡壁攻上去的。日军逃走了,机枪都丢在阵地上。国民政府军放松了警惕,一窝蜂去搜索战利品,不料日军又反扑过来,结果国民政府军慌忙应战,阵地又被夺去了。战后,村民到船形岭上看,见打死9个日本兵,其中7个是被一发迫击炮弹击中的,有个日兵手里还拿着一截没有吃完的黄瓜。另据廖丁发等人说,国民政府军还曾组织敢死队,陈家村务乃古当向导,看见他们一色马刀,衣服只穿一只袖子,乘夜袭击船形岭,杀死了不少日本兵。

在这次抗击日军的战斗中,国民政府军损失很大,到处可见战士的尸骨。战火停后,第72军来清扫战场,在云程岭顶峰建一座抗日阵亡将士忠骨塔。他们担着土箕,爬山越岭,四处收集忠骨;又从山下运来砖头石灰等材料,请湘东老街的泥水工李冬生承建施工。塔建成后,国民党江西省政府主席王陵基给写了碑文,作了祭奠,表彰了献身抗日救国的官兵,说他们将与河山同寿,永垂不朽。现在此塔已被萍乡市人民政府列为重点保护文物,作为后人纪念。

(转自《萍乡市湘东文史资料》第1辑,1989年版,作者糜明理)

# 忆日军飞机轰炸萍乡上栗镇惨状

　　回忆往事，清晰在目，日军轰炸上栗这件事，是我一生最难忘的事。

　　1939 年农历八月二十二日上午，上栗镇区公所的防空哨所发出了"当当——当当——"的预备空袭警报，集镇上顿时骚动起来，有呼儿唤女的，有叫爹喊娘的，各种喊叫的声音和商民关闭店门的声音响成一片，满街上挤满了人，都纷纷向郊外奔跑，其情景是多么紧张可怕！这样大约经过 10 多分钟，防空哨所又发出"当、当、当"的紧急警报，这时街上的行人已经消失了，整个镇上静寂得像一座死城，只有很少的几个人在街上走动。正在这时，一架日军轰炸机从东方飞入上栗镇上空，发出"嗡嗡"的声音。在盘旋一周后，很快向西飞去了。一瞬间，又由西向东折回，俯冲下来，低低地掠过集镇上空，接着几声震耳欲聋的巨响，顿时烟尘滚滚，笼罩着集镇上空。那时我躲在一个离街两华里的弯江村，也感到地壳在震动，附近的民房窗户上的玻璃震得直响，屋内的灰尘纷纷落下。敌机投弹以后，立即向东窜去了。

　　过了不久，"当——当——当——"解除警报响了，躲在四周郊外的人们都纷纷奔回集镇，我也跟着人群奔回街上。当我奔到大桥头（栗江桥）的巷子里时，那里已围了一堆人，我从人堆中挤进去，只见地上躺着一个年轻的妇女，满脸都是血，地上也是血，我看着有些害怕。旁边坐着一个男子，手里抱着小孩，正在号啕大哭，哭声悲哀惨痛，睹此情景，周围的人们也都伤心落泪。原来那个被炸死的妇女叫黄玉秀，23 岁，在尸旁哭啼的是她丈夫辜尊美，手里抱着的小孩是他们的儿子，才一岁半（现为上栗区金山乡供销社负责人之一）。

　　离巷子十几步远的地方是市民挑水码头，在码头的挑水板上躺着一具男尸，尸体上和挑水板上流了很多血。有几个人正在把死者从挑水板抬到码头上。我壮着胆子走近尸旁看了一眼，那人面生得很，据旁人说叫"三陀古"，杂货店里的伙计。

　　我离开桥头朝北往街上走去，经过五六个店铺就是同丰斋，这是我的同学李志羲的家，有许多人在他家进进出出。我也随着挤进去，听到屋里发出一阵悲惨的啼哭声，我的心里怦怦直跳，知道他家也受害了。我赶快走进靠河沿的后门，看见他哥哥李性菊躺在血泊里，两手还抓着地下的泥土；这是死者被炸后，由于疼痛难忍所做出的最后挣扎。死者的妻子脚上多处受伤。死者的弟弟李性鸾臀部受伤，一块弹片还嵌在肉中，鲜血直流。两个人都坐在那里不断呻吟。死者的父母及家属都在痛哭，特别是他那 60 多岁的老母亲，坐在儿子的尸旁痛不欲生，几次昏倒过去。惨不忍睹。

　　（转自《萍乡市政协文史资料》第 3 辑，1985 年版，作者张汉柏）

# 日军给芦溪人民带来的深重灾难

　　1944 年日军曾两次进犯芦溪，给芦溪人民造成了深重的灾难。值此抗日胜利四十周年之际，我们特走访了当年的受害者，有的也是事件的目击者，他们是：日军入侵坪时村目睹者汤中朋、潘庆生，日军入侵杂溪时龙上村目睹者王作邦，被日军从上埠抓去当挑夫者曾玉书，日军入侵上埠镇时茅布岭村目睹者温冬生，日军入侵南坑镇的直接受害者黄锡庭，日军火烧黎家祠的目击者廖光生、李应元、易锡发，日军入侵车湘、乾村、中元等村的见证人黎奇元、苏罗生、吴振福，日军滥炸芦溪镇的目睹和受害者刘德昌、贺香莲、段梅杏、廖志坚等人。就他们所述整理如下：

　　**一、入侵概况**

　　日军侵占长沙之后，其左翼第 13 师团和第 3 师团的一部分约 3 万余步兵、骑兵向萍乡窜扰。曾先后两次分路窜入芦溪地区的芦溪、上埠、南坑、张家坊、长丰等乡的大部分村庄。

　　第一次是 1944 年 6 月 22 日上午，萍乡《群报》刚刚贴出国民政府军堵截日军的快报糨糊还未干，国民党县政府党政军机关和国民政府军第 58 军还未得到一点信息，老百姓正在街上置办过端午节的物资，突然，一支日军 1000 人左右分两股窜入南坑。一股从白竺乡源头村经会双、龙家坊入侵南坑乡的乾村、虎头岭、南坑、车湘等村，一股从三山村过乌烟冲窜入贺家坊、新尤、大岭、沙园、双凤等村。两股日军会合骚扰后，便向五陂下方向兜扰，历时两天两晚。

　　第二次是 1944 年 7 月 25 日，日军分三路大肆侵犯芦溪地区。

　　日军第 27 师团的一支队伍七八百人、骑，从赤山桥入侵，经马栏窝、新塘美、南陂、神塘界、蔗棚、芦溪街、白泥坳等村镇至山口岩村；日军第 34 师团的一支队伍 1500 余人、骑，从赤山的小枧分路，经打鼓岭、鉴山、泉江堰、烟棚里、路岗埠、张家桥、麦子土里、坪石、茶垣、许家坊、黄泥坳等村，后会合于茅布岭村，继续向张家山、新村、株树下、萝卜坑、坪村、沙河、杂溪、龙上等村进犯，越黄茅岭向莲花县境窜扰。

　　另一支番号不明的日军约 3000 人、骑，于 1944 年 7 月 30 日从长潭、五陂下村镇入侵，经车里坪、王坑、双凤、沙园、大岭、新尤、车湘、南坑、半山、高步岭、长丰、磨桥等村镇，过莲花县六市镇向莲花县进犯。

　　**二、打家劫舍**

　　日军一进村，到处打家劫舍，掳抢财物。白天挨家挨户翻箱倒柜滥肆抢掠，把油漆家具打碎当柴生火做饭，杀猪、宰牛、捉鸡、打狗，搞得鸡犬不宁。杀猪，就是几刺刀把猪捅死，剥皮取瘦肉；宰牛，就是用刺刀在牛后腿上一刀，扯开牛皮挖红肉；杀鸡，就是一刀斩去脑壳，连皮带毛一剐。不要的便随地乱抛乱丢。当时，早稻金黄待收，中稻刚刚灌浆散籽，日军一丘丘割来喂马，或者纵马践踏。日军为了防御袭击，把民房当"工事"，将墙壁挖得七孔八洞。晚上，把茶油用碗盛着，以棉絮当灯芯点火照明；同时还用竹篙锯成一段一段，装上棉絮，蘸浸茶油当火把进行搜索抢劫。尤为缺德的是还故意把腐臭的食物抛到水井、河流中去，把屎尿屙到油缸、米桶里。

### 三、杀、奸、辱

日本侵略军为了征服中华民族，惨无人道地实行"杀光"政策。

在南坑和五陂下乡，日军一进团群、沙园、双凤等村，发现群众向山上跑，端枪就扫射，黎康元的岳父李光祥和王荷香等7人便都死于乱枪之中。在车湘村，黎少林的一个刚10岁的孩子被打死在水圳边。在长丰乡磨头、夫归桥村一带，日军抓住了老百姓，首先严刑拷打，接着就用刺刀刺脸、挖眼睛。发现一女孩在河边洗脚，便一枪打死于河中。在乾村，日军连放两枪，把正在田里放水的苏志祥、苏龙昌打死。上埠镇商贩张庆荣避难到新村，当日军进村时，他正背着一只箱子往山上跑，日军追上去，一刀直从他的头顶劈下，脑分两边，血浆喷出，死于非命。在牛岭上，将呆子刘偕仔一刀刺死，肠肚溢出。产妇朱细妹躲在楼上，被搜出后，连未满月的婴儿一同杀死。从前步等村到杂溪的龙上村这段不到12华里的路上，被日军杀死的尸首就有15具。7月29日晚上，日军占驻在杂溪，有几个挑夫逃跑了，在一阵机枪扫射后，日军打着火把进行大搜山，有个挑夫被抓回。第二天，日军把挑夫召集拢来，当众对被抓回的挑夫剖腹挖心，枭首示众。日军就是这样肆意杀戮，视人命为蝼蚁，真是草菅人命。

日军对抓来的挑夫进行残酷折磨，走不动的就用皮鞭抽打；跌倒了，日军嚎叫一声"开路的！"如果爬不起来，上去就是几刺刀。上埠的曾玉书、南坑的苏霞年等15个年仅十四五岁的少年也被抓走。南坑的黄春山、刘茂堂、黎振林，杂溪的徐先仔、陈××，芦溪的李星柏、王××等50岁以上的老人被抓走后，惨死在日军刺刀之下。

日军对妇女进行了百般凌辱并残杀。据南坑、树下、湖半、车湘、院背、乾村、沙园、大岭、中沅、新尤等地一些年逾七旬的老人回忆，遭受日军蹂躏的妇女有80余名。易锡发叙述了这样的惨剧：7月29日上午，日军大肆搜山抢劫。有个年刚18岁的王淑英，被脱光衣裤，用绳子捆绑在凳上进行轮奸。邓裁缝的老婆本来长期患肺病，枯瘦如柴，日军抓住也不放过；她年已80的家婆叩头求饶，也遭日军奸污。有个绰号叫"经得看"的婆婆，婆媳俩躲在山上被搜出来，日军对其媳妇轮奸时，硬要她跪在旁边看，直到媳妇被奸得鲜血不止、奄奄一息，又轮奸了她。在上埠的板铺，有两个妇女逃避时被日军抓获，竟强迫她俩脱掉衣裤，用绳牵着耍猴戏，日兵拍手大笑，尔后将其轮奸致死，死后还用刺刀刺其阴部腹部。

### 四、滥炸芦溪

据年逾花甲的刘德昌、廖志坚、贺香莲、段梅杏等老人回忆：1944 年 7 月，日军飞机经常窜入芦溪镇上空骚扰。7 月 26 日，3 架日机在芦溪镇上空盘旋了一阵后，在打石坑打了一阵机枪，有 3 人中弹死亡；接着又连续投下 3 颗炸弹，一列国民政府军军用火车的两节尾厢被炸中起火，只见火光熊熊，两边岩石上血肉斑斑，究竟炸死了多少人不得其详。7 月 27 日上午，9 架日机成品字形又窜入芦溪镇上空，这次低飞得连驾驶员都看得一清二楚。在一阵机枪扫射后，大概发现大丰坪（今前卫街）有几个妇女在晾晒衣服，便连续投弹两颗，结果有余志豪、颜志平、廖元生、杨绍祥等人的房屋被炸毁，黄春华等八九人受伤，颜维汉的母亲等 3 人被炸死。在麦园街（今派出所），谢木匠的弟弟听到飞机叫，好奇地出去看，结果被炸弹炸死；刘森昌被炸弹片炸伤了一只眼睛。当年右手中弹片、现年 92 岁的贺香莲泪涟涟地指着饶学流等四家住房被炸得百孔千疮的旧痕诉说：这就是日军留下的罪证。在凌云女中和三民小学也投了 3 颗炸弹，两颗落在豆豉坪（现区委院内），一颗落在筱山的猪婆岭上，凌云女中和三民小学校舍被炸得七歪八斜，陈吉凤 7 处中弹殒命，学生 10 多人受伤。此外，日军还在宣风镇西南不远处的珠亭山村投掷了炸弹；在虚明观（现市棉纸厂）用机枪扫射一队迎亲群众，4 人受重伤，新娘子胸口中弹身亡，喜事变成丧事。三里台（现江西机床厂）茶店三驼子死于日机扫射的乱枪之下。

### 五、火烧黎家祠

"烧光"是日军的又一暴行政策。黄锡庭、廖光生、李应元、周章先等 4 人便是日军火烧黎家祠的目击者。他们回忆说：黎家祠位于寨仔岭脚下，前后两栋全系砖瓦结构，算是当年南坑地区数一数二的房子。靠近黎家祠两边尚有民房 3 栋。日军于 6 月 22 日占据南坑镇后，由汉奸指引得知黎家祠藏了萍乡县政府和县自卫队大批军火弹药以及县长缪忠谟、县大队长胡鉴庭等的贵重物品。当时由一个日军军官带领了一队人马，把黎家祠包围起来。只见日军官指挥刀一指，吼叫一声，日军就朝祠堂内放了一排枪；大概是没听到动静，接着就一哄而入，嗷嗷大叫，互相争夺。有的背着皮箱，有的抱着布匹，有的挑着箩筐。这时，从街上来了一个手操东洋刀的日军军官，刀一挥，嘴里叽里呱啦"开路！开路的！"

夜幕降临，两个手提东西的日军走进黎家祠，出来约莫 10 分钟，忽然几声巨响，震得山摇地动，砖瓦横飞。霎时，浓烟滚滚，烈焰腾空，直到第二天拂晓还在散着残烟。靠在黎家祠两边的黎伯民、廖光生两家的房子和东西也都化为灰烬。

### 六、张家山"死人堆"

1944 年 7 月 29 日，从小枧分两股入侵芦溪地区的日军长驱直入，会合于上埠乡的中埠、乌石村一带，时间已是午后一点多钟，正待休息。忽然，龟缩在茅布岭、张家山的国民政府军以为日军在后追赶，发射了两发迫击炮弹，正好落在日军休息的麦子土里村，有两个日兵中弹受伤。这下惹怒了日军，指挥官取出地图一看，嗷嗷大叫，向导怎么把去高步岭带到茅布岭来了？原来是向导听不懂话，把高步岭听成茅布岭，日军以为向导是故意带错的，盛怒之下，随手拔出东洋刀，嚓叫一声，咔嚓两刀便把从芦溪抓来的李星柏和从茶垣抓来的王××一起杀死在田埂边。接着，取出望远镜，观测地形，侦察情况，一场残酷的屠杀开始了。

据目击者曾玉书说：大约在当天下午 3 时左右，日军立即把山口岩、麦子土里、茶垣、黄土坳、茅布岭等村团团包围起来，四处站岗设哨。黄昏时，便向张家山发起猛烈的大炮攻击，接着就是密集的机枪扫射和断断续续的步枪射击，边打边向茅布岭山头包抄前进。国民政府军猝不及防，匆促应战了个把小时，便纷纷往长坑口、分水坳、上村、李家坊一带溃退。日军追至凉亭边，对准未及逃避的国民政府军士兵和被抓来当挑夫的老百姓，不分青红皂白，统统用冲锋枪击毙于荒山上。事后有人查点，留下的尸体就有 32 具，成为芦溪地区历史上最大的"死人堆"。

### 七、瘟疫流行

兵祸刚过，瘟疫流行，加上日军施放的细菌弹，致使瘟疫流行更快，蔓延更广，死人也更多，超过了日军直接杀害的十几倍，是萍乡近百年历史所罕见。据有关资料记载和一些老人回忆：日军过后不到半个月，芦溪、上埠、南坑、长丰、张家坊等乡便暴发了"打摆子"（疟疾）、"拉痢疾"，到中秋边就扩散成灾了。严重的地方几乎到了屋断炊烟、门无人开的凄惨地步。曾传富一家 7 口死亡 5 人，朱明亮兄弟 3 人全部死了。据南坑、湖斗、乾村、车湘、大岭、双凤、横江、窑下、妙泉、中沅、新村等地调查统计，死亡竟达 620 余人。

（转自《萍乡市政协文史资料》第 3 辑，
1985 年版，作者戈夫招祯、利模资友）

# 萍乡县寇灾简录

## （民国三十三年）

### 一、敌军出入经过

第一次

三十三年六月十三日（闰四月二十三）午后，敌由浏阳南窜，至萍乡县属湖塘乡。

十四日（闰四月二十四）晨窜上栗市，栗江警察所抵抗不支，敌陷上栗市。

十五日（闰四月二十五）敌在上栗市附近骚扰。

十六日（闰四月二十六）敌一部由上栗市窜夭埠，二十六军到县城布防。

十七日（闰四月二十七）五十八军攻击上栗市，敌退出上栗市，改攻流江附近之庙岭，二十六军与之激战甚烈。

十八日至二十日（闰四月二十八至四月三十日）均在芭蕉塘长平里一带作战。

二十一日（五月初一日），五十八军到湘东接防，与敌湘东作战甚烈。二十六军退守下埠至蜡树下一线，敌由美田桥后袭，战斗亦烈，七十二军是日到县，驻防城西南。

二十二日（五月初二日）二时，五十八军由湘东退至赤山桥，城西北无兵驻守。九时，敌由马岭进犯县城。县保警队与之抵抗不支，县府遂掩护电报局电讯队撤退。午后三时抵南坑。敌又由源头来袭，县府遂东退新村。

二十三日（五月初三日），敌浏阳增援，经上栗市至案山关，遭二十军阻击。改由小道南下，与湘东东进之敌会合，进犯赤山桥，战斗甚烈。南坑之敌，与县城之敌，及小桥下之敌，围攻七十二军于五陂下乌龙桥，战斗亦烈。

二十四日（五月初四日），七十二军退白竺。五十八军、二十军退萍宜边界。

二十五日（五月初五日），敌仍盘踞县城。

二十六日（五月初六日），午后，敌离县城西退。

二十七日（五月初七日），县警察局入城，敌西犯白竺不逞。

二十八日（五月初八日），敌退回麻山，五十八军之先头部队入城。

二十九日（五月初九日），敌由麻山西退至蜡树下。

三十日（五月初十日），早县府回城，敌退排上。

七月一日（五月十一日）敌退美田桥。

第二次

三十三年七月十二日至十四日（五月二十二至五月二十四日），敌由醴陵白兔潭进犯上栗市。九九师、一六二师，适突围至上栗市，与之激战，将其击退。

十六日（五月二十六日），敌犯萍西之金鱼石，及老关附近。

十七日（五月二十七日）、十八日（五月二十八日），我九九师、一六二师在火烧桥喻家湾一带作战。

十九日（五月二十九日）九九师、一六二师奉令调茶陵。五十八军亦由醴陵后撤，老关登官一带有战事。

二十日（六月初一日），九九师、一六二师回至湘东，五八军军部移蜡树下。

二十一日（六月初二日），下埠、长春埠一带有战事。

二十二日（六月初三日），五十八军移长潭，麻山、湘东激战。

二十三日（六月初四日）、二十四日（六月初五日），五十八军在麻山一带作战。九九师、一六二师在湘东至浏公庙之线作战。

二十五日（六月初六日），敌经上栗市，经宜春边界，至芦溪以北，九九师、一六二师于晚间东开救援，麻山一带仍激战。

二十六日（六月初七日），县府奉令随五十八军退南坑，敌于午前九时陷芦溪。午后七时陷县城。

二十七日（六月初八日），芦溪之敌窜上埠、新村分股：小部与县城之敌会合，大部走新村、庙前。

二十八日（六月初九日），五十八军与敌在源头激战，芦溪之敌向上埠进犯。

二十九日（六月初十日），县府奉令随五十八军退大安里，敌我在新村山口岩激战。

三十日（六月十一日），敌陷南坑。

三十一日（六月十二日），敌由南坑、白竺、杂下三路赴莲花，在白竺与七十二军激战。

八月一日（六月十三日）至三日（六月十五日），敌仍经南坑赴莲花。

八月四日（六月十六日），九九师、一六二师攻县城，敌不支，西退，午后克复县城。

八月五日（六月十七日），县保警一中队入城，敌在小桥下一带。

八月六日（六月十八日），敌退湘东麻山。

八月七日（六月十九日），县府回城，敌退蜡树下长春埠。

八月八日（六月二十日），敌退下埠、老关。

八月九日（六月二十一日），敌全部退出县境。

一、二次先后在境作战四十七日。

## 二、被灾详情

第一次敌经过与作战之战区达三十七个乡镇历时十九日。奸淫掳掠无所不用其极。而溃兵散兵到处地方抢劫，损失甚巨，公私粮食被抢一空。而早稻被敌践踏与割为马料者，随处可见。被敌杀死者五百余人。妇女被奸，尽节者三百余人。人民被掳充夫役者达三千余人，现未逃回者尚有五百余人。致房屋被炸者芦溪十七栋、上栗市四栋，被焚者在城区二栋、湘东七栋。

第二次敌经过与作战地区达三十八乡镇，历时二十九日，全县乡镇未遭敌扰者仅四乡。灾区之广实遍全县，尤以大小西路作战最久，遭敌蹂躏更甚。敌之奸淫掳掠固与上次无异，而军纪较差之部队于作战时抢劫民间财物亦较上次为烈。人民一再遭此奇劫，衣物荡然无存，已一贫如洗，且时值早稻收割之期，作战期间，无法收割，被敌割食毁坏，收成不及三成。晚稻既被践踏，复将来收成，自必奇减。瞻念前途，至为可虑。此次在境作战，为时近月。人民避居山中，日晒夜露，备受饥渴。战地死人死马，作战时无法掩埋，臭气逼人，致时疫痢疾，遍于全县，死亡率之巨实足惊人。房屋被毁者共十五栋，敌过处门窗桌椅亦多被其焚毁，人民被掳充夫役者达二千余人，未逃回者尚有五百余人，男女被害共五百余人。

（转自《萍乡市政协文史资料》第 3 辑，1985 年版，原件存萍乡市档案馆）

# 日军侵占鹰潭前后的暴行

南昌沦陷后，日军从 1941 年春天开始对鹰潭进行轰炸，1942 年农历五月初三侵入鹰潭，7 月底撤出。在这一年多时间里，鹰潭遭受了空前劫难，家园被毁，人民惨遭杀害。我们是从日本劳工营死亡线上挣扎出来的幸存者，至今身上还有那时留下的残疾和伤疤，它时时提醒我们不要忘记了这段国难史。

## 一、毁灭性的轰炸

1939 年 3 月，日军侵占南昌后，浙赣铁路只能通到余江县城邓埠镇，大批货物和军用物资都在鹰潭集散。很多难民也流落到了鹰潭，人口达到三四万。从 1941 年 4 月开始至鹰潭沦陷前夕，日军飞机除阴雨和下雪天外，只要是晴天，上午 8 时准到鹰潭轰炸。每次少则 3 架，多则 10 余架。在一年时间里，100 多人惨死在日机的轰炸下，1000 多栋民房被炸毁；火车站是每次必炸，连附近的稻田都被炸烂了。财产损失不计其数。

轰炸最厉害的有三次：

第一次是 1941 年 6 月初，18 架日机从南昌方向飞到鹰潭上空，由大码头转到龙头山，再到火车站。这条线上的 100 多栋房子，顷刻间被罩在浓烟里，几乎被炸光了。居民桂丹池等 30 多人血肉横飞，连完整的尸首都没找到！

第二次是 7 月初，12 架日机从大码头一直轰炸到天主堂，再转到火车站，沿河投放硫磺弹。桂凤喜等 8 人被炸死，40 多栋房屋被炸毁，100 多艘木船被烧毁。

第三次是 7 月中旬，12 架飞机从乌龟咀（现电厂的位置）炸到项家，再到火车站。桂老初等 6 人死难，100 多栋房屋被炸毁。

连续不断的狂轰滥炸，使鹰潭的两条街到处是断壁颓垣，几乎成了一片废墟。除山背损失稍小一些外，已没有一个完整的居民区，人们只好买船蓬搭棚子栖身，白天躲飞机，晚上就挤在棚子里，后来连棚子也都被炸掉。到了冬天，日子就难过了，冻、饿、病死的人天天都有，一片惨状。

## 二、疯狂的洗劫

1942 年农历五月初三，日军从抚州方向经毕家站、肖家、桥东侵入鹰潭。当时有国民政府军的一个营在岱宝山同日军打了三天，子弹打光了，部队也散了。

日军侵入鹰潭后，人都逃走了，鹰潭成了一座空城。日军挨户搜查，见金银首饰和贵重物品就抢，家具、坛坛罐罐被砸得稀巴烂。日军还在粮食、油、盐里拉大小便，拌上泥沙，把东西全糟蹋了，比野兽进了家门还厉害！街上糟蹋后，又派出小股部队到乡下洗劫；离鹰潭城区方圆 30 公里的村庄，一个也没有漏脱。仅举我们所知道的来说，夏埠、湖塘、江上、白露、杨碧、双凤、严家、东溪等村镇日军连续几次洗劫，还抓去 650 多人当劳工，杀死耕牛 500 多头、猪 800 多头，抓去鸡、鸭、鹅无数。搞得家家逃难，村村凄凉，连鸡鸣狗吠的声音也难得听到。

后来日军的暴行发展到了毁灭家园，凡进一个村庄便四处放火。夏埠街原先很热闹，有100多户人家，上百栋房屋，日军3次进村烧屋后，只剩下河边的一栋房子和两个猪栏。湖塘和江上艾家也是上百户的大村庄，日军一把火，烧掉了313间房子。东溪宋家当时只有20多户人家，20多栋房子被烧得只剩下两栋。白露、杨碧、桥东、祝家等村庄就更惨了，700多栋房屋全部被烧光。7月底，日军撤走时，又在鹰潭城区街上用汽油泼后放火，把没有被飞机炸毁的房子都烧了；一下子三条街上烈焰腾空，大火烧了两天一夜才扑灭，没有剩下一栋完整的房屋。

### 三、杀人取乐

中国人的生命，在日军的眼里还不如蚂蚁。他们拿中国人做活靶子练枪法，甚至以杀人取乐。很多人惨死在日军的枪口和屠刀下。

农历五月中旬的一天，日军在夏埠乡祝家村抓走了两个年过70的老人，把他们的胡须拢结在一起，逼着互相拉扯取乐，直至活活弄死。

农历五月下旬的一天早上，夏埠乡前汪村村民汪润元在虎岭彭家村彭街元家，商量头天被日军枪杀的汪炳财的尸体处理问题。刚坐下，日军突然闯进来，挥刀砍死彭街元，汪润元当即也被杀了。

农历五月底的一天，信江正涨大水，100多个日军乘坐一艘机帆船，窜到夏埠乡毛源村靠岸。当时老百姓正被洪水围在村内，日军一看便架起机枪瞄准扫射，当场被打死13人。

农历六月初一，一队日军窜犯余项村和流源彭家村，抓到一个抱着婴儿的70多岁的老婆婆，端起枪就打，老婆婆胸膛被子弹穿过，当场身亡。

农历六月上旬的一天，日军窜进江上艾家村，在水井中投放毒药，群众误饮毒水，一次中毒死亡55人。

### 四、奸淫妇女

日军侵占鹰潭期间，对妇女的侵害最深，许多人被日军蹂躏后又遭到杀害。

农历五月十二日，日军在东溪村抓到7名妇女，剥光她们衣服，把她们赤身裸体地绑在树上，然后轮奸。有一名怀孕妇女躲藏在树边塘里的柳荫下，因时间过长而憋死了。过了几天，日军又进村抓到了8名妇女，剥光她们衣服后关到一间房里子；一个日军进房要强奸，大家拼力同他搏斗，最后终于卡死了这个日军。

农历六月初一，一队日军在流源彭家、余项、虎岭彭家等村奸污妇女24名。年轻妇女夏团花被辱后跳塘自杀。日军在回鹰潭的路上，遇到两名年轻姑娘，当众奸淫后，又把其中一个当做靶子开枪打死。

农历五月至六月，日军先后三次进湖塘、江上艾家村奸淫妇女34名。桥东铁道畈李家有一名年轻妇女正是经期，被日军抓到后，用竹竿插入阴部杀害，死后竹竿还插在身上，手段极为残忍。

（转自《鹰潭文史资料》第1辑，1988年版，作者宋龙儒、夏伙泰、黄佑林）

# 日军入侵贵溪始末

1942年6月16日，贵溪、鹰潭两地相继被日军侵占。8月18日、19日，日军从贵溪、鹰潭分头撤退。在这两个多月的时间里，日军在贵溪犯下的滔天罪行，罄竹难书。这是贵溪人民世世代代难以忘记的历史。现据手头资料和亲闻亲见，将日军入侵贵溪始末简述如下：

**一、日军入侵贵溪**

1942年5月，日军为了占领中国东部沿海地区，调集6个师团、4个旅团10万余人，从浙江和南昌东西两个方向对进，发动浙赣战役。日军东进部队侵占贵溪前后，大体经历了攻击战、"扫荡"战、返回战三个阶段。

攻击战（5月31日至6月16日）：日军东进部队第11军作出打通浙赣线东进战斗部署后，于5月31日晚，命令第34师团、第14独立旅团以及第6师团之一部，分别由谢家埠与李家渡两地区间越过抚河，向东进犯。6月9日，第34师团岩永支队占领余江县城邓埠镇。12日，第34师团主力从抚州出发，向鹰潭方向发起正面攻击，同时岩永支队从邓埠方向进攻鹰潭，古东支队从金溪方向奔袭鹰潭，主力部队则从岗上圩和华村附近入逼鹰潭、贵溪地域。15日、16日两天，第34师团在日军第29独立飞行队配合下，向鹰潭地区突进。16日，鹰潭、贵溪两地沦陷。

"扫荡"战（6月17日至8月17日）：6月16日，日军第11军第34师团各部，从贵溪龚店、天禄、高石等地，分南北两线进占鹰潭、贵溪后，立即派出两个步兵中队奔赴弋阳，主力则固守贵溪、鹰潭附近。日军第34师团部驻防贵溪城内，着手对信江两岸地区进行"扫荡"，并大肆掠夺军需物资。17日，日军一部兵力直犯港黄和周坊村镇。18日，又在鹰潭以西向国民政府军守军进行"扫荡"。23日，日军一部兵力在贵溪县城南罗塘河一带经板桥江家村至弋阳港口一线"扫荡"。国民政府军守军与日军展开了激烈战斗。25日，日军一部兵力向贵溪南部进犯，经罗河圩、金屯村等地，26日到达文坊圩。30日，日军第34师团岩永支队奉命从贵溪出发，东上与日军西下部队会师；7月1日上午10时30分，在横峰附近与日军第13军第22师团谷津支队会合，完成了打通浙赣线的全部任务。日军"扫荡"期间，受日军侵扰地区计有：天禄、鹰潭、月湖、雄石、滨江、罗河、板桥、潜岭、大桥、蟹甸、小岭、姚河、大塘、塘湾、文坊、泗沥、神前、高石、标溪、麦岭、普安、河潭等20多个乡镇和地区。

返回战（8月18日至8月27日）："扫荡"后期，国民政府军各驻军部队已知日军有西返遁逃之意。《民国日报》7月27日报道："鹰潭之敌毫无斗志，已将铁轨毁运一空，仓皇图遁之态，可以想见。"事实正是如此，根据日军中国派遣军命令和日军第11军与第13军的协定，侵华日军第11军第34师团已经奉命撤离浙赣线，西返南昌。8月18日，日落时分，入侵贵溪日军分别从贵溪、鹰潭两地陆续西撤，沿途，国民政府军守军各部虽有追击，但无大的激战。27日，日军第34师团各部先后在南昌集结完毕，结束了打通浙赣线的作战任务。日军西遁期间，国民政府军各驻军部队自上饶起，兵分三路迅速西下，追歼西逃日军，8月19日午后2时收复贵溪县城，同时乘胜向西挺进，21日午时收复鹰潭镇。

## 二、抗击日军

国民政府第100军驻防鹰潭、贵溪附近，当日军自余江县城邓埠镇向鹰潭进攻时，广大将士进行了英勇阻击。自6月16日贵溪、鹰潭沦陷，至8月19日日军败退的两个多月，东自贵溪流口，西至鹰潭双凤街，南至盛源和弋阳港口圩，中国各守军曾多次与日军奋战。6月23日，中国军队在流口至港口一线痛击日军，并一度取得了克复贵溪县城的胜利。《民国日报》6月24日曾报道："侵踞贵溪之敌，经我军向其反击，当将该敌击溃，贵溪城亦被我攻克……战斗已转至贵溪东南之流口附近。"旋因政局、战局诸因素，"贵溪县城复被日军侵占"。7月11日晨，日军侵入弋阳港口以东周家潭，中国守军奋起阻击，日军伤亡甚重。12日，日军在飞机掩护下，一部突回西窜，一部被我聚歼。7月中旬，日军部分兵力开始返回驻地。国民政府军第25军的两个师和某军第19师，当日军正面集结时，再次展开了争夺贵溪、鹰潭、邓埠之战；同时配合第58、第79军兵力，组成攻击队，将战斗推进到抚州至南昌县三江镇一线。7月27日至8月27日，中、日军队多次展开激烈战斗，日军不得不撤离浙赣线，龟缩南昌。

日军入侵贵溪期间，贵溪人民对日军"三光"（烧光、杀光、抢光）政策深切痛恨，各地人民纷纷组织起来，展开了团结抗日、保卫家园的战斗。1942年9月10日《前线日报》报道："贵溪义士，不甘倭寇践踏，纷起反抗，如南乡李村，北乡罗村，杀寇数百……贵邑村野之民，雪耻复仇之志弥坚。"据统计，全县先后有过盛沅、小英、高岭等地大小10余次抗击日军的英勇战斗。1942年，日军在侵占贵溪前夕，从余干县瑞洪镇乘小汽艇驶入信江内套，窜进鹰潭前沿，时而上岸骚扰附近百姓。当时小英村农民高举抗日旗帜，组织抗日团练，沿村架设土炮，青壮年手持矛刀，肩扛鸟铳，进行了保卫家园的斗争。6月13日，一股日军向小英方向窜来，刚到村边，只听一声锣响，小英村抗日团练从四面向日军包抄过去，日军一时无备，仓促应战，结果狼狈逃走。此战，小英团练当场杀死日军5人，缴获步枪5支，小英抗日初胜，大大鼓舞了贵溪人民抗战到底的斗志。同年7月，贵溪北乡农民于下杨村（今志光镇地），组织成立了一支志光抗日游击队，有队员50余人，刀、枪50余把（支），多次给日军以沉重打击，迫使日军小股部队不敢进入志光信江地段。尤为可贵的是，在贵溪南部地区长期坚持斗争的中共贵南游击队，经常活动在金（溪）、鹰（潭）大道上（今260国道），给日军多次重创。贵溪人民坚持抗击日军的事实表明，中国人民不可侮。

（转自《贵溪文史资料》第6辑，1989年版，作者黄永祥）

# 赣州沦陷前后

1943 年底，日军不断扩大战火，继续向我国内地大举进攻。1944 年，日军大举向赣西南进犯。

1944 年冬，日军第六方面军决定，驻湘境日军第 20 军第 27、第 40 师团共 4 万余人向赣南进攻，夺取遂川、赣州、新城、南雄等处机场，为打通粤汉线南段作战创造条件。由于日军侵略战火的扩大，年底，在赣州代理行使专员职务的杨明拍电报给当时在重庆、任赣南第四行政区专员的蒋经国，告急"日军正进犯吉水，势将沿吉安、泰和，侵入赣南，赣州吃紧，请蒋专员决定对策"。蒋经国经过思量，电复杨明："应紧急发动民众，誓死保卫新赣南。我不日返赣。"

1945 年 1 月上旬，蒋经国从重庆回到赣州。他为了表示自己"誓守赣南"的决心，召开了一连串的紧急会议，他在亲自主持召开的专署、保安司令部以及保甲长以上人员会上，情绪激昂，高喊"死守赣南""与赣南人民共同奋战""与新赣南共存亡"。他指示各保召开保民大会，宣称"蒋专员回赣南，决心和赣南父老兄弟姐妹一道誓死保卫新赣南"。22 日，赣县县政府下令疏散人口、物资。28 日，蒋经国乘美军运输机飞往重庆。接着，四区专署由赣州迁至安远县，赣县县政府也由赣州城迁至赣县大埠镇。

1945 年 2 月 2 日，北路日军第 27 师团第 2 联队 2000 多人，沿赣（州）遂（川）公路侵犯赣南。3 日，占赣县沙地。4 日，进犯赣州城郊水西圩，与国民政府军展开激战。5 日，日军一个班，一枪未发，从西门漫步进占赣州城，赣州沦陷。尔后，日军以一部兵力东进茅店圩，主力向南攻占南康，协同南路日军第 40 师团于 8 日攻占大余新城。不长的时间内，日军相继侵占了赣县、南康、大余、龙南、全南、兴国等县的全部或大部。

2 月 3 日，日伪"复兴委员会"在赣州成立，汉奸戴鸣九任主任委员，汉奸林吉堂任副主任委员，汉奸温学良任赣州镇镇长。

日军侵入赣南期间，实行法西斯的"三光"政策，大肆进行抢劫，奸淫妇女，烧毁房屋，无恶不作，赣南人民蒙受极大的灾难。特别是赣州城，浩劫空前。城内的主要街道文清路、西津路、建国路、北京路、至圣路、章贡路、均井巷等，被日军纵火焚烧 5 个昼夜，百姓遭殃，财产蒙受巨大损失。其中：被杀害的群众 181 人，失踪 98 人，受伤 623 人；烧毁房屋 1857 栋，夺杀耕牛 7084 头、猪 15342 头、家禽 140591 只、鱼 80144 尾，被毁青苗 30346 亩，抢走稻谷 4281.74 万斤、大米 259.99 万斤；损失其他各种财物约 200 多万元（法币）。当时，赣州乃至整个赣南大地，民众都在水深火热之中挣扎。

在日军侵占赣州期间，赣州人民展开了英勇的斗争。在城南沙石乡，农民组织起来杀死日军4名，擒获汉奸9名。黄金村群众配合中国军队袭取侵占黄金机场日军的空军器材80余担和部分枪支弹药。赣南各县人民也展开了抗击日军暴行的斗争。龙南县玉石岩和杨坊村男女青年奋起抵抗，打死日军并缴获日军步枪多支。大余县黄龙、新城等地群众也纷纷起来抗击日军。

为了抗击日军侵略，中共中央指示广东区党委应以湘粤赣边为中心，迅速建立战略根据地，以使敌人败退时，华南抗日武装进退有据；同时，中央电令在湘鄂赣边之王震部队南下，以配合创造南方局面。在中国人民的沉重打击下，全国的抗日形势发生了重大变化，侵赣日军也不得不于1945年6月下旬开始，经赣州沿赣江北撤，7月12日全部撤出赣州。日军撤离后，在赣州民众的配合下，汉奸林吉堂、温学良、钟磺等23人被捉拿处死，得到了充当日军走狗的可耻下场。不久，第四区专署和赣县县政府也相继迁回赣州。

（转自《赣南抗日烽火》，中央文献出版社1995年版，作者刘平）

# 血腥的 "一·一五"

1939 年 3 月日军侵占南昌以后，便利用国民政府军空军基地，经常派出飞机窜扰后方城镇，进行侦察轰炸，屠杀中国人民。当时，沿赣江而上的吉安县城（今吉安市）、泰和县城澄江镇、遂川县城泉江镇以及赣州城（今赣州市）都是日军空袭的目标，经常遭到日机狂轰滥炸。

赣州城在 1942 年元旦被炸后，许多老百姓每天一吃过早饭，就提着旅行袋出城到近郊躲避空袭。一日数惊，不得安宁。

同年 1 月 15 日，空袭警报拉响了，街上的人纷纷疏散，少数商店摊子还在贪做生意。防护团全体出动，分赴大街小巷催促疏散，边吹哨子边大叫："来了好多敌机，快收摊子走！"这才引起他们的重视，纷纷收摊上铺门，蜂拥出城。浮桥都差点踩沉。

过了片刻，又拉响了紧急警报。日机的隆隆声已传入市区，跑在后面的居民已经来不及出城了，沿街的防护团岗哨命令大家就地隐蔽。

日机窜入市区上空后，霎时，炸弹如雨，四处爆炸起火，风助火势，越烧越旺，繁华的赣州城成了一片火海。那时，吴善梁和我正带着防护团员们执行任务，就临时隐蔽在城墙下壕沟里。我们清楚地看到，一共有 28 架日机。日机进入市区中心上空时，低空飞行，狂轰滥炸。目睹日机的暴行，无不咬牙切齿！

万恶的空中强盗飞离赣州后，没等解除警报，防护团的全体人马就赶到被炸火场紧急抢救。这时，只听得呼儿叫娘、痛苦哀号声响成一片，只见废墟上到处都是断头残肢的血污尸体。一个被炸死的妇女，一手紧揣着奶瓶，一手紧搂已死去的孩子，惨不忍睹。中山路和公园附近闹市区的广益昌百货商店、岭南酒家、稻香村糕饼店、交通银行和农民银行等，全部被炸光、烧毁，化为灰烬。

经检视整个被炸灾区，初步得出一个血淋淋的数字：炸死无辜民众 200 余人，炸伤 300 余人，炸毁房屋 1000 余栋，炸毁公私财产物资不计其数！

（转自《赣南抗日烽火》，中央文献出版社 1995 年版，徐浩然初稿，吴识沧整理）

# 日军入侵南康的暴行和南康人民的反暴斗争

　　1944年冬，日军沿着粤赣公路线，疯狂侵占大余、南康、赣州，企图以解除太平洋日军退路之忧。当时国民政府军守军无法抵抗，闻风逃遁，南康陷入日军铁蹄之下。日军所到之处，杀人放火，奸淫掳掠，惨绝人寰，激起了中国人民的深仇大恨，人民奋起反抗。

　　1945年的一天早上，天蒙蒙亮，一队约30人的日本兵，荷枪实弹，凶神恶煞地开进了南康县城北的洋坝村。进村后，日兵四处乱窜，抢东西，搜妇女，闹得鸡犬不宁，哭声震天。当时，大多数老百姓处于无准备状态，赤手空拳，只好扶老携幼四处逃散；跑得快的免遭殃，跑不快的就遭到了日军的欺凌屠杀。

　　在一群奔逃的老百姓中，有一名姓施的名叫"老考孜"的老头被一个日兵追上了，先抢他的粮食，后牵他的一头大黄牛。"老考孜"死死拉住黄牛不放，并苦苦哀求，日兵举刀就砍。远处有一个姓施名叫"老鸟孜"的壮年人，看在眼里，恨在心头，手持竹杠冲上前去猛击日兵。日兵吓慌了，双膝跪地乞求饶命。"老鸟孜"怒喝道：你们这般狗强盗，杀了千千万万的中国人，我饶不了你！夺过日兵的大刀将他杀死，并邀数人将尸体抬到10里外埋掉。后来日军数次来村搜查无着落，只好罢休！

　　1945年4月的一天中午，盘踞在县城的日军到西华乡的南水村掳掠、抓夫。有一个日兵追到山上，拉着一朱姓村民的老婆企图强奸。村民冲上前去，用链刨向日本兵猛击。日兵见势不妙，丢掉女人逃跑，这一妇女才免遭殃。

　　1945年5月，东山圩的村民由于圩里驻着日军，被迫逃到他乡，白天不敢回家，只好晚上回家捎米、摘菜、弄柴。有一天晚上，一个姓李名叫"东洋孜"的村民回家拿米，碰上了日兵。一个日兵去抓他，被他打入水塘。其他日兵叽里咕噜一阵，企图抓住"东洋孜"。"东洋孜"由于熟悉地形，一溜烟就跑到村外，日兵无可奈何。

（转自《南康文史资料》第1辑，1987年版，作者吴启芳）

# 日军入侵信丰的暴行

## 一、狂轰滥炸

信丰人民是在 1943 年 10 月 2 日开始蒙受侵华日军灾难的。

这一天，距前线千里之遥的信丰县，首次遭受日机空袭。当天早晨 6 时，15 架日军飞机由广东窜入信丰县境，分两批侵入县城嘉定镇上空，滥肆轰炸，投弹 52 枚（大多是燃烧弹），天主堂、粉干厂、彭家祠、卫生院、县府新厦和中正路（现解放路）西段店铺等多处中弹起火，炸毁烧毁房屋 151 栋，炸死 9 人，炸伤 24 人。

当时有一枚哑弹，县政府派人扛到南门外桃江中的一块沙洲上。第三天，有两个不懂事的小孩上前敲击炸弹玩耍，炸弹突然爆炸，两个小孩被炸死了。

自此以后，日军的飞机经常窜入信丰上空骚扰、空袭。1944 年春夏之交的一天，5 架日机在县城上空盘旋一阵后飞往花园坊，并在信丰县立中学礼堂前后各投下一枚炸弹，炸死 2 人。1945 年 5 月初的一天上午，六七架日机又窜入九渡水圩上空，在老虎山头桥边投弹 2 枚。炸弹当时未爆炸，直到下午太阳快落山时才突然发出轰隆隆两声巨响。3 个路过的百姓被炸得 2 死 1 伤。同年端午节前几天的一天上午，又有六七架日机再次窜入九渡水圩上空，丢下 3 枚炸弹，炸毁、烧毁房屋 20 多间，一个患病卧床的老人被炸死。

## 二、血腥屠杀

1945 年 2 月至 7 月间，日军曾两次侵入信丰县：一次是 1945 年 2 月上旬的一天，日军由广东南雄县侵入信丰县九渡乡袁屋、庙下等村庄，抢掠后返回南雄。另一次是 1945 年 6 月 6 日至 7 月 2 日，当时全县 30 个乡镇中有 22 个惨遭日军践踏。日军占领信丰后，挥舞屠刀，杀人取乐，共杀死杀伤无辜的信丰平民 553 人，其中杀死 192 人。

1945 年 6 月 18 日黄昏，日军窜入信丰县崇仙乡仙人迹等地后，挨家挨户抓人。当时有 10 多个人跑往山上躲藏，日兵开枪射击，打死 4 人，打伤 1 人。一个姓邱的村民负伤后被日兵抓获，日兵将他绑着丢入水塘，还拖着他在水中打转转，直至淹死。岸上围观的日兵哈哈大笑。

日军杀人，令人发指。仅在大塘埠乡一口小水塘里就发现 9 具被日军残害的尸体。罗吉村有 1 名小学教师、3 名小学生和 3 名不愿替日军挑担的农民被日军抓获后，押至小江镇官仓下村，残暴的日军端起刺刀朝他们身上乱捅一顿，然后将他们捆绑着丢进一间房子里，放火把这 7 个人活活烧死了。这个村子还有一位姓姚的妇女,被日兵抓住,企图强奸,姚氏不从,日兵端起刺刀直刺她的双眼和胸腔,还剥光她的衣服,血淋淋地割下她的乳房。这位可怜的妇女被活活折磨至死。

### 三、凌辱妇女

日军无论窜到哪里,看见妇女就抓。不管是七八岁的幼女或十来岁的少女,还是七八十岁的老妇,只要落到他们的手中,都逃不脱被奸淫的厄运。信丰县城有两名70多岁的老妇不幸落入一群日军手中,日军先用皮带抽打她们的阴部,然后进行轮奸。这两名老妇当场被轮奸致死。有一名少妇被日军轮奸后,阴道中又插入一块竹片,这位少妇不堪凌辱,跳入桃江,含恨身亡。

信丰县政府在1945年7月一份工作总结报告上记载:全县遭日本侵略军强奸的妇女共计2199人,其中老妇725人、幼女257人,被奸淫至死的127人。

### 四、强掳夫役

1945年6月上、中旬,日军第27师团步兵第2联队和第40师团第235联队,分别由北、南两地先后侵入信丰后,到处强掳民夫修筑工事和挑运辎重行李。日军见男人就抓,从十四五岁的少年至八旬老翁,统统不予放过。仙人迹一带有两名70多岁的老人被日军抓到以后,被迫各挑着70多斤重的担子,艰难地走了二三里路。他们刚放下担子想歇息一会,不料两个凶残的日军高叫着"八格牙鲁",端着刺刀一下就将他俩捅死了。一队日军在牛颈圩附近抓回七八个逃跑的民夫,将他们捆绑在树上,野蛮地往他们嘴里灌塘水,直灌得这些民夫的肚子鼓鼓胀胀,水从口里倒流出来;日军还不罢休,又将他们摔倒地上,用脚猛踩他们的肚腹,这些民夫被踩得口里和肛门两头出水;这还不够,日军还用皮带和棍棒朝他们身上乱抽乱打,活活地把这七八个民夫折磨致死。据当时县政府档案资料记载:信丰全县被日军抓夫3691人,其中有1208人下落不明。

### 五、焚毁屋宇

日军窜入信丰后,每到一地,都要纵火烧房,还将驻地民房的门窗撬去当柴火煮饭。1945年6月7日深夜,日军第27师团步兵第2联队前卫部队窜入牛颈圩,放火烧毁店房7栋和一座白马庙。日军一部抵达人和圩时,遭到国民政府军第65军第160师第479团一部袭击后,丢下9具尸体溃逃,溃逃时放火烧毁民房71间。狗婆坑一带被烧毁拆毁的民房就达三四百间。全县被日军烧毁房屋346栋,拆毁房屋6576间。

## 六、糟蹋庄稼　毁坏器物

日军每到一处，便将骡马放入田中践踏水稻、花生、大豆等农作物。他们将毒药和石灰倒入池塘毒鱼，往驻地居民的米缸、油缸、饭甑里拉屎撒尿，翻箱倒柜掠夺财物，放火焚烧衣服、蚊帐、被褥和家具。据当年县政府工作总结报告中记载，全县被日军杀死耕牛3171头、猪7115头、狗1148只、鸡71940只、鸭28239只、鹅186只，被毒死的草、鲢、鳙等鱼类80000多尾，损失布7540匹、衣服54841套、铜4289斤、生铁21058斤、稻谷383618担、大米1920担、食油9544担、食盐10580担、金银首饰11331两，被践踏得无收获的早稻禾苗16370亩、其他农作物4637亩。有位叫戴日有的老人说，仅他家就被日军杀死1头耕牛、2头猪和30多只鸡鸭，粮仓里的100多斤大米和四五担稻谷也被日军倒入许多泥土砂石。陈兰卿老人控诉说：日军撤退后，我们从疏散地回到城里时，一路上看到好多禾苗被践踏了，路边还有许多死牛死猪，不时还看到死人尸体，都已腐烂，臭气冲天。

### 信丰县遭受敌人暴行损失情形调查表

民国三十四年七月　信丰县善后委员会　调制

| 人　口　损　失 | | | | | | | | | | | | | | | | | | | | | |
|---|---|---|---|---|---|---|---|---|---|---|---|---|---|---|---|---|---|---|---|---|---|
| 拉充夫役 | | 掳去小孩 | | | 被强奸妇女 | | | | | | | | 杀　伤 | | | | 失　踪 | | |
| 合计 | 已回 | 无回 | 合计 | 已回 | 无回 | 合计 | 老年 | | 青壮年 | | 幼女 | | 合计 | 杀死 | | 杀伤 | | 合计 | 男 | 女 |
| | | | | | | | 致死 | 未死 | 致死 | 未死 | 致死 | 未死 | | 男 | 女 | 男 | 女 | | | |
| 3691 | 2483 | 1208 | 442 | 230 | 212 | 2199 | 72 | 653 | 40 | 1067 | 15 | 242 | 553 | 123 | 69 | 126 | 235 | 364 | 181 | 183 |

| 财　产　损　失 | | | | | | | | | | |
|---|---|---|---|---|---|---|---|---|---|---|
| 牲　畜 | | | | | | | 家　禽 | | | 鱼(尾) |
| 牛(头) | 马(匹) | 猪(头) | 羊(只) | 狗(只) | 猫(只) | 兔(只) | 鸭(只) | 鸡(只) | 鹅(只) | |
| 3171 | 23 | 7115 | 9 | 1148 | 55 | 25 | 28239 | 71940 | 186 | 80184 |

| | | | | | | | 拆毁房屋(间) | 烧毁房屋(幢) |
|---|---|---|---|---|---|---|---|---|
| | | | | | | | 6576 | 346 |

| 财　产　损　失 | | | | | | | | | | |
|---|---|---|---|---|---|---|---|---|---|---|
| 布(匹) | 衣服(套) | 首饰(两) | 食油(担) | 食盐(担) | 大米(担) | 稻谷(担) | 水稻麦苗(亩) | 其他农作物(亩) | 铜(斤) | 锡(斤) | 生铁(斤) |
| 7540 | 54841 | 11331 | 9544 | 10580 | 9120 | 383618 | 16370 | 4639 | 2489 | 8051 | 21058 |

注：此表系信丰县政府民国三十二年至三十四年工作总结报告之附录（抄录自信丰县档案馆民国档案0宗杂目61卷）。

（转自《赣南抗日烽火》，中央文献出版社1995年版，作者邹鸿光）

# 庾岭呜咽　章江泣血

## ——侵华日军在大余的暴行

大余人民不会忘记：立春时日不见春，鞭炮不响闻枪声；梅关闯进日军来，千家万户临灾星。

1945 年 2 月 3 日，日本侵略军第 40 师团第 235 联队侵占南雄县城后，大余县军政机关仓皇从县城撤退到山区左佛乡。国民政府军驻大余的第 90 师，亦将师部迁到距大余县城 100 华里的深山沟——崇义县聂都蛰伏，只有其第 270 团派了一个营驻大余县梅岭乡小梅关南面"白云天"，监视日军行动。2 月 5 日清晨，日军第 40 师团第 235 联队第 1 大队 200 多人进至小梅关南麓。驻守"白云天"山头的国民政府军官兵发现敌情后，用机枪对敌扫射，但因距敌尚有数千米之远，不仅未杀伤日军，自己反遭日军炮击，只好慌忙撤退。日军兵不血刃，越过梅关天险，迅速占领了大余县城。6 日至 8 日，又先后占领大余县黄龙乡、青龙乡、池江乡、新城区等地，与从北路侵入赣南的日军会合。大余境内沿赣粤公路两侧的 80 里平川，沦陷于日军的铁蹄之下。

日军侵入大余后，无日不烧杀劫掠、奸淫残害百姓。庾岭呜咽，章江泣血。

## 烧杀抢掠　惨不忍睹

侵华日军在大余恣意杀人放火，其手段之凶残，令人心惊肉跳，毛骨悚然。

2 月 6 日，入城日军四处放火，城内烈焰冲天，日军还不许居民扑救。连烧 3 天，靖安桥头、中正门内至吉安会馆（现县农机局）街道两边和老城河边街等处店房以及石桥下的张宅烧尽，几乎半个县城变成废墟。日军侵入青龙乡，乡公所周围 10 余栋民房即被烧毁。驻新城区日军下乡抢掠扑空，恼羞成怒，纵火大烧民房，以致周屋、上石阶丘村均焚烧殆尽，仓下村 100 多间民房葬入火海。

日军恣意凌辱和残杀大余人民。他们到处抓人为其挑运物资，被抓者多数是老弱病残，挑不动也得挑，年纪越大挑得越重。新城区新城乡灌湖村的刘维心，年届七旬有余，白发苍苍，被迫挑 100 多斤。刘向日军哀求少挑一些，当场遭枪杀。壮年男子刘友俊被抓去挑担时，将手巾束在腰间护腰，日军却视其为抗拒，端起刺刀猛地戳入他的胸膛。刘友俊鲜血迸溅，当场倒地。

一天，日军至城郊上角头村骚扰，移居该村避难的县府雇员陈阳征及其老伴被掳。这对夫妻均 60 多岁。日军将两人衣服扒光，绑掷于雪地上，然后站在旁边观赏取乐，致使两位老人活活冻死。

2 月 9 日晚上，驻县城的一小队日军窜入中国军队伤兵医院，抓获伤兵 4 名。

日军立即从居民家中劫掠一大堆家具、门板，燃起熊熊烈火，然后将紧紧捆绑的4名中国伤兵掷于火中。伤兵们的惨叫之声撕心裂肺，皮肉焦臭四散难闻。

日军窜入乡村骚扰时，凡躲避的居民一旦被抓获，即被视为"逆民"，当场遭屠杀。5月8日下午，由于汉奸的告密，驻东山岭日军抓获国民政府军第90师便衣侦察员唐麒和县城居民何兆庆、何国庆、傅天民、韩治镜、黄勋等12人，立即将他们绑押到章江南岸，用刺刀捅死，接着又将尸体投入河中。

日军除烧杀肆虐外，还疯狂掠夺财物，糟蹋居民粮草、食物，毁坏农田庄稼。驻大余县黄龙乡卵岭的日军，一次骚扰黄龙乡大合村就抢去耕牛20多头。他们闯进村民家中，必翻箱倒柜，能吃的吃，能抢的抢，酒、肉、菜、米吃不了，就往上面拉屎、撒尿、撒泥沙。见锅碗瓢盆、坛坛罐罐就捣烂砸碎。烧饭取暖不用柴草，偏要将门窗、家具劈碎。日军所到之处，十室九空，一片凄景惨相。

日军还与当地汉奸走狗勾结，向居民发放"良民证"。凡有"良民证"的农民，可回家抢种庄稼。可是庄稼种下后，好好的青苗不是被日军割去喂马，就是被日军马匹践踏。当时，公路沿线的新城区、池江乡、城郊、梅岭乡梅山等地，处处可看到成片被日军毁坏的稻田。

## 蹂躏妇女　令人发指

日军在大余蹂躏、残害妇女，更是令人发指。

2月6日，两个日军窜入县城河边路缝纫店主李宝山家，将李五花大绑后，当着李的面，对其妻、女进行强奸。李宝山怒火中烧，愤而抗骂，当即遭到枪杀。其妻破口大骂，也被日军用刺刀捅死。日军还将她哇哇啼哭的两岁男孩抛入章江淹死。李宝山的女儿遭到凌辱，又见父母、弟弟惨死，欲哭无泪，悲愤交加，绝望地冲出屋门，跳河自尽。一家四口，家破人亡，毁于日军。

2月8日，驻青龙日军抓到几十名百姓，有男有女。男的被迫挑担背物，女的成了日军奸淫对象。光天化日之下，路旁旷野之中，这批妇女被日军肆意蹂躏。

一天，驻县城日军窜入城郊滩头村骚扰。村民郭文昌的儿媳妇抱病在身且带着婴孩，躲避不及，被日军抓住，竟遭6名日军轮奸，当场被糟蹋而死。她那嗷嗷待哺的婴儿，又被日军抛入厕所里溺死。

万恶的日本侵略者，给大余人民带来巨大灾难。据统计，全县被日军残杀及掳去后失踪者948人，遭毒打凌辱致残者475人，被烧毁房屋1247栋，掠夺损毁粮食140553担，掠夺棉麻1044担，掠夺耕牛3953头（占全县耕牛总数的45%），被抢掠的猪、鸡、鹅、鸭和衣物等，则不计其数。

（转自《赣南抗日烽火》，中央文献出版社1995年版，作者刘焕文）

# 永远不能忘记的民族恨

## ——日军侵犯龙南的暴行

**一、日机先后 5 次对龙南狂轰滥炸**

从 1938 年 6 月到 1943 年 10 月，地处赣粤边陲的山区小县——龙南县城及农村圩集，先后 5 次遭日机轰炸扫射。日机每次轰炸，时间都在圩日人口高度密集的晌午，其险恶用心就在于尽量多地残杀中国人民，扰乱社会秩序，摧残抗日斗志。

1938 年 6 月 20 日正午时分，3 架双翼日机窜入县城上空，先低空盘旋一圈，侦察择定投弹目标后，朝西门外的白沙坝简易机场（该机场建于 1932 年秋）投弹 9 枚，炸塌桥头王屋门楼一座，炸死桥头观音庙铁匠刘输添一人，炸伤正在机场边耕作的妇女一人，炸死炸伤在机场草地上放牧的人以及牛、马 30 多头，迫使当年县城仅有的一家康乐牛奶坊倒闭。

在轰炸机场的同时，日机还投放事先印刷好的所谓《圣战功勋》传单。传单上除印有日本本土四岛及被其早已霸占的台湾岛外，将朝鲜和我国东北辽宁、吉林、黑龙江三省的伪满洲国列为日本已"共荣"了的"皇道乐土"；将其新占领的我国东南沿海和冀、鲁、豫、苏、皖、浙、赣、粤、闽 9 省省会及沪、津两直辖市插上太阳旗。日本侵略者通过飘放传单，炫耀其侵华"功绩"，企图借此涣散中国军民的抗日斗志。

1938 年 10 月 27 日，日机窜入杨村圩上空，投放炸弹数枚，炸塌燕翼圩子（高水圩）西北角炮楼 1 座、圩旁新屋村民房 10 间、杨村小学教室 1 间，炸死炸伤居民和小学生 18 人。

1941 年 10 月 16 日上午 11 时，日机 7 架窜入县城上空，低空盘旋一周后，在县城东南及西南一带共投弹 29 枚（其中燃烧弹和定时炸弹各 1 枚），炸死居民和进城赴圩的农民 80 人、重伤致残 52 人、轻伤百余人，炸毁民房 89 栋 319 间，烧毁县城中山路中段至南段（自猪仔圩、旱塘子起至中山门）马路两旁全部店房 300 余间。这次轰炸使县城的商业和手工业遭到了空前未有的严重摧残。

1943 年 10 月 1 日上午 10 时，9 架日机组成三个"品"字形窜入县城上空，低空盘旋一周后，对学门口地区进行扫射和投弹，县城东、南、西三面同时中弹挨炸，炸死居民和进城农民 93 人（其中有中小学生 37 人），重伤致残 157 人。下南门蔡老屋塘□下（现教育局旁）的蔡永柏夫妇及他们的七旬老母、3 岁幼子和其胞弟蔡永楠，三代五口同时殉难。这次炸毁民房 470 余间。学门口屠案中市场内外，摆满了被炸死居民的尸体。遇害者亲人前来认尸的号啕哭喊声，令人心颤。

日机第一次轰炸县城以后，县政府开始注意简易防空设施的建设，发动居民在房前屋后的空地上挖防空壕沟，利用贯穿全城南北的下水道，分段建成防空洞，逐年修缮，不断加固。城乡居民不断受到防空知识教育。县城防空哨利用单车三色旗、鸣锣、放汽笛等方式分别发布空袭、紧急和解除警报的信号。每逢圩日，县城各道城门都有军警守卫，自上午8时至下午4时，来往行人准出不准进，目的是减少圩日县城人口密度，降低空袭挨炸时的人口伤亡。

尽管采取了许多防空措施，但后两次日机轰炸县城时，受到的损失仍然十分惨重。

日机空袭，使龙南城乡手工业生产和物资交流受到严重破坏；龙南师范和县城中小学不能进行正常教学，为防空袭，各校只好在晴天的上午带学生到城郊农村上课，教学质量受到严重影响。

**二、日军兵分 5 路侵占龙南**

1945 年夏，苏、美、英等盟国军队开始向日军大规模反攻。此时侵华日军便收缩兵力，准备实施"本土决战"。侵占华南的日军第六方面军指挥机关决定，广布在粤北、粤中和赣南的日军部队经赣南沿赣江北撤到长江中下游地区。

地处赣粤边陲的"三南"（龙南、定南、全南）、信丰和广东的连平、和平等县大片山区，一直是华南地区抗日战争的大后方，日军铁蹄尚未染指。国民政府军第 63 军和第 65 军长驻这一地区。抗日的军火库，遍布山区农村，仅龙南境内就有 20 处。侵入华南的日军决定在撤出粤、赣两省内陆以前，摧垮在粤赣边陲抗日的中国驻军，烧毁遍布山区农村的抗日军火储备，夺取浈北江、赣江和赣粤边公路交通，扫除其经江西北撤的障碍。为此，日军决定发起五旗岭（即五岭）"大会战"。其"大会战"的第一步就是"三南扫荡战"，形成了日军从四面兵分 5 路包围龙南的局面。

日军担任"三南扫荡战"的主力是第 27、第 40、第 131 师团，共 1 万余兵力。日军华南司令部还命令各师团攻占三南后，集结于龙南县城周围休整 10 天，筹措军需给养，保障从粤北撤退部队安全过境。

南路日军和第 27 师团一个加强大队，在大队长中村少佐统率下，于 6 月 13 日从广东连平县的上坪圩开出，沿山区小路入侵龙南县境，经白沙村到达岗尾村后兵分两路：一路沿东水河下至杨村圩，又沿太平江下至夹湖圩，途经三门村，渡过桃江，沿龙小公路侵占县城；一路沿乡道北下，到达南亨圩后，沿山间小道窜至罗田村宿营。这一路日军于 14 日（农历端午节）经天吊往东坑村而来。上午 9 时，日军走出东坑迳，在石阶路上向东坑屋场方向架设机枪。东坑村民及县城疏散到东坑的居民男女老幼数十人在村口望着对河山口出来的部队，因距离有一里之遥，误把日军当国民政府军。在密集的机枪扫射声中，人们才知道是日军到了，纷纷扶老携幼，从屋场后向岽美山脚下的老虎尾丛林中躲藏。日军进村后，立即纵火焚烧设在何氏宗祠的军火库，从上午 10 时至午夜，东坑村中火光冲天，弹药爆炸声连绵不断。午后，这股日军又经榕祭到汶龙圩，配合从定南县老城方向开来的日军进攻汶龙圩的中国守军阵地；突破守军防地后，在上庄纵火焚烧了一间厅堂里的军火库。日军两部会合向县城出发时，又在罗坝村纵火焚烧了冰公祠的军火仓库。

西南路日军13日攻占全南县城，14日沿龙（南）全（南）公路向龙南县城进发，路过渡江乡陂坑及象塘村时，先后纵火焚烧了陂坑村一厅堂中的军火库和象塘村钟家祠的龙南枪械修造所。14日下午，象塘、莲塘、陂坑等村庄的上空，弹药爆炸声连绵不断。当日晚，该部入侵县城。从夹湖方向尾随而来的日军第27师团也相继到达。

东路日军第40师团第234联队，在联队长屈国大佐统率下，13日从广东和平县出发，14日上午经定南老城到达龙南汶龙圩，受到国民政府军第63军第153师第458团3营守军的顽强阻击。日军两次向守军阵地冲锋，皆被击退。午后，从榕祭方向窜来的日军第27师团到达后，守军阵地三面受敌，终因敌众我寡而被迫撤出阵地，汶龙圩陷于敌手。

西路日军第131师团，6月12日从广东省南雄县的水口圩开出，13日入侵全南县的陂头、社迳圩后，兵分两路，一路经龙下圩逆桃江而上，一路经楠木山村过犁鼻岭，经龙南洒源圩进逼龙南县城。该师团两路兵力先后在水西坝集结，14日进入县城。

北路侵占赣州、南康长达半年之久的驻赣州日军，派出一部分兵力沿龙（南）信（丰）公路南下，接应从广东方向北撤之日军，对"三南"取合围之势，13日侵占信丰县小江圩，14日侵占龙南县的东坑圩至里仁圩一线。

15日，日军第27、第40、第131师团的指挥机关，分驻县城、水东、水西各地。按日军华南司令部的电令，参加"三南扫荡战"的全部兵力，需在龙南县城及城郊附近休整10天，以"筹集"粮草，充实军需给养；"征集"民夫，补充运力；保护从广东陆上北撤全部日军安全过境。这样，日军在龙南的半个月中犯下了罄竹难书的暴行，使龙南人民蒙受了一场史无前例的浩劫。

（转自《赣南抗日烽火》，中央文献出版社1995年版，作者蔡宪銮〔执笔〕、菊辉、启达）

# 日军飞机三次轰炸龙南城惨状

抗日战争时期，我在城北犁头嘴做篾匠。日机三次轰炸龙南县城，我都身历其境，但幸免于难。至今历历在目，记忆犹新。

第一次轰炸发生在 1938 年 6 月 20 日，即戊寅农历五月二十三日。3 架双翼型日本轰炸机，从东北方向窜入龙南城上空，低飞盘旋三圈后，飞往全南方向；在快要离开县境时，突然折回县城，对准城西白沙坝绿草中嵌着"龙南"两个银白耀眼大字的简易机场，投弹 9 枚，然后向西南方向飞去。9 枚炸弹爆炸，机场跑道两侧出现数口小池塘般的弹坑，隔江斜对岸石路桥头王屋门楼被炸塌，机场周围绿草场上横七竖八躺着 30 多具牲畜尸体。查点结果，计炸死水西农民正在放牧的耕牛四头、马两匹，炸死徐志炎家正在放牧的奶牛 20 余头，酿成康乐牛奶房一度倒闭。在石路桥头观音庙设炉打铁的铁匠刘翰添，被炸弹片割断头颅，当场丧命。一对正在白沙坝种地的夫妻，看到飞机"屙屎"，男的立即扑地卧倒，并喊其妻赶快卧下，其妻来不及卧下就被轰倒，负了重伤。

第二次轰炸发生在 1941 年 10 月 16 日，即辛巳农历八月二十六日。7 架日本飞机从西南方向窜入龙南城上空，低飞盘旋两圈，投弹 29 枚（其中烧夷弹 1 枚）。城基马路（今中山街）至上南门（今龙南县锁厂门口）一线和下南门附近纷纷落下炸弹。轰隆隆一阵巨响过后，只见烟雾漫空，经久不散。大街小巷，横陈尸体，躺满伤员，刹那间号哭之声骤起，哭爹喊娘、寻夫觅妻、呼儿唤女之声震天动地，整个龙南城沉浸在一片哀号之中。这次轰炸，计炸死城乡百姓 80 人（当时龙南县政府公布的数字，下同），伤 132 人。烧夷弹于城基马路爆炸，两边店房着火，霎时烈焰腾空，势不可当，加之人心惶惶，未着火的店家又各自急于抢救自家贵重财物，无人扑救，以致越烧越旺。靠城里一侧两头一直烧至有风火墙的地方才停熄下来；靠渥江一侧，南头烧至翰屏门，北头烧至椿茂隆（鉴记）油豆杂货店附近。这场大火计烧毁店铺、民房 83 栋 319 间，店中货物及民房财产焚烧殆尽，许多人家倾家荡产。

第三次轰炸发生在 1943 年 10 月 1 日，即癸未农历九月初三日。9 架日本飞机窜入龙南城上空，一改上两次连续投弹方法，实行星散点放，着弹点在学门口、龙南中学、陈家祠、大刘屋、王家祠、朱家祠、余屋巷、天主堂（美国教会堂）、上西门旱塘子等处。炸弹响过之后，只见天空烟尘弥漫，接踵而来的是恸哭哀号之声遍及城内各个角落。这次轰炸，计炸死城乡百姓 93 人（其中中小学生 37 人），炸伤 157 人，炸毁房屋 18 栋 47 间。被炸死的城乡百姓，有的无头，有的无手无脚，有的脸面稀烂、血肉模糊，有的拦腰炸断……很大一部分难以辨认。当时县政府在处理善后时，只好雇人把这些尸体抬到致良小学操坪上（今文化馆址），让失去亲人者从衣着上、个人特征上去识别认领埋葬。

　　日本帝国主义深知要奴役中国人民，要掠夺中国的丰富资源，要迫使中国政府屈服，关键取决于战场上的胜负。因此，它采取双管齐下的策略，一面加紧正面战场的进攻，一面肆无忌惮地骚扰后方，妄图涣散中国民心，摧毁中国的抗战意志，截断我后方对前方的给养和兵员补充。他们不仅对我国大中城市实行狂轰滥炸，就连我们龙南这样的山区小县也不放过。八年抗战时期，日机先后轰炸龙南县城 3 次，加上轰炸杨村圩 1 次、轰炸大埠戏台村 1 次，共轰炸 5 次，平均一年半多一点时间轰炸 1 次，使龙南人民蒙受了深重的灾难。


　　（转自《龙南文史资料》第 2 辑，1989 年版，欧阳光伟口述，曾润达、刘月房整理）

# 日军蹂躏定南老城

定南老城（旧时又叫高砂）原是定南旧县府所在地，与广东和平县仅一河之隔，有江西的南大门之称。抗日战争时期，我家就住在老城的西门城内，目睹日军蹂躏老城的情景，至今还记忆犹新。

1945 年 6 月 14 日（农历端午节），当日军窜到广东和平县的下车村，距老城还有 30 里路时，国民政府军驻定南部队，用炸药把老城通往广东和平的五拱石桥炸毁，以阻止日军前进，然后向安远方向撤退。日军在没有遭到任何抵抗的情况下，一路经上陵，一路经岑江、汉洞，于下午 2 时左右窜入定南老城境内。

日军窜入老城后，对老城人民施以惨绝人寰的烧光、杀光、抢光的"三光"政策，枪杀无辜百姓，焚烧房屋，奸淫妇女，无恶不作。好端端的一个县城，被弄得鸡飞狗叫，乌烟瘴气，老百姓民不聊生，家破人亡，流离失所。

日军从 6 月 14 日进入至 6 月 21 日撤走的短短 7 天里，焚毁民房 30 余间，连国民政府军设在城内的被服仓库、盐库、粮库也统统毁于大火之中。这场大火烧了两天两夜，数十里外也能望见老城上空的火光，城中居民个个伤心落泪。

日军所到之处，横行霸道，见猪就宰，见牛就杀，不几天就杀死猪牛数百头，吃不完就到处乱丢乱扔。日军几百匹军马，放到即将成熟的早稻田里恣意践踏，使上百亩早稻颗粒无收。在丁坊村，5 个日军将一中年孕妇轮奸致死。第二天，日军又在陂头迳追逐一年轻妇女，定南抗日自卫队员发现后，向日军扔去一枚手榴弹，方使那名妇女幸免于难。城内外被日军强奸的妇女有好几十名。

日军是杀人不眨眼的刽子手。在汶洞村，日军用刺刀捅死一个 70 余岁的老人。日军撤出老城时，把关在西门城楼的 8 名老百姓，全部用刺刀捅死在西门外草坪上。离城 5 里的丁坊村，驻有日军一个中队，撤走时，他们在水井里投放毒药，使村里老百姓有 36 人被毒死。日军住在老百姓家里，离开时将坛坛罐罐砸得粉碎，油、米、水缸拉上大小便，真是禽兽不如。

（转自《赣南抗日烽火》，中央文献出版社 1995 年版，张金辉口述，刘瑞林记录整理）

# 日军在全南县金龙乡陂头村的罪行

1945 年端午节，处于投降前夕的日本侵略军侵入全南县城。有一股日军驻扎在离县城八九华里的黄龙圩。陂头村与黄龙圩仅一河之隔，因而不论白天黑夜，一批又一批的日军轮番入村烧杀抢掠。日军还上山搜捉挑夫，村民被追赶得妻离子散，远走他乡，或躲进深山老林。藏在深山，怕暴露目标，人们不敢做声，不敢出山，不敢生火煮饭，怕炊烟引来敌人，忍饥挨饿，风吹雨淋，过着野人一样的日子。直至农历五月十五日，日军撤走后，村民才陆续返回家园。遭劫后的村庄，房屋被毁得破烂不堪，被惨杀的尸体开始腐烂，被宰杀的牛猪残骸遗弃在村前屋后，到处臭气熏天，绿头苍蝇成群结伙嗡嗡乱叫，蓬蓬飞落。一片惨景，令人目不忍睹！

日军在该村犯下的罪行，主要有：

**一、破屋毁物**

日军来到村里，砸锁破门入室，翻箱倒柜之后，砸碎家具，捅毁楼板，撑破瓦面，四壁撞开大洞。全村的房屋，完整无损的没剩下几间。日军煮饭，有柴不烧，专烧砸坏的桌椅和门窗等。晚上照明，将村民的棉被堆在大门口或过道内，一堆又一堆，浇上村民的食油，点火燃烧，一直烧到天亮。

**二、抢掠东西**

村民家中，凡稍值钱又能挑运走的财物，均被日军洗劫一空。有些人家的食油、酿酒等食物，日军未抓到挑夫，无法运走，就将大小便拉在里面，叫你也不能食用。鸡鸭被抓光，牛猪被杀光。杀下的牛猪，他们仅取四个肉腿，头、脚、内脏到处乱丢。能放干水的鱼塘，破堤放水抓鱼；无法放水的，便投入石灰药鱼。全村上百口大小鱼塘被一扫而光。被抢掠后的陂头村变成了"五空"：粮仓空、腌缸空、鸡鸭舍空、牛猪栏空、鱼塘空。

**三、抓挑夫**

日军为把抢掠来的东西挑走，四处搜捉挑夫。全村有 60 多个村民被抓去挑担。其中有 70 多岁的老人，也有十五六岁的少年。年纪越大，要挑得越重。年近 60 的老书生温树华，重担压烂了肩头，欲放肩歇气，挨了日军一顿毒打，被逼着挑起重担再走，吃尽了苦头。被抓去当挑夫的 60 多个村民中，只有温全保、温桥妹、温全生、温玉瑞、温火生、温贤富、温贵禄、刘年兴、刘达祥等人冒着生命危险，分别从龙南、赣州、吉安、九江等地逃出日军魔掌，回到家乡。温玉春、温祐庭等人直到日军投降后，加入了中国军队，才与家人取得联系。其余的，如温求保、温富古、温老满等人，都惨死在挑担途中，至今，家人也不知他们的尸骨抛在何方！

### 四、奸淫妇女

日军抓住妇女，不论老少均受其害。全村有20多名妇女遭到日军的奸污。

陂头村青年妇女罗氏，几天躲在山上，饥饿难挨，试探着回家取点食物。看看村里没什么动静，便走进了家门。不料，一伙日军正在屋内歇息，她被发现了，跑不脱身，被日军轮奸。当天又被抓到日军的驻扎地黄龙圩，关在一间屋里。同她关在一起的还有几名青年妇女，都是日军从别村抓来的。每天下午，日军从外面抢掠烧杀回来，将全身被剥得一丝不挂的中国妇女赶出院内跑步，日军在一旁观赏取乐。玩弄够了，又将她们拉去奸污。有一位妇女，对日军的暴行拼死不从，惨无人道的日军们，就把她的手脚分别绑在梯子上，抬到院内坪上，由两个日兵踩住梯子两端，一个接一个地进行轮奸。这位苦难的姐妹，就这样在光天化日之下被活活糟蹋至死。罗氏被日军关押了7天，受尽了凌辱，一天夜晚乘日军熟睡防备不严，拼死逃出了狼窝。

还有一位年近70的老妪缪氏，她想守住家中财物，没有上山躲避。一天日军来了，她慌忙跑到村旁苎麻丛中躲藏，不幸被日军发现，跟踪而来将她抓住。日军对这个骨瘦如柴的老妪也不放过，把她推倒在地，用皮带抽打她的下身，被打得伤痕累累，痛苦不堪，最后还被奸淫。老妪昏迷过去，待日军走了半天，她才慢慢苏醒过来。

另外一位正在坐月子的妇女缪氏，生小孩只几天，因行走不便，躲在村子附近的柴屋里，婴儿的哭声暴露了目标，一伙日军闻声进来抓住了缪氏。她抱着婴儿跪地求饶说："老总，请饶命，我刚生过小孩！"然而日军哪管这妇女的死活，上前夺过婴儿丢在地上，对产妇强行轮奸。此后，缪氏大病染身不起，没多久，这母子俩就都丧命了。

### 五、残杀村民

日军在陂头村欠下了十几条人命血债。这些无辜的村民，在日军的屠刀下死得惨啊！

温日辉，是个爱好打猎的村民。日军来坳背搜山捉挑夫，发现扛鸟铳的温日辉就追捕，从山上追到山下，后来在花生田里被日军抓住了。温日辉见当时只有一个日军，便进行反抗，两人在花生田里滚过来翻过去，进行生死搏斗。不料这时又有几个日军赶来，终于寡不敌众，温日辉被残酷杀害了。后来，其亲属来收尸时，发现温日辉遍身数不清的刀痕，血肉模糊，一把砸弯了的鸟铳仍紧紧握在手中。

花名叫"生卵驼"的村民，在亚公地窝草棚下被日军抓住。日军"哇哇"直叫，生卵驼听不懂话，比手画脚问是否要去挑担。日军用枪托砸他，生卵驼说："要挑担就去，莫打人呀！"说着弯腰从地下拾扁担，日军以为他反抗，抢起刀向他砍了下去，生卵驼一声未哼就倒在血泊之中了。过后不久，日军又抓住了老书生温树华。当日军押着温树华下山时，路过草棚下，生卵驼还未死，用极其微弱的声音呼救："树华哥，给我堵堵血吧！"日军闻声后，反身抱起一块大石头，往生卵驼头上使劲一砸，顿时脑浆四溅，生卵驼惨死了。日军踢了他几脚，见再也不会动弹了，才押着温树华扬长而去。

温树华被押去挑担，来到日军驻扎地车头村，看见到处拴着许多高头大马，可能是日军的骑兵队驻扎在这里。一天，日军押着他和十几个挑夫去割马草。村子附近的青苗早已被马吃光了，他们被带到另一段稻田边，日军逼着他们割青苗。温树华看着正在扬花灌浆的禾苗，实在下不了手，日军在一旁"哇哇"乱吼，无可奈何，温树华"扑通一声"跪在田塍上呼喊："天呀！割青苗有罪，是老总逼着割……"他话未说完，冷不防一个凶残的日军冲上前来，扬起刀把温树华砍倒在田里，鲜血染红了一片田水。算他命大，当他苏醒过来，已是晚上。他不顾伤痛，乘着夜色，一爬一跌摸回陂头，从虎口逃出余生。

提起日军滔天罪行，怒火满腔，国恨家仇世代难忘！

（转自《全南文史资料》第 1 辑，1989 年版，作者温树林）

# 日军入侵兴国的罪行

山里人常说："受伤的野猪，凶残胜过猛虎。"用此话来形容 1945 年 7 月 19 日日军入侵兴国的罪恶行径，是最恰当不过了。

1945 年 7 月 19 日，四五百名从赣南往北撤退的日军，经田村、白鹭，入侵兴国之江源乡（今永丰乡）、隆坪乡和精诚乡（今均村乡），打算经万安向南昌逃窜。

入侵兴国的日军，十分残暴凶狠。

他们肆意残杀无辜的中国老百姓，凡穿中山装或理平头、西装头的青年人，都成了他们屠杀的对象。三坑村的丘福萌是兴国简师的学生，正回家度假。他来不及逃走，日军一进村，他就被枪杀了。石背村的蓝瑞生，因病躺在家里，被窜进家门的日军用东洋刀劈得脑浆四溅。这群丧尽天良、灭绝人性的强盗，还专抓妇女进行强奸，不论老少，有病没病，一概不能幸免。据不完全的调查统计，仅三坑、上迳二村遭受日军残害的妇女就有 30 余人。丘××年纪 70 多岁，竟被蹂躏。赵××年仅 13 岁，也被糟蹋。丘××产后才十几天也遭轮奸。抗拒强奸的郭××竟被日军用刺刀割去乳房，剖腹杀害。日军有时将妇女捆在板凳上，十几个人对其轮奸，以致有的妇女活活被奸死。有的妇女奸后被割去耳朵，甚至弄瞎眼睛而终身残废。有的被奸后得病而死。有个小姑娘被奸死后，日军就用她家的被子将其一裹，放在圈椅里，搁在厅堂内。酷暑天热，尸体很快腐烂发臭。这些受害者中，许多人都已辞世。其晚辈亲属，现在谈及她们遭害之惨状时，都泣不成声。

日军侵入兴国时，大肆抓夫拉丁。仅据三坑、上迳两个村统计，被日军抓去做挑夫的就有曾庆福、余秀山、赵光祺、丘福田等 100 多人。这些被抓去的人除部分拼死逃脱外，许多被枪杀于半路上。上迳曾广湖等 3 个农民，因力不能支，半路上被活活打死。竹园脑谢冬矮因年老体弱，无法挑担行走，被日军当胸一刀，刺死路旁。丘福田等几个人因没听从指挥，被日军当场枪杀。茂塅有一人因听不懂日本话就被割去一只耳朵。灭绝人性的日军，还拿屠杀中国儿童来开心。黄柏村一个 5 岁儿童，日军用刺刀穿透他的腹部，高高举起旋转戏耍，直至小孩无声息，又被抛到河里。

日军做贼心虚，色厉内荏。每次进村找住房、抢东西，都不敢从房门进出，害怕中"埋伏地雷""拉手炸弹""吊环手榴弹"。据说他们是在华北被抗日游击队的地雷战术吓破了胆，心有余悸。他们从老百姓房子的墙壁上凿个大洞，然后才敢在这"狗洞"里大胆地钻进钻出。他们最害怕老百姓"关门打狗"，将所有的门窗通通拆除，劈碎作柴烧。老百姓农家屋门前都堆有干燥片柴，他们偏偏不烧，而是将老百姓家中的台凳桌椅、橱箱柜床等一切竹木家具砸碎，用来烧火做饭。衣被蚊帐，则用来点火焖烟熏蚊驱虫。所有的坛坛罐罐，一概砸成碎片。家畜家禽，通通杀死。一头牛杀死后只取心脏；一头猪只割点腿肉；鸡鸭鹅等只要两条腿，其余全部扔掉，让其腐烂发臭。田里或塘中的活鱼，他们无法捕捞，就用石灰毒死。油、米、谷、豆、花生、水酒、食盐，吃不完带不走的，就在上面拉屎拉尿，因而再也不能吃了。

　　据当时兴国县政府档案记载，这次日军入侵兴国，全县共有20多个村庄惨遭劫难。被日军杀死杀伤415人。全县财产损失128.8万元，其中房屋47幢，耕牛1110头，农具、家具85270件，稻谷6761000斤，植物油192斤，杂粮12100斤，木头2600根，水产2500斤，猪3506头，家禽10434只，衣物16340件。金银珠宝不在统计之内。当时县政府对日军奸淫妇女数未作统计，据新中国成立后不完全统计，全县被奸淫的妇女共335人，被抓去的男子511人。1945年7月下旬《潋江日报》刊载七律一首："无法形容大事哀，倭奴如虎寇乡来。震天炮火隆隆响，动地机枪啪啪开。结队兽兵奸妇女，成群匪盗掠钱财。寄语国人同敌忾，踏平三岛解仇怀。"此乃是当时真实情形的写照，也是人民群众仇恨满腔的抒发。

（转自《赣南抗日烽火》，中央文献出版社1995年版，作者黄健民、肖宗英）

# 我所知道的日军窜扰兴国均村

1945 年，我在兴国简师读书，回均村度暑假。农历六月十一日上午，三坑村方向传来激烈的枪炮声，大家纷纷逃出村子。我跟父亲刘昌保，逃到我母亲的娘家中坊村。中坊村的保长刘亲煌（已故）带着几个保丁上雷公嶂观察，我们也跟着去看。只见两个日本兵进了中坊村，在虾公背山棚里抓了两个老人，其中一个是我父亲，另一个叫刘剑南。他们走到真觉寺的河边，一个日本兵向两个老人开了一枪，另一个日本兵将他俩踢到河里，便扬长而去。我们慌忙下山，抬起两位老人，发现日军开的那一枪，子弹穿过刘剑南腰部后又打在我父亲肋骨上。刘剑南老人伤重，几天后含恨死去。我父亲伤后，病了一年去世。我父亲曾跟我说，抓他的那两个日本兵，其实是中国东北的伪满洲国人，讲北方话。我父亲听他们说中国话，知道他们是中国人。就给他们讲道理说："你们也是中国人，怎么帮日本人打中国人？"这两个汉奸就开了枪。到中坊村一带的日本兵有七八个人，抓了一些挑夫，往横柏方向走了。

我在山上看到往北开走的日本兵队伍，前后有上千人，其中大多数是抓来的挑夫，日本兵估计只有一个中队。几天后，我回到家里，发现门窗都没有了，十几担箩筐也被日军抢去装东西挑走了。日本人把各家铁锅搬到禾坪上煮饭，专烧老百姓的门窗、家具。满村满街遍地都是杀死的猪牛和遗弃的杂物。

日本兵到处强奸妇女。石门村有个七八十岁的老太太被强奸致死。均村圩有个姓钟的妇女，被日本兵抓去带到黄塘，奸污了几天才放回来。

（转自《赣南抗日烽火》，中央文献出版社 1995 年版，刘诗通口述，胡玉春、张开泉整理）

# 日军在弋阳的罪行录

弋阳县城地处浙赣铁路与信江之间，交通便利，市面繁荣。1942年，日本侵略军沿浙赣线对赣东北大举侵扰，弋阳遭到浩劫，人民蒙受了极大的灾难和损失。

早在1937年11月，日军轰炸机就在弋阳火车站投弹轰炸，阻碍与破坏铁路交通。1939年3月，日军侵占南昌，大批离乡背井的难民，携老扶幼逃到弋阳，家破人亡的凄楚状况，使人见了心寒。1941年3月3日上午11时许，日军27架轰炸机云集，狂轰滥炸县城，投弹数10枚，炸毁房屋数百栋，炸死城乡群众百余人，伤残者不计其数。当时全城一片火海，血肉横飞，惨不忍睹！这仅仅是日军还未侵占弋阳前所犯滔天罪行的一幕。

1942年6月29日，日军由贵溪方向打来，当时，中国第三战区的国民政府军不战而退，弋阳沦于敌手。日本侵略军侵占弋阳后，到处杀人放火，奸淫掳掠，由县城而殃及农村，废田园，毁庄稼，连牲畜也难幸免杀戮。到7月18日，日军退出弋阳前夕，全城焚烧一空，浙赣铁路为之中断。

在日军侵占弋阳的腥风血雨的50来天中，据有关资料的初步统计，城乡遭受的损失是骇人听闻的。惨遭日军枪杀而死亡的就有314人，重伤致残的52人。在县城被烧毁房屋1544栋，学校毁损价值325.2万元(法币，下同)。农村所受损失也极为严重：被焚烧房屋1518栋，价值8亿多元；器具损失63964件；被抢劫现金106.5万元；损失稻谷28850担，价值3063.5万元；麦子1964担，价值201.7万元；杂粮824担，价值127.8万元；植物油209担，价值近34万元；木材1608株，价值50.8万元；竹7710根，价值63.3万元；水产13担，价值9万元；猪3822头，价值4323.2万元；牛1953头，价值4214.3万元；鸡鸭3967只，价值67.1万元；其他禽畜167只(头)，价值15万元；农具16091件，价值3255.4万元；渔具640件，价值92.5万元；运输工具640件。此外，还有间接损失：迁移费15万元，防空设备费190.3万元，疏散费4100.4万元，救济费5.7万元。

日军侵占弋阳的罪证如山，罄竹难书！

(转自《弋阳文史资料》第1辑,1986年版,作者李春生)

# "三·三"日军飞机轰炸弋阳城

1941年3月3日上午，弋阳县城街道上的行人熙来攘往，城外河沿上的妇女们在洗衣浆衫，人们生活在毫无军事设防的情况下。突然，从西北方向隐隐约约传来飞机马达的隆隆声，由远而近，顷刻间警报长鸣。

大街小巷乱成一团。有的奔走呼号，有的呼儿唤女，有的关门闭户，有的东躲西藏，有的向大南门涌去，抢过浮桥。就在人们争相逃命的时候，涂有红色膏药旗的27架日军飞机，风驰电掣般地虎哮狼嗥而来，霎时间，炸弹像雨点一样投掷下来，尸横满地，血肉纷飞，信江河内浮尸一片，还有那呻吟声、哭声、叫声、呼救声，惨不忍闻。

城内大火足足烧了一个下午连着一个整夜。

这次日机轰炸的地方有数十处。从西街关帝庙上首起，直到东门岭为止，都遭到轰炸，大半个县城变为废墟。硝烟味、血腥味、烈火灼焦的尸臭味随处可闻。

就拿北街口而言，这里向来是县城闹市之区，来来往往的人既多又集中，是这次日机轰炸的重灾区。周围20多家商店被夷为平地；忠烈庙对面（即北街口）仅有10平方米大的一块地方，竟躺着十几具尸体。这些死难者，有的无头，有的无脚，有的无手，有的血肉模糊面目不清，有的处在昏迷不醒奄奄一息的状态中，其情其景惨不忍睹。据说这些死者，大多是当日来自农村的农民，一时因无亲人抢救收殓，暴尸一日后才掩埋。同祥庆银楼和蔡绵春布店的老板，因年老体弱，不能逃避，均在屋内活活烧死，人体只剩下一个烧焦了的肚子。汪旭旺（新中国成立后在县人民银行工作）就是这次被炸掉一条大腿致使终身残废的。

据当时不完全的统计，这次被炸死炸伤的有300余人，被炸毁和焚烧的房屋50余栋，至于牲畜、家具、衣被等物无法计算。

日本侵略者这次在弋阳县犯下的滔天罪行罄竹难书。

（转自《弋阳文史资料》第1辑，1986年版，作者郑公亮、李作民）

# 吉水县抗日损失纪略

八年抗日,吉水县上下一心,有钱出钱,有力出力,出色地完成了政府分配的各项艰巨任务。1945 年 7 月下旬至 8 月初,盘踞赣南的日军垂死挣扎,望北溃遁,窜扰吉水县几遍全境,杀人放火,捕男奸女,抢劫财物,宰牛屠猪,杀鸡戮犬;在米桶中拉屎,在油罐里撒尿,掀梁凿壁,断垣颓瓦。日军暴行,亘古未有!

1945 年 8 月 28 日,江西省政府为彻底追查抗战损失,遵国民政府《抗战损失调查办法》,颁发《江西省抗战损失追查办法》,规定自"九一八"事变之日起,至 1945 年 9 月底止,凡境内所有"公私机关、学校、团体及人民,因抗战所遭受的直接、间接损失",悉依《办法》追查清楚。吉水县政府当经派员调查,粗略统计:全县 502 人直接丧生于敌军屠刀之下,计男 411 人、女 91 人。这些死难者,除万全保等 108 人为抗日阵亡将士外,其余均为在家被敌机炸死和遭窜境日军杀死或强奸致死的无辜民众;直接被敌人杀伤击伤的计 994 人,共中重伤 470 人(女 150 人)、轻伤 524 人(女 21 人)。全县财产损失,总计 403493.5 万元(法币,下同),其中:

甲、直接损失 282369 万元,其中:

机关 252.8 万元,含建筑物 11.3 万元、器具 106.8 万元、图书 14.5 万元、仪器 32 万元、文卷(宗)33.6 万元、医药用品 3 万元、现款 46.6 万元,其他 5 万元。

学校 211.5 万元,含建筑物 56.2 万元、器具 80.3 万元、图书 36.2 万元、仪器 24.3 万元、医药用品 4.8 万元、现款 0.4 万元、其他 9.3 万元。

农业 127086.3 万元。其中:房屋 697 栋,值 38916.5 万元;器具 31900 件,值 6380 万元;稻谷 502371 担,值 50586.5 万元;麦子 24051 担,值 2646.4 万元;植物油 50 担,值 60 万元;杂粮 4580 担,值 356.4 万元;水产 300 担,值 200 万元;畜产品 120 件,值 100 万元;猪 9766 头,值 10354.9 万元;牛 4093 头,值 7986.4 万元;鸡鸭 5400 只,值 200 万元;农具 15000 件,值 1500 万元;衣物 41538 件,值 6595.6 万元;其他 4012 件,值 1203.6 万元。损失的 697 栋房屋为:文蜂 37 栋(以下省"栋"字),乌江 28,平湖 2,砖门 2,八都 2,银村 9,住歧 5,北畔 203,阜田 8,盘谷 21,枫江 9,泥田 23,鹿峰 22,金滩 169,黄桥 33,刚筒 17,燕坊 2,醪桥 52,四达 53。

商业 32769.9 万元。其中:店房 187 栋,值 11915 万元;器具 3160 件,值 392 万元;存货 26450 件,值 20036 万元;车 15 辆,值 1.5 万元;衣物 1450 件;值 375.4 万元;现款 50 万元。

电讯 104 万元。含房屋 6 万元、器具 0.4 万元、路线设备 100 万元、材料 1.3 万元、现款 1.7 万元。

公教人员 121944.5 万元。含房屋 69314.9 万元、器具 17300.2 万元、衣物

22588.9万元、图书864.9万元、现款1657.2万元、其他10214.8万元。

乙、间接损失121124.5万元，其中：

机关482.6万元。含迁移费229.5万元、防空设备92.4万元、疏散费99.4万元、救济费30.8万元、抚恤费30.5万元。

学校47.5万元。含迁移费18.9万元、疏散费28.6万元。

农业减产70854.1万元。

商业减纯利49145.9万元。

医药及埋葬费594.4万元。其中：医药116.6万元，含男98.6万元、女18万元；埋葬费477.8万元，含男406.5万元、女71.3万元。

然而，许多事实表明，县府上项统计是极不完全极不公平的。上述"间接损失"仅涉及敌军窜境时祸及的"间接损失"之小部分。请看下列资料：

一、八年抗敌，吉水县征送了巨额兵员。自1937年冬至1945年秋，总计征兵20548名，包括1937年1057名、1938年5486名、1939年3100名、1940年2815名、1941年2621名、1942年2368名、1943年928名、1944年1403名、1945年770名。减少如此之多的强壮青年，农业生产难道毫无影响？再者，每名出征军人的安家费从10万元增至20万元，安家谷从6担增加到20担，此外还有对出征人家属的优待、抚恤、慰问等等，其经费虽说国民政府按定例时有散发，但是杯水车薪，绝大部分是要靠地方自筹，用"保甲经费""壮丁钱"等名目按户摊派。例如：1938年7月，县统筹入营士兵安家、救济基金2万元；1943年8月，每保筹募慰劳新兵入营基金50元，每名征人家属优待稻谷6石。1943年10月，为解决征属就业，筹办征属工厂，吉水县按乡镇派款22720元。其配额是：文峰、石莲各640元，乌江、丁江、福寿、刚简、泸江、三元各720元，砖门、八都、银村、住歧、北畔、鹿峰、枫江、泥田、四达、白沙各800元，平湖、燕坊、黄桥、螺田各880元，阜田、盘谷、金滩各960元，醪桥、泷江、冠山、下固各560元，白水400元。

二、征派大量民工。抗战军兴，吉水县即奉令成立抗敌后援会、动员委员会、军运代办所和战时任务运输队等，八方征召强壮劳力，组织县、区数级的救护、通讯、宣传、运输等队伍，整装听用，及时完成了众多繁重的战时事务。县战时任务运输队有长夫者百余人，短夫十数人，1942年7月出工1644天，8月出工1793天，9月出工1888天，10月出工2034天。9月份该队为国民政府军陆军第74军第57师第170团、第50师工兵第1连、第57师司令部、第57师军事教导队、第170团卫生队、陆军独立工兵第8团第1营第1连、第86军工兵营、第16师卫生队、第86军军需处及工兵营第3连、第16师无线电讯排第1班、第86军司令部军医处、军政部第26卫生船舶所、省保安第6团第2大队第4中队、吉泰师管区补充第1团第3营、补充第2团第3营第2连，以及吉水县政府等17个部门做了军运。同年7月16日至10月16日，征集民工构筑国防工事，每保派工180天，全县征工51200天，动用县仓积谷1024石。1944年3月，全县出动民工2000余人去扩修遂川同盟国际机场，往返数月。年底奉令征民夫1万人赴安福运第九战区屯粮4000大包至沔渡，因劳力极度紧张，次春元月还是派了4200余人前去，来回半月。阜田镇民代表会呈县参议会云："本年元月派夫运送军粮，二月运送伤兵及军衣军用品等件，每保先后40余名。"军用派夫多，因而亏垫的款也大。1942年7月，第九战区司令部参谋第二组及工兵第5团第10连来县指导构筑国防工事，借用食米13100斤，全无正式印领；8月复征用国防工程木料1000根，均由吉水县垫付。1944年3月扩修遂川机场，民工每人日食糙米25两（当时16两为1斤），盐4钱，油、菜费5元，各由镇自行筹给，每户派款300余元，全县总派900余万元。与此同时，县府还以"紧急命令"征收了巨额国防工事材料费。

三、人口伤亡惨重。吉水县人口，1937年战前为183501人，至1945年秋日本帝国主义无条件投降时，仅存149631人。全县因日军暴行死伤和流离失所的难民与日俱增，其统计为下表：

| 年 份 | 死亡及失踪 | 伤病 | 难民 | | |
|---|---|---|---|---|---|
| | | | 上年原有 | 本年新增 | 年底合计 |
| 1938 | 180 | 287 | 350 | 231 | 581 |
| 1939 | 160 | 391 | 589 | 258 | 847 |
| 1940 | 1400 | 377 | 765 | 276 | 1041 |
| 1941 | 1086 | 401 | 1980 | 1013 | 2993 |
| 1942 | 5709 | 289 | 11136 | 5106 | 16242 |
| 1943 | 6187 | 1020 | 10172 | 3240 | 13412 |
| 1944 | 8810 | 904 | 3282 | 1700 | 4982 |
| 1945年（7月止） | 10338 | 1141 | 3635 | 312 | 3947 |

总计死亡及失踪33870人，而前项县府统计仅死亡502人；伤病4810人，而前项统计仅994人；对于因日军侵略而流离失所的大量的无辜难民，更一字未提！

四、派购公债。1937年9月，国民政府发行救国公债，10月吉水县即奉令派购64000元。县府以1936年从收田赋26000元中的20000元作公债基金，先行垫付，随印发认购册至保，照数推销。全县公教人员踊跃解囊，中心小学教员各以1个月的薪金认购，保学教员各购10元，小学生每人认购2角，均于3月至5个月内缴清了债款。自此，战时公债、救国公债、公益储蓄等等不断发行，直延至战火结束。1942年度，吉水县奉派同盟胜利公债和同盟美金公债两项共 230 余万元，限次年 2 月底以前募齐。县府按田赋派 20%、殷富 30%、保甲 20%、商家 30%下达，于次春 2 月完成认购 2155354.9 元的巨款。其中：泷江乡 20160.56 元，刚简乡 54600 元，阜田乡 41782 元，石莲乡 31400 元。

五、捐献飞机。1942 年 10 月 14 日，中国航空协会总会印发"一县一机"告全国同胞书，吉水县当即响应，认捐 20 万元，随后增至 435000 元。各乡镇认捐款是：四达 21308 元，八都、金滩各 21000 元，平湖、阜田各 20000 元，泷江 19732 元，黄桥 19000 元，北畔、燕坊各 18000 元，银村、住歧各 17500元，白沙 16000 元，丁江 15000 元，刚简、螺田各 14000 元，醪桥 13000 元，三元 12130 元，乌江、鹿峰、枫江、泥田、盘谷、石莲、福寿、冠山各 12000 元，泸江 11830 元，下固 9000 元，白水 7000 元，砖门 6000 元。11 月，全县认捐滑翔机捐款 14919.18 元。1943 年 1 月，又派募国民飞机捐款 9551 元。此外，还开展了献废铜、废钢和废铁等活动。

六、派募大宗慰劳款物。抗日军兴，吉水县民众即于春节、端午、"七七"等节日主动捐募及按时派募大宗款物进行劳军，还开展文化劳军等活动，广泛慰劳前方将士、驻县部队和出征军人家属。1942 年 1 月至 1945 年 8 月，全县筹集慰劳基金 44400 元。其中：文峰、丁江、八都、银村、鹿峰、枫江、泥田、盘谷、石莲、福寿、燕坊、泷江、泸江、白沙、冠山各 1600 元，乌江、住歧、醪桥、黄桥、三元、四达、白水、螺田、下固各 1300 元，平湖、阜田、金滩各2000 元，砖门、北畔、刚简各 900 元。另有慰劳抗敌将士捐款 5460 元，劳军捐款 27878 元，春节慰劳捐款 40114.6 元，均按乡镇派募。1944 年端午，县府募购留声机、平剧乐器、食品等礼物，着人前往慰劳驻三曲滩九五陆军医院荣军。"七七抗战纪念大会"发动献金劳军，县各级公教人员各献了一日薪津（公粮除外），阜田商会献金 15000 元，三曲滩商会献金 10000 元，八都商会献金 7000元，同时按保甲派募了劳军鞋袜。1945 年 4 月，奉省慰劳抗战将士委员会派募慰劳前线将士款 8600 元，各乡镇配定数额为 2400 元至 3500 元不等。此外，尚征募了中、西药品和毛巾，寄往前方。有的乡镇还单独进行了劳军，例如 1945年 9 月，三区各乡镇招待路过阜田的第 58 军，每保派款达 1000 余元。

七、收容外县难民。1937 年，奉令设"非常时期难民救济委员会江西分会吉水支会"。支会附设难民收容所，当年收容难民 4337 人、遣送 3531 人，次年收容 1001 人，再次年收容 2530 人。其后各年，收容人口时有增减，其食米一概动用乡仓积谷。1944 年 3 月，二区各乡交付第二难民收容所稻谷各为 98.93石；6 月，银村乡交付该所稻谷 95.75 石。

八、承办战时事务。吉水县承办的战时事务较诸邻县多而且重，除支付大量人力物力外，还垫付了巨额财力。例如 1944 年 2 月，陆军第 40 师驻入吉水县平湖，为办军队副食即垫亏 80000 余元，每保一次即摊 500 元。1945 年 9 月，阜田商会代办陆军第 60 师过境部队军粮 4800 斤，第 59 师衡山某部过境部队用粮 1000 斤，领有军粮通知书 11 件，但均未领回粮食。1945 年 1 月至 8 月，《县承办战时事务不敷经费支付预算书》开：

（一）全年度预算数 2810000 元。

1. 军事情报费 150000 元。

2. 战时任务队经费 300000 元。

3. 运输军粮经费 50000 元。

4. 运输征实征借稻谷 350000 元。

5. 新兵征集、招待费 50000 元。

6. 优待征属经费 50000 元。

7. 军运公路桥梁补修费 150000 元。

8. 军队副食、马干差价 4829760 元。

9. 其他属于中央或战区事物补垫 810000 元。

（二）预备金 1070240 元。

罗平造于 1942 年 6 月下旬来县任县长，1945 年 8 月卸职。任内经办战时事物不敷及奉解军队副食马干差价三期（每期 1207440 元），除经各乡镇上缴专款抵付者外，还亏 8156500 元，配赋文峰 346500 元，乌江、燕坊各 302500 元，丁江、北畔各 253000 元，平湖、福寿各 264000 元，砖门、八都、银村各 242000 元，住歧 291500 元，阜田 379500 元，鹿峰 297000 元，枫江、盘谷各 275000 元，石莲 231000 元，金滩 335500 元，刚简、泷江各 236500 元，黄桥、螺田各 330000 元，醪桥、冠山各 269500 元，泸江 214500 元，三元 247500 元，四达 352000 元，泥田、白沙各 280500 元，白水 165000 元，下固 148500 元。

罗卸任时，县参议会曾发动各乡镇清算其任期内的派款，阜田镇清算的结果是，派款 48 次，总计 2025054.16 元，其中用于战事方面的 34 次，计 1992825.36 元，占总数的 98.41%。可见承办战时事务之重！

再如：增加必要的战时储备，进行必要的备战破坏，添设必要的战事机构；还有因战祸猛烈，社会极度动荡不安，青壮年涌上前线，广大劳苦工农颠沛流离，甚至家破人亡，从而导致的生产大破坏；等等。其损失又何堪设想，其数目又何以计算得清楚？

八年艰苦抗日，吉水县人民深明大义，为国家民族尊严，忍饥挨冻，抛妻离子，含辛负重，竭尽全力，其在人力、物力、财力和精神上的损失无法计量。日本侵略军给吉水人民带来的灾难是深重的。

（转自《吉水文史资料》第 4 辑，1989 年版，作者王行桢）

# 日军在新干的侵略罪行辑录

在抗日战争时期，日本侵略军在中华大地上犯下罄竹难书的滔天罪行。就以新干来说，日军的空袭、窜扰、大流窜，使新干人民的生命财产遭受了巨大的损失。据《江西近代地方文献资料汇编》记载：在日军的枪弹屠刀下，新干人民伤亡 1059 人，其中死亡 192 人、重伤 207 人、轻伤 660 人；被烧毁房屋 2795 栋，宰杀耕牛 2454 头、猪 3257 头、鸡鸭 36501 只，糟蹋粮食 37390 担，损失总值 41 亿余元（法币）。

为了让人们牢记血的教训，痛定思痛，居安思危，永远告别"人为刀俎，我为鱼肉"的任人宰割、凌辱的历史悲剧，特将日军在新干的侵略罪行辑录于下：

1938 年 4 月 17 日晚，日军飞机空袭新干县城，投掷燃烧弹，烧毁西门街店房及县政府公廨 72 栋，死伤公务人员和市民 34 人。

1942 年 5 月某日，日军飞机在县立职业学校操场上空扫射并丢下 4 枚炸弹，好在学生疏散得快，未造成重大伤亡。

1942 年 7 月 8 日，日军骑兵 100 余人窜扰新干石口村一带，包围袭击国立中正大学战地服务团。团长姚显微、团员吴昌达徒手与敌搏斗，被日军杀害。另 5 名团员被日军俘走。有个叫女仔的渔民被日军打死在屋外。

1945 年 8 月 3 日，日军在即将无条件投降前夕，分三路流窜于新干县境：左路由长排过七里山窜往新余、清江；右路由上寨经麦斜过白蚁岭到桃溪窜往清江、丰城；中路沿赣江而下，在县城烧毁西门、南门、学背三街店房 200 余栋，在三湖烧毁店房 100 余栋。三路日军在新干县境内流窜了五六天，穷凶极恶地到处杀人放火，打家劫舍，奸淫妇女，无恶不作，使新干人民遭受了深重灾难。

（转自《新干党史资料》第 3 辑，1990 年版，陈秋元整理）

# 日军在东乡的暴行

1939 年 3 月，日本侵略军侵占南昌，大批离乡背井的难民，扶老携幼逃到东乡，当时家破人亡的凄惨景象，令人心酸。自南昌沦陷起到 1941 年间，日军轰炸机先后袭击东乡县城 20 余次，尤以 1939 年更为频繁。这年 4 月 7 日上午 7 时许，3 架日机在县城南门轰炸，投弹 10 多枚，炸毁房屋几十栋，炸死 80 余人，其中南昌难民近 70 人，顿时城南尸横满地，血肉纷飞，还有那呻吟声、哭声、叫声、呼救声，惨不忍闻。轰炸后的凄惨场面尚未收拾，11 时许又一批日机从南昌方向窜来，先是绕县城低空窥察一圈，然后在城南、城中投放燃烧弹 2 枚，伴以机枪扫射，顿时城南、城中火光冲天，硝烟弥漫，烧毁房屋 90 余栋。这仅是日军尚未侵占东乡前所施暴行之一。

东乡地处浙赣铁路线上，南（昌）—张（公庙）、东（乡）—临（川）干线公路交会于城中，陆路交通便利。1942 年，日军沿浙赣线大举进攻赣东北，是年 6 月 4 日，日军从南昌方向窜来，当时国民政府军不战而退，5 日东乡沦于敌手。日军侵占东乡后，对东乡人民实行惨无人道的"三光"政策，到处杀人放火、奸淫掳掠，由县城而殃及农村，废田园，毁庄稼，肆意践踏，城乡人民蒙受了极大的灾难和损失。

据调查，圩上桥镇南不远处的便塘村，人口不到 400 人，日军窜进村庄，先把群众的猪牛 68 头和其他财物劫走，又把 7 名妇女拖出来轮奸致死；随后就杀人放火，杀死 21 人，杀伤 5 人，全村被烧毁房屋 96 间。

1942 年 7 月上旬，日军从县城出发向南侵扰黎圩，行军到赛阳关时，遭到驻在当地的国民政府军第 19 师 1 个连的阻击，经过一昼夜的激战，打死打伤日军 100 余人。随即日军进行报复，赛阳关全村 40 多户人家的房屋被日军纵火烧毁只剩下 2 栋。当日军从赛阳关继续向黎圩方向行进时，途经虎形山地区，又遭到驻扎在大石下的国民政府军的阻击，战斗了一天，国民政府军败退，日军闯进大石下村，又把房屋烧毁一光。

1942 年 8 月 22 日，即日军退出东乡县城前夕，放火烧城，被焚毁店铺和民房共 189 栋。25 日，日军撤离县城后向境东余江方向行进，走到距县城 20 公里的珀口地区，有几个日军闯进七星桥村骚扰抢劫，农民向石荣趁其不备打死日军 1 人；第二天日军报复，放火焚烧小浆、珊璧等村，被烧毁民房 100 余栋。

在日军盘踞东乡的 82 天中，城乡人民遭受的灾难和损失是骇人听闻的。据 1946 年 4 月江西省政府统计处编印的《江西省抗战损失调查总报告》载：日军在东乡共杀死 1069 人，其中男性 611 人、女性 321 人、儿童 137 人；杀伤 1108 人，其中男性 594 人、女性 403 人、儿童 111 人。城镇（含农村集镇）被烧毁房屋 2235 间，工业（含手工业）毁损价值 115775 万元（法币，下同），商业毁损价值 52653 万元，机关学校毁损价值 10318 万元（学校为 3631 万元）。农村所受损失也极为严重：被焚毁房屋 4596 间，器具毁损 132225 件，被抢劫现金 246898 万元；损失稻谷 114783 担，麦子 12700 担，植物油 7846 担，杂粮 20386 担，水产 760 担，猪 13153 头，牛 2386 头，鸡鸭 119182 只，共他禽畜 5391 只（头），木材 1668154 根，茅竹 839961 根，农具 69619 件，渔具 2308 件，运输车辆 3412 部，衣物 184426 件。以上农村毁损总价值 513450 万元。此外，还有间接损失，包括迁移费、防空设备费、疏散费、救济抚恤费、医药埋葬费等共计 272458 万元。

日本侵略军侵占东乡后犯下的滔天罪行，罄竹难书。

（转自《东乡文史资料》第 3 辑，1989 年版，作者东乡县政协文史委）

国家社科基金特别委托项目
中国抗战损失课题调研成果丛书
主　编　李忠杰
副主编　李　蓉　姚金果

# 江西省抗战时期人口伤亡和财产损失

## ·下卷·

中共江西省委党史研究室　编著

江西人民出版社

# 目　录

## 下　卷

# 日军在赣暴行录

# 洪 城 劫 难

## 狂轰滥炸

随着中国的抗日烽火愈燃愈烈,日军飞机对南昌城的轰炸也愈来愈频繁。虽然中国守军的防空炮火还击得十分猛烈,但还是无法阻止日机经常侵入市区的上空。据不完全统计,抗战期间,从 1937 年 8 月 15 日第一次空袭开始,至 1939 年 3 月 15 日,日机对南昌市轰炸达 49 次之多,投弹 2559 枚,中弹地点 431 处,炸毁房屋 661 栋,震倒房屋 1417 栋,炸死 592 人,炸伤 745 人。

有一天,日军飞行团的大机群出动了。在那鱼肚白般的微弱光线下,惊慌失措的南昌市民,看见许许多多小黑点从天边冒出来,像一大群蚊子密匝匝地直扑南昌城。头一批日机夹着尖锐的啸声,从高空俯冲下来,投放了重磅炸弹。异乎寻常的沉重爆炸,摇撼着古城。南昌最富丽堂皇的大明星电影院被炸开了,一块巨大的钢筋水泥块腾空飞到了 50 米外;蒋介石的南昌行营大楼也被炸开了,无数个水泥块像雪崩一样纷纷落在百花洲的东湖内,击得水花飞起。第二批的几十架轰炸机从空中盘旋过来,绕了一个圈,又撕裂一般地狂啸,投下了一串串炸弹。紧接着,一大群小型飞机的机关枪扫开了,上下狂扫,翻着筋斗扫,狞笑着扫。像老鹰追噬小鸡一样追噬着中国人。

“呜——”刺耳的防空警报响了。几十架日军轰炸机像一群恶魔耀武扬威、不可一世地扑了下来,硕大的炸弹从天而降,在霹雳般的巨响声中,整个南昌一片火海。惊叫声、哭喊声、号叫声撕心裂肺。

1938 年 8 月,英国记者弗雷特·厄特利来到南昌的第二天,一大早就遇到日机空袭。她详细地记述了这场空袭的经过——

“当日机来临时,我们坐着的汽车已冲过大桥,驶到离南昌北站 1 公里处停了下来。大家从汽车上下来,与一些广州兵一起坐在靠近池塘的田野上,眼看着飞机从我们的头顶上直接飞过,在火车站的邻近地区丢下炸弹。接着,日机绕了一个圈子后再次轰炸。浓烟开始从车站上空升起。过了一会儿,中国的高射炮还击了,炮弹的刺耳声尤为恐怖,日本轰炸机的四周出现了团团烟雾……

“日机的狂轰滥炸终于结束了。我们回到城里,越靠近铁路,见到的死者和伤员就越多。车站里传出断断续续的爆炸声,一股巨大的浓烟升到了数百英尺高的天空。这是日本人炸中了某些军火。他们在半径约为 1.5 公里的范围内投下了近百枚炸弹。铁路穿过的小河两岸净是工人们居住的棚屋。现在,这里一片混乱,到处都是死者、伤残者和奄奄一息者,此时的南昌已有一半居民逃离城市,它未能像武汉和广州那样组织起良好的急救服务。此次空袭结束 3 小时后,伤员还没有得到彻底妥善的处理。直至今天,这星期天上午的情景仍历历在目:一位妇女抱着脸被熏黑的婴儿,死去的丈夫躺在她的脚下,旁边是一个大约两岁的小孩在大声哭叫;一位男人手忙脚乱地试图救活他的妻子——她显然不在人们的救援之列,但却仍有一丝呼吸;四肢残缺不全的孩子、母亲和男人。悲哀的气氛笼罩着人们的心头。一个小男孩趴在他母亲血肉模糊的躯体旁,大声地哭叫着,唯一留给他的是一间木屋。'你父亲呢?'我问道。'在前一次空袭中被炸死了。'他回答说。紧挨他的是一位已经做了祖母的年迈的老太太,她的全家也都被日本人炸死了,现在只剩下她孤零零一个,而且也无疑将在贫困中悲惨地死去。

"数小时后,当人们被允许接近车站时,情景就显得不那么恐怖了。虽然遍地都是被炸毁的汽车、各种碎片、烧焦的尸体和血水,但是这些受害者已经死了,混乱的现场秩序也已恢复正常。铁路没受损害,火车将在晚上重新通行。日机只炸毁了几百磅军火,可600名平民却为此成了无辜的牺牲品——他们被炸死或炸伤致残,此外更多的人成为无家可归的难民……"

"轰,轰轰!"连续的轰炸又开始了,南昌古城再次经受着战火的煎熬。这一天防空警笛拉得迟了一点,许多人还没藏进防空洞和地下室,炸弹就已经冰雹般砸下来了。一个一个闷雷,在云层里滚动,大地在微微地颤抖着。不少人在狂奔中被炸得血肉横飞,惨景不忍目睹。警报还没解除。一位年轻的母亲就发疯地冲到废墟,用淌着鲜血的手在余烬未息的瓦砾中拼命地扒着、扒着,寻找她那躺在摇床上的婴孩。她边扒边大声号叫。那种凄厉的声音令人心底发颤。

"妈妈,你的手! 妈妈,给你!"一个四岁多一点的小孩,抱着妈妈那截掉在一旁血淋淋的断臂,在拼命哭着喊着,还想把妈妈叫醒。然而,可怜的妈妈永远也不能回答天真的孩子了。

还有一个妇女被弹片击伤了腿,右脚踝和腿部分开了,只有一块皮连着。但她似乎忘记了自己的疼痛,怀里死命搂着被弹片削去了半个脑袋的两周岁男孩。妇女的脸痉挛着,哭哑了的嗓子还在喃喃地呼唤着孩子的乳名。她被一种无法忍受的剧痛吞噬着。

在省立南昌高级护士职业学校,轰炸结束后,一群穿白色护士服的小姐们仍尖叫着东奔西窜,残酷的景象把她们震骇得发狂了。她们的黄丽雅老师,被炸得粉身碎骨,一条血淋淋的腿飞出室外挂在校园樟树上,鞋子还完好地穿着……

悲惨景象实在太多了,简直不忍陈述。

## 焦土政策

侵华日军占据南昌后,在南昌城乡肆意纵火,古城和乡村被火和烟织成的巨网烤灼着、笼罩着……

据南昌市档案馆一份档案披露的数字,抗战时期南昌地区财产损失中的房屋损失:南昌市 35205 栋,南昌县 39942 栋,进贤县 8765 栋,新建县 39596 栋,安义县 8949 栋。江西省档案馆的一份档案材料中记载:"省会所在地南昌市区之建筑物,亦已拆毁四分之三以上,昔日繁华地区均成为废墟"。

这就是劫后的大地,剧痛中的"乐土"!

"通通的呀嘎些(烧)! 通通的呀嘎些","哈呀古呀戒(快烧)! 哈呀古呀戒!"恃强逞威的日军高举着燃烧的火把,见屋就是一把火:烧! 烧! 烧! 侵略军的法西斯口号是:烧杀以助军威,奸淫以助军乐,抢劫以助军食。

有一次,一队日军窜扰新建县樵舍镇,在翠峰寺地区与抗日的西山游击队交了火,日军死伤不少。恼羞成怒的日军,一把火便把藏过游击队的翠峰寺烧得精光。这一队日军还不解恨,下午又窜到赤岗熊村,用汽油点着火把,从村头到村尾,逐家逐户点火燃烧,一个 200 多户的大村庄,全部化为灰烬。在南昌县塘南,不到半天时间,就被日军烧毁房屋 300 多栋。经过血洗的荷埠周村,日军烧房毁屋的大火足足烧了三天三夜,烧毁砖瓦木质结构的老式住房 889 栋,致使这个"荷埠三周当一县"、有街道店铺的大村坊成为废墟一片;连续 6 年,这个村里没有人烟,野草长得齐人头高。

南昌城更是火海一片,沿江路、胡琴街、羊子巷一带烈焰冲天,整整燃烧了六天六夜,所有的建筑物及商店民房都付之一炬,惨不忍睹。从顺化门起,沿着环城马路,到处是瓦砾和断壁颓垣,昔日的歌台舞榭全毁了。在瓦砾堆中东倒西歪躺着不少尸体和头颅。往日最繁荣的中正路、民德路,也是一片冷清,没有人迹。人行道上的树木烧成了黑炭,电线杆也断了,像蜘蛛网一样的电线落在地上。日军为了建立所谓的"军事区",将铁路、机场、公路等交通要点要道附近五里以内的村庄全都烧光了。老飞机场附近有两个人口均在千余人的徐村、谢村,被日军杀害了 1000 余人,尸体纵横,堆积如山。田园屋宇都被焚为废墟,只剩一堆瓦砾焦土。

有位花白头发的老人家愤愤地告诉我们:"当年北伐军攻打南昌时,军阀岳思寅害怕北伐军利用城外居民房屋隐藏和挖地道攻城,下令用水龙头喷射火油,将章江门、惠民门、广润门、德胜门一带的民房纵火焚烧,烧了三天三夜;谁知日本兵比岳逆更猖狂、更恶毒,仗打完了还大肆烧房。日军不但用火油,还用什么化学药水,那种药水倒在门窗上,一沾火星就着,比火油烧得更凶更猛,根本没有办法救,也不敢去救,因为去救火的弄得不好就要搭上性命。"

还有一位老人告诉我们说:"日本兵进城后,没柴烧就拆房子,什么门板、窗户、木梁等等,一车一车往兵营里拉。他们还备有专门拆毁木结构民房的拖车,一栋几十个平方米的房屋,不到半天就拆光了。好好的街道被日本兵毁得到处是碎瓦碎砖,废墟上长满了蓖麻野草。"

日军对烧房毁屋根本不当一回事。或为取暖,或作柴火,或图报复,或为取乐。在猪市街,有一次,几个日本兵信步走入一家酒店,店里一位看家的小伙计只得赔着笑脸迎上前去。"可多莫,酒、鸡子的咪西,慰劳太君大大的。"一个满脸黑毛的日本兵进门就朝小伙计伸手要吃要喝。小伙计只好壮着胆子,据实告诉日本人:"太君,老板去外地了,我……我是看家的,没有这……"日本兵恼了:"酒的、鸡子的,你的藏到哪里去了?"小伙计怯怯地答:"太君,我是个……穷人,实在是没……没有。"一个日本兵嗷嗷直叫:"哼,你的良心,大大的坏了!"只见他突然从腰间抽出刺刀安在枪头上,猛不防端起枪,嗷嗷直叫,用力向小伙计的肋下刺来。小伙计好在早有戒备,见日本兵明晃晃的刺刀捅了过来,他眼快身灵,纵身急忙往旁边一闪。好险!刺刀擦着手臂"嗖"地刺了过去,小伙计躲过了这一刺刀。日本兵用力过猛,踉跄了几步,差点栽倒在地上,气得哇哇狂叫。其他几个日本兵看到同伙的狼狈相,在一旁乐得"哈哈"大笑起来。小伙计见那个刺他的日本兵红着眼,龇着黄牙,端着刺刀又准备扑上来。他见势不妙,扭头就从后门跑出去,仗着热门熟路一口气跑出了进贤门。真可谓是"跑得了和尚跑不了庙"。日本兵见小伙计跑了,也不追赶,先翻箱倒柜搜查了一遍,值钱的都塞进了衣袋;然后顺手从柜台上取过几盏盛满煤油的灯盏,用力掷破在桌子上、床铺上、柜台上,划火点着。几个日本兵佯装没事出门,拔脚就溜了。一会儿,酒店内火舌乱伸,火星四溅,大火、烟烽同时向天空冲去。酒店彻底烧没了,还祸及了一大片难民居住的棚屋!

### 血溅洪城

日军进占南昌城的最初几天,是杀人高潮,是大恐怖、大流血的日子。没能逃走的几万苦难同胞,成了奄奄一息、引颈待戮的无罪羔羊,任由日本人宰割。南昌成了鬼蜮之城、恐怖地带。没有一个男人敢说自己活得到明天,没有一个女性敢说自己能保得住贞节。

南昌城失陷当晚,有不少市民避难逃至市郊潮王洲。凶暴残忍、杀红了眼的日军尾随追来,将人群团团包围,然后强逼男人集中在空地上,臂膀与臂膀缚在一起。这时,10多挺机关枪"嗒嗒嗒"扇形扫射,子弹如狂风暴雨一样射在难民身上,几乎无一落空;2000多名无辜的生灵,接受了人世间最残酷的命运。这批逃难人群中的妇女,老的已有60多岁,幼的仅有10来岁,日本兵将她们全部强行押往潮王洲背后的一个村庄里,强令她们自己脱去衣裤,然后对她们强奸轮奸,当场奸死10多人,其余也奄奄一息。

筷子巷有一家,有妇女4人,不甘受辱,同时自尽于一室;凶残的日本兵发现后,将尸体剥去衣裤,用刀攫剜阴部,弃尸户外。中正路布店老板吴家鼎一妻一妾,日本兵逼令吴家鼎脱去妻妾的衣裤,叫女人卧于床上、地下,供他们轮奸,各达17人之多。日本兵轮奸时还强逼吴家鼎站在旁边看着。有200多名没有逃脱的妇女,关在万寿宫内,身上被剥得一丝不挂,日兵一批一批轮流集中奸淫;等到这群妇女被奸得将死未死时,日兵把她们分批缚绑起来,关在屋里,用汽油浇屋浇人,然后放火焚烧。从早到晚,一队接一队的日本兵挨家挨户地搜查,挨家挨户强奸,挨家挨户地抢掠,挨家挨户地杀戮。

沿江路赵氏家里遭殃了。南昌警备队抵抗日军时,在赵家门口附近垒了沙袋堡垒,赵家这就被日军定了死罪。日军闯进门后,赵氏一家5口人早已慌成一团,畏缩在里间角落里。"巴嘎!良心大大的坏。"日本兵一拥上前,几刺刀将两个男人捅倒在地,接着将赵氏老伴、儿媳和11岁的孙女像捉羊羔一样往床上、地上一按,扒光衣服就强奸轮奸,然后无耻地哈哈大笑拥出门去;一个矮个子日本兵又跑回来,朝屋内扔了个手榴弹。

在中正桥头吴宗思家里,来势汹汹的日本兵直入屋内,挨门挨间翻箱倒柜。留着看家的吴宗思的61岁老父亲,在大柜子里面缩成一团,被日本兵发现后拖了出来。一伙持枪端刀的日本兵将老人团团围住,七嘴八舌:"哈,老头,你狡猾狡猾的。""金子、花姑娘大大的有?""老头,快快新交新交(给)的。"老人哪见过这么多凶神恶煞,由于过度的恐惧,早已吓得灵魂出窍,哪还能回话,只是呆呆地站在屋中央,两条腿像打摆子一样直哆嗦。看到老人吓成这样,一个小军官恶作剧地一声令下,几个日本兵端着明晃晃的刺刀团团地围住老头,嗷嗷地怪叫着,刀尖欲刺不刺地在老人胸口背部比划着,一直把老人吓得手脚抽筋,两眼翻白,倒地丧命,那帮日本兵才嘻嘻哈哈地出了门。

南昌县第三区罗舍乡24岁的喻洪秀死得更惨。他是被日军的大洋狗活活咬死的。沦陷那年5月的一天上午,喻洪秀悄悄地领着中国军队情报员潜入南昌市区侦察敌情。当他俩甩掉尾巴来到内线家时,正要敲门,听到屋里像是有人厮打和争夺什么,偶尔还夹杂着低声呵斥和女人嘶哑的哭叫。他俩心弦绷紧,血往头上直冲。本来两位青年人想不管,悄悄离开,另找关系完成任务。但青年人的火爆脾气,使他俩无法控制自己了,握着拳头推门进去,看见一个矮个子日军正呼哧呼哧地抱着一位头发蓬散、衣襟撕破、满脸怒气快要发疯的姑娘,正是他们的内线鲁老板的独生女。

矮个子日军的衣服扔在椅子上,佩戴着中尉军衔。这个日军官听到门响,一回头,看见两个中国人猛扑了上来,他赶紧将姑娘往旁边一推,挥拳过去,冲在前头的喻洪秀没防备好,打了个趔趄,栽倒在地。"巴嘎!巴嘎!"这日军官边回击边大声吼叫。情报员拔出一把短刀,照准对方心口猛力一戳。突然,"噔噔噔噔",一阵急促的脚步声闯进门来,随军官出来的几个日本兵,正在隔壁店铺边搜查边等候作乐的长官,听到军官的呼叫声,争先恐后地跑了过来。情报员见情况不好,赶紧趁日军还没明白什么,忙向刚站起身来的喻洪秀一挥手,打开房门,短刀猛力往打头的日本兵脸上一掷,趁势一个箭步跳出门外,飞快地越过大街,钻进了小巷深处。

日军司令部接到目击士兵报告:"皇军中尉被戳身亡,杀人者一个当场擒获,另一个脸有微麻的主犯逃走,藏匿城内。"立即下令全城戒严,城门增加岗哨,挨家挨户搜索,发现可疑分子一律当场处决。结果当天全南昌城大抓麻子,被枪杀了七八个。真正的情报员却溜出了城,他脸上的麻子是化装时故意点上去的。

日本兵把已打得奄奄一息的喻洪秀连拖带推,押送到日军司令部。经审讯,日军没有问出什么,就将他手脚捆住固定在树干上。几个日本兵牵过来几条肥壮高大、呼哧呼哧地吐出半尺长舌头的东洋狼狗,然后把手里的皮鞭朝喻洪秀一指,早已熟练的狼狗狂吼着直扑上去,撕咬着光着上身的胸脯和胳臂。喻洪秀开始还能大声地咒骂、呼号,使劲地扭动着鲜血淋漓的身躯,用头去撞击狼狗;不一会,只听他发出几声毛骨悚然的惨叫,就死去了。日本兵几声吆喝口哨,狼狗这才舔着嘴上的血,跑回主人身边。几乎只剩下一副骨架子的喻洪秀,被日军强迫做劳役的人抬着扔到了广润门外三圣庙附近的荒地里。

漫无边际的荒野又增加了一个孤魂!无数个这样的孤魂在这片土地上哀号着,游荡着!千年以后,他们的声音还会透过历史的厚墙,震撼我们的心灵!

## 奸淫妇女

日本侵华战争带给人民的是浩劫,是灾难,中国的女性则更是不幸,更加悲惨。记住吧,这个罪恶的数字:从 1939 年至 1945 年,7 年期间,侵华日军在南昌强奸妇女达 2 万人以上,其中奸后惨遭杀害的 17000 多人、杀伤的 2700 多人。在这些被欺凌被污辱的女同胞中,有 70 多岁的老妪,有七八岁的幼女,有含苞待放的姑娘,有将做母亲的少妇……

淫风刮进了小巷深处,直冲巷尾周连仲家。周家三代同堂,男女老少六口人。南昌沦为地狱的第二天,突然涌进了一群日本兵,领章有黑有黄。"老总,我家没有当兵……"迎上前去的周连仲很客气地说着话,还向打头的军官行了鞠躬礼。谁知鞠下去的脑壳还没抬起,"砰"地就被枪托猛力击了一下,直打得他头破血流,跟跟跄跄倒在地上。随后日军官挥手叫同伙们散开,端着明晃晃的刺刀在屋内屋外搜寻着。一个日本兵突然听见小阁楼角落里有动静,连忙招呼他的同伙,哇啦哇啦不停嚷着:"上面有花姑娘的!"

"哈哈哈哈……"淫笑声震颤着周家。周连仲的两个女儿、一个儿子被日本兵像老鹰抓小鸡般,从阁楼上强行拉了下来。眯着淫邪眼睛的日军官看见拖下来只有 11 岁的周家小女时,兴奋得手舞足蹈:"可多莫(小孩)花姑娘!可多莫花姑娘!"伸手就把缩成一团的小女孩死死搂住了。这时,躲在里屋床底下的周连仲的老母亲、妻子也被日本兵发现,用刺刀逼了出来。

小儿子被嘻嘻哈哈的日本兵一刺刀挑到了墙角。日本兵看着几个赤手空拳、呆呆伫立的女人,把枪往地上一扔,几个人围住一个,或按倒在床上,或推倒在地上,撕扯着她们的衣裤。极度羞怒的 4 个女人叫骂着、挣扎着,发疯般地与日兵厮打。年幼无力的小女早被丧心病狂的日军官剥得精光。她被按在地上,两脚不停地蹬踢,不住地惨叫:"爸呀,妈呀,快来啊,快……"

"畜生！畜生！"刚强的周家大女儿在床上拼命地挣扎，一阵嘶哑的叫声冲出了她的喉咙，她正被一种无法忍受的剧痛吞噬着。骑在她身上喘着粗气的日本兵大打出手，抓住她的脑袋狠命地往床档上来回撞去。大女儿眼里流出了鲜血，剧痛的头就像裂了似的，整个屋子在飞快地旋转。

三对一，五对一，去而复来，一波波轮奸。72岁的周母，39岁的周妻，16岁的大女和周家小女，起先还惊喊呼救，乱搔乱蹬，可她们终究是女人，远非毫无人性的日兵的对手。

不知过了多长时间，这群日本兵一个个带着淫欲的满足，从已经半死和死过去的女人身上站起来跑掉了。少顷，又一伙日本兵窜进巷子，接着一哄而入周宅。见躺在床上、地上的光身女人还有余温，又是一番暴风骤雨般的摧残……

周家极目所见都是血，泪水莹莹的大女儿赤裸着身子，仰天躺在床上，披散的乌发遮住了整个脸庞，还在痉挛的大腿无力地在床沿上垂着。躺在桌板上的小女已经被奸淫而死，她那尚不丰满的乳房竟被割下塞进当时还未断气的爸爸嘴里。被刺刀捅倒在墙角上的周家小儿，全身血糊糊的，手脚还在痛苦地抽搐，那低微弱小的声音还在呼唤着："爸爸、妈妈，我痛，我痛……"周妻被日本兵打得鼻青脸肿，头发被揪去了好几缕，被奸污的身躯躺在地上不能动弹，只能大口大口地喘着气。年迈的周母也未能保住自己贞洁，被日兵轮奸至死，下身竟然塞进一只小孙子穿的木板拖鞋！

在中正路与叠山路交叉的一家小店铺里，几个日本兵嗷嗷乱叫地砸开大门，凶神恶煞般地闯进屋来。一个日本兵发现柜台底下藏着一个小孩，厉声喝道："可多莫（小孩），出来！可多莫，快快地出来！"小孩只有十五六岁。他可怜巴巴地爬出柜台站起身来，像一头受惊的小羊羔。日本兵举着枪，刺刀几乎挨到了他的鼻梁。"可多莫，花姑娘的有！"日本兵晃着明晃晃的刺刀，问道。那小孩见日本兵杀气腾腾，吓得不敢哭，也不敢叫唤。整个纤弱的躯体似乎僵住了。"你的哑巴！说话的干活！"日本兵气哼哼地催问。"没有。"小孩不敢正眼望着红了眼睛的日本兵，低垂着头轻轻地回答了一声。

可是没想到，这故意压低嗓门的娇柔女音竟被日本兵听出来了。日本兵兴奋得嘻嘻一笑。他刚发现小孩时就觉得很像女孩。

日本兵发现破绽后，收回枪，嬉皮笑脸地猛扑过去，一把揪住小孩那柳丝般的秀发，另一只手伸向小孩的下身，肆无忌惮地凌辱起来。原来这个小孩正是女扮男装。极度的害羞和愤怒，使她扭动身体挣扎着。

"花姑娘！花姑娘！"揪住女孩的日本兵龇牙咧嘴"哈哈"大笑起来。接着一群日本兵也窜进店铺，团团围了上来，用贪婪的目光盯着被吓得全身发抖、哭不出声的少女。

抱住少女的日本兵不由分说，将女孩往柜台上一推，像剥香蕉皮一样撕开了女孩裹得紧紧的胸衣。可怜的女孩终于发出了声声哀叫："爸呀，妈呀，快救我，快救我……"

"她还小啊,小啊。"躲在里间床底下的父母听到女儿的哭叫声,惊得魂飞天外,赶紧从床底爬出来,跪在正要扯女孩裤子的日本兵面前,哀求着:"她还小啊,求求你们别动她呀!"

"巴嘎!"日本兵哪里肯听他们的话,猛地抬起脚,将老两口蹬倒,把女孩强行拖进里间,往床上一甩,撕去了女孩的裤子。另外几个日本兵也随后蜂拥而进,"砰"的一声将房门关上……

房门外的女孩父母,听到女儿那声声哀呼惨叫,像把把尖刀扎向心头。父亲急得双手捧着头,哆嗦着,扭歪了的脸上流满了泪水。母亲气得紫胀了面皮,喘着气,发着抖,凄惨狂怒地哭骂着:"畜生!畜生!狗吃了你们的心肝,你们不是人养的啊!"

愤怒已极的母亲拼命地捶打房门。忽地,门打开了,一个手里拎着裤头、等不及轮奸的日本兵,拖住女孩母亲的胳膊,按倒在房门内地上,母亲拳打脚蹬。另外几个脱得一丝不挂的日本兵冲了过来,按手的按手,扭腿的扭腿,硬是把女孩母亲的衣服剥得精光。接着,这个40来岁的母亲同样被几个日本兵轮奸。

恨天不塌,恨地不陷。此时门外的父亲听着老伴、爱女的哭喊哀号,心如刀割。一脸的焦躁羞愤,恨不得一头撞死,恨不能有条地缝钻下去。

"老头,你的过来!"奸淫过后的日本兵,打开门,蛮横地招手叫女孩父亲进去。女孩父亲瑟瑟地抖着走过去。日本兵指着床上赤裸着、有气无力痛哭着的女孩,说道:"老头,你的快活快活!"父亲一见日本兵竟强逼他奸淫自己的女儿,惊吓得面色陡变,赶紧跪下叩头乞求:"老总,求求你们,我们是父女,天理不容啊!"日本兵满脸杀气,用刺刀尖指着女孩父亲的脸,不断地晃动着,催促着,毫无人性地威逼着:"女儿的,一样快活快活的,快快地!你的认真干的,假的死拉死拉!"父亲在号哭,妻儿在号哭,只有日本兵在拍手嬉笑。天下竟有这样的人!他们是人么?!

"快走!快快地!"几个日本兵像押送监狱要犯那样,将捕捉到的四五十个小的只有十一二岁、老的已有五六十岁的中国妇女,押往中正大桥北头的日军兵营。官长优先挑走了两个青年妇女,其余的全部关进了一间大房间里,女人们一个个惊恐地缩在墙角里,不敢吭声。

8点来钟,大房间的门忽地打开了,日本兵一下涌进几十个。他们呼呼地喘着粗气,抱住一个,就往地上铺着的破军毡上压。撕碎的衣服扔得满屋子。门外的日本兵还排着长长的队。前面的日本兵还压在女人身上,后面的已迫不及待等在旁边。伤天害理的污辱,无止无境的摧残。这些被抓到日军兵营的妇女,白天要给日本兵洗衣服,黑夜却要饱受日本兵糟蹋。年纪较大的每夜被轮奸近10次,年纪较轻、面貌较好的每夜最多被轮奸二三十次。几乎是天一黑就被日兵折腾到第二天天明。

日军兵营里,女人的尖叫和呼喊声日夜不断。没有发育成熟的少女,有的被糟蹋得下半身失去知觉,爬不起来;有的被蹂躏得不省人事,撕裂的下部血流不止。几乎天天都有新捕捉到的女人送进来,天天又有几具被奸死的女尸抬出去扔进赣江。

不幸的妇女各有各的不幸。被掳进日军官长房的妇女,虽然没有遭受日本兵轮奸污辱,但她们却属于官长强奸的"专用战利品",命运同样悲惨!

有位叫林美琴的姑娘,是外地逃亡来南昌的学生,南昌沦陷时,由于她患病住院没能来得及逃走,就被强占医院的日军士兵把她掳送到了联队长的住处。这天大白天,这个联队长光着身子,正在百般折磨一个面无半点血色、浑身发抖、缩成一团的村姑,忽听门外士兵报告,他仅围了条浴巾作遮羞布,将村姑往墙角一推,立即过去开门。当他看到送来的林姑娘年轻漂亮,便叫士兵把门关上,狞笑着上前一把将姑娘拉到了怀里,气喘吁吁地就要动手脱姑娘的衣服。

"求求你,别动我! 求求你,我有病啊!"林姑娘慌忙地苦苦哀求挣扎着。可是,日军这个联队长哪肯放过。"救命啊! 救命啊!"林姑娘出于本能,大声叫喊。深陷狼窝的弱女子无论怎样叫喊,又能顶什么用呢?

日军联队长很快地将林姑娘的衣服扒得净光,把她抱起甩上床,全身肌肤都在战栗的林姑娘被奸污了。

## 慰安妇的恨

日军侵占南昌后,在四处淫掠的同时,还将"奸民队"和"良民队"中的女人挑选出来,充当慰安妇,逐日送进兵营供日军奸淫。

凡 12 岁以上、40 岁以下的中国女人,都属慰安妇征集对象,婚否、美丑不限。这些"慰安妇"的供给者,大半是伪维持会向当地强迫征来,稍有迟慢,日军便要放火烧街、烧村,以此威吓。被征集的女子最少需供日军"慰安"3 天始可放回,但需有 5 人作保随时应召入营,否则保证人及家属全数活埋,伪维持会人员受惩。

日军在近 7 年中,从南昌究竟征集了多少慰安妇,目前已无确切的资料;但是我们敢说,这类数字敌伪从未统计过,一来他们毕竟是做贼心虚,二来这一切丑恶作为在他们眼里不足挂齿。

这里讲述的是几个慰安妇的悲惨命运——

她叫小英子,丈夫是一家药店的伙计。南昌沦陷那年她 21 岁,头年 10 月里过的门,已经怀孕 5 个月,肚子微微地拱起来了。日军攻进城一个多月后,小英子同丈夫从躲避的乡下搬回城。谁知夫妻俩前脚进屋,汉奸后脚就跟着进了门,鸭公嗓子大声嚷嚷着,震得小屋嗡嗡作响:"皇军命令统统办理良民证,不办的送进宪兵队。"汉奸这一咋呼,把小两口吓住了。没法子,只有哭丧着脸去了,又是照相,又是画押,"良民证"领到了,可小英子却被汉奸填进了"劳军花姑娘"名册上。

厄运终于轮到了小英子。这天下午,负责维持这片地段的汉奸对着名册,领着两个日本兵闯进了小英子家。一进门,汉奸便恬不知耻地开口道:"你们不必惊慌,皇军辛苦大大的,特请小英子去帮着洗洗衣服做做饭,劳军几天。"汉奸凑前跟小英子丈夫说明:"我们这地段是挨家挨户轮过来的,女人都要去,你们只管放心好了!""我不去……"小英子躲在灶间哽咽地说。小英子丈夫连忙向日本兵和汉奸赔着笑脸,一个劲地哀求:"大太君、会长,我……我女人有了……身孕,不……方便,求求你们免……免去吧。"

日本兵一听,发火了,"啪"的一声,将背上的枪握在手里。一个日本兵猛地一把,将小英子丈夫推倒在地。另一个日本兵端着刺刀冲进灶间,将刀尖顶在小英子脖子上。"快快开路! 快快开路!"恼怒的日本兵狠狠地催促着小英子。日本兵见小英子只是在原地挪动,又做了个刺杀动作,刀尖在小英子耳边呼地刺了过去。"哎呀! 你们也真是,又不是抓去枪毙,不要惹皇军动气么,皇军明明是来请,为什么这点面子也不给?"汉奸在落井下石。小英子害怕极了,不敢哭也不敢叫唤,无助的她收拾了几件衣服,垂着头走出了门。那天下午,一共强逼去了五六个年龄相仿的姐妹。她们被押送到了高架铁丝网、哨兵林立的日军兵营。

晚饭后,这几个姐妹很快被分配给各小队,小英子因在女人中容貌显得出众一些,被留在了中队部。一间不大的黑房子,窗户钉上了木板,里面点盏小马灯,房间里空荡荡的,仅摆了两张像担架式的行军床。

一个接一个地强暴,小英子昏迷了过去。当晚,她被轮奸了二十五六次。天亮时她已失去了知觉,脸色苍白,冷汗淋漓,腹中阵阵剧痛,她流产了,一个不成熟的小生命,血肉模糊地滑在了满是污浊的行军床上!

下沙窝拉板车的老张头,35岁娶了一个寡妇。一年后,老婆给他生了个可爱的女儿。谁知孩子还未满月,老婆却在产后病死了。老张头没有再娶,也没有钱娶。他既当爹又当妈,舍不得吃舍不得穿,硬是一把屎一把尿带大了孩子。南昌沦陷那年,女儿刚满12岁,出落得水灵灵的,皮肤嫩得可以捏出水来,小脸蛋也很讨人喜欢,街坊邻舍都说她是个美女坯子,不像穷人家的女孩。老张头每逢人们夸他爱女,乐得眼睛眯成一条缝,嘴角堆起深深的笑纹,望着旁边玩耍的女儿那摆动着的乌黑的小辫子,他的心也在摆动,情不自禁地笑出了声。老张头还是享受到了平民家平和温馨的天伦之乐。他知足了。然而,厄运一下降临到了老张头的头上,他的心头肉竟被万恶的东洋兵撕碎。

一天下午,老张头外出做工去了,女儿一人在家看小人书,汉奸领着两个日本人闯进门来。狡猾的汉奸一看老张头不在家,眼珠子骨碌碌飞快地转动几下,走到吓呆了的老张头女儿面前,态度随和,笑容满面地说:"哟,你就是老张头的女儿吧,不怕不怕。你爸爸下午在皇军那里做事,晚上不能回来,叫你送件衣服去。"女孩不敢望那两个日本兵,看着这位说中国话的"好心大叔",竟天真地相信了汉奸的骗人谎话。匆忙地拿了件夹袄,包起自己中午舍不得吃、留给爸爸吃的两块饼子,跟着去了。

老张头的女儿进了兵营,汉奸一下子无影无踪。日本兵把女孩关进了小房间,门"砰"的一声锁上。女孩知道受了骗,拼命地捶着门,凄厉地哭喊着爸爸。

"孩子!孩子!"闻讯飞跑回家的老张头,推门一看,爱女还未看完的小人书整齐地放在饭桌上,那张垫着破棉絮的木椅上还有爱女坐过的余温。老张头号啕大哭,失去爱女如同活活切去他的心肝。"孩子!我的孩子——"老张头发疯似地冲出门,就要去找日军要人。邻居们赶紧七手八脚,把伤心至极、悲愤交集的老张头拉住了。"不能去呀!去了也是白送命啊!""兄弟,忍住吧,再找人想想办法。"老张头神魂颠倒,像发了一场大病,白天黑夜,不睡不吃,用嘶哑的声音不停地咒骂着,不住地喊叫着女儿的乳名。

一天、两天……苦苦等待的老张头,竟像熬了几年几十年那样漫长,爱女终于回来了,是一位心善行好的人背回来的。女儿脸色苍白,口吐黄水,昏迷不醒。她惨遭摧残的弱小身躯在爸爸怀里抽搐着。突然,她睁大那双黯然无光的眼睛,呆呆地盯着爸爸,苍白的嘴唇微微动着,似乎想说什么,右手紧紧地捂着衣服口袋。老张头淌着泪水轻轻掰开了爱女的手,原来口袋里还装着那两块薄薄的饼子。爱女的眼睛闭上了,永远地闭上了。

老张头呜呜地哭出声来,浑浊的泪水顺着满脸的皱纹往下淌。抽咽着自言自语地说:"孩子,去找你妈,去找你妈……"伶仃孤独的老张头抱着软绵绵的女儿,眼泪成串地滴在女儿的脸上、身上,无光的老眼恍恍惚惚地望着女儿……

参考资料:《劫恨——南昌沦陷纪实》,江西人民出版社1990年版。

(执笔:张永华、罗政球)

# 瑞 昌 惨 案

1938 年 7 月 25 日,日军攻占九江后,即分兵两路,一路沿南浔路直逼南昌,一路入侵赣西北企图攻取武汉。8 月初,战火烧向瑞昌。24 日,瑞昌县城陷落。此后,经过磨山、大峰山、码头镇防御战,防守瑞昌的国民政府军同日军展开浴血奋战,终未能扭转战场上的被动局面。10 月上旬,瑞昌大部分地区被日军占领。赤乌古镇惨遭日军铁蹄践踏。

1938 年 9 月 20 日,在亭子山督修瑞阳公路的 10 多名日军窜到北亭范家山,将郝家、叶家、王家几村百姓逼到南山叶村,集中到稻场上,用机枪扫射。72 名男女老少惨遭杀戮,其中少数中弹未死的被活埋。第三天,日军又窜去抓村民做靶子,9 人被打死。40 多户的范家山,两次被枪杀 81 人,7 家被杀绝,房屋被烧光。

1938 年 9 月下旬,时值秋雨连绵。横立山光辉村、青岭村一带的村庄都驻有日本兵,他们杀猪宰牛,拆毁房屋,抓人杀人,无恶不作。老百姓四处躲藏。

杨家宕村百姓和外村来避难的亲戚大部分躲在村西南毡垴的太平庵里。一天,一个日本便衣探子窜到太平庵,发现了这里的避难村民。过了两天,这个探子换上军装,带领 3 个日本兵再次窜到太平庵。他们把庙门堵住,露出狰狞面目,挥舞军刀对庙内的百姓进行屠杀。被杀的有老人、妇女和小孩。一个孕妇被刺破肚子,婴儿掉出肚外。雷圣福被绑在一棵树上,先剜眼睛,再砍手指,后用枪打死。庙内避难的百姓 42 人,只有一个女孩躲进菩萨脚下暗处、另一妇女躲在死尸堆里得以幸免。

9 月下旬,日军飞机多架,向南义镇(原上南乡)张家铺东面的羊虎尖山、梅山周围村庄狂轰滥炸,数百村民被炸死,房屋被炸毁;并施放毒气弹,使当地村民中毒烂脚,有的毒重身亡。

1938 年 12 月 26 日,一队全副武装的日本兵窜到离县城 10 多公里的常丰畈和尹范垄"扫荡"。一下车,即分兵两路:一路直闯尹范垄的汪、詹、李、王、尹、范、陈、赵等 10 多个村,见人就杀,见屋就烧,顷刻间,十几个村庄化为灰烬,上百名无辜村民倒在血泊之中。另一路日军,对常丰畈各村进行大包围,把黄、张等村来不及躲避的 200 多名村民全部逼进黄村西的大草洲,又将村民的被絮、箱柜、桌凳和柴草搬到草洲上摆成圆圈,强迫村民进入圈内,架起机枪,疯狂扫射。200 个生命应声倒下,血染草洲;之后,日军又在事先预备的引火物上浇上汽油,放火烧尸,只有压在死尸下幸免的 7 人乘浓烟逃脱。这场大屠杀,计焚毁房屋 300 余间,杀害百姓 300 余人。仅 32 户的张村,有 18 户被杀绝;140 余户的黄村,仅剩下几个孤儿寡母。常丰畈下万村一老大娘被抓后,先割鼻子,后割耳朵,再砍手脚活活被折磨死;一个小孩中弹未死,从烈火中爬出,日军用刺刀挑起来玩耍;一孕妇从火中爬出,竟被剖腹再扔进火里烧死。遭难最重的黄村,尸首无法辨认,幸存者只得将120多具尸体合葬在村西侧,名曰"黄村百人公墓"。

1939年4月28日拂晓,侵驻上南乡大屋田的日军100余人,将华山坳背田家、瓦荡余家两村包围,见人就杀,见屋就烧,两村共杀38人,最大的88岁,小的仅3岁,有8家被杀绝。

1939年9月2日下午2时,驻王家铺(即南义镇)等处日军约500余人,分由王家铺、双桥山、马迹山三路进袭筱源一带的村庄,老百姓均已上山躲避,遂将筱源10多里村上的房屋烧毁殆尽。同日下午5时左右,这股日军又由汪家山、羊肠山、深坑、大林坑等处,并增加日军,分四路窜进柯乐源"扫荡"三天。自天葬坟以东至荷叶坪以西,沿途20余里,屋宇被烧尽,粮食被毁光。南庄村共180多户,仅余7户房屋未烧。

1940年4月29日至5月1日,日军千余人分五路向徐源乡进犯,沿途到处烧杀掳掠,3日窜入沙坪湖。日军这次窜扰,徐源乡的坳下至漆坑一带民房被烧尽,南山下、沙坪湖房屋被毁800余间,杀死百姓10余人。

1941年2月,日军百余人向洪下源瓜山一带骚扰,抢掠烧杀。同年上半年,日军百余人窜到和平山的金家坑、和尚脑、汪家山等村"扫荡",烧杀抢掠,计毁民房520余栋、猪牛栏1000余间,枪杀百姓11人,粮食等物全被烧毁,并牵走耕牛410余头、生猪1000余头。

参考资料:《瑞昌县志》,新华出版社1990年版。

(瑞昌市委党史办)

# 日 军 祸 降 德 安 吴 家 庄

1938年农历冬月十二日,驻扎在永修县燕坊乡附近的日军一共8名,全副武装,气焰嚣张,突然窜到我的家乡德安县磨溪乡小李洼下面一个村子——吴家庄,抢劫,奸淫妇女,吓得老百姓有的躲、有的跑,有的只得藏于深山密林之中。此时,抗日游击队把这伙日军引到泉水背后山头打了一仗,日军打败了,老百姓把逃散的两名日军用斧头活活砍死,消除了心头之恨,哪知惹了大祸。三天后,农历冬月十五日那天,来了100多名日军,兵分三路,四面包围吴家庄一带,杀人、放火。

日军在吴家庄一带的残暴罪行骇人听闻。

一、杀人。农历冬月十六日早晨,日军在吴家庄一带搜查山林,将躲藏在山上的农民杨礼先(30多岁)、杨的母亲(70多岁),还有9岁的女儿统统抓起来了,带到吴家庄门口大田中,先将杨礼先当做把戏玩,强行要他在地上模仿家狗四肢爬行,日军捏饭团像喂狗一样,要他在地上用嘴抢饭吃。其母亲看到此事心里难忍,跑去护了一下,日军把他的母亲当场枪杀了。过了一会儿,杨礼先被日军戏弄厌了,也把他枪杀了。最后剩下小女孩,日军也不放过,用力把她举得高高的,猛抛在几丈远的田坎下摔死了。就这样,一家人全死在日军的手里。农民李光焰的母亲是一个71岁的老人,一双小脚,走路非常困难,见日军来了,跑也跑不动,只得躲在王家冲桥头边矮山上竹林里。李光焰的嫂子也跟随着躲藏在此处山林中。日军听到小花猫到山上找人的叫声,怀疑山中有人,便搜山,发现了他的母亲,日军照其胸部连打两颗子弹,当即含恨而死;李光焰的嫂子被日军往腿部、胸部连打数枪,未命中要害,当时装死。日军说:"死了,死了的。"过了片刻,日军走后,有人将她抬放在一棵松树脚下,盖好棉被。这时天上还下着大雪,天气冷得很,其他人也不敢久留,各自逃命。李光焰的嫂子又痛又冻,在半夜就死了。像这样悲惨的事例,实在数不胜数。这一次,日军在吴家庄周围一带杀死的老百姓据初步统计,一共有450多人。

二、放火。吴家庄是一个小村庄,只有四五户人家,共有房屋5栋,都是青砖到顶的瓦楼房,被日军放火统统烧光。在放火时,日军还把无辜的老百姓金文映关在房子里活活烧死,死后只剩下一只脚板穿的棉鞋没有完全烧毁,后来他的儿子来收尸时,就只认得这个,作为遗体找回去埋葬了。吴盛乾的爱人也被关在一栋房子内,日军紧闭大门,活活地烧死在里面,最后剩下来的一副肚子没有烧掉,吴盛乾收尸时,泣不成声。离吴家庄附近的廖村,全村的6栋房子全被日军放火烧光。其中有一栋房子靠近路边,里边住的尽是逃难的难民,有100多人,因躲避不及,被日军关在里面活活烧死。放火烧的时候,难民哭的哭、叫的叫。这次吴家庄一带,被日军放火烧掉的房屋共有200多栋,毁灭的村庄共有20多个,当时有很多人无家可归，过着露宿风餐的生活。

三、抢劫。日军所到的村庄，每家每户的财产被抢劫一空。

此外，还有不少妇女被日军奸淫，奸后被杀害。这样的事例实在是太多了。

日军在吴家庄的残暴罪行，虽已过去了几十年，但乡亲们一提起这件事，人人愤恨，个个流泪。

（选自《德安县文史资料选辑》第 1 辑，李文升文）

# 日军在德安造成的灾难

### 一、轰炸城乡

1938 农历六月二十三日,日军飞机两架,第一次轰炸德安县城,南门城口几个中国守城士兵被炸死,血肉飞溅到邹裕成屠砧上、屋檐上,地上这里一只脚,那里一只手,街人见之,无不伤心痛恨。住在邓广丰屋内的胖大娘的小女儿到后面塘里洗衣服,也被日机的机枪扫死。

农历同月二十九日上午 7 时许,德安县上空出现 9 架日机,3 架一组,在县城轮番狂轰滥炸,直至夜幕降临。冲向天空的浓烟和爆炸声,远在永修的杨家岭都能看见和听见。县城虽有防空洞 39 处,可容纳 2000 余人,但有的人躲避不及,不是被炸死就是被烧死,或被压死,通津街有位邱大叔就被活活压死在断垣瓦砾里。在火车站防空洞里,因躲藏的人太多,日机扔的炸弹正落在洞前,挤在洞口的人全部被炸死,连死者的面貌都难以辨认。国民政府军某部驻扎在新新酒楼,除一位幸存外,其余全被炸死。南门外罗家巷被炸后,压在下面的尸体散发着臭气,其惨状令人心碎。

衙前街、通津街是县城繁华的商业中心,一霎时,片瓦无存。全城原有房屋851 幢,这次竟被炸毁 821 幢。

在通津街有一座天主教堂,有不少中国人躲藏在里面,法国神甫在屋顶悬起一面法国国旗,表示这是法国的教堂,不要轰炸,日机照样在教堂后院扔炸弹。

日军还灭绝人性地投下毒气弹,致使不少人当场窒息而死,轻者终身残废。

疯狂轰炸过后,县城一片废墟,几千居民无家可归。日机不仅炸了县城,还在乌石门、夏家铺、磨溪头、南田铺、刘鞭鼓、火烧坂、大屋贾村、杨坊、白水等地炸毁了很多房子。

### 二、强奸妇女

日军在德安经常要汉奸带路到山里打捞(即"扫荡")。日军每到一个村庄,见了妇女,不管老少一律强奸,日军先奸,汉奸后奸,奸后用刺刀逼着孙子奸祖母、父亲奸女儿,天良丧尽。有的残忍到用刺刀捅进妇女阴道,还有把妇女强奸后用绳子捆住手脚,再指使他的军犬去撕咬。日军的暴行,灭绝人性。

### 三、屠杀百姓

日军在德安杀人,手段极其残忍。他们把乡下的人抓到县城,先关土洞,而后在义峰山或桐子岭(今县一中和轮胎厂一带)杀害。日军宪兵营房更是杀人魔窟,宪兵队长是个杀人魔王,被宪兵队抓去的人,没有一个生还。

河东杨村、官村:1938 年农历十月二十六日中午,日军窜到港壁杨村,在 10

多分钟内,将一家4口杀光。1939年农历七月二十九日,日军窜至后田官村,将村民40人杀死,丢在塘里,塘水被鲜血染红。

爱民老屋罗村:1938年农历八月二十四日,日军进犯万家岭时,从老屋罗村经过,竟将桌凳当柴烧,猪、鸡被杀光,妇女被强奸。同月二十八日中午,日军再次窜进老屋罗村,见人就杀,将37名湖北难民杀死在罗村祖堂大门边。当时天下大雨,人血和屋檐流下的雨水一起向外淌。接着,日军又跑到罗远谋的一幢大八间的屋里杀人,全屋除一个10岁小孩被抓去牵马外,其余16人全被杀死。这次,杀死了53人,年龄最大的75岁,最小的才1岁零1个月,真是罪恶滔天、骇人听闻。事后,附近的老百姓赶来掩埋尸体,有的4个尸体装进一口棺材,而湖北的37名难民没有棺材可装,只得搬到东边小山沟里掩埋在一个坑里,接连几个月此处散发出尸体的臭气。

永安堡:1938年冬月,日军一个连队驻扎在永安堡岑家(即今八一行政村岑家)。一天,日军这个连队奉令调走。临行的头一天下午,日军将全村的老百姓(除留下两个大人和一对母子)全部带到村后山边站成一排,日军的步枪插上刺刀,面对百姓也站成一排,日军队长一声令下:"杀!"顿时,50余名无辜百姓全部倒地而死。日军回到村庄,又将留下的一岁小孩和另两个大人塞进油榨榨槽内用榨筒打死;当时孩子母亲上前阻拦,日军一刀将她双手砍断,不多日她也死去。第二年农历一月的一个雨天,岑村老百姓以为这天日军不会下乡打捞,未上山躲避,而日军竟冒雨窜来,将全村60多名百姓关进徐仁喜屋内,用机枪扫死;后又放火烧屋,人与屋化为灰烬。

塘下李村:1939年农历二月的一个傍晚,塘下李村(今八一行政村)老百姓从山上躲避回来,刚煮好晚饭,突然日本兵来了,将全村百姓40余人押到水塘边,沿塘围成一周,用机枪扫死,尸体倒入塘中。

下胡村:1939年农历一月初一早上,一辆装有日军的汽车在德瑞马路上行驶,开到下胡村东面坂,路被抗日游击队破坏,日军下车后,闯进下胡村见人就杀,未及逃走的全部被杀,一人在厕所大便亦被杀在厕所内。

塘山村:1939年农历三月,日军侵入塘山乡,房屋烧毁1000余幢,抢走耕牛2头、生猪8000余头;杀人更惨,杀死、烧死、石滚压死共有好几百人。罗家坟邹村,不仅全村19户的农房被烧光,牛猪被抢光,还有未跑脱的3人被活活打死。这3人中,一个被日军用机枪扫死,一个被放进柴堆里活活烧死,一个被活活砍成4块。冯家岭村是一个59户人家的山村,日军窜到该村见人就杀,见房屋就烧。将冯某用铁丝穿进脖子,捆在村前大樟树上,然后割他身上的肉喂狗,一连割了3天,只剩下一个骨架子。日军除了在该村打死了几十人外,还在一个坑里活埋了20余人,地点在枫树旁边;有的人被活埋了大半截,头却露在外面示众。曾家岭是一个只有11户人家的小村庄,由于密探报告该村驻有中国军队,引来日军深夜包围全村,将未逃走的 11 人全杀光,另一人被捉到瑞昌青盆街用石滚活活压死。

### 四、发射毒弹

1938 年 9 月至 1939 年 2 月,日军在德安发射有毒炮弹和窒息性毒剂,许多中国抗日战士和老百姓中毒,有的很快死亡,有的烂脚后致死。据统计,日军在德安县使用红筒(内装窒息性毒剂)12000 个,并发射有毒炮弹 3000 余发,造成染毒面积 30 万平方米。

(德安县委党史办)

# 日军在德安聂桥作孽

在日军侵略德安的岁月里，德安人民遭受着深重灾难。今追记日军在聂桥地区犯下的三件罪行。

## （一）

1939 年 8 月间的一天下午，我和本村的两个孩子在周家山上砍柴，突然听到一声枪响，我们顺着枪声望去，只见夏家铺街后的土茅山上有一个女人向山上跑，随后有 10 来个日军正在追赶她，那女人刚刚跑到一棵大枫树下，日军围拢来把她捉住了。开始那女人哭叫起来，就有两个日军把她按倒，一个接着一个对她轮奸，轮奸完才下山走了。女的当时没有起来，等日军走了好远，我才看到被两个人从那山上抬着下来，一直抬往夏家铺街上去了。

夜饭以后，我村有几位妇女到夏家铺去看望那个被强奸的女青年，他们回来说："那女青年叫胡××，才 17 岁。母女俩逃难来此，被日军强奸时女的挣扎，日军就用皮鞋踩断了她的手脚骨头，胸部亦被日军的枪弹匣子压伤。"她遍身剧痛，羞愤异常，当时天气酷热，无钱医治，她不到半个月就离开了人世。

## （二）

1939 年 11 月间的一天，太阳刚刚从东方升起，忽然听到报警的钟声响了，日军又要来打掳，我就同全家人跑到村背后大山腰的竹林中。抬头一望，看见夏家铺的南头空草坪里站着一大群日军，其中有一个日军挥起雪亮的长刀，大叫着。一刹那间，一群日军围成一个大圆圈，正中有一个日军抓住一名中国人，把他按倒在地上，骑在他背上要他往前爬行，那人爬了三圈就爬不动了，日军就怪叫起来，一个拿长刀的人举起刀向中国人横竖砍了好几下，那长刀在朝霞中摇晃着寒光，只听那惨叫几声倒在地上不动了。

日军走后，附近的人去看被日军砍死的是谁，我也跟着大人到那里去看，那个人已被日军割掉了耳朵，劈断了手脚，还拦腰砍成两段，血糊糊的尸体，惨不忍睹。当天中午有人来收尸，说被无辜杀害者是住在戏子坳（即现在爱民乡土塘村）放养鸭子的河南人，他姓王，家有妻、儿女多人。

## （三）

1940 年 10 月某日下午，彭山尖峰坡碉堡里有 3 个日军到山下的爱泉坳一个姓吴的农民家里。他闺女正在家洗碗筷，不知日军进了庄，她没来得及躲避，被日军捉到堂屋中间，剥去衣裤强奸。奸完后，日军要屋里一个老公公去奸她。

老公公闭着眼睛装作没有听见，日军就用枪上的刺刀逼着要杀他，老人宁死也不这样做。日军一脚把他踢倒在地，扯掉了老人的裤子，再用脚踩着，又用刺刀刺他的屁股。残忍的日军发疯似的怪笑着走了。日军走后，这一老一少呼天唤地大哭要寻死，当时被人守住未成。这闺女是许了人家的，择定年底出嫁，她主动要求男方退了婚事，在 3 个月后还是上吊自尽了。

（选自《德安县文史资料选辑》第 1 辑，聂和钟文）

# 日军血洗德安万家岭

来到德安县磨溪乡万家岭一带，但见山峦起伏，草木榛榛；阡陌交通，溪水潺潺。可是，67 年前，这里却是烽烟弥漫。

在磨溪乡宣传委员张建国的带领下，我来到了曙光村背溪街 4 号，见到了李屏水老人，进屋坐下后，不用说，李屏水老人已经知道了我们的来意，老人的回忆慢慢把我们带到了那烽火年代。1938 年下半年的一天，成群结队、一批又一批的国民政府军士兵入驻曙光村，不仅村子里住满了人，山岭上也到处都是士兵。李屏水家里也住了兵，而且在他家里还装了电话。士兵叫村民们赶快离开，说这里马上要打仗。村民们领了难民证后，大部分逃离了村子。李屏水的大哥却非常大胆，就是不肯离村。

到了腊月底，李屏水和幸存的难民们一起回到村里。只见漫山遍野都是军人、难民、战马的死尸，蛆虫满地，臭气熏天；枪支、战刀到处都是，河里的水都染成了猩红色且恶臭难闻。

万家岭战事过后，日军还不时前来"扫荡"，犯下了许多滔天罪行：日军曾把 30 余名村民集中到一处，然后用机枪扫射，李屏水和他的嫂子熊祖梅也在其中；李屏水被那些打死的村民掩盖在了死人堆里，没被日军发现，后来仅有他一人死里逃生。李屏水的一个小伙伴李汉南当时仅八九岁，被日本士兵用刺刀戳死后举起取乐；躲在暗处的李屏水亲眼所见，吓得脸色发白，浑身战栗。他说现在回想起来都感到非常害怕。

（节选自《万家岭大捷》卷一《当代人写真》，刘劲楠文）

# 日军在都昌左里地区的暴行

1939 年 3 月 13 日，正是惊蛰过后的第 7 天，日军第 116 师团一部由星子过鄱阳湖，于苏山、屏峰间上岸，驻于八里湖谢家村，后派遣第 218 联队的一个大队由徐港桥进入十里陶家冲，出左里清辉，驻于桥边陈村。接着又派一个分队驻于横寨岭村。日军把秦傅岭村和横寨岭村的村民全部赶出家门，挖壕沟，扯起铁丝网，将方圆 3 华里的地方设为禁区。在横寨岭高处设立瞭望台，人若入禁区，或炮轰或枪杀或活捉折磨而死。同时，他们又派出一个班驻于旧山山顶，监视西南方非沦陷区。直至 1942 年 4 月，日军主动撤退。日军在左里整整蹂躏残害左里人民达 3 年又 1 个月之久，其罪行令人发指。

**一、屠杀**

据 1942 年 11 月 24 日时为白塔乡（今左里镇一部分）乡长的周文慧呈报，日军在该乡 5 个保共屠杀 121 人，其中男 96 人、女 23 人、男童 1 人、女童 1 人（不包括从都昌县西南部、星子县等地到白塔乡做小生意、买谷和路过此地被日军屠杀的人，亦不包括被日军从其他地方捉来屠杀的人）。

1939 年，约在 5 月份，县城有个商家名叫周献煌，派了一个伙计到左里收购油菜子，被日军发现，将其捉至横寨岭，几天不给饭吃。火烧周村的周求恭被日军强拉去做饭，暗中给了这个伙计一碗饭吃。3 天后，日军将这个伙计杀死，用麻袋装尸丢入塘内。

日军驻横寨岭仅半月便大开杀戒。1939 年 3 月 27 日，日军在离横寨岭 700 米的巴家山村将巴祖河、巴祖海枪杀于门首殷家坂；随后又因念凤嘴周村周福元未帮他们运货，将周打死在巴家岭。这一年，横寨岭村的周火生，巴家山村的巴遵木、巴遵绅、巴香山，陈东湾村的陈功仁、陈和保，陈蕃村的陈功详、陈贵保，周茂村的周桃源、周求正、周贤沧、周桃和尚，王家村的王家清、王大口，龚家村的龚傅氏、龚谭氏，万家村的万隆安，蔡家村的蔡绍富、蔡绍志，伍家村的伍正生，董家村 16 岁的董喜金等，数十人先后被日军无故杀死。

日军杀人花样繁多。

一是把中国人当活靶子，用来练枪练炮。从下岸（即新妙湖南岸、七角、汪墩、北山一带）来的人一经捉住，日军都要以练枪等方式杀掉。

二是活埋。1940 年 3 月的一天，驻扎在旧山顶上的日军将山顶庙中的和尚隆修（50 余岁）叫到庙前的洼地上挖坑，然后将其推进坑中活埋。蒋家村（左里清辉村委会辖属的一个自然村）离日军一个大队驻扎的桥边陈村约一里路，这个村子的百姓经常受到日军的侵害。1940 年 5 月 10 日，原为秦傅岭村的居民傅狮子、傅四喜、秦隆凤、秦桂花（傅四喜的妻子）、秦蔡氏等人因所居村庄被日军划为禁区，被迫至周茂村住下。他们眼看油菜子已黄熟，想去村前田里收摘一些菜子，以便日军去后，留下一些种子以待明年播种。5个人相约到田里收摘，被横寨岭日军发现，全部捉去，逼他（她）们跳下一个粪窖，推倒粪窖旁的土墙，5个人被活埋在窖中。日军在1942年4月撤退后，在横寨岭村许多粪窖中捞出过累累白骨。1941年5月，两个日本兵从桥边陈村到蒋家强奸妇女，在3户人家强奸3名妇女，事后还强迫她们的亲人为日兵洗下身。在忍无可忍的情况下，6个青壮年将这两个日本兵痛打一顿，直到跪地求饶才放他们回去。不久，桥边陈村的日军出动捉人，6个青壮年逃到火烧周村。日军扬言，这6人不来，就把蒋家村人杀光，房屋烧光。6个青壮年为保全村民，挺身赴死。日军将他们捉住捆绑，挖坑埋住大半截身，脸上涂满蜜糖，让蚂蚁和各种虫子爬满头脸，结果6人在饥渴中熬了3天全部死去，其死状惨绝人寰。

三是剥皮肢解。日军捉住人后，往往在横寨岭村村旁的地藏庵和秦傅岭村的一座土库屋（至今四面墙还存）内进行屠杀。他们把中国人用铁钉钉在屋内的板壁上，或剥皮开膛，或活活饿死，或肢解分尸。

四是军犬咬死。横寨岭日军养有军犬，十分凶恶。日军有时把捉到的中国人让军犬咬破喉咙，舐喝人血，日军在一旁狞笑，看着临死者的挣扎和惨叫。

五是逼迫被捉的中国人互相斗殴，如不尽力相斗，就蜂拥而上拳打脚踢，结果弱者力竭而亡，胜者被日军用军刀劈死。据统计，日军在横寨岭、秦傅岭两村的"禁区"内，就用上述方法折磨杀害了熊喜桂、江火福、江光辄、梅宏芬、梅宏治、梅九保、梅登贵、梅谱龙、梅寿生、傅尚琏、傅书争、傅书平、傅德修、秦蔡氏、傅秦民、傅贤孟、秦隆凤、周贵龙、谭氏、刘女姣、周全凤、向本春、刘金水、周求贤、周月娥、陈周氏、陈子开、周海元、周爱娥、周贤沧、周贤榜、傅姣娥、陈香密、高交兰、周昆元、周勤光、周贤射、蔡在安、董复初等白塔乡民，以及从星子和都昌县城等地路过左里而不知姓名者，共百人之多。据许多老人回忆说，日军在1942年4月撤退后，秦傅岭村那幢杀人屋内，人尸留下的蛆壳在地上铺了一层。

## 二、强奸

日军在左里地区肆意摧残和蹂躏中国妇女。他们四处掳掠妇女到横寨岭据点，集体轮奸。不服从者，即被杀死；即使没有反抗，被反复污辱后，日军厌烦了，也是予以处死。1940年农历正月，北舍江家的江元清刚与上湾傅家村的傅菱女结婚，三朝回门（回娘家），小夫妻二人在路中被三个从旧山据点中下山打鸡的日本兵发现，将江元清打跑，将傅菱女带到 藤棚黄家黄昌洪家进行轮奸。1940年5月10日，秦傅岭村的23岁的秦蔡氏、22岁秦桂花被日军捉至横寨岭村，日军恣意侮辱，她们坚决不从，被恼羞成怒的日军推进粪窖淹死。1940年6月13日，巴家山村的21岁巴陈氏在家织布，被日军发现欲行强奸，她往东北方向的林家山村跑去，结果被杀死在林家山村屋西边。巴家山村的巴江氏，年方 17 岁，刚结婚不久，在家织布，1940 年 9 月 26 日，被日军发现欲行强奸，她不答应，也被杀于袁松颈处。1941 年农历四月下旬，已栽完早稻，两个日本兵到念凤嘴周村，欲强奸周绍优的女儿和媳妇，周家奋起反抗。第二天，日军蜂拥到念凤嘴周村，将周绍优及其妻子、女儿、女婿、媳妇全部杀死。还有两个日本兵到火烧周村，将年仅 13 岁的女孩傅翘尾，拖到傅九毛家轮奸，傅九毛床上大被子被女孩下身流出的鲜血浸透了，真是惨极！这两个日本兵出村后，在附近的麦地里又捉住躲藏的一位妇女。这位妇女原是秦傅岭村人，逃到火烧周村。日本兵将她衣服脱光，轮奸后扬长而去。

据 1942 年底白塔乡乡长周文慧呈报，不完全统计，仅在该乡 5 个保中，就有涂银娥、江冯氏、秦蔡氏、秦桂花、巴陈氏、巴江氏、谭氏、刘女姣、周全凤、周月凤、陈桂花、陈周氏、周梅花、周爱娥、傅姣娥、陈香密、高交兰、傅袁氏等 18 人被日军捉去，有的奸后杀死，有的因不从而被杀死。其中绝大部分都是 20 岁左右的青年妇女。

### 三、放火

日军在左里不仅大肆杀人、强奸，而且在 3 年多的时间里焚烧了大量的民房。1939 年 8 月 27 日清晨 4 点多，龚家圈村的龚昌华与其妻在刘逊桥做戏回家，路过江景秀村旁碰到了一个日军，日军上前欲强奸龚昌华的妻子，被夫妻俩痛打了一顿。次日，日军从横寨岭直奔江景秀村，找不到人后，将全村 97 间房屋付之一炬，只剩下祖堂前的一个槽门。

1942 年农历正月，日军将念凤嘴周村 52 间房子、陈东湾村 26 间房子、周茂村 104 间房子、草垱陈村 18 间半房子、向亭子村 27 间房子、陈义门村 15 间房子、圣斋湾村 14 间房子、染店周村 3 间房子，逐村一一烧毁。纵横十几里内的村庄处处起火，户户冒烟，哭声遍野，悲惨景况难予描述。

据时为白塔乡乡长的周文慧于 1942 年年底统计，白塔乡的秦傅岭村被日军杀死 7 人，而且烧毁房子 77 间。江家排村被烧掉房子 228 间，中下涂村被烧掉房子 191 间，龚家湖村被烧掉房子 274 间。总计白塔乡被烧掉房子 1521 间。左里人民蒙受了巨大的灾难。

（都昌县委党史办）

# 日 军 施 暴 在 都 昌

**一、屠杀**

1938 年 6 月 26 日，江西彭泽县马垱要塞失陷后，彭泽、湖口、星子等县相继被日军侵占。日机在鄱阳湖上空盘旋，狂轰滥炸。8 月，都昌北山杨家咀被日机轰炸，炸沉民船 7 只，炸死渔民 2 人。

1939 年 3 月 13 日，日军第 116 师团一部 1000 余人，由星子县渡过鄱阳湖，在苏山、屏峰间登岸，先驻于八里湖谢家村，后分兵由徐港桥进入十里陶家冲，出左里清辉，驻于桥边陈家村和横寨岭村。左里、苏山人民开始了长达 3 年多的地狱般的生活。

就在这一天，日机开始对都昌县城轰炸，县城数十幢民房被炸毁。都昌县城号称有 100 个宗族祠堂，其中徐氏祠和卢氏祠被炸毁；余式楠、余昭炼、邵贤鑫、向元浩等人的住屋被炸毁。3 月 14 日，邵崇琦、邵双元、吴福保等人住屋被炸毁，58 岁的妇女吴福保被炸身亡。3 月 15 日，吴氏祠和王细妹、曹来菊、吴绍柏、陈焕先、巴视江、向礼乾、黄靖人、向传亮、向元琪、向化民等数十人的住屋被炸。

1939 年 4 月 14 日，日机疯狂轰炸双湖乡（现今三汊港镇一部分和土塘镇），炸死宋细牛、江有明、吕毛头、潘全福、潘家英、潘金和尚、潘夕祥等人。

自此以后，日军在都昌县烧杀抢掠，无恶不作。他们盘踞在左里（抗战时称白塔乡）和苏山（抗战时分称辛南、辛北乡）两个乡镇，还经常窜扰都昌东南各乡。每到一处，就疯狂地进行屠杀和烧抢。1940 年 5 月 18 日，日军第 116 师团第 218 联队的一个小队在马横乡（今春桥乡）墩上徐村毒杀徐火洲等多名老百姓。这个小队日军驻扎在老台山，时常袭扰春桥、徐埠等地，杀害余菊保、袁祖恺、袁训烈、刘余姣伢、袁余蓉花、余邹正伢、余传守、余祖棋、石璋棋、刘松柏、刘秉枉、刘全寿等数十名老百姓。另一个小队也在马横乡（今春桥、徐埠等地）屠杀彭守星、郑国瑞、彭德镇、彭德疆、彭德懋、彭永济、彭德聪、彭永昌、游内和尚、彭远仲、游彭桃花、游伯恺、彭家屏等无辜百姓数十人。有的毒杀，有的砍杀，有的奸杀，有的炮炸，无所不用其极。

1940 年 4 月 17 日，日机轰炸都昌县城，将耶稣堂炸毁（吴先智宅），炸死教徒刘婆，在圣庙侧炸死 61 岁的罗来松，在邵家街炸死 50 多岁的魏大洲，在教堂南边炸死仅几个月的女婴（其父名叫查英）。

1940 年 9 月 17 日，日军窜扰源头乡（今鸣山乡），炮轰和枪杀 54 人，其中有儿童 13 人。

1942 年 6 月 2 日，日军第 116 师团第 217 联队的一个大队，从水上和陆上进攻都昌县城，从小南门、西门、北门攻入城内，沿途射杀外逃老百姓王春生、陈义、卢俊、汪会柏、邵崇殿、袁训江、吴光钦、郑罗氏、秦绍经、吴细毛等人；在城内麻园中捉住罗嗣忠、罗水福父子，将罗嗣忠砍死，将罗水福砍成重伤；将刘翠兰、罗招老等奸杀在室内。同日，日军分兵侵扰双湖乡，射杀罗贤秀、方乐宝、巢宗辉、罗江氏等人。

日军杀人害命丝毫不讲理由。他们看不顺眼就杀，取乐也要杀，心烦更要杀人。1939 年 4 月，辛北乡廷仪山村的袁世材在懒石岭庙中住庙，为过路人备烧茶水。柏上袁村的袁德广和上山头村（今属春桥乡）的刘恭清恰好相逢在庙前，便喝茶歇脚。这时一伙日本兵路过，一见他们三人就说是中国兵，砍杀在庙侧洼地里，7 天之后才发现，尸体爬满蛆虫。日军投降前夕，仍是肆意杀人。1945 年 3 月 2 日，日军侵入徐埠乡第 2 保，将黄纪足等男女捉住，男的当即杀死，女的强奸后杀死，并将村中房屋焚烧殆尽。1945 年 7 月 30 日，日军在马横乡（今徐埠镇）第 3 保刘少岗村将刘淑孟、刘先玉杀死。

据 1945 年底江西省政府统计，都昌县被日军杀害的总计 1476 人，其中男 1035 人、女 405 人、儿童 26 人、不明的 10 人；重伤 791 人，轻伤 810 人。尤以左里和元辰（辛南、辛北两乡在抗战后合并一乡）两乡受害最重，左里乡被日军杀死 330 人，元辰乡（今苏山乡）被日军杀死 492 人。

## 二、强奸

侵入都昌的日军，到处强奸妇女，从七八岁的小女孩到六七十岁的老太婆，都不能免遭日军的蹂躏。他们还要伪维持会中的汉奸找慰安妇供其奸淫。例如，驻扎在黄金咀的日军要双凤乡（今和合乡）的伪维持会找花姑娘，汉奸就将二房村 20 岁左右的已婚妇女朱银香和余桂花强行送到日军驻地，长达 3 个多月，日军撤退后才返回。

1941 年 10 月 20 日，日军一小队长在马横乡（今春桥乡）第 8 保杨培祥村将 40 岁的妇女杨游平掳去强奸，因不从而将她杀于湖口县城。1945 年 7 月 4 日，日军一中队长在马横乡第 8 保彭井舍村将年方 12 岁的女孩彭宋惠园捉去强奸而死。

据 1942 年 11 月 24 日白塔乡乡长周文慧的呈报所述，就有涂银娥、江冯氏、秦蔡氏、秦桂花、巴陈氏、巴江氏、谭氏、刘女姣、周全凤、周月凤、陈桂花、陈周氏、周梅花、周爱娥、傅姣娥、陈香密、高交兰、傅袁氏等 18 人被日军捉去，有的奸后杀死，有的因不从而被杀死。

## 三、放火

1939 年 3 月 28 日，日军侵入白塔乡巴家山村，把 217 间房屋全都付之一炬。1939 年 4 月 13 日，日军攻入徐埠街焚毁房屋 35 幢，器具货物全被烧光，损失价值法币 1200 万余元。4 月 15 日，又将徐埠乡之老屋场村和谭家埠村焚成一片焦土，谭家埠村至今还是一片荒土。同日，日军将第9保的袁喜村全部房屋烧光。6月，日军沿景湖路，从张岭一直烧到鸣山马涧桥，共25里路长的沿路村庄几乎被烧成平地。据1945年底江西省政府不完全统计，都昌县被日军焚毁房屋3705栋，约9000余间。数万百姓无容身之处，啼饥号寒，挣扎在死亡线上。

### 四、抢掠

日军在都昌到一处抢一处，猪、牛、鸡、鸭、粮食、棉花、衣服等，无物不抢。东西搬不动，就抓夫搬运。例如元辰乡被日军抢走粮食2628担、生猪11060头、牛105头、植物油1200担，马横乡被掠走粮食1787担、生猪1240头、牛50头，源头乡被掠走粮食20029担、生猪1754头、牛132头、植物油209担，城区镇（今都昌镇、北山乡和大树乡之一部）被掠去粮食911担、生猪2425头、牛150头、鸡鸭10536只、植物油38担。全县损失财产折价总计约为法币51160.5万元。

（都昌县委党史办）

# 名山衔恨　勿忘国耻

庐山是千古文化名山。但自 1937 年七七事变之后，随着日本侵略军对中国发动全面进攻，庐山也难免遭受到战火摧残与日军铁蹄的蹂躏。

1938 年夏，日军第 101、第 106 师团海军舰队，分水陆两路溯长江而上，先后侵占了长江天险马垱要塞、九江等地。7 月底，日军第 106、第 27 师团占领了沙河、东林寺、海会寺。8 月底，日军攻占星子县城。10 月底，庐山周围各县城及重要据点全部被日军占领，庐山已成"孤岛"。由于庐山当时是国民政府的"夏都"，日军对山上的守军兵力情况不明，又出于武汉会战、南昌会战的战略需要，故暂围庐山而不攻。1939 年 3 月底，日军才从武汉、南昌等地抽调重兵进攻庐山。4 月 18 日，日军从小天池方向攻入牯岭街（笔者曾于 1994 年 4 月初在小天池诺那塔右侧的山坡下发现有一块石碑，上刻有日军攻占庐山阵亡×××大佐、×××少佐。这是日军侵占庐山的铁证，现此碑被庐山文物管理所收藏）。日军在践踏庐山 6 年多的时间里，曾对庐山施行狂轰滥炸、砍伐森林古木、毁坏名胜古迹、烧杀抢掠，其暴行罄竹难书。

## 一、狂轰滥炸，施放毒气

1938 年 9 月 11 日，日军一个联队分三路向庐山南麓的东牯山、西牯山进攻。上午 10 时许，日海军的舰炮、陆军的重炮同时对中国驻军阵地狂轰滥炸，数千发炮弹把阵地炸得支离破碎；11 时许，日机 9 架次又在阵地上空投下毒瓦斯弹，守卫在阵地上的江西保安某团第 3 连官兵全部中毒殉难。12 日拂晓，日军又向西牯山高地炮击 800 余发炮弹，其中毒瓦斯弹 20 余发，阵地已是青山变黄土，死于炮弹和毒气的中国士兵又增 200 余人；战斗打得十分激烈残酷，黄昏时分，已经经历了 5 次拉锯战，守军第 8 连官兵全部殉职，日军攻占了西牯山。

同时，日军对庐山牯岭中心区进行空袭和炮击，平均每天有 50 余发炮弹落在牯岭中心地区，大批飞机也冲向庐山投弹扫射。8 月 27 日，在观口逃难的难民遭日机俯冲扫射，当时就打死难民 200 余人。望着死者血肉模糊的身躯，一位在庐山红十字会工作的美国医生愤怒地说："真怀疑坐在飞机里面的飞行员是不是人养的。他们没有父母妻儿老小？竟如同野兽一般对手无寸铁的妇女儿童扫射，还有没有人性？"12 月 22 日下午，日机 6 架次又出现在牯岭、仰天坪一带上空，盘旋一圈后，随即投下百余桶煤油，扔下几颗燃烧弹，顿时地面上一片火海。自 1939 年 2 月至 3 月，每隔几天就有五六架日机空袭庐山地区，不少妇女儿童惨遭杀害，许多房屋被炸毁。4 月 15 日始，日军开始从大寨、好汉坡、莲花峰、月弓堑、土坝岭、铁船峰等地向庐山牯岭发起总攻，近百门大炮对庐山狂轰滥炸，许多山地被炸得像犁过田似的。土坝岭公坟区被炸得面目全非，许多墓内棺材被炸得七零八落，有的甚至都从地下竖立起来，让人心寒。

## 二、烧毁房屋，枪杀奸淫

1938 年底，日军对杨村白水一带的游击根据地突然袭击，受到游击队的顽强抵抗。日军偷袭不成，便派飞机轰炸，炸毁民房 300 余栋，炸死老弱妇孺 200 余人。为了巩固已侵占的据点，日军加紧对庐山脚下的莲花洞、海会寺、隘口、马回岭等地进行"清乡"。日军所到之地奸淫烧杀，无所不尽其极，临走时还抓走大批 18—25 岁的妇女到九江营房，供其蹂躏。在牯岭，日军设立巡捕房，肆意抓捕民众，严刑拷打，不少百姓被拷打致残。

1939 年 4 月 18 日，日军攻占牯岭后便大开杀戒，民众稍加反抗，立遭枪杀。据有关资料统计，日军在庐山地区杀戮的中国人达 3000 余人。1943 年重阳节前夕，游击队第 2 中队 60 来人与日军在阮家棚发生遭遇战，日军伤亡较重。后日军调集牯岭、马回岭、星子等地驻军反扑，见游击队已撤离，便将阮家棚和附近村落全部烧毁。战后据不完全统计，日军在庐山烧毁房屋达 480 余栋，损失折价达法币 37 亿元以上。其中小天池、莲花洞、芦林、太乙村、海会寺（庐山军官训练团）、白鹿洞书院附近的村落，黄龙寺侧的林场，万寿寺旁的村庄，蒋介石在青玉峡和观音桥的两处行宫，全部被日军夷为平地。

## 三、毁坏庙宇，掠夺文物

据《庐山续志》载，日军在庐山毁坏的寺庙、道观、教堂达 55 座，其中天池寺、云峰寺、秀峰寺、碧云庵、马祖寺、莲花禅院、方竹庵、青莲寺、东方寺、白鹤观等 30 余处宗教活动场所全部被毁。日军在对牯岭中心区狂轰滥炸时，尽管许多外国侨民在自己的别墅屋顶上漆上本国国旗，一些外国教堂也挂上了本国国旗，但还是难免挨了日机的炸弹。

日军不仅对庐山的著名庙宇教堂进行轰炸、焚毁，无理捕杀僧道人员及传教士，还大肆掠夺庐山的珍贵文物，毁坏古迹。

归宗寺是庐山最古老、最大的寺庙之一，寺后舍利塔山有一座铁塔，是公元 238～250 年的古文物；塔高 6 丈，呈六角形，用铁铸成，为庐山仅有的金文古迹。这样一座始建于 1700 多年前的珍贵铁塔，经过历代维修保持到此时，竟被日军大炮击毁，让人痛心疾首。还有归宗寺内洗墨池旁的藏经阁，原藏有"镌刻精巧，为世所珍"的宋明时期的名人真迹，包括黄庭坚等名家的书法石刻、明代宗鉴堂书法石刻 28 块，均被日军劫走。

还有许多名胜古迹也惨遭破坏：被明代开国皇帝朱元璋敕封过的天池寺被夷为平地；天池山口耸立的"庐山高"的石坊，是明代为纪念欧阳修送刘涣隐居庐山写的《庐山高》而建的，也被日军推倒毁坏；五老峰上的待晴亭被毁；西林寺古塔内的梯子被拆；含鄱口上原有五处亭榭全部被毁坏无遗。

## 四、盗伐古木，抢夺财产

日军在占领庐山期间，对庐山古木、森林的破坏是十分惊人的。白鹿洞贯

## 江西省抗战时期人口伤亡和财产损失

道溪两岸上百年的古松被日军砍伐数十棵。东林、通远两地的林木，黄龙寺、牧马场等地以及白司马花径的风景林，多被砍伐一空。全庐山被日军砍伐、烧毁的树木达10万余棵，全山林木损失率达90％以上。

庐山植物园是1934年由中国人自己创办的我国第一所植物园。日军侵占期间，先后抢走园内16箱珍贵图书、资料、仪器和2万多件标本。

日军在中国犯下的滔天罪行，激起中华民族的极大愤慨，全民族抗战的热情十分高涨。1937年7月，中共中央代表周恩来等人与蒋介石在庐山谈判，促成了国共两党在抗日战争时期合作。蒋介石于1937年7月17日在庐山发表了"抗日宣言"："如果战端一开，地无分南北，年无分老幼，无论何人，皆有守土抗战之责，皆应抱定牺牲一切之决心"。从此标志着世界反法西斯东方战场正式形成。在全国抗战大好形势的鼓舞下，面对日军铁蹄的蹂躏，庐山军民同仇敌忾，进行了顽强的抵抗。守卫庐山的江西保安第3团和第11团等，在庐山各界群众的支援下，开展了英勇顽强的游击战，常常以少胜多，大挫日军锐气，钳制了日军对武汉、南昌等重要战场的兵力，鼓舞了全国人民抗战的信心与士气，受到当时国民政府的嘉勉。1938年8月31日，庐山军民在大月山上举行了庄严的升旗仪式，亲自主持仪式的是时任江西保安处少将副处长的蒋经国。当时群情激昂，场面极为壮观。随蒋经国同行的新闻电影摄制人员将这壮观场面拍摄下来，在全国各地放映，极大地鼓舞了全国军民的抗日热情。

世界反法西斯战争和中国抗日战争取得胜利60多年来，中国发生了翻天覆地的深刻变化。今日之中国，到处是发展和进步的蓬勃场面，社会生产力和综合国力大大提高，人民生活总体上达到了小康水平，昔日积贫积弱的历史旧貌已经一去不复返了。让我们铭记历史，勿忘国耻，更加珍惜今天的幸福生活，更加奋发进取，将中国建设得更富更强，昂首屹立在世界的东方。

（庐山管理局　李延国）

# 千年古镇在血与火中呻吟

## ——追忆抗战时期日军飞机对景德镇的轰炸

中国人民抗日战争和世界反法西斯战争胜利已经 60 多年了，挑起这场战争的罪魁祸首早已被抛进历史的垃圾堆，曾被炮火夷为废墟瓦砾的大地也几乎看不到当年的痕迹。但是，战火给中国人民带来的深重灾难，人们记忆犹新，永远不会忘记。

前事不忘，后事之师。为告诫后人牢记历史，不忘过去，我们党史工作者广泛地收集、发掘原始可靠的历史资料，走访健在的当事人，认真查阅着程霍然、方维新、熊正瑞等老人写的回忆，听着亲身经历日机轰炸景德镇、尚健在的 88 岁甘金兆老人的控诉，那历历往事如在眼前，我们的思绪被带回到了 60 多年前硝烟弥漫、灾难深重的战争年代，仿佛听到千年古镇在血与火中呻吟……

景德镇是世界闻名的瓷都，是一座千年古镇，是赣东北的门户，在政治、经济、军事上都处于十分重要的地位。这里山清水秀，物产丰富，人杰地灵，人民勤劳善良、热爱和平。连年的内战早已使景德镇人民饱受战争之苦，民不聊生。但是 60 多年前日本帝国主义为了达到侵占全中国的目的，更是不肯放过这美丽、宁静的山城古镇。日本飞机从 1939 年 3 月 15 日第一次轰炸乐平县城起，先后 21 次窜入景德镇市区及周边县乡狂轰滥炸，屠杀平民百姓，造成人员伤亡，民房、厂房炸毁，机关停止办公，百姓流离失所、四处逃难。据战后1946 年的《江西省抗战损失调查总报告》记载：抗战时期景德镇（含乐平、浮梁）共计伤亡人数 1239 人，其中死亡 783 人；战后总人口数 40 余万人，比战争前的 53 万余人减少 13 万人；全市直接财产损失 60. 32 亿元（法币），间接损失 539. 61 亿元（法币）。

日军飞机对景德镇的 21 次轰炸，其中对城区 12 次的轮番轰炸最为残暴，许多百姓因此家破人亡，财产化为灰烬。据甘金兆等人回忆：轰炸后的景德镇城区到处断壁颓垣，尸首支离破碎，窑房被烧毁，惨况目不忍睹。1939 年农历十一月十六日上午 8 点多钟，从市区西偏北方向飞来两架飞机，在景德镇上空盘旋侦察。镇上的老百姓从来没有看过飞机，虽然听到空袭警报，也不晓得害怕，竟携妻带子到外面观看，所以街上的人很多。突然，从周路口方向传来"轰"的一声巨响，只见许多人慌慌张张从万年街向樊家井方向跑来，人们跑着喊着："不得了啦！飞机扔炸弹，炸死人啦！"此时大家才回过神来，这是日本飞机。

日机投下两颗炸弹，一颗炸了总衙（现景兴瓷厂背后）一位姓罗的圆器坯坊，一家人除 2 人外出外，在家的全部遇难，坯坊被毁；另一颗丢在扫家岭田里，除了炸出一个大坑外，幸好没有人员伤亡。这是日军飞机第一次轰炸景德镇城区。

日军飞机第二次轰炸是 1939 年农历十二月十六日，被炸的地方很多，有浚泗井、千佛楼等。最惨的是住在戴家上弄吉安会馆（即鹭洲书院）的南昌难民，有好几十户，计两三百人，遭受了灭顶之灾。这一天很冷，约 9 点多钟，大家正生火做早中饭（一天两餐），忽然响了警报，飞机很快就到了市区上空。来的是 9 架"意大利"飞机（当时本地老百姓称平飞投弹的为"意大利"飞机、俯冲投弹的为"日本"飞机，实际并非如此，这里是借用当时语言），3 架一队，品字队形，一到上空，即平飞投弹。转瞬之间，墙倒屋塌，烟灰弥漫。周路口一带着弹最多，吉安会馆化成废墟。院内难民压在墙底下，或死或伤，全无幸免；运到河西掩埋的尸体，多达 100 余具，死伤最为惨重。

此次日机轰炸之后，惊魂失魄的市民总算平平安安地过了一个春节。但是好景不长。1940 年农历一月十六日，日机第三次轰炸景德镇。人们头天晚上过元宵的余兴未尽就大难临头，4 架日机对市区进行狂轰滥炸，观音岭窑、土地岭窑、项家窑俱被炸毁。在董家岭的一处防空洞内，挤着 60 多人。这次日机投下的炸弹，其中一颗正巧落在这处防空洞洞口，除了弹片杀伤和洞塌外，爆炸浓烟、气浪更使洞内人们窒息，男女老少全部死亡。

日机除了投炸弹，还用机关枪屠杀无辜。4 架日机投了几颗炸弹后，便沿着昌江河边，用机枪向河滩扫射起来。当时河边有许多槎柴堆，还有许多船只，也是沿河群众就近躲避之处。飞机毫无顾忌地低飞，侧着身子掠过河面。躲藏在此的人们，经受不住那撕裂心肺的日机吼声，跑动起来，正好成了机枪射击的活靶子。4 架日机，你来我往，轮番穿插，追逐着四处逃窜的人群不停地扫射，折腾二三十分钟。船边岸上，死伤累累，河滩成了屠场，血流成河，连河水都染成红色，真是惨绝人寰！

日军飞机 3 次轰炸景德镇城区，给老百姓造成巨大损失。人们整天生活在恐怖之中，都不知道日机何时再来轰炸，厄运何时降临到自己头上。当时，国民政府政府第 21 军驻防景德镇，军部驻在罗家桥，并无高射炮等防空设施，所以日机凌空肆虐，如入无人之境。县城和重要乡镇虽然设立了防空监视哨，但只能发警报通知市民预先疏散。为了预报日机空袭，让人们及早采取措施躲避，在珠山之巅龙珠阁上设有铜钟一口，作为空袭警报的信号。其他地方如菠若庵也设有铁钟，均有专人负责。龙珠阁上的铜钟一响，其他地方的铁钟也跟着响起来。"当、当当"前一后二为预备警报信号，是告诉人们日机向镇上飞来，离镇不远，应赶快躲避起来；"当、当、当"急促的钟声，是日机即将到镇上的紧急警报，人们应立即就地躲避；"当——当——当"一锤一锤的缓慢钟声，是日机已离镇远去的解除警报信号，这时人们可以回家。

　　为了躲避日机的轰炸，人们在河西、马鞍山、夜叉坞、罗家坞、扫家岭、老社公庙垄里等地挖了许多大大小小的防空洞，一听到警报钟声就扶老携幼、拖儿带女到防空洞里去躲。开始日机来得不多，人们听到警报就躲，警报解除了又回来。以后日机来得频繁了，一日数次，经常是解除警报的钟声犹在耳边回荡，接着又响起了空袭警报，人们来回奔跑，疲于奔命，干脆就早出晚归。天刚亮时，人们就吃早饭，尔后带上干粮，全家到天宝桥、新厂、黄泥头、银坑坞、湖田、罗家桥、圆通庵、青塘等较远的地方去躲，黄昏时才回来；也有全家躲到柳家湾、月山、朱溪、红源、渭水、墩口、官庄等乡村去的。

　　因为日军飞机几次来镇空袭前后相距都是一个月，故人们把日机来镇叫做"做满月"。到了"做满月"的日子，不论响了警报没有，人们一早就带上干粮到郊外去蹲防空洞，到夜才回家，这叫"躲飞机"。说到躲飞机，年纪大的人还记忆犹新。那时人们不敢穿白衣服，怕日军飞行员看见丢炸弹、扫机枪。日机来了，躲在防空洞里不敢做声，唯恐日军飞行员听见。有一次日机来了，躲在马鞍山脚下防空洞里的一个五六岁的小孩，看见日机从防空洞口擦身飞过（日机来时一般都是低空飞行，有时连飞行员的衣服、头部都看得清楚），吓得放声大哭，一洞的人都惊得面如土色，他父亲立刻用手捂住那孩子的嘴，憋得那孩子透不过气来。人们躲在防空洞里，飞机来了是绝对不敢说话的，就是飞机去远了偶尔说几句话时，也是轻言轻语的。那时人们在白天还不敢拿镜子，晚上不敢带电筒。警察说，这都是汉奸给日机打信号用的，带了就会有麻烦。

　　日军飞机来得最多的一次是1940年清明节（4月5日），那天上午10来点钟的时候，从南山方向飞来日机27架，9架一组，在市空盘旋一周就飞走了。人们见日机走了，纷纷出来。突然，那27架飞机又折返飞来，在市区猛丢炸弹。以往的日机是俯冲投弹的，这27架日机投弹不俯冲，平飞。只见弹如雨下，炸弹响处，硝烟弥漫，火光冲天。陶王庙、落马桥、烟园口、花园上弄一带数百间坯坊和民房被夷为平地。落马桥一个防空洞中弹，死伤数十人。戴家上弄中段被炸成焦土，外地难民被炸死60余人；连当地居民在内，戴家上弄一带炸死不下百人，伤者无数。一个叫刘五古的窑户，除本人去外地卖瓷器幸免外，全家遇难。断壁颓垣，满目疮痍，死难同胞缺手少足，惨不忍睹。父抱子尸痛哭，女抱亡母哀号，捶胸顿足，呼地喊天！

　　其他时间的轰炸也是残酷的。金家弄口的王长兴国药店（现火炬副食品店）被炸起火，烧得片瓦无存。赛跑坦（现陶瓷工业公司设计院门口）卖牛肉的袁××，母亲的脚炸飞到匣钵作坊瓦上去了，儿子炸得尸骨都找不齐全。苏家弄口稻香村南货店岗亭边，一颗炸弹落下未响，过后挖了出来，差不多有扁担长、五升桶粗。大黄家弄有户人家，炸弹从房屋上空穿瓦直下，刚好落在米缸内未响，吓得一家人魂飞魄散。

　　1942年，太平洋战争已经爆发，日机也好久没来，大家的警惕渐松。7月的一天，突然空袭警报响了，接着紧急警报大作。日机连续 7 次轰炸市区，都是所谓的"意大利"飞机；弹着点从莲花塘到前街，从斗富弄到太白园，散乱得很。瞬时屋塌墙倒，死伤无数。这一次日机向浮梁县政府临时办公处（现市委院内）的莲花塘边投了一颗炸弹，落在办公室旁，一直钻入土里，没有爆炸。

这次日机空袭由于突如其来，引起市民极大的恐慌。第二天，机关停止办公，商店停止营业，工厂停止生产；居民不谋而合，纷纷到附近乡村躲避灾难。7 点钟后，全市成了空城，仅有极少数不能行动的老人留在家中看守房子。直到黄昏时，逃难的人群才疲倦地回到家中。市民们议论着："今天侥幸逃过去了，明天是不是能躲得过去呢？"因此，每天逃难的人群不见减少，连政府公务人员也都加入逃难的队伍，无人办公。一连半个多月，白天街上行人寥寥，20 多天后才恢复正常秩序。

就在这一次，国民政府军破天荒第一次组织了对空射击；虽说不太猛烈，但终究抵抗了。

日军飞机威胁下的瓷都社会生活，无疑是紧张的，但也不是一直这样。概括地讲是晴天紧、雨天松，白天紧、夜间松。人们汲取了教训，调整了行动，死伤便减少了。不过有一次情况特别，那是一个晚上，突然飞机声嗡嗡，在瓷都上空盘旋。夜里来飞机是过去从未有过的事，大家赶紧熄灯，紧张了一阵，但啥事也没发生。事后才听说，那是美国飞机。

日军飞机的数次轰炸多半从西偏北方向进入市区，再掉头向南，沿着后街（中华路）这根轴线飞行投弹，上从薛家坞宗仁窑起，下到太白园，东到樊家井西侧，西到昌江河边这一地区；弹着点最多的是周路口地段，这里地形开阔，窑囱林立，坯坊集中，成了日机空袭的主要目标，董家岭、富商弄、黄家弄牌楼里、戴家弄、十八桥、金家弄、陈家街、龙缸弄、彭家上弄等地方都多次挨炸。河西洋油栈附近（南门头大桥西端）落下 3 颗炸弹，但都未中目标。莲花塘陶瓷实验所（现市委院内）最后一次也着了弹，还有一颗落在防空洞前却未爆炸。唯有龙珠阁一处，琉璃黄瓦，高出全镇，目标十分明显，却始终无恙；实为日机有意保留，充作指引目标。上述轰炸区域，现在看来似乎面积不大，可是在当时来说，却是市内的中心区域，因此可以说是整个城区遭受到了毁灭性的破坏。至今许多老人谈及日机轰炸景德镇城区的情景时都非常悲伤和愤怒，实在使人难以忘记这充满着血与火的一段历史。

（景德镇市委党史办　王新华、王国保、周健、陈志华）

# 日军窜扰新余逃难纪实

日军窜扰新余时，我才 11 岁，对于日军窜扰新余的真实企图，及其确切的前因后果，并不清楚。只能以童年的眼光和清晰而深刻的记忆，将当时的所见所感写真写实。

（一）

八年抗战，好不容易熬过。想不到会在胜利在望之际，日军窜扰新余，灾难临头，人们不得不逃难。

1945 年夏，我在圹下乡中心小学读书，回家过暑假，天天听到的都是有关逃难、躲日军的议论。山雨欲来风满楼。8 月 4 日下午 4 时左右，我正在本村岭下（今属珠珊镇和云埠丁家之间的磨岭山）放牛，突然，沙子陵那边的横板桥和云埠丁家、路里邓家的人群，扶老携幼，赶着耕牛，大喊大叫地呼唤着，像潮水一般地涌向村外，汇成一股股逃难的人流。据说日军的先头部队已经到了新余与峡江交界的满桥。见情形不妙，我连忙赶牛回村。当时我父亲不在家，我的五叔（仁华）和六叔（礼华），叫我的两位婶婶和我母亲领着祖母和我与 4 个堂弟妹，赶着两条耕牛先上路，计划过河进城到江口附近的龙伏村舅舅家去避难，两个叔叔在家收拾一下再赶上来，不料在纷乱中冲散。

当我们走到进新余必经之道浮桥头，只见逃难者人山人海，一片纷乱。在这关键时刻，守卫在桥头佩有"清萍"二字符号的国民政府军清萍师管区的哨兵，不仅没有帮助老百姓顺利地进行疏散，反而趁火打劫故意刁难，因而延误了大家过桥的时间。本来太阳落山之前，我们就可以出城过西门往江口方向去的，但当我们过河走到四眼井时，天已全黑，伸手不见五指，我们一行老孺妇幼 9 人，在黑夜寸步难行，只好往"豫泰祥"商号（今新余二中对面）背后的姑夫章芳家去投宿，待天亮再走。正当我们端起碗吃晚饭的时候，从魁星阁那边传来阵阵激烈的枪声。前面店里的伙计说，县保警队的士兵正在与隔岸日军交火，阻止日军过河。县保警队的头头是旧军官出身的吴祖鞭，尽管平时老百姓对他无甚好感，但此时他敢率部跟窜扰新余的日军交火抵抗，甚至因此而手臂受伤，这比那些置逃难的老百姓生死于不顾、趁火打劫的清萍师中的败类要得人心。到晚上 9 时左右，枪声逐渐消失。随之而起的是下街真君亭那边，火焰上了屋顶，越烧越旺，迅速蔓延，以至火光冲天，很快就烧到"豫泰祥"商号。由此可想见吴祖鞭的县保警队已后撤，日军已经攻进了新余城。

（二）

这天夜里，日军在下街真君亭那边所放的火，由下而上席卷蔓延，照得黑夜如同白昼。我们连忙从投宿的姑夫家向东门章寅初先生家转移。

　　酷暑之夜，本来就热。日军纵火，浓烟弥漫，新余城里热得透不过气。爆炸声，倒塌声，随着熊熊烈火，此起彼伏。我们一大家人惶恐不安，彻夜难眠。8月5日，天刚放亮，透过楼上的窗口，只见四眼井周围布满了日军骑兵和战马，日兵从四眼井中提水给自己和战马冲洗。此刻我们才意识到，新余已经沦陷。上午9时许，我们住处围墙外面响起了急促的打门声，经不起三打两踢的木门随即翻倒在地，一群全副武装的日军闯了进来。走在前面的两个，长官模样，腰间佩有东洋刀，胸前挂着望远镜，见我们这群战战兢兢的老孺妇幼，只做了一个手势，口里吐出别扭的"别怕"二字，便领着背后的兵朝上下两进的里屋去了。我们顾不了从家中牵出来的拴在院中柑橘树上的那两头黄牛，连忙乘机溜出前院，复又回到姑夫家来。其实这里也不安全。我刚躲进里屋的床底下，日军就搜索来了，"当"的一声，日军的刺刀捅到了我头边的铁锅上，吓得我连忙从床底下爬了出来。日军见我是个瘦弱的小孩，大概还不配当挑夫，便拧着我的耳朵，戏弄了一番就走了。

　　必须尽快逃脱。我们乘搜索的日军走了，便穿过张家祠背后通向旧柴场（今农贸市场）的巷道，在巷口向西北窥视了一番，见一大片空旷地带没有人影，连忙沿当时县政府的围坪向左转，穿过县政府背后与北门万家之间的巷道，直向曹门胡家奔去，往西走到西门院附近。正当我们为这一路没有遇到一个日军而高兴的时候，忽然"砰"的一声枪响，回头一看，见一个骑着高头大马的日军纵马追赶而来，一下马就脱我头上的草帽。我以为他要杀人，吓得魂不附体。当他将我的草帽戴在他的头上，复又跃上战马，扬鞭追赶跑在前面、挑着满担东西的人时，我才松了口气。我们立即抄左边的小路，翻过山坡往松背村走去。

　　极度的惊慌，紧张与饥饿的折磨，使我筋疲力尽、头昏目眩。正当我们走到半山腰时，遇上五婶的妹夫（许仁章）迎面走来。绝处逢生，难中遇亲人，我们几个小孩非常兴奋，大家不约而同齐声呼叫"姨爹"，他是附近枫树下村人（今新钢高炉处），对这一带很熟，将我们安顿在松背村前一点的杨芳村。这个僻静的小山村，对于虎口余生的我们，犹如进入了世外桃源。村庄上的人家给我们送米送菜又送柴，关怀备至。

（三）

　　我们避难在杨芳村，大约有一个星期。外面传来消息，日军已经离开新余境内，往南昌方向走了。逃难在外的人们纷纷返回自己的家园。这次窜扰我家所在的村庄这一带的日军，是从峡江过来的。这里是这股日军出沙子陵进新余城必经之路。日军将这一带破坏得十分严重，家家户户破墙残壁，里里外外臭气熏天。日军宰杀牲畜家禽，只取其后腿，剩余的内脏残骸到处乱扔，井里、塘里、走廊、禾场遍地都是，水源、空气严重污染，以至后来疾病流行、瘟疫蔓延。我家与大伯（日华）在一起的地窖被盗一空。邻近的老屋村遭灾受难更为严重，日军晚上从这里过河进城，纵火烧屋照明，致使不少人家无家可归、流离失所。

返回家园，所遭破坏还未收拾停当，突然听说日军又要来了，再次逃难似乎不可避免。毕竟已逃过一次难，人们还是比较镇静。鉴于上次避难入虎口的教训，我们大家庭在一起商议。祖父五兄弟只有四公（鉴章）在，且在地方有点声望，理所当然是听他的，决定从岭里村进山，经八百桥去南乡山里（良山、九龙）。此时大约在8月17日或18日，我们这个大家庭几十号人和许多逃难的人群一道，有序地踏上了再次逃难的路。走过航桥村，见航桥头电线杆上刚贴上的"号外"。"哈哈！好消息！日本帝国主义无条件投降了。"面对这喜从天降的"号外"，正在逃难的老百姓竟然不敢相信。"走！不听罗。"依然走自己逃难的路。我们在岭里村舅公罗儒增、姑公罗盛增家，逗留观察了一天一夜。从远远近近传来的消息，越传越真，果真是日本帝国主义无条件投降了。抗战八年，总算是熬到了头。

（晏树菜）

# 毒染贵溪大岩洞

贵溪市城东郊，有一片开阔的丘陵地带，大小七八个村庄，坐落在这片红土地上。这群村子，自古以来，人们都叫它"大岩村"。村子的西北角，有一座高耸的石岭，石岭下，天然形成一个大岩洞，洞深约50米，宽约150米。

1942年6月16日，日军占领贵溪，大岩村的村民除一部分青壮年转移到较远的山区外，老人、小孩、妇女都躲藏在大岩洞里。由于大岩洞四面环山、森林茂密，最初几天，日军并未发现大岩洞。农历六月六日中午，日军发现了大岩洞，派兵把洞里的人全部赶到洞外，用刺刀威逼男女老少，全部脱光衣服，对年轻妇女进行奸淫。有一妇女对日兵强奸抗拒不从，结果还是被奸污，过后日军用刺刀将她的乳房、阴部剐去，血污满身，惨不忍睹。日军又用枪威逼人们统统进入洞内。大家知道日军要下毒手了。村民江必中不肯进去，腰部被日军刺了一刀；有一个老大娘也不肯进去，被日军当场刺死。当所有的人全部进到洞内时，日军拿出毒气瓶，向洞内施放毒气。一时毒气迷漫，哭叫声一片，人们的鼻涕眼泪一起流了出来。没过多久，洞内就听不到声音了。就这样，大部分人被毒死在洞内。日军走后，洞内慢慢地爬出了8个人；原来他们是把嘴紧紧地贴着洞壁或地面，靠洞壁和地面的水汽才得以活命。

这次大屠杀，大岩村中毒致死的约200人。两个月后，日军撤退了，政府派人到大岩洞清理尸骨，一共装了20多车。参加清理的人，因受毒气感染，没过多久都烂手烂脚，留下了后遗症。

（童汝成）

# 日军在袁州的暴行

1945 年 7 月 14 日，也就是日本投降的前夕，日军从宜春慈化、金瑞方向进至洪塘，与国民政府军在养路口一带激战。第二天，日军进入井江、张家岭，所到之处，杀人放火，奸淫掳掠，对袁州区人民犯下了滔天罪行。

## 一、杀人

日军在洪塘乡泉口村见一老百姓，开枪就射击，未中，老百姓逃入一山中。后看到一青年人正担着一担谷箩往井江方向去，一枪击中其脑袋，当场死于路旁。

在上洪塘村，有一老人，见日军来了，往山上跑，被日军击中，倒于田里，几天无人认尸。

## 二、抓夫

仅洪塘乡共抓去近 100 人，有二三十人被拖死、打死、枪杀。其中大岭村被抓 8 人，一起关在下钱村钱礼十的厅堂，逼着当挑夫。后来，被日军打得遍体鳞伤的高国行、高晃六两人，九死一生逃了回来。

## 三、奸淫妇女

日军所到之处，到处搜寻妇女，见女人就抓，不论跛子、瞎子、孕妇，捉到就强奸，有的被集体轮奸致死，有的妇女遭轮奸后痛不欲生跳塘自尽。

有一天，日军追一妇女，追到一石山下，正巧碰上一男青年和其母亲，日军用刺刀硬逼儿子奸淫其母。

在洪塘村，有一刚生小孩两天的产妇，日军见了要奸，产妇多次求饶，未能幸免。还有几岁的小女孩，被奸后大量出血死亡。上林村易曹十的老婆，为逃避日军的奸淫，摸黑往山上跑，不幸失足掉入几十米深的山石缝中，卡在里面，上不能上，下不能下。日本兵走后，易曹十寻妻山中，在一深石缝中听到老婆的哭喊声，用一根长绳子吊着篮子送饭，本想几天后再想办法救人，但人已死了。

## 四、抢掳财物

美塘一汤姓人家，因厅堂中放一座钟，还有两位先辈的遗像镜框，被认为有钱，厅堂内外被日军挖地三尺寻财宝，凡家中值钱的东西被洗劫一空。

洪塘出夏布，日军抢东西太多，不少夏布被丢弃，能吃的东西尽数遭劫。猪、牛仅吃四条腿。大岭村的乐波六家一条大水牛被吊在竹山里，活割腿肉而死。

洪塘的尹绍启家 5 头肥猪，准备年终卖了还债，全被日军割腿肉而死亡。

鸡是不扯毛，只剥皮吃。鱼塘被日军用石灰倒入捞鱼吃。各家各户的油缸、米缸，日军吃不了的，全部拉进大小便。油漆家具全被砸烂，作柴火烧掉。

房舍的墙上挖得到处是洞，留个空壳外，均被洗劫一空、破坏殆尽。

（根据原人大副主任柳志忠提供的材料整理 易由华）

# 血洗丰城 生灵涂炭

1937年7月至1945年8月，中国人民曾经遭受到日本侵略军的疯狂入侵，受尽了痛苦和灾难。在这8年中，由于日本侵略军的魔爪也伸进了丰城，使全县伤亡1629人，其中死亡833人、重伤257人、轻伤539人；烧毁房屋2015幢，财产直接损失10689万元（法币），间接损失4748万元（法币）。许多见证了日军暴行的老人对此都咬牙切齿。日本侵略者每次洗劫，都是在制造人间悲剧，其一桩桩罪行，一幕幕惨案，都将烙印在深受其害的中国人民的心头，都将清清楚楚地告诉世人：日本侵略军当年所犯的罪行，是永远不能忘记的。

## 一、日机轰炸县城 县政府被迫搬迁

1938年，日本侵略军的飞机第一次轰炸丰城县城。文家巷、大正法寺后面、上棚等地的房屋被炸坏数幢，并炸死百姓数人。

1939年3月南昌沦陷后，丰城地处抗日前线，日军飞机更是不断袭击。6月，飞机轰炸县城鲤鱼宫（现电石厂石灰窑附近）、桂山坊（现中医院住院部处）、后街等处，并投放燃烧弹，引起大火。从桂山坊至高升门、后街至徐家祠，烧毁房屋六七十幢，王茂仁一家9口被炸死7人，死伤居民甚多。

1940年，日军飞机轰炸县城万寿宫，躲避在万寿宫内的二三十人被炸死炸伤。西门外的大有米厂、桂剑巷口的黄烟店、杨祥太杂货店、新当铺巷口的永元祥油盐店等处被炸，死亡六七人。

在日军的继续轰炸下，县城中的"天一斋"等大商号纷纷南迁，市场日见萧条。为保住县城积谷仓积谷，县长下令将县城1.2万担积谷迅速运往罗山等90个积谷仓储存。

1942年，日军侵入丰城县腹地，疯狂推行"烧光、杀光、抢光"三光政策。为躲日军骚扰，县政府被迫将机关迁往乡村。1945年日军再次进犯丰城，县政府机关再度搬迁，直至日军投降后，才返回县城。

## 二、日军手段毒辣 罪行罄竹难书

日军侵犯丰城，所到之处，杀人放火，奸淫抢掠，无恶不作，极为残忍，惯用的手段有狂轰滥炸、纵火烧房、奸淫妇女、宰牛杀猪、抓夫挑担、沸水泡人、人当马骑、砸锅毁井、捆人投河等，其暴行令人发指，惨状目不忍睹。

1. 狂轰滥炸。日军飞机除多次轰炸县城外，还大肆轰炸乡村。1941年秋，日机两次轰炸同田乡姜家、镇坊、钞塘、熊家岗等村，共投弹27枚，炸死炸伤老百姓21人，炸毁房屋、店铺37幢。河洲、曲江、泉港等地也先后被炸。1943年8月，日军飞机投弹轰炸丰城火车站，被炸毁的铁轨直飞四门丁家村内。

2. 纵火烧房。1939年秋，日军入侵圳头、梅林、同田部分地区，实行"三光"政策。烧毁房屋 321 幢,同田乡河口夏家村及圳头乡沙坪村房屋全被日军纵火烧光,村民无家可归。

1942 年 6 月,日军从桥东窜入坪上村,放火烧毁房屋 50 幢,全村仅剩 3 幢未烧;后又窜到花园村,焚毁房屋 30 幢。

1945 年日军投降前夕,从赣南窜回南昌,经过丰城县城剑光镇,在后巷等地纵火,烧毁房屋数十幢。

3. 奸淫妇女。日军每侵入丰城县境,见妇就奸,不分老幼。据不完全统计,全县被日军奸淫的妇女达 944 人,其中青壮年妇女 828 人、年迈老妇 84 人、幼女 32 人,轮奸致死 101 人。

1939 年农历十月,同田乡后塘村一瞎眼老婆婆被日军抓住,日军用腰带将该婆婆阴部打肿,3 名日兵轮奸后,又将老人赤裸裸地绑在树上乱刀捅死。

1942 年 5 月,日军窜犯老圩下岸村,一名 12 岁的幼女被几名日兵轮奸得奄奄一息,曾家村一名妇女被 8 个日军轮奸致死。

1945 年 6 月,日军窜犯河洲乡,先后在沧溪、富竹、小桥、太阳、城南、庄前、华光等村奸污妇女 20 余人。

4. 杀牛宰猪。1942 年,日军在袁渡乡杀死、牵走耕牛 246 头,杀死毛猪 775 头。1945 年 4 月,日军侵入秀市,宰杀耕牛 18 头,肉猪 107 头,割禾苗 60 亩喂马。

5. 抓夫挑担。1942 年,日军窜犯荣塘乡撤走前,到处抓夫挑担,丰源张家老外科医师左永清,因挑不起重担,被日军活活砍死。丰源村民熊家谦因体胖走不动,被日军在背上砍一刀,倒在血泊里。

6. 沸水泡人。1942 年农历三月,日军从曲江方向路过尚庄镇一带,窜入田北、尚庄、马塘、云庄等村,不但纵火烧毁瓦房、滥杀百姓,而且在马塘用沸水活活泡死一人。

7. 捆人投河。日军在杀人放火时,还残忍地将人捆绑投河。1945 年 8 月,日军复窜龙头山、水泊滩、寺前等地,开枪打死 5 人,并用绳索捆绑 4 人丢入赣江,其中 1 人被淹死。

**三、白马见证罪行　张巷历经苦难**

由于丰城地处沦陷区的边缘,常受日军窜扰之苦。日军窜扰到哪里,就把苦难和悲惨带到哪里,全市 32 个乡镇,几乎个个乡镇都饱受日军窜扰之苦。

1942 年农历五、六月间,日军两次窜扰张巷镇、璀山村、白马寨、王家村等地,杀死周德一、朱吉发、邹五麻子等男女群众 22 人,捉去罗伟文、周孟六等 46 人,纵火烧毁民房、学校、庙宇 90 幢。仅张巷镇上一次就烧毁店房 40 幢,奸淫妇女 100 余人,抢掠财物难以计数。日军在现王家村委会的朱家村,一把火就烧毁房屋 16 幢,使该村男女老少 60 多人无法生活下去,有的扶老携幼流落他乡,有的外出做短工至今尚无音信。朱告发是一位 60 多岁的老人,因无法出走躲在家里,被日军发现,一枪打死。张巷乡璀山村罗九妹子,躲在虎形山上,被日军发现活活打死。

袁家村一位 60 多岁的妇女,被日军奸淫后活活害死。

　　1945 年农历七月,日军再次窜扰张巷镇、王家村、白马寨时,又杀死罗金根、罗友根等 5 人,烧毁民房 29 幢,奸淫妇女 50 余人。在一条仅两华里的路边稻田里就枪杀了 3 人。王家村委会的罗家村罗友根,当时就被枪杀在翁家桥头的稻田里,上泽李家村李占柽被枪杀在袁家村西边的土地庙里,还有一个不知姓名的男青年被枪杀在赵家村前的稻田里。

　　日军的抢掠更是疯狂,所到之处,必是抢光、吃光或者烧光,例如袁家村 30 多户人家被抢掠一空。凡日军窜扰的村庄,房子里外门壁家具都被打烂烧毁,石墙上打大洞,耕牛、生猪、鸡、鹅、鸭全部吃光,在油罐、米缸、水缸、锅里屙屎,将好的衣服、被褥带走,差的烧掉。群众损失无法计算。

（胡友安　甘志刚）

# 日军在吉水县城的两笔血债

1938年农历七月七日那天,天气晴朗,万里无云。早上7时左右,突闻天空传来"嗡嗡"声。霎时,从吉安方向飞来7架日军轰炸机,至吉水县城上空,突然俯冲直下,从城南而入,随即听得一阵阵"轰隆隆"响,飞机翼下像母鸡下蛋一样,扔下了数十枚炸弹。顷刻间,城内烟雾笼罩,辨不清东南西北。日机离去,只听得到处是哭声、叫声、喊声、哀声,惨不忍闻。七七事变以来,虽历时一年有余,可这里是后方的后方,人们从来未受此灾难,城区也没有任何防空设施。突然祸从天降,居民哪里还躲避得及,以至于损伤惨重。

笔者家住东街,前后房屋均中弹遭毁,惟舍间幸免。但只见对门一亲友,他从未来过县城,不巧此次来做客,这日一早便中弹炸死。后门的胡家祠,天井里也中一弹。这天正是"七巧",很多人家求神拜佛点"天灯",日机来时,胡家祖孙三代(祖母、母亲、孙子)正在对天跪拜,这枚炸弹将三代人炸得血肉横飞、尸骨四散,惨不忍睹。还有我小学同学高某,暑期在家随父学裁缝。清早,父子二人正在门口缝衣,炸弹落下,将二人拦腰炸断,可怜肚肠流了满地;老母抱着断腿,也不知道哪是夫腿、哪是儿腿,寻死觅活,昏厥倒地,半日才苏醒过来。还有许许多多惨不忍睹的事,就不一一列举了。县政府左侧的梧桐树下(时称花园)也落下一弹,县长梅缓荪就躲在树下,可算命不该绝,这颗炸弹当时没有爆炸,插入土中,拱起一堆土包。直到第二年农历一月十三日凌晨,人们在睡梦中才听得"轰"的一声巨响,起来看时,炸开一个一丈多深的大土坑,幸好天还未明,无人路过,故无损失。

这次7架日机共扔下30多颗重磅炸弹,给县城人民造成了巨大损伤,炸死33人、伤数人,炸毁房屋20余栋,炸坏其他物资无数。

1940年农历闰六月初的一天下午3时左右,也是晴空万里的好天气。人们午休之后,正准备忙着工作、生产。这时,预备警报钟声敲响(经过第一次轰炸后,政府开始设置了防空哨,天主堂屋顶装有报警钟,钟声能传遍全城),老年留在家中看家。未过几分钟,第二次紧急警报钟声又响了。还不等钟声停敲,又见7架日机从吉安方向飞来,俯冲直下穿城而过,霎时扔下几十枚炸弹。日机飞走,躲在城外的人们又像第一次轰炸的情景一样,匆匆返回寻觅亲人。东门张福庆寻找母亲,东找西寻无踪影,一家人急得顿足捶胸,后悔没有扶着老母出城。时至傍晚,一邻居突然抬头望见张家后门的屋檐上垂下一双小脚来,急呼:"屋上有人!"待张家几个兄弟爬上一看,原来是他们的老母亲。可能是当时老母亲坐在后门口,被扔下的炸弹气浪将她冲上了屋顶,她已被震死了。

东门李正荣新屋的后门口也有一颗未爆炸的炸弹,露出一截在地面。幸好那时城内驻扎一些国民政府军的正规军,闻讯后,立即派来工兵排除,拆卸引火线,将炸弹运走。李正荣家的新屋有幸未毁。

日机这次轰炸，也炸死了 20 多人，绝大多数是老人、小孩。剃头师傅胡某，妻子和两个孩子就是在这次轰炸中丧生的，胡某悲伤得痛不欲生。全城被炸房屋 10 多栋，财产损失无数。

自此以后，人们整日提心吊胆过日子，不论白天黑夜，时刻留心着警报。每人准备了一个缩口布袋，名叫"防空袋"，内装换洗衣物和零用东西，一听警报声，提袋就跑，逃命要紧。这样的日子，整整过了几年，直到抗战胜利为止。

（吉水县剧团　刘衍義）

# 日军逃经吉水醪桥乡的六天

1945 年 7 月间,日军第 27、第 40 师团,与其他侵华日军一样,在中国人民的沉重打击下,已是日暮途穷。他们是于这年 1 月从湖南窜犯江西赣南的。几个月后,苏、美、英等盟国军队向日军发起大反攻,在战局不利的情况下,侵华日军开始收缩兵力,准备退回"本土决战"。侵占华南的日军第六方面军指挥机关决定将侵占粤北、粤中、赣南的日军部队,经赣南沿赣江北撤到长江中下游地区。此时,日军第 27、第 40 师团企图到南昌集中后再打通江西通往上海的道路,然后入海逃窜回日本。然而,他们到处受到中国人民的阻击,成了瓮中之鳖。日军困兽犹斗,所到之处,仍然是奸淫、烧杀、掳掠。本文仅就日军在逃窜中,从 7 月 28 日早上开始至 8 月 2 日止,路过吉水县醪桥乡所犯的种种暴行作一叙述,概括起来,就是"纵火、抢劫、奸淫、惨杀、捕捉"这 10 个字。

## 一、纵火

日军于 7 月 27 日在吉安遭受阻击后,便分头向吉水河东、河西两岸逃窜,当天到达吉水县城,在城内对没有逃避的无辜群众进行奸淫、烧杀、抢劫。第二天早上,日军一个支队向醪桥乡进发。遂川机场的中国飞机顺着日军行军的方向追击,在空中盘旋了大约一个小时之后便飞走了。于是日军分头到各村去搜索,打家劫舍,寻奸妇女。日军走到醪桥村东面靠山的青山下这个村子时,发现一个人也没有,走进屋里,连一点吃的食物也找不到。他们恼火了,放火把整个村子房屋烧个尽光,只剩下一个厕所未烧。除此之外,又在甫里、坝溪、塔下、雯圹、孔川、下相慕、施家山头、山下等村纵火烧屋,其中山下村的后园烧了 10 多栋房,还烧了一座祠堂。

日军对群众家里的日常用具破坏甚大。他们夜间不敢住在屋内,而是住在场地上。他们把群众家里的棉絮拿来,用刀割成条条,又将竹竿破开,把条状棉絮夹在里面,用绳子扎好,浸上食油,绑在木架上当蜡烛烧,一直照到天亮。

为了关马,日军将群众的住屋大肆破坏,先将屋内的壁板、房门等拆下来,任意劈碎当柴烧;然后将马关在屋内,拴在屋柱上,或者在墙壁上打洞,将缰绳穿过洞口拴在洞外木棍上。喂马饲料,都是从稻田里把已熟待收的早稻割下来,堆在屋内,让马任意吞食、践踏;满屋都是马粪马尿,臭不可闻。

## 二、抢劫

日军在醪桥乡的时间虽然只有几天,但是对群众的财物任意抢劫。每到一村,先是寻找食物,见猪就杀,见牛就宰,见鸡就捉,见到油、盐、米、酒就拿。见到贵重的物品,例如黄金、白银以及好的衣着等,更是抢掠一空。

最可恶的是,日军把抢来的猪、牛、鸡,不是正常的屠宰,而是把猪、牛、鸡杀死后,将两个后腿肉去毛割下留用;再打开腹腔,将内脏连同余下的部分丢进屋内床底下,任其腐烂、生蛆,散布细菌。离开之前,日军还在抢来吃不完的油、米、酒、盐之类食物以及没有吃完的大米中拉进大便和小便,使食物腐臭不能食用。

### 三、奸淫

日军进入醪桥乡境后,对乡村妇女进行毫无人性的侮辱。不论老与少,只要捉到,就在光天化日之下就地按倒奸淫。

山头有一户人家,因在仓促之间未能远逃,夫妻、女儿三人躲在村旁后龙山丛林里,日军发现了,便将母女俩奸淫,还强逼女儿的父亲站在旁边看,不准离开一步。含坑村的廖启寿带着女儿(原定 10 月结婚)去逃避,刚走到青山下村就遇上日军。日军拦住父女俩的去路,将女儿廖九英推倒在地,要父亲将女儿穿的裤子扒掉,父亲不干,便遭日军痛打一顿,并命令他站在那里不准走,然后日军当着他的面对他女儿轮奸。廖九英连续被 7 个日军轮奸后,已经到了半死不活的地步,可是还有两个日军仍要强行奸淫,廖九英拼死拒绝。这两个日军恼羞成怒,毫无人性地将一截木棍插入女孩阴道,看着其挣扎取乐。待他们不愿再看时,又向女孩开枪,但又不打要害,让她在疼痛难忍中折磨一段时间死去。

竹陂村有个妇女名叫黄腊英,随丈夫躲在寨下,本以为很安全,谁知日军跑进山里来搜索,黄腊英不幸被他们发现了。日军将黄按倒在水田旁的地上进行轮奸,七八个日军把她当场奸死。

在山下村,日军将未逃赢的妇女集中一起,要她们用石灰放在塘里毒鱼给他们吃。当她们将鱼捞上来后,日军又对她们进行奸淫,直到心满意足后,才准她们回家。日军离开村庄时,又将村前三座石拱桥炸掉。

日军来到一处名叫"胜坑"的山坑搜索,发现那里躲着一些上了年纪的老大娘。日军对她们也不放过,除了奸淫之外,还命令这些老大娘脱得一丝不挂,打着赤脚在小江边的沙地上走。6 月天的太阳异常灼热,当这些老大娘走在沙地上,脚被石块烫得无法行走,全身抖动左右摇摆时,日军则拍手大笑取乐。日军还用小竹竿拨弄这些老大娘的奶头取乐。这真是无耻之极。

### 四、惨杀

此时的日军,别看他们个个荷着长枪,其实弹药非常缺乏,每个士兵身边留有的弹药,最多的只有五六发子弹,有的甚至没有一颗子弹,因此他们不到万不得已的时候,决不会放枪,而是用刺刀或马刀砍杀人。

1945 年 7 月 28 日早上,日军到达元石村时,不见一个人影,他们恼火了,便放一把火将村里的祠堂烧掉,然后又到附近的村庄去寻找食物。他们走到杏里村,同样也找不到人,准备再去塘边村。当日军来到元陂寺旁,发现邓李氏和她的儿女亲家游自铨(游为吉水县城西门游家人,为逃避日军特地来到乡下)二人在那里行走,便上前拦住。邓李氏正临分娩之际,走不动,日军不问青红皂白,将她按倒在地准备奸淫,邓李氏拒绝。日军恼火了,便用刺刀将她腹腔打开,把小孩挑出来杀死,然后将她杀死。游自铨在旁眼看亲家母遭此横祸,上前拦阻,同样遭到日军的惨杀。

郭恩先是醪桥郭家人。7月28日早上,他在江上村遇上日军,拔腿便跑,结果还是被日军枪杀。

东园村的李某某,因病走不动,留在家里,日军强迫他做挑夫,他不从,日军用火把他活活烧死。

上面举的几个例子,仅仅是日军在醪桥乡杀人的一小部分情况。

### 五、捕捉

日军进入醪桥乡后,还不断寻找男子为他们当挑夫,运输一路抢来的财物。

日军未到醪桥之前,人们早已躲进山里去了,留在家里看门的仅是一些老大爷、老大娘,还有少数无法行走的病人,因此,日军便经常上山搜索捉人。

日军为防备被捉的人逃跑,将他们集中住在一起。尽管天气炎热,蚊虫多,乡下房子的阁楼上闷热得很,但是日军仍然强制被捉来的人住在楼上,连大小便也在楼上解,只是在吃饭时才允许他们下楼,四周分兵把守,吃完了饭,又赶回楼上监禁。

日军离开的时候,将抓来的人夹在队伍中间,挑着担子随军行走。挑夫中,有的因为年龄较大又有病,挑不起,走不动,就被日军杀害。例如施家山头的施存德,因为有病,挑到桐术村走不动,便被日军杀死在那里。又如黄家边村的黄美泉、庵山村的李长根、源头村的胡象贤等人,都因年龄大及身体不好等原因,挑不动担子而被日军杀害。还有源头村黄杰贞的祖母,也被日军杀死。

在被捉去当挑夫的人中,至今尚未回家的大有人在(可能在路上遭日军杀死)。据后来被捉去中途偷跑回来的人说,他们在行军途中天天可以看到日军捉人、杀人,一路上看到被杀死的人很多,有男人,有女人,有老人,也有小孩;特别最惨的是年轻的妇女,绝大多数是被日军奸淫后遭到惨杀,她们身上衣服均被撕碎,有的甚至是裸体。

日军在醪桥乡的种种暴行,令人发指,罄竹难书。凡我炎黄子孙,都会牢记,教育子孙后代,毋忘国耻! 愿后代子孙,立志振兴中华,洗我国耻!

(吉水县八都中学　刘惠生)

# 日军两次犯泰和十三个乡遭灾

日军窜犯泰和县,先后有两次:第一次是 1945 年 1 月,数万日军从永新拿山进泰和碧溪,大部分经碧溪坳头过遂川新江往赣南方向去,有小股几十人迷路乱窜。日军经牛牧,曲斗,顺河而下,转马家洲、白土街折往万安、遂川。第二次是 1945 年农历六月十六日至十九日。侵入赣南的日军向南昌方向逃窜,农历六月十六日经万安进入泰和县,又分三路:一路从上模油洲,经冠朝、樟塘、灌溪、苑前、万台过吉安;一路从白土街、马家洲、南溪、石山往吉安横江;一路从赣江走水道,顺水而下。

日军逃窜时,夜行日停,傍晚开拔,天亮扎营。日间在驻地附近抢劫,沿赣江乘船的也登岸为害。所到之处,烧杀淫掠,擢发难数。

## 一、烧

日军流窜泰和县,时间很短,但烧毁民房不少。他们烧屋的恶意在于:一是进行毁灭性的破坏,造成中国民众流离失所,无家可归;二是他们的先头部队与后续部队到达位置的信号;三是报复性放火。1945 年农历六月十六日清晨,日军一进马家洲,就放火烧店,从青石桥烧起,烧至后街、半边街、前街、横街、公路街,一直烧到武丹桥附近,烧毁店房民房茅栅将近 300 栋。永昌市严金沂老人(78 岁)回忆说,他被日军抓去当过挑夫,亲眼看到日军开差前,把驻地屋内的桌椅堆在厅堂中,面上放棉被,底层倒煤油燃烧。同月十八日,日军在永昌市放火,把永昌市从赣江边到现今乡农机站,除枫书坛自然隔离火线外,所有店房民房茅栅 200 多栋统统烧光。邓连秀老人(7I 岁)回忆说,日军窜犯时,她家损失很大,她家在永昌市街上的店、布匹货物都烧了,农村的家又被日军杀了牛,损失 5 万多元。1945 年农历六月十七日,两个"乞丐"在沿溪乡新龙村附近行走,当时有人发现丐人手上戴了金戒指,便抓住了一个审讯,果然是日军侦探,村民出于气愤,用菜刀宰了。不料,逃跑的那个第二天就带来数十个日军,烧毁全村 10 栋 34 间住房。躲藏在山上的全村群众. 远看村中火焰冲天,熊熊燃烧,目睹住屋家产行将殆尽,也不敢回村抢救。

## 二、杀

短短几天,日军在泰和杀了 200 多人。1945 年农历六月中旬初,民众听到日军将要窜犯泰和县的风声,都人心惶惶,弃家逃命。男子挑担,妇女抱婴,少年牵牛,都躲往深山。没有逃跑或跑不赢的就被抓、被杀。日军杀人如割草,挑担不起者杀,拒挑者杀,拒奸者杀,甚至以杀人取乐。六月十七日晨,塘洲乡高城村大部分人在家,日军从赣江上岸围村,一次抓走 48 人。

永昌市严金沂老人,当年被日军抓去当挑夫,到了吉水白沙脱逃,就在这沿路上,亲眼看见横尸100多具,都是因挑担走不动而被日军用刺刀捅死的。县城东门陈子鑫被抓,已是80多岁的老人,要他挑80多斤,挑不起.走到县城北10多华里就被日军刺死。县城彭养泉的大儿子彭积澍,北大毕业,在家度暑假,也被抓走,一去不返,至今下落不明,不知死活。

杀人的惨景,真令人不寒而栗。碧溪乡坳头、丈湖被杀21人。沿溪乡龙洲村一口不上三分面积的水塘里就有9具尸体,成为抗日时期泰和县"龙洲惨案"。事件的经过是:1945年农历六月十七日,两个日军化装乞丐,在龙洲村鬼鬼祟祟,被该村群众追逐,乞人跑至新龙村,被新龙村民抓到了一个。次日,日军数十人奔赴新龙和龙洲,大肆烧杀,烧毁新龙全村房屋。在龙洲抓了当地村民25人,都关在村前右侧碾米间。日军把被关者逐一拉出跪在碾米间右侧樟树下,并把衣服剥光,强令招供被抓日兵下落,不供就杀。惨啊!日军不是用枪击,而是用刺刀乱刺,刺死后丢在一口水塘里,塘水染成殷红。如果丢在塘里还有挣扎,日军就用门板去压,真是惨不忍睹!被关的20多人中,有一人曾在上海皮鞋店做工,懂得几句日语,讲日语向日军求饶;结果去沿溪买了一笼爆竹赔礼,方才罢休。要不,这20多人都要毙命!零零碎碎的杀人不胜枚举。冠朝乡凰舞村谢克澡70多岁,被日军抓去当挑夫,70多岁挑70多斤,没走5里,日军就把他推下河里淹死。塘洲乡村民严达泗,父子被抓,挑担走了10多里,其子见父行走艰难,换挑。日军喝令严达泗跪地,随即用大刀朝严肩膀连砍数刀,命亡!六月十七日晨,日军从赣江登岸去塘洲乡龙口村抢劫,一进村就遇到一个国民党中央军校学生,名叫陈笃汉,日军见他穿黄服,举枪就射,陈应声倒地!同日,日军从马家洲往石滩的渡口边去,看到渡船上有两个武溪乡公丁,举枪就射,一个死亡,一个重伤。碧溪乡大湖村张贞妹,30多岁,眼瞎,日军来时未走脱。当时她手上抱一个不满周岁的婴儿,日军要强奸她,她不肯,日军就把她母子二人推下河里淹死。塘洲乡严秋菊,年仅15岁,被日军抓获,欲奸,严不从,日兵二人将她脚倒提,头浸入水,数起数落,窒息而死。万合乡湖头村康定禄,躲在钟埠村,到村口一望,恰遇日军进村,康拔腿就跑,日军即发一枪,毙命。冠朝乡山田村尹在涤的表兄郭冬生,被日军杀死在尹家楼上,还用一床棉被盖住,尸体臭不可闻,害得尹在涤磕头请人埋葬。

### 三、淫

日军铁蹄所至,见妇人就抓。宿营后,就到驻地附近追妇女,无论老年、青年、少年、产妇、病妇,不择室内野外、厅堂灶房,抓获即奸,不从就杀。冠朝乡郭元婆65岁,被日军抓住强奸。栖龙乡大岭村有个妇女未跑赢,在其家厅堂被奸污。塘洲乡龙口村有个叫白润秀的妇女,日军强奸后还把她推下塘里淹死。云谷乡乡长胡元培,夫妻俩躲在大冈村山上,其妻被日军抓获奸污,奸后用刀刺入女人腹壁。万台乡下塘村一产妇病卧在床,被日军强奸。塘洲乡洲头村罗连秀,30岁,被日军轮奸,疼痛难忍,哀求停止,日兵竟用枪尖乱捣阴处,致死。碧溪乡大湖村尹国后,50多岁,被日兵9人奸淫,最后还被兽兵用木棍捅死。

**四、掠**

日军所到村镇,翻箱倒柜,见金银等贵重物品就劫,布匹被帐撕烂,劈床和桌椅煮饭,其他家具砸碎,墙壁凿洞,见猪就杀,见鸡就打,恣意毁掠! 郭希元老人(81岁),当年被日军抓去摇船,亲眼看到日兵砸毁村民的时钟、炉坯等,目睹日兵每到扎营地就一丝不挂,扯民家的新被新帐裹身。冠朝乡山田村,42户人家,被日军杀猪71头,只在后腿割一点精肉,其余丢在房内或放在床上。鸡被杀光,吃不完的,就丢在房内床下,或置入油缸米缸中。由于到处是死猪死鸡,回村后臭气熏天,使全村160多人都病毒感染,患痢症疟疾。塘洲乡下村刘致恭,日军过后回家,发现屋内一床棉被盖着什么,旁边一双女鞋,以为是杀了一个妇女在内,吓得拔脚就跑,后把家人叫来,揭开被子一看,才发现是一头死牛。

日军窜犯泰和县,罪恶累累,激起民众无比愤怒。当年,大湖村有个日兵掉队,村民把他抓住,用菜刀割脖子,用一块大石头砸碎了他的脑袋。1945年农历六月十六下午2时,经河东窜犯的日军,其先头部队有一小股到达山田村,冠朝地区的地方武装在狮形岭阻击,迫使日军龟宿到丛林中。六月十七日上午,塘洲乡渔民康昭元在茅洲上被一日兵抓住,日兵用手枪敲康的后脑,并不断地号叫,意即威胁康跟其快走。康手疾眼快,夺取日兵短枪,旋即拳打脚踢,日兵一命呜呼。

(泰和县政协　尹建华)

# 日军作恶万安罄竹难书

1945年2月2日,日军由遂川沿粤赣公路侵入万安县的柏岩乡。当时有国民政府军第140、第60师在柏岩与日军进行了战斗,但因日军来势凶猛,抵挡不住而往赣南撤退,日军占据了粤赣公路线上的要道柏岩。这时,日军已攻占赣县和遂川,常常来往其间,在柏岩、下造一带奸淫烧杀,蹂躏月余,民众吃尽苦头。2月7日,又一股日军约8000人,由永新经泰和的卢源,窜入万安白土乡(后划归泰和县,即苏溪)。由于日军来得突然,当地民众未来得及逃避。国民政府军第40师和第34师抵挡一阵后,因敌众我寡而撤退。日军遂沿粤赣公路和赣江沿岸,由白土乡向高陂、上横一带骚扰,纵横几十里深受其害。2月8日,日军又经韶口乡的观音阁、大源村等处窜入潞田乡,10日由潞田乡经罗塘、丁脑(今桂江)等乡向遂川方向窜去。日军所到之处,见人非杀即捉,抢掠财物,毁烧房屋,无恶不作。据事后各乡初步统计:被日军杀死52人,打伤168人,掳去当挑夫和失踪的有236人;烧毁房屋46栋,抢劫稻谷19622石,宰夺马5匹、耕牛791头、猪2032头,抢走鸡鸭鹅,仅潞田、罗塘两乡就有12万多只。

同年7月12日,又一股日军由赣县的良富等地窜入万安县的弹前乡;第二天,另一股日军由粤赣公路赣(县)遂(川)段的沙地窜入万安县的柏岩乡。这两股日军共五六万人,在沙坪乡会合后,兵分两路:一路沿赣江经枫林、棉津、漂神、茶坑抵达万安县城对岸的蛤蟆渡,因中国军队已将所有船只凿沉,日军过河不得,于是沿赣江西岸经嵩阳又窜入罗塘乡骚扰;另一路从钟鼓形出发,经东源、麻油滩、双溪至丁脑乡,与前股日军再次会合,于7月17日窜入读堂、潞田。途中遭到国民政府军第140师和第60师阻击,潞田乡警备队队长邱蕙民率领警士多名,在战斗中殉职。由于中国军队在广大人民群众的支持下奋勇抗击,日军只得经高陂、白土往泰和县方向溃窜。同日,再一股日军从兴国窜入万安县良口,驻守该地的国民政府军第40师和第19师,在民众武装支持配合下予以抵抗,击沉敌船5艘,缴获大炮5尊和一些防毒面具、电信器材等。激战一昼夜后,因日军有3万多人,我军民寡不敌众,遂撤往黄塘、涧田一带山区。18日,日军沿赣江北上,占据良口镇,于是这个繁华的赣江要津许多房屋被烧。幼女杨某和母亲、小弟三人逃出村庄躲在山中,被日军发现,5个日军将年仅14岁的杨某轮奸致死。刘洪烈因病重行走迟缓,躲避不及,被两个日本兵枪杀。日军在良口作恶后,沿赣江而下,又占领武术镇等地。19日拂晓,日军先头部队到达万安县城南门下。县城仅有保安第10团一部和县保警队两个中队,不到1000人,奋起抵抗,歼敌百余,后因抵挡不住而撤出。当日下午5时,万安县城失陷。日军进入县城后,实行"三光"政策,仅店房就被烧毁200余家,全城精华之处,在大火中无一幸存;并在县城四周烧杀抢掠,不少百姓惨遭杀害。附廓乡张家村的张汤逊、柏树下的赖钊家、窑田村的萧瑞敏、庵背村的廖九华、南坑村的刘庭阶、曾家村的曾贞祚等,均惨死在敌人的刺刀下。八保接官亭村的女孩刘某,年仅 11 岁,被日军捉住,轮奸致死。日军占据县城 7 天后,兵分三路继续骚扰,一路顺赣江而下经百嘉、窑头等乡入泰和县,一路经古县道老虎湾一带至百嘉乡,一路由舍背村经窑头十五保至泰和县的冠朝圩。这时,一路日军由赣县的白鹭、田村窜入兴国,因遭到中国军队阻击,于 7 月 18 日经均村进入万安县境的黄塘、黄竹、高坑、蕉源等地。22 日抵石塘乡,在寨下、陈家、大坑口、蓝田等村将魏国海、陈厚培等家中财物抢劫一空后,放火烧毁房屋多间。大坑口的刘英相、塘芫的张衍沂被敌人抓住,一顿毒打后,还被强迫给日军挑弹药。蓝田村妇女萧某被 4 个日军轮奸。这股敌人经南洲、蓝田、潭尾窜向泰和冠朝圩。这次,大批日军因害怕空袭,多走山间小路,并沿赣江成拉网式过境,所以全县 21 个乡、镇无一幸免,全县 179 个保中,日军骚扰过的就有 171 保。从 7 月 12 日至 26 日,日军在万安境内蹂躏半月之久,给万安人民带来巨大灾难。据事后的调查:全县被日军惨杀身亡者 1209 人,受伤者 355 人,失踪者 7175 人。全县各机关毁坏用具 2563 件、其他器物 483 件,各类学校被毁课桌 3500 张,16 个乡、镇公所遭劫;毁坏房屋 2045 栋,掠夺稻谷 66137 石,被宰杀耕牛 9626 头、马 10 匹、猪 2.4 万头,被践踏农作物 21.2 万亩;损失渡船 9 艘,15 座桥梁被破坏,电话线杆 1500 根被砍,损失电线 3000 斤。据统计,全县财产损失至少有 1 亿 25 万元(法币)。

（万安县政协　耿艳鹏）

# 日军在永新灭绝人性的四十二天

1944 年,中国江南地区的制空权已为美国空军所掌握,侵华日军空军已无能为力,只有利用地面部队来摧毁中国军用机场,并占领铁路运输线。遂川的军用机场当然是日军重点摧毁对象之一。

当时,日军远在衡阳,为了"投石问路",先派出一支小分队作试探性出击。1944 年 7 月 23 日午后,日军便衣队 30 余人,突然窜至永新县澧田镇,在街上鸣枪示威,抢劫民财,并从一间店房内抓走 10 余名居民,绳捆索绑,串连牵走。行至镇东约 2 里时,日军故意松手让被串绑的居民逃跑,随即开枪射杀于野外。然后,日军小分队折而西返。是日半夜,消息传到县城,人们甚为惊慌,仓皇出城逃避;天亮后,家家关门闭户,全城皆空。经人打听才知,只有日军便衣队 30 余人在澧田镇骚扰一番后,返回湖南,境内未发现其他日军。

1945 年 1 月 11 日,日军第 27 师团侵占湖南茶陵县的高陇、界化陇,19 日侵占江西莲花县城,20 日侵占永新县澧田镇,22 日凌晨侵占永新县城,逗留一个月余后,2 月 28 日自县城开拔,过盐石、拿山向遂川而去。3 月 1 日全部离开永新县境。从 1 月 20 日至 3 月 1 日,日军侵占永新共 42 天。在此期间,全县 33 个乡镇被日军骚扰的有 20 个之多,先后被日军杀害 353 人,伤 178 人,俘去 54 人,失踪 540 人,392 栋房屋被日军放火烧毁。

1945 年 2 月 22 日,日军侵占县城后,即放火烧毁实验小学的全部校舍,用木头撞倒未烧毁的房垣和围墙。这所小学占地 32 亩,有房屋 7 大栋、教室 12 间和一栋可容 1200 余人的大礼堂,顷刻间被日军夷为平地。同日,北门外百余栋民房、8 家店房,甚至连残疾人居住的养济院均被日军焚毁荡平。此外,还焚烧了城内 7 栋新式两屋楼房、2 栋平房,并拆毁一家药店房舍一段,烧其后院平房一栋。当时正值寒冬,下雪半月,居民的木器家具均被日军用来取暖。城内的商店铺门、板壁,均被日军拆走用于架桥。日军从乡间抢来的猪、牛等牲畜,宰杀后,头尾、肚杂一律抛于大街小巷,弄得满城臭气熏天。

乡间有一些妇女进城被日军捉去,有的献给上司奸淫,有的被日军轮奸。南街一家商店老板的娘子,欲顾家业,不愿离城,躲于店后暗室内,日军发现后,接连两天惨遭轮奸。有 3 名年轻妇女被日兵拖至南街一栋三层楼房(现二轻局驻地)轮奸致死,后被发现,其尸已腥臭难闻。

县城四周 10 余里左右的村庄多驻扎日军。日兵撬开村民家的木箱,把衣服全部撕毁;在装有食油的油缸内乱解大小便;遇见家禽必扭断颈项,用箩担走,猪、牛被赶走。

来不及逃躲的村民,男的或被杀、或抓走,女的被奸,甚至奸后杀害。文洲乡发关周家村周细稿,日军进村时,卧病在床,被日兵用刺刀捅死。三门前村刘年章被日兵追杀于村庄后山上。文溪乡拿山街李文秀家被 3 名日兵抢劫一空,李文秀本人遭日兵乱棍打死。樟木山村黄喜玉、黄开莲、贺友德、黄湘开、黄圣发、贺仁元等房屋被日军放火烧毁。2 月 12 日清晨,白霜满地,日军百余人突然包围汴田肖家村,200 余户村民东躲西逃,退至禾水河边,顾不得天寒地冻,纷纷跳入河中,30余名妇孺溺死。日军将未来得及逃走的男、女统统抓走,女的被剥光衣服供他们奸淫。荷花塘一名年已 80 岁的老妪,因身体不适,留在家中未走,也被日兵强奸致死。文洲乡上坊村妇女刘某回娘家和平乡山田村躲避日军,遭 3 名日兵轮奸,每奸一次用冷水泼身,被活活折磨而死,其娘家财物被洗劫一空。山田村另一名妇女正值坐月子,也未能逃脱日军的残暴蹂躏。东里乡塔下村张王庙渡口船夫陈唐秀,见日军来到河对岸,急忙上岸逃走,被日兵开枪射杀于油菜田中。

日军对抓来的挑夫,估计其年龄大小决定挑物的重量,年纪越大,迫使其挑的越重。挑夫因担子过重,行走艰难,时遭毒打,大部分死于非命;有的惨死于刀枪棍棒之下,有的病死在漫漫路途之中。

路口村黄铁花,60 多岁,被日军抓走挑担,因年老体衰,行动不便,在沙市途中遭杀害。霞楼村龙才发,拒绝给日军挑担,3 名日兵用皮鞋尖踢破其脑骨,脑浆流出,当场毙命。上泉村贺永秀,在挑担过浮桥时,被日兵刺死,抛入河中。宋家村宋亨秀,有一次与挑夫围在一圈蹲下吃饭,稍微挪动一下身子,被日兵用刺刀猛刺屁股,顿时血流满地。文洲乡北田村贺福五,平时体质差,未做过重活,被日军抓去充当挑夫后,行至和平乡北岭脚下,步履艰难,被日兵用刺刀杀害,肚肠流了一地;同行的禾川镇陈尊玉,年近 70 岁,一路遭日兵拳打脚踢,在北岭脚下,被日兵用刀劈头部而死。有些挑夫跋涉数日,仍不放回,被迫逃到赣南大余、南雄等县。还有一些人被抓去当挑夫,数月未归,不知死于何处。县境东面的盐石山,山高路陡,是通往遂川县的必经之路。民夫挑担上山后在顶上歇脚,有的欲解小便,如有谁未经许可,就会遭毒打,甚至被踢下山崖,活活摔死。县城南门陈隆朵,就是在盐石山顶上被日兵踢下山崖摔死的,事后,其家属连尸首也未能找到。盛家坪有一老妪,60 多岁,诨名哑婆,被抓去挑担,一路惨遭毒打、侮辱,头肿脸青,好不容易熬到遂川,趁夜黑伺机逃脱,沿途乞讨而归。

城外的清塘、南株两处 20 余村,2000 余人为躲日军,日夜宿于山上草棚山洞,担惊受怕,又受风寒,有 320 余人染疾而死。2 月 20 日,日军把抓来的挑夫关押在发关、对江两村的祠堂内,挑夫颜天秀、颜脚俚、贺泮山等人,半夜破窗逃出,慌不择路,颜脚俚坠入河中淹死,贺泮山逃至河中沙洲,被日军发现后,惨遭枪杀。

短短的 42 天,日军在永新犯下的滔天罪行罄竹难书。

（永新县史志办　龙　飞）

# 临川文昌桥的哭泣

　　临川文昌桥,是座千年古桥,在这座桥上,流传着许多才子佳人的故事,晏殊的令词里有它的身姿,王安石的诗赋中有它的倒影,汤显祖的剧本中有它的美丽传说。文昌桥是临川人的骄傲,也是临川历史的见证。

　　文昌桥下的抚河,古往今来,在抚州大地蜿蜒流淌,滋润着这片广袤的土地,丰沃着人们的希望和收成,使抚州一直成为江西的粮仓、中国的粮仓。

　　从文昌桥下流过的抚河水都会轻轻地向文昌桥诉说沿途的见闻,丰富着文昌桥的记忆。

　　但是,抚河水并不都是那样温情脉脉,那样喁喁细语,它也曾愤恨,也曾怒吼,也曾悲泣,也曾无奈。

　　1942 年 6 月 6 日,发生在抚河文昌桥上日军残害中国民众的事,使得这一天成了文昌桥最痛苦的日子,使得人们永难忘记这一天。

　　亲眼看见那一次悲惨场面的人,或已作古,记忆随同他们的身躯一同消失;或是不愿回忆,因为它实在惨绝人寰。

　　那一次,日军太凶残;那一次,凶残的日军杀害的不是中国军队,不是反抗他们的游击队,而是一群手无寸铁、毫无反抗能力的无辜的老人、妇女和儿童。

　　日军侵占临川县城后,立即展开全面搜捕行动,没有来得及逃跑的民众,不是被日军当场打死或强奸致死,就是被日军抓捕。

　　日军之所以没有把抓捕到的人当即杀死,不是因为他们想留活口,而是要慢慢想办法把这些民众折磨而死。

　　那一天,日军把从县城抓捕到的 50 多个居民,反绑住双手,杀气腾腾地押到文昌桥上。

　　50 多人中,有还未成年的小孩,有已经遭受日军凌辱的妇女,还有饱经风霜的老人,他们的脸上,写满了愤恨和无奈。

　　一个老态龙钟的老人,面黄肌瘦,东倒西歪地走在最后面,与其他人拉开了几步。押赶他的日军,一边吆喝着,一边用马鞭抽打着他,老人的背上、腿上,立即留下了一道道血痕。

　　走在前列的一个小孩,奋力挣扎着,想摆脱绑缚他双手的绳索,被日军发现后,立刻遭到一顿毒打。

　　一个 60 多岁的老妇女,小声地诅咒着日军,被日军听到后,即刻遭到拳脚相加。

　　当他们被押到文昌桥上时,都恨不得抱住日军一起跳入抚河,和日军同归于尽。

可是,他们的双手被日军反缚在身后,完全丧失反抗能力。

翻滚的抚河,像此时被捉50多人愤怒的心潮,汹涌着,咆哮着。

不知是日军早有预谋,还是日军在文昌桥上"突发奇想",突然,日军命令这些无辜的人们停止前进。

日军想出了什么杀人伎俩呢?

几个日军端着刺刀,走到一个满脸皱纹、饱经沧桑的中年汉子面前,叽里呱啦地喊叫起来。很明显,日军是要中年汉子从桥上跳进抚河。

中年汉子犹豫了一下,他已经没有选择的余地,生与死,于他也没有什么区别,他也不想遭到日军更多的毒打、折磨。

中年汉子仰望了一下天空,张望了一下抚州大地,毫不迟疑地纵身一跃,投身到抚河的怀抱。

抚河,想把他送到岸边,救他一命,让他和家人团聚,于是不停地翻滚着,推举着他的身体。可是,抚河终于力不从心,放弃了努力。

其他民众,知道自己也会遭到中年汉子那样的命运,竟没有流露半点畏惧,好像死是一种解脱,一种归宿。

没有一个人求饶,当然也没有一个人主动跳河。但当日军逼哪个跳进抚河时,没有谁犹豫,从容而又无畏。

生,人之所愿;死,人之所惧。但既然生而无望,那就死得悲壮些,死得干脆利落!

他们并不是麻木,而是无奈。在民族和国家尚且惨遭浩劫时,作为个体的他们,无能为力,只希望能用自己的死唤醒更多的同胞。

抚河在悲咽、哀号,文昌桥在哀叹、哭泣。

当50多个人被日军一一逼着跳入抚河,全被活活溺死时,凶恶的日军却开始哆嗦、发抖。一个连死都不怕的民族,能被征服么!

怒吼的抚河,抱着50多个人的尸体,像哀伤的母亲怀抱着牺牲的儿女,不停地哭泣;惊呆了的文昌桥,俯视着再也不能相伴的50多位乡亲,像失去了难以割舍的亲人,不住地流泪……

(抚州市委党史办　吴主平)

# 临川小商人万大眼之死

万大眼是个小商人,是千千万万个小商人中的一个,是被日军虐杀的千千万万个中国同胞之一。

1942 年 7 月,日军侵占临川后,烧杀掳掠无恶不作。一时间,富庶一方的临川城风声鹤唳,哀声遍野,百孔千疮,满目疮痍。很多人逃离了家园,留下来的则过着朝不保夕、提心吊胆的日子。绝大多数商店停止了营业,行人绝迹,哪里还有什么顾客?

临川城外,自古有一个集贸中心,是商人的聚集地。但在 60 多年前,商人们为躲避日军的抢掠和残杀,都携着家眷和银两逃命去了,只有极少数做小本生意的壮着胆子留了下来。

万大眼也是做小生意的,因为眼睛长得大大的,所以从小人们就为他取了个外号,叫他"万大眼"。因家境贫寒,他没进过校门,个字不识,十几岁便在人家店里做小伙计;他也一直沿用"万大眼"这个绰号,以至于在他被日军虐杀后,没人知道他是否还有其他名字。

做了 10 多年店小二的万大眼,转眼就 20 多岁了。由于他平时为人厚道,对人热情,所以,在一些朋友的帮助下,拿出了全部积蓄,在临川城外自立门户,做起了小生意,开了一爿小店,专门经营农用工具。

日军侵入临川前夕,很多人叫他逃走,但他认为自己是做农用工具生意的,日军再抢也抢不到他的头上;加上他在外地无亲无故,没有投靠的所在,所以壮着胆留了下来。

日军占领临川后,万大眼躲在家里,白天不敢出门,只敢在晚上偷偷地溜出家门去打探一些消息。

狡诈的日军,为了达到长久侵占临川的意图,开始"收买"民心,到处张贴"安民告示",诱骗中国民众。

不明真相的人们很快就上当受骗。躲起来的,开始公开露面;停业的商店,也慢慢恢复了营业。于是,日军用从中国人民手中掠夺来的钱,从各种商店里"购买"一些急需用品。但是,日军并没有因此而改变他们暴虐的本性,他们还在不断地抢掠,以便能从中国民众手中搜刮到更多的钱财。

万大眼也试着打开了店门,可是,几乎没有农民进城购买用具,几天下来,他没卖出一件商品。

这一天,万大眼很晚才醒来。起床后,他才想到上午应该去拜访一个姓张的朋友。他那个朋友是专门制作学生制服的,上次还送了一套学生制服给他。

"我不是学生,又没进过校门,穿学生制服,那不是太糟蹋它了?"万大眼听朋友说要送学生制服给他,急忙谢绝。

"哪里!你穿学生制服,一定合适。你人长得秀气,眼睛又特别有神;况且你也老大不小了,应该穿得精神些,这样更能引起女孩子的注意。"朋友的话,让万大眼满心欢喜,决定收下礼物。

"那套学生制服我还没穿过呢!"万大眼一边起床,一边嘀咕起来,"干脆,今天就穿它去会朋友。"

万大眼穿上那学生制服后,左看右看,前看后看,感到十分合适;雪白的上衣,配上淡蓝的裤子,看上去十分潇洒。

万大根从住处走到自己的店铺门口,才想起要"礼尚往来",应该回赠朋友一样礼物。

上次他贩了一些剪刀,裁缝应该用得着。

"那就送他一把好剪刀吧!"万大眼拿出一把剪刀,用废报纸包好,放进一个布袋子。

正当万大眼走出店里,准备反锁店门的时候,一队日军从城内文昌桥那边气势汹汹地冲了过来。还没等万大眼反应过来,日军就包围了他。为首的日军从他手里一把夺下钥匙,两个日兵一左一右抓住了他的手臂。

万大眼十分惊恐。他想挣扎,可浑身无力;他想抗议,可嗓子里发不出声音。

其他几个日军飞步向前,踢开了刚关拢的店门,端着刺刀走了进去。

接着,日军从万大眼的手腕上夺过了布袋子,伸手一掏,取出的是一把剪刀。

日军举着剪刀,凶狠地在万大眼面前晃了又晃,口中发出叽里呱啦的喊叫声。

恐惧不安的万大眼回过神来:"日军原来是怀疑我布包里有枪呀!"

"剪刀,送朋友的。"万大眼解释道。

不知是日兵听不懂还是没理睬他的解释,收过剪刀,开始拉扯万大眼的衣裤,指指点点。

万大眼一脸迷糊。

"学生制服的?那里来的?"旁边的一个日兵用汉语责问道。

"原来日军会说中国话呀。"万大眼边想边回答:"朋友送的。"

可是日军一点也不相信他说的。

"真是朋友送的,我可以带你们去见我那朋友。"他只想着自己尽快摆脱日军的捕抓,没想到这样做或许会给朋友带来"灭顶之灾"。

"朋友的?你还想带我们去?"狡猾的日军,顿时想到的是怕遭到什么埋伏。

万大眼怎么也不会想到只因自己穿了一套学生制服,竟会遭到日军的怀疑、抓捕、拷打和虐杀。

他更没想到,在日军的眼里,象征着学生的学生制服,更象征着抗日的学生运动。

"真的,我是这里开店的。"万大眼看着狰狞的日军,预感到事情不妙。

"狡猾狡猾的,做掩护的。"那个会说中国话的日军更加怀疑起来。

在店里搜查的日军,没查到什么线索,穷凶极恶地跳出门外,端着明晃晃的刺刀,朝万大眼的左膝盖上刺了下去。

万大眼痛得大叫了一声。

又一个日军抢上一步,一刀扎进了万大眼的右腿。

万大眼支撑不住,倒了下去。鲜血从他的腿上、膝盖上汩汩流出,洇红了他膝下的一片土地。

"说不说?"日军又一次疯狂地喊叫起来。

还说什么呢? 说什么也没用。万大眼感觉死神正一步步朝他走来。

一个日兵见万大眼不再做声,接着又在他背上刺了一刀。

万大眼昏迷过去。

日兵并不罢手,用刺刀在万大眼的身上乱戳乱刺。那一套崭新的学生制服,很快被日兵戳得一条条一缕缕,雪白的上衣瞬间变成了一条条红布。

昏死了一阵的万大眼往后一倒,突然睁开了他那双大大的眼睛。

本以为万大眼已死的日军看到他睁开的双眼,又恶狠狠地叫骂起来:"狡猾狡猾的,还会装死。"于是,几个日兵端着鲜血淋漓的刺刀,又一次往万大眼的身上、手上、脚上、头上乱戳乱刺。其中一个日军凶残到极点,竟把戳进万大眼腹部的刺刀上下拉扯了几个来回。

万大眼停止了呼吸,但他的那双眼睛仍然睁得大大的。

后人不愿详记这么惨烈、不堪入目的一幕,只是在《临川县志》里留下这么一句:"城外商人万大眼,因身穿学生制服,被日军捉住,当成游击队员剖腹杀害。"

(抚州市委党史办 吴主平)

# 日军侵占金溪县城的罪行

1942年6月13日,日军占领金溪县城,盘踞时间一个多月,恶贯满盈。

日军占领县城前,2架日机对县城进行轰炸,丢下两颗炸弹。一颗炸弹掉在县政府背面的仰山书院附近山上,炸成一个大坑;另一颗炸弹落在邮电局附近王冕堂巷内,炸毁了两栋房屋,炸死2人、炸伤1人。被炸伤者后因感染,活活烂死。

日军进城后大肆抢掠。一个做花炮生意的人,由黄通回县城,至三家巷,被日本兵拦住,刀、枪对准生意人的胸膛,然后进行搜身,将其所有财物全部掠夺。

日军在光天化日下强奸妇女,被强奸的有六七十岁的老婆婆,有年轻妇女,还有少女。有的被奸污后还惨遭杀害。县城南门外有个姓余的妇女,被几个日本兵轮奸后,鲜血直流,后来亲人把她送到庙里求和尚抢救,但因流血过多无法医治,结果死在庙中。有个姓郑的老年妇女被奸污后,当场被枪击致死。

日军在县城杀害老百姓数十人。詹瑞祥老人,家住占家湾,日军要他带路,因年迈体弱走不动,遭日军猛击,头破血流,昏倒在地,结果次日死亡。张花子,日军抓他当挑夫,因不从而被杀害。这样的例子数不胜数。

日军在县城放火。县政府房屋被烧,上下4厅化为灰烬,荡然无存。怡丰大商店的货楼被烧得一干二净。县城东西南北四门和太子庙、梨树园等地房屋均被烧毁。

日军在县城搞"细菌战"杀人。"鼠疫"这名称,我是在那时才听到的。染上该种细菌后,人发烧,"作阳子"(淋巴肿大),死亡很快;如若医治打针,一支盘尼西林(青霉素)当时价值两担谷,无钱求医死亡者甚多。天天死人,尸体遍地,哭声震天。

日军在金溪县城实行的"三光"政策,我是亲眼所见、亲耳所闻。半个多世纪前发生的这场战争,完全是日本帝国主义侵略者强加给中国人民的,日本侵华罪行永远不能忘记,中国人民的抗战精神永远是我们的宝贵财富。

(金溪县档案局　何生发)

# 日 军 杀 人 案 板

我赶到东乡仓下村时,正值中午,在秋日骄阳下,仓下村的一切是那样的明媚亮丽。站在村口,看着眼前的锦绣山村,我简直难以想象——在这里,在 60 多年前,日军曾经设了一张杀人案板,杀害了几十个中国百姓。

《东乡县志》中记载:"1942 年 6 月,日军在东乡仓下附近设了一张杀人案板,不时捕杀民众,将杀死的人投入池塘。一日之内,塘内积尸数十,池水尽赤,惨不忍睹。老弱妇婴无一幸免。日军有时还用刺刀挑抛婴儿,以此取乐。后,民众在仓下一个水塘捞到十多颗人头。"

这寥寥数语,把当时日军残杀中国民众的暴行揭露无遗。

在村子里,我找到一位年近 80 岁的名叫九生的老人,他曾亲眼目睹了当年日军杀人的惨景。尽管当时他才 12 岁,但是 60 多年前村民惨遭日军屠杀的情景,至今仍历历在目,常常让他午夜惊魂。

九生老人原来不叫这个名字,因为自己得以劫后余生,故取"九死一生"之意,改为现名。

老人向我讲述了当时目睹的一切。

日军进驻仓下村前,村民们早就闻风而逃,有的逃去他乡,有的躲进山林,而且把能带走的财物都带走了,能赶走的猪牛也赶走了。

贪婪的日军扑到仓下村时,除了掳掠到一些鸡鸭和稻谷外,没掠夺到更多足够满足他们欲壑的东西,于是便放火焚烧村民的房子。

九生和父母躲在村后的山林里,透过稀疏的树枝,能清楚看到房子被焚烧时发出的火光和冒出的滚滚浓烟。

父母看着正被烧毁的房子,恨得咬牙切齿,但又无可奈何,连大声痛骂都不敢,怕被日军听到而招来杀身之祸。

九生则更为自己那些即将烧成灰烬的课本而伤心不已。他已经读到高小了。在逃命时,他本想去房间把课本抱出来,可时间已经来不及了,父母抓住了他的双手,不让他回去。果然,他们刚跑进山里,就看到日军出现在村口。

当时,日军没有烧光所有的房子,他们保留了一幢较好的砖砌房屋;那是村里财主的房子,离其他村民的房子有段距离,显得鹤立鸡群。只见日军纷纷走进了那所房子,并派两个日兵在门口放哨,看来准备在仓下驻扎下来了。

幸好九生家在逃走时带了一些粮食和干菜,不然,说不定要饿死在山上了。

突然,放哨的鬼子发现几个移动的火团。原来,村里还有几个患病在床、没有逃走的孤寡老人,村民们都忙着各自逃命,把他们给忘记了。

那几个孤寡老人在日军洗劫财物时,躲得严严实实,侥幸没被日军发现。本以为可以逃过一死,可没想到日军会放火烧房子。他们住的房子也被日军点着了火,当火苗烧着衣被时,迫不得已连滚带爬逃了出来。

放哨的日军发现"移动的火团",哇哇怪叫。

几个日军跑出门外观看,发出一阵狰狞笑声。

有一个老人可能烧痛了皮肉,只见他赶紧把披在身上已经着火的棉被丢在地上,然后慌不择路地跑了起来。可能是烈火把他烧迷糊了,竟跑向发出怪笑的恶魔。

一个日军端起步枪瞄准狂跑的那个求生的老人。随着一声枪响,老人一个跟跄倒在地上。

九生一家听着枪声,看着老人倒地身亡,一时悲从中来,抱在一起小声啜泣。

其他几个老人,死得没有那么"痛快"。日军把他们抓来,然后捆绑在一起,开始想方设法折磨他们。

第二天,几个日军从屋里搬了一块案板和一张桌子,摆放在大门前,大门正对面有一口池塘,池水清澈见底。

那块案板,原本是财主家用来杀猪宰羊的。

日军把案板放在桌子上干什么?

难道日军抢到了村民的牛羊?

九生一家怎么也没有想到,日军竟用这块案板来杀人,首先送命的,就是昨天被日军抓到的那几个老人。日军把几个老人的头一个个按在案板上。

这些孤寡老人,虽然饱经人世沧桑,看尽世态炎凉,可是从没看过活生生的人被活生生地杀死,更没有想到无辜的自己会遭到日军这样残忍的屠杀。

这些老人没有反抗,没有喊叫,他们浑浊的眼睛,平静地盯着日军。或许,他们是想记住日军的嘴脸,好让自己死后的冤魂向这些刽子手索命。

日军开始下手了。

九生一家转过了头,闭上了眼睛。

当他们重新睁开眼睛时,他们看到那几个老人的头颅已经离开了自己的脖子,从案板上滚落到地下。几个日军用皮靴把那几个头颅踢进了池塘。

另外几个更凶残的日军则把老人的躯体搬到案板上,开始疯狂地肢解他们,又把肢解后的一块块肢体扔进池塘。

这一次,九生一家没有转过头去,更没有闭上眼睛,他们震惊地看着日军犯下的暴虐和罪恶,并牢牢地记在心中。

接下来的几天,日军只留几个人驻守仓下村,其他的都去邻村抢掠、杀人、放火。

有几次,日军抓到了一些正在逃命的妇女、孩子和老人。他们把老人捆在大门外,妇女则被拖进屋里。

有几个妇女挣脱了日军的魔爪,披头散发从屋里跑出来,向池塘冲去。可池塘的水并不深,她们在池水里扑腾,只想尽快被淹死。

恼羞成怒的日军对准她们开枪,她们就这样惨死在池塘中。

一天午后,日军不知从哪里抓来了一个抱着婴儿的妇女。在日军的威逼下,那妇女紧紧地抱着孩子,一步步蹒跚地走着。

当她走到杀人案板边,看到案板上、桌子上和地上的鲜血时,竟吓呆了,停在那里很久没有移动脚步。

日军不耐烦起来,吆喝着要她赶快进屋。她不想被日军糟蹋,便扑通一声跪在地上,乞求日军放过她。

刚才还在熟睡的婴儿,被母亲的举动惊醒了,发出"哇哇"的哭声。

突然,一个凶神恶煞的日军冲到这妇女身边,一把从她怀里夺过婴儿,抛向池塘。

婴儿在空中划过的刹那,一个日军端着刺刀冲向前,对准婴儿刺了过去。婴儿挂在日军的刺刀上,再没发出哭声。刚出生不久的他,还不知道生命为何物,就被日军残杀而死。婴儿的鲜血顺着日军的刺刀不断地往下滴落。

孩子母亲发疯似地冲向杀死自己孩子的日军,想把孩子从刺刀上夺回来。但那日军飞起一脚,把她踢倒在地。日军继续用刺刀挑着婴儿打转,其他的日军发出刺耳的狂笑。

随即,婴儿的尸体被日军抛进池塘。

惨遭杀子之痛的母亲,挣扎着扑向池塘。然而,她还没扑到池塘边,就被几个日军拖了回来,拖进屋……

九生老人讲到这里,再也讲不下去了,他像60多年前那位失去孩子又惨遭蹂躏的母亲一样,失声痛哭起来。

我也不忍心叫老人再讲下去,只是默默地陪在老人身边,和老人一起失声痛哭,泪流满面。

(抚州市委党史办  吴主平)

# 壬午年南城沦陷记

1939 年 3 月 28 日,南昌被日军侵占。1942 年初,盘踞南昌的日军发动浙赣线战役,南城便处于抗日前沿。4 月上旬,南城县城满城风声鹤唳,县政府机关人员及城内外居民都争先恐后外出逃难避乱,国民政府军驻军则将北线的公路桥梁全部毁坏,并在城郭关隘要地筑好工事,准备迎战日军。

6 月 11 日,大批日军在日机的配合下,分兵三路从宜黄、临川方向包抄而来,偷袭南城县城。

12 日凌晨,国民政府军第 79 军军长夏楚中从金南岭火速赶到庙前,发现日军后,仓促应战。第 79 军另一部约 5000 余人当时集结在鸡公山、包家岭一带,也与日军开战,阻击日军向南城进发。午后,由宜黄方向经南城里塔、云市扑来的两路日军与临川方向来的一路日军在金塘岭一带会合。第 79 军因众寡悬殊,腹背受敌,只好撤退。他们退到盱江西岸后,为防日军追击,便炸断太平桥,向上塘镇方向转移。

第 79 军一撤退,日军就毫无阻挡,直入县城。来不及撤离的居民,只好关门闭户,躲在家里。昔日熙熙攘攘的街市,突然行人绝迹,整个县城顿时成了一座死寂的空城。

日军进城后,到处招募有名望的人投诚,以便组织伪维持会,为他们筹备军需。但素有爱国精神的南城人民,没有一个愿意甘当傀儡。日军面对南城人民的抗日情绪,恼羞成怒,便大肆烧杀掳掠。

县知名人士程希文、程次哲两兄弟,目睹日军残杀同胞,义愤填膺。日军头目对他俩威逼利诱,要他们出来维持地方,当汉奸傀儡。两兄弟蔑视着日军的可恶嘴脸,放声大骂,被穷凶极恶的日军杀害。日军不死心,又去劝诱文人尧秘孙,不料尧秘孙也是大义凛然,视死如归,饮弹牺牲。南城民众对日军更加恨之入骨。

残暴的日军便下令屠城,对全城进行搜捕。留在城里的人知道难逃日军的毒手,只好想方设法逃出城外。日军发现有人连夜从下水道出城,逃到西郊孙家边、周司公一带,便追击到孙家边,杀光了路上遇到的难民,还纵火把沿途村店烧光。

在麻姑山左侧的大山上村,日军把躲在山里的难民全都抓来,端着机枪将他们围住,然后对难民先施酷刑,再一一用刺刀刺死。事后人们发现,有些难民被割了鼻子,有些被挖了眼睛,有些被剁了耳朵。真是惨绝人寰。

城里还没来得急逃出的居民,全被日军抓住,男的做苦工,女的被奸污。有数百名女性被押到陈福楼尧家大屋,被日军集体轮奸。杜向荣的妻子王五英因抗拒日军奸污,当场投井自杀。全县在沦陷期间,因不堪侮辱而投井、投河、投塘殉节的妇女不下数百人。日军除了自己奸污妇女外,还把男女难民关在一起,勒令老人奸污少女,孩子奸污老妇,以此取乐。

在南城县其他乡村,日军所到之处,同样是奸杀掳掠,无恶不作。万坊一罗姓妇女,母女俩被奸后,羞于为人,同时投水自尽。钟保生的女儿怀孕,日军对她奸污后,还用刀剖开她的肚子,把胎儿取出来用刺刀挑死,母亲和胎儿就这样被日军杀死。当天日军还在万坊杀了10多人,烧了100多间房子。

日军还在麻姑山余家沅等地,肆无忌惮地冲进农家宰杀猪牛,纵火烧房,残杀村民。在黄狮一带公路沿线,日军用机枪扫杀了很多农民。农妇彭白女,被日军活活轮奸致死后,还遭到刺阴部、割乳房的酷刑。全县几百个村庄,沦陷期间都遭到惨重的蹂躏。

日军的暴行,激起南城人民的无比痛恨,一些不甘做亡国奴的热血青年,纷纷起来反抗。在万年桥、麻沅路家桥、岳口、黎头窠等地,有人开始偷袭日军,把抓到的日军处死,以解心中之恨。不久,日军孤守空城,也开始胆战心惊,成了惊弓之鸟,便准备向临川逃窜。

穷凶极恶的日军在逃走之前,在全城纵火,烧光了所有房屋。日军到处施放燃烧弹和汽油,把县城变成一片火海,连续几天火光不熄,数十里以外都能看到火焰和浓烟,一个月后余烬都未熄。从四面八方逃难回到县城的居民,看到的是一片焦土。

千年古城,从未遭到如此荼毒。

(胡定元原作　黄泽书、吴主平改写)

# 南城罹难记

很清楚地记得，1942 年临川沦陷后，驻扎在南城的国民政府军虽构筑了一些战地工事，但没有挖战壕、筑堡垒以誓守国土的迹象，只在紧靠城东门的太平桥第三桥拱上安放了炸药，以便在撤退时炸毁太平桥。南城沦陷前，县城的富商巨贾就将财物运往广昌、宁都或福建的建宁、泰宁等地，其他殷实人家都将父母妻儿及贵重物品转移到安全地带。就像我这样的小职工、小商贩也做好了日军逼近时逃难的准备。

农历四月二十八日上午 8 时，西南天际出现了一架日机，直飞南城县城，不一会儿，就到城郊俯冲下来，人们可以清楚地看见机上的日军。当时，我一家人正和一批群众走在通往新丰、里塔的公路上，因为探听到消息，说日军马上要攻城了，所以我们一大早就开始逃难。日机飞到我们头顶时，我们都纷纷卧倒在公路两旁的洼地和树林里。但还是被飞机上的日军发现了，疯狂地用机枪向我们卧倒的地方扫射了两次。听到枪声和子弹打在我们周围地上的声音，我和大家都十分恐惧，生怕被子弹打中，恨不得钻进地里去。直到日机飞远了，我们才敢站起身来；但周围有几个人再也站不起来了，他们中弹了，无辜地被日军打死了。还有几个人受了伤，伤口流血不止。刚才被日军吓得屏声息气的人们，这时才敢放声痛哭，妇女的号哭声、小孩的惊叫声、受伤者的呻吟声响成一片。我一家人围在一起，相互察看着对方，看到都没受伤，悬着的心才落下来。但谁知道日军什么时候又会来扫杀我们呢？

大家惊魂未定，忽然来了一个骑自行车的人，告诉我们说，日军正从宜黄经里塔向县城包抄而来。我们走的这条路正通向里塔，必然会遇到日军，十分危险。我们这些死里逃生的人，来不及哭泣，只好丢下死者，转变线路，慌乱地由小路向包坊、上塘一带赶去。

我一家人逃到会沅小村时，天色已经暗了下来。这时我们才想起一天没吃东西了，肚子饿得咕咕直叫，身体十分虚弱。听到县城失陷、国民政府军退守黎川的消息后，我们感到自己早上逃出县城的决定十分明智。

会沅是个偏僻而平静的小村，没遭到日军践踏。我一家人在会沅躲了 20 多天，身上带的钱快用光了，正想从小路往黎川谋求生计时，听说日军在火烧南城县城后已撤往临川。开头我们还不敢相信，后来很多人都这么说，我才觉得消息比较可靠，于是便决定我一人先回城探看情况。沿途很多人都在谈论日军撤退的见闻，也有一些闻讯回城的难民。我加快步伐向县城奔去。到达山石嵊，得知城内确无一个日军。

走到东港口，闻到一股浓重的火焦味，还杂有腥臭味，十分难闻。到了河东，但见一望无际的瓦砾堆，丁子街看不见一家店铺，民房也稀稀落落所剩无几，有些地方还不断地冒着黑烟。

太平桥在国民政府军撤退时已被炸断了，我进城只能坐渡船。

进入城门，放眼一望，更是惨不忍睹。我这时才真正明白了什么是空前浩劫。昔日繁华的四条大街，除东街有五六间小店幸存外，周围一片废墟，民房90％被烧毁。九厅十八房、进士第、金斗寨等高楼大屋被毁不用说，就是南城乡师和一区几所小学及文化馆也被焚毁，福音堂、华光庙、尼姑庵、玄妙观这些宗教设施也都被日军烧得荡然无存，万恶的日军连麻风病院、养老院、积谷仓等慈善建筑也不放过。

废墟中到处可见还在燃烧的豆、麦、黍、谷冒着屡屡黑烟，铁柱钢架四处散落、东倒西歪，尚未烧尽的衣被到处都是，一些精致的家具被烧成焦炭，缸、盆、罐、钵等全成了碎片，铁锅、菜刀、锅铲、铁勺随处可见，还有未烧尽的人畜皮骨。这一切，全在向苍天控诉日军的暴行。

在街头巷尾、塘边草地，一条条裸体女尸不时映入眼帘，有的下体一滩污血，有的双乳被割去，有的流出肚肠，她们都是被日军奸污后又遭残杀。至于断头缺臂的尸体，水井中、大塘上漂浮的尸体，更是数不胜数。

来不及逃出、躲在城内的人，亲眼目睹了日军的暴行。一位姓赵的老大爷告诉我说，日军在撤离时，进行了疯狂的大屠杀、大奸淫。他看见一个日军在杀死拒奸的老妪后，又用刀挑死了她三四岁的小孙子。一个姓艾的小孩对我说，他亲眼看到日军不分老幼，到处奸污妇女的残暴情形。

日军犯下的累累罪行，至今想起，仍让我不寒而栗。我们要永远牢记这一段悲惨历史。

（廖经文原稿　王新平　吴主平整理）

# 日军飞机在南城大轰炸纪实

那时,我正在(上唐镇)心远中学读书。1941年3月3日上午,我和同学正在教室上课,忽然,听到从高空传来越来越响的嗡嗡声。由于日机经常空袭南城,我们立刻知道这是飞机声,不过,这次的声音特别大。老师马上停止讲课,和我们一起屏息谛听起来。趁日机还没飞到我们头顶,我们便在老师的带领下,跑出教室,迅速登上学校附近的一座小山上。抬头一望,只见27架日机每3架一组,组成9个"品"字形,径直向县城飞去。

不一会儿,我们就听到一阵阵爆炸声从县城方向传来。我感到周围的小山仿佛在抖动,心跳也似乎停止。我想着县城的父母亲人,担心他们的安全。

"到区公所打电话去!"忽然有人这样叫了一声,打破了沉闷的气氛。家住县城的同学被这句话一提醒,马上争先恐后地朝区公所跑去。去区公所还有一段路,一路上,我看到上唐镇的群众,虽然自己没遭到日机轰炸,但一样感同身受,对日军的暴行切齿痛恨,有些人眼里满含泪水。

赶到区公所时,电话机旁边已经挤满了人。我们很快从其他人口中得知,县城很多地方遭到轰炸,死伤惨重。大家不愿再听下去,也不想打电话,也不愿回学校。不约而同地往县城奔去。我们跑得很快,平时需要五个小时才能走完的崎岖小路,我们这次只用了三个半小时。

到达罗坊村时,我们看到县城上空浓烟滚滚,天空好像要压到地面来,阴森恐怖,笼罩着肃杀之气。

我心中十分忐忑不安,既想快点赶到亲人身边,又怕赶到时发生什么意外。我家里十多个人都呆在城里呀,他们是幸免于难,还是遭到不测?我越想越怕。

进城后,我碰到一个邻居,便心急火燎地向他打听我家里的情况。欣慰地得知,家人都安然无恙,现在避难在西门我外舅公家。听到这个好消息,我才松了一口气。

在去我外舅公家的路上,我看到那些中弹的地方,残垣断壁,尸横遍地;浓烟裹着烧焦的人肉和皮毛的恶臭,在浑浊的空气中飘散,使人喘不过气来。

我看到,在二府巷的一截断壁,耷拉着一具只有头、颈、右肩和右手的半边躯体。在这半边躯体上,布满了紫色的血迹。

我看到,一具小孩的尸体扑在一片瓦砾上,离他不到一米的地方,一根烧焦后倾斜的电线杆上,悬挂着一块长长的带血的人皮,皮下还牵着一只脚,也不知这只脚是不是他的。

我看到,在天一山,一个披头散发的少妇,被破砖烂瓦掩埋了下半截身子,她的胸部横在一根断木上,头低向地面,双手前伸。

我看到,雍熙街黄家屋,里面有数十间房子,一颗炸弹就把它炸成废墟。居民李镐被炸断一条腿,他的妻子被炸死。

1941年11月14日,日军又一次对南城县城实施了摧毁性的大轰炸。

"三·三"大轰炸后,为防日军空袭,减少伤亡,南城县政府下令紧急疏散。城里居民早出晚归,白天只留少数人看家。机关则搬到城外办公,学校也全部搬到城外上课。

11月14日下午3时左右,学生正在上课,忽然响起了空袭警报。不多时,9架重型轰炸机,排成3个大"品"字,由临川方向飞抵南城县城上空。它们没做盘旋,就径直冲向地面,投下大量燃烧弹。顿时,飞机场、县政府、粮米仓、学校到处火光冲天。洪家巷、府前门口、酱巷、雍熙街、沿望亭、凤书岗院都中弹起火。城内顿成一片火海,一些人的衣服被点燃,吓得到处乱跑,哭叫不已。有几处防空洞倒塌了,躲在洞里的人全被压死。因日军投下的大多是燃烧弹,有几百幢房屋的西街,除七幢没被烧光外,其余的全被炸毁烧光;几百人在这次空袭中被炸死炸伤。

(田水)

# 南城沦陷期间的见闻

## 田水的回忆

日军攻陷南城后,搞得我家破人亡,时至今日,仍不堪回首。

我父亲当时在县城做生意。听到日军要进攻南城的消息,父亲顾不上打理生意,也顾不了店里的货物,急急忙忙携带了现金和一些用品,和我们一起逃难到硝石夏家边我姑姑家。没过多久,就传来县城全被烧光的噩耗。

这噩耗像晴天霹雳,给我父亲当头一击。他痛感一生的心血付诸东流,辛辛苦苦积攒下来的两间店面和店里的货物(百货)及其他财产全部毁于一旦。从此他一蹶不振,吃不下东西,也睡不好觉,整天捧着一把铜质的水烟斗。昔日有说有笑的他,突然间像变成了另一个人,总是一言不发。有时,他看着还没长大成人的几个子女,禁不住泪流满面。父亲一定在为我们担忧,想到自己已无能为力,故而悲痛。哀莫大于心死。没过几天,忧郁成疾的父亲就丢下我们,含恨去世。

真是祸不单行,我祖母看到自己的独生儿子先她而去,受不了白发人送黑发人的打击,在我父亲死后不到半个月,她也与世长辞。

父亲和祖母去世,我们失去了依靠,心理上难以接受。特别是母亲,更加悲愤。但坚强的母亲,没有像父亲丧失生存的意志,而是勇敢地面对生活的磨难,挑起了一家的重担。

日军撤离南城半个月后,母亲和我们兄妹几人才回到县城。随同我们一起回城的,还有祖母和父亲的灵柩。母亲不愿把他们安葬在乡下,她要带着他们一起回家,看看日军带给我们的苦难和被毁坏的家园。

回城的路上,我看到很多人家破人亡,到处是撕心裂肺的哭声。

进到城里,呈现在眼前的是疮痍满目,一片荒凉。但我们决定要重建家园,并顽强地生存奋斗下去。

日军不仅害死了我父亲和祖母,还奸污并杀害了我一个婶娘。我婶娘已经年过花甲了,但日军没有放过她。日军把她奸污后,又用刺刀刺进她的阴部,野蛮地把她杀死了。

日军犯下的累累罪行,我们世世代代都不能忘记。

## 张祥荣的回忆

1942年农历三月,南城即进入紧急状态,成立了戒严司令部,开始疏散人口。学校全部停课,县政府则迁往里塔圩。在城内,十字街、沿望亭等处都建起了碉堡,并派军队守卫。这时,日机天天来南城县城上空侦察。

南城沦陷前,我父亲带着我的嫂嫂和几个侄子躲进了麻姑山下的一个小村子。我则留在城里照看店铺,探听动静。

农历四月二十六日,天刚亮,我就听到日机的轰鸣声。留在城里没走的人,大都不敢出门,也不敢烧火做饭,只躲在家里吃干粮和冷食。街上没有其他东西卖,只有猪肉,价格很便宜,但无人问津。一连几天都是这样。

农历四月二十八日凌晨,日机飞到南城县城上空。这次与往常不同,日机飞得很低,我们看得到日军的飞行员,而且日军用机枪向城里扫射。人们感到一场空前的灾难即将降临,都思考着如何逃生。上午 10 点多钟日机才飞走。还没等大家喘过气来,突然听到隆隆的炮声。街上顿时乱成一团,人们奔跑着,呼叫着:"日军进城了!快逃呀!"

我急忙打开店门,看到大家像潮水似地涌向十字街,有的提着箱子,有的担着衣物,有的背着小孩。我见此情景,马上从后门出逃,连店门都没锁。我跟着逃难的人群飞快地跑到东门城外(因为听人说日军是从宜黄棠阴镇经南城里塔圩入侵南城),再跑过太平桥,向洪门镇方向逃去。

一路上,看到很多人为了走得快些,把带出的箱子、衣物扔掉,沿途扔弃的东西不计其数,大家顾着逃命,再穷的人也没有闲心去拣这些东西。快到山门石时,天渐渐暗下来。去山门石的路很窄,而且一边是高山,另一边是大河,加上天黑人多,各不相让,有些老人和小孩便被挤下河去。

当晚,我和一些人在山门石的一个破庙里过夜,由于没吃中餐和晚饭,一路上又担惊受怕,肚子饿得咕咕叫,晚上根本没睡着。

第二天,我和大家继续向洪门镇方向赶去。一路上遇到很多撤退的国民政府军。

我在乡下一直躲到日军退出南城的第四天,得知日军确实撤走了,我才敢进城。但看到的县城已面目全非,到处是死尸,是血迹,是断壁残垣,闻到的是熏天臭气,真是满目凄凉、疮痍遍地。东西南北四条繁华的街道,已经荡然无存。站在南门口,可以看到十字街,十字街向西可以看到楼岭,向东可以看到太平桥,真是一览无余。城里城外,只剩一片焦土。焦土上,横七竖八躺着死尸,尸体像破棉絮一样惨不忍睹。在皇城上、铁局塘,有十几具已经腐烂发胀的男女尸体;在双眼井、三眼井、四眼井里,塞满了尸体,散发出阵阵尸臭,像豆子那样大的蛆虫爬满井圈。

据躲在城里的幸存者讲,日军在侵占南城县城的 20 多天里,天天杀人、奸淫妇女。他们亲眼看到斗姆阁的一个妇女被日军奸污后杀害;沿望亭的一个寡妇,不仅自己被日军奸污,幼小的儿子也被日军用刺刀穿心刺死;白衣堂的几个尼姑,不甘受辱,集体自杀。日军在"杀光、抢光"后,又在农历五月二十五日开始实行"烧光"政策,一连数日,南城笼罩在一片火海之中。城内外 6000 多幢房子,除磨盘山、学道背、府背、河东等处有 30 多幢房子幸存外,其他的全被烧光。火势一直烧到农历五月二十八日。

大难之后,必有大灾。南城光复不久,即暴发鼠疫。此后的两个多月,有1000 多人因感染鼠疫身亡,不少人家全家死绝。

日军欠下的血债,怎么清算都不为过。

# 被日军奸杀的孕妇和被挑死的胎儿

钟夏,阳光炽热。穿着单衣的钟宝妞挺着大肚子,走在那群妇女中,格外显眼。她已经怀孕 6 个月了,就在昨晚,她还和丈夫商量着给肚子里的孩子取名字呢。可就在转眼间,丈夫却下落不明,而自己也陷入魔爪。

"但愿他不要落入虎口。"钟宝妞默默地祈祷着。

她并不祈望丈夫来救她,只是希望他能够平平安安。

她是个善良的女人,在一个平常的家庭中长大,备受父母的疼爱,从不知道什么叫暴行。

但暴行,并没有因为她的善良而远离她,相反正一步步向她逼近,让她猝不及防。

此刻,她的逃命的丈夫正遭日军追杀,平时矫健的他,在日军紧追下已经筋疲力尽。

"砰"的一声,日军射出罪恶的子弹,打中了他的后背。他踉跄一步,栽倒下去。临死前,他恍惚看到自己的儿子已呱呱坠地。

钟宝妞一阵心悸,这种感觉她从未有过。夫妻连心。难道他出事了?钟宝妞情难自已,泪水顿时盈满眼眶。

这一群妇女不知道日军要把她们押到什么地方去。

走到南城县城城东太平桥上,有人哭了起来,哭声让这群失魂落魄的女人更加恐惧不安。让钟宝妞的心开始哆嗦起来。

"难道日军要把我们丢到河里淹死?"她心慌意乱地走在太平桥上,看着桥下湍急的盱江,下意识地用双手护住自己的大肚子。

前天刚下过一场大雨,河水混浊而汹涌。

"不会的,不会的。"钟宝妞只听说过日军奸杀妇女,没听说过日军会活活地淹死妇女。

哗哗涌流的河水拍打着桥墩,让人感到太平桥太不太平。

突然,"扑通"一声,有什么东西掉进了河里。妇女们都停下脚步向河里张望,她们看见一个身穿花格子衣服的女子,在波涛的托举下时隐时现。

那女子,也许是不愿被日军凌辱而跳河自杀的。

多贞烈的女子呀!

当这群妇女被日军押解到河东饶家大屋门口时,才知道日军要对她们做什么。

饶家大屋里的人已跑光,偌大一座房子里满是日军的铺盖和抢掠来的各种东西。原来有一大队日军在这里驻扎,以便和城内的日军遥相呼应。

饶家大屋前,有一口大水塘,池水发出幽蓝的光,让人不寒而栗。

罗细仔是钟宝姐丈夫的远房亲戚,因几次在一起吃饭,她也顺便认识了他的老婆。

罗细仔的老婆长得十分水灵,这次她也被日军抓来了,平时红扑扑的面颊已吓得面如土色。

她先看到钟宝姐,偷偷挨到钟宝姐的身边,哆嗦着向钟宝姐问道:"怎么办呀?"

"但愿日军能放过我肚子里的宝宝。"钟宝姐一脸凄凉地说。

罗细仔的老婆是这群妇女当中长得最漂亮的,几乎所有日军的贼眼都向她滴溜着。

这当儿,一个日军军官手握马刀,正朝罗细仔的老婆冲过来。

她吓得缩成一团,恨不得继续缩小,缩进地缝里去。

日军军官跨到她面前,一把抓住了她细嫩的左手。

刚结婚不久的她,正全身心爱着罗细仔,她不能容忍任何人玷污自己。

只见她张口用牙齿狠狠地咬住那日军军官的手,日军军官痛得哇哇直叫,放开了她。

趁这空隙,罗细仔的老婆疯狂地冲向那口池塘,跳了进去,池水马上把她淹没。

日军怕有人再投水自杀,一边赶紧把妇女们往屋里逼,一边派人围在池塘四周。

这群弱小的女人,只好听凭日军的宰割。

她们被日军一个个拖进各个房间,遭到日军的恣意蹂躏。

钟宝姐用双手护着大肚子,一步步向墙角退去,不住地向日军乞求:"我已经怀孕六个月了,不能那样了,做不得呀! 放过我吧!"她泪流满面地哀求着。

可是,毫无人性的日军根本不予理睬,邪恶地狞笑着向她逼去。

钟宝姐知道反抗只会招来更残忍的摧残,她艰难地跪了下去。她双手合十,向日军拜了又拜:"求求你了,这样做不得的!"

日军仍是毫不理会她的哀求。

钟宝姐无奈地放弃了努力。

钟宝姐的下体,已经血红一片。

她看着从自己体内流出的鲜血,绝望到了极点。六个月的胎儿流产,不可能有活下来的机会。

她开始悔恨起来,早知保不住胎儿,还不如在未被日军凌辱前,和日军拼命,或者自杀。

在她旁边,其他几个被日军摧残的女人,有的撞墙而死,有的冲向日军,撞在日军的刺刀上,王玉莫等五个人则被日军轮奸致死。

钟宝妞也开始挪动身子,向一根柱子移去。鲜血在她身后,像铺了一块红地毯。

锥心的疼痛,撕裂着她的全身,让她难以忍受。

日军看着那些横七竖八的裸露的被他们奸杀的女尸,好像打了一场大胜仗,好像已经征服、消灭了一个民族,不可一世地狂笑不已。

钟宝妞的泪水,滴在自己的鲜血上,马上与鲜血融为一体。鲜血没有因泪水而稀释,反而因泪水而凝聚。

日军得意洋洋地看着痛苦不堪的钟宝妞,像一个屠夫看着他屠刀下的牛羊一样。

魔鬼,从来就是以杀人为乐。

上帝只有一个,而恶魔太多,所以悲剧总是层出不穷,防不胜防。

一个日军用枪托砸向钟宝妞。

她毫无防备地被砸昏,仰躺在地。

几个日军开始用刺刀剖开她的下腹。

她在痛楚中醒来时,意识到自己的下腹已被日军剖开。她强忍剧痛,想在临死前看一眼自己怀了六个月的胎儿。

那胎儿,那本来可以顺利诞生并长大成人的胎儿,却被日军用刺刀从钟宝妞的肚子里挑了出来。

钟宝妞痛苦地闭上了眼睛,她不忍再看下去。

"啪"的一声,一个物体砸落在石板地上。

钟宝妞知道那砸落在地的是什么,她不忍再睁开双眼,她也无力再睁开双眼。但她还是伸着双手,在地上摸索起来……

当人们发现钟宝妞的尸体和她的胎儿时,看到的是她把自己的胎儿抱在怀里。

（抚州市委党史办　吴主平）

# 日军两次攻陷宜黄县城的前前后后

1939年3月28日南昌市被日军攻陷后,日军一直盘踞在梁家渡西岸,国民政府军则在梁家渡东岸凭险构筑工事,扼守温圳镇。南昌部分难民逃来宜黄县避难,宜黄从此便笼罩在战争阴云之下。县长熊家驹收容了1000多难民,指定县积谷保管委员张松生兼收容所主任,每月凭证发给生活费4元。

1942年4月下旬,日军佯攻温圳、李家渡,一时抚州告急。专员公署命令疏散人口,抚州戒严司令部的全部家属及部分职员畏敌如虎,征用车船,满载财物撤离抚州。广大群众也扶老携幼,争相逃难。一时间,中国军警、军官家属和难民蜂拥投奔宜黄,汉奸也乘机乔装打扮混入刺探情报。日机整天轮番在宜黄一带低飞侦察。后任县长方正鹄胆怯无能,想不出对策。县政府只得紧急通知疏散老弱妇孺,要他们白天潜伏在乡村,夜晚再回县城住宿,以躲空袭。

5月底,县政府与抚州戒严司令部通话,听说抚州前线无战况。广大士绅听到这一消息后,顿觉宽慰。其实这时县城已危如累卵,因为操外地口音的汉奸扮成商贩充斥街道,商店老板见这些不明身份的人,只好闭门歇业。敌机还不时在县城上空低飞。

狡猾的日军不从正面进攻宜黄,而是绕道南昌三江口镇,经由临川县秋溪圩和崇仁县航埠圩,过崇仁县许坊圩和黄坊村,再经宜黄县红石门村,在四三位(地名)一带寨头岭进入县城北郊的黄陂桥。由于日军"暗度陈仓",中国军队猝不及防,虽然进行了抵抗,但抵挡不住日军的强势进攻。日军很快抢占了北关高地。县政府官员听到枪声,还称是抚州戒严司令部征用车船、拉用民夫开的枪,对日军的进攻毫无防备。继而机枪声、大炮声频频指向城内。不久,只见日军长驱直入,北关人民呼号着由北向南逃避。

6月8日,日军攻陷县城,未遭任何抵抗。

日军步兵进城后,乱枪扫射逃难民众,许多未来得及逃走的老百姓横尸街头。日军杀人杀累了,便架起帐篷,在中山台广场宿营,一小部分日军则在民房驻扎。他们不设门哨,防备松弛。外出也不结伴,仅带武器,以藐视我军。做饭不用锅灶,把木棍、竹枝交叉支起,上挂一壶,内盛米菜,下放煤油、汽油或柴火(柴火都是些民房板、家具板),饭菜煮熟后,便各吃各壶。日军吃饭没什么菜,大多是用食糖拌饭吃。日军强迫抓来的老百姓做夫役,让他们肩挑、背驮掠来的粮食、物资和禽畜。不时有三五成群的汉奸,不知羞耻,认贼作父,手执太阳旗,宣传所谓大东亚共荣圈,鼓吹效忠天皇,拥护汪精卫伪政权。

日军还搜遍天主堂,搜寻美籍董神甫。但董神甫在城陷之日上午即从附东桥逃出,藏匿在大鹿群众家。

日军在宜黄县城抓了100多名男女学生，分两地关押。一部分关押在宜黄中学（龙泉寺），女生被日军奸淫后，日军在撤退时又把她们杀害，然后放火，尸体和龙泉寺一起被烧为灰烬。另一部分学生被关押在益宜造纸厂内，女生遭奸淫后，也被残酷杀死，尸体被日军抛到河中和饮水井里。县城大小街巷，尸体东横西卧，惨不忍睹。日军掳掠猪、牛、鸡、鸭等畜禽，更是无所顾忌，只食瘦肉，其他部分则弃之满地。时值盛夏，天气炎热，人和动物的尸体很快腐烂，臭气熏天，苍蝇繁集，蛆虫乱爬。县城被攻陷时，正值大雨倾盆，河水猛涨，"三桥"（河东桥、通济桥、附东桥）上敌哨兵肆意杀戮、戏弄行人，老人刘成茂、黄鼎先、刘贵茂、邹贵香等，过桥时被日军撞入河内丧生，尸体被激流冲走，敌哨兵拍手大笑，以此取乐，真是灭绝人性。

日军在撤退时，更穷凶极恶，不仅捣毁了益宜造纸厂主要设备，致使该厂一时无法恢复生产，还喷洒汽油烧毁县城商业繁华区——务前街、坪尔街、许家湾等处的数百幢店房，冲天的火光，映照着日军的丑恶嘴脸。日军撤退途经棠阴镇和南城里塔圩等地时，枪杀，掳掠，作恶无数，逢人重则一刀，轻则脚踢。宜黄县陈坊村黄九仔被踢得脑浆四溅，当即死去。

日军占领县城后，县政府和抚州戒严司令部、自卫队、警察队都撤到黄陂镇和东陂圩，仅留县政府财政科长应铭石长驻大鹿。第一次占领县城的日军撤退后，应铭石组织掩埋队，将被日军杀死的人的尸体和被日军丢弃的猪、牛、鸡、鸭肢体打扫干净，掩埋于河东、南关、北关山坡。

6月29日，日军第二次攻陷县城，在他们占领县城的一周时间里，又烧毁宜黄县梨溪圩全部商店及民房。日军在撤退时，又烧毁县城的下马市、十字街、横街、岳岭背、老码口、大南关等处店房数百幢。他们还残杀了数百名无辜百姓，连养济院盲人吴女女、邹五仍也被日军用刀杀死。

日军在不到三周的时间内，先后两次蹂躏宜黄县城，所作所为令人发指，旷古未闻，给宜黄人民带来了空前的灾难。宜黄人民永远不会忘记这段血泪史。

（杨贤廉原稿　邹国荣　吴主平整理）

# 日军肆虐宜黄玉贤寺

玉贤寺坐落在宜黄县潭坊镇隔河对岸,始建于唐朝,历史悠久,香火鼎盛。它西畔宜黄河,依山傍水,山清水秀,交通便利。附近几十里的善男信女,初一、十五都来这里求神拜佛,门庭若市。

但是,这一切都因为日军的肆虐而成为过去。

1942年6月29日,天气炎热,骄阳似火,使人透不过气来。这一天,日军第二次侵占了宜黄县城。日军在县城及潭坊、棠阴周围的村庄肆无忌惮地烧杀抢掠,他们连敬济院、积谷仓、学校、庙宇也不放过,在焚毁了龙泉寺、孔庙、东门庙之后,派了一支40余人的分队进入谭坊东井村劫掠。

东井村,当时有50来户人家。日军进入宜黄后,村里的男女老少都躲到深山老林逃命。日军进村,没杀到人,便到处翻箱倒柜,搜刮民财,一连三天,把东井村搞得面目全非。躲在山上的几个人由于饥饿难忍,便悄悄地摸进村子,想找点吃的,不幸被日军发现,当即死在日军的屠刀之下。久病卧床的张时生未能逃走,被日军连人带屋一起烧。有一女子走到东家桥时,被日军发现,日军追上她后,把她推到桥下,用枪打死。60多岁的吴协质放养了一群鸭子,日军看到后要捉,老人想上前阻止,被日军捆绑起来,连砍几刀,气绝身亡后,日军把他扔到他放养鸭子的池塘。潭坊一个20来岁的青年,走在去东井村的路上,不幸遇到日军,来不及躲藏,被日军一刀砍死在路旁。日军还在东井村附近奸淫了邹秋女、许宝金等妇女,烧毁吴贤勋、吴寿生、吴春生、郑金良、吴仁轩、张时生等人5幢共45间房屋,宰杀耕牛1头、大小猪100多头、鸡鸭300余只。

由于这次日军侵入宜黄窜扰潭坊事发突然,逃难群众晕头转向,不知躲到哪里才安全。玉贤寺与潭坊隔河相望,很多群众就渡过宜黄河躲进寺里。一时之间,玉贤寺拥进了200多人。三天过后,寺内大米被吃得所剩无几,寺庙住持想出外筹点粮食,又怕招来杀身之祸,只好煮粥供难民食用。人多目标大,寺内不时传出婴儿啼哭声和山上的砍柴声。日军听到这些声音后,认为隔河对岸是个大村子,可以猎取更多的钱物。

7月1日,24个日军吃过午饭,分乘两只竹筏,手持大刀,荷枪实弹,直奔玉贤寺。

日军上岸时,正在寺前树下乘凉的人一看到就立即叫喊起来。难民们听到喊声,有几个动作快的冲出寺门,往外奔跑。可是已经晚了,这几个人没跑多远,就被日军的机枪打中,倒在血泊中。日军随即用机枪封锁了寺门,包围了寺庙。一部分日军端着机枪杀气腾腾地冲进殿堂。躲在寺里的群众看到日军如狼似虎般冲进寺里,吓得毛骨悚然,慌作一团。

日军对恐惧的群众一个个搜身,把他们随身携带的值钱的东西搜光。然后把男的赶到前殿,女的赶到后殿;留下两个哨兵在殿门口警戒,其余的日军便都来到后殿。关在后殿的 100 多个妇女,被吓得抱成一团,身如筛糠,抖个不停。一个日军抓起人群中的余冬女(潭坊人),拖到殿后面的厨房里,把她摔在地上,欲行强奸,不料遭到余冬女的强烈反抗。不甘受辱的她对扑上来的日军又抓又咬。日军被她咬伤后,恼羞成怒,拔出腰刀,一刀刺进她的心窝。余冬女挣扎了几下,倒在血泊之中。

日军开始集体施暴,撕扯下这些妇女的衣裤,就地强奸她们。这种集体强奸的暴行,竟发生在佛门之地。

两个小时光景,被日军奸淫的妇女达 30 余人。随后,对前殿的男人们拳打脚踢一阵,从中挑选了 30 多个身体强健的押到东井村那边做挑夫去了。

日军走后,玉贤寺男女悲号,凄惨的哭声响成一片,久久不能停息。老方丈吩咐男人埋葬寺内寺外尸体。

到了晚上,寺内由于香火断绝,伸手不见五指,更觉得阴森恐怖。想到白天受辱的情景,妇女们不禁悲从中来,凄楚的哭声又此起彼落。

第二天,天气阴霾,人们的心情十分沉重。早饭后,有人路过玉贤寺,告诉躲在寺里的人说,日军已经向梨溪、棠阴方向走了。听到这一消息,大家才多少松了一口气,都扶老携幼各自回家。

此后一连几个月,都没人来玉贤寺烧香拜佛。即使是路过,人们也是绕道而走。寺内粮油断绝,老方丈只好派小和尚下山化缘,但由于日军在各村洗劫一空,善男信女自己都忍饥挨饿,哪有钱粮施给化缘的小和尚;再加上玉贤寺名誉一落千丈,根本化不到缘。寺宇便日益显得空空落落、凄凄惨惨。老方丈突然两鬓变白,两眉成霜,经不起这样的打击,染病于床,不久圆寂。

老方丈千古后,一些年轻的和尚有的还俗,有的改投其他寺庙。

从此,昔日香火鼎盛的玉贤寺,就在宜黄销声匿迹了,留在人们脑海的是惨痛的记忆。

(伍澄原稿　吴主平修改)

# 日军两次入侵宜黄棠阴的暴行

1942 年 6 月 8 日,宜黄县城沦陷。6 月 9 日,日军蹂躏完县城后,又兵分两路,一路往棠阴,一路往梨溪,要把这些富庶的乡镇置于他们的铁蹄之下。

当时,国民政府军预备第 5 师接兵人员 20 多人,住在棠阴车上村邱金堂饭店,正在煮晚饭,他们派哨兵在内家坳放哨,以为日军会从内家坳进军。不料,日军却从 10 多年人迹罕至的王岭老路而来,这 20 多名中国士兵根本来不及抵抗和逃跑,只好束手就擒。日军把他们押到新开岭的路旁(今宜棠公路侧),先枪杀了3 个,其余的在沿途被陆续杀害,无一幸免。

将近黄昏,日军绕道由承恩坊进入棠阴。帮人看店的吴细氓站在门口张望,没想到,日军一转弯就来到吴细氓面前,他还没转过神来,就被日军一枪打死。很快,大群日军长驱直入,控制了棠阴街。人们听到日军打死吴细氓的枪声后,纷纷关门闭户,躲藏起来。日军便沿街撞门,破门而入,窜到各户人家,翻箱倒柜,大肆搜刮财物。家家户户被日军糟蹋得凌乱不堪,东西被抛得满街满屋。日军见到男人就抓,碰到女人就强奸。东巷姑嫂二人遭日军强奸后,不堪屈辱,双双跳入水塘,自溺身亡。一个十七八岁的少女被日军轮奸后,奄奄一息,命悬一线。

日军掳掠不停,直至深夜还不罢休。

6 月 10 日上午 8 时,日机来到棠阴上空,盘旋几圈后,第一架飞到前面去了,地上的日军似乎接到什么命令,开始集队出发;第二架日机绕在日军的上空低飞,以保护日军,配合作战。带路的日机是在侦察中国军队,探明地面情况。

这次日军入侵棠阴,除预备第 5 师接兵人员 20 多人被日军杀害外,还有 10 名无辜百姓被杀,其中 50 多岁的官法生被日军绑在枣树上杀死;20 多人被抓走,内有两个十四五岁的小孩;数十个妇女被强奸。

许多外逃回到家中的人,看着家具被打烂,东西丢得乱成一片,满腔愤恨涌上心头,有的牙齿咬得格格直响。猪被日军杀了,猪腿被割走;到米缸舀米,舀起来的是一坨屎,日军把米带走后,就在米缸里拉屎拉尿。食盐供销社的盐缸里屎尿臭气熏人。

日军第一次入侵棠阴后,经永兴桥、松阴向南城进攻。数日后,日军又从南城经宜黄县南源的东源、下坪返回,行至棠阴的南华山遭到国民政府军伏击,日军死伤惨重,便向宜黄县城方向溃逃。

日军窜往县城,会不会再来棠阴?深受日军第一次残害的棠阴百姓惶惶不安。为了保命,多数百姓躲避在远方山村或山林中,少数人则暂时躲在附近的黄家堡村。

黄家堡与棠阴仅一水之隔。那几天正连降大雨,河水猛涨,加之棠阴通往黄家堡的桥梁又被河水冲断,不少人认为黄家堡有河做天然屏障,安全可靠,所以商贾们把货物往这里搬,人也往这里躲。只有 10 多家住户的黄家堡,一时间,家家挤满了人,仿佛突然变成了另一个世界。

7 月 1 日,天气转晴,一切显得十分平静。黄家堡对岸的棠阴偶尔可以看到穿便衣的国民政府军人员,除此再没有其他人影。早饭后,黄家堡农民趁早下地耕作去了。农民黄时仁没去地里,和几个人结伴上山砍柴。突然,他们看到通往樟源路旁的关公庙前有 10 多个装扮奇特的人,正想停下来观察,不料被那些人发现,那些人对着他们"砰"的就是一枪。他们这才明白原来那些人是日本兵,于是赶紧逃命。接着,大批日军开始向黄家堡进犯。幸好国民政府军出现在河对岸,马上投入战斗,机枪、步枪一齐向日军开火。

躲在黄家堡的人做梦也不会想到日军会从仙三都经西湖岭而来。他们听到枪炮声后,争先恐后沿河向上游奔逃。

国民政府军与日军交火后,一部分日军占据附近山头,与中国军队对峙;一部分则窜入住户人家抢劫财物、奸淫妇女,一时全村鬼哭狼嚎。

大约一个小时后,棠阴外围一带都响起机枪、步枪声,而且愈打愈激烈。日军知道国民政府军后援部队已到,不敢恋战,便抓了一批青壮年人做挑夫,逼他们挑着抢来的东西,向小源方向退却。守卫在棠阴附近狮尔山上的国民政府军,虽然可遥望到日军,但距离都在射程之外,只好眼巴巴望着日军远去。

日军退走后,黄家堡到处都是哭声。有的丈夫被日军抓去,有的儿子被日军杀死,所有人家值钱的东西都被日军掠走。

被日军抓去做挑夫的农民吴维高,走到源里高桥时,累得再也走不动了,便想放下担子休息,可是担子还没落地,就被日军对着胸口一刀捅死。其他被抓来做挑夫的人见此惨状,再不敢停步休息,悬着心,艰难地踏着生死难料的路往前走……

（吴秉权原稿　吴主平整理）

# 宜黄通济桥惨案

通济桥横跨黄水(宜黄县城东城外的一条河),是县城通往棠阴镇的一座主要桥梁。在这座桥上,记载了一段血淋淋的历史。

1942 年 6 月初,一连几天倾盆大雨,河水猛涨,远处时而雷鸣,时而电闪。6 月 7 日,平静的宜黄县城,突然响起飞机声、机枪声、炸弹声,国民政府军终于和日军交火了。但有备而来的日军很快控制了战局,8 日从北门攻进县城。霎时间,县城内还没逃走的百姓吓得惊慌失措,东藏西躲。

日军进城后,首先占领了城外的交通要道。然后,在城里城外,挨家挨户翻箱倒柜、烧杀抢掠。走慢了一步的人,大都成了日军的刀下亡魂。

当天,横街上的 4 个老妇人:剃头师傅的老婆(74 岁)、周进士的老婆(73 岁)、李细女的老婆(84 岁)、陈律士的母亲邹端英(78 岁)。由于这 4 个老妇人年纪较大,且疾病缠身,加上都是小脚,走不动,便邀伴躲在小剃头店里。她们一听到从未听过的枪炮声,就吓得魂不附体,全身战栗。到了正午,突然几个日军破门而入,一副凶神恶煞的模样。4 个老妇人一看,心里十分恐慌,缩成一团。

万恶的日军并没有可怜她们,端起枪托狠狠地击打她们的衰朽身躯,用穿着大头皮靴的脚踢她们,然后把 4 个老妇人拖到通济桥上。几个在桥上站岗的日军见到她们,立即一拥而上,把李细女的老婆和邹端英背靠背绑在一起,把她们的头发扎在一块,抓起两人从桥上抛到湍急的河水中。她们来不及惨叫,就随河水上下沉浮,没挣扎几下,就被漩涡吞没。站在桥上的 30 多个日军,竟然狂笑不止。

紧接着,日军又把剃头师傅的老婆和周进士的老婆两人的头发结在一起。她俩眼睁睁地看到两个同伴那样被日军残杀,知道日军要故伎重演,便用双手死死拉住桥墩铁链,大声叫喊:"救命呀! 老天爷救命呀!"毫无人性的日军用脚猛踩她们紧拉铁链的双手,疼痛难耐之下,她们的手只好松开。日军赶紧将她俩抓起,抛入河中。很快,她们便被河水吞噬。

东门上有个瞎子,同着母亲、妻子、一儿一女,还有抱着 3 岁女儿的黄连英,慌不择路地逃出城来。当他们走到通济桥上时,被 10 多个日军追上。他们连喊声也来不及发出,就被日军抛下桥去。后来连尸体也没找到。这两家从此绝后。

岳岭背的舒端英(63 岁)、六生娘(67 岁),南大路的生根娘(55 岁)、春发娘(58 岁),西花院的银庆娘(64 岁),小东关傅师娘(46 岁),6 个妇女,因来不及逃离县城,被日军赶到河边,逃无可逃,只好任日军宰割。20 多个日军,分成几组,两个拉手,两个拉脚,像荡秋千一样,将她们一个个抛入河中。只有傅师娘被树枝挂住,躲在河边树枝下,幸免于难(其子余贵生 20 世纪 70 年代是凤冈镇蔬菜组负责人),其他 5 位全被淹死。

通津路杨冬英的弟弟刘牙牙（24 岁），被日军捉去后，逃了出来，藏在通济桥下的一条小船上。没想到日军再来通济桥时，又发现了他。日军把他从船上推入河中，朝他开了 3 抢。日军没有打中他的要害，只有一颗子弹穿过他的腭部。他忍着伤口的剧痛，装死漂流，过了河东桥后，才敢游上河岸，医治数月才痊愈，总算留下了一条命。

通济桥，见证了日军犯下的滔天罪行。

（吴挺）

# 日军入侵宜黄梅坊罪行实录

1942 年 5 月底，来自李渡、抚州一带的难民，一批批向宜黄逃来。难民们有的坐船逆宜黄河而上；有的沿陆路肩挑背驮、扶老携幼，或是推着独轮车，行人络绎不绝。混乱不堪的局面，一直持续了四五天。

1942 年 6 月 7 日，国民政府军部队开进龙溪镇，并在龙岗山上和日军展开战斗。战斗打得很激烈，子弹在空中横飞，枪炮声震天动地。村民们谁也不敢出门。到了第二天，老百姓发现国民政府军突然销声匿迹，不知去向，更加惶恐不安。

人们赶紧把家中的粮食、耕牛、衣物藏好，再把小孩、妇女和老弱病残转移到深山密林中，准备好日常生活用品，做好较长时间的隐藏准备。一批年轻力壮的男子，则日夜轮番在四周山岗上守望，观察日军的动静，一旦发现日军有进山搜索的迹象，便立即想办法告诉躲在山里的人，以便大家转移山头，免遭日军的屠杀和抢掠。为了不让日军发现隐藏目标，大家自觉做到白天不生烟火，只在夜深人静之时，把一天所需的饭菜做好。

临近端午节的一天，日军飞机在宜黄一带低空盘旋，不时用机枪扫射和投放炸弹，为日军地面部队的行进扫清障碍。第二天，日军的步兵、骑兵开始向宜黄进犯。

那天，大雨倾盆，宜黄河水不断上涨，山洪暴发。日军由临川县荣山镇兵分两路入侵宜黄。其中一路由荣山向西，渡过宜黄河，进犯龙溪镇。在烧毁龙上街和花家、范家等村后，进入宜黄县曾坊村，烧毁下易、侯家、万家诸村落，沿着已破坏了的宜临公路而上，进入上花村、路西村，四处掳掠，之后向宜黄县城方向进犯。在上花村西边的荒山谷里，日军枪杀了 20 余名沿途捉来的难民，霎时，尸横山谷，血流满地。由于日军陆续进犯，天又下大雨，所以这些被日军杀害的难民的尸体，拖延了 10 余天都无人埋葬，尸体腐烂不堪后，尸骸才由村人草草合葬。

进入中黄的一股日军，先将村口的一栋政府粮仓烧毁，再将中黄村的所有房屋烧光，后又返回到曾坊村烧掉曾苟生、曾三福、曾国生、曾庆文的房屋，杀死难民 3 人，捉走村民张家仔（后下落不明），到下楼溪村烧掉祠堂一幢。进占梅坊后，因下雨河水上涨，在此驻扎两天，烧毁房屋 30 余间，惨杀 21 人，梅坊村民梅品山、李龙山、袁三仔、户仙珠、许家女、梅爱玉、梅红生等 7 人被日军杀害，另有 14 人是不知姓名的难民。

户仙珠、许家女、梅爱玉是老年妇女，日军来前没有逃走。日军抓住她们后，逼着要奸污她们，她们拼命反抗，誓死不从；全身衣裤被日军撕光后，她们仍用嘴咬日军。凶残成性的日军当即把她们杀死后，丢在池塘内。

梅红生是在探察日军残杀村民时，不幸被日军抓住。日军和汉奸将马刀架在他脖子上，逼着要他带路，去搜出全村躲藏的人。可他始终一言不发，只是摇摇头，以示听不懂和不知道。日军便用棉絮绑住他的全身，只留一个头在外面，泼上煤油，点上火，棉絮和煤油很快被烧着，他瞬间成了一个火球，痛得在地上乱滚。可他始终不哼一声，为了保护村民，情愿被活活烧死。躲在村旁荆棘丛中的乡亲眼睁睁看着梅红生被火烧，好像那火烧在自己身上，然而束手无策，只能任泪水涌流。

这股日军逆宜黄河而上，在大港村又杀死 1 人、打死 1 头牛，接着便向宜黄县城奔去。

另一路日军则由临川县荣山向西走两县交界处的廖坊、龙源、赵家村，然后又分成两股。一股从龙源窜入下万村，烧掉万红兵等人房屋 1 栋 8 间，上万村万连寿因回去灭火被日军抓到杀害；到下艾村，日军又把全村 4 幢房子全部烧光，进入上艾村烧掉艾毛仔房屋 1 栋 8 间、打死耕牛 2 头。另一股由龙源村直进湖田万家村，因涨水难以渡河，在此驻扎 10 余天。然后两股日军在此会合。在万家村烧掉李玉仁、万保寿房屋各 1 栋，杀死万乐安 1 人；在许家村捉走了许兰书、许资生等 6 人（有 4 人后来逃了回来，许兰书和许资生不明生死）；然后渡过梨水河到颜家、荣前、扈家等村，捉去扈玉芳 1 人，烧掉房屋 1 栋 10 余间。

总之，日军所到之处，都是一片火光，烧光之后，就到处杀人劫掠，见人就抓就杀，见家禽家畜也杀，杀光了，再没有人反抗，就可以肆无忌惮地抢光，这就是日军施行的臭名昭著的烧光、杀光、抢光的"三光"政策。

（花必生）

# 悲惨的记忆

### 吴先高的回忆

（吴先高，男，1990年66岁，梨溪乡里阴村沙河村民组农民）

1942年端午节前夕，听到日军要进攻宜黄的消息后，老百姓都不敢呆在家里。我们全家和邻居共20多人一起躲进外阴村油塘白蛇坑深山里。由于那年雨特别多，树下无法安身，因此在深山中搭了一间小茅棚，用来遮风蔽雨，这样也算有了个住处，可以睡个好觉。

谁也没有想到，几天后的一天，天刚蒙蒙亮，我们大家都还在茅棚里睡觉，却突然被人用脚踢醒。蒙眬中，我睁开眼睛一看，发现有30多个头戴钢盔帽、脚穿高筒牛皮靴、腰挎马刀、讲话叽里咕噜的人站在我们铺前四周。我们都吓得呆若木鸡，几个小孩立刻被吓哭了。过了一会儿，我们才转过神来，知道他们是日本兵。逃走是不可能了，大家只好乞求饶命。日军凶神恶煞地在我们身上和茅棚内搜了一遍，没有搜到什么特别的东西，只在我衣袋里搜出几张江西裕民银行发行的面额五角的钞票，他们便把钞票抢走。

我们20多人当中，老的老，幼的幼，只有我和另外两人是青年，派得上用场，于是日军就把我们三个人抓了起来。我父亲看见日军要把我们抓走，就哭着求情。一个日军十分不耐烦，一边大骂，一边抬起一脚向我父亲踢去，把我父亲踢到坡下去了；接着还举起马刀要砍我父亲，幸好我父亲被踢远了，日军砍不到。我看到这种情景，心里比刀割还难受，我父亲可从没被人侮辱、殴打过。

我们三个人被日军带下山后，就强迫我们给他们背包袱、担东西。

接近中午，我在日军的看押下，来到梨溪镇河对面沙洲上，看到梨溪街上火光冲天，浓烟滚滚，一幢幢民房在火焰中化为灰烬。接着，日军命令我们停下休息，只剩下三个人看守我们，其他日军都过桥到街上找中午饭吃去了。过了不久，回来三个日军换下刚才看守我们的三个人去吃饭，可是我们什么都没有吃喝，肚子饿得十分难受，只好到河里喝冷水充饥。

大约半小时后，只见很多日军抓来了一批老百姓朝我们这儿走来。这些老百姓在日军的逼迫下，像我们三个人一样，给他们挑行李、抬担子，个个压得东倒西歪，饿得直冒冷汗，气都喘不过来。这时，有两个日军抬来一副担子，叫我和另一个同伴抬，还有一个同伴则继续给他们担行李。

日军吃过中饭，便向临川荣山镇方向开拔。梨溪到荣山全是崎岖的山间小道，天又下着雨，路面被前面行军的日军和战马踩得稀烂。我们这些挑夫又累又饿，哪里还走得动，可是只要稍微走慢了一步，就要遭日军毒打。

黄昏时，我们在距荣山不远的一个地方，听到前面响起密集的枪炮声。押着我们的日军听到前面在交火，就吆喝我们原地休息。过了一会，天渐渐黑下来，雨也越下越大，我觉得这是逃走的好机会。我假装要解大便，故意将裤子拉下，蹲在看守我们的日军身旁。那日军看见我的举动，十分不高兴，不耐烦地挥手，要我离他远一点。我正求之不得，就慢慢地蹲着身子往前面走，走出一段距离，回头望了一下，感到相互看不大清楚了，我就悄悄逃到路旁山林里。在我刚爬上另一座山岭时，就听见日军的喊叫声，并朝我逃走的方向开了几枪。原来他们发现我逃跑了。我听到枪声，不顾天黑，拼命地往相反的方向跑去。

当晚，我摸黑翻过几座山头。由于又累又饿，实在走不动，才在一棵树下休息了一阵子。天亮后，在山上摘了一些杨梅充饥。我怕被日军发现，白天不敢走路，躲在深山丛林里，天黑后才敢往家里赶，直到第二天晚上的后半夜，我才回到家里。

和我一起被抓走的另外两个人至今下落不明，杳无音讯，也不知是死是活。

## 丁国民和欧阳匡臣的回忆

（丁国民，男，1990 年 74 岁；欧阳匡臣，男，1990 年 67 岁。两人均住在宜黄县梨溪乡里阴村沙湾村民组，农民。）

1942 年端午节前几天，国民政府军第 4 军一个营来到我们里阴村，分别驻扎在沙湾、东源两个自然村。为做好抗日准备，我们这些老百姓便帮助国民政府军队筑工事，老弱病残则躲进深山老林。

一天上午，国民政府军侦察兵跑来向长官报告说："日军已到外阴村了，距这里不到两公里。"那位长官听后，紧急集合部队，命令官兵进入快筑完的工事内。我们听说日军打来了，吓得赶紧丢掉手中工具，转头就朝树林里跑去。有几个国民政府军士兵也开小差，和我们一起躲到树林里来了。

大约过了 1 小时，我们听见到处响起乒乒乓乓的枪声。打了一阵之后，日军的飞机飞来了，飞得很低，从我们头上飞过，大树被飞机卷起的狂风刮得左摇右晃。我们躲在树底下，连日机上的日军都看得很清楚。日机在龙岗山上盘旋了一番之后，就开始扫射中国军队，子弹十分密集，过一会日机才飞走。

所幸我们都没受伤，但已经吓得心惊胆战，加上又累又饿，躲到天黑时，已经饿得快要昏厥了，便冒着危险下山找吃的。当我们快到龙回村晒谷场边，突然看到很多日军横七竖八地躺在晒谷场周边，枪支集中架放在一起。见此情景，我们不敢再往前走，只好饿着肚子折回山里。

半夜后，我们饿得眼发黑、头发晕，实在忍不下去了。同村的周庆香提议下山找吃的。我们几个青年一商量，决定派周庆香等两人下山。个把钟头后，他们两人从龙回村旁捡来了日军抛弃的猪头和猪蹄子，还有一些猪内脏，我们就在山上用柴火烤，然后大吃起来，总算没饿死。

第二天上午，我们还是躲在山上，观察着山下的动静。蓦地，看见东源村里冒出滚滚浓烟。当时我们不知道发生了什么事，后来才知道，原来是日军借口没有抓到住在东源村的两个中国伤兵，放火焚烧村民张明标家的住房。幸好当时天降大雨，烧掉张家一栋房后，火就熄灭了，没有燃及其他人家的房子。我们躲在山里，毫无遮蔽，全身很快就被大雨湿透了，几个老年人被雨淋得浑身直打哆嗦。想到再这样下去不是办法，于是我们避开大路，去白头寺里避雨。

白头寺建在一个山头上，我们进去时，那里已经躲了不少男女老少。由于我们的衣服还是湿漉漉的，就在庙里找了些干柴，生起火把衣服烤干。这下可引来了大祸，山下的日军看见山头上冒烟，便断定山上有人，于是几个日军就朝山头爬来。在庙门口放哨的人发现日军来了，赶紧进来通知大家。所有的人一下子手忙脚乱，纷纷从后门向山上树林里奔跑。

有几个中年小脚女人来不及逃走（因为跑不快），就躲在菩萨背后。有两个叫徐大女、邹凤眼的妇女，不幸被进庙的日军搜到了。10来个日军把她们轮奸后，还惨无人道地将地上的灰尘塞到她们的阴道里。

日军在里阴周围四五个自然村未搜到中国军队的影子，就由里阴进到尚源，再朝棠阴方向去了。由于国民政府军破坏了里阴村通往棠阴的道路，加之天下大雨，日军人马又多，前头的人马把路踩得泥泞一片，后面的人马难以通过，有些马匹陷在烂泥里。日军到周围村庄老百姓家里拆门板、拿被子，用来垫路，以便通行。

那天晚上，我们看见日军走了，就回到村里。进村一看，只见家家户户都被洗劫一空，家禽家畜全被宰杀了，猪牛的头、脚和内脏扔得到处都是，臭气熏天，蝇蚊成堆。家具都被砸烂，锅里、米缸里和水缸里全是日军拉的屎尿。

毫无人性的日军，犯下的罪行罄竹难书。

（吴先高等口述　抚州市委党史办整理）

# 血债永不忘

1942 年后每年的农历五月十八日这一天,是我家惨遭日军屠杀的纪念日,我家世世代代永远不会忘记这个血腥的日子。

1942 年农历五月十八日,天空阴霾,大气似乎凝结了。清晨,我们听到日军侵占宜黄县城的消息后,预料到日军不久就会入侵棠阴,一场可怕的灾难即将降临。为了逃避这场灾难,住在棠阴港下一带的 80 余名农民,事先都躲到港下对岸的黄家堡村。我家 I3 口也与大家一同过河,躲到对岸,想凭借宜水河这个"天堑",在黄家堡逃过劫难。

然而,我们怎么也没料到,灾难还是降临在我们头上。就在这天上午 10 点钟左右,狡猾的日军不经大路进攻棠阴,而是从仙三都、鸟坪过西湖岭,经小源村来到棠阴河的西岸。当时,国民政府军第 79 军一部正在棠阴河东岸一个离黄家堡 2 里许的地方,他们看到突然出现在西岸的日军,只远远地放了几枪,就赶紧撤退。200 多名日军听到枪声,立即占据有利地形开枪还击,看到中国军队在撤退,便渡过宜水河追击。在田里栽禾的农民听到枪声,抬头张望,蓦然发现周围山上全是日军,当即吓得魂飞魄散。他们生怕日军枪击他们,只好飞快地向黄家堡村内跑去;而村里的人听到枪声,一时吓得不辨东西南北,又都向村外奔跑。但已经来不及了,日军正从四面包抄而来,端着寒光闪闪的步枪,瞪着充满血丝的双眼,一个个凶神恶煞,把惊慌失措的百姓一步步逼进黄家堡。

一场充满血腥的屠杀开始了。日军把百姓赶进村里后,把男女分开,各关一处,留了几个日军看守;其余的日军则进户入室,有的翻箱倒柜抢掠财物,有的杀猪宰牛赶鸭捉鸡,有的到处点火焚烧民房。折腾一阵后,便回转来行凶杀人、轮奸妇女。全村笼罩在一片腥风血雨中。

那时我只有 8 岁,看到日军无恶不作,第一次感到惊恐不安。面对日军的兽性,平时柔弱的母亲显得意外平静、坚强,紧紧地把我搂在怀里。躲在母亲怀里的我却没有一点安全感,因为我看到几个日军正张牙舞爪向我们走来。原来日军要抓我母亲,但嫌我碍手碍脚,就凶狠地一把将我从母亲怀里抓起,用力抛到门外场院里。我被摔得失去知觉,幸好后来被人救起,死里逃生。

黄家堡村在日军的疯狂蹂躏下,已变得面目全非,满目疮痍。在此后的两个多小时里,日军打死打伤群众 10 余人,40 多个妇女除少数老太婆和幼女外,全被日军轮奸;村子里凡是能吃能用的都被日军打包扎捆带走,不能带走的物品则被日军全部打碎。

日军离开时,还抓了 30 多个男人做挑夫,其中有我的父亲、伯父和叔叔他们仨兄弟。每个挑夫都挑着沉重的担子,由 4 个日军押着,经小源过源里往县城赶。

我父亲吴维珍,以杀猪为业,时年 37 岁,在日军的强迫下,挑了一担米和衣服,担子十分沉重,但日军不准他休息。父亲只有喘着粗气,弓着腰身,大汗淋漓地一步步往前赶。好不容易走到宜黄县城边的通济桥上,他累得实在不行,便放下担子,想换个肩膀,可刚把担子放在地上,就突然被万恶的日军捅了一刀。我父亲还没反应过来就倒下去了。4 个看押的日军一齐动手,抓起倒在地上、流血不止的我的父亲,把他从桥上抛到咆哮奔流的宜黄河里。怒涛很快把我父亲卷走,父亲就这样葬身河底,连尸体也没找到。

我伯父吴维高,42 岁,是个裁缝,平时没做过重活的他,哪挑得起百斤重担。担子像一座山一样压在他肩上,让他喘不过气。在日军看押下,他只好歪歪斜斜地往前走。挨到观音桥(又叫高桥)后,他累得实在透不过气来,头昏目眩,全身摇晃,一不小心,从担子上掉下了一匹布,他刚停下把布拾起,不料日军赶到他面前,提起刺刀,朝他心口一刀刺去。伯父按住胸前,想止住喷涌而出的鲜血,他不知道自己已被日军刺中心脏。穷凶极恶的日军看到伯父还没倒下,便又朝他身上刺了一刀。可怜我勤劳正直的伯父,就这样倒在观音桥头,倒在自己的血泊里,倒在日军的屠刀下。

叔叔吴维祥以种田织布为生,时年 32 岁,身强力壮,一副重担一直挑到县城西北的官仓前村。可他还不知道自己两个哥哥已先后被日军杀害。入夜之后,他看到日军正顾着烧饭,放松了看押,以为是个逃走的好时机,于是便偷偷往外溜。可是没走出五丈远,就被日军哨兵抓了回来。杀人成性的日军马上用棉被把我叔叔紧紧捆住,直到捆得他不能动弹。当时正值天热,我叔叔还以为日军只是想让他尝尝"热天裹棉被"的滋味,却怎么也没想到,日军立即在棉被上浇了很多煤油,我叔叔这才意识到日军要对他下毒手了。日军把棉被点着后,我叔叔很快成了一团火球,就这样被日军残忍地活活烧死。

我祖父吴宣初,当时 64 岁,祖母饶木香,时年 61 岁,都年老体弱、身患痨疾。当他们听到三个儿子一天之内全被日军残杀时,悲痛欲绝,呼天抢地,昏倒在床,吃不下任何东西,几天后与世长辞。临走时,两个老人的眼睛还圆睁着,怎么也合拢不了。

我伯母周兰贞,在伯父惨死后,无依无靠,走投无路,只好含恨改嫁。

我堂兄吴润远外出讨饭、逃亡,在亲朋故友的拯救下,才留下一命。我婶母罗来玉有一手织布技艺,靠帮人织布为生,勉强生活下来,没被饿死。

父亲惨死后,母亲、我和两个姐姐,一家四口衣食无着,无奈之下,母亲只得将我两个姐姐吴兰娇、吴贵娇送人,一个送给杨坊下杨桂花家做童养媳,一个被迫送给地主做丫头,但她们两人都先后被主人家虐待致死。母亲和我相依为命,母亲靠帮人洗衣、种菜和砍柴卖维持生计。两年后,我刚 10 岁就给地主放牛。

我家 13 口人,被日军杀害 3 个,气死、病死 4 个,逃亡、改嫁各 1 个,只剩下我母亲、我、堂兄和婶母 4 人。万恶的日军把我们害得家破人亡。这一血海深仇,将永远牢记在我们子孙后代的心里。

(吴友见口述　吴挺记录　抚州市委党史办整理)

# 被日军奸杀的花季少女

翻开《宜黄县志》,见到这样一则记载:"1942年6月8日,江西私立葆灵女子中学师生300余人,从南昌迁往宜黄途中,在许坊小学暂住,30多名女生在小学校内遭日军强奸杀害。后在路边村莫家段凉亭内发现一女生尸体,全身裸露,乃奸后被杀三刀而死。"

然而,在这短短的一则记载后面,隐藏了多少个悲惨的故事,30多个家庭因痛失亲人而失去欢笑,30多位父母因爱女死于非命而悲痛欲绝,幸免于难的葆灵女中师生因同学惨遭日军奸杀而留下心酸的回忆。

葆灵女中学生如茵,就是上则记载中惨死在日军暴行之下的30多名花季少女之一。

如茵家住九江近郊,父亲是个开明的小商人,家境虽不富有,但因祖上一直开杂货店,日子也过得十分宽裕,而且置办了一些产业。

如茵有三个哥哥,家里只有她一个女孩,天生丽质,性格活泼,父母视她为掌上明珠,疼爱有加。

她三个哥哥都不喜欢读书,很小就跟着父亲打理生意,掌握了一些做生意的门道,先后离开父母去了外地发展。

如茵天性喜欢读书,小时候就跟着哥哥在私塾读了几年书。她对先生所讲的一切充满好奇,听得十分专心,记性和悟性又好,所以先生讲的她都能记住。久而久之,几个哥哥倒要向小妹请教,这让她好不得意。

一个春天的上午,艳阳高照。父亲一早就出去了,如茵赶忙在店里帮忙看店。好一会不见顾客进门,她就趁空躲到里间看书。正当她看得津津有味时,突然听到外面传来吆喝声:"招生啦!招生啦!女子中学招生啦!"

这可是一条好消息,还有专门的女子学校吗?如茵赶忙走出店门。

她看到一个小男孩一只手里拿着一叠广告单,另一只手高扬着一张广告左摇右晃。她快步走过去,伸手向小男孩要了一张,又迫不及待地问:"什么女子学校呀?"

"你看看就知道了。"小男孩一边回答一边往前继续吆喝。

如茵捧着广告单一看,原来是江西私立葆灵女子中学,办在南昌。

快要吃晚饭的时候,如茵把这张广告单故意放在饭桌边,想引起父亲注意。她没想到,在家料理家务的母亲已经得知有关情况,并与她父亲商量过了。她的父亲一时还未拿定主意,他不放心让从未出过远门的爱女离开自己去一个陌生的地方。

吃完饭,如茵为父亲泡了一杯茶,甜甜地说道:"爸爸,喝茶。今天在外很忙吧?"每次饭后,他都要喝一杯热茶。

"不忙。就是在外会了几个做生意的朋友。"他看着乖巧伶俐的女儿,心情十分舒畅。

"爸爸,你听说过有什么女子学校吗?"如茵不想拐弯抹角,单刀直入地问。

"有呀,今天才知道的。"

如茵听出父亲话里有话,有点不好意思。

"还是你让我知道的呢,"父亲一边说着,一边从桌子边上拿起那张广告单,"葆灵女子中学吧?看样子,是所不错的学校。"

如茵听父亲这么说,心想,这下有戏了。

"在那所学校读书,一定能学到很多东西。"如茵顺着爸爸的话。

"是呀!如果好好学,当然能学到很多知识。"父亲看着女儿,满心欢喜地说。

"要是我能去那学校读书,我一定会努力学习。"如茵向父亲表起决心来。

"心动了?哈哈。"父亲爽朗地笑了起来。这笑声给如茵带来希望。

如茵这年刚好16岁,这个花季少女,有太多的梦想,每个梦想都那样缤纷多彩。

本来,她的每个梦想,都可以通过自己的努力和不懈追求,一步步得以实现。

本来,她可以像其他女孩一样,健康快乐地成长,然后找个如意郎君,过上恩恩爱爱、幸福甜蜜的生活。

本来,她可以……

可是,她还没来得及舒展梦想的翅膀,灾难就接二连三地降临到她的头上。

如茵进入葆灵女子中学还不到3个月,就从九江传来噩耗:家里的店铺被日军的飞机炸毁,父亲被炸死在店里,母亲下落不明。

当她听到这噩耗时,立即昏倒在地。面对这样沉重的突然降临的灾难,没有一个女孩能够承受得住。

等她清醒过来时,她的唯一想法就是回家,她要把被日军炸碎的父亲的躯体一块块拾起来,拼成一个完整的父亲;她要去寻找下落不明的母亲,不管母亲是被打死打伤,还是被日军掳去,都要找到她,然后和母亲相依为命。

然而,校长不允许她离校,学校派了专人看护她、照顾她、安慰她。校方认为九江比南昌更危险,他们不想把这个已经悲痛欲绝的少女再一次送入虎口,并且正在考虑组织学生撤离南昌。

可是,撤到哪里去呢?长驱直入的日军,在中国大地上耀武扬威、横行霸道,早已如入无人之境。

全校这么多弱女子,跑得过日军的飞机、汽车、坦克和战马吗?

但是,跑不过也要跑,躲不过也要躲,与其等死不如逃命。

葆灵女子中学校长决定带领全校师生躲到后方,躲进山林。他认为宜黄有一座军峰山,山高林密,交通落后,相比其他地方,应该是个比较安全的所在。

然而,学校雇不到汽车,连马车、牛车、驴车都雇不到。有车的早跑光了,没车的也肩驮手提、扶老携幼向后方逃去。

逃难的队伍，前不见头，后不见尾，南昌快变成一座空城了。

无计可施，校长只好带着300多名师生，加入逃难的队伍，步行逃命。

这些娇弱的女孩，大多生长在富裕家庭，从未吃过什么苦，更没走过这么多路。

很快，一些学生走不动了，一些学生脚底起了泡，痛得哭了起来。

日机在头顶轰鸣，炸弹在身边追命，一些人被炸得血肉模糊，还有一些人被炸得断腿缺臂。

见此惨景，这些弱小的女生，不知从哪里涌出那么大的力量和勇气，竟忘了疼痛，抹干眼泪，加快了步伐。

1942年6月8日早晨，许坊小学，昨晚借宿此处的葆灵女子中学的300多名师生，恢复了一点体力。突然，校外传来一阵阵叽里咕噜的喊叫声。耳尖的学生已经听出来了，那是日军，赶紧拖着疲惫的身子向学校后面的山上跑去。

日军的喊声、脚步声、马蹄声音越来越近，越来越嘈杂。

此时，如茵和身边30多个同学，正半依半躺在一个教室的几块木板上。她们太累了，脚底全起了脓包，肚子又饿得打起了响鼓。一些意志不坚强的女孩甚至巴不得就这样死去。

但"死"到临头，谁也不愿坐以待毙。

正当她们想夺门而逃时，一大队日军已经蜂拥而至，堵在了学校门口。

日军看到这一群花季少女，一个个都狞笑起来，睁着邪恶的双眼不停地在她们身上扫来扫去。

30多个女生，面对穷凶极恶的日军，吓得慌成一团。

但当日军要逼她们就范时，竟然没有一个女生愿意屈服于日军的淫威，她们竭力反抗着，愤怒地责骂着，用手抓日军的脸，用脚蹬日军的身，用牙咬日军的臂膀。疯狂的日军把她们打昏，或按住她们的手脚和脑袋，逼迫她们……

如茵面对凶恶的日军，想起了被日军炸碎的父亲和杳无音信的母亲，怒火满腔，她真恨不得把这些杀人恶魔杀光，以报那血海深仇！她的眼睛瞪着逼近的日军，撕心裂肺地喊叫起来："你们这些杀人不眨眼的魔鬼，我今天和你们拼了！！"

日军一时被她的气势震住了。

霎时，几个日军抓住了她的手脚，准备蹂躏她。突然，不知从哪里爆发出来的力量，她竟挣脱了日军的魔爪。

趁这一瞬间，如茵冲到一个正在强奸她同学的日军身边，抽出他的腰刀，然后用尽全身力气，把腰刀深深地扎进了这个日军的后背。

这个日军还没来得及反应过来，就一命呜呼。

旁边的日军眼看着这一幕，吓得张嘴结舌。他们从没见过这样一个弱女子，竟然如此无所畏惧。

终于，几个日军端着刺刀，对着如茵围了过来……

（抚州市委党史办）

# 重大惨案

# 南昌市惨案——日军疯狂大轰炸

南昌地处江西中部偏北,赣江、抚河下游,濒临我国第一淡水湖鄱阳湖西南岸。南昌自建城以来一直被誉为"江南昌盛之地",是江西的省会,全省政治、经济、文化的中心。1937年七七卢沟桥事变后,日本侵略军疯狂南侵。11月12日,上海沦陷。12月13日,南京沦陷。在此前后,从台湾松山机场起飞的日军鹿屋海军航空队,肆无忌惮地在南昌上空疯狂投弹轰炸,给南昌市造成了的惨重损失。

## (一)

南昌是抗战初期中国空军的重要基地,拥有1933年修建的顺化门外老营房飞机场、1934年修建的三家店飞机场和1935年中意合办的南昌飞机制造厂。同时,南昌在抗战初期的战略地理位置也非常重要。当时南昌拥有全国最大的飞机场,在全国能上天的305架飞机中,南昌就占有250多架。上海沦陷后中国空军主要集中在南昌。南昌的飞机可轰炸到日军在台北的机场和上海、南京日军占领区的机场,并控制着日军在长江的航运。作为中国空军重要基地的南昌,无疑就成为日军频繁轰炸攻击的目标。虽经中国空军的奋勇抵抗,但还是无法阻止日机经常侵入市区的上空。

据当时有关报纸书刊记载:

1937年8月15日,日军鹿屋海军航空队重型轰炸机14架由新田少佐率领从台北起飞,首次空袭南昌,因遇低云及暴雨,仅8架进入市区,在顺化门外老营房飞机场、中山路东段东湖附近、长途汽车站等地,投弹10多枚,炸死市民6人。8月26日,日机6架空袭三家店飞机场。9月23日,日机12架空袭南昌市区。9月24日,日机15架空袭顺化门外老营房飞机场和三家店飞机场。10月20日,日军14架重型轰炸机轰炸市区,死伤市民14人。10月23日,日机6架轰炸昌北牛行火车站,并在市区投放毒气弹。12月9日,日机15架侵入市区轰炸。12月22日,日机14架轰炸市区。

1938年1月9日,日机37架在王安石路、金盘路、张家花园等处,投弹130余枚,死伤市民8人,毁民房20余栋。1月12日,日机42架空袭顺外及近郊乡村,投弹100余枚,死伤农民18人,毁民房50余栋。3月17日,日机64架分批轰炸市区,投弹百余枚。7月4日,日机27架侵入市区,在顺化门外及进贤门外投弹80余枚,死伤市民2人。7月9日,日机27架侵入市区,在永外正街等地投弹50余枚,死伤市民2人。7月15日,日机37架分两批侵入市区,在三家店等地投弹140枚,死伤市民4人,毁房21栋。7月17日,日机21架分两批侵入市空,往返投弹4次,计100余枚。

据查有关资料的不完全统计,截至1938年7月底,日机空袭南昌造成市民死伤 206 人。

## (二)

1938 年 8 月至 10 月,日军飞机对南昌进行了集中疯狂猛烈的轰炸,其主要原因:一是 1938 年 7 月 26 日,日军占领九江后,靠近九江的南昌就成为日军下一个重点攻击的目标。这时日军分两批,一批由长江向瑞昌方向进攻武汉,另一批沿南浔铁路向南昌进逼。二是 1938 年 10 月 25 日,日军攻占武汉后,发起了进攻南昌和截断浙赣铁路的作战。三是南昌的中国空军在 6、7 月间轰炸了长江上的日军军舰、运输船,又轰炸了日本占领了的安庆、南京、杭州等地日军的飞机场。由于南昌战略地理位置的重要以及周边城市的相继沦陷,日军更是变本加厉、集中兵力重点轰炸攻击南昌。

据当时有关报纸书刊记载:1938 年 8 月 4 日,日机 27 架分两批侵入市区,在下沙窝、三纬路、沿江路等地投弹 100 多枚,炸死市民 60 余人,炸伤 200 余人,毁房 80 多栋。8 月 7 日,日机 18 架在牛行火车站等处投弹 60 多枚,炸死市民 87 人,炸伤 63 人,毁房 300 余栋。8 月 25 日,日机 18 架袭击南昌西南郊等地,投弹数十枚,炸死市民 18 人,炸伤 20 余人,毁房多栋。9 月 3 日,日机 12 架在中山路、民德路等市区繁华街道,投弹 47 枚,炸死市民 30 余人,炸伤 50 余人,炸毁商店、民房 40 余栋。9 月 21 日,日机 6 架侵入市区,在城北地区投弹 30 余枚,死伤市民 5 人。10 月 3 日,日机 5 架侵入市区,在上营坊、二经路等地,投弹 40 余枚,死伤市民 80 余人,毁房 30 余栋。10 月 5 日,日机 20 架侵入市区,在豫章路等地,投弹 66 枚,死伤市民 70 余人,毁房 80 余栋。10 月 31 日,日机对南昌的轰炸最为猛烈,人员伤亡惨重,财产损失巨大。武汉沦陷后,蒋介石于 10 月 30 日由南岳秘密乘飞机来到南昌,下令薛岳兵团退守修河以南,与日军隔河对峙。次日,蒋介石逗留南昌度过他 52 岁生日。当时,据说日军因得到汉奸情报,立即出动重型轰炸机 18 架狂轰滥炸南昌市区,企图将蒋介石炸死。日机密集投弹 300 余枚,在中山路、胜利路、肖家巷等地进行地毯式轰炸,炸死市民 206 人,伤 183 人,房屋损毁 532 栋,交通、通信中断,烈焰冲天,惨叫声震地,实为空前之浩劫。据可查资料的不完全统计,1938 年 8 月至 10 月,日机空袭南昌造成市民死伤 1052 人。

## (三)

笔者翻阅了大量抗日战争亲历者的采访记录,也调查采访了部分亲见日军暴行的幸存者。现将抗战亲历者、幸存者的有关采访记录和口述资料摘选如下。

1938 年 8 月 6 日,英国记者弗雷特·厄特利不顾旅途辛劳,从长沙来到南昌。她来到南昌的第二天,即 8 月 7 日一大早,南昌就遭到了日机的空袭。她冒着生命危险前往现场,亲眼目睹并详细记录了日军轰炸南昌的情景。翻开她编著的《蒙难的中国——国民党战区纪行》一书,这一天日机轰炸南昌的悲惨场景在我们脑海中历历再现:

"当日机来临时,我们坐着的汽车已冲过大桥,驶到离南昌北站一公里处停了下来。大家从汽车上下来,与一些广州兵一起坐在靠近池塘的田野上,眼看着飞机从我们的头顶上直接飞过,在火车站的邻近地区丢下炸弹。接着,日机绕了一个圈子后再次轰炸。浓烟开始从车站上空升起。过了一会儿,中国的高射炮还击了,炮弹的刺耳声尤为恐怖,日本轰炸机的四周出现了团团烟雾……

"日机的狂轰滥炸终于结束了。我们回到城里,越靠近铁路,见到的死者和伤员就越多。车站里传出断断续续的爆炸声,一股巨大的浓烟升到了数百英尺高的天空。这是日本人炸中了某些军火。他们在半径约为一点五公里的范围内投下了近百枚炸弹。铁路穿过的小河两岸净是工人们居住的棚屋。现在,这里一片混乱,到处都是死者、伤残者和奄奄一息者,此时的南昌已有一半居民逃离城市,它未能像武汉和广州那样组织起良好的急救服务。此次空袭结束三小时后,伤员还没有得到彻底妥善的处理。直至今天,这星期天上午的情景仍历历在目:一位妇女抱着脸被熏黑的婴儿,死去的丈夫躺在她的脚下,旁边是一个大约两岁的小孩在大声哭叫;一位男人手忙脚乱地试图救活他的妻子——她显然不在人们的救援之列,但却仍有一丝呼吸;四肢残缺不全的孩子、母亲和男人。悲哀的气氛笼罩着人们的心头。一个小男孩趴在他母亲血肉模糊的躯体旁,大声地哭叫着,唯一留给他的是一间木屋。'你父亲呢?'我问道。'在前一次空袭中被炸死了。'他回答说。紧挨他的是一位已经做了祖母的年迈的老太太,她的全家也都被日本人炸死了,现在只剩下她孤零零一个,而且也无疑将在贫困中悲惨地死去。

"数小时后,当人们被允许接近车站时,情景就显得不那么恐怖了。虽然遍地都是被炸毁的汽车、各种碎片、烧焦的尸体和血水,但是这些受害者已经死了,混乱的现场秩序也已恢复正常。铁路没受损害,火车将在晚上重新通行。日机只炸毁了几百磅军火,可六百名平民却为此成了无辜的牺牲品——他们被炸死或炸伤致残,此外更多的人成为无家可归的难民。"

1990年3月,南昌军分区干部罗政球、王维元在查阅大量历史资料的基础上编纂出版了《劫恨——南昌沦陷纪实》一书,书中对日军轰炸南昌的暴行作了详尽的记载:

"呜—呜—呜!"撕心裂肺的防空警报又响了。"轰—轰—轰!"连续的轰炸又开始了。一天防空警报拉得迟了一点,许多人还没藏进防空洞和地下室,炸弹就像冰雹一样砸了下来,这时市民的惊叫声、哭喊声、号叫声响成一片。一位年轻的母亲发疯地冲到废墟,用淌着鲜血的手在余烬未息的瓦砾中拼命地扒着、扒着,寻找她那躺在摇床上的婴孩。一个四岁多一点的小孩,抱着妈妈那截掉在一旁血淋淋的断臂,拼命哭着喊着:"妈妈,你的手! 妈妈,给你!"然而,可怜的妈妈永远也不能回答天真的孩子了。还有一个妇女被弹片击伤了腿,右脚踝和腿部分开了,只被一块皮连接着。但她似乎忘记了自己的疼痛,怀里死命搂着被弹片削去了半个脑袋的两周岁男孩,这时她还在喃喃地呼唤着孩子的乳名……

当时南昌风行一时的《轰炸歌》对日机狂轰滥炸作了愤怒的揭露。歌词写道:

## 江西省抗战时期人口伤亡和财产损失

铛铛铛铛,紧急警报,轰轰轰轰,敌机来了,每一家男和女,每一家老和少,迅速地离开了市区,镇静地走进防空壕。沉默代替着愤怒,小孩也和大人一样。嘭嘭嘭嘭,是炸弹的巨响,许多的房屋变成灰尘,许多人被炸死或炸伤,有的人失去了手和脚,还有的人肠肚高挂在树上,许多的死尸陆续被发现,使掩埋队来不及埋葬……

2001年9月18日,笔者和时年78岁的龚屏老人应邀参加南昌电视台举办的纪念"九一八"事变七十周年电视直播座谈时,他讲述了他当时亲眼目睹日军轰炸南昌的一些悲惨场景。有一天,日军飞行团的大机群直扑南昌城,从高空俯冲下来,投放了重磅炸弹。南昌最富丽堂皇的大明星电影院被炸开了,一块巨大的钢筋水泥块腾空飞到了50米外。正在这里看演出的市民听到一阵阵剧烈的爆炸声,顿时惊慌失措,就像无头乱飞的苍蝇四处逃窜。蒋介石的南昌行营大楼也被炸开了,无数个水泥块像雪崩一样纷纷落在百花洲的东湖内,击得水花飞起。不少市民在狂奔中被炸得血肉横飞,惨景不忍目睹。

2008年12月20日,笔者和同事一行四人来到84岁的蒋文澜老人家采访。他在讲述日军轰炸南昌的一些暴行时说,当时日军在南昌的大轰炸我是亲身经历了的,到现在还记忆犹新。有一天,我跟父亲在永叔路和象山南路交界处的一个名叫万矮子的茶馆喝茶,有个60岁的老头喝完茶后对伙计说:"先不收碗,我等会还要回来喝。"结果刚走出茶馆,便来了日军的飞机进行轰炸,我亲眼目睹刚才还在我身后喝茶的这个老人就被炸死了。还有就是1938年的4、5月间的一天,12岁的我跟60岁的母亲在家,日军的飞机又来轰炸了,当时我们已经来不及躲进防空洞,便只得躲到我家堂前的一个木板四方桌底下。一个炸弹片从离我家不到20米的地方飞了过来,因房门未来得及关上,弹片飞到了桌子旁边的地板上,幸好未打到我们身上来,如果不是躲在桌子底下,我想我们肯定也是非常危险的。后来我们一看,那个弹片足有一尺宽、一寸厚,捡起来还是热的。就我所知的有关史料,日军飞机对南昌的轰炸中有两次场景很悲惨,炸死的都是很勇敢的教师。1938年2月23日,中国飞机轰炸了台北机场,炸毁了日军停在机场的几十架飞机。日军出于报复,2月25日,出动了很多飞机前来南昌轰炸。下午四点多,正带一班学生在上室外课的百花洲小学一位27岁的年轻老师卢英,看见天空中来了一大批日军的飞机,便急忙把40多名学生赶进了防空洞,由于她是最后一个,还未走进洞里,就被日军飞机投下的炸弹爆炸的弹片炸中腹部而死。不久之后,1938年3月17日,江西省高级护士职业学校一名叫黄丽娅的教师,指导一个班的学生在附近的省立医院(现在的二附院)实习,尽职尽责,尽管日军飞机前来轰炸,还是带班实习,也被日军炸死了。日军飞机对南昌轰炸最猛烈的是1938年10月31日蒋介石在南昌过52岁生日的那一天。当天,日军投下了大量炸弹,南昌遭受了惨重的损失。这一天,胜利路和阳明路交界处正在进行爱国献金的活动,设了一个献金台,在那里组织的是两个初中生。他们是童子军团的成员,归属江西省教育厅管辖,负责人叫万人俊。当时他亲自带着这两个学生,日军飞机前来轰炸的时候,群众劝他们赶快离开,但这两个学生为了保护现金,没有走。后来,其中一个17岁的学生被炸死,另一个被炸成重伤,是他把这个受重伤的学生背到医院治疗的,伤者被锯掉了一条腿。学生们的爱国行动让大家都很感动,也更加揭示了日军的残忍和战争的残酷。

悲惨景象实在太多,简直不忍再作陈述。

据1939年3月15日南昌市长朱有骞对外广播说:抗战以来19个月(1937年8月15日至1939年3月15日),日机空袭南昌49次,投弹2559枚,被炸431处,炸毁房屋661栋,震倒房屋1417栋,炸死592人,炸伤745人。日机对南昌毁灭性的空袭,迫使城内居民纷纷迁出,商店也闭门停业,市街呈冷落景象,以往有居民30万人,所剩已不及8.5万人。日军对南昌的大轰炸,其罪行滔天,血债累累,罄竹难书。

（撰稿:南昌市史志办公室　张永华）

附件一：

# 英国记者弗雷特·厄特利在
## 《蒙难的中国——国民党战区纪行》一书中
## 记述 1938 年 8 月日机轰炸南昌的情景（摘录）

……当日机来临时，我们坐着的汽车已冲过大桥，驶到离南昌北站一公里处停了下来。大家从汽车上下来，与一些广州兵一起坐在靠近池塘的田野上，眼看着飞机从我们的头顶上直接飞过，在火车站的邻近地区丢下炸弹。接着，日机绕了一个圈子后再次轰炸。浓烟开始从车站上空升起。过了一会儿，中国的高射炮还击了，炮弹的刺耳声尤为恐怖，日本轰炸机的四周出现了团团烟雾……

日机的狂轰滥炸终于结束了。我们回到城里，越靠近铁路，见到的死者和伤员就越多。车站里传出断断续续的爆炸声，一股巨大的浓烟升到了数百英尺高的天空。这是日本人炸中了某些军火。他们在半径约为一点五公里的范围内投下了近百枚炸弹。铁路穿过的小河两岸净是工人们居住的棚屋。现在，这里一片混乱，到处都是死者、伤残者和奄奄一息者，此时的南昌已有一半居民逃离城市，它未能像武汉和广州那样组织起良好的急救服务。此次空袭结束三小时后，伤员还没有得到彻底妥善的处理。直至今天，这星期天上午的情景仍历历在目：一位妇女抱着脸被熏黑的婴儿，死去的丈夫躺在她的脚下，旁边是一个大约两岁的小孩在大声哭叫；一位男人手忙脚乱地试图救活他的妻子——她显然不在人们的救援之列，但却仍有一丝呼吸；四肢残缺不全的孩子、母亲和男人。悲哀的气氛笼罩着人们的心头。一个小男孩趴在他母亲血肉模糊的躯体旁，大声地哭叫着，唯一留给他的是一间木屋。"你父亲呢？"我问道。"在前一次空袭中被炸死了。"他回答说。紧挨他的是一位已经做了祖母的年迈的老太太，她的全家也都被日本人炸死了，现在只剩下她孤零零一个，而且也无疑将在贫困中悲惨地死去。

数小时后，当人们被允许接近车站时，情景就显得不那么恐怖了。虽然遍地都是被炸毁的汽车、各种碎片、烧焦的尸体和血水，但是这些受害者已经死了，混乱的现场秩序也已恢复正常。铁路没受损害，火车将在晚上重新通行。日机只炸毁了几百磅军火，可六百名平民却为此成了无辜的牺牲品——他们被炸死或炸伤致残，此外更多的人成为无家可归的难民。

附件二：

# 敌机惨无人道昨狂炸本市市区

### 投弹四十七枚均落繁盛街道　毁屋四十余栋
### 死伤平民甚多　到处断垣残瓦血肉横飞

敌机惨无人道，到处轰炸我无辜平民，尤以昨（三日）在本市轰炸，情形最为凄惨，缘是日上午八时许，赣皖边境发现敌机六架，侵至本市轰炸，漫无目标，投弹数十枚，房屋被炸毁及震坏者四十余栋，平民死三十余人，伤五十余人，到处断垣残瓦，血肉横飞，哭声震天，不忍睹闻，兹将空袭情形，及受灾详情分志于下。

空袭情况

上午八时零六分，敌机六架，由赣皖边境向本市方面飞来，省防空司令部据报后，当即发出紧急警报，并通知我防空部队严密戒备，该敌机由都昌侵入后，经永修于八时十三分窜至市空，我高射炮队，比集中火力，猛烈射击，该敌机即在市区内，兴隆庵、钟鼓楼、电灯整理处、河东会馆、萧公庙、冻米厂、葡萄架、中山路大成公园侧、洪恩桥、马家巷口、左家巷、三皇宫剑声中学、民德路新世界戏园、建德观、马王庙、中正路、淘沙塘、大井头、东大街、羊子巷、三义祠、三纬路、小金台等繁盛街道，投弹四十枚，旋由原路逸去，九时二十三分，解除警报，一切恢复原态。

着弹地点

是日第一、三、七、九、十等五区，共落爆炸弹手榴弹四十七枚，计洪恩桥空地及马家巷口落手榴弹二枚，三纬路一枚，左家巷二号二枚，三皇宫三四号三枚，中正路文子祠一枚，淘沙塘复兴里十四号一枚，东大街七七号一枚，洪恩桥恒丰馆落手榴弹二枚，牛行站猴地六枚，大井头三枚，马王庙八十八号一枚，新世界戏园内一枚，电灯整理处三枚，民德路五三〇号民生药店一枚，冻米厂二号一枚，三皇宫十一号剑声中学三枚，福隆庵七七、七八、七九、六二号共六枚，河东会馆七十一号七十五号各一枚，令公庙八十七号一枚，大成公园侧二九号手榴弹一枚，下水巷十七号一枚，葡萄架十二、十七号共两枚，东大街七五、七七号共二枚，上樟树下七六号一枚，灵应桥八六号一枚，萧公庙八号一枚，一九二号一枚，建德观恒丰米店一枚。

损失调查

计民德路五三〇、五三五号三铺面完全炸毁，左家巷一号、三皇宫三四号、大井头炸毁房屋五栋，东大街七七号、淘沙塘复兴里十四号、中正路文子祠各一栋，震坏猴地七栋，马家巷一栋，羊子巷恒丰馆一栋，炸毁冻米厂二号房屋一栋，震坏福隆庵七七、七八、七九、六二号房屋共四栋，炸毁令公庙六七号房屋一栋，又第五八、七四号共二栋，下水巷十七号一栋，葡萄架十二、十七号两栋，上樟树下七六号房屋二进，萧公庙八号一栋、一九二号一栋，三皇宫五号一栋，又东大街七五号，炸塌新世界广场一进，河东会馆七十号一、二、三进，又八十号墙角炸倒，共炸毁房屋三十四栋，震坏房屋十七栋。

## 江西省抗战时期人口伤亡和财产损失

### 死伤平民

洪恩桥空地炸死二人,马家巷口十六号死一人,鹅头巷死男一人,猴地死一人、伤五人,大井头死男六人、女一人,伤男八人、女五人,左家巷死男二人,淘沙塘十四号伤男一人,三皇宫十六号伤一人,新世界戏园死一人、伤男三人,电灯整理处死一人,隔壁义和厚米店伤男一人,冻米厂二号死男七人,伤男十六人,三皇宫十一号剑声中学死男六人、伤男五人,福隆庵七七、七八、七九、六二号共伤男三人、女一人,令公庙六七号死女一人,又五八、七四号死男一人,伤男二人、女一人,下水巷十七号伤男一人、女一人,葡萄架十二、十七号伤女一人,上樟树下七六号伤一人,灵应桥八六号死男一人、伤四人,萧公庙一九二号死女一人,建德观避难室口炸伤二人,建德观恒丰米店死一人、伤一人,灵应桥树林茶社内死二人,河东会馆七十五号伤男一人,共炸死平民男三十三人、女三人,炸伤男五十五人、女九人,共六十四人。

### 灾区惨状

当解除警报之后,记者即亲赴各被炸区察看一周,斯时正各救护团体,尚在努力施行掩埋与救护工作,记者乃挨被炸户调查,目观各被炸平民,有身首异处者,有四肢断残者,有下腿被炸、仅留上半截者,有肠肚露出者,有奄奄一息者,有额部仅有半边者,有上腭击穿者,血肉模糊,惨不忍睹,尤以灵应桥树林茶社内住户史捐,史儿子,脑浆迸出,令公庙六七号住户石昆山之媳,遍身被弹片烙伤,犹如触电致死一般。此外马家巷十六号内住户,有年约八十龄老人,因敌机轰炸时,彼尚在室内睡觉,突闻炸弹声,因受惊吓,立即毙命,一片抚尸恸哭,惨绝人寰之声,莫不愤恨敌寇不齿,敌寇如此疯狂滥炸无辜平民,徒增厚我人民抗敌情绪耳。

### 长官视察

敌机狂炸本市平民后,省党部书记长范争波,民政厅厅长王次甫,市长朱有骞,省会警察局长黄光斗,省后援会主任委员许德珩、兼总干事王枕心,调查股股长黄锡章,被炸平民慰问会主任委员黄鹤龄等党政各长官,亲赴被炸各区视察,并慰问被炸伤之平民及死者之家属,惟此次狂炸情状虽惨,但被炸伤平民,均痛恨倭机惨无人道,益增我平民抗战之决心,闻各长官及被炸平民慰问会,对于此次被炸伤平民及死者家属,将设法予以救济云。

### 努力救护

敌机狂炸本市平民之后,红万字会等救护队,分头至各被灾区域,施行救护,对于死者,除由会掩埋者外,凡死者亲属自行掩埋者,由会给以十元掩埋费,另给死者家属三元救济费,并召集灾区附近壮丁,帮同挖掘死尸,各发以暑药,以防传染病疫,红万字会昨日用去棺木四十具,自朝至夕,工作忙碌,可见热心救灾之一斑云。

......

(广播社)

(《江西民国日报》,1938年9月4日)

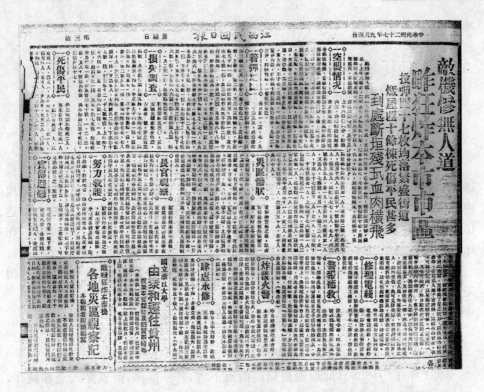

1938 年 9 月 4 日《江西民国日报》有关日机轰炸南昌的报导复印件

附件三：

# 1940年7月由江西省防空司令部第二科科长
# 兼代参谋长傅朝梧编印的《江西防空纪事》
# 中有关日机轰炸南昌的记述（摘录）

南昌市被炸49次，以1938年10月31日为最惨，是日敌九六式重型轰炸机18架轰炸市内中山路、中正路、环湖路、民德路、国货路、象山路及建德观、灵应桥、萧家巷新住宅区牛行一带，投弹246枚，内杂以燃烧弹及手榴弹，被炸地点达45处，而着弹起火者有8处之多，房屋炸坏者501栋，烧毁者31栋，死206人，伤183人，交通通信亦多遭损坏，烈焰冲天，惨声震地！但市民镇静……

1937年8月26日葆灵中学美籍教员住宅1栋被炸焚毁，损失约7万元（银元），幸该侨事先已赴牯岭避暑，得免于难。

1937年9月24日市美籍妇幼医院，亦被炸毁一部，损失约200元。

……

防空壕被炸情况

1937年10月20日陆地测量局院内地下室，着一巨弹，由顶穿入全部被炸，因该局人员均已退公，毫无伤亡。同时佑民寺侧保安处纺织工厂内地下室门首亦中一弹，震塌少许，并无伤亡。

1937年10月23日牛行火车站前之地下室附近着弹数枚，而避入该室之民众仍俱安全。

1937年10月11日上午6时，牛行被空袭，防护团员张梦松强拉人力车涂细苟避入地下室，而自己返岗位牺牲。

1938年6月25日下午5时敌机炸湖口，无线电10队队长刘巨辟之防空哨亲向省方传递情况，敌机凌空，邻人劝其下地下室不从，坚守发报机牺牲。

1938年3月17日，敌机袭南昌市，省高级护士职业学校教员黄丽雅正指导学生实习被炸殒命。

（蒋文澜摘自江西省档案馆）

附件四：

## 采访南昌市井冈山大道徐坊西蒋文澜记录整理

我叫蒋文澜，今年 83 岁啦。抗战初期我就生活在南昌，见证了当时日军在南昌进行轰炸的史实。新中国成立后，我一直在教育战线工作，从事历史研究，尤其是对抗战时期的南昌有过专门的研究。1937—1939 年间，日军对南昌进行的大轰炸的原始材料作者是傅朝梧，我也曾经亲自访问过他，因此，对于这段历史，我还是比较熟悉的。

在抗战开始的前夕，南昌有新旧两个机场，老的是 1933 年修建的，叫顺化门外老营房飞机场，新的修建于 1934 年，叫三家店飞机场。这在当时可是东亚最大的飞机场，是国民政府建来对付日本人的。

1936 年，国民政府在全国开展了筹资献机的活动，并在全国搞了 4 个飞机制造厂：杭州、南昌、韶关、昆明。有飞机 1000 多架，但实际能作战的只有 305 架。当时在全国来说，南昌的战略地理位置是非常重要的，原因有两个：一是因为南昌的机场全国最大、最新，能上天的 305 架飞机中，南昌就占了 250 多架，这有当时的一位驾驶员后来写的回忆录为依据。二是因为在上海沦陷后，中国空军主要集中在南昌、武汉，武汉是国民政府的军事大本营，但飞机的数量却不及南昌。南昌的飞机可轰炸到上海、南京的日军占领区的机场，控制着长江运区；由武汉出发炸台北的飞机也要经过南昌，这也使得南昌空军的地位举足轻重。正是因为南昌是当时国民政府空军的重要基地和在空军中拥有的重要地位，日本侵略军的飞机在 1937 年 8 月 14 日到杭州投弹轰炸后的第二天就到南昌进行了第一次轰炸。根据日本的军史，8 月 15 日，由新田少佐率领的番号为鹿屋的日本海军航空队出动了 14 架重型轰炸机，从台北机场起飞，前来轰炸南昌。这一天南昌刮着大风，下着暴雨，日军只有 8 架飞机飞到了南昌进行轰炸。又因为燃料有限，战斗机未前来护航，所以只扔了十几枚炸弹便离开了。当时南昌被轰炸的地方有省图书馆、南昌二中、百货大楼等地方。在日军飞机第一次对南昌进行轰炸的时候，南昌的各个单位和学校都已经在操场上建有简单的防空洞。在日军的飞机接近南昌的时候就会有空袭警报，快进市区的时候变成紧急警报,这时,警察也会上街疏散交通,指挥行人躲进防空洞,直到日军的飞机轰炸完毕离开南昌时,又会有解除警报,大家方才离开防空洞。

当时日军在南昌的大轰炸我是亲身经历了的,到现在还记忆犹新,尤其是两次比较紧急的情况。一次是有一天,我跟父亲在永叔路和象山南路交界处的一个名叫万矮子的茶馆喝茶,有个60岁的老头喝完茶后对伙计说:"先不收碗,我等会还要回来喝。"结果刚走出茶馆,便来了日军的飞机进行轰炸,我亲眼目睹刚才还在我身后喝茶的这个老人就被炸死了。还有一次是1938年的4、5月间的一天,12岁的我跟60岁的母亲在家,日军的飞机又来轰炸了,我们已经来不及躲进防空洞,只得躲到我家堂前的一个木板四方桌底下。一个炸弹片从离我家不到20米的地方飞了过来,因房门未来得及关上,弹片飞到了我们桌子旁边的地板上,幸好未打到我们身上来,如果不是躲在桌子底下,我想我们肯定都是非常危险的。后来我们一看,那个弹片足有一尺宽、一寸厚,捡起来还是热的。在日军飞机对南昌轰炸期间,还放过毒瓦斯,就在当时的东坛巷,是用罐子丢下来的。

就我所知的有关史料,日军飞机对南昌的轰炸中有两次场景很悲惨,炸死的都是英勇的教师。1938年2月23日,中国飞机轰炸了台北机场,炸毁了日军停在机场的几十架飞机。日军出于报复,1938年2月25日,出动了很多飞机前来轰炸南昌。下午四点多,正带一班学生在上室外课的百花洲小学一位27岁的年轻老师卢英,看见天空中来了一大批日军的飞机,便急忙把40多名学生赶进了防空洞,由于她是最后一个,还未走进洞里,就被日军飞机投下的炸弹爆炸的弹片炸中腹部而死了。1938年3月17日,江西省高级护士职业学校一名叫黄丽娅的女教师,指导一个班的学生在附近的省立医院(现在的二附院)实习,尽职尽责,尽管日军飞机前来轰炸,还是带班实习,也被日军炸死了。

在1938年7、8月份日军飞机对南昌轰炸得特别厉害,我想,这主要有两个原因:一是因为1938年7月26日,日军占领了九江。九江沦陷后,日军分两批,一批由长江向瑞昌打武汉,另一批通过南浔铁路打南昌,因为在占领九江后,日军的第二个目标就是南昌,因此,在7、8月间日军拼命地轰炸南昌。另一个原因是南昌的空军在6、7月间炸了长江上的日军军舰、运输船,又轰炸了日本占领了的安庆、南京、杭州等地日军的飞机场。

日军飞机对南昌轰炸最猛烈的是1938年10月31日蒋介石在南昌过52岁生日的那一天。1938年10月25日,武汉沦陷,我们中国的军队还在德安县城。10月30日,蒋介石在南昌下令部队撤到修河以南,由薛岳兵团沿修河防守。因为第二天便是蒋介石52岁的生日,当时就被熊式辉留在了南昌。汉奸得知这一情报就立即告诉了日军,日本空军于10月31日那天就出动了18架重型轰炸机,跑到南昌来进行大轰炸了。日军飞机只要看到有新式洋房的地方就投下炸弹,在中山路、胜利路、萧家巷等地进行地毯式的轰炸。日军飞机还投放了燃烧弹,使得南昌大起火,电信也中断了。那天南昌共死了206人,伤了183人,房屋损毁几千栋,这是日军飞机轰炸南昌最惨的一次。在日军飞机对南昌进行最猛烈攻击的这一天,胜利路和阳明路交界处正在进行爱国献金的活动,设了一个献金台,在那里组织的是两个初中生。他们是童子军团的成员,归属江西省教育厅管辖,负责人叫万人俊,我曾亲自访问过他。他告诉我说,当时他亲自带着这两个学生,日军飞机前来轰炸的时候,群众劝他们赶快离开,但这两个学生为了保护现金,没有走。后来,其中一个17岁的学生被炸死,另一个被炸成重伤,是他把这个受重伤的学生背到医院治疗的,伤者被锯掉了一条腿。学生们的爱国行动让大家都很感动,也更加揭示了日军的残忍和战争的残酷。1937年8月15日到1939年3月27日南昌沦陷,日军飞机总共轰炸了南昌49次,投弹2559枚,炸毁房屋661栋,震倒房屋1417栋,炸死592人,炸伤745人。

（南昌市史志办公室张永华、涂俊彦、喻学辉、邓颖2008年12月整理）

附件五：

# 1991年1月由日本防务厅防卫研究所编著的
# 《日本海军在中国作战》一书有关日机轰炸
# 南昌的记述（摘录）

### 15日的空军作战
### （1937年8月）

*空袭南京、南昌*

······

鹿屋部队新田少佐指挥的中攻机14架，7时20分，由台北基地起飞，刚到南昌就遇到低云及暴雨，影响视线，遂以单机分散飞向各队指定轰炸目标，但由于天气恶劣加上鄱阳湖湖水漫溢，辨认地形困难，费了一两小时的时间，其中8架才找到目标，于10时40分至11时55分之间，在约500米高度的高空轰炸了南昌新旧两机场。14时50分全部返回台北基地。

······

战果与损失如下：南昌方面，主要轰炸了机场、格纳库、指挥所、研究所，火药库起火。此外，破坏了数架停在库外的飞机。又使敌新机场的大型格纳库起火。

······

### 攻击华中内陆地区（第三空袭部队）
### （1937年9月）

*户冢指挥官决意攻击汉口、南昌*　户冢指挥官判断，由于截至22日的攻击广州，已基本封住了该方面的敌机的活动。遂于同日命令鹿屋部队以中攻机6架攻击南昌机场，但因天气不好而中止。同日15时，通知第三舰队："停止空袭广州方面。23日以后实施攻击汉口和南昌方面。27日以后第一空袭部队再发动攻击广州时，请与之协力。"立即得到回电称："中国政府有向汉口转移的迹象，有必要迅速攻击汉口。"

于是户冢指挥官于当日23时，发出如下空袭汉口、南昌的命令：

汉口空袭队（木更津部队）23日14时30分出发，日没时到达汉口上空，轰击机场、兵工厂。

南昌空袭队（鹿屋部队）23日16时出发，日没时到达南昌上空，轰击机场。

*攻击经过*　23日汉口方面因天气不好停止了空袭。两部队只攻击了南昌，即鹿屋部队以九六式陆攻机3架（各机携带250公斤炸弹2发）在轰击前虽发现敌战斗机5架，但仍按原计划轰击后全部返航。木更津部队九六式陆攻机9架

（炸弹与鹿屋部队同），因鄱阳湖涨水，辨认不出地形，未能发现南昌而放弃轰击，返回台北基地。

24日攻击汉口的木更津部队九六式陆攻机14架（其中一架因故障返航）中的一队（7架）发现并轰击了汉口制钢厂。另一队（6架）在500米高度轰击了兵工厂。该队于轰击前避开了敌战斗机5架的攻击，在轰炸后与敌3架交战，击落其2架。轰炸前后发现在汉口、武昌机场约有敌战斗机20余架。鹿屋部队九六式陆攻机15架轰击南昌新旧机场后，与敌战斗机2架交战达40分钟，然后全部返回。

# 南昌县塘南"七一八"惨案

塘南镇位于江西省南昌县城东北。东临五星垦殖场、泾口乡，南与幽兰镇隔抚河相望，西邻麻丘镇，北靠昌东镇①。驻地柘林街距县城莲塘镇 35 公里，抚河故道旁，街市成于宋、元，盛于明、清，是全县有名的古集镇之一。柘林街建有纪念唐名将张巡（号令公）的令公庙。

1939 年 3 月，日军侵占南昌市后，随即派兵占领南昌县大部分地区，到处杀人放火、奸淫掳掠，无恶不作，给南昌县人民带来了深重的灾难。塘南地区的人民更是遭受了日军的血腥暴行。驻扎在麻丘荷埠周家、尤口范家两个据点的日兵，经常进村烧杀抢掠、奸淫妇女，制造了"七一八"塘南惨案。

1942 年农历七月十六日，一名日军骑着马在柘林街上行走时，发现周姓的母女俩在街上行走，便抓住在大街上施行强奸。日军先是扒光那女儿的衣服，然后脱下自己的军裤，把马缰绳系在自己的脚上，在光天化日、众目睽睽之下，就地强奸。其母亲看着两个裸体，便本能地打开自己手中雨伞替他们遮蔽。就在这日军将要施行奸淫时，马见突然张开的伞而受惊，便飞奔而驰，拖着那日军跑了 100 多米，那日军全身在地上磨烂了，然后死去。

十七日深夜，日本侵略军分别从麻丘荷埠周家、尤口范家两个据点出动100 余人，途中兵分三路，沿途烧杀抢劫，然后杀进柘林街。

十八日凌晨，日军先在柘林街附近的村庄奸淫抢劫、焚烧屠杀。从东港头、陈家进街的日军，胁迫当地农民 50 余人和街上盐店内 10 多人，到祖师坛集中。祖师坛位于柘林街东，南面是河，北面有塘，是东港头进出柘林街的必经之地，日军凭着这有利地形，将这 60 余名群众逼集在祖师坛前场地上，进行集体大屠杀。当时，农民群众奋起反抗，怎奈手无寸铁，力不能敌，有 40 多名农民跳入河中或水塘里。敌人即用机枪疯狂扫射，60 多名农民无一幸免，祖师坛内外腥风血雨，染红了半边抚河。

另一批日军在张家山杀死 30 余人后，窜入柘林街吴家祠堂，先强奸妇女，后杀人放火，藏在祠堂里的 40 余人，全被杀害。其中有 80 余岁的老人，也有五六岁的小孩，他们全是被日军用刺刀挑、劈、砍、刺杀死的。日军进行屠杀后，又放火烧毁祠堂。身受多处刀伤的吴鹅头、吴方保、吴方实三人，在尸体掩护下保全性命，他们在日军离开后逃出了屠场。

---

① 2001 年 12 月尤口乡与滁槎镇合并为昌东镇。

东南令公庙内5名日军，在戏台上架起机枪，逼着住在庙内的22户难民、120多人在庙内院中集合。一个日本军官站在庙门口，拔出战刀，将一个老人拖出人群，对老人当胸就是一刀，从前胸透过肝部刺出背部，老人抽动了一下身子，踉跄着倒了下去。当日本兵端着刺刀向一个身材高大的男青年刺过去时，那青年怒气冲天，突然爆发出一股巨大力量，一个急转身，猛向日本兵面部击了一拳，然后闪电般地夺过日兵枪刺，狠狠地刺进了日兵胸膛。几个日军像疯狗似的端着闪着寒光的刺刀冲了上去，"扑哧扑哧"，一阵刀尖刺肉的声响，那青年顿时倒在血泊中，被日军乱刀捅死了。日军一个军官指挥士兵冲进人群，将60多个男人全捆了起来，6人绑为一串，先青年，后壮年，再老年，一批一批地推出庙门，押在河岸边枪杀。60多个男人都倒在了血泊中，抚河岸边死尸飘浮，河水再度被血水染红，惨不忍睹。

屠杀仍在继续，返回庙里的日军又将三影嫂、魏奶奶等中老年妇女两个人一组，把头发扎在一起，反绑着双手，拖出庙门左一刀右一刀地刺，不一会，几十个老年妇女浑身被刺成血人一般，横七竖八地倒下一大片。日军把最后留下的年轻妇女，全部强行剥光衣服，排成队，就地强奸轮奸，尔后惨杀。更令人发指的是，日军对那些天真烂漫的小孩

"七一八"大屠杀
遗址——令公庙

和吃奶的婴儿，也不放过一个，将他们一个个或提着双脚在石头上摔死，或用刺刀刺入肛门扔进河里。一对双胞胎女孩被日军用战刀一扫，两颗脑袋齐刷刷地削了下来，两个细细的脖子就像一对喷射红色液体的消防管。

据死里逃生的老人张桂娇回忆当时的惨状，她家6口人，被日军杀死4人，有丈夫、婆婆、大女、小女。张桂娇回忆：上午7点左右，大屠杀开始了，几个日军把她的丈夫推出门去。这时，她的婆婆悲痛地扑上去拖着儿子，她7岁的女儿也紧抱着爸爸的腿不放。可是日军推开她的婆婆，一脚把她的小孩踢倒在地，将她的丈夫强行拖出门外，用枪杀死。她的婆婆已是70多岁的老人，日军也不放过，反扭着她婆婆双手，把她婆婆的头发和另一妇女的头发结在一起，拖出门外，刺死在河岸上。她那天真活泼的小女孩，看到爸爸、婆婆被日军拖

走，跟到门口大哭大喊，日军一把抓住她，将她刺死。接着又把她怀中吃奶的刚满一岁的小女儿抢了去，摔在石墩上。小孩尖声啼哭，日军又用刺刀挑起，抛入河中。后来日军拖着她9岁的男孩魏金山，欲行杀害，她奋不顾身扑在孩子身上。正在此危险之时，不知谁无意敲响了庙内的大钟，日军一时惊慌，便走出庙门。张桂娇乘机拉着儿子迅速躲进戏台下乱草堆里，这才免遭杀害。

塘南西北西塘沟是"七一八"大屠杀中最后一个屠杀地点，也是被杀人数最多、情景最惨的一处。这个地方三面是水，一面靠岸。对柘林街剩下的200多村民，日军原打算将他们关押在附近一栋民房中烧死，因怕房子年久失修，村民会冲出，便改由汉奸章伏龙领着，将他们反绑着双手，驱赶到西塘沟，逼他们跳到水里去。小小的西塘沟里挤满了人，忽

张桂娇（左起第三人）回忆当年惨案

沉忽浮，日军远的放洋枪打，近的拿枪上刺刀刺，那水里断头的、腰斩的、穿胸的、破腹的搅成一团。沟池里的水搅得通红一片。只见日军在岸上欢笑狂喊，快活得不得了，把屠杀当做取乐的事。沟池里还活着的人，在死尸上扒来扒去，内中一个女人，抱着一个小孩子，浮出水面，向着日军凄惨地哀求，将近岸边，日军就用枪刺来搠她，竟当胸搠了个对穿，接着又用刺刀挑她怀中的小孩，小孩子一下子被日军刺刀挑起，摇动着玩耍。这个孩子约两岁。那女人用了将要断气的气力，好不容易爬上岸，想立起身看看自己的孩子，刚要起来，又倒下，被日军斩成几段。可怜水塘沟里200余人，除5人伤后被死尸掩盖而得以劫后余生外，全遭杀害。日军撤走前，又放火烧民房，在烟雾弥漫中离开屠场。

陈凤水就是当年被日军刺杀数刀后倒在血泊中死里逃生的见证人。敌人先对他的腰背猛刺一刀，穿透了肚子，接着又从背部刺杀一刀，穿透胸部，他即刻倒下，敌人又刺了几刀。至今还能清晰地看到他身上7条疤痕。据他说，当年日军杀了他家9口人。

农历七月十八日这一天，日军在塘南柘林街、令公庙等14处杀害群众860

多人，他们用枪挑、刀劈、机枪扫射，许多妇女先奸后杀。白发苍苍的老人，怀孕的妇女，吃奶的婴儿，无一幸免。烧毁房屋723栋。这就是日军在南昌县制造的惨绝人寰的"七一八"塘南大屠杀。

（撰稿：南昌县委史志地名办公室　曹小伟）

"七一八"屠杀墓碑

日寇"七一八"大屠杀现场之一——令公庙

一九四二年农历七月十八日，日寇从尤口范家、荷埠周家两处据点出动一百多人，在汉奸走狗的引领下，入侵塘南，进行"三光"大扫荡，血洗柘林街。据不完全统计，这一天，被杀害的群众达八百六十多人，烧毁房屋七百二十三栋，抢走财物，不计其数。

令公庙是日寇在柘林街大屠杀现场之一。当时，庙内住着从罗家、武溪等地避难来的二十多户难民和当地部分群众共一百二十多人，都被鬼子兵用机枪、刺刀逼着，一批批推出门外杀害了。幸存的只张桂娇母子二人。

这血海深仇，我们是永远不会忘记的。

一九七〇年一月立

一九七四年八月重立

附件一：

# 柘林大屠杀

　　民国三十一年(1942年)农历七月十七日深夜,荷埠周村、尤口范村两个据点的日军出动100余人,由汉奸章伏龙领路,对柘林街及其附近村庄进行大"扫荡"。沿途烧杀抢劫后,于十八日凌晨分三路杀进柘林街。从东港头、陈家进街的日军,胁迫当地农民50余人和街上盐店内10多人,到街东祖师坛集中,进行屠杀。当群众奋起反抗时,即用机枪扫射,60余人全部遇难。另一批日军在张家山杀死30余人后,窜入柘林街吴家祠堂,先强奸妇女,后杀人放火,藏在祠堂里的40余人,全被杀害。令公庙内5名日军,在戏台上架起机枪,将住在庙内的22户难民叫出来,先将男人每6个绑一串,推出庙门,在河边枪杀。然后又将妇女两人一组,把头发绞在一起,拖出庙门,用刺刀捅死。对小孩,有的捅肛门,有的用石块砸死。脑浆涂地,惨不忍睹。最后,汉奸章伏龙带领日军,将柘林街上的200余人反绑双手,驱赶到三面环水的西塘沟,进行枪击、刀砍、刺刀挑。除5人伤后被死尸掩盖因而得以劫后余生外,全遭杀害。据幸存者目睹,尸体填满了西塘沟,河水被鲜血染红。

(南昌县志编纂委员会编:《南昌县志》,
海南南海出版公司1990年版,第136页)

附件二：

# 日军在塘南的血腥暴行

1942 年农历七月十七日深夜,日本侵略军分别从荷埠周家、尤口范家两处据点出动 100 余人,向我塘南地区展开残酷的"三光"大"扫荡"。十八日凌晨,日军先在柘林街附近的村庄奸淫抢劫、焚烧屠杀,杀害了集中在张家山、吴家祠堂和祖师坛等处的无辜群众 200 余人。进入柘林街后,又对码头口、令公庙、西塘沟等地的 300 多劳动人民,用枪挑、刀劈、机枪扫射,白发苍苍的老人,怀孕的妇女,吃奶的婴孩,无一幸免。柘林街上陈尸遍地,抚河流水鲜血染红。

当天上午,日军临走时,还抓了六七十名农民为他们挑送抢劫的物资。在到达他们的据点之前,这批农民又惨遭杀害在野猫洞和下张堤等处。

据不完全统计,农历七月十八日这一天,在 14 个地点,被杀害的群众有 860 余人,仅塘南大队就被杀害 106 人、杀伤 49 人,杀绝陈世林等 10 户,先奸后杀的妇女有 30 余人。柘林街和附近村庄被烧房屋有 723 幢,物资财产损失无法估计。

大屠杀是从柘林街附近的村庄开始的。日军以"堵口合围"的战术,分三路逼进柘林街,把从各处胁迫来的群众堵在抚河岸边,进行集体屠杀。被杀害人数较多的地点计有:西塘沟、码头口、令公庙、祖师坛、吴家祠堂、张家山以及远处的下张堤、野猫洞等 14 处。现将情节尚能查明的几处凄惨情景,摘记如下:

祖师坛位于柘林街东,南面是河,北面有塘,是东港头进出柘林街的必经之地。当时,东港头和陈家的两路日军共有 50 余人,胁迫 50 余名农民群众来到祖师坛。其旁有一盐店,店内有 10 多个尚未走避的群众,也被日军抓住。日军凭着这有利地形,将这 60 余名群众逼集在祖师坛前场地上,进行集体大屠杀。当时,农民群众奋起反抗,怎奈手无兵器,力不能敌,有 40 多名农民跳入河中或水塘里,日军即用机枪疯狂扫射,60 多名农民无一幸免,祖师坛内外腥风血雨,染红了抚河水半边。

日军侵入塘南地区后,首先在张家山屠杀无辜群众 30 余人。这批侵略者随后分成两路,一路窜入吴家祠堂。这里原先住有群众 20 余人,加上被日军围来的农民二三十人,共 50 余人被关进祠堂内。这时,有两三个日军看守被关在屋内的群众,其他几个日军便抓住 5 名妇女到屋后坟山进行奸淫侮辱。

在吴家祠堂,被杀害的群众共有 40 余人。其中有 80 余岁的老人,也有五六岁的小孩,他们全是日军用刺刀和马刀挑、劈、砍、刺杀死的。日军进行屠杀后,又放火烧毁祠堂。

身受多处刀伤的吴娥头、吴方保、吴方实等三人,在尸体掩护下保住生命,他们待敌人离开后才逃出了尸堆场。

农历七月十八日,日军和伪军进入柘林街后,对聚集在令公庙的劳苦群众

120余人进行了灭绝人性的惨杀。

是日,天刚拂晓,日军包围了令公庙。原来,庙内居住着从外地逃难到这里的难民计22户,120余人。5个日兵荷枪实弹窜入庙内,将机枪架在戏台上,威逼手无寸铁的群众在庙内院中排队集合。

7时许,大屠杀开始。日兵首先对准一个卖熟食的吴先露老人,当胸就是一刀。老人中刀后,在地上挣扎,惨不忍睹,被围群众无不悲愤交集,怒目瞪视日兵,真想立即挣断绳索同敌人拼命,无奈捆绑太紧,挣扎不断,愤恨转为怒吼,吓得日兵立即将60多个男的,分6人一批,先年轻的,后年老的,一批批地推出庙门,在河岸边枪杀。然后,又将妇女2人一组,头发扎结在一起,反绑着双手,拖出去用刺刀刺死。三影嫂子、魏奶奶等就是这样被杀死的。还有许多年轻妇女被奸污后,也惨遭杀害。更令人发指的是,敌人对那些天真烂漫的小孩和吃奶的婴儿,也不放过一个,将他们一个个或是提着双脚在石头上摔死,或是刺刀刺入肛门甩进河里。当时,令公庙外,横倒几十具尸体,有的没有头,有的断了腿,有的肠子外流。抚河里死尸飘浮,河水鲜红,真是惨绝人寰。

西塘沟是"七一八"大屠杀中最后一个屠杀地点,也是被杀人数最多、情景最惨的一处。这个地方突出在抚河中间,三面是水,一面靠岸。日军和汉奸把200多个群众围在这里,在不到半个钟头内全部杀光。

原来敌人打算将这些群众关闭在附近一幢民房中烧死的,但见这幢民房年久失修,破烂不堪,怕人冲出,所以在大汉奸章伏龙的带领下,解到西塘沟屠杀。

大屠杀之前,日军将群众沿河岸排列成行。青壮年都被双手反绑,头发被剪掉一行(表示是屠杀对象),站在前列。枪响后,群众一排排倒下。有的壮年农民破口大骂,挣扎反抗;有的老年人受伤倒地,惨叫呻吟。

一个12岁的小孩被枪打伤后,日军见未断气,对准他脑后又是一枪。这时候,鲜血染红抚河水,尸体填满西塘沟。敌人撤走前,又放火烧民房,在烟雾弥漫中离开屠场。

200多被害的群众中,侥幸未死的不过四五人。他们都是受了重伤后,在别人尸体掩盖下脱险的。塘南大队老贫农陈全婆体内就留下了日军的枪弹,到新中国成立后才取出来;陈林根身上仍见伤疤数处。他们都是日军和汉奸所犯滔天罪行的见证人。

(南昌县政协文史资料研究委员会编:《南昌县文史资料》,<br>1986年第1辑第38、39、40、41页;胡俊杰、樊哲瑜整理)

附件三：

# 塘南血泪仇

南昌县塘南人民在日军铁蹄践踏下，遭受了极大的摧残。1942年农历七月，日军对这里实行残酷的"三光"政策。在令公庙等14处杀害群众860多人，烧毁房屋723幢，制造了惨绝人寰的"七一八"大屠杀。

七月十七日深夜，日军分别从荷埠周家、尤口范家两处据点出动100余人，在汉奸章伏龙的引领下，分兵三路包围塘南柘林街。次日凌晨，天刚蒙蒙亮，日军包围了柘林街的令公庙。当时，庙里住着各地逃难来的群众120多人。日军端着刺刀闯了进来，在戏台上架起了机关枪，逼着手无寸铁的群众在庙里排队集合。日军把六七十个男的，按6人一批，先年轻的，后年老的，一批一批推出门外杀害；又把妇女两人一组，把头发绑在一起，反绑双手，拖出庙去，在河边的一棵大树下杀害。被日军烧掉了房屋的张桂娇，无家可归，一家老小6口人逃难到令公庙栖身。这时在令公庙楼上，也被日军发现了。穷凶极恶的日军抓住她丈夫就要推出门去。婆婆猛扑上去，拖住儿子。7岁的女儿也哭叫着，抱着爸爸的腿不放。日军一枪托将小女孩打翻在地，又一脚踢开婆婆，把张桂娇丈夫强行拉出去枪杀了。接着，日军又抓住70多岁的婆婆，反绑双手，把她的头发和另一个妇女的头发扭在一起，拖出门外杀害。7岁的女儿，看见爸爸和奶奶被日军推出去了，她哭叫着跟到门口，狼心狗肺的日军一刺刀就夺去了这个天真活泼女孩的生命。孩子临死前还惨叫着"妈妈！妈妈！"孩子凄惨的哭叫，激起了张桂娇的满腔仇恨，她不顾一切猛扑过去同日军拼命。日军一把抢过她怀里还在吃奶的女儿，恶狠狠地往石头上猛摔过去，又用刺刀挑起小孩扔进急流滚滚的河里。张桂娇一家6人，霎时被日军杀害4个，只剩下她母子二人，日军仍不放过，正准备下毒手时，突然，庙内的大钟被人碰响，日军以为发生了什么意外，丢下她母子慌忙逃出庙去。她母子二人为防备日军再回来，就赶快藏到戏台底下的一个乱草堆里，才免遭杀害。

（由江西新华书店编辑组编、1970年版《塘南血泪仇》整理）

附件四：

# 采访塘南镇塘南村村民陈凤水记录整理

我叫陈凤水，是塘南镇塘南村委会陈村人，今年 89 岁。

1942 年农历七月十六日，一个日本兵骑着马在柘林街上行走，看见姓周的母女俩在街上走路，就抓住母女俩要强奸，先抓住女儿，把马绳系在自己脚上，母亲打开手中伞替他们遮蔽，马突然吓得跑了，把日兵拖死了。

十八日，天还没亮，日兵在汉奸章伏龙带领下，出动了 100 多人，往柘林街来，一路杀人、放火、强奸妇女、抢劫粮食。我当时在田地里浇水，好多人都在跑，他们叫着"日兵来了，快跑"。我来不及跑，被日军抓到了，逼我给他们挑运抢夺的粮食。然后把我们这 20 多个挑粮的人和抓来的群众 80 多人赶到野猫洞，用刺刀和枪杀害。日军先是对我的腰背猛刺一刀，穿透了肚子，接着又从背部刺一刀，穿透了胸部，我倒下了，日军又刺了几刀。到了晚上，我慢慢地醒过来了，眼看四周无人，我就从死人堆里爬了出来，终于死里逃生。当天，我婆婆、父亲、叔叔、哥哥、嫂嫂、侄女，共 9 口人全被日军杀了，房子也被日军烧了。令公庙里居住着从外地逃来的难民 120 多人全被日军杀了。西塘沟死的人最多，有 200 多个群众被围在水里杀死，远的开洋枪，近的用刺刀刺。有一个妇女，抱着一个小孩，快到岸边，向日军哀求，日军用刺刀竟当胸捅了个对穿，然后又刺这个小孩。200 多人只有 5 人活命，其他全遭杀害。日军走时，又放火烧民房。这一天，日军杀了 860 多人，烧毁房屋 700 多栋。

（南昌县史志地名办公室曹小伟整理，2005 年 7 月）

附件五：

# 采访塘南镇萧家村村民萧扬生记录整理

我叫萧扬生，塘南镇萧家村人，今年 76 岁。日军占领南昌后，在塘南附近的尤口范家、麻丘荷埠周家有两个据点，他们经常进村来骚扰群众、强暴妇女、抢劫财物、杀人放火。

1942 年农历七月十六日，一个日本兵骑着马来到柘林街，看见一个娘带着女，便下马抓住她的女儿，把马绳系在脚上，扒光衣服，就地强奸。母亲不敢做声，只好张开手中伞替他们遮蔽。马见突然张开的伞受惊，飞快地跑，把日军拖死了。

十七日深夜，日兵出动了 100 多人，分别从尤口范家、荷埠周家两个据点出发，然后兵分三路，第一路从东港口到陈村，第二路从李村到萧村再到张家山，第三路从罗家到朱家。日军在

未进柘林街之前，我的两个叔叔萧件水、萧年里和萧家村的几十个群众被抓去，用刺刀刺杀。第四个被刺杀的萧年里是我亲叔叔，未杀死，跑了。当时日兵用刺刀刺杀年里叔时，年里叔抓住刺刀，往前一推，把日军推倒在地，拔腿就跑，另一个日兵就追，向年里叔大腿上刺了一刀，没有开枪，可能是怕惊动村庄上群众。后来年里叔跑到诊所上了药，包扎了一下，回到家里，我们才得知萧件水叔也被日军杀死。我和父亲、哥哥，拿了一张竹床和一些稻草，把件水叔抬到张家山旁埋了。天快亮时，日军进入了柘林街，先杀人后放火，抓到妇女就强奸。当时女人脸上都抹着锅烟灰。令公庙里住着武溪、罗家等地逃难来的 100 多人，被日军 3 个、5 个、2 个一绑，然后拖出庙门用刺刀刺死。张桂娇母子躲在戏台下乱草堆里，未被杀死。在柘林街上抓到未杀死的全部赶到西塘沟，用机枪扫射、刺刀刺杀，西塘沟里死了好多人。这一天，日军共杀死了塘南 860 多人，罗家、樊家、谢家、伍家、陈家、万家、田家、朱家、柘林街 1000 多栋房子被烧光。日军带着汽油，用稻草点火烧房子。整个天空中，浓烟滚滚，烟雾缭绕。过了一个月后，我坐船到余江唐山袁家去，河里浮满了尸体，太残忍了。

（南昌县史志地名办公室曹小伟整理，2009 年 1 月）

附件六：

# 采访塘南镇柘林街村民陈木坤记录整理

　　我叫陈木坤，塘南镇柘林街人，今年76岁。

　　当年日军大屠杀时，我才10岁。我家有7口人，我两兄弟。大屠杀前，我家5人到蔡家村躲避，剩下父亲和大爸未走。到了清晨，听说日军进了柘林街，家里人非常担心。过了半个多小时，我父亲逃了出来。他说是听到陈抚州喊日军来了，就往东港口跑，发现有一只小船在岸边，立即跳上小船离开岸，不到20米，就发现日军拦住一些人往街里赶。日军在柘林街进行了大屠杀，放火烧房屋。柘林街上尸体满地，抚河河水鲜红，火光、烟雾冲向天空。钟木连在被赶往祖师坛的途中逃了出来，幸免于难。他说我大爸被日军杀了，不要找了。我和父亲、叔叔用船在河里打捞大爸尸体。当天捞了20多具尸体，没有我大爸，第二天又接着捞，还是没有捞着，再到家里找，房子全被烧了，遍地尸体。我们经过令公庙，令公庙大门前，抚河岸边，横竖倒着无数具尸体，有的浮在水里，大多数是麻丘逃难来的难民。后来，我们把一具浮起来的尸体打捞起来，相貌模糊不清，脚上还穿着一只鞋，我大妈看到这只鞋，才认定是大爸。大爸被绑着手，腰部、背部被日军刺了几刀，当年大爸34岁。安葬大爸完毕后，我们再去找一个在我家做客的、我婆婆的侄子，叫叶三贵，当时只有20岁。我们在西塘沟里找了20多具尸体才找到他，然后把他抬到家安葬。这些都是我亲眼所见。后来听说日军在柘林街附近村庄共杀了860多人。整个柘林街房屋全被烧了，我家房子也被烧得瓦片未留。

（南昌县史志地名办公室曹小伟整理，2009年1月）

附件七：

# 采访塘南镇和丰村村民李寿印记录整理

我叫李寿印,塘南镇和丰村人。

我听张桂娇婆婆说,她家6口人,被日军杀死4人。有丈夫、婆婆、大女、小女。张桂娇婆婆说,天才刚亮,日军就包围了令公庙,在戏台上架起机枪。庙内住着22户难民,120多人。日军先将60多个男人捆了起来,分6个人绑为一串,又将妇女每两个人一组,把头发扎在一起,反绑着双手。大约在清晨7点左右,大屠杀开始了,几个日军把她的丈夫推出门去。这时,她的婆婆悲痛地扑上去拖着儿子,她7岁的女儿也紧抱着爸爸的腿不放。可是日军推开她的婆婆,一脚把她的小孩踢倒在地,将她的丈夫强行拖出门外,用枪杀死。她的婆婆是一

个70多岁的老人,日军对她也不放过,反扭着她的双手,把她的头发和另一妇女的头发结在一起,拖出门外,刺死在河岸。她那天真活泼的小女孩,看到爸爸、婆婆被日军拖走,跟到门口大哭大喊,日军一把抓住她,将她刺死。接着又把张桂娇怀中吃奶的刚满一岁的小女儿抢了去,摔在石墩上。小孩尖声啼哭,日军又用刺刀挑起,抛入河中。后来日军拖着张桂娇9岁的男孩魏金山,欲行杀害,张桂娇立即全身扑在孩子身上。正在此危险之时,不知谁无意敲响了庙内的大钟,日军一时惊慌,便走出庙门。张桂娇乘机拉着儿子迅速躲进戏台下乱草堆里,才免遭杀害。庙里120多人全被杀了,抚河岸边尸体横竖躺着,鲜红的热血染红了抚河半边,惨不忍睹。

（南昌县史志地名办公室曹小伟整理,2009年1月）

附件八：

# 采访塘南镇田万村村民田金科记录整理

我叫田金科，塘南镇田万村人，今年 74 岁。

1942 年农历七月，大屠杀前夜，我和我两个哥哥躲到村西坟山里。天快亮时，我两个哥哥又跑了回去，刚进村口就被日军抓住。日军开始叫我两个哥哥捉鸡给他们，后来又把我两个哥哥带走了，带到下张周家，就用绳子把他们两个绑一串。我大哥叫田水牛，比我大 14 岁，我二哥叫田腊九，比我大 10 岁。我堂哥叫田新屋，也被抓了去。日军先用刺刀刺杀我二哥，然后又用机枪扫射，被抓来的人全部倒下。当时我二哥并未死，还有一个二哥的师傅还活着，叫水旺的。还有吴家吴方水和宋家宋老四未被杀死，活了过来。我二哥和他的师傅抬我大哥回家，在路上，我二哥因流血过多死了。我家被日军杀了三人，我两个亲哥哥、一个堂哥；房屋、粮食全被日军烧毁了。日军太可恶了。

（南昌县史志地名办公室曹小伟整理，2009 年 1 月）

附件九：

# 采访塘南镇陈家村村民陈神保
# 记录整理

我叫陈神保，塘南镇陈家村人，今年 81 岁。

1942 年农历七月十七日，晚上 10 时左右，日兵进入陈村衡进庙驻扎，在附近抢粮，抓鸡烧吃。天快亮时，日军开始向柘林街出动，大山家的人带路，带到陈村，抢劫财物、放火，把陈村人抓到往街上赶，赶到西塘沟。陈元婆是在街上抓住的，当时日军用枪打，身上中弹未死，别人倒在她身上。陈世坤是我的叔叔,是从村庄上抓来的,被日军赶到下张堤,用机枪扫射,中弹后别人倒在他身上挡住了。我村上陈本根是在令公庙被杀害的,当时日军把他们3个一绑、5个一捆,然后用刺刀杀死丢到河里,杀完人后又把房子烧了。

(南昌县史志地名办公室曹小伟整理,
2009年1月)

附件十:

## 采访塘南镇塘南村村民陈如意记录整理

我叫陈如意,塘南镇塘南村人,今年82岁。

1942年农历七月十七日晚,日军从荷埠周家、尤口范家出动100多人,经过徐家、东港口、陈村、吴家祠堂、下张堤、张家山,一路烧杀抢劫、强暴妇女。18日凌晨,日军进入陈村,先强奸妇女、抢劫财物,然后放火、抓人。万漫被日兵抓到后,几个日兵轮奸,然后又被杀死,抛到河里。村庄上20多名妇女被日军强奸。陈教华、陈金根、陈雪生被赶到西塘沟杀害,陈雪生当时未杀死,日军又补了一枪。陈长根给日兵送鸡也被杀。陈年根在下张堤被杀,陈旺、陈李元、陈龙发、陈正苟、陈细林抓到柘林街被杀。陈村被炸死、杀死的有60余人,200多栋房子被烧毁。麻丘、西岸逃难到令公庙20多户、100余人全被杀死,惨不忍睹。

(南昌县史志地名办公室曹小伟整理,2009年1月)

附件十一：

# 采访塘南镇柘林街村民李墓知记录整理

我叫李墓知，塘南镇柘林街人，今年81岁。

1942年农历七月十七日晚，日军从尤口范家、麻丘荷埠周家两个据点出动100多人。我和婆婆、叔叔三人逃到泾口躲避。当天晚上，李花、麻婆等三人在东港口被日军抓到后扒光衣服强奸。十九日，日军走后，我们回来，柘林街上房屋全部被烧毁，死尸遍地。抚河岸边尸体横竖躺着，河水鲜红。西塘沟里，浮满了尸体，有断头的、断臂的、断脚的，惨不忍睹。后来，我被日军抓去做苦力，搭建炮台，擦炮弹，抬木头，抬石头，还经常挨日军打。

（南昌县史志地名办公室曹小伟整理，2009年1月）

附件十二：

# 采访塘南镇柘林街村民李循左记录整理

我叫李循左，塘南镇柘林街人，今年83岁。

1942年农历七月十七日，我和家人都跑到东港口躲日军去了。过了两天回来，一路上房屋被烧，尸体满地，西塘沟那里死的人更多，抚河岸边尸体横竖躺着，惨不忍睹。

（南昌县史志地名办公室曹小伟整理，2009年1月）

# 南昌县麻丘镇荷埠惨案

南昌县麻丘镇位于县城东北面,东与塘南镇交界,南与武阳镇接壤,西北靠瑶湖,西南与罗家镇相连。驻地距南昌县城莲塘 19 公里。荷埠周村位于麻丘镇西南面,紧靠瑶湖。荷埠包括三个自然村南周、北周、中周,有 1100 多户,6000 余人,900 多栋砖瓦木质结构的老式住屋。村里还有街道、酒铺、糖铺、茶铺、药铺、豆腐铺、肉铺、杂货铺等等,是当时南昌县的一个大村。旧时有"荷埠三周当一县"之说。明朝天启元年(1621 年)建的著名古迹蚩英塔就耸立在村的南面。

1939 年 3 月 28 日,南昌县沦陷。日军的前沿部队驻扎在罗家镇棠溪邹家,经常到邻村烧杀抢掠,奸淫妇女,在荷埠周村施行了泯灭人性的大屠杀。其手段令人发指,使荷埠周村群众蒙受了有史以来最惨烈、最深重的灾难。

驻扎在棠溪邹家的日兵,经常窜入荷埠周村抢劫粮食,抓鸡、鸭、鹅,抓到妇女后便就地强奸,有时还杀人、放火。村里有钱的人,外地有亲朋好友的人,便纷纷外逃。没有逃走留在家里的人,看到日军来了就躲,妇女脸上还要抹着锅烟子,日夜提心吊胆,过着十分凄凉的生活。

荷埠周村的人民看在眼里,恨在心里。他们对日军的滔天罪行无比愤恨。

1939 年 5 月,村上开来了国民政府军预备第五师,人们看到自己国家的军队,这下可以报仇泄恨,心里都非常高兴。为了配合他们打日本兵,村上还派了许多青壮年,拿着鸟枪、鸟铳,参加抗日战斗。可是国民政府军火力不及日兵,没战斗多久,死伤惨重,大败而退。该师退守麻丘的东田周村。于是,日军对荷埠周村群众更加残害,一天就杀死村民 130 多人,烧毁房屋 90 多栋。

日军在荷埠周村肆意掠夺,荷埠周村人民愤怒至极,他们商量着如何砍杀日军。5 月 19 日,5 个日军又窜入村中。真是仇人相见,分外眼红。他们正想着如何把这 5 个日本兵杀死。

"皇军,请到里面坐!"5 个日军一进村,村里就派出房族老者,大开祠堂中门,把他们引进了祠堂内。"皇军,你们到这里来走得太辛苦了,我们村上的老百姓,决定做酒为你们接风。"

"大大的好,大大的好!"日本兵竖起大拇指,高兴得哈哈大笑。

村上的人也真忙开了,买菜的买菜,做饭的做饭,打酒的打酒,杀鸡的杀鸡,杀鸭的杀鸭,宰猪的宰猪,日军见了乐呵呵的。不一会儿,祠堂里就摆上了一桌丰盛的酒席。日军嗅着酒菜的香味,馋得直流口水。还没等房族老者请他们入席,就自动抓起鸡、肉就大吃大喝。

"皇军,你们走路好辛苦,请喝一杯酒!"作陪的群众向他们倒酒,日军端起酒杯一饮而尽。

"皇军,我们中国人不会做日本的口味,菜不好吃,多喝一杯酒吧!"站在祠堂里的其他青壮年,也走到桌旁轮番敬酒。

"大大的好,大大的好!"日本兵又一饮而尽。

不一会儿,5个日军就被群众灌得酩酊大醉,趴在桌上,嘴里还喃喃念着:"花姑娘,花姑娘。"

群众见时机已到,预先安排好在祠堂内的几十个青壮年一拥而上,一齐动手,有的夺枪,有的捉人,有的举起铁棒、木棍朝日军身上狠狠打去,5个日军顿时被打得奄奄一息。群众用预先准备好的绳子将5个日军捆绑起来,拖到关帝庙边去活埋。从此以后,日军对荷埠周村人更加疯狂地进行惨无人道的杀戮。

1939年5月28日,天刚蒙蒙亮,日军出动了1100多人,从村正南的武溪郑家、西南方的棠溪邹家、西北方的尤口山湖家三个据点出发,通过水陆三路,把整个周村团团包围,将全村群众驱赶到村旁的司马地、四川地、烟地和练武场等四个地方,进行了灭绝人性的大屠杀。

被围困在司马地的群众最多,有450多人。日军在周围架起了4挺机枪,先是抓到一些妇女排成一队,然后扒光妇女的衣服,用刺刀割破女人的内裤,像野兽般地进行奸淫。此时,妇女的惨叫声、哀求声、呼救声、哭声,日军的淫笑声,连成一片。日军奸淫后,拿起手中刺刀,又对那些妇女当胸一刀,那些妇女一个个光着身体倒在血泊中。被围困的群众中,有个叫周毛头的,50来岁,身体强壮,个头威武。他看到妇女被日军抓去强奸,便号召被围的群众起来反抗。他第一个冲出去抢夺日军的刺刀,被旁边的几个日军从胸前、胸后刺了个对穿,倒在血泊中。十几个青壮年也一拥而上,扑向日军,与日军搏斗。日军枪响了,他们竟像一群疯狗一样,用机枪对着手无寸铁的群众扫射,对未打死的群众,日军又补上一枪,或用刺刀刺。有一个小孩,未被打死,倒在母亲的怀里哭喊着"妈妈,妈妈",日军用刺刀戳了个对穿。450多人当场被日军打死,鲜红的热血流了满地。只有一个15岁的少年周根秀,在人群骚动时偷偷地溜到一个灰窝子里,躲在灰堆中,才幸免于死。

四川地被围困的50多人,日军用枪押着,强令他们站成7人一行的纵队,然后用枪对准射击,一枪击数人,试验子弹杀伤力,除1人幸存外,其余的全死了。幸存者叫周良钱,他个子矮,站在最后一排,他的弟弟比他个子高,正好站在他前面,把他挡住了。日军开枪时,弟弟倒在他身上,他佯装死去,日军没有发现。

在烟地上集中了200多人,日军以查找中国兵为由,从群众中将周家洪在武汉读书回家探亲的儿子抓去,硬说他是中国兵,于是用刺刀将他捅死。周家洪见儿子被杀,全家10多个人痛哭并奋起反抗,但全遭杀害,只剩下80多岁的老母。周家洪一个只有3岁的孙子,也被日军用刺刀挑起戳死。村民们见周家洪全家惨死,一致奋起反抗。可是手无寸铁的群众,怎奈手握洋枪、洋刀的日军。他们双手挥动战刀,往人头顶上直劈,将人劈成两片,脑浆、鲜血、五脏六腑淋漓满地;或从人的头顶上斜劈，使大半个头颅带着一条臂膀，身首异处；或从人腰中横砍，将人截为两段，又不能即死，凄厉地尖叫。200 多人全被杀死，尸体成堆，真是惨绝人寰。

练武场被围困的有 200 多人。日军端着快枪，上着刺刀，追着人刺，刺穿胸部，刺穿腹部，尸体倒地，肠脏流溢。小孩子被刺刀挑起，甩到空中，摔到马路上，摔得脑浆迸裂，惨不忍睹。当场刺死 120 多人，随后又被日军抓了 30 多个，挖了 5个大坑，全部活埋了。其中有一个年近 70 岁的老人，周金根的母亲，被拖进土坑时，不停地喊："苍天呀，你睁开眼看看啦！你怎不叫雷公把这些畜生劈了呢？"

日军杀完人后，用稻草浇着汽油放火烧民宅。整个天空中，浓烟滚滚，烟雾缭绕，这场大火，足足烧了三天三夜。5 月 28 日这天，日军在荷埠周村就杀了 790多人，杀绝 52 户，烧毁房屋 750 多栋。这一个月，日军在荷埠周村共杀害 1000 余人，烧毁房屋 889 栋。一个 6000 余人的大村，变成了一片废墟。这就是日本侵略者制造的荷埠惨案。

（南昌县史志地名办公室曹小伟）

附件一：

# 日军在蜚英塔下的暴行

1939年3月28日南昌沦陷。日军的前沿部队驻扎在棠溪邹家,经常到邻村烧杀抢掠,奸淫妇女。荷埠周村群众深受其害。至今思其惨状,仍令人发指。

日军在荷埠的暴行是从这一年的农历四月二十八日开始的。荷埠包括三个自然村南周、北周、中周,有1100多户,5800多人;900多幢砖瓦木质结构的老式住屋。村里还有街,开了一家酒铺、一家糖铺、两家茶铺、三家豆腐铺、五家肉铺、十家杂货铺,是南昌县一个大村。旧时有"荷埠三周当一县"之说。明朝天启元年(1621年)建的著名古迹蜚英塔就耸立在村之东南面。四月二十八日这一天,先是国民政府军同日军在村西南的张家社公庵打了一仗。日军把抓到的国民政府军的30多个俘虏全部赶到村里杀害了。接着就在村里杀人放火。这一天,就杀死了村民130多人,烧了90多幢屋。村里有钱的人,外地有亲朋好友的人,这时纷纷外逃;没有办法的人便留在家里,看到日本鬼子来就躲,日夜提心吊胆,过着十分凄凉的生活。

但他们没有想到,这年5月28日,天刚蒙蒙亮,日军出动了1100多人,从村正南方的武溪郑家、西南方的棠溪邹家、西北方的尤口山湖家三个据点出发,通过水陆三路悄悄地把村子包围了。日军把留在村里的人赶到司马地、四川地、烟地、练武场四个地方。

司马地群众最多,有450多人。日军在周围架起了4挺机枪,凶神恶煞,呼喝着:"统统死啦死啦的!"被围困的群众中,有个叫周毛头的,50多岁,看到情势不对,就喊:"日军要杀人了,能跑的赶快跑!"日军的枪响了。他们竟像一群疯狗一样,用机枪对着手无寸铁的群众扫射,当场打死群众450多人。只有一个十五岁的少年周根秀,在人群骚动时偷偷地溜到一个灰窝子里,躲在灰堆中,才幸免于难。

四川地被围困的是50多个青壮年。日军用枪押着,勒令7个人站一行,用枪点射。50多个人,只剩下1人,其余的全死了。剩下的叫周良钱,他个子矮,站在最后一排。他的弟弟比他个子高,正好站在他前面,把他挡住了。日军开枪时,弟弟倒在他身上,他佯装死去,日军没有发现。

烟地被围困的有123人,大部分是老人、妇女和儿童。日军灭绝人性,一个都没有放过。先是抓到妇女就强奸。然后不管是老人、妇女、儿童,都杀了。用刺刀捅,用马刀劈,放军犬咬,残忍至极。周家洪老人,全家11口,已经死了9个,只剩下老人和一个小孙子。老人抱着孙子向日军求情留条后,日军一刺刀竟穿过祖孙俩的胸膛。

练武场被围困的有200多人。日军开枪时群众炸开了,四散奔逃。当场打死了 120 多人，随后又被他们抓了 30 多个，挖了 5 个大坑，全部活埋了。其中有一个年近七十的老人，周金根的母亲，被拖进土坑时，不停地喊："苍天呀，你睁开眼看看啦！你怎不叫雷公把这些畜生劈了呢？"

接着就在全村放火。

这一天，日军在荷埠周村就杀了 790 多人，杀绝 52 户，烧毁房屋 750 多幢。连同以前被杀的，一共是 930 多人，烧毁房屋 889 幢。这天的大火，足足烧了三天三夜，使一个有 1100 多户、5800 多人的荷埠周村变成废墟。接连 6 年，村里没有人烟，草长得比人高。直至 1945 年抗战胜利后，村人才陆续回来。

南昌县政协文史资料研究委员会编《南昌县文史资料》，
1986 年第 1 辑第 52、53、54 页，胡和顺整理）

附件二：

# 荷埠大屠杀

荷埠周村群众屡遭杀害。乃于民国二十八年(1939 年)5 月 19 日，以"宴请皇军"为名，诱来棠溪邹村据点的 6 名日本兵，将其灌醉后处死。事后，日军蓄意报复，于 5 月 28 日晨分兵三路包围周村，将全村群众驱赶到村旁的司马地、四川地、烟地和练武场等四处场地，进行大屠杀。困在司马地的 400 余人，除 1 人幸存外，全被杀死；集中在四川地的 50 多人，被编成 8 人一排的 7 行纵队，一枪击数人，试验子弹杀伤力；在烟地场，日军或用刀捅，或以刺刀将小孩挑起。村民们奋起反抗，日军则用机枪扫射，场上 200 余人壮烈牺牲。与此同时，练武场上枪声大作，被围在那里的群众，除少数人跳水逃脱外，有 113 人惨遭杀害。

荷埠周村历经烧劫和屠杀，烧毁房屋 881 栋，被杀害 1000 余人，有 52 户人家被杀绝。一个 6000 余人的大村，变成了一片人烟稀少的废墟。

（南昌县志编纂委员会编《南昌县志》，
海南南海出版公司 1990 年出版，第 136 页）

附件三：

# 南昌县人民抗日斗争情况

　　1939 年 5 月，国民政府军预备第五师驻守在麻丘的东田周村，日军驻扎在棠溪邹村，两军对峙，河埠周村成为前沿阵地。由于国民党消极抗日，日军经常到河埠周村奸淫掳掠，无恶不作。全村人民愤怒至极，为了报仇泄恨，于 5 月 19 日由房族老者在祠堂内设一桌丰盛宴席，再派人到日军驻地棠溪邹村将日军头目 6 人请来赴宴。经房族老者给日军轮番敬酒，终于使 6 个日军酩酊大醉。这时，预先安排好的几十个身强力壮的农民一拥而上，把 6 个日军捆绑起来，一齐动手，操起钢刀，将敌兵全部砍头碎尸，装入麻袋内，沉入瑶湖中。自此以后，日军对河埠周村多次进行惨绝人寰的烧杀淫掠。

　　1939 年 5 月 28 日，天还没亮，日军便分三路进军包围周村，把睡梦中的群众全部叫起来，分别赶到村庄附近的司马地、四川地、烟地和练武场等四个场地上，进行灭绝人性的大屠杀。在司马地集中村民 400 多人，只有 1 人幸存，其余全部被杀死；在四川地集中村民 50 多人，日军强令他们站成 7 人一行的纵队，然后用枪对准射击，一枪便打死 7 人，8 行纵队只有一人未被打死；在烟地上集中 200 多人，日军在四方架起机枪，以查找中国兵为由，逐个进行查问，当时从群众中将周家洪在武汉读书回家探亲的儿子抓出，硬说他相貌堂堂，衣冠楚楚，是中国兵，于是用刺刀将他捅死。周家洪见儿子被杀，全家 10 多个人痛哭并奋起反抗，但全遭杀害，只剩下 80 多岁的老母。周家洪一个只有 3 岁的孙子，也被日军用刺刀挑起戳死。村民们见周家洪全家惨死，一致奋起反抗，被日军用机枪扫射，全场 200 多人全部被打死；在练武场集中的 200 多人也被打死 113 人。据统计，仅河埠周村一个村在 1939 年内就被日军烧毁房屋 881 栋，杀死男女老少 1000 多人，其中 52 户被杀绝。这个有 6000 多人的大村庄，被日军浩劫后，沦为一片尸骨满地、豺狼出没的废墟。

（南昌县委党史办编《洪城南廓谱春秋》，
中国文史出版社出版，第 95、96 页，吴清澄整理）

附件四：

# 复仇的火焰

　　沿着南昌—麻丘公路往东走，在一座七层宝塔的后面，有一个大村庄，这就是因英勇杀敌而远近闻名的河埠洲。

　　1939年5月间，吴家山的一个汉奸，为了宗族矛盾，引来了一队日本兵。他们互相勾结，在村上杀人、放火、强奸、掠夺，许多无辜的人民被日本兵枪杀。这个村的东房，就有30多男女死在敌人的枪口下。

　　怎么能任凭敌人蹂躏我们的家乡！怎么能任凭敌人杀害我们的父母兄弟！河埠洲的人民对日军的滔天罪行，无比愤怒，人人心里都燃起了复仇的火焰！

　　不久，村上开来了国民政府军预备第五师，人们看到自己国家的军队，心里有多么高兴呵！他们杀猪、杀鸡、买烟、打酒，就像招待自己的亲人一样招待他们，向他们诉说自己受日本人欺侮的苦衷，请他们为被杀害的父母兄弟报仇。

　　村上还派了许多青年，拿着鸟枪、鸟铳，配合他们打日本兵。可是国民政府军的火力不及日本兵，交战不久，死伤惨重，大败而逃。要不是埋伏在龙三桥后、张脚村附近的河埠洲人民用鸟枪、鸟铳阻击日军，国民政府军真要全军覆灭！这一仗，河埠洲人民用鸟铳打死了好几个日本兵。

　　河埠洲的人民虽然杀死了几个日本兵，但他们心中的怒火并没有熄灭。有一天，村上又来了5个日本兵。真是仇人相见，分外眼红。他们决定用计杀死这5个日本军。

　　"皇军，请到里面坐！"5个日军一进村，群众就派代表，大开祠堂中门，把他们引进了祠堂内。"皇军，你们到这里来走得太辛苦了，我们村上的老百姓，决定做酒为你们接风。"

　　"大大的好，大大的好！"日本兵竖起大拇指，高兴得哈哈大笑。

　　村上的人也真忙开了：宰猪的宰猪，杀鸡的杀鸡，做菜的做菜，买酒的买酒，就像接待贵宾一样。不多一会，祠堂里就摆上了一桌丰盛的酒席。见吃忘形的日本兵，还没等群众代表请他们入席，就自动地坐在桌边，狼吞虎咽地吃喝起来了。

　　"皇军，你们走路辛苦，多喝一杯！"作陪的群众向他们敬酒，他们毫不客气地一杯又一杯地喝起来。

　　"皇军，我们中国人不会做大日本的口味，菜不好吃，多喝一杯酒吧！"站在祠堂里的40多个"看热闹"的青年，也走到桌旁敬起酒来。

　　"大大的好、大大的好！"日本兵又一饮而尽。

　　"皇军，拿着枪喝酒多不方便，放下枪来痛痛快快地喝几杯吧！"不知哪个机灵的小伙子，向日本兵提出了一个建议。他望了望日本兵的表情，又接着说："你们不相信我们，是不是？"

日本兵看到大伙对他们这样热情,又被小伙子将了一军,赶忙说:"日本、中国都是亚洲,都是一家人!"他们一边说,一边把枪放在一边,又大吃大喝起来。5个日本兵被群众灌得酩酊大醉。禽兽不如的日本兵,喝醉了酒,嘴里还喃喃地说着:"花姑娘,花姑娘。"

群众见时机已到,40多个青年互相交换了一下眼色,一齐动手,有的夺枪,有的捉人,有的举起铁棒,痛痛快快地朝日本兵身上打去,5个日本兵,被群众打得奄奄一息。当他们被群众拖到关帝庙边去活埋的时候,嘴里还说着"日本人、中国人都是兄弟"的鬼话!

英勇的河埠洲人民,杀死日军以后,虽然遭到日军的疯狂报复,但他们抗击侵略者的英勇行为,却在远近的群众中广泛流传着。

(南昌县委党史办编《洪城南廓谱春秋》,中国文史出版社出版,第 158、159、160 页,黄才榜、黄正辉整理)

附件五:

# 采访麻丘镇宝塔村村民周香根记录整理

我叫周香根,麻丘镇宝塔村人,今年 85 岁。

1939 年 5 月,日兵驻扎在罗家,国民政府军驻扎在泾口,麻丘成了日军和中国军队交锋的战场。日军经常进村杀人放火,强奸妇女,女人根本就见不得面,不管老、幼,抓到后就地强奸。村上鸡、鸭、鹅也被抢劫一空,猪、牛活活割下四蹄。我在罗家做客,我的姑父被日军抓去,日军用铁丝把我姑父两手穿过,然后挖坑活活埋在坑里。5 月 28日,日军在村上大开杀戒,村上遍地是尸体,房屋全部被烧光。我家房屋也被烧了,我和家人经塘南、进贤逃往余干。离开村庄时,死尸遍地,太残忍了。天空中,浓烟滚滚,烟雾缭绕,整个村庄烧得片瓦未留。后来日军驻扎在村东南面的宝塔内,在宝塔旁边挖了一条战壕。我们在日军投降后才回家,村庄上长满了野草,池塘里鱼有几十斤重一条。

(南昌县史志地名办公室曹小伟整理,2009 年 5 月)

附件六：

## 采访麻丘镇宝塔村村民周胡仔记录整理

我叫周胡仔，麻丘镇宝塔村人，今年83岁。

民国二十八年（1939年），日军与国民政府军交战，国民政府军军预备第五师驻守在麻丘的东田周村，日军驻扎在棠溪邹村，两军对峙，河埠周村成为前沿阵地。日军经常进村抢劫财物，放火烧房子，强奸妇女。

5月28日，日军分三路包围荷埠周村，对荷埠周村群众进行了大屠杀。周老四一家被杀死四人，儿子、儿媳妇、孙女、周老四本人，只剩下周老四老婆未被杀死。周中秋全家被杀绝，其中包括两个儿子、一个儿媳。周毛头一家四口被杀，其中有两个儿子。周腊膳全家四口被杀，其中有两个儿子。周元生全家十几口人被杀。周发水全家六口人被杀，其中包括两个儿子和两个儿媳。村上有52户被杀绝。

（南昌县史志地名办公室曹小伟整理，2009年5月）

# 新建县惨案

　　新建县地域辽阔,南北长 200 余华里,东西长约 100 华里,东与南昌县为邻,西与高安、安义县相接,南与丰城县毗连,北与永修交界。全县 5 个行政区,共辖 36 个乡、2 个镇。1939 年春,日军集结第 6、第 101、第 106、第 116 师团分左、中、右三路向南昌包围,东路以海军炮艇近百艘,在飞机的配合下经吴城进攻,中路从永修、安义沿公路南侵进攻乐化,西路从修水、奉新经高安进攻,均经新建县所辖地区。

　　3 月 23 日,日军陆、海、空三军逼进吴城镇(原属新建县,1954 年 6 月 1 日划归永修县),守军退守赤岸山,吴城失守;一个拥有 7.2 万多人口的水上要镇——吴城镇,经过 7 天 7 夜的炮火焚毁后,只剩下 3000 余人,房屋被毁 70% 以上。3 月 24 日,昌邑、联圩、樵舍等圩镇失守,从此打通了由鄱阳湖入侵南昌的水上通道。同日,日军侵入新祺周,日机在南昌市区和新建县沿江一带狂轰滥炸,新建县政府数百间厅堂房舍被毁。3 月 26 日,溪霞、仙里、乐化、西山万寿宫等地失守。27 日,日军第 106 师团进占生米街,强渡赣江,直攻南昌。至此,南昌市、新建县城同时沦陷。日军在新建县境内屠杀无辜百姓,仅 1939 年 3 月至 4 月新建县沦陷初期,中国民众伤亡达 800 人以上。

　　日军侵占新建县后,便像一群野兽似的到处蹂躏,肆意枪杀我无辜平民,见女人就奸杀,见房屋就焚烧,见东西就抢劫,特别是南浔铁路、赣湘公路两旁的村庄受害更为严重。乐化一带(即现新建县乐化镇和溪霞镇),仅在 1939 年 3 月 26 日这一天,马垅徐村 30 户和前屋后屋徐村 50 余户人家全被日军放火烧得片瓦无存,连未逃走的 62 岁老太婆亦被推入大火中烧死;华源村李承炳房子,被日军警备队长觉野喝酒装疯为寻开心而放火烧掉;在东昌,日军用铁丝穿农民的巴掌连接起来,一次就烧死几十人。同一天,刘庄的徐绍谷、八一徐村的徐家西、华严村杜训高的母亲、王丘村的王迪赏、马垅的徐烈涯、象嘴村的谭文度、吴坪村陈彦时的婶和上戴村戴征燮的母亲均死在日军枪刀之下。老屋裘家村一次就被日军杀掉 6 人,“大刀部队”还抢走该村 140 多头猪、400 多只鸡、1500 多斤稻谷、50 多床被子、8 只金戒指、4 个银项圈和 100 多块银洋等物。

　　新建县溪霞镇田埠村的一个 13 岁女孩被日军强奸后,用刺刀刺入阴户至死。王丘村的戴××、华严村的熊××、刘庄村的闵××均被日军轮奸七八(人)次。据不完全统计,有 100 余人死在“警备队”的枪刀之下,被日军打伤、犬咬伤的所谓“小小顺烧”者则难以计数。

　　樵舍镇是日军的一个重要据点。驻扎的日军由原来 30 余人增到四五十人。他们经常窜到横江涂家、鹭鸶口、玛璃洲、东田、高堂、大穆、塘头、王子等村烧杀抢劫。王子村附近的翠峰寺(俗名三台庵),日军以“藏匿游击队”的罪名,一把火将其化为灰烬。日军进犯赤岗熊村时,见到王咨臣的二姐夫熊善植和熊善桂等6位老人,令他们挑水、宰猪、杀鸡,大吃一顿后,将6人带到来龙山上,一个个用刺刀刺死,又一把火烧掉全村房屋120多幢。

新建县西山镇在历史上乃兵家必争之地。3月25日,日军进犯西山万寿宫进行一场大屠杀后,即对附近的茅岗、乌桥、杨家脑、善溪、琚塘、言家等村进行烧杀。日军第一次进入乌桥村,就有200多人被杀,焚屋300余幢。琚塘程家和言家两个村庄,共有50余人被害,房屋被烧160多幢。在帅家山沟里正在逃走的100多军民,暴露在日军火力射程之内,军民死伤80多人。日军在西山街上捉到10个人,押到西山万寿宫山门前枪杀,杀死了9人,只有一人死里逃生。随后,日军又驱赶大批农民在附近交通要道口修建碉堡七八座。

生米镇是历史上著称的水陆交通咽喉之地。日军在该镇进行一次惨烈屠杀后,便在街头街尾建碉堡两座,街的四周要道均装上铁丝网,严密监视过往行人和追捕抗日爱国人士。

新建县大塘坪乡的虎庄,在1939年3月26日早晨,被日军屠杀了80多个贫苦农民,烧毁房屋150多幢。日军还在井中放毒,回村村民饮用井水,毒死了40多人。大塘坪乡另一个村有一女孩14岁,被日军拖进路边一房中轮奸后,扬长而去。不少妇女被糟蹋得死去活来。

新建县望城镇的省庄,当年是一个拥有140户、500多人的村庄,日军一来就杀了60多个人。在新建县联圩乡肖琪村,一群日军未找到年轻妇女,结果把一位60多岁有病的老婆婆强奸了。类似害死百姓的罪行不胜枚举,沦陷区的人民每天生活在惊恐不安的日子里。

（新建县委党史办撰稿）

附件一：

# 日军侵占新建后的暴行

1939 年 3 月 23 日，日军陆、海、空三军逼进吴城，与中国守军激战数小时，日军最后从望湖亭突破，守军退守赤岸山，吴城失陷。全镇 7.2 万多人口，经 7 天 7 夜的激战和大火焚毁后，只剩下 3000 余人，房屋被毁 70% 以上。

3 月 17 日到 25 日，日军第 106 师团的加强联队 3 艘兵舰配合空军 1 个中队，向国民政府军预备第五师驻昌邑至泷口一线阵地发起猛烈进攻，昌邑、樵舍等地相继失守。

3 月 24 日，日军主力第 106、第 101 师团突破新祺周，25 日侵占溪霞、乐化和西山万寿宫。26 日占领昌北、牛行和长塪。27 日生米镇失守。至此，新建县、南昌市同时失陷。

日军侵占新建后，便像一群野兽似的到处蹂躏，肆意枪杀无辜平民。他们见女人就奸杀，见房屋就焚烧，见东西就抢劫，特别是南浔铁路、赣湘公路两旁的村庄受害更为严重。日军拼凑的新建县治安维持会设在乐化街上，维持会长是作恶多端的胡容（绰号胡老九），在乐化街、华沅桥、下白巷桥和老屋裘家等地驻有"警备队""靖安队""保安队""大刀部队"，对新建县陷沦区施行了"三光"（即烧光、杀光、抢光）政策。乐化一带仅在 1939 年 3 月 26 日这一天，马垅徐村 30 户和前屋后屋徐村 50 余户人家全被日军放火烧得片瓦无存，连未逃走的 62 岁老太婆亦被推入大火中烧死；华源村李承炳房子，被日军警备队长觉野喝酒装疯为寻开心而放火烧掉；在东昌，日军用铁丝穿农民的巴掌连接起来，一次就烧死几十人。同一天，刘庄的徐绍谷、八一徐村的徐家西、华严村杜训高的母亲、王丘村的王迪赏、马垅的徐烈涯、象嘴村的谭文度、吴坪村陈彦时的婶和上戴村戴征燮的母亲均死在日军枪刀之下；老屋裘家村一次就被日军杀掉 6 人，"大刀部队"还抢走该村 140 多头猪、400 多只鸡、1500 多斤稻谷、50 多床被子、8 只金戒指、4 个银项圈和 100 块银洋等物。溪霞田埠村一个 13 岁女孩被日军强奸后，用刺刀刺入阴户至死；王丘村的戴××、华严村的熊××（16 岁）、刘庄村的闵××均被日军轮奸七八（人）次。据不完全统计，有 100 余人死在"警备队"的枪刀之下，被日军打伤、犬咬伤的所谓"小小顺烧"者则难以计数。

樵舍镇是日军的一个重要据点。驻扎的日军由原来 30 余人增到四五十人。他们经常窜到横江涂家、鹭鸶口、玛璃洲、东田、高堂、大穆、塘头、王子等村烧杀抢劫。王子村附近的翠峰寺（俗名三台庵），日军以"藏匿游击队"的罪名，一把火将其化为灰烬。日军进犯赤岗熊村时，见到王咨臣的二姐夫熊善植和熊善桂等 6 位老人，令他们挑水、宰猪、杀鸡，大吃一顿后，将 6 人带到来龙山上，一个个用刺刀刺死又一把火烧掉全村房屋 120 多幢。

　　西山镇在历史上乃兵家必争之地。3月25日，日军进犯西山万寿宫，进行一场大屠杀后，即对附近的茅岗、乌桥、杨家脑、善溪、琚塘、言家等村进行烧杀。据说，日军第一次进入乌桥村，就有200多人被杀，焚屋300余幢。琚塘程家和言家两个村庄，共有50余人被害，房屋被烧160多幢。在帅家山沟里正在逃走的100多军民，暴露在日军火力射程之内，军民死伤80多人。日军在西山街上捉到10个人，押到西山万寿宫山门前枪杀，杀死了9人，只有1人死里逃生。随后，日军又驱赶大批农民在附近交通要道口修建碉堡七八座。

　　生米街是历史上著称的水陆交通咽喉之地。日军在该镇进行一次惨烈屠杀后，便在街头街尾建碉堡两座，街的四周要道均装上铁丝网，严密监视过往行人和追捕抗日爱国人士。

（作者：雷树庭）

附件二：

# 采访西山农民李齐喜记录整理

　　日军于1939年3月25日到西山，李庆付一家被杀害9人，一个村庄烧光（300多户），这一天死大小人口200来人。抗日战争结束后初步统计李村共死500多人。

（采访人：程传敏；1986年11月5日整理）

附件三：

# 采访西山农民程选美等记录整理

　　程选美：日军到西山来是1939年3月25日，从乌桥到西山善溪、到琚塘。开头一天烧掉房屋30多幢，树木砍光、烧光。第二天因游击队打死了一个日本兵，日军又烧毁房屋50多幢。两天杀害老少共8人。

　　程贵贤：程村老屋，烧毁房屋30余幢，杀害群众18人，捉走4人（也被杀害）。

　　言嗣友：言家村，日军烧毁房屋40多幢，杀害群众17人。

　　（在采访现场还有琚塘村程嗣福、言家村言嗣发）

（采访人：程传敏；1986年11月8日整理）

附件四:

# 日军暴行民不聊生,百年仇恨扎下深根

　　1939 年 3 月 26 日,日军侵入新建县乐化一带,在日军铁蹄蹂躏之下,乐化人民过着更加黑暗悲惨的生活。

## 烧房又拆屋

　　沿交通要道——南浔铁路、南九公路,附近一带村庄,日军肆虐首当其冲。如马垅徐村 30 多户人家和前屋后屋徐村 50 余户人家全被日军放火烧得片瓦无存,老屋裘村也被烧毁 50 余幢,一个村烧一大部分或几幢的更是不计其数。另外,日军喝酒装疯寻开心放火,华源村贫农李承炳的一间房子就是被一个名叫觉野的日军警备队长烧掉的。沦陷地区纵然没有全被烧毁,也被拆得里通里、外通外,他们要垫马路、修桥梁、筑碉堡,要柴烧,就拆民房,华源村后原有一个几幢房子的小村,被拆得成了一块荒场,港田陈氏宗祠全被拆光,下戴村的戴氏宗祠的前幢屋也被拆去了。下戴村民好不容易集到 200 多元的伪钞票,相当于 100 担谷和 120 个鸡蛋,送给日军和李老涂汉奸,祠堂后幢屋才免于被拆。不仅如此,日军在放火时,还把村民推到火里去烧,如马垅徐村有一个 62 岁的老太婆就是被日军推到火中活活烧死的。在东昌地方,日军用铁丝穿农民的巴掌,一个一个连接起来,一次就烧死了几十人。日军的穷凶极恶,真是令人发指。

## 杀人不眨眼

　　日军一来,见人就杀,青壮年绝大部分四散躲逃,每村只有一两个老年人看守家园。1939 年 3 月 26 日下午,刘庄徐村徐绍谷往溪霞岭里逃难,横过铁路时,被日军发现,一枪打死。日军到八一徐村,一见徐家西,一枪就结束了他的性命,当时村子里无人,尸首被狗吃掉了。吴坪陈村陈彦时的婶婶,年纪 70 多岁,在日军刺刀下亡命。华源村杜训高的母亲,也是被日军用枪打死的,打死了不仅不许家人哭,也不准埋,晚上,杜训高提心吊胆地将母尸偷偷地掩埋掉了。王丘村的王迪赏 50 来岁,日军抓他挑担子,担子重挑不动,被日军一枪结束了性命。马垅徐村徐烈涯在拾粪时,也被日军打死了。

　　象咀村有个谭文度也遭日军枪杀一命归天。上戴村戴征燮的母亲张氏,上午被日军用力打一巴掌,下午就死了。日军在老屋裘村,一次杀掉 6 个外乡人。驻在乐化街的日军警备队,枪毙刀砍平民,据不完全统计有 100 余人。当时有个名叫高桥茂的日军,是乐化一带人人皆知的杀人不眨眼的刽子手。

　　日军的军犬也非常厉害,经常咬人。日军对着军犬喊"小小顺烧",人就会被咬得半死半活,喊"大大顺烧",军犬就会把人活活吃掉。日军强迫农民在铁路两旁挖封沟时,都是荷枪带犬监视着,不准休息和抬头,农民要是直一直腰,被日军发现,不是枪托打或鞭抽,便是放狗咬。

### 抢劫和讹诈

日军抢劫中国百姓的财产,更是罄竹难书。日军经常下村打掳,见鸡就捉,见猪就打,鸡蛋鸭蛋被抢无数。劫得财物,还要抓夫给他搬。尤其是日军初来时,牲畜落不得他们的眼。日军在王丘那个小村,就打死猪16头、牵去牛2头、打死狗2只。日军什么"大刀部队"驻在老屋裘村,1939年3月10日来的那一天,将全村140多头猪、400多只鸡抢劫一空,又掠去稻谷1500多斤当马饲料,还抢去50多床被子、400多套衣服、8只金戒指(约重2两)、4个银项圈(约重2斤)、100多块银洋。

日军在乐化街、华沅桥、下白港桥等处驻有所谓"警备队",它指使的伪保联办事处派猪、派鸡、派蛋和蔬菜,仅乐化警备队每日要猪3头,鸡和鸡蛋、蔬菜好几担,另派民夫10余名给他们做苦力。还有什么靖安队、保安队、密侦队等汉奸,同样残酷地剥削与压迫人民。

### 奸淫如兽行

日军不但烧杀、抢劫、欺压无辜平民,还不管白天、黑夜,毫无人性地强奸妇女。年轻妇女,如被他们发现,就要被强迫奸污。更残忍的是,有的被日军奸污后,又被杀死。溪霞田埠村一个13岁的女孩被日军强奸以后,日军用刺刀从阴户刺入将她刺死。另外,日军还轮奸妇女,如王丘村妇女戴××被5个日军轮奸,华源村熊××(16岁)被7个日军轮奸,刘庄村闵××被8个日军轮奸,不少妇女被糟蹋得死去活来。后来,妇女们为了不再遭受侮辱,就开辟秘密室、挖地洞,发现日军进村,就迅速躲避起来。日军找不到妇女,就强迫男人给他找,后来男人也隐蔽起来。有的妇女身藏利刀和剪刀,随时准备与日军拼斗。

(作者:陈起龙,1960年11月8日。
吴春香于1981年3月19日摘录于新建县档案馆)

附件五：

# 大塘公社展览馆会议记录

虎庄在 1939 年农历二月初六(二六事件)早晨,被日军屠杀了 80 多个贫苦农民,烧毁房屋 150 多幢,日军还在井中放毒,回家的饮用井水,便死了 40 多人。

附件六：

# 访问省庄村农民记录整理

沧陷初期,日军是相当残酷凶恶的,到处奸淫烧杀抢劫。省庄是一个拥有 140 户、500 多人的村庄,日军一来就烧了 20 多栋房子,杀了 60 多个人。后来成立了伪维持会,经常找群众要东西,每年秋收后要交粮,起初一亩田只要四五十斤,到日军要走的那两年,一亩竟增加到八九十斤。老百姓是不愿意送粮给日军的,送去的粮食一般都要掺沙掺水,老农黄田有一石谷掺了 20 斤沙。当时,日本人将盐控制很严,交粮才能换得少量的盐,农民因要吃盐,才不得已向日军交粮。开始一担谷可以换到七八斤盐,到后几年只能换到斤把盐。

除日军向群众要东西外,躲在山岭里的国民党的便衣队也向老百姓进行讹诈,他们通过村子里的保甲长,三天两头拿条子来找群众要米、猪、鸡、盐。村里人走近山岭就会被便衣队捉去,他们还经常到村庄上绑票,人绑去了得拿钱和东西去赎,不赎他们就处死。到 1944 年,省庄的 100 多劳动力自发地组织了自卫,他们拿着梭镖、扁担轮流守护自己的村庄。在 1944 年 8 月的一个夜晚,群众听到枪声,便将 10 多个准备进村讹诈的便衣队打走了。自从人们搞自卫以后,便衣队就很少来了。润溪等一些村庄,群众也搞了自卫。

便衣队还经常在马路上和日军驻扎的地方埋地雷、扔手榴弹,但往往又害不到日本人,可是炸弹一响,日军就来找老百姓的麻烦。有一次马路上地雷响了,日军将全村的劳动力捉到望城岗饿了 3 天。

沦陷的时候,日军还经常抓苦力,直到现在村上还有 5 个人没有回来。

(被访者:黄细有、徐大范、汪有然、黄水志等;1960 年 11 月 8 日整理。吴春香于 1981 年 3 月 11 日摘录于新建县档案馆)。

# 安义县惨案
## ——日军在五房周村、山下蔡家、山下熊家的大屠杀

安义县地处赣西北，县境东邻南昌市湾里区，南连高安市，东南与新建县交界，西南与奉新县接壤，西北与靖安县相连，东北与永修县毗邻。南北潦河在境内义兴口汇合，经万埠、青湖蜿蜒流入永修县修河后注入鄱阳湖。安义县龙津镇位于安义县西部，是县人民政府驻地。五房周村位于龙津镇北部，是当时日军从永修县进入安义县城的必经之地，是日军驻扎部队的中转站。山下蔡村位于龙津镇西部，离县城 2 公里，当时国民政府军一个师驻扎此地。安义县石鼻镇位于安义县东南部，东南与新建县红林林场毗邻，东北与湾里区红星乡交界，西与奉新宋埠镇相邻，山下熊村位于石鼻镇东北部，人民武装西山游击队驻地与山下熊村隔港相望。1939 年 3 月 21 日至 24 日，日军在安义县的五房周村、山下蔡家、山下熊家等地制造了屠杀中国无辜平民 1000 多人的惨案。

1939 年 3 月 17 日晚间，日军以闪电战的方式，集中六七十门大炮，猛烈轰击永修县张公渡防线的国民政府军阵地，炮弹中还夹杂大量喷嚏性毒气瓦斯。日军飞机也配合其地面部队进攻，对国民政府军阵地轮番轰炸，阵地被摧毁。18 日下午，日军在飞机的掩护下强渡张公渡，突破了中国军队的修水河防线。20 日，日军用坦克开道，飞机助战，接着又突破了中国军队的永修县滩溪防线阵地。21日，3 架日机突然侵入安义县城上空，对县城浮桥一带狂轰滥炸，用机枪对准手无寸铁的居民扫射。这次空袭，炸毁了浮桥及板溪街一座民房，死伤居民数十名。上河竹林村放牛的妇女和牧童被低飞日机扫射而死，城内和西门也炸死 10 余人。22 日清晨四五点钟，日机 6 架第二次空袭安义县城，接连轰炸了几个小时，对码头街、南门街、石牌街和下河村轮番轰炸，丢下大量烧夷弹，县城一片火海，延烧了三天三夜。据龙津镇统计，共烧毁店铺 128 间，县城中心的雄伟建筑大成殿（占地数十亩，从现在的供销社到粮食局）被夷为平地，仅余 47 间店铺幸免，炸死炸伤无辜平民近 1000 人，炸毁民房 100 多幢，炸死耕牛 78 头。当日下午 4 时，日军坦克群在飞机的掩护下，长驱直入，从东门侵入安义县城，至此安义沦陷。至 1945 年 8 月 15 日日军投降撤离，整整侵占了安义 7 年，其间，日军几乎在安义的每个角落都留下了残暴的足迹，杀人手段之残忍，简直到了人神共愤的地步。

1939 年 3 月 22 日下午，从北路入侵的日军路过龙津五房周家村，疯狂冲入村内，大肆烧杀。全村百姓及德安逃来的难民，除少数逃出者外，无论男女老少，均遭杀戮。有的砍头断肢，有的剖腹牵肠。村中妇女先奸后杀，其中有一少妇，怀

中尚有婴儿吸奶,日本兵上前从怀中抢出婴儿,掷地活活摔死,再奸后杀。有的孕妇被奸后还遭剖腹致死,用刺刀挑出胎儿取乐,残暴至极。据不完全统计,该村死于日本侵略军暴行之下的村民有97人。

1939年3月24日中午,一伙日本侵略军包围了龙津镇山下蔡家,端着明晃晃刺刀的枪支,饿狼扑食般冲入村内,不分男女老幼,见人就开枪、刺杀。见妇女就先奸后杀。顿时村子里枪声四起,火光冲天,横尸遍村,血流成渠,惨不忍睹。在这个小小的村庄,有72人惨遭日本侵略军的杀害。日军进村之前未逃离村庄的村民,几乎惨遭杀绝。蔡之海一家8口,除两人在日军进村前逃离了村庄免遭杀戮,其余6人均死于日军的屠刀之下,爷爷奶奶被日军用枪打死在家里,母亲被日军先奸后杀,父亲被日军枪杀在家门口,弟弟、妹妹被日军用刺刀活活刺死。连家禽家畜也被斩尽杀绝,真是鸡犬不留,血洗一空。一个好端端的山下蔡家就这样屋毁人亡,变得万户萧疏鬼唱歌。

1939年4月22日,驻在古楼村的日军,以追击中国兵为由,出动一个中队,兵分三路,包围了山下熊家(包括新山下、老山下两个村庄),用机枪封锁路口。日军冲入村内,逐户抓人,把新山下村抓来的36个男人押到熊清禄的土屋里,把老山下村抓来的78个男人押到祠堂里,把82个妇女儿童关在熊清闵的土屋里,日军迫令这些人一排排跪下,有两个称做"星子佬"的人不肯跪,当即被日军活活刺死。接着又逼着大家解开衣扣,现出赤膊,日本兵手捧刺刀,向跪着的老百姓进行刺杀,跪着的人从地上爬起来向门口冲去,可是门已被日本兵用枪堵住,一个个又被逼回。可怜这些手无寸铁的老百姓,全都成了日军刺杀的活靶子,有的被刺穿胸膛,有的被刺穿腰椎,有的被刺得肠子流出肚外倒在另一死者身上,鲜血横流,惨不忍睹。接着,日本兵把凳子、桌子、床板和稻草等架在这些死者的尸体上,撒上硫磺粉,放火焚烧。196人中,82名妇女、儿童无一幸免,114名男人中只有吴振洪、熊慎思、熊怀恂、刘以清和刘以渭等5人趁日军离开从死人堆里爬出,破窗逃出,幸得死里逃生,但也被烧得不成人样。与此同时,另一伙日军则在山上搜寻藏在树丛中的老百姓。10多个日本兵排成一排,像"梳辫子"那样一路路清山。日军把搜出的150名老百姓押到章家山一块较稀的树林间,强迫他们跪下,六七个日军同时用刺刀进行屠杀,不但男人不能幸免,连老人儿童也都过了一刀。邓茶花全家12口,不到3分钟,11人遭杀戮,1人因未杀死,才得以生还。有个10岁的小孩,名叫刘四根,颈上戴个银项圈,日军则用刺刀割下他的头,拿走项圈。日军对杀而未死的老百姓,一一补刀刺杀,刘门仁在补刺时抓住了日军的枪杆,日军就开枪将他打死。顿时,在往山下村去的山沟里,血流成渠。

幸存者章珍珠老大娘,满腔悲愤地控诉日军对妇女的暴行时说:"日军把围困的妇女,押到庙背山树林里,首先剥光了刘火金的衣裤,企图进行轮奸,刘火金宁死不从,被日军用刺刀刺死。接着又剥光了熊水妹的衣服,被20多个日本兵轮奸至死。十六七岁的熊菊得等二人,因年纪尚幼,经不起日本兵的蹂躏,稍有不从之意,惨无人性的日军就用松木桩钉入她们的阴道,活活捅死。熊怀喜是个没有过门的媳妇,被日军捉去强奸时,一同被抓的母亲跪下求饶,被日军一刀砍下了头。这次被日军先奸后杀的妇女就有 10 多人。"

日军在山下熊家大屠杀后,临走时在臭水垅的塘里洗刺刀,把一塘清水染成了血水。为了不忘这笔血泪账,山下熊家人把这口塘叫做洗刀塘。乡亲们将熊怀意和他的母亲、妻子、儿子三代的尸体一块安葬在雨山头菜园里,这座坟取名叫"三代坟"。据统计,日军这次在山下熊家杀绝村民 12 户,共杀死村民和难民 500 多人。这之中有 130 多具无人收埋的难民尸体,山下熊家群众将这些尸体埋葬在竹山垴的一个大土坑里,即现在所称的"百人坑"。山下熊家的夏迎妹老人被日军残暴地砍了 14 刀,侥幸存活下来。

日军残酷地屠杀安义人民,除集体大屠杀外,还有分散屠杀零碎屠杀,比比皆是。在县城的日军捉活人当靶子练刺杀,一次十几人,乃至几十人;在青湖的潦河边,日军把人绑到烈日之下的沙洲上活活晒死;在万埠的日军,多次将无辜的百姓进行活埋,一次几人,十几人,甚至数十人。有个人称"五殿阎王"的日军,是个杀人魔王,他驻在万埠街时,平均日杀 7 人,共杀害我同胞几百人。除上述屠杀手段外,还有砍头、劈脑、挖心、剖腹、水溺、火烘、砍四肢等残酷手段。

据不完全统计,由于日军入侵,在日军占领期间,安义人民损失惨重:共烧毁房屋 8949 幢;死伤民众 14075 人,其中死亡 8230 人(男 6016 人,女 1662 人,儿童 518 人,下落不明 34 人),重伤 2550 人,轻伤 3295 人;损失稻谷 497337 石,麦 5662 石,植物油 4655 担,杂粮 21012 石,猪 20243 头,牛 5047 头,鸡鸭 104045 只。

（《安义人民革命史料》,南海出版公司 1990 年版）

附件一：

# 日军在山下熊家的大屠杀

我父亲说，当时中国兵，也就是驻扎在新建县西山镇这支军队，在安家山下与日本兵交了火，但没打两下，他们就撤了。这下日本兵就说这里有中国兵，他们就把这里围了起来，见人就杀，见房子就烧，在这里祠堂里就杀掉了200多人，躲在财监(人名)家里的100多人也被杀了，包括到这里逃难的难民共被杀死600多人。提到日兵，我恨不得在他们身上剁三刀。当时我们躲到山上，我的哥哥看到这里放火烧得不得了，他要到村里看一下，我就拖住他的脚不让他下去。当时如果去的话，说不定就会被日本兵杀掉。日本兵把杀死的人堆在一间屋里，身上架些板凳、门板，浇上油就烧掉了。砀山有个叫经贸的，是个武打师傅，一个人可以打十多个人，如果他跟日本兵拼杀的话，那就会给当地的老百姓带来更大的灾难。当时十多个日本兵端着枪对着他，他想，死了算了，就这样没有反抗，被日军杀害了。这次来的日军有几百人，是从邹家方向来的，把这里的老百姓赶到老山下去杀，杀死了就浇上油，架上木板烧。这里的房子都烧光了，剩下几间土屋也烧着了，被几个老人扑灭大火，没被烧掉。我娘，我父亲，还有我村庄300多个人都被日军杀死了。在头得(人名)屋里，80多个妇女、小孩子被日军关起来，堵死门，浇上油，被活活烧死。烧的时候的惨叫声，我们躲在老远的山上都听得到。日军真是太万恶了。山下熊家烧死的、杀死的一共有500多人。当时我们村里人力好强，青壮年有270多人，被日军杀死、烧死就将近200人，加上妇女儿童有300多人，连同到这里逃难的有600多人。

村里一农家有一只牛犊，日本兵叫牛的主人去杀死，他不敢杀，日本兵就拿刀架在这个人的颈上说，你要命不要？逼得人家用日军的东洋刀杀死这只牛犊，日本兵就砍下了牛犊的四腿拿去享用。离我们这里不远的邹家村，日军在村子里强奸妇女，其中一个妇女被强奸后，还用刀从人家的下身刺进去，活活刺死了人家。还有个两岁的小孩，日兵用刺刀刺进去挑起来，一边晃动，嘴里还一边说着什么话，很高兴的样子，可没有几下小孩就死了。日军简直不拿中国人当人看，中国人简直比一只鸡都不如。我的外甥当时在读书，他还对日军的这种作恶的事写过一首诗，诗的内容不记得。后来他也被日本兵杀死了，他娘哭得死去活来。后来他娘被日军杀得连肠子都漏出来了，还是我娘杀了一只鸡，用鸡皮补住才救了她的命。新山下熊家被日军杀绝了9户，杀死的人被日军堆在一间屋里烧成了灰。日军走后，我们把这些死人的骨灰用箱子装了起来，葬在一起，就是我们这里现在的"百人坑"。

安义县百人坑

（熊清利，1933年1月1日出生，石鼻镇赤岗村熊家庄人。

安义县史志办袁晓军2008年10月23日整理）

附件二：

# 母亲的惨死

日军来的时候，我12岁左右。日本兵一来，到处遭殃，我家的屋被日本人拆光的，瓦片都没留。日军在这里，我们哪里讨得好到，我们完全被他们治个半死。来的时候，放火、杀人哪样不做，中国人还有好哇。我家里房子被日军拆得万恶，我六兄弟，连一片瓦都没有，硬是活不成哦。五房周家这个村子的人没有被烧死、杀死的，全部赶到外面去了，只有在山上搭些草棚来住。即使这样，还要经常被日军抓去做苦力。我娘也是被日军打死的，也不晓得什么原因，日军拿刀在我娘腰上剁了两刀，剁得我娘躺在屋里，慢慢地拖死了。我娘38岁守寡，带着我们兄弟六人，我娘死后，我们哪里活得了。日本兵真是罪恶滔天。

（周迪利，1925年1月18日出生，龙津镇五房村周家庄人。

安义县史志办袁晓军2008年10月25日整理）

附件三：

# 幼年苦难事

　　日军来的时候，我当时有 12 岁多一点。日军当时抓苦力，为他们修炮楼、碉堡和挖战壕。我是替我爷去做苦力的。大概是 1941 年，我开始在新民乡丙田魏村对面的山上为日军修工事，去修碉堡、挖战壕的苦力有 300 多人。我们经常看到日军在每天早上太阳刚升起的时候，他们站成一排，面朝太阳的方向，不管严寒酷暑，打个赤膊，背上搭条毛巾，一边搓着，嘴里一边叽里呱啦地念着什么。日军在这里的山上修战时工事，主要是防皎源（现靖安县内）的中国军队。为日军挖战壕时，

日军还派人监工，手里拿着一根棍子，经常拿我们这些苦力当玩偶一样，一个一个朝头上敲过去，如果躲的话，日本兵就会上前狠狠地给你一棍。有个叫党生的，因为来的时候比日军规定的时间晚了一些，就被日军一铲砍死了。我们每日上午 8 点开工，一直要做到摸黑，做完了放不放回去还不晓得。我就在这里被接连关过 4 日。来的这天，会有一个饭包，如果煮饭的回去了，第二天就要饿肚子。当时驻在这里的日军大概有 30 多人，我们为日军修工事一直做到日本投降的前两三个月，在日本投降时，还有一个未修完的碉堡，至今还在，当时修好的碉堡有四五个，挖的战壕四通八达，深的有 4 米多，至今都还隐约可见。现在演的日军在中国犯下罪行的电影，跟当时日军在这里犯下的恶行相当，甚至还有不及。我们这里汤升华（时为保长）两个兄弟，就是被日军捉到彰灵岗，活活被日军的狼狗咬死的。

　　（胡高键，1933 年 10 月 2 日出生，东阳镇新华村人。
　　安义县史志办袁晓军 2008 年 10 月 23 日整理）

附件四：

# 日军罪行说不完

　　日本兵到这里时，我看到日本兵叫一个被他们抓去的人挖坑。坑挖好后，准备吃晚饭后把抓来的这个人杀死在坑里。到了晚上，被抓的人弄脱了绑他的绳子，从铁丝网钻出去了，日本兵还叫我们去追。北山村余丁山，被日军把手脚撒开吊起来，拿火在肚子上烧，烧后再撒些辣椒粉到肚子上，肚子被烧灼得到处是疤。在巷西淮围水场，日本兵捉来娘崽俩，用扁担打，扁担都打断了3条。日军当时在这里修飞机场，要填土，然后用石碾去压平，有个拉总绳的人，看到日军飞机飞过来了，本能地伏下身子，日本兵就说他偷懒，待他起身后，用力一巴掌打过去，又把他打倒在地。这时石碾继续往前压，就从这个人身上压过去，屎都压出来了，口里也是屎，人就像一张皮。日本兵几恶呀，拿一个草包一包，用叉子叉起，也不晓得扔到哪里去了。人家这家人屋里就这一个崽，尸体都没有找到。

（周盖健，1925年2月27日出生，龙津镇五房村周家庄人。安义县史志办袁晓军2008年10月25日整理）

附件五：

# 日军血洗山下熊家

我叫杨秀英，今年84岁。日军来时我16岁。日本兵只敢到河这边（南潦河北面），河那边日本兵不敢去，因为新建县西山镇有中国兵驻扎在那里。当时日军一到河这边时，听到安家山这个地方响了枪声，日军这下不得了，就说这里中国兵大大的有，就在赤岗村乱杀、乱烧，一直杀到老山下熊家。日军开始来的时候，老百姓不晓得是什么兵，还以为是西山的中国兵，就摆好酒席，准备迎接。路两边还有很多人跪着迎接。来的日军对路两边跪着的群众，一刀一个地杀，杀一个就在路边的池塘里洗一下刀，一时间，一池里的水都变成了红色，后来人们就把这池塘叫做洗刀塘。路边死人的尸体，砍掉的头到处都是，当时被日军一口气杀掉了100多人，一家被杀绝的就有好几户。洗刀塘南边十多米的地方有一座祖孙三代坟（一家杀绝了）。我伯父一家被日军杀得只剩下两个人。日本兵不管老少，见一个就杀一个。随后又把未杀死的都赶到一间土屋（老宅）里头，把杀死的也拖到一起，架上板凳桌子，浇上油，堵死门，就这样把活人、死人关在屋里烧。烧死的不晓得有几多。当时侥幸从火堆里逃出来的有孙叔猴提（人名），就是炳四他爷（父亲），大婆提（人名）的公公；还有一个叫吴珍红的，硬是面上烧得不像人。他们都是躲在死人堆里，等日本兵走后，才从格子（窗户）口跳出来的。只有孙叔猴提没有被烧到。说起日本兵硬是万恶滔天，说都说不尽。当时烧死、杀死的就有几百人，外来躲在这里逃难的难民也被杀掉很多人。日军走后，幸存的人把这些被烧死的人的骨灰葬在一起，就是现在的"百人坑"。这里的房子都被日军烧掉了，就剩下三间土屋。现在还有一间。这些幸存下来的老百姓就用晒席（竹席）铺在土屋堂前两边，挤在一起。晚上哪里困得着，硬是感到这里被日军杀死、烧死的老百姓冤魂不散，就好像听到鞋子被推推拖拖的声音。

新屋里有个叫水妹的女孩子，被13个日军强奸，到七八个的头上，带她的娘（养母）向日军求情，叫喊着"罢哟、罢哟"。日本兵哪里会听，一刀过去，就把水妹的娘砍死了。水妹被日本兵奸得就像一块青石板一样，直挺挺的。日军烧、杀、强奸妇女无恶不作。记得我还在大雁村里做姑娘的时候，日军到了这里，到处找妇女玩弄。我为了躲避日军搜杀，就躲在一个洞里。日本兵发现了这个洞，就叫我村庄上一个叫细九的50多岁的老人脱下衣服到下面去找，这个人到洞里摸了摸，因为里面较暗，加上眼神不太好，没有发现我，上去跟日本兵说没有人。日本兵不信，亲自脱掉衣服下去，划着火柴，发现了我，把我带出洞外。一边指着刚才下去的细九,一边说,你说没有,是吗?还没说完,就扇了细九十几个巴掌。日本兵把我押到我屋里祠堂前,为了脱身,我就胡乱朝前面一处长有竹子的菜园一指,说那里花姑娘大大的有。日本兵赶紧放下我,朝前面这片菜园子里跑去。我就趁机逃了出来。哪晓得后来听说,日本兵当时走到这片菜园子里时,正好踏上用木板支起、上面盖有稻草的地洞,发现里面藏有20多个妇女。日本兵把洞里的妇女都捉了上来,奸了又奸,一个都没逃过。我本来是无心胡乱一指,哪晓得害了这么多人受日本兵的糟蹋,想想心里真难受。日军在这里作的恶,几日几夜都说不完,做的坏事简直连畜生都不如。

(杨秀英,1922年出生,石鼻镇山下熊家村人。
安义县史志办袁晓军2008年10月23日整理)

附件六：

# 无法磨灭的记忆

　　农历三月初二，日军到这里的时候，我父亲说，我们去躲。我村庄里的人都躲到山上去了。村上人说，日军来是要杀人、放火的。他们好早就去躲了。我们是吃的早饭去躲的，刚刚走到村背后港上，日军就来了，枪打得"吧吧"直响。我父亲就说躲在这里。日军正好朝港边走来，有好几百人，过了一半的时候，我老妹还小，就哭了一下，这下日军就发现了我们，他们就拿石头朝港脚边扔来，我父亲逼得没办法就出来的。日军叫我父亲走，等我父亲转身时，日军就拿刀朝我父亲身上砍，砍得头上、肩上、背上、手上到处是血，有五六刀，把我父亲杀到了水里。我娘我婆婆躲在边上不敢做声，等日军走后，我们就去找我父亲，可怜我父亲被杀倒在港里，我们把他救起。这时又没有医生，又不敢进屋，就到茅草厚的山边边，不管下雨落雪就躲在那里。日军在我们这里杀绝了9户。日军从这里一直杀过去，杀到桐里（地名），桐里也被日军杀了好多人，其中有一个妇女比我大几岁，被日军杀了18刀。另外，日军在这里还派苦力，每家每户都派一个人去做苦力，我也做过。开头我们去燕坊左家做苦力，为日军挖战壕。日军对我们想打就打，看到我们做事只要休息一下就拿鞭子打过来。后来又到宗下山做苦力。日军在这里搅得人心惶惶。这里的老百姓要上街，就一定要拿一些东西如坛坛罐罐在手里，如果你穿得整洁些，日军就说你是中国兵，这里介元张家就有一个因为穿得干净些的，被日军当做中国兵活活打死了。抗战8年，日军就在这里呆了6年，那个时候命真苦呀。还有一件事，日军在平和的时候就在田里打掳（打掳就是日军到处去抢劫东西、找女人强奸）。一次打掳的时候，碰到桐里一个女的去街上，日本兵就去追那个女的要强奸她，那个女的就使劲跑，被她跑脱掉了。随后日本兵又碰到乔乐前泽一个叫雨水的男人，叫雨水在面前跑，日本兵在后面追，雨水跑到坑边上的时候，被日本兵拿枪打死了。

　　当时，被日军杀死的人当中，有好些人是到这里逃难的。记得有一些从万埠等地逃难到这里的难民，刚好碰到日本兵，就在我老屋门口，杀死了一坪地的人，真是万恶哟！

　　还有一次，我去买盐，当时买盐要盐票，我买回来的时候，在路上碰到日本兵，日本兵把我手里的盐抢去，说我没有盐票。我没有办法，就又到县里找一个我村庄上在日军那里当差的人，叫他去说说，他也没有拿回来。当时我父亲看我这么久没回去，以为被日本兵打死了，就哭，这时一队从左家打掳过来的日军就把我父亲捉了去,问我父亲为什么哭,就这样关了我父亲三天三夜,后来还是托地方上的保长捉只鸡、买些酒送去,才把我父亲救了出来。

（吴时禄,1933年1月11日出生,石鼻镇赤岗村吴庄人。
安义县史志办袁晓军2008年10月23日整理）

附件七：

# 亲历日军荼毒

日军在我们这里,烧杀抢掠,无恶不作,烧得整个村庄天昏地暗,什么都看不清。当时我14岁多,我跟我娘还有我老弟一起躲日本兵,被日本兵发现了,就追我们娘儿几个。我被日本兵追上杀了好几刀,后来我数了数,棉袄上被刺破的洞有14处,腰上这一刀最厉害,现在身上到处都是伤疤。当时我被杀加上被吓昏死过去。日本兵离开后,我苏醒过来。离我20多米远,我娘也被日本兵杀倒在地上,我爬到我娘身边,发现我娘已被杀死了。我一岁多的弟弟幸好没有被杀到,他还窝在我娘的怀里,哭着在我娘身上找奶吃。日本人到中国来,简直不拿中国人当人看,在安家山炮楼守哨的两个日本兵,他们看到山脚下有个人在栽禾,两个人就说来比枪法,看谁枪法准,日本兵拿起枪,一枪就把山脚间那个插秧的人打死在田里。我的继父也是被日本兵杀害的。

（夏印妹,1926年10月8日出生,石鼻镇赤岗村人。
安义县史志办袁晓军2008年10月23日整理）

附件八：

# 日军把我们中国人不当人

　　日军来到这里的时候，我家 8 口人，我公公、婆婆、父亲、姐姐、妹妹等 5 人被日军害死。我父亲在世时，我刚有 5 岁。日军进村就开始杀人，杀死的人躺了一排。日军杀人的时候，我娘把我拖在中间，前面的被日军杀死倒下了，我也跟着倒下。我老弟被我娘抱在怀里吃奶，日军用刺刀朝我娘手臂上刺进去，刺穿的，刚好刺在我老弟的皮层上，刺深一点我老弟也就死掉了。我这间屋，我大伯躲在这里。我婆婆、公公都 50 多岁。我家一间屋被日军烧掉。夏迎妹这间屋，当时也着了火，日本兵走后，不是人来得快，也被烧掉了。日军拿一些竹制的用具堆在屋里烧着，屋里人躲在港边上，看到烟，等日军走后跑来救到了。吴时禄的父亲当时也被日本兵杀了 5 刀，一个头后来肿得好大。我屋里当时杀死了我姐、我老妹。我父亲去找我公公，被日军用枪从前面打进去，从后面穿出来，在屋里拖了一个多月死掉了，当时治都没有治。公公、婆婆看到自己的亲人死了这么多，忧郁成疾而死。我父亲死时，埋都没有人埋，还是埈背（村名）的人来埋的。日军来时，还捉我去给他们放哨。当时马路都不太通，日军怕中国军队过来打。

　　如果给日军放哨的人睡着的话，就要被他们打死来。国民政府军来了，要赶快向日军报告，不报告就要被日军打死。日军在这里时，命比什么都难活些，听到狗叫都人心惶惶，妇女更不能照面儿。后来，就抓老百姓去做苦力，经常遭日本兵用棍子打。日军到前泽村去拆屋，前泽的屋没被烧掉，日军拿锯来锯断房梁，然后拿绳子铁丝来拉倒，有用的就拿去修土城（指炮楼），没用的就拿去烧。有个叫老二的人同另外两个人抬一根房梁，由于另外两人较高，他就够不到力。日本兵就说他偷懒，就拿屋檐木片拼命地朝他打去，打得半死。

　　日军打湖南省会时，我们乡下的老百姓都被日军捉得飞起来，捉去做苦力，去帮他们抬枪、抬子弹等，逼得老百姓到外头四处逃难，有的到吉安、泰和等地。后来日军要兵，见到年轻的就捉去。在皮狗岭（地名），国民政府军同日军打了一仗。当时死了好多人，做苦力的人也死了很多。日军拿我们中国人不当人，有一次，安家山上一个日军的炮楼里，两个守哨的日本兵看到几百米远一个人在田里栽禾，他俩就打赌比枪法，人家栽禾栽得好好的，就这样被日本兵一枪打死在田里。

（吴时吉,1932 年 12 月 11 日出生,石鼻镇赤岗村吴庄人。

安义县史志办袁晓军 2008 年 10 月 23 日整理）

附件九：

# 恨不能生吃了日本兵

日军来到这里的时候,这里的老百姓都认为对这些兵好些,就不会怎样,就弄些东西去迎接他们,哪晓得日军一进来就乱杀、乱烧,我一家人被日军杀得就剩我一个人,要不是我婶娘带我躲在山上,也会被日军杀死。(讲到这里,老人老泪纵横,泣不成声)

早先,我们这里山多、树多。日军捉到一个带路的,说要带到毛家,带路的带错了,就带到这里来了。国民政府军的兵在这里同日军打了一下,日军就说这里有中国兵。这下就不得了,杀人、放火,连三岁小孩都不放过。当时我要不是躲在西山岭上,也活不下来。这里被日军杀掉了 300 多人,一下两下都恢复不了,现在都没有原来的人多。外地逃难的人也杀掉了好多。日军的恶说不完,杀人放火,无恶不作。我这间当时烧着的土屋都是一个老人家救灭的。日军在这里驻扎了好几年,拆人家的屋,捉苦力砍树给日军修炮楼、土城,在这里好恶。依我秉性,生的都可以把日本兵吃掉! 说不下去……(伤心流眼泪)

（熊慎香,1931 年 3 月 15 日出生,石鼻镇新山下熊家村人。

安义县史志办袁晓军 2008 年 10 月 23 日整理）

附件十：

# 日军血洗山下蔡家

日军来的时候,我8岁左右。日军打到德安的时候,就打不过张公渡处修水河,因为张公渡有国民政府军薛岳的老弟当预备第一师师长,薛岳为集团军总司令,薛岳老弟的部队就驻扎在张公渡。山里头都挖空了,挨着山脚下有一条河。当时日军说三个月消灭全中国,藐视中国,结果打起来呢,日军就打不过去张公渡。农历二月初二,薛岳的老弟说打累了,他要部队退后休息。哪晓得是日军拿50斤金子买通了他,他提前一个小时就退走了。日军紧跟着渡过了张公渡口,一直来到安义。这时日机就在安义县乱炸,炸得开店的开不了,开铺的也开不了。日机飞得屋脊这样高,还用机枪扫。开始,日军开进了20多辆坦克,扎在原种子公司这里。国民政府军打不赢,就跑。二月初三早晨,我们还没起床,国民政府军部队就从蔡家后边山上跑了下来,对老百姓说,你们怎么还不跑呀,今天我们要跟日军打一仗,要收回安义。这支部队这时也不由分说,在村庄里拿鸡呀、猪呀去杀,杀了就在屋里头煮,在这里吃了一日。他们说,今天晚上就要跟日军开仗,收回安义。国民政府军有两个师,一个在凤凰山,一个在我们蔡家这里。二月初四,天还没亮,我们也都没离开,就听国民政府军用手枪之类的枪支"噼啪、噼啪"打起来。被惊动了的日军就用小钢炮架在当时围起来的城墙上,对准目标,一时间,炮弹炸得"轰"叫,机枪也打得跟炒芝麻一样。国民政府军一时被炸伤、打死、打残好多人,退了回去。我村庄里头有些胆大的没去逃难,当时我有8岁,晓得生死,跟着我两个叔叔走了。我的大伯和我父亲没走。初四下午,吃完午饭,日军到李家,把李家烧杀抢掠一番后又来到蔡家。日军说我们这里有山、有树,会躲中国兵。以前这里山上,开了条渠,没有什么树。老百姓在山脚下弄些平地晒谷。日军把这里围了起来,见到人就打,一些人吓得躲到牛槽里,躲到角落里,躲在漆黑的地方。我们村里一个女的叫老桂,一张嘴巴好厉害,也在屋里没跑,她崽、媳妇也没跑。她崽看到日军进村,刚想跑,就被日军一枪打得趴在地上。这时日军在我们这里放了七个火头,整个村庄被日军烧得只剩三间屋。我父亲躲在自家楼上,我娘有些傻,我有一个老弟、老妹,连同公公、婆婆都没跑。我父亲看到村上着了火,就赶快叫我大伯,说老大呀,村上着了火哟,我们赶快跑呀。我父亲挑起一担蔑萝,塞些衣服在萝里,一头一个老弟,一头一个老妹,挑着冲出屋。这时日军就在不远的地方,看到了我父亲,端起枪就打,我父亲当场被打死。他的上半身在门槛内,下半身在门槛外。我老弟看到我父亲被打死就哭,日军拿起刺刀就朝我老弟刺过去,刺得我老弟满身都是血,口里也吐血。我老弟当时有 5 岁,他爬到我婆婆的床头前,地上吐了一摊血,我老弟就这样被日军刺死了。我老妹是日军把屋点着了火,被火烧死的。我娘本来就有些傻傻的,被日军强奸了一阵后,又被日军用刺刀刺死。我公公也被日军一枪打死了。我一个老兄,我叔的崽,在山脚下,也被日军一枪打的。初四这一日,日军就打死了 72 人,其中有一些是附近躲在这里的人。有些挨了枪当时没死的人,后来也陆续死掉一些。当时我们村里有 204 人,到日军撤走时,村里只有 97 人。

日军见到女人,不管老少,都要进行奸污。当时的女人都把长发剪掉。畈上蔡谷阵的老婆,人家 80 多岁,头发就跟苎麻一样,眼睛又是瞎的,又是小脚。家里其他的人被崽带走逃难去了,她认为自己这么大的年纪不要紧的,就坐在一把摇椅上。这时有三个日本兵,跑到她家里,要她脱掉衣服。这个老人家眼睛又瞎,耳朵又聋,根本不晓得日本兵在比划什么。日本兵冲上去将她的裤子一扯,三个日本兵就把这个老人家轮奸了,奸后,还拿刺刀朝人家阴部刺过去,在里面拼命搅动着,就这样活活把一个 80 多岁的老人家弄死了。世界上,恐怕只有日本侵略者有这么残忍!日军在安义驻扎后,为了管理这里,就组织了一个特务队,这些人是日军的走狗、帮凶,看到不顺眼的人,就捉到拉去杀。

日军在这里前后有 5 年,5 年里日军在这里特意成立特务组织,故意杀我们中国人。特务队有樊世文、孙祖文、周安得。日军杀人、放火硬是不得了。他们还把老百姓吃的盐控制在手里,老百姓一担谷都换不到一斤盐,跟县里的有关人员熟呢才可以买到一些盐。当时山里头得不到盐,人家山里头出 5 斤茶油才换得到一斤盐,而盐只要 9 分钱一斤。我家屋被烧时,我父亲烧得剩下一个脚板,因为他倒下去时脚是在门槛外面,我娘被烧得剩下一个肚子。我公公躲在我小叔叔家里,被日军用枪打得倒在屋里,烧得也只剩下一个肚子。

（蔡芝海,1931 年 9 月 31 日出生,龙津镇山下蔡家村人。
安义县史志办袁晓军 2008 年 11 月 10 日整理）

附件十一：

# 忘不掉的苦难日子

日军在 1939 年 3 月 24 日侵入龙津镇山下蔡家。当时中国兵在山上打，头天夜晚打了一仗，第二天，日军就到这里来，说是要捉中国兵，见人就杀，见屋就烧。其中有名有姓的有梭得（人名）他爸爸，之海他父亲、母亲、老弟、老妹、公公、婆婆，都是被日军杀死的。日军到这里，杀猪杀牛，这边在杀，那边在放火。有一只猪，日本兵拿枪从耳朵边上打了进去，打得在地上脚一伸一缩。一头在田里耕田的牛，也被日本兵拿把刀从颈上活活砍死的。日军还要老百姓帮他们把杀死的猪、羊、牛剥皮，用箩筐装好，送到日军住的地方。我屋里也被杀了一头牛、一只猪。当时日军烧房子杀人的时候，我们过了河，逃到台山村凌家庄。我老兄一个人在家，总也舍不得离开。一直到日军"安民"后，我们才回去。畈上蔡家驻扎了日本兵，隔三差五就来到我们这里打掳（抢掠东西、强奸妇女等）。见到什么东西，只要他们想要，就躲不脱。有一个女的，正在灶房里弄饭吃，日本兵见到，就拉到灶房门口把人家强奸了。

我 12 岁被日军捉去做苦力，在罗丰前边李家挖战壕，一去就是做一个礼拜，然后休息几日。每日好早就吃早饭，来到山上砍木料，还要肩扛下山去，日本兵站在这里监工，如果扛细的木料，还要挨日本兵的打。有一次，一个老头挖战壕，同一个小孩子在一起，这个小孩子有些偷懒，老头子挖不动，日本兵拿起竹扁担朝老人小腿前骨上抢了过去，打得老人吐了一日的血，衣服、裤子上都是血，还不许人家拿回家，就地埋掉了。去做苦力的老百姓经常要挨日本兵的毒打。有时日本兵把人叫过来，无缘无故拿脚朝人家脚上绊过去，人家摔倒在地，爬起来，日本兵又绊倒人家，人家爬起得快，日本兵就绊得快。最后，做苦力的老百姓学乖了，就趴在地上不起来，这样日本兵才肯罢休。一个日本兵管一段，如果做慢一些，人就要挨打，一根棍子想敲谁就敲谁，每日都要挨打，轻重不等。吃饭吃自己的饭，但日本兵让你吃你才能吃，硬是苦得不得了。

（蔡贵言，1929 年 8 月 7 日出生，龙津镇山下蔡家村人。安义县史志办袁晓军 2008 年 11 月 10 日整理）

附件十二：

# 往事不堪回首

　　日军来到山下蔡家村的时候，实行"三光"政策，见人就杀，见屋就烧，见到想要的东西就抢。这里有一口井，当时日军在这里开枪乱杀人，有几颗子弹打在井圈上，麻石都打脱、打飞，至今还可见两个凹进去的枪眼。

　　当时我12岁，我躲在我婶婶屋里头偷偷地看，看到国民政府军的兵在后面山上上下下。日军来到这里的前一日，这里有好多中国军队，一个师。他们在这里也拿老百姓的牛、猪杀掉煮吃，说马上要跟日军打仗，要把日军赶出去，叫我们去逃难，说这里马上就是战场。当时我不晓得是什么兵，吓得不敢出来。第二天，中国军队跟日军打起来的，没打多久，就被日军打败了。这时日军就在山下蔡家村杀人放火，无恶不作，这里屋烧得只剩两三间，蔡之海家里人被杀得就剩他一个人。夜晚，我父亲就把全家人带到外面逃难去了。

　　后来日军实行"安民"，我们才回来。我们去卖柴，市场在浮桥那边，要过城门码头，每次过去时，我们还要对守卫的日本兵敬礼，如果站得不好，还要挨日本兵的打。一巴掌打过来，打得人硬是晕头转向的。挨日本兵的打，我们只能强忍着。

　　给日军做苦力，累得够够的，饭又没有吃，还要自己带去。如果日军到这里来弄什么东西，没弄到，就要挨一顿打。

　　当时街上有个日军宪兵队，他们把捉到的人，在每天傍晚的时候，就拿这些他们认为是犯法的人拉到县城外彰灵岗。这里有一条很深的战壕，日军宪兵队把要杀的人按倒在地，拿马刀朝人脑袋砍去，同时用脚一踹，脑袋和身子就一起掉了下去。还有些人被狼狗活活地咬死，咬得人鬼哭狼嚎一样叫。

　　我家屋不是一间土房墙挡到，也会烧掉。当时畈上蔡家驻扎有日军。一天，我蹲在屋门口拣刚割下来的韭菜，日本兵来了，说要把这些韭菜给他们密西、密西（吃的意思），我就懵懵懂懂说，你们要密西，我们也要密西，不给他。日本兵一听，马上就拿脚踢掉我的韭菜，随手拿起一把有钉的铁耙，追着我打。还好我跑得快，跑到外面转个身躲在屋里床底下。日本兵就为这事在这里找我三日，如果被找到，肯定没有命了。

　　当时可怜唉，吃菜盐都没有吃，日军控盐很紧，几斤油才可换一斤盐，甚至要更多。

　　挨打的事，我父亲头上都被日军打起了茧。当时我做苦力，主要是替换我父亲、我叔叔他们，因为日本兵死打上了些年纪的人，打得身上伤痕累累的。对我们年纪小的，日本兵还比较善些。

（蔡衍奎，1927 年 9 月 25 日出生，龙津镇山下蔡家村人。

安义县史志办袁晓军 2008 年 11 月 10 日整理）

附件十三：

# 日军根本没人性

日军来的时候，我逃难到奉新。在奉新，我听说有一个 10 来岁的女孩被日本兵捉到要强奸，女孩子拼死反抗，日本兵把她打死了，然后拿日本旗子插在这个女孩的下身。这硬是在羞辱我们中国人。村子里的房子，日军不用的便烧掉。有个 60 多岁的叫修利的老人，没有房子，就在村子里祖先堂里住，被日本兵看到了，日本兵就用枪在人家身上砸几下，用脚踢几下，可怜人家就这样被活活踢死了，由于没人晓得，连眼睛都被老鼠吃了。年轻的女人被日本兵叫去陪他们喝酒，不穿衣服，就是这样来羞辱我们中国女人。日本也有女人，他们怎么做得出来。女的就强奸，男的就杀。

（周训大，1920 年出生，龙津镇五房村人。

安义县史志办袁晓军 2008 年 11 月 10 日整理）

附件十四：

# 覆巢之下安有完卵

　　日军第一次来到小坑的时候，前面是日机在放炸弹乱炸，后头就跟着日本兵。当时我只有 7 岁。日军第一次来的时候，被打回去了，因为山上驻扎有许多国民政府军的部队。第二次日军来的时候，人比第一次多一些。日军在小坑桥上捉到我父亲，要他带路。我父亲叫帅伟秀。日军打进来的时候，有些老百姓就往山上钻，躲在山上一个叫帅坪的山洼里。我父亲在前头带路，为了让逃难的老百姓有个准备，就故意弄出声音，日军就说我父亲不是好人。当时我父亲是帮日军背着一个背包，我父亲一弄出声，日军就不让我父亲背了。等我父亲带日军到了老虎塘（地名），在一个山洼里就被日军用刀砍死了，半个脑壳和半边脸都被踩掉，牙龈都出来了。日军第三次来的时候，是从桐子坑朝燕山，照着地图进来的。日军对此地清楚得很，当时也捉走了几个人。日军来几次就将这里的房子烧几次，房子基本上都烧光了。日军进小坑之前，这里有 300 多人，日军到这里后，这里的老百姓被杀死了几个，过后烂脚也烂死了好多，身上生疮、起疱疹，奇痒，就抓，后来就烂死了（估计为日军的毒气所致）。日本兵到过的地方就会成这个样子。

　　日军来到小坑时，见到牛、猪就拉走，见到鸡就捉走，杀掉拿去吃。这里有个叫贤文的，也在我家门前的一块空地上被日军杀死了。当时贤文从田间挑一担禾草过来，日军见到就叫贤文，叫他拿这担稻草挑给他们的马吃。贤文又不晓得日军叽里咕噜地说些什么，日本兵跟他说又说不清，就拿刀把贤文砍死在我家门前空地上。

（帅式礼，1931 年 7 月 17 日出生，新民乡峤岭村小坑庄人。

安义县史志办袁晓军 2008 年 12 月 8 日整理）

附件十五：

# 逃 难 路 上

　　日军第一次到这里来时，就烧房子。当时有好多老百姓都躲到山上去了，有几个老人家就没有躲。有间屋里有两个老人家，腿脚行动不便，一个是肾魁的老婆，一个是罗家到这里做客逃难来的，瞎子，也是走不动的，就被弄到贤魁老婆一起，有个伴。日军放火烧这间房子，两个老人被活活烧死了。还有一个叫伟鼎的，有一个童养媳，年纪还只有 12 岁，躲在山上，被日军捉到奸死了。还有贤寿，日军要烧他家的屋，贤寿不让日军烧，把日军放火的柴拖掉，这样，日军就把贤寿打死了。我还有一个伯父叫同治，在卷桥上晒谷，被日军看到，日军一枪打过去，从肩膀上穿过去，还好没打死，捡到一条命。

　　日军在这里不晓得是放些什么，只看见飞机上放下来的东西，一落地就是一股烟。过后，这里的老百姓有些就烂脚生疮，奇痒无比，就这样也烂死了好多人。这恐怕就是日军放的毒气。这里的老百姓中了这些毒后，埋人都埋不赢，死的这个还没埋好，那个又死了。主要是烂脚，当时脚烂得用什么药都治不好。原来没有过这种情况，现在也没有这种情况发生过。

　　这里一个叫同书的，被日军捉去带路，从这里翻到燕山，过塘坑，又翻到老虎塘，在合水合公口（地名）上被日军杀掉了。当时不只杀掉同书一个，还有几个。小坑一个叫如秀的，也是被日军捉去带路时杀掉的。如秀带路时，因怕被日军杀掉，一心想逃命，待日军稍松一下，他就逃跑，结果被日军捉到刹死了。小坑一个叫同德的，是个武打师傅，不是日军人多拿刀来砍，他就会跟日军对打的，结果他被日军拿刀刹在颈上，颈上的筋都砍断了，但头没有掉。橙子树下（地名）一个叫同孙的，被日军捉去，赶到圳贤坑（当时日军捉中国人去杀，挖的一条深深的沟），叫他跪在圳贤坑边，一刀砍过去，同孙就栽到沟里，日军以为他被砍死了，待日军离开，他就跑回来，捡到一条命。日军当时杀死了好多人，一路杀进来。有一次，牛也被日军牵了好多去。当时日军用飞机在峤岭这一带炸的时候，我魂都被吓掉了。

　　我外公是欧里营家的（地名），他带一个信来，叫我去帮他挑些被子来。我走到丙田村，日机炸丙田，我看到日机飞得"轰轰"叫，只见飞机身子一侧，炸弹就一个接一个丢下来，炸得村庄上瓦片乱飞。我吓得躲在茶树兜下，动都不敢动。等飞机炸完之后，我又接着走，走到罗家，日军的飞机又飞到罗家炸。我又走，走到港北,日机又飞到港北炸,炸得港北的老百姓死掉的人就像刀砍柴一样,遍地都是。港北村庄里一些逃难的人丢下了被子,牛背上捆的一些被子散在路上,还有路上一些被炸死的人,只能从这上面走过去,哪有空地可以落脚。接着到了橙子树下,日机又飞到橙子树下来炸,我吓得就往沟里躲。就这样,日军飞机一路炸到吊钟庄,炸死的人无数。在飞机炸港北时,我看到一个人背靠在一棵枫树里,枫树树干是空的,这个人是躲在这里的,身上一个个血眼,他已死掉,我看恐怕是日军用机枪射死的。当时老百姓的苦情说不完,日军在这里放火放了几次,屋基本烧光了。妇女漂亮一些的,不能与日军照面,捉到就要被强奸。

(帅伟铸,1925 年 7 月 22 日出生,新民乡峤岭村吊钟庄人。
安义县史志办袁晓军 2008 年 12 月 8 日整理)

# 日军在进贤县的罪行

进贤,地处江西省中部,鄱阳湖南岸,抚河、信江的下游,在省城南昌市之东南,相距60公里,自古隶属于南昌市。进贤交通发达,浙赣铁路、浙赣公路由东而西贯穿县境。水路沿抚河上通抚州、南城至福建省,下达余干、鄱阳可入长江,实为交通之枢纽,具有交通战略位置。进贤是丘陵地区,丘山不高,但湖泊众多,水面面积占全县面积的三分之一,因而农业、渔业非常发达,素有"鱼米之乡"的美誉。

1939年3月17日,国民政府第九战区薛岳部及第三战区顾祝同部共12个军与日本侵略军第11军司令官冈村宁茨所部4个师团进行南昌会战,历时10天,于27日夜守军撤出市区,南昌沦陷。日本侵略军为扩大战果,又发起浙赣战役。为了打通浙赣线,驻扎南昌的日本侵略军不断向东侵犯,进贤首当其冲。日本侵略军在地面部队未进攻前,不断派飞机对进贤县城、集镇进行狂轰滥炸,造成人员大量伤亡和房屋、财产严重损失。

1939年3月16日,日机3架,窜入三阳街,投弹2枚,炸死民众2人。18日,日机8批19架,侵扰浙赣线进贤至鹰潭段。6月5日,日机3批9架,轮流轰炸温圳镇,在新街口、下街口、菜市场、谷厂、令公庙、桥北等处,投弹24枚,炸毁民房5栋,炸死民众36人,炸伤100多人,炸死耕牛3头,炸沉民船4艘。6月23日,日机8批30架,侵袭赣、湘,第8批日机2架,于下午1时40分窜至李家渡,投弹4枚。6月24日,日机2架在李家渡菜市场、中街、天主堂等处投弹4枚,炸毁民房4栋,死亡4人。7月13日,日机30多架,轮流轰炸温圳康乐山,炸毁中国军火库6栋,死伤10余人。7月31日上午8时,日机4架,窜入进贤县城上空,投弹9枚,毁房9栋。

1940年4月2日8时,日机5架侵入进贤县城上空,投弹10枚,死伤多人,毁房多栋。此后,又有日机8架,侵入罗溪街,投弹数10枚,炸死农民多人,炸毁民房多栋。7月,日机6架,窜入三阳街,投弹6枚,炸死民众5人,毁房5栋。下埠集火车站、前坊乡桂花村和梅庄镇,均遭日机轰炸,损失惨重。

据不完全统计,从1939年3月16日至1940年7月,日军向进贤地区出动飞机120余次,投弹百余枚,炸毁房屋70多栋,死伤200余人。

1942年5月27日,驻扎南昌的日军开始东犯,强渡抚河,6月2日占领进贤。日军对进贤县城施展淫威,以烧杀为主,整个县城一片焦土,大石桥、县政府、中山纪念堂、武营堂等建筑全被烧光。7月16日日军撤出县城时,又对县城放火焚烧房屋,除苏街角(今西北街)一小片地方外,其余各街道200余栋民房、店铺被烧毁。

6月3日,日军大队长吉野傲田,率日军将躲在县城天主堂的民众100余人绑赴东门外,抛入桥下,惨遭杀害。接着,又将入城内探亲的吴有进(民和镇居民),活活砸死在街头。英山土库圩农民吴青茂,路过县城,也被日军抓着,挖掉了心脏,真是残忍之极。

盘踞在县城的日军，每天三五成群，伙同汉奸窜入乡间骚扰。他们所到之处，奸淫烧杀，无恶不作。一日，汉奸舒木金带着一伙日军，窜到夹洲王家村，抓走农民21人，除3人跳河潜逃外，其余18人，被活活地埋在老虎岗。日军窜到齐梁，将一位56岁的农村妇女绑在崇福庵的柱子上，挖去双眼，割掉乳房，流血身亡。军山湖的八圩、上湖、下湖倪坊，下埠集乡的街上、乡下均遭摧残，烧毁房屋260余栋，杀死农民几十人。

被日军烧杀最惨的，莫过于张王庙曹家村和李渡许家。6月中旬，日军对张王庙地区进行了三次大烧杀，烧毁老王村房屋30多栋，杀死农民十几人。17日，日军再次窜入曹家，进村时，先在山上架机枪封村口，进村后，见人就杀，见房就烧，见财物就抢。全村100多栋房屋烧毁殆尽，财物抢劫一空，80多位无辜农民被杀害。6月下旬，汉奸李令带着一伙日军，窜入李渡许家村，杀害5位老人，并沿途追赶逃难农民，至蚂蚁夹时，日军用机枪扫射，200多名农民惨遭杀害。

据有关资料记载，在短短的82天中，日军烧毁房屋8760栋；死伤民众6337人，其中伤3228人，死3109人（男1598人，女949人，儿童499人，不明63人），强奸妇女100余人。

日军对进贤县农业生产的破坏和农产品的掠夺也是极其严重的。掠夺方式之一，通过汉奸走狗进行低价收购。1942年6、7月间，汉奸走狗集中数以百计的船只，在池溪桥，用两斤食盐一担谷（每担约130斤）的价格，大量收购粮食。加上日军直接抢夺和土地因日军骚扰而荒芜，经济损失非常大。据民国时期关于日军在进贤暴行的资料记载，抗战时期进贤县损失稻谷318283担，麦子46425担，植物油21576担，杂粮174510担，猪11656头，牛8935头，鸡鸭57218只。

但是，进贤县人民没有屈服于日军的淫威，采取各种方式进行反抗。一天，一个日军烧毁路东熊家的房屋后，又想渡河大烧河湖李家。日军下水后，将枪放在河岸上，准备先洗澡后过河。正当日军在洗澡，躲在附近田沟里的熊根俚，一跃而起，抢过日军放在河岸的枪支，日军发觉，企图上岸反扑，被熊根俚用枪托砸死在水中。李渡船工汤长生，被迫运送两个日军及其抢劫的财物，船至河中，汤长生拔出菜刀，砍死两个日军，抛于河中。文港周坊村十几个农民，见一个日军在田里强奸妇女，他们迅速跑出来，捉住日军，用刀杀死，埋在田里。温圳郑家村，几个农民被日军捉去当挑夫，走到一个山上的亭子边，乘日军不备，用扁担将两个日军打死，埋于山下。一天傍晚，有个日军窜入李渡嵩山村，企图闯入民房抢劫，被屋里的农民捉住打死。白圩坑里农民曾厚生，邀集五六人，在日军追逐农民时，他们奋不顾身，杀死一日军。张王庙一个农民，活捉一个日军，丢在炭井里，还用锄头打死一个日军。汉奸赵响俚有一次替日军送情报，民众怒不可遏，一拥而上，举起锄头扁担，把他砸死。

进贤人民永远不会忘记，抗日战争时期，日军在进贤县的种种暴行。

（撰稿：进贤县史志办　武中立）

附件：

# 采访整理资料

日军在我们村里杀了 3 个人。鞠柴得当时 20 来岁，日军来打掳的时候他在地里锄草，看到日军来了，他就想去拿衣服，然后逃跑，被日军用枪打死了。鞠福生是我们村里一个讨饭的，当时 55 岁，日军来的时候，抓住了他，他就用一根棍子乱打，被日军用刺刀杀死了，就杀死在我家门前系牛的树旁，后来村里人把他埋了，也没有用棺材。鞠东得当时是读书人，长得白白净净，被抓时 20 来岁，日军抓住了他，说他是中国兵，把他带到了齐家，将他枪杀了。

鞠桃芳曾被日军抓去做苦力。鞠太宝当时 18 岁，被日军抓住了强奸，强奸她时，还要被抓的其他人在旁边看。强奸了她以后，日军还拿了一个小柚子按到她阴户里去。鞠太宝当时真惨，后来路都不能走。

在我们村的望夫岭上，原来建有国民政府军的烈士陵园，有 1200 多名国民政府军的兵埋在这里。国民政府军第 6 军第 26 师独立团全军覆灭，团长赵壁也自杀了，后来全都埋在这里。

在泉岭乡望夫岭发现的
国民党抗日革命烈士墓碑

（鞠金得，1927 年 2 月 20 日出生，泉岭乡义垄村人。
进贤县史志办胡卓 2006 年 11 月 7 日整理）

当时国民政府军一个独立团抗击日军，独立团在赵团长的带领下打过了梁家渡，打到南昌县去了，但没过两天，就全团覆灭了，赵团长也自杀以身殉职了。覆灭以后，士兵的尸体被运到望夫岭安葬，装了十几船尸体。据当时搬运尸体的人回来讲，这些人的尸体上没有明显的枪伤，尸体非常完整，没有任何伤痕。由此，人们估计可能是日军使了毒气弹或其他化学武器。埋的时候，在望夫岭上打了一条好长的沟，士兵就一个挨一个被埋掉了，赵团长是单独另外埋的。可能有几百人，后来还建了烈士陵园。

（易为芳，1932年12月5日出生，罗溪镇人。
进贤县史志办胡卓2006年11月2日整理）

日军轰炸龙恩寺时，我在龙恩寺读小学五年级。开始时我躲在后面的山上，后来躲不住了，飞机上的日军开始用机枪扫射，我就爬到一个沟里去了。当时日机放了很多炸弹，还到处用机枪扫射，龙恩寺前面有一棵大樟树，树上的叶子全都被打烂了。有的同学躲在学校附近的竹林里，有几个学生就被打死在那里。有个洪源渡的学生，躲在一个洞里，

也被炸死在那里，肠都流了一地。校长汪仲勋被炸死在一个大禾田里，像一头牛一样，睡在那里。这次轰炸总共炸死了20多个人，后来人们还发现很多当时未爆炸的炸弹。其实日军是想轰炸下岭西，下岭西有一个大祠堂，国民政府在里面放满了枪炮子弹，不晓得怎么搞错了方向，误炸了龙恩寺小学。

（张德旺，1923年5月出生，民和镇凰岭村北岭林前庄人。
进贤县史志办胡卓2006年11月14日整理）

## 江西省抗战时期人口伤亡和财产损失

1939年农历三月十九日，日军开始轰炸罗溪镇，因为国民政府军有一个师的兵走罗溪街上过，过的时候，有些兵开始落脚王美成家里，后又转移到周家祠。10点钟的时候，日军就开始用飞机轰炸，第一颗炸弹就炸到了王美成家，是一个硫磺弹，王姜成家的那幢一连三进的大房子一下就烧着了。接着周家祠也被炸了。那次街上，日机到处投下炸弹。我

家的房子也被炸了，我娘、姐姐、妹妹和我家隔壁的一个小男孩一下全被炸死了，4个人死了一堆。本来我母亲是不会被炸到的，她在外面洗衣服。我妹妹坐在一个红桶里，红桶放在家门口，姐姐在家带她，一个隔壁的小男孩在我家玩。母亲看到日机来轰炸，就赶快回家，想带着姐姐、妹妹们一起躲起来，刚到家的时候，就被炸到了。我父亲又死得早，后来我就是我婆婆带大的，小时候吃尽人间的苦。那次轰炸，在鱼街对面的一个茶庄里边也炸死了三兄弟。他们是莲塘李家人，家有四兄弟，很讲义气，就一起在街上开了个茶店，每天四兄弟都会一起去街上开店，那天正好老三有点事没去，其他三兄弟就在街上被炸死了。易家有一个七八十岁的老太婆，是易海水的婆婆，她在柴场附近买东西，也被炸死了。那次死了很多人，但具体有多少人就不知道了。

1940年农历一月底的时候，当时刚开学10来天，日机又来轰炸了，在柴场、染布场、易家祠堂都投下炸弹，死伤的人不计其数。

1942年上半年的时候，罗溪街上当街，赶集的有上千人。当时街上来了6个日本兵，街上的人一哄而散全都吓跑了。那次日本兵抓了一些人帮他们挑东西。遥草堂是一个药店，堂里有一个帮着捡药的伙计，生得白白净净的，日本兵把他抓去挑东西，走在半路上的时候，他想逃跑，被日本兵杀害了。罗溪街上后来成立了伪维持会，曹文庆是会长，易载德是副会长。1943年的时候，一天晚上，到处响起了枪声，一群人拿着枪来打伪维持会的人。这群人听他们说是县自卫队的人，那次，曹文庆的侄子被杀了，副会长易载德也被抓住带到县城里处死了。日军在罗溪只在莲塘李家放火烧了两幢屋，没有大面积放火烧屋。日军在张公镇曹家放火烧了村子，杀了许多人；在泉岭乡岗下村把20多个妇女关在一间房子里，然后强奸。

（易同元，1934年8月出生，罗溪镇人。
进贤县史志办胡卓2006年11月2日整理）

　　日本侵略军来的时候，我 11 岁。4 月份来的，7 月份退出我们这里。日军有一个烧杀队驻在张公镇新屋绍家，大概有三四十人，他们经常会到周边的村子里去烧、杀、淫、掳。那时我们村里组织了人轮流巡逻放哨，日军一来就打锣，叫村里的人躲走。这一天我和父亲在地里割豆子，到中午的时候回家去弄点饭吃。突然听到锣声，还有人在叫："快跑！快跑！日军来了。"父亲带着我就往后面的山上跑。刚跑出村子的时候，日军就骑着一匹高头大马追来了，马跑得飞快，跑到我身边的时候，马一跃腾起来一丈高，日军连人带马从我头顶飞过去了，我魂都吓掉了，还好没踩到，要是踩到了的话，肯定没命了。父亲就拉着我向旁边的田里跑，田里刚栽了禾，水很多，日本人也没怎么追，我们就算是逃脱了。

　　罗傅村的傅和行，有 80 多岁，被日军用枪打死了。我父亲当时也被抓住了，对日军说："西山先生，他是个老人家，不要杀。"日本兵也不管三七二十一，举枪就打，距半里多路，把傅和行打死了。

　　我们村里死得最惨的要数赵林英两姐妹。日军进村时，她们两姐妹没躲赢。日军也好诡，他们见了年轻的姑娘，就不去追其他的人，单追她们两姐妹。两姐妹被抓住了，带到了姜家，在那里被日本兵强奸了，还在那里住了一个晚上。第二天早上的时候，她们两姐妹看到没人看管，就想逃跑，跑到一口井边的时候，被日本兵追上，她们被杀死在那口井里。后来人们发现她们的尸体时，都已经腐烂了，发出一股难闻的臭味。

　　日军在我们村里不光杀人，还放火烧屋，我们村里有三分之二的房子被烧，好一点的房子全被火烧光了。日军退却时沿途放火烧禾堆，堆在里面的谷子全被火烧光了。

　　日军在我们村里先后杀了 5 个人。在外躲的赵百里回村里去，想弄点吃得，看到日军丢在村里不要的猪，就想弄点来吃，不想却被日军发现了，日军就用棕绳把他捆在一棵树上，然后就朝别的地方去找姑娘、抢东西去了。赵百里看到日本兵走了，就想逃跑。他用力挣扎，树上绑他的绳子被挣脱了，手却反捆在背后。他刚想跑，就被日军发现了，日军就追。赵百里反捆着手，跑不快，被日军追上了，一刺刀杀过去，然后用脚一蹬，把他踢到了一个水很深的沟里。当时就算是没杀死，反捆着手被推到那么深的水沟里，也得淹死，赵百里就这样被杀害了。我们村里还有一个人叫赵松林，他是个近视眼，有一天，他看到一个人撑了把伞向他走过来，他就问："你看到了西山先生吗?"没想到他问的这个人正好就是日本兵。日本兵端起刺刀就在他胸前刺了两刀,赵松林当场就被日军杀死了。

（赵希贵,1932 年 2 月 1 日出生,进贤县人。

进贤县史志办胡卓 2006 年 11 月 15 日整理）

日机炸龙恩寺的时候,我在龙恩寺读小学五年级,那时那个小学叫龙恩寺高等小学（是进贤县第一小学的前身,有 3 个班,150 多个学生）。那天我吃完了饭,到学校里去上课,刚走到校门口的时候,日军飞机就来了,来了 3 架。我还正纳闷,心想日军飞机炸县城的时候没到这里来,怎么这时候来炸我们这里呢?就听到"轰隆"一声,日机就开始放炸弹,同时又开枪扫射。日机开始就炸了我们村,那时我母亲正在茅厕里上厕所,听到日机来了,她就赶忙从里面跑出来,刚跑出来不久,一颗炸弹就炸到了厕所,要是她出来晚一点的话,就可能被炸死了。我听到日军飞机开始轰炸,就不敢往学校里去,与其他两个同学一起躲到校门口菜园里的茅草棚里,就听到一阵阵的爆炸声和机枪扫射声。日机在这里足足放了 100 多个炸弹,周边村子也都投下炸弹,日军总共出动了 12 架轰炸机。校长汪仲勋为了组织学生躲避日机轰炸,自己不幸中弹,炸死在校前的一座亭子旁,死的时候全身沾满了泥巴。后来听别人说,日军并不是真正想炸龙恩寺,而是想炸下岭西中国的军火库。军火库旁有一座桥,前面有一棵桂花树,再前面有一座山岭;而龙恩寺旁也有一座石桥,前面栽有一棵樟树,再前面也有一座山岭。由于这三点相同,日军在飞机上判断错了方位,误炸了龙恩寺。这次轰炸共造成 14 人死亡,其中有 9 个学生、4 个当地老百姓以及校长汪仲勋,房屋也炸毁很多。轰炸扫射过后,地上到处都是炮弹壳和机枪子弹壳。

（张万才,1924 年 5 月 6 日出生,民和镇凰岭村北岭林前庄人,

进贤县史志办胡卓 2006 年 11 月 14 日整理）

# 彭泽县惨案

1937年七七事变后,日本侵略军很快便占领了北平和天津。8月13日,又对上海发动了大规模的进攻。面对日军的挑衅,国民政府外交部于8月14日发表了"自卫"声明,以对全国人民有个交待。为阻止日军继续南下西进,国民政府决定加强长江防线,把江苏的江阴要塞、江西彭泽的马垱要塞、湖北广济的田家镇要塞列为长江水道三大要塞。于是,马垱要塞于1937年秋在原基础上动工兴建,在江面堵塞航道,在江中设置了三层阻塞线。

1937年12月1日江阴要塞在激战5日后失守,接着12月13日由重兵把守的国民政府首都南京陷入敌手。南京的失陷和惨无人道的南京大屠杀,令全国震惊,令世界震惊。仓忙中,国民政府一面退驻武汉,一面令全国正面战场要誓死守卫国土,特别强调为保卫新首都——武汉,防止日军溯江西上,长江防线要加强防务。

1938年6月12日,日军攻占皖南沿江城市安庆以后,兵分两路,一路从大别山迂回进攻武汉,另一路则以长江水道为枢纽,采用"沿江跃进"的战术,在长江两岸施以重兵,向西直扑武汉。因此,马垱阻塞线成了拦在日军面前的首道障碍,必欲破之而后快。

6月15日,日军出动飞机36架,从上午7时至下午6时,分七批轮流空袭赣北各地,第一批1架,第二批3架,第三批9架,第四批8架,第五批6架,第六批6架,第七批3架,其中第二和第三批,侵入彭泽马垱上空后,投弹11枚,炸死炸伤无辜平民百姓十几人,炸毁了许多民房。第七批在下午5时许,敌机3架,侵入马垱上空后,投下炸弹1枚,直至6时许,始离省境。

6月18日清晨,有8架日机在马垱上空盘旋。马垱的上街头,有个芙蓉旅社,马垱要塞司令部设在这里,司令部前有根电线杆,各路电话线都集中在这根电线杆上。8架日机盘旋了一个早晨,发现了这根电线杆,一连投下3枚炸弹,炸断了电线两根。接线兵来了,不顾生死,有的上杆接线,有的地面接线。日机发现了他们,用机枪对着接线兵扫射。接线兵虽牺牲好几个人,但他们还是前仆后继地继续工作,终于完成了接线任务。日机投下的炸弹炸倒了两间房屋,炸死了20多个无辜的平民百姓,电线杆和墙壁上黏满了被炸死人的血和肉。

6月22日下午12时50分,赣皖边境,有敌机6架,由东北向西南飞来,侵入马垱上空,投下炸弹6枚,后由原路逸去。

6月24日,日机17架,分6批空袭彭泽。第一批3架侵入彭泽,以机枪向下扫射;第二批2架在该县窥察甚久;第三次1架,亦以机枪向下扫射;第四次4架,在该县轮船码头附近投弹2枚;第五批2架飞入彭泽窥察;第六批4架在彭泽东门外投弹 2 枚,并用机枪扫射。其中,有四批次空袭彭泽县城,一时火焰冲天、墙崩屋塌,所炸之处,一片废墟。

……

就这样,在数周内,日机反复侵入彭泽上空,先后大规模轰炸彭泽境内的马垱、县城、黄岭、老屋湾汪村、高屋陶村、太平关、庙前、郭家桥等处,炸毁房屋千余栋,炸死老弱妇女儿童几百人。日机所炸之处,死者血肉横飞,难觅尸首;伤者皮肉绽裂,痛苦不堪;活者躲飞机、跑警报,惶惶不可终日;年老者被炸弹的爆炸声惊吓得动弹不得。

6 月 25 日,这一天风雨交加,江面上烟雾弥漫。日军瞅准机会,集结军舰数十艘,步兵千余人,在距离马垱要塞只有 15 公里的安徽东流县(现东至县)沿江香口登陆,中国守军虽予以抵抗,但仍被日军迅速占领了黄山、香山并架设大炮,居高临下向马垱轰击。在两军激战之际,日军施放毒气,中国守军伤亡十分之七,马垱要塞陷敌包围之中。26 日,要塞陷落,29 日彭泽县城亦陷。进而,彭泽大部区域成为沦陷区。

马垱要塞失守,日军攻陷彭泽后,企图以武力征服彭泽人民,迫使彭泽人民屈服于日军的淫威之下,实施了惨无人道的“三光”(杀光、抢光、烧光)政策。彭泽人民罹受着空前的灾难,整村村庄被摧毁,无数房屋被烧光,许多妇女被蹂躏,成千上万父老兄弟姊妹被杀害。三个月间,彭泽人民陷入在日军的血腥屠杀之中。

6—7 月间,日军在马垱要塞的附近村庄(以柯、毕、高、詹四姓为主),进行惨绝人寰的集体大屠杀,死亡千余人。妇女遭受蹂躏者不计其数。

老屋詹村,距离马垱圩 3 华里的村庄。6 月 30 日下午,一个中队的日军杀气腾腾地开进了老屋詹村。当时的老屋詹村有 80 多户人家,村里的老小早已出走逃生,只有部分青壮年因留恋庄稼在家没走。日军进村后,首先把抓到的 30 多个村民押集在一起,靠墙根站好了,然后逐个将这 30 多个村民用刺刀挑死。之后,日军开始在村中强抢妇女强暴,有几位妇女不忍被奸,跳入村中一人多深的池塘中,可怜无一生还,尸浮水面。接着,日军又开始屠杀村中的猪、牛、鸡、鸭,被杀的猪、牛除四条腿留下外,其余的全部扔到池塘中,昔日碧绿的水面被猩红的血水染红,人的尸体、动物的尸首、内脏漂浮在水面,惨不忍睹。当日下午太阳还没下山的时候,日军又将躲在家中的 40 多个村民逐门逐户搜找出来,集中到村中的空场地上训话,命他们全部跪在地上,3 挺机关枪对准这 40 多人。一个叫中村的日军头目哈哈大笑几声之后,指挥刀一指,3 挺机关枪开始扫射,弹飞如雨,血流成河,无辜百姓惨遭屠杀。前后共 87 名青壮年惨死在日军的刀枪之下。在枪杀完这87 名村民之后,日军又灭绝人性地烧光村中的房屋,老屋詹村 80 多户的村子,一时黑烟四起,迷漫天空,仅半天时间,全村房屋变成一片焦土。

6 月间,在马垱湖西村,日军一次就抓了一二十个平民百姓,用铁丝将他们一个个地穿着手心,集中到一个叫钱家湾的地方,用机枪扫射杀害,只有阳华国一人幸存。当时他被打伤,待日军走后,他从死人堆里爬出来。

何毛姑的奶奶60岁,因为行动不便待在家中没有跑躲,日军放火烧房子,把她活活烧死。余平强老夫妇二人,在日军进村时,因舍不得家里的一点家产,躲在家里没走,被日军杀害。

6月间,日军进犯余粮村(现龙城镇余粮村),进村后就四处杀人放火。村中百姓听到嘈杂的叫喊声与枪声,纷纷弃家逃难。当时余粮村有两个出口,从"后垄出口"逃生的百姓被日军逮个正着,全部赶到村里一个叫"背后垄"的地方。当时,阳泉松的奶奶也被抓去,并遭到日兵的粗暴鞭打。阳泉松的叔叔在听到了母亲惨痛的叫喊声后,不忍心母亲一人独自遭受折磨,便赶了回去,被日兵一枪从嘴巴打穿了脑袋,当场死亡。老百姓跪在地上求饶,残暴的日军丝毫没有一点怜悯之心,不仅拔出刺刀捅杀毫无还手之力的百姓,而且在距"背后垄"不到30米的地方架起了机关枪,开枪扫射,打死40多人。倒下的尸体重叠在一起,犹如小山一样,鲜血流了一地。

在彭泽县城,6月,日军将一群老百姓男女老幼共36人,围在县城狮子山脚下一个塘边上,用机枪扫射,无一幸免。

7月1日傍晚,在距离彭泽县城15华里的黄岭乡老屋湾汪村,日军高桥联队进犯村中,不由分说地将村中未及逃避的老弱妇孺20余人,全数屠杀在血泊之中。汪国镇与族人汪志和同时被俘押往高桥联队部。高桥联队长知其为学界巨子,意图诱降,收为傀儡,款以香烟、咖啡、果点之类,通过翻译传言。汪国镇先生正气凛然,予以严斥:"我中华民族为世界最优秀之民族,日军轻举妄动,必自取灭亡。今日之事,一死而已。"遂索纸大书一"死"字。敌酋无奈,只强作一笑。这时,国民政府军第十六师大举反攻,枪声四起,敌联队部乱成一团。高桥如受伤野兽,在室内乱窜,用皮靴猛踢汪国镇以泄愤。汪国镇跃起,怒指敌酋说:"听,这是中国的枪声!五分钟内,你将作大陆之鬼!"敌酋狂吠,以佩刀猛刺汪国镇左目,血流如注。汪国镇高呼:"打倒日本帝国主义!"敌兵数人,以刺刀乱戳,汪国镇左股折断,敌酋最后一刀刺入汪国镇腹部,遂壮烈牺牲,时年49岁。

7月间,日军进犯南垄村(现马垱镇南垄村),与中国军队发生交战,在交战中,无论是当兵的,还是平民百姓,死伤不计其数。日军在进犯南垄村之前,村中有100多户人家,为躲避日军的残害,有四五十户人家约有三四百人跑出去躲难。这四五十户躲出去后,就再也没有回过村子,失踪不知去向,绝了户。本村有一个叫于富宝的人,为防遭日军杀害,就跑躲在田里,被日军开枪打死。另有在本村的一栋房子里,躲了很多老人,结果被日军发现,将这些老人全部害死。

1938年农历六月初一,日军进犯枫林自然村(现定山镇联塘村)时,有一个叫项鼎坤的,夫妻二人见到日军来了就躲跑,被日兵开枪打死。日军进到村子里,见到一个小女孩,要拉走,其父喻赣民见状上前阻止,被日兵强行拉到路边,把头砍下。

农历七月十二日中午,鸟林峦自然村(定山镇联塘村)有50多人外出躲反,走到太平那边被日军发现全部抓住,带到檀家岭的日军据点。这个据点有一个营的日兵。日军将这50多人带到据点后,将30岁上下的8名妇女全部留下,其余的男人、老人、小孩共40多人全部被拉到背后山上用机枪扫射而死。第二天早上人们发现,被留下的8名妇女全部赤身裸体,被抛尸在檀家岭的山下,惨不忍睹。

7月间,在沙岭周村(现定山镇响山村),有一周姓的婆婆和其孙女,在躲难时,孙女被日兵抓到就要进行强暴。日兵总是见到年轻妇女就要奸污。婆婆上前阻挡,日兵恼羞成怒,用刺刀将这婆孙二人刺腹杀死。响山村的老屋沟一陶姓人家两代共4口人均被日军杀害。

7月间,日军占据望夫山村(现太平关乡望新村),见屋就烧,见人就杀,见东西就抢,将望夫山下周围的望夫山何家、祠樫湾何家、峦何家的房子悉数烧光。7月13日夜,日军将望夫山下的祠樫湾何家、峦何家跑之不及的百姓32人悉数杀死。

8月间,日军进犯土桥村(现龙城镇土桥村)。当时土桥村共有100多户人家,四周修着高大围墙。日军一进村,就把围屋烧光,并向村庄开炮,将整个村夷为平地。最为残忍的是本村的刘家屋场被灭绝。日军进村后,以"安民"为名,骗取平民百姓的信任,叫刘家屋场的20多户100多人去村头开会,集中在一起用机枪扫射而死,整个村庄没留下一个活口。

8月,在蔡家榜、丁家嘴(现龙城镇),日军骗人去开会,用机枪把两个村子的人全部打死。

日军侵占彭泽期间,彭泽全境惨遭蹂躏,县城一片瓦砾,农村残破不堪,城乡尽成废墟,死伤者不计其数。哀鸿遍野,其状至惨。这是日军侵略中国所犯罪行的缩影,也是彭泽人民对日本侵略者的血泪控诉。

(撰稿:彭泽县委党史办　高昇)

附件一：

# 1938年6月、7月、8月
## 日军屠杀彭泽县部分人员名单

| 被害者姓名 | 性别 | 年龄 | 何月在何地被害 |
|---|---|---|---|
| 汪君毅 | 男 | 50 | 6月,日军进攻汪村,怒骂日军,被敌酋杀害。 |
| 周至德 | 男 | 40余 | 6月,怒骂日军,被日军杀死。 |
| 丁梅生 | 男 | 50余 | 6月,在小孤伏被日军打死。 |
| 夏家姑 | 女 | 40 | 6月,在南岭脚被日军轮奸致死。 |
| 丁乃卿之母 | 女 | 70 | 6月,在洪家山被日军打死。 |
| 丁懋光 | 男 | 45 | 6月,在洪家山被日军打死。 |
| 丁懋光之妻 | 女 | 45 | 6月,在洪家山被日军打死。 |
| 丁福谐 | 男 | 12 | 6月,在洪家山被日军打死。 |
| 丁志泽 | 男 | 70 | 6月,在南岭背被日军杀死。 |
| 丁玉英 | 女 | 50余 | 6月,在南岭背被日军杀死。 |
| 丁志泽之妻 | 女 | 60余 | 6月,在南岭背被日军杀死。 |
| 汪龙牙 | 男 | 20 | 6月,在南岭背被日军杀死。 |
| 丁仰惠之母 | 女 | 60余 | 6月,在南岭背被日军杀死。 |
| 陈梅轩之母 | 女 | 70余 | 6月,在南岭背被日军杀死。 |
| 王振坤 | 男 | 60余 | 6月,在闵家桥后山上被日军打死。 |
| 王鹏春 | 男 | 20 | 6月,在闵家桥后山上被日军打死。 |
| 王得女 | 女 | 11 | 6月,在闵家桥后山上被日军打死。 |
| 欧阳毛小 | 男 | 20 | 6月,在闵家桥后山上被日军打死。 |
| 欧阳水荣 | 男 | 10 | 6月,在闵家桥后山上被日军打死。 |
| 阳水荣之母 | 女 | 40 | 6月,在闵家桥后山上被日军打死。 |
| 欧阳得哈 | 男 | 20 | 6月,在闵家桥后山上被日军打死。 |
| 欧阳得哈之兄 | 男 | 25 | 6月,在闵家桥后山上被日军打死。 |
| 欧阳得哈三嫂 | 女 | 24 | 6月,在闵家桥后山上被日军打死。 |
| 王花子 | 男 | 9 | 6月,在厅庙被日军打死。 |
| 张志春之母 | 女 | 50余 | 本年,在阳当虎被日军打死。 |
| 孙×之岳母 | 女 | 40余 | 6月,遭日军强奸后而死。 |
| 李哑子邻居 | 女 | 50余 | 6月,被8个日军轮奸致死。 |
| 钱泰昌油坊3名工人 | 男 | | 6月,被日军抓去打死。 |
| 周秉祥 | 男 | 40余 | 被日军装进麻袋抛入江中淹死。 |

| 高林庵之子 | 男 | 30 余 | 6 月,被日军打死。 |
|---|---|---|---|
| 黄祖寿 | 男 | 30 余 | 6 月,被日军抛入江中淹死。 |
| 卖炭 3 人 | 男 | | 本年,被日军关在铁屋里让军犬咬死。 |
| 释衍修出家前之夫 | 男 | 30 余 | 本年,被日军打死。 |
| 蔡凤山 | 男 | 40 余 | 本年,在蛤蟆石被日军打死。 |
| 谢东乐 | 男 | 40 余 | 本年,在火焰山被日军打死。 |
| 高景襄 | 男 | 40 余 | 本年,被日军打死。 |
| 高景襄之妻 | 女 | 40 余 | 本年,在火焰山被日军打死。 |
| 吴天星之父 | 男 | 60 余 | 本年,被日军打死在郭家桥田沟里。 |
| 周泽光 | 男 | 40 余 | 本年,在卢峰口被日军炮弹炸死。 |
| 田必应 | 男 | 40 余 | 本年,被日军打死于黄板桥。 |
| 石海明 | 男 | 40 余 | 本年,被日军炮艇机枪打死。 |
| 七香之母 | 女 | 60 余 | 本年,被日军奸死。 |
| 欧阳毛女 | 女 | 60 | 本年,被日军轮奸致死。 |
| 屈金水 | 男 | 40 余 | 本年,被日军打死于茅店 |
| 屈金水之妻 | 女 | 40 | 本年,被日军打死于茅店 |
| 弹花匠 | 男 | 40 | 本年,被日军关在莲社里乱棍打死。 |
| 胡介苗 | 男 | 40 | 本年,被日军打死在宋家嘴。 |
| 胡介苗之子 | 男 | 20 | 本年,被日军打死在宋家嘴。 |
| 艾明吉 | 男 | 22 | 7 月,被抓去,逃跑时被日军打死。 |
| 艾明福 | 男 | 20 | 7 月,被抓去,逃跑时被日军打死。 |
| 黄毛云 | 男 | 40 | 6 月,被日军犬咬死。 |
| 商小斋 | 男 | 40 | 本年,被日军打断双腿,因残致死。 |
| 周的根之妻 | 女 | 25 | 本年,在黄岭被炸死。 |

以上人员名单出自《彭泽县文史资料选辑》第 3 辑(1993 年 12 月版)第 33 页《日寇在彭泽暴行录》一文(欧阳磐著)

| 汪龙牙 | 男 | | 6 月,在县城南关外被日军枪杀。 |
|---|---|---|---|
| 汪丁氏 | 女 | | 6 月,在县城南关外被日军枪杀。 |
| 时崔氏 | 女 | | 8 月,在飘龙时村被日军刀杀。 |
| 刘细小 | 男 | | 8 月,在上祠堂被日军枪杀。 |
| 刘德天 | 男 | | 8 月,在上祠堂被日军枪杀。 |
| 高胜宝 | 男 | | 6 月,在家中被日军枪打。 |
| 高五狗 | 男 | | 6 月,在家中被日军枪打。 |
| 洪元臣 | 男 | | 6 月,在家中被日军枪打。 |
| 洪树启 | 男 | | 6 月,在家中被日军枪打。 |

| | | |
|---|---|---|
| 高杏小 | 男 | 6月,在家中被日军刀杀。 |
| 高的缘 | 男 | 6月,在家中被日军刀杀。 |
| 高茂松 | 男 | 6月,在家中被日军枪打。 |
| 高喜寿 | 男 | 6月,在家中被日军枪打。 |
| 高德身 | 男 | 6月,在家中被日军枪打。 |
| 高新巷 | 男 | 6月,在家中被日军枪打。 |
| 陶九成 | 男 | 6月,在家中被日军枪打。 |
| 阳寿喜 | 男 | 6月,在家中被日军枪打。 |
| 高朱氏 | 女 | 6月,在家中被日军刀杀。 |
| 高冯氏 | 女 | 6月,在家中被日军刀杀。 |
| 洪承宗 | 男 | 6月,在家中被日军枪打。 |
| 洪喜宝 | 男 | 6月,在家中被日军枪打。 |
| 高松元 | 男 | 6月,在家中被日军枪打。 |
| 高爱荣 | 男 | 6月,在家中被日军枪打。 |
| 高经云 | 男 | 6月,在家中被日军枪打。 |
| 高德元 | 男 | 6月,在家中被日军枪打。 |
| 洪冯氏 | 女 | 6月,在家中被日军刀杀。 |
| 洪萝喜 | 男 | 6月,在家中被日军枪打。 |
| 高时氏 | 女 | 6月,在家中被日军枪打。 |
| 洪喻氏 | 女 | 6月,在家中被日军刀杀。 |
| 洪会喜 | 男 | 6月,在家中被日军枪打。 |
| 洪汪氏 | 女 | 6月,在家中被日军刀杀。 |
| 洪端朱氏 | 女 | 6月,在家中被日军刀杀。 |
| 高汪氏 | 女 | 6月,在家中被日军刀杀。 |
| 苏杏元 | 男 | 6月,在家中被日军枪打。 |
| 苏旺生 | 男 | 6月,在家中被日军枪打。 |
| 冯满贵 | 男 | 6月,在家中被日军枪打。 |
| 冯玉山 | 男 | 6月,在家中被日军枪打。 |
| 冯谱润 | 男 | 6月,在家中被日军枪打。 |
| 冯兆祥 | 男 | 6月,在家中被日军刀杀。 |
| 严寿华 | 男 | 6月,在家中被日军刀杀。 |
| 陶项氏 | 女 | 6月,在家中被日军刀杀。 |
| 袁安泽 | 男 | 6月,被日军集中打死。 |
| 陈冬娥 | 女 | 6月,被日军集中打死。 |
| 江银花 | 女 | 6月,被日军集中打死。 |
| 袁国顺 | 男 | 6月,被日军集中打死。 |

| 方　氏 | 女 | 6月，被日军集中打死。 |
|---|---|---|
| 周元林等 | 男 | 6月，被日军集中打死。 |
| 江隆益等 | 男 | 6月，被日军集中打死。 |
| 余巧云 | 女 | 6月，被日军集中打死。 |
| 陈树林 | 男 | 6月，被日军集中打死。 |
| 王文元 | 男 | 6月，被日军集中打死。 |
| 王福香 | 女 | 7月，被日机炸死。 |
| 毕新花 | 女 | 6月，在南冲柯被日军刀杀。 |
| 江长容 | 男 | 6月，在南冲柯被日军刀杀。 |
| 汪云庆 | 男 | 6月，在南垄阳被日军枪打。 |
| 毕三求 | 男 | 6月，在新屋詹被日军枪打。 |
| 毕冬牙 | 男 | 6月，在新屋詹被日军枪打。 |
| 毕连福 | 男 | 6月，在新屋詹被日军枪打。 |
| 毕火福 | 男 | 6月，在新屋詹被日军枪打。 |
| 朱凤林 | 男 | 6月，在陈家湾被日军枪打。 |
| 吴丙学 | 男 | 6月，在何渔湾被日军枪打。 |
| 吴顺庆 | 男 | 6月，在何渔湾被日军枪打。 |
| 魏雪秀 | 女 | 6月，在何渔湾被日军枪打。 |
| 毕庭贞 | 女 | 6月，在新屋汪被日军枪打。 |
| 黄传英 | 男 | 6月，在马垱镇被日军枪打。 |
| 饶朱氏 | 女 | 6月，在马垱镇被日军枪打。 |
| 朱友玉 | 男 | 6月，在马垱镇被日军枪打。 |
| 万新地 | 男 | 6月，在马垱镇被日军枪打。 |
| 余　宾 | 男 | 6月，在新屋詹被日军枪打。 |
| 马金林 | 男 | 6月，在新屋詹被日军枪打。 |
| 吴良玉 | 男 | 6月，在新屋詹被日军枪打。 |
| 陈王氏 | 女 | 7月，在桑园洞口被日军枪打。 |
| 侯皮氏 | 女 | 7月，在江家湾被日军枪打。 |
| 王暂桂 | 男 | 7月，在江家湾被日军枪打。 |
| 汪元福 | 男 | 6月，在蒋家边被日军枪打。 |
| 刘金花 | 女 | 6月，在蒋家边被日军枪打。 |
| 柯月娥 | 女 | 7月，在小屋王村被日军烧死。 |
| 张佑生 | 男 | 7月，在三甲阳被日军烧死。 |
| 阳金应 | 男 | 6月，在曹家园被日军枪打。 |
| 阳炎女 | 女 | 6月，在曹家园被日军枪打。 |
| 阳成林 | 男 | 6月，在曹家园被日军枪打。 |

| | | |
|---|---|---|
| 扶徐氏 | 女 | 7月,在家中被日军枪打。 |
| 何金友 | 男 | 7月,在钓鱼坂被日军枪打。 |
| 张怀江 | 男 | 7月,在钓鱼坂被日军枪打。 |
| 阳柯氏 | 女 | 7月,在钓鱼坂被日军枪打。 |
| 阳洪氏 | 女 | 7月,在钓鱼坂被日军枪打。 |
| 阳权庆 | 男 | 7月,在钓鱼坂被日军枪打。 |
| 阳七荣 | 男 | 7月,在付家村被日军枪打。 |
| 阳元开 | 男 | 7月,在保垄阳村被日军枪打。 |
| 阳吴氏 | 女 | 7月,在家被日军刀杀。 |
| 阳海华 | 男 | 7月,在青山坝被日军枪打。 |
| 袁登望 | 男 | 7月,在本村被日军枪打。 |
| 扶祖宝 | 男 | 7月,在家被日军枪打。 |
| 阳春羊 | 男 | 7月,在家被日军枪打。 |
| 汪松牙 | 男 | 7月,在本村被日军枪打。 |
| 周初娥 | 女 | 7月,在本村被日军枪打。 |
| 扶杏元 | 男 | 7月,在太泊湖被日军枪打。 |
| 扶春光 | 男 | 7月,在树林中被日军枪打。 |
| 扶祖送 | 男 | 7月,在公路侧被日军枪打。 |
| 扶春娥 | 女 | 7月,在家被日军枪打。 |
| 阳赵氏 | 女 | 7月,在青山坝被日军枪打。 |
| 扶丁氏 | 女 | 7月,在家被日军刀杀。 |
| 阳正行 | 男 | 7月,在江岸被日军枪打。 |
| 阳玉兰 | 女 | 7月,在本村被日军淫死。 |
| 柯如朗 | 男 | 7月,在太泊湖被日军枪打。 |
| 阳开荣 | 男 | 7月,在本村被日军枪打。 |
| 扶雪友 | 男 | 7月,在家被日军刀杀。 |
| 阳云旭 | 女 | 7月,在青山堰被日军奸杀。 |
| 阳田氏 | 女 | 7月,在公路侧被日军刀杀。 |
| 阳若海 | 男 | 7月,在本村被日军枪打。 |
| 阳能述 | 男 | 7月,在本村被日军刀杀。 |
| 阳发周 | 男 | 7月,在公路侧被日军枪打。 |
| 付阳氏 | 女 | 7月,在家被日军枪打。 |
| 严荣华 | 男 | 7月,在树林中被日军刀杀。 |
| 虞盈州 | 男 | 7月,在公路侧被日军枪杀。 |
| 虞王氏 | 女 | 7月,在本村被日军腰斩。 |
| 王福宝 | 男 | 7月,在本村被日军枪杀。 |

| | | |
|---|---|---|
| 扶谦文 | 男 | 7月,在路上被日军枪杀。 |
| 阳登隆 | 男 | 7月,在三甲阳被日军枪杀。 |
| 陶老三 | 男 | 8月,在和塬垄被日军枪杀。 |
| 詹亮彩 | 男 | 6月,在老屋詹被日军枪杀。 |
| 詹汉祖 | 男 | 6月,在老屋詹被日军枪杀。 |
| 柯志成 | 男 | 7月,在茨漠柯被日军枪杀。 |
| 柯高氏 | 女 | 7月,在茨漠柯被日军枪杀。 |
| 柯詹氏 | 女 | 7月,在茨漠柯被日军枪打。 |
| 余欲观 | 男 | 6月,在余家村被日军枪杀。 |
| 毕木汉 | 男 | 6月,在安次屋被日军炸死。 |
| 毕锡宗 | 男 | 6月,在安次屋被日军炸死。 |
| 毕锡坤 | 男 | 6月,在安次屋被日军炸死。 |
| 毕 荣 | 男 | 6月,在芦塘毕被日军枪打。 |
| 扶二弟 | 男 | 7月,在逮楼扶被日军枪打。 |
| 毕顺和 | 男 | 7月,在芦塘毕被日军枪打。 |
| 詹银瑞 | 男 | 6月,在新屋詹被日军枪打。 |
| 詹新庆 | 男 | 6月,在新屋詹被日军枪打。 |
| 詹柯氏 | 女 | 6月,在新屋詹被日军枪打。 |
| 詹初英 | 男 | 6月,在新屋詹被日军枪打。 |
| 詹宠付 | 男 | 6月,在新屋詹被日军枪打。 |
| 詹杏香 | 女 | 6月,在新屋詹被日军枪打。 |
| 詹取天 | 男 | 6月,在新屋詹被日军枪打。 |
| 詹银荣 | 男 | 6月,在新屋詹被日军枪打。 |
| 詹焙香 | 女 | 6月,在新屋詹被日军枪打。 |
| 詹祥氏 | 女 | 6月,在新屋詹被日军枪打。 |
| 詹金瑞 | 男 | 6月,在新屋詹被日军枪打。 |
| 詹承祖 | 男 | 6月,在新屋詹被日军枪打。 |
| 詹阳氏 | 女 | 6月,在老屋詹被日军枪打。 |
| 詹吴氏 | 女 | 6月,在老屋詹被日军枪打。 |
| 詹破嘴 | 男 | 6月,在老屋詹被日军枪打。 |
| 詹毕氏 | 女 | 6月,在老屋詹被日军枪打。 |
| 詹林毛 | 男 | 6月,在老屋詹被日军枪打。 |
| 詹凤毛 | 男 | 6月,在老屋詹被日军枪打。 |
| 詹汉育 | 男 | 6月,在老屋詹被日军枪打。 |
| 詹耀福 | 男 | 6月,在老屋詹被日军枪打。 |
| 詹水华 | 男 | 6月,在老屋詹被日军枪打。 |

| 詹益元 | 男 | 6月,在老屋詹被日军枪打。 |
| 詹昭贤 | 男 | 6月,在老屋詹被日军枪打。 |
| 王伍氏 | 女 | 6月,在余家村被日军枪打。 |
| 余柯氏 | 女 | 6月,在余家村被日军枪打。 |
| 王新兰 | 男 | 6月,在余家村被日军枪打。 |
| 王家生 | 男 | 6月,在余家村被日军枪打。 |
| 余江氏 | 女 | 6月,在余家村被日军枪打。 |
| 余阳氏 | 女 | 6月,在余家村被日军枪打。 |
| 余柯氏 | 女 | 6月,在余家村被日军枪打。 |
| 高长妹 | 女 | 6月,被日军枪打。 |
| 高毛芽 | 男 | 6月,被日军枪打。 |
| 柯洋生 | 男 | 6月,被日军枪打。 |
| 柯高氏 | 女 | 6月,被日军枪打。 |
| 许熊氏 | 女 | 6月,被日军枪打。 |
| 许生和 | 男 | 6月,被日军枪打。 |
| 徐旺得 | 男 | 6月,被日军枪打。 |
| 许正春 | 男 | 6月,被日军枪打。 |
| 陈 女 | 女 | 6月,被日军枪打。 |
| 许曹氏 | 女 | 6月,被日军枪打。 |
| 宋寿香 | 女 | 6月,被日军枪打。 |
| 高将蟠 | 男 | 6月,被日军枪打。 |
| 高红牙 | 男 | 6月,被日军枪打。 |
| 查乙丑 | 男 | 6月,被日军枪打。 |
| 高开元 | 男 | 6月,被日军枪打。 |
| 张高氏 | 女 | 6月,被日军枪打。 |
| 老 任 | 男 | 6月,被日军枪打。 |
| 任为松 | 男 | 6月,被日军枪打。 |
| 柯初桂 | 男 | 6月,被日军枪打。 |
| 柯毕氏 | 女 | 6月,被日军枪打。 |
| 高秀英 | 女 | 6月,被日军枪打。 |
| 高曾氏 | 女 | 6月,被日军枪打。 |
| 詹发茂 | 男 | 6月,在老屋詹被日军枪打。 |
| 詹魏氏 | 女 | 6月,在老屋詹被日军枪打。 |
| 詹邬氏 | 女 | 6月,在老屋詹被日军枪打。 |
| 詹泽保 | 男 | 6月,在老屋詹被日军枪打。 |
| 詹文栏 | 男 | 6月,在老屋詹被日军枪打。 |

| | | |
|---|---|---|
| 詹花开 | 男 | 6月，在老屋詹被日军枪打。 |
| 詹得林 | 男 | 6月，在老屋詹被日军枪打。 |
| 詹泮林 | 男 | 6月，在老屋詹被日军枪打。 |
| 詹林寿 | 男 | 6月，在老屋詹被日军枪打。 |
| 汪义树 | 男 | 7月，在家被日军所杀。 |
| 汪水元 | 男 | 7月，在家被日军所杀。 |
| 阳刘氏 | 女 | 7月，在茅篱周被日军所杀。 |
| 阳宜才 | 男 | 7月，在家门口被日军枪打。 |
| 阳松云 | 男 | 7月，在家门口被日军枪打。 |
| 阳百寿 | 男 | 7月在家门口被日军所杀。 |
| 王余氏 | 女 | 6月，在凉亭被日军所杀。 |
| 刘汪氏 | 女 | 7月，在家中被日军所杀。 |
| 刘曾氏 | 女 | 7月，在家中被日军所杀。 |
| 刘阳氏 | 女 | 7月，在山林中被日军所杀。 |
| 张谷元 | 男 | 7月，在老屋张被日军所杀。 |
| 张龙应 | 男 | 7月，在本村被日军所杀。 |
| 方老汉 | 男 | 6月，在老屋张被日军所杀。 |
| 张祖应 | 男 | 7月，在老屋张被日军所杀。 |
| 张中谋 | 男 | 6月，在门口被日军所杀。 |
| 张阳氏 | 女 | 6月，在凉亭被日军所杀。 |
| 张胜元 | 男 | 6月，在凉亭被日军所杀。 |
| 黄金喜 | 男 | 6月，在凉亭被日军所杀。 |
| 黄汪氏 | 女 | 6月，在田垄被日军所杀。 |
| 黄大头 | 男 | 6月，在本村内被日军所杀。 |
| 黄先佑 | 男 | 6月，在松林中被日军所杀。 |
| 黄高氏 | 女 | 6月，在田垄被日军所杀。 |
| 黄银财 | 男 | 6月，在王村被日军所杀。 |
| 黄的尖 | 男 | 6月，在山上被日军所杀。 |
| 黄吴氏 | 女 | 6月，在山上被日军所杀。 |
| 黄喜财 | 男 | 6月，在山上被日军所杀。 |
| 张汉年 | 男 | 6月，在三官殿被日军所杀。 |
| 叶汉文 | 男 | 6月，在叶家村被日军拐。 |
| 叶志尧 | 男 | 6月，在窑凸胫被日军拐。 |
| 宋叶氏 | 女 | 6月，在芜边被日军所枪杀。 |
| 宗月明 | 男 | 6月，在牌楼宗被日军枪打。 |
| 宗春生 | 男 | 6月，在牌楼宗被日军枪打。 |

| 宗李氏 | 女 | 6月，在牌楼宗被日军枪打。 |
|---|---|---|
| 宋汉德 | 男 | 6月，在宋村被日军枪打。 |
| 宋汉魁 | 男 | 6月，在宋背后被日军枪打。 |
| 宋言喜 | 男 | 6月，在宋村被日军枪打。 |
| 洪叶氏 | 女 | 6月，在谌村被日军枪打。 |
| 洪谌氏 | 女 | 6月，在门口被日军奸死。 |
| 丁汪氏 | 女 | 6月，在天圩坞被日军奸死。 |
| 谭桂枝 | 女 | 6月，在段家店被日军枪打。 |
| 刘永清 | 男 | 7月，在门口被日军枪打。 |
| 刘有元 | 男 | 7月，在谭家堰被日军枪打。 |
| 宋毛小 | 男 | 7月，在马路边被日军枪打。 |
| 阳张氏 | 女 | 6月，在小人坞被日军所杀。 |
| 阳春发 | 男 | 6月，在石炭中被日军所杀。 |
| 谌宝乐 | 男 | 6月，在新屋汪被日军枪打。 |
| 李长贵 | 男 | 6月，在宋家堰被日军所拐。 |
| 谌启仁 | 女 | 6月，在谌村被日军枪打。 |
| 谌宋氏 | 女 | 6月，在门口被日军枪打。 |
| 谌叶氏 | 女 | 6月，在叶家村被日军枪打。 |
| 袁阳氏 | 女 | 7月，在袁家村被日军奸死。 |
| 阳叶宽 | 男 | 6月，在家里被日军所杀。 |
| 阳幸初 | 男 | 6月，在门口被日军所杀。 |
| 阳作云 | 男 | 6月，在门口被日军所杀。 |
| 阳水德 | 男 | 6月，在家里被日军所杀。 |
| 阳林求 | 男 | 6月，在唐家村被日军所杀。 |
| 阳水球 | 男 | 6月，在唐家村被日军所杀。 |
| 阳家和 | 男 | 6月，在唐家村被日军所杀。 |
| 阳百合 | 男 | 6月，在唐家村被日军所杀。 |
| 周广兴 | 男 | 6月，在家里被日军打死。 |
| 朱彬华 | 男 | 6月，在罗家桥被日军所杀。 |
| 朱富华 | 男 | 6月，在凉亭被日军打死。 |
| 朱广畔 | 男 | 6月，在泉水山被日军所杀。 |
| 朱益升 | 男 | 6月，在泉水山被日军枪打。 |
| 朱如龙 | 男 | 6月，在泉水山被日军枪打。 |
| 田正和 | 男 | 6月，在罗家桥被日军打死。 |
| 田志仁 | 男 | 6月，在罗家桥被日军打死。 |
| 田柯氏 | 女 | 6月，在港勘阳被日军打死。 |

| 邬王氏 | 女 | 6月,在门口被日军枪打。 |
| 邬道周 | 男 | 6月,在门口被日军所杀。 |
| 邬玉美 | 男 | 6月,在罗家桥被日军所杀。 |
| 周复兴 | 男 | 6月,在辰字号被日军枪打。 |
| 洪绍柏 | 男 | 6月,在县城内被日军所杀。 |
| 洪家明 | 男 | 7月,在凉亭坂被日军枪打。 |
| 刘克敏 | 男 | 7月,在本村被日军炸死。 |
| 洪祥云 | 男 | 7月,在家中被日军所杀。 |
| 江桃开 | 男 | 6月,在本村被日军所杀。 |
| 易若愚 | 男 | 7月,在家中被日军所杀。 |
| 易刘氏 | 女 | 7月,在长江被日军所杀。 |
| 易秀郎 | 男 | 7月,在长江被日军所杀。 |
| 谌海开 | 男 | 7月,在麻姑石被日军所杀。 |
| 谌炎元 | 男 | 6月,在麻姑石被日军枪打。 |
| 谌书光 | 男 | 6月,在谌村被日军枪打。 |
| 谌明初 | 男 | 6月,在谌村被日军枪打。 |
| 谌灿小 | 男 | 6月,在谌村被日军枪打。 |
| 谌高详 | 男 | 6月,在谌村被日军所杀。 |
| 谌金小 | 男 | 6月,在谌村被日军枪打。 |
| 谌才寿 | 男 | 6月,在谌村被日军所杀。 |
| 谌汪氏 | 女 | 6月,在谌村被日军所杀。 |
| 袁镜平 | 男 | 6月,在谌村被日军所杀。 |
| 计火保 | 男 | 7月,在辰字号被日军枪打。 |
| 袁庆昌 | 男 | 6月,在柯村被日军炮射。 |
| 刘德夫 | 男 | 8月,在南安乡上祠堂被日军活埋。 |
| 刘佃小 | 男 | 8月,在南安乡上祠堂被日军活埋。 |
| 张正顺 | 男 | 8月,在湖口棠山被日军枪杀。 |
| 时崔氏 | 女 | 8月,在飘龙时村被日军刀杀。 |
| 柯金印 | 男 | 7月12日,在青云庵被日军枪杀。 |
| 王阳氏 | 女 | 6月27日,在荷塘垄被日军枪杀。 |
| 王林英 | 女 | 6月27日,在荷塘垄被日军枪杀。 |
| 王洪应 | 男 | 6月27日,在荷塘垄被日军枪杀。 |
| 柯光桃 | 男 | 6月27日,在荷塘垄被日军枪杀。 |
| 王孔如 | 男 | 6月27日,在荷塘垄被日军枪杀。 |
| 王知礼 | 男 | 6月27日,在荷塘垄被日军枪杀。 |
| 帅明堂 | 男 | 6月27日,在秀米岭被日军枪杀。 |

| 陈金春 | 男 | 6月27日，在秀米岭被日军枪杀。 |
| 陈外香 | 男 | 6月27日，在马家岭被日军枪杀。 |
| 阳端七 | 男 | 6月27日，在马家岭被日军枪杀。 |
| 胡锡林 | 男 | 6月27日，在钓鱼坂被日军枪杀。 |
| 柯猴牙 | 男 | 6月27日，在钓鱼坂被日军枪杀。 |
| 汪长林 | 男 | 6月27日，在钓鱼坂被日军枪杀。 |
| 张进香 | 男 | 6月27日，在嘴路边被日军枪杀。 |
| 毕柯氏 | 女 | 6月27日，在嘴路边被日军枪杀。 |
| 张真香 | | 6月27日，在新屋王被日军枪杀。 |
| 张梅香 | 女 | 6月27日，在新屋王被日军枪杀。 |
| 何冬小 | 男 | 6月27日，在新屋王被日军枪杀。 |
| 何东小 | 男 | 6月27日，在新屋王被日军枪杀。 |
| 何益元 | 男 | 6月27日，在新屋王被日军枪杀。 |
| 汪崇玉 | 男 | 6月27日，在新屋王被日军枪杀。 |
| 王孔昭 | 男 | 6月27日，在新屋王被日军枪杀。 |
| 王庆恩 | 男 | 6月27日，在陈家边被日军枪杀。 |
| 王小猫 | 男 | 7月8日，在马垱矶山被日军枪杀。 |
| 王张氏 | 女 | 7月8日，在马垱矶山被日军枪杀。 |
| 朱策启 | 男 | 7月8日，在马垱矶山被日军枪杀。 |
| 朱张氏 | 女 | 7月8日，在马垱矶山被日军枪杀。 |
| 韩徐氏 | 女 | 7月10日，在响山稻田中被日军奸杀。 |
| 杨日初 | 男 | 7月10日，在响山被日军枪杀。 |
| 杨士连 | 男 | 7月29日，在江家嘴被日军刀杀。 |
| 时子贵 | 男 | 7月10日，在马路边被日军枪杀。 |
| 时葛氏 | 女 | 7月8日，在洪家湾被日军奸杀。 |
| 刘杨氏 | 女 | 7月12日，在许家嘴被日军奸杀。 |
| 刘胜宝 | 男 | 8月12日，在许家嘴被日军枪杀。 |
| 韩细女 | 女 | 7月20日，在上连铺村被日军刀杀。 |
| 韩许氏 | 女 | 7月20日，在犁头湾被日军刀杀。 |
| 韩心田 | 男 | 7月20日，在朱家村被日军刀杀。 |
| 许兴前 | 男 | 7月25日，在颉家桥被日军枪杀。 |
| 韩照金 | 男 | 7月1日，在犁头湾被日军枪杀。 |
| 韩士茂 | 男 | 8月12日，在官音坝被日军枪杀。 |
| 韩祥云 | 男 | 7月25日，在邓集背后被日军枪杀。 |
| 刘陈氏 | 女 | 8月13日，在小屋刘被日军枪杀。 |
| 毛祥仁 | 男 | 7月12日，在毛家村被日军枪杀。 |

| 毛兆鹏 | 男 | 7月25日,生死不明。 |
|---|---|---|
| 刘能兴 | 男 | 8月13日,在小屋刘被日军枪杀。 |
| 邓陶氏 | 女 | 7月25日,在新屋邓被日军奸杀。 |
| 艾恩桃 | 女 | 8月27日,在许家峦被日军枪杀。 |
| 刘早春 | 男 | 7月27日,在王家湾许村被日军枪杀。 |
| 刘魏氏 | 女 | 7月25日,在彦祜湾被日军刀杀。 |
| 喻维道 | 男 | 7月25日,在喻村被日军刀杀。 |
| 彦祜湾 | 男 | 7月25日,在彦祜湾被日军刀杀。 |
| 刘桂氏 | 女 | 7月25日,在彦祜湾被日军奸杀。 |
| 艾刘氏 | 女 | 8月12日,在连坂艾村被日军枪杀。 |
| 艾兴环 | 男 | 8月12日,在连坂艾村被日军刀杀。 |
| 洪复吉 | 男 | 8月12日,在洪村被日军枪杀。 |
| 洪杨氏 | 女 | 8月15日,在洪村被日军枪杀。 |
| 洪克田 | 男 | 8月12日,在洪村被日军枪杀。 |
| 洪光荣 | 男 | 8月5日,在洪村被日军枪杀。 |
| 洪陶氏 | 女 | 8月12日,洪村被日军枪杀。 |
| 许韩氏 | 女 | 8月1日,在中夫湾被日军枪杀。 |
| 许云生 | 男 | 7月10日,在中夫湾被日军枪杀。 |

以上人员名单出自:1.民国三十五年(1946年)元月彭泽县政府《敌人罪行登记册》,江西省彭泽县档案馆全宗号0004,目录号2,案卷号43,第1—18页。2.民国三十五(1946年)年元月国民党彭泽司法处《敌人罪行调查登记册》,江西省彭泽县档案馆全宗号0004,目录号2,案卷号50,第1—8页。

附件二：

# 《江西民国日报》摘选

敌机三十六架昨分七批竟日空袭赣北各地，曾在彭泽九江等处投弹十余枚，死伤平民十余人　炸毁民房甚多　我马垱封锁线极巩固

敌机三十六架，于昨（十五）日上午七时至下午六时，竟日轮流空袭赣北各地，先后共分七批，第一批一架，第二批三架，第三批九架，第四批八架，第五批六架，第六批六架，第七批三架，第二批与第四批，曾在马垱附近及彭泽投弹，死伤平民十余人，炸毁民房甚多，第五批敌机，并在九江低空以机枪向下扫射，本市市民均入避难室，中弹者甚少，兹将空袭各情，分志于下：

第一次窥彭泽

昨（十五）日上午七时十八分，赣皖边境，发现敌机一架，由秋浦飞至彭泽湖口等处窥探甚久，于七时四十三分向西北方逸去。

第二批炸马垱

是日九时十四分，赣皖边境，又发现敌机三架，侵入马垱上空后，投弹十一枚，据报死伤无辜民众十余人，炸毁民房甚多，余无损失，至九时十五分循原路逸去。

第三批窥九江

十一时三十一分，赣皖边境又发现敌机九架，侵入赣境后，曾飞至九江、湖口等县上空盘旋窥察，防空司令部事前已通知该县警戒，故未投弹，向北逸去。

第四批炸江家湾

十一时三十四分又发现第四批敌机八架曾在马垱附近之江家湾地方，投弹数枚，炸毁民房十余栋，余无损失，十一时三十七分飞至彭泽投弹数枚，弹落荒郊，无甚损失。

第五批袭九江

下午二时十一分，又发现第五批敌机，并在九江低飞，以机枪向下扫射，幸市民已避入地下室，无甚损伤，旋向东北方逸去。

第六批窥察马垱

下午三时五十五分又发现第六批敌机六架在马垱一带窥察盘旋，直至五时许，始行逸去，当敌机空袭各地时，我均放警报加以戒备。

第七次袭马垱

下午五时许，又发现敌机三架，侵入马垱上空后，曾投弹一枚，直至六时许，始离省境，闻所投之弹，落于空旷，无甚损失，我马垱封锁线，极为牢固，敌人欲加毁坏，决非可能。

（中央社）

1938 年 6 月 16 日

敌机十五架昨分两批空袭赣北　第一批十架飞彭泽等县窥察　第二批在东流附近投弹十余枚

敌人近来派兵舰多艘，在芜湖上游扰乱，并时派飞机在沿江各地空袭，昨（十八）日下午二时及四时许，先后发现敌机两批，共十五架，第一批在赣北各处窥察，第二批在皖境东流附近投弹十余枚，兹录空袭情形如下：

空袭情形

十八日下午二时许赣皖边境先后发现敌机十架由东北向西南飞来，防空司令部据报后，当即电知赣北各地严加戒备，敌机侵入赣境后，曾在彭泽、湖口、九江等县窥察，历一时之久，三时许均行逸去，下午四时二十五分，赣皖边境又发现敌机五架，由东北向西南飞来，曾在马垱等处窥察，飞蹿至东流附近地方投弹十余枚遁去。

（中央社　1938 年 6 月 19 日）

赣北一带昨又遭空袭　敌机十七架分两批侵入　曾在马垱彭泽等处窥探

昨（十九日）上午八时四十五分，赣皖边境发现敌机九架，由东北向西南飞来，防空司令部据报后，当即电知赣北各县严加戒备，敌机侵入省境后，在马垱彭泽一带窥察甚久，旋向东北方飞去，窥至安徽所辖之至德县东门外投弹二十余枚，附近民房略有损坏，至九时许向原路逸去。又讯：下午二时许，赣皖边境又发现敌机八架，由东北向西南飞来，至九江、湖口、彭泽、马垱等处上空窥察数周。

（中央社　1938 年 6 月 20 日）

敌机十三架昨分三批空袭赣东赣北各地　在南城、广昌、马垱投弹四十一枚
我防备周密无甚损失

敌机十三架昨（二十一）日分三批空袭赣东赣北各地，共投弹四十一枚，第一批五架，在南城、广昌投弹共三十五枚，均落荒地，无甚损失，第二批六架在马垱当投弹六枚，亦无损失，第三批两架，在赣北各县窥察，至下午六时始退去，未投弹，兹将空袭情形分志如下：

上午炸南城

昨日上午九时许，赣闽边境发现敌机五架，由东南向西北飞来，防空司令部据报后，当即通知赣东各县，严密戒备，敌机侵入赣境后，经黎川窥至南城上空，投弹三十二枚，所投之弹，均落荒地，无甚损失。同时袭广昌敌机在南城肆虐后，旋向西南方飞去，未几经南丰侵入广昌县上空投弹三枚，该县因早得防空司令部通知，人民均已预先防备，故无甚损失，敌机在广昌投弹后，即向闽境逸去。

下午炸马垱

是日下午十二时五十分，赣皖边境，发现敌机六架，由东北向西南飞来，防空司令部据报后，当即通知赣北一带，严密戒备，该敌机侵入本省境内，在马垱当附

近投弹六枚,旋由原路逸去。

两架窥赣北

下午五时许,赣皖边境,又发现敌机两架,由东北向西南方飞来,防空司令部据报,比即电知赣北一带严加戒备,敌机侵入省境后,曾在九江、马垱、彭泽、湖口等地窥察,至六时许始向原路逸去,未投弹。

(中央社 1938年6月22日)

敌机袭彭泽 在张家港投弹四枚均落江中我无损失

昨(二十三)日上午九时十分,赣皖边境发现敌机两架,由东北向西南飞来,防空司令部据报后,当即通知赣北一带严密戒备,敌机侵入本省彭泽县所辖之张家港,稍事盘旋后,即在江边投弹四枚,弹均落江中,我无损失,旋循原路逸去。

(中央社 1938年6月24日)

敌机十七架昨分六批空袭彭泽 在码头城东分别投弹我无损失 两次用机枪扫射旋循原路逸去

敌机十一架,于昨(二十四)日分六批空袭彭泽,第一次三架侵入该县,以机枪向下扫射,第二批二架在该县窥察甚久,第三次一架,亦以机枪向下扫射,第四次四架,在该县轮船码头附近,投弹二枚,弹落江中,我无损失,第五批二架飞彭泽、湖口一带窥察,第六批四架在彭泽东门外投弹二枚,均落空地,兹将空袭情形志下。

机枪扫射

二十四日上午八时五十五分,赣皖边境发现敌机三架,由东北向西南飞来,防空司令部据报后,当即通知赣北各地,严密警戒,敌机侵入本省彭泽县上空窥察,并用机枪向下扫射,旋由原路逸去,十时四十五分,又有敌机两架,由皖境窜来侵入彭泽后,在该县上空盘旋甚久始逸去。

投弹江中

十一时二十二分:赣皖边境,发现敌机两架,侵入彭泽后,盘旋一周,并用机枪向下扫射,我民众均已避开,故未中弹,旋即逸去,十二时十五分,又有敌机四架,侵入彭泽后,在该县轮船码头附近投弹两枚,均落江中,我无损失,至一时许始行逸去。

(中央社)

弹落山地

[又讯]下午二时余,第五批敌机二架,飞彭泽、湖口间盘旋一周即逸去,下午四时,第六批敌机四架,飞彭泽、湖口间盘旋,旋在彭泽县城东门外,投弹二枚,落于山地,毫无损失,敌机每次均循原路逸去云。

(唯生社 1938年6月25日)

敌机五十架昨又分批袭赣北　在湖口投弹一百余枚死伤颇重　彭泽、马垱两处亦落弹均堕江中

敌机近两周来,连日空袭赣北各地,昨(二十五)日又有敌机二十七架,分五批空袭彭泽、马垱、湖口等处,第一批一架,第二批六架,第三批四架,第四批九架,第五批七架,分别在马垱、彭泽、湖口投弹五六十枚,湖口死伤平民数人,炸毁民房多栋,余无损失,马垱封锁线极为巩固,敌机在马垱所投之弹,均落江中,工事毫无损坏,兹将空袭情形志下:

轮流空袭各地情形

二十五日上午九时二十分,赣皖边境发现敌机一架,九时二十五分,续发现六架,九时三十五分发现第三批四架,九时五十五分,又发现第四批敌机九架,各批敌机未袭境时,防空司令部,即令赣北各地,严加戒备,敌机侵入省境后,轮流在彭泽马垱上空投弹三四十枚,直至十时许,始原路逸去,据彭泽来电报告,敌机虽连日对马垱轰炸,所投之弹,均落入江中,我封锁工事巩固如恒,丝毫未受影响,敌人欲加破坏,绝不可能,又下午一时许,赣皖边境又发现敌机七架,由东北向西南飞来,防空司令部当即通知赣北各县注意,敌机侵入湖口县上空后,曾投弹二十余枚,旋向原路逸去,据湖口报告,该县所投之弹,多落江边,死伤平民数人炸毁民房多栋,余无损失。

[又本报讯]本日下午三时许,敌机分四批,侵袭湖口,第一批三架,第二批四架,第三批七架,第四批九架,先后投弹八十余枚,多落该县城繁盛区域,市民死伤颇重云。

(中央社　年6月26日)

敌机四十三架分批犯省被我空军击落两架　我英勇空军截击仅十架侵入敌机堕落地点经防空部查明

敌机近两周来不断空袭赣北各地,而于我方毫无损失,昨(二十六)日上午十一时许,敌机四十三架,分两批空袭南昌,我空军当即凌空截击,仅有十架侵入本市上空,第一批四架,在南郊东北方,与敌空军发生激烈空战,当被我击落两架,第二批六架,曾在城外荒郊投弹十数枚逸去,被击落敌机,一堕青洲沙滩,一堕羊子洲十四保附近,兹将空袭及空战情形志下:

首批击落二架

二十六日上午十一时许,赣皖边境发现敌机两批,第一批四架,第二批三十九架,由东北向西南飞来,防空司令部据报后,当即发出紧急警报,我空军适时凌空,首批敌机四架,敌十一时零十分侵入近郊,我空军比向前围击,一时展开激烈之空战,机声枪声大作,我空军人员,极为奋勇,与敌机搏战,交战数合,有敌机两架,被我击中油箱,向下堕落,余机两架见势不佳,乘隙低飞,由西南向东北狼狈逃逸。

昨袭赣北各地

敌机昨(二十六)日又袭彭泽湖口等处,所投之弹,多落江中,无甚损失,我马垱封锁线,仍巩固如恒,惟据湖口报告,敌机二十五日下午分数批袭该县,县城内店铺民房炸毁十分之八九,死伤平民不下百余人,县城内残砖颓瓦,学校被炸毁,为状极惨。

(中央社　1938年6月27日)

敌机八架分两批袭赣　在姑塘湖口投弹多枚毁民房多栋并伤数人

敌机八架,昨(三)日,分两批空袭赣北,第一批两架,十时零八分在赣皖边境发现,防空司令部据报后,比电知赣北各地严密戒备,敌机侵入赣境后,曾在鄱阳湖西岸姑塘投弹十余枚,有三弹落于民房之间,当炸毁民房十数栋,伤平民数人,十时十五分,又发现一批敌机共六架,由东北向西南飞来,侵入赣境后,曾在湖口投弹多枚,损失未详。

(中央社　1938年7月4日)

彭泽城被我包围中　流斯桥一带我歼灭敌军颇得手　敌与我军作战时又施放毒瓦斯

九江四日电:彭泽城内之敌,仍被我包围中,我军在彭泽、湖口间之马影桥、流斯桥一带,歼灭敌军颇得手,该处情势转危为安,马垱街及彭泽、湖口两县城,经敌机多次轰炸,平民房屋被毁十之六七,城内残砖颓瓦,景象凄凉,敌至马垱、彭泽,复大肆屠杀焚烧,惨无人道,又三日敌与我军作战时,施放烟幕及毒瓦斯,有士兵数人中毒,现移至后方医院救治。(中央社)

浮梁四日电:我军在彭泽黄土岭附近,与敌激战,敌向彭泽溃退,我军进至彭泽城东,在尖山凉亮山附近斩获甚多,我于攻克尖山双峰尖后,控制高点,逼近彭泽东门,敌仍据险顽抗,我正猛攻中,敌刻由马垱输送装甲汽车多辆,增援彭泽,并将四城紧闭,有固守待援模样。另一部在彭泽西面太平关流斯桥等处,与娘娘庙登陆之敌激战中,张九坊梅关口,三日拂晓我敌激战甚烈,香山我军二日晚进攻香口,敌已全部动摇,嗣敌增援以敌舰掩护施行反攻,我仍退回原阵地,与敌对峙,香山附近江面有敌舰五十一艘,内三艘靠岸,我正严密监视中,张洪湾方面有敌汽艇四只,载敌七八十,企图登陆,被我击退,彭泽西岸有敌炮舰数艘。(中央社)

东流四日电:三日上下午我军在彭泽南郊,将敌包围痛击后,清扫战场时,发现敌中队长之尸一具,藉知马垱附近及彭泽之敌,兵力约在一个混成旅左右,又我军此役俘获敌日记、文件、枪支及催泪瓦斯等战利品极多,数小时,始装竣抬往后方,我军士气极为旺盛。(中央社)

九江三日电:马垱彭泽间之敌,约正规军两联队,及骑炮兵一小部,二日拂晓,我军向彭泽反攻,在彭泽东南之黄板桥老屋洪等处,与敌接触,进展颇为顺利,当将彭泽城东尖山,及城南双峰山收复,正命向县城进攻中,另一部在彭泽以西之流

— 599 —

斯桥附近,与敌对峙中,香口有敌舰四十余艘,大部均已上驶,彭泽附近之矶,有敌舰十艘云。(中央社)

英山四日电:安庆增敌约一联队,并在江北构筑工事,似有增援长江南岸模样,上石牌亦增敌三四百,潜山方面敌约三联队,在陈家桥、王家牌楼、芝麻潭附近对峙,三日晨敌约三千,由小道向红头山西进,企图进犯小池驿,大部兵力在黄泥馆、圣常墩一带因连日向我正面进攻,屡遭惨败,敌似有向安庆退却模样,合肥之敌军四联队,系由淮河北岸调来,有向六安进攻企图。

（中央社　1938 年 7 月 5 日）

附件三：

# 采访整理资料

我叫喻响华，出生于 1923 年 10 月 14 日，今年 83 岁。我是在这里从小长大的，日军来时，我已经 15 岁。

日军是在 1938 年农历六月初一来到我们这个村庄的，当时我们村庄有 20 多户人家，房屋都比较好，日军就放火烧房子，20 多户的房屋全部被烧毁。他们见人就打、就杀，村里的人就跑出去躲反，过几天（初四、初五日）平静后，村里的人才回来。后来日军又来了，村里人又走，经常的。

有一对夫妻两人，男的叫项鼎坤，见到日军来了就跑，被日军开枪把他打死。日军到村庄里，见到一个小女孩，要拉走，小女孩的父亲喻赣民上前阻止，被日兵强行拉到公路边，把头砍下杀死。

日军这么坏，我们村庄人为防日军残害，跑到太平白沙水库那边躲避。

1938 年农历七月十二日中午时分，我们隔壁村庄——鸟林峦，有 50 多人也出外躲反，走到太平那边被日军发现全部抓住，带到檀家岭的日军据点。这个据点有一个营的日本兵，他们将 30 岁上下的妇女全部留下，有 8 个，其余的男人、老人、小孩共 40 多人被拉到背后山用机枪扫射，全部杀死。第二天早上人们发现，8 个被留下的妇女全都赤身裸体，被抛尸在檀家岭的山下。当人们在为这 8 个妇女收尸掩埋时，从 8 个妇女身上没有发现任何殴打和枪刀刺死的伤痕，可以肯定是被山上的一个营的日本兵奸淫死的。

1939 年，我村庄有个叫喻锦清的，为了躲避日军抓苦力，出外跑躲，被日军发现，一枪打在心口上，当场死去。

1940 年，日军为了"安民"，成立了伪维持会，我们便回家种田。伪维持会就派人去给日军做苦力，我也被派去过，是在望夫山给日军挖战壕。在做事时，日军说我干活不出力，拿棍子抽打，或是用巴掌朝我脸甩耳光。我被派去给日军做苦力有好多次，多得也记不清楚，三天两头就要去，被派去就要去，不去的话，很难说还有没有命。

（喻响华，1923 年 10 月 14 日出生，定山镇联塘村枫林村庄人。彭泽县委党史办艾群星、查本础、高昇、陈思宇 2006 年 6 月 6 日整理）

## 江西省抗战时期人口伤亡和财产损失

我叫陶恒和,1920 年 12 月 21 日出生,今年 86 岁。日军入侵我村庄时,我是 18 岁。

日军是 1938 年侵占我们村庄的。来时,放火烧房子,我家的房屋就是日军一把火烧了精光,我兄弟三人无家可归。

我记得有一个叫陶宗德的,日军入侵这里时他的祖父去世,他和家人在家里办丧事,也没躲走。日军来了,他的母亲和家人就一起躲到自家的楼上,因为害怕,躲到楼上的家人身子发抖,发出了声音。到他家里的日军也没有上楼去查,就顺着声音的方向一枪打去,结果陶宗德的母亲被打中,死了。

我的祖母也是日军害死的。1939 年秋天,我的祖母为了躲日军,往太平方向躲反,结果走到太平的石涧桥,走得急,冷不防从桥上掉到水里。虽然是秋天,但桥下水还比较大,被水冲走了,尸骨都没找到。

我屋场有个叫时春桃的妇女,被日军抓到,遭奸污。

有一个男的叫陶志和,在过马路时,恰遇日军,日本兵不由分说,一枪打去,击中陶志和腿部,无法走路,失血过多死亡。陶宗和老夫妻俩晚上在家里睡觉,突然听到屋外有汽车引擎声,他们俩不知道怎么回事,也好奇,起来看一下,两个人都被日军开枪打死。

我家房子被日军烧掉以后,我们无家可归,就帮别人做事混口饭吃和找个睡觉的地方,帮别人锄草耘禾。在做事时,常被日军抓去做劳力。

我听说棠山(湖口县与彭泽交界处)有 10 户人家,被日军抓到后,强迫他们自己把坑挖好,然后站在坑边上。日军用机枪扫射,将他们打死倒入坑中。周溪那边有 13 户人家,被日军用机枪打死。

日军是白天吃早饭下山,傍晚时分回山。

(陶恒和,1920 年 12 月 21 日出生,定山镇东光村四组人。
彭泽县委党史办艾群星、查本础、高昇、陈思宇 2006 年 6 月 2 日整理)

我叫阳日林，1924年9月29日出生，今年82岁。当年日军到这里，我是14岁。

1938年，日军攻占莲花村，当时莲花村有一两百户，被日军放火烧了个精光。

我记得被日军污辱和杀害的人有：

我的大伯叫阳四喜，是个甲长，被日军抽耳光子，被打得下跪。

黄初和夫妇俩在菜园里摘菜，被日军一枪一个打死在菜园里，尸体就埋在菜园里。

阳苟子的二伯被日军开枪打死。

有个叫项燕华的，是太湖人，在老屋詹被日军打死。

吴祖盛被日军用刺刀刺死，当时日军拉夫，他就跑，在吴子林被日军杀害。

阳苟子的母亲被日军追得跳河自杀。

汪红皮的母亲被日军追得跳河自杀。

韩得印的母亲被日军追，跑不及就往泥巴田里一滚，日军见状哈哈大笑。

李董娥被3个日军奸污。

有一次，日军抓到一名老妇人，命一男子与该老妇人发生关系，该男子不从，日军将其裤子扯掉，按扑到老妇人身上，并用脚踩着男子的腰上，不准男子起身，并哈哈大笑。

日军打人抽耳光子，用脚踹。汪元松就被日军打得头破血流。

（阳日林，1924年9月29日出生，马垱镇莲花村人。
彭泽县委党史办艾群星、查本础、高昇、陈思宇、陈国平2006年10月12日整理）

## 江西省抗战时期人口伤亡和财产损失

我叫阳贯伢,1926 年 10 月 5 日出生,今年 80 岁。当年,日军攻打到这里时,我是 12 岁。

1938 年 5 月 27 日,日军的飞机进行轰炸,日机飞来时看见 3 架,一下子变成 9 架,投下炸弹,到处轰炸。

后来,日军部队进犯到莲花村,将莲花村的 100 多户的房屋全部烧光。这时村子里的人都跑出去躲反,我也跟随躲反的人一起,到外乡躲难去了。一路躲着,一路走着,随着躲反的人群,我一直走到了太平关。直到 1939 年 3 月份,我才回到马垱,我没有回到莲花,在马垱街上靠乞讨为生。由于我双亲早年双亡,剩下我一人,在日军没来之前,我在村里靠给人帮工维持生活,日军一来,使我失去了帮工的生活,日子过得非常窘迫。在马垱街上,有时碰到日本兵,日本兵就命我帮他抓鸡,抓不到就拿棍子敲打我的光脚。在美女湾,给日军做苦力,被日军用柴棒(树木劈开当柴烧的木棒子)打过。

我知道被日军污辱和杀害的人有:

阳武伢的父亲被日军抓到,绑在江家水库边的树上,把头砍下,不知扔到何处,后来头都没找着,成了个无头之尸。

有个叫汪文山的被日军杀害。

有个叫李强娥的,十四五岁左右,遭到日军奸污。

有个叫银莲的少女,也是十四五岁左右,遭到日军奸污。

有的妇女为了免遭日军残害,竟毫不掩饰地在牛屎堆里打滚,故意弄得身上脏兮兮的,让人看不得。

(阳贯伢,1926 年 10 月 5 日出生,马垱镇莲花村人。彭泽县委党史办艾群星、查本础、高昇、陈思宇、陈国平 2006 年 10 月 12 日整理)

我叫何松青,1931年7月4日出生,今年75岁。当年日军进攻我们村庄,我是7岁。

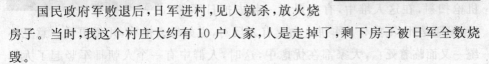

1938年,日军进犯到我们村庄。在来之前,日军的飞机先是一架飞过来,不知是侦察还是干什么,这一架飞过去之后,就来了好多架,像乌云遮日,并投下炸弹,到处都是炸弹的爆炸声。日机在牛矶那地方轰炸,炸死炸伤国民政府军一个连。

我这后背山有一个炮台,驻守的国民政府军朝日本的军舰打了一炮,并击中了日军的一艘军舰。

国民政府军败退后,日军进村,见人就杀,放火烧房子。当时,我这个村庄大约有10户人家,人是走掉了,剩下房子被日军全数烧毁。

我奶奶当时年纪大了,无法走动,待在家里,被日军杀害。

我村子里有一个学堂,日军进犯时,有五六个老人就躲到这个学堂里,谁知被日军一把火烧了这学堂,五六个老人被活活烧死,其中就有我伯母。

当时,我的父亲躲反,躲到安徽省东至县去了,1940年才回来,回来后不久被日军抓去,命我父亲给他们烧饭。听我父亲说,在钱家湾那边,被日军打死的有100多人,杀死了两批人。我父亲被日军抓去后,我和我母亲就逃到山里去了。我父亲不愿意给日军烧饭,后乘机逃了出来,也跑到山里去了。

1941年左右,我10岁,被日军抓去做工,也时常偷懒,日军在时就做,不在时就不做,和我一起做事的是何寅宝,被日军无缘无故打成重伤,过几天就死去了。在日军据点,我给日军挑砖,开始是一头挑一块,日军嫌我挑少了,一耳光打来,打得我眼冒金星,不得已又一头加了一块。

被日军杀害的还有何友元、何狗娃两夫妻、何家为、我母亲、亮子的母亲。

我这个屋场被日军杀害的有十几个人。

还有何龙生的姐姐走路,在路上遭遇日本兵,被奸污了。

(何松青,1931年7月4日出生,马垱镇湖西村六组人。彭泽县委党史办艾群星、查本础、高昇、陈思宇、陈国平2006年10月12日整理)

我叫何保乐，1934 年 8 月 29 日出生，今年 72 岁。当年日军进犯时，我 4 岁。

1938 年，日军进犯我村子时，我们出外逃难。当时，我父亲挑着一担箩筐，在箩筐里，一头是我，一头是我姐姐，我母亲还抱着我的弟弟，就这样出外躲反。由于我父亲也没出过门，所以就到处乱跑，感觉哪里安全些，就往哪里跑，没有方向，我父亲和我伯父在一起。在蚂蝗山，日军抓了好多逃难的人，我一家也被抓去了。这些人被日军集中在一起，准备用机枪扫射，在这人堆中，有人提出一起去抢日军的枪，横竖是死，不如与日军拼一命。有人反对，说如果去抢枪，死得更快。意见不统一又面临着死亡，大家都在忧虑中，这时，人群中有一个人朝日军竖起了大拇指，日军见状，哈哈大笑，非常高兴。其他人见到这样也都跟着竖起了大拇指，这样，日军似乎更加高兴，也就放走了这群人，幸免了一场屠杀。

我一家继续逃难，在逃难的路途中，我母亲抱着我的弟弟在慌忙中被东西绊了一跤，在扑地时，怀中的弟弟被地上的竹签在太阳穴上戳了一下，戳破了，回来后不幸夭折了。

我们就这样躲着、走着，最终逃到了至德（现在安徽东至县），直到 1941 年才回到村里。那时日军在村里成立了伪维持会，似乎有些稳定，但日军进村骚扰抢东西、奸淫妇女之事常有发生。日军每次进村里，就把枪架在一起，随即去人家里抓鸡、杀猪。

有一次，我看见一个妇女，在路上遇到几个日军，就被日军拉到树林里奸污了。

（何保乐，1934 年 8 月 29 日出生，马垱镇湖西村六组人。彭泽县党委史办艾群星、查本础、高昇、陈思宇、陈国平 2006 年 10 月 12 日整理）

我叫何祖德,1921年10月13日出生,今年85岁。当年,日军进犯我们湖西村时,我是17岁。

我记得,日军在攻占我们这里之前,先是飞机在空中飞来飞去,投炸弹轰炸,我家的房屋就是被日机扔下的炸弹把屋顶掀掉了。日机轰炸真是吓死人,随时都有丢命的可能。不到3个月,日军的部队就打过来了。在日机轰炸时,我就跑了,在外面躲了有两年。日军进村后,将我村庄100多户的房屋全部烧光,见人就杀,见年轻的妇女就奸污残害。我村庄那时的房屋不像现在是砖木或砖混结构,那时是木结构的房屋,都是木头做的,刷上油漆,见火就着,日军烧起来也容易。

日军侵占我村之后杀人是时常发生。7年间日军杀害我村子里的人达50多人。我的大伯、父亲、小叔(他们都是40多岁,年龄相差不大)都是被日军杀死。余平强老夫妇二人,在日军进村时,因舍不得家里的一点家产,躲在家里没走,被日军杀害。

在钱家湾,日军一次就抓了一二十个人,用铁丝将被抓之人一个个地穿着手心,集中在钱家湾,用机枪扫射杀害,只有阳华国一人幸存。当时他被打伤,待日军走后,他从死人堆里爬出来。

何毛姑的奶奶60岁,因为行动不便待在家中没有跑躲,日军放火烧房子,把她活活烧死。

1939年,也就是日军侵占后的第二年,日军为了所谓的"安民",在村里就成立了伪维持会。但日军杀人还是经常发生。

有一个叫正儿的女孩,一次在池塘边上洗衣服,被日军开枪打死。

杨风楼、杨风静兄弟俩被日军开枪打死。

日军是高兴杀人就杀,随着性子来。

有一次,何东成被两个日军追赶,日军追上他,将他扑倒在沟里,一个日兵抽出刀要杀死,另一个日兵不让杀,最终有幸没被日兵杀害。

有一个叫黄翠荣的妇女,遭到日兵奸污。

在成立伪维持会后,村子里的人就经常被派去给日军做工。我经常被日军抓去做苦力,有时一两天,有时做三五天。做事时,要自己带吃的。

有一次,日军攻打郭桥,就拉我为他们背弹药。

在我十七八岁那年,有一次是大冬天,刮大北风,我给日军做事,偷懒,被日军发现,结果将我和何玉白抓到门口上吹风,被北风吹几个小时,不闻不问,浑身都冻僵了,差点冻死。

给日军做事、挑东西时,不是按力气大小来要求挑多挑少,而是按年龄大小来定,是年长1岁就多挑1斤,80多岁要挑80多斤,挑不起就打,真不知道日军是什么逻辑。村上人还经常被抓去修路,常挨打,日军打了以后,又拿两粒糖果给我们,如果不接的话,又要挨打。把人当猴耍。

日军侵占湖西村以后,在我村八组(现在的村民组)那边修筑了碉堡,平时有10个日兵驻守在这碉堡里。他们是常喝酒,一喝酒,就借酒发淫威,到村里来抢东西、打人。

(何祖德,1921年10月13日出生,马垱镇湖西村人。

彭泽县委党史办艾群星、查本础、高昇、陈思宇、陈国平2006年10月12日整理)

我叫汪振强,1923年1月15日出生,今年83岁。当年日军进犯南垅村时,我是15岁。

我知道,我家祖堂的隔壁,有一栋三进的大房子,被日军用一个大火球烧得片瓦无存。

有个叫欧阳毛女的妇女,遭遇3个日本兵,这3个日本兵要强暴她,她与这3个日本兵对打,被这3个日本兵开枪打死。

1938年,日军把村子里的猪全部赶在一起,欧阳金元见自家的猪被赶走,就去想把自家的猪拉回家,日本兵听到猪叫,赶过来,见他拉猪,命他放下,欧阳金元没理,日本兵就开枪打死了他。

(汪振强,1923年1月15日出生,马垱镇南垅村人。

彭泽县委党史办艾群星、查本础、高昇、陈思宇、陈国平2006年10月9日整理)

我叫汪玉珍,1927 年 12 月 2 日出生,娘家是黄岭乡金黄村人,我是 1944 年嫁到这边来的。当年日军进犯我村庄时,我是 11 岁。

日军到我们村庄之前,飞机常来轰炸。我们每天早早吃饭往外躲,有时还没等吃饭,就听到"嗡嗡嗡"声。紧接着,飞机就轰炸起来,还有机枪扫射,机枪子弹打下来有四五寸长。飞机在头上盘旋,飞得很低,我可以看到飞机上的日军身上都用红布裹着。日军丢下的炸弹炸起来吓死人,路上有好多人被日机炸死。

飞机轰炸不久,日军就进到我们村庄。村庄里的人都躲出去避难了。我躲日军吓得饭都吃不下,今天躲这里,明天躲那里,没有一个固定的住所。妇女经常把头发打散,搞成乱糟糟的,在脸上糊上脏东西,是越丑越好,以防遭遇日军残害。

在我 12 岁那年,我躲难在赵家,我们家人也躲出去了。我四叔不幸被日军抓到,开枪打死,当时没有办法安葬,就用一床破棉絮包着,过了好多天,尸体发臭生蛆。我父亲也被日军抓到,日军让我父亲认"日本"二字,我父亲不认识,日军就用刺刀在我父亲的腋下刺了一刀,致死。我的大哥也是被日军抓到,用刺刀刺死的。

有一个汪家的媳妇,丈夫叫汪甫德,在田里被日军开枪击中腰部,流血流死了。

我村庄有个吃素的人,外出回家时,在聂家山被日军开枪打死,怀疑他是中国兵。

大约在 1940 年左右,日军在我村庄成立了伪维持会,伪维持会设在我家里。伪维持会成立以后,情况好一点,但日军抢东西、打人的事也是家常便饭。

有一次,我母亲和我的另一个哥哥在晒场上打麦脱粒。我看见日军来了,就赶紧跑到晒场去叫我哥躲起来,以免遭日军抓。好像日军知道我通风报信似的,回来出门洗衣,被日军叫住打了两耳光,被打得头昏了老半天。还有一次,日军到村庄来搜查,我哥跑躲,日军就追,并朝我哥开枪,我哥差点被日军开枪打死。

有一个杨神初的老人,是个乡长,被日军抓到,在祠堂的大厅上,日军将其摔在地上,把腰给摔折了。

1944 年我出嫁到了南垄村。

(汪玉珍,1927 年 12 月 2 日出生,马垱镇南垄村人。彭泽县委党史办艾群星、查本础、高异、陈思宇、陈国平 2006 年 10 月 9 日整理)

我叫欧阳隆茂，1928 年 5 月 1 日出生，今年 78 岁。当年日军侵占南垄村时，我是 10 岁，我婆婆带我出去躲反，跑到毛岭周，我们南垄村庄的人都跑走了。当时南垄有半个村子的房子被日军烧光了。

1940 年，我们陆陆续续从外面回到了村子里。日军在我们这里驻扎，为了攻打郭桥，农历十一月份开走，我父亲被捉去做苦力，关在屋里。我父亲一心想逃走，就喊"要解手"，日军就派人跟着。我父亲见这样难以脱身，又说"要解大便"，日军还是要跟着。我父亲不得已回手一拳打过去，打倒了跟着的日本兵，翻身就跑。几个日本兵紧追，追到一个山树洼，没追到我父亲，就抓到了一个傻子，把傻子吊到树上，用刺刀刺死。

我家的牛被日军抢去运送东西，东西运到郭桥，日军没杀牛，将牛放了，后来牛自己跑回来了。

也就在这一年，我家 6 大间房屋被日军烧掉了。当时我大伯做棉花生意，收了好多棉花堆在家中，日军在房子中间烤火，四周都是棉花。日军走时，什么都不管，任火继续燃烧，结果引着了棉花，发生了大火，将我家 6 大间房屋烧了个彻底。

有些日军对小孩比较和善，却经常殴打老人。其用意在于，同化中国儿童，妄图使中国长久地成为日本的附属国。我那时也被派去给日军做事，但我们小孩日军并没有要我们做什么事，时常带我们到处玩，或带我们到山上，用望远镜给我们观看，或带到防空洞里去玩。日军带我们玩时，我看到他们的腰间都挂着一个佛像。

虽说日军对小孩和善，但见到妇女常是兽性大发。我记得，1940 年，有一个姓冯的，他的母亲在南垄小河边被十几个日军轮奸。阳文茂的母亲被日军奸污。阳泽孚的女儿，十七八岁，遭到日军奸污。

经常来我们南垄侵扰的日军都是从马埠过来的，马埠有一个日军的司令部。

1945 年，日军投降后，退到扶家闸住，我表姑在扶家闸开店，我父亲到了那边后，就用钱从日军手里买了一床毯子。日军用卖毯子的钱买东西吃，这床毯子至今还保留着，我拿给你们看一下。（访问者注：在访问欧阳隆茂后，坐在旁边的欧阳国清告诉我们，他家还有日军用的水壶，并拿来给我们看了。）

对日军侵略中国那段历史，我写过几首诗词以表达我们的愤恨之情。已收集发表的有 5 首。现摘抄其中一首如下：

**吟日本侵华史**

倭寇侵华记忆新，猖狂屠杀世人惊。
田园寥落民遭劫，骨肉流离道路生。

饿殍横尸遍沟壑,贤妻良母被淫身。

人寰灭绝千秋恨,房屋焚烧一坦平。

民族英雄孰不忍,同仇敌忾拼牺牲。

八年抗战终酬愿,万恶嚣张束手擒。

从此神州振奋起,今朝赤县富强兴。

闻名如世祥和国,众志成城共党功。

（欧阳隆茂,1928 年 5 月 1 日出生,马垱镇南垄村人。
彭泽县党委史办艾群星、查本础、高昪、陈思宇、陈国平 2006 年 10 月 9 日整理）

我叫欧阳学林,1928 年 8 月 23 日出生,今年 78 岁。当年日军进犯南垄村时,我是 10 岁。

1938 年 6 月份左右,日军进犯南垄村。在日军来之前,国民政府军驻扎在这里,是 3 月份来的。当时就听说,日军要攻打安徽香口,战事吃紧。接着就有从那边退下来的国民政府军士兵对我们说:"你们要走啊! 不走,被日军抓到,日军要杀人啦!"

我们听到这个消息,就做逃难准备。我们村里开了个会,就是通知大家日军要来,赶紧准备,尽早地离开。其实,村子里有钱的人家早就躲到深山里去了,如海形、浩山等地。村子里穷人占多数。当时村里有 80 多户跑躲到西垅那边(现在龙城镇西垅村)。

日军到南垄村,头一批是追剿国民政府军。那时,日军见人跑就开枪打死。侵占南垄后,日军每四五个人为一组,放火烧房子,我们南垄村有一大半的房屋被日军烧了。

第二批到南垄的日军比第一批的还要凶残,见到妇女就强奸,见人就杀,放火烧房子,杀牛、杀猪、抓鸡。村子里被杀死的牛有几十头,日军是将活活一条牛的牛腿割下,其他丢弃。村子里被日军搞得鸡飞狗跳、乌烟瘴气。不少村民躲在乱林里、沟里,日军开枪乱放一气,子弹到处纷飞。

1938 年 8 月份左右,有个姓金的,30 多岁,自家田里的稻谷到了收割的时候了,舍不得放弃,就偷偷地在田里收割打谷。日军听到打谷时发出的"咚咚"声,以为是枪声,就循声包围过去,将这位姓金的开枪打死在田里。到 1939 年,日军经常在白天出来到处搜查,每次出来的人数不多,四五个或七八个的样子,晚上就回到据点。有一个姓汪的,20 多岁,住在舅婆山,家中有田,临近湖(口)马(垱)公路。他躲在南垄,因为舍不得丢弃家中已成熟的稻谷,就偷偷地回去收割,被日军发现后,开枪打死。

有一妇女,怀有身孕五六个月,遭遇日军,被 5 个日军轮奸,以致该妇女的腹中胎儿早产夭折。

1940 年到 1941 年,日军在我们南垄村成立了伪维持会。

1940 年农历冬月,日军要攻打郭桥,便从我们南垄开往郭桥。驻扎南垄的日军中有个炊事员,挺喜欢我,每次日军吃完饭后,这个炊事员就把锅里的锅巴拿给我吃。日军煮饭的锅很大,锅巴也大,我也吃不了许多,就把锅巴分给老人们吃,以作充饥。老人见那个炊事员那么喜欢我,有一次,有个老人就叫我去向日军炊事员讨点火来烤,因为天气已是冬天,很冷,老人们希望有个火暖暖身子,我就去了,结果这个炊事员在处理完厨房的事情后走了,我就自己在灶里掏出了火,正拿着出门,恰在这时,进来另外的两个日本兵,见到我拿着火要出门,走到我面前,不分青红皂白就将我一顿打。

1941 年,我有 13 岁,为了生计,我到马垱街替人烧炭。有一回,日军来购炭,就命我到炭窑里去捡炭。炭窑刚熄火,窑里的温度还很高,我不愿干,日军就按着我的头塞进窑门里,窑门又小,窑里的温度又很高,我在里面非常难受,日军又不准我出来,差点被闷烤死在炭窑里。

被日军打耳光、踢一脚那是家常便饭。

有四五个老人被派去给日军做工,日军就用小铁锤子经常在老人头上敲打,不管轻重。

（欧阳学林,1928 年 8 月 23 日出生,马垱镇南垄村人。
彭泽县委党史办艾群星、查本础、高昇、陈思宇、陈国平 2006 年 10 月 9 日整理）

我叫欧阳品阶,1919 年 3 月 19 日出生,今年 87 岁。日军进攻到这里那年,我已经19 岁。

1938 年农历六月左右,日军攻打到我们这个村子。

日军进到南垄后,就占据周围的山,与国民政府军进行交战。国民政府军有一个营的兵力全被打光了,只剩下一个营长,逃下阵地,又被他上级指挥官叫回山,并当逃兵处死了。日军与中国军队交战期间,被日军打死的人不知道有多少,包括当兵的和老百姓。我只知道在南垄下首田里,战斗发生后流下的血水流到田里,当时稻禾正是含苞抽穗期,血水流进田中将稻禾浸闷,没有一棵能灌浆成谷,颗粒无收。可见当时死的人之多。

日军侵占南垄时,南垄有100多户人家。日军一来,就放火烧房子,好的房子几乎都烧光了。而且隔几天来一次,抓鸡、杀猪,每次来都有十几个日本兵。我们村子里的房子被日军烧掉一大半。日军在进到南垄之前,有钱的人家早听到风声,早早地准备家什,早早地躲了出去,穷人家在日军来时就躲到周围的树林里,舍不得家里的田地,而没有走出很远。当时南垄有四五十户人家跑出去后就再也没有回来过,要么是被日军打死,要么移居他乡,要么饿死、病死,这四五十户等于是绝了户。

日军进入南垄后,见人就开枪射击。有一个叫于富宝的人,为防遭日军杀害,就跑躲,在田里跑,被日军开枪打死。日军进村后抢鸡抢猪,将猪全赶在一起。阳金元刚从外面回来,不知情况,见自家的猪被人赶走,就赶去想把自家猪牵回。日军见到,就对他喊:"站住!"他听不懂日军的说话,就没理,仍然牵着猪走,日本兵见状,就朝他开枪,当场将阳金元打死。

有一次,一个国民政府军的士兵遭日军包围,无法脱身,就势躲到了南垄庙,扮作和尚,日军随后进庙搜查,见其可疑,就将其带到庙门口。日军突然接到命令,要马上离开,便随手一枪将其击中,当场没被打死,直到第二天早上才死亡。当人们发现其尸体时,死者将地抓了个深深的洞,可见其死时的痛苦。

有一栋房子,很多老人一起躲在那里,结果被日军发现,将这些老人全部害死在这栋房子里。至于日军是怎么害死这些老人的,情况不清楚,因为这些老人死后,尸体均未见伤痕或枪伤。

在南垄,有一个老人叫王富有,日军占据南垄的头几个月里,该老人没有走,也没有被日军杀害,他天天去为死者掩埋尸体,在掩埋的死者中,有军人,有老百姓。

日军占领后,头几个月杀人比较多,后来就常来南垄搞吃的,抓鸡、宰猪等。

1940年后,日军在当地成立了伪维持会。

伪维持会负责给日军派人派工做事,似乎要平静很多,跑出去的人家也就慢慢地回来了。

虽说成立伪维持会后日军不再凶狠地杀人,但是日军奸淫妇女的事时有发生。有一个姓于的年轻妇女,当时十七八岁左右,遭遇5个日兵,被奸污了一上午。有一个叫欧阳毛女的妇女,在遭到日军强暴时,不屈服于日本兵的淫威,与日军进行对打,结果被日军开枪打死。

日军是死打老年人,见到老年人动不动就是一耳光。

（欧阳品阶,1919年3月19日出生,马垱镇南垄村人。
彭泽县委党史办艾群星、查本础、高昪、陈思宇、陈国平2006年10月9日整理）

## 江西省抗战时期人口伤亡和财产损失

我叫高慧香,今年85岁。

早在1938年,日军就经常派飞机来轰炸我们这里。1939年5月30日,日军又派大批飞机轰炸我们村庄,先是3架,接着6架、9架,最后多达12架。沿着三个屋场一路炸过来。我村阳见华的外公就是被飞机炸死在胡同里,高季光(当时50多岁)被飞机炸死在家中。我们屋场里一共被炸死了十几个人。我家里的两头牛以及邻居一头水牛都被炸死。还有红星村阳家的一个妇女躲到"洼里高"时也被炸死,当时她背了一个孩子,孩子被炸得粉身碎骨,该妇女被炸得只剩个髻巴。

看到情况危险,我娘立马叫我捡东西,出外逃难。

农历六月初三,日军从地面打过来。刚开始我们还没有跑远,只是躲到了村后的柴山上,但随后撤退下来的国民政府军叫我们躲到深山里去。日军一进村见人就杀、见房就烧。所幸村里的乡亲早已逃走,才没有造成较大的伤亡。

稍过了一段时间,日军在我们这里实行"安民"政策,成立了伪维持会。但老百姓仍然生活得胆战心惊。1940年,我与村中其他13个妇女吃过早饭后,一道躲进伪维持会。晚上来了一个日本兵,点火把当照明,我怕被烧到,就大声叫,把日本兵吓了一跳。后来,我们14个妇女躲到阁楼上去,躲过了日本兵的魔掌。

有一次,有3个日本兵到村里来搜刮东西。当时我坐在门口,日本兵就问我:"家里有鸡没有?"我说没有。结果日本兵不知从哪里找来一只狼狗,狗嗅到了鸡并抓到鸡。日本兵见到我,就用棍子猛敲我的头,嘴里喊着"媳妇大大的坏"。日本兵又在后面人家找到了猪,猪是两个老人养的,老人不给,就被日本兵暴打,并强迫老人将猪送到据点里去。

我们"洼里高"有个哑巴妇女叫高云秀,在地里捡棉花,被日军糟蹋,并怀了孕。家里人发现后问是谁做的,该妇女比划说是日本兵。后来孩子生下来了。

还有一个姓高的妇女,当时40多岁,在逃难的路上碰到8个日本兵,被抓到后,将衣服撕破拖到树林里轮奸。该妇女回到家里仅两天就死了。

日军刚来时,我们"洼里高"有300多户人家,到1945年只剩下几十户人家。1943年,我嫁到土桥村,那时日军已经收敛很多,但还是经常到村里骚扰百姓。

(高慧香,女,1922年6月9日出生,龙城镇土桥村人。

彭泽县委党史办高昇、查本础、陈思宇、艾群星2006年9月28日整理)

我叫汪义成，今年 82 岁。说起日军的罪恶，那是三天三夜也说不完。在我记忆当中，日军早在 1938 年占领马垱之后，就经常派飞机来轰炸我村及周围的村庄。

1939 年，日军的地面部队打了过来。由于我村位于公路旁边，消息比较灵通，在日军来之前百姓便逃往本县杨梓、东升等深山里。当时我村有一个姓李的老人（汪求珠的母亲），由于舍不得自己的家产，没有逃走，直到日军开始烧房子时，她才出外躲避，走在路上被日军打死，后来连尸首也未找着。

日军一进村就将土桥村的房子全部烧掉了，只剩下一地的残砖剩瓦和土泥巴。我村只有汪四喜的家幸免于难。这是因为他在九江坐牢时，结识过一个朋友，这个朋友后来成了日本人的通事。在第一支日军部队来时，通事帮忙说了很多好话，于是汪四喜家得到照顾，家里的东西没有一点损坏。乡亲们便将家里的物品存在汪家。后来日军部队换防，这个通事也被调走，汪四喜的保护伞也就失去了。由于汪家家产较多，经常遭受日本兵的敲诈与掠夺。一次，日本兵到他家搜刮东西时，发现一个斗笠，就认为他家窝藏中国兵，将他抓走并开枪打死。

我村有一个外乡人，以给人抬轿为生。一次偶然捡到一副国民政府军士兵的绑腿，后被日军抓到，便认为他是中国兵，活活地钉到树上，因流血过多，不久死去。

1939 年，日军在第一次清乡"扫荡"之后，就在唐盘山至狗头山一带修建了军事碉堡，驻扎了部队，并开始实行"安民"政策，村中在外躲避的百姓被召回。但仅过了一段时间，日军又无恶不作，胡作非为，奸淫妇女，强抓壮丁。村里的乡亲很多被抓去做过苦力，而且做事时还会经常遭受日军的打骂。我也多次被抓去做苦力，有一次我看到一个人在做事时，由于东西太重抬不动，被日军看见认为他不卖力，就用刺刀戳他的屁股。

村里的百姓忍受不了日军的折磨，又纷纷出外逃难。我躲逃到了马路口村。没有想到，1940 年日军又打到了马路口。此后的数年时间，我就一直逃难在外。

（汪义成，1924 年 8 月 26 日出生，龙城镇土桥村人。彭泽县党委史办查本础、高昇、陈思宇、艾群星 2006 年 9 月 28 日整理）

我叫汪初火,今年 84 岁。

1938 年,日军打到这里,并在十前岭驻了军。当时我们土桥村共有 100 多户人家,四周修着高大围墙围着。日军一来就把围屋烧光。并开炮朝这里打,将整个村庄夷为平地。

当年,我们这里被日军害死很多人。汪时喜就是被日军开枪打死的。还有个叫汪小灵的年轻人,当时比较喜欢玩,脚上打了个白色的绑腿,被日军看见,认为他是中国兵,抓到十前岭山脚下开枪打死。同村还有一个叫汪兰英的妇女,死得更惨,是被日军轮奸致死的。最残忍的一次就是将整个刘家屋场给灭绝了。那次,日军假装"安民",骗取百姓的信任。叫刘家屋场的 20 多户人家去村头开会,却被集中在一起用机枪扫射,整个村庄没留下一个活口。

到最后,村里的百姓根本就不敢住在这里,大部分都跑出去逃走了,躲到了马路口村等地。甚至有人沿着当时土桥村边上的一条大路逃到了安徽省至德县(今东至县)。

(汪初火,1922 年 6 月 29 日出生,龙城镇土桥村人。

彭泽县委党史办查本础、高昇、陈思宇、艾群星 2006 年 9 月 28 日整理)

# 修水县三都镇惨案

修水县位于湘鄂赣三省交界处,距长沙、武汉、南昌各 200 余公里,是抗日战争时期国民政府军第九战区所属第 30 集团军总部驻地。期间,日本侵略军曾三次侵犯修水,给修水人民造成了极大的灾难。

据民国历史档案记载:日军三次侵犯修水期间,直接受其残害的有 2254 户,被炸死杀死人口 1300 余人,房屋被烧 5689 栋,粮食损失 236139 担,耕牛被杀7938 头,猪被杀 69023 头,其他损失无法计算。

1939 年,日军与国民政府军第 30 集团军在武宁激战,为了摧毁中国军队的战斗力,日军对当时驻修水县三都镇的国民政府军前沿指挥中心进行了大轰炸。9 月 13 日,日军飞机以中队建制(9 架)轮番轰炸。由于情报不准,日机对三都街、梁口村及周边村庄等民用建筑疯狂投弹和扫射,三都镇及修水河两岸顿时成了一片火海,三都街上万寿宫、省立第十五中学、傅氏宗祠等大部分变成瓦砾,三都街口一块水田里和万寿宫两处落下的两枚重磅炸弹,爆炸后弹坑面积约一亩余。这一次轰炸,仅梁口村就被炸死 72 人,其中余昌品、余毅清、曾招信等 6 户被炸绝,梁口一女难民怀有双胞胎,丈夫被炸死后她抱头痛哭,飞机第二次投弹,又把她给炸死了,死时两个胎儿还在肚子外蠕动。劫后的梁口村,据当地老人们回忆,死者的脚板、内脏、血肉粘挂在未炸倒的墙上和柑橘树上,惨不忍睹。

1939 年 9 月 25 日,国民政府军不支,从武宁县退守修水县境内,日军随其后紧追,铁蹄再次践踏了被炸成一堆废墟的三都,并驻扎在这里 20 天。日军在三都无恶不作。傅重松的父亲与邹志才、邹志柏三位老人被日军用指挥刀活活砍死;三都街陈桂芬被日兵逼着解开衣服当胸刺死;三里店村黄光勉老人眼瞎躺在床上,被日兵残忍地杀害;梁口村余立林、余光海两位 60 余岁的老人被日军活埋。日军还肆意奸杀妇女。兴坪庄上农民陈和垂的妻子(当时年约 70 岁)被日兵强奸致死;梁口村余昌虎的妻子被日军强奸后,又用锐石塞入阴道,活活折磨而死;塘头农民余南普的妻子,生小孩在家坐月子,被日军强奸后砍成四块;曾家二甲农民陈国香、陈国宽的妻子(均为 70 余岁),被日兵强逼脱去衣裤,并用鞋子打肿阴部后,残忍将其轮奸致死。

此外,日军又血洗了驻在三都梁口和车田的国民政府第 30 集团军后方医院,杀死伤兵 200 余人。他们是将这些伤兵的脖子吊在戴家村屋背的茶子树上,挨个用刀砍死取乐,惨绝人寰。在短短的半个月间,整个三都惨案造成了近 300 人死亡。

日军还大肆抓夫、烧房、杀牛、杀猪和抓鸡,劫后的三都到处是冒烟的瓦砾堆,受难者的尸体和被日军丢弃的动物内脏,臭不可闻,惨不忍睹。由于日军的两次

## 江西省抗战时期人口伤亡和财产损失

洗劫和丧尽天良地投放细菌弹，造成这里疾病流行，生痘疱、发丝虫病、得"冬瓜脚"者众多，造成人口锐减。特别是丝虫病流行猖獗，据新中国成立后多次普查，修水县丝虫病流行区达16个乡，人口达20余万，占全县总人口四分之一。日本侵略者在修水的暴行给人们带来了极大的痛苦和灾难。

（撰稿：修水县委党史办）

附件一:

# 采访陈开科等老人记录整理

陈开科口述:

1939 年日军飞机炸三都镇梁口村下街头时,炸绝了 3 家,余昌品家 4 人、余毅清家 3 人、曾昭信家 4 人;炸死的有张兴才家 4 人、余昌进家 2 人、余昌夕家 1 人、余向春家 1 人、余德中家 4 人。

那天日军 3 架飞机轮番放弹,情景好惨,梁口村柑子树上到处挂着人肉。一个奉新人叫张兴才,在梁口开药铺,那天他一家炸死 4 个:已怀孕的老婆(只找到一只脚,因为认得她穿的鞋袜)和两个女儿。他抱着老婆的脚哭,以后发癫离开了梁口。

余昌任口述:

1939 年农历六月二十六日,日军飞机来炸梁口村下街头,呼啸着轮番炸。我当时 15 岁,和另 8 人躲在茅棚里,一个炸弹下来炸死 8 个,我命大,只伤了耳朵,身上到处是血。一个瑞昌难民全家 11 人炸死 9 个。一个女难民怀有双胞胎,见丈夫炸死抱头痛哭,飞机第二次投弹又把她炸死了,两个胎儿还在肚子外动。那天梁口村共炸死 72 人。

余光云口述:

日军飞机投弹炸得好惨。余昌玉姐姐去世,余昌玉做醮去打酒被炸死。余光兴母亲中弹在叫,光兴去背娘,一个炸弹下来,两人都被炸死(那时他母亲 60 多岁,自己 40 多岁)。有几家被炸绝,余佐元家 200 多棵柑树炸掉一半。

(陈开科(65 岁)、余昌任(63 岁)、余昌金(69 岁)、余光云(87 岁),三都镇梁口村人。
修水县委党史办傅堂标 1987 年 4 月 7 日至 8 日整理)

附件二：

# 采访余盈可等老人记录整理

**余盈可口述：**

1939 年农历六月二十六日，日军飞机在梁口村轰炸，轰炸对象是国民政府军第 30 集团军部队，驻下湾头。有一个汉奸向日军发报，将下湾头错报为下街头。日军 3 架飞机对下街头狂轰滥炸，炸死村民 72 人，其中有 13 个逃难的武宁人，还有一个姓张的奉新人开药铺的，炸死 4 人。余德中夫妻俩和两个儿子都被炸死，只留下了一个 70 多岁的老娘。农历八月二十一日，日军又打到三都，驻了 20 天，放了细菌弹，杀了好多人。杨梅渡村车田这个地方驻有中国部队，有一个韩军长驻在那里，还有驻军一个医院。二十一日日军打到三都后，实行"三光"政策，把 100 余名无法撤退的伤兵全部杀害。

**余昌群口述：**

1939 年农历六月二十六日，日军飞机在三都镇梁口村下街头大轰炸，炸死 72 人，炸绝 3 户。我当时十二三岁，记得清楚。那一年农历八月和十一月日军又来了两次，杀了一些人，具体情况不记得了。那一年八月日军打进来，捉了一些国民党未撤走的伤兵，杀了 100 多人。

**陈开佐口述：**

1938 年，日军飞机轰炸了三都镇梁口村，当时我 12 岁。那时炸得最苦的是余家祠堂，在车田还驻有中国军队的一个医院，被炸死的和被杀的伤兵将近两三百人，现在樟树下埋的都是中国的兵。下街头人的脚到处挂的是，血溅在墙壁上，肉挂在柑子树上到处都是。

东风那里有一个鹅形岩，当时藏了 100 多村民，日军搜山时，小孩吓得哭，有 3 个女人用乳房堵住自己孩子的嘴，为了保护这 100 多人，活活把小孩闷死。有一个姓余的妇女被 3 个日本兵强奸，到晚上才苏醒过来。

1930 年过农历年的时候，日军飞机丢炸弹，董家有一户正在吃年饭，全部被炸死。害"冬瓜脚"的洋湖村最多。

**陈开华口述：**

1939 年日军在三都镇洋湖村制造了不少惨案：放火烧屋，洋湖上千间房，烧剩 3 间；老百姓躲在观音岩，有妇女下山洗衣，遭日军强奸；飞机轰炸，一来就 10 多架，丢硫磺弹；有 8 个人被杀死在王家山。

陈景瑞口述:

我一直在家种田,日军在此丢下细菌弹后,我们这里得"冬瓜脚"的很多,现在死得差不多了。开始发病时,又红又肿又痛,发烧发冷。

日军把这里搞得很惨,在洋湖村烧了很多房子,杀了很多人,飞机丢了炸弹,日本兵强奸妇女,无恶不作。

洋湖村陈家大屋号称"一千烟",烧剩三间屋,后来老百姓搭茅棚住。

李云凤口述:

1939年日军在三都烧房、杀人、放火,老百姓一起躲到山上。由于日军丢细菌弹,造成很多"冬瓜脚",我自己也得了冬瓜脚,后来被政府治好了。那一次我家烧掉了6间房,我丈夫又被拉去做夫子。

韩正域口述:

1939年,中国军队和日军在武宁棺材山打仗,伤兵就收容在我们车田村,四川兵多,打仗时一天收容伤兵几百名,有的在此因伤不治死亡,有的被日军打进三都后杀死。

余盈可　余昌群　陈开佐

陈开华　陈景瑞　陈云凤

(余盈可(87岁)、余昌群(83岁)、陈开佐(82岁)、韩正域(70岁)、陈开华(86岁)、陈景瑞(74岁)、李云凤(90岁),三都镇人。

修水县委党史办刘烈根、涂开荣2009年2月16日至17日整理)

# 永修县惨案
## ——修河两岸惨绝人寰的日军大屠杀

永修县地处江西省北部,鄱阳湖西岸。北与德安县接壤,东北与星子县、都昌县隔鄱阳湖相望,东南与新建县毗连,南与靖安县、安义县、湾里区连接,西与武宁县为邻。系赣省南北通衢要道。临近省会南昌,古有"洪都门户"之称。永修交通便利,地理位置优越,自古就是鱼米之乡,修水河自西向东横穿整个县境,古人称赞道:"有水名修,有鱼名鯮;天下大旱,此地薄收;天下大乱,此地无忧。"永修县名也就取自"泮临修水,永蒙其利"之意。永修人民依河而居,过着平和、宁静的生活。1938年,日本侵略军的炮声打破了永修人民的平静生活,给他们带来了一场亘古未遇的灭顶之灾。

1938年10月,日军侵占德安县后,永修门户洞开。由于修水河北岸地势平坦,易攻难守,于是中国军队退至修水河南岸,沿河从涂埠镇至柘林镇一带,构筑了纵横达数十公里的防御工事,与日军隔河对峙,以确保南昌的安全。从1938年底至1939年初的5个月间,日本侵略军先后从吴城镇、涂埠镇等地发起进攻,企图突破修水河防线。但在中国军队的顽强抵抗下,日军受到了重大伤亡。其间,日军多次进攻均遭到中国军队的迎头痛击。中国军队还经常在夜间潜过修水河袭击日军。伤亡惨重的日军恼羞成怒,为了泄愤和摧毁中国军民的抵抗意志,日军对修水河两岸的平民实施了惨无人道的大屠杀。在永修,有过这段惨痛经历的老人在回忆起日军的暴行时,都会情不自禁地唱起这首难民歌:"戊寅(1938年)九月九,德安失了守;前方军队往后走,永修不得了! 日军一进城,放火又杀人;奸淫掳掠说不尽,伤害老百姓……"

1938年冬,虬津、艾城等乡镇的百姓为躲避日军,扶老携幼,越过南浔铁路向中国军队占领区逃难,哪知被日军发觉,日军就用机枪堵路,对逃难的平民疯狂扫射,近500无辜的平民倒在日军的枪下。在虬津镇鄱坂村下岸江家庄,日军将没有来得及逃走的村民绑在房里,用毒气弹毒死。虬津镇陈海棠的大伯、爸爸、叔叔等8人被日军捉住后关在一间房子里,用毒气弹把他们全部熏死。日军还在虬津街上用刺刀把小孩挑起来玩耍。当时仅下岸江家庄死于日军屠杀的平民就达380余人。虬津镇张公渡村藕潭刘家,原驻有国民政府军第98师,日军到达后,一夜残杀无辜老百姓40余人,李发丙一家5人竟被杀绝。在马口镇城山村的日军,一次抓走无辜群众百余人,押解至安义万家埠镇,严刑拷打,有的用土活埋,有的用刺刀捅死,还有的被分尸,最后仅少数人生还。

梅棠镇大塘村与德安县交界的大山里有一座布水寺,当时在那里躲藏了300多名逃难的平民。1938年12月,有八九个日本兵路过那里去了德安县,后因在德安遭到中国军队的打击,日军便把布水寺中的平民作为报复的对象,将寺庙团团包围,先将庙内的难民赶到庙前空地上用机枪扫射,然后放火焚烧布水寺,将躲在庙内不肯出来的难民全部烧死,300余个无辜的生命死于日军之手。

艾城镇是当时永修县县城,是全县的政治、经济中心,人口稠密。位于修水河北岸的青山村、马湾村是两个相邻的村庄,日军占领修水河北岸后,在这里放火焚毁民房,强奸妇女,还强掳当地平民为其运送抢来的物资,送到后又将他们杀死。青山、马湾两村就有刘长贵、刘长贤等9人被日军强行拉夫运送物资,到达日军据点后,日军又将他们枪杀。1939年3月中旬,日军将青山村刘家庄的48人集中到一起,用机枪扫射,47人遇害,仅1人幸免;驻扎在青山村榨下庄的日军把当地平民83人押到榨下的一个大祠堂里关押,在次日凌晨又用机枪对这83人进行扫射,仅有2人幸免。在邻村马湾,逃难回来的村民发现,全村有32人被集体屠杀,暴尸家中。而在逃难途中被日军杀害的就更是数不胜数,全村几百户人家最后只剩下62人。日军不仅如此集中屠杀永修平民,在涂埠、艾城、虬津、立新等乡镇,还强迫抓捕来的百姓自己挖好坑,然后将他们活埋或直接杀死在坑里。驻涂埠镇的日军宣抚班,群众称之为"鬼门关",曾一次用麻袋装上20余无辜平民,绑上石头,丢进河中活活淹死。上街头徐姓一家就被日军淹死5人。

1939年3月下旬,在涂埠、吴城等方向进攻受阻的日军,选择中国军队防守较为薄弱的虬津以下地区为突破口,集中200余门火炮和大量使用毒气弹,对修水河南岸中国军队防御工事进行猛烈轰击,并有日军飞机轮番轰炸,扔下烧夷弹,将张公渡这个有着60余户人家的村落烧为一片白地,并从张公渡一带突破了修水河防线。艾城镇阳山村、朱村是两个相邻的村庄,位于修水河南岸,与虬津镇张公渡村隔河相望,是当时人口比较多的大村。3月21日,作为日军进攻的突破口,阳山村首当其冲地遭受到日军的狂轰滥炸,村庄里被日军投下了大量的毒气弹,许多村民中毒死亡,全村200余幢房屋被炸毁或烧毁。被日军毒气弹打到的地方10多年后都寸草不生。日军渡过修水河后,不分军民,无论老幼,对平民进行了大规模的屠杀。日军用机枪对河南岸的艾城镇阳山、朱村、高桥、西津、鹊湖等村及立新乡岭南、北徐、南岸、杨泗等村逃难的村民疯狂扫射,仅阳山一村就有300余人死于日军的枪下,其中全家被杀绝的户比比皆是。朱村,被日军连烧带杀,四五十人死于刀下。阳山村的黄远桂当年跟随父亲逃难时,路遇日军,同行的八九个老人下跪求饶,但日军依然不放过他们,一个一个全被砍杀,年幼的黄远桂头上、脖子上也被刺了几刀,至今我们还可从他身上看到当年日军刺杀留下的伤疤。

也是在1939年的3月下旬,日军从张公渡村渡过修水河后,从滩溪镇方向进犯安义县。当时公路上有200余名逃难群众,扶老携幼,走至云山泉水丘附近,被日军截住,将财产全部抢去,然后集中在一丘田里,用机枪集体屠杀,无一幸存。云山碑麻坑是外地进入山区的一条通道,日军攻破修河后,大量难民涌向这里,想逃进山里避难。日军在路旁的小山上架设机枪封锁道路,被打死的难民尸体层层叠叠,将路都堵塞了。位于修水河南岸的立新乡岭南村,有 80 余人在日军攻破修水河时逃到南昌市新祺周鲁家庄,被追赶上来的日军包围后,用机枪全部打死。日军在立新乡岭南村一带遭到中国军队的伏击后,为了泄愤,一天之内便放火焚烧了程家、山下袁家、黄圹、周岭、戴冠、黄蒲洲等 18 个村庄,还在当地抓走 8 个男人和 8 个女人,男人被日军全部砍死在一个炸弹坑里,女人则被关押在日军设在北徐村的据点供其奸淫。强奸之事更是比比皆是,到处都可看到被日军奸污后又被杀害的赤身裸体的女尸。在艾城镇阳山村有一位 70 多岁的老妇,日军强奸后将她杀死,还用一根铁棍子塞进她的阴道。在九合乡,陈中和的母亲被强奸以后,日军还用刀往阴道刺一下,还把一碗臭盐菜塞进阴道里。更加令人愤慨的是,日军不但强奸妇女,还强迫侄子奸污婶、孙子奸污祖母以供他们取乐。

吴城镇位于修水河流入鄱阳湖的河口,是江西三大古镇之一。作为水路转运中心,商业贸易发达,人口最多时,常住人口曾达 1 万余人,流动人口达 2 万余人。1938 年 3 月 24 日,日军从水、陆、空三路进犯吴城镇,军舰开到鄱阳县饶河口,用大炮猛烈轰击,飞机狂轰滥炸,扔下大量的燃烧弹,引起大火连烧三天三晚,吴城的街坊民屋,损失殆尽,使得全镇的街道和房屋 70% 以上被毁,仅剩下天主堂附近的一些房屋,后来仍被日军拆去烧饭烤火。日军攻占吴城后,大肆烧杀抢掠、奸淫妇女,当地居民被迫纷纷逃离家园。吴城地处鄱阳湖滨,因水流的冲刷,形成了许多很深的冲蚀沟,丰水季形成河渠湖汊,枯水季则干涸成沟。在沟沿长满了芦苇等杂草,便于隐藏,司前沟就是其中较大的一条沟。日军占领吴城后,当地居民纷纷藏到这些沟中,以躲避日军的杀戮,仅在司前沟就躲藏了近千平民。日军在得知司前沟中藏有大量平民后,就将司前沟包围,在沟口架起机枪,对着这些平民疯狂扫射,沟中所藏的老百姓全部遇难。

日军肆虐过后,永修大地,修水河两岸,尸骨成堆,血流成河,惨不忍睹。特别是沿河乡镇,经日军的轰炸和纵火焚烧,成为一片焦土。当时的永修县城艾城镇,被日军飞机炸得瓦砾成堆,吴城这个千年古镇 70% 以上的建筑被毁,涂埠镇 80% 以上房屋被烧毁,山下渡只剩下 2 幢仓库。虬津镇鄱坂村、张公渡村,艾城镇阳山村、立新乡岭南村、河洲村,被日军炸平、烧光。据不完全统计,仅虬津、艾城、立新、吴城、涂埠、梅棠等乡镇,被日军集中杀害的平民就达 2600 余人,其中阳山村被杀 300 余人,吴城镇司前沟被杀近千人,梅棠镇布水寺被杀 300 余人,虬津镇鄱坂村被杀 380 余人。这些仅是日军在短短两三个月的时间里所制造的惨案中一小部分,在日军侵占永修的 7 年里,这类惨案随时随地都在发生。那些在逃难途中被日军残杀以及因受到日军毒气弹的毒害、在以后的日子里痛苦死去的人更是无法统计。永修人民所遭受的苦难,仅是日军侵略中国所犯罪行的一个缩影,永修人民的血泪更是对日本侵略者暴行的有力控诉。

附件一:

# 日军攻占永修时平民惨遭屠戮(节选)

1938 年,日本侵略军攻占德安后,以德安为据点,集结兵力,迫近永修,企图进犯南昌。10 月 30 日,蒋介石抵南昌,批准薛岳兵团退至修水河南岸,与日军隔河对峙。并部署第三、第九两战区抽调 5 个军以上的兵力,固守修水河,确保南昌。

1939 年 2 月,日军为巩固武汉和截断浙赣铁路,积极部署进攻南昌。3 月 17 日,日军向吴城镇进攻,同日向涂埠镇猛攻,向我方阵地发射 1000 多发催泪毒弹。20 日,日军以重、轻炮二百数十门同时急袭,炮击达 3 小时,于晚 8 时左右强渡修水河,至次日黎明,日军突破纵深两公里的前沿阵地。21 日,日军在 40 架飞机掩护下,向修水河左侧观音阁一带防线猛攻,三道防线被突破,突破口达两公里多长,因此修水河防线全线溃败。

23 日,日军海、陆、空军分三面进攻吴城镇,吴城镇沦陷。

日军攻陷永修时提出"烧杀以助军威,奸淫以助军乐,抢劫以助军食"的法西斯口号。据缴获日军文件中记载,其指令有:"1. 当地居民不得接近皇军驻地,违者一律格杀勿论。2. 粮秣器具实行就地征发。3. 滩溪附近村庄,须完全烧毁。4. 形迹可疑之居民须彻底屠杀。"1938 年冬,日军攻陷永修后,所到之处,见屋便焚,火光冲天,烟雾弥漫 10 余日。黄家岭、大路边一带村落尽成焦土,无一幸免。1939 年 3 月 22 日,日军从张公渡村南下进犯滩溪镇,60 余户的张公渡村被毁。日军进犯吴城镇,军舰驶入鄱阳县饶河口,用大炮猛轰,飞机滥炸,扔下大量燃烧弹,引起大火连烧三天三夜,街坊民屋损失殆尽,仅剩下天主堂附近 10% 的房屋幸免。日军占据涂埠镇后,纵火焚烧,全镇仅剩上街头一间店房。总计 7 年中,全县被烧毁房屋 12545 栋。

1939 年 3 月 23 日,日军从张公渡一路南下进犯安义县。公路上有 200 多名逃难群众,扶老携幼,至云山泉水丘附近,被日军包围,在一丘稻田里,日军用机枪扫射,集体枪杀,无一幸存。藕潭刘家一夜被惨杀 40 多人。青山刘家全村共 48 人,被机枪扫射,一次杀害 47 人,仅 1 人幸免。大屋朱村,连烧带杀,50 余人惨死。驻城山日军,一次抓获无辜老百姓 100 余人,押至安义万家埠,全被杀害。驻涂埠镇的日军宣抚班,用麻布袋装上无辜群众 20 余人,绑上石头,丢进河里活活淹死,上街头徐家就被淹死 5 人。1940 年冬天,日军在梅棠镇炮桐树刘村掳掠,将刘姓婆媳二人奸污毙命。艾城镇陈法榜之妻,一次遭 7 个日兵轮奸。艾城镇南门龙诗介被日军割去耳朵致死。朱克凤兄弟俩,在艾城镇北门被日军用刺刀挖心而死。王洪梓等 4 人被日军捆绑在艾城河边,用刀砍头抛入河中。7 年中,永修县被日军惨杀者共达 20523 人,其中男 16505 人、女 2620 人、儿童 1398 人。

(摘自刘极灿主编:《永修县志》,江西人民出版社 1987 年版,第 383 页)

附件二：

# 南浔铁路线上的屠杀

张公渡通讯：日本法西斯强盗，疯狂地向我国进攻，爪牙所及的任何一城市一村庄，固然极其奸杀劫掠的能事，可是在修河北岸虬津一带，更表现出日本强盗最卑污残酷的暴行，是人类亘古未闻的惨剧，现在让记者忠实地报告读者吧。

时间大概是 11 月 8 日晚上 10 时左右，雨像倾盆般地咤着，秋风在怒吼着，夜霭简直像死一样的沉寂，虬津附近的老百姓，因感到敌人的铁蹄已踏进了自己的田园，不愿做顺民的同胞们，都带着棉被衣服，扶老携幼的逃吧，人群像潮水一般地涌过南浔路铁轨的右边，哪知被寇兵发觉了，把机关枪堵住路，一个也不许偷走，四五百无辜的生命，断送在这咯咯底机枪声中，剩下来的千多个男女老幼，倭兵藉言检查，迫使跪在铁道轨上，妇女同胞，任其蹂躏，固不待言，就是银钱各物，只要他认为高兴，你敢不双手奉送，据说共劫去新旧棉被 560 床，法币 5000 余元，衣裤 2000 多件。在这次大劫掠残杀奸淫的场合里，人群的哭叫声、求救声，刀枪声，杂着凄风苦雨声，汇成人间地狱一个惨痛的逃亡曲。

还有一件惨绝人寰的事实，就是虬津附近之李家村，壮丁妇女，早已逃跑光了，就是一位 59 岁的老妪，伴着今年刚 9 岁的孙女，在看守着她不愿意离开的村庄。有一天来了 17 个兽兵，竟被发现了她，简直如同饿狼看见兔子一般，老妪女孩，被轮奸 8 次，气息奄奄，竟做了兽兵的胯下鬼。现在敌人在修河北岸一带的村庄里，恣意劫抢衣服棉被、鸡鸭猪犬黄牛，壮丁和青年，看见了总以杀为痛快，妇女被奸淫尤不知有多少。（中央社）

（摘自 1938 年 12 月 19 日《江西民国日报》）

附件三：

# 日军在永修活埋平民

### 敌在永修涂家埠一带活埋我民众，敌畏我游击队时加搜查

该县吴区长率难民抵吉 永修第一区区长吴大勋，自敌寇占领永修，即登山组织民众，实行游击工作，不时予敌寇重大打击，该县民众，不甘受敌用，多迁居深山，吴区长以一般民众久居山岭，终非善策，亟应护送安全地区，从事垦殖，增强生产，因是特亲率难民 300 余人由永修出发，冒险突破敌军防线，于日前安然抵吉。据吴区长语记者谈，敌军在永修涂家埠一带，到处杀人放火，抢劫奸淫，唯畏惧我民众游击，乃大加报复，每日分队向各乡搜查，一见农民，不论老少，即捕去活埋，惨遭活埋者，不下数百人，敌之暴行，可谓已至极点云。（唯生社）

（摘自 1939 年 4 月 15 日《江西民国日报》）

附件四：

# 日军在永修县的暴行及群众的反抗斗争

日本侵略军攻陷永修后，实施其"烧杀以助军威，奸淫以助军乐，抢劫以助军食"的法西斯暴行。据中国军队在修水河前线缴获的日军文件记载："1.当地居民不得接近皇军驻地，违者不问男女老幼，一律格杀勿论。2.粮秣器具实行就地征发。3.滩溪附近村庄，须完全烧毁。4.形迹可疑之居民须彻底屠杀。"

在日本侵略者的"三光"政策下，永修人民惨遭荼毒，骇人听闻。日军所到之处，见屋便焚，火光冲天，烟雾弥漫。柘林黄家岭、大路边一带村落，尽成焦土，无一幸免。1939年3月下旬，日军从张公渡村南下进犯滩溪镇时，飞机轮番轰炸，扔下烧夷弹，60余户的张公渡村，一时夷为平地。3月24日，日军海、陆、空军三路进犯吴城镇，军舰开到鄱阳县饶河口，隔湖用大炮猛烈轰击，飞机狂轰滥炸，扔下大量的燃烧弹，引起大火连烧三天三晚，吴城的街坊民屋，损失殆尽，仅剩下天主堂附近10％的房屋，后来仍被日军拆去烧饭烤火。3月26日，日军占据涂埠镇，纵火焚烧，全镇仅剩下上街头一间店铺。5月20日，日军到下村梁家打掳，沿途烧了18个村庄。

1939年3月下旬，日军从张公渡村渡河南下进犯滩溪镇。公路上有200余名逃难群众，扶老携幼，走至云山泉水丘附近，被日军截住，将财产全部抢去，然后集中在一丘田里，用机枪集体屠杀，无一幸存。虬津镇张公渡村藕潭刘家，原驻有国民政府军第98师，日军到达后，一夜残杀无辜老百姓40多人，李发丙一家5人竟被杀绝。青山刘家全村48人，日军用机枪将人围困在禾场，扫死47人，仅1人未中要害幸免。大屋朱村，连烧带杀，50人惨死。驻城山日军，一次抓走无辜群众百余人，押解至安义万家埠，严刑拷打，有的用土活埋，有的用刺刀捅死，还有的被分尸，最后仅少数人生还。驻涂埠镇的日军宣抚班，群众称之为"鬼门关"，一次用麻布袋装上20余人，绑上石头，丢进河中活活淹死，上街头徐家就被淹死5人。

1940年冬，日军在梅棠镇枹桐树刘村打掳，将刘姓婆媳二人奸污毙命。艾城镇陈法榜之妻，一次遭受7个日军轮奸。艾城镇南门龙诗介被日军割去耳朵致死。朱克凤兄弟俩，在艾城镇北门被日军用刺刀挖心。王洪梓等4人被日军捆绑在艾城河边，用刀砍头抛入河中。鲁藻臣在张公渡被敌犬分尸。日军在下村梁家，一枪打死魏崇仁、梁业殿二人，并将梁的13岁妹妹轮奸后，用刺刀捅入阴户致死。

抗战8年中，据《江西省抗战损失调查总报告》记载：全县烧毁房屋共计12545栋；被杀害的同胞共达20523人，其中男16505人、女2620人、儿童1398人；被抢去稻谷605834担、麦子40337担、杂粮72764担、油脂2522担、牲畜17461头、鸡鸭65943只、衣物257618件、其他7704件、水产品200担、畜产品580件。全县财产直接损失，以1944年9月物价为准，达119亿元（法币，下同），

## 江西省抗战时期人口伤亡和财产损失

间接损失 58 亿元,合计 177 亿元。折合战前(1937 年上半年)物价为 2030 万元(当时物价为战前的 872 倍)。

对日军的暴行,永修军民义愤填膺,前仆后继,浴血杀敌,出现了许多可歌可泣的英勇事迹。

杨敬修,时年 43 岁,经商,仇敌忧国,毅然参加战地工作队。于 1938 年 8 月,去武宁县杨洲乡侦察敌情,不幸被捕,遭敌严刑逼供,杨大骂日军残暴无道,惨遭分尸。

白槎镇人范义人,初经商,后避居白槎山谷执教私塾,向生徒讲述亡国痛苦,声泪俱下,学生多为感动。1939 年 4 月,日军松井部队在白槎抓捕了他,首以利诱勿从,继以参谋职相诱勿就。范大骂不已,日军将范枪杀。

马口镇中房村人淦长世,时年 22 岁,务农,身体魁梧,精通武术。1939 年 5 月,有日军二人来村掳掠,淦乘敌不备,持棍击毙一人,另一人持枪反击,淦中弹身亡。

1940 年 6 月,有来自罗亭之日军一名,在仙东邓村掳掠奸淫,长安乡人邓振贵急呼壮丁三人,擒敌送县(燕山)。

1940 年 12 月深夜,滩溪乡民蔡才明、卢育仁等人,潜入伪维持会寝室,杀死伪维持会会长蔡蒂卿,为民除害,人心大快。

1941 年秋,湾头村群众,配合战地工作队俘获日本兵大尉安田其美。三溪桥乡队副,捕获日本兵光原元根一名。同年,县战地工作队员于杨泗乡捕获日本兵清田和夫一名。8 月 6 日,中国炮兵轰击永修城内日军,一时敌兵营、仓库一片大火,损失奇重。

同年 7 月,滩溪镇群众以烟酒"犒赏"日军为名,砍死汉奸石麻子。长安乡群众杀死汉奸朱克淦。

1942 年,滩溪镇群众在滩溪桥下密埋炸药,向日军警备队诡称中国兵到达滩溪街,日军信以为真,集合 20 余人冲过木桥,踩发炸弹,3 名日军炸得尸体横飞,余皆逃窜。

同年 10 月 9 日,日军一步兵联队,乘火车去九江,行至山下渡,被中国军队埋设的炸药炸毁军车数节,日军伤亡数百余人。

1943 年,中国军人化装潜入永修县城,烧毁日军"三星洋行"。

1944 年 2 月,盟军(美国)飞机"飞虎"101 号在轰炸南浔线日军时受伤,迫降于永修县拌溪乡水入溪村附近,驾驶员乔治经当地群众营救脱险,由县政府护送至泰和,飞机残骸被日军拆走。同年 5 月,盟军飞机 316 号在轰炸南浔线日军时受伤,迫降于永修、安义边境之圣水堂,驾驶员肯勃巴蔡被群众营救脱险。飞机残骸由县政府拆运专署。

1944 年,驻艾城镇日军出城骚扰,县战地工作队埋伏于修水河南岸村落,生俘敌兵二名,缴步枪两支。同年 8 月,驻安义日军纠集涂埠、马口两镇之敌,在潦河沿岸掳掠烧杀,县保警队在上岸李村予以袭击,击沉敌船一艘,伤敌三名,毙七名。

(本文作者顾群黎;摘自永修县政协文史委编:

《永修文史资料》(第一辑),1986 年版)

附件五：

# 采访虬津镇鄱坂村村民江隆庭记录整理

1938年，我这里的村庄驻扎了国民政府军，有的是行军路过，也有驻扎一个多月的。日军飞机天天到这里炸，把这里的房子全部炸掉了。当时我们这些人都不在家，搭棚子住在田里。日军是沿着公路打，实行"三光"政策，杀人放火，奸淫掳掠。见女人就奸，是男的，怀疑你是中国兵，就用枪打。我这村庄靠近公路，死掉的人很多，男女老少死了几百人。我舅舅的老婆在茅棚里烧死了，也是日军烧的。日军一来就放毒，不晓得是什么药，地下都是毒的。我家有个叔伯兄弟，就是烂脚烂死的；有个叔伯妹子，是屙痢屙死的。日军沾不到毒，他不露肉在外面，我们老百姓就不是这样的。这里水也吃不得，吃了就有这个病那个病。在这里站不住脚就出去逃难。虬津镇靠修水河，河对岸红桥那边是中国兵，虬津这边是日本兵。但我们没过河，逃不赢，国民政府军把浮桥烧掉了。去得早的就过去了，去得晚的就经梅棠镇往德安县磨溪乡那里进山去，逃到长山那里。日军驻扎了两支部队在这里。虬津镇黄家那里原来有个洋房子，就是原来老粮站那里，"畈井部"就驻扎在那里；"金泽部"驻扎在张公渡。这是从日军汽车上的字看出来的。原来这里都是木头做的屋。日军没有柴烧，就开一部汽车来，用挂钩挂到房屋的支柱上，汽车一拉屋子就拉倒了，就把这些材料拉去烧。黄家那边有个庙，他没有柴烧就拆庙，也是开部汽车拉倒的。

在梅棠山里有个布水寺，庙里住了很多人。我父亲在那里病死了，我就走掉了，3天后日军就把庙烧掉了。为什么要烧布水寺呢？是日军搞错了，误把这个寺当成德安那边的一个庙（中观庙）。1939年农历冬月初一下午，大约七八个日军到那里打掳，搞了一阵子，像抄家一样，拿刺刀乱刺衣服、被子这些东西，后来就从岭上翻过山到德安去了。德安那边有好多中国的游击队，同游击队接火交战后，日军败了，被打死了几个，枪支弹药被当地人捡去了。那时杀死日本兵是有赏的。我们逃到磨溪以上桥西黄家只有两天，就有人挑两个日本兵的头去了，到那边讨赏。日本兵到布水寺就注意十七八岁到30多岁的人，叫到房前的空地排队，用机枪扫。楼上住了人，用火烧，在屋里烧死了掉下来。我们这里逃到那里的人，老少死了200多人。

日军来时我只有13岁，有些人的名字我记不到，记不清了。戴家一个女的，不晓得是戴振文还是戴振武的女儿，当时18岁。她逃难逃到梅棠那里，住在下畈那个村庄。日军到那里去后,那个女的被几个日军轮奸,奸了以后又用刺刀刺阴户,还把那女人打死了。在毛家墩那个村庄,有个叫毛聋子的,捡了一根新皮带,被日军看到了,怀疑他是中国兵,当时就一枪把他打死了。鹅公包,就是现在的菜市场那里,上面有个小山坡,原先国民政府军在那里做了一个碉堡,日军就驻扎在那里。江昌炳的父亲叫江家贵,他和另外三人在夜晚点了一盏青油灯打牌,日军看到这灯光,就对着开一枪,打在江家贵大腿根部,烂了几天就死掉了,死时大概有 60 多岁。

（江隆庭,1925 年农历九月七日出生,虬津镇鄱坂村下岸庄人。
永修县史志办陈汉铭 2006 年 6 月 13 日整理）

附件六：

# 采访虬津镇鄱坂村村民江隆起记录整理

梅棠镇那里有个布水寺,寺后面不通路,像一把摇椅靠背一样从后面把路挡住了。日军在布水寺那里杀了好多人。在布水寺下面还有一个油盐洞,洞里日夜不停地流水,日军也到洞里去了,洞里也被杀死了好多人。

那一次死人死得不少。那时我也没多大,和我娘一起逃难逃到布水寺。有一层楼,楼上也是住满了人,一间屋就住 100 多人,其他的房间也是一样。日军一到就拿枪乱打,接着就架机枪扫,房前的空地上也打死了很多人。这个寺的房间很大很深,前面是摆架钟、架鼓的地方,我娘就坐在那里,看到日军进来了,吓得不敢动一下。后来她动了一下,被日军发现了,"砰"的一枪,子弹打在她肚子上,肠子都打出来了,抱在手里的小孩也被打死了。我娘想爬出来都爬不动。日军走后,还是别人把她抱出来才救得一条命。

（江隆起,1927 年农历五月二十日出生,虬津镇鄱坂村下岸庄人。
永修县史志办陈汉铭 2006 年 6 月 13 日整理）

附件七：

# 采访虬津镇鄱坂村村民江昌兴记录整理

　　开始是国民政府军驻扎在我们这里，日军的飞机天天轰炸，我们这些老百姓躲在外面搭茅棚住。日军来时，国民政府军已走了几天。老百姓开始不认得日本人。日本人穿的鞋子有叉叉的。日军一来呢，看到老百姓跑就一枪过去。我有个哥哥，我叫他昌哥的，就被一枪打死在田里。在毛家墩那个地方，有个老人家叫毛聋子，他捡到中国军人的一根皮带，日军到了那里，看到他身上的皮带，就一枪把他打死了。

　　后来这里的老百姓就逃难到梅棠镇炮桐村，没停留两天，日军就又来了，又跑到了山里的布水庙，住在那里。那个庙也大，一边佛堂一边庙堂，佛堂专坐菩萨，庙堂住和尚及逃难的人。当时那里住了400多人，河南、湖北、江西的人都有。我记得是1938年农历十一月九日，去了8个日本兵到那里打掳，日军好像驻扎在炮桐官家畈那个村。那天去的日本兵没有杀人，在那里打个转身就翻过剥皮山到德安县去了，一直到德安县的闵山鲁家。当时国民党保安第18团驻扎在那里，保安团人多，就捉到了7个日本兵，剩下1个日本兵大约在10日从那逃回来，说那里通通是中国兵。

　　农历十一月十一日，日子我都记得，因为是伤了心的事。当时我家死了两个，一个父亲一个嫂子。十一日那天，我在外面捡柴，听到日军来就赶快躲到山上藏起来了，不是这样哪还有命啊！日军一到，就从外面包围了，还架了机关枪，准备把里面的人赶出来全部拿机枪扫死。一个带刀的日军头子先进去看一下，又到后面看一下子就出来了，他的兵进去把这些人全部赶出来。里面的人看到外面机枪架在那，心想走出去也是死，都不愿出来。日军就在里面摸砖头砸，我这里有个叫江隆生的，头上被砸得冒血泡泡，死了。一个叫戴才水的，当时被杀得扑倒在那，脑浆都流出来了。戴家那个叫戴河水的，也被杀倒在那里。还有一个叫江隆水的，脸皮被砍掉一边。这些都是我亲眼看到的。当时我爸、嫂子也是在那里被打死的。我爸叫江家钢，嫂子叫水莲。其他湖南、湖北的人也杀掉不少。日军在里面搞了一阵，没出来的怎么办呢？他们就放火，等火烧起来了才翻过山去了德安县。一杀一烧，这里等于被毁灭了，就是这个情况。当时我娘躺在佛堂菩萨前面烧香的青石板后面，被人救出来了。强奸呢，日军在梅棠镇炮桐村强奸了一个姓戴的女人，那女人不同意，日军奸后又把她杀掉了。

日军在虬津镇的鹅公包驻有一个班,七八个人。因为那时有中国人炸日军的汽车,他们怕炸掉,夜夜叫老百姓给他们看马路。每个哨棚相隔不远,大概1公里扎个哨棚,夜夜要叫"哦—哦—,太平无事"。有一夜,靖安一个当汉奸的,冒充埋地雷的中国兵,碰到我村看马路的江昌旗,十七八岁。"喂、喂,同志,这里可以埋地雷吗?""这里埋不得。""哪里埋得? 你带我到那里去埋。"江昌旗被他骗了,就带他去。又问:"你这有什么联络的人么?"江昌旗说:"我这里有甲长。"甲长就是江隆和。这个汉奸以为这里的老百姓守夜看路,是防日军,于是天快亮时就把江隆和捉到张公渡村去了。张公渡原来是个鬼门关,只要你一不小心,就要枪毙的。那天连哨棚里守哨的一起抓去了七八个。保长又误认为此人真的是中国兵,就出面将不是守夜的人保了回来,剩下的人被日军吊起来死命地打,那个昌旗呀,被打得胡乱招供,咬到哪个哪个就死。咬到卢家一个叫光明的,捉来就打。一个个被打后,日军给你锹,叫你自己去挖坑,坑挖好后,就叫狗来撕咬这些人,叫它咬哪里就咬哪里,叫咬头就咬头,叫咬脚就咬脚。死了的、没死的一起推到坑里,又放进炸药,上面用土、沙壅得紧紧的,然后引爆,"轰"的一声,尸身骨头都没有了,全部报销。这是在张公渡,我最清楚的。

(江昌兴,1923年12月28日出生,虬津镇鄱坂村下岸庄人。
永修县史志办陈汉铭2006年6月13日整理)

附件八：

# 采访梅棠镇大塘村村民柳久国记录整理

我是湖北黄梅县人，那时湖北很苦，我们认为江西土地多，于是在 1921 年我全家来到梅棠镇中心村以种田谋生。初到这里时，我家有奶奶、父亲、母亲、哥哥、姐姐和我 6 个人。

1938 年，我虚岁只有 7 岁。这里有钱人都逃到远处去了。像我这样没钱的人家，人生地不熟，就没地方躲，只有躲在山沟里。一天，我父母和哥哥出去了，我和姐姐也没多大，就留在屋里。下午，听见外面有说话声，以为是逃难的人回来了，我就跑出去看，是日军骑着马来了，我就往家里跑。我家那个土屋很深，我姐弟俩就跑到厨房，扑倒在灶后面。人在屋外被阳光照了眼睛，进屋是看不见的，日军没有发现我们，如果发现了，他们就会把我们弄死的。

太阳快下山时我父亲才回来。我对父亲说："有几个日本兵到厨房来望，没有看到我躲在里头。"我父亲想，这也不是个事，就把我们带到了布水（地名）。布水是一个大山沟，那里有一个上寺庙、一个下寺庙，叫上布水寺和下布水寺。下布水寺有一个和尚叫王德风，个子瘦长瘦长的，就在寺里住着。上寺、下寺都住了人，住在下布水寺的人后来都跑掉了，住在上布水寺的人就没有跑，大约有 200 多人。我就住在楼上。

大概是 1938 年农历冬月二十一日，我在楼上听到楼下打枪，就跑下来看。不得了！日军来了。日军上了楼，机枪就架在门口，往外逃不了啦。我就赶快转弯跑到寺里副殿后面的一个土坡那里躲着。我躲在暗处看得清清楚楚，寺里的人往外冲，机枪就在响，人就被打死了好多。我亲眼看到两个日军把我父亲推在那里，对着他打了一枪，又用刺刀刺。我父亲倒下去了。

正殿里供了菩萨，日军就不乱打。我姐姐就在菩萨下面的神龛里躲着。在正殿后面还堆了一些劈柴，在那后面也躲了 70 多人。日军在正殿里看看没人，就放火把副殿烧了。那木板做的房子多好烧，一下烧个精光，我母亲是小脚，逃不出，就在那里烧死了。有一个叫王新朗的，他母亲脚也没多大，也在那里烧死了。我还有一个弟弟，只有 3 岁，我望着他倒在火堆里烧死了。幸好副殿的火没有烧到正殿。

我也没办法，扑在暗处不敢动也不敢走。日军走后，快到天黑时我哥哥找到我问："爸爸呢？"我说："爸爸在那里躺着，你把他叫起来。"我哥哥就哭，说："爸爸死掉了,被人打死了。"我过去一看,地上有血,人死在那里。我们又到后面副殿去找母亲尸体。死掉那么多人,哪个是哪个,哪里分得清呢!我家 6 个人就剩下哥哥、姐姐和我 3 个人了。

在这件事之前,在虬津镇鄱坂村江家庄,我从那里路过,看到日军叫人在打谷桶里躺着,然后用刺刀去刺。

（柳久国,1932 年农历一月十四日出生,梅棠镇大塘村人。
永修县史志办陈汉铭 2007 年 5 月 17 日整理）

附件九:

## 采访艾城镇阳山村村民廖运全记录整理

日军是从德安县打到永修来的,一到艾城就杀人放火。日军打过修水河时,就是从我这里经过,我这村庄两三百幢房子全部被烧光了,一个村庄被杀害 300 多人。有一家人,全家 7 口人,其中有 5 个儿子,躲在防空洞里,全被杀光了。听说附近村庄也被杀掉好多人。我公公也被日军杀掉了。村庄里死掉的几百人中,还有些是逃难出去时中了那个毒气弹的毒气,后来回来时打脾寒(疟疾)、生疮死掉的。

日军打过修水河时,我还在家里。等日军来到我村庄时,我父母就带着我四兄弟逃到云山去,在路上中了毒气弹的毒气,我父母和两个兄弟被毒死了,就只剩我两兄弟回来。

（廖运全,1925 年 12 月 10 日出生,艾城镇阳山村人。
永修县史志办陈汉铭 2006 年 5 月 16 日整理）

附件十：

# 采访艾城镇马湾村村民张齐正记录整理

日军到永修县是 1938 年,那时候好惨哪! 就是"三光"政策,杀人放火,奸淫掳掠。农历九月九日,日军打到德安县,然后就一直打到了永修。原先有一首难民歌:"戊寅九月九,德安失了守;前方军队往后走,永修不得了! 日军一进城,放火又杀人;奸淫掳掠说不尽,伤害老百姓……"

那时我只有 11 岁,我第一次见到日军时,好吓人! 我们就躲在马湾村坽堪庄的一个烧砖的窑里。日军全部是骑着很高的马,穿着高靴子,一来就牵牛杀猪。妇女就不能照面,抓到了就是强奸。光是青山一个村庄,日军用机枪一下就打死打伤 83 人,这是我亲眼看到的。

后来我逃难在马口镇。当时日军在修水河北岸,中国军队在修水河南岸。我记得清清楚楚,到农历正月三十夜里,日军打过了河,那天夜里下着暴雨,又打雷,又打炮。我们还不晓得日军打过来了,日军都攻到前面去了,我们难民还在后面。日军的飞机就在头上飞来飞去,用机关枪扫射,老百姓被打死无数。好多人是牵牛去的,牛也打死在那里,人也打死在那里;好多推车去的人,车就倒在那里。我们从那里过,就要从死人身上跨过去。地上全是泥水,走一步就摔一跤。我那时还小,要大人牵着走,从死人缝里走过去。我们一夜走到天光,才走了 7 里路。一些老人家走不动,在家里没有逃出去,就全部被打死了。我这里的远松、远柏这些老人家没有逃出去,就都被日军打死在家里。

我们逃到了安义县,在安义街上一天没吃饭。在那里找到了一点米粉,就用腊肉炒米粉吃。那腊肉炒的粉吃后口干,到夜里就想喝水,但到处都找不到水,刘家庆和饶长水点着一根蜡烛去潦河边抬水。日军就在山岭上,看到河边有亮光就开枪,一枪就把刘家庆打死了,这时饶长水抓着的蜡烛还没放,第二枪就把他打倒了。饶长水的爸爸看到他们抬水去了好长时间还没回来,又听到河边打枪,他就哭着跑到河边去看,当时饶长水还没断气,在那里叫:"爸,我被枪打到了。"他的公公就不要命地往河边跑,他哥哥一把就把他公公搂住了,没让他去。那一回为了打水吃,被日军一次打死两个人。后来我们就逃到新建县西山岭去了。

我们在外逃难几个月,到了第二年的 6 月,听说日军不杀人了,我们就偷偷摸摸回来了。日军对十五六岁的女孩都要强奸,妇女就更不用讲了,10 个之中就有 9 个被日军强奸过。日军不但自己奸,他奸过后,还叫别人去奸,就做些这样缺德的事,没有听说过的事他们都干得出来。

我们回来以后,日军还打死了好多的人。陈家的陈克火,日军叫他去挖红薯,挖得好好的,一枪就把他打死了。昌村(地名)的普崽俚(小名)也是被日军打死的。我家的房屋也是被日军烧掉的。

(张齐正,1927 年 9 月 1 日出生,艾城镇马湾村人。

永修县史志办陈汉铭 2006 年 5 月 22 日整理)

附件十一:

# 采访艾城镇青山村村民刘长新记录整理

日军在我们这里驻扎在饶家垄,我们就躲在山上的一个洞里。日军到我们躲的山上来抓夫,把我哥刘长贤、三崽俚(小名)和外号叫歪头的刘长贵 3 个人抓去了。我妈妈在山上望了一天,不见回来。第二天,日军又到我们躲的地方来抓夫,这次又抓 11 个人去了。日军要这些人挑担子送到洲上熊家(地名),到了洲上熊家时,他们看到头一天被抓去的 3 个人被打死在沟里。走在前面的人就喊:"不得了,长贵哥和长贤被打死在这里。"于是大家就逃跑,日军就开枪打,结果被打死 2 个,跑回来 9 个。这是我庄的事,被日军打死了 5 个人。

青山村榨下这个庄上也驻扎有日军,他们把青山村的 83 个人全部押到了榨下,那里有一个大祠堂,日军就把这 83 人都赶到在大祠堂里。将近天亮时,日军用机枪向这 83 人扫射,只有 2 人没被打死,一个是 80 多岁老太太,另一个是男的,身上被子弹打穿了,但没死。

说到日军的事,他们是特别的恶!他们用刺刀把小孩刺住,举起来玩耍。日军不但自己强奸中国妇女,还叫我村庄的一些老头子也去强奸。原先的米是用舂子一脚一脚舂出来的,日军看到有人在舂米,觉得好玩,一枪过去就把人家的脚打拐了。

日军来时,我逃难出去了。等到我回来时,看到马湾村饶家就有 32 人被打死在村庄里。我村庄逃到千田村的 10 个人,最后只剩下了 1 个人,其他人全被日军打死了。王经春的太公被打死了,刘长春的一个伯伯也被打死了。

(刘长新,1928 年 12 月 3 日出生,艾城镇青山村人。

永修县史志办陈汉铭 2006 年 5 月 22 日整理)

附件十二：

# 采访艾城镇阳山村村民黄远桂记录整理

　　1938 年，日军到修水河北岸的艾城街已有几个月了。国民政府军在修水河南岸阳山村挖防空洞、挖战壕，他们抓得很紧，连饭都要送上山吃。

　　傍晚，日军开始打炮，一些人就跑去看，看到炮弹往同安、阳山村那个方向打去。我爸把我搂住，在这个土坎下躲一下，那个土坎下躲一下。到天黑了，日军又放毒气弹，那个烟就没有哪里躲得住，老百姓躲在防空洞里，熏得口里、鼻子、眼里流血。只有跑到塘里把衣裳、手巾打湿，蒙住口鼻，才好过些。一些不蒙住的人，就被熏咳得要死，咳得流血。我记得，毒气弹打到这些山上，10 多年过去了土还是焦的，柴也不长。

　　天刚亮，我爸从防空洞里爬出来，就看到日军已经打过来了，这边山上都站满了。他就和另外几个人商量：日军过来了，我们要逃走，逃到山里去。于是就带着我和几个人往外逃。一路上我就看到很多被打死的中国士兵，也有被中国军队打死的日本兵。我爸就交代我说："那里打死很多的兵，你不要突然走到身边受一吓。"我说："不怕的。"

　　走到了泮里朱（地名），日军看见我们了，就拦住去路来杀我们。我记得，是几个老头子、老妈子走在前面，我爸带着我，还挑了一床被子和一点吃的东西走在最后。前面的老头子、老妈子下跪求饶都没有用，跪下来日军还好砍些。看到前面四五个跪着的人被日军砍死，我爸就不敢走了。反正走也是死，就在山脚下，我爸一把搂住我，说要死就死在一起。就靠在山边，躺着让日军杀。日军从前面杀起，一直杀到我身边来了。我只晓得有两个日军来杀我们，听到"嗖"的一刀剁下去，我爸后颈窝被剁掉一大边，日军在我头上剁一刀、脸上刺一刀、颈上刺一刀、胸口刺一刀，颈下流着血，口里也流血。那时我才 6 岁，就晓得装死。我闭着眼睛，用一丝眼缝看着他们。日军走后，我爸说："崽呀，你晓得回家么？你去找你伯伯。"我就看我爸身上，去拉他，说："爸，我牵你回家，我们慢慢走。"唉！爸已不能回答我了，就这样被杀死了。我们是天刚亮时逃出来的，没过多久就被杀了。

　　我不晓得伯伯逃进山在哪里，就在山上到处找。在那里过了 20 多天。原先中国军队在山上挖战壕，与日军对峙了半年，是送饭到那吃的。一个篾打的饭甑有大半盘锅巴，我肚子饿了就吃几块锅巴，吃了 20 多天。20 多天没见过火，没见过开水。我爸被日军杀掉时，血流了几丈远，他的血也溅到我身上来了，我身上都是血，衣裳也就这样穿了 20 多天，没换过。

逃出去时有七八个人，后来就我一个人回来。隔了 20 多天我回家来了，在村庄没看到一个熟人，寻不到一个熟人。后来我村庄有两个人夜里偷偷从山里来家看看，我看到了好高兴，想跟他去。他们说："走到马路上，你走又走不得，等下又哭，日军的车来的去的特别多，你一个小孩子，死了不要紧，我们两个 30 多岁，怕让日军打死来。"他们不肯带我去，我气得要死，硬要跟，我不敢紧跟他们身边，就跟在后面走，他们走快点我就走快点，他们走慢点我就走慢点。过了马路后，他们就肯带着我了。村庄的人一齐躲在山里，我跟的那两个人回去就跟我伯那些人讲："他祖宗保佑了他，在马路这边走得慢，过马路时，走得很快。"

日军没来时，我有五六岁，头上一点印子都没有，中国士兵很喜欢同我玩。我脸上、颈上、胸口分别被日军刺了一刀，头上削掉一层皮，后来烂掉了，还生了蛆，脑壳被我扳掉一块，这些人说看到我作呕。那时没有医生，没有膏药，自己好就好了，不好就烂死的。

（黄远桂，1932 年农历二月十四日出生，艾城镇阳山村黄家庄人。
永修县史志办陈汉铭 2006 年 5 月 19 日整理）

附件十三：

# 采访九合乡青墅村村民徐济均记录整理

　　日军来了，杀人放火的事说不尽，看到女人就强奸。在艾城镇马湾村一带，一些小孩、老妈子共有 40 多人没逃走。日军一进来，把这 40 多人全部用机枪扫掉了。过了两三个月，日军从老屋熊家过来，老屋熊家也有四五十个老妈子没走，也被日军全部打死了。

　　我这个地方是 1938 年农历九月二十七日逃难。日军打到我这边来时，我这村庄的人全部逃走了，就我一个人没走。日军一共有 8 个人，他们在河那边，我在这边，有几个是站岗的。我看到一个日本兵过来，心想，完蛋了，可日本兵走着走着又回去了。我就逃到了新建县大塘坪街。两个多月后，我又从新祺周、大塘坪街，经三角圩回来了。我回来一看，日本人来了几恶哟！我这徐家分上边、中边、下边三边的，中边、下边房子烧掉了，我是上边，没烧掉。我家里已被日军搞光了，没有办法，要饿肚子了。

　　有些日本兵驻扎在长棱桥底下，常到我们这里来，一来就强奸妇女。妇女跑不赢，就挖一些土洞，日军一来就赶快钻土洞，钻不赢的被日军抓住强奸，就有这样恶！我这里是种菜的，挑到各处去换粮食，日军把你的菜拿去了也不给钱，就拿点东西给你。日本人在这里 8 年哪！到你家角角落落到处寻，看见吃的东西他就拿去吃。

　　抗战 8 年，日军快要投降的时候，从湖南往我们这边退下来，到处拉夫捉人。杨家岭的日本兵来了，涂埠镇的日本兵也来了，把九合乡这一带包围了。日军把我捉去挑担，挑到湖北去。我这一带和我一起被抓去的共有 60 多人。在湖北省阳新县，我被日军关在屋里煮饭，这屋里有一面新土墙，我把一个戗子（一种两头包铁尖头的木制扁担）截成两节，用戗子头往墙里一塞，就扳下来一块土砖，我用个斗笠把那里盖住。晚上我就开始挖土墙，到半夜大约 2 点钟，墙就被挖穿了。我这边 3 个房间的人全部跑出来了。我庄上的人只跑 3 个出来，没有回来的全部被日军打死了。

（徐济钧，1918 年 10 月 26 日出生，九合乡青墅村人。<br>永修县史志办陈汉铭 2006 年 5 月 11 日整理）

附件十四：

# 采访艾城镇西津村村民郑远全记录整理

日军是 1938 年 9 月到艾城的，日军在修水河北岸，中国军队在河南岸，一直守到 1939 年农历二月。后来日军打过了河，把我们这里的中国军队和老百姓都包围了。日军一过河，就把机枪架在狮子山上向下面打。就在阳山村的山脚下，被打死的人有五六百，全是老百姓呀！日军一过来就直接打到云山、滩溪街和安义县那边去了。从虬津到滩溪、到安义的马路两边被打死的人数以千计，人叠人，我们都是从死人身上爬过去的。那时候我只有 12 岁。我是夜里逃出去的，是从死人身上爬过去，爬到云山、燕山里面去的。沿途看到被打死的人、牛特别多。特别是阳山村那里，因为日军是从那里过的河。

到 1940 年 2 月，我们就溜回来，看到房屋大约还有 50％还没烧掉。第二次回来时，一个村庄就只剩下一幢房子。后来我们回家，天哪！那死人的头壳满山都是。在大屋朱家青竹港那边的山脚下，被打死的牛和人把几丘田都躺满了。

日军来了，不管是年老还是年轻的，捉到女人就强奸。胡林信有五六十岁，她老人家跑不动就留在家里，日军就天天来强奸她。

（郑远全，1927 年 12 月 20 日出生，艾城镇西津村胡家庄人。
永修县史志办陈汉铭 2006 年 5 月 16 日整理）

附件十五：

# 采访吴城镇居民邹大海记录整理

　　日军还没打过来时，就驻在鄱阳湖的老爷庙一带。日军就从老爷庙往吴城镇北不远的望湖亭这边打炮，日军的眼法也准，炮炮打中，把望湖亭炸得一塌糊涂，这是我亲眼看到的。把吴城炸得差不多了，日军就打过来了。

　　日军进攻吴城的日子我不记得了。吴城的老百姓真可怜！当时丁山村那里大湖池边的沙滩上黑压压的一片，全是逃命的老百姓。那时人就如同蚂蚁。大湖池上只有两艘渡船。吴城逃难的人全部要从那里过，装都装不赢。船装满了，人还往上挤，渡船也翻掉了。当时又涨洪水，淹死了很多人。

　　吴城镇原先是很漂亮的，麻石街不是很阔，但很繁华，人也多。日军来后，人都逃走了，在街上没杀到多少人，日军就放火烧房子。早先吴城的河沟是很深的，里面可以站着走人，后来是被日军塞掉了。日军来了后，司前沟里躲了不少的人。有汉奸去对日军说什么沟里躲藏了人。日军来到司前沟，用两挺机枪向沟里扫射，不要一个小时，沟里就一个活人也没有了，死的人数以千计。天主堂里躲了上万人，真是人挤人，里面不知道是什么味道，又不是躲一两个小时，躲了一两天呀！在吴城天主堂负责的神父是荷兰人，天主堂挂的也是荷兰国旗，日军来到天主堂后，一个都不敢进去。天主堂保护了不少老百姓。望湖亭脚下有栋大仓轮船公司的房子，日军就驻扎在那里。妇女不能出来，出来被日军照了面，就逃不脱。戴枝花就被20多个日军轮奸了，被奸后躺在那里都动不了。

　　我逃到南昌时，大约是早上八九点钟，日军飞机飞来炸八一桥（原中正桥）。不过丢中的没有，炸弹离桥也不远，反正日机就是没有本事把桥炸断。河里的鱼就倒霉了，河面上被炸起一层的鱼。日机扔炸弹炸不到桥，就用机枪扫射，岸上的水里的，死了好多老百姓。我两个叔叔吓得往死人下面钻，也不管臭不臭，保命要紧。

　　（邹大海，1928年农历八月十二日出生，吴城镇人。永修县史志办陈汉铭2007年5月28日整理）

附件十六：

# 采访艾城镇鹊湖村村民陈海棠记录整理

虬津镇在修水河北岸，这里的人1938年逃日军的难。开始河上有浮桥的，后来浮桥烧掉了，那一年日军就没打过修水河来。修水河南岸的人是1939年逃难的。修水河北边的日军过不来，就在虬津和艾城的马湾一带烧光、杀光、抢光。见什么要什么，强奸妇女。那时我12周岁还不到13岁，只晓得日军杀了人、放了火。

那时我当童养媳，娘家在虬津镇，当时就在鄱坂村的下岸江家修水河边搭茅棚住。日军的飞机飞得只有屋那么高，用机枪扫，丢炸弹炸，一个丢在下岸江家饶下岭，一个丢在下屋，一个丢在虬津街上，还有一个丢在鄱坂村戴家。这些人没有哪里好躲，只有挑担子逃走。我也挑了五六十斤重的担子，我是哭着逃难的。

我爸妈可怜，提起来我非常难过。日军把逃难的人抓住了，把我家伯、爸、叔也捉住了。在一幢房子里，中间有一个天井，边上有房子的支柱，日军把我爸和伯伯他们铐在房柱上，拿毒气弹一点着，烟就朝四周射，就这样熏，8家共毒死了12个人。下岸江家死掉380多人，全是日军用毒气弹毒死的。逃难时大人走不动就把小孩扔掉了。日军在虬津街上用刺刀挑死几多的人哟！有七八岁、十多岁的，还把4个月大的小孩用刺刀挑起来，小孩的手脚四处张开、四处乱划。下岸江家原来有1000多户，现在400户还不到。

（陈海棠，女，1925年农历十一月十五日生，艾城镇鹊湖村蔡家庄人。
永修县史志办陈汉铭2006年5月19日整理）

附件十七：

# 采访艾城镇西津村村民夏恩道的记录整理

1938年农历九月，日军从德安县打到了永修。日军到了当时的永修县城艾城，修水河就成了一条防线，中国兵就在修水河南岸布防。开始我们在家里，不晓得日军是从哪里攻破修水河防线的。此前的情况是这样的，有一个日军的观察气球，飞在天上很高很高。过了一会，那东西就缩下去了。缩下去以后就不得了，日军的炮就死命往这边打过来，从尖山一直打到馒头岭，就是饶家庄那里的馒头岭。从下午一直打到夜晚，一直打到天黑。老百姓全部躲在防空洞里，中国兵也没通知老百姓逃走，老百姓也不晓得。只听见外面脚步声响，有些大人出来一看，驻扎在村中的中国兵都撤走了，就喊："呀，不得了！日军要过来了。"我们只有逃走了。

开始我们准备逃到云山去。周家有个周兰照，他一家人可能比我们晓得早些，就比我们逃走得早些，陈德龄的爸陈全发也和他们一家人一起去的，走到涂家坟山那里，日军就来了，枪就对面打来，就把周兰照的爸打死在那里。那边走不得了，他们就赶快转身，叫住后面的人："不要走，那边有日军，走不得。"于是，我们就从高桥村王家逃进山去了。

逃难的时候天天下雨。上面是飞机轰炸，下面是日军的炮弹一个接一个打过来。原来日军的炮是架在马背上的，所以他的炮就跟着人走，老百姓逃到哪，炮就打到哪，一直打到过了马路。日军是沿着马路一直朝前打的，我们逃过马路后才平静下来。在那个时候我还小，只有七八岁，我娘牵着我逃，我没见到什么。后来逃难回来，看到路上都是尸体，路上走都走不得，打死了特别多的人，臭得不得了。

日军来了以后，阳山村廖家被打死的人特别多，因为日军是从阳山村狮子山打过来的，一直朝廖家打过去，下午三四点钟的时候就打到了廖家，而廖家的人又没逃走，一家家的被杀掉，一家家的死绝了。被枪打死的人就讲不清。我村庄就有几个老人家是被日军开枪打死的，一个是王洪信的奶奶，一个是夏恩宝的奶奶，还有我伯母。陈德贵的奶奶、伯母也都是日军打死的。当时陈德贵也只有十几岁，他们祖孙三人逃难逃到南堡廖庄时碰到日军了，日军把他奶奶和伯母打死以后，在他身上刺了三四刀。这时日军正在放火，就提着陈德贵的脚准备扔到火里烧死，日军的力气也大，一下抛过了头，他一滚就滚到山边上去了，爬上山逃得一条命。

最残忍的事发生在蔡家。头天，几个日军来到蔡家，女人没跑赢，就被捉住强奸了，强奸后日军就走了。第二天，日军又来了。这次有了准备，女人全部躲起来了。日军抓来男人，问昨天的女人哪里去了？这些男人怎么会讲呢，不讲，日军就叫这十几个人站一排，一个一个用刺刀刺，十几个人就这样全被刺死了，也没有一个人敢回手。

（夏恩道，1931 年 10 月 9 日出生，艾城镇西津村人。永修县史志办陈汉铭 2006 年 5 月 16 日整理）

附件十八：

# 采访艾城镇小桥村村民傅行水记录整理

1938 年逃难，我从虬津镇张公渡村那里经过，原先张公渡不是有条马路的呀，一直通到罗神殿那里。就是在那条线上，上面是日军飞机用机枪扫射，下面是坦克车滚，中国兵被打死好多，我们逃难的老百姓也死了好多。与其他地方比，我这边还好，因为我们跑得快。日军到我们这来，把一些没有跑的老人都打死了，我那里就打死了 10 多个老人家。

傅来保的太公和一个姓淦的，不知叫什么名字，他们两个是同时被日军的机枪扫死的。雪崽俚家的祖母也被打死了。日军杀人，是把人全部叫拢，用机枪扫。在北山，一个一个村庄杀。把小黄家（地名）也搞掉了，杀死了一些老人家。

我在外面逃难时只有 12 岁。逃难回来，这强奸的事是没有办法的，被强奸人的名字我不记得了。日军过来，看到有两个人坐在外面，就从后面一枪过去，一下就打死了一个。另一个是我原先叫师伯的，他没被打到，他就躲到他家后面的水塘里，拿荷叶挡住，最后跑脱了。还有一个 10 多岁的小孩，就是生根，日军一脚过去，差点踢死。这个生根被日军踢坏了，现在还是这么点长（个子矮小）。生根这人还在。

逃难回来，十几家住在没有烧掉的土屋里。日军放了毒药，不晓得怎么放的毒，不管在哪里，就是在九合圩里也是一样。是人就生疮，生疮就抓，抓了就生虱，天天捉虱子，就跟猴子一样，捉捉虱子，抓抓痒，就忙这个。盐呢，他不是不给你吃，就是很贵，一担小麦只换 10 多斤盐。那时你不听他的，你的命连蚂蚁都不当。

（傅行水，1926 年农历十一月二十三日出生，艾城镇小桥村杨家岭庄人。永修县史志办陈汉铭 2006 年 5 月 29 日整理）

附件十九：

# 采访艾城镇小桥村村民熊焕金记录整理

1938 年开始逃难，我那时虚龄只有 11 岁。日军是这年农历九月二十七日打过来的。

1939 年农历正月，我们搬家到了涂埠镇。日军已经从虬津镇的张公渡村打过了修水河。正月二十七日夜晚，日军的大炮就打得不亦乐乎，在涂埠镇花岭嘴那段河里死了不少的人。那时候我也跑得远，一路跑到了宜丰县。我们的县政府搬到了新建县西山万寿宫那里，有人说："你永修人的县政府扎在万寿宫，你不去搞张难民证？"我们这些人就去了。那时一床被服都没挑去，走到哪里吃到哪里，国家拿粮给这些人吃。后来我到玉山县去了，在玉山住了 3 年。日军的飞机放燃烧弹，把玉山县城 7 里路长的街市烧掉了 3 里。那里有个大富户，国民政府军在他家挖了地下室。那家人不舍得家里的东西，关起门躲在家里没有出去，人和东西都在地下室里，结果屋被烧掉了，他家 30 多人都烧死在里面。

后来，日军到处奸淫掳掠，在九合乡的泉石捉到了艾城镇小河村名叫八乌的姑娘，当时还只有 16 岁，日军把人家强奸了，还倒碗盐菜在她的阴部。成司垅（地名）一些人没有逃赢，被日军赶进一间屋子关在那里。后来，日军叫他们坐成一排，用机枪在门口向里面扫射，屋里 20 多人全被打死。那是一个好大的村庄，日军简直把那里的人杀绝了，只剩下几家人。

日军在彭家打掳，捉到田螺（人名）的娘，名叫水仔。日军不去强奸，叫学长（人名）去强奸，学长不肯。有个姓杜的老头，被日军发现了，日军把他叫出来，要他来强奸。人家是 20 多岁的女人呢，他 50 多岁，他说："怪不得我，命要紧。"后来那个女人要跳水自杀，被她丈夫拖住了，丈夫劝她说："有啥法子呢？不能怪人家。"

（熊焕金，1928 年农历九月二十一日出生，艾城镇小桥村罗家畈庄人。永修县史志办陈汉铭 2006 年 5 月 29 日整理）

附件二十：

# 采访虬津镇张公渡村村民周英寿记录整理

我哥就是日军杀死的。日军在修水河北边，修水河南边是中国兵，我们逃难就逃到修水河南边山上。没有饭吃，就下山回来弄点谷去吃，结果碰到 10 多个日军过河上山。我们就躲在茅草丛里，日军没看到我，我哥却被发现了，当时我哥也没有多大，他头上、胸部被杀了 7 刀，身上被刺得稀烂。当时也没有医生，胸部的伤口就慢慢开始烂，最后死在哪里也不晓得，就那样烂死了。

日军要老百姓守哨，帮他们看守马路。有一次中国兵埋了地雷，把日军的汽车炸掉了。这就不得了，把看马路的人全部捉起来了，关在张公渡村。当时在张公渡日军搞了一个牢房，四周用电网围住，前面还有哨兵站岗，跑不掉的。关了大约有半个月，就捉去杀。上午叫被杀的人自己去挖坑，下午就叫人站在坑边，用一把大约有 80 公分长的刀去削，就和削萝卜一样，把人削死后就埋在坑里。牢房在修水河北边，在修水河南边也有日军的。也是一个守哨的老百姓，被日军捉住了，把他绑在树上放狗来咬，那狗好厉害，日军唤一句，狗就咬下一块肉，那人被咬得只剩一口气时，日军就用刀把他削死了。

夜里，我们虬津镇张公渡村藕潭（地名）的一间屋里有一屋的老百姓，大家都躲在楼上，日军来了，光那一夜就杀掉几十个人。后来，那个村庄基本上杀绝了。

（周英寿，1924 年农历一月十日出生，虬津镇张公渡村人。

永修县史志办陈汉铭 2006 年 6 月 15 日整理）

附件二十一：

# 采访永丰垦殖场里岗村村民胡六子记录整理

我家被日军杀死了 3 个人，我公公、父亲和哥哥都是日军杀掉的。我父亲和我哥扛着两把帚子，提点糯米粉到涂埠镇的东岸村去做客，就在东岸嘴那棵樟树那里，有几个女人从他身边过，日军的汽船在河里，汽船上的日军摇手叫："姑娘、姑娘。"日军上岸后，见几个姑娘跑掉了，就要我父亲和哥哥告诉他们。我父亲不肯说，就往村庄里跑去。结果日军就把我父亲和哥哥杀掉了。是用枪打的，打在我父亲肚子上。我家里的人到处寻遍，寻不到人。请人再寻，这些人也寻不到。后来听到打死了扛两个帚子的人，我和母亲就去了，寻到了父亲和哥哥，我母亲哭，我也哭。我父亲肠子都露出来几尺，蛆都生了，不敢动，就把我哥的尸体弄回家了。

我逃难真可怜，现在叫我都杀得日军两下。那时我只有 9 岁，和我公公跑反，躲在河港里。女人都躲在吴有财家的粮仓底下，我娘也躲在那里。那些人交代我们这些小孩，千万不要讲，讲了她们就会死在那里。

在跑反途中，我公公被日军开枪打死了。我村庄有个男人被日军的枪打到腰，走不得，他的老婆我们拖她走她也不走。他们感情那样好，那个女人自己的命都不保，说要死就两个人死在一起。日军来了，要那个被枪打到的男人去和他的老婆性交。你说有几恶！日军剁一根大拇指粗的木桩，从那个男人的睾丸袋往女人阴道打进去。两个人抓着地上的一把草，就在那地上痛苦挣扎，叫得好惨，就那样打死了。还有一个女人，身上生了疮，日军说是肮脏，把那个女人的两个奶割掉了，痛得在地上打滚，血流得不得了。几恶呀！

（胡六子，女，1929 年农历六月十六日出生，永丰垦殖场里岗村人。永修县史志办陈汉铭 2006 年 7 月 4 日整理）

附件二十二：

# 采访艾城镇马湾村村民饶满珍记录整理

日军打到这里来的那年，一来就放火，我娘家的屋就被烧掉了。烧掉屋的那天，我就在山上住了一夜。我姑姑是嫁在艾城镇马湾村垪下的，我就躲到这个村庄去了。

日军恶是恶！垪下这里的人烧好茶水准备招待他们，说是招待好些，日军就不打人。第三天日军就来了。哪晓得，日军一进村庄枪就打得呼叫。日军当时驻扎在燕坊镇那里，把人家的猪打死了，还要人家抬着送到燕坊镇去。这个村庄有两个人给日军抬猪，送到燕坊去，后来没回来，就那样失踪了，不晓得人是被杀掉了，还是怎样死掉的。

日军来找女人，把一些女人叫在一起，坐了一坪（房前空地）。看到了一个烂脚的女人，日军不要，又找别的女人。一些女人被日军追得往山上跑，跌跌爬爬摔得要死。我那时没多大，只有10多岁。我嫂子手里抱着一个崽跑，我就拉着一个侄子跑。那一回我跑掉了，没有看到日军强奸人。

到夜里，这些人躲不住了，就说要逃到河那边去。修水河南边是中国兵，我这修水河北边是日军。就从桂塘那里翻过铁路，往三角乡那里逃去。到三角乡后，我一家人又转身回到艾城镇马湾村饶家庄，当时日军还没到饶家，就在饶家住了一阵，又跑过河到中国兵那边去了。中国兵说："你们这些难民可怜哪！你们走哇，跑哇！日军马上就要攻打了。"我记得，日军是农历二月初一攻过河的，人就被狼烟（毒气弹）熏得要死，到后来身上到处都臭，一些被熏死的人身上到处是屎。

夜里逃难，走一脚踩到的是死人，走两脚踩到的还是死人，死的人不知有多少。我三伯的媳妇，她死傻，她说她70多岁的爸爸被炮弹打死了，她去哭，不得了！连她本人和小孩，还有她弟弟一齐被打死在一堆。就这样，我一家人逃到宜丰县那边去了。

后来逃难回来，我的父母哥嫂等，一家共10个人逃出去，只剩下3个哥、1个侄子、1个侄女和我6个人回来。我爸不晓得在外面什么地方死掉的，后来听说是日军的飞机炸死的。我回到村庄里，全村只剩下62个人了，其他的人都被杀害了。原先这个村庄是有几百户的。讲起来肉都是麻的！

我村庄有一个我叫婶的，一个很漂亮的女人，她在家里被日军捉住了，日军就强奸了她。她被强奸后就跳水自杀，日军就一枪打得她死在那塘里。

（饶满珍，女，1922年农历十一月十六日出生，艾城镇马湾村人。
永修县史志办陈汉铭2006年5月23日整理）

附件二十三：

# 采访立新乡岭南村村民彭林友记录整理

逃难时我只有 14 岁,我父亲和娘老了,不能出去,我姐和我一起往南逃走。我们过龙安河,走了一天,在一个村上住下来。那天正下着雨,废屋里、猪圈里都住满了逃难的人。第二天刚要走,日军的飞机就来了,七八架飞机就像燕子那样在天上飞。大家不敢走了,一齐往山上跑。我姐姐叫我:"你坐在这里。"我说:"坐不得,我们扑倒在这里。"我刚一扑倒,子弹就打在了我身边,子弹一路打来,泥土被打得扬起来。等飞机飞走后,这些人又走,就从雷公埠那里过潦河,国民政府军在河上搭了浮桥。这些逃难的人有的过了河,有的还没有过去,这时日军的飞机又来轰炸,机枪子弹铺天盖地扫射下来。等飞机走后我们一看,打死了七八十人。我们不敢走了,夜里就在马口镇洪家庄住。天亮后,日军就来了,我看到捉了七八个女人去,强奸后又用刺刀刺死了人家。

我跑回家后就住在道坑卢家。日军来了,见人就用枪托打、棍子打,用脚踢,这些人被打得头破血流。事情过后,我们就一起躲到南边的山上去了,坐在那山上看,看到日军来了,大家就躲起来。村庄里的猪、鸡被日军一扫而光,油也被拿走了。我父母也躲在南边山上,没有粮食吃,傍晚回村背点米上山来,夜晚煮点饭吃,没有油没有盐,一天就吃两餐,家里的一点东西全被日军拿光了。

日军到这里来就强奸妇女。有一回,一个女人看到日军来了,她就跑到槎溪(地名),躲在麦田里,还是被捉到了,3 个日军就在麦田里把她强奸了。还有一个女的朝河边跑去,日军瞄准了就是一枪,把她打死在那里。

日军没事就看你的手,手上没有老茧就是坏人,抓去就杀掉。读书的人手上是光的,日军就说是中国兵,就抓去杀掉。当时日军驻扎在北徐村,一次就抓了 8 个人到北徐村去了,把人杀掉后就推进一个炸弹坑里。岭南村下槎溪的吴德俊,他的父亲有三兄弟,就是那次被杀掉的。

还有,岭北、戴冠、黄蒲洲这些地方都是日军放火烧掉的。我晓得的就是这些。

（彭林友,1924 年农历十月十日出生,立新乡岭南村人。

永修县史志办陈汉铭 2006 年 6 月 27 日整理）

附件二十四：

# 采访涂埠镇永北村村民熊还仁记录整理

日军是 1938 年打过来的。日军就在杨柳津村处潦河西岸，中国军队和老百姓就在河东岸。日军是夜里打过河来的，双方军队就在铁路两边用枪乱打，打死的老百姓数不清，一家有打死几个的，一家被打绝的也有。我村庄有一个叫熊培旺的，一家四口全被打死了；熊还钟家被打死两个人，他本人和一个嫂子；熊还复是我堂弟，他家被打死两个人，他娘和他自己；熊还根的两个嫂子也都是日军打死的；熊培耀家被打死三个人，他本人、一个儿子和一个女儿；熊培金的婆婆也被打死了；有个叫汉嫂的老人家，也被打死了。我村庄被打死的人很多，我也记不到都叫啥，反正一共被日军打死了 70 多人。一直打到天亮，老百姓就跟着中国军队逃走。但是农民哪有那么多资金做路费呢？于是大家又陆续溜回家了。

日军就驻扎在当时县城艾城镇，早上 8 点钟左右就到农村来。日军出来不只一两个人，一来就是好多人，到农村来就搞得乱七八糟，见什么拿什么。妇女就不能和日军打照面，日军看到妇女就要强奸。老百姓听不懂日军的话，日军就要打。日军打人不是寻常的打，他双手拿着枪管，用枪托横着抡起来打，也不管打在什么地方，死活不管。村庄里有个叫熊还照的，日军进村时他正在收大麦，日军叫他一句，他听不懂，就"砰"的一枪，把他打死在那里。

日军打过来时，我们这些年轻人都跑出去了，我也跑到燕山里面去了。我奶奶留在家里看家，日军来时就把她打死了。

（熊还仁，1920 年农历六月十五日出生，涂埠镇永北村老基新庄人。永修县史志办陈汉铭 2006 年 7 月 10 日整理）

附件二十五：

# 采访立新乡河洲村村民邓万艮记录整理

日军是夜里从艾城镇那边打过来的，我就逃过泗洲河，逃到杨泗圩一个姓张的人家住了一夜。后来有些人逃到新建县新祺周的鲁家庄去了。我们一伙人没走那条路，就在中洲黄家住下了。在鲁家庄，日军打死一些人、抓走一些人后，就放火把村庄烧掉了。那次男男女女一共打死了 80 多人，一家一家被杀光了。

日军特别坏，看到有人走在路上，提起枪就打。我村庄就被枪打死了 8 个人。就是收油菜的时候，这些人跑回村看东西时被打死的。日军到村庄找女人强奸，这些人就不讲女人在哪里，日军就把这些人一叫拢，在村庄里就用枪把这 8 个人打死了。一个姓朱的，一个姓余的，一个叫邓万达，一个叫振浩的，还有一个我只晓得奶名叫渣眼，其他的我就不记得了。

被日军强奸的妇女数不清。有个姓蔡的女人，日军来时没躲赢，被捉到了，就在村庄里被 5 个日军轮奸了。日军又放火把村庄烧掉才走，河洲这个村庄全被烧掉了。

（邓万艮，1916 年农历十一月三十日出生，立新乡河洲村人。
永修县史志办陈汉铭 2006 年 7 月 3 日整理）

附件二十六：

## 采访涂埠贮木场吴城分场退休职工张绪桂记录整理

日军到吴城来是 1939 年农历正月二十六日。这一天，日军先到了德安县的沟子桥，晚上就到了沙湾，离吴城大约 15 华里。二十七日，国民政府军开始在前河（指赣江）洲上和后河（指修水河）洲上全面备战。日军进攻的事不是我看到的，好多人都是这么讲的，我听到就记住了。日军不是从吴城正面进攻的，是坐橡皮船走萝卜夹（地名）往荷溪村打。荷溪村当时也驻扎了，日军就和驻扎在荷溪村的中国军队在中国军队那里打了整整一天。日军飞机把吴城镇炸得一塌糊涂，吴城街上的房子也被火烧掉了。打了三四天后，日军看到吴城这里攻不下来，就调转进攻方向，从星子县调部队经德安县往虬津镇那里一直打到南昌去了。

吴城镇的塘子街、望湖亭、下街头、豆豉街、中山公园一带基本上被日军烧光了。大火从我这里一直烧到望湖亭边，我现在这个地方当时是吴城最繁华的地方，从这过去烧得只剩下 3 栋房子。在塘子街，留下了靠河边的一栋两层楼房；到司前码头那个方向，留下了大仓轮船公司的一栋房子；往山西会馆方向，在四米闸（地名）那里留下了一栋房子。从望湖亭到令公庙那边也烧掉了，基本上没有了房子。还有几栋大房子，如福建会馆就不是烧掉的，是被日军飞机扔的炸弹炸掉的。从豆豉街到万寿宫都是商家的砖瓦房。经商的人有钱，做的防火墙都高出了屋顶，前面的烧掉了，后面的就没烧掉，有些连前面的也没烧掉。

大火主要是在塘子街、下街头一带烧。靠吴城里面一带的房子就没有烧掉，三眼井稍微烧掉了一点点，那一带整个的房子还在，伊康药店两个店面的三层楼房还在。那些房子大部分是日军拆掉的。为什么要拆呢？那时吴城房子又多，家里又没有人，都逃走了。驻扎在湖口、星子甚至九江的日军都到这里来拆房子，运去当柴火烧饭吃。日军叫中国人做苦力，把房屋的支柱这边锯断几根，那边锯断几根，然后用绳子一拉，房子拉倒后就用船装走。

（张绪桂，1930 年农历十二月二十九日出生，吴城镇人。
永修县史志办陈汉铭 2007 年 5 月 28 日整理）

附件二十七：

# 采访涂埠贮木场吴城分场退休职工叶远火记录整理

1939年农历正月二十八日，日军打到吴城，当时我只有15岁。我有个70多岁的婆婆，眼睛瞎了，脚也不能走路，平时是我婶婶喂饭给她吃的。日军来时我婶婶跑掉了，我婆婆躺在床上，听到动静就叫，日军一进去就用刺刀把她杀死了。

当日军还在攻打彭泽县马垱时，这里有钱的资本家都搬到南昌去了，剩下没走的都是穷人。打仗那天，这些人都

从大同村丁家山那里往涂埠镇逃。那个地方叫老官嘴，原来那里有一条河，新中国成立后被塞掉了。当时只有一条小船，淹死的人就不知有多少，在街上被枪打死的人没几个，主要是没逃走的人。那天吴城镇的情况是怎样的呢？男男女女，特别是很多老年妇女，留在家里没出去。这些人就躲在现在的镇政府里，那时叫天主堂，是荷兰人办的，大家认为躲在那里不要紧。那些屋就因为是天主堂才保留下来，没被炸掉。日军来时强奸妇女，专挑一些年轻的妇女。我回来后听说有一个妇女，被七八个日军强奸，强奸后爬都爬不起来。那个妇女2005年才去世。

日军来时没有直接进攻吴城，是从荷溪村那边的一条小河汊里上来的，先是占领了荷溪村。荷溪村被打死了好多人。叶远文的父亲小名叫水生子，他一家人逃到了李家庄，日军一个炮弹打过来，就把村里的一个祠堂炸倒了，隔壁一栋房子里就住着他一家人，伤到了一些小孩。水生子抱起一个崽出了村庄，当他放下孩子转身又到村里来时，国民政府军不许他进村，没有办法，他只好带着一个崽（即叶远文）逃走。这个水生子的二儿子跑回荷溪村去看，被日军捉住，当时就打死了。他这一家除了水生子和叶远文，其他7个人全部死掉了。荷溪村仅被日军枪杀的就有10多个人。荷溪村被烧得没剩下几家，剩下不到10间房子。过荷溪村往上到李家庄，一直到西庄，烧得也只剩下四五间屋。西庄就只剩下一栋土屋两个大堂，其他的全部烧掉了。

还有细菌战！整个地方的人都生疮、出麻疹、出牛痘（天花）。那一段时间死的人特别多，光是荷溪一个村庄，年轻人、小孩就死了上百人。吴城现在还有两个麻子，就是日军来时出牛痘生的麻子，现在还在世。

（叶远火，1924年农历三月八日出生，吴城镇人。

永修县史志办陈汉铭2007年5月28日整理）

附件二十八：

# 采访九合乡淳湖村村民王代钦记录整理

　　日军强奸人呢，我知道在当地强奸了2人，在外地强奸了2人，一共奸了4个人。在当地奸的，是和我隔壁村庄的人，一个是蛇婆，另一个是王万斗叔的老婆。在外地奸的，一个叫淦六金，一个好像是叫邹三银。邹三银是嫁到我们这里来的，她逃难和我逃在一起，在横岗涂家被日军强奸了。还有一个年纪小的姑娘没有被强奸，被日军剁了一刀。

　　日军杀人呢，我知道杀了3个。一个叫王经曾，是个做道士的，日军向他借根戗子（一种两头包铁尖的木制扁担，当地专用来挑稻草和柴火的），他不借，日军一枪就把他打死在门角里。第二个人我不记得名字了，日军在牛栏里要牵他的牛，他不肯，被打死在牛栏里。另外一个叫王海军，他在竹园里头一伸一缩向外看，被日军看到了，就一枪打过去，把他打死了。

　　日军烧房子呢，我知道可能烧了100多栋，烧掉了三个地方。王万峰叔的屋被烧掉了，王万龙那里被烧掉了，大老先生（人的外号）的屋也被烧掉了。我这里有的没烧掉。

　　（王代钦，1917年12月15日出生，九合乡淳湖村王庄人，现已去世。永修县史志办陈汉铭2006年5月8日整理）

附件二十九：

# 采访立新乡岭南村村民吴宝淮记录整理

日军到我们槎溪村来，宋朝贵叫这些人去迎接，这些人不敢去，就一起跑进村庄里面来了。宋朝贵说要是迎接了日本兵，房子和东西就能留得下来，所以村庄上的人就没有跑，跪在村庄中间房前空地里迎接日本兵。坽下村的迁喜老人家就跪在铁子（人名）家的屋旁边，还打了爆竹。日军一到，就把爆竹踩熄了，一枪就把迁喜老头子打死了。这些人晓得不好，但又不敢跑，只有跪在那里。那时我只有几岁，吓得要死，跪在那里没敢起身。

日军一来就到处寻东西，捉猪捉鸡。这个村庄的人都跪在那个坪里，只有吴德富一个人没跪，他躲在一堆稻草里。事后他说，日军围着那堆稻草打圈圈，在抓一只鸡，他吓得要死，生怕被日军发现，日军抓到鸡后也就走开了。那一次鸡让他们捉了很多去，我家的一只猪和一条牛也被捉走了。

日军说话我们听不懂，就叫我们把巴掌给他们看，农民的巴掌要粗一些，巴掌细润一些的就说是中国兵。看了一个又看一个，看后一连捆了8个人，还抓了几个女人，都带走了。日军走后，我们这些人就跑散了。日军抓去的人中我家就有4个，3个兄弟和我大嫂。这下家里的人就没有了主意，只是哭哭啼啼，哭得要死。后来我大嫂放回来了，当时那8个人还没有杀掉，不过也不晓得怎么样。日军从北徐村撤走后，我大嫂到北徐村去打听消息，在一个炸弹坑里看到了8个人的尸体，尸体都发涨了，从脸部都认不出人来了，便胡乱拖出来，各认各的衣服，各自弄回家来。我二哥的头被剁得没有了，大哥的胸口上被杀了一刀，老小好像是在肚子上被杀了一刀，弄回来后就那样埋在了一起，他们叫宝焕、宝红、宝汉。

（吴宝淮，1933年农历五月六日出生，立新乡岭南村人。
永修县史志办陈汉铭2006年6月27日整理）

附件三十：

# 采访永丰垦殖场里岗村村民吴有财记录整理

日军到我们这里来掳掠，找中国兵。中国兵跑掉了，就乱捉一些群众去了。种田的人皮肤黑一些，20多岁的不做事的人或当过兵的人总是白一点，读书的年轻人皮肤总是白白的。凡是长得白些的，日军就说你是中国兵，捉去后就和皮肤黑的人分开关。有一次，日军捉了后面崽俚、缺仔、名显、大观、三金、相喜、梓佬等等，一共捉了9个人去，在县里关了20多天，杀掉了7个。我那时没多大，只听到讲。身边有人看到的呀，说是在桥上杀的。随后放了两个人回来，一个叫吴相喜，另一个不记得名字。是这样，日军在那里时间久了，与地方上一个人比较熟，而那个人又与我这被捉去的人有点熟。吴相喜是真的当兵的，却放回来了，他年纪大些，在那里有些熟人。不是当兵的，反而关在那里杀掉了。

那时我只有七八岁。日军一来就打枪，我们这些小孩子很害怕，就跟着大人跑，躲在芭茅脚下。回家时，娘被日军捉去了，猪也捉去了，鸡也捉去了。女人呢，捉四个去了，我娘、相广的老婆、长富的老婆，还有哪家的女人我不记得了。捉去关了半个月以上，人在日军那里，日军要怎么样就怎么样。后来放两个男人、四个女人回来了。

细毛的祖母被日军杀掉了，就在现在做猪圈的那个地段，她已是七八十岁老人，被奸后杀死在那里。她裸体四肢张开躺在那里，不是奸后杀掉的呀！

（吴有财，1929年农历二月十二日出生，永丰垦殖场里岗村人。
永修县史志办陈汉铭2006年7月4日整理）

附件三十一：

## 采访恒丰企业集团退休职工李辉通记录整理

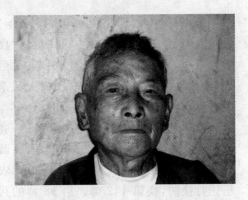

日军来时我十五六岁，跟父亲跑出去了，落在樟山（地名）那里。夜里回家运谷吃，我就问国民政府军士兵："这里有日军么？"他说没有。就有一些老人回家来看东西，还有一些小孩没再跑出去。日军来后，头两天，日军说："站好、站好。"散糖子给这些人吃。有些人就叫跑出去的崽回来，说有糖子吃，日军不杀人。又过两天，下午，日军叫"站好、站好"。这些人以为又发糖子，赶快出来了，日军用机枪一下就打死了19个人，只有两人逃了出来，跑到樟山对躲在那里的人说，你娘打死了，你妈打死了。大家还不相信，回来一看，就在这屋门口，打死一堆人，他们数了数，一共19个。过两天夜里来收尸，尸体没了。日军从北方带来做苦力的中国人把尸体拖到沟里去了。夜里黑看不见，又不敢照明，怕日军晓得，有些人就到处去摸，有的划根火柴看，到处寻。寻到的，家里有棺材的就用棺材装，没有棺材的就用柜子装，还有用竹床抬去埋的。

在家里的人被打死了，我们就逃难去了。后来回来，走到立新乡南岸村邹家，那里的屋全部烧光了。河边上日军汽艇"嘟嘟嘟"，来了3个日本兵，女人们就不敢跑了，被日本兵捉了一个去强奸。我老弟在杨家岭讨饭时，被日军打死了。

（李辉通，1923年农历九月出生，恒丰企业集团退休农业职工。
永修县史志办陈汉铭2006年5月29日整理）

附件三十二：

# 采访九合乡青墅村村民徐济镜记录整理

日军打过来，那是戊寅年（1938 年）农历九月九日，不是有这样的歌么："戊寅九月九，德安失了守；前方军队往后走，永修不得了！日军一进城，放火又杀人；奸淫掳掠说不尽，伤害老百姓……"

日军是从德安县打到这边来的，驻扎在九合乡河对岸有四五个月，国民政府军第 98 师驻扎在我这里，到 1939 年农历正月换防，换第 142 师。第 98 师的兵晓得日军好厉害，就对我说："这里扎不住了，你跟我走"。我想：我跟你走？我走得你赢？换防还只过了五六天，日军就开始进攻了。日军还放毒炮、放狼烟，那个狼烟呀，北风一刮，用被子都壅不往，人就中毒。日军就从艾城镇阳山村的狮子山那边一下就打过修水河了。

日军到这边来呀，奸淫掳掠杀人，无恶不作。我们这里的老百姓就赶快往外逃。我们逃难到云山碑麻坑时，日军就把机枪架在那里，直接打死的老百姓就有近千人。我们走路连脚都插不进，伸脚就踩到人。不但这样打死人，以后还杀人。女人呢，就躲到土洞里去，被捉到了就强奸。邓家一个女人逃难落在我这里，被七八个日军强奸了。

（徐济镜，1924 年 5 月 27 日出生，九合乡青墅村人。

永修县史志办陈汉铭 2006 年 5 月 11 日整理）

附件三十三：

# 采访立新乡岭南村村民戴启焕记录整理

日军打过修水河后就进行屠杀。上面有一个叫油垄的村庄，日军把人叫出来后，用机枪全部打死了。燕山里面的西园周村，我在那里读过书的，是一个蛮大的村庄，日军也是用机枪把人扫杀了。云山的泉水丘那个村庄，也被日军用机枪扫死好多人。所以我们赶快就跑掉了，那时候人的生命是朝不保夕的。后来有人回去看，有的地方烧掉了，有的地方没烧掉，我这个村庄就没有烧掉，我们就又回来了。回来以后，日军来打捞，捉了一些猪、鸡去，还捉了一些年轻人去挑担子，戴启基就被捉去了，这些人挑担子送到南昌后就放回来了。当时我们还不晓得槎溪村那里被日军杀掉了那么多的人。日军初来时，有一二十个人驻扎在北徐村，在槎溪一次抓了一些男人和七八个女人去了。男的全部绑住，用刀剁死在一个炸弹坑里，女人就留下来强奸。这都是事实。

驻扎在滩溪镇龚家站的日军下乡打捞，我的一个姐姐和戴启基的老婆被抓到了，遭到了强奸。不只是她们两个人，每一个村子都有被污辱的人，我这个村庄就有一个老妈子受到了日军的奸污。

后来日军经常到这里来找中国兵、游击队，其实哪能分得清？有一次日军在城山小岗李家捉了好多人去，放狗把他们活活咬死了。我村庄有两个人也是在槎溪那里被日军杀死的。戴启基和他的丈人被日军抓去后，他们逃跑时，他丈人就被日军打死在一块田的田角上。还有一个叫袁大富的，日军到这里来打捞，他吓得想跑到外面的田里去，日军看见了，一枪打过去，他就被打死在这个村庄后面到城垄（地名）去的路上。

烧房子呢，黄垄周村周边的村庄，就是驻扎在北徐村的日军来放火烧掉的。包括程家、山下袁家、黄垄周村、后面的岭北村，这些地方都是被日军烧掉的。

（戴启焕，1927 年农历九月八日出生，立新乡岭南村人。永修县史志办陈汉铭 2006 年 6 月 27 日整理）

附件三十四：

# 采访永丰垦殖场里岗村村民吴有仪记录整理

早先的时候，我这里人称"小南昌"，这里驻扎了好多国民政府军部队，所以这里是日军进攻的重点。这里原先都是土房子，一幢幢全被日军烧掉了，前后村庄都被炸得稀烂。现在我这前后村庄做屋的地方，原来就有五六个炸弹坑。我那时没多大，我伯伯天天带我躲在那边小村庄里住。

日军一到这里来就是捉人，因为这里大大的有中国兵。里岗村里的人听到日军来打掳，就跑，不敢在家里待。如果被日军捉去了，那就是没有命活；捉到涂埠镇去的，那就是大大的中国兵，要枪毙的。

逃难在外面打死的我不晓得名字。有一次日军一下就捉了 16 家的人去了，让他们自己挖好坑，一个坑里就埋 7 个人。还有一次捉了三金、大观、缺仔、梓佬、久伟、崽俚、名显等人，还有几个我记不到了。

成仔是一个女的，被日军强奸后，又被日军的狗咬死了。方苟的娘也被捉去了。吴相喜是当兵的，他被日军捉去后又放回来了。听老人讲，岭南戴家一个叫戴高的，投靠了日军，因为吴相喜和他在一起当过兵，就把吴相喜放了。当时吴相喜叫村庄上一些人和他站在一边，可这些人不知底细。吴相喜是一个真当兵的，这些人以为日军要捉他是要枪毙的，就都站在人多的一边，哪晓得人多的一边是一条死路。

日军的毒药几毒！毒气弹打在山上，山上就和这房前空地一样净光，十几年都不长草。

（吴有仪，1931 年农历正月二十日出生，永丰垦殖场里岗村人。永修县史志办陈汉铭 2006 年 7 月 4 日整理）

附件三十五：

# 采访永修县滩溪镇滩溪村村民蔡家暄记录整理

那个时候,国民政府军的部队在艾城镇、虬津镇张公渡村、涂埠镇驻扎,我这里有一条马路是通后方的。日军飞机有的飞到安义县的峤凌、肖家坪又飞转身,有的飞到我们县涂埠镇转身,就在这一带上上下下轰炸了一天,到天快要黑时才飞走。天上有多少飞机我都晓得,共有 30 多架。为什么我这么清楚呢?我们这里的人都跑到山里去了,我就爬
在高山上看。一些人还吓得要死,往茶树下面躲。我说:"躲什么?日军还能追到这里来呀?"飞机就在头上飞来飞去,紧接着就轰炸塘边、港北(地名),那里逃难的人被打死的特别多,这是我亲眼看到的!在小河汉边有一条用于稻田放水的沟,有一个人脚被炸掉了,人也被炸呆了,就那样把一个包袱放在头边,躺在沟里。我们还走到那里去看了,看见那个人躺在沟里很可怜。在港(小河汉)里、大路边一堆堆的死人,都是被日军的机枪扫射死的。死人横七竖八躺在那里,我们是从那里爬过去的。

日军打到我们村来时,这里的人一起跑掉了。蔡振龙没有跑,那时他有六七十岁。原来有一条路是顺着这面墙通到田里的,他穿着一件黄大衣出来望一望,看日军走了没有,结果让日军抓到了,就在这后面的墙脚下,被日军用刺刀刺死了。

(蔡家暄,1927 年农历十月初一出生,滩溪镇滩溪村人。

永修县史志办陈汉铭 2006 年 7 月 4 日整理)

附件三十六：

# 采访九合乡青墅村村民罗时发记录整理

日军是 1938 年到我们这里来的，我记得好清楚。日军驻扎在虎山，走葫芦嘴（地名）打过来，一直往我这个地方打来。日军的大炮，一两尺长的炮弹打到村庄里来，随即日本兵就涌过来，来得特别凶。当时的老百姓呢，就一直往涂埠镇跑，不知道什么方向，只知道顺着大路跑。日军顺着铁路往前进攻，老百姓越往大路跑越死得快。日军打到了我这个村庄，老百姓又往马口镇的刘家、湾头方向，走南山、新城那边跑过去。日军涌过来后，随便杀人，我们又往东边跑，往鄱阳湖、湖洲野地跑，躲到湖边去了。那时炮火连天，没有哪里躲得。我那时有七八岁，记得很清楚，看到日军飞机来时，炸弹连山都炸平了，坟里的棺材都炸出来了。日军在山下渡炸桥，炸得凶。涂埠镇江家村那里有一座山，1000 多平方米的山头被炸平了。我这里有几个人就躲在那山上，被炸起的土埋住了。罗时献的娘，她一家从土里只爬了两个人出来，开始大家以为全都死掉了。日军飞机就炸得那样凶！

我们逃难逃到新建县大塘坪街有一年多。日军沿着铁路一直往前攻，从巫山徐家那边过来。我想家里平静一点了吧，在外没饭吃，讨饭又没地方讨，只有回家去寻点生活。我们经三角圩返回。日军驻扎在吴城水上的兵乘的是快船，那船在水上行驶时像箭一样，浪头很高，看到都怕。人在河边就好像船要撞到身上一样。大家便在夜里偷偷摸摸往回走，我们那里已没有了日军。一过涂埠镇，走黄家那边过来。哎呀！那里被打死的人几多哟！青墅蔡家后面有个庙，有三棵大箣竹，山上的死人横的、直的，总有几百，都是日军飞机丢炸弹在那个地方炸死的。我们是夜里从人头壳上摸过来的，人都吓得发抖。我父亲和叔叔看到我走累了，就用谷箩来挑我，说："崽呀，我挑你回去。你怕呀？不要怕。"那怎么能不怕？那么多死人头，打死那么多的人。

回来以后，寻点什么生活呢？就是现在这个季节，我记得是清明过后，最迟的农作物是红花（紫云英）、油菜，红花遍地，草长得特别长。我们到处寻野东西吃，寻黄鳝、摸螺蛳河蚌吃，找马榴根吃，以吃马榴根为主。

一回家就不得了，身上的疮啊、虱啊不晓得几多。就有那么多生疮的人，疮特别大，走路都走不得，找不到两个没生疮的。生瘌痢的多，小孩多生瘌痢，那时寻不到几个有头发的。一有暴雨来，头上就痒得死；刮起北风来，身上就痛得死。不晓得哪有这么多的虱，人就是整天坐在墙角下捉虱。日军在这里大放毒，真是太恶了呀！

王努埠这个村庄有 80 多户，日军就把人赶在一起跪在那里，用机枪一扫，一个村庄就杀绝了。咬夷王家也是被杀绝的。现在北山那里有几个当地人哪？尽是别的地方迁来的，江苏、安徽等其他地方来的人。在虬津镇以上，我有个姊娘就是从那边嫁过来的，她也是从炸弹炸起的土里爬出来的。在艾城镇高桥王家那边，日军杀了几多的人哪！那个村庄也是一次性用机枪扫的。

日军奸淫呢，不论老少，在我们村庄一次就强奸了 12 个人，在陈家一个小村庄也奸了几个。我还记得，陈中和的娘，日军强奸以后，还用刀往阴道刺一下，还倒一钵臭盐菜在阴道里，就是这样残忍！为防日军残害，村庄挖了几多的洞哟！从牛栏里面把稻草扒开，挖洞下去，把里面挖空。听到狗叫，日军来了，女人就赶快钻进去，外面年纪大的人就用青石板放在上面，用稻草遮住，让日军找不到。我们就是过着这样的生活。

（罗时发，1933 年 8 月 9 日出生，九合乡青墅村人。
永修县史志办陈汉铭 2006 年 5 月 11 日整理）

附件三十七：

# 采访滩溪镇滩溪村村民蔡学作记录整理

我没记住多少，只记得逃难的前一天是 1939 年农历二月初一，日军的飞机在这里炸了一天，一直炸到天黑才飞走，炸死了好多的人。蔡升任一家人全部被炸死了，他家的屋也被炸掉了。我家前面并排的 4 幢土屋也被烧掉了。蔡仲昌家的土屋里驻扎了国民党的一个稽查处，那幢土屋也完全被炸平了。

到傍晚时，我们就开始逃走。逃到马路上一看，被打死的人就不得了！我那时只有 12 岁，又碰到天下雨，鞋子里一滑一滑的，就是那样从死人身上爬过去的。爬到龙安桥（安义县地名），哎呀！那里哭的号的，死的中国人就数不清。田里扔了好多小孩，在那里哇哇叫着，没有人去管。我记得我们在水里走，看到日军飞机往山里方向飞去，就赶快蹲在水里，弄得一身湿。

我没有亲眼看见日军杀人，只听到别人讲。我们一起逃难的逃散了。一些年纪大的人没有出去逃难，日军杀人时我哪里看得到呢？逃难回来后，看到一些没出去的老人被杀死在厕所里面。蔡振龙原来当过保长，他捡到一件中国兵的大衣，被日军捉去后，就没有看到过他了。在老屋场洼里（地名），我看见谢丙如背着妹妹进来，他妹妹脸上被日军杀破了，还结了壳。中国兵给她弄了点药敷了伤口，说不能抓，一抓就没有救了。后来伤口一痒，那小女孩一抓就把伤口抓破了，结果吃水呕水，吃什么呕什么，就那样死掉了。

我们一回来，一些人不是烂脚就是生疮，不是生疮就是打脾寒（疟疾）。回来后身上生的虱子就说不清，哪怕是新衣裳，穿上 3 个小时就有虱，不晓得是从哪里来的。我只记得我妈把我一件袄子烧掉了，那件袄子破得没法补了，也是虱子太多了，就拿去烧掉，烧得袄子里的虱子就和打爆竹一样响个不停。我回来后就拉痢疾，一直拉了 6 个月，硬是不得好。那时把这些人的命都搞掉了，听说这个村死绝了 30 多家。有件事也是我听说的，一个女孩子只有 13 岁，比我大一岁，被 8 个日军强奸了，她妈为救她，还替她被两个日军奸污了。我看到的呢，就是给日军做苦力。我也给日军做过苦力，日军动不动就是打，饭都不给我们吃。

（蔡学作，1926 年 12 月 22 日出生，滩溪镇滩溪村人。

永修县史志办陈汉铭 2006 年 7 月 4 日整理）

附件三十八：

# 采访艾城镇艾城村村民熊裔富记录整理

日军来时我有 17 岁，到日本投降时我有 20 多岁。日军到我们这里的第三天，就到我们村庄放火，一进村庄鸡鸭乱飞。我家里人就坐在那里，日军叫我大哥熊裔龙，不晓得是叫他拿什么东西，但日军讲话又听不懂，于是就开始打他，我老娘就去拖，日军就把枪提了起来，把我娘和大哥打死了。我这里有几个老头子、老妈子躲在家里，被日军发现了，就往外跑。原来我这有一个篱笆院子，就从院门往外跑，大概跑了 100 来米，两个老头子杜成银、杜成钢就被打死了。我当时不在那里，我躲在挖的防空洞里不敢出来，出来就要被日军打死的。有一堆禾草被烧掉了，我的二伯就扒了个洞钻在那里面，他看得很清楚。后来我的奶奶、伯母也被打死了。

日军又走到现在的村支部书记吴广东家的屋里。他家里有一屋的人，吓得拼命挤在一起，日军就用机枪来扫，一下就打死 11 个，都是几十岁的人，有吴广东的奶奶、杜成武的娘、杜成检的娘，罗家罗才发的奶奶和姨妈也被打死在那里。村里周会计的曾祖母和另外一个人被打死在去罗家的路上，就在那坟堆下面，当时她们只是路过那里。

后来日军又到罗家庄上去了，把德其的大公（指祖父的哥哥）打死了，是叫罗会挺吧。之后又在罗家南边打死了 5 个人。日军到了吴家村，打死了 5 个人，都是躲在家里被打死的。就是那一天，从邓家打起，走陈家到这里，一直到艾城街。到了晚上，日军又来了一次，小孩和年轻人都跑了，被杀的都是一些老头子、老妈子，老妈子多一些。他们见到人就杀，这里的人都不敢回来了。我们躲在哪里呢？就躲在桥房（地名）那里。这就是那天发生的事，我记得很清楚。

后来我们这里的人就逃走。过铁路时，死的人就更不得了，周运生的娘，也就是我的亲姑妈，是个小脚，走不动，当时背在背上，还有他的老妹，就是在那里被打死的，还有熊开志的叔公也被打死了。逃出去的时候，桥头（地名）的人多，到处跑，我这里的人就沿河走，一直逃到新建县西山岭。

过些时候，我们从立新乡那边返回家，到达立新乡南岸村邹家庄，准备从那里过河。邹家庄的人说，河那边去不得，日军在那里强奸妇女，就在桥脚下的塘边，一些妇女被剥得一根纱都没有，就在那里强奸。等我们回到村庄，还只站在晒谷场上落一下脚，哪想到又来了一伙日军，又要寻找妇女强奸。没办法，我们这些人只好再逃,大约走了两三天,到了九合乡的泉石。在泉石,是一个叫淦道材的吧,日军要强奸他的女儿,老头子就抱住女儿不放,日军一枪就把他打死了。那一天还打死了一些人,是在泉石汤石观里面,还打死了一个小孩子。

（熊裔富,1921年农历十月八日出生,艾城镇艾城村人。

永修县史志办陈汉铭2006年5月24日整理）

附件三十九:

# 采访涂埠镇兴杨村村民戴际金记录整理

日军打过来时,枪打得呼叫,又是用炮打,我们这里整个姓戴的村庄全被烧掉了。我家原来是好大的房子,也被烧光了。房屋烧掉了,我们在这里就落不住了,就逃难。我这村庄没有被日军杀掉人,因为大家东躲西藏,全部逃走了。我跟着老人家跑到后垄那边去了,我们是难民。

后来我们回来,日军又来强奸妇女。我回来时没有多大,只有10多岁。日军的那个狼烟炮打得村庄里面到处都是毒药,大家都生疮得病,死了好多人。逃难回来的时候,我村庄原来有几十个劳力,后来得了那种病,没等日军"安民"就病死了很多人,我们村庄没剩下多少人了。

日军来时我也挨过打。村庄上的人要给日军去守铁路、守公路,夜晚你不能打瞌睡,不能睡觉。日军夜里会来巡哨的,如果让日军发现守铁路、公路的人打瞌睡,就骂:"你看看不明白,烂比新交(日语音,骂人的话)。"日军就打你。

（戴际金,1929年农历七月出生,涂埠镇兴杨村戴家庄人。

永修县史志办陈汉铭2006年5月17日整理）

附件四十：

## 采访立新乡黄婆井村村民梁业兴记录整理

　　当时日军在修水河北边，我们中国军队在修水河南边。日军首先放狼烟，使得我们的军队也没有办法，日军的炮又打得远，就这样日军打过河来了。日军过来放狼烟、毒炮，毒死了好多的人。我们这些人就往南跑，跑到一个姓黄的村庄，日军已经追上了我们。日军用铁丝把一个老头子的手穿住，往房屋的柱子上一绑，点火把屋烧掉了。那个老头子是万年县人，我是看着那个老头子被烧死的。这是日军初过来时做的恶事。

　　后来我们回家，日军就驻扎在涂埠镇兴杨村大路叶家，离我这里好远。有时间日军就跑出来，拿老百姓的东西，看见鸡、猪就打去吃，看到耕牛就用枪一阵乱打。打死了不就是打死了。没有牛耕田，我们几困难呀。

　　日军来打捞，我侄媳妇躲不脱身，结果被日军捉到要强奸，她不愿意，日军就往她的阴部开一枪，打死了。梁业召的老婆，被日军强奸了几次。如果日军没有看到漂亮妇女呢，差的也强奸，不分老少，这是事实，我见到的。梁业塘是被日军打死的。还有一个我是叫嫂子的，也被打死了。在这里有一支中国的部队和日军打仗，日军打不赢就跑了。等中国军队走了，日军就来放火，共烧掉了18个村庄，我这个村庄也被烧掉了，没有一间屋了，我们就只有搭些棚子在外面住。

　　（梁业兴，1926年农历十一月六日出生，立新乡黄婆井村人。永修县史志办陈汉铭2006年6月20日整理）

附件四十一：

# 采访艾城镇青山村村民汤其伯记录整理

　　日军打过来时，我就在艾城镇马湾村河头余家。日军飞机就在虬津镇那边扔炸弹，那个炸弹炸得不得了。日军一架飞机上面装了三挺机枪，机枪扫射得呼叫。老百姓没有能逃的地方。那时正是割稻子的时候，日军天天扔炸弹，大家都不敢去收割了。谷子都发芽了，大家只有夜里偷偷回来收谷，要是被日军发现了就要打死的。有一天我回去抱一床被子，日军就拿一把刀架在我的颈上，我吓得把被子丢下说："我不要，我不要啦。"这才放过了我。中国军队在修水河南岸，我就从涂埠镇逃过了修水河。

　　后来日军从虬津镇的张公渡村打过修水河去了。中国兵在河对岸的阳山村狮子山那里，被日军打死一地，人要走路连脚都下不了。日军就是从我这门口打到河那边的山里去的。日军放的狼烟炮就是和煤炭渣一样的东西，毒气碰到露水后，人就碰不得，碰到了就烂脚，我这里的人十有八九是烂脚的。后来我在那里放牛，碰到了露水，脚就这样烂断了。

　　我逃到山里去时，经过云山那条马路，在那里被打死的中国兵不晓得有几多，尸体都发涨了，人走路时，跨都跨不过去。后来日军向山里进攻，第一次是用炮打。第二次日军又去了，中国军队就往山上躲。第三次日军上山打捞，中国军队就从两面山上包围过来，那一次日军被打死了好多人，连马也被打死了。结果日军看到这里的老百姓就杀，有一个人被日军捉去，在黄家垄那里用枪打死了。捉到女孩子就强奸，强奸后还用刺刀刺死。这是我看到过的事。

　　（汤其伯，1928 年 9 月 7 日出生，艾城镇青山村人。永修县史志办陈汉铭 2006 年 5 月 22 日整理）

附件四十二：

# 采访立新乡北徐村村民徐亨浩记录整理

　　自从日军到我们这里来，我们就逃难去了。各个村庄都有几个老人家在家里没出去，男男女女共有 10 多个人。日军进村后放毒药毒死一些猪，这些人吃了被毒药毒死的猪肉也被毒死了，那次就吃死七八个人。从我一家算起就有伟公、旺伯、列九妈、列福妈。

　　日军在村子里放毒，村里生疮、打脾寒（疟疾）、生虱的人特别多。徐四合就是生疮，后来烂死了。我从日军来时打脾寒，直到我去仲昌家打长工时还在打，打了六年脾寒。

　　后来日军驻扎在我这个村庄，有一家父子俩跑回来打听消息，被日军发现了，当时就被打死了。父子俩是用竹床埋的，埋在一个坑里。后来这里的日军撤走了，撤到了艾城、马口、滩溪这些地方。

　　日军经常下乡打掳，第一次来时，就打死两个、打伤三个。日军不敢上山，当地老百姓就跑到山上，我也跑在山上。日军就用机枪打，然后是小钢炮轰，徐美爱、徐彪、徐美条被炸伤，徐节竹、徐夹生被炸死。第二次来打掳，是在 9 月割荞麦的时候，又是姓徐的人，叫徐继什么，我不记得了，还有一个徐财生，听到日军来了，往外还没跑出多远，日军用枪打过去，就被打死在路上。

　　我住在这里时，日军不是这伙来就是那伙来，奸淫掳掠，捉到妇女就强奸。人家要名声，人家也不承认，夫妻间也不好，我就不好说出来了。我们夜里不敢在屋里睡觉，怕日军来，大家全都跑到山上去睡觉。

（徐亨浩，1930 年 12 月 18 日出生，立新乡北徐村人。
永修县史志办陈汉铭 2006 年 6 月 21 日整理）

附件四十三：

# 采访艾城镇政府退休干部熊国和记录整理

　　日军来的时候我只有 13 岁,那时我这个村庄只有十几户人家,我们都跑了。回来时,房子已被日军放火烧了,只有西边两间没有被烧掉,是代金家的。原先在杨家岭驻扎好多日军,后来日军用马车把这两间房子拉倒,装去当柴烧了。就这样,我们这里的房子全部被烧掉了,一幢都没有了。

　　我这个村庄有七八个老人是被日军杀死的,被杀的时候我们没在家里,这些被杀的老人都有名字。一个是杜成银,一个是杜成钢;还有熊育龙和他的娘,熊育龙娘的名字我不记得了;还有一个普秀,姓什么不记得了,是一个老人家;再一个是傅大女。被杀老人的名字只记得这些,其他老人家的名字记不太清,有些嫁过来的只晓得名字不晓得姓。我的外婆也是被日军杀死的,她当时有 70 多岁,怎样杀死的不清楚,只是后来回家看到的是尸体腐烂后剩下的头壳、脚和骨头。

　　我在门口的塘里看到有一个妇女,大概是被强奸以后又杀死在那里的,四脚朝天浮在水面,一根棍子深深地插在阴道里,人都被水浸得肿胀起来了。究竟是谁,是哪家的人,我也不晓得,就那样在水里漂着。还有一个妇女,她现在有几个儿子,家里后代有好多人,名字我就不说了,就是现在这个时候,收红花籽的时候,在她家前面被日军强奸了。我和一些小孩子都看到的。你说日军有多龌龊,强奸完了以后,还拿一碗盐菜往人家阴部一浇。

（熊国和,1921 年 6 月 25 日出生,艾城镇政府退休干部。
永修县史志办陈汉铭 2006 年 5 月 24 日整理）

附件四十四：

# 采访艾城镇阳山村村民廖昌恒记录整理

那是 1938 年，国民政府军第九战区薛岳的部队在这布防，开始是第 102 师，后来是第 105 师。从吴城镇到白槎镇，沿修水河死守。大约守了半年，到 1939 年 2 月，日军突破了修水河防线。日军原先是从吴城和涂埠两个方向进攻，在那里打了两三天，突不破，就找个薄弱口，而我这里比较薄弱，结果就从我这里突破了。

当时老百姓不晓得这里的情况，有些胆小的人早就跑到云山、燕山里去了，而胆大的人想在家里做生意赚钱。中国军队在这里布防时，这些人到涂埠、马口镇去进货，贩一些橘子、花生、酒来卖，一担货能赚到几拾块钱。做生意尝到味道的人就不舍得走，到日军突破这里时就跑不掉了，我这整个村庄大大小小被杀死了 300 多人。日军一来，一个这么大的村庄，有 200 多幢房子，全部烧掉了，没有剩下两三幢好房子。我家买了一堆木头架在那里，说是准备下半年做房子的，结果也被烧掉了。

被杀死的人很多，说都说不完。廖昌日、廖昌阔、廖运健、廖运宽、廖运敏和一个小名叫龙狗仔的，都是被日军杀死的。一个老妇人有 70 多岁，日军来了就强奸她，强奸后还拿根铁棍子从阴道塞进一尺多深。金林的老婆，叫司林花，也被日军强奸了。还有一个是我们廖家人的女婿，住在我们村庄，日军叫他这个做侄子的去奸污婶娘，日军还伸头去看，拍巴掌笑。这真是惨无人道！

有一个防空洞，里面的人被日军叫出来统统杀死了，就剩下一个七八岁的黄远桂，身上被刺了几刀，伤口烂得流脓。后来黄远桂跑进山里，有人问他："你是怎样跑出来的？"他说："日军把防空洞里的人统统叫出来，把大人用刀剁死了，也朝我身上捅了几刀。"现在黄远桂还活着。

从这以后，日军经常到我这里来打掳，只要有人被捉去了，就说是中国兵。在这周围捉了好几个人去，我这里的廖运涛，还有朱衣生、朱衣顺，被捉到虬津镇的张公渡村，被和人一样高的洋狗活活的咬死了。

（廖昌恒，1925 年 7 月 9 日出生，艾城镇阳山村人。
永修县史志办陈汉铭 2006 年 5 月 16 日整理）

# 景德镇市惨案

## ——日军惨绝人寰的大轰炸

抗日战争时期,景德镇市(包括现浮梁县、乐平市、昌江区、珠山区)属国民政府江西省第五行政区,位于江西省东北部,东邻婺源、德兴,南接万年,西毗鄱阳,北连安徽东至、祁门。景德镇市处在丘陵地带,层层叠叠的大小山峰密布全境。景德镇有着 2000 余年的制瓷历史,瓷器闻名海内外,商业十分繁荣,交通较为便利,主要以水运为主,号称"十八省码头"。1935 年,江西省第五行政区治所从鄱阳迁入后,景德镇成为赣东北政治、经济、文化、军事中心。

1939 年,随着日军先后占领江西九江、南昌,江西的抗战形势越来越严峻。赣北、赣中沦陷后,省政府迁往赣西南,处于赣东北离九江仅 100 余公里的景德镇,就成为江西抗战的前线。加之景德镇是江西的工业城市,商业发达,每年向省政府提供大量的抗战经费、粮食、煤炭等战略物资,日军便把景德镇作为轰炸的重点目标之一,妄想通过对景德镇的狂轰滥炸,来摧毁景德镇人民乃至江西第五行政区人民的抗日斗志。同时,当时驻守景德镇的国民政府军第 21 军一部没有高射炮等防空武器,无法打击和赶走敌机。县政府只在县城和重要乡镇设立防空监视哨,遇日机前来轰炸,预先发出警报,通知市民疏散,但留给市民疏散的时间非常短,往往警报刚响起,不久日机已飞临头顶。

1939 年 12 月 24 日(农历十一月十六日)上午八九点钟,日军飞机经过精心准备,突然从市区西偏北(九江)方向飞来两架,在景德镇上空盘旋侦察。市区的老百姓从来没有见过飞机,竟携妻带子到户外观看,在街上看飞机的人非常多。但就在此时,在周路口方向人们突然听到"轰"的一声巨响,接着许多人慌慌张张地从万年街向樊家井方向跑来,不少人惊魂未定地喊叫:"不得了啦!飞机扔炸弹,炸死人啦!"此时,人们才得知来的两架飞机是日本的飞机。投下了两颗炸弹,一颗炸了把总街(现景兴瓷厂背后),命中一家姓罗的瓷器坯坊,除了二人外出,在家的全部遇难;另一颗丢在扫家岭田里,没有造成人员伤亡。这是日军飞机第一次轰炸景德镇城区。

日机第二次轰炸景德镇是 1940 年 1 月 24 日(农历十二月十六日),那天炸的地方很多,有浚泗井、千佛楼等,最惨的是住在戴家上弄吉安会馆即鹭洲书院的南昌难民,有好几十户,计两三百人,大家挤在一起生活,非常可怜。这一天很冷,上午约 9 点多钟,大家正生火做早中饭(两餐合做一餐),忽然响起警报,日机很快就到了市区上空。来的是 9 架"意大利"飞机(当时景德镇老百姓称平飞投弹的为"意大利"飞机,俯冲投弹的为"日本"飞机,事实并非如此,这里是借用当时的语言),3 架一队,品字队形,一到上空,即平飞投弹,转瞬之间,墙倒屋塌,烟灰弥漫。

周路口一带中弹最多,吉安会馆化为废墟,院内难民压在倒塌的墙底下,或死或伤,全无幸免。事后运到河西掩埋的尸体,多达100余具,死伤最为惨重。

1940年2月23日(农历一月十六日),日机第三次轰炸景德镇,头天晚上刚过完元宵的人们就大难临头了。许多架日机对市区进行狂轰滥炸,观音岭窑、土地岭窑、项家窑俱被炸毁。在董家岭的一处防空洞内,挤着60多人。本来,很多人并不来此躲避,只因当天响了几次警报却没来飞机,最后一次警报响了,他们不愿跑远,便就近躲到这个防空洞内。据说最后一个人来到洞口,因里面人太满,被洞里的人赶跑了。不料,飞机真的来到上空,即刻轰炸,一颗炸弹正命中洞口。除了弹片杀伤和洞塌外,更由于爆炸气浪的冲击,导致窒息,使洞内男女老少全部死亡,惨不忍睹。

日机除了投炸弹,还用机关枪屠杀无辜。一天下午,来了4架日军飞机,投了几颗炸弹,便沿着昌江河边,用机枪向河滩扫射起来。当日河边有许多槎柴堆,还有许多船只,也是沿河群众就近躲避之处。飞机毫无顾忌地低飞,侧着身子掠过河面。躲藏在此的人们经受不住那撕心裂肺的吼声,跑动起来,正好成了机枪射击的活靶子。4架日机你来我往轮番穿插,追逐着四散逃窜的人群不断扫射,折腾了二三十分钟。船边岸上,死伤累累,河滩成了屠场,真是惨绝人寰!

日军飞机来得最多的一次是1940年4月5日(清明节)。那天上午10点多钟,从南山方向飞来日机27架,9架一组,在市区上空盘旋一圈就飞走了。人们见日机飞走了,纷纷出来。突然,那27架日机又疾临市区,一来就大丢炸弹,只见弹如雨下,炸弹响处,硝烟弥漫,大火冲天。陶王庙、落马桥、烟园口、花园上弄一带数百间坯坊和民房被夷为平地。落马桥一个防空洞中弹,死伤数十人。戴家上弄中段被炸成焦土。住在吉安会馆附近的外地难民被炸死60余人,连当地居民在内,戴家上弄一带炸死不下百人,伤者无数。一个姓刘叫五古的窑户,除本人去外地卖瓷器幸免外,全家遇难。日机轰炸使城区断垣残壁,满目疮痍,死难同胞缺手少足,惨不忍睹,父抱子尸痛哭,女抱亡母哀号,捶胸顿足,呼天抢地之惨景随处可见。其他地方的轰炸也是残酷的。金家弄口的王长兴国药店(现火炬副食品店)被炸起火,烧得片瓦无存。赛宝坦(现陶瓷工业公司设计院门口)一户袁姓卖牛肉的,祖孙三人,其母脚被炸飞到匣钵作坊屋顶瓦上去了,儿子被炸得尸骨都找不齐全。还有一些未爆炸的炸弹。苏家弄口稻香村南货店岗亭边有一颗未响,过后挖了出来,差不多有扁担长、五升桶粗。大黄家弄有户人家,炸弹从房屋上穿瓦直下,刚好落在米缸内未响,吓得一家人失魂落魄。小十字弄有颗未爆的炸弹,至今仍埋在地下。

日军飞机对景德镇的数次轰炸多半从西偏北方向进入市区,再掉头向南,沿着后街(中华路)这根轴线飞行投弹,上从薛家坞宗仁窑起,下到太白园,东到樊家井西侧,西到昌江河边这一地区。弹着点最多的是周路口地段,这里地形开阔,窑囱林立,坯坊集中,成了日机空袭的主要目标,董家岭、富商弄、黄家弄、牌楼里、戴家弄、十八桥、金家弄、陈家街、龙缸弄、彭家上弄等等地方都多次挨炸。河西油栈附近(南门头大桥西端)落下3颗炸弹,但都未扔中目标。莲花塘陶瓷实验所(现市委院内)最后一次也着了弹,还有一颗落在防空洞前却未爆炸。唯有龙珠阁一处,琉璃黄瓦,是全市最高建筑,目标十分明显,却始终未被日机轰炸。人们猜测这是日机有意保留,作为指引轰炸目标。上述轰炸区域,看来似乎面积不大,可是在当时来说,却是市内最繁华的中心区域,可以说整个城区遭受到了毁灭性的破坏。

其间日机对乐平进行了5次轰炸,其中第一次是1939年3月15日,日机3架投弹3枚,炸死乐平县自卫队号兵叶洵沐。第二次是1940年11月6日,日机又炸乐平县城,炸死平民傅弟喜,炸伤何志仁等8人。同时,日机还对浮梁县旧城、三龙乡以及城郊的昌江区鲇鱼山、荷塘进行了轰炸,造成一些人员伤亡和重大财产损失。

日机对景德镇城区的轰炸,给瓷都人民造成了巨大的人员伤亡和财产损失。人们整天生活在恐惧之中,不知何时日机再次轰炸景德镇,厄运降临到自己和家人身上。为了预报敌机空袭,第五行政区专署和县政府在珠山之巅龙珠阁上设了一口铜钟,作为空袭警报的工具。其他地方如菠若庵也设有铁钟,均有专人负责。市电灯公司还设了汽笛警报。龙珠阁上的铜钟一响,其他地方的铁钟也跟着响起来。"咣,咣咣!"前一后二为预备警报信号,是告诉人们敌机向镇上飞来,但离镇还远,应赶快躲藏起来。"咣、咣、咣!"急促的钟声是日机即将到镇的紧急警报,听到紧急警报应立即就地躲避。"咣——咣——咣——"一锤一锤的缓慢钟声是日机已离镇远去的解除警报信号,这时人们可以回家了。

为了躲避日机的轰炸,人们在河西、马鞍山、夜叉坞、罗家坞、扫家岭、老社公庙等地挖了许多大大小小的防空洞,一听到警报钟声就扶老携幼、拖儿带女到防空洞去躲避。开始日机来得不多,人们听到警报就躲,警报解除了就回家。以后日机来轰炸频繁了,一日数次,经常是解除警报的钟声还在耳边回荡,又响起了空袭警报,人们来回奔跑,疲于奔命。因为开始日机几次对镇的轰炸都是相距一个月时间,所以市民都把日机对镇轰炸称为"做满月"。每到"做满月"的日子,不论响不响警报,人们一早就带上干粮到市郊去蹲防空洞,到夜晚才回家,这叫"躲飞机"。说到躲飞机,年纪大的人还记忆犹新。那时人们都不敢穿白衣服,怕日机驾驶员看见丢炸弹、扫机枪。日机来了,人们躲在防空洞里不敢做声,唯恐日机上的日军听见。有一次日机飞来,躲在马鞍山脚下防空洞里的一个五六岁的小孩,看见日机从防空洞口擦身而过(日机来时一般都是低空飞行,有时连驾驶员的衣服、头部都看得清楚),吓得放声大哭,一洞的人都吓得面如土色,他父亲立即用手捂住小孩的嘴,憋得那孩子透不过气来。人们躲在防空洞里,飞机来了是绝对不敢说话的,就是飞机走远了偶尔说几句话时,也是轻言轻语的。那时人们白天还不敢拿镜子,晚上不敢带电筒。警察说,这都是汉奸给日机打信号用的,带了就会有麻烦。

　　景德镇屡遭日机轰炸，引起了市民的极大恐慌，以至于到后来居民一听到紧急警报，就惊恐万分，呼喊、奔跑，一片混乱，全市景象凄惨极了。为了躲避日机轰炸，机关停止办公，商店停止营业，工厂停止生产，居民在家极不安全。那时，没有政府命令，没有经过商量，大家不谋而合，采取一致行动前往附近乡村躲避灾难。天刚蒙蒙亮，人们就吃早饭，然后带上干粮，全家到天宝桥、新厂、黄泥头、银坑坞、湖田、罗家桥、圆通庵、青塘等较远的地方去躲飞机，黄昏时才回家，也有全家躲到柳家湾、月山、朱溪、渭水、墩口、官庄等乡村去的。市民们说："今天侥幸逃过去了，明天是不是能躲得过去呢？"逃难的人群天天不见减少，连全县的公务人员都加入了逃难的队伍，县政府无人办公，第五行政公署从市内搬到了臧湾圩。一连半个多月，白天街上行人寥寥，20多天后才恢复正常秩序。

　　日机对景德镇的大轰炸，造成了当地重大人员伤亡和财产损失。据统计日机对景德镇的大轰炸，共直接炸死炸伤人数为1239人，其中死亡783人。这些伤亡人数主要是指1939年12月至1940年春这段时间，其后至1942年7月，日机虽也对景德镇进行了轰炸，但伤亡人员都不多。其中：景德镇城区炸死456人，炸伤401人，合计857人；乐平死亡5人，轻伤33人，重伤8人，合计46人；昌江区死亡22人，轻伤6人，重伤8人，合计36人。大轰炸造成全市直接财产损失60.31亿元（法币，下同），间接损失539.62亿元，总计599.93亿元。其中：景德镇城区（包括浮梁）直接财产损失26.63亿元，间接损失488.6亿元，合计515.23亿元；乐平直接财产损失32.9279亿元，间接损失48.18127亿元，合计81.11亿元；昌江区直接财产损失0.762亿元，间接损失2.827亿元，合计3.589亿元。此外，由于日本侵略军飞机在我市投掷毒气弹，造成疫病流行。除鼠疫外，战时流行疫病，以霍乱、赤痢、脑膜炎三种最厉害，死亡率也最高，仅浮梁报死亡就达到300人之多。同时，在遭受日机大轰炸后，人民病饿死及逃难的，不计其数，造成人口锐减。日本侵略军在景德镇所犯下的罪行，罄竹难书。

（撰稿：景德镇市委党史办　王新华）

附件一:

# 回忆日本飞机轰炸景德镇

**程霍然回忆:**

### 一、轰炸的地方

日机多半从西偏北方向进入市区,再掉头向南,沿着后街(中华路)这根轴线飞行投弹,上从薛家坞宗仁窑起,下到太白园,东到樊家井西侧,西到昌江河边这一地区。弹着点最多的是周路口地段。这里地形开阔,窑囱林立,坯坊集中,成了日机空袭的主要目标。董家岭、富商弄、黄家弄、牌楼里、戴家弄、十八桥、金家弄、陈家街、龙缸弄、彭家上弄等等地方都多次挨炸。河西洋油栈附近(南门头大桥西端)落下 3 颗炸弹,但都未中目标。莲花塘陶瓷实验所(现市委院内)最后一次也着了弹,还有一颗落在防空洞前却未爆炸。唯有龙珠阁一处——琉璃黄瓦,高出全镇,目标十分明显,却始终无恙。传说日机有意保留,作为指引目标,不无可信。

上面说的轰炸区,现在看来似乎面积不大,可是,就当时来说,却是市内的中心地区。

此外,浮梁旧城和三龙两地,也被炸过一两次。

### 二、轰炸经过

大约是 1939 年底,农历十月十六日上午,日本轻型飞机两架,从九江方向闯入景德镇上空,盘旋侦察。当时大部分人没见过飞机,竟到外面观看;幸好日机只在周路口投下一两枚小炸弹便飞走了。弹着把总衙(现景兴瓷厂背后),命中一家姓罗的圆器坯坊,除了二人外出,在家的全部遇难。这是第一次。

日本飞机曾每月一次,一连三次在农历十六日来景德镇轰炸。1939 年农历十二月十六日,住在戴家上弄吉安会馆即鹭洲书院的南昌难民,有好几十户,计两三百人,挤着过活,景况可怜。这一天很冷,约 9 点多钟,大家正生炊做早中饭(一天两餐),忽然响了警报,飞机片刻即临市空。来的是 9 架"意大利"飞机(当时本地老百姓称平飞投弹的为"意大利"飞机,俯冲投弹的为"日本"飞机,事实并非如此,这里是借用当时语言),3 架一队,品字队形,一到上空,即平飞投弹,转瞬之间,墙倒屋塌,烟灰弥漫。周路口一带着弹最多,吉安会馆化成废墟,院内难民压在倒塌的墙底下,或死或伤,全无幸免。运到河西掩埋的尸体,多达 100 余具,死伤最为惨重。

还有一次,一说也是农历十六日。在董家岭的一处防空洞内,挤着 60 多人。本来,很多人并不来此躲避,只因当天响了几次警报却没来飞机,最后一次警报响了,他们不愿跑远,便就近躲到这防空洞内。据说最后一个人来到洞口,却被洞里的人赶跑了。不料,飞机真的来到上空,即刻轰炸,一颗炸弹偏偏命中洞口。除了弹片杀伤和洞塌外,更由于爆炸气浪的冲击,导致窒息,使洞内男女老少全部死亡。

日机除了投炸弹,还用机关枪屠杀无辜。记不得年月,那是一天下午,来了4架"日本"飞机,投了几颗炸弹,便沿着河边,用机枪向河滩扫射起来。当日河边有许多楂柴堆,还有许多船只,也是沿河群众就近躲避之处。飞机毫无顾忌地低飞,侧着身子掠过河面。躲藏在此的人们经受不住那撕心裂肺的吼声,跑动起来,正好成了机枪射击的活靶子。4架敌机你来我往轮番穿插,追逐着四散逃窜的人群不断扫射,折腾了二三十分钟。船边岸上,死伤累累,河滩成了屠场,真是惨绝人寰!

最后一次轰炸。1942年六七月间,太平洋战争已经爆发,日机也好久没来,大家的警惕渐松。一天突然空袭警报大作,接着紧急警报,日机7次来市,都是所谓"意大利"飞机,弹着点从莲花塘到前街,从斗富弄到太白园,散乱得很。瞬时间屋塌墙倒,死伤无数。由于事出"意外",引起极大恐怖,一连半个多月,日里街上行人寥寥,20多天才恢复正常。这次以后,日机没有再来。

想不到的是,就在这一次,国民政府军破天荒第一次组织了对空射击。虽然不太激烈,但终究抵抗了。

日本飞机威胁下的瓷都社会生活,无疑是紧张的,但也不是一直这样,而是波浪形的。概括地讲是晴天紧雨天松,日里紧夜里松,炸一次紧一阵,隔两周松一松。

飞机轰炸造成死伤,也不是次次都惨重。人们汲取了教训,调整了行动,死伤便减少了。有一次,仅仅炸死一条狗。

不过,有一次特殊例外。那是一个晚上,忽然机声嗡嗡,在上空盘旋。夜里来飞机是过去从未有过的事,大家赶紧熄灯,紧张了一阵,但啥事也没发生,便都忐忑不安地入睡去了。事后才听说那是盟军美国飞机。

**方维新回忆:**

一、空袭警报

为了预报敌机空袭,让人们及早采取措施躲避,在珠山之巅龙珠阁上设有铜钟一口,作为空袭警报的信号。其他地方如菠若庵也设有铁钟,均有专人负责。龙珠阁上的铜钟一响,其他地方的铁钟也跟着响了起来。"嗧,嗧嗧!"前一后二为预备警报信号,是告诉人们日机向镇上飞来,但离镇还远,应赶快去躲避起来。"嗧、嗧、嗧!"急促的钟声是敌机即将到镇的紧急警报,听到紧急警报应立即就地躲避。"嗧——嗧——嗧——"一锤一锤的缓慢钟声是敌机已离镇远去的解除警报信号,这时人们可以回家了。

为了躲避敌机的轰炸,人们在河西、马鞍山、夜叉坞、罗家坞、扫家岭、老社公庙等地挖了许多大大小小的防空洞,一听到警报钟声就扶老携幼、拖儿带女到防空洞里去躲。开始敌机来得不多，人们听到警报就躲，警报解除了又回来。以后敌机来得频繁了，一日数次，经常是解除警报的钟声犹在耳边回荡，接着又响起了空袭警报，人们来回奔跑，疲于奔命；于是就干脆早出晚归，天刚亮吃早饭，尔后带上干粮，全家到天宝桥、新厂、老厂、黄泥头、银坑坞、湖田、罗家桥、圆通庵、青塘等较远的地方去躲，黄昏时才回来，也有全家躲到柳家湾、月山、朱溪、红源、庄湾、渭水、墩口、官庄等乡村去的。

　　二、轰炸情况

　　日机第一次轰炸景德镇是 1939 年农历十一月十六日，那天上午八九点钟光景，笔者跟先父上街买菜，走到菠若庵弄口，只听得前方"轰"的一声巨响，接着就有许多人慌慌张张从万年街向樊家井方向跑来，说前面炸了坯坊，我们吓得也跟着往回跑。因为在这以前镇上没有来过日机，虽然听到空袭警报也不在意，所以街口的人还是很多的。事后得知，那天只来了一架日机，匆匆扔了两颗小炸弹就飞走了。一颗炸了把总衙一家姓程的窑户的圆器坯坊，炸弹丢在泥塘边，炸死了一个印坯工人；一颗丢在扫家岭田里。日机第二次来是 1940 年 1 月 24 日（农历十二月十六日），那天炸的地方很多，有浚泗井、千佛楼等。1940 年 2 月 23 日（农历一月十六日），日机第三次轰炸景德镇，人们头天晚上过元宵的余兴未尽就大难临头，许多架日机对市区进行狂轰滥炸，观音岭窑、土地岭窑、项家窑俱被炸毁。因为日机几次来镇的时间前后都是相距一个月，故人们把日机来镇称为"做满月"。到了"做满月"的日子，不论响了警报没有，人们一早就带上干粮到郊外去蹲防空洞，到夜才回家，这叫"躲飞机"。说到躲飞机，年纪大的人还记忆犹新。那时人们不敢穿白衣服，怕日机驾驶员看见丢炸弹、扫机枪。日机来了，躲在防空洞里不敢做声，唯恐机上的日军听见。有一次日机来了，和我同躲在马鞍山脚下防空洞里的一个五六岁的小孩，看见日机从防空洞口擦身飞过（日机来时一般都是低空飞行，有时连驾驶员的衣服、头部都看得清楚），吓得放声大哭，一洞的人都吓得面如土色，他父亲立刻用手捂住那孩子的嘴，憋得那孩子透不过气来。人们躲在防空洞里，飞机来了是绝对不敢说话的，就是飞机去远了偶尔说几句话时，也是轻言轻语的。那时人们在白天还不敢拿镜子，晚上不敢带电筒。警察说，这都是汉奸给敌机打信号用的，带了就会有麻烦。

　　日机来得最多的一次是 1940 年 4 月 5 日（清明节），那天上午 10 来点钟的时候，从南山方向飞来日机 27 架，9 架一组，在市空盘旋一周就飞走了。人们见日机走了，纷纷出来。突然，那 27 架飞机又疾临市区，一来就大丢炸弹，只见弹如雨下，炸弹响处，硝烟弥漫，火光冲天。陶王庙、落马桥、烟园口、花园上弄一带数百间坯坊和民房被夷为平地。落马桥一个防空洞中弹，死伤数十人。戴家上弄中段被炸成焦土。住在吉安会馆附近的外地难民被炸死 60 余人，连当地居民在内，戴家上弄一带炸死不下百人，伤者无数。一个姓刘叫五古的窑户，除本人去外地卖瓷器幸免外，全家遇难。断垣残壁，满目疮痍，死难同胞缺手少足，惨不忍睹，父抱子尸痛哭,女抱亡母哀号,捶胸顿足,呼天抢地!其他地方的轰炸也是残酷的。金家弄口的王长兴国药店(现火炬副食品店)被炸起火,烧得片瓦无存。赛宝坦(现陶瓷工业公司设计院门口)一户袁姓卖牛肉的,祖孙三人,其母脚被炸飞到匣钵作坊瓦上去了,儿子被炸得尸骨都找不齐全。还有一些未爆炸的炸弹。苏家弄口稻香村南货店岗亭边有一颗未响,过后挖了出来,差不多有扁担长、五升桶粗。大黄家弄有户人家,炸弹从房屋上空穿瓦直下,刚好落在米缸内未响,吓得一家人失魂落魄。小十字弄有颗未爆的炸弹,至今仍埋在地下。

日机最后一次来镇是 1942 年夏天,吃金瓜的时候,有几架日机来镇,在空中盘旋骚扰,惹起了莲花塘专员公署门口站岗的卫兵的火(有说是马鞍山的),对着日机打了两枪,吓得日机慌慌张张逃走了。过后,听说那两个卫兵还受了处分。从那以后,镇上就再也没有来过日机了。

### 熊正瑞回忆:

#### 一、家属迁移

日机一边轰炸景德镇,一边向这个方位进攻,1941 年 5 月,占领了鄱阳县城,这给浮梁带来极大的震动。一天,县长屠孝鸿通知全体科员秘书去他家里开会。人到齐后,他显得异常神秘,命令侍役退出,并亲自关上房门,轻声说:"现在日军向我大举进攻,根据获得消息,有向浮梁进犯模样。我们是无法守住的;已选定臧湾为根据地,万一冲散,就到那里集中吧。希望大家做好准备,但要绝对秘密,以免老百姓发生惊慌。"他没有说出其他应变计划,大家也没提什么问题,各自怀着不安的心情回家。

第二天,每人又发了一个布背包,作为紧急时装带公文之用。此外,没有采取任何措施。其实,屠孝鸿所说,并非秘密,都是大家早已知道的。这次谈话,只是作为官方的正式通知而已。此后一连多天,人心惶惶,无形中停止了办公,互相探听小道消息。屠孝鸿也很少到县政府来了。

臧湾根据地,是专员酆景福指定的。在这危急时刻,专署和县府人员的眷属,纷纷迁移臧湾圩。这一行动是由专署统筹安排的,专署封用了大批船只,既不需自己花费一文,还可以将家中什物全部带走,好似平日旅行一样,非常舒适。到臧湾后,住的房子也已预先租好,不需自己费神,房租也很便宜。县政府的情况就不同了,虽然眷属已多迁去臧湾,但各自为政,互不照顾。专署第一科科长陈鸣佩和我住在紧邻,陈是我的同学、同事,又是亲戚关系,感情较好。他忙着搬家,看见我毫无动静,就来询问。我说:"我不准备搬。我家里没有什么东西,我和妻子临时走也来得及。"陈将这情况向酆景福作了汇报,酆景福说:"不搬是不好的。考虑到他平日为人拘谨,交通工具或有困难,可以让他妻子搭专署的船。到臧湾后,也可以分给专署租好的房子。"既然这样,我也只好叫妻子同陈鸣佩的眷属共坐一船去臧湾了。

除了把大批专署、县府人员的眷属迁到臧湾外,其他方面并没有作出什么布置。如果日军真的到了景德镇,臧湾这个根据地能坚持多久,实在是个疑问。幸好日军占领鄱阳县城后,只是推进到了古县渡便停止了前进,局势日见缓和。20天后,县政府逐渐恢复正常工作。一个月后,专署、县府人员的眷属陆续迁回景德镇,臧湾这个根据地便渐渐地被人们遗忘了。

二、全城逃难

当时,国民政府军第21军军部驻在罗家桥,并无高射炮等防空设置,所以敌机凌空肆虐,如入无人之境。县政府在县城和重要乡镇设立防空监视哨,只能发发警报,起到通知市民预先疏散的作用。景德镇市屡遭日机轰炸,居民一听到紧急警报,就惊恐万分,呼喊、奔跑,一片混乱,情状惨不忍睹。县政府人员却有一优越条件:防空哨设在电话总机室,总机室和县政府办公室邻近,对防空呼号,早已听熟了。如11—5和11—6,同样都是发出紧急警报。11—5,指偏离了本市方向,日机不会到达本市;11—6,则正对着本市,十有九次,日机飞临市空。因此,我们听到报的是11—5,可以安坐不动;若听到报的是11—6,那就非走不可了,而且不等紧急警报发出,就已离开了办公室。

1942年7月的一天,日机飞临市空,一天之内,连续轰炸6次,落弹点10余处,房塌人亡,造成空前纪录,引起了人民极大恐慌。最后一次,日机向莲花塘县政府临时办公处投了一枚炸弹。当时县政府为了逃避空袭,于莲花塘陶瓷试验所后进设立临时办公处。莲花塘地点偏僻,从未受到日机骚扰,在办公室旁山边,又筑有较坚固的防空洞,可算安全。不料,这次也着了一弹。投弹时,我正在防空洞内,只听见吱吱的声音,一枚炸弹准确地落到办公室旁,一直钻入土里,没有爆炸。飞机去后,大家纷纷围观称奇,有的说是定时弹。县政府技术力量薄弱,不能进行挖掘,也无法采取防范措施,只好听之任之。40余年时光,弹指之间,直到现在,这枚炸弹仍然安藏在土内。

屠孝鸿听到县政府被炸,也赶来察看,一见毫无损失,很是高兴。这时,屠的老父由家里打来电话,屠孝鸿一面接电话,一面对大家说:"我的老父来电话,叫大家不要在办公室内办公,以免发生危险。"

第二天,全市景象凄惨极了。机关停止办公,商店停止营业,工人停止操作,居民也不在家安生。没有政府的命令,没经过群众的商议,大家不谋而合,采取一致行动:半夜起来烧饭、吃饭,天蒙蒙亮就纷纷出门,前往附近乡村躲避灾难。7点钟后,全市成了空城,仅有极少数不能行动的老人留在家中看守门户;直到黄昏时刻,逃难的人群才拖着疲倦的身躯各自陆续回家。奇怪的是,敌机后来虽没有轰炸本市,但人们恐慌的心理却与日俱增;他们总是担心,今天侥幸过去了,明天可能会有更大的灾难降临。因此,每天逃难的人群丝毫不见减少。我随着人流奔走,经常听到一些劳动人民的怨言:"现在,家里还有米,可以逃难;吃完这点米,以后怎样生活呢?"在这混乱情况下,各行各业,谁不遭受损失?只有公务人员高枕无忧,虽然天天逃难,工资依然照领。这种早出晚归的全市性逃难,持续了半个月以上,才逐渐恢复正常。

我也经历了 10 天的流难生活。这 10 天,我是和王伟在一起的,每天天不亮在他处吃早饭,然后跟着他出门逃难。

当时,全城的公务人员都参加了逃难行列。鄢景福感到这样长期跑下去不成事体,责成屠孝鸿恢复政府的正常工作。屠孝鸿大概是难以执行,采取了折中办法,决定我和民政科科长何普丰暂时负责处理县政府日常工作。我轮值每天上午,何普丰轮值每天下午。一天,电话铃响了,我拿起听筒,传来鄢景福的声音:"请屠县长说话。"我答:"屠县长不在县政府。"鄢景福又问:"危秘书在吗?"我答:"也不在。"鄢景福发怒了,骂道:"县政府没有人了吗?"我听了感觉屈辱、愤懑,立即回答:"专员,我不也是人吗?"鄢景福辨出是我的声音,便问:"你是熊秘书吗?县政府的工作恢复了吗?"我答:"已恢复了正常。"鄢景福又说:"你总是负责的,很不错。希望今后好好工作。"由于鄢景福的查勤,局面又日趋稳定,县政府人员都陆续回来办公。20 天后,恢复了正常秩序。

附件二：

# 采访珠山区周路口街道居民唐于安记录整理

我叫唐于安，1926 年 1 月 24 日出生，今年 83 岁。家住景德镇市珠山区牌楼里 63 号。

当时，我有十二三岁，对日机轰炸景德镇有印象。那时，我们听到日机空袭的警报，就到处躲飞机，我住的附近没有防空洞，只有戴家弄有一个水沟，里面可以躲几百人，但是也未能幸免。一次，日本的飞机投弹将躲在戴家弄水沟里面一两百人都炸死了。我那时小，一听见飞机要来，就跟着父亲到泗王庙河边的小船上去躲飞机，来不及跑的，就躲在家里的桌子底下。

我亲眼看到日机在现在的第一人民医院附近投了许多炸弹，很大的烟雾。日本飞机轰炸时，飞得很低，有些都好像挨着屋脊飞。飞机除投弹外，还用机枪扫射。当时炸得最凶的地方是西瓜洲、太白园、戴家弄以及泗渡里一带，死伤不少人，有的人被飞机炸弹炸得尸首分离，手脚都飞到别人房顶上去了，真是太惨了。

（景德镇市委党史办王国保、陈志华和
珠山区委党史办刘露虹 2009 年 1 月 6 日整理）。

附件三：

# 采访珠山区石狮埠街道居民熊菊水记录整理

我叫熊菊水，1915 年 4 月 9 日出生，今年 94 岁。家住景德镇市石狮埠街道玉字巷上弄 3 号。

我是南昌人，1939 年日军占领南昌后，我随老娘、嫂子逃难到了景德镇市。我那 30 岁的大哥以及两个叔伯弟弟都被日本人打死了。逃到景德镇后就帮人做点零工和小生意。记得日本人飞机第一次轰炸时都是炸城区人口密集、房子多的地方，如戴家弄下面一带，还有龙珠阁附近。日本人飞机都是从鄱阳方向飞来的，有时一天轰炸几次。飞机飞得很低，都可以看见人。当时我们只有躲飞机，一听到警报响，就往后面的雷公山上跑，有一次日本飞机的炸弹落在我旁边炸得我一身的土，捡回了一条命。后来人们被炸怕了，有一个多月都是半夜起来煮饭，带上干粮，天没亮就躲到观音阁附近的山上，晚上再回家。我现在晚上都做噩梦，梦见日本飞机轰炸、杀人。

（景德镇市委党史办王国保、陈志华和

珠山区委党史办刘露虹 2009 年 1 月 6 日整理）

附件四：

# 采访珠山区新村街道居民余济时记录整理

　　我叫余济时，1935 年 10 月 9 日出生，今年 74 岁。家住景德镇市工人新村邮电局宿舍。

　　记得六七岁时，日本飞机来轰炸景德镇，轰炸时无固定目标，主要是对冒烟的窑厂、居民聚集区轰炸，当时的戴家弄、太白园、烟园口一带窑厂都被炸。因为景德镇工业比较发达，轰炸是为了破坏景德镇的生产和经济。飞机来时，人们就往莲花塘、马鞍山、里村、观音阁等处躲飞机，住在前街的都是往沿河里的排水沟里躲，小孩跟着大小跑，人心惶惶，只有听到警报解除才敢回家。飞机来得最多的一次一天有六七次，先是一架，后面并排好几架，成编队从河西方向飞来。飞机飞得很低，响声吓人，像牛叫。

先是投弹轰炸，后来就用机枪扫射，我亲眼看到炸弹"刷刷"地往下掉，着地后爆炸，但也有未炸响的。有一次，我躲在现在匣钵厂附近的一个厂房里，厂房很大，但是用茅草盖的，很简陋。日本飞机用机枪扫射，将我旁边一个人扫射死了，我幸免于难。我住在"福音堂"附近，"福音堂"是美国传教士办的慈善机构，上面挂着一面美国国旗，但是日本飞机照炸，炸掉了"福音堂"后的一个窑厂，将一个人的手脚都炸飞了。当时的国民政府也没什么防空力量，就是在莲花塘、马鞍山处挖了一些战壕，敌机来时，放防空警报、熄灯等。后来驻扎在罗家桥的川军曾用高射机枪打飞机，但也没有打下一架飞机。

（景德镇市委党史办王国保、陈志华 2009 年 1 月 6 日整理）

附件五：

# 采访昌江区昌江村枥木岭村民沈米琦记录整理

我叫沈米琦，1932 年 12 月 25 日出生，今年 77 岁。现住昌江村枥木岭 4 号。

记得我只有 10 来岁的时候，一天，天气很冷，水面上结了很厚的冰，都可以站人。当时我在床上睡觉，就听见日本的飞机响声，飞机是排列飞过来的，前面一架，后面跟了许多架，"轰轰"地从东面那边飞过来，一直往镇里街上飞。后来，听说日本飞机在街上龙珠阁附近投了炸弹，将埋在地下的御窑瓷器都炸翻起来。村里有些胆大的，后来到街上去看，街上的屋被炸了不少，死伤不少人，有的人手脚都炸上了天，飞到别人家屋顶上去了。我们村里有些胆小的都不敢上街卖菜。街上的人也不安心，有钱的人跑得远，没钱的人跑到我们这里躲飞机。后来，国民政府在我们村里的山上驻扎部队，架设迫击炮等武器，有一次用炮打中了一架日本飞机，日本飞机中弹受伤跑走了，从此以后日本飞机就没来过。

（景德镇市委党史办王国保、陈志华 2009 年 1 月 6 日整理）

附件六：

# 采访乐平市居民汪品三（生前）记录整理

我叫汪品三，1915 年 2 月 12 日出生，今年 90 岁。家住乐平市第二中学。

1938 年 7 月开始，日本飞机对乐平市先后进行 6 次轰炸。第一次是 1938 年 7、8 月间，日机投弹两枚，一枚落张家巷，炸倒几棵树，另一枚落在马行，屋倒压死妇女 1 人。第二次是 1939 年春，老邮局前中弹，炸死 1 人。第三次炸儒学里，即后来张维邦做屋处，炸死保警队官佐 1 人。第四次炸汪老五的洋房，炸弹落在斜对面，炸毁店房 2 座。第五次炸大寺上小学，金家园中弹一颗。此外在 1942 年暑假时日机轰炸了乐平中学。为了避免遭到空袭，耶稣堂瓦上盖了白十字，汪荷聆屋顶上的红瓦盖上了黑瓦。

（汪品三生前在 2005 年 9 月 21 日的口述，
乐平市委党史办徐正金、汪小龙 2009 年 1 月 6 日整理）

附件七：

# 采访乐平市居民徐忠汉记录整理

我叫徐忠汉，1928 年 1 月 3 日出生，今年 81 岁。家住乐平市洎阳街道办事处财贵巷 28 号。

日本飞机约在 1939 年 2 月空袭乐平，轰炸了儒学里。第二次是轰炸福禄巷。1942 年暑期时，日机轰炸了乐平中学两院。此后，为了防空袭，在大寺上小学楼上挂了一个铜钟，敌机一来便拉绳敲钟发出警报，警报有预备、紧急、解除几种。

（乐平市委党史办徐正金、汪小龙 2009 年 1 月 6 日整理）

附件八：

# 采访珠山区居民甘金兆（生前）记录整理

　　我叫甘金兆，今年 88 岁。家住景德镇市信义房地产陶瓷大世界商品房 1 栋 201 室。

　　大概是在 1939 年，日本飞机轰炸景德镇，炸的地方有公安岭、戴家弄、龙珠阁、华电瓷厂（烟园口）一带，轰炸的时间都是上午。飞机来得最多的一次有 30 多架，3 架一排飞过来轰炸，投下来的炸弹都很大，炸得也凶，死伤有 600 多人，人行道也炸了一个大坑。还有一次来了两架飞机，飞得很低，好像跟房子一样高，日机用机枪扫射，死了好多人。街上许多人都早出晚归，跑到河西、乡下去躲飞机，到下午三四点钟才敢回家。当时国民政府怕日本兵来，就将桥炸断，路基也挖断。街上有许多从外地逃难来的难民。

（甘金兆生前在 2005 年 7 月 21 日的口述，
景德镇市委党史办王国保、陈志华 2009 年 1 月 6 日整理）

附件九：

# 采访浮梁县新平村村民刘海帮记录整理

　　我叫刘海帮，1933 年 10 月 19 日出生，今年 73 岁。家住新平南城凤凰嘴村。

　　记得七八岁时，约在七八月间的一天，吃了早饭后，听到飞机响，我爸爸就叫我们小孩钻进屋后先前挖好的土洞里。不久，听到河对面一声巨响，就听见大人们说："不好了，日本飞机投了硫磺弹，对面起火了。"我连忙跑出洞，就见爸爸和隔壁的几个大人挑着水桶趟过昌江去对面救火。西门的火最大。日军真是太残忍了。

（浮梁县史志档案局叶继善 2006 年 3 月 19 日整理）

# 鹰潭市项家岭惨案

鹰潭市位于江西省东北部,浙赣铁路中段,地理位置十分重要。东连弋阳、铅山,西接金溪、东乡,南临资溪、福建光泽,北界余干、万年。境内地势南北高,中间低。中部是丘陵,南北溪水流经其间,形成大小不等的山间盆地,是良好的农业区,盛产稻谷,素有"赣东粮仓"之称。信江中游从东向西,横贯全市,注入鄱阳湖。抗日战争时期,鹰潭是较大的水陆交通枢纽。

1939年3月,日本侵略军侵占南昌后,浙赣铁路的火车只能通到余江县城邓埠镇,大批货物和军用品都在鹰潭集散。1941年12月7日,日军偷袭美国军事基地珍珠港,太平洋战争爆发。中美两国商定,美军将利用中国东南沿海地区的浙江省衢州、丽水和江西省玉山等机场空袭日本本土。日本当局迅速策划,决定发动浙赣会战,其战略意图有三:军事上,一举攻占浙赣线,再图打通粤汉线,彻底摧毁衢州、玉山、丽水等机场,以消减对其本土的空中威胁;政治上,为南京汪伪政权打气,并谋使汪伪政权的势力扩展到苏、皖、浙、赣的腹地;经济上,掠夺这一地区丰富的战略资源,并截断浙赣与湘桂及西南地区的经济贸易联系,削弱中国抗战的经济力量。1942年5月15日,浙赣会战打响,按照日军大本营的会战方案,东从浙江方面向西推进,西从南昌方面向东推进,最后两路会合,打通浙赣线。

在浙赣会战中,鹰潭属于西线。日军主力于1942年5月31日晚东渡抚河后,攻占抚州。接着就把进攻矛头指向浙赣铁路与信江交汇处的水陆交通枢纽、赣东战略要地鹰潭。6月15日、16日,日军第11军第34师团占领鹰潭镇、贵溪县,鹰潭沦陷。

日军占领鹰潭后,在鹰潭各地抓了2000多名劳工,日军命令劳工把浙赣铁路的路轨全部拆下来运到车站,再从车站运到信江大码头,装船运到九江,再运往日本。劳工们12人一组,由日军押着,不间歇地把铁轨从车站抬到大码头,因为人有高有矮,抬时高个子要弯腰,矮个子要踮起脚,否则合不到力。日军认为这是磨洋工,就用皮鞭劈头盖脸地抽打,当场就有被打死的。被打死的人,尸体就被扔进信江。

刘家有个小学教师从劳工营中逃出,被日军抓了回来,把他的手脚叉开绑在两根扁担上,用铁路道钉活活钉死。夏埠村的祝有生逃出后也被抓回来,日军把他绑在天主堂的一棵树上,用棉花浇上煤油点火烧。日军以为烧死了,把他抛到信江河里去,但他被冷水一浸又活了过来,总算保住了一条命。当时他的背上腐烂生蛆,受尽痛苦。

铁轨运完后,日军开始分批大规模地屠杀劳工。7月12日上午,日军在一处营房(仅此一处关了500人)中,用铁丝捆住了60个人的手,押出去就没有再回来了。下午又把 48 人叫出,用棕绳捆住手串在一起,押到了龙头山项家岭。此时龙头山上血流遍地,到处是身首分离的尸体,这才知道上午出来的人被杀害了,现在又要杀这些人了。日军把他们赶到项家岭的峭壁上,开枪打死了一个劳工并坠入河里,其余的人被牵动都滚下河去。日军在河中预先摆布好的汽划子上,突然响起机枪扫射声,劳工的血染红了河水。其中有 3 个人的下巴、腹部、脚上都中了弹,但他们会凫水,便挣扎着划到夏埠彭家上岸,才保住了性命,剩下的人都死在河里。日军用这种惨无人道的手段杀害的劳工多达 2000 多人,劳工营里很少有人生还。

(鹰潭市委党史办　陈志敏)

附件：

# 历史，将永远记住这一天

    1942 年 7 月 12 日，是鹰潭人不该忘记的一天。这一天，侵华日军在信江河畔的龙头山项家岭（现人民公园内）疯狂残杀中国老百姓。刘家站垦殖场职工、共产党员刘兵庭谈起当年日军血腥暴行时，仍情不自禁地捶胸顿足，义愤填膺。

    刘兵庭老人告诉笔者：

    1942 年 6 月 15 日，侵华日军占领鹰潭后，便四处捕捉百姓投入劳工营，被抓的劳工有 2000 多人，正在路过鹰潭的刘兵庭也被抓住。日军强迫中国劳工拆下浙赣铁路的路轨，运到太极阁大码头，装船运往九江，再从九江运往日本。在日军的刺刀和皮鞭下，中国劳工 10 多个人抬一根钢轨，从早到晚不停地干，每天只供两餐发霉的稀粥。劳工们累得筋疲力尽，饿得眼冒金花，动作稍慢一点，便遭到劈头盖脸的皮鞭抽打。有的劳工昏倒在地，即被刺刀扎穿肚皮，尸体扔进信江。面对日军的暴行，劳工们不断奋起反抗，但手无寸铁的劳工，怎敌得过荷枪实弹的日军！反抗者都被当场开枪打死，或是泼煤油烧死。劳工营每天都有死尸拖出来扔进江里。那段时间，江面上漂浮着一具具鼓胀的尸体，地上流淌着一汪汪殷红的血水，惨不忍睹。

    7 月 12 日，铁轨运完后，便开始大屠杀。日军用铁丝穿过劳工的手掌，几十人连成一串，押往龙头山项家岭的峭壁上，用机枪扫射。一串的尸体栽入江里，整个江面全被中国百姓的鲜血染红了。刘兵庭的那一串劳工是用棕绳捆绑的，他和另外二人在枪响的一刹那间，挣脱了绳索，纵身跳进江里，日军便朝他们跳下去的地方猛烈扫射。幸好三人都谙熟水性，潜入深潭，钻进峭壁下的草丛中，直到天黑才游到对岸。刘兵庭的屁股上中了一弹，溃烂后留下巴掌大的伤疤。另两人肩上、背上都中了弹，怕被日军发觉不敢去医治，直烂得生蛆，20 多天后相继死去。在这次惨绝人寰的屠杀中，2000 多名劳工，死里逃生者仅有三四人。

    龙头山上的参天古樟可以作证，侵华日军犯下的滔天罪行罄竹难书；项家岭下的湍急深潭可以作证，中华民族蒙受的深重苦难泼墨难写。在纪念抗日战争胜利五十周年之际，笔者把当年访问刘兵庭了解到的这段往事公诸报端，就是让历史永远记住这一天。

（作者：周鸿德。载中共贵溪市委宣传部、<br>
党史办编《难忘的 63 天——日军侵贵纪实》）

# 高安县惨案

高安县(现为高安市),素有"农业大县""赣中明珠"之称;汉置建城县,唐改高安县,距今已有 2200 多年历史。位于江西省中部偏西北,属长江中下游平原,北部山区山高林密、地势险峻,南部地势平坦、物产丰饶,资源丰富。1993 年撤县设市,辖 2 个街道办事处、20 个乡镇、1 个风景名胜区、2 个垦殖场,总人口 83 万。全市幅员 2439.33 平方公里。

高安位于江西省会南昌以西 60 公里,是抗日战争时期赣西战场的重要枢纽。1939 年 3 月 23 日,日军突破赣北防线,国民政府军一触即溃,一夜之间连失安义、靖安、奉新三个县城。日军占领南昌,为巩固南昌外围,多次从新建、奉新向高安进犯,当时国民政府军第 48 军某部驻扎在团山寺一带,对日军闻风丧胆,未发一枪便逃之夭夭。4 月 2 日,日军占领高安县城,锦河以北大城镇、祥符镇皆沦敌手,县政府迁往珠湖。

自 1939 年 3 月始,至 1945 年 8 月,日军曾先后七次进犯高安,实施惨无人道的"三光"(杀光、烧光、抢光)政策,直至推行细菌战。日军的疯狂侵略,空中轰炸,地面进攻,日伪汉奸猖獗活动,给高安的政治、经济、文化、教育、社会生活造成了巨大损失。据 1946 年《高安县政府施政统计》记载:从 1939 年至 1945 年,日军在高安共制造大惨案数十起,造成死伤 49018 人,其中死 36536 人、伤 12482 人,奸淫妇女 15300 余人,烧毁房屋 30100 幢,合 186557 间,直接损失共达 58.3 亿多元(法币)。其中,日军在汪家圩地区制造了百人以上的大惨案 16 起,杀害群众12000 余人。日军的长期侵略,铁蹄所到之处,硝烟弥漫,马嘶狼嗥,千村薜荔,万户萧条,多少同胞惨遭杀害,多少家庭颠沛流离,到处难民如潮,民不聊生,高安人民生活在水深火热之中。

**吴珠岭惨案**  1939 年 7 月 13 日,6 架日机在吴珠岭(今伍桥镇境内)投放毒气弹。吴珠岭龙山村(吴姓)是个大村庄,人口众多,这里驻扎了中国军队。与日机空中轰炸的同时,地面部队在吴珠岭上炮轰、枪击村庄上的驻军和平民。该村870 户人家 4960 人,加之山上逃难的 2100 人,共 7000 多人,被日军杀害,顿时尸横遍野。其中 2100 多人死于日军施放的毒气和细菌,染上细菌后活活烂死,有的全家老小死亡。吴球长一家有 18 人死于毒气和细菌。周边村庄、山下一带,有的整个村庄遭到毁灭。现年 81 岁的吴球长清晰地记得,1939 年,来自浮桥村、祥符街、大城街和奉新县的千余难民住进吴珠岭,没几个人活着,加上本地死亡的,埋都忙不过来。

**高安县城惨案**  日军多次进犯高安县城,地面进攻,空中轰炸。1940 年破坏最为严重,致使县政府搬迁到珠湖,整个县城被毁得没剩几幢完好的房屋。据健在的郊区叶鹤龄、叶祥泽以及程家巷罗庆生、红旗居委会彭沉香、西门村傅汝麦等老人回忆,日军在县城烧杀抢奸及轰炸之疯狂,令人发指,触目惊心,简直惨无人道、惨绝人寰,郊区、西门村等各处村落被烧毁、炸光了。石桥头药店一个叫王福林的伙计被日军抓住,用刺刀刺进胸口死了,药店隔壁一个徐姓老人被炸得头手都不见了。日机轮番轰炸,一天至少两次,飞得很低,没几丈高,地面上都看得到飞机里的人。日机又丢炸弹又用机枪扫射。浮桥码头两边的屋都被炸了。现沿江路原粮食局办公区曾被日机炸弹炸出一个直径4丈多的大坑。在郊区,日军用稻草围在墙边放火烧屋,廖旺提水去泼救火,日军往他身上连刺三刀致死。关下(现百货仓库)也烧了大片的屋。日军在县城烧屋、杀人,据不完全统计,烧屋500余幢,杀害、炸死居民2000余人。日军在县城、在郊区到处追着抓妇女,抓住就强奸,郊区一个妇女被日军围着追着,惊吓而死。

**团山寺惨案** 1939年农历八月,中秋节即将临近,日军进犯汪家圩。据幸存者回忆,驻扎在当地的国民政府军放弃抵抗,闻风而逃。当地居民只好四处逃难。汪家圩附近一些村庄的不少村民逃到了团山寺。邻乡祥符、大城和邻县奉新的一些难民也逃到了团山寺,有的在山上待了上十天。到八月十二日,逃到山上的难民人数更多了,达六七百人。难民们在山上过夜。到十三日中午,人们仍粒饭未进、滴水未沾,小孩更是饥饿难忍,饿得哭喊起来。无奈,大人们捡了一些砖头石块,在庙墙下垒灶埋锅,生火做饭,山上升起了炊烟。午后两点钟左右,饭还没熟,3个扛着枪的日本兵寻到山上,踢掉了难民的锅灶,用枪托把庙门砸出个窟窿(团山寺的庙门共有三处)。日军临走时,其中一个(可能学会了中国话,或是中国通,或是汉奸)丢下一句话:"走,明天再来!"就这样,难民们在山上更加惊慌地度过了一夜。有些难民警惕了,觉得这里不能再待下去了,不是安全的避难之所,遂趁着夜色逃往别处去了。但多数人没走。有的因为饥寒交迫,体力不支,打起了摆子;有的莫名其妙烂手烂脚;有的因为拖儿带女、扶老携幼,逃躲行走不便,消极地觉得已是"砧上的肉、笼里的鸡",走到哪里还不都一样任人宰割;有的则听信了团山寺里一个尼姑(汪家本地人)的话,说团山寺里日军不常来,来了也不会伤人,庙里菩萨会保佑大家。难民们怀着侥幸心理,等待观望。十四日,即中秋节前一天,上午10时左右,日军果然又来了,一共7个,扛着机枪,背着刺刀。团山是座田中低山,高约几十米。上山只有东西两条路。东边的路因走的人很少,长满了柴篷,被柴草堵塞了。日军把住了西面下山的路口,把寺内寺外包括庙南戏台上下的难民围赶到庙里,并闯入庙内观音殿、水仙殿,朝难民群中及难民的物品上掷弹点火,顿时两个大殿同时呼呼地燃起了火团。日军抢走难民带来的财物及牵来的牛。然后关起庙门,端着枪和刺刀把住门口,把难民们堵在庙里,企图全体一次烧死。幸而庙侧有一个门,门外一堵土砖砌的墙,不那么坚固,难民们推倒了这堵墙,从庙侧冲出庙外,跌跌撞撞四散往山下逃。但日军用枪威吓难民,一些难民被迫无奈,只得顺从地跪地举手低头。日军先后从跪着的难民群中拖出7个妇女走开,强奸后又把这些妇女塞回人群中仍旧跪着。人群骚动起来。庙里的火越烧越大，走不动或逃不及的，就在庙里被烧死了。没过多久，日军把机枪架在地上，对着人群扫射，跪着的难民们几乎同时应声惨叫而倒，尸体成堆。当时18岁的邓芒英一家42人在其中。因其舅舅和姑父抢先跪在她前面，用身体挡住了她，她未中弹，但脸被子弹擦伤，至今留下了很大很深的疤痕。她一家死了36人。有些难民已沿西边的路逃到了山下田垄苦槠树旁，但日军一挺机枪架在路口，无奈，人群又跪地举手低头。当时18岁的闵琦随父母也在这群人中，他娘说："崽呀，跪到娘身边来，要死，一家人死在一起。"闵琦离跪着的父母有丈把远。他年少机灵，这十来天在山上庙里避难，父母也常支使他到庙周边探看日军到了没，到了就赶快向大人报信。他听人说过，打仗的人双方都躲避在低洼的战壕里，或卧倒，那样枪弹爆炸的弹片就不会炸到身上。恰巧他身边就有一个不深不浅的低坑槽，他就地一躺，躲在坑槽里，虽然半边身子还露在坑外，但比跪着站着安全多了。不一会儿，日军的机枪又对着冲到山下的这群刚跪下的难民扫射，霎时又是尸体成堆成片。闵琦只感到身边跪着的人中弹后，身子像门板一层一层压在他身上。他一家8口死了6个。东面路不通，北面较陡，庙里冲出的人群有些又回到戏台旁。戏台南面山高才十几米，山下有口小水塘，塘边是片加起来不过几亩的梯形水田，夹在另一山丘之间。有些难民慌不择路，连冲带闯，到了水塘边的田里，但日军也用机枪堵住去路。日军在戏台旁用机枪对着上下的人群扫射。闵翠娥一家，有的被打死在戏台旁，她家藏在戏台下的一头牛被日军牵走了，她艰难地从尸堆中爬出后，找到了未被打死的母亲和一个弟弟、一个妹妹，母亲带着她和弟妹躲在小水塘坎下。日军于傍晚前走了，幸存的邓芒英及弟弟一家几口，闵翠娥及母亲、弟妹一家几口，闵琦、冯家瑞、郑求德、彭麦英、邓柳英等十几人，是到夜晚八九点钟趁着月色逃出山的。闵琦逃到附近幸家庄后，在好心村民的帮助下，当晚又返回团山，趁着月色将父母尸体掩埋。这十几个幸存者中有好几个仍健在。

团山寺惨案中，冲出庙外在山上被打死的有200多人，冲下山被打死的有100多人。1940年春，一个叫汪幸军的人发动闵琦等乡人捐款，请道士在团山寺做了7天道场祭奠亡灵，并将捡到的308个头颅、尸体集体合葬在团山寺旁。死难者墓距现乡政府驻地不到2里路，在汪家圩通往县城的路旁。团山寺被烧毁后，1972年高安县在山上建起一座团山寺惨案纪念馆，是江西唯一一个抗日纪念馆，全国两个抗日纪念馆之一，并列为县级文物保护单位，曾接待过全国各地党政军及社会各界前来参观者30余万

人（次），接待外宾 300 多人（次）。墓前也已于 2005 年修建了纪念碑，镌刻了碑文，供人们吊唁、参观。

**汪家圩乡惨案** 汪家圩乡几乎处处都惨遭日军"三光"政策之害。在 1939 年至 1945 年间，日军屡次进犯汪家圩乡，杀死村民 3300 余人。

徐、彭、郑、陈这些大村庄是重点烧杀对象。这四大姓各有人口千人左右，几乎被日军烧杀光了。汪家圩乡徐坊村现仍有一幢当年日军烧毁房屋的残墙。这四个村原各有房屋近 2000 间，被日军烧毁的房屋共有 7000 余间，烧杀遇害的村民 2000 多人，逃难幸存者不足当年人口的一半。

据 1946 年《高安县政府施政统计》：1939 年 8 月 6 日，日军在汪家圩乡芦桐烧死村民 100 余人，烧毁房屋 210 间；

8 月 12 日，日军在肖家村扔手榴弹数十枚，炸死、烧死村民及难民 520 余人，烧毁房屋 300 多间；同日，日军在汪家圩乡彭家庄把群众逼到水塘里，枪杀 400 余人，烧毁房屋 1600 多间；8 月 17 日，日军到汪家圩乡大屋场村烧村，烧死群众 280 余人，烧毁房屋 700 余间，全村变成废墟。

**岗、马村惨案** 据 1946 年《高安县政府施政统计》：1939 年 8 月 12 日，日军飞机狂轰滥炸，炸死岗上村群众 310 人，烧毁房屋 70 余间；同日，日军在马鞍岭抓去群众 330 多名，用绳子捆绑，5 个一捆，然后用刺刀一个个活活捅死。

**伍桥镇惨案** 1939 年，伍桥镇的沽塘、洋源等村被日军烧杀。沽塘邻近的高家、肖家两村 320 余人得知日军进村，逃往庙里，被 3 个日本兵找到，锁住庙门，点火全部烧死。洋源村周边的李家、邰家村也被烧毁。

现年 87 岁的老人费社香，当年目睹 40 多个中了毒气、细菌的难民在高丘村祠堂里，全身发烂，惨死在祠堂。有的全家死于毒气。

**大城镇惨案** 1939 年 3 月，日军窜到大城镇，杀死村民 470 余人。

两个日军在大城镇高溪村江家庄剃头时被抗日的便衣用手榴弹袭击后，窜回古楼村驻地搬救兵，于次日带着四五十个日军进村烧杀。全村 70 多户 300 多人住的 280 多间房屋全部被日军放火烧毁，未及逃出村的 36 人被日本兵（间有身材异常高大、满脸络腮胡子的蒙古伪政府军）绑着串着推到村东边的丘陵地里刺死刺伤。后来村民将被刺死的 34 人的尸体合葬在遇害地并立碑，刻了碑文。被刺伤幸存的二人，一人后被抓去当挑夫，不从被杀，另一人一年后因伤过重死亡。

日军又窜到邻近的胡村，用同样的手段烧杀。日军到各家各户把人赶出，二人或三人一组绑着，又抓到 36 人集中围赶到村边三分大小的田里，像练刺杀似的，先站在田塍上，然后冲到田里，刺向村民，刺死一个，又回到田塍上，再冲到田里，一个接着一个地刺倒。只有一个姓单的人幸存。村民把遇害的 35 人合葬田中并立碑刻上碑文。京岗岭拉锯战役就发生在该村旁边。

1940 年 5 月，驻扎在大城镇赤土陈家的国民政府军第 51 师（师长李天夏）奉命在附近与进犯的日军展开了拉锯战，部署了三个团的兵力，与日军在西山的两个联队展开决战。双方伤亡不少,国民政府军中48人(其中有几个排长)阵亡,合葬在村边公墓。墓碑后来被嵌到溪沟上架桥了。村民被日军杀死200多人。

大城镇仪凤村原有600多人。1940年5月,驻扎在村边的国民政府军第58军、第51军敌后挺进部队在此堵截日军,两军交战。日军在地面进攻的同时,日机在空中轰炸,炸死了不少人,有的肠子都流出来了。日军进犯后,村中只剩372人。杨才贵的父亲、姐夫被砍了头。当时村里有10多头牛在村口的田中吃草,日军的飞机以为是军马,拼命轮番轰炸,炸死了牛,炸死了很多村民,炸毁了大片房屋。

**祥符镇惨案** 1939年农历二月五日,日军进犯祥符镇杉林村胡家庄一带。这天早晨,后背山上响起了密集的枪声,村民们逃往郑港庵,有100多人。日军在胡家庄放火烧屋,烧死了一个不到10岁的小孩。胡义等人未及逃脱,被日军抓住。一个名叫连土的人出村晚了,也往郑港庵方向逃,遇见日军,身上腿上中了枪,爬到庵中,死了。天黑后,日军追到庵中,放了枪,于晚上9点钟左右用汽油浇在庵门上,企图将庵中100多人烧死。幸好庵有侧门,村民趁着夜色从侧门逃走。日军抓到胡义等4人后,押到二若塘店里,又到张家庄,把4人赶到菜地里,当即打死3人。日军还强迫胡义与该村50多岁的老妇性交。日军与国民政府军于这两天在胡家庄后背山岭打了一仗,被带到岭上的胡义趁机溜走了。村里逃出的百余人逃到万家祠堂。他们目睹日军"打菜"射猪,打死一个小孩。村民又与其他千余难民汇合逃往龙潭、伍桥、华林。而杉林村胡家庄从另一方向向大城镇青洲、高溪、舒家凌村逃难的胡光年一家,在路上碰到10多个日军,日军拖住他堂姊轮奸。逃到大城镇,又碰到20多个日军,又拖住他堂姊轮奸。日军禽兽不如。胡光年一家,爷爷、奶奶、母亲、二大爷家的奶奶,都被日军杀害了。村中胡拜年被日军抓住捆绑丢入塘中,牵着绳的另一端,在水中拖来拖去,直到活活淹死。长屋陈村,很多人被打死在村里,尸体成堆,村民说,把这些尸体收拾到碾槽边时,就像架硬柴。

**龙潭镇惨案** 日军于1939年、1941年、1943年、1945年多次进犯龙潭镇,并同中国守军开战,每次都大肆烧杀抢奸。1941年,日军从梅江桥往老屋况家方向进犯。日军扛枪挎刀,杀气腾腾,烧了老屋况家几百幢屋,从躲在村边竹山里的难民手中抢走9头牛,杀死屋场上管事的况云槽及泉港的一个耳聋老人,在港溪垅上又烧了6间屋。而日军大部队千余人往通石脑的万善大马路上过,路过沿路村庄时,到处乱窜,进村放火烧屋,杀人强奸,抢走鸡牛猪,掠走财物,烧了三四十幢房屋,100多根梁。侧岗岭杨春生的婆婆当时80多岁,见日军进屋放火烧房,就抱了床棉絮逃出屋,却被把在门口的日军一脚踢进火里活活烧死。在水塘边,日军一枪打死两个绕池塘逃躲的年轻姑娘。日军见了男的就抓住逼着挑东西,见了女的就拖住强奸。屋里屋外,在哪里拖住女人就在哪里强奸,光天化日,肆无忌惮,几十个妇女被强奸,一个年轻妹子被日军强奸后又被打死。日军把村上的猪牛鸡杀光了,都截肢运走。日军大部队经过,不单过人、过马,还要过车,运粮食、食物、武器、弹药。在新胡杨村，日军用机枪扫射，一次打死几十个中国军人。龙潭镇境内的大小战斗中，国民政府军抗日将士不少人阵亡，仅新编第 12 师葬于龙潭老虎山的抗日将士就达 673 人。在南炉村，日军用刺刀从腹部刺死了刘店名的娘；用枪射杀了刘冠祥的父亲刘成名，子弹从头部左边进，右边出，进口小，出口大如碗，当场死亡。日军在烟坑村烧了 10 幢屋 60 多间房，烧得片瓦不存。日军打断了何新功大妈的腿，烧了他家的屋，杀了他家的猪牛，截肢抢走。

**村前镇惨案**　1939 年 3 月 23 日，正是油菜子收获季节，村前镇方圆几十里的村民正在上街赶集。上午 10 时左右，突然从东南方向飞来 3 架日机，在村前街上空盘旋，霎时间，一枚枚炸弹像母鸡下蛋似的投落到集市上，炸得街上血肉横飞、墙倒屋坍，街上几千群众四处逃躲。日机轮番轰炸了四五个回合，直至下午，大片店房被炸被烧，死伤无辜群众 200 余人。这就是震惊高安、宜丰两县的"三二三"大惨案。

**杨圩、灰埠二镇惨案**　1941 年上高会战后，日军退至灰埠、杨圩一带，残杀村民，制造了灭绝人性的惨案。

鲁家村惨案。据鲁期厚、鲁克桃、鲁绪山等老人口述，1939 年农历二月三十日，日军进犯杨圩镇鲁家村，连续两天在该村疯狂烧杀掳掠奸淫，这个有着三四百人的村子，被日军烧、杀、炸死 200 多人，全村只剩不到 100 人。有的全家被杀。鲁克桃一家，公公鲁绪怀、伯父鲁期文、叔叔鲁期魁、年幼的姐姐鲁绿英同时被日军打死。村上几十幢屋五六百间房子，烧了三天三夜全被烧光。村里人没屋住，只好扎茅棚。逃到附近山上的居民眼看着村上火光冲天，人被惨杀，恨得咬牙切齿。

五里村惨案。1941 年，国民政府军第 74 军第 51 师驻扎在灰埠镇五里村谌家庄，大兵躲在战壕里。该师的仓库也设在灰埠。日军地面进攻，日机空中轰炸，进犯村庄时大肆烧杀抢奸。三架日机炸得这个数千人的谌姓大村庄成了一片火海，村中的笃志小学几十名学生被炸得死的死、伤的伤。长房里、花厅、庙下、房头、麻条巷里都被炸得稀巴烂。房头、房下有二人被炸得尸骨无存，长房森佬的老婆躲在祠堂里也被炸死。日军一次抓 10 多个妇女关在祠堂里集体轮奸。李雷英是当年逃难嫁到该村的，之前在娘家奉新县城郊，日军砸死了她母亲，父亲被日军逼到水塘里淹死了，兄长被日军刺死了，弟弟被日军折磨死了。她逃到湾里土桥何家时，又两次与其他 100 多难民同被日军关进一幢祠堂里放火焚烧，烧死大半，自己幸逃。她还多次目睹两三岁的小孩被日军用刺刀捅进屁股举在空中，小孩痛死。

卢圩村惨案。1941 年上高会战时，日机在空中猛烈轰炸，炸毁了不少村庄的房屋，炸死了在灰埠镇卢圩村逃难的众多难民。在战场上被中国军队阻击溃退的日军，气急败坏，沿途经过村庄时无恶不作。卢锦成被刺伤耳朵，一月后死亡。日军在公塘胡家枪杀了胡思的兄弟，还轮奸了一名妇女。卢法成随难民群逃到石头街时,被日军用机枪扫射,死在其中。日军在老严村架机枪一次扫射杀害 10 多人,还轮流强奸抓到的妇女,连老妇也不放过,先用皮带抽肿、用脚踹肿下阴后奸。锦洲下车胡村,中国部队走后,日军来了,杀了 5 人,其中胡家绍被刺杀后又被按到火里烧,爬到塘边死了,还有一人被烧得只剩肚子。锦江金家村金炳复及金正元之父被日军杀害,当时日军骑马经过,两人躲在蚕豆地里,被日军发现遭惨杀。日军在梅湖下邹村杀了老人邹相,暴尸村头。少女邹雪英及其母陈秀芹,一被劈脑,一被从下身用刺刀捅死,死在田里,夜间被杀。日军在梅湖小罗村杀死罗盛夫妇和罗丛、罗筷、余婆(聋伢子的娘)、罗辉的奶奶和外婆等 9 人。日军在小港金家村杀死了厢房里的金炳文、金炳仁、金保时、金益明、金松奇、金河世夫妻及一个保长,另枪杀一人、炸死一人。日军所到的村庄,房屋都被烧光。

**相城镇惨案** 1941 年 3 月,日军从上高会战战场溃退后,进犯相城,共杀死相城村民数百人。

在相城镇石梅冯家村,冯正阳等一些村民躲在村后的山里。锦江从村边流过,江对岸是上高县境。日军在冯家村,见人就杀、就抓,见妇女就奸,见财物就抢,见房屋就放火焚烧。在村里,日军一次杀死了几十人,轮奸了大多数妇女,孕妇也不放过,有的被日军强奸后不能动弹。整个村庄的房屋被烧光了。原有好几百人的村庄,日军多次进犯后,只剩冯正阳及其母亲母子二人。父亲因伤过重,卧床三年后也死了。冯正阳仍健在。

1941 年 2 月 15 日,上高会战前,日军部队来到相城镇黄奴村,驻扎在熊坊村庄后的沙洲上,想过红岭往凤岭进犯上高。驻守该地的中国军队在村后的横港连发两炮,炮弹落在沙洲上,打中了在此集结的日军。两军开战,日军想上上高镜山口,国民政府军沿途阻击拦截,日军一排一排死了不少人。国民政府军一排一排也死了不少人,到处是尸体。溃退的日军就退往附近村庄烧杀抢奸,坏事做绝,无恶不作。这次日军进犯村庄骚扰了三四天。在禾埠村,一群日军用极其恶毒、惨无人道的手段,杀死 40 多人,或砸死、或钉死、或勒死、或剜死,抓去 5 人;强奸了众多的妇女,还强迫不是夫妻、年龄悬殊的老人与少妇当众性交,不从就捅死。有的母女同时被强暴,有的被割掉生殖器。

另一群日军在邻近的熊坊村烧杀抢奸,在河岸上打死了不少人,在熊坊村强奸并杀死了数名妇女,另外还杀死了 10 余人。被杀死的人中有扇财公、初麦公、花郎、狗婆子、新耙子等人(这些外号和乳名均是被村里人喊惯了的)。日军轮奸妇女,还逼迫一个人去舔被轮奸后的妇女下身秽物,不从就用刀刺。80 多岁的老妇也被日军用鞋踩肿或抽肿阴部后强奸。日军烧毁了村庄。

**黄沙岗镇惨案** 黄沙岗是通往高安南部大部分乡镇的必经之路。日军侵略期间,经常路过或驻扎在黄沙岗。日军在铁团、田垅、南山、长沙等村,大肆烧杀抢奸。在铁团左家铁笼庙里,日军捉住两个妇女强奸。在塔溪吴村,日军捉住另两个妇女强奸。老黄村的黄珍盛、黄珍进两兄弟被日军用枪打中,一死一伤,子弹穿过黄珍盛的身体,又伤着黄珍进。有五六十个难民逃到田垅梓南村,日军来了,村民商量要打日军,但有人担心会招来更多日军的报复。难民中有个叫曾家妹的妇女说:"日军很恶,强奸了我,还逼我丈夫用舌舔我下身的秽物,丈夫反抗,日军捅死了他。"乡长女儿吴俊青,当时十八九岁,被日军轮奸得下身血流不止,边走边流,不知走到哪去了,失踪了。在长沙村,日军追杀逃出村的村民,看到范同灯草鞋上有红带子,怀疑他是中国军人,要他转身,从身后一枪打去,逃了不远死了。在山上的砖瓦窑里,日军强奸一个 14 岁的女孩,女孩的奶奶跪在旁边求饶,日军不依。一个妇女中午时分被七八个日军抓住轮奸。范同轻被日军抓去,杀死后,抢走了身上带的财物。在南山村,日军抓喻会谭等人去当挑夫,四五天后,挑夫们逃回了村。日军用枪打死了在自家井边的喻会流,打死了中国军队中回村探亲的喻连长,勤务兵逃脱了。打死了在大门口拴牛的褚昌康。在华溪邹家,七个日军轮奸一个妇女。日军还用刺刀刺进小孩体内挑举在空中取乐。日军在活牛活猪身上割肉,痛得猪牛又蹦又跳又窜。黄沙岗镇成了日军的驻地、中转站,多少难民在这里遭到日军惨无人道的杀戮、强暴,日军把这里变成了人间地狱。

**西门村惨案** 据西门村东傅庄傅汝麦口述:1939 年起,日军多次进犯县城及城西西门村、三联村,到处烧杀抢。这年农历二月十二日,日军烧了西门各村庄的房屋,上袁、下袁、敖家、姚家、黎家、金家、傅家等姓村庄的房屋都被烧光了,只留一幢内有菩萨塑像的 18 间庙屋未烧。上袁做豆腐人家姚坤夫妇因养了几头大猪,舍不得逃走,被日军杀死,另有三人也被日军杀害,日军抓走姚吉、熊焱、袁举炳等人,有去无回。傅汝麦被抓去关在三联村王家,午饭后日军出发去东门村,逼傅汝麦挑抢来的财物,傍晚出东门去祥符镇杉林村,天下大雨,傅汝麦趁日军抱枪坐下瞌睡之机,逃回了村。

**上湖村惨案** 据上湖乡上湖村三甲庄黄思同、黄思选、黄宗诚三兄弟口述:1944 年农历六月二十七日,日军进犯上湖村,其父黄允祥被杀害。当时他们的父亲牵着两头牛刚上况家坎,就被日军拦住,拖走了牛,用牛拉车拖米到九江。黄允祥的牛被抢后,他转身想回村,日军一枪从身后打着了他,子弹从腹部射出,肠子都出来了。黄允祥捂着肚子艰难地回到家门口,两天后死了。又一群日军从上湖街上到村中抓走了黄允祥的二儿子黄思选,奶奶见子死孙被抓,生死不依,追到庙边。日军在下坊黄村把一个才 10 多岁的叫银珠的童养媳逼在湖里不让上岸,直到淹死。

**菜田村惨案** 据石脑镇菜田村汤家庄汤新民等口述:1942 年,国民政府军一个团的兵力在菜田村阻击日军,双方激烈交战,战斗持续了几天,枪林弹雨。村民们有些逃出去了,有些来不及逃,被炸伤、炸死。附近陈罗村和幸家房屋被烧、被炸,成了废墟。日军杀人无数,中国军队一个团的兵力打得只剩不到百人离开阵地,顿时尸横遍野。日军在这一带村庄烧杀抢奸,抓了不少民夫,掳走猪牛无数。后来日军走了,汤家村和附近何家村的村民逃难回村,将尸体运到村边两口干塘里。日军频频侵扰,村里人说,因随时要逃难,只能做到这样,顾不及一个个掩埋这些尸体。

**观上、西港惨案** 1944 年,日军进犯新街镇的观上、西港等村。在观上村,抓了未及逃出村的一群妇女关在屋里集体轮奸,被陈茶花的伯父(外号人称"鸡公公")打开门,把这群妇女放跑了。日军气急败坏,夺过"鸡公公"的铜斗旱烟袋,猛敲他的脑袋,血迸出来,痛得哇哇叫,打得半死。日军还在村上抓了几批民夫挑担到奉新。在西港杨村,日军烧杀抢掠,杀人抓夫,强奸妇女,杀猪宰牛。日军抓了七人做挑夫,挑担到安义。日军抓住杨圈夫妇,要割杨圈的生殖器,杨妻求饶,杨趁势夺下日军的刀丢到沙滩上,跑开了。日军转而用刀割掉杨妻的乳房丢到水沟里,杨妻当即死亡。他们的幼女没奶吃,饿死了。该村一个 14 岁的女孩被日军抓到强奸了。一个妇女当年才 20 来岁,被日军抓去轮奸。傅春英幼时在娘家,日军从邓家山上射来的炮弹穿透屋顶、楼板后炸伤了她的背,当时她躲在案板下,现背上仍疤痕清晰。后来日军又一次入侵时,把正在逃难的她和其他村民逼到齐脖子深的水里久久不让上岸,至今她仍有脚疾,行走困难。

**建山镇惨案** 1945 年,日军从建山镇上前村,到云堆、英岭、龙城、兴民等村,烧杀抢奸。云堆村简家旁的蓝家村,整个村庄被日军烧杀光了。吴村一个村民,他父亲被日军砍了一刀。上前村南岸庄孙家,当时已 60 多岁的孙孝九被日军逼着与该村孙宇七的妻子性交,孙宇七的妻子脱鞋打日军,被日军刺死。孙孝九腰上被刺,次日也死了。而孙孝九的妻子在云堆村京溪也被日军杀死了。在英岭村,日机在空中轰炸,日军在地面侵扰,烧毁、炸毁大片房屋,炸死了不少人。在兴民村,众多日军抓住两个妇女轮奸致死。在建山脚下,日军朝龙城村敖典云的头、腿各刺一刀,幸被一名逃难妇女救活。1941 年,敖福八为躲日机狂轰滥炸,跌入塘中淹死。日军在上前和龙城与中国军队交战,双方各有死伤,民众死伤也不少。

(撰稿:高安市史志办公室　黄四光、孙晓东)

附件一：

# 三区德义乡第三保保长谌贻毛
# 报　告
## （民国三十年四月九日）

　　古历二月二十日，即有五里谌及灰埠附近一带少数难民逃来职保，声称敌人已由松湖过河。至二十一，难民纷纷拥至铜塘谌梁两村，家家室为之满，上坊村上下两陈亦然。彼时，人人心里咸以为职保四方道路羊肠，且四面环山，可免暂时危险。孰时至二十二，将近傍午，忽有敌机三架在职保屋上绕察。未几，约有残敌两三百人由邻保寒溪进入境内，即在职保之上坊陈村放火至铜塘梁，见有我军前阻要道，随在铜塘梁村散布阵地，枪声、炮声猛向苍夏村方面攻击，约二小时，因未见我军还击，即停火饱恣暴行。于是，宰猪杀牛劫抢物件，打家灭伙，寻拿壮丁，遇妇女稍具姿色者，则强掠行奸，掠而不动者，当众就地轮流宣淫。年轻妇女未及逃者，及他方逃来者，无一幸免。种种行为，难以尽述，幸我军围攻激烈。至二十四，不支，始向苍夏方向溃出。总之，此次经残敌侵扰，损失甚巨，除难民伤亡及其财产无从计算外，保内之上坊村焚烧四进祠堂一所，延毁厦屋四所，杀死保民六人，东边王代二十六师引路被敌击毙一人，共计七人。寄存军米二十小包，油盐谷米食物等等，净如水洗，猪、牛被宰杀及掠走者无算。职保经此巨创，嗷嗷待毙者多，有田无牛耕作者亦不少。保内民众悲声惨声，惊心刺骨，令人闻而心酸，职忝为保民领袖，故将倭奴暴军行为及保民受损大概，恳祈转报，层峰若得颁恩救济，不胜感德之至，谨此见报。

高安县第三区德义乡乡长简××

三区德义乡第三保保长谌贻毛（章）

附件二：

## 采访整理资料

　　1939 年,伍桥镇的龙山、沽塘、洋源这几个村遭受日军的烧杀抢淫是严重的。沽塘的屋烧得只剩下祠堂等九幢房子。要知道我们沽塘是个大村落。五六十幢都是三个以上天井的土屋(青砖青瓦屋)。日军在沽塘烧屋后,窜到洋源村江尾杨家庄,在那里又烧屋又杀人,一个叫杨美汪的村民被刺中左腹死了。日军在那里还强奸了一个 20 多岁的妇女,姓涂,被 3 个日军轮奸,她还健在,有 106 岁了。后前门也被日军放火烧了屋。这些都是我娘讲给我听的。

　　范家庄范正响收藏有日军当年遗留的一把战刀。

　　当年,我娘背着我逃难。我现在脚上有块疤是烂成的。我娘说是那时中了日军放的毒才烂脚的。日军还搞了灭绝人性的细菌战。

　　(朱高生,1938 年农历十一月二十六日出生,伍桥镇沽塘村人。高安市史志办黄四光、孙晓飞、刘飞英 2006 年 5 月 24 日整理)

　　日军进犯我们这一带时是 1939 年 3 月里。

　　一天,有两个日军窜到我村上,在村头理发店里剃头。日军耀武扬威剃头走出店,理发师傅不但不敢要工钱,还要装着笑脸。这时,突然听到"轰"的一声响,村里人急忙出屋观看,只见那两个日军"叽里呱啦",边叫边往村边跑。其中一个日军一条绑腿被弹片燃着了,但人未伤到。原来近旁一个厕所里,有人扔出一个手榴弹。厕所里面的一个人影一闪就不见了。日军不敢逗留,气汹汹地往驻点跑去了。一边走一边还回头恶狠狠地瞪眼睛。理发师傅见情况不妙,心想,日军肯定会来报复的。他是个热心肠,大叫起来:"日军搬救兵去了,大家快走吧!"小小的村子气氛突然紧张起来。

　　没走多远的日军听到村中的叫声,意识到了什么。一个日军折转身,冲到在村子里正在喊叫的理发师傅面前，大声吆喝，意思叫他别叫。理发师傅不顾日军制止，仍然喊叫。日军恼怒了，抓住他像抓小鸡一样摔在地上。他本来就矮小，被日军一脚踏住，动弹不得。日军随手抽出腰间的匕首，勾出他的舌头，刀光一闪，割了下去。理发师傅惨叫一声，昏了过去，日军扔下他气呼呼地走了。这时太阳也快下山了。日军走后，乡亲们来到他跟前，见他昏迷不醒，把他抬进店，帮他洗去脸上的血污。他醒来，睁眼看了看周围的乡亲们，说不成话了，疼痛得直抽搐，突然啊的一声，不省人事。有人急忙掐他的人中，慢慢的，他软下去了，有出气没进气，没撑多久就死了，乡村们含悲草草安葬了他。

在厕所里扔手榴弹是抗日部队的便衣干的。日军驻扎在锦江北岸大城镇古楼村，抗日部队驻扎在锦江南岸的蓝坊镇。日军过不了河，而抗日部队却经常坐筏子化装过河伏击日军，发现零星日军就毫不留情将他干掉。

这天夜里，大部分村民逃难去了，也还有一些老弱病残者、打长工的人或是认为不要紧的人就没走。

日军一般晚上是龟缩在驻地不敢出来。次日一早，有一队日军向麻溪江家庄扑来，有四五十人。日军只有两个，其他都是蒙古伪军，身材高大，有的打开上衣领扣露出胸毛。这帮恶徒进村后，挨家挨户赶人出屋，把屋里笋上的绳、犁上的缆割下来捆绑人，然后放火烧屋。

日军抓来的人都被逼到村后一个坡地上，排成队。这些日伪军对着无辜的村民练起了刺杀，一个个村民惨叫着倒下，这帮恶徒随之发出一阵阵狞笑声。日军走后，傍晚时分，逃出村的村民们陆续回到村里，见房子几乎烧光了，有的还冒着烟。人们来到村后坡地，老远就闻到血腥味。走近一看，几十具尸体倒在血泊中。

这次日军血洗江家庄，烧毁房屋280多间，70多户300余人无家可归；36人死在日军的刺刀下，其中江家28人，另外8人是外地来做工的或到村上来办事的。有一个伪维持会的会长也被杀了。有2人当时没有死。一个是我堂叔，日军刺倒他后，昏过去了，日军走后，被村民们救了回去。后来他独自一个人在外面，不到一年就因伤重而亡。还有一个人名字记不起了，他被刺后侧卧在树下，救回村个把星期后，好了些。一天他到招山去，遇见日军，抓去做挑夫。他伤都未愈，哪里挑得东西起，就不从，结果给日军枪杀了。

在这次惨案中，我父亲和我堂伯、堂兄都丧了生。父亲是被劈死的，堂兄抬回时还有一口气，喝了一口水后还是死了。江贤教的父亲也被杀了。

当年，我家只有我母亲带着我弟弟妹妹走了，我父亲说家里刚收了谷要看管就没逃走，我也没走。日军抓了我父亲他们，我是人小躲起来没被日军发现才幸免于难。我是藏在屋后一棵大树的树洞里，看见日军捆人放火，还杀猪杀牛。牛呀猪呀枪杀后，只截一条腿走。有的牛是活生生割下一条腿来，那牛被栓住了鼻绳，逃又逃不脱，痛得嗷嗷叫。现在想起来都惊心。

村子后坡地上有一座纪念墓碑。被杀的人就埋在惨案发生的地方，并建了一座墓碑。

（江才功，1930年农历八月二十七日出生，大城镇高溪江村人。
高安市史志办黄四光，刘飞英，2006年5月14日整理）

我遭日军难的时候，才8岁。那是1939年农历八月间。听说日军会来，村上人都顾不上收割，拖儿带女，少扶老，大牵小，挑着点日用家什被子饭甑什么的，出外逃难去了。我跟着大人，走到这里不是，走到那里也不是，总认为不安全。后来走到团山寺。团山寺又叫雷神坛，就在汪家圩南边约两里路远的一座小山上。山上林木茂密、大树参天，只有一条路上下。我们一家人到团山寺时，看见山上已有好几百人了。寺内几个殿堂，还有寺前的戏台上下，到处都挤满了逃难的人。大家都不敢大声说话，个个都愁眉苦脸，无奈迷茫的样子。小孩依偎在大人身边。不时有婴儿啼哭，一哭，大人就慌忙捂着嘴，或用奶头塞进口里，不让啼哭。团山寺大殿有两个，分两度门进出。我们一家人是躲藏在东殿里。

过了一个夜，是农历八月十二日。那天中午时分，拿现在钟表来说，是下午2时左右吧。有几家小孩饿得忍不住，哭喊着"饿哩、饿哩"，要吃东西。大人就捡了几块砖，在天井旁或庙檐下架起鼎罐，烧起火煮吃的。这时日军来了，总共3个，气势汹汹进了寺，难民们吓得跪在地上，双手举过头顶。见有人煮东西吃，一个日军恶狠狠地朝灶罐一脚踢去，鼎罐滚了好远。日军又把两度寺门全部用枪托顿了个窟窿，然后抢了一些东西走了。跪着的时候，听到有个日军说，我们还会来！大家觉得奇怪，怎么日军会说中国话。现在想起来，日军到中国久了，也能说几句中国话，要不就是汉奸。

这天晚上，听见大人们都在议论着。有人说，还是走吧，这里也不是妥当安全的地方。有人说，怕什么，日军说来就会来？也有人说，日军今天来了也没把我们怎么样，再来又会怎样！再说这黑灯瞎火，夜里往哪里走，要走也得天亮再走。记得我父亲也说："砧上的肉，笼里的鸡，随他怎样，一家大大小小，咋样走。"这天夜里，还是有一些难民离开了团山寺。我俚一家人行走。山上还有三四百人吧。有人跪在菩萨面前求菩萨保佑。夜越来越深，人们都似睡非睡，有靠墙坐的，有随地躺的。哪里睡得着？许久，我也迷迷糊糊睡着了。人们怎么也不会想到，一场灭顶之灾正一步一步逼近他们。

　　第二天,是农历八月十三日。这是个灾难的日子啊,我一生都不会忘记这令人诅咒的一天。这天上午,日军没有上团山寺,人们觉得幸运。谁知,到了下午,大概也是 2 点时分吧。突然听到有人惊叫:"日军来啦,日军来啦!"山上人群顿时乱了,有的人准备往山下逃。只见 7 个日军,端着枪上山了。原来,头天的 3 个日军是来踩情况的。日军一来,就把在寺外草地里、大树下、戏台边的难民往寺内赶,见寺庙里挤不下了,就往山下田里赶。然后,把庙门反扣。有几个年轻的妇女被日军拖出了庙门。日军在寺东殿放起火来,人们都吓得往西殿挤。后来日军在寺西殿也放起了火,两度门也都着了火。很多人已被烟熏得晕过去了。再不逃,都只有被烧死在庙里。被困的难民不顾一切往外涌。有人用扁担把着了火的门拨开,往外冲,被把守在门口的日军用刺刀刺倒在地,或是开枪打倒了。火势越来越猛,有许多难民已被熊熊火舌吞噬了。难民们洪水一样往外涌,日军疯狂地用刀刺难民,许多难民倒在血泊中,两度寺门外都有难民的尸体。突然,庙后一堵墙被难民们推倒了,我父亲挟着我冲出了寺门,随难民沿着下山的路逃。刚到山下的苦槠树边,见路口也有日军守在那里,地上架着一支有脚的枪,枪对着山上冲下的人群,人们吓得又往回跑。日军把所有的难民又都逼到苦槠树下的坪地上,命大家举起手来,跪在地上。我也跪着跟大人一样举起了手,心里直发抖,人好像懵了。猛然间听见"嗒嗒嗒"的枪响,顿时,呼天抢地、撕心裂肺的惨叫声响成一片,难民们一个个应声倒下,有几个人像门板似的压在我身上。

　　不知过了多久,我隐约觉得腿脚麻木了,想抽抽不动,想爬爬不起,挣扎了几下,一看,哎呀,吓死人了。我被好几个死尸压住了,动都动不了一下。我又昏过去了。又不知过了多久,昏昏沉沉中忽然听到有人在叫我,我一听,是我娘。娘哭着叫我的小名,我想嗯又嗯不出,喉咙像被什么东西卡住了一样。听到娘一声一声地哀叫,我拼尽全身力气嗯了一句。娘寻到了我,她掀开压在我身上的死尸,把我拖了出来。我浑身都被血染过了,所幸未伤到哪里。想是我小,日军开枪杀人时,旁边被打死了的大人的尸体遮住了我。我才逃过了这一劫。我看见娘的一个手指头被枪子打断了,一点皮挂着,血淋淋的。她也不知怎的幸免于难。后来听娘说是躲在一口抽干了水的塘坎下,才死里逃生。

　　我娘带着我去寻自己的亲人。只见苦槠树下,山下的田垄里,到处都是尸体。有人也在寻自己的亲人,一声声喊叫令人心寒。我娘也喊着一个个亲人的名字,我也嘶哑着嗓子跟着喊爷(父亲)呀、哥呀、弟呀、妹呀,一点回音也没有。娘拉着我的手在颤抖,她的眼泪哭干了,只是一声一声干叫着,拨着一个一个尸体找。终于寻到了爷(父亲),爷颈上是一道刀痕,死了;寻到了 19 岁的大哥,身上全是血,胸口被刺了一刀,死了;17 岁的二哥也死了。寻到了妹妹,也全身是血,身上也有枪伤,幸好没伤着要害。现在她还健在。寻到了一个 3 岁的弟弟,没死。最后,寻到小弟,可惨了,他被尸体压着,早已断气了。可怜我那小老弟,才一岁多点啊!(哭)望着一个个亲人的尸体,我们想哭都哭不出声来。月亮上来了,也不知到了什么时候,山上还有人在呼唤亲人的名字。

我们姐妹依在娘的身边,娘抱着 3 岁的弟弟,在亲人尸体边站了好久好久。我的爷、大哥、二哥、小弟就这样惨死在了日军的手里。现在想起来,心里就打抖。

后来听幸存的人讲,日军开枪杀人后,人们四散逃窜,有许多人从柴篷里钻到了山下晚禾田里,也遭到机枪扫,日军在对面山上也架了机枪。苦槠树下的日军打完了苦槠树下的人,也掉转枪口朝田垄里扫射,直到难民全部被打倒。日军又去戮尸,几乎一个一个拨,发现有点气的,就补一刺刀。只有少数几个被好几具尸体压着、枪也没打着的人,日军没发现,才逃脱了这一难。这一次,日军烧死和杀死了我们难民 600 多人。

记得那天晚上,在亲人尸体前站了许久后,娘领着我们姐弟三个连夜逃回了家。到家一看,房屋被日军烧了,安身不了。我娘将带出的几床破棉被铺在倒了的墙脚里,我们姐弟三人钻里头,睡着了。第二天,日军又到了我们村上。我们姐弟三个躲在棉被里一动不敢动。娘就守在旁边。日军用尿勺锄了我娘一下,我在被子里头听到娘哎哟叫了几声,又听到日军扔尿勺的声音。日军又用刺刀拨弄盖着我们的破棉絮,可能是觉得没什么好的东西,拨了几下就没拨了。我们吓得大气不敢出。又听到枪声和我婆婆、叔叔的惨叫声。后来娘告诉我们,日军发现了我叔叔,要抓他走,我婆婆跪下求饶,日军不但不饶,还"吧"的一枪打死了我婆婆,又一枪打死了我叔叔。在我娘家闵村,当年有 20 多个人,没来得及逃走,躲在一个仓库里。一天清早,大家躺在几床睡垫上还没起来,日军来了,发现了他们,就堵在门口用机枪扫射,全都打死了。

我们没了家,娘只好带着我姐弟三个去讨饭。记得在一个地方,弟弟说饿了,娘没办法,只好用毛巾在路边水圳里蘸湿了后绞在他口里喝。一路来到了石脑镇,我们在一个戏台下过了 20 多天,娘帮人家洗衣服度日。我们姐弟三人没讨到饭就捡西瓜皮吃。我娘带着我们实在难以维持生计,后来只好跟了一个做香纸的人。我被送到一个人家当童养媳,吃尽了苦头,我又回到了娘身边。我说不下去了,一提那些事,心里就跳,那个惨,没法讲。

(闵翠娥,1931 年农历八月十七日出生,汪家圩乡人。
高安市史志办黄四光、孙晓东 2006 年 5 月 11 日整理)

我娘家姓邓,我出嫁在游家。我两岁半时就在汪家的养父家。

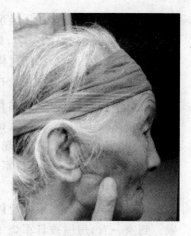

1939年农历八月里,我姑母、母舅、姨娘、生母、养母五家人几十个,逃到团山寺避难。团山寺只有一条路可以上下。来团山寺逃难的不单是本地人,还有祥符、大城镇和奉新那边的难民,好几百人。寺前寺后、寺外寺内到处都是人。我们几家人躲在寺东殿里。记得是八月十二日,有3个日军背着枪上山来到寺里。日军这里瞧瞧那里看看,踢掉难民煮饭的锅,砸烂了寺门。难民们都吓得跪着,不敢动弹。后来日军抢了些钱物、金银首饰,牵了一头藏在寺前戏台下的牛,走了。走时有个日军说还会来。日军会讲中国话,或许是个中国通吧。

日军走后,有人说:"走吧,不对劲啊。"大家七嘴八舌,有说走的,有说不走的。有许多难民正在生病不愿走,也有烂脚不愿走的。我们几家人也商量着不走。这样,有些难民离开了团山寺到别处逃难去了,大部分还在团山寺。

第二天,日军果然又来了,有7个,端着枪上来的。人们觉得不对头,今天日军上山与昨天不同,杀气腾腾的。难民们都不敢走动,就地跪着,还举起手来。日军把寺外的难民都赶到了寺内,逼着都举起手来。寺内挤满了跪着的人,大人、小孩、老人,男男女女都惊恐万分。我心里怦怦乱跳。日军把庙门关死了。突然我听到身后"噼噼啪啪"响,原来日军在放火烧寺。一股浓烟呛得大家直咳,人们乱起来了,往西殿挤去,哭爹喊娘,呼儿唤女,乱成一片。东殿火越烧越大,直往西殿窜。不少人已倒在火海中。寺周围都着火了,火也封了门。有人弄开门往外冲。冲出去的人有的被日军枪杀了,有的被刺刀刺倒了,人们吓得往回挤,好多人又被火舌吞没。后面有一堵墙被难民推倒了,大家不顾一切地往外冲。我跟着家人也冲出了寺庙。冲出了寺的难民沿着下山的路逃,但下山的路口被日军守着,架着的机枪对着人们。人们又被逼到一棵苦槠树下跪着。我姑父个子高大跪在我前面,还有姨父、姨娘、母舅、舅母等人跪在我周围护着我。日军的机枪就架在路口的田坎上,枪口正对着我们。我把头低得矮矮的。听到姑父说:"芒呀,今天听天由命了。"话音刚落,就听见机枪响起来了,嗒嗒嗒、嗒嗒嗒,姑父的头盖骨给子弹掀掉了,他倒在我的身上,压住了我。接着又有几个人压在我身上。枪不停地响着,我伏在地上,见苦槠树下死了一大片人。日军又掉过枪口向路下田垄里的人扫射。那些人是枪响后从路边逃下去的,也有开头被日军赶到那里的。对面山上也响起了机枪。日军对着那些人两边夹射,禾田里的人一个一个倒在血泊里。我渐渐失去知觉,昏了过去。突然,我感到右脸颊钻心一样的痛,本能地睁眼一看,见一把血淋淋的刺刀从我的右耳根刺进,再从我的右脸颊刺出。我一下又昏死过去了。后来有幸存的人说,日军把人打倒后,怕还有没死的,就对着尸体乱捅,一个一个补刀。我回忆当时的情形,姑父等人压在我身上,我刚好露出一边脸来,他们的血流在我脸上,我又昏迷着,日军以为我死了,但可恶的日军还是刺了我一刀,给我留下了终生难忘的创伤。

不知过了多久,我迷迷糊糊听到有人叫我:"芒呀,芒呀。"原来是我的养父。他逃到田垄里,也是尸体压着他,日军补刀时,没掀开压在他身上的尸体,认为他也死了。待日军走后,他才爬出来找我们。养父掀开压在我身上的姑父、母舅等人的尸体,把我拖起来,见我的脸破了,右脸血流不止。头发都被血染红了,干结得用手抓都抓不动,全身都是血,没有一根干纱。那血不单是我自己的,有姑父的、母舅的、姨娘的、舅母的。

养父带着我去寻找其他亲人。从苦槠树下寻到寺内,从寺内转到寺前戏台下,又寻到田垄上。只见到处都是尸体,一摊一摊的血,好吓人啊。有的尸体还在流血,有没断气的人发出痛苦的呻吟声,真惨啊!还有其他人也在寻找自己的亲人,有幸存的人寻亲人,也有在家里听到团山寺日军杀了人赶来寻亲人的。都悲切地呼唤着亲人的名字,不时有人发出凄惨的哭声。

我们寻到了姑姑,她没中枪弹,身上被刺了三刀。我们在一口小池塘边找到她时,她还没断气。她疼痛难忍,趁我们没注意滚到塘里,我养父跳下塘将她捞起来时,她再也没气息了。寻到我老弟时,见他的屁股被子弹打烂了,掉了一大边肉。他哭着对我说:"姐姐,我口干要喝水。"声音很微弱。我就到塘里用手捧水送到他口边,他喝了几口后,闭上了眼睛。我抱着弟弟痛哭起来,哭了好久好久。在那次劫难中,我娘家和亲戚家逃难的 44 人中就有 36 个丧生。外婆、母舅、舅母一家人都死了,还有姨夫、姨娘、姑父、姑母、两个叔叔、婶婶,还有我生父、老弟、妹妹和养母,还有表兄、表姐妹、堂弟妹等等,总共 36 条命,天啦,都死在日军手里。我娘生了我兄弟姐妹 9 个,只有我和一个弟弟剩下来了,其他的都死了。自那以后我经常做噩梦,一想起那些亲人就揪心似的难过。

我那年八月十三日被日军刺伤。到十四日,脸肿得吓人,眼睛都看不清。9岁的弟弟牵着我去逃难,一路上讨饭。养父懂伤药,他找了些草药给我敷在伤口上。十五日到了石脑镇那边。晚上,在路边一幢庙里落脚。突然听到爆竹声,我以为又是遇上日军,就惊叫起来:"日军来了,快跑!"我就摸索着往外跑。养父也慌忙收拾铺盖。弟弟跑出去又很快跑回来,说是过中秋节有人家打爆竹。听到弟弟说过中秋节,我又想起了死去的亲人。那个中秋节就是在思念亲人的悲伤中度过的。几十年来,每到中秋大节,总会想起已故的亲人来,要是他们还活着,该多好啊!

(邓芒英,1920 年农历十一月三日出生,汪家圩乡人。

高安市史志办黄四光、孙晓东 2006 年 5 月 11 日整理)

原来这里团山寺的西边是观音殿,东边是水仙殿。这寺庙又叫雷神坛,坛前有戏台,对着寺大门。寺后面的场地是戏班子落座和练功的地方。据说寺庙前的坪地,尽管不宽,但不管多少人都容得下。首先我要说一句,千万不要信迷信啊!当年,庙里一个斋婆说,这里菩萨灵,日军不敢来,结果祥符、大城镇和奉新以及当地的好多难民听说日军要来,就都往这里来避难。

1939 年农历八月里,日军到了汪家圩一带。这里是第二战区,国民政府军第 58 军、第 60 军的部队驻扎在这一带,抵抗日军,但吃了败仗。大兵撤了防之后,日军更加猖狂了,隔三差五窜出来骚扰百姓。

日军是驻扎在大族村彭家庄的瘦米岭。一般晚上日军龟缩在驻点,白天就出动,要烧房就烧房,要杀人就杀人,无恶不作。那个时候汪家圩有许多屋空着,房主是有钱人,都逃走了。有奉新和大城、祥符镇逃难来的人,就住在汪家圩这些空房里。汪家圩有个金寡嫂,在团山寺做尼姑,她总是对人说,你们可以去团山寺,那里的菩萨会保佑,人们也就信她的话。再者,那里树木多,柴草密,也好躲藏,所以只要听说日军会来,大家就往团山寺去。

农历八月六日,我们一家人,父亲、母亲、叔叔、婶婶、弟妹等从家乡闵家庄逃难上了团山寺。团山寺只有一条路上下。寺庙里住满了人,寺前的戏台上下也住了人,还有人陆续上山,有的人见挤不下了就离开了。我们一家人是睡在西边观音殿的天井边上。

八月十二日,日军到了团山寺,大家都吓得跪着举起手来。日军只是搜抢妇女戴的首饰,或是用巴掌扇耳光。我看见日军打了一个老人。没有杀人,难民就认为菩萨真的保佑了,大家麻痹起来了,认为不要紧。当然也有受了惊吓的人家离开走了的。

八月十三日那天上午,难民们像往常一样,有的闲聊,有的懒洋洋地躺着,小孩都依偎在大人身边,有妇女抱着婴儿喂奶的。我那时 8 岁,人又调皮。大人专叫我到外面路口去观看,看日军来了没有。午后,我又到路口去,一到那里,远远看见几个日军朝这边来了。我急忙爬上山,一边跑,一边喊:"日军来了!日军来了!"大家一阵慌乱。不一会,日军就到了。这次来,是端着枪。大家感到有点不对头,但又不敢乱动,都跪在地上,举起了手,希望日军像昨天那样不怎么的,哪里晓得大难就要临头。

日军的机枪正对着寺门。日军想把戏台上和戏台边的人赶到寺庙里,但庙里已挤满了人,就又把那些人赶到山下的田垄上,跪在那里,有 100 多人。随后有一个日军闯进了寺内。突然间听到东边的水仙殿扔了一个不知叫什么的东西，"轰"的响了一声。难民们惊叫着往西殿拥。那日军又闯到西殿将一个球样的东西往人群中一砸，"轰"的又一声，火光四射，殿内着起了火，菩萨都烧着了。人们往门口拥去，想从门口逃，见日军端起枪，枪口正对着门，叽里呱啦吼叫，大家又吓得往回挤。火越烧越大，有不少人倒在火中，也有被踩踏倒的。那火烧得人受不了，人们再也忍不住了，后边的场地也拥满了人。有人说，出去是死，不出去也是死，怎么办？有人说，反正是死，不如出去再说。于是好几个力大的人就奋力推倒了后场地边的土砖墙。人们蜂拥而出，朝山下跑去。把门的日军见了，跑了过来，用枪逼着大家到了山下路口的苦槠树下。人们一看，路口的田坎上架着一挺有脚的枪，正有日军守在那里，大家要逃也逃不了。寺庙里出来的人就又跪在苦槠树下的一个草坪地上。那时的老百姓真是怕事，日军叫怎样就怎样，要是现在，莫说几个日军，就是几十个，也会和他拼了。我跪在离我父母有丈把远的地方，我父母在前面。我娘说："崽呀，跪到娘身边来，要死，一家人死在一起。"我没有动，怕日军看见我走动会抓我打我，仍跪在那里。那里正好是个凹下去的地方。跪着的难民谁也不敢做声，不知命运将是怎样的，总之凶多吉少，难逃一劫。

有个日军闯进跪着的人群，将一名年轻妇女拖出去，拖进了树丛里，好一阵又被日军押回来跪在人群后面。大家大气都不敢出。又有另一个日军拖走了一个年轻姑娘，过了一阵，那姑娘也回到人群中跪下。后来，田里有妇女也被另外的日军拖到树林去了。日军就这样轮番拖妇女。到了下午两三点钟吧，我看见日军用水壶在田垄的水塘里灌水，倒在架着的机枪膛内。后来才知道，那叫水机枪，灌了水威力更大。

我跪累了就匍匐在地上。猛然间听到"嗒嗒嗒"声，机枪响起来了，前面跪着的人一个个倒下了，一声声惨叫撕心裂肺。有人倒下压在我身上，我被压得气都喘不过来。后来听到机枪朝田垄扫射，田垄里又是一片凄惨的哭叫声。我感到压在我身上的人越来越重，再也支持不住了，昏了过去。

不知过了多久，恍惚间听到有人说话："爸爸、妈妈，兵牯佬走了，兵牯佬走了，起来起来。"我一提神，睁开眼一看，见我妹妹就在不远处，是我4岁的妹妹。"妹妹，妹妹！"我喊了起来。妹妹走近我，我向："爸爸妈妈呢，在哪里？""在那——"妹妹指了指路边那里。我挣扎了几下，只觉得身子麻木，全身无力。我咬着牙，一点一点抽出身子站起来，抬头一看，见月亮升起在半空了。

我和妹妹来到爸爸妈妈倒下的地方，看见爸爸妈妈的背上都被子弹打成了米筛眼似的。路边的沟里血还在流，像一条蚯蚓在蠕动，好吓人。

月光下，见苦槠树下横七竖八一片尸体，往田里一看，也是一样。有人在呼唤自己亲人的名字。我和妹妹蹲在爹娘的尸体前哭了好久。后来和妹妹找到了叔叔、婶婶、7岁的大弟、3岁的小弟，他们都死了。我们想哭也哭不出声了，喉咙像被什么东西噎着了。

山风阵阵吹来，一股股血腥味扑来。树影摇曳，幽灵一样。猫头鹰的惨叫声让人毛骨悚然。我背着妹妹，含着眼泪离开了爹娘的尸体。

我背着妹妹朝幸家方向走去，幸家离团山寺2里多一点。到了幸家村茶树林里，躲在那里的村民听到有人来了，就跑动起来。我听见有动静，以为是日军，吓得停住了脚步，妹妹吓得哭了起来。茶树林里的人看见了我们，有人走到我身边，是幸美育大伯，他说："表崽，声也不做，把我们吓得要命，以为是日军来了。"他们围拢来问我："团山寺那边怎么样了，我们听见响了好久的枪声。"我把情形说了一遍，大家听了之后都叹息不已，咒骂日军太恶了。幸美育、汪九旺是我父亲生前的好友，听说我父母遇难十分同情我，问我：你爷娘在什么地方，带我们去看看。我说我怕，他们说怕什么，有我们带着你。就这样，我又领着两位大伯、大叔来到我父母倒下的地方。他们在附近的坡地上挖了个坑，连夜埋葬了我父母等6位亲人。以后，我和妹妹就住在幸家庄干娘家。干娘没子女，带着我兄妹去讨饭。直到我母舅回来后舅母把我接过去，我和妹妹就一直在母舅家长大。

团山寺惨案发生后，许多死难者的尸体一直暴露着没人来收拾。尸骨遍地，臭味恶心人，很少有人到那里去。后来到了晚上，鸡蛋大的磷火游来游去。

到了1930年农历三月，离团山惨案发生有7个多月了，当时的副乡长汪文君见尸骨遍野，惨不忍睹，就领头募捐，收拾死难者尸骨，我也参加了。共拾到头盖骨302个，安葬在团山寺西边不远的茶山上，做了一个大坟墓。其实团山寺惨案远不止302个死难者，有的早被亲人安葬了，像我父母、叔婶、两个老弟，就是我自己安葬的。后来听团山寺惨案幸存者中年龄较大的人说，那次惨案中寺里烧死的、苦槠树下和田里扫射死的，共有600余人。

另外，在团山寺惨案发生的同时，在杨林村庄，一个叫况池的被日军抓住用石碓舂死了。米岭村郑家庄的保长带着100多人去投日军，想讨好日军，结果都被关在一幢6间房的大屋里，全烧死了。米岭村另一个村庄也关着烧死了100多人。

日本投降的那年7月，日军还到了汪家圩一带。一天，我带着一家老小躲避，我丈母娘扎了脚，一不小心摔倒在路下的大禾田里，我急忙放下担子去抱她起来。山上有个穿日军军装的人追了下来，拦住了我。他腰间挂着个驳壳盒似的东西。见我丈母娘60多岁，就放了她，把我拐到山上。我心里忐忑不安，不知他要做什么？突然他朝腰里一伸手，我以为他要掏枪打我，我作好和他拼命的准备，谁知他从腰间的盒子里掏出一根纸烟来，问我有火吗？说中国话，原来不是日军，是个汉奸。我说没火。他说有办法吗，我说有。就在地上寻到两块鹅卵石，两手一碰冒出火星。他高兴了，凑过来点烟。我两手狠狠一碰，火星四射，射到他眼里。他拼命揉眼睛去了。我一见，趁机钻进山林逃走。我一口气猛跑，到了一个叫大竹山的地方，又碰见日军。真是逃脱了虎口，又入狼窝。我被日军抓住当苦力。被抓去当苦力的不只是我一个，日军叫我们挑东西去九江。

日军驻扎的地方,摆着许多箩筐,箩筐里有装着谷的,有装着米的,有的盖得严实,不知是什么。我用脚拨弄筐子,发现有个箩筐装着几只鸡,就与一个差不多重的箩筐配做一担,挑起就走。我一路上走得很快,引得日军直发笑。可有的苦力就遭殃了。我外甥 18 岁,叫游迄生,身材高大也有把力气。他挑了一担谷,上面还加了两箱子弹。到了靖安,挑不动了。只要起了程日军就不准人休息,也不让人帮挑,见挑不动的就刺死。我亲眼看见外甥就是被日军当胸一刀刺死的,但我没办法去收尸。一路上日军刺死了好几个苦力。老杨村的一个保长也是这次做苦力被日军刺死的。去九江走了七八天。到九江时,天快黑了,日军忙着吃饭。一帮日军哄抢我挑的鸡,鸡飞来飞去,日军嘻嘻哈哈抓鸡,我趁日军不注意溜了出来。逃出来后,人生地不熟,又身无分文。幸好遇见一个老者,老人听我说是高安来的苦力,十分同情我,给我饭吃,还给了一斤米,又帮我在当地办了一个通行证之类的卡件,我才一路讨饭回到了家乡。多亏了那个老人,至今难忘老人的恩德。

过去的苦楚真是一言难尽啊!

(闵琦,1921 年农历十一月十六日出生,汪家圩乡闵家村人。

高安市史志办黄四光、孙晓东 2006 年 5 月 11 日整理))

我娘家是奉新县,距奉新县城 15 里路。我是当年逃难逃到这里来的,就在这里嫁了人家。

记得当年日军到了奉新我娘家一带,我村上的人就往外逃,也有逃不及的,就遭罪了。我娘被日军捉住,塞在石碓里舂死了。我父亲逼得无路可逃,跳到塘里淹死了。我兄是日军刺死的。我带着我老弟逃出村,躲在藜蒿稞里,没被日军捉到。我们跟着村上人逃到湾里。在路上,我弟弟不知得了什么病,死了。我一个亲人也没有了。在湾里,有 100 多个难民被日军关在一个祠堂里,闭门放火烧死了。我当时没躲在祠堂里,逃过了一劫。事后,当地人用齿耙扒尸体,几个人葬在一个窟里,也没有什么棺材,连晒垫都没有卷一下。我看见日军用刺刀挑着细伢子的屁股举起来,两三岁的细伢子刺死了好几个。真是惨啊!

(李雪英,1919 年农历十二月十八日生,奉新县人。

高安市史志办黄四光、孙晓东 2006 年 5 月 25 日整理)

## 江西省抗战时期人口伤亡和财产损失

1939年农历二月间，日军到了我村，当时我十五六岁了。我的眼睛是老了得了白内障瞎的。

日军一来，实行"三光"。那天一早，我在村边不远的菜园里锄完草，回到村里在水塘边洗手后，前脚跨进门，后脚两个日军就窜到我家。日军向我娘要火柴，我娘只好把火柴给他们。当时日军也没把我们怎么样，就出了门。我娘感到不妙，就收捡了一点东西，带着我和我兄，随父亲转弯抹角，偷偷逃进了村边的山林里。村子里陆陆续续有人溜出来。村子大，房屋多，又靠近山，日军只管东家西家到处搜东西，所以好多村民趁日军不注意，逃出了村。但多数村民没逃出，躲在家里。没过多久，我们在山头上往村子里一望，见已火光冲天，浓烟滚滚，烈焰腾腾，不时还有枪声传来。

第二天傍晚时分，我们才回到村上，见几十幢房屋几乎烧光了，连茅厕都烧掉了。有人在烧光的屋前痛哭，有人抚着亲人的尸体悲泣，死猪死牛死狗到处都是。那些未来得及逃走而又幸存的人向回村的乡亲们讲述了日军的一桩桩罪行，我至今还记得清清楚楚。当年好几帮日军在村上，一边抢东西一边放火烧屋。在这家搜完后，就点火烧，然后搜另一家，搜一家烧一家。见到人，如果你稍不顺从就开枪打或用刺刀捅。鲁绪怀、鲁期魁父子俩被日军开枪打死了，鲁期文也被打死，鲁期益抱着女儿鲁绿英被日军一枪一同打死了，这一家人就死了5个。鲁期仪、鲁期炭、鲁期嫩等16人，被日军押到村边田里，转眼间就被日军机枪扫死了。日军在村上还强奸了妇女。村上有一个妇女被日军抓住要强奸，鲁克友见了，就上前去解救，那妇女逃脱了，结果鲁克友被日军打死了。

我村本来有300多人，后来只剩下100多人。房子烧光了，村民们只好搭茅棚子住。

（鲁期厚，1924年农历七月十八日生，杨圩镇鲁家村淇园庄人。<br/>高安市史志办黄四光、孙晓东2006年5月17日整理）

我记得日军来过好几次。有一次，日军是从
枧溪村小塘游家方向来的。日军认为有中国兵往
这边来了，就一路追杀过来。

日军进村时，我正在田里割禾。村上许多人
都在干农活。菱妹子的父亲最先看到一队日军往
这边扑来，他大叫："有兵来了！"但不知道是日本
兵，以为是中国兵，大伙就没介意。有个喻连长，
是国民政府军的，他是我村上人，那天带着勤务兵
来到村上，站在村边大路口，远远看着一支队伍开
来，以为是自己的部队。突然一声枪响，他应声倒
地。原来日军用望远镜看见他手中有枪，就打死
了他。勤务兵见状，急忙逃命去了。

日军进村了，见人就杀。喻家站的父亲喻会流，正在井边挑水，日军一枪把他
打死在井台上。我哥褚昌康放牛回来正在大门口拴牛，见日军来了，他拔腿就跑，
日军"砰"的一枪，把他的肠子都打出来了，逃到山上就不行了，就死在村后山上。
日军杀人跟小孩打鸟似的，见人就开一枪。日军这次在我村上烧了一幢屋，是褚
昌靠家的。

我村边的田垄里，满是逃难的人，有几千人，被日军追得团团转，黄了的禾都
踩掉了。

（褚维耀，1926年农历四月二十六日出生，黄沙岗镇南山村大褚村庄人。
高安市史志办黄四光2006年6月2日整理）

那年农历六月二十六日夜晚，日军从英岗
岭来到黄沙岗，在杨坊村呆了一夜。我村派了
一个叫喻芳伍的去打听后才知道的。

六月二十七日，大概是下午4点，日军向我
村扑来。我叔在村边塘里洗澡，见日军远远而
来，我拼命地叫："叔呀，叔呀，日军来了！"我叔
耳背，叫了好多声才听清。他慌手慌脚爬上岸
穿上衣服就同我们一起逃，躲在离村子还不到
半里的山上密林里。村庄上的人都四散逃命。
有许多村民被日军堵在村里没跑出来。我们在
山上听到村里猪叫牛吼。那段时间，日军一拨

一拨来,难隔几天又有日军窜到我们这一带村子里来。日军进了村就各家各户去搜东西,油呀酒呀米呀,见什么拿什么,油缸酒缸里还拉屎在里面。拿不动的东西就通通砸烂来,管你什么,床呀桌子呀水缸呀,见什么砸什么。搜到金银财宝更不用说,统统塞进荷包。猪呀牛呀,也遭了殃,想吃牛肉就割牛,想吃猪肉就割猪,抓住就用刀活活地旋下一只腿来,牛痛得暴跳,猪痛得嚎叫,那还活得了。日军追得鸡到处飞。这些还算不了什么。更可恶的是日军杀人放火奸淫妇女。日军第一次来,在我们村烧了一幢屋;第二次来,在华溪邹家,7个日军轮奸了一个妇女;第三次来,一个叫喻会流的,被日军一枪打中,起先还未死,一个日军追过去一刀刺在他肚子上,然后踩在他身上用脚蹬,肠子都压出来了,他就这样被日军残杀了。康伢子也被打死了。有个叫牯豆腐的也被日军打死。有一个女人抱着小孩逃命,就在村里碰上日军,日军用刺刀捅着小孩举起来,小孩哇哇大哭,两手乱舞,直到痛死,那妇女也没办法,眼睁睁看着自己的孩子被折磨死。

日军第三次来我村上,我牵了三头牛往上港谢家那边逃,将牛拴在一个山坳里,因为牵着牛走得慢。我拴好牛就又往山里面藏。后来去牵牛,只剩下一头,两头不知哪去了。我牵着这头牛想躲到另外一个地方去。那时总觉得这里也不是,那里也不好,没哪里躲得。刚牵牛过马路,碰上一队日军,还有一个骑高头大马的军官。几个日军朝我追来,我吓得把牛绳一抛,人往田里一纵。那正是晚禾疯长时,我匍匐在禾垄下,两手扒着禾蔸,拼命地往田中间爬,扯一下,前进一下。日军没下田追。我借着禾的掩护,一直爬到山脚下,上山逃脱了。

喻会柱和我哥喻会潭等四五个人被日军抓去挑东西。日军真缺德,谁挑不动就杀死谁,并且一岁加一斤,年纪大的人反而还挑得更重。被日军抓去做挑夫的人四五天后才逃回来。喻会柱逃走时,被日军一枪打到脚,在难友们的帮助下才逃回家,脚拐了,成了终身残废。

那年六月二十七日,是我结婚成家的日子。喜事未办成,跑到山上去了。日军那天来村上时,我记得清清楚楚。日军一次次到村上来胡作非为,犯下的罪行造的孽,有的是我亲眼目睹,也有的是当年听人家说的,都是真的。

（喻会圳,1926年农历七月三日出生,黄沙岗镇南山村大褚村庄人。高安市史志办黄四光、孙晓东2006年6月2日整理）

1939年时,我已有10多岁了。一天,听说日军来了,我跟着大人往汪家圩方向逃难。一路上,都是逃难的人群。走着走着,迎面碰上4个日军。难民们都十分惶恐,四散逃开。我与家人走散了,一个人独自奔逃。我看见日军开枪打杀了一个逃难的,就在我前面不远的地方。我赶紧往柴草稞里一闪,钻进了山林,日军没打到我。我惊慌失措,又不认识路,乱窜乱转,生怕又碰见日军。转呀转呀,不知转到一个叫什么的地方,猛听见前面人声嘈杂。我藏在一个隐蔽的地方朝那边望去,只见前面一条小河边的路上,站着一些人,几个日军把人赶到田里,总有几十个人,都是逃难的。那些人都跪着,举起了手。日军朝人群开了枪,听到那些人惨叫着一个个倒下。我伏在地上,闭上眼,根本就看不下去了。后来日军走了。直到天完全暗下来,我才蹑手蹑脚地钻出来,趁着夜色又逃。口渴了就捧口田里的水喝,饿了就扒人家地里的红薯吃,困了就找个地方眯一阵眼。就这样游游荡荡,躲躲闪闪,逃到了一个叫栎树下的地方。在那里又遇上了日军,亏我眼尖,先看到日军,日军没看见我,我才又逃脱了。我不敢与其他难民一起逃难,一人又逃到了杨柳岗,后来又到了竹山村,在我一个亲戚家落了脚。一天,日军来到竹山村,村中的人慌忙往山里钻。我是睡觉都睁着一个眼睛,给日军吓得睡都睡不安稳。日军一进村我就往后山里钻。有老弱病残、拖儿带女等来不及逃的村上人和外地来的难民,都被日军赶进一幢屋里,总在 100 来人,全被日军放火烧死,后来颅骨都扒出来好几担。

（郑求德,1924 年农历十月十八日出生,汪家圩乡大族村彭家庄人。
高安市史志办黄四光 2006 年 5 月 11 日整理）

1939 年农历二月间,日军到了徐坊。就跟电影里演的一样,日军一进村,就搜东西,抢财物,见到金戒指、玉手镯、银项圈、银元就不放手,见什么抢什么,连鸡蛋也不放过。日军不单抢东西,还杀人放火。厚宜的娘刚刚病死了,厚宜用一床晒垫卷着娘扛出去安葬,一出门没走几步就见日军来了。日军烧他家的屋。他女儿正好躲在屋里,他怕烧着女儿,就急忙冲着屋里喊:"罗秀,罗秀,快出来啊,日军在烧屋啊!"罗秀听见父亲的喊声,立即从屋里跑出来,刚一出门,日军一枪就打死了她,厚宜吓得丢下娘的尸体,跑开了。后来厚宜想起这事就痛哭不已。上头村里的木伢子,被日军抓住塞在碾槽里,推动碾架滚来滚

去,他就这样被残杀了。下头村里烤妈妈的崽,也是被日军的枪打死的。日军还将我们徐坊 40 多个村民关进一幢屋里活活烧死了。

我们这个村历史悠久,自东汉时就有了。村子好大,有几百个大门,都是三个四个天井的大土屋,多好的房屋啊,雕梁画栋,挑檐翘角,都被日军烧了,只剩下两个大门。你们可以看到我村上的现在规模,还没有原来大。烧了以后,几十年来

江西省抗战时期人口伤亡和财产损失

陆陆续续才做成这个样子。村后竹山下那幢烧烂了的屋一直没动，还有残墙，没拆去，这就是日军罪恶的见证啊！要是徐坊不被日军烧掉，现在肯定是个千年古村，太可惜了。

（徐鹏程，1920年农历十二月九日出生，汪家圩乡徐坊村人。
高安市史志办黄四光、孙晓东2006年5月11日整理）

# 日军血洗奉新县惨案

奉新,位于江西省西北部,东邻安义,北连靖安,西毗修水,南接宜丰、高安,县域面积 1642.81 平方公里,县城冯川镇距省会南昌 60 公里;历史上,奉新常归南昌(洪州)管辖。

1937 年卢沟桥事变后,日军加快推进侵华步伐,国民政府虽然表面进行抵抗,但是在片面的抗战路线和消极防御的作战方针指导下,一败再败。在一年多的时间内,华东、华中、华南大片国土沦陷。1938 年 6 月,日军乘势,由武汉直下占领九江,从永修张公渡强跨修水河,扩大侵略范围。

1939 年 3 月 22 日早饭后,日军 9 架飞机排成"品"字形,对奉新县城进行狂轰滥炸。顷刻,整个县城硝烟弥漫、弹片横飞、屋毁人亡,惨叫阵阵,恐怖异常;刹那间,繁华的街市变成了一片废墟,许多无辜百姓倒在血泊之中。当时,桂花斋的饼铺被炸倒后,砖墙压在隔壁的肉砧上,藏在砧下的五六个人被压得奄奄一息,无人抢救。丢在河家畔、登赢集附近的炸弹,震死铁匠、银匠各一人。徐太和香纸店全家三口都被炸死,周围还有被弹片削掉手指、臂膀、大腿的人哭叫不停。在狮山脚下沟渠里洗衣服的 40 多个年轻妇女,看见日机来了,拼命往附近的房里躲避,人多目标大,终被日机发现,旋即丢下一颗炸弹,40 多个妇女被炸得血肉横飞,连一具完整的尸体也找不到,真是惨不忍睹! 上午 10 时许,日军从安义县城出发,沿干(洲)冯(川)公路线杀过来,每路过一个村庄就要烧、杀、抢、掳。日军进村见女人就奸,见东西就抢,见家畜就杀,烧毁房屋不计其数;临走还在水里投毒,害得干冯公路线上男女老少生疮不能劳作,田地荒芜,民不聊生。公路上的日军则骑着摩托车横冲直撞,坦克上的机关枪见人就扫射,18 公里的干冯线上一路死尸如麻。干洲溪泮水头村庄原有 512 人,日军进村烧杀后,只剩下 170 人。当晚 8 点左右,日军百余辆坦克亮着灯,耀武扬威地开进奉新县城,从此,奉新沦陷了。

奉新沦陷期间,日军施行了惨绝人寰的杀光、烧光、抢光的"三光"政策,诸如枪杀、刀劈、剐心、碎尸、活埋、溺死、火焚等骇人听闻的野蛮行径,在干洲镇溪泮、会埠镇车坪、赤岸镇赤角、干洲镇草坪等地制造了数起杀人惨案。奉新大地到处狼烟滚滚、血迹斑斑,造成"无村不带孝,处处闻哭声"的惨境。

县城遭日机轰炸后,国民党奉新县政府仓皇迁往上富镇。傍晚,县政府用仅有的一辆破汽车装运财物和公文;不料,马达几次起不动,连续发出嘁嘁嘁的声音,引来了日军一路追杀。

涂康德当年 12 岁,随全家 12 口人逃难经过冯(川)上(富)线上的会埠车坪,亲眼目睹日军残酷杀害无辜百姓300多人。当时房前、屋后有尸体，田里、山上也有尸体，有些地方尸体成堆；上有80多岁的白发老人，下有不足周岁的婴儿；有的是被枪杀的，有的是被刀砍掉了头的，有的是被刺刀剖腹、肠子流了一地；一具女尸全身裸体，阴道插入一根竹杠，显然是被日军强奸后又杀死的。他还看见一个半岁多点的女婴全身血渍，在母亲尸体上无力地爬着、哭着，真是触目惊心，惨不忍睹！

面对日军的暴行，中国军民忍无可忍！4月22日，退守在米岭、浣溪等地（距县城3公里）的国民政府军第184师、新10师，在当地群众的正义呼吁下，奋起抗日，从而拉开了南昌阻击战序幕。当时，群众踊跃支前，抗日部队一直打到鹈鸪岭（距县城1华里）；日军惊慌失措，溃败龟缩县城。中国军队的突然袭击，群众的抗日行动，使侵略者吃了大亏。日军恼羞成怒，随即调集大批兵力进行残酷的报复。

4月24日，天气阴晦，一片沉寂。中午12时许，被日军关在赤岸镇火田村赤角潘氏祠堂内的100多名难民，听信汉奸的谎言，排成队前往县城"领救济物资"。当他们走到短咀塘旁边时（距赤角村庄1华里），突然，从后背山上窜出一个日军，端着刺刀朝人群刺去。潘明志眼明手快，把日军的枪支打落在地。紧随的另一个日军立即举起马刀向潘的后脑劈去，他壮烈牺牲了。此刻，日军架在后山和堵截路口的3挺机枪同时对着手无寸铁的100多难民猛烈射击，刹那间，密集的子弹全部扫在难民身上，难民们一排排倒在田里，倒在水塘中。人们面对日军的血腥屠杀，宁死不屈，高呼"打倒日本狗强盗！"当时一个负伤倒入水塘的人还在浮动，日军立即跑到塘沿，抽出马刀对准他的头部狠砍一刀，劈成两半。还有一位中年妇女，为了保全儿子的生命，用自己的身体挡住日军的子弹，最后倒在血泊中。灭绝人性的日军又恶狠狠地将刺刀刺进了这个孩子的腹部，举起来作"龙灯"玩耍。日军随后聚集在短咀塘边，将死难群众的尸体一具具丢到塘里。对那些奄奄一息在死亡线上挣扎的人，日军又从村里抬来两架风车斗，倒放在塘边，装上铡刀，将这些人一个个拖来，或铡头，或分身两段，或割下妇女的乳房……铡死一个，就抛一个在塘里。铡刀铡钝了口，风车斗上的板子铡出了两寸深的刀痕，田水和塘水变成了血水，尸体填满了短咀塘，惨状万分，目不忍睹！在这次惨案中，赤角村有27户被满门杀绝，146人殉难，其中被机枪打死的66人、铡刀铡死的80人，男的91人，女的55人；有47名妇女被奸淫，一些未发育的女孩子被他们奸淫得

短咀塘

不能走路。

同年 5 月的一天,日军与中国军队在会埠镇稻田村至坳头岭一带打了一仗,国民政府军边打边向高安方向撤退。当天中午时分,从战地西侧山坎下的树林中传出小孩的哭声,一些日军听见后,立即从稻田村西面抄小路绕道搜索而来。书院前庄一个放牛的农民被日军一枪打断了腿,倒在草地上。郁竹庄一个小孩子看见日军来了,立即朝桥上庵方向拼命地奔跑,口里不断地喊着"爸爸,日军来了!"刚刚跑上一座小石桥,就被日军枪弹打死,栽到桥下。小孩的爸爸听见儿子的叫声,就从庵内跑出来,也被日军枪击在庵前的石坎下。日军沿小道经郁竹东上,在郁竹熊家屋前的田垄里,又枪杀了 3 个正在田里劳动的农民。

桥上庵内,有莽芽、东坪、园子里、东田等村庄及外地的 80 多个难民躲藏在里面。这时,日军已经发现了林中的庵堂。他们步步向庵堂逼进,在门外就开枪打死了一个正在吃饭的女难民,其余几十个难民还没有弄清楚是怎么一回事,凶残的日军就端着刺刀冲进了庵门,朝着手无寸铁的逃难百姓乱捅,眨眼间,20 来个男女难民便倒在血泊中丧命。躲在庵堂后庭的难民见状,急忙打开后门往外飞奔。有个叫余珍柳的车坪村难民,手抱着一个 4 岁的小女孩,还没来得及从后门跑出,就被凶恶的日军一刺刀刺穿了小孩子的大腿,刀尖又扎进了余的腹部,顿时,肠子流了出来。一个 10 岁的女孩依偎在母亲怀里,蹲在墙角吓得直叫妈妈,日军又是一阵乱刺,可怜的母女顷刻就命归黄泉。还有一个七八岁的男孩子也被日军一刺刀挑起抛出去老远。一部分藏在夹巷内用晒垫遮盖着身体的难民,也没有逃过日军的眼睛,一一被乱刀扎死。日军疯狂刺杀了一阵之后,看看庵堂内大概不会有活人了,就扛着血淋淋的刺刀扬长而去。

这年农历五月十五日,日军为了打通冯川至澡下镇的通路,从马岭老巢派出一支部队攻打草坪萧、徐两村庄。国民政府军第 5 预备师驻扎在澡下,一个团扎在草坪徐家,前哨排扎在萧家。因事先得到情报,国民政府军设伏在萧家高坳下的大路两边,等日军一到,两边同时开火,打得日军抱头鼠窜,狼狈溃退。日军不甘心失败,不久,再次出动进攻草坪萧、徐两村庄。当日军刚行到曼头岭村时,遭遇驻扎在天福庵的中国军队阻击,于是日军便在曼头岭驻扎下来,挖战壕、修工事进行顽抗。这一仗打了三天三夜,战斗中,日军指挥官被国民政府军一炮击毙。曼头岭激战后,日军溃退到草坪萧家老屋,进行了惨绝人寰的大屠杀,他们把村里的人集中起来,然后赶到水塘里,在水塘里挣扎的就用枪点射,一时间,塘里浮满了死尸,有的脑袋上像马蜂窝一样布满了枪眼。经过这次劫难,草坪萧家老屋原有 120 多户、800 多人,只剩下 300 来人。被日军杀绝的有:萧行气、萧士恕、萧行军、萧正金、萧行芳、萧必奉、萧行创、萧行仕、萧必美、萧行昆、萧行早、萧行义、萧行祖、萧行荣、萧行果等 40 多户,最多的萧正金一家老少 11 人都死在鬼子的屠刀下。

日军两次打了败仗，尤其是指挥官被击毙，更加暴跳如雷、疯狂已极，于二十日夜晚，派出四五百个日军偷偷地包围了曼头岭这个小山村，村民还沉睡在梦中。日军在四周布下岗哨、架好机枪之后，就开始用枪托砸门，闯进各家住房，把曼头岭村民一个个赶到晒谷场，有的来不及穿衣服，有的光着一双脚。日军把人集中后，端着寒光闪闪的刺刀，凶神恶煞地对着老百姓嚎叫。他们把汽油泼到屋上，然后点着火，顷刻间，整个村庄便成一片火海。日军并不就此罢手，又把老百姓押到小塘边。日军队长指着一位手里牵着女孩的中年妇女，手持东洋刀张牙舞爪吼着："你的，塘里死啦死啦的有！"话音刚落，就有几个日兵一拥而上，将小女孩扯开，

"四·二四"惨案纪念碑

把这个中年妇女抬起来抛到塘里去了。人们见此情景，愤恨已极，不知谁叫了一句："反正是死，不如同日军拼了吧！"于是，个个挥着拳头向日军冲去。可怜这些手无寸铁的无辜老百姓，哪里抵抗得了这些全副武装的日军。只见日军凶残地用枪托砸老百姓的头，用刺刀刺老百姓的胸膛，用东洋刀乱砍。不一会儿，所有人都被杀死抛进塘里。可是，惨无人道的日军还不罢休，又用机枪向塘里猛扫一阵。一霎间，水塘变成了血塘，变成了尸坑。就这样，曼头岭竟在一夜间成为一片废墟。满塘的尸体，有头身分离的、缺膀少腿的、脑浆迸裂的、开肠破肚的，有男的、女的、老的、少的，横七竖八，真是惨不忍睹。全村 30 人，除陈正根、廖家忠两人遭劫前外出免遭杀害和熊绪莲死里逃生之外，其余 27 人无一幸免。全村 10 户人家，有陈正发、陈祖彪、陈运琴、陈运桃、陈祖山、廖家焱、鄢本玉 7 户被杀绝。

在日军铁蹄的蹂躏下，奉新人民蒙受了惨重的损失，付出了血的代价。据 1946 年《江西省抗战损失调查总报告》载：在抗日战争期间，日军共杀死奉新同胞 42560 人，烧毁房屋 21770 栋，被宰杀的耕牛 15096 头，损失稻谷 415000 多担；全县共计损失 2794933 万元（当时法币）。日军在奉新的暴行，真是血债累累、罄竹难书，罪恶滔天！

（撰稿：奉新县委党史办　刘功林、熊正秋）

附件一：

# 奉新沦陷琐记

　　1937 年卢沟桥事变后，日军加快推进侵华步伐，国民政府虽然表面进行抵抗，但是在片面的抗战路线和消极防御的作战方针指导下，一败再败。在一年多的时间内，华东、华中、华南大片国土沦陷。1938 年 6 月，日军乘势，由武汉直下，占领九江市，从永修张公渡强跨修水河，扩大侵略范围。

　　1939 年 3 月 22 日（农历二月初二）早饭后，日军 9 架飞机排成"品"字形，以不可一世之态，偷袭奉新县城领空，进行狂轰滥炸。飞机在空中盘旋一周，然后丢下十几颗炸弹。顷刻，整个县城硝烟弥漫、弹片横飞、尘土扬起、屋毁人亡，惨叫阵阵，恐怖异常。日军的第一颗炸弹投在旧县衙前，留下了一个两米深的弹坑。紧接着，桂花斋、河家畔、登赢集、西门街、狮山脚下等处，先后发出雷鸣般的巨响。炸弹像落冰雹一样，丢在店铺里，落在街道上，投在人群中，刹那间，繁华的街市变成了一片废墟，许多无辜百姓倒在血泊之中。当时，桂花斋的饼铺被炸倒后，砖墙压在隔壁的肉砧上，藏在砧下的五六个人被压得奄奄一息，无人抢救。丢在河家畔、登赢集附近的炸弹，震死铁匠、银匠各一人。徐太和香纸店全家三口都被炸死，周围还有被弹片削掉手指、臂膀、大腿的人哭叫不停。在狮山脚下沟渠里洗衣服的 40 多个年轻妇女，看见日机来了，拼命往附近的房里躲避，人多目标大，终被敌机发现，又丢下了一颗炸弹，旋即屋倒墙倾，血肉横飞，40 多个妇女连一具完整的尸体也找不到。

　　飞机轰炸后，国民党县政府仓皇搬迁山区。当晚，县府用仅有的一辆破汽车装运财物和公文。不料，马达几次起不动，连续发出嗡嗡嗡的声音。附近居民误认为敌机又来了，更是惊恐万状。夜晚 8 点左右，日军百余辆坦克，亮着灯，以武力作先导，由安义方向耀武扬威地沿干（洲）冯（川）公路开到奉新县城，途径下桥往黄城方向去了。跟随坦克而到的数百日军留在奉新，施行烧、杀、抢的"三光"政策。从此，奉新县沦陷了。

　　这天晚上，县政府的民政、教育、军事、建设、财政科和户籍、会计室的 30 多个公职人员，毫不顾及百姓，各自带着家眷逃往山区。县长王正公领着通讯员余模刚，在品香楼吃了一碗面，然后提着马灯，连夜步行赶到上富镇，县政府也就随之迁到上富义学里。公务人员纷纷逃离，百姓们也只得背井离乡外出逃难。一夜之间，全城 5000 多人口，十室九空，城外路上，人们拖儿带女，忍饥挨饿，痛哭失声，凄惨万分。

　　翌日凌晨，日军持枪守住下桥桥头。这时有个叫甘登根的裁缝，因近视眼，看不清守桥的是什么人，他凑近问道："请问这位老表，听说昨晚到了日军，是吗?"日军没吭声,一刺刀就把他捅死丢在河里。接着进城的 10 多个百姓无一幸免,尸体全部被投于南潦河中。日军的暴行很快传遍了全县 4 个区的 24 个乡镇 240 多个保。大部分平原农村的群众也开始了"躲反""逃难"。一时山村农舍,民间小道,男女老幼,挑铺盖的,背锅碗的,推土车的,挑箩担的,赶耕牛的,络绎不绝,其悲惨情景,真是令人目不忍睹。

在抗日战争中,由于日军实行残暴的"三光"政策,使奉新县人民遭受了一场空前的浩劫。据不完全统计,被日军枪杀和失踪的人 42560 人,被烧毁的房屋达 21770 幢,被宰杀的耕牛 15096 头,损失稻谷 415000 多担,至于衣物等损失更是无法计算。

日军的强暴行径,压服不了奉新人民反抗侵略者的意志。大家团结一致,共同抗日。当时,在群众中流行着这样一首歌曲:"己卯二月初,奉新失了守;打倒日本兵,不做亡国奴……"宣传抗日的口号遍及山乡,群众逐渐觉醒,抗日义举时有所闻。不久,国民政府军第 32 军第 182、第 183、第 184 师也先后开来奉新,并曾在五步城、茅竹山、九仙汤、南历、来家山等地与日军展开了激烈的战斗,给日本侵略者以狠狠打击。

随着时间的转移,中日两国人民都从战争的苦难中觉醒过来。如今,两国间已建立了友好睦邻关系。愿两国人民世世代代友好下去,接受历史的教训,决不能让悲剧重演。

(邓万、徐钟胜口述,明芳、群力、惠州整理)

附件二：

# 日军暴行目睹记

涂康德

1939年3月22日（农历二月初二）夜晚，日军侵入奉新，县城沦陷。

23日，我全家12人扶老携幼离乡背井外出逃难。大伯涂理象和叔叔挑着行李领着全家人来到会埠乡水口村的苦竹山小村庄。当时认为在外躲避一段时间就可以回乡，因此所带粮食不多，再说肩挑手提也拿不了多少，到了4月初，全家人就没有粮食吃了。我大伯有位朋友是车坪村余家庄人。当时他也逃难在苦竹山。大伯同他商量借粮的事，刚好那位朋友也要回家去拿粮食。于是，大伯便和那位朋友一起从苦竹山动身去车坪。谁知，他们一去几天都不见回来，弄得人心情都很沉重。大家估计，大伯要么是被日军抓走了，要么是被日军杀害了，一定凶多吉少。

那时，我才12岁，一想起天天和我们在一起的大伯不见了，心里格外难过。我想，一定要把大伯找回来，就是人死了也要找到尸体。于是，我便一个人到处去找大伯。据有人说，车坪村杀死了几百人，我立即直奔车坪。当走进车坪余家庄时，我呆住了，只见房前屋后有尸体，田里、山上也有尸体，有些地方尸体成堆。生要见人，死要见尸啊！为了寻找大伯的下落，凡是有尸之处，我都走近仔细辨认。有尸堆的地方，我也顾不了许多，就一一翻开查看，时值桃花天，气温较高，很多尸体已经发臭，嗅着令人作呕。

这些被日军残酷杀害的无辜百姓，上有80多岁的白发老人，下有不足周岁的婴儿，老老少少，男男女女，不下300人；有的是被枪杀的，有的是被刀砍掉了头的，有的是被刺刀剖腹、肠子流了一地的。还有一具女尸全身裸体，阴道插入一根竹杠，显然是被日军强奸后又杀死的。当时我还看见一个半岁多点的女婴全身血渍，在母亲尸体上无力地爬着、哭着，真是触目惊心，惨不忍睹！

我爬了一山又一坡，转了一村又一庄，所到之处，满目萧条、凄惨！凡是日军铁蹄践踏过的地方，房屋被烧，一片废墟；田园荒芜，杂草丛生；同胞被杀，尸横遍野；妻离子散，哭声恸地。

我找了很久很久啊，始终没有找到亲爱的大伯。从此以后，大伯杳无音信。大伯呀，你在哪里？！如果你在天有灵的话，也来控诉日军侵华的暴行吧，让大家记住，决不让那历史的惨剧再在中华的大地上重演！

（笔者为原奉新县政协主席）

附件三：

# 赤角庄的"四·二四"惨案

1939年3月22日（农历二月初二），日本侵略军的铁蹄踏进奉新、靖安、安义三个县。驻我地国民政府军害怕日军，不战而撤出县城，使县城及附近农村成为沦陷区。日军占据县城后，驻扎在县城南面的有两个团，其中一个炮兵团驻扎在冯田村，另一个步兵团驻扎在火田村，团部设在余名成的土屋里。日军立即布置兵力，控制了周围的山头、要道。他们在陶仙岭、冯田山、凤凰山、鹁鸠岭等地，挖战壕，筑工事，妄图进一步扩大侵略范围。与此同时，退守在米岭、沿里、浣溪等地的国民政府军桂系部队（又叫"天字号"部队）开头不敢与日军正面交锋，只放放"冷枪"。4月22日这天，国民政府军是在老百姓的正义呼吁下，荷枪实弹，全体出动，进行抗日。部队一直打到鹁鸠岭，进入了侵略者的前沿阵地。日军惊慌失措，前沿兵力全部后撤，龟缩县城。这时，当地群众为了配合政府军抗日，趁机奇袭战壕，把侵略者隐藏在战壕里的粮食、猪肉、食盐、油脂等全部挑出来救济饥饿的老百姓，从而断绝日军的供给来源将其困死。当时，余家村庄10多个青年在搜索日军阵地时，还发现鹁鸠岭有一日军哨兵牵着一匹白马，正看守着一批粮食、猪肉、食盐、罐头、酱油等物。小伙子们奋勇地夺回那些财物后，再赶去追杀哨兵，但由于他们缺乏战斗经验，却让哨兵逃脱了，以至于留下了后患。

中国军队的突然袭击，群众的抗日行动，使侵略者吃了大亏。日军恼羞成怒，随即调集大批兵力发起疯狂的冲锋，窜回原来的阵地，占据失去的战壕。日军听信潜逃哨兵的花言巧语，又发现战壕的物资一扫而空，因而采取了残酷的报复行动。当天，日军就把邓家庄三四十名群众杀死在门前塘里和晒场上，接着又跑到火田村余家庄，将10多个无辜百姓赶至赤角庄庙里关押，并在门上贴着"外逃者杀头"的封条。住在潘氏祠堂里的潘治远得知后，便冒着生命危险偷偷打开庙门，让他们来到祠堂里和100多难民同宿，以便集结力量，伺机反抗日军的野蛮行径。4月23日凌晨，日军发现庙门敞开，百姓逃离，他们暴跳如雷，气急败坏地大声嚎叫："狡猾狡猾的，通通的杀，通通的杀！"这时，潘氏祠堂内的100多难民，已经被日军关了半个多月。在这半个多月中，他们吃尽了苦，受尽了折磨。男的白天被日军监视着服苦役，小孩子被逼着提水烧饭。女的遭遇就更惨，日军往往三五成群赤身裸体跑到祠堂里，光天化日之下奸淫妇女，站在旁边的难民只有掩面而泣，暗暗骂道："畜生、野兽！"一些未发育的女孩子被他们奸淫得不能走路。

4月24日12时许，天气阴晦，一片沉寂。三个操南昌口音的汉奸，来到赤角庄潘氏祠堂欺骗难民说："你们今天饱饱的吃，等下皇军带你们到县城难民所领救济物资去。"善良的老百姓信以为真，有的连忙捆好被子、清理衣物，准备搬往县城。汉奸又说："被子、衣物统统的不要带,县里很多很多的。大家站好队报名,没有报名的就领不到救济。"接着,100多老百姓报名后被赶出祠堂,从赤角庄排队上大路往县城走去。当他们走到短咀塘旁边时(距村子1华里),突然,从后背山上窜出一个日军,端着刺刀朝人群刺去。潘明志眼明手快,把日军的枪支打落在地。紧随的另一个日军立即举起马刀向潘的后脑劈去,他壮烈地牺牲了。此刻,日军架在后山和堵截路口的3挺机枪,同时对着手无寸铁的100多难民猛烈射击,刹那间,密集的子弹全部扫在难民身上,难民们一排排倒在田里,倒在水塘中。人们面对日军的血腥屠杀,宁死不屈,高呼"打倒日本狗强盗!打倒汉奸卖国贼!"当时一个负伤倒入水塘的人还在浮动,日军立即跑到塘沿,抽出马刀,对准他的头部狠砍一刀,劈成两半。还有一位中年妇女,为了保全儿子的生命,用自己的身体挡住日军的子弹,最后倒在血泊中。灭绝人性的日军又恶狠狠地将刺刀刺进了这个孩子的腹部,举起来作"龙灯"玩耍。日军随后聚集在短咀塘边,将死难群众的尸体一具具丢到塘里。对那些奄奄一息在死亡线上挣扎的人,日军又从村里抬来两架风车斗,倒放在塘边,装上铡刀,将这些人一个个拖来,或铡头,或分身两段,或割下妇女的乳房……铡死一个,就抛一个在塘里。铡刀铡钝了口,风车斗上的板子铡出了两寸深的刀痕,田水和塘水变成了血水,尸体填满了短咀塘,惨状万分,目不忍睹。万恶的日军,就这样在两三个钟头之内,把赤角、涂家、火田、铁沙岗等地的146人,全部杀光了,其中机枪打死的66人、铡刀铡死的80人,男的91人,女的55人。赤角庄总共41户360人,其中有27户被日军满门杀绝,有47名妇女被奸淫。

当时被迫给日军买菜、挑水的幸存者和目睹者潘际泗(现已去世)、潘际科(现已去世)等人,生前曾以十分悲愤的心情向笔者叙述了"四·二四惨案"的全部经过,还领我们到短咀塘看了新中国成立后树立的死难同胞纪念碑和死难同胞名单,并指着塘沿上的一棵大枫树说:每到秋季,枫叶红彤彤,像鲜血染过一样,这也是为了纪念死难同胞的缘故吧。

(震天、泽域、董贤供稿,县委党史办整理)

**附:"四·二四"惨案死难同胞名单**

27户满门杀绝,共66人,均被机枪射死

| 涂应生 | 刘 氏 | 涂孔年 | 涂孔根 | 潘际星 | 潘福气 | 潘明应 |
| --- | --- | --- | --- | --- | --- | --- |
| 潘细芽 | 涂孔家 | 戴 氏 | 涂孟福 | 吴 氏 | 余 氏 | 潘明浪 |
| 张 氏 | 邓 氏 | 潘际康 | 涂 氏 | 潘治标 | 潘治妹 | 潘际根 |
| 潘丁香 | 潘际相 | 余 氏 | 涂日法 | 简 氏 | 涂应细 | 涂应梅 |
| 潘际保 | 潘自目 | 邓 氏 | 潘际会 | 涂日洪 | 潘明化 | 涂本旺 |

| | | | | | | |
|---|---|---|---|---|---|---|
| 涂日雨 | 潘治木 | 余功菊 | 潘明星 | 潘际长 | 郭　氏 | 涂日淦 |
| 李　氏 | 涂应秀 | 张　氏 | 潘明珍 | 潘际古 | 潘明忠 | 涂应瑞 |
| 邓三妹 | 涂孔菊 | 涂应根 | 潘毛秀 | 潘际松 | 潘明梁 | 王　氏 |
| 刘麻里 | 余　氏 | 涂士根 | 涂应米 | 潘明逑 | 潘际葵 | 潘际璋 |
| 潘明震 | 涂应德 | 邓　氏 | | | | |

其他被杀害的 80 人

| | | | | | | |
|---|---|---|---|---|---|---|
| 潘运保 | 潘运佳 | 潘运生 | 潘际英 | 潘细根 | 涂火根 | 陈　氏 |
| 潘芽崽 | 潘应楠 | 余　氏 | 涂孟旺 | 张志菊 | 潘明立 | 徐　氏 |
| 潘际连 | 潘长梅 | 叶　氏 | 潘治柏 | 潘隆发 | 潘隆根 | 潘文璋 |
| 刘左妹 | 涂应楠 | 涂孔松 | 金应兰 | 潘治璋 | 潘治梅 | 潘水根 |
| 潘孔望 | 涂毛妹 | 陈　氏 | 潘际璋 | 潘明敏 | 潘际钦 | 潘治林 |
| 潘治根 | 潘际爱 | 潘际妹 | 赵　氏 | 潘明陛 | 潘明英 | 潘隆梅 |
| 闵　氏 | 潘文亭 | 潘贵文 | 潘际绍 | 潘标妹 | 王　氏 | 潘文菊 |
| 熊　氏 | 潘明科 | 丁　氏 | 潘明礼 | 潘火二 | 赵　氏 | 潘明志 |
| 邹龙港 | 潘治葵 | 潘隆发 | 潘明景 | 张　氏 | 潘明水 | 潘猪斗 |
| 潘信文 | 潘明丘 | 潘明池 | 潘明胜 | 余　氏 | 余芳爱 | 潘明珠 |
| 余启坪 | 潘金水 | 潘木根 | 潘际港 | 潘运达 | 鄢　氏 | 周凤英 |
| 熊　氏 | 潘坝根 | 潘有根 | | | | |

附件四：

# 桥上庵血债

日军侵华时期,坐落在奉新县华林山麓密林中的会埠乡稻田村郁竹庄附近的桥上庵里,发生了一起骇人听闻的日军残杀无辜百姓的事件。

1939 年 5 月的一天,日军与国民政府军在奉新会埠的稻田村至坳头岭一带打仗。这里是奉新、高安两县交界的华林山麓,国民政府军边打边向高安方向撤退。

这天中午时分,从战地西侧山坎下的树林中传出小孩子的哭声,一些日军听见后立即从稻田村西面抄小路绕道搜索而来。书院前庄一个放牛的农民,被日军一枪打断了腿,倒在草地上。郁竹庄一个小孩子看见日军来了,立即朝桥上庵方向拼命地奔跑,口里不断地喊着"爸爸,日军来了!"刚刚跑上一座小石桥,就被日军枪弹打死,栽到桥下。小孩的爸爸听见儿子的叫声,就从庵内跑出来,也被日军枪击在庵前的石坎下。日军沿小道经郁竹东上,在郁竹熊家屋前的田垄里,又枪杀了 3 个正在田里劳动的农民。

桥上庵内,有莽芽、东坪、园子里、东田等村庄及外地的 80 多个难民躲藏在里面。他们认为躲在这密林中的庵内比较安全,谁知灾难即将落到头上。这时,奔过小石桥上溪边山坎的日军已经发现了林中的庵堂。他们步步向庵堂逼进,在门外就开枪打死了一个正在吃饭的女难民,其余几十个难民还没有弄清楚是怎么一回事,凶残的日军就端着刺刀冲进了庵门,朝着手无寸铁的逃难百姓乱捅。眨眼工夫,20 来个男女难民便倒在血泊中丧命。躲在庵堂后庭的难民见状,急忙打开后门往外飞奔。有个叫余珍柳的车坪村难民,手抱着一个 4 岁的小女孩,还没来得及向后门跑出,就被凶恶的日军一刺刀刺穿了小孩子的大腿,刀尖又扎进了余的腹部,顿时,肠子流了出来。一个 10 岁的女孩依偎在母亲怀里,蹲在墙角吓得直叫妈妈,日军又是一阵乱刺,可怜的母女顷刻就命归黄泉。还有一个七八岁的男孩子也被日军一刺刀挑起抛出去老远。还有一部分藏在夹巷内用晒垫遮盖着身体的难民,也没有逃过日军的眼睛,一一被乱刀扎死。日军疯狂刺杀了一阵之后,看看庵堂内大概不会有活人了,就扛着血淋淋的刺刀扬长而去。倒在尸堆底下受伤幸免一死的刘永智、刘永发兄弟及刘烈科三人等日军走了之后,才从死人堆和血泊里爬出来,躲进了后山。第二天,日军离开当地去了高安县后,附近受难者的亲属们去收殓尸体,看见庵内尸横遍地,血迹斑斑,惨状难言,一个个痛不欲生。人们清点出男女老幼尸体共计 52 具,除下当地的抬回家中入棺外,就将其余的外乡受难者 30 余具尸体全部葬入庵前的一条土沟里。当时,血腥味冲天,几里之外都能嗅到;亲人们的哭声传遍山野,悲愤的哀悼正是对日本侵略者滔天罪行的血泪控诉。

(涂登华供稿,谢华章整理)

附件五：

# 曼头岭遭劫记

抗日战争前,在奉新县城的东北部,离县城约十六七华里的地方,有一个很小的村庄叫曼头岭。村子四周群山环抱,不到村边不见屋。但是谁也想不到一场灭村绝户的劫难会降临到这个偏僻的小山村。

1939 年农历五月初,人们喜气洋洋地包粽子过端午节。就在这个时候,日军的铁蹄踏进了我们界竹乡。当时,日军的老巢扎在黄溪邹家的马岭。国民政府军的第 5 预备师驻扎在澡下镇,一个团扎在草坪徐家,前哨排扎在萧家。日军为了打通冯川至澡下的通路,从马岭老巢派出一支部队攻打草坪萧、徐两村庄。国民政府军因事先得到情报,将部队埋伏在萧家高坳下的大路两边,等日军一到,两边同时开火,打得日军抱头鼠窜,狼狈溃退。日军吃了败仗,被击毙多名,气得嗷嗷叫,于是,在狼狈逃走时对萧家实行了血腥的烧、杀、抢"三光"政策,将村庄的房屋烧掉 10 多幢,40 多间,杀死杀伤群众 120 多人,才气急败坏地退回马岭老窝。日军不甘心失败,不久,再次出动进攻草坪萧、徐两村庄。当日军刚行到曼头岭村时,又遭到了驻扎在天福庵的国民政府军阻击,于是他们便在曼头岭驻扎下来,挖战壕、修工事进行顽抗。战斗一直打了三天三夜,日军的指挥官被一炮击毙。日军在败退时仍不罢休,临走拿百姓出气,把曼头岭的 30 多人关在谷仓里三天三夜,饿得半死,又打死萧家群众 40 余人,烧掉房屋 20 多间。

日军两次打了败仗,尤其是指挥官被击毙,更加暴跳如雷、疯狂已极,于五月二十日夜晚,四五百个日军偷偷地包围了曼头岭这个小山村,村里的人还沉睡在梦中。日军在四周布下岗哨、架好机枪之后,就开始用枪托砸门,用脚踢门,闯进各家住房,把老百姓一个个赶到晒谷场,有的来不及穿衣服,有的光着一双脚。人们在寒冷的北风里冻得发抖。小孩看见周围那些荷枪实弹的日军吓得直哭,紧紧抱着大人的腿,往背后躲。日军把人集中后,端着寒光闪闪的刺刀,凶神恶煞地对着老百姓嚎叫。他们把汽油泼到屋上,然后点着火,顷刻间,整个村庄便成一片火海。日军并不就此罢手,又把老百姓押到小塘边。日军队长指着一位手里牵着女孩的中年妇女,手持东洋刀张牙舞爪吼着:"你的,塘里死啦死啦的有。"话音刚落,就有几个日军一拥而上,将小女孩扯开,把这个中年妇女抬起来抛到塘里去了。人们见此情景,愤恨已极,不知谁叫了一句:"反正是死,不如同日军拼了吧!"于是,个个挥着拳头向日军冲去。可怜这些手无寸铁的无辜老百姓,哪里抵抗得了这些全副武装的日军。只见日军凶残地用枪托砸老百姓的头,用刺刀刺老百姓的胸膛,用东洋刀乱砍。不一会儿,所有人都被杀死抛进塘里。可是,惨无人道的日军还不罢休,又用机枪向塘里猛扫一阵。一霎间,水塘变成了血塘,变成了尸坑。

就这样,曼头岭竟在一夜间成为一片废墟。满塘的尸体,有头身分离的、缺膊少腿的、脑浆迸裂的、开肠破肚的,有男的、女的、老的、少的,横七竖八,真是令人目不忍睹。全村 30 人,除陈正根、廖家忠两人遭劫前外出免遭杀害和熊绪莲死里逃生之外,其余 27 人无一幸免。还有外村到这里做客的 5 人也同样遭到杀害。全村 10 户人家,有陈正发、陈祖彪、陈运琴、陈运桃、陈祖山、廖家焱、鄢本玉 7 户被杀绝。邻近的萧家,也同样遭到浩劫,这个原来 120 多户、700 余人的大村庄,劫后只剩下了不到 200 人。被日军杀绝的有:萧行气、萧士恕、萧行军、萧正金、萧行芳、萧必奉、萧行创、萧行仕、萧必美、萧行昆、萧行早、萧行义、萧行祖、萧行荣、萧行果等 40 多户,最多的萧正金一家老少 11 人都死在日军的屠刀下。

这是日军在中国土地上欠下的又一笔血债,犯下的又一次滔天罪行。

(廖友生口述,周求冲等整理)

附件六:

# 采访干洲镇溪泮村水头庄熊汗英记录整理

我叫熊汗英,是奉新县干洲镇溪泮村水头庄人,1924 年 3 月 16 日生,今年 82 岁了。7 岁时,我从安义到这里做童养媳。日军来时,我只有 13 岁,但经历的事真是历历在目,苦不堪言。日军一进村,就到处烧、杀、抢、掳,弄得鸡犬不宁、民不聊生。他们还在水里下毒药,我当时就生了一身的疮,烂了好久也没愈合。丈夫是个赌鬼,天天在外赌钱,没有了钱就拿家里的谷去抵赌债。日军来后,田地荒芜,田里没有收入,老公就带我出去打长工,后来回家发现家里的房子也被烧了,只剩下残垣断壁,住的地方也没有了。想想当年日本人侵略的苦难,看看今天的幸福生活,我也知足了。

(奉新县社联余长青等 2006 年 5 月整理)

附件七：

## 采访干洲镇溪泮村水头庄余达堂记录整理

我叫余达堂，是奉新县干洲镇溪泮村水头庄人，1932 年 11 月 28 日生，今年 74 岁了。1939 年，日军从安义县城过来，每过一个村庄就要烧、杀、抢、掠。日军经过的地方，民不聊生，鸡犬不宁，田地荒芜，天昏地暗。日军到我村时也犯下滔天罪行，烧毁房屋不计其数，杀人如麻。日军来以前，我们村里有 500 多人口，日军来后只剩下 170 多人，那些人中死的死、逃的逃，我 7 岁开始逃难，到处躲藏，家里田地撂荒，颗粒无收。日军在村里抓夫到刘家岭挖战壕时有十几个人，回来只有 3 个，其余的都死了。日军是杀人如杀鸡，想杀就杀。

（奉新县社联余长青等 2006 年 5 月整理）

附件八：

## 采访干洲镇溪泮村水头庄余定标记录整理

我叫余定标，是奉新县干洲镇溪泮村水头庄人，1930 年 3 月 8 日生，今年 76 岁了。1939 年，日军来到我们这里，飞机在空中往下掷炸弹，日军在村里见女人就要强奸，见东西就抢，见能吃的家畜就杀，几乎天天如此，我们只有外出躲难。路上的日军骑着摩托车横冲直撞，坦克也开进来了，机关枪架在车上见人就扫射。他们还在村里放毒，全村老少都中了毒，生了疮，田也耕作不成，只有出去逃难，搞得田地荒芜，民不聊生。

（奉新县社联余长青等 2006 年 5 月整理）

附件九：

# 采访干洲镇草坪村徐家庄徐德根记录整理

我叫徐德根,是奉新县干洲镇草坪村徐家庄人,1932 年 6 月 15 日出生,今年 74 岁了。1939 年农历五月十五日,刚刚过完端午节,几十个日军就来到了我们村里,刚到村口遇到去干农活的两兄弟,叫徐茂福、徐茂贵的,日军要他们带路去村里找花姑娘,兄弟俩没有做声,日军就把这两个人抓到我村的祠堂里,绑在屋柱上,用刺刀刺死了他们。村里有个 70 多岁的老太婆,腿脚不灵便,不能出去躲,被日军抓住,老太婆问日军抓她这么大年纪的人有什么用,日军不管三七二十一,把她的裤子强行脱下来,一拥而上,轮奸了她。原来我们这里环境很整洁,村庄也很美,这次日军来了后,烧毁了许多房子,村里搞得一片狼藉。

(奉新县社联余长青等 2006 年 8 月整理)

附件十：

# 采访干洲镇草坪村萧家庄萧必型记录整理

我叫萧必型，是奉新县干洲镇草坪村萧家庄人，1929 年 5 月 3 日出生，今年 77 岁了。1939年，国民政府军第 51 师大部队驻扎在上高县，一个团在我们附近徐家庄驻扎，团副姓萧，一共有三个营，一个营驻守徐家，一个营驻守草坪，一个营扎在下萧家。这一天，中国军队与日军在曼头岭发生了激战，炮声隆隆，子弹嗖嗖，战斗共打了三天三夜，双方死伤惨重，国民政府军第二、第三营都打没有了。日军吃了败仗，老百姓可就遭了殃。5 月 15 日，3 个日军带了枪来到萧家老屋里找妇女，找到了不管同意不同意就强奸，然后放火烧房子。我当时就看见日军用像黄油一样的东西放到

火笼里，火马上就烧了起来，日军看见着了火，都哈哈大笑。这次还好，有个在省消防队里呆过的人有经验，他带领村民把火灭了。日军在我们这里犯下了滔天的罪行。曼头岭激战后，日军来到我们萧家老屋里进行了灭绝人性的大屠杀。他们把村里的人集中起来，然后赶到塘里，在塘里挣扎的就用枪点射，一时间，塘里浮满了死尸，有的脑袋上像马蜂窝一样布满了枪眼，只有我婆婆的妹妹没死，她姓熊，是用被子包着头跳进了长满野草的塘里才逃过这一劫。经过这次劫难，我们萧家老屋里原有的 800 多人只剩下 300 来人。

（奉新县社联余长青等 2006 年 8 月整理）

附件十一：

# 采访会埠镇车坪村周家庄周日木记录整理

　　我叫周日木，是奉新县会埠镇车坪村周家庄人，1925 年农历九月十二日生，今年 81 岁了。1939 年，日军来到我们这里进行烧、杀、抢、掠。我当时已经 14 岁，也懂事了，日军的各种暴行我还历历在目，永世不忘。那天，日军一进村就到处搜寻食物，找花姑娘，村民被吓得到处乱跑，像躲瘟神一样。日军找不到东西，见人就杀，在我家厕所边杀了 3 个人。日军还在村庄前面的池塘里用木板反绑住村民沉塘，有很多人就这样活生生溺水而死。有个叫余达香的，父母双亲被绑在自家房子的木柱上活活烧死了。有个叫余珍贯的，他的老婆躲在山上，被日军用枪打中腿，走不动了，日军走上前又补了一枪，被击中脑壳当场死亡。有一个村民在外面给田里放水，不知日军来了，刚进村口就被日军杀死。我们庄上这一次被日军杀死的老老少少共有十几个人，都是我亲眼所见的，我这么大年纪，也不会去撒谎。日军真是万恶滔天啊。村里的房子也被烧，几乎成了一片废墟，桥上庵杀人的事我是听说的，有几十个人在庵里躲难，被日军发现了，就用机枪架在庵门口往里扫射，四五十个难民不一会儿就全被杀死。当时我们庄上也有几个人在那里躲反，他们叫周日宝、周隆意，还有一个叫魏什么根的，都被杀死了。

（奉新县社联余长青等 2006 年 6 月整理）

附件十二：

# 采访会埠镇车坪村余家庄余定林记录整理

　　我叫余定林，又名余启生，是奉新县会埠镇车坪村余家庄人，1938 年 2 月 29 日出生，今年 68 岁了。1939 年日军来时我只有 2 岁。村里人听说日军来了，吓得到处躲，爸爸也带着我和姐姐出去逃难，我们躲在郁竹庄里。听说附近的桥上庵里杀了很多人，只有两个人逃了出来，一个叫永志的大人，还有一个是小孩子，名字不知道。爸爸听说日军在附近杀了人，又带着我们姐弟二人到别处逃难，姐姐胆小紧紧偎在爸爸的身上，我那时不太懂事，也不知道怕。我们走啊走，突然前面过来几个日军，见到我们就追，我们哪逃得了呀，结果一个日军的刺刀刺中了我姐姐的大腿，刀尖穿过大腿刺进了我爸爸的肚子里，当时爸爸的肠子就从肚子里流了出来，爸爸强忍着把肠子塞进了肚子。后来找中医看好了，但伤痕一直都在，到爸爸去世肚子上还有一个很大的疤。我的爸爸名叫余珍柳，姐姐叫余启秀。

（奉新县社联余长青等 2006 年 6 月整理）

附件十三：

# 采访赤岸镇火田村赤角庄潘际富记录整理

我叫潘际富，是奉新县赤岸镇火田村赤角庄人，1924 年 10 月 11 日出生，今年 82 岁了。

陶仙岭一带是日军来得较多的，日军没有打进大获岭就在这里落脚，我们附近村子的人可就遭了殃，日军经常来骚扰我们，特别是吃了败仗更是不得了，一进村就杀人放火，老人、小孩都不放过。日军并把村民赶进村子附近的一座庙，把门关死，不让人出来，大人、小孩饿得哭。有个叫名庆的，胆子大，什么都不怕，偷偷地去送吃的给关起来的村民。有一天，汉奸对村民说，大家都去县城难民所领救济，领钱、领米还有鞋子。大家听信了汉奸的话，都往县城方向去，可没有想到，大家刚走到村子附近的短咀塘边，就看见日军在那里，大路上有一挺机枪，西边山地也有一挺机枪，村民才知道上当了。日军把他们都赶到短咀塘里，死了好几百人。我到姑妈家拜年后没有回家，才逃过这一难，父母和三个妹妹都死在短咀塘里。

（奉新县社联余长青等 2006 年 7 月整理）

附件十四：

# 采访赤岸镇火田村赤角庄潘际云记录整理

我叫潘际云，是奉新县赤岸镇火田村赤角庄人，1925年10月10日出生，今年81岁了。日军在陶仙岭岭下里村驻扎，经常到附近的村子里去打掳。有一次，余家庄的人听说日军走了，就去日军驻扎的地方拿了东西。后来日军发现少了东西，就怀疑是余家庄的人偷的，在这个村抓了二三十人，赶到赤角来了，关在路边的庙里，后来有个胆大的把他们放了，日军知道后问哪些是余家庄的人，没有人告诉他们。过了几天，一个汉奸对村民说，县城难民所有米、有钱领，让村民都去领。村里人听到这个消息，高兴极了，就去县城。刚走到村子的路口，却看见日军拦了路，几挺机枪架在那儿，日军把村民们都赶到短咀塘里，淹死了好多人。有一个人在塘里躲到太阳下山，以为日军走了，把头露了出来，被日军发现了，日军用刀像切西瓜一样把他砍死了。鲜血染红了短咀塘水，塘里的鱼都死了，这塘里的尸骨花几天的时间用牛车运走的。村里只有一个老婆婆没死，当时她在洗澡，洗完澡就去难民所，走到半路听到机枪响，她就回了头，她是村里唯一的幸存者。现在她已去世了。

（奉新县社联余长青等2006年7月整理）

附件十五：

# 采访赤岸镇火田村赤角庄潘际森记录整理

　　我叫潘际森,是奉新县赤岸镇火田村赤角庄人,
1942 年 12 月 20 日出生,今年 64 岁了。1939 年,日
军驻扎在赤角附近的陶仙岭岭下里村。有一天,邻
近村子余家庄的人听说驻守的日军走了,就去日军
的驻地拿了两包盐,另一伙进驻的日军发现盐丢了,
就怀疑是余家庄人偷的,跑到余家庄去抓人,捉到了
二三十个,把他们带到我们村,关进了潘家庙里。余
家庄的人在里面饿了两天,实在受不了,就叫救命。
我们庄上的潘治远就打开门把他们放了,余家庄的
人都躲进了潘家祠堂。日军发现人没了,就问我俚
村的人,哪些是余家庄的人,为了保护这些人,没有
一个人做声。过了一天,汉奸来村里告诉村民说,大家都去县城难民所领钱、领东
西。听说有钱、有东西领,村民们就跟汉奸走,刚出村子不远,可不得了,日军在出
村的大路口架了一挺机枪,西边山上有一挺,短咀塘边也架了一挺,村民们知道大
难临头,就想逃啊,可哪里逃得了呢。日军把他们全赶到了短咀塘里,顿时,哭叫
声、骂声、枪声响成一片,场面十分凄惨。短短两三个钟头,二三百个村民淹死的、
杀死的,一个也没有逃脱。有个绰号叫刘麻子的卖艺人会潜水,这一天他也被抓
来赶到了塘里,他潜在塘里一直没敢露头,当太阳快下山时,他想日军应该走了,
就浮了起来,可日军并没有离开呀,万恶的日军发现了他,一个日军用刺刀向他刺
去,然后拖上来砍成了四块抛到短咀塘里。村里有个妇女因为洗澡没有跟上早去
的村民,等她收拾停当往村口赶时,听到短咀塘那边哭喊连天,机枪声响个不停,
吓得赶紧回转身,才得以幸存下来。

（奉新县社联余长青等 2006 年 7 月整理）

附件十六：

## 采访赤岸镇火田村赤角庄潘际龙记录整理

我叫潘际龙，是奉新县赤岸镇火田村赤角庄人，1929 年 8 月 31 日出生，今年 77 岁了。1939 年 3 月 22 日，日军进村了，他们是在陶仙岭岭下里村驻扎。日军的盐丢了，查出是附近村庄余家的人偷了，把余家庄二三十个人赶到我们这里来了，关在村子附近的祠堂里。过了几天，一个汉奸对村民说，去县里难民所领东西，村民们都高兴极了，跟着汉奸去，没想到的是，等在路上的日军把村民都赶到附近的短咀塘里，二三百人绝大部分被淹死了，只有一个老妇女因没有与村民同行，才没有遇害。这一次日军杀人，有名有姓的就有一百四五十人，还有很多到这里躲反的连名字也不知道，估计这次有二三百人死在日军手里。

（奉新县社联余长青等 2006 年 7 月整理）

附件十七：

## 采访会埠镇稻田村郁竹庄邹盛根记录整理

我叫邹盛根，是奉新县会埠镇稻田村郁竹庄人，1933 年 1 月 2 日出生，今年 73 岁了。1939 年，我们这里来了一个日军，一进村，就向一个小孩开枪，小孩痛得直哭，他父亲听见小孩的哭声，循声跑过来看出了什么事，日军一枪就把他父亲打死了，是打在背腰上。村里附近有一座庵，叫桥上庵，当时里面住了 60 多个逃难的人，日军发现这里住了

人，不问青红皂白，冲进庵里把门封死，架起机枪就射，庵中 60 多条命不一刻就消失了，只有少数几个人逃了出来。

（奉新县社联余长青等 2006 年 9 月整理）

附件十八：

## 采访会埠镇稻田村郁竹庄阴宾菊记录整理

我叫阴宾菊，是奉新县会埠镇稻田村郁竹庄人，1927 年 11 月 29 日出生，今年 79 岁。日军在我们这里杀人放火的事我都亲身经历，真是苦不堪言啊。1939 年 5 月的一天，大概是中午的时间，我们一家人正在吃饭，突然日军进村了，刚到村口，日军就朝村里放了一枪，只放一枪就打死了 3 个人，我侄子就是其中的一个，他当时只有 8 岁。另两个，一个是在村口吃鸦片，姓黄，40 多岁了，也被打倒了，还有一个也是小孩，把他的头颅揭了。我当时 14 岁，看到这个场面，吓得躲到家里连大气都不敢出。我有个妹妹当时正在生病，人也小，还不到 1 岁，也不知道怕，哭个不停。父亲说不能让她哭，会招日军来，干脆把她扔进厕所里得了，省得一家大小跟着遭殃。母亲说：别造孽。这样我妹妹才活了下来。有一个叫熊基水的，看到村里子弹横飞，枪声震耳，吓得要死，就往桥上庵去躲难，哪晓得日军跟了过来，把桥上庵门一堵，架起机枪就往里扫射，庵里的大多数人都死了，就只有几个人逃了出来。

（奉新县社联余长青等 2006 年 9 月整理）

附件十九：

# 敌寇在生米街屠杀我民众千余人
## ——生米河中仍浮尸数百具，我游击队不时予敌重创

安义、奉新、靖安自沦陷敌手后，奸淫、焚杀，无所不用其极。昨有来自奉新之难民李立炳，谈及沦陷区之惨状甚详：敌寇窜进奉新，见人见村皆用机枪扫射，到处死尸惨不忍睹；在枪林弹雨中逃出之难民，均绕道由西山小路逃来后方……

（摘自《江西民国日报》1939年4月17日第4版）

附件二十：

# 1946年《江西省抗战损失调查总报告》摘录

在抗日战争期间，日本侵略军共杀死奉新同胞42560人，其中男21439人、女14248人、儿童6837人、失踪36人，打伤8344人，烧毁房屋21274栋。全县共计损失2794933万元（包括直接损失和间接损失），其中机关部分57161万元、学校部分18775万元、农业部分2095443.8万元、工业部分40691.7万元、商业部分543553.3万元、航业部分4111.8万元、公教员部分393603.4万元；医药埋葬费34375.4万元（以上均为法币）。

附件二十一：

# 1946年8月《江西灾情》摘录

奉新县城较完整之房屋，仅存天主教堂一所；若干乡间甚至片瓦无存；战后复归之难民，唯有以树叶搭棚暂时容身。

# 南城县惨案

## ——"六一二"南城沦陷记

　　抗日战争时期的南城县是我国东南要地,县城是赣东重镇。水、陆、空交通方便,是闽、赣交通枢纽,也是当年浙西、赣东南下广东的重要通衢。县城依山傍水,形势险要,是战略要地,有"扼五岭之咽喉"之势。1935年,江西省第七行政督察区专员公署署治设在南城。这里自然资源丰富,土地肥沃,素有"鱼米之乡"的美称。

　　1939年,南昌被日军侵占后,南城县就位处抗日前哨。驻扎南昌的日军有向赣南进攻企图,当时,因敌、我、盟军三个方面出现新的情况,日军急欲打通粤赣线。南城县建有偌大的国际机场,又是赣东重镇,交通便利,加之城墙坚实,高达二丈五尺,厚近二丈,而城脚基石宽达三丈多,为兵家必争之地。

　　1942年5月,日本侵略军发起浙赣战役。下旬,南昌地区日军第6、第13、第34、第40、第116师团各一部,约4万兵力进犯赣东。5月29日,日军强渡抚河,6月2日陷进贤,5日陷临川,8日陷宜黄、崇仁、东乡。6月11日(农历四月二十七日),日军板垣师团田孝行部,率骑兵2万余众,在空军的配合下,以骑兵为突击前锋,分兵三路:南路主力由西向东,先占里塔,再折向北,经路东(曾渡盱江至新丰)进犯;中路从小路经芙蓉山、麻姑山进犯;北路经临川茅排,过岳口进犯。三路包抄,偷袭南城。于次日与国民政府军第25军在盱江西岸接上火。

　　6月12日凌晨,25军军长夏楚中从金南岭到庙前,仓促应战。第25军有5000余众集结于鸡公山、包家岭一带,阻击日军,炮声隆隆,战斗激烈。午后,日军分由云市、里塔二路扑来,夏楚中因众寡悬殊,腹背受敌,乃跨过盱江,炸断太平桥,向上唐方向转移。江西第七专署迁至硝石(现为洪门水库区),南城县政府撤至上唐,县城遂沦陷。

　　南城沦陷以后,遭到了日军野兽般的蹂躏。日军田孝行部窜入县城后,四街关门闭户,路上行人绝迹,南城像一座死寂寂的空城,无人甘当傀儡出面组织伪维持会,军需供应更无人筹理。日军深恨南城人民的抗日情绪,便下令屠城,大肆淫掳焚杀。

　　县知名人士程希文、程希颜兄弟,目睹日军残杀同胞,义愤填膺,当田孝行威逼利诱要他们出来维持地方时,他们慷慨激昂,怒斥日军,被田孝行杀害。

　　屠城时,日军进行全城搜捕,城里有人连夜从水关头暗沟出城。逃到西郊孙家边一带,日军发现后,追到孙家边烧光了沿途的村店,杀光了路上的难民50多人。城西边有座芙蓉山,芙蓉山上有座古庙,庙里躲着40多个老百姓。日军发现这座庙,把所有的人赶上了芙蓉山。日兵站满山头,舞动马刀,对百姓有的剁耳朵,有的割鼻子,有的割舌头,有的剜眼睛。然后,他们一个个被抛下悬崖。城北郊外有个小村,20多人被杀光。日本兵见了妇女,便不管大路草坪,白天黑夜,不分少女孕妇、老人小孩，一律淫辱。日军组织的放火队，烧掉全县2000多幢房屋，南城变成了一座废墟。他们抢光县城周边的牛、猪、鸡、鸭，吃不了就让它发臭。他们闯进商店，饱吃各种酒、糖、饼、果，然后在上面放肆地糟蹋。

县城西北的麻姑山上渚村，日军把山里200多村民全部抓来，用机枪围困，进行集体大屠杀：有的被割了鼻子，有的被剜了眼睛，有的被剁了耳朵，再一一用刺刀刺死。真是惨无人性。

城里还没有来得及逃出的600多人全被抓来，40多名青壮男子被当场杀死，其余的老人、孩子和妇女被押往河东饶家大屋，当行走到太平桥上时，日军将100多个小孩子全部抛入汹涌的盱江河中，活活淹死；然后将余下之人全部赶进河东饶家大屋，对妇女进行集体轮奸。最可恶的是，日军还用刺刀逼迫老人奸淫年轻妇女。有许多妇女不堪侮辱，当场投井自杀。下午，日军将所剩群众约400多人或用刺刀刺死，或赶入黎滩河用机枪扫射，除几个水性好的人潜入水底顺水逃至下游之外，其余全部遇难。

图为河东饶家大屋，1942年南城沦陷时，日军进行屠城，把没来得及逃走的群众押解至此，对妇女进行轮奸，并集体屠杀（吴云华摄于2008年10月）

日军从河东出来之后，直接奔天井源的蔡王殿。他们所到之处，奸淫掳掠，无所不为。农民罗光仍母女被奸，同时投水。钟保生的女儿怀孕，日军奸污后又用刀剖腹杀死，胎儿也被用刺刀挑出来过斩。当天，还杀了10多个人，烧了100多间房子。

另一路日军在麻姑山余家源等地，破门打壁，宰牛杀猪，纵火烧杀，还在公路一带用机枪扫杀20余农民。农妇彭白女，活活被日军轮奸致死后，又遭到刺下身、割乳房的毒刑。

北门城外的日军，一个个袒胸露体，手执大刀肆意杀人。把男女难民一起关在机场仓库，勒令老人奸少女、孩子奸老妪；把难民当枪靶，试枪法；把100多人赶到万年桥绑在桥上，举行杀人比赛，用大刀专砍脑袋，大刀都被他们砍歪了。

图为1942年6月上旬，日军占领南城时，在城北老机场仓库屠杀群众的旧址（吴云华摄于2006年8月）

日军的这种行径激起了人民的无比愤恨。在万年桥下，有人摸进日军营房，把几个日本兵剁成肉泥。几个日本兵在下白州抓住一个小伙子杨禾俚，要他带路去搜"花花姑娘"。小伙子把日本兵带到厕所边,用一大桶粪淋得日本兵满身。一个日本兵在万坊捉到一个女人,正要奸淫,被躲在墙角的一个少妇用石头打碎了眼珠。一天下午,一个日军牵着匹马,朝西坑耀武扬威地走来,等到他爬上山路时,霎时间,只见冲出几十个男女老少,用锄头、梭镖、扁担,齐向那个日军头上打去,当场把他打死。7月初的一天,一队日军来到位于城南郊外的五郎坳。这里的群众早就做好了准备,他们把打野兽的"过山龙"埋在路口,炸得敌人死的死、伤的伤,余下的落荒而逃。盘踞在城里的日军胆战心惊,白天,向城郊用炮轰击,晚上便躲在房里。四街沿路,日军用洋铁箱、铁丝网设下岗防,行人绝迹,呈现出一片恐怖的惨相。

日军在占领期间,孤守空城,补给完全断绝,而且经常遭到国民政府军第79军的袭击。慑于我军大举反击,驻扎南城县城的日军便准备向临川逃窜。6月上旬,他们用烧夷弹和汽油在全城纵火,全城变成火海,几天几夜不熄,百里以外都能看到火焰。1942年7月9日上午7时,南城日军因给养发生了问题,兼之后路又被国民政府军切断,顿起恐慌,开始由南城分成两路向临川方向撤退。右路日军万余人向南临公路上撤退,左路日军约万人向宜黄方向撤退。在撤退前,日军派部队向国民政府军第98师及暂编第6师发动佯攻。7时30分,又来了日军轰炸机4架向我军阵地投弹及低飞扫射。我军攻击部队认为是日军将行南进,立即转攻为守与敌对峙。日军后卫部队一面作掩护,一面撤退,到午后5时,日军全部撤离南城。

日军溃退后,国民政府军第25军军部,率南城县保安队和警察局首先入城,并由动员委员会派人打捞水井、池塘的尸体,清理战场。接着,国民党县府、专署和保安第二团相继返回城内维护秩序,恢复市面。第三战区派潘先知来县,在陶陶招待所(现今县政府所在地)成立南临警备司令部,一面严令各机关学校回县,复工复课,一面招抚流亡、抚慰难民,并组织军警督察处,巩固城防。当时,四街店屋全毁,商贩集结街头,秩序紊乱。躲避在附近或邻县的居民听到日军退走的消息,先后相继返回家园。有的眼看着自己的家园变成废墟,发现了未能逃出的亲人的尸体,哭泣声、呼号声此起彼落,惊天动地。劫后余生的居民,忍着悲痛,噙着泪水,搭起简陋的茅棚来安身。

各机关单位的人员回来了,富户巨贾也回来了一部分,眼下急务是埋葬尸体,进行消毒,清理环境。由于是暑天,尸体发出阵阵恶臭,人们身上沾满了红头苍蝇。石灰用了10万斤,药水喷了近2吨,腥味臭气还难除尽;跳蚤、蚊、蝇仍在滋生。

大兵过后,秽气回溢,瓦砾成堆,疫病流行。人们返回家园的一个月后,流行着拉肚子的疾病,百分之六七十的人溃烂脚上的踝骨,这是日军撤退后留给南城人民的又一个灾难。素称"物华天宝"的赣东名城——南城,竟在短短的28天毁于日军蹂躏之下,景物全非,久难复苏,何其可恨。日军在南城犯下的罪行,南城人民永远也不会忘记。

(撰稿:南城县委党史办　吴云华)

附件一:

# 南城沦陷期间财产直接损失和间接损失统计表

### 沦陷期间财产直接损失统计表

| 类　别 | 价　值(元) | 类　别 | 价　值(元) | 类　别 | 价　值(元) |
|---|---|---|---|---|---|
| 建筑物 | 189887410 | 仪　器 | 1366000 | 器　具 | 138739609 |
| 文　卷 | 8451(件) | 现　款 | 51094400 | 医药用品 | 26849000 |
| 图　书 | 10261390 | 其　他 | 26875780 | 总　计 | 445073589 |

### 沦陷期间财产间接损失统计表

| 类　　别 | 价　值(元) | 类　　别 | 价　值(元) |
|---|---|---|---|
| 总　　计 | 787647637 | 抚　恤　费 | 610000 |
| 迁　移　费 | 12107037 | 防空设备费 | 7573500 |
| 疏　散　费 | 65258300 | 救　济　费 | 642298800 |

注:以上二表出自民国三十五年的《南城县统计》

附件二：

# 南城县抗战时期财产直接损失

## 一、机关部分

单位：千元

| 总计 | 建筑物 | 器具 | 现款 | 图书 | 仪器 | 文卷（宗） | 医药用品 | 其他 |
|---|---|---|---|---|---|---|---|---|
| 65755 | 23937 | 30871 | 1653 | 989 | 130 | 8901 | 1465 | 6710 |

## 二、学校部分

单位：千元

| 总计 | 建筑物 | 器具 | 现款 | 图书 | 仪器 | 文卷（宗） | 医药用品 | 其他 |
|---|---|---|---|---|---|---|---|---|
| 15334 | 8259 | 2946 | 141 | 1386 | 552 | — | 114 | 1936 |

## 三、农业部分

单位：千元

| 总　　值 | 现　　款 | 房　屋 | | 器　具 | |
|---|---|---|---|---|---|
| | | 栋　数 | 价　值 | 件　数 | 价　值 |
| 4242582 | 97286 | 1798 | 1133327 | 60473 | 124230 |

1. 农产品

单位：千元

| 稻 | | 麦 | | 植物油 | | 杂粮 | |
|---|---|---|---|---|---|---|---|
| 担数 | 价值 | 担数 | 价值 | 担数 | 价值 | 担数 | 价值 |
| 109053 | 164269 | 2728 | 6028 | 6185 | 125870 | 18270 | 27208 |

### 2.林产品、水产品、畜产品

单位:千元

| 林 产 品 | | | | 水产品 | | 畜产品 | |
|---|---|---|---|---|---|---|---|
| 木 | | 竹 | | | | | |
| 株 数 | 价 值 | 株 数 | 价 值 | 担 数 | 价 值 | 件 数 | 价 值 |
| 1060819 | 741160 | 87512 | 8170 | 1527 | 14207 | 8000 | 51800 |

### 3.牧畜

单位:千元

| 猪 | | 牛 | | 鸡、鸭 | | 其 他 | |
|---|---|---|---|---|---|---|---|
| 头数 | 价值 | 头数 | 价值 | 只数 | 价值 | 头数 | 价值 |
| 22426 | 317145 | 7669 | 151265 | 157478 | 38392 | 3584 | 3282 |

### 4.农具、渔具、运输工具

单位:千元

| 农 具 | | 渔 具 | | 运输工具 | |
|---|---|---|---|---|---|
| 件 数 | 价 值 | 件 数 | 价 值 | 辆 数 | 价 值 |
| 10169 | 10314 | 6633 | 26963 | 28211 | 417764 |

### 5.衣物、其他

单位:千元

| 衣 物 | | 其 他 | |
|---|---|---|---|
| 件 数 | 价 值 | 件 数 | 价 值 |
| 273363 | 730199 | 16902 | 53706 |

### 四、工业部分

单位:千元

| 总计 | 厂房 | 器具 | 现款 | 制成品 | 原料 | 机械工具 | 运输工具 | 衣物 | 其他 |
|---|---|---|---|---|---|---|---|---|---|
| 52890 | 5000 | 3000 | — | 7240 | 24790 | 8400 | 1600 | 1800 | 1060 |

## 五、商业部分

单位：千元

| 总 计 | 房 屋 | | | | 器 具 | | 现 款 |
|---|---|---|---|---|---|---|---|
| | 店 房 | | 住 房 | | 件 数 | 价 值 | |
| | 栋 数 | 价 值 | 栋 数 | 价 值 | | | |
| 5228118 | 884 | 805000 | 1854 | 1589300 | 464889 | 986373 | 32734 |

| 存 货 | | 运输工具 | | | | 衣 物 | | 其 他 | |
|---|---|---|---|---|---|---|---|---|---|
| 件 数 | 价 值 | 车 | | 船 | | 件 数 | 价 值 | 件 数 | 价 值 |
| | | 辆数 | 价 值 | 艘数 | 价 值 | | | | |
| 103904 | 858824 | 820 | 3459 | 96 | 7230 | 362812 | 867318 | 219470 | 77880 |

## 六、电讯部分

单位：千元

| 总 计 | 房 屋 | 器 具 | 现 款 | 辅助设施 | 路线设备 | 材 料 | 其 他 |
|---|---|---|---|---|---|---|---|
| 5060 | 100 | 100 | — | — | 4560 | 300 | |

## 七、公教员工部分

单位：千元

| 总 计 | 房 屋 | 器 具 | 衣 物 | 现 款 | 图 书 | 其 他 |
|---|---|---|---|---|---|---|
| 166877 | 65961 | 19754 | 26687 | 8850 | 28224 | 17401 |

附件三：

# 南城县抗战时期财产间接损失

## 一、机关部门

单位：千元

| 总计 | 迁移费 | 防空设备费 | 疏散费 | 救济费 | 抚恤费 |
|------|--------|------------|--------|--------|--------|
| 4272 | 642 | 803 | 1667 | 870 | 290 |

## 二、学校部门

单位：千元

| 总计 | 迁移费 | 防空设备费 | 疏散费 | 救济费 | 抚恤费 |
|------|--------|------------|--------|--------|--------|
| 347 | 187 | 60 | 100 | —— | —— |

## 三、农业部门

单位：千元

| 总计 | 可能生产额减少 | 可获纯利额减少 | 费用之增加 | | | |
|------|----------------|----------------|------------|--------|--------|--------|
| | | | 拆迁费 | 防空费 | 救济费 | 抚恤费 |
| 1926724 | 1926724 | —— | —— | —— | —— | —— |

## 四、工业部门

单位：千元

| 总计 | 可能生产额减少 | 可获纯利额减少 | 费用之增加 | | | |
|------|----------------|----------------|------------|--------|--------|--------|
| | | | 拆迁费 | 防空费 | 救济费 | 抚恤费 |
| 7123 | 6725 | 398 | —— | —— | —— | —— |

## 五、商业部门

单位:千元

| 总计 | 可能生产额减少 | 可获纯利额减少 | 费用之增加 |
| --- | --- | --- | --- |
| | | | 防空费 |
| 2513500 | 500 | 251200 | 1000 |

## 六、医药埋葬费

单位:千元

| 总计 | 医 药 费 | | | | 埋 葬 费 | | | | |
| --- | --- | --- | --- | --- | --- | --- | --- | --- | --- |
| | 小计 | 男 | 女 | 童 | 小计 | 男 | 女 | 童 | 不明 |
| 67783 | 4043 | 1684 | 1718 | 641 | 63740 | 35885 | 19097 | 7900 | 858 |

附件四：

# 日军在南城的"三光"暴行

　　南城是我国东南要地，是赣东重镇，水、陆、空交通方便，是闽、赣交通枢纽，也是当年浙西、赣东南下广东的重要通衢。城垣建筑宏伟、坚实，城墙高达二丈五尺，厚近二丈，城脚基石宽达三丈多，是附近各县所没有的。县城依山傍水，形势险要，是战略要地，有"扼五岭之咽喉"之势。那时，在城北万年桥畔，建有偌大的国际飞机场，对日军威胁很大，成为它进军的"绊脚石"，成为它吞并我国东南的障碍。1942年，日军铁蹄踏进了南城。

　　日军占领南城后，时间虽然仅有28天，可是整个县城几乎被夷为平地，有些乡村也备受荼毒。日军在南城的"三光"暴行，是无所不包、无恶不作的。

　　**一、"烧光"的罪孽**

　　日军不但纵火烧毁房屋，也烧竹木家具。他们事前有预谋，事发有计划，有步骤进行纵火。先烧城市后乡村，先烧房屋后家具，先烧战略地屋后民房。他们带有纵火器械和固体的、液体的易燃物。据目击者说，烧房屋分高处用药与低处用药两种不同的药品。日军向屋顶高处纵火时，是用一种形似救火筒的器械，将纵火药液从筒内压出喷至屋顶，不一会儿，只见被喷药物处，先冒烟，接着噼啪作响，渐渐火势蔓延，火舌伸向四处，最终酿成大火，不可收拾。日军则在下面狞笑不已。在低处纵火时，是用煤球式、纸片式的纵火易燃物。他们将这种易燃物放在房屋里器皿上或墙壁边，用火柴、有时也开枪引燃，一引即发，火光熊熊，浓烟弥漫，热浪滚滚，终于酿成大火。

　　据被抓去当挑夫的人控诉说："可恶的日军官兵，平日煮饭、烤猪牛马肉、烤鸡鸭，全是烧家具、窗棂、板壁，就是有柴也不烧。"

　　日军在南城纵火，先将靠飞机场和靠北门街道一带房屋烧毁，然后烧城内的砖瓦大屋。世厚、株良、祥岗山一带，也烧掉许多房子。孙家边一带村店竟被烧得精光。

　　经过浩劫，南城幸存完好的房子简直没有，残存的一厅半间也寥若晨星。

　　**二、"杀光"的罪恶**

　　日本侵略者不但烧老百姓的房屋，而且杀我同胞。在1940年3月3日和农历九月的一天，日机先后两次对南城进行狂轰滥炸。这两次不但炸毁了许多房屋，而且炸死炸伤了许多平民。我当时在省立南城乡师读书（在新丰街），岳母家在城内南大岭下（今搬运站内）。3月3日那天，我一见飞机盘旋，扔炸弹，又听见隐约的爆炸声，心都飞向了南城，要去看未婚妻的安全。于是邀了几个家住城内的同学，飞也似地向县城奔去。我们赶到庙岭（今火柴厂）时，只见城内浓烟滚滚，隐约听见噼啪的房屋燃烧声。有一些携儿带女的老乡向我们奔来，并慌张地说：

"不得了呀,西街炸得一塌糊涂了,你们看,现在还在燃烧!"我们加快脚步,来到南门口。只见城内城外一片混乱,行人匆忙,喧声鼎沸,扶老携幼的,搬东西的,赶猪的,络绎不绝,奔向城外农村亲友处避难。这时,城门口有警察把守,行人许出不许进。我们只好沿城墙外从新东门进城。这时,只见大岭下房屋中弹,倒塌大半,屋内居民哭泣声、呼喊声不断传入我的耳鼓,惨不忍闻。硝烟气味呛人,火光时隐时现,屋内有几人匆匆搬东西外逃。走进岳母家,见亲人安全,暗暗庆幸。这时,房内桌上摊开放着两三床重叠的被褥,原来这里是临时的"防空洞"。走到南街见几处中弹起火,西街更是炸得一塌糊涂,房屋倒塌,断壁危垣比比皆是,竹木家具横七竖八,电话线散乱在街心。更有甚者,有几处树干上挂着人的断腿、折臂,血肉模糊,目不忍睹。

在南城沦陷的 28 天里,惨死在日军屠刀下的百姓,难以数计。妇女不甘被蹂躏,投井投河的何止千百!皇城上一口井打捞出来的妇女尸体就有 20 多具。男的被抓去当挑夫、做苦工,稍有不顺从便被刀砍、枪杀。日军进城时,从里塔方向打过来,沿途见人就杀,难以幸免;进城后,更是用机枪扫射,尸体遍地,惨绝人寰!

我外婆家在株良祥岗山,日军经过时,杀死了许多村民,还抓了许多妇女,全关在村头的土地庙内,日军大肆轮奸,有个叫罗细俚的妻子,一天被奸十几次致死。因反抗遭枪杀的,不乏其人。

### 三、"抢光"的罪行

日军侵略南城,在"焚杀撤退"命令的指引下,焚与杀是不择手段的。然而,伴之而来的是大肆抢劫。他们所到之处,全被洗劫一空。能吃的,诸如牛、羊、鸡、鸭,宰杀殆尽。他们吃猪、牛、羊、鸡、鸭只吃肉,头颅、四爪、翼、脚,根本就是乱扔。时间一长,臭气熏天。加之人们的尸体遍地皆是,无人收敛,血污横流,导致后来发生了严重的霍乱,死于霍乱的男女老少又是难以计数的。我 15 岁的弟弟宁英华,便是死于霍乱。除了抢吃的,更抢用的,他们专拣绸缎衣被,撕成布片,用来洗擦枪、弹。他们把好瓷器、珍贵字画、大座钟、精致箱笼、线装书笈,全扔在草坪上,作枪靶,一一试射,打碎打烂打中为止,无一幸存。我外婆家村庄上一颜姓和几家罗姓的村民家里的东西,都是被残暴的日军用这种手法毁灭的。

日军铁蹄所至,房无全梁,物无整件,人无幸存。那灭绝人性的"三光"暴行,使南城人民遭受到惨重的损失。日本军国主义者犯下了滔天罪行。

(宁舒华)

附件五：

# 日军在南城的罪行

1941年，抗日战争进入最困难阶段。日军为了控制东南几省，占领了南昌。南城处在前线，日军常派飞机来轰炸、骚扰，有时一日数次。弄得学校只好迁到郊区上课，商店只能早晚营业。县城人民整天处在恐怖、惊慌的气氛之中。

日军残害南城人民的罪行罄竹难书，欠下南城人民很多血债，最残酷的要算1942年的侵占县城。现就记忆所及，追忆如下：

1942年，日军开始进犯南城。3月间，南城已进入紧急状态。成立了戒严司令部，大量疏散人口，学校全部停课，县政府迁往里塔。城内十字街、沿望亭等处都建起碉堡，由自卫队、南抚师管区派兵守卫。形势紧张，谣言四起，日机天天来骚扰。这时，我父亲带领我的几个侄子、嫂嫂躲在麻姑山下一个小村，留我在城内看动静。

农历四月二十六日天一亮，就听到敌机的声音。城里的人，不敢出门，不敢烧火，吃干粮冷食。街上没有其他东西卖，只有猪肉，价钱很便宜，却无人问津。连续几天都是这样。农历四月二十八日凌晨，敌机又飞临上空，却与往常不同，进行低空扫射和侦察，连驾驶员都看得见。人们预感到一场灾难即将来临（因为我们知道日军每侵占一个地方，总是先用飞机扫射侦察，接着一阵炮轰，后面便是步兵）。上午10点多，突然飞机声停了，闻到炮声。街上人声鼎沸，急促的脚步声中夹杂着低沉的喊叫声——"日军进城了！日军进城了！快走！快走！"

我急忙打开店门，一看，只见提着箱子的，挑着衣物的，背着小孩的……像潮水似地涌向十字街。我便从后门急忙出走，手里只拿着一双鞋子，连门也忘记锁上，就跟着人群跑出东门城外（因为听人说日军是从宜黄棠阴经里塔进犯南城）。再通过太平桥，向洪门方向走去。一路上，看见被丢下的不计其数的箱被衣物，谁也不想去捡。到了三门石，天渐渐黑下来，伸手不见掌。人多路窄，进村口的路，一边是高山，一边是深河，有的老人、小孩滚下河去也无人去救。当晚我和一些人在三门石一个破庙过夜。这时，城内守军——县自卫队也来了，他们杀鸡杀鸭，大吃一顿，老百姓叫苦连天。

第二天，继续向洪门方向走去，一路上经常会遇到撤退下来的国民政府军，番号是"永宁""永昌"。这支队伍，有大炮、机枪、马匹等装备，却不与日军接火。难民阻住了他们的去路，便大声呼喝，再不让路就开枪威吓，可恨可叹。

日军在南城虽只有二十几天，但淫掳焚杀，无所不为。据幸存的受难者说："日军在城里天天杀人、奸淫妇女。斗姆阁的一个妇女被奸污后又遭枪杀；沿望亭的一个寡妇，不仅自己受污，小儿也被日军用刺刀穿心；白衣堂的几个尼姑，不甘受辱，集体自杀……"后来统计，被杀死的有300余人。

农历五月二十五日起,日军开始烧房子。一连数日,火光冲天。城内外 6000 多幢房子,除磨盘山、学道背、府背、河东等处三十几幢幸存外,全被烧光。一直烧到农历五月二十八日,日军才退出南城。

我是在日军退出后第四天进城的。但见满目凄凉,残垣断壁,血迹斑斑,臭气熏天。东西南北四条街荡然无存了。南门口可以看到十字街,十字街向西可以看到楼岭,向东可以看到太平桥。城内城外,一片焦土,到处躺着死尸,目不忍睹。皇城上、铁局塘有十几具已发胀的男女尸体;双眼井、三眼井、四眼井都塞满了尸体,散发出阵阵尸臭,豆大的蛆虫爬满井圈。

大难后,带来大灾。不久发生鼠疫。两个月来死了上千人。不少人家全户死绝,天天几副棺材出城,实在太惨。这是日军欠下南城人民的又一笔大血债。

日军在南城犯下的罪行,南城人民永远也不会忘记。

（作者张祥荣）

附件六：

# 采访整理资料

## 采访建昌镇河东临江路居委会居民曾冬容记录整理

　　我叫曾冬容,1918 年 10 月 24 日出生。记得那是 1942 年端午边上,一些从城里跑过来的人说:"日本人到河东来啦"。一听到这个消息,大家都赶紧从屋里拿了一些吃的和衣服就跑。因为大家都听说了,日本人很恶,在城里杀了很多人,烧了很多房子,所以一听说日本人来了,都拼命逃。我一家老少逃到天井源。

　　我们爬到丛姑山上,躲在石头后面向河东方向看。只见日本人先用飞机炸房子,我数了数,当时天上有 3 架飞机,嗡嗡叫,扔下了一些炸弹,河东马上就着了火,先烧曾家坪一带,再烧丁字路口。我们站在山上看,只见河东火光冲天。日本人扔炸弹扔了三天,我们躲在山上躲了三天,不敢下山。带来的吃的早就吃完了,有些小孩子饿得哇哇大哭,听着都难受。

　　房子烧了几天之后,我看到有好多日本人从城里太平桥上过来,大概有几十个日本兵,都拿着枪,枪上都有刺刀。他们从桥上下来后,往丁字路口向曾家坪走,就是现在的二中一带,到果园"扫荡",还到堤坝上。看到日本人到处搜东西,不知道搜什么。搜了几天见没有人,就又往城里去了。

　　躲的人都回到河东,到处都还在着火。我看到我家被烧得东倒西歪,客厅和两间房都烧光了,里屋没烧掉,但翻得乱七八糟,米、油都被倒在路上。猪栏里只剩下一堆臭了的猪肉,猪脚、猪头都不见啦。过了一天吧,就听隔壁的讲,有 6 个没来得及躲的老人家被火烧死了。

　　(南城县建昌镇党委委员陈凤丽、县博物馆馆长金会林 2006 年 10 月整理)

### 采访天井源乡蔡王殿村村民黄年仂记录整理

我叫黄年仂，1924年12月6日出生，原来是南
城县天井源乡蔡王殿村村支书。日本人占领县城
时，我18岁，已经成了家，就住在蔡王殿。记得日军
第一次来天井源蔡王殿的情形是这样的：

蔡王殿村与县城河东只隔一座桥——太平桥，
又是离县城最近的一个大村。1942年农历四月的一
天晚上，日军第一次来到了蔡王殿。他们是从两个
方向过来的，一路从县城经太平桥，一路从天井源乡
河圳村过来。那天傍晚，我正在菜地里干活，突然看
到一队日本兵从河对岸走来，都是全副武装，拿着长
枪，枪上都上了刺刀，嘴里咿咿呀呀地叫着，眼睛东
看西看，像是在找东西。我连忙放下锄头，飞快地往
家里跑，回到家后拉着我妻子就往丛姑山方向跑，躲
在丛姑山上，路上许多村民也都往这个方向跑。丛姑山那块天然的大石头后面躲
了许多人。因为丛姑山隔蔡王殿比较近，大家都捂着嘴，不敢做声。只听得山下
稀稀拉拉地打了几枪，过了一会儿枪声停了。我们探出头来往村里看，只见我父
亲和同村黄天才家的老房子好像着了火，其他地方倒没有着火，可我又不敢去救
火，我父亲他们也躲在山上，也都不敢下去。大家就眼睁睁地看着那几幢房子燃
烧。大概烧了个把小时，我们看见日本兵都往县城方向撤退了，于是小心翼翼地
返回家中。我直接往我父亲家里跑，许多村民顾不上回家，也都来帮忙救火。但
是太晚了，房子被烧了大半，只剩下厨房没被烧掉，隔壁那家人也烧了大半。村里
其他地方没有着火，但许多人家里都被翻得乱七八糟，油、米等倒了一地，床上、柜
子里的被子和衣服都被扔在地上，还踩了许多脚印。所幸全村没一个人受伤。这
就是日军第一次来蔡王殿的情形。

打这以后，日军经常会来村里"扫荡"，抢东西。或拉牛、猪去吃，或抢米和油
盐等，甚至抢家具去当柴烧。村里人无法生活，许多村民相继都逃到黎川中田乡去
了。我也躲到离这十来里路的罗坊村。可是，日军"扫荡"的地方越来越远，不但到
蔡王殿，还派了一队日军占领了丛姑山，驻扎在上面，同时每天到山下各村巡逻。

大概农历六月份，有一天一队日本兵走到罗坊村里沉庄这个地方，碰到了从
上唐镇经南源村到这里的国民政府军，当时开了火，国民政府军人很多，而且还占
领了二神山，从上往下架起机枪扫射，打死了七八个日本兵，然后从里沉撤回上
唐。第二天天刚亮日本人就来到了罗坊，抓走了五六个村民，逼着他们去抬日军

尸体并放火烧了二神山。当时火势很大,浓烟滚滚,幸好老天有眼,不一会儿下起了阵雨,竟然把火给浇灭了。那几个被抓的人中有一个是我本家亲戚,叫黄春仍的,他后来逃回来了。据他讲:日军逼着他们把尸体抬到县城,堆放在一辆军车上;然后带着他们到丛姑山脚下抢东西,叫他们给担回去;后来又逼着他们挖太平桥,把桥的第三个拱洞挖倒了,目的是为了不让中国军队进城。挖了桥后,日军用刺刀挑死了同行的几个人,黄春仍和另一个村民被日军用脚踢到了河里。黄春仍很会游水,他从桥底下潜水到渡口那边上岸,逃回了家。另外一个村民可能淹死了,没能回来。

我住在罗坊一段时间后,听说日本人撤离了南城,往抚州那边去了,于是就搬回了蔡王殿。来到村里,那个情景真是凄凉,村里看不到什么人,连狗叫声都没有,更别说猪、牛的身影,空中、地上到处都是苍蝇,"嗡嗡"乱飞。过了几天,村里人陆陆续续赶回来了,这才听说,村里有三个人被日本人杀了,一个叫吴门元的,一个叫李冬吉的,还有一个 80 岁的老太婆,都是因为没走掉,被日军发现,用长马刀劈死的,尸体就丢在村里黄家祠堂里。这些都是日本人在我们蔡王殿造的孽。

(南城县原社联主席吴永祥 2007 年 3 月整理)

### 采访建昌镇生产路居委会居民单长蓉记录整理

我叫单长蓉,今年 86 岁啦。我已经这么大年纪啦,也不怕丑。今天我要控诉日本人的丑行。大概是 1942 年端午节过了几天吧,由于躲日本人,我搬到城郊花楼下村的姑姑家。我当时 19 岁,生了一个女儿才刚刚一岁。我正在屋里给女儿边喂奶边和姑姑说话,忽然冲进来 7 个日本兵,呜哩哇啦乱叫,一看到我们,脸上就露出那种淫笑,走过来一把抢过我女儿就往地下一扔,我女儿哇的一声后就不动啦。然后 7 个日本人用刺刀逼着轮流对我和姑姑进行奸淫,完后见我们不会动,他们就走了,向哪边走我也不知道。过了好久我才醒来,一醒来我就想找死(自杀),可是我想起女儿被日本人扔在地下,于是赶紧跑到墙边抱起我女儿,还好我女儿命大,没被扔死,只是扔晕啦。为了女儿,我咬了咬牙没有去找死。但我怎么也找不到我姑姑,后来我老公回来在屋背井里打水才发现姑姑已经跳井死啦。日本人没人性哟,恶呀。

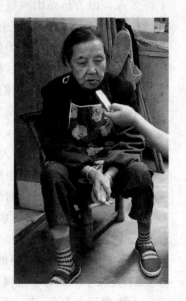

(南城县建昌镇党委委员陈凤丽 2006 年 8 月整理)

### 采访建昌镇天主堂神父游国杰记录整理

我叫游国杰,1929 年 9 月 12 日生,今年 78 岁啦,现为南城县天主教堂神父。日军侵占南城时我 13 岁,正在抚州读教会中学。由于日军入侵抚州,回到南城,亲眼目睹了日军所犯的一些罪行。

1942 年端午节边上,日本人打进了南城。当时我在教堂里做事(由于没书读了),就在我们徐家乡游家村教堂里,这个教堂是外国人造的,神父也是外国人。记得有一天,来了 6 个日本兵,都骑着马,直接来到教堂,看见那个神父,缴了他的鸟枪,还拿走了他的笔和手表,然后就走了。这个神父进城去看情况,结果从县城回游家村,一路都有苍蝇跟着,很多。这些都是城里死尸上的苍蝇,因为死了很多人,长出了很多苍蝇。听神父讲,县城里烧了很多房子,还杀了很多人,好多水井里都塞满了死尸,好多女人都没穿衣服死在井里,可能是被日本兵强暴后跳井死的。城里天主教堂也被飞机炸了一块花色玻璃下来,教堂其余地方没损坏。

农历五月份,游家村神父调到县城教堂,于是我们来到南城天主堂,呆在教堂里。在我们进城的路口,看到很多死尸,北门城墙塌了一大片,街上房子烧了很多,沿路上都有死尸,苍蝇乱飞。当时县城天主堂有两个神父,其中一个是南城人,另外还有一个德国医生。由于这个德国医生医术高明,教堂里挤满了人,全是受伤的人。有一天,突然闯进来一个喝醉了酒的日本兵,拿着枪。两个神父都出来了,那个日本兵说,今天要杀人,一定要杀一个人,于是两个神父抢着挡在枪口上,说:杀我吧,杀我吧。日本兵不知如何应付,枪口移来移去。就在这时,那个外国神父比较机警,冲上前去用手一抬枪托,就听"砰"的一声,日本兵打了一枪,子弹打在教堂的天花板上。听到枪声,日本兵被吓醒了,一看是在教堂,就走了。(因为那个神父是爱尔兰人,又有一个德国医生,日本人不敢造次。

1942 年日军侵占县城,由于主持南城天主堂的是爱尔兰籍神父,口头上声称宗教"超政治、超国籍、超阶级"的三超宗旨,因此日军两次轰炸南城时,县城到处中弹,损失惨重,而偌大的天主堂,目标虽显著,却安然无恙,原因就是在屋顶上有很大的"十"字作为标志。教堂里唯一的损失就是在日机轰炸县城时,炸弹震碎了一块花色玻璃。另外许多妇女逃到教堂里,日本兵想奸淫她们,都被外籍神父和外籍医生挡走了。我记得当时日本兵来时,都没穿军装,而是赤着身,只在下身用块毛巾围着,几乎一丝不挂。据教徒说,他们就是围着这块毛巾在街头巷尾溜达,碰到妇女就奸淫,不管是在街上还是路上。日军真是可恶至极:

(南城县委党史办吴云华 2007 年 3 月整理)

### 采访建昌镇建国路居委会居民吴浦生记录整理

我叫吴浦生,今年78岁。1942年6月份,当时我上学六年级,忽然听到防空警报钟声,老师叫我们赶紧回家,是日军飞机轰炸。我刚到家里,就有一个大火球掉下来从面上飞过,我出了很多血。就见我爸我姐,还有一个佣人都走出来,接着房子就倒了。

出来之后,就见我姐脖子上流血,就用手帕捂,但捂不住,就往医院送,可是医院没有一个人,于是父亲把我姐的衣服剪开来,看到脖子上没了一块好肉,就用纱布简单的一包。我家有个佣工没爬出来,倒在房子里烧死了,后来只挖出了三根骨头。当时外出要挂难民证,我和父亲走到新丰街我舅舅家。走到麻桥亭碰到日军,于是就过河到上唐,与我姐等人走散了。一年后回城,看到城里的草很高,脚踩下去,苍蝇很多,嗡嗡叫。

那次日机轰炸,炸毁倒塌的屋栏,满街都是。整个街面全被大火包围了,火光冲天,硝烟四起。全城财产损失不下几千万元,丧生的人也超过千多人。日本人真是太残忍了。

（南城县建昌镇党委委员陈凤丽2006年7月整理）

### 采访建昌镇建国路居委会居民吴鑫荪记录整理

我叫吴鑫荪,今年 76 岁,是一名退休教师。我是亲眼看到了日军焚烧房子的情形。

我住在县城天一山,日本人占领县城时,我才十来岁,我父亲带一家人从河东过河躲到天井源乡。大概过了二十几天,有天晚上父亲带我偷偷回家拿东西,来到县城一看,非常吓人,到处房子都在冒烟,街上巷里没有一个人影,西街、北街以前繁华的店面都倒了,县城里一片刺鼻的气味,苍蝇到处都是。

第二天我和父亲正要回乡下,突然见很多地方在燃烧,街上许多日军在跑来跑去。父亲连忙把我拉进屋躲起来,过了一会儿,就见两个日本兵来到我们躲的房子隔壁,手上拿着像铁爪一样的东西,在墙上一抓,就出现一个小洞,又在柱子上、门上、窗子上一抓,都出现小洞,然后就见他们往里面放像硫磺一样的东西,放完之后,其中一个日军用火柴往门柱上小洞一点火,就听"砰"的一声,刚才埋在里面的液体喷射出来,喷得到处都是,喷到哪儿,哪儿就着火,不一会儿,那幢大房子就着起了大火,火势很大,很快又烧到了隔壁。这时见另一个日本兵从身上取下一个灭火筒模样的东西,对着没着火的房子一按,立即喷出了很多黄色的液体,不一会儿火苗一窜,就烧了过来。我父亲连忙拉着我从房子后面穿到将军岭,可是将军岭很多房子也着了火,烧得很旺。我们顾不了那么多,从火海里冲过去,到南门过河到了天井源乡。回过头来看,县城已经是一片火海,火苗蹿得老高,天空都映红了。

原来那次是日军要撤退,临走放火烧了县城,那场火连续烧了很多天才熄。

(南城县委党史办吴云华 2007 年 3 月整理)

### 采访万坊镇黎家边村村民胡荣昌记录整理

我叫胡荣昌，今年 79 岁啦。日本人可恶呀，记得是1942 年农历四月底，日本兵到的南城，当时我十四五岁。日本兵来到我们村里时，多数村民都逃到后面山上，有些人爬到房顶上躲起来。日本兵进村后，挨家挨户搜，也不知道他们搜什么。我当时就躲在房顶上，但隔马路上好远，看不太清日本人的样子。搜完之后，就见很多人手上都拿了东西，有鸡有鸭，还有些人牵了猪、牛出来。往城里方向走了。

过一些日子，日本兵又来啦，并点火烧黎家边村，靠马路上的房子都烧了，整个村庄晚上都在燃烧。我村里有两个人，一个被日本兵打伤，一个被日本兵杀了。那个被打伤的是男的，因为当时每天都有日本兵在抚州和南城之间来来往往，我们村里那个男的，第一次看到日本兵时，不知道是什么人，他站在路上看，有个日本兵拿起刺刀就刺，捅到他腿上，他才知道这不是好人，连忙逃跑。另一个是女的，当时日本兵想强奸，她就跑，日本人没追到，便开枪将她打死。我阿姨住在县城，有一天夜里跑到我家，一身的血，她说城里被日本兵占领了，到处都在杀人，她和几十个人从水关头暗道里钻出来了，又被日本人追上，开枪杀了 40 多个，她自己也被打到了手，倒在马路边的沟内装死，等日本人走了才跑到我家来。

（南城县委党史办吴云华、县博物馆馆长金会林 2006 年 7 月整理）

### 采访万坊镇黎家边村村民胡年贵记录整理

我叫胡年贵，今年 91 岁啰。我记得那年春上（是农历四月份呢——胡年贵老伴补充），我当时在家中，听说日军从抚州方向来了，于是跟着村里人都躲到后面山岭上。在山上，我看到有许多日军进到村里来，抓到躲在房间里的几个妇女，就在厅上（客厅里）强奸。两天后，日军向县城方向进发，我们就下山，只见村子里房子都烧了，墙也倒了，养的鸡鸭猪等全被日军吃了。还听几个从城里来的妇女说，城里的日本兵见人就杀，杀了她们中一个妇女，叫胡仙花的，很年轻。

当时还看到日军把爆竹放在铁箱子里打，吓唬百姓，他们吓了两天后就走了，去了县城（有走路去的，也有骑马去的）。

（南城县委党史办吴云华、县博物馆馆长金会林 2006 年 7 月整理）

### 采访天井源乡蔡王殿村村民张万伪记录整理

我叫张万伪,今年87岁。日军进城后,到处杀人放火,很多没有逃得掉的人都被杀了。我和几个后生(小伙子)在河东被日本人捉了去当挑夫,专门负责拉死尸,把日军杀的人集中起来,拖到老虎坪(现供电局附近)掩埋。当时死尸很多,我们5个人来回拖了10多趟,还不到一半,可见当时日军杀了多少人呀。由于我们几个人很卖力,所以日本人很快就放了我们。回到蔡王殿后,我不敢再待了,于是和同村的人往里山村亲戚家躲。

我在里山一直待到第二年的春天,才搬出来住。当时的蔡王殿是墙倒壁烂,地上满是臭了的死猪、死牛。据说是日军吃猪牛都是割活的,切了猪头、猪腿、牛头、牛腿就行,其他都不要,因此地上全是发了臭长满蛆的死猪牛,天空、墙上到处是苍蝇,那情形非常吓人。

我听当地人说,这里有6个人被杀了,都是日本人进村时没走得掉的老人,是日本人用刀活活劈死的,真是可怜哟。

(南城县博物馆馆长金会林2007年3月整理)

# 抗战时期人口伤亡和财产损失

# 大 事 记

# 抗战时期人口伤亡和财产损失大事记

## （1937—1945）

### 1937 年

7 月 7 日　卢沟桥事变爆发,日本帝国主义发动全面侵华战争。

8 月 15 日　日机 14 架首次轰炸南昌,投弹 10 多枚,炸死 6 人。(《南昌人民革命史》,新华出版社 1999 年版,第 157 页)

8 月　日机 9 架轮番轰炸崇仁县刘家渡飞机场。(《宜黄县志》,新华出版社 1993 年版,第 32 页)

9 月　日机 3 架轰炸萍乡县城,于东门外关王殿附近投弹 1 枚,一过路人被炸死。(《萍乡文史资料》第 3 辑,1985 年版,第 89 页)

10 月 11 日　日机 9 架侵入南昌市上空,牛行被炸,死伤近百人。(《江西民国日报》,1937 年 10 月 12 日)

10 月 20 日　日机 14 架重轰炸机轰炸南昌市区,死伤市民 14 人。(《江西民国日报》,1937 年 10 月 21 日)

10 月 23 日　日机 6 架轰炸南昌牛行火车站,并在市区投放毒气弹。(《江西民国日报》,1937 年 10 月 24 日)

同日　日机轰炸牛行,震毁房屋 95 栋,死伤男女共计 22 人,财产损失约计 30 万元。(《江西民国日报》,1937 年 10 月 25 日)

12 月 9 日　日机 15 架,侵入南昌投弹轰炸。中山路上营坊及近郊均落弹,死伤 79 人,毁屋 66 栋。(《江西民国日报》,1937 年 12 月 10 日)

12 月 12 日　日机在南昌投弹 41 枚,死伤平民 10 人,毁房屋 40 余栋。(《江西民国日报》,1937 年 12 月 13 日)

12 月 13 日　日机首次侵扰吉安上空。(《吉安抗日救亡风云录》,中国文联出版社 2005 年版,第 323 页)

### 1938 年

1 月 9 日　日机 37 架在南昌市王安石路、金盘路、张家花园等处,投弹 130 余枚,死伤市民 8 人,毁民房 20 余栋。(《江西民国日报》,1938 年 1 月 10 日)

1 月 12 日　日机 42 架空袭南昌顺外及近郊乡村,投弹 100 余枚,死伤市民 18 人,毁民房 50 余栋。(《江西民国日报》,1938 年 1 月 13 日)

2 月 12 日　日机 9 架,侵袭星子,投弹 30 余枚,死伤 30 余人。(《江西民国日报》,1938 年 2 月 13 日)

2月23日　日机21架,分三批侵袭吉安,在城乡内外投弹140余枚。(《江西民国日报》,1938年2月24日)

2月25—27日　日机在南城、樟树肆虐投弹200余枚,毁屋20余栋死伤11人。(《江西民国日报》,1938年3月2日)

3月17日　日机64架分批轰炸南昌市区,投弹100余枚。(《江西民国日报》,1938年3月18日)

3月19日　日机12架侵袭星子,投弹51枚,死伤40余人,毁房屋100余栋,全城几成焦土。(《江西民国日报》,1938年3月20日)

5月　日机3架飞至崇仁县城,轰炸汽车站,炸死1名中国军官和1名小学炊事员。(《崇仁县志》,江西人民出版社1990年版,第32页、519页)

5月28日　正午,日机在会昌半溪村投弹1枚,死伤平民2人。(南京国家第二档案馆馆藏档案:《江西省抗敌战事损失调查表》,1938年7月)

同日　日机9架首次轰炸赣州南外机场。(《赣南抗日烽火》,中央文献出版社1995年版,第317页)

5月30日　上午11时,日机6架飞至赣东北一带,在玉山投弹40余枚。(《江西民国日报》,1938年6月1日)

5月31日　日机8架袭赣,在赣北九江、彭泽、湖口、都昌、星子等地窥察,被我空军击落2架。(《江西民国日报》,1938年6月1日)

6月4日　下午2时许,日机对玉山五里洋飞机场进行轰炸,两次投弹63枚,炸死1人。(南京国家第二档案馆馆藏档案:《江西省抗敌战事损失调查表》,1938年7月)

6月9日　上午11时20分,日机袭广昌飞机场,投弹7枚,损失物资为玻璃窗门2具、木板墙壁10块,死伤平民15人。(南京国家第二档案馆馆藏档案:《江西省抗敌战事损失调查表》,1938年7月)

同日　上午9时许,日机6架逼近萍乡银行、兵丁征集处等地,连投炸弹36枚(一枚未爆),许多房屋被毁,炸死兵丁、居民260人。约10时半,在宣风乡珠亭山村杨泗庙处投弹数枚(一枚未爆)。(《萍乡文史资料》第3辑,1985年版,第89页)

6月9日　日机于9日和21日先后出动8架次轰炸广昌县城飞机场,炸毁2个飞机棚,炸死保安第10团第1大队士兵4人,炸伤13人。(《广昌县志》,上海社会科学院出版社1994年版,第1066页)

6月15日　上午9时许,日机对彭泽马垱进行轰炸,两次投弹12枚,死伤10余人。(南京国家第二档案馆馆藏档案:《江西省抗敌战事损失调查表》,1938年7月)

同日　上午11时,日机对彭泽县马垱附近的江家湾村进行轰炸,投弹数枚,炸毁民房10栋。(南京国家第二档案馆馆藏档案:《江西省抗敌战事损失调查

表》,1938 年 7 月)

6 月 18 日　日机在彭泽马垱、东流等地投弹 200 余枚,造成很大破坏。(《江西抗战纪事》,中央文献出版社 1995 年版,第 209 页)

6 月 19 日　中日飞机在赣北沿江发生空战。(《江西抗战纪事》,中央文献出版社 1995 年版,第 209 页)

6 月 21 日　日机 13 架分三批空袭赣东、赣北各地,在赣东南城、广昌、赣北彭泽马垱投弹 41 枚。(《江西民国日报》,1938 年 6 月 22 日)

同日　日军舰艇数艘驶至彭泽马垱,炮击江岸。(《江西抗战纪事》,中央文献出版社 1995 年版,第 209 页)

6 月 24 日　日机 17 架分六批空袭彭泽县城,用机枪扫射,并在码头、城东分别投弹 2 枚。(《江西民国日报》,1938 年 6 月 25 日)

6 月 25 日　下午 1 时至 3 时,日机在赣北湖口县城先后轰炸 5 次,投弹 100 余枚,损失甚大,炸毁民房占全城十分之八九,死伤 100 余人。(南京国家第二档案馆馆藏档案:《江西省抗敌战事损失调查表》,1938 年 7 月)

6 月 26 日　日军在攻击彭泽马垱要塞时,受中国守军顽强抵抗,竟向守军阵地施放毒气,致一个中队 200 余官兵全部中毒身亡,阵地失守。日军占据马垱的当日,即在附近农村进行两次集体大屠杀,千余村民丧生,大面积房屋被焚烧。(《九江人民革命史》第 320 页、《彭泽史话》第 97 页、《彭泽县志》第 22 页)

6 月 28 日　日机 28 架窜入南昌,在顺化门及进贤门外共投弹 200 余枚,死伤平民 40 余人,炸毁民房 29 栋;日机 9 架空袭吉安城,在郊外投弹 10 余枚;日机 6 架空袭湖口,投弹 10 余枚。(《江西民国日报》,1938 年 6 月 29 日)

同日　日军在彭泽马垱登陆。(《江西抗战纪事》,中央文献出版社 1995 年版,第 209 页)

6 月 29 日　日军占领彭泽双峰镇(今县城龙城镇)后,又对双峰镇、黄花乡、黄岭乡等处进行疯狂烧杀,原有四五百户的村镇成为一片焦土,许多农家惨遭灭绝。(《江西省政府政务考察报告汇编》,1947 年;《彭泽史话》第 97、98 页)

同日　彭泽马垱要塞防线被日军突破,彭泽县政府当晚撤离,彭泽县失守。(《江西抗战纪事》,中央文献出版社 1995 年版,第 209 页)

6 月 30 日　彭泽县沦陷。(《江西抗战纪事》,中央文献出版社 1995 年版,附表三第 222 页)

同日　日军千余人由彭泽县进入湖口县棠山,在周玺村杀害村民 10 人,并毁坏农宅。(《九江文史资料》,1985 年版,第 182 页)

6 月末　日军在彭泽南垄阳家村一带施放毒气,造成民众重大伤亡。(《军事资料》,1987 年 8 月,第 29 页)

6 月　某天上午,日机沿吉安行政公署、吉安县政府(现市委、市政府大院)和吉安县城阳明路、高峰坡、古南镇一线进行轰炸,共死伤居民 20 余人,炸毁房屋二

三百间。(《吉安抗日救亡风云录》,中国文联出版社 2005 年版,第 325 页)

7月1日　日机 21 架分两批侵入江西省境,在湖口县城码头镇投弹多枚,多处地方成焦土。(《江西民国日报》,1938 年 7 月 2 日)

7月2日　日机 9 架分袭九江、湖口。在九江投弹 2 枚,均落空场;在湖口投弹 2 枚,炸毁民房多栋。(《江西民国日报》,1938 年 7 月 3 日)

7月3日　日机 8 架分两批袭赣,在九江姑塘以及湖口县投弹 10 余枚,炸毁民房 10 余栋,伤平民数人。(《江西民国日报》,1938 年 7 月 4 日)

7月4日　日机 27 架空袭南昌,在市区东南郊投弹七八十枚,一架敌机被击落在南昌县境。另有敌机 3 架空袭湖口,投弹多枚,并用机枪扫射。(《江西民国日报》,1938 年 7 月 5 日)

7月5日　湖口县沦陷。(《江西抗战纪事》,中央文献出版社 1995 年版,第 205 页)

7月9日　日机 27 架空袭南昌,投弹 50 余枚,炸毁房屋数十栋,死伤 2 人。(《江西民国日报》,1938 年 7 月 10 日)

7月10日　日机先后 8 架和 2 架分别空袭九江、玉山,在九江投弹 2 枚,在玉山投弹七八枚。(《江西民国日报》,1938 年 7 月 11 日)

7月11日　赣北赣东又遭空袭,日机 29 架分数批在九江、崇仁等处投弹。(《江西民国日报》,1938 年 7 月 12 日)

7月12日　日军窜入彭泽县太平关乡望夫村,杀害村民 32 人。(口述史料,1987 年 12 月采访彭泽县太平关乡村民何义山、魏伯宁之采访记录)

7月13日　日机 40 架分七批袭扰赣东北各地,并在九江新港圩投弹。(《江西民国日报》,1938 年 7 月 14 日)

7月14日　日机分 3 批窜入江西各地肆虐,首批窜入南昌市东南郊投弹,炸死 1 人,炸伤 2 人,后两批轰炸都昌县及永修县吴城镇,投弹数十枚。(《江西民国日报》,1938 年 7 月 15 日)

7月15日　日机 37 架分两批空袭南昌,先后投弹 100 余枚,炸毁房屋 21 栋,死伤多人。下午敌机 3 架空袭玉山,投弹 10 余枚。(《江西民国日报》,1938 年 7 月 16 日)

同日　日军侵入湖口县棠山大仙庙,杀害村民 55 人。(《九江文史资料》,1985 年版,第 182 页)

7月16日　日机 3 架空袭九江新港圩,投弹 20 余枚。(《江西民国日报》,1938 年 7 月 17 日)

7月17日　日机 21 架分两批侵入南昌,往返投弹 4 次共计 100 余枚,在南昌黄溪店能砚村伤男 1 人,牛行上河街伤男 1 人,黄溪店熊龚村炸死水牛 1 头。(《江西民国日报》,1938 年 7 月 18 日)

7月18日　日机分批犯赣,被中国空军击落 4 架。永修县吴城和赣州遭空

袭。(《江西民国日报》,1938年7月19日)

**7月20日** 日机于20日和26日先后出动11架次轰炸德安县城,炸死民众1000余人,炸毁民房821栋。(《德安县志》,上海古籍出版社1991年版,第273页)

**同日** 日军侵入湖口县棠山周玺村,杀害民众100名,烧毁民房73栋。(《九江文史资料》,1985年版,第182页)

**同日** 日机分数批空袭江西各地,先后在九江新港圩、德安县和九江西南方共投弹100余枚。(《江西民国日报》,1938年7月21日)

**7月21日** 日机54架空袭赣北,在九江、瑞昌投弹多枚。(《江西民国日报》,1938年7月23日)

**7月24日** 日军在九江登陆。(《江西抗战纪事》,中央文献出版社1995年版,第209页)

**同日** 日军侵占湖口县三里乡,杀害村民70余人,烧毁民房34栋。(《九江文史资料》,1985年版,第182页)

**7月25日** 日机轰炸南城,投弹多枚,炸毁民房甚多,死20余人,伤30余人。(《江西民国日报》,1938年7月26日)

**同日** 下午3时,日舰数艘迫近九江,施放烟雾掩护日军登陆。国民政府军撤退,九江失守。(《江西抗战纪事》,中央文献出版社1995年版,第209页)

**7月26日** 九江市沦陷。(《江西抗战纪事》,中央文献出版社1995年版,附表三第222页)

**7月28日** 日机18架分两批狂炸樟树,在市区投弹100余枚,炸毁房屋60余栋,死伤100余人。(《江西民国日报》,1938年7月29日)

**7月31日** 日军侵占湖口杨家山,杀害村民16人,烧毁民房26栋。(《九江文史资料》,1985年版,第182页)

**7月末** 日军窜入九江县文竹寺,将逃难的80余民众悉数屠杀在寺庙内外。(九江县档案馆馆藏寇灾调查原始口述资料;《九江县民政志》,赣出内浔字第023号,2000年版,第220页)

**8月2日** 日军在湖口县孙白仓村杀害村民29人。(《九江文史资料》,1985年版,第182页)

**8月4日** 日机27架分两批侵入南昌市区上空,在下沙窝、三纬路、沿江路等地投弹60多枚,炸死炸伤80多人,毁房80多栋,毁坏民船10余只。(《南昌人民革命史》,新华出版社1999年版,第157页)

**8月5日** 日军窜进九江县沙河曹家垄,将75名村民关进祠堂里,先用机枪扫射,然后将祠堂烧毁。(《九江县民政志》,赣出内浔字第023号,2000年版,第220页)

**8月6日** 日机轰炸玉山,投弹12枚。在都昌投弹10余枚,炸毁民房及市民

伤亡颇重。(《江西民国日报》,1938 年 8 月 7 日)

8 月 7 日　日机 18 架轰炸南昌市,在牛行一带共投弹 60 余枚,死伤男女平民共 150 人,炸毁房屋 51 栋,震坏房屋 247 栋。另一批 9 架轰炸樟树,投弹数十枚。(《江西民国日报》,1938 年 8 月 8 日)

8 月 9 日　日机两批 27 架轰炸吉安、樟树。在吉安投弹 80 余枚,弹落荒郊;在樟树投弹 30 余枚,炸毁房屋 6 栋,死平民 1 人。(《江西民国日报》,1938 年 8 月 10 日)

8 月 10 日　日军窜进九江县黄老门乡大塘村陶家垄,屠杀村民 54 人,其中死亡 48 人、终身残废 6 人;随后又窜至赛阳刘家大屋,杀害村民 72 人。(《九江县民政志》,赣出内浔字第 023 号,2000 年版,第 219 页、395 页)

8 月 13 日　日军窜进九江县沙河曹家垄,将 73 名村民关进曹天成宅屋,放火焚烧,用机枪对逃出的村民进行扫射,当即烧死 68 人,枪杀、刀捅死 5 人。(《九江县民政志》,赣出内浔字第 023 号,2000 年出版,第 395 页)

同日　日军入侵九江县石油门涧,杀害村民 50 余人。(九江县档案馆馆藏寇灾调查原始口述资料)

同日　日机分两批袭吉安及南昌,投弹多数落荒郊;玉山、德安同遭空袭。(《江西民国日报》,1938 年 8 月 14 日)

8 月 20 日　星子县沦陷。(《江西抗战纪事》,中央文献出版社 1995 年版,附表三第 222 页)

8 月 23 日　日军入侵湖口县鸟林峦村,枪杀村民 50 余人,焚烧房屋 76 栋。(《九江文史资料》,1985 年版,第 182 页)

8 月 24 日　瑞昌县沦陷。(《江西抗战纪事》,中央文献出版社 1995 年版,附表三第 222 页)

8 月 25 日　日机 22 架空袭南昌西南郊,投弹数十枚,炸毁民房数栋,死伤 30 余人。另有敌机 6 架轰炸吉安,投弹三四十枚。(《江西民国日报》,1938 年 8 月 26 日)

8 月 27 日　日机两批 10 架次轰炸星子县观口山和横塘圩,炸死民众 127 人,炸毁房屋 35 栋。(星子县《修志简报》第 13 期,1983 年 8 月)

8 月 28 日　日机再次轰炸星子县观口分水沟处,致 30 余村民丧生。(星子县《修志简报》第 13 期,1983 年 8 月)

8 月　日机轰炸莲花县城,车站受损。(《萍乡文史资料》第 16 辑,1995 年版,第 130 页)

8 月间　日军入侵九江城区,屠杀无辜市民 1000 余人。(《九江文史资料选辑》第 3 辑,1985 年版,第 161 页)

9 月 3 日　日机 6 架狂炸南昌市区,投弹 47 枚,均落繁盛街道,毁房屋 40 余栋,死伤平民 93 人。(《江西民国日报》,1938 年 9 月 4 日)

**同日** 日军攻陷九江马回岭。(《江西抗战纪事》,中央文献出版社 1995 年版,第 210 页)

9 月 4 日 南浔线日军分 3 路进犯德安,攻陷叶家集。(《江西抗战纪事》,中央文献出版社 1995 年版,第 210 页)

9 月 6 日 日机 18 架空袭南昌一带,被国民政府军驻军高射炮击落 3 架,其余日机在南昌顺外等地投弹后逃逸,炸毁房屋 26 栋,震坏房屋 66 栋,死伤数人。(《江西民国日报》,1938 年 9 月 7 日)

9 月 8 日 日机轰炸吉安,在郊外投弹 30 余枚。一架侵入玉山,投弹 10 余枚,震坏民房 4 栋。(《江西民国日报》,1938 年 9 月 9 日)

9 月 11 日 日军在星子县西古山两次施放毒气,使中国 300 余军民中毒死亡。(《江西民国日报》,1938 年 10 月 6 日)

9 月 13 日 日军在九江县陶家垄处杀害村民 60 余人。(《九江县民政志》,赣出内浔字第 023 号,2000 年版,第 220 页)

9 月 20 日 日军窜入瑞昌县范家山村一带村落,将 72 名村民杀害于稻田中。(《瑞昌县志》,新华出版社 1990 年版)

9 月 21 日 日机 6 架轰炸南昌,在城北投弹 30 余枚,炸死 1 人,炸伤 6 人。(《江西民国日报》,1938 年 9 月 22 日)

9 月 23 日 日军在瑞昌县范家山村的郝家、叶家、王家三个村庄抓来 9 名村民,当活靶子枪杀致死,并将三个村庄烧毁。(《瑞昌县志》,新华出版社 1990 年版)

9 月 26 日 日军发动进攻德安战役。(《江西抗战纪事》,中央文献出版社 1995 年版,第 210 页)

9 月 28 日 日机 6 架轰炸吉安,投弹 30 余枚,炸毁房屋 30 余栋。(《江西民国日报》,1938 年 9 月 29 日)

9 月 日机对瑞昌县南义张家铺村实施轰炸,并投燃烧弹和毒气弹,致使数百村民死亡,房屋被烧毁。(《瑞昌县志》,新华出版社 1990 年版)

9 月 日军在瑞昌县横立山乡山南杀害村民 42 人。(《瑞昌县志》,新华出版社 1990 年版)

9 月下旬至 10 月上旬 日军第 106 师团主力和第 101 师团一个联队,由星子、九江、瑞昌向万家岭集结,企图由德安取南昌,犯长沙,从南面包围武汉。武汉战区司令部电令薛岳兵团:"乘机将该敌消灭于万家岭"。中国军队在该地周围先后集结了 4 个军的兵力,与敌军血战 13 昼夜,全歼日军 4 个联队 1 万余人,俘虏 100 余人,缴获日军步、马枪万余支,轻重机枪 200 余挺,山炮 16 门,迫击炮 28 门。(《江西现代革命史词典》,华东师范大学出版社 1993 年版,第 268 页)

10 月 3 日 日机狂炸南昌市,在第七、第八、第九区共投弹 40 余枚,毁房 30 余栋,死伤 80 余人。(《江西民国日报》,1938 年 10 月 4 日)

10 月 5 日　日机 20 架分两批窜入南昌市区滥施轰炸,在豫章路等处投弹 66 枚,炸毁民房甚多,死伤 40 余人。(《江西民国日报》,1938 年 10 月 6 日)

10 月 5 日　日机轰炸全南县社迳圩,人员死亡男、女各 1 人,炸毁房屋损失价值 16000 元(法币,下同),家具损失价值 5200 元。(南京国家第二档案馆馆藏档案:全南县县长刘青如 1944 年 6 月 13 日填报《人员伤亡、财产直接损失汇报表》)

10 月 6 日　上午,日机 3 架分两批侵入南昌窥察,并窜往丰城、樟树、吉安等地窥察。下午,日机两三架不等在永修一带轮流侦察轰炸。(《江西民国日报》,1938 年 10 月 7 日)

同日　日军在星子县大理庵(庐山)杀害 30 余名运粮村民。(《星子县志》,江西人民出版社 1990 年版,第 17 页)

10 月 8 日　日军在星子羲之洞将避难的 38 名村民全部杀害。(星子县《修志简报》第 13 期,1983 年 8 月)

10 月 9 日　日军窜至星子五柳殷家畈和汪钱港,将 53 名村民杀害于稻田中,并烧毁民房 5 栋。同时,日军窜至星子清风乡的 4 个村庄,杀害村民 203 人。(星子县《修志简报》第 13 期,1983 年 8 月)

10 月 21 日　日军侵入德安县老屋罗村,杀害村民 53 人,被杀者最小的只有 1 岁。(《德安县志》,上海古籍出版社 1991 年版,第 274 页)

10 月 29 日　德安县沦陷。(《江西抗战纪事》,中央文献出版社 1995 年版,附表三第 222 页)

10 月 31 日　日机密集投弹 300 余枚,在南昌市中山路、胜利路、肖家巷等地进行地毯式轰炸,炸死市民 206 人,伤 183 人,房屋损毁 532 栋,交通中断。(《江西抗战八年》,军事科学出版社 2005 年版,第 20 页)

10 月　定南县高砂乡迎阳桥被炸时所受之间接损失:迁移费 1235 元,防空设备费用 1645 元,疏散费 880 元,合计 3760 元。(南京国家第二档案馆馆藏档案:定南县县长章安仁 1944 年 6 月 10 日填报《财产间接损失报告表》)

11 月 3 日　永修县沦陷.(《江西抗战纪事》,中央文献出版社 1995 年版,附表三第 222 页)

11 月 5 日　日机 36 架分五批犯赣,在上高、丰城等地投弹数十枚,死伤平民 100 多人,毁民房 100 余栋。(《江西民国日报》,1938 年 11 月 6 日)

11 月 6 日　日机于 6 日至 10 日连续轰炸临川县温圳镇(1968 年划归进贤),炸死 300 人,损毁货物价值 10 万元(法币)以上。(《临川县志》,新华出版社 1993 年版,第 24 页)

11 月 9 日　日机 23 架分袭江西省各地,在东乡、进贤、临川投弹数十枚,炸死农民 11 人,伤 10 余人。(《江西民国日报》,1938 年 11 月 10 日)

11 月 10 日　日机 6 架分两批轰炸温圳镇,投弹多枚,并用机枪扫射。(《江

西民国日报》,1938 年 11 月 11 日)

11 月 22 日　日机 4 架空袭奉新,炸毁民房 5 栋,死伤 6 人。(《江西民国日报》,1938 年 11 月 23 日)

11 月 26 日　日机 27 架分两批过赣袭湘,途经萍乡、宜春两地投弹轰炸,死伤数人。(《江西民国日报》,1938 年 11 月 27 日)

冬　南昌大批难民开始流入崇仁县。(《崇仁县志》,江西人民出版社 1990 年版,第 33 页)

12 月 3 日　日机 3 架在玉山县城西北方郊外投弹 50 余枚,又日机 9 架在吉安城郊投弹七八十枚。(《江西民国日报》,1938 年 12 月 4 日)

12 月 26 日　日军在瑞昌县常丰畈处,将 10 个村庄的村民 300 余人杀害于大草洲上,烧毁民房 3000 余栋。(《瑞昌县志》,新华出版社 1990 年版)

12 月末　日军入侵九江县杨村白水一带,杀害民众 200 余人,烧毁民房 300 余栋,并将 18 岁至 25 岁的青年妇女抓到九江城区日军兵营中,供日军淫乐。(《九江县民政志》,赣出内浔字第 023 号,2000 年版)

## 1939 年

初　日军发动进攻南昌的"仁号作战"。战役从 3 月 17 日起,至 3 月 27 日止。中日军队展开了激烈战斗。日军公然违背国际公法,施放大量毒气弹,以死伤 3 万人的代价攻陷南昌。同年 4 月 17 日,蒋介石制定了反攻南昌计划。战役从 4 月 20 日中国空军轰炸南昌机场和赣江日舰起,至 5 月 9 日下令停止反攻击。反攻期间,国民政府军曾数次入南昌飞机场、火车站和市区金盘路、中山路东段,毙伤日官兵近 9000 人。国民政府军第 29 军军长陈安宝等 3000 余官兵阵亡。(《江西现代革命史词典》,华东师范大学出版社 1993 年版,第 269 页)

1 月 5 日　日军在德安万家岭打了败仗后,不甘心失败,竟对战区百姓疯狂反扑:在磨溪乡宝泉一带,杀害民众 450 余人,焚烧民房 200 余栋;在永安堡,将 50 余村民杀害于龙山脚下;在岑家村,将 60 余村民关在民房中先用机枪扫射,后将房屋烧毁。(《德安县志》,上海古籍出版社 1991 年版,第 275 页)

1 月 9 日　日军在九江县蓝桥街附近,枪杀民众 73 人,并烧毁民房 300 余栋。(《九江县民政志》,赣出内浔字第 023 号,2000 年版,第 220 页)

1 月 11 日　日机 18 架狂炸吉安市区,投弹 122 枚,炸毁房屋 47 余栋,死伤平民 100 余人,在下河街炸毁民船 7 只、轮船 1 艘。另敌机 3 架侵入南昌县城莲塘镇,投弹 7 枚,死伤男女平民 40 余人。(《江西民国日报》,1939 年 1 月 12 日)

1 月 16 日　日机 11 架狂炸庐山牯岭,在仰天坪、内地会等处投弹 10 余枚,在住宅区投弹 10 余枚。(《江西民国日报》,1939 年 1 月 17 日)

同日　日军在星子观口附近杀害民众 54 人,焚烧房屋 30 余栋。(《星子县志》,江西人民出版社 1990 年版)

1 月 21 日　日军驱逐庐山脚下乡民,未及逃避者皆被杀。(《江西抗战纪

事》,中央文献出版社 1995 年版,第 211 页)

1月下旬　日军在武宁箬溪惠民寺、罗坪等处,杀害村民 60 余人,并将村庄烧毁。(《武宁人民革命史》,赣新出内准字 2004 第 0003853 号,2004 年版,第 147 页)

1月31日　日机两批轰炸南昌县莲塘镇,炸毁民房 2 间,死伤平民数人。(《江西民国日报》,1939 年 2 月 1 日)

2月初　日军窜入德安县塘下李村,在池塘边杀害村民 40 人,并将尸体抛进池塘中。(《德安县志》,上海古籍出版社 1991 年版,第 275 页)

2月4日　日机 5 架袭南昌县向塘镇,在车站附近投弹 10 枚,炸毁民房 10 余栋,死伤平民 3 人。(《江西民国日报》,1939 年 2 月 5 日)

2月5日　日机 12 架分四批窜入江西省各地肆虐,在东乡、宜春投弹,死伤 10 余人。敌机袭东乡时被击落 1 架。(《江西民国日报》,1939 年 2 月 6 日)

2月19日　日军在德安县下胡村、塘山村和罗家坟邹村等处,屠杀村民数百,焚烧民宅 1000 余栋。(《德安县志》,上海古籍出版社 1991 年版,第 275 页)

3月1日　日机 6 架在余江投弹 6 枚,炸死平民 2 人;又日机 1 架在玉山投弹 4 枚,炸死、炸伤平民各 5 人,炸毁民房数间。(《江西民国日报》,1939 年 3 月 2 日)

3月13日　都昌县沦陷。(《江西抗战纪事》,中央文献出版社 1995 年版,附表三第 222 页)

3月17日　日机 18 架疯狂轰炸吉安城区中心地段,并投下烧夷弹多枚,炸死、炸伤市民数百人,炸毁房屋甚多。(《江西民国日报》,1939 年 3 月 18 日)

同日　日军发起进攻南昌战役。(《江西抗战纪事》,中央文献出版社 1995 年版,第 211 页)

3月18日　日机 19 架分批肆扰浙赣铁路,轰炸进贤、东乡、鹰潭等处车站,在鹰潭车站附近炸死工人 1 名、伤 2 人;并在永修县吴城镇投弹 2 次。(《江西民国日报》,1939 年 3 月 19 日)

3月22日　奉新县沦陷。(《江西抗战纪事》,中央文献出版社 1995 年版,附表三第 222 页)

同日　日军在飞机、坦克配合下侵占安义县,安义县沦陷。(《南昌人民革命史》,新华出版社 1999 年版,第 160 页)

同日　安义县五房村村民 97 人惨遭日军杀害。(冯英子:《赣江两岸所见》,载《新民晚报》,1982 年 9 月 12 日)

3月23日　新建县沦陷。(《江西抗战纪事》,中央文献出版社 1995 年版,附表三第 222 页)

同日　日军入侵永修县张公渡村,将 200 余名村民杀害于泉水丘稻田中。此后,在永修县藕潭刘家杀害村民 40 人,在青山刘家杀害村民 48 人,在大屋朱村杀害村民 50 余人。同时,由永修县押至安义县万家埠的民众 100 余人,亦集体被杀害。(《永修县志》,江西人民出版社 1987 年版,第 384 页)

3 月 24 日　安义县蔡村村民 72 人惨遭日军杀害。(冯英子:《赣江两岸所见》,载《新民晚报》1982 年 9 月 12 日)

3 月 26 日　南昌县第 6 区第 13 保庐厦村朱春生家被日军焚烧 3 间砖墙房屋,损失价值 200 万元(法币)。(南京国家第二档案馆馆藏档案:《南昌县朱春生财产损失报告单》)

3 月 27 日　日军第 106 师团、第 101 师团先遣部队会合于南昌城南,进犯莲塘、瓜山,切断浙赣铁路。当晚,南昌市区国民政府军第 32 军第 141、第 139 师腹背受敌,撤至广阳桥。深夜,日军入城,南昌沦陷。(《南昌人民革命史》,新华出版社 1999 年版,第 155 页)

3 月 28 日　武宁县沦陷。(《江西抗战纪事》,中央文献出版社 1995 年版,附表三第 222 页)

同日　日军入侵都昌县苏山乡巴家山一带,先后屠杀村民 492 人,焚烧民宅 217 栋。(都昌县档案馆馆藏民国档案第 3 全卷第 7 目 113 卷号《抗战损失追查各种汇报表》T74519 页)

3 月 29 日　南昌县沦陷。(《江西抗战纪事》,中央文献出版社 1995 年版,附表三第 222 页)

同日　靖安县沦陷。(《江西抗战纪事》,中央文献出版社 1995 年版,附表三第 222 页)

3 月　高安县沦陷。(《江西抗战纪事》,中央文献出版社 1995 年版,附表三第 222 页)

3 月　日机多次轰炸东乡县城,酿成大火,毁坏房屋 422 栋。政府机关迁至长林下市祠堂办公,8 月迁回县城。此后至 1941 年,日机先后空袭东乡县城 20 余次。(《东乡县志》,江西人民出版社 1989 年版,第 12 页)

3 月　日军进南昌城不几天,就有许多无辜的群众遭到残杀,在章江门、广润门、中正桥头一带,尸体遍卧,肝脑涂地,血聚成洼;许多民宅遭抢劫,日军挨户翻箱倒柜,到处十室九空;许多妇女遭奸淫,躲藏在万寿宫内的 200 多名妇女被集体轮奸,躲藏在广润门外关帝庙内的 600 多名妇女被日夜轮奸后活活烧死。(《南昌人民革命史》,新华出版社 1999 年版,第 157 页)

4 月 4 日　日机袭贵溪,投弹 10 余枚,平民死 1 人、伤 2 人;在上饶沙溪车站投弹 2 枚,伤路工 4 人。(《江西民国日报》,1939 年 4 月 5 日)

同日　日机 8 架轰炸吉安城郊神岗山码头一带和城北长塘圩、城南永和镇,共投弹 20 余枚,炸死平民 5 人,炸伤平民 23 人,毁店房 2 栋,炸死耕牛 3 头。(《江西民国日报》,1939 年 4 月 5 日)

4 月 7 日　日机 2 次轰炸东乡。上午 7 时许,9 架日机轰炸东乡县城南门,炸死 80 余人（内有南昌难民 70 余人）；11 时许，日机再次空袭县城，投下 2 枚燃烧弹，烧毁城南、城中房屋 90 余栋。(《东乡县志》，江西人民出版社 1989 年版，第361 页)

同日　日机 4 架狂炸吉安城，在繁华街道及郊外投弹 30 余枚，毁民房 20 余栋，死伤平民 37 人。(《江西民国日报》，1939 年 4 月 8 日)

4 月 8 日　日机在上饶城乡投弹 30 余枚，毁民房 200 余间，死 50 余人，轻重伤 60 余人。(《江西民国日报》，1939 年 4 月 9 日)

4 月 9 日　日机 9 架狂炸玉山县城，在繁华街道投弹 60 余枚，死伤平民 200 余人，炸毁房屋 300 余栋。(《江西民国日报》，1939 年 4 月 10 日)

4 月 18 日　庐山失守后，日军在山上屠杀民众达 2000 余人，就连法国传教士罗德功亦被杀，同时焚烧房屋 480 余栋。(江西省文献委员会编：《庐山续志稿》，1992 年版，第 633 页)

4 月 22 日　日机在贵溪城内投弹 6 枚，炸毁民房 4 栋。(《江西民国日报》，1939 年 4 月 23 日)

同日　日军在安义县山下熊家，惨杀村民 500 多人，杀绝 12 户。(《南昌人民革命史》，新华出版社 1999 年版，第 160 页)

4 月 23 日　日机狂炸上高县城，在城内外投弹 30 余枚。(《江西民国日报》，1939 年 4 月 24 日)

4 月 24 日　日机 2 架轰炸临川李渡镇，投弹 4 枚，毁民房 4 栋，死居民 4 人(《临川县志》，新华出版社 1993 年版，第 24 页)

4 月 25 日　日机 3 架轰炸抚州城区，投弹 6 枚，毁房 5 栋，死伤居民百余人(《临川县志》，新华出版社 1993 年版；《抚州市志》，中共中央党校出版社 1993 年版，第 24 页)

4 月 28 日　日军在瑞昌县上南乡华山坳杀害村民 38 人。(《瑞昌县志》，新华出版社 1990 年版)

5 月 1 日　日机轰炸丰城，投弹 18 枚，平民死 5 人伤 3 人，毁坏房屋 20 余栋。(《江西民国日报》，1939 年 5 月 2 日)

5 月 2 日　驻南昌县莲塘岗前村据点的日军倾巢出动，对附近村庄进行"扫荡"，先将 100 多名群众关进岗前村祠堂，后分批绑押到祠堂门前大坑边枪杀。(《南昌人民革命史》，新华出版社 1999 年版，第 158 页)

5 月 8 日　日机 3 架轰炸南昌县三江镇，死伤平民 10 余人，炸毁房屋数栋。(《江西民国日报》，1939 年 5 月 9 日)

5 月 9 日　驻南昌县向塘据点的日军分两路窜进向塘河湾村，一路用机枪逼迫抓来的 40 名群众往井里跳，不肯跳的被刺死在井台上；另一路将 30 多名群众关进一栋房子，放火全部烧死。(《南昌人民革命史》，新华出版社 1999 年版，第158 页)

5月15日　驻南昌县沙潭村据点的日军闯进沙潭村龙南天仙庙,将庙内370多名难民围住,先用机枪将50多名青壮年男子打死,接着放火将剩下的难民全部活活烧死。(《南昌人民革命史》,新华出版社1999年版,第158页)

同日　5月15日和10月9日　日机先后两次轰炸广昌县城,炸毁飞机场机场办公楼、太平岗刘家祠和民房各1栋,炸毁老桥头木桥1架;炸伤居民2人,炸死第49军干训班学员2人、炸伤2人。(《广昌县志》,上海社会科学出版社1994年版,第1066页)。

5月28日　日军分三路包围南昌县荷埠周村,1000余村民死于日军之手,52户被杀绝,881栋房屋被烧毁。(《南昌人民革命史》,新华出版社1999年版,第158页)

5月　日机3架轰炸崇仁县城。(《崇仁县志》,江西人民出版社1990年版)

5月　日军进攻都昌县春桥和徐埠时,焚烧民房176栋,并有人员严重伤亡。(都昌县档案馆馆藏民国档案第3全卷第7目88卷号《遭受寇灾物资损失状况调查表》T77472—77479页)

6月5日　日机轰炸上饶、贵溪,投弹6枚,毁房数间,毁路轨数丈。(《江西民国日报》,1939年6月6日)

同日　日机9架分三批轮番轰炸温圳镇达一个多小时,在新街口、下街头、菜市场、谷场、令公庙、桥背等处投弹24枚,炸死炸伤200多人,其中炸死36人;炸毁民房10多幢,炸沉民船4艘,炸死耕牛3头。(《临川县志》,新华出版社1993年版,第24页、265页)

同日　日机11架分两批轰炸吉安,在城区及郊外共投弹30余枚,毁民房10余栋,死伤平民10余人。(《江西民国日报》,1939年6月6日)

6月9日　日机9架轰炸萍乡县城,投弹30余枚,炸死居民70余人,伤150余人。(《萍乡文史资料》第16辑,1995年版,第131页)

6月12日　日机6架轰炸吉安城区,在北门正街、塔水桥、府背、夏官第、马铺前、弓箭街、任公井、西刘家巷等处共投弹30余枚,死伤20余人,毁民房20余栋。(《江西民国日报》,1939年6月13日)

6月13日　日机6架轰炸赣县县城,投弹4枚,毁民房数栋,死伤平民数人;日机9架分两批先后轰炸吉安城,在宝华楼等处共投弹10余枚,毁民房数栋,死伤平民10余人。(《江西民国日报》,1939年6月14日)

6月14日　日机4架滥炸吉安城区,投掷的炸弹中夹有汽油燃烧弹,致使谯掩路至南湖桥头数百间房屋悉数烧尽;吉安乡师附小的防空洞不幸炸塌,20余人全部遇难。(《吉安抗日救亡风云录》,中国文联出版社2005年版,第330页)

同日　日机轰炸吉安城区,并分别在樟树、新干、峡江等处投弹。吉安城区九曲巷、仁山坪乡师附小等地被炸毁民房5栋,震坏10余栋,死伤平民数十人;仁山坪处一地下室中弹,死伤人数甚多。(《江西民国日报》,1939年6月15日)

6 月 15 日　日机 6 架轰炸铅山、万载。在铅山投弹 14 枚,死伤平民 38 人,毁民房 12 栋;在万载投弹 4 枚,死伤平民 5 人,毁民房 1 栋。(《江西民国日报》,1939 年 6 月 16 日)

6 月 16 日　下午 1 时 35 分,瑞金县城鸡鸭街、廖坪街、象眼塘、云龙桥遭受轰炸。损失店房 62 栋,价值 52700 元(法币,下同);桥 1 座,价值 1000 元。共计 53700 元。财产间接损失 1323 元,其中防空设备费用 500 元、疏散费 350 元、救济费 180 元、抚恤费 293 元。(南京国家第二档案馆馆藏档案:瑞金县县长葛连祥 1944 年 6 月填报《财产直接损失汇报表》)

6 月 22 日　日机 3 架轰炸大余,毁房屋 20 余栋,死伤 10 余人。(《江西民国日报》,1939 年 6 月 23 日)

6 月 23 日　日机 6 架在万载罗城投弹 4 枚,炸毁民房 20 余栋,死伤平民 20 余人;日机 2 架在上高投弹 5 枚,死伤平民各 1 人。(《江西民国日报》,1939 年 6 月 24 日)

6 月 24 日　日机 2 架轰炸南丰县城北刘家巷和东门桥下保福寺,炸毁民房 2 栋、民船 3 艘,炸死炸伤数人。(《江西民国日报》,1939 年 6 月 25 日)

同日　日机 2 架空袭临川李渡镇,在菜市场、后街、天主堂等处投弹,炸死 4 人、伤 10 多人,炸毁民房 4 幢。(《江西民国日报》,1939 年 6 月 25 日)

同日　日机在临川投弹 6 枚,毁民房 5 栋;在南城投弹 2 枚,毁民房 10 余栋;在于都投弹 8 枚,毁民房数栋;在赣县投弹 32 枚,毁民房 30 余栋。(《江西民国日报》,1939 年 6 月 25 日)

6 月 25 日　日机 3 架空袭临川县城,在大公路、梅庵路、桥东等处投弹多枚,炸死炸伤 100 多人,炸毁房屋 5 栋。(《江西民国日报》,1939 年 6 月 26 日)

同日　日机 3 架轰炸瑞金县城,投弹 9 枚,爆炸 7 枚,炸死 13 人、伤 39 人,炸毁房屋 43 栋,震坏房屋 37 栋,云龙桥石栏被毁。(《瑞金县志稿》,1941 年版,第 228 页)

7 月 4 日　日机 17 架分六批袭赣,在吉安、泰和、余江投弹轰炸。吉安死平民 1 人;泰和死伤 20 余人,毁民房 10 余栋。(《江西民国日报》,1939 年 7 月 5 日)

7 月 5 日　日机 4 架轰炸吉安县固江镇,投弹 8 枚,毁民房 8 栋,伤 1 人。(《江西民国日报》,1939 年 7 月 6 日)

7 月 6 日　日机 6 架分 2 次轰炸吉安县固江镇,投弹 17 枚,毁民房数栋。(《江西民国日报》,1939 年 7 月 7 日)

7 月 12 日　日机 2 架侵入临川,投弹 4 枚,毁民房 6 栋,死伤平民各 1 人。(《江西民国日报》,1939 年 7 月 13 日)

7 月 13 日　日机 30 多架次轮番轰炸温圳康山一带,炸死炸伤 1000 余人,炸毁军火库 6 栋。(《临川县志》,新华出版社 1993 年版,第 24 页、266 页)

7 月 15 日　日机 3 架轰炸新建县松湖街,投弹 20 余枚,毁民房 6 栋,死伤平

民各 3 人。(《江西民国日报》,1939 年 7 月 16 日)

7 月 24 日　日机 35 架空袭江西,先后在新干、峡江、丰城、樟树共投弹 43 枚,在新干炸毁民房 2 栋、民船 2 艘,在丰城炸毁民房 30 余栋。(《江西民国日报》,1939 年 7 月 25 日)

7 月 30 日　日机 1 架在樟树投弹 3 枚,炸毁民房 2 栋;日机 4 架在进贤投弹 9 枚,炸毁民房 9 栋。(《江西民国日报》,1939 年 7 月 31 日)

8 月 1 日　日机轰炸靖安。(《江西抗战纪事》,中央文献出版社 1995 年版,第 212 页)

8 月初　日机 5 架空袭临川县城,在北门临川中学、南门汽车站、大公路泰山背县政府、曾家园群众会场、桥东天主堂附近投弹 8 枚,炸死炸伤 100 多人,炸毁房屋 6 栋。(《临川县志》,新华出版社 1993 年版,第 266 页)

8 月 4 日　日机 6 架分两批先后在安福和吉安县固江镇投弹数枚。(《江西民国日报》,1939 年 8 月 5 日)

8 月 10 日　日机 3 架轰炸瑞金县城,投弹 9 枚,炸死居民 15 人,炸伤 39 人,炸毁房屋 43 栋,震坏房屋 37 栋。(《赣南抗日烽火》,中央文献出版社 1995 年版,第 321 页)

8 月 13 日　日机 35 架分两批先后对泰和、上饶进行轰炸。(《江西民国日报》,1939 年 8 月 14 日)

8 月 21 日　上午 7 时许,日机 7 架轰炸吉水县城,投弹 10 枚,炸死居民 30 多人,炸毁房屋 10 余栋。(《吉安抗日救亡风云录》,中国文联出版社 2005 年版,第 331 页)

8 月 24 日　日机 6 架轰炸吉安城。江西省第八行政督察专员兼保安司令肖致平因公被炸身亡。(《吉安抗日救亡风云录》,中国文联出版社 2005 年版,第 331 页)

8 月 27 日　清晨,6 架日机在高安县吴珠岭一带投下大批细菌弹,给这一带群众造成了毁灭性的灾难。当地民众及外来难民 7000 多人受到细菌和毒气的严重感染,全身溃烂,2100 多人很快断送了生命。吴球长一家 18 口全部被毒害而死。吴珠岭下尸骨成堆,阴风凄凄。(《江西抗战纪事》,中央文献出版社 1995 年版,第 29 页)

9 月 2 日　日军窜进瑞昌县筱源和柯乐源等处,烧毁民房 173 栋,并造成重大人员伤亡。(《瑞昌县志》,新华出版社 1990 年版)

9 月 3 日　日机 1 架向上栗镇俯冲投弹,栗江码头、桥边巷内中弹,炸死青年妇女黄玉秀、杂货店伙计"三坨古"。(《萍乡文史资料》第 3 辑,1985 年版,第 69、70 页;《萍乡文史资料》第 16 辑,1995 年版,第 80 页)

9 月 14 日　日军发动进攻赣北战役,以 5 个联队进犯高安、奉新一线,攻陷高安。(《江西抗战纪事》,中央文献出版社 1995 年版,第 212 页)

9月20日　宜丰县沦陷。(《江西抗战纪事》,中央文献出版社 1995 年版,附表三第 222 页)

9月23日　铜鼓县沦陷。(《江西抗战纪事》,中央文献出版社 1995 年版,附表三第 222 页)

9月21日　日机 3 架在九江县戴家山投弹 4 枚,炸毁民房 30 余间。22 日,驻瑞昌日军分三路进攻戴家山,烧毁简家上、下两村房屋计 70 余间。24 日,驻余家河日军再次烧毁戴家山房屋 40 余间。(《九江县民政志》,赣出内浔字第 023 号,2000 年版,第 17 页、220 页)

9月　日机 9 架轰炸赣州城。(《赣南抗日烽火》,中央文献出版社 1995 年版,第 322 页)

11月6日　日机 3 次侵入赣州城,在梅林投弹 29 枚,死伤村民 10 余人,毁房 10 余栋。(《江西民国日报》,1939 年 11 月 7 日)

12月13日　据调查,日军在高安杀害 4370 人,掳走 3000 人,焚毁房屋 44200 余栋,劫去谷米 146000 余石、猪牛马 1700 头。(《江西民国日报》,1939 年 12 月 14 日)

**本年**　日军第一次进犯修水县城。(《江西抗战纪事》,中央文献出版社 1995 年版,附表三第 222 页)

**本年**　日机轰炸峡江县城,炸沉船只 3 艘。(《吉安抗日救亡风云录》,中国文联出版社 2005 年版,第 332 页)

**本年**　日机轰炸安福,县汽车站被炸毁。(《吉安抗日救亡风云录》,中国文联出版社 2005 年版,第 332 页)

1939 年至 1945 年　日军三次侵扰丰城县。(《江西抗战纪事》,中央文献出版社 1995 年版,附表三第 222 页)

## 1940 年

1月13日　日军千余人从九江、德安、瑞昌三面包围九江县戴家山,并滥施轰炸,使王家铺、金盘一带尽成焦土,枪杀居民 8 人。(《九江县民政志》,赣出内浔字第 023 号,2000 年版,第 16 页、220 页)

4月16日　日机 23 架分批轰炸上饶、乐平、玉山、吉安,炸死数人、伤 20 余人,炸毁民房 20 余栋。(《江西民国日报》,1940 年 4 月 17 日)

4月29日　日军在瑞昌县南山下、北山源、沙坪湖等处,杀害 10 余村民,焚烧民房 800 余栋。(《瑞昌县志》,新华出版社 1990 年版)

4月30日　日机先后 5 次轰炸修水县三都、梁口、义宁、庙岭和桃里等地,造成 70 余民众死亡和 300 余栋房屋倒塌。(《修水人民革命史》,南海出版公司 1989 年版,第 228～231 页)

4月　日机轰炸抚州城,死亡数百人。(《抚州市志》,中共中央党校出版社 1993 年版,第 15 页;《临川县志》,新华出版社 1993 年版,第 24 页)

5月18日　日军在都昌县与横乡徐墩村施放毒气,致使90余村民身亡。(都昌县档案馆馆藏民国档案第3全卷第7目113卷号《抗战损失追查各种汇报表》T74519页)

6月　日机轰炸吉安城区,吉安大舞台和榕树码头被炸,躲在大榕树下的市民被炸死。(《吉安抗日救亡风云录》,中国文联出版社2005年版,第333页)

7月27日　日机50架分四批轰炸上饶、贵溪、鹰潭等地。(《江西民国日报》,1940年7月28日)

7月28日　日机27架空袭鹰潭。(《江西民国日报》,1940年7月29日)

8月3日　日机27架分七批在江西轰炸,其中9架在吉安市区投弹,并投燃烧弹多枚,炸毁房屋数十栋,死伤平民数十人;鄱阳、弋阳、清江同遭轰炸。(《江西民国日报》,1940年8月4日)

8月4日　日机空袭新干县城,投掷燃烧弹,焚毁西门街店房72幢,死伤公务人员和市民34人。(《吉安抗日救亡风云录》,中国文联出版社2005年版,第334页)

9月6日　日军窜至都昌县左里和苏山一带,杀害村民340名,焚烧房屋644栋,使9个村庄成为一片废墟。(都昌县档案馆馆藏民国档案第3全卷第7目88卷号《遭受寇灾物资损失状况调查表》T77472～77479页)

9月17日　日军窜入都昌县源头乡杀害村民54人,其中儿童13名。(都昌县档案馆馆藏民国档案第3全卷第7目113卷号《抗战损失追查各种汇报表》T74519页)

9月　日机轰炸温圳镇,炸死70余人,烧毁房屋10余栋。(《临川县志》,新华出版社1993年版,第24页)

10月5日　日机轰炸国民政府军第49军军部驻地——临川桥上李村、水藻窟周村,炸死数人。(《临川县志》,新华出版社1993年版,第24页)

12月13日　驻南昌县莲塘日军征集民船800余只,企图进犯锦江南岸。(《江西抗战纪事》,中央文献出版社1995年版,第214页)

12月24日　日军30余人进犯九江县岷山,当场枪杀3人,其中杀死1人,抢去耕牛9头、肉猪数头、食盐百斤以及其他杂物等。(《九江县民政志》,赣出内浔字第023号,2000年版,第221页)

## 1941年

1月21日　日军窜进九江县戴家山、黄丝洞、孙家垄等处,3天内即焚烧民宅800余栋,屠杀数百人;其中第三天,日军活捉戴家山男女老少96人,押至瑞昌九源驻地,或用机枪扫射,或掘坑活埋,或断头截肢,无一生还。(九江县档案馆馆藏寇灾调查原始口述资料;《九江县民政志》,赣出内浔字第023号,2000年版,第17页、221页)

2月2日　日机空袭东乡县城,造成重大损失。(《东乡县志》,江西人民出版

社1989年版,第12页)

3月3日　日机27架分三批对南城县城狂轰滥炸,死伤居民1000余人,炸毁房屋400余栋。(《南城县志》,新华出版社1991年版,第21页、160页)

3月15日至4月9日　上高会战爆发。以国民政府军第19集团军为主的中国军队,与日军在以上高为中心,包括安义、奉新、宜春、丰城、清江、新建、南昌、靖安、新余、高安等10多个县在内的广大地区进行的一次大规模会战。日军6.5万人(实际出动4.2万多人),在驻汉口的第11军司令部统一指挥下,分北、中、南三路向上高进犯,企图打通湘赣公路。国民政府军9个师及地方部队共约10万人,由第19集团军总司令罗卓英统一指挥,在当地人民群众紧密配合和大力支援下,依托有利地形,分三线阵地诱敌深入,然后集中兵力包围歼灭。日军突围时,国民政府军又乘胜追击,直到日军龟缩南昌而告结束。这次会战击毙击伤日军官兵2.4万名,缴获大批军用物资和武器。会战中,国民政府军将士也死伤2万余人。(《江西现代革命史词典》,华东师范大学出版社1993年版,第269页)

4月11日　日机狂炸上饶城,城南内外毁房屋多间;13日炸郊区。(《江西民国日报》,1941年4月15日)

5月23日　日军在九江县戴家山一带"扫荡"时,在九源圩杀害民众51人。(九江县档案馆馆藏寇灾调查原始口述资料)

8月7日　日机25架先后分批对分宜、樟树、吉安、泰和进行大轰炸。(《江西民国日报》,1941年8月8日)

8月12日　日机6架轰炸浮梁,炸毁民房数栋,炸伤平民8人。(《江西民国日报》,1941年8月15日)

10月16日　日机7架轰炸龙南县城,共投弹29枚,炸毁房屋33栋,居民死伤132人,其中炸死80人。(《赣南抗日烽火》,中央文献出版社1995年版,第25页)

11月14日　日机9架轰炸南城县城达40分钟之久,投下大批燃烧弹和定时炸弹,县城四条街道一片火海,炸毁西街、天一山、府背等处大量房屋,西街几百户民宅和商店,除七八户外,全被烧光;炸死炸伤数百人;炸塌万年桥东段第四、第七拱。(《南城县志》,新华出版社1991年版,第21页、160页)

12月　日军第二次进犯修水县城。(《江西抗战纪事》,中央文献出版社1995年版,附表三第222页)

12月　日军入侵修水县三都镇、庙岭圩和梁口、杨梅渡村等地,杀害民众475人,焚烧民宅1676栋。同时,日军还在洋湖村一带施放毒气,致使90％的村民烂手烂脚,100％的男劳动力患丝虫病,许多人因此而丧生。梁口后方医院200余伤兵和车田第30集团军战地医院100余伤员,均被日军杀害,有的伤员被吊在树上用刺刀戳杀而死。(《修水人民革命史》,南海出版公司1989年版,第228页、231页、238页)

**本年** 日军第一次进犯清江县。(《江西抗战纪事》,中央文献出版社 1995 年版,附表三第 222 页)

## 1942 年

**1 月 15 日** 日机 28 架次轰炸赣州城,共投炸弹 102 枚、燃烧弹 13 枚。炸死居民 200 余人、伤 300 多人,炸毁房屋 1000 余间。(《赣南抗日烽火》,中央文献出版社 1995 年版,第 10 页)

**1 月 16 日** 两名日军在九江县永安乡第 11 保强奸妇女,激起民愤,将两名日军杀死,后日军烧毁该处房屋 20 余间,衣物、粮食付之一炬。6 月 26 日,日军再次焚烧永安乡房屋 399 间,屠杀村民 15 人。(《九江县民政志》,赣出内浔字第 023 号,2000 年版,第 18 页、第 221 页)

**2 月** 日军入侵都昌县白塔乡。在草垄和圣斋等地杀害村民 64 人,烧毁民宅 250 栋。同时,又在双凤乡黄金咀村杀害村民 40 余人。(都昌县档案馆馆藏民国档案第 3 全卷第 7 目 113 卷号《抗战损失追查各种汇报表》T74519 页)

**3 月 27 日** 驻彭泽县的日军,在附近乡间抓捕到 6 名运粮的村民,当即全部杀害。(1942 年《军事资料》,第 29 页)

**4 月 19 日** 进贤县沦陷。(《江西抗战纪事》,中央文献出版社 1995 年版,附表三第 222 页)

**4 月 30 日** 日机 8 架分四批窥察吉安、上高、高安等地,在吉安城郊外投弹。(《江西民国日报》,1942 年 5 月 1 日)

**5 月 8 日** 日机 7 架轰炸吉安、8 架轰炸南城。(《江西民国日报》,1942 年 5 月 9 日)

**5 月 16 日** 日机 12 架轰炸吉安。(《江西民国日报》,1942 年 5 月 17 日)

**5 月 31 日** 驻南昌日军向进贤方向进攻,发动赣东战役。(《江西抗战纪事》,中央文献出版社 1995 年版,第 215 页)

**5 月** 日军第二次进犯清江县城。(《江西抗战纪事》,中央文献出版社 1995 年版,附表三第 222 页)

**5 月** 日机 3 架在新干县立职业学校操场上空扫射,并投掷 4 枚炸弹轰炸新干县城。(《吉安抗日救亡风云录》,中国文联出版社 2005 年版,第 337 页)

**5 月** 日军为打通浙赣线,调集大批步兵和飞机,分两路进攻:一路从杭州沿浙赣线铁路西犯,另一路从南昌沿浙赣线铁路东犯。蒋介石下令"避免在金、兰决战",30 万国民政府军不战而退。7 月底,东西两路日军在横峰会合,浙赣线被日军打通。20 余万中国人民惨遭日军屠杀。(《江西现代革命史词典》,华东师范大学出版社 1993 年版,第 270 页)

**6 月 2 日** 日军再次占领都昌县城,抓了 10 名未及逃走的民众,逐一杀害。(都昌县档案馆馆藏民国档案第 3 全卷第 7 目 113 卷号《抗战损失追查各种汇报表》T74503 页)

**6月5日** 东乡县沦陷。(《江西抗战纪事》,中央文献出版社1995年版,附表三第222页)

**同日** 余干县沦陷。(《江西抗战纪事》,中央文献出版社1995年版,附表三第222页)

**同日** 贵溪县沦陷。(《江西抗战纪事》,中央文献出版社1995年版,附表三第222页)

**同日** 日军侵占临川县城(今抚州市城区)。本月,日军将县城居民50多人,用绳子反缚双手,押至文昌桥上推入抚河,50多人全被活活溺死(《临川县志》,新华出版社1993年版,第24页、266页;《抚州市志》,中共中央党校出版社1993年版,第15页、199页)

**同日** 临川守备司令姜安德抗敌殉国。(《江西抗战纪事》,中央文献出版社1995年版,第216页)

**6月8日** 日军侵占宜黄县城,将学前街、务前街、坪尔街、治前街两侧房屋焚毁殆尽。江西私立葆灵女子中学师生300余人,从南昌迁往宜黄途中在许坊小学暂住,其中30多名学生在小学校内遭日军强奸杀害。(《宜黄县志》,新华出版社1993年版,第173页)

**同日** 日军从临川高坪镇、丰城秀市圩两路进犯崇仁东来圩,国民政府军与日军交战3个多小时,指战员300多人和当地支前农民30多人阵亡。同时,日机9架轰炸崇仁县城,炸死军民100多人。县城被日军侵占。(《崇仁县志》,江西人民出版社1990版,第519页)

**6月11日** 日军从宜黄分三路进犯南城,南路主力由西向东,先占南城里塔圩,再折向北,往株良镇东进犯;中路穿小路经南城芙蓉山向麻姑山圩进犯;北路经临川茅排圩,过南城岳口圩进犯。南城县政府迁至本县南部的上唐镇,12日县城失陷。日军在往南城进犯途中,淫掠烧杀,无恶不作。(《南城县志》,新华出版社1991年版,第21页、160页)

**同日** 玉山县沦陷。(《江西抗战纪事》,中央文献出版社1995年版,附表三第222页)

**6月13日** 金溪县城沦陷。沦陷前,日机炸毁王冕堂巷内2栋房屋。沦陷后,日军在城内大肆抢掠、奸淫、烧杀。北门、东门、太子庙、梨树园,到处血肉横飞,尸体遍地,家具、板壁扔满街道,县府被烧毁,不少民房商店遭焚。(《金溪县志》,新华出版社1992年版,第175页)

**同日** 上饶县沦陷。(《江西抗战纪事》,中央文献出版社1995年版,附表三第222页)

**同日** 广丰县沦陷。(《江西抗战纪事》,中央文献出版社1995年版,附表三第222页)

**6月上旬** 占领鹰潭的日军窜到江山艾家,一面抓人当苦力,一面在水井里

投毒,当时即造成 55 人中毒死亡,水井亦被废弃。(《江西抗战纪事》,中央文献出版社 1995 年版,第 29 页)

6 月 17 日　日军血染金溪洛城,死者数以百计。(《金溪县志》,新华出版社 1992 年版,第 175 页)

**同日**　日军第二次侵入崇仁县城。至 24 日,日军在县城杀害 170 余人,奸淫并杀害妇女四五十人,被掳去带路的夫役数十人亦在途中惨遭杀害。日军还烧毁崇仁县城一所中学和大小民房 30 余幢。(《崇仁县志》,江西人民出版社 1989 年版,第 519 页)

6 月 19 日　日军 120 多人,乘夜色包围临川罗针乡岭上徐家村,躲在附近禾田里的 136 名村民,被日军发现后,用机枪扫射全遭杀害。(《临川县志》,新华出版社 1993 年版,第 266 页)

6 月 20 日　日军侵入金溪琉璃乡北岸余家村,纵火烧毁该村及附近黍头村民房 40 余栋,捉去群众 22 人,除 8 名妇女深夜挖墙逃脱外,其余 14 人全被押至花峰桥杀害。(《金溪县志》,新华出版社 1992 年版,第 175 页)

6 月 23 日　日军在金溪金临渠北岸中洲村杀害 8 名过路群众。(《金溪县志》,新华出版社 1992 年版,第 175 页)

6 月 27 日　鄱阳县沦陷。(《江西抗战纪事》,中央文献出版社 1995 年版,附表三第 222 页)

6 月 29 日　日军在临川长山晏用刺刀、马刀刺死 12 名农民。复经宜黄梨溪圩侵占宜黄县城,然后践踏二都圩、河口村、棠阴镇、圳口圩等地,再次焚杀淫掠;烧毁县城司马路、下马市、下南口、老码口、横街上两侧房屋。(《宜黄县志》,新华出版社 1993 年版,第 173 页)

**同日**　弋阳县沦陷。(《江西抗战纪事》,中央文献出版社 1995 年版,附表三第 222 页)

**同日**　横峰县沦陷。(《江西抗战纪事》,中央文献出版社 1995 年版,附表三第 222 页)

6 月下旬　日军在金溪黄坊村将老弱群众 26 人全部刺死在福音庙前的池塘内。全县很多集镇(琅琚、合市、琉璃、双塘、陆坊等)都成了日军的杀人场。日军在琉璃圩纵火烧掉一条街,朝墩村被烧得片瓦不存,长岗埠村附近的王家村被烧得只剩一个门楼。琅琚、高家、曹家、聂家、下严、坪上、双塘、杨桂林、彭坊、枫山埠、陆坊、黄坊、洛城、疏口等村镇,均遭焚毁。日军还在金溪奸杀妇女。(《金溪县志》,新华出版社 1992 年版,第 175 页)

6 月下旬　日军侵占进贤县。闯入县城的日军纵火烧毁店房、民宅。日军将躲藏在天主堂内的 100 多名群众绑赴军门第的荒丘上,活埋 28 人;剩下的被押往东门大石桥,或捆在椅子上抛入水中,或绑成一串推到桥下,全部被淹死。(《南昌人民革命史》,新华出版社 1999 年版,第 159 页)

6月30日　日军相继占领弋阳、东乡、余江、余干、鹰潭、贵溪、横峰等地,浙赣铁路被日军全线打通。(《江西抗战纪事》,中央文献出版社1995年版,第216页)

6月　日军在交通枢纽鹰潭设立物资转运站,盗运抢夺来的铁轨、钢材等物资,在各地抓来2000多民众充作苦力,关进劳工营。入营劳工都被剃了头发,当做标记,每天食不果腹,累死累活。钢材、铁轨等物资运完后,日军就开始大规模屠杀劳工。日军以60个劳工为一组,用棕绳串联捆手,押到项家岭峭壁上,开枪打倒第一个人,使他坠入崖下的信江,并将其他人也拖带下峭壁。日军还在信江部署了几只汽艇,用机枪对落水劳工扫射。2000多名劳工或被机枪打死,或因绳索的串联捆绑而被溺毙。(《江西抗战纪事》,中央文献出版社1995年版,第32页)

6月　日军在东乡仓下村附近设了一张杀人案板,不时捕杀民众,将杀死的人投入池塘,一日之内塘内积尸数十,池水尽赤,惨不忍睹。老弱妇婴无一幸免,有时还用刺刀挑抛婴儿,以此取乐。日军离去后,民众在仓下一个水塘捞到10多颗人头。(《临川县志》,新华出版社1993年版,第266页;《抚州市志》,中共中央党校出版社1993年版,第199页)

7月1日　日军进犯宜黄、崇仁、乐安等县。(《江西抗战纪事》,中央文献出版社1995年版,第216页)

7月2日　日军从宜黄第二次侵扰崇仁县许坊乡。许坊圩上一名妇女和一名17岁的少女被多名日军轮奸至死。许坊乡黄坊村躲在家里不及逃走的5名60多岁的老妇,被10多个日军轮奸。许坊乡猪山村等5个村落,30多栋民房被烧毁。距离许坊圩不远的礼陂圩,30余栋店房被烧。(《崇仁县志》,江西人民出版社1990年版,第519页)

7月3日　日军由宜黄往崇仁、临川方向撤退,沿途又是烧杀淫掠。宜黄的二都圩、河口村、棠阴镇、圳口圩等地再度被侵扰。(《宜黄县志》,新华出版社1993年版,第173页)

7月8日　日军骑兵侵入新干县大洋洲圩和石口村一带。中正大学"战地服务团"在石口村与其遭遇,团长姚显微、团员吴昌达被杀害,另5名团员被俘。(《吉安抗日救亡风云录》,中国文联出版社2005年版,第337页)

7月18日　日军出动大批人马对南昌县塘南进行烧光、杀光、抢光的大"扫荡"。这一天,塘南14个村庄的860多人被杀害,723栋房屋被烧毁。(《南昌人民革命史》,新华出版社1999年版,第158页)

7月31日　日军围攻进贤县境内藏有数千难民的蚂蚁峡,用机枪、步枪对峡内密林深处猛射。一个多小时后,峡内死伤难民300多人。(《南昌人民革命史》,新华出版社1999年版,第160页)

同日　日军警备队率伪保安队200余人将九江县长岭乡包围,焚烧房屋104

户、894 间。(《九江县民政志》,赣出内浔字第 023 号,2000 年版,第 17 页)

**7 月**  日军在临川县城抓到 30 名妇女,将她们赤身露体押至坤贞观,集体轮奸后,把她们全部残杀,有的开胸,有的割乳,有的用刺刀扎阴部至死。临川湖南乡下艾村有 8 个老妇全被杀害。临川桥东一名 50 多岁的妇女被 3 个日军轮奸后,绑在树上,截断双脚,挖掉双眼,然后投入河中。临川城郊商人万大眼,因身穿学生制服,被日军捉住剖腹杀死。(《临川县志》,新华出版社 1993 年版,第 266 页;《抚州市志》,中共中央党校出版社 1993 年版,第 199 页)

**8 月 5 日**  盘踞在临川云山圩的日军数十人窜到附近一带村庄掠夺财物、奸淫妇女。(《临川县志》,新华出版社 1993 年版,第 266 页)

**8 月 23 日**  日军撤出临川时,在全县各地播撒带病毒细菌,导致鼠疫、霍乱流行,死者甚多。(《临川县志》,新华出版社 1993 年版,第 24 页、266 页)

**9 月**  遭日军践踏的金溪双塘乡竹桥村,流行�疹、伤寒与天花等疾病,全村180 人患病,153 人病死。(《金溪县志》,新华出版社 1992 年版,第 439 页)

**10 月**  余江县沦陷。(《江西抗战纪事》,中央文献出版社 1995 年版,附表三第 222 页)

**秋**  一天,日军从东乡县城去黎圩乡抢劫,途经社令关村,杀死 1 人,杀伤 1人,烧毁该村 400 多户人家的房屋(全村只有 2 栋房屋幸免于难)。大石下村也被日军烧光。(《东乡县志》,江西人民出版社 1989 年版,第 12 页、361 页)

**秋**  宜黄县遭日军践踏的地方,疫病流行。(《宜黄县志》,新华出版社 1993年版,第 173 页)

**秋、冬**  遭日军践踏的崇仁,全县疟疾、痢疾、肠炎、疥疮等疾病流行,发病率近 50%。(《崇仁县志》,江西人民出版社 1990 年版,第 520 页)

**12 月 6 日**  日机 16 架分两批在新干、峡江、永丰、吉水、吉安窥察,经万安、兴国在遂川上空投弹多枚。(《江西民国日报》,1942 年 12 月 7 日)

### 1943 年

**1 月 2 日**  日机 9 架在赣县城区轰炸,并滥投燃烧弹,市区出火数处,青年正气出版社印刷厂亦被炸;日机 3 架在儿童新村用机枪低空扫射,伤儿童数人。(《江西民国日报》,1943 年 1 月 3 日)

**1 月 28 日**  日军飞机再次轰炸赣州城,炸毁房屋百余栋。(《赣南抗日烽火》,中央文献出版社 1995 年版,第 333 页)

**8 月**  日军侵入广东潮汕地区,广东 4000 多难民涌入会昌,发生输入性霍乱,在筠门岭等主要交通沿线暴发流行,尸横遍野,惨不忍睹。(《会昌县志》,新华出版社 1993 年版,第 23 页)

**9 月 26 日**  日机 33 架分三批扰赣,在吉安、遂川、赣县、临川投弹近百枚;泰和县立医院收容在遂川的难民被炸伤多人,临川被日机用机枪扫射受伤者 10 余人。(《江西民国日报》,1943 年 9 月 27 日)

10月1日　日机15架轰炸信丰县城,毁民房151栋,炸死炸伤居民33人;日机9架轰炸龙南县城,炸死居民93人,炸伤157人。(《赣南抗日烽火》,中央文献出版社1995版,第14页)

## 1944 年

2月12日　中国空军与日机在万安县境上空作战,盟军飞机一架受伤。(《吉安抗日救亡风云录》,中国文联出版社2005年版,第340页)

5月　日军第三次进犯修水县城。(《江西抗战纪事》,中央文献出版社1995年版,附表三第222页)

6月13日　日军第13师团、第3师团从湖南浏阳经上栗湖塘村,进犯萍乡县城,并窜茶园、新蔡一带侵扰。(《萍乡文史资料》第16辑,1995年版,第132页)

6月14日　日军陷萍乡上栗镇,窜金山圩。上栗镇上男女老少往山窝里逃。刘大光的堂妹秀英正喂猪潲,才出后门不远,被3个日兵拦截,她钻禾田逃走,后被日兵追上轮奸。她痛不欲生,投塘自尽。新蔡日军向黎塘一带侵扰。上栗麻石谢家湾村一个绰号"大肚脚"、姓黎的农民,因日军突然进村,仓皇逃命,来不及带走患病的男孩,回家后发现孩子被丢在锅里煮死了。(《萍乡文史资料》第16辑,1995年版,第49页、50页)

6月16日　日军一部犯萍乡上栗天埠村。(《萍乡文史资料》第16辑,1995年版,第37页)

6月20日　日军犯萍乡老关,攻大屏山,并突破案山关、妙岭一线阵地,陷长平圩。(《萍乡文史资料》第16辑,1995年版,第38页)

6月21日　日军窜犯萍乡湘东,江峡岭村10多名妇女遭日军强奸。有婆媳二人被轮奸,奸后,日军用刺刀将婆媳二人及吃奶的婴儿一起刺死。(《萍乡文史资料》第16辑,1995年版,第50页)

6月22日　上午9时,日军由萍乡马岭圩入,攻陷萍乡县城。下午日军窜南坑圩。日军第3师团窜上栗,扑赤山圩。(《萍乡文史资料》第16辑,1995年版,第38页)

同日　日军从湖南浏阳窜入萍乡湘东,偷袭黄花桥村附近中国守军,数十名守军士兵罹难。(《湘东文史资料》第1辑,1989年版,第74页)

同日　湘东黄堂村泥工文全昌的妻子被日军强奸并和孩子一起被杀害。日军走后,萍水河洄水湾里浮着十几具尸体,其中一个是80多岁的老太婆、袁某的遗孀。(《萍乡文史资料》第16辑,1995年版,第54页)

同日　日军一部沿萍乡略下村两侧搜山,侯王庙内躲有30多名百姓,日军包围该庙,用冲锋枪向庙内扫射,庙内百姓全部罹难。(《萍乡文史资料》第16辑,1995年版,第48页)

同日　日军后续部队从萍乡长平圩向赤山圩进犯。(《萍乡文史资料》第16辑,1995年版,第3页)

6月23日　日军从湖南浏阳、萍乡上栗进逼萍乡县城,被国民政府军第20军阻于案山关,遂会同入侵湘东日军改道南下,犯赤山圩。(《萍乡文史资料》第3辑,1985年版,第22页)

**同日**　萍乡县城北门外放牛的姚宗喜、其子姚树章被日军枪杀。日军在萍乡县城内大肆抢掠。(《萍乡文史资料》第3辑,1985年版,第97页)

**同日**　日军窜萍乡大坪村、赤山圩、五陂下圩、大田村、安源镇等地。(《萍乡文史资料》第16辑,1995年版,第4页)

**同日**　日军在萍乡南坑寨仔岭包围黎家祠,抢掠县政府所藏军火及物资,并将黎家祠炸毁。(《萍乡文史资料》第3辑,1985年版,第41页)

6月26日　日军侵占萍乡白竺圩。(《萍乡文史资料》第16辑,1995年版,第39页)

6月27日　日军犯萍乡麻山圩、土下村等地。(《萍乡文史资料》第16辑,1995年版,第40页)

6月28日　日军犯湖南攸县柏树下圩、萍乡茶垣村等地。(《萍乡文史资料》第16辑,1995年版,第40页)

6月29日　日军犯萍乡腊市圩。(《萍乡文史资料》第16辑,1995年版,第40页)

6月30日　日军犯萍乡排上圩。(《萍乡文史资料》第16辑,1995年版,第40页)

6月下旬　日军飞机在萍乡高坑镇附近狂轰滥炸,大星村杨麟纲、杨子纲兄弟俩因奔波、劳累、惊恐、气愤而死。(《萍乡文史资料》第16辑,1995年版,第53页)

6月下旬　萍乡彭高村姚冬秀母女二人不甘日军凌辱,跳塘而死。(《萍乡文史资料》第3辑,1985年版,第45页)

6月下旬　在萍乡峡山口人形岭,日军杀害了许多湖南浏阳民夫,5个避难百姓被日军杀死在一口炭井里;在峡山口黄土岭,日军用扁担打死了5个百姓。新建村的恒古老婆、贺丙生婆娘被日军枪杀,黄大牛被日军军刀捅死,申冬生被日军淋煤油烧死,长胜老倌头顶被日军割"十"字痛得打滚而死;湘东街,有几个人的四肢全被砍去,河洲李某之妻、五四村陈某之妻、湘东老街吴某之妻被日军强奸。(《湘东文史资料》第1辑,1989年版,第75页)

6月下旬　日军进入萍乡大星村后,大肆抢掠,杀鸡宰猪,在饭甑里拉大便。茶亭里李绍文家的两头肥猪被日军宰杀,塘里的鱼被石灰毒翻。茶亭里瞿××和其他几个妇女被日军强奸。茶亭里小学所设伤兵医院的十几名中国伤兵被日军折磨、枪杀而死。(《萍乡文史资料》第16辑,1995年版,第53页)

7月12日至14日　日军第34师团从湖南醴陵白兔潭入境江西,犯萍乡上栗。(《萍乡文史资料》第16辑,1995年版,第40页)

7月16日　日军第27师团犯萍乡荷尧、老关圩。(《萍乡文史资料》第16辑,1995年版,第41页)

7月17日至18日　日军犯荷尧火烧桥、喻家湾等村。(《萍乡文史资料》第16辑,1995年版,第41页)

7月19日　日军犯萍乡老关登官等村。(《萍乡文史资料》第16辑,1995年版,第41页)

7月中旬　日军窜犯萍乡腊市乡,东洲村彭雄的五堂叔被日兵活活打死,彭隆开老汉被劈成几块扔在树下;房屋被烧,财物被抢,牲口被杀光;男人被杀、被抓,妇女被强奸、轮奸;伤寒、痢疾、疟疾流行。(《萍乡文史资料》第16辑,1995年版,第58页)

7月21日至25日　日军先后侵占萍乡下埠圩、长春铺等地;窜犯湘东、腊市、麻山等圩镇,侵占上官岭、庙岭等村;随后侵入湘东、腊市、麻山等圩镇。(《萍乡文史资料》第16辑,1995年版,第41、42页)

7月26日　萍乡县政府随国民政府军第58军退至萍乡南坑圩。上午9时,日军侵入萍乡芦溪镇。下午7时,日军陷萍乡县城。(《萍乡文史资料》第16辑,1995年版,第42页)

同日　日机3架窜入芦溪上空,向打石坑扫射,3个农民中弹身亡;接着又沿铁路线投弹,一列中国军用火车的两节车厢被炸起火,铁路两边崖上血肉斑斑,炸死近百人。(《萍乡文史资料》第16辑,1995年版,第47页)

7月27日　日军窜犯萍乡上埠圩、县城、龙台圩等地。(《萍乡文史资料》第16辑,1995年版,第42页)

同日　日机9架窜扰芦溪上空,投弹2枚,居民余志豪、颜志平、廖元生、杨绍祥等人的房屋被炸毁,黄春华等八九人受伤,颜维汉的老母等3人被炸死,谢木匠的弟弟被炸死,刘森昌被炸瞎一只眼睛,贺香莲被炸伤右手。尔后日机在凌云女中和三民小学投下3枚炸弹,凌云女中和三民小学校舍被炸得七倒八斜,陈凤吉中弹而亡,学生10多人受伤;旋即又在朱亭山投弹,并向虚明观扫射,一家结婚迎亲队伍4人受重伤,新娘子胸口中弹而亡,三里台茶店三驼子被炸死。(《萍乡文史资料》第16辑,1995年版,第47页、48页)

同日　日军窜芦溪新塘美村,裁缝美明苟被抓为夫,打死在路上,其媳妇被奸。(《萍乡文史资料》第3辑,1995年版,第98页)

7月28日　日军窜扰萍乡郊溪、塘溪村。(《萍乡文史资料》第16辑,1995年版,第42页)

7月29日　日军从萍乡高垄窜界化入侵莲花,疯狂烧杀掳掠。(《萍乡文史资料》第16辑,1995年版,第132页)

同日　下午日军在萍乡长坑口村凉亭边射杀中国士兵及百姓32人。(《萍乡文史资料》第16辑,1995年版,第42页)

　　**同日**　由于语言障碍,日军误入萍乡上埠茅布岭村,日兵一怒之下将带路的王慈生的父亲和当地农民李星柏杀死。下午3时许,日军包围了山口岩、茅布岭村一带,对逃跑的中国士兵和百姓进行扫射,近40人被害。(《萍乡文史资料》第3辑,1995年版,第43页)

　　**同日**　日军在萍乡南坑乡搜山抢劫,几个妇女被抓。年方18岁的王××被日军绑在凳上轮奸。一个裁缝的老婆,枯瘦如柴,患有肺病,惨遭蹂躏;她的80多岁的家婆叩头求饶,也遭奸污。另有婆媳俩,日兵先奸媳妇,让家婆旁观,然后又奸家婆。(《萍乡文史资料》第16辑,1995年版,第49页)

　　**7月30日**　日军窜入萍乡白竺圩。国民政府军第72军第38团破坏中村至莲花隘道。(《萍乡文史资料》第16辑,1995年版,第43页)

　　**同日**　日军第34师团陷萍乡南坑圩,四处窜扰。(《萍乡文史资料》第16辑,1995年版,第43页)

　　**同日**　日军第27师团窜扰白竺乡瓦屋村一带。(《萍乡文史资料》第16辑,1995年版,第43页)

　　**同日**　日军第27师团前卫部队窜广寒寨乡洞溪村,农民王耀华在洋子上探消息,被日军枪弹穿透左胸,经抢救才保住性命。(《萍乡文史资料》第16辑,1995年版,第32页)

　　**同日**　日军侵占广寒寨圩和洞溪村,到处搜抓青年农民修山道,并烧房屋、毁庄稼、奸淫妇女、宰杀牲畜。(《萍乡文史资料》第16辑,1995年版,第32页、33页)

　　**7月31日**　日军第34师团由萍乡南坑窜犯莲花。(《萍乡文史资料》第16辑,1995年版,第43页)

　　**7月**　日军在萍乡源南乡石北村杀死多名村民,丢入鱼塘。蔗棚村张福祥、陈梅生、王新和、王新开被抓走,王新开挑不起担子,在七店里被打死。芦溪镇广益堂70多岁的熊善清老板被日军抓住,强迫挑重担,遭暴打倒地,被刺刀捅死在五里牌村附近的水田里。(《萍乡文史资料》第16辑,1995年版,第59页)

　　**7月**　萍乡腊市乡庙岭村一个80多岁的老太婆被日兵用碓槌砸死,农民邬镜良在路上被日兵射杀,5个农民被日兵打死在家里,数十个割早稻的农民被日兵射杀在田里。五陂下乡双凤村李光祥、王荷香等7人被日军机枪打死。长丰圩一农民被日军划破面颊、挖掉双眼。牛岭一朱姓产妇连同婴儿被日兵用刺刀挑死。刘呆子被日兵捅穿腹腔,挑出肠子。(《萍乡文史资料》第16辑,1995年版,第48页)

　　**7月**　萍乡湘东镇上一龙姓裁缝被日兵用木床压住脖子,用刺刀戳喉放血而死。(《萍乡文史资料》第16辑,1995年版,第48页)

　　**7月**　在萍乡杂溪村,几个逃跑的民夫被日军抓回后,开肠破肚。(《萍乡文史资料》第3辑,1995年版,第39页)

**8月4日** 侵占萍乡县城的日军西退,窜小桥下村,5日占据小桥下,6日又窜犯麻山圩、湘东镇。(《萍乡文史资料》第16辑,1995年版,第44页)

**8月6日** 日军由湖南攸县柏树下圩等地窜犯莲花。(《萍乡文史资料》第16辑,1995年版,第44页)

**同日** 日军在萍乡白竺乡一带到处搜抓民夫。农民李冬全被日军抓住,奋力挣脱逃跑,被日军开枪打死。陈庆炎、胡名花、胡章保等多人先后被捉,有的一去不返。藏在上村山沟里的农民口渴难耐,冒死到山下取水,许多人舀水时被日军打死。(《萍乡文史资料》第16辑,1995年版,第29页)

**8月7日** 侵占萍乡湘东镇的日军窜犯长春铺村,麻山圩的日军窜犯腊市圩。8日,长春铺村日军退至老关圩,腊市圩日军退至排上圩。9日,日军全部从下埠、老关退出萍乡县境。(《萍乡文史资料》第16辑,1995年版,第45页)

**8月上旬** 日军在萍乡广寒寨圩和洞溪村一带占据时,抓走了许多民夫,强奸了许多妇女。广寒寨乡下江背村农民何冬生被杀成重伤,周仓生遭毒打险些丧命。广寒寨圩被抓充役的汤方桃、张秋生等近20人。日军割稻子喂马,糟蹋了600多亩早稻。广寒寨圩和洞溪村不到200户人家,被日军宰杀肥猪100多头、耕牛10多头、鸡鸭上千只,家具大部被烧,财物被抢无数。(《萍乡文史资料》第16辑,1995年版,第57页)

**8月上旬** 日军走后,萍乡县城痢疾、天花、伤寒等疾病蔓延,仅死于天花者就达200多人,死于其他传染病的更多。芦溪、上埠、南坑、张佳坊、长丰、麻山等圩镇,疟疾、痢疾蔓延,死亡多达600多人;源滣乡罗家湾村15户106人,一个月内有82人患病,38人死亡,其中罗上文一家7口全部死亡。(《萍乡文史资料》第16辑,1995年版,第50页、51页)

**8月上旬** 日军走后,萍乡高坑乡一带鼠疫蔓延,人口不满300的长塘下小村落,不到半个月,死于鼠疫者达30多人,唐施发一家6口全部死于鼠疫。(《萍乡文史资料》第16辑,1995年版,第54页)

**9月下旬** 日军由湖南醴陵侵入萍乡老关圩,窜扰登官、枧头洲村。(《萍乡文史资料》第16辑,1995年版,第45页)

**9月** 日机先后7次在于都城投弹和用机枪扫射。(《于都县志》,新华出版社1991年版,第33页)

**12月** 日军第一次进犯泰和县城。(《江西抗战纪事》,中央文献出版社1995年版,附表三第222页)

### 1945年

**1月11日** 日军发动打通粤汉线战役,湖南茶陵湘东圩日军进犯莲花,湘粤赣边区会战拉开序幕。(《江西抗战纪事》,中央文献出版社1995年版,第218页)

**1月19日** 日军第二次进犯莲花县城。(《江西抗战纪事》,中央文献出版社1995年版,附表三第222页)

1月22日,日军侵占永新,在当地野蛮烧杀。(《江西抗战纪事》,中央文献出版社1995年版,第218页)

1月29日　日军突破中国守军6个师的阻击,侵占遂川机场及遂川县城。(《江西抗战纪事》,中央文献出版社1995年版,第218页)

2月4日　日军第27师团突破国民政府军第25军第40、第183师在赣县沙地圩至五云圩一带的防线,进至赣州城西北,5日渡过章水,向赣州城区进攻。守卫赣州的国民政府军第108师第323团和第40师第120团,炸毁赣州黄金机场,弃城撤走。(《赣州市志》,中国文史出版社1999年版,第789页)

2月上、中旬　侵占粤北的日军相继攻占江西大余、新城、南康、信丰、定南等地。(《江西抗战纪事》,中央文献出版社1995年版,第218页)

2月22日　日军退出莲花县境。(《萍乡文史资料》第16辑,1995年版,第133页)

5月25日　赣县沦陷。(《江西抗战纪事》,中央文献出版社1995年版,附表三第222页)

6月6日　信丰县沦陷。(《江西抗战纪事》,中央文献出版社1995年版,附表三第222页)

6月9日至17日　国民政府军第65军第187师在信丰的大塘埠、金盆山、坪石、龙舌等地与进犯的日军第27师团第2联队展开激烈战斗,守军数百人在战斗中牺牲。(《信丰县志》,江西人民出版社1990年版,第578页)

6月13日　定南县沦陷。(《江西抗战纪事》,中央文献出版社1995年版,附表三第222页)

同日　全南县沦陷。(《江西抗战纪事》,中央文献出版社1995年版,附表三第222页)

6月14日　日军占领龙南县城。(《赣南抗日烽火》,中央文献出版社1995年版,第25页)

6月20日　日军第二次进犯上高县城。(《江西抗战纪事》,中央文献出版社1995年版,附表三第222页)

6月　日军在南康县镜坝洋江村艺头渡口追杀群众,迫使170余人逃上渡船,造成严重超载翻船,淹死80余人。(《赣南抗日烽火》,中央文献出版社1995年版,第32页)

7月7日　南康县沦陷。(《江西抗战纪事》,中央文献出版社1995年版,附表三第222页)

7月11日至12日　日军撤出赣州城。撤退前,日军放火焚烧房屋,至圣路、建国路、西津路一带被烧成废墟。(《赣州市志》,中国文史出版社1999年版,第789页)

7月15日　日军再次猛攻遂川机场,大肆破坏。(《江西抗战纪事》,中央文

献出版社 1995 年,第 218 页)

7 月 19 日　万安县沦陷。(《江西抗战纪事》,中央文献出版社 1995 年版,附表三第 222 页)

7 月 21 日　万载县沦陷。(《江西抗战纪事》,中央文献出版社 1995 年版,附表三第 222 页)

7 月 26 日　新余县沦陷。(《江西抗战纪事》,中央文献出版社 1995 年版,附表三第 222 页)

同日　分宜县沦陷。(《江西抗战纪事》,中央文献出版社 1995 年版,附表三第 222 页)

7 月 27 日　吉水县沦陷。(《江西抗战纪事》,中央文献出版社 1995 年版,附表三第 222 页)

7 月　吉安县沦陷。(《江西抗战纪事》,中央文献出版社 1995 年版,附表三第 222 页)

7 月　宜春县沦陷。(《江西抗战纪事》,中央文献出版社 1995 年版,附表三第 222 页)

7 月　日军第二次进犯泰和县城。(《江西抗战纪事》,中央文献出版社 1995 年版,附表三第 222 页)

7 月　日军第二次进犯遂川县城。(《江西抗战纪事》,中央文献出版社 1995 年版,附表三第 222 页)

8 月 1 日　峡江县沦陷。(《江西抗战纪事》,中央文献出版社 1995 年版,附表三第 222 页)

8 月 2 日　新干县沦陷。(《江西抗战纪事》,中央文献出版社 1995 年版,附表三第 222 页)

8 月　日军第三次进犯清江县城。(《江西抗战纪事》,中央文献出版社 1995 年版,附表三第 222 页)

8 月 15 日　日本天皇宣布无条件投降。(《中共党史大事年表》,人民出版社 1987 年版,第 177 页)

9 月 2 日　江西省接受日军投降主官薛岳指派的鲁道源、杨宏光分别在南昌、九江设前进指挥所。(《江西抗战纪事》,中央文献出版社 1995 年版,第 219 页)

9 月 2 日　日本天皇和政府以及日军大本营的代表在投降书上签字,中国抗日战争胜利。(《中共党史大事年表》,人民出版社 1987 年版,第 178 页)

同日　萍乡、莲花各地隆重举行抗日战争胜利大会。(《萍乡文史资料》第 3 辑,1995 年版,第 89 页)

9 月 14 日　日军代表笠原幸雄在南昌签字投降。(《江西抗战纪事》,中央文献出版社 1995 年版,第 219 页)

9月18日　日本海军龙图长久大佐率部在九江投降。至此,江西抗战结束。(《江西抗战纪事》,中央文献出版社1995年版,第219页)

（整理：杨忠华、陈萍、徐宏洪、杨立凡）

# 后 记

　　继《江西省抗战时期人口伤亡和财产损失》A 卷本由中共党史出版社出版后不久,这套由江西人民出版社出版的《江西省抗战时期人口伤亡和财产损失》B 卷本(上下卷)也面世了。这两部书凝结了厚重的历史,蕴涵了全省党史工作者的心血。在此,我们向所有关心"江西省抗战时期人口伤亡和财产损失"这一课题和参与课题工作的领导和同志们,表示最衷心的感谢!

　　参加这两套书编辑工作的,主要是省委党史研究室和全省各市、县(市、区)党史办的领导及课题组成员。参编人员以高度的责任感、使命感,竭尽全力,攻坚克难,完成了抗损调研课题,并终于形成了以 A、B 卷本形式问世的我省"抗损"调研课题成果。

　　中共江西省委党史研究室"抗损"课题组在室务会领导和分管副主任的具体指导下开展工作。省室主任沈谦芳、副主任何友良十分重视"抗损"调研课题工作,并审阅了 A、B 卷本书稿;省室副主任王瀚秋数年来全程分管、领导该课题工作,并悉心审阅、修订了 A、B 卷本全部书稿。省室资料管理处的同志承担了全省"抗损"调研课题和 A、B 卷本的组织、协调和编辑任务,并负责查阅国家和省级部门有关档案、报刊、图书、照片、文史资料,为全省"抗损"课题调研和 A、B 卷本的编辑出版付出了艰辛的劳动。省室征研二处的同志参加了课题的部分工作。刘勉钰、黄干周、邹耕生、郑海滨等专家,应约审阅了书稿,并提出了修改意见。朱德久同志也不辞辛劳参与了 A、B 卷本书稿的修改工作。

　　江西人民出版社对 B 卷本的出版给予了大力支持,在此表示感谢!

　　在本书面世之际,我们由衷感谢全省各市、县(市、区)党史部门的同志,是他们在极其艰苦的条件下,为江西"抗损"课题的顺利完成、为本书的编辑作出了重大贡献。我们还要特别感谢中央党史研究室的领导和课题组的同志,尤其是时任第一研究部副主任李蓉同志,一直在为江西"抗损"课题工作给予热情、悉心的指导。特此深致感谢!

　　历时多年的全省"抗损"课题调研工作和调研成果 A、B 卷本的出版,这只是阶段性的成果,我们希冀它能发挥以史鉴今、资政育人的作用,让人们铭记这段历史,警钟长鸣!

中共江西省委党史研究室

2010 年 10 月

# 总 后 记

历时多年的《抗日战争时期中国人口伤亡和财产损失课题调研成果丛书》终于问世。这套丛书，凝结了太厚重的历史，太深沉的往事；包含了太多人的心血，太多人的记忆……以致我们难以用语言来表达此时此刻的心情，在丛书即将付梓之际，我们要向所有参加和关心这套丛书撰写、出版的领导、同志、朋友，表示最衷心的感谢！

参加这套丛书编写工作的，主要是参加这次调研工作的各省自治区直辖市党史研究室和部分著名专家。各地的同志们包括省、市、县的领导同志和课题组成员，被我们约请的部分专家，以高度的责任心和使命感，竭尽全力，攻坚克难，终于完成了当地的调研任务，并按统一要求，形成了调研成果的精华本即 A 卷本。同时，各地还从实际情况出发，编辑了主要反映市、县调研成果的 B 卷本。因为各地的情况不尽相同，呈现在读者面前的丛书，将分期分批陆续完成和出版。

为了保证本丛书的质量，我们实行了四级审读制，即各省的调研成果由省课题领导小组和聘请的省内专家审读通过、写出书面意见；然后才能提交到中央党史研究室课题组。中央党史研究室课题组审读后，再聘请国内知名专家审读书稿，提出书面意见。对每次审读所提的意见，都认真研究落实，或是修改或是说明情况，直到符合要求。有的省区市反复修改，所用的时间甚至达到一年以上。审查修改的过程，通常也是调研进一步深化提高的过程。经过审查修改后的成果，在质量上都有进一步提高。

中央党史研究室课题组在室委会领导和分管主任的具体指导下开展工作。中央党史研究室先后几任主要领导同志孙英、李景田、欧阳淞主任，都非常关心和重视这项工作的开展。分管这一项工作的主管领导李忠杰同志始终把握政治方向，精心部署和安排，明确提出创建"精品工程、基础工程、警世工程、传世工程"的要求，及时解决调研过程中出现的各种情况和问题。各地同志也同中央党史研究室课题组保持密切联系，对中央党史研究室课题组的工作给予大量的配合和支持。

中央党史研究室课题组由李忠杰、李蓉、姚金果、李颖、王志刚、王树林等组成。在李忠杰同志的直接领导下，课题组承担了组织、指导和协调各地课题调研和联系有关专家完成若干专题调研的繁重任务。同志们在人手十分有限的条件下，数年如一日，以对民族负责、对历史负责的自觉精神，克服困难，埋头苦干，为完成课题调研任务，做了大量工作，先后编发 210 期《工作简报》达 60 多万字，和各省区市同志进行了数以千百次的电话及当面沟通，到 20 多个省市县调研、参加会议、讲课，了解情况，规范要求，协助各地完成调研工作，或请省区市同志在北京进行座谈；还组织各地编辑《全国重大惨案》300多万字，同中央档案馆联合编辑《解放区人口伤亡和财产损失档案选编》100多万字，撰写有关专题报告等。几年来，课题组成员虽有变动，但工作却始终如一，没有任何懈怠。

中央党史研究室及其办公厅、科研部、第一研究部的其他同志及聘请的一些同志，先后参加了这项工程的部分工作，如徐玉凤、谢忠厚、杨延力、郭明泉、戴思厚、王俊云、梁亿新等同志，不论是参加文字编辑还是选题的讨论、联络工作等，都付出了很多的时间和精力；有的领导和同志经常给予关心和帮助。

还要特别感谢国家社会科学基金规划办公室、国家新闻出版署有关领导和同志的支持和帮助，感谢有关财务部门对丛书出版经费的支持和保证。中共党史出版社的领导李向前、汪晓军以及郭宏、黄艳、陈海平、王世英、潘鹏等许多同志，为这套丛书的出版花费了大量心血。

我们相信，这次调研成果A、B系列的公开出版，必将大大有利于调研成果的保存和利用，更有利于固化历史，更好地发挥以史鉴今、资政育人的作用。当然，我们深知，这些成果只是阶段性的。很多工作还有待于我们继续努力。我们将一如既往，以高度的责任感把对抗战时期中国人口伤亡和财产损失的课题调研工作继续深入推进下去，争取取得更多的成果。

中共中央党史研究室课题组

2010 年 8 月 15 日